LEXIKOTHEK
LÄNDER – VÖLKER – KONTINENTE
BAND I

EIN BAND AUS DEM INFORMATIONS-
UND BILDUNGSSYSTEM

Lexikothek

LÄNDER
VÖLKER
KONTINENTE

BAND I
EUROPA (OHNE SOWJETUNION) – VORDERER ORIENT – NORDAFRIKA

HERAUSGEGEBEN VON
PROF. DR. GUSTAV FOCHLER-HAUKE

BERTELSMANN
LEXIKON-VERLAG

DAS GESAMTWERK ERSCHEINT MIT BEITRÄGEN VON
ALOIS PHILIPP ALTMEYER, PROF. DR. FRANZ ANSPRENGER, PROF. DR. GERHARD AYMANS, PROF. DR. HELMUT BLUME,
HERBERT VON BORCH, HERBERT BUTZE, PROF. DR. WILLI CZAJKA, PROF. DR. KLAUS FISCHER, PROF. DR. GUSTAV FOCHLER-HAUKE,
PROF. DR. ERDMANN GORMSEN, DR. ELISABETH GROHS, PROF. DR. GERHARD GROHS, PROF. DR. ERWIN GRÖTZBACH,
HARRY HAMM, DR. KARL HELBIG, PROF. DR. WALTER HELLMICH, DR. GERHARD HERRMANN, PROF. DR. LUTZ HOLZNER,
PROF. DR. HELMUT JÄGER, PROF. DR. ADOLF KARGER, DR. HERBERT KAUFMANN, DR. HANS-PETER KOSACK,
DR. ANDREAS LOMMEL, DIPL.-GEOGRAPH WERNER LUDEWIG, DR. JÖRG MAIER, PROF. DR. WALTHER MANSHARD,
PROF. DR. WILHELM MATZAT, DR. JENS MEINCKE, PROF. DR. HORST MENSCHING, PROF. DR. HUBERT MILLER,
DR. GERHARD MUSCHWITZ, KLAUS NATORP, DR. HEINRICH PLETICHA, DR. FRANZ A. ROSENBERGER, DR. HEINZ SCHAMP,
PROF. DR. LUDWIG H. SCHÄTZL, DR. HEINRICH SCHIFFERS, PROF. DR. CARL SCHOTT, DR. HELLMUT SCHROEDER-LANZ,
PROF. DR. ULRICH SCHWEINFURTH, PROF. DR. GERHARD SENDLER, PROF. DR. WOLF-DIETER SICK, DR. ANNELIESE SIEBERT,
HEINZ SIEGERT, PROF. DR. ANGELIKA SIEVERS, DR. PETER SIMONS, PROF. DR. REINHARD STEWIG,
PROF. DR. OTTO FRIEDRICH TIMMERMANN, PROF. DR. DR. CARL TROLL, PROF. DR. HARALD UHLIG, DR. CHRISTIAN VELDER,
PROF. DR. WOLFGANG WEISCHET, CARLOS WIDMANN, PROF. DR. FRIEDRICH WILHELM, PROF. DR. OTTO ZERRIES,
DR. HEINZ-GERHARD ZIMPEL

FEDERZEICHNUNGEN: HERIBERT LOSERT
GRAFIK: HERMANN SCHÄFER

DAS GESAMTWERK
BAND I: EUROPA (OHNE SOWJETUNION) – VORDERER ORIENT – NORDAFRIKA
BAND II: AFRIKA (SÜDLICH DER SAHARA) UND AMERIKA
BAND III: SOWJETUNION – ASIEN – AUSTRALIEN UND OZEANIEN – ARKTIS UND ANTARKTIS – DIE MEERE

Chefredakteur: Dr. Gert Richter
Redaktion: Hermann Josef Barth und Reela Veit (verantwortlich);
Erhard Bethke – Franz Moraller
Bildredaktion: Monika Ritter

Einband: C. Solltal

Layout: Hans Roßdeutscher und Raimund Post

Das Wort LEXIKOTHEK
ist für Nachschlagewerke
des Bertelsmann Lexikon-Verlages
als Warenzeichen eingetragen

© VERLAGSGRUPPE BERTELSMANN GMBH/BERTELSMANN LEXIKON-VERLAG
GÜTERSLOH – BERLIN – MÜNCHEN – WIEN 1974 A
GESAMTHERSTELLUNG MOHNDRUCK REINHARD MOHN OHG, GÜTERSLOH
LANDKARTEN DER KONTINENTE VOM KARTOGRAPHISCHEN INSTITUT BERTELSMANN, GÜTERSLOH
PRINTED IN GERMANY
ALLE RECHTE VORBEHALTEN – ISBN 3-570-08936-3

Hinweise für den Leser

Konzeption: Bei dem vorliegenden dreibändigen Werk handelt es sich – trotz des eher konventionellen Titels – nicht um eine geographische Länderkunde traditioneller Art, sondern um den Versuch, die einzelnen Länder und Staatengruppen in ihren vergangenheitsbelasteten Gegenwartsproblemen und in ihren Entwicklungstendenzen unter möglichst vielen – geographischen, völkerkundlichen, politischen, wirtschaftlichen, kulturgeschichtlichen – Aspekten verständlich zu machen.

Geographen stellen zwar die Mehrheit der **Mitarbeiter**, aber unter diesen sind auch Geologen, Ozeanographen, Völkerkundler, Volkswirtschaftler, Soziologen und Politologen sowie Publizisten vertreten, um eine vielseitige und facettenreiche Darstellung, eine »Bestandsaufnahme unseres Planeten«, zu geben.

Die **Gliederung** des Werkes soll es dem Leser möglichst erleichtern, den gewaltigen Stoff zu überschauen; sie soll bestimmte Grundprobleme und Entwicklungstendenzen aufzeigen. Aus dem Bestreben heraus, die Multikausalität dieser Prozesse sichtbar zu machen, wird nicht eine systematische Einzelbetrachtung aller Länder dieser Erde geboten, sondern eine Gesamtschau der politisch, wirtschaftlich, ethnologisch oder geographisch zusammengehörenden Großräume. Der optimalen Information des Lesers über die bestehenden Verhältnisse, Veränderungen und gegenseitigen Abhängigkeiten dient u. a. die Einteilung in verschiedene Kapitelkategorien:

Kapitel mit diesem Zeichen sind Einführungskapitel; sie dienen der allgemeinen Bestandsaufnahme, dem **Überblick** über die Kontinente. Alle wesentlichen Gebiete, Begriffe und Namen werden im Zusammenhang ihrer Aspekte analysiert.

Kapitel mit diesem Zeichen verfolgen bestimmte, wesentliche Teilthemen, wichtige, übergreifende Sachprobleme im **Querschnitt** und stellen die thematische Verbindung zwischen den Grundkapiteln her.

Zum Anliegen dieses Werkes gehört es, den Leser zu eigenem Denken und zum Überprüfen des gebotenen Stoffes zu veranlassen, ihn zu »aktivieren«. Diesem Zweck dienen folgende dem Band beigegebene Hilfsmittel:

»**8 Thesen**« sollen den Leser gleich zu Beginn des Werkes veranlassen, den Stoff nicht einfach gläubig hinzunehmen, sondern über alle Fakten und ihre Interpretation nachzudenken und sie auf ihre Stichhaltigkeit hin zu überprüfen.

Das »**Schwerpunktregister**« am Beginn der Bände erlaubt es, im raschen Zugriff Informationen über wichtige Aspekte zu erhalten; es fordert damit zu »alternativem« Lesen auf.

Die »**Informationskästchen**« bieten in Form von »Länder-Steckbriefen«, Tabellen, Zeittafeln, Kurzbiographien usw. eine große Zahl von Zusatzinformationen.

Die »**Literaturhinweise**« stehen in den einzelnen Beiträgen und geben eine von den Autoren getroffene, meist kommentierte Auswahl aus dem wichtigsten internationalen Schrifttum, das dem Leser ein weiterführendes Studium ermöglicht.

Bebilderung und Grafik bieten nicht bloße Illustration, sondern bemühen sich um »Veranschaulichung« der jeweiligen Großräume bzw. Länder, Landschaften, Städte usw. Die Bildauswahl fällt unter die Verantwortung des Verlages. Das gilt auch für die geschlossenen *Bilddoppelseiten*, deren Kommentartexte von den Autoren der jeweiligen Kapitel verfaßt wurden, soweit sie nicht anders gekennzeichnet sind. Die Fülle der Aspekte schloß eine Vollständigkeit in der Bebilderung von vornherein aus; andererseits war eine Wiederholung und damit einfache Aneinanderreihung immer der gleichen Hauptthemen aus Geographie, Wirtschaft, Verkehr usw. zu vermeiden. Der Verlag hat im Interesse einer für den Leser möglichst interessanten thematischen Mischung bewußt nicht bei jedem Land die geographisch, wirtschaftlich und völkerkundlich wichtigsten Themen gewählt, sondern des öfteren auch reizvollen peripheren Themen den Vorzug gegeben.

Die **Schreibweise der Personen- und der geographischen Namen** wurde von der Redaktion weitgehend derjenigen des AZ-Lexikons der LEXIKOTHEK angeglichen. Nicht »eingedeutscht« wurden indische sowie spanische bzw. portugiesische Namen wie Mexico, Ecuador, Puerto Rico, Moçambique usw.; hingegen wurden zur Vermeidung unbefriedigender sprachlicher Zwittergebilde die entsprechenden Adjektive mit deutschen Suffixen – »mexikanisch, mosambikisch« usw. – als deutsche Eigenschaftswörter betrachtet und mit deutschen Konsonanten geschrieben.

Um eine höchstmögliche **Aktualität** zu gewährleisten, wurden auch nach Redaktionsschluß eingetretene wichtige Ereignisse und Änderungen noch am Schluß von Band III (Seite 400) aufgenommen.

Einwohnerzahlen, Größenangaben, Export- und Importziffern u. dgl. entsprechen stets den letzten, offiziellen Angaben des betreffenden Landes oder der UNO, soweit nicht ausdrücklich eine bestimmte Bezugs-Jahreszahl angegeben ist; da jedoch beispielsweise Volkszählungen (besonders in außereuropäischen Ländern) nur in größeren Zeitabständen vorgenommen werden, können offizielle Einwohnerzahlen ein relativ weit zurückliegendes Bezugsjahr haben, ohne inaktuell zu sein. Die Information ist – auch bei Schätzungen – von ungeschmälertem Wert, besonders bei Vergleichszahlen.

Herausgeber und Verlag

Inhalt

Ein Ⓑ kennzeichnet Bilddoppelseiten

Schwerpunktregister 9

Thesen 10

Länder, Völker, Kontinente 12
GUSTAV FOCHLER-HAUKE

Wandel der politischen Weltkarte: neue Grenzen, neue Staaten, neue Staatsformen 12 – Eine unumstößliche Tatsache: das Ende der europazentrischen Geschichte 14 – Gescheiterte Überzeugung: ein Vierteljahrhundert »Pax americana« 15 – Einheit und Zwiespalt im Weltkommunismus: Endsieg nach einem »langen Marsch«? 17 – Probleme, Programme, Prinzipien 21 – Friedenssicherung – die größte Aufgabe der Menschheit 23

Die Entschleierung der Erde 26
HERBERT BUTZE

Europa im Aufbruch 26 – Zu fremden Küsten und Kontinenten 28 – Ⓑ Die Entschleierung der Erde 32/33

Europa 34
KLAUS FISCHER

Kontinent oder nicht? 34 – Das vielgestaltige Landschaftsbild der Halbinsel Europa 35 – Gewässer und Vergletscherung 40 – Bevölkerungsvielfalt 41 – Wirtschaftliche Intensität und Wirtschaftsverflechtung 42 – Stellung in Welthandel und Weltverkehr 44 – Wirtschaftsblöcke 45

Modelle für Europa 46
ANNELIESE SIEBERT

Vorstellungen, Pläne, Modelle vom Mittelalter bis ins 19. Jahrhundert hinein 46 – Pläne und Modellvorstellungen vom Beginn des 20. Jahrhunderts bis zum Ausbruch des Zweiten Weltkrieges 46 – Die europäischen Einigungsbestrebungen – Pläne und Modelle nach 1945 · 48

Skandinavien 52
FRANZ ROSENBERGER

Verwandte Natur, verwandte Völker im Norden Europas 52 – Aufstieg und Niedergang der nordischen Völker 52 – Ⓑ Skandinaviens Küsten 54/55 – Ⓑ Skandinaviens Holzreichtum 58/59 – Vielfältige Formenwelt zwischen isländischen Basaltplateaus, norwegischer Fjordküste und Finnischer Seenplatte 61 – Ⓑ Dänische Königsschlösser 64/65 – Klima zwischen Gunst und Härte 66 – Reiche Erde, reiche Seen und ihre Nutzung 67 – Skandinavische Gemeinsamkeiten und Unterschiede 71 – Der Norden im Umbruch 73

Die Britischen Inseln und Irland 76
HELMUT JÄGER

Vom Empire zur Europäischen Gemeinschaft 76 – Inselgruppe am Rand Europas 76 – »Das beste Klima der Welt . . .« 79 – Kulturlandschaften – Umwandlung der Natur durch den Menschen 79 – Ⓑ Das britische Parlament 80/81 – Trotz Industrialisierung: 80% des Bodens werden landwirtschaftlich genutzt 83 – Ⓑ Irische Kontraste 86/87 – Ⓑ Leben im britischen Kohlenrevier 90/91 – Forst- und Naturparks 94 – Verstädtertes und entvölkertes Land – Stadtgründungen auf grüner Wiese . . . 94 – Ⓑ Der Hyde Park – ein soziales Ventil 96/97 – Die letzte Dampflok fuhr 1968 – Modernisierung von Verkehr und Bergbau 98 – Die Regionen im Strukturwandel 99

Die Benelux-Länder 102
GERHARD MUSCHWITZ

Benelux – ein Begriff für drei europäische Staaten 102 – Ⓑ Der Kampf der Niederländer mit dem Meer 104/105 – Eine Treppe zum Meer 106 – Wer nicht will das Wasser staun . . . 107 – Nicht nur Tulpen, Käse und Pantoffeln 109 – Ⓑ Amsterdam – nur Idylle? 112/113 – Sehenswerte Städte und betriebsame Häfen 115 – Tourismus, Sprachenstreit, konfessionelle Gegensätze 119

Minderheiten in Europa 122
GUSTAV FOCHLER-HAUKE

Minderheitenfrage und Minderheitenschutz 122 – Die Epoche der Zwangsaussiedlungen und Vertreibungen in Europa 122 – Minderheiten im heutigen »Westeuropa« 122 – Minderheiten in Südosteuropa 127

Deutschland 128
GERHARD MUSCHWITZ

Kaum vereinigt, wieder geteilt 128 – Deutschland, ein Land der Vielgestaltigkeit 130 – ⒷGeschichte im Brennspiegel des Brandenburger Tores 132/133 – Landwirtschaft im Umbruch 135 – Die Rolle des Bergbaues und die industrielle Entwicklung 138 – Industrie an Neckar, Rhein, Main und Mittellandkanal 141 – Die Industrie der DDR 142 – Die Stadt als Brennpunkt der Landschaft 143 – ⒷWarum ist es am Rhein so schön? 144/145 – Reformen in West und Ost 148

Die Deutschen und ihre Nachbarn 150
HEINRICH PLETICHA

Deutschland – viele Territorialherren und ein König 150 – Das »Monstrum« von Reich zerfällt in viele Teile 152

Frankreich 154
ANNELIESE SIEBERT

Das »glücklichste Land Europas« 154 – Die »cafetière« reicht vom Mittelmeer bis zur Nordsee 155 – Entwicklung von Volk, Siedlung und Staat 157 – ⒷWeltstadt an der Seine 158/159 – Die »bäuerliche Mentalität« Frankreichs 160 – Historische Entwicklung von Volk, Siedlung und Staat 160 – Landwirtschaftsgebiete und Hauptprobleme der Land- und Forstwirtschaft 161 – ⒷZeugen französischer Geschichte 162/163 – Vom Agrarstaat zum Industriestaat 166 – Paris als Brennpunkt des politischen, kulturellen, wirtschaftlichen und gesellschaftlichen Lebens 167 – ⒷSchlösser im »Garten Frankreichs« 170/171 – Raumordnungspolitik und regionale Wirtschaftspolitik nach dem letzten Weltkrieg 172 – Allgemeine Regionalreform der »Provinz« 172 – ⒷDas Fürstentum Monaco 174/175 – Das Fürstentum Monaco 176 – Korsika 176 – Die französischen »Überseedepartements« und Frankreichs Überseebesitzungen 177

Die Schweiz, Österreich und Liechtenstein 178
WERNER LUDEWIG

Drei Länder in den Alpen 178 – Die österreichischen Bundesländer 180 – Die schweizerischen Kantone 182 – Liechtenstein 183 – ⒷDie Bezwingung der Alpen 184/185 – Geschichtliche Vergleiche 186 – Zur Weltmacht und zurück nach Österreich 186 – Der Weg der Schweiz 187 – Österreichs Weg in die Gegenwart 188 – Grundpfeiler der Wirtschaft: Industrie, Landwirtschaft und Fremdenverkehr 188 – ⒷFestspielmetropole Salzburg 190/191 – Große Städte in kleinen Staaten 193 – Kultur und Sprache 194 – Neutralität – Chance und Risiko 195

Begegnungsraum Mittelmeer 196
GERHARD HERRMANN

Ein Schauplatz von weltgeschichtlicher Bedeutung 196 – Unruhige Erdkruste – ständige Bedrohung menschlichen Bemühens 196 – Gunst und Ungunst des mediterranen Klimas 198 – Pflanzenvielfalt und Waldvernichtung 198 – Ein klassischer Raum der Völkerbegegnung 200 – Der Ansturm des Islams 201 – Der Mittelmeerraum in Neuzeit und Gegenwart 201 – Die Meerengenfrage 205 – Flotten-Demonstration 205 – Malta und die Malteser 206 – Zypern – jahrtausendealter Zankapfel 207

Italien 208
GERHARD HERRMANN

»Kennst du das Land, wo die Zitronen blüh'n...?« 208 – Das industrielle Norditalien 209 – Das »Herz Italiens« 212 – ⒷDie Vatikanstadt – Ziel von Wallfahrern 214/215 – Neapel und der Mezzogiorno 216 – Inselitalien 218 – Der Kampf um die Erschließung der unterentwickelten Gebiete 221 – ⒷVenedig – eine sterbende Stadt? 222/223 – Das faschistische Intermezzo 224 – Die innenpolitische Bühne 224

Die Iberische Halbinsel 226
GERHARD HERRMANN

Zwischen Europa und Afrika 226 – Reconquista und Inquisition – Aufstieg zur Weltmacht und Verfall 227 – Landschaftliche Vielfalt und wirtschaftliche Gunst 228 – ⒷHöhepunkte spanischer Architektur 230/231 – Vom Bürgerkrieg zum Franco-Regime 232 – Die wirtschaftliche Entwicklung 233 – Kastilier – Katalanen – Basken 235 – ⒷWein in Portugal 236/237 – Portugal, das Land an der Atlantikküste 239 – ⒷFischfang – eine wichtige Erwerbsgrundlage 240/241 – Das Wunder der Weltreichsgründung 242 – Die Ära Salazar und ihr Erbe 243

Jugoslawien und Albanien 244
HEINZ SIEGERT

Jugoslawien – Land im Übergang 244 – Der »eigene Weg zum Sozialismus« 245 – Bewahrung der Souveränität 249 – Schwer durchlässige Grenzen – Albanien 251

Griechenland 254
GERHARD HERRMANN

Griechenlands Schlüsselstellung im Mittelmeer 254 – Der politische Weg in die Gegenwart 256 – ⒷAuf den Inseln der Ägäis 260/61 – Vom Obristenregime zur Präsidialrepublik 262

COMECON-Staaten (Die europäischen Partner der Sowjetunion im RGW) 264
HEINZ SIEGERT

Das andere Europa 264 – Bulgarien – Herzland des Balkans 266 – Russen als Befreier – Deutsche als Freunde 267 –

Rumänien – »Einen gesenkten Kopf schlägt man nicht ab« 268 – Ⓑ Prag, Stadt im Herzen Europas 270/271 – Reiches Land mit ehrgeizigen Plänen 272 – Ungarn – Land der heiligen Stephanskrone 272 – Polen zwischen Hammer und Amboß 275 – Die gefährliche vierte Teilung 275 – Ⓑ Neues und neues altes Warschau 276/277 – Polen rückte nach dem Westen 278 – Land der Tschechen und Slowaken 279 – Ein führendes Industrieland im Ostblock 281 – Ⓑ Donaulandschaften 282/283 – DDR – einer der größten Maschinenexporteure der Welt 284 – Kommunismus ist nicht gleich Kommunismus 285 – Der Staatsplan ist Gesetz 287 – Der »Rat für gegenseitige Wirtschaftshilfe« 287 – Nur Empfehlungen möglich 290

Die Türkei 292
REINHARD STEWIG

Der Gegensatz zwischen Binnen- und Randlandschaften 292 – Das Kräftespiel westlicher und östlicher Einflüsse 292 – Ⓑ Griechische Antike in Westanatolien 294/295 – Regionale Unterschiede und Entwicklung der Landwirtschaft 296 – Phasen der Industrialisierung 298 – Ⓑ Anatolien: Karst und heiße Quellen 300/301 – Der Strukturwandel der Städte 303 – Verkehrserschließung im Zeichen der Landbrückenfunktion 304

Freizeitverhalten und Tourismus in Europa 306
JÖRG MAIER

Freizeit und Tourismus im gesellschaftlichen Wandel 306 – Räumliche und funktionale Differenzierung des Tourismus in Europa 307 – Auswirkungen des Tourismus 311

Das arabische Vorderasien 312
PETER SIMONS

Brücke zwischen Afrika und Asien 312 – Dürre und Erdöl – dominierende Faktoren 313 – Ⓑ Reichtum aus Erdöl 314/315 – Keimzelle unserer Zivilisation 317 – Die sozialen Verhältnisse 318 – Ⓑ Wüsten-Extreme 320/321 – Saudi-Arabien – puritanisches Königreich im Banne des Erdöls 322 – Die Scheichtümer am Golf und das Sultanat Oman 324 – Demokratische Volksrepublik Jemen – altes Weihrauchland in Gärung 326 – Die Arabische Republik Jemen – Wiederaufstieg und Verfall alter Hochkultur 327 – Ⓑ Vergängliche Kultur 328/329 – Jordanien – das umstrittene Königreich der Haschemiten 330 – Syrien – uraltes Durchgangsland am Rande der Wüste 331 – Libanon – Handels- und Finanzzentrum im Nahen Osten 333 – Irak – das historische Zweistromland 334

Israel 336
WERNER LUDEWIG

Im Berührungsraum dreier Kontinente 336 – Israels wirtschaftliche Entwicklung und sein Weg zur Nation 338 – Ⓑ Negev – Kulturland aus der Wüste 340/341

Israel und die Araber 344
WERNER LUDEWIG

Der Weg des Volkes Israel bis zur Staatsgründung 1948 · 344 – Friedlosigkeit ohne Ende 346

Die Nilländer 350
HEINZ SCHAMP

Der Nil als Lebensspender 350 – Ⓑ Energie und Wachstum aus dem Nil 354/355 – Verteilung und ethnische Struktur der Bevölkerung 356 – Die Entstehung der modernen Wirtschafts- und Sozialstruktur 357 – Die Wasserverbundwirtschaft 360 – Die Nilländer im Industriezeitalter 360 – Die moderne Agrar- und Industriewirtschaft 361 – Ⓑ Die Niloten in Sudan 362/363 – Der Urbanisierungsprozeß 366 – Politik am Nil 367

Die Maghreb-Länder 370
HORST MENSCHING

Das »Land der untergehenden Sonne« 370 – Ⓑ Menschen und Märkte in Marokko 372/373 – Natürliche Grundlagen des Lebensraumes im Maghreb 375 – Die Kolonialzeit im Maghreb 378 – Die nachkoloniale Entwicklungsphase 382

Erdforschung durch Luft- und Satellitenbild 386
HELLMUT SCHROEDER-LANZ

Methoden und Systeme der Weltraumfotografie und der Fernerkundung 386 – Satelliten geben Auskunft über das Wetter 388 – Das Satellitenbild als Helfer bei der Erstellung von Landnutzungskarten 390 – Erderforschung und -vermessung vom Weltraum aus 392

Hauptregister 396

Fotonachweis 400

Schwerpunktregister

Bevölkerung 35, 41, 42, 50–52, 70–73, 122, 127, 140, 143, 148, 157, 168, 194, 195, 199, 201, 213, 218–220, 235–239, 242, 251, 253, 258, 259, 262–265, 269, 272, 273, 279, 280, 302, 303, 312, 322, 324, 330, 331, 334–338, 343–345, 356, 357, 361–365, 370–374, 378, 379

Bodenschätze 57, 67, 68, 71, 98, 99, 106, 111, 114, 138–143, 156, 166, 167, 182, 192, 212, 219, 220, 228, 229, 232, 243, 272, 279, 298, 299, 336, 365, 380

Erdöl 219, 314–317, 322–326, 365, 380–385

Erforschung und Expeditionen 26–31, 227, 242, 279, 386–395

Erster Weltkrieg 122, 153, 205, 254, 259, 269, 275, 279, 296, 299, 345

Export 109, 111, 114, 166, 167, 189, 192, 193, 209, 240, 243, 253–255, 281, 297, 330, 342, 343, 364, 365, 369, 379

Friedensverträge 56, 57, 60, 102, 126, 128, 152, 153, 161, 187, 269, 273, 275, 278

Industrie 42–44, 57–59, 70, 74, 83, 99, 100, 111, 114, 138–143, 165–167, 180–182, 188, 192, 193, 209–211, 220, 221, 224, 228–235, 243, 248, 253, 267, 268, 272, 273, 279–285, 298–304, 319, 331, 332, 336, 342, 358, 364–367

Klima 38–40, 66, 79, 156, 169, 178–180, 182, 208, 229, 232, 239, 291, 312, 313, 317, 330, 334, 336, 352, 356, 375, 376

Kolonialismus 34, 103, 122, 177, 200, 227, 228, 243, 292, 356, 378–382

Reformen 21, 22, 75, 137, 148, 149, 165, 166, 211, 234, 243, 258, 268, 273, 274, 278, 280, 284, 287, 322, 331, 332

Religion 52, 120, 120–125, 201, 226, 253, 272–275, 280, 293, 312, 313, 317, 322, 324, 334, 350, 356

Tourismus 101, 119, 120, 165–168, 173, 180–183, 192, 193, 210, 212, 219, 220, 229, 235, 239, 255, 268, 281, 286, 306–311, 343, 367, 385

Verkehr 44, 45, 98, 99, 140, 148, 168, 169, 178, 184, 185, 192, 213, 220, 234, 254, 258, 304, 305, 322, 323, 337, 342, 343, 367, 376, 377

Vulkanismus 63, 64, 74, 196–198, 218, 219, 300, 301, 313, 317

Wirtschaft 42–45, 58, 59, 67–71, 76, 83, 85, 88, 92, 138–143, 161–176, 188–193, 216–218, 221, 224, 233–235, 245–249, 252, 253, 262, 268, 272–275, 279, 281–291, 298–302, 333, 357–367, 382–385

Zweiter Weltkrieg 17, 48, 60, 61, 122, 128–130, 146–148, 153, 204, 245, 246, 254, 259, 264, 267, 273–278, 281, 346

The

I.
Der Mensch verändert immer schneller das Gesicht seiner Welt.
Keine Erd- und keine Sozialwissenschaft für sich allein kann die
vielfältigen Strukturwandlungen der Staaten,
Wirtschaftsblöcke und politischen Bündnisse erfassen.
Interdisziplinäre Zusammenarbeit ist für unsere Zukunft unerläßlich.

II.
Die weltweite Zusammenarbeit aller Völker
hat erst in Ansätzen begonnen. Beunruhigendes Bevölkerungswachstum,
das Produktions- und Einkommensgefälle
zwischen Industrienationen und Entwicklungsländern sowie das Ringen
um die Energiereserven schaffen gefährliche Spannungen.

III.
Die Einigung Europas ist Aufgabe, noch nicht Wirklichkeit.
Die USA – längst begrenzt in ihren Möglichkeiten,
noch lange kein Land der Freiheit, aber nach wie vor
führende Wirtschaftsmacht und entscheidende Kraft der Weltpolitik –
müssen zu neuer Partnerschaft mit Europa und den
Ländern der »Dritten Welt« finden.

IV.
Die Spannungen in Lateinamerika,
in Südostasien und im Nahen Osten bedrohen den Weltfrieden.
Ohne regionale und weltweite Verständigung
münden die Sozialkonflikte in Revolutionen, die politischen und
wirtschaftlichen Auseinandersetzungen in neue Kriege.

sen

V.
Schwarzafrika, auf dem Wege, nachkoloniale Bevormundung
sowie rassistische und nationalistische Irrwege zu überwinden,
wird zur bedeutenden politischen Kraft in der Welt.

VI.
Der Polyzentrismus des Kommunismus
ist nicht mehr aufhebbar.
Seine Brennpunkte Peking und Moskau
sind in Gegenwart und Zukunft
auch für die nichtkommunistischen Staaten
von wachsender Bedeutung.
Die Sowjetunion und China brauchen ihrerseits
echte Partnerschaft außerhalb ihrer Machtsphäre.

VII.
»Wirtschaftswunder« (Deutschland und Japan!)
sind keine Garantie für Stabilität und politische Stärke.
Politische Macht schützt nicht vor Armut (China!).
Armut zwingt zu politischer Bescheidung (Indien!).

VIII.
Nationalstaatliches Denken hat sich selbst überlebt.
Atomare Bedrohung, Hunger, Erschöpfung der Energiequellen
und die schon weit fortgeschrittene
Zerstörung der natürlichen Lebensräume
zwingen zur Aufgabe der Konfrontation
und zur Kooperation.

Gustav Fochler-Hauke

Länder, Völker, Kontinente

Wandel der politischen Weltkarte: neue Grenzen, neue Staaten, neue Staatsformen

In allen Geschichtsepochen und in allen Kulturkreisen gab es in unterschiedlichem Ausmaß Grenzänderungen und damit eine Vergrößerung oder Verkleinerung von Staaten, Neubildung und Vernichtung politischer Gemeinschaften durch Krieg, Erbfall, familiäre Verbindungen von Herrschergeschlechtern und andere Ursachen. Es gab Zeiten und Erdregionen, in denen die Kleinstaaterei im Vordergrund stand, etwa im antiken Griechenland oder in Mitteleuropa nach dem Dreißigjährigen Krieg. In allen Hochkulturgebieten haben jedoch immer wieder Großreiche existiert, von denen kleinere Staatsgebilde mehr oder weniger ausgeprägt abhängig waren. Grenzstreitigkeiten hat es in den Jahrtausenden überschaubarer menschlicher Geschichte fast ständig irgendwo gegeben, zumal es sich – jedenfalls in den meisten außereuropäischen Räumen – meist nur um ungenau festgelegte Grenzen zwischen den verschiedenen Staaten handelte und mehr oder weniger breite Grenzsäume üblich waren, vor allem in dünn besiedelten und infolge der natürlichen Gegebenheiten schwierig zu kontrollierenden randlichen Landstrichen. Machtansprüche aus politischen, religiösen, ethnischen, kulturellen oder wirtschaftlichen Gründen haben stets erneut bei kleinen und großen Staaten dazu geführt, Gebiete an den eigenen Staat anzugliedern. Das Motiv, das in neuerer Zeit am häufigsten zu Grenzänderungen und staatlichen Neubildungen geführt hat, geht in seiner Wurzel auf die mit der Französischen Revolution aufgekommene Idee von der nationalen Souveränität zurück und wurde als »Selbstbestimmungsrecht der Völker« im 20. Jahrhundert in Europa von besonderer Bedeutung. Gegen diesen Grundsatz der Selbstbestimmung wurde jedoch häufig genug verstoßen, gerade auch von jenen Staaten, die auf seiner Basis Einigung und Unabhängigkeit errungen hatten. Das zeigte sich nicht zuletzt in den Friedensverträgen, die nach dem Ersten Weltkrieg abgeschlossen wurden. Die Nichtachtung dieses Selbstbestimmungsrechtes hat ständig neue Konflikte heraufbeschworen, und aus vollzogenen Teilungen erwuchsen Wiedervereinigungstendenzen mit all ihrer vielschichtigen Problematik.

Das Verlangen nach Selbstbestimmung führte auch im Rahmen der Entkolonialisierung zumindest im Bereich der westlichen Kolonialgebiete zu einer Vielzahl staatlicher Neubildungen wie wohl kaum vorher in einem vergleichbaren Abschnitt der Geschichte. Während sich die häufig angegriffene These des Anthropogeographen Friedrich Ratzel von den »wachsenden Räumen« immer mehr bewahrheitete durch politische oder wirtschaftliche Zusammenschlüsse der verschiedensten Art, entstanden gleichzeitig infolge kolonialer Grenzziehungen und kolonialpolitischer Zufälligkeiten zahlreiche Kleinstaaten in überseeischen Ländern. In Europa vermochten sich einige »Zwergstaaten« wie Andorra, Monaco, San Marino und Liechtenstein zu behaupten; in der Realität allerdings sind sie völlig abhängig von den sie umgebenden größeren politischen Gemeinschaften.

Eroberungen und Annexionen durch vom jeweils Stärkeren aufgezwungene Verträge wirken sich auch derzeit noch in Konflikten aus, selbst wenn sie schon relativ lange zurückliegen.

Daß das Selbstbestimmungsrecht je nach Macht- und Interessenslage sehr unterschiedlich verfochten oder verweigert wird, haben die vergangenen Jahrzehnte bewiesen, in Europa wie in Asien und anderen Erdregionen. Die westlichen Kolonialmächte haben, wenn man von kleinen britischen, französischen und spanischen Besitzungen und von den großen portugiesischen »Überseeprovinzen« absieht, der Selbstbestimmung im weitesten Umfang freien Lauf gelassen. Selbst Peking hat Grenzabkommen mit den meisten seiner Nachbarn geschlossen; nur gegenüber der UdSSR, mit der China in den Amur-, Ussuri- und Sinkiang-Grenzgebieten immer wieder kleinere Gefechte ausgetragen hat, sowie gegenüber Indien steht eine definitive Grenzregelung noch aus. Indien hat sich, wie die UdSSR, gegen jede Anzweiflung seiner Grenzen gewandt, obgleich sowohl für Kaschmir als auch für das Nordostgrenzgebiet Indiens keinerlei unanfechtbare Grenzverträge mit China vorhanden sind. Während es Anfang der sechziger Jahre zwischen Indien und der Volksrepublik China zu echten Kriegshandlungen kam, sind solche auf Grenzstreitigkeiten beruhende Großaktionen zwischen der UdSSR und China wohl kaum zu erwarten, sosehr offenbar Peking die Ersetzung der als »ungerecht« angesehenen Verträge aus zaristischer Zeit durch neu ausgehandelte Abmachungen anstrebt. In Europa ist die endgültige Regelung der kritischsten Grenzfrage – jene der deutschen Ostgrenze – und damit die in ihren Wurzeln durch die nationalsozialistische Politik heraufbeschworene Abschreibung der bis zur Zwangsaussiedlung nach dem Zweiten Weltkrieg jahrhundertelang von Deutschen besiedelten Ostgebiete faktisch erfolgt: durch den Vertrag zwischen der DDR und Polen vom Juni 1950 und durch die Verträge zwischen der Bundesrepublik Deutschland und der UdSSR vom August 1970 bzw. zwischen der Bundesrepublik Deutschland und Polen vom Dezember 1970. Größere Grenzfragen sind in Europa nicht mehr offen. Ein Blick auf Geschichtskarten zeigt, daß im Westen Europas die ältesten Grenzen zu finden sind – etwa die zwischen Portugal und Spanien, aber auch jene zwischen Spanien und Frankreich –, während gegen Osten zu die Grenzen jünger werden und im Osten selbst fast ausschließlich jüngsten Datums sind. Die immer engere wirtschaftliche Verflechtung und das Bestreben nach einer Vertiefung der politischen Zusammenarbeit haben zwischen den europäischen Staaten, besonders im Westen, die Staatsgrenzen ständig durchlässiger gemacht. In bescheidenem Umfang ist dies auch im Osten geschehen. Am notwendigsten bleibt eine echte Durchlässigkeit der Grenze zwischen den beiden Teilen Deutschlands. Die Zahl der offenen Grenzfragen in außereuropäischen Gebieten ist beachtlich, doch handelt es sich, vom indischen Subkontinent, von der indisch-chinesischen Grenze und vom Konfliktgebiet Nahost abgesehen, überwiegend um Streitfälle von zumindest relativ geringem Gewicht.

Während die Entstehung neuer Staaten in Europa in unserem Jahrhundert vor allem mit den Folgen des Ersten Weltkrieges, mit dem Untergang des Osmanischen Reiches, der Habsburger Monarchie und des Zarenreiches verbunden war, kam es – abgesehen von den Inselstaaten Zypern und Malta – seit dem Zweiten Weltkrieg zu keiner Dauergründung neuer Staaten auf europäischem Boden, wohl aber zum Verschwinden von unabhängigen Ländern wie Estland, Lettland und Litauen, die in die UdSSR eingegliedert wurden. Im östlichen Mitteleuropa ergaben sich einschneidende, an der Westgrenze der Bundesrepublik Deutschland geringfügige Grenzänderungen. Auch in der Neuen Welt blieb im letzten Vierteljahrhun-

Länder, Völker, Kontinente ·
Erdaufgang über dem Mondhorizont.
Unser Planet wirkt im Weltall
wie ein »leuchtender Saphir
auf schwarzem Samt«.

dert die Zahl der Neugründungen von Staaten klein, waren doch die Gebiete des spanischen Kolonialreiches durch ihren Unabhängigkeitskampf schon in den ersten Jahrzehnten des 19. Jahrhunderts souverän geworden, und hatte doch Kanada zwischen den beiden Weltkriegen seine volle Unabhängigkeit erlangt. Nun aber wurden auch die Bahamas, Barbados, Guyana, Jamaica sowie Trinidad und Tobago zu unabhängigen Staaten. Strittige Grenzen gibt es zwischen mehreren lateinamerikanischen Ländern. Ein beachtliches Problem bilden die noch unter britischer, französischer, niederländischer und US-Hoheit stehenden Besitzungen, bei denen es sich überwiegend um Inseln oder Inselgruppen handelt, deren Lebensfähigkeit als unabhängige Staaten mit Fragezeichen versehen werden muß, was auch für das ab 1974 unabhängige Grenada gilt.

Größer als in Amerika ist die Zahl der Staaten, die im Verlaufe der Entkolonialisierung nach dem Zweiten Weltkrieg in Asien souverän geworden sind, darunter Israel, Zypern – das physisch, nicht aber kulturell zu Asien gehört –, der Libanon und Syrien, Kuwait, die Demokratische Volksrepublik Jemen und – als jüngste unabhängige Mitglieder der Arabischen Welt – Bahrain, Katar, Oman und die Föderation der Arabischen Emirate am Golf. Weitaus bedeutender waren die Neubildungen durch die Entkolonialisierung Süd- und Südostasiens, entstanden doch hier Großstaaten wie Indien und Pakistan sowie Indonesien, Mittelstaaten wie Birma, Ceylon, die beiden Koreas, Malaysia, die beiden Vietnam, ferner bevölkerungsschwache Kleinstaaten wie Kambodscha und Laos sowie die räumlich große, aber in ihrer Bevölkerungszahl noch hinter dem Stadtstaat Singapur zurückstehende Mongolische Volksrepublik und der Zwergstaat der Malediven. Die Situation in den aus dem ehemaligen Französisch-Indochina hervorgegangenen Staaten blieb kritisch, und zu den großen Zukunftsproblemen gehören auch das geteilte Korea und das Schicksal Nationalchinas, d. h. des 1971 zugunsten Pekings aus der UNO ausgeschlossenen Taiwan. Die portugiesischen Restbesitzungen in Asien sind ohne größere Bedeutung. Das Schicksal des britischen Hongkong bleibt mit der Entwicklung in China eng verbunden. Die USA haben 1972 mit der Rückgabe der restlichen Ryukyuinseln – darunter Okinawa – an Japan eine labile Restposition des Sieges im Zweiten Weltkrieg geräumt. Von den an Indien angrenzenden Himalaya-Staaten ist Sikkim 1973 noch fester dem indischen Herrschaftsbereich angegliedert worden, während Bhutan seine volle Souveränität und Aufnahme in die UNO anstrebt. Kaschmir wird wahrscheinlich noch lange ein hemmender Zankapfel zwischen Indien und Pakistan bleiben. Die mit indischer Hilfe aus Pakistan herausgebrochene Republik Bangla Desh dürfte in vieler Hinsicht als einer der großen Krisenherde Asiens gelten.

Im Pazifischen Ozean sind kleine und kleinste Inselstaaten unabhängig geworden: Fidschi, Nauru, Tonga und Westsamoa. Noch aber sind hier – wie im geringeren Umfang im westlichen Indischen Ozean, wo Mauritius unabhängig wurde – zahlreiche Inselgruppen von Frankreich, Großbritannien und den USA abhängig bzw. Treuhandgebiete der USA; deren Problematik liegt – wie in ähnlicher Art in Westindien – darin, daß sie überwiegend zu klein und wirtschaftlich zu schwach sind, um als unabhängige Staaten wirklich zu gedeihen.

Weitaus am eindrucksvollsten war rein zahlenmäßig seit dem Zweiten Weltkrieg die Umwandlung abhängiger Kolonialgebiete in unabhängige Staaten in Afrika. Vor dem Zweiten Weltkrieg gab es hier nur vier unabhängige Länder: Ägypten, Äthiopien, Liberia und Südafrika. In den fünfziger Jahren wurden die Atlas-Länder sowie Ghana, Guinea, Libyen und der Sudan, seit 1960 – das Jahr, das die Geburt der meisten neuen Staaten brachte – die Mehrzahl der anderen afrikanischen Gebiete souverän. Spanien und Frankreich haben nur noch unbedeutende Restpositionen, Portugal aber hat noch seinen gesamten Kolonialbesitz in Afrika behauptet und sieht sich neben Rhodesien, dessen Souveränität umstritten ist, wohl am stärksten dem Druck der Weltmeinung, der afrikanischen Guerilla-Bewegung und der Verurteilung seitens der UNO ausgesetzt. Unter einem ähnlichen Druck steht schließlich wegen ihrer Apartheidpolitik die Republik Südafrika, allerdings unter ungleich günstigeren wirtschaftlichen und militärischen Bedingungen, die es ihr gestatten, sich in Südwestafrika zu behaupten, obwohl dieses als »Namibia« formal einem UNO-Ausschuß unterstellt worden ist. Die politische Situation in den meisten der jungen afrikanischen Staaten ist, wie an anderer Stelle ausgeführt, mehr oder weniger labil; Grenzkonflikte waren zahlreich und sind auch künftig noch zu erwarten. Die schwerste Zerreißprobe hatten zwei der größten Staaten zu bestehen: Zaire (die frühere Demokratische Republik Kongo bzw. »Kongo-Kinshasa«) und Nigeria. Bevölkerungs- und Wirtschaftskraft der afrikanischen Staaten sind außerordentlich unterschiedlich, aber zahlenmäßig stellt Afrika über drei Zehntel aller UNO-Mitglieder.

Wie sich in wenig mehr als einem halben Jahrhundert die politische Weltkarte so grundlegend wie kaum vorher verändert hat, was den Aufstieg abhängiger Gebiete zu unabhängigen Staaten betrifft, so ist auch ein ungewöhnlich rascher Wandel der Staatsformen eingetreten. Wenn man von jenen unabhängigen Commonwealth-Ländern absieht, die als ihr Staatsoberhaupt die britische Majestät betrachten – ihre Zahl verringert sich ständig –, sind nur wenige Monarchien erhalten geblieben. In Europa machten sie nach dem Sturz der Monarchie in Griechenland 1973 nur noch knapp ein Viertel der unabhängigen Staaten aus. In Afrika sind außer Äthiopien und Marokko noch einige südafrikanische Kleinstaaten Monarchien, doch dürfte deren Umwandlung in Republiken nicht mehr allzulange auf sich warten lassen. Auch in Asien haben sich ein paar Monarchien erhalten, so in Saudi-Arabien, Jordanien, in einigen arabischen Kleinstaaten, in Iran, südostasiatischen und Himalaya-Ländern und in Japan; Afghanistan wurde 1973 Republik. Die Zahl der kommunistischen bzw. »sozialistischen« Republiken dagegen ist seit dem Ausgang des Zweiten Weltkrieges stark angewachsen; die meisten befinden sich in Europa und Asien. Cuba wurde der erste kommunistische Staat in der Neuen Welt, und nach ihm sind einige andere lateinamerikanische Länder zu Republiken verschiedenartiger sozialistischer Spielart geworden. In Afrika sind die Übergänge innerhalb der demokratisch-republikanischen Staaten mit mehr oder weniger »westlichen« Strukturen fließend; im einzelnen ist eine Zuordnung zu dem einen oder anderen System kaum möglich. Einheitsparteien sind auch für viele der nichtkommunistischen jungen Staaten charakteristisch, besonders in Afrika. Die Zukunft wird einen weiteren Wandel der politischen Strukturen bringen, aber er dürfte in vergleichbarer Zeit kaum eine solche in der Grundsätzlichkeit einschneidende Umwälzung bedeuten wie in den vergangenen fünf bis sechs Dekaden.

Eine unumstößliche Tatsache: das Ende der europazentrischen Geschichte

Fast ein halbes Jahrtausend lang war es mehr oder weniger berechtigt, das europazentrische Geschichtsbild in der politischen Realität als allgemeinverbindlich aufzufassen. Die großen und auf alte Traditionen zurückgehenden außereuropäischen Reiche, ihre Politiker, Denker und religiösen Vorstellungen, sie waren zwar mit einem für sie gültigen Weltbild verbunden, aber in der Wirklichkeit bestand diese Welt nur aus Ausschnitten unterschiedlicher Größe, mochte auch vor Beginn des Entdeckungszeitalters zumindest in der Alten Welt die in den jeweiligen Kulturzentren – etwa in Indien, China oder Vorderasien – erworbene und ins Bewußtsein gerückte Welt in ihren Ausmaßen kaum geringer gewesen sein als im mittelmeerisch-europäischen Kulturkreis. Das begann sich zu ändern, als sich seit dem ausgehenden 15. Jahrhundert die Schwerpunkte der politischen und machtpolitischen Aktivität an die atlantischen Gestade und an die Küsten ihrer Nebenmeere verlagerten, als Portugal und Spanien ihre Kolonialreiche gründeten und ihnen im Laufe der Zeit die Niederlande, England und Frankreich und, erst ganz spät, Italien und das Deutsche Reich als Kolonialmächte folgten. Immer wieder, auch in jüngster Zeit, wurden über diese fünfhundertjährige europäische Übersee-Macht Pauschalurteile gefällt, die längst nicht mehr aufrecht zu halten sind und die u. a. Alexander von Randa mit folgenden Worten zurückwies: »Genauer besehen erweist sich das Halbjahrtausendjährige der europäischen Weltherrschaft nicht als eine Einheit. Weder Europa hat sich im Laufe der fünf Jahrhunderte einheitlich verhalten, noch seine Völker.« Deutschland, Italien und zeitweise auch Frankreich, in denen lange Zeit das europäische Schwergewicht gelegen hatte, fielen zurück, England verstand es, seit dem 18. Jahrhundert von Nordamerika bis nach Vorder- und Südasien und in den Pazifik hinein die Vormacht zu übernehmen und durch seine europäische Gleichgewichtspolitik möglicherweise aufkommende Rivalen im Schach zu halten.

Der Erste Weltkrieg hatte die Russische Revolution zur Folge und damit das Aufkommen einer neuen, auf sozialistischer Basis gegründeten Macht, die zwar vor allem auch das übrige Europa in ihren Bann zu ziehen trachtete, darüber hinaus aber die Weltrevolution erstrebte. Sieger indes waren eigentlich die USA geworden, endgültig den europäischen Ländern überlegen und in schwankender Weise ihre Geschicke mitbestimmend. Die koloniale Macht Frankreichs und Großbritanniens vergrößerte sich territorial noch einmal, aber sie trug doch bereits den Keim des Verfalls in sich. London vermochte mit der Schaffung des Commonwealth of British Nations, wie es zunächst hieß, seinen Einfluß nur vorübergehend zu behaupten. Schon in jener Zwischenkriegszeit aber war Europa längst nicht mehr Mittelpunkt der Welt, weder finanziell noch politisch oder machtpolitisch. Als Hitler unter Ausnutzung der labilen Gesamtsituation den Zweiten Weltkrieg auslöste und sozusagen einen historischen Augenblick lang Europa unter seine brutale Macht zwang, mit dem Ziel, es weltpolitisch zu einer entscheidenden Kraft zu machen, da verbanden sich die gegensätzlichsten Länder, darunter die stärksten von allen, die USA und die UdSSR, um den wahnsinnigen Hegemonialanspruch zum Scheitern zu bringen. Dieses Ziel wurde auch erreicht, aber der größere Teil Europas war zerstört. In der Mitte des einst weltbeherrschenden Europa trafen sich nun die Machtfronten von Staaten mit konträren Zielsetzungen, die beiden einzigen übriggebliebenen Weltmächte: die Sowjetunion und die Vereinigten Staaten von Amerika.

Die europäischen Kolonialmächte wurden in erstaunlich kurzer Zeit von den beherrschten Völkern, aber mehr noch aus sich heraus zur Abdankung gezwungen. Sie mußten, wie die anderen Länder Europas und die übrigen Staaten, ihre ganze Kraft auf ihre Selbstbehauptung verwenden. Dabei verengte sich, wie der US-Amerikaner G. W. Ball einmal formulierte, ihr Blickwinkel notgedrungen auf ihre ureigensten Probleme. Der früh verstorbene W. Besson empfand die weltpolitische Orientierung der europäischen Länder geradezu in einem »deplorablen Zustand«. H. Wenger drückt sich in ähnlicher Weise aus und unterstreicht die Schwäche Europas: »Der weltpolitische Provinzialismus der Europäer erweist sich als eine Funktion ihres minderen machtpolitischen Status, den zu leugnen oder zu überspielen, von wem immer es auch in Angriff genommen wird, eher peinlich wirkt und von Mißerfolg gekrönt wird«. Der französische Soziologe Raymond Aron verhält sich vergleichsweise sogar noch pessimistischer: »Der historische Untergang der europäischen Nationen ist durch die beiden Weltkriege des 20. Jahrhunderts beschleunigt worden. [...] Die Entwertung der Nationen erhält in unserer Zeit die Züge eines unwiderruflichen Schicksals. Die annähernde Proportionalität zwischen Kraft und Hilfsquellen, zwischen Hilfsquellen und Zahl der Menschen und der Rohstoffe, zwischen mobilisierbarer Kraft und Macht bietet keine Hoffnung, daß der Genius eines Führers oder die Tugend eines Volkes das Gesetz der Zahl umstoßen könnte.«

Diese Auffassungen gelten sicherlich für die einzelnen europäischen Staaten – auch für Frankreich mit seiner hauptsächlich auf afrikanische Länder gestützten Communauté Française, und selbst für Großbritannien, das im Commonwealth of Nations eine sich ständig verringernde Rolle spielt. Sie gelten jedoch keineswegs für ihre Gesamtheit, wie sich besonders durch den Aufbau und den Erfolg der europäischen Gemeinschaften erwiesen hat. Allerdings: Die europazentrische Geschichte ist ein Teil der Vergangenheit. Aber ungeachtet aller Probleme und Krisen und der sich aus ihnen möglicherweise künftig ergebenden Gefahren ist der »Westen« Europas eine weltpolitisch, weltwirtschaftlich und kulturell nicht zu übersehende Kraft; er muß jedoch mehr als je auf der Hut sein, um sie nicht noch einmal aufs Spiel zu setzen. In einer Welt, die machtpolitisch polyzentrisch geworden ist, weisen einige Großräume weit bessere Entwicklungsmöglichkeiten auf als der »Kulturerdteil Europa«, der jahrhundertelang die Geschicke der Welt weitgehend bestimmte.

Gescheiterte Überzeugung: ein Vierteljahrhundert »Pax americana«

Gewiß waren die USA schon nach dem Ersten Weltkrieg zur Weltmacht aufgestiegen, begünstigt durch die Schwächung Europas nach dem furchtbaren Aderlaß des Krieges, durch den Zusammenbruch des Zarenreiches, den die Sowjetunion erst nach jahrzehntelangen Opfern ihrer Bevölkerung voll zu überwinden vermochte, und durch die gerade in Nordamerika zu vorher ungeahnter Höhe entwickelte Beherrschung aller technisch-naturwissenschaftlich-organisatorischen Möglichkeiten. Dennoch brachte erst der Zweite Weltkrieg mit allen seinen Folgen den Aufstieg der USA zur zumindest zeitweise einzigen echten Weltmacht. Zwischen 1945 und 1949, d. h. in den Jahren, in denen die USA allein über Atomwaffen verfügten, war vielleicht rein macht- und militärpolitisch gesehen die Kulmination der jungen Weltmacht erreicht, da nur sie über Vernichtungsmöglichkeiten früher nie gekannten Ausmaßes entscheiden konnte. Der Höhepunkt des weltpolitischen und weltwirtschaftlichen Einflusses wurde jedoch erst in der folgenden Zeit erreicht. Das ein Jahrhundert vorher – 1845 – durch John O'Sullivan aufgebrachte Schlagwort vom »Manifest Destiny«, von der »offenbaren Bestimmung« Nordamerikas, sich über den ganzen Kontinent auszubreiten, war längst einflußmäßig auf große Teile der Welt ausgeweitet worden. Die siegreiche Mitentscheidung der beiden größten Kriege der Menschheit, das ungestüme Wachstum der wirtschaftlichen und finanziellen Kräfte, denen gegenüber die alten europäischen Mächte immer mehr zurückgefallen waren, und nicht zuletzt der alteingewurzelte, keineswegs auf unangefochtener Basis beruhende, aber im Bewußtsein verankerte Missionsdrang, mit den amerikanischen Idealen die ganze Welt zu beglücken, alles dies führte schließlich zu der Auffassung, daß nun für die USA die Zeit gekommen sei, die Last der Weltverantwortung zu übernehmen. Dieses Bewußtsein, das viele führende Männer und selbst breite Schichten erfüllte, erhielt im Laufe der Jahre noch einen verstärkten Auftrieb durch den als Herausforderung empfundenen Wiederaufstieg der Sowjetunion, die sich imstande zeigte, auch im Kernwaffenpotential den Wettbewerb mit der »Führungsmacht des Westens« aufzunehmen.

Das nichtkommunistische Europa hatte dieser Entwicklung nichts entgegenzusetzen. Es konnte nur versuchen, zwischen den beiden Weltmächten seine Eigenständigkeit wenigstens in gewissen Grenzen zu behaupten. Es war kaum imstande, eigene politische Ideen von größerer Tragweite zu entwickeln; es fügte sich mehr oder weniger freiwillig den wechselnden weltpolitischen Konzeptionen der USA. Selbst seine wirtschaftlichen und politischen Einigungsbestrebungen fußten, wenn man von den Mahnungen Winston Churchills absieht, weitgehend auf US-amerikanischer Initiative und Hilfe. Natürlich war mit dieser US-Hilfe, wie später mit der US-Entwicklungs- und Militärhilfe überhaupt, durchaus politische Zielsetzung verbunden, mochte sie im einzelnen auch Wandlungen erfahren. Durch die schon bald nach dem Zweiten Weltkrieg eintretende Ernüchterung zwischen den Alliierten, mit dem Erstarken der Sowjetunion und deren zunehmendem Einfluß in den mittel-, ost- und südosteuropäischen Ländern, mit dem Ausbruch des »Kalten Krieges« traten die wirtschafts-, gesellschafts- und machtpolitischen Gegensätze immer deutlicher hervor. Die außenpolitische Aktivität Washingtons setzte schließlich alle vorteilhaft erscheinenden Mittel ein, um den Kommunismus an einer weiteren Expansion zu hindern und seiner Ideologie eine eigene entgegenzusetzen, wobei schließlich die Illusion aufkam, alles, was für die USA gut sei, müsse auch für die übrige Welt gut sein.

Es ist sicherlich nicht von der Hand zu weisen, daß das Anliegen, Vormacht der nichtkommunistischen Welt zu sein, im Sinne der Bewahrung freiheitlicher Demokratie ernst gemeint war, wenn auch stets eigene politische und wirtschaftliche Interessen mitsprachen. Die sogenannte Truman-Doktrin war jedenfalls in erster Linie darauf ausgerichtet, die Umwandlung weiterer Länder in kommunistische Staaten zu unterbinden, besonders in Südosteuropa. Diesem Ziel diente auch das »Punkt-Vier-Programm« von 1949, der Ansatz weltweiter Entwicklungshilfe: Durch wirtschaftliche Stärkung schwacher, unentwickelter Länder sollte nicht nur an den Flanken des »Eisernen Vorhanges«, sondern überall, wo es notwendig schien, der Ausbreitung des Kommunismus im Sinne des »Containment« Einhalt geboten werden, wobei neben der Wirtschaftshilfe die Militärhilfe ständig an Gewicht zunahm. »Mit dem Ausbruch des Korea-Krieges im Juni 1950 gewann der Militäraspekt der Auslandshilfe absolute Präponderanz. Die subtilere Strategie der Eindämmung durch soziale Immunisierung, wie sie Truman entworfen hatte, schien gänzlich ungeeignet, dem roten Expansionismus Grenzen zu setzen. China war gerade verlorengegangen, in Korea mit knapper Not gerade ein Desaster vermieden worden, in den USA selbst nahm die Kommunistenfurcht die panischen Züge der Massenhysterie an (,McCarthyism'). [...] Im November 1952 wurde zum ersten Mal nach zwanzig Jahren ein republikanischer Präsident, General Eisenhower, gewählt, und mit ihm begann die im Wahlkampf versprochene Neuorientierung der US-Außenpolitik, die als ,Dulles-Ära' in die Geschichte des ,Kalten Krieges' eingegangen ist. [...] Militärpakte und Beistandsabkommen sollten das sozialistische Lager zernieren und die Ausbreitung des kommunistischen Bazillus mit Waffengewalt verhindern, womöglich befallene Weltgegenden wieder desinfizieren helfen (Roll-Back-Strategie). [...] In der Containment-Strategie der Ära Dulles bewies sich wieder einmal das Unvermögen, progressistische Bestrebungen anders zu begreifen denn als tükkisch eingefädelte Subversionen von außen. Von daher das fatale Allianzsystem mit vielen, in jeder Beziehung höchst fragwürdigen Regimen [...]« (Reinhard Kapferer). John Foster Dulles, US-Außenminister von 1953 bis 1959, verfolgte gegenüber dem Ostblock eine »Politik der Stärke«, gestützt auf die Androhung massiver Vergeltung von Agressionen durch Atomwaffen und auf Kollektivbündnisse, wie die zum Schutz Westeuropas bereits 1949 gegründete »Nordatlantikpakt-Organisation« (NATO). Im Gegensatz zur NATO, die ihren Zweck bisher erfüllte, waren der 1955 zur Verteidigung des Nahen Ostens ins Leben gerufene, von den USA geförderte »Bagdad-Pakt« – die spätere »Zentrale Paktorganisation« (CENTO) – und die im selben Jahr in Kraft getretene »Südostasienpakt-Organisation« (SEATO), wie sich immer mehr erweisen sollte, Fehlschläge; sie vermochten keines der gestellten Ziele zu erreichen. Die verschiedenen US-amerikanischen Interventionen in beiden Hemisphären brachten den USA immer mehr den Vorwurf des »Imperialismus« bzw. des »Neoimperialismus« ein, der u.a. vom dominikanischen Politiker Juan Bosch auch als »Pentagonismus« bezeichnet worden ist.

Als der Demokrat John F. Kennedy 1961 Präsident der USA geworden war, schien sich eine wesentliche Änderung der Washingtoner Außen- und Auslandshilfspolitik anzubahnen. Kennedy versuchte durch eine elastischere Haltung den »Kalten Krieg« zu überwinden, durch die Aufstellung des Friedenskorps (Peace Corps) und u.a. durch die Lateinamerika zugedachte »Allianz für den Fortschritt« der Entwicklungshilfspolitik einen partnerschaftlichen Sinn zu geben. Dennoch kam es gerade unter seiner kurzen Präsidentschaft zu besonders schweren Krisen, zu Konflikten mit der Sowjetunion Chruschtschows; so im August 1961 zur Berlin-Krise, vor allem aber durch die Lieferung sowjetischer Raketen an Cuba im Oktober 1962 zur sogenannten Cuba-Krise, die nahe an einen Weltkonflikt heranführte. Auch der Versuch, mit dem kommunistischen China zu einer Entschärfung der Gegensätze zu kommen, gelang zunächst nicht. Durch die – trotz aller eigenen Bedenken – erfolgende Entsendung von US-Militärspezialeinheiten nach Südvietnam zur Unterstützung der südvietnamesischen Regierung gegen die kommunistischen Vietkong wurde noch unter Kennedy einer der verhängnisvollsten Schritte der jüngsten US-Außenpolitik eingeleitet, der unter seinem Nachfolger Lyndon B. Johnson die USA in einen Krieg ohne jede Aussicht auf Erfolg verwickelte, dem militärischen und moralischen Ansehen des Landes in der ganzen Welt schwersten Abbruch tat und im eigenen Lande zu gefährlichen Konfrontationen führte. Die USA hatten sich durch ihre politischen und militärischen Verpflichtungen kollektiver und bilateraler Art schließlich weltweit so stark engagiert, daß ihre wirtschaftliche und moralische Basis ins Schwanken geriet. Die noch vor der Mitte der fünfziger Jahre entwickelte Domino-Theorie, deren Aufstellung Dulles zugeschrieben wird, war in vieler Hinsicht zum Fallstrick für die USA geworden. Nach ihr reißt ein fallender

Stein nach und nach alle anderen mit, d. h., gerät ein Land unter den Kommunismus, folgen ihm auch die benachbarten Länder dorthin nach, wenn diesem Vorgang nicht entgegengetreten wird. Für Südostasien begann diese Theorie sich zu bewahrheiten, und sie mag auch für andere Teile der Welt nicht ungültig sein. Die USA aber vermochten das »Fallen der Steine« in Südostasien nicht aufzuhalten, so groß auch ihr militärischer Einsatz wurde, denn die Verantwortlichen weigerten sich oder waren offenbar außerstande, die wirklichen Ursachen des Konfliktes und die Möglichkeiten ihrer Lösung zu sehen.

Die Entwicklung auf den Kriegsschauplätzen in Südostasien, die wachsenden Krisenerscheinungen in den USA selbst und die endlich gewonnene Erkenntnis, daß sich die USA einfach in ihren außen- und militärpolitischen Verpflichtungen – im Sinne der Formel des »overcomitment« – übernommen hatten, führten unter Richard M. Nixon zur Politik einer Vietnamisierung des Indochina-Krieges, zu verstärkten Bemühungen um Entspannung und Abrüstung, zu einem etappenweisen Rückzug aus Asien, dem nach Befürchtungen mancher Kenner der Gesamtproblematik einmal auch eine ähnliche Entwicklung in Europa folgen könnte, so sehr auch noch immer einflußreiche Kreise in den USA dieses Engagement als »Schutzschild der freien Welt« betrachten mögen. »The Arrogance of Power«, wie William Fulbright wesentliche Teile der US-Nachkriegspolitik in einem Buch genannt hat, ist zusammengebrochen; ob sich künftig eine neue Art von Isolationismus bemerkbar machen wird, ist noch nicht abzusehen. Das weltpolitische Sendungsbewußtsein der USA ist im Abklingen, denn der Glaube an die Berechtigung, mit gutem Gewissen den Weltgendarmen spielen zu müssen und zu können, hat sich zu verflüchtigen begonnen. Jedoch der Versuch, durch einen radikalen Wandel in der China-Politik der Tatsache Rechnung zu tragen, daß mit dem Aufstieg Pekings eine neue Epoche in der Weltpolitik begonnen hat, dürfte dafür sprechen, daß Washington ein wesentliches Mitbestimmungsrecht in weltpolitischen Vorgängen zu behaupten gewillt ist, wobei es neuerdings offenbar durch einen gewissen Ausgleich mit der Sowjetunion ganz allgemein größere Entscheidungsfreiheit zu gewinnen hofft.

Einheit und Zwiespalt im Weltkommunismus: Endsieg nach einem »langen Marsch«?

Rund vier Generationen sind seit dem »Kommunistischen Manifest« von Karl Marx und Friedrich Engels vergangen, über ein halbes Jahrhundert liegt die Russische Oktoberrevolution zurück, und 1972 waren es fünfzig Jahre, daß sich die auf dem Territorium des untergegangenen Zarenreiches gebildeten sozialistischen Republiken zur »Union der Sozialistischen Sowjetrepubliken« (UdSSR) zusammenschlossen. Noch ist Lenins Traum von der Weltrevolution nicht erfüllt, aber der Kommunismus hat in seinen verschiedenen Auslegungen auf dem langen Marsch in die Zukunft einen weiten Weg zurückgelegt, mit vielen Umwegen, doch auch mit vielen Erfolgen, abwechselnd gefördert und behindert zugleich durch sozialistische Planung, durch gewollte und ungewollte Kriege und Bürgerkriege. Der schon unter Lenin sich immer wieder abzeichnende Widerspruch zwischen marxistischen Zielstrebungen und den Erfordernissen wirtschaftlicher und machtpolitischer Realitäten ist bis heute lebendig geblieben. Der Streit um die »richtige« Auslegung des Marxismus-Leninismus hat zahlreiche

Der 50 cm große »Erdapfel« von Martin Behaim (hier ein Ausschnitt von Europa und Asien) ist der älteste erhalten gebliebene Erdglobus. Er wurde 1492 fertiggestellt.

Krisen heraufbeschworen, ungezählte Opfer gefordert, aber auch die endgültige ideologische Verhärtung verhindert. Der Neomarxismus der »Neuen Linken« der verschiedensten sozialistischen Gruppen in den industrialisierten Ländern entstand aus der Einsicht, daß hier mit anderen Konzeptionen und Methoden als in den Staaten des »orthodoxen« Kommunismus versucht werden müsse, den Kapitalismus und die auf ihm beruhende Gesellschaftsordnung zu beseitigen. Die Entwicklung des Kommunismus wäre wahrscheinlich einen ganz anderen Weg gegangen, wenn nicht Stalin die Ausübung der Gewalt im Namen des Proletariats, was grundsätzlich auch von Lenin gerechtfertigt wurde, konsequent dazu verwendet hätte, zunächst einmal den Sozialismus in einem Land zu verwirklichen. Bis in die allerjüngste Zeit hinein war allein die UdSSR in der Lage, die letzte Garantie dafür zu geben. Nur sie konnte effektiv den kommunistisch gewordenen Ländern die Selbstbehauptung ermöglichen und den Sozialismus in den anderen Staaten ideologisch, politisch und wirtschaftlich-finanziell fördern. Der Zweite Weltkrieg, der die Sowjetunion vor ihre härteste Bewährungsprobe stellte und ihre Entwicklung um Jahre zurückwarf, brachte mit dem nun systematisch zur Stärkung der Abwehr propagierten Sowjetpatriotismus ganz neue Akzente, die mit dem Wiedererstarken des Riesenstaates sich mehr und mehr machtpolitisch auszuwirken begannen, so daß Bahnen eingeschlagen wurden, wie sie vorher nur den »imperialistisch-kapitalistischen« Ländern vorgeworfen worden waren. Die unter Stalins engem Mitarbeiter Chruschtschow eingeleitete Entstalinisierung, die für kurze Zeit das Ende des Personenkultes ergab und für die Sowjetgesellschaft in vielen Sektoren eine Auflockerung des materiellen und geistigen Zwanges bedeutete, war ein Ventil; sie führte zu einer, wenn auch beschränkten innenpolitischen Entspannung, die allerdings später durch neue Männer wie Breschnew eingedämmt wurde, sobald sie für den ungeteilten Führungsanspruch der Partei und die von ihr angestrebten Ziele als bedrohlich erschien. Das Ende des stalinschen Terrors, die gegenüber jener Zeit größere wirtschaftliche und geistige Bewegungsfreiheit und die Sicherung des Vorranges der Parteiführung mit neuen Mitteln ermöglichten es schließlich, auch weltpolitisch der Entspannung im Sinne einer vorläufigen Koexistenz verschiedener Gesellschaftssysteme eine Gasse zu bahnen, in der Erwartung, auf diese Weise einem kommunistischen Endsieg früher als mit den bisherigen Methoden nahezukommen. Die gemeinsam mit Verbänden anderer Mitglieder des 1955 geschlossenen Warschauer Vertrages 1968 erfolgte Intervention in der Tschechoslowakei war ein deutliches Zeichen dafür, wieweit die UdSSR gewillt ist, eigene Wege im Kreise der Verbündeten hinzunehmen. Die im Westen mitunter als Breschnew-Doktrin bezeichnete Tendenz der KPdSU innerhalb des sozialistischen Lagers hat Andrej Gromyko am 3. Oktober 1968 in einer Rede vor der Vollversammlung der Vereinten Nationen klar umrissen: »Die sozialistischen Staaten können und werden keine Situation dulden, bei der die Lebensinteressen des Sozialismus geschmälert werden und ein Anschlag auf die Unantastbarkeit der Grenzen der sozialistischen Gemeinschaft und damit auf die Grundlagen des internationalen Friedens unternommen wird.«

Während im Westen die Konvergenztheorie – nach der sich unter dem Sachzwang der weltweiten Industrialisierung eine Annäherung der »kapitalistischen« und der »sozialistischen« Systeme ergeben müsse, weil nun einmal unter allen denkbaren Wirtschafts- und Sozialstrukturen nur eine optimale möglich sei – in den verschiedensten Kreisen einen fruchtbaren Boden findet, wird sie in den kommunistischen Ländern scharf abgelehnt, könne und dürfe es doch zwischen den Vertretern und Gegnern des Sozialismus keine echten Gemeinsamkeiten geben. Der Sieg werde allein dem Sozialismus gehören. Ein Wandel durch Annäherung, wie er sich aus dieser Theorie ergebe, könne nur als Versuch zur Zersetzung des Sozialismus betrachtet werden. Nicht nur sei in politisch-ideologischer Beziehung eine Konvergenz der Gesellschaftssysteme ohnehin völlig ausgeschlossen, sondern die Theorie gehe auch im ökonomischen Bereich von einem verzerrten Bild der sozialistischen Wirklichkeit aus.

Eine volle Einheit hat es in der kommunistischen Weltbewegung nie gegeben, selbst nicht in der Komintern, die »zur Organisierung der Proletarier der verschiedensten Länder« zwecks »Errichtung der Diktatur des Proletariats«, »zur vollen Beseitigung der Klassen« und zur »Verwirklichung des Sozialismus, der ersten Stufe der kommunistischen Gesellschaft«, geschaffen worden war. Stalin hatte sie mit wechselnder Taktik eingesetzt, u.a. auch zur Bildung von Volksfrontregierungen in nichtkommunistischen Ländern; aber selbst er hat nie – auch nicht durch Gewaltakte – völlige Einheitlichkeit erzwingen können. Aus taktischen Gründen wurde die Komintern 1943 in Hinblick auf die Zusammenarbeit mit den westlichen Alliierten aufgelöst. Die 1947 gegründete Nachfolgeorganisation, das »Kommunistische Informationsbüro« (Kominform), hat nie die Bedeutung der Komintern erlangt. Der Bruch zwischen Tito und Stalin bedeutete für das Kominform einen großen Prestigeverlust, zumal der Kampf gegen die »titoistische Häresie« vergeblich blieb. Chruschtschow bahnte schließlich eine Versöhnung mit Jugoslawien an, was praktisch einer bedingten Hinnahme eines eigenen, von Moskau mehr oder weniger unabhängigen Weges zum Sozialismus gleichkam. Obwohl 1956 das Kominform aufgelöst wurde, beharrte letztlich Chruschtschow – wie später sein Nachfolger – auf dem grundsätzlichen Führungsanspruch der KPdSU. Auf der im Juni 1969 in Moskau abgehaltenen Dritten Internationalen Beratung der kommunistischen und Arbeiterparteien, an der 75 Parteien und zusätzliche Beobachter vertreten waren, aber u.a. das kommunistische China fehlte, traten jedoch die vorhandenen Differenzen zwischen den einzelnen Parteien deutlich hervor, wobei besonders die italienische und die rumänische KP-Delegation ihre differenzierten Standpunkte innerhalb des Weltkommunismus betonten. In der Schlußresolution vom 17. Juni 1969 wurde dieser Tatsache vorsichtig Rechnung getragen, heißt es doch in ihr u.a.: »Die Teilnehmer der Beratung sind davon überzeugt, daß die Wirksamkeit der Politik einer jeden Partei von ihren Erfolgen im eigenen Land und von den Erfolgen der anderen Bruderparteien, vom Niveau ihrer Zusammenarbeit abhängt. Jede kommunistische Partei ist für ihre Tätigkeit vor der eigenen Arbeiterklasse und dem eigenen Volk sowie gleichzeitig vor der internationalen Arbeiterklasse verantwortlich. [...] Jede Partei arbeitet ihre Politik völlig selbständig aus, indem sie sich von den Prinzipien des Marxismus-Leninismus leiten läßt und die konkreten nationalen Bedingungen berücksichtigt. [...] Zugleich darf die Vielfalt der Bedingungen für die Tätigkeit der kommunistischen Parteien [...] den koordinierten Handlungen der Bruderparteien auf internationalem Gebiet, besonders in den grundlegenden Fragen des antiimperialistischen Kampfes, nicht im Wege stehen.« Seit 1969 hat sich auch gerade in Fragen der Handelspolitik oder etwa in den Maßnahmen zu Wirtschaftsreformen in den Mitgliedländern des »Rates für gegenseitige Wirtschaftshilfe« (RGW/COMECON) eine z.T. unterschiedliche Praktik gezeigt, aber die Versuche zu einer weiteren Intensivierung der Kooperation innerhalb des RGW wurden konsequent weitergeführt. In allen Ländern, auch in solchen wie Jugoslawien und Rumänien, die als erste nach dem Westen hin eine relativ große Aufgeschlossenheit hinsichtlich einer wirtschaftlichen Kooperation zeigten, wurden jedoch, wie sich seit 1970/71 zeigte, Erscheinungen, die eine Schwächung der unbedingten Führung durch die Partei bzw. eine »ideologische Aufweichung« befürchten ließen, mit allem Nachdruck bekämpft.

Die Koexistenz-Politik wurde 1969 in der Schlußresolution – und in vielen Publikationen und Reden kommunistischer Politiker – bejaht, aber auch eindeutig in ihrer Tendenz festgelegt: »Die Politik der friedlichen Koexistenz widerspricht nicht dem Recht der unterdrückten Völker, im Kampf um die Befreiung die Mittel anzuwenden, die sie für notwendig erachten, den bewaffneten oder nichtbewaffneten Weg zu beschreiten. [...] Diese Politik bedeutet weder die Aufrechterhaltung der bestehenden sozialen und politischen Verhältnisse noch eine Abschwächung des ideologischen Kampfes. Sie trägt zur Entwicklung des Klassenkampfes gegen den Imperialismus im nationalen und internationalen Maßstab bei. Das unveräußerliche und unbestreitbare Recht und die Pflicht der Werktätigen und ihrer kommunistischen und Arbeiterparteien in den kapitalistischen Ländern ist der entschlossene Klassenkampf [...] für die Errichtung der sozialistischen Macht, gleich auf welchem Wege.«

Im Gegensatz zu den Zweifeln der westlichen Weltmacht, der USA, sowie mancher ihrer Verbündeten an der Richtigkeit des von ihnen in den letzten Jahrzehnten eingeschlagenen Weges hinsichtlich der künftigen Gesellschafts-, Wirtschafts- und Außenpolitik zeigte sich auf der kommunistischen Weltkonferenz von 1969 und prinzipiell auch in den seither vergangenen Jahren zumindest proklamatorisch eine unerschütterliche Überzeugung von der Richtigkeit der kommunistischen Politik, wobei unter Hinweis auf Krisen der NATO und auf die gesellschaftlichen und wirtschaftlichen Zwiste und Schwierigkeiten der westlichen Länder 1969 in Moskau festgestellt wurde: »Im letzten Drittel unseres Jahrhunderts ist die Menschheit in eine Situation eingetreten, in der sich die geschichtliche Auseinandersetzung zwischen den Kräften des Fortschritts und der Reaktion, zwischen Sozialismus und Imperialismus zuspitzt. Schauplatz dieser Auseinandersetzungen ist die ganze Welt, sind die wichtigsten Bereiche des gesellschaftlichen Lebens: die Wirtschaft, die Politik, die Ideologie und die Kultur. [...] Der auf einem Drittel des Erdballs triumphierende Sozialismus hat im weltweiten Kampf um die Hirne und Herzen der Menschen neue Erfolge errungen. Die Ereignisse des letzten Jahrzehntes haben die Richtigkeit der marxistisch-leninistischen Einschätzung des Charakters, des Inhalts und der Haupttendenzen der gegenwärtigen Epoche bestätigt. Unsere Epoche ist die Epoche des Übergangs vom Kapitalismus zum Sozialismus.«

Sosehr auch Peking dem letzten Satz zustimmen mag, unerbittlich widerspricht es der KPdSU, seit es 1959/60 aus ideologischen und wirtschaftlich-politischen Gründen zum Bruch mit Moskau gekommen ist, u. a. angeblich, weil von diesem das kommunistische China als eine potentielle Bedrohung der sowjetischen Führungsstellung angesehen wurde und angesehen wird. Letzten Endes ist der ideologische Grund für den Gegensatz zwischen Moskau und Peking – der bisher für den Weltkommunismus die gefährlichste Spaltung bedeutet – darin zu sehen, daß es nach Auffassung der KPdSU in der Sowjetunion keine antagonistischen Klassen mehr gebe, während nach Mao Tse-tung auch in einem sozialistischen Staat der Klassenkampf unerbittlich weitergehen müsse, da zumindest unter der Oberfläche kapitalistisch-bourgeoise Ideen noch lange weiterwirkten. Die Vorrangigkeit von Produktion und Technik sei nicht nur typisch für die UdSSR, sondern für alle Revisionisten; eine solche Haltung aber müsse letztlich den Zusammenbruch des Sozialismus herbeiführen. Mao sah in Liu Schao-tschi und dessen Anhängern Revisionisten Moskauer Art am Werk. Um sie auszuschalten, nahm er alle Gefahren der 1965 beginnenden »Großen Proletarischen Kulturrevolution« in Kauf. In chinesischen Veröffentlichungen, die anläßlich von Lenins hundertstem Geburtstag und des hundertsten Jahrestags der »Pariser Kommune« 1970 bzw. 1971 erschienen sind, werden die führenden sowjetischen Politiker als Renegaten bezeichnet, die im Namen Lenins Sozialimperialismus, Sozialfaschismus und Sozialmilitarismus betreiben. Seit Chruschtschow habe sich eine neue privilegierte Klasse in der UdSSR gebildet, die als eine Art »kapitalistisches Kollektiv« die Produktionsmittel beherrsche. »Der Wandel der gesellschaftlichen Struktur zeige sich vor allem im Aufbau einer sozialen Stufen- und Rangordnung, in der Wiedererrichtung einer bourgeois gesteuerten Hierarchie, womit sich die privilegierte Klasse Möglichkeiten für eine neue Ausbeutung des Arbeiters zugunsten der eigenen finanziellen Besserstellung im Rahmen der Staatsbürokratie geschaffen habe. [...] Hier wird in großer Deutlichkeit das angesprochen, was der (in Ungnade gefallene) jugoslawische Altkommunist Milovan Djilas in seinem Buch ‚Die neue Klasse' als Schlußfolgerung einer Analyse des Kommunistischen Systems dargestellt hat, daß nämlich ‚diese Bürokraten sich unweigerlich zu einer neuen Klasse von Eigentümern und Ausbeutern entwickelten'. Wenn Djilas soweit parallel mit der chinesischen Darstellung über die Zustände der Sowjetunion von heute argumentiert, so ist doch der Unterschied gegenüber der chinesischen Position insofern unverkennbar, als Djilas diese Entwicklung als notwendige Konsequenz des kommunistischen Systems schlechthin ansieht, also nicht auf Moskau beschränkt, sondern alle Staaten einbezieht, in denen der Kommunismus an der Macht ist« (H. Friedrich).

Die sowjetischen Politiker und führenden Ideologen weisen diese Anschuldigungen mit Entschiedenheit zurück. »Während der Auseinandersetzung der beiden Weltsysteme erweisen sich die Maoisten de facto als Werkzeug des Imperialismus, der sich ihrer bedient, um eines seiner Ziele zu erreichen: die sozialistische Ländergemeinschaft, diesen entscheidenden Entwicklungsfaktor des revolutionären Weltprozesses, ‚aufzuweichen' und zu spalten. [...] Um die sozialistische Gemeinschaft zu entzweien, untergräbt Peking die revolutionäre Weltbewegung, vor allem aber hemmt es den Aufbau des Sozialismus in China selbst und in Albanien. [...] Jede Aktion der UdSSR und der anderen sozialistischen Länder [...], die die Festigung des Weltsozialismus [...] anstrebt [...], stößt auf den unverhohlenen Widerstand der chinesischen Führung. So war es während der karibischen Krise im Herbst 1962, als die Sowjetunion die notwendigen Maßnahmen traf, um dem kubanischen Volk beim Schutz seiner revolutionären Errungenschaften zu helfen. So war es 1967, als die UdSSR und die sozialistischen Bruderländer gegen die israelische Aggression im Nahen Osten auftraten. So war es auch 1968, als sie der Konterrevolution in der Tschechoslowakei den Weg versperrten« (A. Nadeschdin). Auch im indisch-pakistanischen Krieg von 1971 beschuldigte Peking die UdSSR, Indien mit imperialistischer Zielsetzung zu unterstützen.

Moskau bemüht sich noch immer, von der Einheit des Weltkommunismus zu sprechen, die nur Peking zu zerstören versuche; es erhofft offenbar nach dem Ableben von Mao eine Änderung der chinesischen Haltung. Peking dagegen sieht zumindest seit Anfang der siebziger Jahre eine solche Einheit keinesfalls gegeben. Es unterscheidet in der weltpolitischen Auseinandersetzung neben den noch nicht festgelegten Entwicklungsländern, den westlichen »kapitalistischen« Staaten

Bevölkerungsüberdruck und Armut gehören zu den Hauptursachen für die Unruhe in der »farbigen Welt« und sind Nährboden für militante sozialrevolutionäre Ideologien, verbunden mit übersteigertem Nationalismus. In diesen Bewegungen liegt eine wachsende Gefahr für den Weltfrieden. Ein größerer Einsatz der Industrieländer ist ebenso notwendig wie seitens der »Dritten Welt« die Überwindung überholter Traditionen durch neue geistige und materielle Strukturen.

und dem sowjetischen »Sozialimperialismus« den volkschinesischen Kommunismus, den nach seiner Auffassung derzeit einzig berechtigten Repräsentanten des echten Kommunismus.

Von den wahrscheinlich über sechzig Millionen Mitgliedern der rund neunzig kommunistischen und verwandten Parteien dürfte die Hälfte allein auf die chinesische KP, ein Viertel auf die KPdSU entfallen. Der weitaus größte Teil der kommunistischen Parteien steht derzeit der KPdSU nahe. Peking dürfte jedoch gerade seit dem 1971 erfolgten Eintritt in die UNO versuchen, seinen ideologischen und politischen Einfluß zu vergrößern. Für die Länder, in denen um die Bewahrung der freiheitlichen Demokratie und auf deren Basis um eine gerechtere Gestaltung der Gesellschaftsordnung gerungen wird, mag vielleicht im rein politisch-militärischen Sinne der Zwist zwischen Moskau und Peking als eine – vielleicht auch nur zeitlich begrenzte – Erleichterung erscheinen. Für das kommunistische Weltsystem aber bedeutet der ideologische Zweikampf nicht nur Konflikte, sondern auch Vorteile, wird doch gewissermaßen auf zwei Bahnen für den Kommunismus gekämpft und geworben. Eine Wiederannäherung der beiden Mächte aber würde für die Weltpolitik eine von Grund auf veränderte Konstellation heraufführen, völlig verschieden von jener der Jahre 1959/60 – zur Zeit des Bruches zwischen Moskau und Peking –, als China noch keine Macht von Weltrang war.

Ungeachtet der Auseinandersetzungen zwischen Peking und Moskau oder aber vielleicht gerade auch wegen dieser Differenzen hat die Sowjetunion in den letzten Jahren zielbewußt daran gearbeitet, ihre politische und militärische Position globalstrategisch auszubauen. Durch die Verstärkung der Zusammenarbeit mit den arabischen Ländern und Abkommen über die Benutzung von Werftanlagen in südasiatischen Staaten war es möglich, luft- und seestrategisch die Einwirkungsweite außergewöhnlich auszudehnen. Die sowjetische Flottenpräsenz ist heute im Atlantik, im Mittelmeer und an einer der Hauptadern westlicher Erdölversorgung – im Persischen (Arabischen) Golf –, im Indischen Ozean und im westlichen Pazifik genau solch eine Realität wie einst die meerbeherrschende britische Macht und seit der Zeit des Zweiten Weltkrieges die lange unangefochtene US-Seeüberlegenheit auf den Weltmeeren. Seit 1968 erstmals eine größere Sowjetflotte im Indischen Ozean auftauchte, ist die sowjetische Seegeltung rasch gewachsen. Deutlich hatte im Frühjahr 1971 der damalige Oberbefehlshaber der Sowjetmarine betont, daß künftig kein Meer der Welt mehr den Angelsachsen allein gehören solle. Schließlich ist es ja auch eine historische Tatsache, daß die beiden angelsächsischen Mächte nacheinander die Weltmeere beherrschten, und es steht nirgends geschrieben, daß die Sowjetunion auf allen Ozeanen und ihren Nebenmeeren nicht das gleiche Recht haben dürfe, mit der jeweilig anderen Weltseemacht gleichzuziehen. Es bleibt lediglich die Frage, ob sich auf lange Sicht die UdSSR eine kontinentweite Heeres- und Luftwaffen- und eine weltweite Seepräsenz zu leisten vermag, ohne die inneren Entwicklungsmöglichkeiten zu behindern.

In Asien hat die UdSSR durch die Bastion der eng verbündeten Mongolischen Volksrepublik sowie durch ihre stark ausgebaute Flankenstellung in Sowjetisch-Mittelasien und im Fernen Osten gegenüber ihrem aufstrebenden chinesischen Rivalen eine zunächst vorteilhafte Position, und auf den Meeren kann Peking auf lange Sicht weder für die UdSSR noch für die USA ein Widerpart von Gewicht werden. Ganz anders allerdings wäre die Lage, wenn es zu einem umfassenden – wenn auch vielleicht nur relativ kurzfristigen – machtpolitischen Interessenausgleich zwischen Peking und Washington käme. In einem solchen Fall würde auch der in der Weltpolitik als erfolgreicher sowjetischer Schachzug sowohl gegen die USA als auch gegen China angesehene, im August 1971 mit Indien unterzeichnete Vertrag über Frieden, Freundschaft und Zusammenarbeit viel an Bedeutung verlieren. Ohnehin wird Indien – vermochte es auch Bangla Desh aus der Taufe zu heben und seinen Nachbarn Pakistan zu schwächen – angesichts der Problemvielfalt seiner Halbmilliardenbevölkerung an seine Binnenaufgaben gebunden bleiben, dabei ständig der Möglichkeit einer sozialrevolutionären Umwälzung im Sinne der Pekinger weltrevolutionären Vorstellungen ausgesetzt.

In Politik und Militärstrategie beweist die UdSSR, daß sie die Risiken sieht und diese zu unterlaufen versucht. Nicht zuletzt zeigt sich dies in ihrer Europapolitik. Die Schaffung eines europäischen Sicherheitssystems nach ihren Vorstellungen bleibt eines ihrer Hauptziele. Im September 1971 brachte die bedeutende Moskauer Monatsschrift »Meschdunarodnaja Schisn« (Internationales Leben) eine Serie von Artikeln namhafter sowjetischer Gelehrter und Publizisten. Schalwa Sanakojew bezieht sich z. B. auf Lenins Auffassung, daß der »Niedergang des alten Europas nur eine Episode in der Geschichte des Untergangs der Weltbourgeoisie« sei, stellt die UdSSR und ihre Verbündeten als die nunmehrigen Kräfte des Friedens und der Sicherheit dar und bezeichnet die Existenz von NATO und Warschauer Pakt als eine ständige Gefahr, und zwar in erster Linie die NATO und die militärische Präsenz der USA in Europa. Spartak Beglow fordert ein besonderes Organ, das ein Ausdruck des Willens aller Europäer zur Sicherung des Friedens sein müsse. Jurij Kapelinskij setzt sich für eine enge Verbindung der gesamteuropäischen Wirtschaft ein, gestützt auf transkontinentale Erdöl- und Erdgasleitungen, auf ein einheitliches europäisches Energiesystem und gemeinsame friedliche Nutzung der Atomenergie. Aus allen Beiträgen spricht der Wunsch nach der Ausschaltung einer jeden Bedrohung vom Westen Europas her und nach Kooperation mit den europäischen Industriestaaten.

In dieser Zukunftsstrategie stellen in Europa und, wie auch der vierte israelisch-arabische Krieg vom Oktober 1973 bewiesen hat, im Nahen Osten die USA den eigentlichen Rivalen dar, wie das kommunistische China in Asien und darüber hinaus als Hauptgegner gilt. Bei einer Betrachtung der Weltsituation nach Gesichtspunkten der USA, der UdSSR und Pekings sind das westliche Europa, die Länder der »Dritten Welt«, aber auch Japan nur Figuren geringeren Gewichts auf dem weltpolitischen Schachbrett. Auch das zeigte sich erneut im Herbst 1973. Deutlich wurde damals auch, daß die USA und die UdSSR ihren 1972 begonnenen Interessenausgleich zumindest temporär nicht durch regionale Konflikte, in die beide verwickelt sind, scheitern lassen wollen.

Probleme, Programme, Prinzipien

Der ganze Schrecken von Krieg, Intoleranz und Diskriminierung prägt sich in einer Zahl aus, die 1971 vom UNO-Hochkommissar für Flüchtlinge (UNHCR) veröffentlicht wurde: während des Zweiten Weltkrieges und in den folgenden Jahren sind bis Mitte 1971 weit über siebzig Millionen Menschen gezwungen worden, ihre Heimat zu verlassen. Über die Hälfte dieser Flüchtlingsbewegungen entfielen allein auf Asien (namentlich auf Indien, Pakistan, China, Korea), fast dreißig Millionen auf Europa und je etwa eineinhalb Millionen auf Amerika und Afrika. Gemessen an der Gesamtzahl der Bewohner hatte in Europa Deutschland am schwersten an der Flüchtlingsnot zu tragen, doch vermochte es die Eingliederung vielleicht am besten zu bewältigen, wurden doch in der Bundesrepublik Deutschland – einschließlich der Spätaussiedler und der heimatlos gewordenen Ausländer – rund 11,4 Millionen, in der DDR etwa 3,6 Millionen Heimatvertriebene und Flüchtlinge eingegliedert. Eine besonders schwere Last bedeutete für das bevölkerungsschwache Finnland die Ansiedlung von 450 000 Finnen aus dem an die UdSSR abgetretenen Karelien. Israel konnte nur dank weltweiter Unterstützung über zwei Millionen teils zwangsweise, teils freiwillig aus Europa, Afrika, Asien und z. T. auch aus Amerika ausgewanderten Juden eine neue Zukunft bieten. Die Flüchtlingssituation in Afrika ist ebenso eine Folge der Entkolonialisierung wie von Bürgerkrieg und rassisch-ethnischer Diskriminierung, wobei letztere namentlich die in Afrika ansässig gewordenen Inder traf.

So groß auch die Schwierigkeiten einer Lösung des Flüchtlingsproblems – das durch neue Vertreibungen und Flucht zusätzlich Erschwernisse erfährt – sind, vielleicht noch langwieriger wird der Kampf gegen den Analphabetismus sein. Gewiß ist ein hoher Bildungsstand keine Garantie für Frieden und Wohlstand – das haben die beiden Weltkriege bewiesen –, aber die Verbesserung der Lebensverhältnisse in der »Dritten Welt« muß ohne Hebung der Volksbildung eine Illusion bleiben. Nach Untersuchungen der UNESCO erhöhte sich trotz aller nationaler und internationaler Bemühungen zwischen 1960 und 1970 die Zahl der erwachsenen Analphabeten in der Welt um rund 50 Millionen auf über 780 Millionen; sie dürfte im nächsten Jahrzehnt in ähnlicher Weise ansteigen. Wenn schon in den entwickelten Industrieländern die Bildungsreformen wegen ungenügender Mittel nur in unzureichendem Umfang durchgeführt werden können, so sind die Erziehungsaufgaben in den Entwicklungsländern im Vergleich dazu von einer geradezu unwahrscheinlichen Größenordnung. Daß trotz aller Armut aus eigener Kraft Erfolge erzielt werden können, haben einzelne Länder, darunter das volkreiche China, gezeigt.

Nach Schätzungen der »Ernährungs- und Landwirtschaftsorganisation« (FAO) sind von den Bewohnern der Entwicklungsländer, in denen fast zwei Drittel der Weltbevölkerung leben, rund ein Fünftel unterernährt und über die Hälfte einseitig ernährt. Hunger und Überfluß stehen einander kraß gegenüber, teilweise auch innerhalb der einzelnen Länder, in denen meist 60–80% der Erwerbstätigen auf die Landwirtschaft entfallen. Die »Grüne Revolution«, verbunden mit ertragreicheren Weizen-, Mais- und Reissorten, mit besserer Düngung, Anbautechnik und agrarsozialer Reform hat Fortschritte gebracht, aber diese sind noch völlig ungenügend. Auch hier ist China wieder eine der großen positiven Ausnahmen. Der von der FAO aufgestellte Weltleitplan für die landwirtschaftliche Entwicklung, das Welternährungsprogramm und die Anti-Hunger-Kampagne der FAO haben die in sie gesetzten Erwartungen nicht erfüllt. A. H. Boerma, der Generaldirektor der FAO, hat darauf hingewiesen, daß das Ernährungsproblem im gesamtwirtschaftlichen Zusammenhang gesehen werden muß und auch untrennbar – und zwar nicht nur in Hinsicht auf die Bevölkerungsvermehrung – mit einer Änderung der menschlichen Verhaltensweise in den entsprechenden Ländern verbunden ist. Die meisten Experten sind der Ansicht, daß auch eine gegenüber heute verdoppelte Weltbevölkerung und noch mehr Menschen ausreichend ernährt werden können, wenn es nur gelingt, alle notwendigen wirtschaftlich-technisch-organisatorischen und sozialen Voraussetzungen dafür zu schaffen. Nach FAO-Angaben wird sich voraussichtlich die Bevölkerung in den Entwicklungsländern zwischen 1970 und 1980 im Jahresdurchschnitt um 2,7%, dagegen die Nahrungsmittelproduktion um 3,3% erhöhen; je Kopf gerechnet wird jedoch in diesen Ländern die Nahrungsmittelerzeugung voraussichtlich nur um 0,6% (1959–1969 waren es + 0,5%) steigen, also in unzureichendem Ausmaß, wenn man die vollwertige Ernährung sichern will. Die Bekämpfung von Hunger und Unterernährung ist jedoch nur eines der vordringlichen Probleme; hinzu kommt die ebenso schwierige Aufgabe der Wohnraum- und Arbeitsbeschaffung. Nach UNO-Schätzungen müssen bis 1985 für 650 Millionen Menschen neue Arbeitsmöglichkeiten gesichert werden, eine geradezu bedrohliche Zahl, wenn man an die erforderlichen finanziellen Mittel und an die Komplexität aller Industrialisierungsmaßnahmen in den Entwicklungsländern denkt. Aufs engste mit diesen Aufgaben verbunden bleiben auch eine Ausweitung der Ausfuhr der Entwicklungsländer und eine Verbesserung und Stabilisierung ihrer Ein- und Ausfuhrsituation, um die sich nicht zuletzt die Welthandelskonferenz (UNCTAD) bemüht.

Entwicklungshilfe aus West und Ost ist auch weiterhin für die meisten armen Länder unentbehrlich; selbst das kommunistische China war ein Jahrzehnt lang auf sie angewiesen und hat sich erst dann, verbunden mit eiserner Disziplin, Opfermut und Entbehrungen der Bevölkerung, ganz auf die eigene Kraft eingestellt. Die Konzeptionen der Entwicklungshilfe haben sich geändert, werden sich noch weiter ändern und in Ost und West verschieden bleiben. Die Mitglieder des Ausschusses für Entwicklungshilfe (DAC), faktisch die nichtkommunistischen Industrieländer, haben zwischen 1960 und 1970 weit über 400 Milliarden DM, die kommunistischen Staaten außerdem etwa ein Zehntel dieser Summe zur Verfügung gestellt. Die mit diesen Mitteln angestrebten Ziele sind nur bedingt erreicht worden, aber das Erreichte darf nicht unterschätzt werden. Unerläßlich sind jedoch künftig eine bessere Koordinierung der Projekte, eine größere Unabhängigkeit von politischen und wirtschaftlichen Zielsetzungen der Geberländer, eine größere Initiative der Empfänger und eine Ausweitung der multilateralen Kredite, wenn man die Vorwürfe eines Neokolonialismus mit gutem Gewissen zurückweisen will. Nach dem Jahresbericht der Weltbank (IBRD) für 1971 belief sich die Auslandsverschuldung der Entwicklungsländer Anfang 1970 auf rund 60 Milliarden US-Dollar; in vielen, vor allem in afrikanischen und asiatischen Ländern, sind Schuld und Schuldendienst schneller gewachsen als Bruttosozialprodukt und Deviseneinkommen. Nur teilweise sind unangemessene Kreditbedingungen die Ursache dieser Situation; ein großer Teil der Verantwortung fällt auf fehlerhafte bzw. unzweckmäßige Entwicklungspolitik der Empfänger, von denen nicht wenige bereits mehrfach Umschuldungsabkommen mit den Kreditgebern treffen mußten, weil sie nicht in der Lage waren, ihren Verpflichtungen nachzukommen. Weitaus am höchsten – angesichts der Halbmilliardenbevölkerung verständlich – ist Indien verschuldet, auf das über ein Siebentel der Auslandsschulden der nichtkommunistischen Entwicklungsländer kommt. Es ist wahrscheinlich, daß manche Länder nie in der Lage sein werden, ihre Schulden zu begleichen. Das nimmt auch nicht wunder, wenn man bedenkt, daß rund die Hälfte der Weltbevölkerung ein Pro-Kopf-Jahreseinkommen hat, das lediglich einem Vierzigstel bis Zwanzigstel des Einkommens in den hochindustrialisierten Staaten entspricht. Nach M. Garnier, dem Verfasser des Werkes »Die letzte Chance der Dritten Welt«, wird diese – im Jahre 2000 drei Viertel der Weltbevölkerung umfassend – je Kopf nur ein Jahreseinkommen von 300 US-Dollar haben, während sich dieses Einkommen in den reichen Ländern auf 5000 bis weit über 10 000 US-Dollar belaufen dürfte.

Zu den Ursachen der Diskrepanzen in der Welt der Gegenwart gehören zweifellos die unermüdliche Jagd nach dem Fortschritt, die ständig zunehmende Technisierung und vor allem die immer stärkere Bürokratisierung auf allen Ebenen, die seit dem Aufstieg des Kapitalismus im 19. Jahrhundert und nun im 20. Jahrhundert auch in den sozialistischen Ländern ständig umfassender geworden ist. Immer mehr Funktionen der Gesellschaft sind in den Aufgabenbereich des Staates gefallen, besonders des modernen Wohlfahrtsstaates, zum Schaden der Freiheit des einzelnen und seines Verhältnisses zu echter Demokratie und zur überindividuellen Verantwortung. »Technokraten, Bürokraten und Manager erklären immer häufiger, sie träfen ,reine Sachentscheidungen'. Der Fortschritt verändert die Welt, wir werden uns bemühen, aus diesen Veränderungen entstehende Spannungen zu vermeiden. [...] Aber es wäre eine gefährliche Illusion, wenn man glauben wollte, die neue Welt werde sich auf rein empirischen Grundlagen aufbauen lassen. [...] Zur Politik gehört auch ein Wertsystem. [...] Die technologische Entwicklung darf keine Ersatzzivilisation werden. [...] Die Menschheit ist fortschrittsgefährdet« (F. de Closets).

Die Probleme von Umweltgefährdung, Umweltforschung und Umweltschutz sind mit der zunehmenden Industrialisierung und Verstädterung zwangsweise, wenn auch reichlich spät in das Bewußtsein der Verantwortlichen gerückt. Die UNESCO hat in einem ihrer Programme Mensch und Biosphäre in den Mittelpunkt gestellt, und 1972 wurde in Stockholm eine erste UNO-Konferenz über diesen Fragenkreis abgehalten. Man spricht schon heute nicht von ungefähr von einem Umweltnotstand: »Die Verschmutzung und Vergiftung der wichtigsten natürlichen Lebensgrundlagen wie Wasser, Luft und Boden nimmt laufend zu und erreicht – z.Z. noch zeitlich begrenzt – für unser Leben kritische Grenzwerte. – Die Wachstumsraten der Umweltvergiftung und -belastung sind in vielen uns bekannten Fällen [...] von zunehmender Geschwindigkeit. Die meisten dieser Prozesse sind nicht zu lokalisieren, sondern wirken sich auf den Naturhaushalt größerer Räume aus oder verändern sogar das Ökosystem der gesamten Geosphäre. Viele Probleme sind daher international zu lösen. – Wir wissen nicht, inwieweit viele dieser Prozesse irreversibel, d. h. nicht mehr rückgängig zu machen sind [...]« (K. Buchwald). Warnend sprach 1970 der Basler Zoologe A. Portmann vom mißachteten Existenzrecht der Natur; alles, was nicht einem einzelnen, sondern gewissermaßen allen gehöre, werde seit langem als eine Art Niemandsland der Verwüstung überlassen. Der Geograph U. Schweinfurth wies darauf hin, daß es für den Menschen keine Ausweichflächen mehr gebe: »Fest steht, daß unser Planet als die einzige uns bisher im Weltraum bekannte Oase in Gefahr ist, ihren Charakter als Lebensraum zu verlieren.«

Zur Umweltzerstörung kommt die Gefahr der genetischen Entartung in der modernen Gesellschaft, zu der der französische Biologe und Nobelpreisträger Jacques Monod in seinem Werk »Zufall und Notwendigkeit« Stellung genommen hat: »Wenn in unseren Gesellschaften noch eine gewisse Selektion stattfindet, dann fördert sie nicht mehr das ‚Überleben des Tüchtigsten', das heißt in moderneren Worten: das genetische Überleben dieses ‚Tüchtigsten' in einer größeren Nachkommenschaft. Intelligenz, Ehrgeiz, Mut und Phantasie sind in modernen Gesellschaften gewiß immer noch Erfolgsfaktoren. Aber es handelt sich dabei um den persönlichen und nicht den genetischen Erfolg, der allein für die Evolution zählt. Die Statistiken zeigen ganz im Gegenteil, wie allgemein bekannt ist, daß zwischen den Intelligenzquotienten (beziehungsweise dem kulturellen Niveau) und der durchschnittlichen Kinderzahl pro Elternteil negative Korrelation besteht. [...] In dieser Situation liegt die Gefahr, daß das beste Erbgut sich nach und nach bei einer Elite sammelt, deren Umfang immer mehr schrumpfen wird. [...] Es steht fest, daß die in den fortgeschrittenen Gesellschaften herrschenden Bedingungen einer Nicht-Auslese oder einer Gegenauslese für die Art eine Gefahr darstellen. Zu einer sehr ernsten Gefahr werden sie jedoch auf lange Sicht – vielleicht in zehn oder fünfzehn Generationen, in einigen hundert Jahren. Die heutigen Gesellschaften aber werden nun von unvergleichlich viel dringenderen und schweren Gefahren bedroht.«

Von den Studien über die Umweltzerstörung und die Gefahren der immer rascheren Vermehrung der Weltbevölkerung und eines hemmungslosen Wirtschaftswachstums hat vielleicht der Bericht des Clubs von Rom zur Lage der Menschheit („Die Grenzen des Wachstums") am meisten Aufsehen erregt. Die von der Stiftung Volkswagenwerk finanzierten, im Massachusetts Institute of Technology (MIT) von Dennis L. Meadows und seinen Mitarbeitern angestellten Berechnungen im Sinne der Simulation eines Weltmodells (wobei verschiedene Variationsmöglichkeiten berücksichtigt wurden) führen zu dem Ergebnis, daß auf jeden Fall eine für die Menschheit verhängnisvolle Grenze erreicht werden wird, falls es nicht gelingt, durch freiwillige Wachstumsbeschränkung einen »Zustand weltweiten Gleichgewichts« zu erringen. Wenn dies nicht gelänge, dann könnten eine auch noch so perfekte Geburtenkontrolle, der zeitweise Ersatz der sich erschöpfenden Rohstoffe durch Fortschritte der Technologie und die regionale Bekämpfung der Umweltverschmutzung noch vor dem Jahre 2100 zu schwersten Krisen und schließlich zum Zusammenbruch des Weltsystems führen. Schon Jay W. Forrester vom MIT kam durch die Entwicklung eines ersten dynamischen Weltmodells zu ähnlichen Schlußfolgerungen. Andere Forscher dagegen sind der Ansicht, Technik und Wissenschaft würden rechtzeitig Auswege finden, um eine die Menschheit ernsthaft gefährdende Entwicklung zu verhindern. Über die Größe der zu lösenden Aufgaben sind sich jedoch alle führenden Fachleute, die sich mit diesem Problemkreis befassen, einig. Noch ist allerdings nicht abzusehen, auf welche Weise die – nach dem Bericht des Clubs von Rom unerläßliche – Entwicklung neuer Denkgewohnheiten erreicht werden soll, »die zu einer grundsätzlichen Änderung menschlichen Verhaltens und damit auch der Gesamtstruktur der gegenwärtigen Gesellschaft führen«.

Einige dieser in der Gegenwart bestehenden Gefahren, Probleme und Aufgaben wurden in diesem Abschnitt aufgezeigt und werden im vorliegenden Gesamtwerk in regionaler Sicht, in der Darstellung von Ländern, Völkern und Kontinenten, eingehend untersucht und erörtert. Fast in allen Bereichen tritt unwiderlegbar die Notwendigkeit internationaler Kooperation hervor. Diese weltweite Zusammenarbeit hat in den vergangenen Jahrzehnten in Wissenschaft, Wirtschaft, Technik und Politik immer rascher um sich gegriffen, trotz aller zeitweisen Rückschläge. So ist nach dem Scheitern des Völkerbundes und den Schrecken des Zweiten Weltkrieges auf politischer Ebene ein neuer Versuch unternommen worden, um durch die Schaffung eines Forums – nämlich der UNO – für weltweiten politischen Meinungsaustausch und in Entscheidungen von freilich noch ungenügendem Gewicht und unzulänglicher Tragweite die Möglichkeit zu geben, Krisen zu entschärfen und Lösungen zu suchen. Mitte 1973 waren in ihr schon 132 Staaten mit rund 95% der Weltbevölkerung vertreten, und in absehbarer Zeit dürften die meisten anderen Länder in sie aufgenommen werden. Der Wirtschafts- und Sozialrat der UNO arbeitet mit mehr als 140 nichtstaatlichen Organisationen zusammen. Die Wirtschaftskommissionen für die einzelnen Großregionen der Erde und die zahlreichen eng mit der UNO zusammenarbeitenden Sonderorganisationen haben in ihren Aufgabenfeldern Bedeutendes geleistet. Regionale Zusammenschlüsse, die im Sinne der UNO-Charta arbeiten, sind in vielseitiger Weise fruchtbringend tätig. Wohl haben die Vereinten Nationen in vielen kritischen Fällen versagt, und sie werden auch in Zukunft nicht Kriege völlig vermeiden und nicht alle Krisen lösen können. Aber wenn die Vereinten Nationen nicht bestünden oder einmal der Auflösung verfallen würden, sie müßten, vielleicht mit einigen anderen Vorzeichen und Organisationsformen, geschaffen bzw. neugeschaffen werden.

Der in Prag geborene und 1970 gestorbene amerikanische Historiker H. Kohn schrieb einmal, die Vereinten Nationen seien »natürlich kein Instrument, das den Frieden garantiert; eher stellen sie ein Mittel dar, die Koexistenz verschiedener Zivilisationen, Ideologien und Nationen trotz ihrer widerstreitenden Interessen zu erreichen. Der Traum einer geeinten, harmonischen Welt ist so unerreichbar wie die Träume von demokratischen oder kommunistischen Welten. [...] Die Menschen können nur hoffen, verwirrte Bedingungen zu bessern und sie daran hindern, in offene Konflikte und ins Verderben zu führen.

Friedenssicherung – die größte Aufgabe der Menschheit

Im 20. Jahrhundert ist wahrscheinlich mehr über Abrüstung und Friedenssicherung geschrieben und gesprochen worden als vorher in der ganzen überschaubaren menschlichen Geschichte.

Der nach den furchtbaren Opfern des Ersten Weltkrieges von Pazifisten angeregte, nach den bei den Verhandlungen führenden Staatsmännern A. Briand (Frankreich) und F. B. Kellog (USA) benannte und am 27. August 1928 in Paris von fünfzehn Staaten unterzeichnete Briand-Kellog-Pakt (auch Kellog-Pakt) ächtete den Krieg als Werkzeug der Politik und verpflichtete zur Regelung aller Streitfälle durch friedliche Mittel. Bis 1938 schlossen sich diesem Vertrag weitere 48 Staaten an. Er blieb dennoch unwirksam, weil nationalistische Verblendung und rücksichtslose Machtpolitik sich über ihn hinwegsetzten. Der Zweite Weltkrieg – der noch grausamer und umfassender war als sein Vorgänger, dem mehr als zehn Millionen Menschen zum Opfer gefallen waren –, hat nach unvollständigen und unsicheren Schätzungen mittel- und unmittelbar zwischen 35 und 45 Millionen Menschen verschlungen, darunter mehr als die Hälfte zivile Opfer einer erbarmungslosen Vernichtungsmentalität. Die materiellen Verluste überschritten die in vielen Jahren durch die Völker aller Welt geschaffenen Sachwerte. Aber auch diese neue Katastrophe genügte nicht, um den Verantwortlichen als Mahnung zu dienen, denn seit dem Zweiten Weltkrieg, in wenig mehr als einem Vierteljahrhundert, haben – wie aus dem Jahrbuch des Internationalen Instituts für Friedensforschung (ISS) in Stockholm zu entnehmen ist – weit mehr als hundert Kriege und Konflikte, d.h. internationale bewaffnete Auseinandersetzungen, Bürgerkriegshandlungen und sogenannte Interventionen stattgefunden. Ost und West, arme und reiche Völker waren aktiv an ihnen beteiligt, bündnislose Länder der »Dritten Welt«, die Gewalt durch ihr »non-alignement« verhindern wollten, ebenso wie Mitglieder von Sicherheits- und Verteidigungspakten, zu deren Zielsetzungen gerade die Vermeidung von Gewaltausbrüchen gehört.

Allein im Jahre 1970 sind in der Welt rund 200 Milliarden US-Dollar für Rüstung ausgegeben worden, trotz aller Abrüstungsverhandlungen und Teilabrüstungsabkommen. Nicht nur die Industrieländer in West und Ost, sondern auch viele der Entwicklungsländer verwenden einen so großen Teil ihres Bruttosozialprodukts auf »Verteidigungsausgaben«, daß die wirtschaftlichen Grundaufgaben und die drängenden sozialen Reformen nur in ungenügendem Umfang in Angriff genommen werden können. Obwohl in dem 1963 in Moskau unterzeichneten Vertrag sich die stärksten Atomwaffenmächte und viele Nichtbesitzer von derartigen Waffen dazu verpflichteten, in der Atmosphäre und unter Wasser keine Kernwaffenversuche mehr durchzuführen, haben einige Staaten, die diesen Vertrag nicht unterschrieben, doch solche unternommen und die über solche Vernichtungswaffen verfügenden Vertragsmächte ihre unterirdischen Versuche weitergeführt. Die Schaffung einiger atomwaffenfreier Zonen, der Vertrag von 1968 über die »Nichtverbreitung von Atomwaffen« – der 1970 in Kraft trat –, das Verbot der Stationierung von Kernwaffen auf dem Meeresboden und im Meeresbett. Abkommen über die Begrenzung strategischer Rüstungen (SALT) und die Anwendung von Atomwaffen (1973) zwischen den Regierungen der Vereinigten Staaten von Amerika und der Sowjetunion und andere nicht zu unterschätzende Vereinbarungen sind Hoffnungsschimmer auf dem Weg in eine Welt ohne Vernichtungsschrecken; dieser ist jedoch in seiner Länge noch nicht abzusehen, mögen auch die Vereinten Nationen 1969 in ihrer Vollversammlung die siebziger Jahre zum Jahrzehnt der Abrüstung und Entwicklung erklärt haben. An einem kann kein Zweifel sein: Alle entscheidenden Probleme, von deren Bewältigung die Zukunft der Menschheit abhängt, sind auf das engste mit der Verwirklichung und Bewahrung eines echten und dauerhaften Friedens verbunden.

Alfrén, H. u. K.: Die Menschheit der siebziger Jahre. *Frankfurt/M. 1972.* – Anatomie des Antikommunismus. *(Bericht entstanden aus der Peace Education Division des American Friends Service Commitee.) Olten/Freiburg 1971.* – *Angelopoulos, A.:* Le Tiers-Monde face aux pays riches. *Paris 1971.* – *Arbatow, G.:* Der Imperialismus und die neuen Realitäten. *(In: Sowjetunion heute.) 1971.* – Archiv der Gegenwart. *Bonn. (Bisher 43 Jahrgänge.)* – *Aron, R.:* Frieden und Krieg. Eine Theorie der Staatenwelt. *Frankfurt/M. 1963.* – Aus Politik und Zeitgeschichte. *(Beilage zur Wochenzeitung »Das Parlament«, hgg. von der Bundeszentrale für politische Bildung.) Bonn.* – *Bainville, J.:* Histoire de deux peuples. *Paris 1915. (Dt.: Geschichte zweier Völker. Hamburg 1939.)* – *Baldwin, D.:* Foreign Aid and American Foreign Policy. *New York 1966.* – *Ball, G. W.:* Disziplin der Macht – Voraussetzung für eine neue Weltordnung. *Frankfurt/M. 1968.* – *Bauer, W.:* China und die Hoffnung auf Glück. *München 1971.* – *Baumann, G.:* Sicherheit. *Darmstadt 1971.* – *Baumgart, W.:* Zur Theorie des Imperialismus. *(In: Aus Politik und Zeitgeschichte.) Bonn 1971/23.* – *Behrendt, R.:* Soziale Strategie für Entwicklungsländer. *Frankfurt/M 1965.* – *Bender, P.:* 6 × Sicherheit. Befürchtungen in Osteuropa. *Köln 1971.* – *Besson, W.:* Die großen Mächte – Strukturfragen der gegenwärtigen Weltpolitik. *Freiburg/Br. 1966.* – *Birnbaum, K. E.:* Frieden in Europa – Voraussetzungen, Chancen, Versuche. *Opladen 1971.* – *Bracher, K. D./ Fraenkel, E. (Hg.):* Internationale Beziehungen. *Frankfurt/M. 1971.* – *Cartier, R.:* Männer und Mächte unserer Zeit. *München 1971.* – *Churchill, W.:* The Second World War – The Gathering Storm. *Boston 1948.* – *Collier, D. S./Glaser, K:* The Conditions for Peace in Europe. *(U. a. mit Beiträgen von G. Rhode und Th. Schieder.) Washington 1969.* – *Davidson, B.:* Die »Afrikaner« – Eine Bestandsaufnahme im Zeichen des Umbruchs. *Bergisch-Gladbach 1970.* – *Dehio, L.:* Gleichgewicht oder Hegemonie. *Krefeld 1948.* – Der Pearson-Bericht. Bericht der Kommission für internationale Entwicklung. *Wien/München/Zürich 1969.* – *Djilas, M.:* Die neue Klasse. *München 1958.* – *Doeker, G. (Hg.):* Comparative Politics. *Freiburg 1971.* – dtv-Atlas zur Weltgeschichte, 2 Bde. *(Hgg. v. H. Kinder u. W. Hilgemann.) München 1964/1966.* – Europa-Archiv. *1970/1971.* – *Fanon, F.:* Die Verdammten dieser Erde. *Frankfurt/M. 1966.* – *Fejtö, F.:* Die Geschichte der Volksdemokratie, 2. Bde. *Graz 1972.* – *Fischer, F.:* Griff nach der Weltmacht. *Düsseldorf 1961.* – Fischer Länderkunde. *(Hgg. v. W. Puls, 6 Bde.) Frankfurt/M. 1970ff.* – Fischer Weltgeschichte, 35 Bde. *Frankfurt 1970ff.* – *Flechtheim, O. K.:* Der Kampf um die Zukunft. *Köln 1970.* – *Fochler-Hauke, G.:* Die geteilten Länder. *München 1967.* – *Fochler-Hauke, G.:* Das politische Erdbild, Bd. 1 (»Länder und Völker der Dritten Welt«). Berlin 1968; Bd. 2 (»Die Machtblöcke des Ostens«). 1970.* – *Fochler-Hauke, G.:* Der Fischer Weltalmanach. *Jährlich seit 1959 (WA'60). Frankfurt/M.* – *Forndran, E.:* Abrüstung und Friedensforschung. *Düsseldorf 1971.* – *Fromm, E.:* Die Revolution der Hoffnung. *Stuttgart 1971.* – *Fulbright, W.:* Die Arroganz der Macht. *(In: rororo 987/88.) Hamburg.* – *Galbraith, J. K.:* Die moderne Industriegesellschaft. *1968.* – *Gehlen, A.:* Die Seele im technischen Zeitalter. Sozialpsychologische Probleme in der industriellen Gesellschaft. *Hamburg 1957.* – *Geiss, E.:* Weltherrschaft durch Hegemonie. *(In: Aus Politik und Zeitgeschichte.) Bonn 1972/50.* – *Gentz, F. von:* Fragmente aus der neuesten Geschichte des politischen Gleichgewichts in Europa. *St. Petersburg 1806. (Neudruck Osnabrück 1967.)* – *Gladwyn, Lord:* Plädoyer für Europa. *Köln 1967.* – *Görlitz, A. (Hg.):* Handlexikon zur Politikwissenschaft. *München 1970.* – *Grewe, W. G.:* Spiel der Kräfte in der Weltpolitik. *Düsseldorf 1971.* – Große Illustrierte Länderkunde, 2 Bde. *Gütersloh 1963.* – *Grosser, A.:* La Politique Extérieure de la Ve République. *Paris 1965.* – *Grothusen, K.-D.:* Moskau contra Mao. Sowjetische Materialien. *Düsseldorf 1971.* – *Guernier, M.:* Dernière Chance du tiers-monde. *Paris 1968.* – *Haas, E. B.:* Beyond the Nation-State. 2. Aufl. Stanford 1968.* – Handbuch der Entwicklungshilfe.

(Hgg. v. H. A. Havemann u. W. Kraus.) *Baden-Baden 1971.* – *Harriman, W. A.:* America and Russia in a Changing World. *London 1971.* – *Haushofer, A.:* Allgemeine Geographie und Geopolitik, Bd. 1. *Heidelberg 1951.* – *Haushofer, K.:* Grenzen in ihrer geographischen und politischen Bedeutung. *1917.* – *Haushofer, K.* (Hg.): Jenseits der Großmächte. *1932.* – *Heinrich, J.:* Aspekte des Welternährungsproblems. *Göttingen 1970.* – *Herzfeld, H.* (Hg.): Biographisches Lexikon zur Weltgeschichte. *Frankfurt/M. 1971.* – *Hofer, W.:* Europa und die Einheit Deutschlands. Eine Bilanz nach 100 Jahren. *Köln 1971.* – *Höpker, W.:* Die Sowjetunion auf allen Meeren. *Stuttgart 1971.* – *Horkheimer, M./Adorno, Th.:* Dialektik der Aufklärung. *Amsterdam 1947.* – *Huyn, H. Graf* (Hg.): Ostpolitik im Kreuzfeuer. *Stuttgart 1971.* – Internationale Beratung der kommunistischen und Arbeiterparteien. *Moskau / Berlin (Ost) 1969.* – Jahrbuch für Friedens- und Konfliktforschung, Bd. I. *Düsseldorf 1971.* – *Jalée, P.:* Die Ausbeutung der Dritten Welt. *Frankfurt/M. 1968.* – *Julien, Cl.:* Das amerikanische Imperium. *Berlin 1968.* – *Kaltenbrunner, G.-K.:* Der schwierige Konservatismus. *(In: Aus Politik und Zeitgeschichte.) Bonn 1971/49.* – *Kapferer, R.:* Entwicklungshilfe zwischen Neo-Imperialismus und Weltinnenpolitik. *(In: Aus Politik und Zeitgeschichte.) Bonn 1971/24.* – *Kennedy, J. F.:* Dämme gegen die Flut. *(In: Fischer-Bücherei 620.) Frankfurt/M.* – *Kindermann, G.-K.:* Der Ferne Osten in der Weltpolitik des industriellen Zeitalters. *(In: dtv-Weltgeschichte des 20. Jahrhunderts, Bd. 6.) München 1971.* – *Kjellén, R.:* Die Großmächte der Gegenwart. *Leipzig 1915.* – *Klein, P./Doernberg, St.* (Hg.): Wohin geht Europa? *Berlin (Ost) 1971.* – *Kohler, G.:* Sicherheit für Europa. *Köln 1971.* – *Kohn, H.:* American Nationalism. *New York 1957.* – *Kolko, G.:* Hintergründe der US-Außenpolitik. *Frankfurt/M. 1971.* – *Kozicki, K. J.:* The United Nations and Colonialism. *London 1958.* – *Kunina, A.:* Hegemoniepläne unter der Maske der »Weltgemeinschaft«. *(In: Sowjetunion heute.) 1971.* – *Macinder, Sir H. J.:* The geographical pivot of history. *London 1904.* – *Mahan, A. Th.:* Der Einfluß der Seemacht auf die Geschichte. *(Dt. Bearbeitung von G. A. Wolter.) 1967.* – *Maier, H./u.a.* (Hg.): Politiker des 20. Jahrhunderts. *München 1971.* – *Meadows/Zahn/Milling:* Bericht des Clubs of Rome zur Lage der Menschheit. *Stuttgart 1972.* – *Mehnert, K.:* Asien, Moskau und wir. *Stuttgart 1961.* – *Mehnert, K.:* Peking und Moskau. *Stuttgart 1962.* – *Meyer, J.-U./Seul, D./Klinger, K. H.:* Die zweite Entwicklungshilfedekade der Vereinten Nationen. *Düsseldorf 1971.* – *Minogue, K. R.:* Nationalismus. *München 1971.* – *Mohler, A.:* Die Konservative Revolution in Deutschland 1918–1932. *(Ein Handbuch.) Darmstadt 1972.* – *Monod, J.:* Zufall und Notwendigkeit. *München 1971.* – Monthly Bulletin of Agricultural Economics and Statistics. *(FAO-Publikation, erscheint monatlich in Rom.)* – Monthly Bulletin of Statistics. *(UNO-Publikation, erscheint monatlich in New York.)* – *Mommsen, W. J.* (Hg.): Der moderne Imperialismus. *Stuttgart 1971.* – *Morgenthau, H. J.:* Politics among Nations – The Struggle for Power and Peace. *New York 1962.* – *Müller, K.:* Die Entwicklungshilfe Osteuropas, Konzeptionen und Schwerpunkte. *Hannover 1970.* – *Myrdal, K. G.:* Asian Drama. An inquiry into the poverty of nations, 3 Bde. *1968.* – *Naumann, F.:* Mitteleuropa. *Berlin 1915.* – *Nawrocki, J.:* Brennpunkt Berlin. *Köln 1971.* – *Nolte, E.:* Der Faschismus in seiner Epoche. *München 1963.* – *Opitz, P. J.* (Hg.): Profile und Programme der Dritten Welt. *München 1971.* – *Pritzel, K.:* Die Sowjetkommunisten und die Konvergenztheorie. *(In: Aus Politik und Zeitgeschichte.) Bonn 1970/5.* – Propyläen Weltgeschichte. *(Hgg. v. G. Mann u. A. Heuß, 11 Bde.) Berlin/Frankfurt/M. 1961 ff.* – *Ranke, L. von:* Sämtliche Werke. *(Hgg. v. P. Joachimsen.) 1925 ff.* – *Ratzel, F.:* Politische Geographie. *1897/1923.* – *Rhodes, R. I.* (Hg.): Imperialism and underdevelopment. *London 1971.* – *Ruge, F.:* Bündnisse in Vergangenheit und Gegenwart. *(Unter besonderer Berücksichtigung von UNO, NATO, EWG und Warschauer Pakt.) Frankfurt/M 1971.* – *Schukow, J.:* Das Friedensprogramm der UdSSR in der Realisation. *(In: Sowjetunion heute.) 1971.* – *Schweinfurth, U.:* Umwelt und Aufgaben der Außenpolitik. *(In: Außenpolitik.) 1971.* – *Schweitzer, C. Ch.:* Amerikas chinesisches Dilemma. *Opladen 1971.* – *Segal, R.:* Kampf der Rassen. Der Aufbruch der farbigen Völker. *Düsseldorf 1968.* – *Senghaas, D.* (Hg.): Beiträge zur Friedens- und Konfliktforschung. *Freiburg 1970.* – *Senghaas, D.* (Hg.): Imperialismus und strukturelle Gewalt. *Frankfurt/M. 1971.* – *Senghaas-Knobloch, E.:* Internationale Organisationen. *(In: Aus Politik und Zeitgeschichte.) Bonn 1971.* – *Servan-Schreiber, J.-J.:* Die Befreite Gesellschaft. Eine Charta für Europa. *München 1970.* – *Siegler, H. von* (Hg.): Die Vereinten Nationen. *Bonn 1966.* – *Siegler, H. von:* Zusammenschlüsse und Pakte der Welt. *Bonn 1969.* – Sowjetunion heute. *(Hgg. von der Botschaft der Sowjetunion in der BRD, vierzehntägig.)* – *Splett, O.:* Die Neuordnung der Erde *(In: Aus Politik und Zeitgeschichte.) Bonn 1972/ 22/23.* – *Spykman, N. J.:* Amerikas' Strategy in World Politics. *New York 1942.* – Statistical Yearbook of the United Nations. *New York (jährlich).* – Strategie Survey 1970. *(Hgg. vom Institut für Strategische Studien/ISS.) Stockholm.* – *Strothmann, P.:* Der Zusammenbruch der kapitalistischen Entwicklungsmodelle in der Dritten Welt. *(In: Das Argument.) Berlin (Ost) 1969.* – The World Today. *Hgg. v. Royal Institute of International Affairs. Monatlich.)* – *Timmermann, H.:* Modellvarianten der Einheit und Zusammenarbeit in der kommunistischen Weltbewegung. *(In: Aus Politik und Zeitgeschichte.) Bonn 1971/45.* – *Tocqueville, A. C. Graf von:* Das Zeitalter der Gleichheit. *(Auswahl a. d. Gesamtwerk, hgg. v. S. Landshut.) 1954.* – *Wagner, H.:* Der »Kontinentalismus« als außenpolitische Doktrin der USA und ihre historischen Analogien in Europa. *(In: Aus Politik und Zeitgeschichte.) Bonn 1970/23.* – *Weggel, O.:* Kommunismus in Asien. *(In: Aus Politik und Zeitgeschichte.) Bonn 1970/5.* – *Weggel, O.:* Der ideologische Konflikt zwischen Moskau und Peking. *(In: Aus Politik und Zeitgeschichte.) Bonn 1970/28.* – *Weizsäcker, C. F. von:* Kriegsfolgen und Kriegsverhütung. *(In: Aus Politik und Zeitgeschichte.) Bonn 1971/1.* – *Wheelwright, E. L./McFarlane, B.:* The Chinese Road to Socialism. *London 1967.* – *Witthauer, K.:* Bevölkerungszahlen im Wandel. *Gotha 1971.* – *Zellentin, G.:* Intersystemare Beziehungen in Europa. Bedingungen der Friedenssicherung. *(In: European Aspects.) Leiden 1970.* – *Zierer, O.:* Ideen, die die Welt bewegten. *Bielefeld 1971.*

Über die wechselnde Rolle Europas und die Bildung neuer Staaten informieren die entsprechenden Bände der Fischer Weltgeschichte, *ferner die Bände 8–10 der* Propyläen Weltgeschichte *und u. a. die Bücher von* Dehio, Hofer *und* Kohler *sowie Bd. 2 des* dtv-Atlas zur Weltgeschichte. *– Eine Einführung in die politische Weltsituation, besonders der »Dritten Welt« und der Ostmächte, geben* Das politische Erdbild der Gegenwart *(2 Bde.) von* Fochler-Hauke *und das Buch von* W. Besson. *– Die Politik der USA wird kritisch von* Ball, Fulbright *und u. a.* Julien *durchleuchtet. – Entwicklung, Einheit und Differenzen der kommunistischen Länder behandeln u. a.* Grothusen *und* Fochler-Hauke *(Bd. 2). Selbstdarstellungen sowjetischer Auffassungen kommen am besten in* Sowjetunion heute, *die Zielsetzungen der kommunistischen Parteien im Bericht über die kommunistische Weltkonferenz von 1969 (*Internationale Beratung*) zum Ausdruck. – Eine hervorragende Einführung in die Probleme der Entwicklungsländer geben* Angelopoulos, Behrendt *und der* Pearson-Bericht. *– Leicht faßlich geschrieben und mit vielen Literaturhinweisen versehen sind u. a. die Arbeiten in den von der Bundeszentrale für politische Bildung herausgegebenen Beiheften* aus Politik und Zeitgeschichte *der Wochenzeitung* Das Parlament. *– Wirtschaftsstatistische Übersichten enthalten besonders die* UNO- *und* FAO-*Publikationen, ferner der* Fischer Weltalmanach, *der auch jährlich eine Chronik aller wichtigen politischen Ereignisse gibt. Dieser* Weltalmanach, Ruge *und* H. von Siegler *ermöglichen umfassende Information über die Vereinten Nationen und die verschiedenen politischen und wirtschaftlichen Zusammenschlüsse;* Bracher *und* Fraenkel *vermitteln eine klare Einführung in die Vielfalt der politischen Beziehungen.*

Herbert Butze

Die Entschleierung der Erde

Europa im Aufbruch

Mit Auto und Flugzeug erreichen wir heute in Stunden und Tagen jeden Ort auf der Erdoberfläche, und Satellitenkameras spähen in jeden Winkel. Wir kennen die Lage der Gebirge und Seen, den Verlauf der Flüsse, die Grenzen der Kontinente – es gibt für uns keine »oberflächlichen« Geheimnisse mehr. Doch das Bild der Erde, das wir heute als so selbstverständlich hinnehmen, wurde erst im Laufe vieler Jahrhunderte wie ein Mosaik Steinchen um Steinchen zusammengefügt, von Forschungsreisenden, Soldaten und Eroberern, von Abenteurern, Kaufleuten und Missionaren, nach heutigen Maßstäben gewiß mit unzureichenden, primitiven Mitteln, aber mit viel Mut, Tatendrang, Ehrgeiz, Einsatz- und Opferbereitschaft. Noch vor hundert Jahren hatte keines Menschen Fuß das antarktische Festland betreten, vor zweihundert Jahren war das Innere Afrikas uns noch weitgehend unbekannt und Australien noch nicht von Weißen besiedelt, und erst vor knapp fünfhundert Jahren trat Amerika in das Bewußtsein der Europäer. Die Entdeckung der Erde gehört unbestritten zu den großen Leistungen in der Menschheitsgeschichte, und »federführend« sind dabei die Europäer gewesen.

In vorgeschichtlicher Zeit kannten die Völker und Stämme kaum ihre Nachbarn. Ihre Welt war eng begrenzt, obwohl die im Tauschhandel erworbenen Güter – Feuersteine, Salz, Bernstein, Elfenbein, Töpferwaren, Metalle – oft weite Wege zurückgelegt hatten. Das wirkliche Herkunftsland blieb unbekannt, weil von Hand zu Hand, in Einzeletappen gehandelt wurde. Nur in den Gebieten der frühen Hochkulturen, so besonders in Ägypten, Babylonien, Indien und China, sind die Menschen vor rund fünftausend Jahren zu Vorstellungen größerer zusammenhängender Räume gelangt, aber voneinander haben sie anfangs auch nichts gewußt (wie es ähnlich in den unwegsamsten Urwaldgebieten des Amazonas sogar noch heute Indianergruppen gibt, die von sich glauben, die einzigen Menschen zu sein). Es brauchte seine Zeit, bis die trennenden Gebiete mit Hilfe des gezähmten Pferdes und Kamels überwunden werden konnten.

Aus europäischer Sicht sind noch am Ende des vierten vorchristlichen Jahrhunderts die geographischen Vorstellungen selbst vom Vorderen Orient sehr unsicher und verschwommen gewesen. Als Alexander der Große auf seinem Eroberungszug den Indus erreicht hatte, glaubte er allen Ernstes, an den Ufern des oberen Nils zu stehen (weil es hier wie dort Krokodile gab), und den Amu-Darja und Syr-Darja deutete er als den Oberlauf des Dons, die damalige Grenze zwischen Europa und Asien, und behauptete nun, durch ganz Asien gezogen zu sein; er brauche nur noch Indien zu unterwerfen, dann habe er den ganzen Kontinent erobert.

Gut bekannt war lediglich der Mittelmeerraum. Daran haben mitgewirkt die Kreter, die Phöniker und später die Griechen. Rund ein ganzes Jahrtausend, von 1500 bis 500 v. Chr., sind die Phöniker das bedeutendste Seefahrervolk im Mittelmeer gewesen. Zweifellos gehörten auch die Wege nach Madeira und zu den Kanarischen Inseln zu ihrem sicheren Besitz. Um 945 v. Chr. ließen Hiram, der phönikische König von Tyros, und König Salomo gemeinsam eine Expedition nach dem Goldland Ophir ausführen, von der es in der Bibel heißt: »Und kamen gen Ophir und holeten daselbst 420 Zentner Goldes.« Wahrscheinlich hat dieses sagenhafte Ophir am unteren Sambesi gelegen. Eine seemännische Tat ersten Ranges haben um 596 bis 594 v. Chr. die Phöniker im Auftrage des ägyptischen Pharaos Necho vollbracht: eine Fahrt um den afrikanischen Kontinent in ostwestlicher Richtung. Allerdings blieb sie ohne nachhaltige Wirkung, weil sie für unwahr gehalten wurde. Man hätte dabei die Sonne zur Rechten gehabt! »Welch ein Unsinn, das glaube, wer will!« meinte 150 Jahre später der griechische Geschichtsschreiber Herodot.

Der griechische Kolonisierungsdrang zielte zuerst nach der kleinasiatischen Gegenküste. Die Zerstörung Trojas um 1184 v. Chr. öffnete den Griechen den Zugang zum Schwarzen Meer, das die Phöniker nicht beachtet hatten. Die Sage vom Argonautenzug kann als Symbol für die griechischen Entdeckungsfahrten zu den Schwarzmeerküsten aufgefaßt werden. Im Westmittelmeer dagegen erstarkte seit etwa 800 v. Chr. die phönikische Tochtersiedlung Karthago zur seebeherrschenden Handelsmacht. Die Erkundungsfahrt des Karthagers Hanno um 525 v. Chr. bis zum Golf von Guinea blieb jedoch, so wagemutig und erfolgreich sie auch gewesen sein mag, für die Erweiterung des geographischen Horizonts jener Zeit bedeutungslos, weil sie aus handelspolitischen Gründen geheimgehalten wurde. Von allgemein bekannten und gültigen geographischen Kenntnissen kann in jenen Zeiten sowieso nicht gesprochen werden. Man tat alles, um die Beziehungen zu seinen Handelspartnern zu verschleiern. Es gibt Ansichten, nach denen sogar die abenteuerlichen Irrfahrten des Odysseus auf »phönikische Lügen« zurückgehen sollen, die allein zu dem Zweck erfunden waren, jedem Konkurrenten das Gruseln zu lehren.

Die Vorstellung von der Gestalt der Erde entsprach in jener Zeit dem Eindruck, den jeder unbefangene Beobachter vom Gipfel eines Berges gewinnt: Die Erde gleicht einer Scheibe, überwölbt von einer Himmelsschale. Man glaubte sie ringsum von Wasser umflossen, räumlich und zeitlich war sie begrenzt – geschaffen und beherrscht von Göttern, deren Abkömmlinge und Stellvertreter in der Gestalt von Kaisern, Königen oder Pharaonen zu verehren waren.

Hier haben die Griechen, die sich als erste aus den mythologischen Vorstellungen ihrer Vorväter gelöst und wissenschaftlich zu denken gelernt hatten, die erste Bresche geschlagen. Zunächst wurde die Kugelgestalt der Erde aus philosophischen Erwägungen gefordert, weil die Kugel als harmonischster und idealster Körper galt; Eudoxos (408–355 v. Chr.) und Aristoteles (384–322 v. Chr.) lieferten die wissenschaftliche Untermauerung. Aristarch im 3. Jahrhundert v. Chr. erkannte sogar die Bewegung der Erde um die Sonne. Erfaßt wurde die Bedeutung dieser neuen Erkenntnisse allerdings nur von wenigen. Pytheas von Massilia, der ein Gelehrter großen Ausmaßes gewesen sein muß, unternahm um 325 v. Chr. die denkwürdige Reise zu den britannischen Zinninseln, erreichte dabei das sagenhafte Thule und beobachtete u. a., daß der Polarstern um so höher stieg, je weiter er nach Norden kam. Auch ihm wurden die Berichte nicht geglaubt, und die römischen Geographen bescheinigten ihm später, ein Großmaul gewesen zu sein. Eine annähernd genaue Berechnung des Erdumfangs hat um 220 v. Chr. der alexandrinische Gelehrte Eratosthenes geliefert. Er irrte sich nur um wenige hundert Kilometer.

Die Römer, die den gesamten Raum um das Mittelmeer beherrschten, sind keine eigentlichen Entdecker gewesen. Ihre Ausbreitungstendenz wurde ausschließlich durch die Notwendigkeit bestimmt, die Grenzen ihres Weltreichs militärisch abzusichern. So vermochten sie beispielsweise nicht, das Herkunftsland der »serischen« Seide, die seit 114 v. Chr. auf den Seidenstraßen an die östliche Mittelmeerküste gebracht wurde, in Verbindung zu bringen mit der auf dem Seeweg erreichten südchinesischen Hafenstadt Kattigara. Aber seit Ausnutzung der Monsunwinde zwischen Afrika und Indien durch den griechischen Seefahrer Hippalus um 100 v. Chr. entwickelte sich nach der Unterwerfung

Ägyptens immerhin ein reger Handelsverkehr von Alexandria nach der indischen Küste von Malabar.

Im zweiten nachchristlichen Jahrhundert faßte der Alexandriner Ptolemäus (um 87 bis 165) das gesamte geographische Wissen seiner Zeit zusammen. Danach dürften von der Erdoberfläche etwa 7% bekannt gewesen sein (von der Festlandfläche 13,4%, von der Meeresfläche 4,2%). Die phönikische Afrikaumseglung war wieder vergessen, vielmehr sollte ein »Südkontinent«, der Afrika mit Südostasien verband und den Indischen Ozean zu einem Binnenmeer machte, die Aufkommen und der Verbreitung des Christentums beherrschte die Bibel das gesamte europäische Geistesleben. Nur sie, deren geographisches Wissen sehr dürftig ist, wurde als Autorität anerkannt. »Was nützt uns jegliche Kenntnis der Erde, wenn wir dadurch in unserem Glauben nicht weiterkommen!« Ein typischer Vertreter dieser »mönchischen Wissenschaft« ist im 6. Jahrhundert der weitgereiste Mönch Kosmas Indikopleustes gewesen, der sein Weltbild nach den Dimensionen der alttestamentlichen Bundeslade ausrichtete. Die Erde war wieder eine Scheibe, an deren Ostrand sich das noch immer gegen-

Um das Jahr 1000 war jede Kenntnis von China und Hinterindien längst verlorengegangen. Der Osten rückte erst wieder in das Blickfeld der Europäer, als plötzlich mongolische Reiter auftauchten und im Jahre 1241 bei Liegnitz ein polnisch-deutsches Heer vernichtend schlugen. Dschingis-Khan hatte ein mongolisches Weltreich gegründet, das sich von der Mongolei über China, Indien, Zentralasien bis ans Schwarze Meer erstreckte und nun zum Angriff auf Europa ansetzte. Nur einem Zufall war es zu danken, daß dieser Plan aufgegeben wurde; der Papst schickte nun eiligst mehrere Gesandtschaften zum

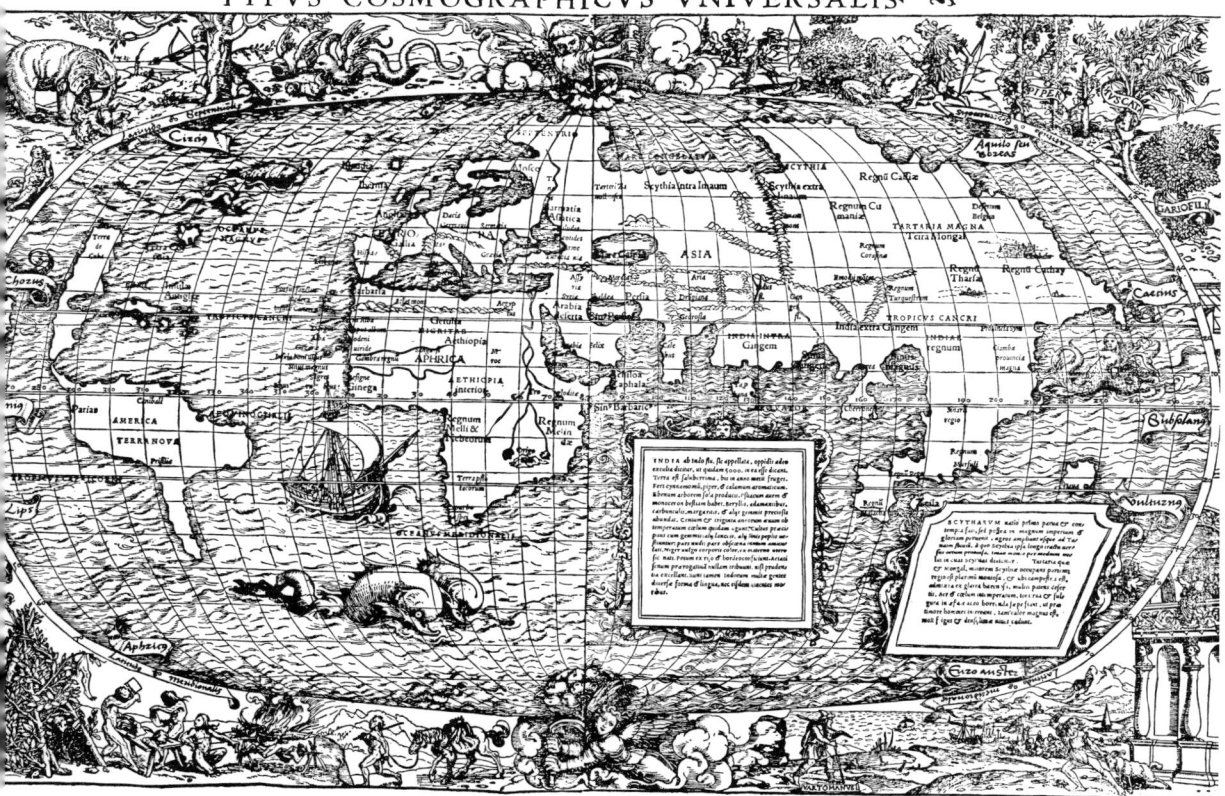

Weltkarte (tabula cosmographica) von 1555 · Südamerika, Afrika und Europa waren schon verhältnismäßig gut bekannt. Von Nordamerika, Nordeuropa und Asien hatte man dagegen noch recht vage Vorstellungen (Japan z. B. erscheint noch nicht auf der Karte). Die Vignetten an den Rändern berichten von Kannibalen (links und unten), fremden Tieren und begehrten Gewürzen (Pfefferstrauch und Muskatbaum).

Erde im Gleichgewicht halten. Auch von Eratosthenes wußte Ptolemäus nichts mehr. Er dachte sich die Erde um ein Viertel zu klein und zeichnete daher das Mittelmeer in seiner West-Ost-Ausdehnung um 11,5° (944 km) zu lang, so daß auf dieser Karte die ostasiatische Küste etwa mit der Ostküste Amerikas zusammengefallen wäre (wovon später Kolumbus entscheidend beeinflußt wurde). Die Erde stand im Mittelpunkt der Welt und wurde von der Sonne und den Planeten umkreist. Trotz dieser vielen Irrtümer ist Ptolemäus der überragende Geograph des Altertums gewesen, und sein Weltbild hat das ganze Mittelalter beherrscht.

In den folgenden Jahrhunderten ist das geographische Wissen, selbst bei Gelehrten, auf einen kaum glaublichen Tiefstand abgesunken. Das Feld eroberten sich jetzt phantasievolle römische Schriftsteller, die unbekannte Zonen hemmungslos mit Monstren bevölkerten und die im Mittelalter als »Quellen« wissenschaftliche Beweiskraft erhielten. Mit dem wärtige Paradies befand. Auf den Mönchs- oder Radkarten wurde diese bevorzugte östliche Weltgegend stets nach oben gesetzt, so daß die Karten nicht genordet waren wie die heutigen, sondern geostet, »orientiert« (lateinisch oriens = Osten). Als Mittelpunkt der Welt galt Jerusalem.

Neue Impulse, die diese mittelalterliche Gedankenwelt letzten Endes zum Einsturz brachten, erhielt Europa von seiner Peripherie und von außen. Im Norden waren es die Wikinger, die auf ihren Drachenschiffen von Norwegen nach Westen vorstießen: nach Island, wo sie irische Einsiedlermönche antrafen, nach Grönland und zuletzt – um die Jahrtausendwende – an die nordamerikanische Küste zwischen Baffinland im Norden und Virginia im Süden. Die Nachricht von diesen Entdeckungsfahrten gelangte aber nicht über die Alpen, zumal ihre geographische Bedeutung nicht erkannt wurde und den wiederholten Kolonisierungsversuchen ein dauernder Erfolg versagt blieb.

Großkhan nach Karakorum, deren Reiseberichte das Bild von Innerasien aufgehellt haben. Besonders war es aber die große Reise des venetianischen Kaufmanns Marco Polo von 1271 bis 1295 nach China und Südostasien, die den geographischen Horizont der Europäer wesentlich erweiterte.

Entscheidend wurde jedoch die Berührung mit der arabischen Kultur. Die Araber hatten – nach einer anfänglichen »Zerstörungswelle« – das wissenschaftliche Erbe der Antike bewahrt und teilweise fortgeführt. Europa wurde von einer geistigen Unruhe ergriffen, die in alle Lebensbereiche eindrang. Hier stehen wir bereits an der Schwelle vom Mittelalter zur Neuzeit. Entdeckungsgeschichtlich gab es ein Zentralproblem: den Seeweg nach Indien, Ostasien, Japan zu finden.

Als ihn die Portugiesen durch die Umseglung Afrikas entdeckt hatten (Diaz, um 1450 bis 1500, da Gama, 1469–1524) und »indische« Waren erneut nach Europa gelangten, wurden die seemännische Leistung und der handelspolitische Erfolg gebührend anerkannt. Trotzdem nahmen die Europäer dieses Ereignis ziemlich gelassen auf. Denn an der Blickrichtung hatte sich nicht geändert; nach wie vor lag Europa am Rande der Welt und schaute fasziniert nach Osten – nach dem Orient, wo die Sonne aufgeht, wo Christus gelebt hatte, wo das Paradies lag, wo sich unermeßlich reiche Länder und Inseln befanden ... ex oriente lux. Ganz anders wirkte die Tat des Kolumbus (1451–1506). Von ihr war Europa wie elektrisiert. Hier war das Neue: Man fuhr nach Westen und erreichte den Osten! Wenn Kolumbus, auf Ptolemäus vertrauend (wie sonst hätte er es gewagt, beim Stand der damaligen Schiffahrt eine solche Reise zu unternehmen!), sich auch in der Deutung seiner entdeckten Inseln geirrt hat und erst Magalhães (um 1480–1521) und Elcano (um 1486–1526) durch die erste Weltumseglung die Richtigkeit seines Vorhabens bewiesen, so hatte er Europa doch aus der vermeintlichen Randlage befreit. Und jetzt begann, mit Hilfe einer überlegenen Waffentechnik, die für die nächsten Jahrhunderte so folgenschwere Europäisierung der Erde.

Zu fremden Küsten und Kontinenten

Auf Kolumbus folgten die »kleinen Entdecker«. Der bedeutendste unter ihnen, Amerigo Vespucci (1451–1512), erkannte als erster, daß sich hinter den Inseln und Küsten ein ganz neuer zusammenhängender Kontinent ausbreitete. Nach dem Vertrag von Tordesillas 1494, der die bereits entdeckte und noch zu entdeckende Welt in eine spanische und eine portugiesische Hälfte aufteilte, setzten sich die Spanier im westlichen, die Portugiesen im östlichen Südamerika fest. Deshalb spricht man zum Beispiel in Brasilien noch heute Portugiesisch, in Argentinien, Chile, Perú usw. Spanisch. Im Verlauf der spanischen Eroberungen wurden von Cortés (1485–1547) die Gebiete der Azteken in Mexiko, in seinem Auftrag von Alvarado (1485–1541) jene der Mayas in Zentralamerika sowie von Pizarro (1475–1541) die der Inkas im zentralen Andenhochland unterworfen. Die Landesnatur Südamerikas ermöglichte eine rasche Durchdringung des Kontinents, so daß man bereits fünfzig Jahre nach seiner Entdeckung ausreichend Bescheid wußte. In Nordamerika dagegen kannte man den Westen und Norden noch zu Beginn des 19. Jahrhunderts so gut wie nicht. Die Spanier waren von Süden her nur in solche Gebiete vorgestoßen, die klimatisch ihrer Heimat entsprachen: nach Florida, Texas, Kalifornien. Den Rest überließen sie den Franzosen und Engländern, die an der Ostküste ihre ersten Kolonien gründeten. Ein Vordringen in westlicher Richtung verwehrten zunächst die von Nord nach Süd verlaufenden Gebirge und Flüsse. Auch als 1763 die Franzosen im Pariser Frieden ihre nordamerikanischen Besitzungen verloren hatten, überschritten die Engländer erst nach 1803 die »Zivilisationsgrenze« am Mississippi. Halbmilitärische Erkundungszüge, Landnahme durch Siedler, Ausweitung der politischen Grenzen waren miteinander verzahnt, und den Siedlertrecks folgten unmittelbar die Eisenbahnlinien.

Der kanadische Norden wurde anfangs ausschließlich von Pelzjägern im Dienste der englischen Hudsonbaikompanie durchstreift, insbesondere von Hearne (1745–1792) und Mackenzie (1755–1820). Die planmäßige Erforschung durch Geologen und Geographen setzte in ganz Nordamerika nach dem Ende des Bürgerkriegs (1861–1865) ein, auf der Halbinsel Alaska, 1867 von Rußland für 7,2 Millionen US-Dollar erworben, besonders im Zweiten Weltkrieg, als die USA die luftstrategische Bedeutung erkannt hatten.

Wie eine gewaltige Mauer versperrte Amerika den Weg nach dem »Land der allgemeinen Sehnsucht«. Nirgendwo schien es eine Durchfahrt zu geben. Magalhães fand 1520 die später nach ihm benannte Straße, doch lag sie viel zu weit im Süden, und die abenteuerliche Fahrt über den ausgedehnten Stillen Ozean blieb zunächst ein einmaliger Glücksfall. Immerhin hatte man jetzt die richtige Vorstellung von der Größe der Weltmeere gewonnen.

Um der spanischen und portugiesischen Kontrolle auszuweichen, versuchten es die Franzosen und Engländer im Norden; später hofften die Engländer auf einen günstigen Verbindungsweg nach Australien. Die zahlreichen Expeditionen, besonders die Benjamin Franklins (1786–1847) und die anschließende »Franklinsuche«, haben wesentlich zur Entschleierung der kanadischen Inselwelt beigetragen, zugleich aber auch bewiesen, daß die endlich gefundene »Nordwestliche« Durchfahrt für die Schiffahrt unbrauchbar war. In ihrer ganzen Länge und auf nur einem Schiff wurde sie 1903–1906 zum erstenmal von Roald Amundsen (1872–1928) befahren. (Seit 1969 interessieren sich die Amerikaner erneut für die Nordwestpassage, um zu prüfen, ob es möglich und wirtschaftlich ist, mit großen Eisbrecher-Tankern das Öl von Alaska und Nordkanada an ihre Ostküste zu bringen.)

Einen sicheren Weg nach Ostasien, so meinten die Geographen um die Mitte des 16. Jahrhunderts, gebe es entlang der Nordküste Europas; man brauche nur immer ostwärts bis zur Mündung des Ob und dann auf diesem Strom nach Süden zu fahren. So einfach war das – weil man von Sibirien und dem nördlichen China überhaupt noch nichts wußte. Als die Engländer 1580 vor den Eismassen der Karasee, dem »Eiskeller Europas«, kapitulierten, wollten es die Holländer erzwingen. Aber auch sie gaben 1597 nach dem tragischen Ende der Barentsschen Expedition entmutigt auf. Da inzwischen der Seeweg um das Kap der Guten Hoffnung für alle Nationen befahrbar geworden war, entfiel für sie die unbedingte Notwendigkeit einer nordöstlichen Durchfahrt, die zu erforschen Aufgabe der Russen wurde. Erst 1878/79 gelang dem schwedischen Polarforscher Adolf Erik Nordenskiöld (1832–1901) die Durchfahrt

Die einzige von Kolumbus 1493 selbst gezeichnete Kartenskizze, die uns erhalten ist. Sie zeigt die Küstenumrisse von Española (Haiti) mit dem Hafen San Nicolas.

fast in einer Navigationsperiode. Ihm fehlte vor der Einfahrt in die Beringstraße nur ein einziger Tag! Die Sowjetunion hat heute den »Nördlichen Seeweg« so weit unter Kontrolle, daß sie ihn 1967 für die internationale Schiffahrt freigeben konnte.

1580 überschritt der Kosakenführer Jermak (gestorben 1584) den Ural. Schon 1639 war das Ochotskische Meer erreicht – die Erstdurchdringung Südsibiriens hat also noch nicht einmal sechzig Jahre gedauert. Die Große Nordische Expedition von 1734 bis 1743 unter der Leitung des Dänen Bering (1680–1741) erbrachte vor allem die Bestätigung eines zusammenhängenden Meeres im Norden Asiens und den Nachweis einer Meeresstraße zwischen Asien und Amerika (die Deschnew schon 1648 aufgefunden hatte, doch war sein Bericht in den Archiven von Jakutsk liegengeblieben). Danach haben die russischen Zaren den nördlichen Gebieten nur noch wenig Aufmerksamkeit geschenkt. Nicht einmal die genaue Ausdehnung war bekannt. Erst die Reisen Ermans (1806–1877) und von Middendorfs (1815–1894) führten zu exakten Vorstellungen. Zwar rückte der Bau der Transsibirischen Eisenbahn (1891–1904) Sibirien näher an das europäische Rußland heran, aber systematisch erforscht und wirtschaftlich erschlossen wurde

das »Land der Zukunft« (Nansen) erst von den Sowjets. Innerasien mit seinen Grenzgebirgen war noch um 1850 fast unbekannt. Die Brüder Schlagintweit überschritten 1856 das Karakorumgebirge von Süden her, Semjonow-Tienschanskij (1827–1914) drang von Norden in den Tien Schan ein. Die überragende Forscherpersönlichkeit in Zentralasien ist zweifellos Przewalski (1839–1888) gewesen, der auf seinen vier großen Reisen mehr als 30000 km kartographisch aufgenommen und im Tarimbecken u. a. den »wandernden« See Lob Nuur entdeckt hat. Alle seine Nachfolger sind immer nur seinen Spuren gefolgt. Der populäre Sven Hedin (1865–1952) hat auf großangelegten Expeditionen modernen Stils, an denen er hervorragende Fachwissenschaftler teilnehmen ließ, fast ganz Innerasien kennengelernt.

China war im 18. und noch in der ersten Hälfte des 19. Jahrhunderts, von Ausnahmen abgesehen, den Fremden so gut wie verschlossen. Als es nach dem »Opiumkrieg« (1840–1842) seine Grenzen öffnen mußte, wurde es bald von zahlreichen europäischen und amerikanischen Forschern bereist. Unter ihnen stand Freiherr von Richthofen (1833–1905) an erster Stelle; er gilt noch heute als der »wissenschaftliche Entdecker und Erforscher Chinas«.

Ein Jahrhundert lang haben die Portugiesen und Spanier ihre Vorherrschaft auf den Weltmeeren behauptet. Als 1588 die Hälfte der spanischen Armada an den englischen Küsten verlorenging und die Portugiesen 1615 den Holländern in der Seeschlacht von Malakka unterlagen, war es damit vorbei. Was die beiden Nationen vorher noch entdeckt haben mochten, schlummerte in Geheimarchiven, wie zum Beispiel die spanische Entdeckung der Torresstraße (1606), die Neuguinea als Insel auswies. In Indonesien war die portugiesische Ära beendet; das Erbe traten die Holländer an, die den Archipel gründlich erforscht haben. Die beiden Hauptinseln Java und Sumatra wurden besonders von Junghuhn (1809–1864) bereist.

Auf den Weltmeeren führten nun die Engländer, Franzosen, Holländer und später auch die Russen ohne spanische Behinderung große Forschungsexpeditionen und Weltumseglungen durch, um die Größe der Ozeane zu bestimmen, nach Inseln (und Stützpunkten) zu suchen oder neue Fisch- und Walfanggebiete auszumachen. Von allen Seefahrern dieser Epoche ist James Cook (1728–1779) der bedeutendste gewesen. Auf seinen drei großen Reisen zwischen 1768 und 1779 hat er den Pazifik in seiner ganzen Ausdehnung erschlossen, viele neue Inseln entdeckt, im hohen Norden die Arbeiten Berings fortgesetzt, den südlichen Polarkreis überquert und endgültig mit der alten (ptolemäischen) Legende von einem Südkontinent aufgeräumt. Vor allem aber wurde durch ihn der Typus des abenteuernden Zufallsentdeckers abgelöst von dem des naturwissenschaftlich gut vorgebildeten Forschers mit planmäßiger Zielsetzung.

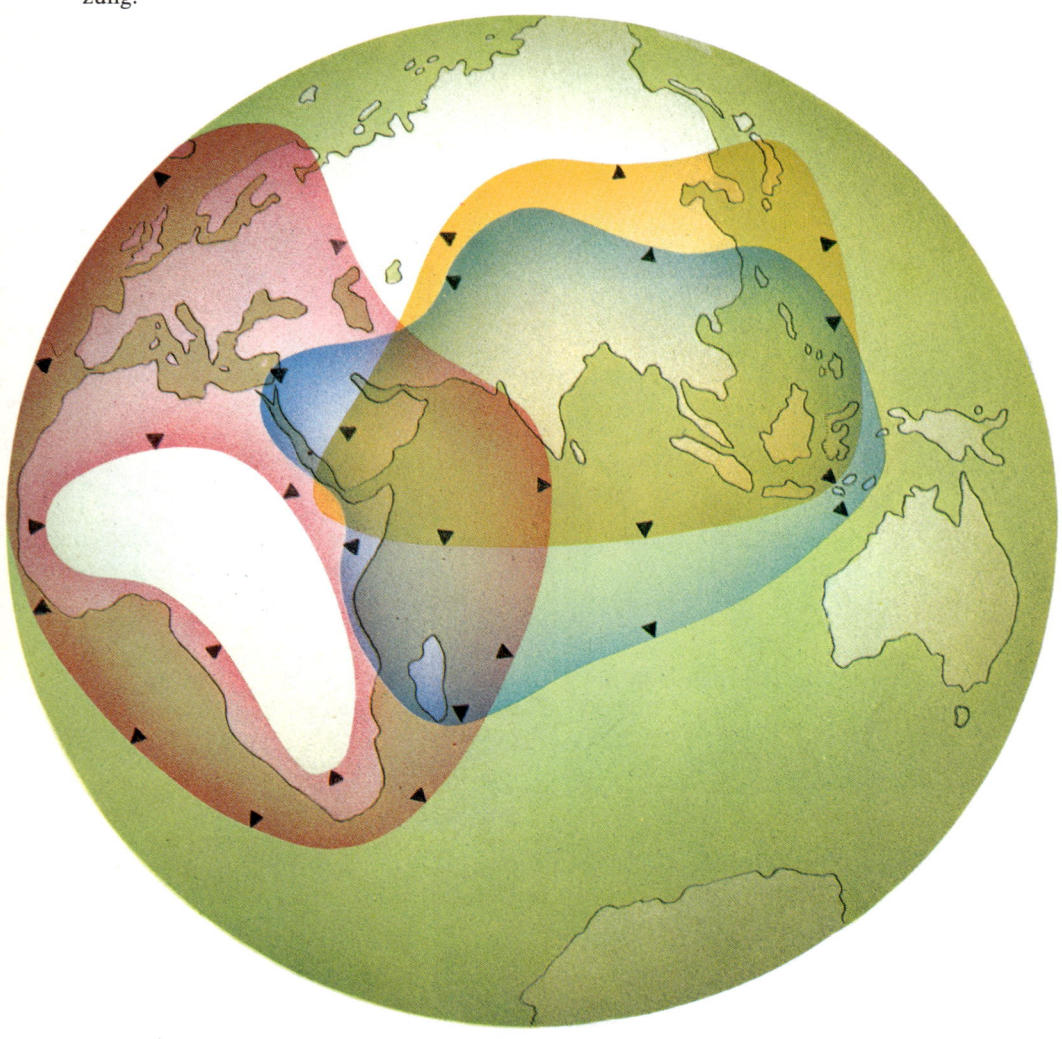

umfassende Erforschung Innerafrikas ein: Die Engländer suchten nach Ersatz für ihre in Nordamerika verlorenen Kolonien.

Mungo Park (1771–1806), Hugh Clapperton (1788–1827) und Lander (1804–1834) lösten das Rätsel des Nigers, des »Timbuktuflusses«. Mit Barth (1821–1865) begann die große Zeit der Sahara- und Sudanerforschung. Richard Francis Burton (1821–1890) und John Speke (1827–1864) entdeckten den Tanganjika- und den Victoriasee. David Livingstone (1831–1873) brachte als Missionar und Entdeckungsreisender 28 Jahre in Afrika zu und erforschte das Gebiet des noch völlig unbekannten Sambesi und der ostafrikanischen Seen. 1871 kam es am Tanganjikasee zu jenem denkwürdigen Zusammentreffen mit dem Journalisten Stanley (1841–1904), der beauftragt war, den als verschollen geltenden Forscher zu suchen. Die verwegene Fahrt Stanleys auf dem unbekannten Kongo quer durch Zentralafrika in 999 Tagen gehört zu den Großtaten in der Entdeckungsgeschichte der Erde. Der Kreis der erfolgreichen Afrikaforscher umschließt noch eine Vielzahl bedeutender Namen, denen es zu verdanken ist, daß innerhalb eines Jahrhunderts der »dunkle« Erdteil erschlossen wurde. Was danach folgte, insbesondere nach 1880, waren meistens Expeditionen mit speziellen Zielen, die nicht zuletzt der Vorbereitung, Festigung und Nutzbarmachung von Kolonialbesitz dienten.

Die ersten Nachrichten von neuentdeckten Küsten in der »äußersten Ecke der Welt« brachten 1616 die Holländer nach Europa. Doch überall, wo man an Land ging, ob im Süden, Westen oder Norden, fand man nur abweisende, wirtschaftlich wertlose Einöden, so daß dieses »Neuholland« bald wieder vergessen wurde. Erst 1770 entdeckte Cook die fruchtbare Ostküste dieses Landes, und J. R. Forster (1729–1798), der Cook auf der nächsten Reise begleitete, erkannte, daß es sich um einen Kontinent handelt. Australien – so wenig später in Erinnerung an das Phantom des Südkontinents, der »Terra au-

Das Weltbild vor 1492

Nach K. Witthauer, Gotha 1971

● Gesichtskreis Europas

● Gesichtskreis Indiens

● Gesichtskreis Chinas

Portugal, Vasco da Gama ·
Er erreichte 1498 Vorderindien.

Als im Jahre 1858 die ersten Transozeankabel verlegt wurden, erkannte man plötzlich, welche Bedeutung auch der Meerestiefe und der Beschaffenheit des Meeresbodens zukam. Die Entdeckung ausgedehnter unterseeischer Schwellen, Kuppen und Grabensysteme statt der erwarteten Gleichförmigkeit gehörte zu den großen Überraschungen. Die biologische Erforschung der Weltmeere mit dem Ziele einer ökonomischen Ausnutzung der Fischbestände haben die Engländer mit der »Challenger«-Expedition 1872–1876 eingeleitet. Heute wird dieser für die menschliche Ernährung so außerordentlich bedeutungsvolle Forschungszweig von internationalen Vereinigungen planmäßig gefördert.

An Afrika war man drei Jahrhunderte lang nur vorbeigefahren. Die Küsten waren zwar gut bekannt, aber in das abweisende Hinterland einzudringen, das lohnte offenbar nicht. Erst um 1800, nach der Gründung der »British African Association« (1788), setzte die

Auf der Suche nach der Nordost-Passage · Szenenkarte eines Teilnehmers an der Barents-Expedition 1795. Die holländische Flotte vor Nowaja Semlja.

David Livingstone durchquert einen afrikanischen Fluß · Der als Missionar nach Afrika gekommene Forschungsreisende entdeckte u. a. die Victoriafälle des Sambesi.

stralis« , genannt – wurde von den Engländern seit 1788 als Strafkolonie benutzt. Die intensive Erforschung, die Suche nach bestellbarem Land und guten Weidegründen, setzte nach 1800 ein; die Siedler und Viehzüchter waren zugleich die Entdecker. Eyre (1815–1901) erkundete die Küstengebiete im Süden, Gregory (1819–1905) im Norden. Dann folgten die für Australien bezeichnenden und unter schweren Verlusten erkauften Kontinentdurchquerungen: Leichhardt (1813–1848), Burke (1821–1861), MacKinley (1812–1872), Stuart (1815–1866). Für die zahlreichen Expeditionen in das von Trockenland und Wüsten erfüllte Gebiet Westaustraliens seien stellvertretend die der Brüder John und Alexander Forrest (1847–1918; 1849–1901) erwähnt.

Die Erforschung der Arktis war durch die Expeditionen zur Erschließung der nördlichen Durchfahrten vorbereitet. Doch bis 1882 kam keiner der norwegischen, schwedischen, englischen und deutschen Polarforscher über 83° 30′ nördliche Breite hinaus. Zwischen 1893 und 1896 driftete Nansen (1861–1930) mit seiner berühmten »Fram« durch das Nördliche Eismeer, mußte aber bei dem Versuch, den Pol zu Fuß zu bezwingen, bei 86° 4′ nördlicher Breite vor dem Eis kapitulieren. Um 1900 setzte ein wahres Wettrennen zum Pol ein, meist von persönlichem oder nationalem Ehrgeiz bestimmt. Peary (1856–1920) erreichte ihn 1909 mit Hundeschlitten, Byrd (1888–1957) überflog ihn 1926 mit dem Flugzeug. Doch gewannen die zahlreichen Unternehmungen bald einen ernsteren, wissenschaftlichen Charakter; dabei verlor der Pol selbst immer mehr an Interesse, weil das ganze arktische Gebiet für Meteorologie und Luftfahrt bedeutungsvoll geworden war. Eine neue Forschungsmethode entwickelten die Sowjets 1937, als die Papanin-Expedition von Flugzeugen am Nordpol abgesetzt wurde und in 274 Tagen zur grönländischen Ostküste driftete.

Ein antarktisches Festland hat 1841 J. C. Ross (1800–1862) nachgewiesen, 1895 wurde es von Borchgrevink (1864–1934) zum erstenmal betreten. Um die Jahreswende 1911/12 erreichte Amundsen den Südpol vier Wochen vor Scott (1868–1912), der auf dem Rückmarsch mit seinen Begleitern den Anstrengungen erlag – 18 km vom rettenden Vorratslager entfernt. Die vier großen Expeditionen Byrds, dem 1929 auch der Flug zum Südpol gelang, haben wesentlich zur Entschleierung des antarktischen Kontinents beigetragen, und im Programm des Internationalen Geophysikalischen Jahres 1957/58 stand die Antarktisforschung an führender Stelle. Mit der ersten vollständigen Durchquerung 1958 durch eine britisch-neuseeländische Forschergruppe unter Fuchs (geboren 1908) und Hillary (geboren 1919) scheint die Reihe der eindrucksvollen Pioniertaten in der Entdeckungsgeschichte der Erde beendet. Denn auf der Erdoberfläche sind große Entdeckungen heute nicht mehr zu erwarten. »Die extensive Forschung ist abgeschlossen« (Behrmann).

> Beck, H.: *Große Forschungsreisende. München 1971.* – Butze, H.: *Die Entdeckung der Erde. Gütersloh 1962.* – Hassert, K.: *Die Polarforschung. München 1956.* – Hennig, R.: *Terrae incognitae, 4 Bände. Leiden 1944–1956.* – Krämer, W.: *Die Entdeckung und Erforschung der Erde. Leipzig 1961.*
> Hervorzuheben sind: Butze, H.: *Eine beschreibende Einführung in die fünftausend Jahre umfassende Entdeckungsgeschichte der Erde, von den Anfängen bis zu den hochtechnisierten Expeditionen unserer Tage.* – Hennig, R.: *Eine umfassende Sammlung von Originalberichten aus der vorkolumbianischen Zeit in Auszügen. Die kritischen Anmerkungen wenden sich in erster Linie an den Fachwissenschaftler.*

Klaus Fischer

Europa

Kontinent oder nicht?

Europa ist kein Kontinent im Sinne von Australien, Amerika oder auch Afrika, es besteht auch Unsicherheit darüber, ob in Europa ein selbständiger Erdteil oder nur eine Halbinsel Asiens gesehen werden kann. Der breite Zusammenhang mit der asiatischen Landmasse im Osten und das ununterbrochene Durchziehen der Landschaftsgürtel von Westen nach Osten scheint zunächst für die Auffassung von einem einheitlichen Erdteil Eurasien zu sprechen, weshalb der Begriff Europa ähnlich wie der Name Indien lediglich als Bezeichnung eines Subkontinentes Geltung hätte. Eine Reihe von Merkmalen lassen es jedoch berechtigt und nötig erscheinen, in Europa einen »Erdteil« zu sehen; wie eine Weltkarte zeigt, ist in keinem weiteren eine so vielfältige Durchdringung von Land und Meer gegeben, und im Verhältnis zur Landfläche hat dieser Teil der Erde die meisten Inseln und Halbinseln. Mit der Land-Meer-Verzahnung sind zugleich ein äußerst wechselvoller Küstenverlauf und eine Vielfalt von Küstenformen verknüpft. Kleingliederung wie bei den Küsten zeigt auch der vertikale Aufbau Europas, zu dem sich ein großer Formenreichtum gesellt, was beides zu einer weitgehenden Kammerung führt. Diese Kammerung wiederum ist von großem Einfluß auf die kulturgeographischen Grundzüge des Erdteils, allein die Buntheit der politischen und der Sprachenkarte beweist es. In Europa existiert eine Vielzahl von Staaten, von denen nur wenige Nationalstaaten sind. Erst seit dem Ende des Zweiten Weltkrieges ist die Zahl der Zoll- und Wirtschaftsgebiete wesentlich geschrumpft. Die Verschiedenheit der Herkunft der Bevölkerung, der Sprache, der Religionszugehörigkeit, der Geschichte und der Lebensauffassung hat zweifellos eine Fülle von Anregungen erbracht und ist eine der Grundlagen der europäischen Kultur, die dank der Aufgeschlossenheit Europas gegen den Atlantik und seine Randmeere auf andere Teile der Erde übertragen wurde. Durch die russische Kolonisation Sibiriens und des Fernen Ostens wurde sie auch weiten Gebieten Asiens mitgeteilt. Die Kolonialreiche europäischer Staaten, die aus der intensiven Berührung mit Übersee erwuchsen, sind zwar bis auf einige Reste verschwunden, aber die aus dieser Zeit datierende Verflechtung mit anderen Räumen der Erde wurde gewahrt, zum großen Teil sogar intensiviert.

Weitere Besonderheiten ergeben sich aus der Lage Europas zwischen 36° und 71° Nord; sie bedingt, daß es keinen Anteil an der tropischen Zone, aber auch keinen Anteil am Wüstengürtel der Subtropen hat. Nur im äußersten Süden, nämlich in Südost-Spanien und im Südosten des europäischen Teils der Sowjetunion, gibt es Gebiete natürlicher Steppen. Erst der Mensch hat durch seine nun schon Jahrhunderte währende Tätigkeit große Teile des ursprünglichen Pflanzenkleides in eine Kultursteppe verwandelt. Auch der Anteil an der Polarzone ist relativ klein, so daß Europa hauptsächlich in den begünstigten Mittelbreiten zu liegen kommt. Daraus erklärt sich unter anderem das wirtschaftliche Potential Europas, und es wird deutlich, welcher Ergänzungsräume dieser Erdteil bedarf. Der wirtschaftlichen Entwicklung stehen auch keine anderen Schranken, wie meridional streichende Hochgebirge oder sonstige unwegsame Räume, gegenüber, so daß trotz der Kleinkammerung Durchgängigkeit gewährleistet ist.

Die Ausdehnung Europas anzugeben, stößt zunächst insofern auf Schwierigkeiten, als bis heute seine Ostgrenze unter mannigfachen Gesichtspunkten verschieden festgelegt wurde. Diese Schwierigkeit erklärt sich daraus, daß der Name Europa kein geographischer, sondern ein kulturhistorischer Begriff ist. Das Wort stammt wahrscheinlich vom assyrischen »ereb« oder »irib«, was »dunkel« bedeutet, später auch im Sinne von »Sonnenuntergang« gebraucht wurde und sich schließlich inhaltlich zu »Abendland« erweiterte. Diesem »Abendland« wurde in der Antike das »Morgenland« (phönikisch »açu« [Asien] = »Sonnenaufgang«) und Libya, das spätere Afrika, gegenübergestellt, wobei allerdings die irrige Annahme zugrunde lag, daß das Asowsche Meer eine sehr große Ausdehnung hätte und damit Asien deutlich von Europa trennen würde. Die Grenzen Europas im Norden und Westen sind klar. Auch im Süden ist die Grenzziehung eindeutig, da die Einheit der Mittelmeerländer nur noch im physisch-geographischen Sinne besteht, kulturgeographisch jedoch der mediterrane Süden Europas den arabischen Anrainerstaaten am Mittelmeer deutlich gegenübersteht.

Schwierigkeiten bereitet die Grenzziehung nur im Osten, denn die konventionelle Grenze am Ural hat weder physisch noch kulturell die Bedeutung einer Trennungslinie, die Erdteile scheidet. Der weithin nur als wenig ausgeprägtes Mittelgebirge meridional streichende Ural ist siedlungs-, wirtschafts- und politisch-geographisch nie eine Grenze von Bedeutung gewesen. Die Kolonisation der Ostslawen hat das Gebirge rasch überschritten und allmählich einen ausgedehnten Siedlungsraum bis zum Jenisej geschaffen, der durchweg europäische Grundzüge trägt. Schließlich ist das Gebirge in sowjetischer Zeit in seinem mittleren Teil ein wichtiges industrielles Bindeglied zwischen den Industriegebieten an der Wolga und dem Kusnezkbecken (Gebiet zwischen oberem Ob und oberem Jenisej) geworden. Physisch-geographisch wirkt sich der Ural nur dadurch aus, daß der Laubwaldgürtel, der in breiter Front von Westen her an das Gebirge herantritt, im Osten nur noch schmal und inselhaft ausgebildet ist. Alle anderen Vegetationszonen greifen in das Einzugsgebiet des Ob über.

Aus diesen Gründen wird klar, warum sich heute zwei Ansichten über die Ostbegrenzung gegenüberstehen. Die eine geht u. a. von der Vorstellung aus, daß bei einer anthropogeographischen Wertung Räume mit einer Bevölkerungsdichte von über 50 Einwohnern/qkm einer grundsätzlich anderen Einschätzung bedürften, als solche mit unter 50 Einwohnern/qkm, und dadurch menschenleere bzw. schwach besiedelte Gebiete von dicht besiedelten Räumen geschieden werden könnten. Wird diese Definition zugrunde gelegt, dann findet Europa seine Ostgrenze am Jenisej, und zwar östlich des Urals unter Ausklammerung der Gebiete nördlich 60° und südlich 50° Nord. Diese Grenze zeigt eine Bewegung, durch Verdichtung der Bevölkerung z. B. in der Vergangenheit oder etwa durch Verschieben der Anbaugrenzen und der Ausweitung von Industriegebieten. Das Europa dieser Auffassung ist damit in seiner Ausdehnung, wie es auch die Geschichte gezeigt hat, nicht unveränderlich.

Eine andere Ansicht stützt sich auf folgendes Argument: Durch eine Grenzziehung mit Hilfe der unterschiedlichen Bevölkerungsdichte wird der politische Raum der Sowjetunion willkürlich geteilt. Besser ist, man legte die Ostgrenze Europas an die Westgrenze der Sowjetunion. Eine Begründung dieses Grenzverlaufes ist vor allem historisch sowie politisch-geographisch gerechtfertigt; sie hat den großen Vorteil der unproblematischen statistischen Trennung Europa–Sowjetunion–Asien.

Infolge der Auffassungsunterschiede über die Ostgrenze des Erdteils kann man also ein bis zum Jenisej reichendes »Großeuropa« mit rund 17 Millionen qkm und 650 Millionen Menschen und ein »Klein«- oder »Halbinseleuropa« (die europäischen Anteile der Türkei und der Sowjetunion – die UdSSR wird in Band 3 im ganzen behandelt – bleiben dabei unberücksichtigt) mit 4,9 Millionen qkm und 462 Millionen Einwohnern gegenüberstellen. Zwar gelten die genannten Wesenszüge vornehmlich für »Halbinseleuropa«, behalten aber ihre Gültigkeit auch teilweise für »Großeuropa«.

Das vielgestaltige Landschaftsbild der Halbinsel Europa

Die morphologische Kleingliederung und der Formenreichtum sind Merkmale des Erdteils Europa. Denn mit Ausnahme von ausgedehnten Hochländern wie in Asien sind alle Formentypen verbreitet: Hoch- und Mittelgebirge, Berg-, Hügel- und Flachländer, Becken und Ebenen und durch Vulkanismus geprägte Landschaften. Diese Formenvielfalt hängt eng mit der geologischen Entwicklung des Erdteils zusammen. Alte, bereits im Paläozoikum konsolidierte Massen bilden große Schilde mit geringen Reliefunterschieden oder stark abgetragene Gebirge; die in junger geologischer Vergangenheit angeschweißten Teile sind meist mit Hochgebirgen identisch.

Ältester Teil des Erdteils ist der weite Raum des kontinentalen und des nördlichen Europas, der von den Geologen als Fennosarmatia bezeichnet wird und aus dem Präkambrium stammt. Der morphologische Charakter einer riesigen Tafel wird dadurch hervorgerufen, daß es sich um eine sehr früh konsolidierte Masse handelt, auf der bereits das Jungalgonkium und darüber jüngere Formationen, z. T. allerdings sehr lückenhaft (besonders auf dem Baltischen Schild), liegen. Diesem Ur-Europa der Geologen steht sowohl geomorphologisch als auch geotektonisch der übrige Erdteil gegenüber, der in drei orogenetischen (gebirgsbildenden) Phasen angegliedert wurde. Zunächst fügte sich durch die kaledonische Orogenese (Gebirgsbildung) dem präkambrischen Kraton (versteifter Teil der Erdkruste) Fennosarmatia im Silur ein Gebirge im Nordwesten an. Dieses Paläo-Europa ist morphologisch vertreten auf den Britischen Inseln, in Norwegen, Mittel- und Nord-Schweden, Nord-Finnland, der Bäreninsel und West-Spitzbergen und tritt großflächig als stark abgetragenes Mittelgebirgs- und Hügelland auf. In Schottland und Norwegen sind in ihm große Hochflächen, die Highlands und das Fjell, entwickelt. An Fennosarmatia bzw. an Paläo-Europa schließen sich im Westen bzw. im Süden die Varisziden, d. h. im Karbon und Perm gefaltete Teile

Südeuropa, Italien · Amalfi, am felsigen Südhang der Sorrentiner Halbinsel gelegenes Seebad (Golf von Salerno), liegt in landschaftlich reizvoller Umgebung.

Legende

- Kulturland (Ackerland, Wiesen und Bewässerungskulturen)
- Grasland der gemäßigten Zone
- Wald der gemäßigten Zone (vorwiegend Forstwirtschaft)
- Gariden (mediterrane Felsheide), teilweise niedrige Hartlaubgehölze; Steppe
- Halbwüste und Wüste
- Tundra, Fjellheide und Sumpftaiga
- Fels-, Schnee- und Eisregion der Hochgebirge

1 : 15 000 000

0 100 200 300 400 500 Kilometer

Europa ist mit rund 6,5 Millionen qkm Festland und etwa 3,5 Millionen qkm Inseln und Halbinseln der zweitkleinste Kontinent und infolge der reichen vertikalen und horizontalen Gliederung der mannigfaltigste Erdteil. Im Osten geht Europa ohne deutliche Grenzen in die Kontinentalmasse Asiens über, der es wie eine Halbinsel anhängt. Seine Selbständigkeit als Erdteil ist vor allem historisch-kulturell begründet.

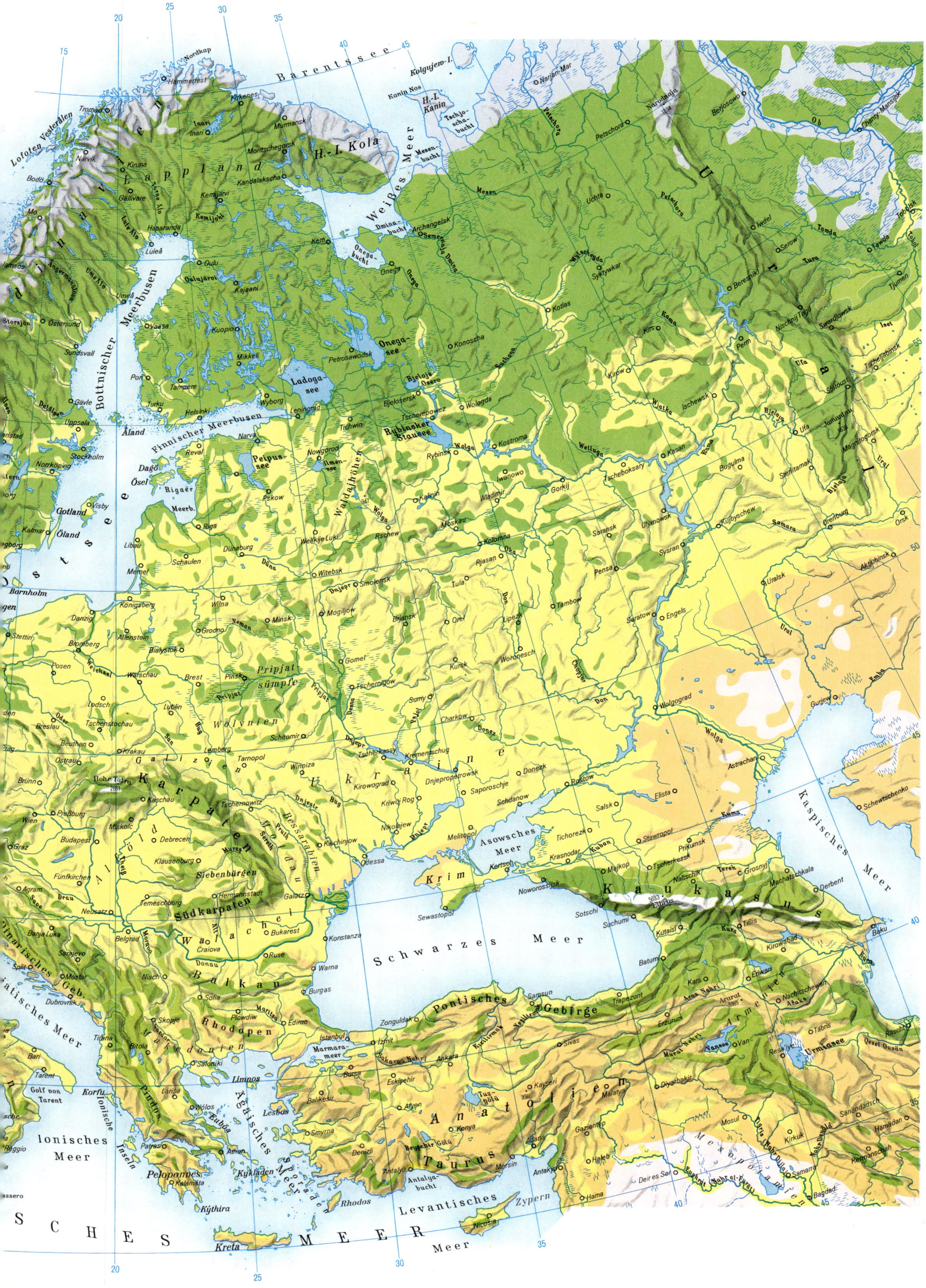

der Erdkruste, an. Sie stellen geologisch Meso-Europa dar. Zu den variskischen Gebirgen gehören geomorphologisch die Berg- und Hügelländer und die Mittelgebirge Mitteleuropas, Frankreichs, Süd-Englands sowie die Iberische Halbinsel mit Ausnahme der Pyrenäen und der Betischen Kordillere und schließlich der Ural. Als Neo-Europa sind letztlich jene Teile des Kontinentes anzusprechen, die aus der alpidischen Orogenese während der Kreide und des Tertiärs hervorgegangen sind. Es sind orographisch (vom Relief her gesehen) die jungen Hochgebirge einschließlich der von ihnen umschlossenen Becken. Für diese jungen Gebirge ist der bogenförmige Verlauf der Gebirgsketten charakteristisch, der darauf zurückgeführt werden muß, daß alte Strukturelemente, wie die Thrakische oder die Tyrrhenische Masse, als starre Gebiete die alpidische Orogenese beeinflußten. Gleichzeitig mit dieser Gebirgsbildung vollzog sich in den Variszidien als germanotype Verformung ein Zerbrechen in Schollen, die unterschiedlich gehoben oder gesenkt wurden und das Gerüst der heutigen Mittelgebirge bilden. Teile des variszischen Gebirges tauchten in diesem Zusammenhang erstmals über den Meeresspiegel auf, und die kristallinen Gesteine Meso-Europas wurden nun von mesozoischen Sedimentgesteinen überlagert; es kam zur Ausbildung von Schichtstufen- und Schichtrippenlandschaften. Mit der Bruchbildung stellten sich lokal auch vulkanische Erscheinungen ein, so daß deren Formen in der Auvergne, im Siebengebirge, im Vogelsberg und in der Rhön, im Hegau, in den Ostpyrenäen, in Böhmen, in der ägäischen Inselwelt und vor allem auf der Apenninhalbinsel und auf Island zu einer Bereicherung des Bau- und Formenstils führten.

Das heutige Formenbild Europas ist allerdings noch stark von den Vorgängen im Pleistozän, der älteren Abteilung des Quartärs, geprägt worden. Die mindestens viermalige Vergletscherung großer Teile des Erdteils führte zu einer Umgestaltung des Reliefs, woran besonders das nordische Inlandeis großen Anteil hatte. Es stieß bis in die Mitte des osteuropäischen Flachlandes, an den Rand der Mittelgebirgsschwelle und über die heutige Nordsee bis England vor. Unter den Gebirgen waren vornehmlich die jungen Hochgebirge von einer Vergletscherung betroffen wie Alpen, Pyrenäen, Karpaten und die Gebirge der Südosteuropäischen Halbinsel. Je nachdem, ob im Nähr- oder Zehrgebiet der Eismassen gelegen, entwickelten sich in den vergletscherten Gebieten typische Formen der Erosion oder Akkumulation, die unter dem Begriff des glazialen Formenschatzes zusammengefaßt werden.

Auch außerhalb der vergletscherten Areale erfuhren die Oberflächenformen eine Umgestaltung. Durch äolischen Materialtransport kam es u. a. zur Entstehung von Dünengebieten (Oberrheinische Tiefebene, Warthe-Netze-Land, zentrales Altkastilien), Flugsandablagerungen, aber auch von Lößdecken, die eine große Bedeutung als frühe und ertragreiche Standorte der Landnutzung gewonnen haben. Zu ihnen gehören die Börden am Nordrand der Mittelgebirge, der Kaiserstuhl, Niederbayern, das Pannonische Becken sowie in Gebieten der unteren Donau und im Süden der Sowjetunion.

Erst gegen Ende des Pleistozäns erreichte Europa seine heutigen Umrisse, da das bis dahin als Eis gebundene Wasser zu einem Meeresspiegelanstieg um etwa 100 m führte. Bedeutsame Änderungen der Küstenlinie ergaben sich in den Tiefländern. So erreichten Nord- und Ostsee, Ägäis, Adria und Weißes Meer erst in jüngster geologischer Vergangenheit ihre heutige Gestalt. Hebungen, die in Skandinavien durch Entlastung der Erdkruste von Eis besonders große Werte erreichten, und Senkungen, beispielsweise in der Po-Ebene, verändern noch in der Gegenwart die Küstenlinien, und Erdbeben, vor allem im Bereich der alpidischen Gebirge, zeigen eine fortdauernde Unruhe der Erdkruste an.

Das Klima Europas, durch die reiche Oberflächengliederung zwar vielfältig differenziert, besitzt infolge der Lage des Erdteils im Zirkulationsgürtel der außertropischen Westwindzone und auf der Ostseite des Atlantiks einige Charakteristika. Die wetterbestimmenden Hoch- und Tiefdruckgebiete mit ihren Fronten sind überwiegend in die Westwindzone eingelagert, kommen also aus westlichen Richtungen und damit vom Meer her. Da diese Meeresteile infolge des Golfstromes wesentlich wärmer sind, als es der Breitenlage entspricht, erreichen vorwiegend warme Luftmassen den Erdteil und werden wegen der Durchdringung von Land und Meer auch weit nach Osten wirksam. Im Vergleich zu gleichen Breitenlagen herrscht in Europa im Einflußbereich dieser Luftmassen und des Golfstromes eine positive Wärmeanomalie, d. h., es sind über dem Durchschnittswert der Breitenlage liegende Temperaturen zu verzeichnen. Dies hat zur Folge, daß etwa die norwegische Küste im Januar 22–25 °C wärmer ist als das Mittel dieser Breitenlage und die Häfen eisfrei bleiben; in gleicher Breite an der Ostküste Amerikas und Asiens legt ein mehrmonatiger Eisverschluß der Häfen Fischfang und Seeverkehr lahm. Eine zeitweilige Absperrung der Küsten vom Verkehr gibt es in Nordeuropa nur östlich der Murmanküste oder in der salzarmen Ostsee. Mit der Verlagerung der planetarischen Zirkulationsgürtel infolge des wechselnden Sonnenstandes ergeben sich für die einzelnen Jahreszeiten trotz vorherrschender Westwetterlagen Unterschiede im Wetterablauf.

Aus der alljährlichen Verlagerung der Westwindtrift und dem mit ihr verbundenen Transport verschiedenster Luftmassen leiten sich auch Möglichkeiten einer Klimagliederung Europas ab. Am leichtesten läßt sich dabei ein südeuropäisches Klimagebiet vom übrigen Erdteil trennen, da hier ein deutlicher Gegensatz zwischen Sommer und Winter besteht, den die anderen Teile Europas nicht kennen. Der Sommer, der mit fünf bis sechs Monaten die längste Jahreszeit ist, wird von der Tropikluft des subtropischen Hochdruckgürtels beherrscht und zeichnet sich demzufolge durch Trockenheit, geringe Luftfeuchte, hohe Temperaturen und reichlichen Sonnenschein aus. Der Winter (zwei bis drei Monate) ist durch das Vorwalten von Luftmassen aus der Westwindzone und der mit ihnen gekoppelten zyklonalen Tätigkeit die Niederschlagszeit. Er ist kühl, aber nicht kalt, obwohl Frost- und Schneetage bis in Südspanien, auf Sizilien und auf Kreta vorkommen. Nur im Norden Südeuropas sind die recht kurzen Übergangsjahreszeiten, besonders der Herbst, regenreicher als der Winter, was mit dem Durchzug der Polarfront und dem Wechsel zwischen Tropik- und Polarluft in Zusammenhang steht. Rein thermisch wird das südeuropäische Klimagebiet von den anderen durch die 5°-Januarisotherme abgegrenzt, die annähernd mit der Polargrenze des Ölbaums zusammenfällt.

Das westeuropäische Klimagebiet wird ganzjährig von Luftmassen überstrichen, die vom Atlantik stammen. Infolgedessen trägt das Klima maritimen Charakter, was durch milde Winter, kühle Sommer, d. h. also geringe Jahresamplitude der Temperatur, Niederschläge aus Zyklonalvorgängen zu allen Jahreszeiten, hohen Grad der Luftfeuchte und der Bewölkung und eine relativ geringe Zahl von Sonnenscheinstunden verdeutlicht werden kann. Der Sommer dauert etwa drei Monate, der Winter ist kürzer, und demzufolge sind beide Übergangsjahreszeiten, Frühjahr und Herbst, jeweils drei bis vier Monate lang.

Die Ausschließlichkeit der Wettergestaltung durch Westwetterlagen ist in Mitteleuropa nicht mehr gegeben. Sowohl im

Europa und die Welt in Zahlen

Die Zahlen entstammen dem Statistical Yearbook 1971 der UN (New York 1972) und gelten, falls nichts anderes angegeben, für 1970.

	Welt	Europa (ohne UdSSR)	Anteil Europas (in %)
Bevölkerung (in Mill.)	3632	462	12,7
Land- und Forstwirtschaft, Fischerei			
(Produktion in Mill. t, falls nichts anderes angegeben)			
Gerste	139	44,4	31,9
Weizen	316	66,7	21,1
Hafer	55	16,8	30,5
Kartoffeln	310	136,2	43,9
Mais	260	36,9	14,2
Viehbestand (in Mill. Stück):			
Rinder	1124	124,0	11,0
Schweine	629	130,8	20,8
Schafe	1069	128,3	12,0
Milch	400	150,9	37,7
Traktorenbestand (in Mill. Stück)	15	6,1	40,7
Rundholz (in Mill. cbm)	2350	311,0	13,2
Fischereiertrag	69	12,0	17,4
Bergbau			
(Produktion in Mill. t, falls nichts anderes angegeben)			
Steinkohle	2123	501,8	23,6
Braunkohle	792	596,3	75,3
Eisenerz	419	57,3	13,7
Magnesit	11,5	5,2	45,2
Zinkerz	5,5	1,1	20,0
Bleierz	3,4	0,7	20,6
Chromerz	2,8	0,3	10,7
Kupfererz	6,3	0,3	4,8
Erdöl	2278	37,0	1,6
Erdgas (in Mrd. cbm)	1071	113,9	10,6
Gütererzeugung und Industrie			
(Produktion in Mill. t, falls nichts anderes angegeben)			
Fleisch	80	21,1	26,4
Weizenmehl	117	36,8	31,5
Zucker	73	15,0	20,5
Wein (in Mill. hl.)	297	215,5	72,6
Rayon und Acetat (in 1000 t)	3510	953,3	27,2
Schnittholz (in Mill. cbm)	410	80,3	19,6
Papier (mit Zeitungspapier und Pappe)	126	38,6	30,6
Dieselöl	63	30,3	48,1
Benzin	439	82,1	18,7
Koks	343	123,0	35,9
Zement	570	220,4	38,7
Roheisen	440	137,5	31,3
Rohstahl	593	200,4	33,8
Aluminium	9,7	2,4	24,7
Kupfer (Cu-Gehalt)	7,5	1,6	21,3
Blei	3,3	0,9	27,3
Zink	4,8	1,5	31,3
Handelsschiffbau (ohne UdSSR; in Mill. BRT)	21,7	10,5	48,4
Pkw (in Mill. Stück)	29,9	10,5	35,1
Lkw (in Mill. Stück)	7,0	1,8	25,7
Außenhandel			
(Wert in Mrd. US-Dollar)			
Einfuhr (cif)	327	182,2	55,7
Ausfuhr (fob)	311	168,1	54,1
Energie und Verkehr			
Elektrische Energie (in Mrd. kWh)	4900	1398,7	28,5
Eisenbahn-Gütertransport (in Mrd. t/km)	5027	564	11,2
Schiffsfracht (in Mill. t)	5099	1593	31,2
Zivilluftfahrt (Flugstrecke in Mill. km)	7040	1442	20,5
Verbrauch			
(in Mill. t)			
Baumwolle	12	2,0	16,6
Stahl	589	194,0	32,9
Zucker	72	18,9	26,3
Phosphat	19	7,8	41,1
Zeitungspapier	21	5,8	27,6
Kommunikation			
(Bestand in Mill. Stück)			
Rundfunkgeräte (1969)	653	129	19,8
Fernsehgeräte (1969)	251	86,5	34,5
Telefonapparate (1969)	255	74,4	29,1

Sommer als auch im Winter kommt es zum Vorstoß von Hochdruckkeilen von Osten und Süden, was zu trockenheißer bzw. trockenkalter Witterung Anlaß gibt. Mitteleuropa weist aus diesem Grunde kräftige thermische Jahreszeiten auf, von denen der Winter mit vier bis fünf Monaten die längste ist. Deutlich ausgeprägt sind auch die beiden Übergangsjahreszeiten; der Sommer umfaßt einen Zeitraum von etwa drei Monaten. Durch die Zunahme der Jahresamplitude der Temperatur und der Konzentration der Niederschläge auf die Sommermonate vollzieht sich ein ganz allmählicher Übergang von der mitteleuropäischen in die osteuropäische Klimaprovinz.

Das Klima Osteuropas ist durch Kontinentalität gekennzeichnet, was sich in einem kalten, langen, meist schneearmen Winter und einem warmen oder sogar heißen Sommer äußert, dessen Temperaturen erheblich über den Werten Westeuropas in jeweils gleicher Breite liegen. Diese Extreme sind vornehmlich der Einwirkung recht stabiler Hochdruckgebiete zuzuschreiben, die mit ihrem Kern über Asien liegen. Die sehr kurzen Übergangsjahreszeiten bringen es mit sich, daß, rein thermisch, sehr schroffe Übergänge vom Winter zum Sommer und umgekehrt stattfinden. Infolge der großen meridionalen Erstreckung Osteuropas gibt es von Norden nach Süden noch mannigfache Abwandlungen von der subarktischen Zone bis in die pontische Region, die sich aber alle wegen der geringen Reliefunterschiede ganz allmählich vollziehen. So verschiebt sich das Niederschlagsmaximum in Nord-Süd-Richtung vom Herbst auf den Winter, und in gleicher Richtung wächst die jährliche Temperaturamplitude. Eine gewisse klimatische Ähnlichkeit hat Nordeuropa mit dem nördlichen Osteuropa, jedoch einen viel geringeren Grad der Kontinentalität. Durch das Vordringen arktischer Luftmassen können im Winter die Temperaturen tief absinken, die Sommer sind aber unter dem Einfluß feuchter Luftmassen vom Atlantik nicht so warm wie in Osteuropa und ähneln daher mehr denen Westeuropas. Im Unterschied zu diesem Klimagebiet sind sie jedoch recht kurz, denn sie dauern kaum zwei Monate, während dafür die Winter mit fünf bis sechs Monaten die längste Jahreszeit darstellen.

Seiner Lage im Klimagürtel der Mittelbreiten entsprechend ist Europa von Natur aus ein Waldland, und nur im hohen Norden und im Südosten treten an die Stelle der Wälder Tundrenvegetation und Steppen. Die Tundra beginnt als schmaler Streifen in Nord-Norwegen, um über die Halbinsel Kola an das Weiße Meer vorzustoßen. Vom Weißen Meer verläuft die Südgrenze, die mit der polaren Baumgrenze und annähernd auch mit der 10°-C-Juliisotherme zusammenfällt, etwa entlang des Polarkreises nach Osten und schwenkt im Ural etwas nach Süden aus. Die Grenze der Steppen im Süden des europäischen Teiles der Sowjetunion ist nur noch schwer zu rekonstruieren, da sie durch die Ausweitung des Ackerbaues völlig verwischt wurde. Sie dürfte etwa von der Gegend um Ufa am Westfuß des Urals (etwa 55° Nord) über Kasan an der Wolga und weiter über Kiew bis zu den Karpaten verlaufen. Die einstmalige Federgrassteppe der Ost-Ukraine – heute Getreideland – und die Artemisia-Steppe nördlich des Kaspischen Meeres sind bedingt durch Winterkälte und Sommertrockenheit.

Der an die Tundrenzone im Süden anschließende boreale Waldgürtel zeigt, hervorgerufen durch Veränderung des Klimas von Norden nach Süden, eine zonale Aufgliederung in einen nordischen Nadelwaldgürtel und einen Laub- bzw. Laubmischwaldgürtel südlich davon. Trotz stärkster Zerstörung läßt der Laubwald- und Laubmischwaldgürtel eine zusätzliche Veränderung vom ozeanischen Westen zum kontinentalen Osten erkennen, indem auf einen euozeanischen Eichenmischwald mit Ilex aquifolium als Leitpflanze ein subozeanischer Buchenmischwald in Mitteleuropa und auf ihn wiederum Eichenwälder in Osteuropa folgen, die schließlich mit dem Erreichen des Ural aufhören.

Auf den borealen Waldgürtel folgt nach Süden der Waldgürtel der Mediterraneis, der sich durch das Auftreten immergrüner Laubbäume auszeichnet. Dazu gehören der in Kultur genommene Ölbaum (Olea europea), die in Halbkultur stehende Korkeiche (Quercus suber), zu der sich als weitere immergrüne Eichen die Kermes- und die Steineiche gesellen (Quercus coccifera und Quercus ilex). Hinzu treten noch Lorbeer (Laurus nobilis), Myrte (Myrtus communis), Erdbeerbaum (Arbutus unedo) und eine lange Reihe weiterer immergrüner Pflanzen.

Die natürlichen Vegetationszonen des Erdteils sind durch die bis in das Pleistozän zurückgehende Einwirkung des Menschen kaum noch erhalten. Über weite Gebiete finden sich anstelle der Wälder Acker- und Grünlandflächen. Wo Wälder verbreitet sind, stellen sie nicht mehr die ursprüngliche Pflanzengesellschaft dar, sondern sind durch Forstwirtschaft umgestaltet worden. So sind in Mitteleuropa anstelle der Laubwälder meist einheitliche Bestände von Fichte oder Kiefer, seltener Tanne getreten. Besonders krasse Formen hat die Waldvernichtung in Südeuropa angenommen, wo wegen der ungünstigeren Standorte (Sommertrockenheit) die Reproduktionskraft der Wälder schon wesentlich geringer ist als in West- oder Mitteleuropa. Hochstämmige Wälder sind dem Raubbau der Menschen und der Waldweide der großen Kleinwiederkäuerherden zum Opfer gefallen. An ihre Stelle sind Niederwald, Macchia, d. h. immergrüner Buschwald, auf felsigem Untergrund Garrigue und Phrygana, also der Trockenheit angepaßte Kleingebüschformationen oder sogar Tomillares getreten. Im Südosten Europas tritt häufig die submediterrane Šibljakformation an die Stelle des Hochwaldes. Sich rasch ausdehnende Erosionsformen wie Calanchi, d. h. sich stark verästelnde Kerbtälchen von großer Dichte, und Frane, also Rutschungen in weichen tonreichen Gesteinen, sowie Abtrag des Bodens bis zum Muttergestein, wie es instruktiv im dinarischen Küstengebiet zu sehen ist, sind die Folgen der Waldvernichtung. Das Landschaftsbild Südeuropas wurde in stärkerem Maße verändert als in anderen Zonen des Erdteils, wozu die zahlreichen Fremdlinge unter den Kulturpflanzen, wie Agrumen, japanische Mispel und andere das ihrige beitragen.

Die Länder Südeuropas sind die waldärmsten Europas; sie müssen Holz importieren. Nur 10% der Gesamtfläche Spaniens, 17% Italiens, 12% Griechenlands sind mit Wald bestanden, während die Bundesrepublik Deutschland 27%, Schweden aber 58% und Finnland sogar 73% Wald an der Gesamtfläche aufzuweisen haben.

Gewässer und Vergletscherung

Obwohl die relativ kleinen Flüsse Europas in ihrem Abflußregime vorwiegend dem nivo-pluvialen Typ und dem pluvio-nivalen Typ angehören, d.h., wie schon die Begriffsableitung von nivalis und pluvialis (lateinisch) also vom Schnee bzw. Regen herrührend, besagt, in ihrer Wasserführung von Regen- und Schneefällen bzw. der Schneeschmelze bestimmt werden, gibt es doch zwischen den einzelnen Klimagebieten Europas einige Abweichungen. Grundsätzlich besteht ein Unterschied der Flüsse Südeuropas zu denen des übrigen Europas insofern, als bei den Flüssen im Süden Europas, deren Einzugsgebiet nicht in höhere Gebirge hineinreicht, die Abflußkurve zu einem Abbild der Niederschlagskurve wird. Es handelt sich dabei um die Torrente oder Fiumare, Flüsse mit stark schwankender, periodischer oder gar nur episodischer Wasserführung. Das Minimum der Wasserführung fällt in den Sommer bzw. Herbst, das Hochwasser in den Herbst oder Winter. Sobald die Flüsse Südeuropas bis in hohe Gebirge mit ihrem Einzugsgebiet zurückreichen, kommt es zu herbstlichem Regenhochwasser und einem Schneeschmelzhochwasser im Frühjahr oder Frühsommer.

In Mitteleuropa führen die Flüsse im Spätsommer wenig Wasser, das Hochwasser tritt im Frühjahr mit der Schneeschmelze ein, wobei der Zeitpunkt des Hochwassers von der Höhenlage des Einzugsgebietes abhängt. Bei großen Flußsystemen, wie z.B. dem Rhein, kann es daher zu erheblichen Verschiebungen der Extreme kommen. Im östlichen Europa wird das Maximum der Wasserführung wegen der späteren Schneeschmelze erst im späten Frühjahr, das Minimum zur Zeit der Gefrornis im Winter erreicht. Ganz anders dagegen ist das Abflußregime im Westen Europas, wo wegen des milden und feuchten Winters in dieser Zeit Hochwasser auftritt. Das Minimum fällt in die Zeit stärkster Verdunstung, also in den Sommer. In Nordeuropa lassen sich je nach Höhenlage mannigfache Übergänge vom west- zum osteuropäischen Abflußregime feststellen.

Aus diesen Abflußregimen lassen sich Folgerungen über den Wert der größeren Flüsse als Verkehrsträger ableiten. Wegen der großen Wasserstandsschwankungen besitzen die Flüsse Südeuropas keine oder nur sehr geringe Bedeutung. Selbst der Po, der sich dank des Alpenanteils in seinem Einzugsgebiet durch geringe Unterschiede in der Wasserführung auszeichnet und an dessen Oberlauf das wichtigste Industriegebiet Südeuropas liegt, spielt als Verkehrsweg keine Rolle. In Osteuropa ist der einige Monate dauernde Eisverschluß der Flüsse hinderlich für den Verkehr; das gilt auch z. T. für die Donau. Weniger haben darunter die Flüsse Mitteleuropas zu leiden, und in Westeuropa ist eine verkehrsbehindernde Eisdecke auf Flüssen höchst selten.

Auf das Abflußregime der Flüsse können sich Seen ausgleichend auswirken. In sehr großer Zahl treten sie in den Gebieten einstiger Vergletscherung auf, so im Erosionsbereich des nordischen Inlandeises und in den End- und Grundmoränenlandschaften. Die Seen Finnlands und Schwedens, der Ladoga- und der Onegasee als die beiden größten Seen Europas (18 180 und 9836 qkm), gehören ebenso dazu wie die Seen Schottlands, Norddeutschlands, des nördlichen und südlichen Alpenrandes und die zahllosen kleinen Karseen in allen ehemals vergletscherten Gebirgen. Durch vulkanische Ereignisse entstanden sind die Seen der Auvergne, der Eifel und Mittelitaliens; auf Poljen- und Dolinenbildung ist so mancher See in den dinarischen Ländern, in Irland und anderen Kalkgebieten zurückzuführen. Insgesamt decken mehrere tausend Seen eine Fläche von 135 000 qkm und verstärken die Züge einer äußerst starken Gliederung Europas.

Auch Gletscher haben Einfluß auf das Abflußregime. Allerdings ist die derzeitige vergletscherte Fläche in Europa gering im Vergleich zum Pleistozän, und dementsprechend ist ihr Anteil seitdem erheblich zurückgegangen. Das vergletscherte Areal Europas ohne Spitzbergen und Nowaja Semlja beträgt knapp 22 000 qkm, wovon über 11 000 qkm auf Island und rund 5000 qkm auf Skandinavien entfallen. Im Verhältnis zu den skandinavischen Gebirgen sind die Alpen, obwohl wesentlich höher, nur schwach vergletschert (3800 qkm) und selbst der mit 21 km längste Eisstrom, der Aletschgletscher, ist ein Zwerg gegenüber den Plateaugletschern des Nordens. In den anderen jungen Hochgebirgen Europas gibt es bis auf die Pyrenäen keine Gletscher mehr, und selbst dort ist durch den allgemeinen Gletscherrückgang die Gesamtfläche auf unter 20 qkm abgesunken.

Bevölkerungsvielfalt

Vielgestaltig wie das Relief sind schließlich die ethnographischen Verhältnisse. Die gute Durchgängigkeit des Erdteiles hat dazu geführt, daß früh eine starke rassische Vermischung auftrat. Dennoch läßt sich in groben Zügen ein Rassenbild rekonstruieren, welches seit dem Neolithikum annähernd gleichgeblieben ist. So können eine nordische, eine ostische oder alpine, eine dinarische und eine mediterrane Rasse unterschieden werden. Ihre Verbreitungsgebiete decken sich aber schon lange nicht mehr mit der Verbreitung der Sprachen bzw. Sprachgemeinschaften, die etwa seit der Bronzezeit, d. h. seit dem Ende der Indogermanischen Wanderung, annähernd ihre heutige Ausdehnung besitzen. Die Sprache bzw. Sprachgemeinschaft hat sich gegenüber der Rasse als stärkerer Faktor erwiesen, so

Nordeuropa, Norwegen · Hammerfest, die nördlichste Stadt Europas. Hier ist an 73 Tagen die Mitternachtssonne voll zu sehen.

daß es zur Entwicklung von Völkern, zu Gemeinschaften gleicher Sprache und Kultur gekommen ist.

Grundsätzlich sind zunächst die indogermanischen von den nichtindogermanischen Sprachgemeinschaften zu trennen. Die größte Gemeinschaft unter den indogermanischen Sprachen bilden mit über 200 Millionen Menschen die slawischen Völker. Ihr gehören die Ostslawen (Nordrussen = Großrussen, Südrussen oder Kleinrussen = Ukrainer, Weißrussen = Bjelorussen), die Westslawen (Polen, Tschechen, Slowaken, Wenden und Kaschuben) und die Südslawen (Slowenen, Kroaten, Serben, Bulgaren sowie die Makedonier, über deren Sprachzugehörigkeit Widersprüche bestehen) an. An zweiter Stelle steht die Sprachgemeinschaft der Germanen mit etwa 175 Millionen Menschen. Zu ihr zählen als größte Sprachgruppe die Deutschen, die mit den Niederländern, Friesen und Angelsachsen (Engländern) zu den Westgermanen zusammengefaßt werden und die durch die politischen Ereignisse im und nach dem Zweiten Weltkrieg die größten Veränderungen ihres Sprachraumes hinnehmen mußten. Dänen, Schweden, Norweger und Isländer bilden die Gruppe der Nordgermanen. Unter anderem werden noch die griechisch- und die albanischsprachigen Bevölkerungsteile des europäischen Südostens, die Armenier und in gewissen Sinne die Zigeuner als Sprachgruppen der indogermanischen Sprachfamilie hinzugerechnet.

Zahlenmäßig an dritter Stelle steht die Sprachgemeinschaft der Romanen mit rund 166 Millionen Menschen. Ihr gehören in der Reihenfolge ihrer Anzahl an: Italiener, Franzosen, Spanier, Rumänen, Portugiesen und Reste der einst wesentlich weiter ausgedehnten Völker der Rätoromanen, Ladiner und Friauler in den Alpen.

An vierter Stelle sind die nichtindogermanischen Sprachen bzw. Völker zu nennen, die teils die Reste ehemals weiter verbreiteter Sprachgruppen in Europa sind, teils aus Asien in unseren Erdteil eingedrungene Gruppen darstellen. Zu ihnen werden folgende Sprachen gezählt: Baskisch, Finnisch, Estnisch, Madjarisch und Türkisch sowie die mongolischen Sprachen der Kalmücken und Kirgisen. Nur noch in Rückzugsgebieten werden schließlich Sprachen gesprochen, die der keltischen Sprachgemeinschaft angehören, wie das Bretonische in der Bretagne, das Irische in der Republik Irland, das Walisische in Wales und das Gälische im nördlichen Schottland. Noch in der jüngeren Eisenzeit, d. h. also von etwa 500 v. Chr. bis zur Zeitwende, hatte das Keltische in großen Teilen von Mittel- und Westeuropa die Vorherrschaft, verlor dann aber rasch gegenüber den germanischen und romanischen Sprachen an Bedeutung.

Mit seinen 462 bzw. 650 Millionen Einwohnern – je nach der Grenzziehung im Osten – ist Europa zwar nicht der volkreichste, aber der dichtest besiedelte Kulturerdteil. Gleichzeitig verteilt sich die Bevölkerung wesentlich gleichmäßiger als auf den anderen Kontinenten, was nun wiederum nicht bedeutet, daß es keine merkbaren Dichteunterschiede gäbe. Allein die starke Vertikalgliederung Europas führt zu großen Unterschieden, indem die Hochgebirge, also Pyrenäen, Alpen, Dinariden, Karpaten, Balkan, Rila und die griechischen Gebirge nur dünn besiedelt sind. Ballungsgebiete mit mehr als 300 Einwohnern/qkm ziehen sich von England über die Niederlande und Belgien in die Industrieräume nördlich der deutschen Mittelgebirge bis Oberschlesien. Südlich der Alpen wird dieser Dichtewert in der Poebene überschritten. Gering ist dagegen die Bevölkerungsdichte außer in den Hochgebirgen auch in den Teilen Europas nördlich des 60. Breitengrades, so daß Norwegen nur einen durchschnittlichen Dichtewert von 12, Island gar nur von 2 Einwohnern/qkm besitzt. Schwach besiedelt sind außerdem Teile Zentralfrankreichs und des Inneren von Spanien, das nördliche Schottland, der Südosten der Sowjetunion und das türkische Thrakien.

In den Ballungsgebieten liegen überwiegend die Groß- und Weltstädte, aus denen von den Hauptstädten nur Madrid, Athen, Tirana, Sofia herausfallen. Die Zahl der Groß- und Weltstädte ist in den Jahren nach dem Zweiten Weltkrieg stark angestiegen, wobei diese Zunahme nicht auf hohe Geburtenraten der städtischen Bevölkerung zurückgeht, sondern aus Wanderungsgewinnen resultiert. Von der Verstädterung, die auf der zunehmenden Mobilität der Bevölkerung beruht, sind alle Länder Europas ergriffen worden.

Bevölkerungsbewegungen großen Ausmaßes über Staatsgrenzen hinweg ergeben sich aus dem Gegenüber hochindustrialisierter Räume mit großem Bedarf an Arbeitskräften und noch überwiegend agrarisch orientierten, industriell schwach entwickelten Gebieten. Von den etwa vier bis fünf Millionen Gastarbeitern in Mittel- und Westeuropa kommt der größte Teil aus den Ländern Südeuropas, von Portugal und Spanien, Süditalien bis Jugoslawien und Griechenland. Aber auch das nordwestliche Afrika und der Nahe Osten sind an den Wanderungsbewegungen beteiligt.

Diese Form der Mobilität hat die Auswanderung, die bis zum Zweiten Weltkrieg und in den ersten Nachkriegsjahren von großer Bedeutung war, abgelöst. Von 1810 bis 1950 sind nach Schätzungen rund vierzig Millionen Menschen aus den Ländern Europas ausgewandert, wobei je nach Herkunftsgebieten das Wanderungsziel verschieden war (Lateinamerika, Nordamerika, Südafrika, Australien).

Wirtschaftliche Intensität und Wirtschaftsverflechtung

Die Wirtschaft Europas zeigt ähnliches wie die der USA und Japans höchste Intensität und ist durch eine weitreichende Zusammenarbeit und Verflechtung mit den anderen Erdräumen gekennzeichnet. Die Grundlagen dieses Tatbestandes sind darin zu sehen, daß sich die Bevölkerung Europas durch große Aktivität und Beweglichkeit auszeichnet, daß es im Hinblick auf die Landnutzung keine Wüsten und nur unbedeutende Areale starken und langandauernden Frostes gibt und daß schließlich die für die industrielle Entwicklung nötigen Energieträger in großem Umfang auf dem Erdteil vorhanden sind.

Im Wirtschaftsleben hat die Industrie die Landwirtschaft bedeutungsmäßig schon lange überflügelt, wenn es auch im Industrialisierungsgrad der einzelnen Teile noch erhebliche Unterschiede gibt. So zählen insbesondere die südlichen Teile Europas zu den industriell schwach entwickelten Gebieten, wie Portugal, Teile von Innerspanien, Sardinien und Sizilien, Süditalien, Albanien und der größte Teil Griechenlands. Auch Irland, das nördliche Norwegen und Nordfinnland liegen unter dem durchschnittlichen Industrialisierungsgrad. Das Fehlen von Bodenschätzen oder ungünstige Naturgegebenheiten werden häufig für dieses Zurückbleiben der industriellen Entwicklung hervorgehoben, auch wenn sie nicht allein ausschlaggebend sind. Durch Bodenschätze begünstigt ist Osteuropa, wo seit sowjetischer Zeit ein gewaltiger industrieller Aufschwung und stärkster wirtschaftlicher Wandel einsetzte, wodurch »Kontinentaleuropa« endgültig mit »Halbinseleuropa« zusammenwuchs.

Der Vorsprung, den Europa bis zur Jahrhundertwende auf dem industriellen Sektor in der Welt besaß, ist längst geschwunden, und nur durch überstaatliche Zusammenarbeit kann der immer härter werdenden Konkurrenz auf dem Weltmarkt, speziell einzelnen Wirtschaftsblöcken, begegnet werden. Auf dem Gebiet der Energiewirtschaft ist dies bisher durch Verbundsysteme wohl am deutlichsten verwirklicht. Grundlagen dieser industriellen Energiewirtschaft sind Holz und Wasserkraft als die ältesten, Braun- und Steinkohle als die noch immer wichtigsten und Erdöl und Naturgas als zunehmend an Bedeutung gewinnende Energielieferanten. Holz spielt dort eine Rolle, wo eine intensive Ausnutzung von Wäldern möglich ist, also vorwiegend im borealen Waldgürtel und hier wiederum in der Nadelwaldzone Skandinaviens und der UdSSR. Im Süden des Erdteiles, also in der devastierten mediterranen Waldzone und in den Grassteppen des Südostens besteht Holzmangel. Wasser ist ein wichtiger Energieträger in jenen Ländern geworden, die Anteil an Hochgebirgen haben, vor allem dort, wo durch Gletscher Wasserrücklagen vorhanden sind. An erster Stelle stehen deshalb Norwegen, Schweden, Österreich und die Schweiz. Auch in Italien, Frankreich und Deutschland haben die Wasserkraftwerke in den Gebirgen große Bedeutung. Der Osten Europas konnte durch den Bau von Stauwerken an den Tieflandströmen deutlich aufholen, und Ähnliches gilt für die Iberische Halbinsel.

Die Kohle hat das bereits im Mittelalter für gewerbliche

*Frankreich, Périgueux ·
Im Vordergrund die
Kathedrale Saint-Front, eine
aquitanische Kuppelkirche.*

Zwecke genutzte Wasser in der Mitte des letzten Jahrhunderts an Bedeutung überrundet und wurde zum wichtigsten Energielieferanten. Dabei lassen sich zwei Dichtezentren der Produktion feststellen, nämlich eines von England über Mitteleuropa bis in das Donezbecken und ein zweites vom Moskauer Braunkohlenrevier über den Südural zum Kusnjezker Kombinat östlich des Urals. Die Kohle steht allerdings heute in scharfer Konkurrenz mit dem Erdöl und dem Naturgas, die sowohl in Industrie als auch im Haushalt immer mehr an Bedeutung gewinnen. Ein Gutteil der Energieerzeugung entfällt bereits auf diese beiden Rohstoffe. Bei der Förderung von Erdöl und -gas hat bisher Osteuropa mit seinen Lagerstätten um Baku, an der unteren Wolga, im Südural und um Saratow das Übergewicht. In den anderen Teilen des Kontinents liegen die Schwerpunkte der Förderung in Rumänien, den Niederlanden, in Österreich, Italien und der Bundesrepublik Deutschland. Die großen Funde unter der Nordsee, mit deren intensivem Nutzungsbeginn Mitte bis Ende der siebziger Jahre zu rechnen ist, könnten jedoch einen Ausgleich zwischen »Halbinsel«- und »Kontinentaleuropa« herbeiführen.

Auch an anderen Bodenschätzen, die nicht der Energieerzeugung dienen, ist Europa relativ reich. Allerdings sind es überwiegend arme Lagerstätten, die nach den derzeitigen Rentabilitätsvorstellungen meist noch nicht oder nicht mehr abbauwürdig sind. Zu letzteren gehören beispielsweise die einst berühmten Gold- und Silber- und mit wenigen Ausnahmen auch die Blei- und Zinkvorkommen in den Alpen sowie die Eisenerzlagerstätten Südwestdeutschlands. Von großer Bedeutung sind andere Eisenerzvorkommen, deren wichtigste Abbaustätten bei Kiruna in Nordschweden, in England, in Lothringen, bei Salzgitter, um Kriwoj Rog in der Ukraine und bei Magnitogorsk im Südural liegen. Pyrit und Kupferkies werden in großen Tagebauen in der erzreichen Sierra Morena in Spanien gewonnen, Blei und Zink ebenda sowie im Iglesiente auf Sardinien und bei Trepca in Jugoslawien. Kalilieferant ist Mitteleuropa. Bauxit liefern Frankreich, Griechenland und Jugoslawien. Molybdän wird in Norwegen, Mangan in der Ukraine gewonnen; Wolfram spielt in Nordportugal eine große Rolle. Weltbedeutung haben die Quecksilberlagerstätten in Almadén in Spanien und am Monte Amiata in Italien. Eine Fülle weiterer Lagerstätten kommt hinzu; doch reichen sie für die Versorgung der überaus vielseitigen Industrie Europas nicht aus und müssen durch Importe ergänzt werden.

An den Förderplätzen von Bodenschätzen hat vielfach die industrielle Entwicklung Europas ihren Ausgang genommen, und an sie knüpfen sich heute die wichtigsten Industriegebiete. So halten sich die großen Industrieachsen des Erdteils an die Dichtezonen der Kohleproduktion. Von England über Belgien, Nordfrankreich, Deutschland bis nach Polen reicht die eine und vom Moskauer Industriegebiet bis zum Ural die zweite Achse. Hinzu treten als Industriegebiete von größter Bedeutung die Poebene, Leningrad mit Umgebung und das Kusnjezker Kombinat östlich des Urals. Dabei ist die Industrie, die sich zum großen Teil aus dem Gewerbe des Mittelalters über die Manufakturen des 16.–19. Jahrhunderts bis zum heutigen hochtechnisierten Wirtschaftszweig organisch entwickelt hat, außerordentlich vielseitig und reicht von der Eisen- und Stahlindustrie über eine Konsumgüterindustrie größter Differenzierung, Chemische und Elektrotechnische Industrie bis zur heute so gewichtigen Kraftfahrzeugindustrie. Trotz des hohen technologischen Standes der europäischen Industrie ist deren Entwicklung keineswegs abgeschlossen. Dabei ist die Suche nach neuen Standorten, etwa an den Küsten (Raffinerien, Stahlwerke) oder in Räumen mit hohem Arbeitskräftepotential (u.a. Süditalien, Alpentäler) unverkennbar. Der Trend an die Küsten ist verständlich, denn von allen Industrien der Erde zeigt die europäische die intensivste Verflechtung mit der Weltwirtschaft, was teils noch auf die Schaffung überseeischer Kolonialreiche durch europäische Staaten zurückgeht, teils auf der Tatsache beruht, daß von Europa aus die Industrialisierung der Erde einsetzte. Bezogen auf seinen Anteil an der Weltbevölkerung hat Europa die höchste Industrieproduktion auf der Erde.

Die Landwirtschaft, noch bis in das 19. Jahrhundert der wichtigste Wirtschaftszweig, hat heute in fast allen Staaten Europas geringeren Anteil am Sozialprodukt als die Industrie. Nach wie vor ist aber Europa der landwirtschaftlich am besten ausgenutzte Erdteil, der zur Produktion von Erzeugnissen der Mittelbreiten und Subtropen bezogen auf den Hektar oder Quadratkilometer landwirtschaftlicher Nutzfläche mehr beiträgt als jede andere Erdregion. Dies ist nur möglich durch den hohen Stand der agrarwissenschaftlichen Forschung, der Agrartechnik und vor allem durch die Integration von Ackerbau und Viehwirtschaft, die zugleich eine rationelle Düngerwirtschaft erlaubt.

Ackerbau und Viehwirtschaft sind die Hauptstützen der traditionsreichen europäischen Landwirtschaft, die in den letzten Jahrzehnten eine zunehmende Wandlung erfahren hat. So hat ganz allgemein beim Ackerbau eine Verdrängung der Getreidewirtschaft durch Hackfrüchte stattgefunden, und innerhalb des Getreidebaus gewannen prozentual Weizen und Mais gegenüber den anderen Getreidearten. Durch Züchtung geeigneter Kartoffelsorten gelang es, die Anbaugrenze bis Nordschweden vorzuschieben. Sommergerstensorten, die nur 60–65 Vegetationstage bis zur Reife benötigen, enden nur wenig weiter südlich, und ähnliche Züchtungserfolge bei Winterweizen erlauben seinen Anbau in Mittelschweden und, noch nördlicher, in Westnorwegen.

Auch die Viehhaltung hat andere Akzente erhalten. So ist allgemein infolge zunehmender Mechanisierung ein Rückgang der Zugtierhaltung eingetreten, ebenso verliert das Schaf aus verschiedenen Gründen, u.a. wegen der Konkurrenz synthetischer Faser für die Wolle und der zunehmenden Bedeutung der Rinderhaltung für Milch-, Fett- und Fleischproduktion, an Boden. Dagegen gewinnt das Schwein als Abfallverwerter immer größeres Gewicht.

Neben den natürlichen Produktionsfaktoren werden heute soziale, technische und ökonomische Faktoren bei der Gestaltung der Agrarlandschaft immer wichtiger. Die von Engelbrecht um die Jahrhundertwende unterschiedenen Landbauzonen sind deshalb heute mit Ausnahme der Weizenanbauzone Südeuropas weitgehend aufgelöst. Der Versuch einer agrargeographischen Gliederung Europas orientiert sich daher heute weitgehend an Leitbetriebszweigen. Danach herrscht in Nordwest- und Nordeuropa die Viehhaltung vor, innerhalb der die Milchviehhaltung dominiert und die Organisationsform der Betriebe bestimmt. In Mittel- und Osteuropa ist der Hackfrucht- und Getreidebau der Leitbetriebszweig, z.T. in Kombination mit Milchvieh- und Schweinehaltung. In Südeuropa dominieren nach der Zahl der Betriebe Systeme mit Baum- und Strauchkulturen, häufig zusammen mit Getreidebau und der Haltung von Kleinwiederkäuern, seltener mit Milchvieh. Nur die Hochgebirge nehmen innerhalb der Hackfrucht- und Getreidebaugebiete und in Südeuropa als Schwerpunkte der Viehwirtschaft eine Sonderstellung ein. Ganz allgemein wird also das Gesicht der europäischen Landwirtschaft von Intensivbetriebszweigen geformt.

Entsprechend der Kleingliederung des Erdteils mit seinen Auswirkungen auf die anderen Geofaktoren der unterschiedlichen Bevölkerungsdichte und den unterschiedlichen Agrarverfassungen kommt es darüber hinaus verständlicherweise zu einer kleinräumigen Differenzierung landwirtschaftlicher Betriebsformen. Besonders deutlich ist dies in Großstadtnähe zu beobachten.

Gerade die Agrarstruktur erweist sich derzeit in den meisten Ländern des nichtkommunistischen Europas als schwerwiegendes Problem; in den kommunistischen Staaten wurde, mit Ausnahme von Polen und Jugoslawien, die Landwirtschaft durch die Zwangskollektivierung völlig umgestaltet. Für die nichtkommunistischen Länder stellten sich derzeit als besonders gewichtig die zu geringe Betriebsgröße und die Flurzersplitterung als Folgen der Erbteilung (Norwegen, Nordschweden, Südwestdeutschland, Teile Italiens und Spaniens, vor allem die Gebirge) heraus. Sie bewirken sinkende Rentabilität und sind damit eine der Ursachen der Landflucht, die immer weiter um sich greift und nun bis in die entlegensten Teile der europäischen Gebirge vorgedrungen ist. Deshalb ist die Höhengrenze des Anbaus ganz im Gegensatz zur Polargrenze in Europa im Rückzug begriffen, wenn sie auch mit 2500 m in der Sierra Nevada, 2100 m in den Pyrenäen und Alpen, 1700 m im Apennin und 1500 m in den Gebirgen Südosteuropas noch erstaunlich hoch liegt. Allein in den ursprünglichen EWG-Ländern ist von 1961 bis 1970 die Zahl der in der Landwirtschaft Beschäftigten von 14,5 auf 9,5 Millionen zurückgegangen. Dennoch droht in einigen dieser Länder eine Überproduktion, die nicht mehr auf dem Weltmarkt abgesetzt werden kann und zu einer Einschränkung der landwirtschaftlichen Nutzfläche zwingt. Diese Produktionssteigerung, vor allem bei Getreide, ist auf bessere Düngung, ertragreichere Sorten, verbesserte Fruchtfolge und wirksame Schädlingsbekämpfung zurückzuführen. So kann sich Europa heute mit Grundnahrungsmitteln weitgehend selbst versorgen, wenn auch zwischen den einzelnen Staaten bedeutende Unterschiede bestehen. Zufuhrgebiete sind in der Gesamtbilanz bei pflanzlichen Produkten: Skandinavien (außer Dänemark), Südeuropa, Großbritannien, Niederlande, die Bundesrepublik Deutschland und Schweiz, während Überschüsse an pflanzlicher Produktion in Dänemark, dem östlichen Mitteleuropa, Frankreich und Irland bestehen. Selbstgenügsame Gebiete, wie sie noch um die Jahrhundertwende besonders in den Gebirgen bestanden, gibt es heute so gut wie nicht mehr. Auch hierin nimmt Europa eine Sonderstellung ein.

Stellung in Welthandel und Weltverkehr

Aus der unterschiedlichen Orientierung der Landwirtschaft ergeben sich Handelsströme und Verkehrsspannungen. Noch wichtiger sind für Europa aber die Beziehungen, die sich aus dem Austausch von Industriegütern innerhalb Europas und mit Übersee entwickeln. Wohl hat unser Erdteil längst nicht mehr die Vormachtstellung im Handelsverkehr, den er um die Jahrhundertwende mit zwei Drittel aller Einfuhren und der Hälfte aller Ausfuhren der Erde besaß, aber dennoch ist die Bedeu-

Branigan, J. J.: Europa. *London 1965. – Derruau, M.:* L'Europe. *Paris 1958. – Egli, E.:* Flugbild Europas. *Zürich 1958. – Freyer, H.:* Weltgeschichte Europas, 2 Bde. *1948. – Gottmann, J. A.:* A Geography of Europe. *Harrap/New York 1955. – Kossmann, E. K.:* Warum ist Europa so? Eine Deutung aus Raum und Zeit. *1950. – Lehmann, H.:* Europa. *(In: Harms Handbuch der Erdkunde, Bd. 2. 20. Aufl.) München 1969. – Machatschek, F.:* Europa als Ganzes. Enzyklopädie der Erdkunde. *Leipzig 1929. – Mirgeler, A.:* Geschichte Europas. *4. Aufl. 1964. – Neef, E. (Hg.):* Europa. *(In: Das Gesicht der Erde. Taschenbuch der Physischen Geographie, 3. Aufl.) Frankfurt/M. 1966/70. – Philippson, A.:* Europa. *3. Aufl. Leipzig 1928. – Pounds, N.:* Historische und politische Geographie von Europa. *Braunschweig 1950. – Rosenstock-Huessy, E.:* Die europäischen Revolutionen und der Charakter der Nationen. *Neuausgabe 1961. – Samhaber, E.:* Geschichte Europas. *1967. – Schmidt, P. H.:* Natur und Schicksal eines Erdteils. *Zürich 1945. –* Große Illustrierte Länderkunde, Bd. I. *Gütersloh 1963.*
Eine neuere deutschsprachige Einzeldarstellung Europas gibt es mit Ausnahme des Bandes Europa *im Harms-Unterrichtswerk, verfaßt von* H. Lehmann, *nicht. In den letzten Auflagen dieses Werkes ist im regionalen Teil auf die Darstellung der Sowjetunion verzichtet worden, da ein eigener Band* Sowjetunion *im Harms Handbuch der Erdkunde erschien. – Unter den ausländischen Länderkunden ist das französische Werk von* M. Derruau *den englischsprachigen Zusammenfassungen vorzuziehen, da es ein ausgewogenes physisch- und kulturgeographisches Bild Europas entwirft. – Zur Einführung ist, wenn auch im kulturgeographischen Teil veraltet und in Absätzen des physischgeographischen Teils revisionsbedürftig, auf* F. Machatscheks *Werk* Europa als Ganzes *zu verweisen. – Einen Überblick über das geschichtliche Werden Europas bis in die jüngste Zeit geben die Bücher von* A. Mirgeler *und* E. Samhaber.

tung Europas auf dem Weltmarkt außerordentlich groß. So stellen z. B. die EWG-Staaten heute, noch vor den USA und Japan, die größte Handelsmacht der Erde dar. Dieser Stand wurde durch die Aufgeschlossenheit des Erdteils zum Meer und den Reichtum guter Hafenplätze begünstigt. Es verfügt über eine große Zahl von Welthäfen, unter denen nur Rotterdam, London, Liverpool, Hamburg, Bremen, Le Havre, Marseille, Genua, Neapel und Athen-Piräus erwähnt seien. In allen Häfen Europas zusammengenommen ist nach der Schiffstonnage (BRT) über die Hälfte der Welthandelsflotte beheimatet. In der Weltrangliste der Einzelstaaten stehen nur Liberia und Japan vor europäischen Ländern. Wertmäßig entfallen über die Hälfte aller Ein- und Ausfuhren der Welt auf Europa. Wenn auch die hochwertigen Ausfuhrprodukte relativ geringes Transportvolumen beanspruchen, so sind es um so mehr die industriellen und landwirtschaftlichen Rohprodukte, die eingeführt werden müssen, welche großen Frachtraum benötigen.

Die hervorragende Stellung Europas im Welthandelsverkehr ist u. a. dadurch gewährleistet, daß die Häfen in der Regel beste Verbindungen in das Hinterland haben. Hier kommt die gute Durchgängigkeit des Erdteils zum Tragen. Auch die Tatsache niedriger Talwasserscheiden zwischen wichtigen Flußgebieten, die der Erstellung übergreifender Binnenwasserstraßen keine nennenswerten Schwierigkeiten boten, ist hervorzuheben.

Große Dichte besitzt im allgemeinen das Eisenbahn-, Straßen- und Binnenwasserstraßennetz; nur in Hochgebirgen und dünn besiedelten Räumen wird es weitmaschiger. Die Bedeutung der einzelnen Verkehrsträger unterliegt dabei von Zeit zu Zeit beträchtlichen Schwankungen; derzeit holt die Straße gegenüber der Eisenbahn wieder auf. Zu beiden treten ergänzend die Binnenwasserstraßen, die trotz der Kürze der Flüsse in Mittel- und Westeuropa von größter Bedeutung sind. Ergänzt werden die natürlichen Wasserläufe durch zahlreiche Schiffahrtskanäle, die Industrieräumen den Anschluß an den Weltverkehr ermöglichen. Einer der bedeutendsten ist der 1952 eröffnete Wolga-Don-Kanal, aber auch der Mittellandkanal, der Elbe-Havel-Kanal, der Wolga-Weißmeer-Kanal, auch der Nord-Ostsee-Kanal wäre hier zu erwähnen. Durch den Bau des Europakanals (Rhein-Main-Donau-Kanal) soll nun auch die Donau eine direkte Verbindung mit dem Atlantik erhalten.

Nicht zu vergessen ist schließlich die Rolle Europas als Drehscheibe im Weltluftverkehr. London, Paris, Frankfurt am Main, Moskau und Rom gehören zu den höchst frequentierten Flughäfen der Erde.

Wirtschaftsblöcke

Unter der Einwirkung zunehmender Konkurrenz außereuropäischer Länder und der Sowjetunion nach dem Zweiten Weltkrieg bzw. der schweren Rückschläge durch den Krieg mußte sich die Wirtschaft Ende der vierziger und Anfang der fünfziger Jahre neu orientieren. Vor allem war die Zersplitterung in eine große Zahl von Zoll- und Wirtschaftsgebieten nicht länger aufrechtzuerhalten, wenn die Konkurrenzfähigkeit erhalten bleiben bzw. zunächst wiederhergestellt werden sollte. Eine erste Hilfe auf dem Weg zur neuen Eigenständigkeit stellten die ERP-(European Recovery Program, auch Marshall-Plan genannt) Mittel der USA dar, die mit dem Ziel gegeben wurden, die europäischen Länder in die Lage zu versetzen, sich selbst helfen zu können.

Die ideologische und machtpolitische Spaltung Europas hat im weiteren Verlauf keine optimale Lösung erlaubt. Der erste Schritt zur Zusammenarbeit der nichtkommunistischen Staaten wurde im Jahre 1948 mit der Gründung der OEEC (Organisation für europäische wirtschaftliche Zusammenarbeit) getan, der bald darauf (1951) die Montanunion, die Hohe Behörde für Kohle und Stahl, folgte und der neben der Bundesrepublik Frankreich, Italien und die Beneluxländer angehören. Zur OEEC schlossen sich siebzehn Staaten mit dem Ziel einer wirtschaftlichen Integration zusammen; diese Kooperation hat sich, besonders nach dem Beitritt der USA und Kanadas und der Umwandlung zur OECD (Organisation für wirtschaftliche Zusammenarbeit und Entwicklung), als wertvoll erwiesen.

Wirkungsvoller wurde der Zusammenschluß der Länder der Montanunion zur EWG (Europäische Wirtschaftsgemeinschaft) im Jahre 1958 (sie gehört mit Montanunion und Euratom zu den »Europäischen Gemeinschaften« [EG]). Das Ziel, einen gemeinsamen Markt zu errichten, bei gleichzeitigem Abbau der Zölle und der Liberalisierung des Warenverkehrs, der Kapitalbewegungen, der Wahl des Wohnsitzes und der Arbeitsaufnahme sowie gemeinsamer Zölle gegenüber anderen Wirtschaftsblöcken, wurde im angestrebten Zeitraum weitgehend erreicht. Mit enger gefaßtem Ziel als die EWG entstand 1959 die EFTA, die Europäische Freihandelszone, der neben Großbritannien, Dänemark, Schweden, Norwegen, Island, Portugal, Österreich und die Schweiz angehörten; Finnland assoziierte sich. Großbritannien, Irland und Dänemark sind mit Wirkung vom 1. 1. 1973 der EWG beigetreten; die Entwicklung der Rest-EFTA bleibt abzuwarten.

Die Ostblockstaaten bildeten 1949, mit Ausnahme Jugoslawiens, den COMECON (= englische Abkürzung; Rat für gegenseitige Wirtschaftshilfe, RGW), der ähnliche Ziele verfolgt wie die EWG, aber doch eine sehr verschiedene Struktur und ganz andere Integrationsprobleme aufweist.

Anneliese Siebert

Modelle für Europa

Vorstellungen, Pläne, Modelle vom Mittelalter bis ins 19. Jahrhundert hinein

Die Idee, Europa politisch und wirtschaftlich zu einigen, ist nicht neu und geht bereits zurück auf den Beginn der eigentlichen Geschichtsepoche Europas, nämlich auf das fränkische Reich der Karolinger im 8. Jahrhundert. Als stärkste Klammer für eine Einheit Europas wirkte im Mittelalter die römische Kirche. Im frühen Mittelalter hatte man die Modellvorstellung von einem vereinigten christlichen Europa als einer Universalmonarchie. Man dachte dabei vor allem an das Reich Karls des Großen. Als dann jedoch zwischen Papst und Kaiser Fehden entflammten, teilten sich die Lager. So vertrat u.a. im 13. Jahrhundert Thomas von Aquin das Primat des Papstes. Dagegen wollte Dante in seiner Schrift »De monarchia« den Kaiser als Beschützer der Christenheit und als legitimen Nachfolger des Römischen Reiches sehen. Allerdings wurden diese Streitigkeiten zwischen Papst und Kaiser im Laufe der späteren Jahrhunderte gegenstandslos, als sich in Europa Nationalstaaten zu entwickeln begannen und man nun die Idee verfolgte, diese christlichen Nationen des Abendlandes in einer Föderation zusammenzuschließen. So entwickelte der Franzose Pierre Dubois (1250–1320) in seiner Schrift »De recuperatione terrae sanctae« einen ersten Europaplan und forderte, zwischen den unabhängigen und gleichberechtigten Souveränen der europäischen Nationen einen Staatenbund zu schaffen.

Im Zeitalter der Entdeckung verbreitete sich die europäische Kultur nach und nach über die ganze Erde. Europa weitete sich zur Weltmacht. Im Innern aber zersplitterte es immer mehr. Zu dieser Zeit entstand, 1638 von Maximilien de Béthune, dem Herzog von Sully, in seiner Schrift »Sages et royales économies d'état« aufgestellt, ein Plan für einen europäischen Staatenbund, um alle kriegerischen Konflikte auszuschalten. Alle Staaten Europas sollten dieser »Christlichen Assoziation Europas« angehören; nur Rußland, das der Herzog für »asiatisch« erklärte, sollte nicht dabeisein. Schließlich unternahm es auch zu dieser Zeit Karl V. noch einmal, die auseinanderstrebenden Tendenzen in Europa im praktisch-politischen Bereich zusammenzuführen und zu bändigen.

In der Folgezeit gab es dann eine Vielzahl von Plänen. Aber alle diese mehr oder weniger bedeutenden Entwürfe und Modelle scheiterten entweder an der politischen Situation und der sich abzeichnenden immer weitergehenden Festigung und Erstarkung der Nationalstaaten, oder sie blieben rein theoretischer Entwurf und von vornherein ohne praktische Wirkung.

Im 19. Jahrhundert erhielt die Idee einer europäischen Einigung infolge der industriellen Revolution und der schnellen Entwicklung des Verkehrswesens wichtige neue Impulse. 1814 erschien zunächst von dem deutschen Philosophen Karl Christian Friedrich Krause der »Entwurf eines europäischen Staatenbundes« als Basis des allgemeinen Friedens und als rechtliches Mittel gegen jeden Angriff wider die innere und äußere Freiheit Europas. Er wollte die europäischen Völker schrittweise zu einem organischen Föderativstaat zusammenschließen, so daß nur dieser Bund das Recht haben sollte, Krieg zu führen. Im gleichen Jahr erschien von dem Grafen Henry de Saint-Simon unter Mitarbeit seines Schülers Augustin Thierry die Untersuchung »Mémoires sur la réorganisation de la société européenne«. Darin forderte er die Vereinigung aller europäischen Staaten zu einer politischen Institution. Diese sollte sich in Etappen vollziehen. Den Anfang des Zusammenschlusses sollten Frankreich und England machen, dann Deutschland und später andere Länder folgen. Zwanzig Jahre später, 1834, gründete Giuseppe Mazzini das »Junge Europa«. Er hoffte auf eine europäische Bewegung aufgrund der verschiedenen revolutionären Bewegungen in den europäischen Ländern, wenn nämlich die Monarchen abgesetzt und Österreich-Ungarn sowie das Ottomanische Reich aufgelöst würden. Im Jahre 1844 forderte endlich der Sozialist Constantin Pecquer in Frankreich mit seiner Schrift »République de Dieu« den Zusammenschluß aller europäischen Nationen. Am 21. August 1849 plädierte auch Victor Hugo in einer visionären Rede vor dem Friedenskongreß für die Gründung der »Vereinigten Staaten von Europa«. Die Ideen und Utopien der Romantiker wiesen auf politischem Gebiete ebenfalls teilweise in diese Richtung, so z. B. bei dem Publizisten und späteren Professor der Geschichte Josef von Görres.

Bis zum Ende des 19. Jahrhunderts war ein wesentliches politisches Strukturelement innerhalb des europäischen Bereiches die Aufgliederung in Nationalstaaten, welche auf der Grundlage einer möglichst uneingeschränkten Souveränität in wechselnden heftigen Spannungsverhältnissen untereinander standen. Frankreich, Italien, Deutschland, Rußland, Großbritannien zählten dazu.

Ernest Ronan hat 1887 seiner berühmt gewordenen Definition über den Nationalstaat folgendes beigefügt: »Die Nationen sind nicht ewig [...] Vielleicht wird eine europäische Konföderation an ihre Stelle treten, sicher noch nicht im 19. Jahrhundert, denn dieses Jahrhundert steht unter einem anderen Gesetz, dem Gesetz der Nation und des immer mehr sich verhärtenden Nationalismus.«

Pläne und Modellvorstellungen vom Beginn des 20. Jahrhunderts bis zum Ausbruch des Zweiten Weltkrieges

Keiner der Modellvorschläge seit dem frühen Mittelalter ist realisiert worden. Die Regierungen betrieben weiterhin ihre Allianzpolitik, die schließlich zum Ersten Weltkrieg führte. Und doch hörten auch während des Krieges die Einigungsbestrebungen nicht auf. So forderte 1915 u. a. Friedrich Naumann, der einstige Führer des Nationalsozialen Vereins, in seinem Buch »Mitteleuropa«, wenigstens zunächst einmal die wirtschaftlichen und politischen Schranken zwischen Deutschland und Österreich-Ungarn aufzuheben. Hundert Jahre vorher hatten auch Friedrich List und 1879 Konstantin Frantz ähnliche Vorschläge gemacht, wobei der letztere hoffte, daß sich dem deutsch-österreichischen Bund Belgien, die Niederlande, die Schweiz, Skandinavien und vielleicht auch England anschließen würden, so daß von einer Teilintegration ausgehend eine ganze Einigung Schritt vor Schritt zustande käme. Naumann rechnete auch mit einer späteren politischen und ökonomischen Assoziation anderer europäischer Länder. Zur gleichen Zeit wie Naumann stellte Franz von Liszt 1914 den Plan eines mitteleuropäischen Staatenverbandes zur Diskussion. Sowohl Franz von Liszt wie seinerzeit Konstantin Frantz 1879 sahen eine mitteleuropäische Union nur als Vorstufe für eine europäische an. Die politische und wirtschaftliche Zersplitterung Europas, der Zerfall der Österreichisch-Ungarischen Monarchie, die Bildung neuer Staaten machten viele Länder schon eher bereit für Pläne hinsichtlich einer europäischen Union.

Zu diesem Zeitpunkt schuf Graf Coudenhove-Kalergi das erste große Modell für eine Einigung Europas. Er gründete am 21. Oktober 1923 in Wien zunächst einmal die Pan-Europa-Union und legte dann in seinem Buch

»Pan-Europa« erstmals dar, wie auch der Völkerbund von übernationalen Einigungen ausgehen könne. Er schlug eine Änderung der Völkerbundsatzung vor, durch die innerhalb des Bundes eine regionale Gliederung geschaffen würde. »Die pan-europäische Bewegung muß für die Autonomie Pan-Europas innerhalb des Völkerbundes eintreten sowie für dessen regionale Gliederung. Ihr Ziel ist es, den Völkerbund in Gruppen aufzulösen und an die Stelle des Genfer Zentralismus einen zwischenstaatlichen Föderalismus zu setzen. [. . .]« Der Völkerbund sollte höchste Weltinstanz werden, während lokale Konflikte und Fragen engeren Völkergruppen vorbehalten bleiben sollten, und zwar sollten diese sein: die pan-amerikanische, die pan-europäische, die britische, die russische und die mongolische Gruppe – entsprechend den damaligen Machtverhältnissen.

Pan-Europa sollte also sämtliche europäischen Staaten umfassen, ausgenommen die Sowjetunion und Großbritannien. In dem demokratischen Staatenbund sollten alle diese einzelnen Länder selbständig bleiben, ihre nationalen Verschiedenheiten wahren und auf der Grundlage der Gleichberechtigung und Solidarität ihre nationale Kultur entfalten. Mit einem solchen Staatenbund wollte Coudenhove-Kalergi nicht nur der bolschewistischen Revolution begegnen, sondern auch der Gefahr eines zweiten Weltkrieges.

Großbritanniens Beitritt hielt er wegen der besonderen Interessen am Commonwealth of Nations für nicht möglich; den Beitritt der Sowjetunion lehnte er ab, solange diese ihre besondere Wirtschafts- und Gesellschaftsordnung in bewußtem Gegensatz zu den übrigen europäischen Ländern beibehielte. Die Wirkung dieser Ideen war allgemein bedeutsamer als die aller vorangegangenen Versuche. Diese Gedankengänge fanden ihre Parallelen in einigen zeitgenössischen Planungen und

Für Europa: Die Vogelfluglinie dient der Verbindung zwischen Mitteleuropa und Skandinavien.

Vorgängen, wenn auch weniger die breite Öffentlichkeit von diesen Plänen und Ideen angesprochen war als vielmehr die Kreise der Diplomaten, Politiker und Intellektuellen.

Im Jahre 1925 setzte sich der französische Ministerpräsident Herriot vor der Kammer für ein vereintes Europa ein; allerdings stieß er bei den europäischen Regierungen der Zeit nicht auf große Resonanz. 1929 wurden diese Gedankengänge von Außenminister Briand aufgegriffen und weiterverfolgt. Besonders der deutsche Außenminister Gustav Stresemann brachte ihnen starkes Interesse entgegen. Mit aller Vorsicht wurde von dieser Seite eine föderative Lösung des europäischen Zusammenschlusses vorgeschlagen. Ein »Band der Solidarität« sollte geschaffen werden, das es erlaubte, um »zu gegebener Zeit einer ernsten Lage – falls eine solche entsteht – gegenüberzutreten«.

Im Juni 1929 besprach Briand mit dem deutschen Außenminister Stresemann in Ma-

Für Europa: Briand und Stresemann.

drid seinen Pan-Europa-Plan, den er dann am 5. September 1929 vor der 10. Vollversammlung des Völkerbundes vortrug. Während Stresemann und Benesch diesem Plan zustimmten, vermied der italienische Delegierte eine klare Stellungnahme. Der Vertreter Großbritanniens schwieg. Briand wurde mit der Abfassung eines Memorandums über die geplante Organisation Europas betraut. Dieses Memorandum wurde am 1. Mai 1930 veröffentlicht und allen Regierungen zugeleitet. Jedoch sein Inhalt war enttäuschend.

Zwar wurde zu diesem Vorschlag von seiten der europäischen Staaten in entsprechenden Memoranden Stellung genommen, aber aktivierende Lösungen fand man nicht. Der Ausbruch des Zweiten Weltkrieges beendete zunächst alle Unionsbestrebungen und Pläne.

Die verschiedenen Einigungsbestrebungen zwischen den Weltkriegen mußten scheitern, weil nationalstaatliches Denken zu stark in den Bevölkerungen und ihren Repräsentanten vorhanden war.

Die europäischen Einigungsbestrebungen – Pläne und Modelle nach 1945

Nach 1945 zeigte sich, daß keiner der europäischen Staaten, auch nicht diejenigen, die sich noch als potentielle Weltmächte fühlten, in der Lage war, entweder allein oder zusammen mit anderen europäischen Mächten diesen europäischen Raum politisch, militärisch oder wirtschaftlich neu zu ordnen und aufzubauen.

Im Zweiten Weltkrieg ist ganz besonders die Idee des Nationalstaates tief erschüttert worden, so daß in vagen Umrissen zunächst in den Widerstandsbewegungen fast aller Länder Europas die Vorstellung wuchs, daß Europa auf diesen letzten großen Versuch, den ganzen Kontinent der Herrschaft eines Volkes zu unterwerfen, mit einer endgültigen Absage an den Nationalismus und einem freien Zusammenschluß der europäischen Völker antworten müsse. Aus verschiedenen Ländern wurden jetzt Integrationspläne vorgelegt. In den Kreisen des Widerstandes gegen das Regime der NSDAP gab es bereits die verschiedensten Pläne und Vorstellungen über einen übernationalen europäischen Zusammenschluß. Das Projekt einer Deklaration über die europäische Zusammenarbeit, ausgearbeitet von Widerstandskämpfern aus verschiedenen europäischen Ländern, sah eine Bundesordnung für die europäischen Völker vor, eine nicht den Mitgliedstaaten verantwortliche Regierung, eine Streitmacht, einen Obersten Gerichtshof. Mit diesen Grundvorstellungen verknüpft hat sich dann später das Hertensteiner Aktionsprogramm, das auf der Konferenz von Hertenstein am Vierwaldstätter See vom 14. bis 21. September 1946, an der auch Vertreter aus Deutschland und Österreich teilnahmen, aufgestellt wurde. Dieses Programm wurde Grundlage der Union europäischer Föderalisten.

Winston Churchill, der seit Sommer 1945 nicht mehr Premierminister und daher in seinen Äußerungen nicht mehr so stark an politische Rücksichten gebunden war, war der erste, der mit seiner Rede in der Universität Zürich am 19. September 1946 die »Vereinigten Staaten von Europa« forderte und zugleich die Bildung eines europäischen Rates vorschlug. Bei Churchill spielten wohl auch Reminiszenzen an die Pan-Europa-Bewegung Coudenhove-Kalergis mit, die er schon 1930 begrüßt hatte. Haupttriebfeder war unter anderem die Sorge um die Bewältigung der anstehenden wirtschaftlichen und sozialen Probleme. Churchill, der für die »Vereinigten Staaten von Europa« plädierte, sprach auch von einer »regionalen Organisation Europas«, welche sich in die Weltorganisation der Vereinten Nationen eingliedern sollte. Von der Struktur der Vereinigung her ist das wohl das Auffälligste an diesen Anregungen Churchills, daß er als ersten Schritt zu einer solchen Gründung die Partnerschaft zwischen Frankreich und Deutschland für wesentlich erachtete. Von dem Kern aus wollte er diese »Vereinigten Staaten von Europa« so strukturiert sehen, daß die materielle Stärke des Einzelstaates von geringerer Bedeutung sein sollte und kleine Nationen ebenso ins Gewicht fallen sollten wie die großen. An eine Beteiligung Großbritanniens an diesen »Vereinigten Staaten von Europa« dachte Churchill damals eindeutig nicht.

Die Lage für eine Realisierung eines europäischen Zusammenschlusses war in den ersten Nachkriegsjahren noch sehr schwierig, da es vor allem zwei große Hindernisse gab, nämlich die Überwindung des Gegensatzes zwischen Siegern und Besiegten einerseits, die von Churchill als wesentliche Voraussetzung genannt wurde, jedoch noch Utopie war, und die Tatsache, daß der vollkommen zerrüttete Erdteil sich erst einmal klarwerden mußte, welche Rolle er künftig in der Welt spielen wollte. Einem Teil der Europäer stand als überaus bedrohlich das weitere Vorrücken der Sowjetunion vor Augen, während ein anderer fürchtete, gerade durch die Bildung gemeinsamer Organe allein für die westeuropäischen Länder die 1945 eingetretene Teilung Europas offenkundig und wahrscheinlich für lange Zeit unwiderruflich zu machen.

Dieses Dilemma wirkte auf das bereits besprochene erste Aktionsprogramm von Anhängern der Europa-Idee, auf das Hertensteiner-Programm. Hierin wurde Europa in dem sich abzeichnenden West-Ost-Konflikt eine neutrale Stellung zugedacht. »Die europäische Union richtet sich gegen niemand und verzichtet auf jede Machtpolitik, lehnt es aber ab, Werkzeug irgendeiner fremden Macht zu sein.«

Die veränderte weltpolitische Situation und der sowjetische Druck nach dem Westen ließen es zwar eindeutig als notwendig erscheinen, Europas politische Möglichkeiten insgesamt in einem geschlossenen und gemeinsamen weiteren Vorgehen zu sehen. Aber nachdem man noch in der Zeit vor dem Zweiten Weltkrieg bei den ersten Einigungsversuchen unter keinen Umständen die Souveränität der Nationalstaaten hatte antasten wollen und dürfen, waren nach 1945 die vorherrschenden Tendenzen gerade gegenteilig: Eine wirksame Lösung sah man nun in der Aufgabe eines Teiles ihrer Souveränität durch die Nationalstaaten und in der Schaffung einer Art supranationaler Regierungsinstanz, deren Handlungen für alle verbindlich sein sollten, wobei vor allem gemeinsame Außenpolitik, Verteidigungs- und Wirtschaftspolitik Ziel der Bestrebungen wurden. Allerdings war auch wiederum nicht ein europäischer Zentralismus, der alle Gebiete bisheriger einzelstaatlicher Herrschaft umfassen sollte, die Zielvorstellung. Gerade die Problematik der Übertragung von Souveränitäten führte zu erheblichen Auseinandersetzungen und Meinungsdifferenzen bei der Gründung und Ausformung gemeineuropäischer Institutionen. Die Vertreter einer gemäßigten Integration sind noch relativ stark im Souveränitätsdenken älterer Prägung befangen und streben insbesondere für die politische Einigung eine lockere Form an. Für diese Auffassung bilden der französische Begriff von einem »Europa der Vaterländer« und die Vorstellungen de Gaulles über politische Einigung der EWG-Staaten bezeichnende Beispiele. Politische Konstellationen und die Zeitsituation müssen erst noch darüber entscheiden, welche der diskutierten Lösungen sich als die akzeptabelste und wirksamste herausstellen wird. Henri Brugmans gründete 1946 die Union Européenne des fédéralistes, in der fünfzehn nationale Bewegungen aus sechzehn europäischen Ländern zusammengeschlossen wurden, um auf diese Weise die einzelnen europäischen Bestrebungen auf föderativer Basis zu vereinigen und ihre Wirkungsmöglichkeiten damit zu verstärken. In Deutschland entstanden pan-europäische Bewegungen, eine Pan-Europa-Union, Sektion Deutschland, eine Europäische Volksbewegung Deutschlands und eine Europa-Union. In Berlin wurde zur gleichen Zeit von der amerikanischen Militärregierung ein Pan-Europa-Bund lizensiert. 1947 im Herbst führten Koordinationsversuche dieser verschiedenen Bewegungen zur Gründung des Bundes Deutscher Föderalisten.

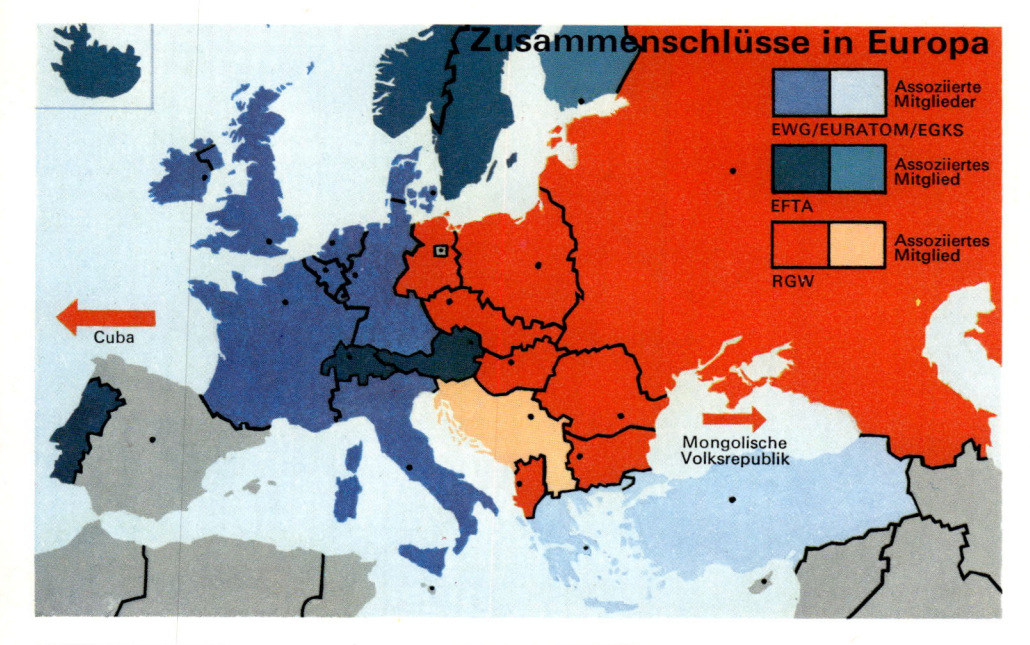

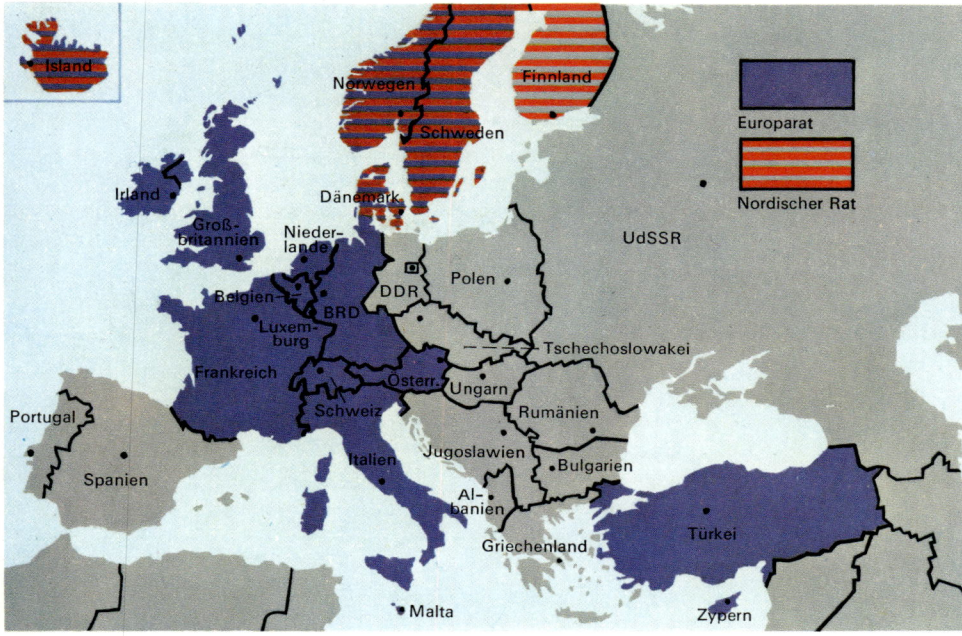

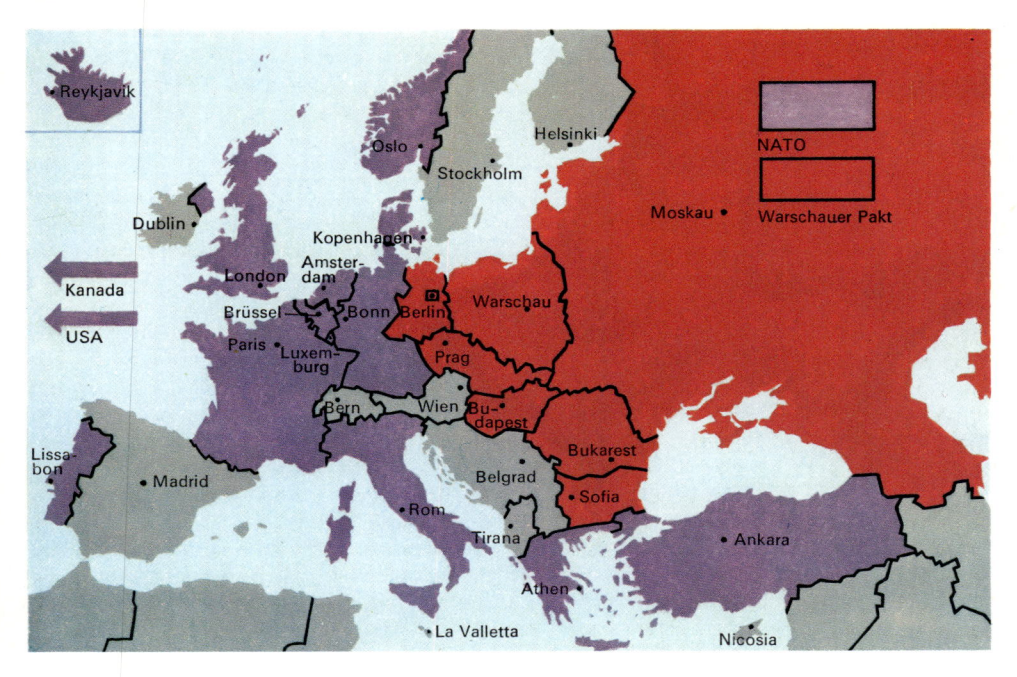

Getrennt von diesen Vereinigungen jedoch schlossen sich die sozialistischen Parteien der europäischen Länder ebenfalls 1947 zu einem internationalen Studienkomitee zusammen, um die »Vereinigten Sozialistischen Staaten Europas« zu schaffen. Zunächst lehnten sie eine Zusammenarbeit mit liberalen und kapitalistischen Gruppen ab. Doch änderten sie bereits im November 1948 ihre Zielsetzung und gründeten das »Mouvement socialiste pour les Etats Unis de l'Europe«. Präsident dieser Bewegung wurde 1949 André Philip. Ihr primäres Ziel war nun, ganz allgemein zunächst, die europäische Union zu schaffen, dann erst sollte der Sozialismus im Vereinigten Europa verwirklicht werden.

Neben diesen Bewegungen wurde in England im Januar 1947 schon aufgrund der Churchill-Rede das United Europe Movement geschaffen. Zur gleichen Zeit entstand in Frankreich der Conseil Français pour l'Europe Unie. Auch diese Vereinigung wollte maßgebenden Einfluß auf die Regierungen der Länder gewinnen. Schließlich wurde auf Anregung von Coudenhove-Kalergi aufgrund einer europäischen Enquête

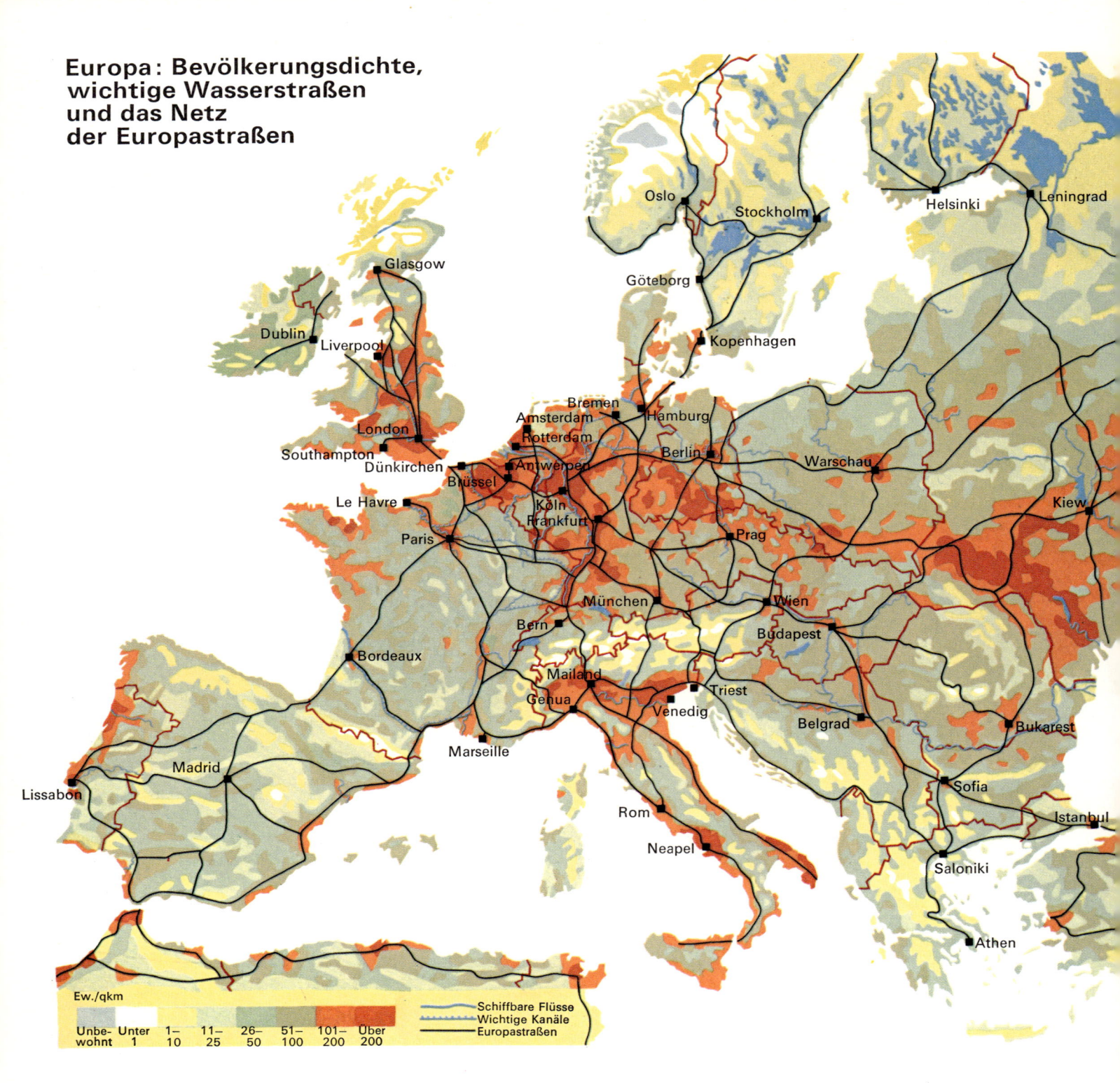

Europa: Bevölkerungsdichte, wichtige Wasserstraßen und das Netz der Europastraßen

Ew./qkm

| Unbewohnt | Unter 1 | 1–10 | 11–25 | 26–50 | 51–100 | 101–200 | Über 200 |

— Schiffbare Flüsse
— Wichtige Kanäle
— Europastraßen

am 4. Juli 1947 in Gstaad in der Schweiz die Union Parlementaire Européenne gegründet. Erst im Dezember 1947 wurde schließlich das Comité international de coordination des mouvements pur l'unité européenne gebildet, das die vielen überall entstandenen Organisationen koordinieren sollte. Der von diesem Koordinierungsausschuß vom 7. bis 10. Mai 1948 nach Den Haag einberufene Kongreß, auf dem sich achthundert Delegierte aus sechzehn Ländern einfanden und zu dem zehn weitere Länder Beobachter gesandt hatten, war eine überwältigende Demonstration für die Einheit Europas. Dieser Haager Kongreß zeitigte ein neues Zusammengehörigkeitsgefühl und erhöhte die Publizität der Europa-Idee durch lebhafte Diskussionen und Aussprachen. Nach diesem Kongreß kam es am 25. Oktober 1948 zur Gründung der Europäischen Bewegung. Niemals wäre eine so schnelle Wiederherstellung des zerstörten Europas möglich gewesen, wenn nicht die USA es in jeder Beziehung unterstützt hätten. Allein der am 5. Juni 1947 verkündete Marshallplan stellte eine großzügige Hilfsaktion für Europa dar. Heute allerdings ist die Einstellung der USA gegenüber der Einigungsfrage angesichts der veränderten Lage modifiziert und in einigen Punkten sogar skeptischer, da sie bei fortschreitender Einigung Einengungen hinsichtlich ihrer eigenen Möglichkeiten befürchten.

Die Europäische Bewegung, die am 25. Oktober 1948 in Brüssel durch den internationalen Koordinierungsausschuß gegründet wurde, hatte also zum Ziel, alle wirtschaftlichen und technischen Probleme einer europäischen Integration zu studieren und die führenden Staatsmänner in allen europäischen Ländern für die Europa-Idee zu gewinnen. Auf den Kongressen war auch Deutschland stark vertreten. Vor allem schuf Eugen Kogon im Rahmen der Europäischen Bewegung den Deutschen Rat.

Die Europäische Bewegung, deren Präsident von 1950 bis 1954 Henri Spaak war und seit 1954 Robert Schuman ist, besitzt neben dem Internationalen Rat und dem Exekutiv-

lung (CEPES), die Liberale Bewegung für ein Vereintes Europa (MLEU) und die United Europe Movement. Weitere Verbände sind mit der Europäischen Bewegung assoziiert. Dazu gehört u. a. auch die 1952 von Coudenhove-Kalergi neu gegründete Pan-Europa-Union.

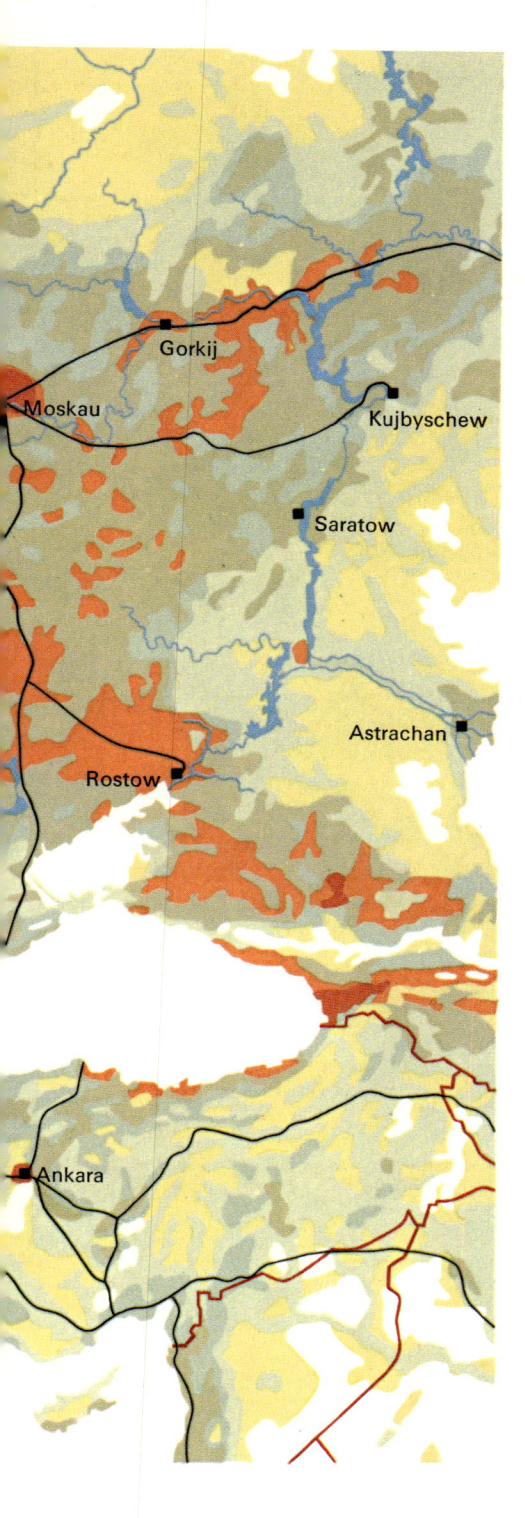

Diese Unionsbestrebungen waren auch die Grundlage für die noch heute bedeutsamen Zusammenschlüsse, und zwar neben dem Europarat für die Europäische Gemeinschaft für Kohle und Stahl, für die Europäische Atomgemeinschaft, die Europäische Wirtschaftsgemeinschaft und die Europäische Freihandelszone. Gerade diese Zusammenschlüsse sind durch die europäischen Unionsbestrebungen überhaupt erst ermöglicht worden. In der UdSSR stießen die westlichen Einigungsbestrebungen auf Widerstand. Angeregt durch die Europäischen Wirtschaftszusammenschlüsse existiert seit 1949 der Zusammenschluß der COMECON-(RGW-)Staaten im Osten. Dem Europarat ist es zu verdanken, daß das europäische Ideal neu belebt worden ist. Auch die Bundesrepublik Deutschland ist seit zwanzig Jahren in den Straßburger Europarat aufgenommen worden, der die erste internationale Organisation darstellt, die Deutschland wieder als gleichberechtigten Partner anerkannt hat, so daß die Bundesrepublik Deutschland zu den anderen europäischen Ländern neue Bindungen anknüpfen konnte und wieder auf die Bühne der internationalen Politik zurückkehren durfte. Zu den praktischen Erfolgen gehört heute vor allem auch die Relativierung der Grenzen, jedenfalls im nichtkommunistischen Europa, die Erleichterung des Reiseverkehrs über die Grenzen hinweg und bahnbrechende Arbeit in mehr als sechzig europäischen Konventionen und Abkommen auf kulturellem und sozialem Gebiet. Die wichtigste Konvention ist die zum Schutz der Menschenrechte und Grundfreiheiten, der die Bundesrepublik Deutschland als eines der ersten Länder beigetreten ist. Der Europarat ist heute der umfassendste europäische Zusammenschluß, dem siebzehn Mitgliedstaaten angehören, die gemeinsame Ideale und Ziele verfolgen.

Der europäische Gedanke hat gerade in jüngerer Zeit einen entscheidenden Sieg errungen durch die Einigung in der Luxemburger Verhandlungsrunde im Jahre 1971 (Bulletin der Bundesregierung Nr. 98, Seite 1081, Bonn, den 26. Juni 1971), die EWG zu erweitern. Die Zukunft der europäischen Gemeinschaft wird nun davon abhängen, ob sie diese Erweiterung zu meistern vermag. Als im Mai 1950 Robert Schuman, Jean Monnet, Konrad Adenauer und de Gasperi den Start zum westeuropäischen Zusammenschluß gegeben und Walter Hallstein der erste langjährige Präsident der EWG war, bestand von vornherein darüber Klarheit, daß die Einheit Europas nur in Etappen vollzogen werden könnte. Mit dem ganz entscheidenden Schritt dieses Jahrzehnts, der im Januar 1973 vollzogenen Erweiterung der EWG durch den Beitritt Großbritanniens wird nicht nur der europäische Markt erweitert, sondern damit ist auch die Grundlage geschaffen worden dafür, daß Europa in der Welt als Faktor der Stabilität und des Friedens wirken kann. Der Beitritt Großbritanniens ist auch die Voraussetzung für eine engere wirtschaftliche Verbindung mit den Staaten der Freihandelszone, der EFTA, die aus besonderen Gründen nicht die Mitgliedschaft in der Gemeinschaft beantragt oder sie verneint haben. Langsam scheint nun der Prozeß der Herauslösung des Europagedankens aus der Utopie und seine Umsetzung in die Praxis vonstatten zu gehen. Am 24. Februar 1971 tagte in Bonn das Aktions-Komitee für die »Vereinigten Staaten von Europa«. Ebenso ist bereits in diesem Jahr in den Mitgliedstaaten des Europarates der 5. Mai überall als »Europatag« gefeiert worden. In einem Interview Ende 1970 konnte Jean Monnet immerhin die Äußerung tun: »Der europäische Einigungsprozeß mag bisweilen ins Stocken geraten, aufzuhalten ist er nicht mehr. Die Länder Europas sind auf dem besten Wege, zu einer einzigen, großen Gemeinschaft zusammenzuwachsen, den Vereinigten Staaten von Europa.«

Baade, F.: Gesamtdeutschland und die Integration Europas. *(Arbeitsgemeinschaft für Forschung des Landes Nordrh.-Westfalen, Heft 71.) 1967.* – Bekenntnis zu Europa. *(In: Herder-Bücherei, Bd. 138.) Freiburg/Br. 1963.* – *Bloes, R.:* Le »Plan Fouchet« et le problème de l'europe politique. *(In: Collège l'Europe.) Bruges 1970.* – *Brugmans, H.:* L'Idée Européenne 1920–1970. *(In: Collège d'Europe.) Bruges 1970.* – *Cartier, R.:* 19mal Europa. *München 1960.* – *Cartou, L.:* Europäische Organisationen. *Freudenstadt 1967.* – *Čoudenhove-Kalergi, Graf R. N.:* Weltmacht Europa. *Stuttgart 1971.* – *Christaller, W.:* Das Grundgerüst der räumlichen Ordnung in Europa. Die Systeme der europäischen zentralen Orte. *(In: Frankfurter Geographische Hefte, H. 1.) 1950.* – Das europäische Geschichtsbild und die Schule. *(Vorträge d. Hist. Tag. d. Europa-Union in Königswinter am 27. u. 28. 9. 1957.) Bonn 1958.* – Eine Regionalpolitik für die Gemeinschaft. *(Kommission der Europäischen Gemeinschaften.) 1969.* – *Halecki, O.:* Europa, Grenzen und Gliederung seiner Geschichte. *Darmstadt 1964* – *Jüttner, A.:* Die europäische Einigung. Entwicklung und Stand. *(In: Geschichte und Staat, Bd. 120.) München/Wien 1966.* – *Lory, M.-J.:* Douze Leçons sur l'Europe 1914–1947. *(In: Collège d'Europe.) Bruges 1968.* – Modelle für eine neue Welt. Wege ins neue Jahrtausend. *(18 Beiträge internationaler Wissenschaftler, Schriftsteller und Publizisten.) München/Wien/Basel 1964.* – *Siegler, H. (Hg.):* Dokumentation der Europäischen Integration, *2 Bde. Bonn 1968.* –

Franz Rosenberger

Skandinavien

Verwandte Natur, verwandte Völker im Norden Europas

Eine der zahlreichen Halbinseln, die dem Erdteil Europa sein charakteristisches Gepräge geben, ist im Norden die langgestreckte, wie eine gebogene Nase erscheinende Halbinsel Skandinavien. Im Westen vom Europäischen Nordmeer, im Osten und Süden von der Ostsee und im Norden von der Barentssee begrenzt, erstreckt sie sich von 55°20' nördlicher Breite, also von der gemäßigten Zone, bis 71°11' hoch in arktische Regionen. In der Süd-Nord-Ausdehnung erreicht sie von Gedser bis zum Nordkap eine Länge von 1900 km, was der Entfernung Gedser bis Tunis entspricht. Ihre Breite beträgt durchschnittlich 400–700 km. Sie besteht aus einer von Nordwesten nach Südosten sanft abfallenden Tafel, deren hoch gelegener westlicher Teil steil zur Küstenplattform am Atlantik abbricht und hier Hochgebirgsformen aufweist, während die südlichen und östlichen Teile vom skandinavischen Tiefland eingenommen werden.

Auf dieser Halbinsel liegen die beiden Königreiche Schweden und Norwegen. Das Königreich Dänemark, das den Übergang vom europäischen Festland zur skandinavischen Halbinsel bildet, hat sich im Lauf der Geschichte stets als nordische Macht gefühlt und zeigt sprachlich wie kulturell eine so enge Verwandtschaft zu Schweden und Norwegen, daß man es durchaus zu Skandinavien rechnen kann. Auch die lange politische Zugehörigkeit Norwegens sowie der Gebiete im Südwesten der Halbinsel zum dänischen Königreich sprechen dafür. Finnland war über 650 Jahre lang schwedisch und zeigt z. T. in der Oberflächengestalt die gleichen Formen wie Schweden, so daß es mit Recht als skandinavischer Staat gelten kann. Island, Spitzbergen und die Färöer gehören zwar nicht zum eigentlichen Skandinavien, doch aus ihrer geschichtlichen Entwicklung heraus ist es zu verstehen, wenn man sie heute dazurechnet. Island wurde von norwegischen Wikingern besiedelt, gehörte anfangs zu Norwegen, später – bis es 1944 selbständig wurde – zu Dänemark. Spitzbergen und die Färöer sind norwegischer bzw. dänischer Besitz.

So deckt sich Skandinavien im weiteren Sinn mit unserem Begriff Nordeuropa. Der gesamte Raum weist sehr viele einheitliche Züge auf, ob es sich um politische, kulturelle und wirtschaftliche Dinge oder um geographische Gegebenheiten, wie Oberflächenformen, Klima, Vegetation handelt. Er umfaßt rund 1,257 Millionen qkm, also gut die fünffache Fläche der Bundesrepublik Deutschland, hat jedoch weniger Einwohner als die deutschen Bundesländer Nordrhein-Westfalen und Niedersachsen zusammen. Die Gebiete nördlich des 61. Breitengrades betragen zwar zwei Drittel der Gesamtfläche Skandinaviens, werden jedoch nur von einem Fünftel der Gesamtbevölkerung bewohnt. Dennoch leben in diesen nördlichen Regionen fast so viele Menschen wie in allen der Breitenlage entsprechenden Gebieten der Erde zusammen.

Angesichts der Ereignisse des Zweiten Weltkrieges und der Zeit danach ist den fünf Staaten ihre enge schicksalsmäßige Zusammengehörigkeit immer klarer geworden. Sie haben deshalb eine Form der politischen Gemeinschaft gesucht und sie im sogenannten Nordischen Rat gefunden, der 1952 gegründet wurde. Hierbei handelt es sich nicht um eine supranationale Einrichtung, sondern um ein Organ zwischenstaatlicher Zusammenarbeit, welches Empfehlungen in kulturellen, wirtschaftlichen und sozialpolitischen Fragen ausspricht. So bietet diese Institution ein Forum für Diskussionen zwischen den Vertretern der Regierungen und der Parlamente über alle die fünf Staaten gemeinsam interessierenden Probleme.

Aufstieg und Niedergang der nordischen Völker

Bietet uns heute der Norden Europas ein Beispiel der guten Partnerschaft und der Zusammenarbeit zwischen den einzelnen Nationen, so zeigt uns die Geschichte, daß das durchaus nicht immer der Fall war. In früheren Jahrhunderten hat es viele blutige Auseinandersetzungen, Erbfolgekämpfe, Feldzüge und Unterdrückungen unter den skandinavischen Völkern gegeben. Das heutige Bild der politischen Landkarte des Nordens ist verhältnismäßig neu. Die letzten bedeutenden Ereignisse waren die finnische Unabhängigkeitserklärung im Jahre 1917 und die isländische im Jahre 1944.

Die Spuren der ersten menschlichen Siedlungen in Nordeuropa sind schon recht alt. Mit dem Zurückweichen der Eisdecke der letzten Eiszeit vor rund 12 000–8000 Jahren kamen zunächst primitive Jägerstämme ins Land. Die ersten bäuerlichen Ansiedlungen und Anzeichen der Feldbestellung können in Dänemark und Südschweden ungefähr auf 3000 v. Chr. datiert werden.

Ernsthaft in die Geschichte trat Nordeuropa jedoch erst durch die ausgedehnten Handelsfahrten ein, die während der Völkerwanderung begannen. Vom 8. bis zur Mitte des 11. Jahrhunderts dauerte das sogenannte Zeitalter der Wikinger. Es handelt sich hier um jene sagenumwobenen »Männer des Nordens«, die durch ihre kriegerischen Eroberungszüge bekannt geworden sind. Die schwedischen Wikinger unternahmen Raub- und Handelszüge in den Ostseeländern bis zum Schwarzen Meer, wo sie Handelsverbindungen mit dem Orient aufnahmen. Dänische Wikinger drangen bis an die friesische

Küste vor und eroberten große Teile von England. Norwegische Wikinger legten Siedlungen auf den Hebriden, den Shetland- und Orkney-Inseln, in Irland und der Normandie an und entdeckten etwa um das Jahr 1000 Grönland und Nordamerika.

Insbesondere waren es die dänischen Wikinger-Könige, die zu dieser Zeit ein starkes Reich aufbauten. So war Knut der Große (995–1035) König von England und Norwegen. In der ersten Hälfte des 9. Jahrhunderts wurde als südlicher Grenzwall des Reiches in Schleswig das Danewerk errichtet. Im 12. und im 13. Jahrhundert wurde Dänemark stark von der Herrschaft der Waldemar-Könige geprägt, die Wälder roden, Burgen und Städte bauen ließen. Das Christentum, das im 9. Jahrhundert durch Ansgar von Bremen in Skandinavien eingeführt worden war, setzte sich trotz anfänglicher Schwierigkeiten im-

nen, Halland, Blekinge und Bohuslän, die bis zum 17. Jahrhundert zu Dänemark gehörten, umfaßte das Reich ganz Schweden und Finnland. Feste Regeln für die Wahl des Königs wurden entwickelt, ein Rat aus Vertretern angesehener Geschlechter wurde ihm zur Seite gestellt und einheitliche Gesetzbücher über die Regelung des gesamten staatlichen Lebens wurden geschaffen. Mit dem Sieg des Christentums erhielt Schweden im Jahre 1164 einen ersten Erzbischof mit Sitz in Uppsala.

Im Jahre 1389 besiegte die Dänenkönigin Margareta den 1364 als König gewählten Albrecht von Mecklenburg. Ihr Sohn Olaf hatte 1380 nach dem Tode seines Vaters, des Königs Haakon, Norwegen geerbt, das seit dieser Zeit bis 1814 mit Dänemark vereint blieb. Als Reaktion auf die deutschen Einflußbestrebungen – insbesondere der Hanse – gelang es Margareta 1397 nach dem Tode ihres Sohnes, die drei Reiche Dänemark,

Dänemark, Seeland · Bauernhof bei Farum inmitten seiner Felder. Die Nähe Kopenhagens bewirkt die Anlage von Baumschulen, Garten- und Feldgemüsebau.

Norwegen und Schweden in einem Bündnis, der sogenannten Kalmarer Union, zu vereinigen. Um ihren Triumph voll zu machen, ließ sie ihren Großneffen Erik von Pommern zum König in allen drei Ländern krönen.

Doch die Union zwischen den östlichen und westlichen Teilen Skandinaviens war nur von kurzer Dauer. Als Erik versuchte, durch den Einsatz fremder Vögte in Schweden seine Macht erheblich zu erweitern, brach unter Führung eines einfachen Bergmanns, Engelbrekt Engelbrektson, 1434 im Grubengebiet Bergslagen ein Aufstand aus, dem sich der schwedische Adel anschloß. Die dänischen Könige herrschten anschließend nur noch formal über Schweden. Der Versuch König Christians II., den schwedischen Widerstand 1520 durch eine Massenhinrichtung der führenden Männer (Stockholmer Blutbad) zu brechen, mißlang. Im Winter 1520/21 erhoben sich in Dalarna die Schweden unter Führung von Gustav Erikson

mer mehr durch. Unter der Regierung Waldemars des Großen wurde 1167 von Bischof Absalon die Burg errichtet, die den kleinen Fischerei- und Handelsplatz am Öresund, Kopenhagen, schützen sollte. Waldemar der Sieger führte 1219 einen Kreuzzug gegen Estland und nahm das Land in Besitz.

In Schweden kehrte nach den Wikingerzügen eine etwas ruhigere Epoche ein. Im 11. und im 12. Jahrhundert wurden die einzelnen Stämme allmählich in einem einheitlichen Reich verschmolzen. Außer den heutigen südwestlichen Provinzen Scho-

Einlaufendes Fischerboot vor Løkken (Jütland)

Schärenküste bei Stockholm

Skandinaviens Küsten

Charakteristisch für Skandinavien ist seine außerordentlich stark gegliederte Küste. Am ausgeprägtesten gilt dies für die norwegische Küste mit ihren z.T. weit über 100 km langen und mehrfach verzweigten Fjorden, die durch Landsenkung oder Meeresspiegelanstieg ertrunkene Flußtäler darstellen. Der schwedischen und der finnischen Ostseeküste sind auf weite Strecken Schären vorgelagert, rundgebuckelte, vom Eis glattgeschliffene Inseln; von der Insel Åland zur finnischen Südwestküste erstreckt sich eine wahre Schärenflur. Aufgrund des Fischreichtums der ausgedehnten Küstengewässer hat sich in Norwegen, Schweden und Finnland, aber auch in dem gleichfalls küstenreichen Dänemark eine bedeutende Küstenfischerei entwickelt, begünstigt durch die Nähe natürlicher Häfen.

aus dem Geschlecht der Wasa und beendeten die dänische Vorherrschaft. Nachdem dieser 1523 in Strängnäs zum schwedischen König gewählt worden war, schied Schweden aus der Kalmarer Union aus.

Gustav Wasa führte umfangreiche Reformen durch und schuf damit die Grundlage für das heutige Schweden. Gleichzeitig brach er mit der katholischen Kirche, enteignete deren umfangreiche Besitztümer (21% des schwedischen Grund und Bodens) und organisierte die schwedische Staatskirche auf evangelisch-lutherischer Grundlage. Die Folgezeit ist durch kriegerische Auseinandersetzungen mit Dänemark, Lübeck, Polen und Rußland geprägt. Durch die Eroberung Estlands 1561 wurde Schweden zu einer Ostseemacht.

Stellte Gustav Wasa die stärkste Persönlichkeit des 16. Jahrhunderts dar, so tritt uns im 17. Jahrhundert in der Gestalt Gustavs II. Adolf wiederum ein genialer Politiker entgegen. Ihm gelang es, Schweden aus dem Würgegriff der Nachbarländer zu befreien und das Reich zu vergrößern. Außerdem griff er erfolgreich in den Kampf gegen die immer mächtiger werdende Gegenreformation unter Führung des Hauses Habsburg ein. Er errang mehrere Siege über die Armeen des katholischen Bündnisses, fiel jedoch in der Schlacht bei Lützen.

Der Krieg wurde von einer adligen Vormundschaftsregierung unter dem Reichskanzler Axel Oxenstierna, einem der bedeutendsten europäischen Staatsmänner seiner Zeit, fortgesetzt. 1655–1660 kam es zum Zweiten Nordischen Krieg gegen Polen und Dänemark, in dem Dänemark unterlag und seine letzten Besitzungen auf schwedischem Boden – Schonen, Halland und Blekinge – an Schweden abtreten mußte; Norwegen, das unter dänischer Oberhoheit stand, verlor Härjedalen, Jämtland und Bohuslän an Schweden. So wurden damals die heutigen Grenzen zwischen den drei skandinavischen Ländern mehr oder weniger endgültig festgelegt. Das schwedische Reich umfaßte außer Schweden noch Finnland, Ingermanland, Estland, Lettland sowie das Herzogtum Bremen, das Fürstentum Verden, Vorpommern und Wismar.

Dänemark war finanziell und militärisch gelähmt. In König Frederik III. (1648–1670) erhielt es einen Herrscher, der das gesamte Staatswesen reorganisierte. Er nahm dem Adel die Macht, stimmte Gesetzgebung, Finanzen und Gemeindeverwaltung aufeinander ab und schuf ein stehendes Heer. Das Land konnte seine Niederlage gegenüber Schweden jedoch nur schwer verwinden. Als Schweden im Jahre 1672 Frankreich bei einem Angriff auf Holland unterstützte, stellte sich Dänemark auf die Seite Hollands in der Hoffnung, seine verlorenen Gebiete wiedergewinnen zu können. In der Schlacht von Lund entschied das Schicksal jedoch zugunsten Schwedens.

Zu dieser Zeit wurden die Grundlagen für eine neue schwedische Großmachtpolitik geschaffen. König Karl XI. vollzog eine bedeutende finanzielle Abrechnung und Neugestaltung der Besitzverhältnisse (Reduktion Karls XI.) sowie eine Stärkung der Armee. Als 1697 sein Sohn Karl XII. die Herrschaft übernahm, war Schweden von drei Seiten eingekreist und fühlte sich bedroht. Der Kampf gegen die Einkreisung ist als Großer Nordischer Krieg (1700–1721) in die Geschichte eingegangen.

Im Jahre 1700 leiteten Rußland, Polen, Sachsen und Dänemark den Angriff ein. Karl XII. gelang es jedoch, durch einige glänzende Siege die Angreifer zunächst zu zerschlagen. Ein Feldzug in das Innere Rußlands führte dann aber zur Niederlage. Auch der Versuch, durch eine Koalition mit Hannover, England und Preußen sich zu behaupten, mißlang. Nach seinem Tod bei Frederikshald in Norwegen 1718 mußte Schweden eine Reihe von Friedensverträgen abschließen, die seine Großmachtstellung endgültig beendeten. Es behielt nur Finnland und einige kleinere Gebiete an der Südküste der Ostsee.

Nach dem Tode Karl XII. setzte in Schweden eine Bewegung gegen den Absolutismus des Königshauses ein. Eine neue Verfassung sprach dem Reichstag, dem Parlament, weitaus größere Macht zu; die alte Feudalherrschaft begann zu schwinden. Eine große landwirtschaftliche und kulturelle Blüte ging Hand in Hand mit der rapiden Entwicklung der Industrie und einem starken Wachstum der Städte.

Auch in Dänemark wurde das Feudalsystem von einer Wirtschaftsform verdrängt, die das freie Bauerntum begünstigte. Diese soziale Revolution wurde von europäischen Machtkämpfen beeinflußt, die die Ausfuhr dänischer landwirtschaftlicher Erzeugnisse förderten.

Norwegen erlebte einen starken wirtschaftlichen Aufschwung. Die Nachfrage nach norwegischem Nutzholz war sehr gestiegen. Deutsche Kaufleute betrieben von ihrem Stützpunkt in Bergen den Fisch- und Getreidehandel, während im Holzhandel die Holländer führten. Von der Mitte des 17. Jahrhunderts an verdrängten jedoch die Norweger immer stärker die fremden Kaufherren und nahmen Handel und Überseetransporte in eigene Regie. Wenn auch Norwegen noch immer kaum mehr als eine dänische Provinz war, so bildete sich hier doch eine Handelsmacht heraus mit starker Eigenständigkeit und völlig anderer Wirtschaftsstruktur als in den dänischen Kernlanden.

Die napoleonischen Kriege ließen Skandinavien zunächst unberührt; Schweden und Dänemark blieben anfangs neutral. Unter dem Zwang der Ereignisse änderte Schweden später seine Politik und stellte sich mit Rücksicht auf die große Bedeutung seines Handels mit England auf dessen Seite. Dänemark dagegen schloß nach mehreren Angriffen der englischen Flotte auf Kopenhagen ein Bündnis mit Napoleon.

Daraufhin fielen nach einer Kriegserklärung Rußlands gegen Schweden russische Truppen in Finnland ein. Nach Beendigung der Feindseligkeiten im Jahre 1809 mußte Schweden Finnland einschließlich Ålands an Rußland abtreten. Damit endete die 650jährige Zugehörigkeit Finnlands zum schwedischen Reich, und es wurde ein der russischen Krone unterstelltes Großfürstentum. König Gustav IV. Adolf wurde für die Niederlage verantwortlich gemacht und gestürzt. Eine neue Verfassung wurde angenommen, und Karl XIII., ein Onkel Gustavs IV., wurde König. Da dieser keine Kinder hatte, mußte ein Thronfolger von außerhalb gesucht werden. Die Wahl fiel auf einen der berühmten Marschälle Napoleons, Jean Baptiste Bernadotte, der unter dem Namen Karl Johann Kronprinz wurde. Er gründete eine Dynastie, die noch heute den schwedischen Thron innehat.

In Dänemark kam es 1813 nach dem Rückgang der napoleonischen Macht zum Staatsbankrott. Nach weiteren kriegerischen Auseinandersetzungen mit Schweden mußte es im Kieler Frieden von 1814 Norwegen nach vierhundertjähriger Herrschaft an Schweden abtreten. Doch die Norweger erkannten den Vertrag nicht an. Eine norwegische Reichsversammlung in Eidsvoll wählte nach Annahme einer liberalen Verfassung, die mit geringfügigen Änderungen noch heute in Kraft ist, einen dänischen Prinzen (Christian VII.) zum König. Schweden war damit jedoch nicht einverstanden und erzwang mit Waffengewalt die Union. Schließlich kam es zu einem Kompromiß. Norwegen behielt seine Verfassung, sein Parlament (Storting), seine eigene Regierung, Reichswappen und Flagge, war jedoch unter der Krone mit Schweden vereint (Schwedisch-Norwegische Union). Dieser Waffengang zwischen Schweden und Norwegen war die letzte in der langen Reihe der kriegerischen

Westnorwegen, Ålesund · Fischereizentrum und Industriestadt. 7 km lang, auf einem schmalen Inselsporn zwischen Romsdalsfjord und Meer gelegen.

Auseinandersetzungen zwischen den skandinavischen Völkern. Schweden blieb seitdem bis heute von jedem Krieg verschont; Dänemark, Norwegen und Finnland wurden noch einige Male im Laufe der weiteren Geschichte in kriegerische Geschehen verwickelt.

Um die Mitte des 19. Jahrhunderts entstand in den südlichen Landesteilen Dänemarks ein neuer Krisenherd. Das Herzogtum Schleswig war altes dänisches Grenzland mit einer gemischt deutsch- und dänischsprechenden Bevölkerung, während das Herzogtum Holstein zwar der dänischen Krone unterstand, jedoch eine rein deutsche Bevölkerung hatte. Im Jahre 1460 hatten die holsteinischen Stände, als das Herzogsgeschlecht mit Adolf VIII. erlosch, den Dänenkönig Christian I. aus dem Hause Oldenburg zum Landesherrn gewählt; er mußte geloben, daß Schleswig und Holstein ewig zusammenbleiben sollten (»up ewig ungedeelt«). Im Jahre 1848 versuchte König Friedrich VII. von Dänemark unter dem Druck der Nationalliberalen (Eiderdänen) die dänische Gesamtverfassung auch dem südlichen Holstein aufzuzwingen. Die Deutschen Schleswig-Holsteins waren damit nicht einverstanden und erhoben sich gegen die Dänen. Unterstützt von Preußen, Hannover und Österreich kam es 1848–1850 und 1864 zu den beiden Deutsch-Dänischen Kriegen, in deren Verlauf das dänische Heer besiegt wurde. Im Wiener Frieden mußte Dänemark auf Schleswig-Holstein und Lauenburg verzichten, die nach dem Preußisch-Österreichischen Krieg von 1866 eine preußische Provinz wurden.

Von nun an herrschte in den drei skandinavischen Königreichen Frieden, der bis weit in das 20. Jahrhundert dauerte. Man bemühte sich, eine strikte Neutralitätspolitik zu betreiben.

In der zweiten Hälfte des 19. Jahrhunderts wurden besonders Schweden und Norwegen von Hungersnöten heimgesucht. Die Landwirtschaft war zwar durch Reformen verbessert und neues Land urbar gemacht worden, doch gelang es nicht, die Erzeugung von Nahrungsmitteln der plötzlich anwachsenden Bevölkerung anzupassen. Die Industrialisierung war noch nicht so weit fortgeschritten, daß sie einen Ausgleich bewirken konnte. Da erschien vielen Menschen Nordamerika als die einzige Möglichkeit, um dem Hunger zu entgehen. Eine große Auswanderungswelle setzte ein, die in den achtziger Jahren etwa 350000 Schweden und in den Jahren von 1870 bis 1910 rund 300000 Norweger erfaßte.

Um 1890 kam in Schweden die Industrialisierung endgültig zum Durchbruch. Holz wurde in der Welt eine gesuchte Handelsware. Gleichzeitig wurden in entlegenen Gebieten große Vorkommen an Erzen mit einem hohen Eisengehalt entdeckt. Auch der Maschinenbau und die Elektroindustrie entwickelten sich zu bedeutenden Industriezweigen.

Die letzten Jahrzehnte des 19. Jahrhunderts waren in Norwegen mit einem immer heftiger werdenden Kampf gegen die Union mit Schweden erfüllt. Am 7. Juni 1905 wurden die Auflösung der Union und die Absetzung des Königs vom Storting verkündet. Durch Volksabstimmungen wurde die Trennung von Schweden fast einstimmig angenommen, jedoch für die Beibehaltung der Monarchie entschieden. Der dänische Prinz Karl wurde vom Storting zum König gewählt; unter dem Namen Haakon VII. bestieg er den Thron.

Mit dem Ausbruch des Ersten Weltkrieges wurden alle internen Streitigkeiten beendet und alle Kräfte für die Bewahrung der Neutralität eingesetzt. Die Handelsschiffahrt hatte zwar hohe Verluste zu verzeichnen, dennoch erzielten die Länder aus dem Handel mit beiden Kriegführenden Parteien große Profite. Diese Politik machte sich außerdem insofern bezahlt, als nach Kriegsende trotz Neutralität Gewinne errungen wurden. Dänemark bekam nach einer Volksabstimmung aufgrund des Versailler Vertrages 1920 die nördlichen Teile Schleswigs. Durch den Vertrag von Sèvres erhielt Norwegen im gleichen Jahr Spitzbergen (Svalbard) und die Insel Jan Mayen zugesprochen, die es 1925 als Landesteil übernahm.

Für Finnland schlug am Ende des Ersten Weltkrieges die Stunde der Befreiung. Das Land, das 650 Jahre zum schwedischen Reich gehört hatte, war 1809 im Frieden von Hamina an Rußland gefallen und zu einem autonomen Großfürstentum innerhalb des Russischen Reiches erklärt worden. Während bis zum Anfang des 19. Jahrhunderts die schwedischsprachige Oberschicht Träger der Kultur gewesen war, entwickelte sich jetzt eine finnischsprachige Intelligenzschicht. Diese sah ihr Ziel in einem eigenen finnischen Nationalstaat. Nach der russischen Februarrevolution von 1917 übernahm der Landtag die Regierungsgewalt, erklärte am 6. Dezember 1917 Finnland für selbständig und schloß am 7. Februar 1918 einen Sonderfrieden mit Deutschland. Im Juni 1919 wurde eine republikanische Verfassung angenommen und K. J. Ståhlberg zum ersten Staatspräsidenten gewählt. 1920 wurde mit Rußland der Frieden zu Dorpat geschlossen, in dem Finnland das Petschenga-Gebiet (Petsamo-) am Eismeer und Åland erhielt.

Finnischer Holzfäller bei der Arbeit

In einem Wildbach zu Tale treibende Holzstämme

Skandinaviens Holzreichtum

Obwohl das Holz an wirtschaftlicher Bedeutung verloren hat, bilden die großen Waldungen für die Wirtschaft der im subarktischen Waldgürtel gelegenen Länder Schweden, Norwegen und Finnland auch heute noch eine wesentliche Grundlage. Dies gilt in erster Linie für Finnland, dessen Exporte wertmäßig zu drei Vierteln auf Holz und Holzprodukte entfallen; es folgen Schweden mit zwei Fünfteln und Norwegen mit einem Viertel. Eine Wandlung gegenüber früher ist insofern eingetreten, als heute überwiegend Produkte der Holzveredlungsindustrie, wie Zellstoff, Zellulose, Papier, Karton und Pappe, ausgeführt werden. Für den Holztransport wird jedoch immer noch der Wasserweg bevorzugt. Mit Lastautos oder, im Winter, mit Schlitten werden die Stämme zu Sammelplätzen gebracht und von dort aus meist in riesigen Flößen durch Seen und Kanäle geschleppt.

Rechts: Holzflöße bei Kviteseid (Telemark)

Köhler in Värmland (Schweden)

Oben: *Norwegisches Sägewerk*   Unten: *Finnische Furnierfabrik*

Dänemark
(Kongeriget Danmark)

Konstitutionelle Monarchie mit Einkammerparlament (Folketing), Wahlrecht für alle über 21 Jahre alten Bürger und Wehrpflicht; Gliederung in 22 Amtsbezirke; Hauptstadt Kopenhagen (1,4 Mill. Ew. mit Vororten).

Fläche: 43069 qkm (davon Ackerland 63, Wiesen und Weiden 7, Wald 11%) – **Einwohnerzahl:** Etwa 5,0 Mill. (davon etwa 75% städtische Bevölkerung) – **Bevölkerungsdichte:** 116 Ew./qkm – **Jährlicher Geburtenüberschuß:** 5,6‰ – **Bevölkerung:** Dänen 96,5, Deutsche (in Nordschleswig) 1,7, Schweden 0,4% – **Sprache:** Dänisch (Rigsmålet) – **Religion:** Evangelisch-lutherisch (98%); 30000 Katholiken, 6500 Juden – **Beschäftigung** (Anteil der Erwerbstätigen): Landwirtschaft und Fischerei 11,5, Industrie und Handwerk 29,1, Baugewerbe 8,8, Handel 15,7, Verkehr 6,7, Verwaltung und Dienstleistungen 26,8, übrige Berufe 1,4% – **Außenhandel** (ohne Färöer): Einfuhr 5,05, Ausfuhr 4,4 Mrd. US-Dollar (davon landwirtschaftliche Produkte 30, Maschinen und Apparate 25, chemische und pharmazeutische Produkte 7, Textilien 6, Eisen- und Metallwaren 4, Schiffe 5, übrige Warenbereiche 23%)

Der Ausbruch des Zweiten Weltkrieges traf die skandinavischen Länder völlig unvorbereitet. Die im Ersten Weltkrieg entstandene Illusion, man brauche sich nur für neutral zu erklären, hatte sie in ihrer Meinung bestärkt, die Neutralität sei etwas Absolutes und würde respektiert werden. Schweden und Norwegen waren seit 126 Jahren, Dänemark seit 76 Jahren vom Krieg verschont geblieben. Diese lange Periode des Friedens und das Gefühl, mehr am Rande des großen Weltgeschehens zu leben, hatten in diesen Ländern eine pazifistische Haltung erzeugt. Man meinte, durch den Abschluß von Nichtangriffspakten gesichert zu sein und hielt eine Aufrüstung für unnötig. Erst in den Jahren 1936 und 1938 begann man in Schweden und Norwegen die Rüstung zu verstärken.

Finnland, das einige Jahrzehnte kräftiger Aufwärtsentwicklung hinter sich hatte, wurde als erstes Land in den Krieg hineingezogen. Im deutsch-sowjetischen Bündnisvertrag vom August 1939 war Finnland, ebenso wie die baltischen Staaten, zur sowjetischen Interessensphäre erklärt worden. Diesen Anlaß benutzte die Sowjetunion, um von Finnland Garantien gegen einen deutschen Angriff über finnisches Gebiet zu verlangen und territoriale Forderungen zu erheben. Als die finnische Regierung unter Hinweis auf die strikte Neutralität diese Forderungen zurückwies, griff die Sowjetunion am 30. November 1939 Finnland an. Der Winterkrieg, in dem sich die Finnen zäh und heldenmütig gegen eine Übermacht verteidigten, endete am 12. März 1940 mit dem Frieden von Moskau. Finnland mußte Westkarelien mit Wyborg, Rybatschij P-ow (Fischerhalbinsel) und das Salla-Gebiet an die Sowjetunion abtreten und die Landspitze von Hangö am Finnischen Meerbusen verpachten; 480000 Menschen mußten umgesiedelt werden.

Mit Beginn des deutschen Rußlandfeldzuges 1941 trat Finnland an Deutschlands Seite wieder in den Krieg ein, um im sogenannten Fortsetzungskrieg die verlorenen Gebiete zurückzugewinnen. In harten Kämpfen wurde die alte Reichsgrenze wieder erreicht und gehalten. Seinen Höhepunkt erfuhr der Krieg durch die russische Offensive gegen Karelien im Juni 1944, die schließlich zur Annahme eines Waffenstillstandsabkommens führte. Moskau forderte die Abtretung der gleichen Gebiete wie im Moskauer Friedensvertrag zuzüglich des Gebiets von Petschenga sowie die Räumung Finnlands von deutschen Truppen innerhalb von vierzehn Tagen. Im Frieden von Paris 1947 wurden die Bedingungen bestätigt. An Kriegsentschädigung mußten für 300 Millionen US-Dollar Warenlieferungen bis September 1952 geleistet werden. 1948 mußte Finnland auf Drängen der Sowjetunion einen Freundschafts-, Kooperations- und Beistandspakt mit ihr eingehen, durch den es sich verpflichtete, sein Gebiet nicht zum Ausgangspunkt von westlichen Angriffen gegen den Vertragspartner machen zu lassen.

Norwegen und Dänemark wurden am 9. April 1940 von deutschen Truppen besetzt, nachdem in der Frühe des gleichen Tages von den jeweiligen deutschen Botschaftern ein Dokument überreicht worden war, in dem Deutschland erklärte, daß die deutschen Truppen als Freunde kämen, um die Länder gegen einen anglo-französischen Angriff zu schützen. Das Ultimatum, unverzüglich zu kapitulieren, wurde von Norwegen zurückgewiesen. Es kam zu heftigen Kämpfen, in denen die Norweger von der britischen Flotte und gelandeten alliierten Truppen unterstützt wurden. Unter dem Druck der deutschen Übermacht mußte schließlich der offene Widerstand eingestellt werden, doch der geheime ging weiter. Sabotagegruppen der unterirdischen Widerstandsbewegung und eine militärische Heimatfront wurden organisiert. Am 8. Mai 1945 wurde das schwer geprüfte Land befreit. König Haakon kehrte zurück; er hatte während der schweren Zeit als Symbol der Standhaftigkeit gegolten.

In Dänemark verlief die Invasion zunächst wesentlich ruhiger. Für das kleine, völlig offen daliegende Land war ein Widerstand sehr viel schwieriger als in Norwegen, zumal man von England kaum Hilfe erwarten konnte. Da die Deutschen versichert hatten, Dänemarks Unabhängigkeit zu respektieren, kapitulierte die Regierung unter Protest. Später entwickelte sich auch hier ein tapferer und erfolgreicher Widerstand. 1941 bildete sich in London der Dänische Rat, eine Art Exilregierung. Im Mai 1941 hob Island die Personalunion mit dem dänischen Königshaus auf und erklärte seine Unabhängigkeit. 1943 wurde aufgrund von Unruhen der militärische Ausnahmezustand verfügt; die Regierungsgewalt ging an den deutschen Reichsbevollmächtigten über.

Nach der Befreiung Dänemarks 1945 versuchte die damalige dänische Regierung, die »südjütische (d. h. schleswigsche) Frage« zur Sprache zu bringen, mit dem Ziel der Abtrennung Schleswigs von Deutschland. Sie hatte damit keinen Erfolg. Ein Versuch der Färöer, sich selbständig zu machen, wurde verhindert.

Das vierte skandinavische Land, das Königreich Schweden, blieb von eigentlichen Kriegshandlungen verschont, doch hatte es schwere Jahre durchzumachen und mußte ständig in der Furcht leben, ebenfalls besetzt zu werden. Mit Freiwilligen, Geld, Waffen und anderen Hilfsgütern unterstützte es Finnland während des Winterkrieges.

Nach der Besetzung Dänemarks und Norwegens bekräftigte König Gustav V. Adolf Schwedens Entschluß, neutral zu bleiben. Trotzdem konnte die Regierung nicht umhin, einen Transitvertrag für deutsche militärische Transporte durch Schweden abzuschließen und die Überführung einer deutschen Division nach Ausbruch des deutsch-sowjetischen Krieges durch Lappland zu erlauben. In der Öffentlichkeit wurden diese Tatsachen stark kritisiert, da die Mehrzahl der Schweden für die Sache der Alliierten eintrat. Daraus entstand der Wunsch, zu helfen, wo es nur möglich war. Zahlreichen Flüchtlingen aus Norwegen und dem Baltikum wurde Asyl gewährt und dänische Juden in Schweden aufgenommen. Mit den fortschreitenden Erfolgen der Alliierten konnte Schweden 1943 seine Politik ändern. Es verfügte inzwischen über eine Streitmacht von 600000 einsatzbereiten Soldaten. Die Regierung fühlte sich jetzt stark genug, um den Transitvertrag aufzukündigen und den Export kriegswichtiger Güter nach Deutschland zu stoppen. So verfügte Schweden am Ende des Krieges über ein unzerstörtes Land und über eine ungeschmälerte Wirtschaftskraft, die es zum Wiederaufbau seiner schwer geschädigten Nachbarn einsetzen konnte.

Die heutige politische Situation der Länder Nordeuropas ist so, daß sie sich ihrer geographisch bedingten, schicksalsmäßigen Zusammengehörigkeit bewußt geworden sind, indem sie im Jahre 1952 den Nordischen Rat gründeten, daß sie andererseits jedoch eine unterschiedliche Auffassung haben, wie man der heutigen weltpolitischen Lage am besten gerecht wird. Schweden gibt nach wie vor einer unbedingten Neutralität und dem Heraushalten aus allen Blockbildungen den Vorrang, was Verträge mit Blöcken nicht ausschließt: Seit dem 1. 1. 1973 ist ein Freihandelsabkommen mit der EWG in Kraft. Im März 1973 schloß sich Schweden dem Blockfloating der 6 EWG-Länder an. Norwegen, Dänemark und Island haben sich dem Militärbündnis des Nordatlantikpaktes angeschlossen. In wirtschaftlicher Hinsicht gehörten sie in den vergangenen Jahren der Europäischen Freihandelszone (EFTA) an. Die Verhandlungen Norwegens und Dänemarks um Aufnahme in die Europäische Wirtschaftsgemeinschaft (EWG) waren im Jahre 1972 erfolgreich. Die verfassungsmäßig hierfür notwendigen Volksabstimmungen erbrachten in Dänemark 64,3% für den Beitritt, während sich in Norwegen 54% der stimmberechtigten Bürger dagegen aussprachen. Dennoch bleibt Norwegen keine andere Wahl als der Abschluß eines Freihandelsabkommens mit der EWG. Das einzige Land, das in seiner gesamten Politik Rücksicht auf eine fremde Macht nehmen muß, ist Finnland. Obwohl für seine Volkswirtschaft der Abschluß eines Freihandelsabkommens mit den Europäischen Gemeinschaften (EG) dringend erforderlich wäre, gibt es hier noch einige Schwierigkeiten zu überwinden.

Vielfältige Formenwelt zwischen isländischen Basaltplateaus, norwegischer Fjordküste und Finnischer Seenplatte

In ausgedehnten Teilen Nordeuropas treten die ältesten Gesteine der Erde an die Oberfläche, und zwar handelt es sich um stark gefaltete Granite und Gneise aus dem Archaikum. Infolge mehrfacher Hebung und jeweils nachfolgender Abtragung finden wir heute weithin ein wenig ausgeprägtes Relief, was charakteristisch für den Baltischen Schild (Fennoskandia) ist. In Dänemark und Südschweden (besonders in Schonen) bilden geologisch junge Schichten den Untergrund. Island ist geologisch gesehen das jüngste der nordischen Länder. Auf einer untermeerischen, Atlantischen Ozean und Europäisches Nordmeer trennenden Schwelle ruht ein basaltischer Grundbau, der von jüngeren vulkanischen Laven, Lipariten und Tuffen überlagert wird.

Die Großformen Skandinaviens entstanden im Tertiär. Die starre Scholle Fennoskandias wurde in einzelne Schollen zerbrochen oder verbogen. Im Westen erfolgte die stärkste Hebung, asymmetrisch mit einem zum Atlantik steil abfallenden Rand und einem allmählichen Abfall nach Südosten zur Ostsee, welche die tiefste Mulde ausfüllt. Im Norden und Osten steigt die Scholle zum lappländischen Rücken bzw. zur finnisch-karelischen Platte wieder etwas an.

Die letzte Überformung erfuhr Nordeuropa während der Eiszeiten im jüngsten Erdzeitalter, dem Quartär. Gewaltige,

---

Finnland
(Suomen Tasavalta, Republiken Finland)

Republik mit Einkammerparlament und Wahlrecht für alle über 20 Jahre alten Bürger; Hauptstadt Helsinki (535 000 Ew., mit Vororten 708 400 Ew.).

Fläche: 337 009 qkm (davon Wasserfläche 9, Ackerland 8, Wald 65%) – **Einwohnerzahl:** Etwa 4,7 Mill. (davon 50,3% städtische Bevölkerung) – **Bevölkerungsdichte:** 14 Ew./qkm **Jährlicher Geburtenüberschuß:** 3,3‰ – **Bevölkerung:** Finnen über 92, Schweden 7,4%; knapp 4000 Lappen – **Sprache:** Finnisch und Schwedisch (Staatssprachen) – **Religion:** Evangelisch-lutherisch (93,7%); rund 2700 Katholiken; orthodoxe Minderheit (1,3%); 1500 Juden, etwa 1000 Moslems – **Beschäftigung** (Anteil der Erwerbstätigen): Land- und Forstwirtschaft sowie Fischerei 22, Industrie und Bergbau 29, Handel 8, Verkehr 7, Verwaltung und Dienstleistungen 21, wissenschaftliche, technische und humanitäre Berufe 11, übrige Berufe 2% – **Außenhandel:** Einfuhr knapp 3,2, Ausfuhr 2,95 Mrd. US-Dollar (Papiererzeugnisse 41, Metallerzeugnisse 24, Holz und Holzprodukte 17, landwirtschaftliche Erzeugnisse 4, übrige Warenbereiche 14%)

---

bis zu 2000 m mächtige Inlandeismassen bedeckten Skandinavien sowie die benachbarten Gebiete. Wahrscheinlich ragten nur einige wenige Berggipfel als Nunatakker aus dem Eis heraus. Durch die schürfende Bewegung der Eismassen wurde das Land fast vollständig von seiner Verwitterungsdecke entblößt. Riesige Schuttmassen wurden weggeführt und an anderen Stellen abgelagert. Die sanftwelligen Flächen der Grundmoränen, die langgestreckten Züge der Endmoränen, die abgeschliffenen Felsbuckel (Rundhöcker bzw. Schären) sind das Ergebnis der verschiedenen Eiszeiten. Auch die von den Gletschern ausgeräumten Seen und übertieften Täler und Mulden (Fjorde, Förden) geben hiervon Zeugnis.

Die Endmoränen kennzeichnen die längeren Stillstandslagen der Eismassen während der letzten Vereisung. Solch eine Stillstandslinie, wo das Eis mindestens achthundert Jahre lang verharrte, zieht vom südlichen Norwegen durch Mittelschweden bis nach Südfinnland (hier als Salpausselkä bekannt). Sie bildet den Abschluß des Gotiglazials und wird auf 8300 v.Chr. datiert. Die etwas nördlicher verlaufende Stillstandslinie, in Finnland als Suomenselkä gut erkennbar, wurde etwa um 7300 v.Chr. aufgeschüttet.

Die seit dem Tertiär andauernde Hebung des Landes wurde während des Eiszeitalters wahrscheinlich unter dem ungeheuren Druck der gewaltigen Eismassen unterbrochen. Gleichzeitig sank aber auch der Meeresspiegel; vom Inlandeis wurden große Wassermassen gebunden. Nach dem Abschmelzen des Eises wurden Teile Nordeuropas mehrmals vom Meer überflutet, da das Eis schneller abtaute, als sich das Land hob. So bestanden während der höchsten Phase des Meeresspiegels Wasserverbindungen zwischen Weißem Meer und Finnischem Meerbusen sowie von der Ostsee über die Mittelschwedische Senke zum Skagerrak. Die Linie der höchsten Überflutung ist in Skandinavien von hoher kulturlandschaftlicher Bedeutung insofern, als das Meer über die unfruchtbaren eiszeitlichen Sand- und Kiesablagerungen toniges und feinsandiges Material abgesetzt hat, so daß sich heute in Südnorwegen, Süd- und Mittelschweden sowie in Südfinnland die wichtigsten landwirtschaftlichen Anbaugebiete befinden.

Die nacheiszeitliche Hebung ist auch für die Ausbildung der heutigen Küstenlinie von großer Bedeutung. Im nördlichen Skandinavien sind mit 290 m über dem derzeitigen Niveau des Meeresspiegels die höchsten Werte festgestellt worden, im Innern des Oslofjords mit 150 m. Auch die derzeitige Hebungstendenz ist im Norden größer als im Süden. So beträgt die Hebung im nördlichen Teil des Bottnischen Meerbusens etwa 1 m in hundert Jahren, während sie in der südlichen Ostsee kaum festzustellen ist.

Charakteristisch für Skandinavien ist die ungewöhnlich stark gegliederte Küste. Dänemark weist infolge seiner Auflösung in zahlreiche Inseln mit dazwischen liegenden Meeresstraßen und Bodden sowie durch die tief ins Land eindringenden Buchten und Förden eine Küstenlänge von 7348 km auf. Die norwegische Küste wird gekennzeichnet durch eine Vielzahl von Fjorden, die wie tiefe Risse in das steil aufragende skandinavische Gebirge einschneiden und weit in das Land eindringen; im Sognefjord beispielsweise 180 km. Nach dem Innern zu verzweigen sie sich mannigfach, sie werden schmaler und die Felswände steiler. Zum Meer hin werden sie breiter, Neben- und Seitenarme bilden Halbinseln und Inseln, die in großer Zahl hier zu finden sind. Die Küsten der Ostsee haben vor etwa siebentausend Jahren durch eine Landsenkung, die Litorina-Senkung, ihre heutige Gestalt bekommen. Sie sind im allgemeinen flach, jedoch dringen Flußmündungen und Buchten oftmals tief ins Land ein. Allen Küsten Skandinaviens eigentümlich ist eine vorgelagerte Strandplatte mit aufsitzenden rundgebuckelten Schären, die infolge der ungleichmäßigen Hebung z.T. unter dem Meeresspiegel liegen. Die Schärengürtel an den Küsten der Ostsee sind bewaldet, während diejenigen der westlichen Küsten eine kahle, glattgeschliffene Oberfläche besitzen.

Islands Küstenform ist wechselnd; im Süden finden wir eine ausgeglichene Küste mit flachen Sandstränden, die übrigen Küstenpartien sind Steilküsten mit tief in das Land eindringenden Buchten und Fjorden; seine Küstenlänge beträgt rund 6000 km.

Die Oberflächenformen Nordeuropas zeigen eine viel stärkere Gliederung, als sie auf den ersten Blick hin den Anschein erwecken. Die skandinavische Halbinsel wird durch das Skandinavische Gebirge (Skanden) in einen westlichen Hochgebirgsstreifen mit Steilabfall zum Atlantischen Ozean und in eine östliche flache Abdachung zur Ostsee gegliedert. Im Süden der Halbinsel sind weite Flachlandgebiete vorherrschend, die sich von den dänischen Inseln bis nach Mittelschweden hin erstrecken, nur unterbrochen vom südschwedischen Bergland. In den östlichen Teilen Nordeuropas legen sich um das Kernstück, die Finnische Seenplatte, im Süden und Westen die finnischen Küstengebiete und im Osten die karelische Platte. Der hohe Norden Skandinaviens ist gekennzeichnet durch die kargen Weiten Lapplands und dem nach Osten umschwenkenden und an Höhe verlierenden Skandinavischen Gebirge.

Die Hauptmasse der Skanden liegt im Südwesten der Halbinsel mit den Gebirgsmassiven von Jotunheimen, des Dovrefjells und der Hardangervidda. Mit Ausnahme von Jotunheimen mit seinen schroffen Berggipfeln, die im Galdhöpiggen (2469 m) und Glittertind (2470 m) die höchsten Erhebungen Skandinaviens aufweisen, seinen scharfen Graten und eingesenkten Karen ist der Charakter des Gebirges wenig alpin. Es handelt sich in der Hauptsache um sanftwellige, öde Hochflächen mit vom Eis überschliffenen Kuppen und breiten mit Seen und Mooren erfüllten Mulden. Der Hochgebirgscharakter macht sich in den schroffen Hängen der tief eingeschnittenen Fjordtäler, der alpinen Vegetation und dem unwirtlichen Klima geltend. Vereinzelt breiten sich riesige Plateaugletscher aus, wie beispielsweise der Jostedalsbre (mit 850 qkm Fläche der größte des europäischen Festlands), die in die anliegenden Täler Zungengletscher entsenden.

Das Gebirgsmassiv des Dovrefjells, das im Snöhetta mit 2286 m seine höchste Höhe erreicht, scheidet das Gebirge in einen südlichen und einen nördlichen Teil. Die südnorwegischen Gebirgsstöcke werden durch breite, in nordwestlicher Richtung streichende Talzüge in Einzelblöcke zerlegt. Etwa senkrecht zu diesen Tälern dringen von Südwesten bis Westen her lange Täler tief in das Gebirge ein, die in ihrem unteren Teil von Fjorden und im Mittelteil oftmals von Seen erfüllt sind. Nördlich des Dovrefjells wird das Gebirge durch die Einsattelung des Tröndelag im Westen und Jämtlands im Osten unterbrochen. Von hier aus verläuft nach Norden die eintönige Gebirgskette des Kjölen bis hin zu dem nördlich des Polarkreises gelegenen stark vergletscherten Bergland Nordnorwegens, das im Sulitjelma mit 1913 m und im Kebnekajse mit 2123 m seine höchsten Erhebungen erreicht. An der Küste treten hier die sonst nur dem Hochgebirge eigenen glazialen Formen bis an den Meeresspiegel heran.

Die Abdachung des Skandinavischen Gebirges zum Bottnischen Meerbusen ist flacher. Ihre stufenförmige Gliederung

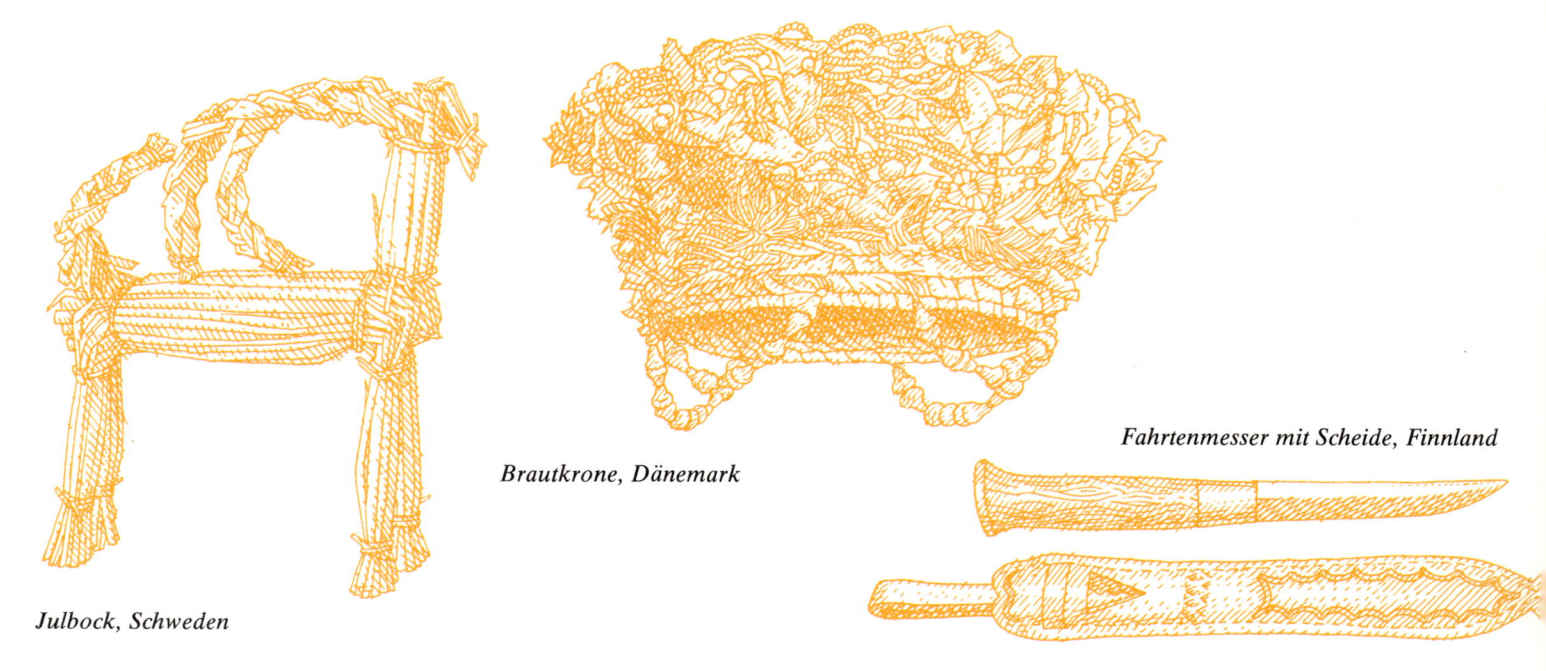

Brautkrone, Dänemark

Fahrtenmesser mit Scheide, Finnland

Julbock, Schweden

beruht einerseits auf der unterschiedlichen Widerstandsfähigkeit der einzelnen Gesteinsarten und zum andern auf dem nicht gleichmäßig verlaufenen Hebungsprozeß, der die Ausbildung einer Rumpftreppe begünstigte. Die vom Gebirge herabkommenden Flüsse (Torne Älv, Lule Älv, Skellefte Älv, Ångermanälven, Dalälven u. a.) zerschneiden die stufenförmige Abdachung in langgestreckte Rücken. An den einzelnen Stufen haben sich Stromschnellen und Wasserfälle ausgebildet, oberhalb derer die Täler oft mit langgestreckten Rinnenseen angefüllt sind.

Weiter im Süden senkt sich das Gebirge zur Mittelschwedischen Senke, einer durch Brüche und Verwerfungen stark gestörten Landschaft. Weite, mit großen Seen (Vänern, Vättern, Mälaren) angefüllte Senkungsgebiete werden unterbrochen durch horstartig aufragende Erhebungen (Kinnekulle, Hunneberg). Fruchtbare Böden und verhältnismäßig günstige klimatische Bedingungen haben die Senke zum Kerngebiet des schwedischen Staates werden lassen. Das südlich anschließende Südschwedische Bergland dagegen weist weniger gute Böden auf und ist daher stark bewaldet. Die flachwellige, von langgestreckten Tälern zerschnittene Hochfläche wird von Tafelbergen, die aus hartem silurischem Kalk bestehen und Höhen von bis zu 380 m erreichen, überragt.

Kissenbezug, Norwegen

Die Oberflächenformen Dänemarks sowie des äußersten Südens der skandinavischen Halbinsel, der Landschaft Schonen, sind fast ausschließlich von den Eiszeiten geprägt. Drei Landschaftsformen sind kennzeichnend: 1. die von Moräneninseln der zwei ersten Vereisungen unterbrochenen Sandflächen West-Jütlands; 2. die sich durch Mittel-Jütland erstreckende westlichste Stillstandslinie der letzten Eiszeit; 3. die von Hügelreihen und Heideflächen durchzogene, vorwiegend flachwellige Grundmoränenlandschaft Ost-Jütlands, der dänischen Inseln und Schonens. Die höchsten Erhebungen mit 173 m in Jütland, 131 m auf Fünen, 126 m auf Seeland und 200 m in Schonen liegen in den Hauptstillstandslinien der letzten Vereisung. Die fruchtbaren Böden der Grundmoräne und das milde atlantische Klima haben in den östlichen Teilen Jütlands, auf den Inseln und in Schonen eine reiche intensiv betriebene Landwirtschaft entstehen lassen.

In Finnland bedeckt Moränenschutt der letzten Eiszeit den größten Teil der Oberfläche, einer hügeligen Platte aus Granit, Gneis und kristallinen Schiefern. Glattgeschliffene Felsbuckel wechseln mit sanften vermoorten Mulden. Die großartigen Endmoränenwälle des Salpausselkä (zwei parallel laufende Rücken) und des Suomen Selkä umschließen die im Innern sich ausbreitende Finnische Seenplatte mit über sechzigtausend mannigfach gegliederten und von Inseln durchsetzten Seen. Infolge der nacheiszeitlichen Hebung des Landes besitzen die Flüsse, welche die Seensysteme zur Ostsee hin entwässern, erhebliche Gefällsbrüche, an denen sich Stromschnellen oder Wasserfälle gebildet haben. Die finnischen Küstengebiete im Westen und Süden der Seenplatte werden von marinen Ablagerungen überdeckt, die besonders in den südlichen und südwestlichen Teilen landwirtschaftlich genutzt werden. Die übrigen Teile Finnlands tragen größtenteils Wald, der nur durch die Rodungsinseln der Ortschaften oder der einzelnen Bauernhöfe unterbrochen wird. Finnland weist nur eine geringe Höhenlage über dem Meeresspiegel auf; ungefähr zwei Drittel des Landes liegen unter 200 m, lediglich in Lappland werden an der Grenze nach Schweden und Norwegen Höhen von bis zu 700 m erreicht.

Island zeigt gegenüber dem übrigen Skandinavien erhebliche Unterschiede. Die Landschaft trägt alle Merkmale eines jungen, noch in der Entstehung befindlichen Landes. Bis auf einige Gebiete im Südwesten der Insel herrscht Bergland vor. Das alte Basaltplateau ist durch tektonische Kräfte in einzelne Blöcke zerbrochen und nach dem Innern zu eingesunken, so daß sich die höchsten Erhebungen in der Nähe der Küsten befinden; der Hvannadalshnukur im Südosten ist mit 2119 m ü. d. M. der höchste Berg. Nach außen ist das Plateau durch zahlreiche Fjorde zerschnitten, die tief in das Land eindringen. Die sich von Südwesten nach Nordosten quer durch Island erstreckende Einsenkung nimmt etwa die Hälfte des Landes ein und ist vorwiegend mit jüngeren Palagonittuffen angefüllt. Sie weist zwei verschiedene Landschaftstypen auf; einmal die Küstenebene von bis zu 100 m und das Inlandsplateau zwischen 300 und 700 m ü. d. M. Hier ist der Vulkanismus stark verbreitet, der sich in etwa dreißig noch tätigen Vulkanen (z. B. Hekla und Askja) sowie in Form von Spaltenergüssen, heißen Quellen und Solfataren äußert. Seit der Besiedlung Islands haben etwa hundert vulkanische Eruptionen stattgefunden; die jüngsten waren 1963 ein unterseeischer Ausbruch südlich Islands, durch den die Insel Surtsey entstand, und 1973 der Ausbruch des Helgafjeluds auf der Westmänner-Insel Haymaey.

Die Oberfläche Islands wurde wesentlich von Eis und Schnee geformt und ist heute noch stark vergletschert. Wir finden hier die größten Gletscher Europas, wie den Vatnajökull mit 8400 qkm, den Langjökull mit 1050 qkm, den Hofsjökull mit 1000 qkm Fläche. In den Gletschergebieten haben zahlreiche Flüsse ihren Ursprung, die sehr wasserreich sind und z. T. großartige Wasserfälle bilden, wie den Gullfoss im Süden, den Godafoss und Dettifoss im Norden der Insel. Nur zwei Fünftel der Oberfläche Islands sind bewohnbar. Da Ackerbau wenig rentabel ist, findet man vor allem Viehweiden für Schafe, Rinder und Pferde.

Die zu Norwegen gehörende Inselgruppe Spitzbergen (offiziell Svalbard genannt), etwa in der Mitte zwischen dem Nordkap und dem Nordpol gelegen, ragt als Horst auf dem europäischen Kontinentalsockel auf. Aufbau und Oberflächengestalt sind nicht einheitlich. Im Westen überwiegen paläozoisch gefaltete Gesteine, die ein lebhaftes Relief entstehen ließen, im Innern liegen verschieden alte Sedimentgesteine und bilden eine Plateaulandschaft. Der höchste bekannte Berg ist der Newtontoppen mit 1712 m ü. d. M. Etwa vier Fünftel des Landes sind mit Inlandeis bedeckt. Über dem eisfreien Land lagert

Schloß Rosenborg in Kopenhagen

Ballsaal (links) und »Rotes Zimmer« (rechts) auf Schloß Rosenborg

Unten: Wachablösung vor Schloß Amalienborg in Kopenhagen

Dänische Königsschlösser

Dank einer lebhaften Bautätigkeit im 16. und im 17. Jahrhundert besitzt Dänemark eine Reihe gepflegter Herrensitze und prächtiger Schlösser im Renaissancestil. Bauherren der berühmten dänischen Königsschlösser waren Friedrich II. (1559–1588) und Christian IV. (1588–1648). Zu den schönsten Baudenkmälern dieser Zeit gehört Schloß Kronborg bei Helsingör, erbaut 1577–1585 auf der Festung, von der aus bis 1857 von jedem den Öresund passierenden Schiff Sundzoll erhoben wurde; das Schloß ist als Ort der Handlung von Shakespeares Drama »Hamlet« weltbekannt geworden. Wohl der großartigste Schloßbau ist Frederiksborg bei Hilleröd, errichtet 1602–1625 und nach einem Brand 1859 im alten Stil wiederhergestellt. Außerhalb der Stadtumwallung von Kopenhagen erstand in den Jahren 1610–1626 Schloß Rosenborg; es birgt prunkvolle Innenräume und war bis ins 18. Jahrhundert hinein Sommerresidenz der dänischen Könige. Später mußte es diese Rolle an Schloß Fredensborg abtreten, einen 1719–1724 entstandenen Rokokobau. Eines der nobelsten Rokokoschlösser Europas ist Schloß Amalienborg in Kopenhagen, das 1794 von Christian VII. aus vier Adelspalästen umgebaut wurde und heute noch als königliche Residenz dient.

Schloß Frederiksborg bei Hilleröd (Seeland)

Schloß Fredensborg (Seeland), die königliche Sommerresidenz

Schloß Kronborg bei Helsingör (Seeland)

> **Norwegen**
> *(Kongeriket Norge)*
>
> Konstitutionelle Monarchie mit Zweikammerparlament. Wahlrecht für alle über 20 Jahre alten Bürger und Wehrpflicht; Hauptstadt Oslo (488000 Ew.).
>
> **Fläche:** (mit Binnengewässern): 323878 qkm (davon Wasserfläche 5, Acker- und Grasland 3, Wald 22%) – **Einwohnerzahl:** 3,9 Mill. (davon über 50% städtische Bevölkerung) – **Bevölkerungsdichte:** 12,5 Ew./qkm – **Jährlicher Geburtenüberschuß:** 6,6‰ – **Bevölkerung:** Nahezu ausschließlich Norweger; 26000 Lappen, 12000 Finnen (Kwänen) – **Sprache:** Norwegisch (Riksmål [Bokmål] und Landsmål [Nynorsk] seit 1850 gleichberechtigt); Lappisch (in Finnmarken) – **Religion:** Evangelisch-lutherisch (96,8%); 7900 Katholiken, 1000 Juden – **Beschäftigung** (Anteil der Erwerbstätigen): Land- und Forstwirtschaft 13,5, Fischerei 2,1, Industrie und Bergbau 25,6, Baugewerbe 8,3, Handel 12,9, Seeverkehr 4,3, übriger Verkehr 6,1, Verwaltung, Dienstleistungen und übrige Berufe 27,2% – **Außenhandel:** Einfuhr 4,37, Ausfuhr 2,95 Mrd. US-Dollar (davon Nichteisenmetalle 18, Schiffe und andere Transportmittel 16, forstwirtschaftliche Erzeugnisse 12, Fische und Fischereiprodukte 11, Chemikalien 8, Maschinen und Apparate 7, Eisen und Stahl 7, übrige Warenbereiche 21%)

meistens Moränenschutt; der Boden taut nur im Sommer etwa 25 cm tief auf, in flachen Sümpfen etwa 30 cm. Die dürftige Pflanzendecke wird von Moosen und Flechten beherrscht.

Die im nördlichen Atlantik zwischen Schottland und Island gelegenen Färöer gleichen in ihrem vulkanischen Ursprung sowie im geologischen Aufbau mit ihrem Wechsel von Basalt- und Tuffschichten Island. Der Vulkanismus ist hier jedoch völlig erloschen. Die Landschaft wird charakterisiert durch die flachliegenden, mit einer dünnen Moränendecke überzogenen Basalte und Tuffe sowie durch die von den Gletschern der Eiszeiten herausgearbeiteten steilen Berghänge und hohen Felsküsten. Von den 24 Inseln sind 17 bewohnt, die größte ist Streymoy; die höchste Erhebung mit 882 m ü. d. M. befindet sich auf Eysturoy. Die Vegetation besteht vorwiegend aus Grasland, Mooren und Gebirgswiesen, die als Schaf- und Pferdeweide genutzt werden. Der Ackerbau ist unbedeutend. In den felsigen Küstenpartien nisten Millionen von Seevögeln. Politisch gehört auch Grönland zu Dänemark, es ist jedoch ein Teil der neuweltlichen Arktis.

Klima zwischen Gunst und Härte

Von entscheidender Bedeutung für die klimatischen Bedingungen Nordeuropas ist dessen Lage im Einflußbereich westlicher und südwestlicher Luftströmungen, die verhältnismäßig milde Luft aus südlicheren Breiten an die Westküste heranführen und im Zusammenwirken mit dem Golfstrom die Anomalie der Wintertemperaturen so weit nach Norden schieben wie nirgends auf der Erde. Für Skandinavien bringt diese Tatsache eine sonst auf der Erde beispiellose thermische Begünstigung des Winterklimas und hat damit ganz wesentlich die Entwicklung der nordischen Staaten ermöglicht. Die Wassertemperatur liegt an der Westküste Norwegens bis nördlich des Nordkaps stets über 0 °C, so daß die atlantischen Häfen niemals zufrieren. Die oft orkanartigen Winde der atlantischen Zyklonen treiben die feuchten Luftmassen zu jeder Jahreszeit gegen die Küste, wo sie sich in heftigen Steigungsregen entladen.

Nach Osten zu wird der maritime Einfluß jedoch durch das Skandinavische Gebirge stark abgeschwächt. Im schwedischen Flachland sind schon im Süden die Wintertemperaturen erheblich niedriger als in der gleichen Breite an der norwegischen Küste. Nach Norden zu nehmen in Schweden und Finnland die winterlichen Temperaturen immer weiter ab. Infolge des nach dem Inneren zu schwächer werdenden Salzgehalts der Ostsee friert die Wasserfläche des Bottnischen Meerbusens im Winter zu und verzögert dadurch die Erwärmung des umgebenden Landes im Frühling. In den Sommermonaten dagegen ist es im Ostseegebiet überall wärmer als an der Westküste. Der kontinentale Einfluß des Klimas macht sich stark bemerkbar.

Auch die Verteilung der Niederschläge zeigt die gleichen Merkmale. Die hohen Niederschläge an der Westküste (in Bergen bis zu 2200 mm jährlich) mit dem Maximum im Herbst und Winter werden nach dem Innern der Fjorde zu erheblich geringer. Auf der Leeseite des Skandinavischen Gebirges nimmt die Niederschlagshöhe (um 500 bis 600 mm jährlich) entsprechend dem kontinentalen Charakter ab, und das Niederschlagsmaximum liegt im Sommer. Nördlich des Polarkreises sinken die Niederschlagsmengen auf 200 bis 300 mm jährlich.

Der höheren Breite entsprechend bildet sich alljährlich in den meisten Gebieten des Nordens eine geschlossene Schneedecke. Nur an der Westküste Norwegens in Meereshöhe sowie in Dänemark und Südschweden wird die Schneebedeckung zu einem unregelmäßigeren Faktor. In den nördlichen Gebieten bildet sich die Schneedecke bereits gegen Ende September und bleibt bis Ende Mai liegen. In Südostnorwegen, in Mittelschweden und in Südfinnland reicht die Schneebedeckung von Anfang November bis Mitte April. Die Fjellflächen und Berggipfel des Skandinavischen Hochgebirges und Islands liegen oberhalb der Firnlinie und sind deshalb mit großen Plateaugletschern bedeckt, von denen zahlreiche Zungengletscher in die Fjordtäler hinabreichen.

Das Klima Islands wird ebenfalls von der vorherrschenden südwestlichen Luftströmung beherrscht; es ist daher lange nicht so kalt, wie man es in Anbetracht der nördlichen Lage annehmen könnte. Es ist ein ozeanisches Klima mit kühlen Sommern und verhältnismäßig milden Wintern; besonders die südlichen und südwestlichen Landesteile mit dem stets eisfreien Meer sind begünstigt. Die Niederschlagsmenge ist erheblich; vor allem in den östlichen Teilen kommt es häufig zu Nebelbildung.

Auch in der Vegetation des Nordens spiegeln sich die klimatischen Verhältnisse wider. Nur in den südlichen Teilen wie in Dänemark und in einem schmalen Saum an der schwedischen und norwegischen Südküste finden sich noch die für die mitteleuropäischen Laubwälder charakteristischen Buchenbestände. Nördlich anschließend folgt die nordeuropäische Mischwaldregion mit Fichten, Kiefern, Eichen, Linden und Ulmen; sie reicht von Schonen bis ins mittelschwedische Seengebiet und umfaßt noch einen Streifen in Südnorwegen und Südfinnland. Von hier bis hinauf nach Lappland erstrecken sich die riesigen Bestände des nordischen Nadelwaldes, des Barskog, mit Kiefern, Fichten und Birken, der an der Westküste infolge der Steilheit der Hänge nur lückenhaft entwickelt ist. Er ist von großen Moorflächen durchsetzt und bedeckt wie ein Teppich den größten Teil des Landes. Sein jährlicher Zuwachs ist gering, eine Tatsache die sich jedoch auf die Qualität des Holzes vorteilhaft auswirkt. Die obere Grenze der Nadelhölzer sinkt von 900 m im Gebiet des Hardangerfjords und in Telemark, auf 450 m in Finnmark. Typisch für Skandinavien ist die Birkenzone, die sich in einem Streifen von 200 m relativer Höhe noch über der Nadelwaldzone ausbreitet. Als Bodenwuchs sind den skandinavischen Wäldern zahlreiche Beerensträucher, Moose, Flechten (im Norden die Rentierflechte, eine Strauchflechte, die die Hauptnahrung der Rentiere bildet) eigen.

Kiefer und vor allem Birke dringen am weitesten nach Norden in die subarktische Region vor; Birkengruppen bilden die letzten Baumbestände, die im Windschutz noch hoch im Norden zu finden sind. Die Baumgrenze liegt etwa 800 m unterhalb der Schneegrenze. In der dazwischengelegenen Region dehnt sich die Tundra mit ihren Moos- und Flechtenpolstern aus, welche im Sommer von den Rentierherden der Lappen als Weideland aufgesucht wird. Norwegen und Finnland haben den Hauptanteil an der Tundra.

Island, das der geographischen Breite nach in der nordischen Nadelwaldzone gelegen ist, besitzt keine Wälder mehr. Es hat einmal große Birkenwälder gegeben, doch sind diese in früheren Zeiten abgeholzt worden. Man findet gelegentlich dichtes Zwergbirkengestrüpp; außerdem sind Maßnahmen zur Aufforstung getroffen worden.

Reiche Erde, reiche Seen und ihre Nutzung

Die nordischen Staaten verfügen über mannigfache natürliche Hilfsquellen, die sie auszunutzen und sich dienstbar zu machen verstanden haben, so daß sie im allgemeinen heute einen gesunden Wohlstand aufweisen. Wenn auch Kohle in nennenswertem Maße nicht vorhanden ist, so besitzen Norwegen, Schweden, Finnland und Island bedeutende, noch ausbaufähige Wasserkräfte. Schweden weist reiche Lager an Eisenerzen auf, die noch auf Jahrhunderte hin den eigenen Bedarf decken und einen großen Export gewährleisten. In Dänemark verbinden sich für die Landwirtschaft wertvolle Böden mit einem günstigen Klima. Schweden, Norwegen und Finnland bergen in ihren ausgedehnten Forsten große Holzvorräte, die den Rohstoff für wichtige Industriezweige liefern. Norwegen und Island haben in den angrenzenden Meeren reiche Fischgründe, die die Grundlage für einen bedeutenden Zweig ihrer Volkswirtschaften bilden.

Die Voraussetzungen für die Entwicklung einer leistungsfähigen Landwirtschaft sind in den nordischen Ländern unterschiedlich. Während in Dänemark etwa zwei Drittel seines Areals landwirtschaftlich genutzt werden können, sind es in Norwegen nur 3% und in Island nur 1%. In Schweden und Finnland beträgt der Anteil an nutzbarem Boden zwar rund 9% ihres Gebiets, doch sind die anbauwürdigen Flächen auf wenige Räume beschränkt. Der größte Teil des landwirtschaftlich nutzbaren Landes liegt in Schweden, Norwegen und Finnland in Gebieten, die am Ausgang der Eiszeit vom Meer bedeckt waren. Dazu gehören die gesamten Küstensäume, die unteren Abschnitte der großen Flußtäler sowie die Mittelschwedische Senke.

Von erheblicher Bedeutung für eine produktive Landwirtschaft im Norden sind die klimatischen Verhältnisse. Abgesehen von den Niederschlagsmengen übt die nach Norden immer kürzer werdende Vegetationsperiode einen großen Einfluß aus. Da diese beispielsweise in Ångermanland nur 165 Tage und in Schwedisch-Lappland nur 140 Tage im Jahr beträgt, ist ein nennenswerter Ackerbau kaum möglich. Statt dessen spielt hier die Viehwirtschaft eine nicht unerhebliche Rolle. In Gebieten weit nördlich des Polarkreises ist nicht nur die Rentierzucht weit verbreitet, sondern auch die Rindvieh- und Schafhaltung bilden hier eine wesentliche Grundlage bäuerlicher Wirtschaftsweise. Die grünen Weiden und blühenden Wiesen hoch im Norden Norwegens setzen den Reisenden immer wieder in Erstaunen, und er fragt sich, wie ist es möglich, daß die Pflanzen in Anbetracht des sehr kurzen Sommers überhaupt blühen und gedeihen können. Hierbei spielen die Lichtverhältnisse eine entscheidende Rolle. Die Sonne geht in diesen Brei-

---

Island
(Lýdhveldidh Ísland)

Republik mit Zweikammerparlament und Wahlrecht für alle über 21 Jahre alten Bürger; keine Streitkräfte; Hauptstadt Reykjavik (90 000 Ew.).

Fläche: 102 829 qkm (davon Grasland 20, Ackerland und Wald je 1%) – **Einwohnerzahl:** 210 000 – **Bevölkerungsdichte:** 2 Ew./qkm – **Jährlicher Geburtenüberschuß:** 14‰ – **Bevölkerung:** Nahezu ausschließlich Isländer – **Sprache:** Isländisch (Islenska) – **Religion:** Evangelisch-lutherisch (94%) – **Beschäftigung** (Anteil der Erwerbstätigen): Landwirtschaft 16, Industrie 15, Fischerei und Fischindustrie 20, Baugewerbe 5, Handel 13, Verkehr 8, Dienstleistungen 17, übrige Berufe 6%) – **Außenhandel:** Einfuhr 233, Ausfuhr 191 Mill. US-Dollar (hauptsächlich Fische und Fischereiprodukte, ferner Schaffelle, Wolle, Hammelfleisch und etwas Aluminium)

---

ten im Sommer überhaupt nicht unter, so daß die Pflanzen neben der Wärme des Golfstroms ständig Licht erhalten und damit wesentlich schneller als in niederen Breiten zum Wachsen und Blühen kommen. So steht im Sommer die Sonne beispielsweise in Bodö 34 Tage, in Kiruna 45 Tage, in Tromsö 67 Tage, in Hammerfest 73 Tage ununterbrochen am Himmel.

Dank der fruchtbaren Lehmböden der Moränen und des günstigen Klimas ist ein Drittel des gesamten Landwirtschaftsareals des Nordens in Dänemark und Schonen konzentriert. Ein zweites Gebiet erstreckt sich zwischen 59° und 61° nördlicher Breite vom Oslo-Gebiet über Mittelschweden bis Südfinnland; es basiert auf fruchtbaren marinen Lehm- und Tonböden und umfaßt etwa ein Viertel des landwirtschaftlich genutzten Areals. Außerhalb dieser beiden Gebiete ist die skandinavische Landwirtschaft meist allein nicht in der Lage, die ländliche Bevölkerung zu ernähren, so daß daneben noch Forstwirtschaft betrieben wird. In Island ist die Nahrungsmittelproduktion kostspieliger als in den anderen nordischen Staaten. Ackerbau ist nur in geringem Umfang möglich; der Boden wird vor allem als Grasland genutzt, doch leidet die Heugewinnung unter den niedrigen Sommertemperaturen.

Schweden
(Konungariket Sverige)

Konstitutionelle Monarchie mit Einkammerparlament, Wahlrecht für alle über 19 Jahre alten Bürger und Wehrpflicht; Hauptstadt Stockholm (745 000 Ew.; mit Vororten 1 477 000 Ew.)

Fläche: 449 750 qkm (davon Wasserfläche 9, Acker- und Grasland 10, Wald 54%) – **Einwohnerzahl:** 8,1 Mill. (davon rund 80% städtische Bevölkerung) – **Bevölkerungsdichte:** 18 Ew./qkm – **Jährlicher Geburtenüberschuß:** 3,9‰ – **Bevölkerung:** Nahezu ausschließlich Schweden; 50 000 Finnen, etwa 8500 Lappen (im Norden) – **Sprache:** Schwedisch, Lappisch (in Lappland) – **Religion:** Protestantisch (vorwiegend evangelisch-lutherisch); rund 50 000 Katholiken, 14 000 Juden – **Beschäftigung** (Anteil der Erwerbstätigen): Land- und Forstwirtschaft 8,4, Industrie und Bergbau 31,9, Bauwesen 8,4, Handel 16,1, Verkehr 7,7, Dienstleistungen und übrige Berufe 27,5% – **Außenhandel:** Einfuhr 8,06, Ausfuhr 8,75 Mrd. US-Dollar (davon forstwirtschaftliche Produkte 27,5 [Holz 6,7, Zellulose, Papier und Pappe zusammen 17,3], Maschinen und Apparate 25, Transportmittel 14,9, Eisenerz 3,4, Chemikalien 4,1, Metalle und Metallwaren 14,7, übrige Warenbereiche 10,4%)

Die den Untergrund Fennoskandias und des Kaledonischen Gebirges bildenden uralten Gesteine enthalten zahlreiche nutzbare Mineralien, zumeist Eisen- und Kupfererze. Kohle und Erdöl sind nur auf Spitzbergen vorhanden, da die jüngeren geologischen Formationen, in denen diese auftreten, nur in großen Tiefen Dänemarks und Schonens lagern. Die seit einiger Zeit in der Nordsee laufenden Explorationsbohrungen haben bestätigt, daß hier beträchtliche Erdgas- und Erdölreserven schlummern. Inzwischen ist man seitens der Anrainerstaaten mit großem Aufwand an die Erschließung dieser Reserven gegangen. So wurde im norwegischen Teil des Festlandsockels das Ekofisk-Feld entdeckt, mit dessen Ausbeute bereits begonnen wurde. Auch in anderen Gebieten vor der norwegischen Küste sowie im dänischen Teil des Sockels sind Lagerstätten entdeckt worden, die ausgebeutet werden sollen.

Bereits um 1300 begann man in Mittelschweden, in der alten Bergbauprovinz Bergslagen, mit dem Abbau der dort gefundenen Eisenerze. Sie sind frei von Phosphor und Schwefel und ergeben deshalb einen äußerst wertvollen Stahl. Die gewaltigen Vorkommen von Eisenerz mit hohem Phosphorgehalt in Schwedisch-Lappland konnten erst erschlossen werden, nachdem man in der zweiten Hälfte des 19. Jahrhunderts das Thomasverfahren entwickelt hatte. Heute kommen etwa 85% der schwedischen Erzgewinnung von den großen Bergwerken in Kiruna und Gällivare-Malmberget nördlich des Polarkreises. Die Erzreserven (60–70% reines Eisen) betragen etwa 3 Milliarden t. Im Vergleich mit den schwedischen Eisenerzlagerstätten sind die norwegischen klein zu nennen. Die beiden wichtigsten sind die Grubengebiete von Südvaranger bei Kirkenes und von Dunderland bei Mo i Rana. Südnorwegen besitzt bei Sokndal das größte Vorkommen von Ilmeniterz (Titaneisenstein) in Europa.

Andere Erze findet man in Schweden im Skellefteå-Distrikt, der sich von Boliden im Osten bis Laisvall zum Gebirge hin erstreckt und in dem vor allem Sulfiderze (Blei, Arsenik, Kupfer) gewonnen werden. Von großer Bedeutung sind die uranhaltigen Schiefertonlager in den mittelschwedischen Provinzen Närke und Västergotland, die auf 4,7 Milliarden t geschätzt werden und seit 1950 im Rahmen des Atom-Energie-Programms abgebaut werden. In Südnorwegen sind noch die Schwefelkieslager bei Lökken und Röros von einiger Bedeutung, in Nordnorwegen die Kupfererze des Sulitjelma-Massivs.

In Finnland gibt es seit ein paar Jahren einen beachtlichen Abbau von verschiedenen Mineralien; 1969 betrug er insgesamt 3,1 Millionen t Erz. Die staatliche Outukumpu-Bergbaugesellschaft gewinnt in zehn modern ausgestatteten Minen vor allem Kupfer, Nickel, Kobalt, Chrom und Zink, daneben Blei, Schwefel, Eisen, Gold und Silber.

Steinkohle wird in der schwedischen Provinz Schonen sowie von Norwegen in Spitzbergen gewonnen; die letztere wird an Ort und Stelle zu Koks verarbeitet. Eine wichtige Hilfsquelle bilden die zahlreichen Steinbrüche, in denen Granit, Schiefer, Kalkstein, Quarz, Feldspat, Marmor sowie in Island Basalt abgebaut werden.

Schweden, Norwegen und Finnland liegen in dem zwischen 50° und 65° nördlicher Breite um die Erde laufenden subarktischen Nadelwaldgürtel. Die rund 450 000 qkm Nadelwald bilden auch heute noch eine wesentliche Grundlage der Volkswirtschaften der drei Länder.

Finnland, wo fast drei Viertel des Landes mit Forsten bedeckt sind, steht hinsichtlich des Forstareals und der Holzgewinnung an erster Stelle; knapp 60% des Exports entfallen auf Holz, Holzprodukte und Papiererzeugnisse. Die Fläche der schwedischen Forsten ist dagegen größer und damit auch die Holzerzeugung; dennoch stellen die forstwirtschaftlichen Produkte nur gut ein Viertel (27,5%) des Exports dar. In Norwegen sind die Verhältnisse für die Forstwirtschaft viel ungünstiger, da ein großer Teil des Landes oberhalb der Baumgrenze liegt und die Stürme der Westküste das Wachstum des Waldes stark beeinträchtigen. Der Wald nimmt hier nur ein Viertel des Staatsgebietes ein; trotzdem entfallen etwa 12% des Exportwerts auf forstwirtschaftliche Erzeugnisse (z.B. Holz, Papier, Papierwaren).

Die Verteilung der verschiedenen Arten der Nadelhölzer ist ungleichmäßig. In Norwegen und Schweden dominiert die Fichte. Die Kiefer ist ein Baum des Binnenlandes und daher stärker in Schweden und Finnland verbreitet als im maritim beeinflußten Norwegen. Die Sägewerke und Sulfatzellstoff-Fabriken bevorzugen Kiefernholz; für die Herstellung von Sulfitzellulose sowie von mechanischem Holzschliff wird vorwiegend Fichtenholz verwendet; Birkenholz bildet den Grundstoff für Halbzellulose.

Was die Erhaltung dieser für die Volkswirtschaft wichtigen Rohstoffgrundlage betrifft, so ist man in allen drei Ländern inzwischen zu einer rationelleren Waldbewirtschaftung übergegangen. Schweden war auf diesem Gebiet vorbildlich. Schon vor dreihundert Jahren wurden hier rationelle Methoden eingeführt, obwohl seinerzeit noch Holz im Überfluß vorhanden war. Dies erklärt sich dadurch, daß schon damals ein großer Bedarf und Verbrauch an Holz bestand, und zwar in Form von Holzkohle für die mittelschwedische Eisen- und Stahlindustrie. Um dem radikalen Abholzen der Wälder in den fraglichen Gebieten vorzubeugen, wurden entsrechende Verordnungen erlassen, die dann durch das Forstgesetz von 1903 erweitert wurden.

In Finnland war dagegen früher ein erheblicher Raubbau an Holz betrieben worden, und zwar durch eine rücksichtslose Rodungspolitik. Seit 1964 wird jedoch eine systematische Wiederaufforstung von brachliegendem oder aufgelassenem Nutzland betrieben, um dem drohenden Rückgang der Holzbestände vorzubeugen.

Auch in Norwegen ist man darauf bedacht, den bedeutenden volkswirtschaftlichen Wert des Waldes in verantwortungsbewußter Weise zu erhalten. So wird ein bestimmter Betrag des Erlöses beim Holzverkauf für die Waldpflege verwendet, außerdem gewährt der Staat auch Zuschüsse für die Aufforstung. Jährlich werden etwa 25 000–28 000 ha Land neu bepflanzt, deren Bestände nach fünfzig bis hundert Jahren nutzbar sein werden.

Der Reichtum an Kleinlebewesen im arktischen Kaltwassergebiet des Atlantischen Ozeans und seiner Nebenmeere hat eine üppige Entfaltung der Fischwelt zur Folge. Zu bestimmten Jahreszeiten wandern riesige Fischschwärme zu ihren traditionellen Laich- und Futtergründen auf den weiten Schelfgebieten des Nordatlantiks. Schon in den frühesten Zeiten hatten die Bewohner der angrenzenden Länder diese Nahrungsquelle erkannt und Fischfang betrieben. Die wichtigsten hier gefangenen Fischarten sind Kabeljau und Hering; doch auch Schellfisch, Seelachs, Rotbarsch, Schollen und Krabben sind reichlich zu finden. Der früher weit verbreitete Walfang ist infolge des betriebenen Raubfanges sehr zurückgegangen.

Im Vergleich zu den anderen nordischen Ländern ist Norwegens Fischerei am bedeutendsten. Die großen Schelfgebiete vor der norwegischen Küste mit ihren reichen Fischgründen sowie die kurze Entfernung zu den zahlreichen Fischereihäfen bedeuten für Norwegen einen großen Vorteil. Der gesamte Norden des Landes wäre praktisch unbewohnt, gäbe das Meer nicht

Finnische Seenplatte · Blick vom Puijo-Turm auf den Kallavesi-See, den viertgrößten See Finnlands. Er liegt bei Kuopio und ist bis 102 m tief.

Arbeit und Lohn. Etwa 11% der Gesamtausfuhr Norwegens bilden Fische und Fischprodukte.

In Island spielen Fischfang und Fischindustrie eine besonders große Rolle; 20% der Bevölkerung sind auf diesem Gebiet tätig. Island steht hierin unter den nordischen Staaten an zweiter Stelle. Die isländischen Gewässer gehören zu den reichsten Fischgewässern der Welt und werden deshalb auch von Fangflotten anderer Nationen aufgesucht. In Anbetracht der großen Bedeutung der Fischerei für Island hat dessen Regierung im Jahre 1972 das Hoheitsgebiet auf 50 Seemeilen vor der Küste erweitert. Dies hat den Protest der betroffenen Nationen, wie Großbritannien und die Bundesrepublik Deutschland herausgefordert. Der internationale Gerichtshof in Den Haag wurde angerufen; dessen Schiedsspruch, der Island das Recht zur Erweiterung abspricht, wird von der isländischen Regierung jedoch nicht anerkannt. Mehrfach kam es zu Auseinandersetzungen zwischen isländischen Küstenwachtbooten und britischen und deutschen Fischereifahrzeugen.

Dänemarks Fischfang konzentriert sich auf die angrenzenden Gewässer der Nordsee, des Skagerraks, des Kattegats und der Ostsee. Die gefangenen Mengen sind nicht so groß, doch werden hier mehr edlere Sorten wie Heilbutt, Schollen, Krabben und Hummer gefangen. Für die Bewohner der Färöer bildet die Fischerei die Haupterwerbsgrundlage; etwa ein Drittel der erwerbstätigen Bevölkerung lebt vom Fisch- und Walfang.

Die marinen Hilfsquellen sind jedoch nicht unerschöpflich. Seit 1968 wird ein starker Rückgang im Heringsfang beobachtet. Ende 1969 betrug der Fang weniger als ein Viertel der entsprechenden Periode des Vorjahrs. Ursache hierfür sind im wesentlichen natürliche Erschöpfung und zu große Fänge im Zustromgebiet der Nordseeheringe. Eine internationale Kommission ist beauftragt worden, sich mit der Angelegenheit zu beschäftigen, und es ist künftig möglicherweise mit der Festsetzung bestimmter Fangquoten zu rechnen.

Norwegen und Schweden besitzen die reichsten Hilfsquellen an Wasserkraft in Europa. Man ist deshalb schon frühzeitig darangegangen, diese natürlichen Hilfsquellen für die Erzeugung von elektrischer Energie dienstbar zu machen.

Besonders in Norwegen sind die Voraussetzungen hierfür günstig. Die Menge der jährlichen Niederschläge ist hoch, so daß ein Wassermangel nicht zu befürchten ist. Die Mehrzahl der Seen und Wasserfälle befindet sich in den südlichen und mittleren Landesteilen. Die Anlage von Staudämmen am inneren Ende der Fjordtäler verursacht keine allzu hohen Kosten, und es geht wenig oder gar kein nutzbares Land dabei verloren. Die Gesamtleistung der nutzbaren Reserven an Wasserkraft wird auf jährlich 130 Milliarden kWh geschätzt, wovon Ende 1968 etwa 40% nutzbar gemacht waren. Die etwa zweitausend Wasserkraftwerke liefern 99,9% der gesamten Elektrizitätsversorgung Norwegens.

Schweden hat zwar mehr Seen als Norwegen, doch ist die Nutzbarmachung als Energiequelle kostspieliger als dort. Die langgestreckten Seen, die sich als Stauseen anbieten, liegen zu 90% in den dünn besiedelten nördlichen Landesteilen. Der Zufluß an Wasser ist hier infolge des sommerlichen Niederschlagsmaximums durchschnittlich im Juni zehn- bis fünfzehnmal größer als in den Wintermonaten. Der Energiebedarf jedoch ist im Winter am höchsten. Die Verbraucherzentren liegen in Mittel- und Südschweden. Um die Energie dorthin zu führen, sind leistungsfähige Transmissionsleitungen erforderlich; 1964 waren fünf Leitungen zu je 400 kV (Kilovolt) in Betrieb, die insgesamt eine Länge von über 4600 km aufwiesen. Die gesamte potentielle Kapazität der Wasserkraft beträgt jährlich ungefähr 176 Milliarden kWh; 1969 wurden etwa 58 Milliar-

Menschen und Industrie in Skandinavien

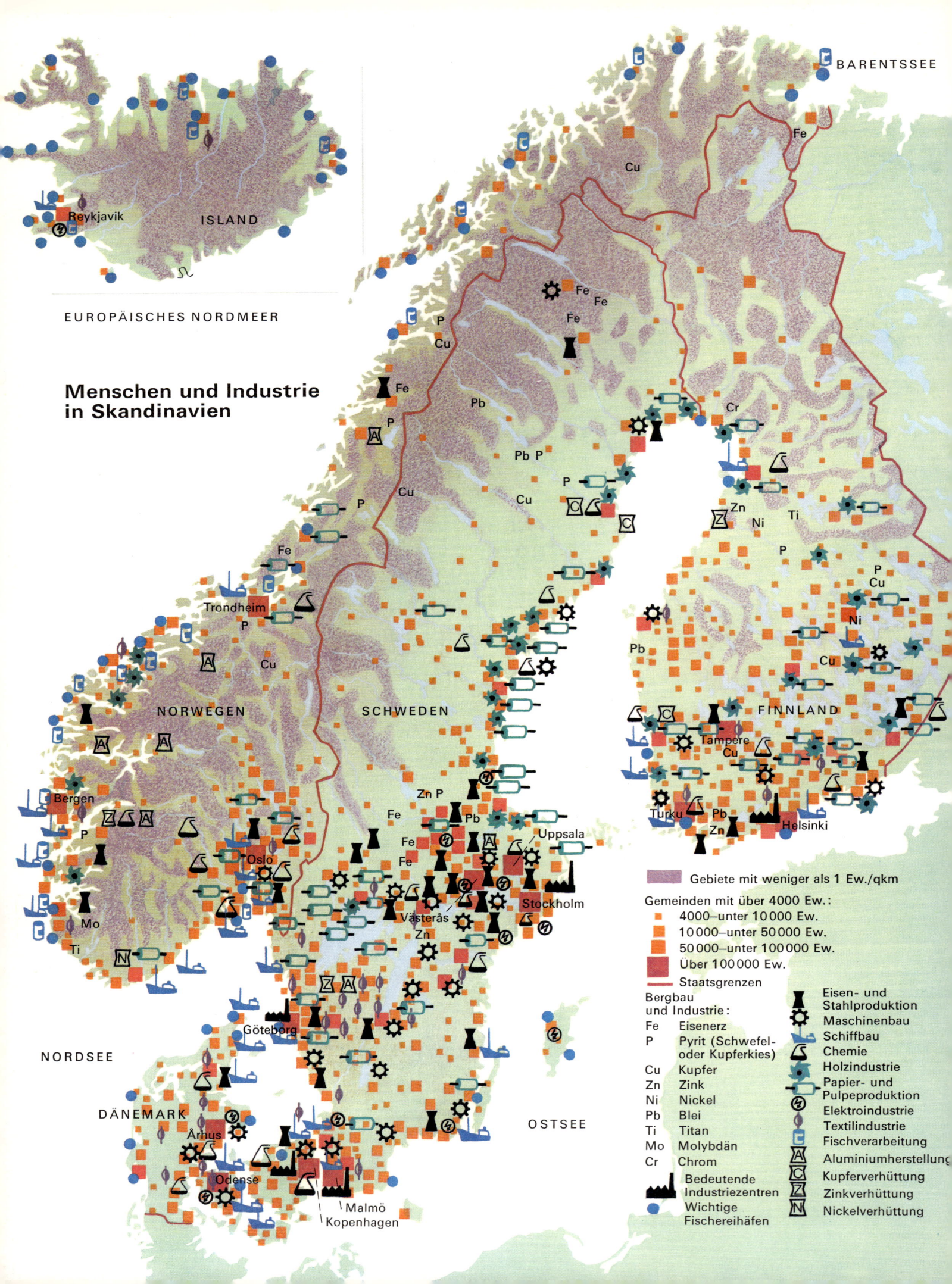

ISLAND

EUROPÄISCHES NORDMEER

BARENTSSEE

NORWEGEN
SCHWEDEN
FINNLAND

Reykjavik
Trondheim
Bergen
Oslo
Mo
Ti
Göteborg
Uppsala
Västerås
Stockholm
Tampere
Turku
Helsinki

NORDSEE
DÄNEMARK
Århus
Odense
Malmö
Kopenhagen
OSTSEE

Legende:

- Gebiete mit weniger als 1 Ew./qkm
- Gemeinden mit über 4000 Ew.:
  - 4000–unter 10 000 Ew.
  - 10 000–unter 50 000 Ew.
  - 50 000–unter 100 000 Ew.
  - Über 100 000 Ew.
- Staatsgrenzen

Bergbau und Industrie:

- Fe Eisenerz
- P   Pyrit (Schwefel- oder Kupferkies)
- Cu Kupfer
- Zn Zink
- Ni Nickel
- Pb Blei
- Ti Titan
- Mo Molybdän
- Cr Chrom

- Bedeutende Industriezentren
- Wichtige Fischereihäfen

- Eisen- und Stahlproduktion
- Maschinenbau
- Schiffbau
- Chemie
- Holzindustrie
- Papier- und Pulpeproduktion
- Elektroindustrie
- Textilindustrie
- Fischverarbeitung
- Aluminiumherstellung
- Kupferverhüttung
- Zinkverhüttung
- Nickelverhüttung

den kWh durch Wasserkraft erzeugt, was einen Anteil von über 70% der gesamten Elektrizitätserzeugung darstellt. Zwischen Schweden, Norwegen und Dänemark besteht eine Verbundwirtschaft.

Finnland hat weder Kohle noch Öl. Der Hauptenergielieferant ist auch hier das Wasser. Finnland besitzt zwar noch mehr Seen als Schweden, doch das Land ist flach, und es bestehen nur geringe Gefällsunterschiede zwischen den einzelnen Wasserflächen. Aber wo es möglich war, sind die vorhandenen Wasserkraftreserven ausgebaut worden. Die Mehrzahl der Kraftwerke liegt – wie in Schweden – in den nördlichen Landesteilen, so daß die Energie auch hier durch lange Transmissionsleitungen in die im Süden gelegenen Verbraucherzentren überführt werden muß. Etwa 80% des Energiebedarfs werden derzeit durch Wasserkraft gedeckt.

In Island ist die Möglichkeit, Wasserkraft für die Energieerzeugung auszunutzen, recht günstig; trotzdem ist noch wenig Gebrauch davon gemacht worden. Man schätzt, daß die durch Wasserkraft gewonnene elektrische Energie etwa 4–5 Millionen PS (2,9–3,7 Millionen kW) betragen könnte. Nur im Südwesten sind bisher an einigen Flüssen Wasserkraftwerke gebaut worden, welche vor allem die Hauptstadt Reykjavik mit Energie versorgen. Derzeit ist im Süden des Landes das bisher größte Wasserkraftwerk Islands im Bau.

Skandinavische Gemeinsamkeiten und Unterschiede

Der heutige Lebensstandard der nordischen Länder beruht nicht nur auf den vorhandenen natürlichen Hilfsquellen, sondern zum nicht geringen Maße auf den geistigen und körperlichen Fähigkeiten der dort lebenden Menschen. Die Ungunst der äußeren Lebensumstände – wie das unwirtliche Klima, die Kargheit des Bodens, die infolge des dichten Bestands mit Wäldern, Seen und Sümpfen sehr schwierige Begehbarkeit des Geländes, das Vorhandensein hoher Gebirge mit tief und steil eingesenkten Tälern – haben es dem skandinavischen Menschen nicht leicht gemacht, sein Leben zu führen und sich zu behaupten. Doch alle diese Gegebenheiten haben den Menschen geprägt, haben ihn abgehärtet und gestählt, haben ihn befähigt, seinen Geist und seine Intelligenz bis aufs Äußerste anzuspannen und zu nutzen.

Obwohl die Schweden, Norweger, Dänen, Finnen und Isländer vieles gemeinsam haben, sind sie doch deutlich unterscheidbare Völker mit eigenwilligen Charakterzügen. So haben das Gebirge und das Meer den Norweger geprägt, ihn hart und kraftvoll gemacht; er ist impulsiver, der schlicht-bürgerliche Zug fehlt ihm. Dank der reicheren Ausstattung des Landes mit natürlichen Hilfsquellen haben es die Schweden einfacher gehabt, den Lebenskampf zu führen; sie sind beweglicher und temperamentvoller, neigen jedoch mehr zu bürgerlich-ruhigen Lebensformen, tendieren dabei aber stark zum Individualismus und Kosmopolitismus. Im dänischen Volk finden wir mehr gegensätzliche Temperamente; in den westlichen, der rauhen Nordsee zugekehrten Landesteilen lebt ein zäher, robuster Menschenschlag, während in den östlichen fruchtbareren Gebieten die Menschen weicher und weltoffener sind. Die Finnen haben erst spät ihre nationale Eigenständigkeit erlangt, doch hat sie die gewonnene Freiheit nicht zu überschäumenden Taten hinreißen lassen; sie besitzen starke Heimatliebe und große Fähigkeiten auf wissenschaftlichem, künstlerischem und sportlichem Gebiet; Fleiß, Zuverlässigkeit und Gastfreundschaft zeichnen sie aus. Islands Natur fordert starke, kraftvolle Menschen, die sich ihren Mitmenschen gegenüber zurückhaltender und verschlossener zeigen.

Die Bewohner des europäischen Nordens entstammen anthropologisch gesehen zum größten Teil der nordischen Rasse, die charakterisiert wird durch eine große, kräftige Statur, eine längliche Kopfform, ein schmales Gesicht und blaue Augen. Im westlichen Norwegen und in Dänemark trifft man einen etwas alpin beeinflußten nordischen Typ an. Die Finnen haben ihren Ursprung in der ostbaltischen Rasse; sie sind kleiner von Statur, haben eine kürzere Kopfform, etwas breitere Gesichter und eine dunklere Hautfarbe.

Neben diesen Volksgruppen lebt im hohen Norden Skandinaviens eine Minoritätengruppe, die Lappen oder Samen, ein uraltes Volk, dessen Herkunft noch immer umstritten ist. Ein gedrungener Körperbau, ein Rundschädel, etwas hervorstehende Backenknochen, dunkles bis schwarzes Haar, dunkelbraune Augen und eine braungetönte Haut sind ihre äußerlichen Merkmale; ihre Sprache ist dem Finnischen verwandt.

Im Verhältnis zur Größe des nordeuropäischen Raumes ist die Zahl der Bevölkerung klein. Auf rund 1,257 Millionen qkm Fläche wohnen hier nur 21,9 Millionen Menschen; in der Bundesrepublik Deutschland leben vergleichsweise rund dreimal soviel Menschen auf einer Fläche, die nur ein Fünftel der nordeuropäischen ausmacht.

Auch die Verteilung der Bevölkerung ist recht unterschiedlich. Während in Dänemark Dichte und Verteilung denen des

Schweden, Kirunavaara · Einer der erzreichsten (Magneteisenstein) Berge der Erde bei Kiruna. Von 1900–1962 konnte das Erz im Tagebau abgetragen werden; seitdem Tiefbau.

europäischen Kontinents gleichen, sind die Verhältnisse in den übrigen nordischen Ländern gänzlich verschieden. Entsprechend den naturbedingten Gegebenheiten wohnt hier die Mehrzahl der Menschen in den südlichen Landesteilen, während nach dem Norden zu die Zahl der Bevölkerung immer mehr abnimmt. Die stärksten Kontraste finden wir in Norwegen und Island, wo die Küstenstriche und die unteren Talabschnitte besiedelt sind, in den hochgelegenen Bergplateaus jedoch keine Menschen leben. Die Gründe hierfür sind, daß die tiefer liegenden Landesteile mit ihren nutzbaren Böden und günstigeren klimatischen Bedingungen sowie die reichen Fischgründe an der Küste den Menschen von den frühesten Zeiten an bessere Lebensmöglichkeiten geboten haben. Etwas andere Verhältnisse finden wir in Schweden und Finnland, wo die Siedlungen oftmals an den Ufern von Seen oder auf südlichen Berghängen gelegen sind. Da die Landwirtschaft nicht ausreiche, um die Bewohner zu ernähren, sind sie noch auf andere Betätigungen, vor allem auf die Arbeit in den riesigen Waldungen, angewiesen.

Die Siedlungsart zeigt ebenfalls Unterschiede zwischen den einzelnen Ländern. Untersuchungen haben ergeben, daß in Norwegen, Island und Westschweden die Menschen ursprünglich nur in Einzelhöfen wohnten; daß demgegenüber in den übrigen Teilen Skandinaviens sowohl Dörfer als auch Einzelhöfe zu finden waren. Später hat sich das Bild etwas gewandelt, als infolge Erbteilung oftmals aus Einzelhöfen mehrere Höfe wurden, so daß eine Gruppensiedlung entstand.

Städtische Siedlungen haben sich im Norden als Handels-, Fischerei- oder Marktzentren entwickelt, so daß sie vielfach an der Küste gelegen sind. Entsprechend der geringen Bevölke-

Rechts: Renherde · Rentierzucht ist eine wichtige Erwerbsgrundlage der Lappen; ehemals Nomaden, die mit ihren Herden durch das Land zogen, sind sie heute seßhaft geworden.

Links: Norwegen, Kautokeino Alter Lappe in seiner farbenprächtigen Tracht zeigt Rentiergeweih und -fell, zwei begehrte Artikel.

rungsdichte war bis vor wenigen Jahren die Zahl der Mittel- und Großstädte gering. Inzwischen hat jedoch in allen nordischen Ländern eine starke Stadtwanderung eingesetzt, die zu einer völligen Umstrukturierung der gesamten Bevölkerungsverteilung geführt hat. In Finnland ist die Binnenwanderung auf die Südküste mit Helsinki gerichtet und zeigt eine starke Auswanderungstendenz nach Schweden. In Schweden besitzt der Raum um die östlichen Mälaren mit Stockholm als Zentrum eine ungeheure Anziehungskraft auf das ganze Land, aber auch Göteborg und Malmö sind Mittelpunkte von Ballungsräumen. In Norwegen blieb die Binnenwanderung länger lokal orientiert, doch zeichnen sich heute Oslo und Trondheim als Anziehungspunkte ab. In Dänemark und Island haben sich ebenfalls insbesondere die Hauptstädte Kopenhagen bzw. Reykjavik als Zentren des Bevölkerungszuzugs entwickelt.

Einige Zahlen mögen dies veranschaulichen. In Schweden lebten im Jahre 1950 von 7 Millionen Einwohnern 41,3% auf dem Lande und 56,7% in Städten; 1969 hatte sich das Verhältnis so weit gewandelt, daß die Landbevölkerung nur noch 22,6% ausmachte und die Stadtbevölkerung demgegenüber 78,4% betrug. In Norwegen stand im Jahre 1950 einer ländlichen Bevölkerung von 55,2% eine städtische von 44,8% gegenüber, während sich 1969 das Verhältnis umgekehrt hatte: Auf dem Lande wohnten nur noch 48% und in den Städten 52%. In Finnland ist die Verschiebung noch eindrucksvoller; hier lebten 1950 noch 68% der Bewohner auf dem Lande und 32% in den Städten, für 1970 waren die entsprechenden Zahlen 49,7% bzw. 50,3%. In Island hat der Zug in die Stadt schon früher eingesetzt; dort war bereits 1950 das Verhältnis Stadt zu Land 61,8% gegenüber 38,2%, 1969 hatte es sich noch weiter verschoben, es betrug 71% gegenüber 29%.

Der Norden im Umbruch

Es ist nicht übertrieben, wenn man sagt, daß der nordeuropäische Raum bevölkerungsgeographisch aus dem Gleichgewicht geraten ist. Bislang war die Bevölkerung der nordischen Länder über die große zur Verfügung stehende Fläche verteilt, zwar nicht gleichmäßig, denn die südlichen, von der Natur mehr begünstigten Landesteile waren immer schon stärker besiedelt als die unwirtlichen nördlichen Gebiete. Diese Streuung war ein Erbe der vorindustriellen Zeit. Sie entsprach den Lebensmöglichkeiten und der Wirtschaftsstruktur einer vorwiegend von der Landwirtschaft lebenden Bevölkerung. Etwa vor hundert Jahren setzte mit Beginn der Industrialisierung eine Landflucht und eine Abwanderung in die Städte ein, die sich in den letzten Jahrzehnten verstärkte und allmählich die ganze Fläche der Länder erfaßte. Besonders sind es die jungen Menschen, die sich zur Abwanderung entschließen, während die alten Leute zurückbleiben. So überrascht es nicht, daß die Entvölkerungsgebiete einen überaus hohen Anteil alter Menschen aufweisen und daß damit erhebliche Probleme in den ländlichen Gemeinden auftreten, die zu lösen bei weiterer Abwanderung der Jugend sehr schwierig werden.

Diese Wandlung ist eine Folge der technisch-wirtschaftlichen Entwicklung. Wir finden sie in allen Industrieländern der Erde, nur wirken sie sich in dünn besiedelten Ländern, wie den skandinavischen, besonders kraß aus. Die dritte industrielle Revolution, in der wir uns befinden, bringt einen ungeheuren Umschichtungsprozeß der Wirtschaft mit sich. Wir erleben es gerade, wie sich dieser Prozeß in der Landwirtschaft der Länder der Europäischen Gemeinschaften (EG) auswirkt.

Schweden hat zum großen Teil diesen Prozeß schon hinter

sich gebracht. Die schwedische Landwirtschaft war schon vor 1960 im großen und ganzen voll mechanisiert, so daß die Arbeitsmöglichkeiten auf dem Lande immer geringer wurden. Zwecks rationeller Ausnutzung der Maschinen muß die Größe der einzelnen Betriebe erheblich steigen; damit muß die Anzahl der Betriebe gesenkt werden. So werden in Schweden jährlich etwa fünf- bis siebentausend Höfe als selbständige Betriebe aufgegeben. Die freiwerdenden Flächen werden entweder von leistungsfähigen Betrieben übernommen, oder sie werden aufgeforstet – jährlich etwa 60 000 ha Ackerland –, oder sie werden ihrem Schicksal überlassen. Nur die produktionsmäßig günstigen Ländereien werden bewirtschaftet. So wird viel Land, das seit dem Mittelalter unter großen Mühen dem Wald abgerungen wurde, wieder zu Wald. In Norwegen und Finnland, die eine etwas ungünstigere Agrarstruktur haben, ist der Prozeß ebenfalls bereits angelaufen und wird ähnliche umwälzende Folgen haben.

In Dänemark spielen zwar die landwirtschaftlichen Produkte immer noch eine wichtige Rolle im Export, doch haben sie ihre dominierende Stellung in den letzten Jahren zugunsten der Industrieerzeugnisse verloren. Auch hier hat sich ein starker Wandel in der Landwirtschaft angebahnt. Man hat sich auf die Produktion bestimmter Erzeugnisse konzentriert und die modernsten Arbeitsmethoden hierfür eingeführt. Die unbedingt notwendige Rationalisierung der Betriebe – Auflösung der zahlreichen Kleinbetriebe und Schaffung einer bestimmten leistungsfähigen Betriebsgröße – bereitet jedoch Schwierigkeiten. Sie würde eine Änderung der geltenden Bodengesetzgebung erforderlich machen, da diese die Erlaubnis zur Aufgabe oder Zusammenlegung von Betrieben scharf begrenzt.

Auch in dem für Schweden, Finnland und Norwegen früher so wichtigen Wirtschaftszweig, der Forstwirtschaft, ist durch die

Island, Heimaey · Ausbruch des Vulkans Helgafjelud im Januar 1973 nach 5000 Jahren Ruhezeit. Ein großer Teil des Fischerortes Vestmannaeyjar wurde vernichtet.

Mechanisierung eine Wandlung eingetreten. In Schweden, wo diese am weitesten fortgeschritten ist, konnte der Bedarf an Arbeitsstunden je Kubikmeter Holz innerhalb von zehn Jahren durch den Einsatz von Maschinen um zwei Drittel gesenkt werden. Bei weiter fortschreitender Mechanisierung wird es in einigen Jahren möglich sein, den Bedarf auf ein Zehntel des vor zehn Jahren erforderlichen Aufwands zu reduzieren. Das bedeutet, daß man mit einem kleinen Stamm von Facharbeitern – in Schweden rechnet man mit etwa 50 000 Personen – die gesamte Holzproduktion ganzjährig wird durchführen können.

In Finnland wird allerdings noch auf längere Sicht die Forstwirtschaft nach älteren Methoden erfolgen, da die Holzgewinnung für den finnischen Bauern eine wichtige Einnahmequelle darstellt. Ungünstig für die nördlichen Landesteile wird sich die allmähliche Verlagerung der Forstwirtschaft in südliche Gebiete auswirken. Das schnellere Wachstum des Holzes, bessere Transportmöglichkeiten, ganzjährig eisfreie Häfen bringen nicht zu unterschätzende Vorteile mit sich. Die Planung von Fabriken der holzverarbeitenden Industrie geht bereits in diese Richtung.

Der Strukturwandel in den Volkswirtschaften der nordischen Länder hat sich so stark ausgewirkt, daß ihr Wohlstand heute nicht mehr ausschließlich auf ihren natürlichen Hilfsquellen – dem Holz, dem Erz und der Wasserkraft – beruht, sondern auf den Erzeugnissen einer bedeutenden, leistungsfähigen

Industrie. Im Primärbereich, also der Land-, Forst- und Fischereiwirtschaft, sind heute in Schweden weniger als 10% der Beschäftigten tätig, in Norwegen, in Dänemark und in Finnland bis etwa 20%. Demgegenüber beträgt der Anteil der in der Industrie und im Baugewerbe tätigen Personen in Schweden, in Dänemark, Norwegen und in Finnland bis fast 40%. In Island war die Landwirtschaft niemals von großer Bedeutung; hier überwogen von jeher die Fischerei und die damit verbundene Industrie.

Doch auch in der Industriestruktur selbst ist eine tiefgreifende Wandlung im Gange. Alteingeführte Betriebe, ja ganze Industriezweige verschwinden, neue werden gegründet und wachsen empor. Kleine veraltete Betriebe werden zu größeren mit modernster Maschinenausrüstung verschmolzen. Waren beispielsweise in Schweden um 1900 rund 150 Eisenhütten in Betrieb, so sind es heute nur noch 15 Hüttenwerke großer Kapazität. In den letzten Jahren wurden fast alle Industriezweige von dieser Umstrukturierung erfaßt, die für Skandinavien so bedeutende Sägewerksindustrie, die milchverarbeitenden Betriebe, Zuckerfabriken, Glashütten und andere mehr. Die zahlreichen im Lande verstreut liegenden kleinen Betriebe verschwanden, und wenige zentral gelegene leistungsfähige Betriebe wurden errichtet. Mit dieser Betriebsvergrößerung verbunden ist auch eine besitzmäßige Veränderung zugunsten großer Gesellschaften und Konzerne, die ihren Sitz in den großen Städten haben, eine Tatsache, die wiederum zu einem erheblichen Anwachsen der dort etablierten Verwaltungsapparate geführt hat. So ist es erklärlich, daß in Schweden der dritte Wirtschaftsbereich, die Verwaltungen und Dienstleistungen, inzwischen an die erste Stelle gerückt ist.

Die durchgreifende Veränderung des Wirtschaftslebens ist natürlich nicht ohne Einfluß auf das Leben des einzelnen Menschen geblieben. Die Abwanderung der Menschen in einige wenige Ballungszentren hat eine Umstrukturierung der unteren Verwaltungsebene notwendig gemacht. Bereits 1952 wurde in Schweden eine Gemeindereform durchgeführt, die eine Reduzierung der Anzahl der Gemeinden von etwa 2500 auf 1000 zur Folge hatte. Zur Zeit ist bereits eine zweite Reform im Gange, die etwa 280 Großgemeinden als Endziel hat. In Norwegen wurde durch eine ähnliche Gemeindereform im Jahre 1964 die Zahl der Städte von 64 auf 47 und die Zahl der Landgemeinden von 680 auf 404 reduziert. Auch Finnland ist dabei, im Zuge einer Verwaltungsreform die Zahl der Landgemeinden von 440 auf 244 zu senken.

Die Einführung der Mittelpunktschulen führte zu einer starken Minderung der Zahl der Schulorte. Auch die Einkaufsmöglichkeiten auf dem Lande wurden von der Wandlung betroffen. In Schweden verschwand von 1962 bis 1967 ein Drittel aller Lebensmittelgeschäfte zugunsten einer Konzentration auf eine geringe Anzahl von Supermärkten. Für die Landbevölkerung brachte dies alles erhebliche Schwierigkeiten mit sich. Die Entfernungen zum nächsten Verwaltungs- und Einkaufszentrum sowie zum Schulort wurden wesentlich größer und sind heute nur noch mit dem Auto zu bewältigen.

Die Gemeinden selbst stehen dabei vor fast unüberwindbaren Schwierigkeiten. Das Prinzip der Gleichwertigkeit verlangt für alle Menschen die gleiche Gerechtigkeit. Doch wie sollen Gemeinden mit einer Fläche von 5000 bis 10000 qkm, jedoch mit einer Bevölkerungszahl von nur 5000 Menschen, die verstreut in dieser großen Fläche wohnen und die meist nur ein geringes Einkommen haben, den Bedürfnissen ihrer Bürger gerecht werden? Es ist ein großes Problem, das nur bedingt mit dem Prinzip des Steuerausgleichs zu lösen ist und auf alle Fälle noch zahlreiche Fragen offenläßt.

Vielleicht bringt eine interessante Erscheinung – Wandlung der nordischen Länder zu Industrienationen und Konzentration der Menschen auf wenige Ballungsräume – eine Lösung dieser Probleme. Die immer kürzer werdende Arbeitszeit verschafft den Menschen eine immer größere Freizeit. Damit sind sie einen immer kürzeren Teil des Jahres an ihren Arbeitsort gebunden und können die Freizeit zur Erholung auf dem Lande nutzen. An den Wochenenden und zur Ferienzeit wird somit der weite dünn besiedelte Naturraum wieder belebt. Die Menschen, die vorher den Raum verlassen haben, kehren wieder in ihn zurück, in ihre Freizeithäuser, die sie sich dort errichtet haben. Deren Zahl nimmt ständig zu, und für viele Familien stellt das Freizeithaus heute bereits einen festeren Wohnsitz dar, als ihr eigentlicher »fester Wohnsitz« in der Stadt. In der heutigen mobilen Gesellschaft sind die Menschen nicht mehr so seßhaft wie früher; Wechsel des Arbeitsortes und damit verbundener Wechsel des Wohnorts werden immer häufiger. Es ist deshalb durchaus nicht abwegig, zu behaupten, daß sich das von den Umzügen unberührte Freizeithaus einmal zur eigentlichen Heimat der Familie entwickelt; die Heimat wird dann nicht mehr in der Stadt, sondern draußen in der Natur, auf dem Lande liegen.

Balslev, T.: Dänemark aus der Vogelschau. *1968. – Bonin, V./Nigg, W.:* Finnland. Modernes Land im hohen Norden. *Bern 1968. –* Denmark. An official Handbook. *(Hgg. v. Press and Information Department. Minist. of Foreign Affairs.) Kopenhagen 1970. – Dey, R.:* Schweden heute. *Düsseldorf 1967. –* Die Wirtschaft im Ostseeraum. *(In: Jahrbuch der Industrie- und Handelskammer.) Lübeck 1968. –* Finnland. Geschichte und Gegenwart. *(Hgg. im Auftrag der Presse-Abt. des finnischen Außenministeriums.) Helsinki 1964. – Hohnen, D.:* 3mal Skandinavien. *München 1962. – Innes, H.:* Skandinavien. *(In: Life – Länder und Völker.) 1968. – Knudsen, O.:* Norwegen – Land, Bevölkerung, Wirtschaft, Fischerei, Industrie, Landwirtschaft, Schiffahrt. *Oslo 1962. –* Norge. *(Bd. 1: Land och Folk; Bde. 2 und 3: Geografisk Leksikón; Bd. 4: Atlas-Register.) Oslo 1963. – Oxenstierna, E. Graf:* Wir Schweden. Siebeneinhalb Millionen Einzelgänger – eine Familie. *Stuttgart 1961. – Schutzbach, W.:* Island – Feuerinsel am Polarkreis. *Bonn 1967. – Sletten, V.:* Five northern countries pull together. *(Published by the Nordic Council.) Kopenhagen 1967. – Sömme, A. (Hg.):* Die Nordischen Länder. Dänemark, Finnland, Island, Norwegen, Schweden. *Braunschweig 1967. –* Sverige Land och Folk. *(Bd. 1: Allmän Geografi; Bd. 2: Landskap och Kommunblock; Bd. 3: Atlas med Register.) Stockholm 1966.*

Von den genannten Schriften, die aus jüngeren Veröffentlichungen ausgewählt wurden, werden zur Information des Lesers besonders empfohlen: die deutsche aktualisierte Übersetzung des 1960 erschienenen Werkes von A. Sömme, The Geography of Norden; *die bestfundierte und umfassendste Informationsquelle über die fünf nordischen Länder. –* Denmark: *Ein umfangreiches, allerdings weniger geographisch gestaltetes Handbuch über Dänemark, seine Landschaft, Geschichte, Politik, Kultur, Wirtschaft und Verkehr; in Kürze auch in deutsch. –* Finnland: *Ein von zahlreichen Autoren gestaltetes Werk, das in Wort, Bild und Zahl interessierte Leser mit dem Leben und der Gedankenwelt des heutigen Finnlands sowie mit seiner Geschichte vertraut macht. – Schutzbach, W.: Eine ausgezeichnete, auf langjährigen Studien basierende Landeskunde Islands, ein aufschlußreiches Nachschlagewerk. –* Norge: *Eine von zahlreichen Autoren bearbeitete vierbändige Landeskunde Norwegens, die in Wort, Bild, Zahl und Karte einen vollständigen Überblick über das Land und seine Bevölkerung bietet. –* Sverige Land och Folk: *Eine dreibändige Landeskunde Schwedens, die eine umfassende und sachkundige Darstellung aller geographischen Elemente des Landes bringt.*

Helmut Jäger

Die Britischen Inseln und Irland

Vom Empire zur Europäischen Gemeinschaft

Die dominierende Stellung von Großbritannien, die in der »splended isolation« und Schiedsrichterrolle der politischen und wirtschaftlichen Weltmacht des 19. Jahrhunderts zum Ausdruck kam, wurde bereits durch den Ersten Weltkrieg erschüttert. Das bis dahin zentral von London aus regierte Britische Empire wandelte sich zur Nationengemeinschaft des »Commonwealth of Nations«. Großbritannien mit seinen Kolonien traten darin die sich selbst verwaltenden Dominions zur Seite. Ein deutliches Anzeichen für den schwindenden wirtschaftlichen Einfluß war im Zusammenhang mit der Weltwirtschaftskrise die 1931 vollzogene Lösung des bis dahin als die maßgebende Leitwährung der Welt angesehenen Pfundes vom Goldstandard.

Im Gefolge des Zweiten Weltkrieges wurden die wichtigsten Kolonien gleichberechtigte Partner im Commonwealth, das wiederholt von Währungs- und Zerfallskrisen heimgesucht wurde. Zudem wurden weitere Fundamente der Weltmachtstellung des 19. Jahrhunderts geschwächt, wenn nicht ausgebrochen. Die Steinkohle, eine Grundlage der industriellen Expansion des 19. Jahrhunderts, wurde stärker noch als in der Zwischenkriegszeit durch andere, auch außerhalb der Britischen Inseln überall verfügbare Energieträger ersetzt; die bereits nach dem Ersten Weltkrieg geschrumpfte Baumwollindustrie, im 19. Jahrhundert ein Pfeiler der britischen Wirtschaft, erlebte einen noch stärkeren Rückgang, und der schon während des Zweiten Weltkrieges in seinem Wert als militärisches Hindernis fragwürdig gewordene Kanal verlor seine Funktion als schützende Barriere endgültig durch die Entwicklung der modernen Raketen.

Mit der Lockerung der politischen Bindungen zwischen Großbritannien und seinen Partnern im Commonwealth schwächten sich auch die wirtschaftlichen Beziehungen ab. Daher wandte sich Großbritannien dem westeuropäischen Kontinent zu, der sich seit 1950 in einer wirtschaftlichen Wachstumsphase befindet. Großbritannien wurde leistungsstärkste Wirtschaftskraft in der Europäischen Freihandelszone (European Free Trade Association, EFTA). Durch Abbau von Zöllen und sonstigen Handelshemmnissen wurde der wechselseitige Warenverkehr mit den Ländern der Freihandelszone intensiviert und damit gleichzeitig Großbritannien enger an Europa gebunden. Zur selben Zeit wurden die Beziehungen zu den EWG-Staaten stärker. Dieses Näherrücken an Europa ließ den Anteil im Handelsverkehr mit den EWG-Ländern in den Jahren 1958–1968 von 14% auf 19% steigen, während die Ausfuhren in die Länder des Commonwealth im gleichen Zeitraum in ihrem Anteil von 38% auf 23% zurückgingen. Der Handel zwischen EFTA und EWG nahm seit 1959 um 130% zu. Da sich vier Fünftel des Handels zwischen Großbritannien und den EWG-Ländern auf Fertigwaren und Chemikalien erstrecken, deren Märkte expandieren, hängt das künftige Wachstum der britischen Wirtschaft entscheidend von einer Erhaltung, ja Intensivierung dieser Bindungen ab. Um das derzeitige geringe Wachstum der britischen Wirtschaft zu verstärken, hat die gegenwärtige konservative Regierung erneut um Eintritt in die EWG nachgesucht und nach zähen Verhandlungen eine Vereinbarung des Eintritts von Großbritannien für das Jahr 1973 erreicht. Die Regierung und eine breite Öffentlichkeit, die u.a. durch ein European Movement verkörpert wird, erhoffen sich von einem Eintritt einen stärkeren Wettbewerb mit den westeuropäischen Industrieländern und dadurch eine Modernisierung der britischen Wirtschaft. Sie fassen den gemeinsamen Markt als Herausforderung zu einem Einsatz auf, für den sie Großbritannien aufgrund seiner bedeutenden Leistungen in Wissenschaft und Technik hinreichend gerüstet ansehen. Unter Führung der Labour-Opposition formierten sich die Gegner. In der Keep Britain Out Campaign verschmolzen die unterschiedlichsten Strömungen. Zu ihnen zählte die Mehrheit der Gewerkschaften, die sich nach dem Eintritt in die EWG in Organisation und Taktieren erheblich umzustellen haben; des weiteren waren unter den Anti-Marketeers erzkonservative Anhänger des verblichenen Empires; sie wollten Britannien weiterhin in stolzer Unabhängigkeit sehen und schauderten zurück vor der Vorstellung eines vertraglich gebundenen Partners unter Gleichen. Auch sachlich begründete Rücksichten auf die Interessen der Commonwealth-Länder spielten eine Rolle. Die damalige Einstellung einer Mehrheit der Briten läßt sich in folgenden Worten ausdrücken: »Gewiß, es gibt Schwierigkeiten und Umstellungen, ja Gefahren, wenn wir der EWG beitreten, wenn wir jedoch draußen blieben, wären auf jeden Fall die Gefahren der Zukunft größer, aber die Schwierigkeiten keineswegs geringer.«

Inselgruppe am Rand Europas

Die Britischen Inseln liegen vor der nordwestlichen Küste des europäischen Kontinents. Sie sind umgeben von flachen und schmalen Meeren. Ein Sinken des Hochseespiegels um nur 50 m würde genügen, sie über Landbrücken mit ihren Nachbarländern zu verbinden. Dank geringer Breite der beiden, sich in nord–südlicher Richtung erstreckenden Hauptinseln und vieler Buchten, durch die das Meer tief ins Land dringt, liegen alle Großstädte und die meisten Mittelstädte nicht weiter als eine Autostunde von der Küste ab. Die Meeresnähe und die Lage der Inseln an Hauptrouten des Weltverkehrs begünstigen im Zusammenhang mit ihrer politischen Stellung einen weltweiten Handels- und Personenverkehr.

Die britischen Kulturlandschaften sind ein Ergebnis der Aktivitäten menschlicher Gruppen. Ihre Einwirkungen dauern seit mehreren tausend Jahren an und haben die natürliche Umwelt erheblich verändert. Manche Einflüsse sind von den Oberflächenformen ausgegangen. Ihre Größtgliederung ist einfach. Verbindet man Exeter im Südwesten mit der Mündung des Flusses Tees im Nordosten, ergeben sich zwei Hälften fast gleicher Größe, aber mit unterschiedlichem Relief: 1. eine Mittelgebirgsregion, Highland Britain oder Hochbritannien genannt, mit mehr oder weniger breiten Tieflandstreifen zwischen den Massiven, die vorwiegend aus Gesteinen des Erdaltertums bestehen. Sie umfaßt Schottland, Nordengland, Wales und den englischen Südwesten; in Nord- und Südirland setzt sich diese Region nach Westen fort; 2. Lowland Britain oder Niederbritannien, in der Mitte, im Osten und Südosten von England mit niedrigem Schichtstufenland (Höhen meist 150–300 m), vorwiegend aus Gesteinen des Erdmittelalters und der Neuzeit.

Die Gebirge von Hochbritannien setzen in geologischer Struktur, in Teilen ihres Formenschatzes, jedoch ein Stockwerk tiefer, das skandinavische Gebirge nach Westen fort. Stark gefaltete, eingeflächte und zuletzt in der Tertiärzeit, während der alpinen Gebirgsbildungsepoche, gehobene Schichtgesteine und kristalline Schiefer aus Erdfrühzeit und vor allem Erdaltertum sind weithin verbreitet.

Wo im schottischen Hochland die Wirkung der Gletscher des Eiszeitalters am stärksten war, wie z.B. am Ben Nevis, mit 1343 m höchster Gipfel der Britischen Inseln, gibt es vielfältige eiszeitliche Formen, vergleichbar denen der Alpen. Sie umfassen: U-förmige Täler, Kare, Karseen, Wasserfälle, Rinnenseen, Gletscherschliffe und Moränen aller Art. Die Fjorde der schottischen Westküste verdanken ihre heutige Tiefe der Erosion durch eiszeitliche Gletscher und anschließender Überflutung. Bruchstufen und Verwerfungen gliedern den Norden in einzelne Naturräume. Die tiefe Talfurche des Kaledonischen Kanals, die das Hochland in zwei Großblöcke gliedert, folgt Brüchen in der üblichen Richtung von Nordosten nach Südwesten. Die für Siedlungen und Wirtschaft wichtige Mittelschottische Senke mit Edinburgh und Glasgow ist durch markante Bruchstufen vom Gebirge abgesetzt.

Die Penninen, das »Rückgrat« von England, ähneln zwar nach Oberflächenformen und in ihren Gesteinsserien des Erdaltertums deutschen Mittelgebirgen, unterscheiden sich von ihnen jedoch in der Waldarmut und im Vorherrschen von Berglandheiden und Mooren. Sie sind Anziehungspunkte der neuen Naturparks. Das Bergland von Cumberland (Seengebiet) besitzt ein radiales, durch kuppelförmige Hebung bedingtes Gewässernetz. Das Erbe des Eiszeitalters trägt mit schroffen Hängen und langgestreckten Seen zu seiner Anziehungskraft als Fremdenverkehrsgebiet bei.

Das vielbesuchte Waliser Gebirge (Cambrian Mountains) umfaßt wesentliche Gesteinsserien des Erdaltertums in mehr oder weniger starker Faltung. Die höchsten Teile um den Snow-

*Großbritannien,
Warwick Castle am Avon ·
Die südöstlich Birminghams
gelegene Burg (14./15. Jh.)
ist eine der schönsten Englands.*

don (1085 m) waren am stärksten vergletschert und besitzen daher alpine Formen. Sie ziehen in den Sommermonaten manche Bergsteiger und täglich Tausende von Touristen an. Das Bergland von Südwales ist wie das des südlichen Irlands nach Gesteinen und geologischer Struktur ein Rest des Armorikanischen Gebirges, das sich im Erdmittelalter bis über die Bretagne hinaus nach Frankreich hinein erstreckte. Dazu gehörte auch die südwestliche Halbinsel von England mit den kargen Massiven von Dartmoor, Bodmin Moor und Exmoor. Den Gesteinsschichten des Altertums der Erde (Karbon) entstammen die großen Steinkohlenlager in Schottland, Südwales, Nordost- und Mittelengland, ebenso die im 18. und 19. Jahrhundert bedeutend gewesenen Eisenerzlager, die teils erschöpft sind oder wegen zu hoher Kosten nicht mehr abgebaut werden. Die gegenwärtigen Eisenerzgruben sind – wie in Lothringen die Minette – fast alle an die Schichtstufe des Jura gebunden.

Die südlichen Penninen werden vom mittelenglischen Tiefland in V-förmigem Grundriß umschlossen. Es wird weitgehend aus jüngeren Mergeln gebildet und ist von einigen Plateaus aus älteren Gesteinen durchsetzt (z. B. South Staffordshire Coalfield). Wie im Falle des süddeutschen Stufenlandes, das sich an die älteren Mittelgebirge östlich des Oberrheins anlehnt, gelangt man in Großbritannien von den paläozoischen Gebirgen nach Durchqueren des mittelenglischen Tieflandes in südöstlicher und östlicher Richtung, entsprechend den nach dort sanft einfallenden Schichten, in immer jüngere geologische Formationen. Sie bilden mehrere Schichtstufensysteme in Höhen um 150–300 m, die ihre Stufen dem Altland zuwenden. Die markantesten sind die jurassische Stufe des Dogger-Oolith mit Cotswold Hills, Lincoln Edge und Cleveland Hills, die Kreidekalkstufe der Chilterns und die York Wolds. Südlich an das Londoner Becken, das geologisch-morphologisch eine Fortsetzung des flandrischen Tertiär-Tieflandes ist, schließt sich, gleichsam als Verlängerung des französischen Stufenlandes, das Wealden-System mit den steilen Kreidestufen der Nord- und Süd-Downs an. Das Hampshire Becken mit Southampton ähnelt dem Londoner Becken insoweit, als es nach Norden durch Kreidekalk-Schichtstufen begrenzt wird und im Inneren Sande, Schotter und Tone der Erdneuzeit umschließt. Da der maximale Eisvorstoß der Glazialzeiten nach Süden bis zur Themsemündung ging, ist das englische Tiefland großflächig von eiszeitlichen Ablagerungen, insbesondere von fruchtbaren Grundmoränen bedeckt. Auch die Mitte von Irland wird von einem großflächigen Tiefland eingenommen, das von einer fruchtbaren Decke aus eiszeitlichen Geschiebelehmen überlagert wird. Die Küsten gehören zu den abwechslungsreichsten der Erde: Sie umfassen Fjorde im Norden, Rias (ertrunkene Flußtäler) im Südwesten von Irland, Wales und England, kleine und große Buchten, Nehrungen und Haken, steile Kliffs in Basalt, Granit, Sandstein, Kalkstein und Grundmoränen, einzigartige marine Platten, wie den Riesendamm in Nordirland, Flachküsten mit Kies- oder mit Sandstrand, Dünen und flache Marschen in den Fens. Junge Hebungen des Festlandes bezeugen gehobene Küsten mit ehemaligen Kliffs und Strandterrassen, die in Schottland, Nordirland und im Südwesten verbreitet sind.

Irland, Lough Corrib · Zweitgrößter See.
Vorne: Lese-Steinwälle
bilden hier die Flurgrenzen.

»Das beste Klima der Welt...«

Das Klima ist regional unterschiedlicher als in landläufigen Vorstellungen von Mitteleuropäern und besser als sein Ruf, auch wenn man dem Ausspruch von König Karl II. nicht uneingeschränkt zustimmt. Er meinte: »Das englische Klima ist das beste der Welt. Denn es hindert nur an fünf Tagen im Jahr, einer Beschäftigung im Freien nachzugehen.« Es wird durch folgende Faktoren bestimmt: durch die geographische Breitenlage der Inseln, durch die umgebenden, tief ins Land eindringenden Meere mit Armen des Golfstroms, der im Winter noch stärker als im Sommer erwärmt, und durch die Lage der Inseln in der außertropischen Westwindzone.

Diese Umstände ergeben ein ozeanisches Klima, das durch abgeschwächte jahreszeitliche Gegensätze geprägt wird. Es schließt in Form von Quadranten vier Hauptregionen ein: 1. den sehr feuchten Nordwesten mit kühlen Sommern und milden Wintern; 2. den Nordosten mit kühlen Sommern und kühlen Wintern; 3. den feuchten Südwesten mit warmen Sommern und milden Wintern; 4. den trockneren Südosten mit warmen Sommern und kühlen Wintern. Für die Wetterlagen sind wechselnde Einwirkungen der von außen kommenden Luftkörper bestimmend: Wenn sich das kontinentale Hochdruckgebiet nach England ausdehnt, kommt es im südöstlichen Binnenland im Winter zu leichten bis mäßigen Frösten, im Sommer zu Temperaturen bis um 30°C. Bereits Anfang Mai können bei Hochdruckwetter im Südosten 25–27°C, allerdings auch für den Obstbau schädliche Nachtfröste eintreten. Am häufigsten jedoch steht die Witterung unter dem Einfluß der rasch wechselnden Tiefdruckgebiete, die im Sommer relativ kühles, im Winter mildes Wetter bringen. Das vielgestaltige Relief, die unterschiedliche Ausdehnung großer Landflächen, die zahlreichen Buchten und Inseln sorgen für eine starke Abstufung des Klimas. Seine Veränderlichkeit ist gegenüber Mitteleuropa infolge gesteigerter Tiefdrucktätigkeit zu allen Jahreszeiten stärker ausgeprägt. Nach ergiebigen Niederschlägen folgen rasch Aufheiterungen. Die Verteilung der Niederschläge wird durch Küstennähe und Relief beeinflußt. Die westlichen Gebirge erhalten vor allem durch Steigungsregen, wenn sich vorüberziehende Tiefs an der Gebirgsmauer abregnen, überreiche Niederschläge, die im Ben Nevis Massiv mit 4240 mm/Jahr das Zweieinhalbfache des stark beregneten Brockens in Deutschland erreichen. Der im Regenschatten der westlichen Gebirge befindliche Osten erhält um London und Cambridge im Jahresdurchschnitt nur um 550–600 mm Niederschläge. Im Zusammenhang mit der wechselnden Tiefdrucktätigkeit ist die jahreszeitliche Schwankung der Niederschläge erheblich. Fast überall in dieser Region ist die Periode Februar–April ganz besonders trocken.

Aussagekräftig sind die Tage mit Schneedecke im Jahresdurchschnitt: An der englischen Südwestküste sind es 0,3–2; in Südostengland 5–11, in Nordostengland 15–22, in den Pennines und in den schneereichen Grampians im schottischen Hochland 150, während die wintermilde schottische Westküste nur 3–6 Tage mit Schneedecke zählt. Die Nebelhäufigkeit wird oft überschätzt, da man regionale Häufungen verallgemeinert. Sie liegt im Jahr zwischen 2 Tagen (Stornoway, Hebriden) und 76 Tagen (mittelenglisches Industriegebiet). Für die gefürchteten Nebel der britischen Großstädte bringt die auch ins Deutsche übernommene Bezeichnung smog zum Ausdruck, daß sie durch Verbindung von Rauch, sonstigen Abgasen und Nebel entstehen.

In einem Land, wo Wassersport beliebt, die Seefahrt Tradition und der Wasserbedarf von Bevölkerung und Wirtschaft sehr groß sind, stehen auch die meisten Binnengewässer im Dienst des Menschen. Bei der Schmalheit der Insel ist die Laufstrecke der Flüsse meist kurz, so daß sie trotz des Niederschlagreichtums nur eine geringe Bedeutung für die Handelsschiffahrt besitzen; diese benutzt vorwiegend die durch Gezeiten offengehaltenen Trichtermündungen. Wo nur möglich, dienen Flüsse, Seen und ehemalige Schiffahrtskanäle dem Wassersport. Um den steigenden Wasserbedarf zu befriedigen, sind in den letzten Jahren neue Talsperren in den Gebirgen angelegt worden. Besonders die großen Talsperren und einige Seen des Schottischen Hochlandes liefern Elektrizität. Die größten Seen besitzt Irland. Sein von Mooren und Drumlins begrenzter, fischreicher Lough Neagh nimmt 400 qkm ein. Wichtig für Siedlung und Wirtschaft sind auch die unterirdischen, durch Niederschläge gespeisten Wasservorräte, die heute zu den wertvollsten »Bodenschätzen« zählen. Trotz hoher Niederschläge ist bei großem Wasserbedarf die Versorgung von Bevölkerung und Wirtschaft schwierig geworden. Der Verbrauch, der rascher zunimmt als die natürlichen und künstlichen Reserven, hat vor allem im Londoner Becken zu einem erheblichen Absinken des Grundwasserspiegels geführt. Bereits sickert Brackwasser von See her nach. In den Industriegebieten ziehen schon jetzt die beschränkten Wasservorräte die Grenzen für weitere Niederlassungen von Fabriken.

Kulturlandschaften – Umwandlung der Natur durch den Menschen

Im Verlaufe einer rund fünftausend Jahre umfassenden Entwicklung hat der Mensch die Britischen Inseln so in Wert gesetzt, daß sich ebenso vielgestaltige wie reife Kulturlandschaften ergeben haben. In ihnen ist das historische Erbe aus allen wichtigen vorgeschichtlichen und geschichtlichen Perioden stark vertreten. Oft verbindet es sich mit einer überwältigenden Natur, wie z.B. im Falle des keltischen Klosters und der Burg Richards von Cornwall hoch auf den steilen Klippen von Tintagel. Allein der »What to see Atlas« des National Trust enthält über siebentausend Natur- und Kulturdenkmäler. Das Erbe der prähistorischen Völker, die in mehreren Wellen vom Kontinent eingewandert sind, umfaßt eine Vielzahl von Geländedenkmälern. Dazu zählen nicht nur weltbekannte, wie die mehrfachen Steinringe von Stonehenge und Avebury oder der gewaltige Ringwall Maiden Castle, sondern allein in Wales und England rund sechshundert prähistorische Höhenburgen, die dreißigtausend irischen raths (befestigte Höfe), Hügelgräber, Dolmen (Steingräber), Menhire (Kultsteine) und viele andere Relikte.

Die heutige Landesnatur ist in wesentlichen Erscheinungen nur unter dem Blickwinkel ihrer Umgestaltung durch den Menschen verständlich. So setzte bereits um 3000 v. Chr. die Umwandlung, ja die Vernichtung der ursprünglichen Vegetation, insbesondere des Waldes ein. Sie dauerte durch die ganze historische Zeit fort bis zu den ersten Aufforstungen um die Jahrhundertwende, so daß die Britischen Inseln noch immer zu den waldärmsten der gemäßigten Klimabreiten gehören.

Die in den vorchristlichen Jahrhunderten eingewanderten Kelten besaßen bereits zentrale Orte und dichter besiedelte Agrarlandschaften. Zum keltischen Erbe rechnen neben den welschen Sprachen dunkle Haare und dunkle Augen, insbesondere unter der Bevölkerung des Westens, manche archäologischen Denkmäler, Hunderte von Ringwällen, manche Landschafts- und viele Ortsnamen (u.a. Devon, Kent, Winchester, Exeter, Dover, London).

Blick über die Themse zum Londoner Parlamentsgebäude

Das britische Parlament

*Rechts: Sitzung des Oberhauses
unter Elisabeth I.
(Faksimile eines zeitgenössischen Stiches)
Mitte: Parlamentseröffnung durch
Königin Elisabeth II. am 28. Oktober 1958
Rechts außen: Edward Heath am Rednerpult*

Großbritanniens höchste legislative Autoritäten sind die Königin (bzw. der König) und die beiden Häuser des Parlaments: das Oberhaus (House of Lords) und das gewählte Unterhaus (House of Commons). Im Verlauf eines langen Prozesses Schritt für Schritt aus ihrer absoluten Macht verdrängt, kann die britische Majestät nur noch aufgrund von Weisungen ihrer Minister handeln. Als erste Repräsentantin des Staates nimmt die Königin jedoch zahlreiche Ehrenfunktionen wahr und bildet für das Commonwealth of Nations einen integrierenden Faktor. Die Gesetzgebung liegt beim Parlament; der Monarch muß die beschlossenen Gesetze verkünden. Das Schwergewicht des Parlaments ruht auf dem Unterhaus. Aus der Partei, die darin über die Mehrheit verfügt, wird schon seit 1714 der Premierminister gewählt; auch die übrigen Minister sind Mitglieder des Parlaments, so daß eine enge Verbindung zwischen diesem und der Regierung besteht. Das Oberhaus setzt sich zusammen aus den geistlichen und den weltlichen Lords; zu ihnen gehören Angehörige des Adels, auf Lebenszeit Geadelte (Life Peers) und die obersten Richter des Landes. Vorsitzender des Oberhauses ist der Lordkanzler.

Dudelsack, Schottland

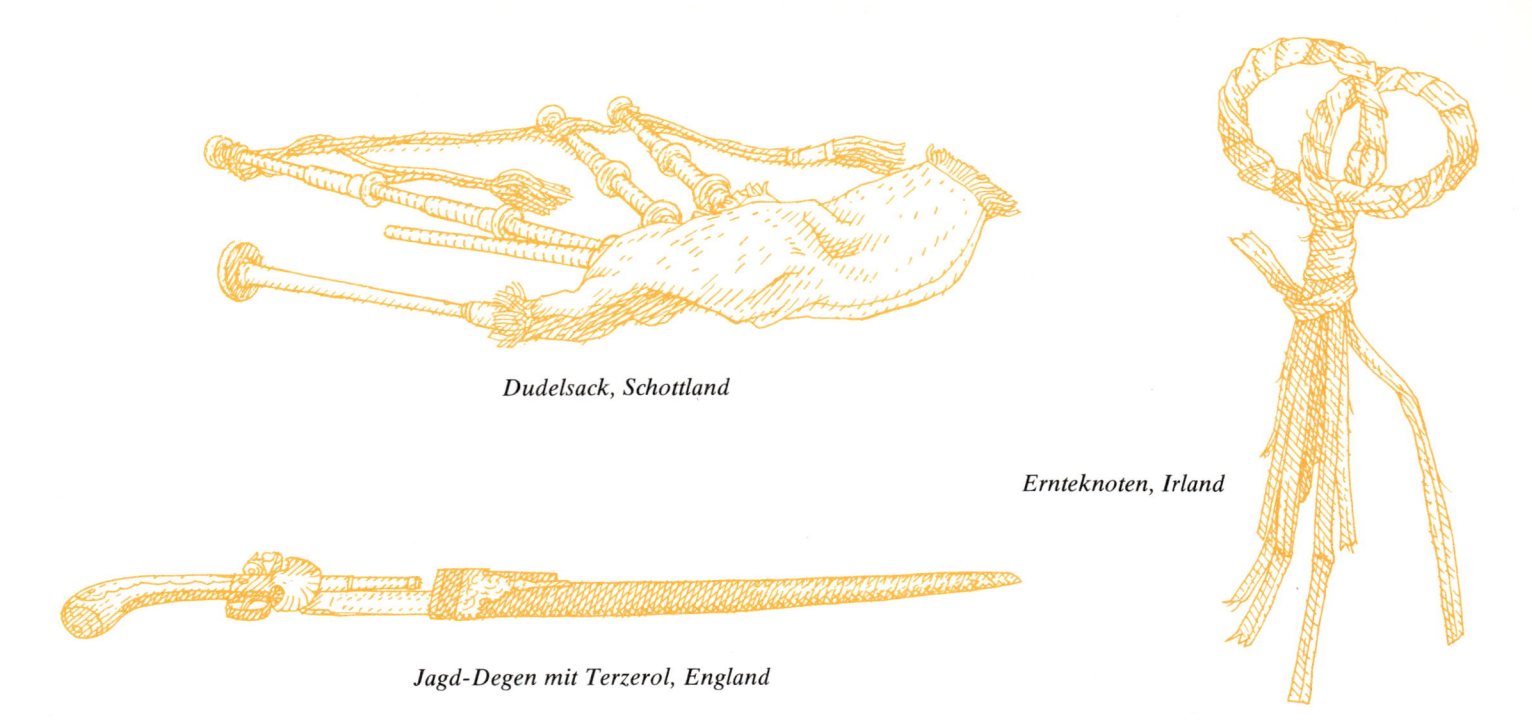

Ernteknoten, Irland

Jagd-Degen mit Terzerol, England

Die Römer hatten im britischen Tiefland im Verlaufe ihrer rund 350jährigen Anwesenheit reife Kulturlandschaften mit etwa sechzig Städten, mit Häfen, Festungen, Landgütern, mit Bergwerken und einem vorzüglichen Straßennetz geschaffen. Viele Reste haben sich bis heute erhalten, darunter Silchester, das »englische Pompeji«, die Forts der Südostküste oder der Hadrianswall nahe der schottischen Grenze. Die meisten römerzeitlichen Hauptorte sind dank günstiger Lage nach vorübergehendem Ruinenstadium Ansatzpunkte für angelsächsische Siedlungen und damit für heutige Städte geworden. Das verbreitete Ortsnamengrundwort Chester ist in der Regel ein Hinweis auf römische Wurzeln einer Stadt: Colchester, Alcester, Chesterfield.

Nach dem Rückzug der Römer führten die Einfälle der Angelsachsen seit 530 allmählich zur Gründung fortdauernder Siedlungen. Das angelsächsische Erbe ist noch wesentlicher als das römische. In die Zeit der ersten Niederlassungen gehen viele Grafschafts-, Landschafts- und Siedlungsnamen Südostenglands zurück. Eastanglia ist nach dem Siedlungsgebiet der Angeln benannt, die aus Angeln in Schleswig-Holstein kamen. Norfolk war das Siedlungsgebiet des Nordvolks, Suffolk das des Südvolks, Essex das der Ostsachsen, Wessex das der Westsachsen. Seit dem 8. Jahrhundert wurde das Gebiet nördlich der Linie Liverpool–Themsemündung von Norwegern und Dänen besetzt. Sie legten viele neue Dörfer an, kenntlich bis heute an Namenelementen wie: -dale, -by, -thorp, -lund, -kirk. Angelsachsen und Skandinavier hatten bis gegen die Mitte des 11. Jahrhunderts außerhalb des keltischen Westens und Nordens die meisten Räume so dicht mit Dörfern, Einzelhöfen und Weilern besetzt, daß dadurch im ländlichen Bereich eine wesentliche Grundlage für das kulturlandschaftliche Gefüge bis zum heutigen Tag gelegt worden ist. In den Kulturlandschaften von Wales und Irland spielt dagegen die keltische Überlieferung eine hervorragende Rolle.

Die 1066 beginnende normannische Eroberung führte zu einer Überlagerung der breiten angelsächsisch-skandinavischen Schichten durch eine kleine Gruppe von Aristokraten. Der hervorstechende Siedlungstyp der Normannenzeit ist deshalb auch nicht das Dorf oder der Weiler, sondern die normannische Herrenburg mit der Motte, dem künstlichen Erdhügel mit Graben als Standort einer Turmburg. Die wehrhaften Burgen und die großartigen Kathedralen, die nach normanno-französischem Vorbild errichtet wurden, gehören als historische Denkmäler zum Wesen britischer Kulturlandschaften. Als Wilhelm der Eroberer um 1086 in der für Europa einzigartigen Bestandsaufnahme des Domesday-Buchs Einwohner, Siedlungen, Wiesen und Wälder verzeichnen ließ, war im englischen Tiefland die heutige Verteilung der Siedlungen in Grundzügen vorhanden. Nur auf schweren Tonböden und im Gebirge gab es noch große Wälder zu roden.

Ein Beitrag des späteren Mittelalters bestand in der Fortentwicklung und Neuanlage städtischer Siedlungen. Aus der angelsächsischen Bezeichnung burg für befestigte Zentren entwickelte sich der noch heute übliche Name borough (bury) zur Benennung von Marktflecken und Städten. Allein im 13. Jahrhundert wurden in England 65 neue Städte gegründet, und 2500 ländliche Siedlungen erhielten Marktrecht. Im landwirtschaftlichen Wales entstanden damals zur Festigung der englischen Macht die ersten Städte als große Festungen mit regelmäßigem Grundriß: Caernarvon, Harlech, Beaumaris, Conwey u. a. Ihre Burgen zählen zu den bedeutendsten Wehranlagen Europas.

Ein großartiges Erbe der mittelalterlichen Kulturlandschaft sind die Kathedralen und Kirchen der Gotik, die in England mit ihren verschiedenen Stufen die Zeit von 1175 bis 1550 umfaßt. Sie vollzog die Verschmelzung keltischer, angelsächsischer und normanno-französischer Elemente zu einem eigenständigen Stil. Diese Verknüpfung des Erbes der verschiedenen Volksgruppen und Kulturprovinzen symbolisiert die Entwicklung der britischen Kultur. Nach Abschluß der Bürgerkriege 1485 waren die Voraussetzungen gegeben, mittelalterliche Burgen in wohnliche Herrensitze umzuwandeln oder neue mit großen Parkanlagen zu erbauen. Ihre Verbreitung und Ausdehnung erreichte im 18. Jahrhundert einen Höhepunkt.

Die agrarische Revolution, die in einer Intensivierung der Landwirtschaft durch neue Landbautechniken und, damit in Zusammenhang stehend, einer engeren Anpassung an die Landesnatur bestand, führte zu verbreiteten Umlegungen von Ackerland in Dauergrünland. Inzwischen hat die Entwicklung eine andere Richtung genommen. Der Höhepunkt in der Ausbreitung des Parklandes war schon im 19. Jahrhundert überschritten; in der Gegenwart werden immer mehr Hecken beseitigt, weil sie einer Landwirtschaft auf großen Flächen hinderlich sind.

Für die Ausbildung der heutigen Kulturlandschaften sind die industrielle Revolution und die folgenden Jahrzehnte stürmischen Wirtschaftswachstums so wesentlich wie die Veränderungen der Agrarstruktur gewesen. Eine Voraussetzung zur Entwicklung der britischen Wirtschaft war die Verbesserung des Verkehrswesens. Seit 1760 wurden zur Senkung der Kohlenpreise durch billigen Wassertransport die meisten Kanäle erbaut. Schon um 1825 waren sie durch die Eisenbahn überholt, die bis 1875 ein relativ dichtes Netz erhielt. Von 4023 km heutiger Wasserwege können die meisten nur von schmalen Fahrzeugen mit einer Höchstbelastung von 25–30 t befahren werden, so daß sie im Wirtschaftsverkehr eine untergeordnete Rolle spielen, während ihre Beliebtheit für den Wassersport wächst.

Die Technisierung des Verkehrs führte im Zusammenhang mit Steinkohlenbergbau, Gewinnung und Verarbeitung von Eisen und raschem Anwachsen der Konsumgüterindustrie zu grundlegenden Veränderungen in der Bevölkerungsverteilung. Zugleich dehnten sich die Städte ins agrarische Umland aus. Nun entstanden, gegründet auf Steinkohle und Eisen, die dichtbevölkerten Industriegebiete von Süd-Wales, Mittelengland mit Lancashire, West-Yorkshire mit Leeds, Nordostengland mit Newcastle und Mittelschottland. Die Bevölkerungsballung war größerenteils das Ergebnis einer Binnenwanderung. Sie hatte bereits im 19. Jahrhundert zu Bevölkerungsrückgängen im ländlichen Bereich um 25–50% geführt. Besonders betroffen waren Hochbritanniens Gebirge und Ostanglien. Durch Einwanderung vom Land vergrößerten sich die Städte rasch. Um 1851 lebten von fast 17 Millionen Einwohnern Englands 50% in Städten, 1901 von 30 Millionen schon 75%. Der Rückgang der irischen Bevölkerungszahl von 8,2 Millionen um 1841 auf 4,5 Millionen um 1900 hängt mit dem großen Sterben als Folge von Hungersnöten, mehr noch mit der Auswanderung nach Nordamerika und in die britischen Industriegebiete zusammen. Bis heute haben sich zahlreiche Siedlungsruinen aus jener Katastrophenzeit erhalten.

Die mittels Bodenspekulation errichteten, dicht bebauten, übervölkerten düsteren Arbeiterviertel mit ihren unhygienischen Verhältnissen entarteten teilweise zu den berüchtigten Slums. Ungeachtet erheblicher Sanierungen der letzten zwanzig Jahre besitzen die englischen Großstädte noch ausgedehnte Viertel aus jener Zeit. Ähnlich eintönig, wenn auch ein Grad stattlicher, sind die viktorianischen Reihenhäuser (terraced houses) der unteren Mittelklassen mit ihrer charakteristischen Auslucht (bay).

Trotz Industrialisierung: 80% des Bodens werden landwirtschaftlich genutzt

Anstelle von Kohle und Eisen ist für die moderne Industrie maßgebend ihre Lage zu den Arbeitskräften, den Zulieferern, die Nachbarschaft von sonstigen Unternehmen, von guten Verkehrseinrichtungen und Nachrichtenquellen zur Erleichterung des Managements, ferner Leichtigkeit und Billigkeit des Zugangs zum wichtigen Nationalmarkt. Alle genannten Standortvorteile bietet das Kerndreieck London–Birmingham–Nottingham mit Südostengland und benachbarten Teilen von Mittelengland bis hin zur Region Bristol. Hier stehen daher die modernen Wachstumsindustrien, vor allem mit den Branchen Automobilbau, Elektrotechnik, Chemie, Maschinenbau, Kunststoffe, Nahrungs- und Genußmittel und modische Bekleidung. In dieser industriellen Kernregion haben sich in den letzten Jahrzehnten sogar historische Bildungsstädte wie Oxford zu Zentren der Industrie entwickelt. Ein günstiges Klima dazu schafft das Oxford College of Technology; in Zukunft dürfte die Partnerschaft zwischen Industrie und Wissenschaft noch enger werden. Denn die Fortschritte kommen heute und in der Zukunft vom Stand der Forschung, da die früher so bedeutende Rohstoffbasis des Vereinigten Königreichs (United Kingdom of Great Britain and Northern Ireland, UK) immer unwichtiger wird. Zukunftsträchtig ist die große Zahl von Universitätsgründungen; das UK besitzt gegenwärtig 44 gegenüber 17 im Jahre 1945; hinzu treten mehr Forschungs- und Lehrinstitutionen von Universitätsrang. Über besonders viele und hochrangige Universitäten verfügt das industrielle Kerngebiet Englands. Nach außen schließen sich Zonen mit Strukturmängeln, wenn nicht Stagnation, ja Rezession an. Dort, und zwar in Wales, Lancashire, Cumberland, Schottland, Nordost-England, Ostanglien, Ostkent, Devon, Cornwall und in Irland, liegen Branchen mit Spezialisierung auf frühere Wachstums- aber heutige Schwundindustrien. Die Strukturschwäche verhindert Investitionen und führt damit rasch zu Überalterung und unrationellem Arbeiten. Der Konkurs der schottischen Werftgruppe Upper Clyde im Jahre 1971 und die wirtschaftlichen Schwierigkeiten anderer Firmen in randlicher Lage beleuchten diese Probleme, die überall in den strukturschwachen Gebieten zu hohen Arbeitslosenzahlen geführt haben. Die staatliche Raumordnungspolitik zielt daher seit 1945 auf einen regionalen Ausgleich durch Neugründungen leistungsstarker Firmen ab. Damit wird die staatliche Industriepolitik zu einem raumwirksamen Faktor ersten Ranges. Sie hat bereits durchschlagende Erfolge, so in Südwales, im südlichen Lancashire und in Irland. Problematisch bleibt dennoch, inwieweit manche der noch unterstützten Unternehmen florieren werden, wenn die hilfreichen Staatsgelder entfallen. Wenn allein 1962/63 Beihilfen in Höhe von annähernd 2,5 Milliarden DM zur Ansiedlung von Industrie in peripheren Räumen verausgabt worden sind, ist zu fragen, ob eine derartige Politik für länger wirtschaftlich tragbar bleibt. Immerhin können die peripheren Räume auch einige Pluspunkte ins Feld führen. Allgemein besteht ein Angebot an Arbeitskräften; manche ihrer Küsten bieten Voraussetzungen zu Tiefwasserhäfen, und verbreitet sind die Landschaften mit hohem Freizeitwert (z.B. Devon, Cornwall, Cumberland).

Trotz Industrialisierung, Verstädterung und hohen Flächenbedarfs der Verkehrseinrichtungen werden vier Fünftel der Britischen Inseln durch die Landwirtschaft genutzt. Sie beschäftigt in Großbritannien 743 000 Arbeitskräfte oder gut 2% der berufstätigen Bevölkerung. Im stärker agrarischen Nordirland sind 10% der Bevölkerung im Agrarsektor berufstätig und in der Irischen Republik sogar 35%. Ohne Berücksichtigung der landwirtschaftlichen Nebenerwerbsbetriebe sind in Großbritannien nur noch 1% der Bevölkerung Landwirte. Um so erstaunlicher ist, daß sie nicht allein die Selbstversorgung der knapp 56 Millionen Briten an Eiern, Milch, Kartoffeln, Schweinen und Geflügel abwickeln, sondern auch die übrigen Nahrungsmittel so ausreichend bereitstellen, daß insgesamt nur die Hälfte des Verbrauchs aus Importen zu decken ist.

Der in diesen Erfolgen zum Ausdruck kommende Leistungsstand beruht auf Faktoren, deren Zusammenwirken eine zweite agrarische Revolution bewirkt hat. Sie setzte um 1950 mit hohen Ertragssteigerungen ein. Diese wurden erzielt durch eine Verbesserung der Fruchtarten, der Grünlandwirtschaft, der Viehrassen, Viehzucht und Fütterungsverfahren, durch eine intensive Unkraut- und Schädlingsbekämpfung und starke

Links: Schottland, Hebriden · Insel Iona mit wiederaufgebauter Abteikirche Columbas d. Ä., des »Apostels Schottlands«. Im Hintergrund Mull, eine der großen Inseln der Inneren Hebriden.

Rechts: Wales, Glyn Collwn · Typische, vom Fluß zerschnittene Hochfläche mit Gras- und spärlichem Baumbewuchs. 60% dieser Hochflächen liegen mehr als 150 m ü. d. M.

Kent, Kliffküste · Die weißen Kreidekliffe von Dover, dem wichtigsten Hafen für den Transkanalverkehr. Der Burgkomplex aus dem Mittelalter beherrscht das Stadtbild.

Technisierung der Betriebe, so daß die neuen Farmen mit ihren Gebäuden aus modernen Baustoffen die herkömmlichen Unterschiede zwischen Landwirtschaft und Industrie immer mehr verwischen. Nicht zuletzt ist für den hohen Leistungsstand der britischen Landwirtschaft die Regierungspolitik entscheidend. Im Rahmen des deficiency payment erhalten die Farmen vom Staat den Differenzbetrag zwischen dem tatsächlich erzielten Marktpreis und einem vorher festgelegten und garantierten Standardpreis. Diese Politik, im Gegensatz zur EWG stehend, wo durch Importzölle relativ hohe Preise aufrechterhalten werden, muß geändert werden. Andere Beihilfen stehen in allgemeiner Form zur Verbesserung der Agrarstruktur zur Verfügung oder unterstützen bestimmte Zweige. Zahlreiche Verordnungen heben die Qualität der Erzeugnisse. Auch der Ausbau der Landwirtschaftswissenschaft und des kostenfreien staatlichen Beratungswesens sind wesentlich.

Entsprechend dem hohen Stand der britischen Landwirtschaft ist die Bodennutzung eng an die ökologischen und marktwirtschaftlichen Verhältnisse angepaßt. Im kontinentaleren Osten und Südosten mit guten Böden herrscht Ackerland vor, insbesondere auf den Platten des Schichtstufenlandes und auf der Moränendecke des ostschottischen Küstentieflandes. Das Wechsel- und vor allem das Dauergrünland nehmen nach dem atlantischen Westen rasch zu. Die Höhen der Gebirgsregion und der höchsten Plateaus des Schichtstufenlandes sind wegen ihrer armen Böden und hohen Niederschläge die Hauptgebiete der ungepflegten Naturweiden (rough pasture). Sie bestehen aus gewöhnlichen Gräsern, Heidekraut, Binsen und Torfmoor und werden als Schafweiden genutzt.

Die sozialen Verhältnisse bestimmen das Liniengefüge der Agrarlandschaft maßgebend. Das UK besitzt rund 430 000 landwirtschaftliche Betriebe, von denen etwa die Hälfte dem Nebenerwerb dient. Diese sind ungleich verteilt. Im Westen der schottischen Hochlande gehören 75% aller Betriebe zu dieser Gruppe, auch an der irischen Westküste sind sie verbreitet. Während die dortigen Nebenerwerbslandwirte teilweise zur Saisonarbeit nach England fahren, werden die meisten nordwestschottischen Kleinbauern (crofters) im eigenen Lande beschäftigt, hauptsächlich in Industrie, Forstwirtschaft und Fremdenverkehr. Verbreitet ist das traditionelle, heute teilautomatisierte Hausgewerbe, das die international bekannten Tweedstoffe herstellt.

Irische Kontraste

»Giant's Causeway« (Nordirland)

Seit Jahren steht die »Grüne Insel« im Brennpunkt des öffentlichen Interesses. Provokation und Vergeltung lassen Nordirland nicht zur Ruhe kommen. Solange nicht den 35% Katholiken gleiche Rechte und Chancengleichheit gewährt werden, kann kein Friede einkehren – ein Friede, den die irische Landschaft fast als naturgegeben erscheinen lassen mag. Die Idylle findet der Tourist etwa in der Grafschaft Galway, wo die kleinbäuerliche Bevölkerung wie eh und je in strohgedeckten weißen Häuschen lebt und noch das eigentliche Irisch spricht, das andernorts längst vom »Schulirischen« verdrängt wurde. Majestätische Schönheit dokumentiert sich in dem aus einigen 40 000 Basaltsäulen bestehenden »Giant's Causeway« an der malerischen Küste Nordirlands.

Einsames Bauerngehöft in der Grafschaft Galway (Republik Irland)

Protestdemonstration in Nordirland

Großbritannien
(United Kingdom of Great Britain and Northern Ireland)

Konstitutionelle Monarchie mit Zweikammerparlament und Wahlrecht für alle über 18 Jahre alten Bürger; keine Wehrpflicht; Hauptstadt London (als Groß-London 7,40 Mill. Ew.). – Unter Großbritannien im engeren Sinne versteht man die Vereinigten Königreiche von England (mit Wales) und Schottland, im weiteren Sinne das Vereinigte Königreich von Großbritannien und Nordirland. Nordirland verfügt über eine eigene Regierung und ein eigenes Parlament (beide seit 1972 suspendiert). Eigene Parlamente besitzen auch die Insel Man und die Kanalinseln (u. a. Guernsey und Jersey), die nicht zum Vereinigten Königreich gehören, sondern unmittelbar mit der Krone verbunden sind. Die folgenden Angaben gelten für das gesamte Vereinigte Königreich.

Fläche: 244030 qkm – **Einwohnerzahl:** 55,71 Mill. – **Bevölkerungsdichte:** 228,6 Ew./qkm – **Jährlicher Geburtenüberschuß:** 4,6‰ – **Bevölkerung:** Engländer, Schotten, Waliser, Iren; 1,5–2 Mill. farbige, überwiegend aus Staaten des Commonwealth of Nations stammende Einwanderer – **Sprache:** Englisch; Reste keltischer Sprachen in Schottland (Gälisch), Wales (Welsh), Nordirland und auf der Insel Man – **Religion:** Vorwiegend Protestanten, die verschiedenen Kirchen angehören (Anglikaner in England, Presbyterianer in Schottland; Freikirchen); 4 Mill. Katholiken in England und Wales, 825 000 in Schottland, 500 000 in Nordirland; 450 000 Juden, 250 000 Moslems – **Wichtige Ausfuhrgüter:** Maschinen, Metallwaren, Fahrzeuge, chemische und elektrotechnische Erzeugnisse, Textilien und andere Industrieartikel, Genußmittel

Vollerwerbsbetriebe mit voll arrondierten Parzellen bewirtschaften durchschnittlich eine Fläche zwischen 58 und 65 ha; besonders rationelle und einkommensstarke Farmen umfassen mindestens 60 ha, so daß Aufstockungen durch Beihilfen gefördert werden. Die größeren Betriebe wirtschaften durch rationelleren Maschineneinsatz besser. So haben z.B. von den Getreidebaubetrieben 31% Getreidetrockner, von den Betrieben über 120 ha jedoch 95%. In der südöstlichen Getreidebauregion erreichen Farmen mit über 200 ha schon einen Anteil von 25% aller Betriebe. In Schottland wird über die Hälfte des Landes von großen Farmen eingenommen, im Hochland sind es gar drei Viertel. Wie anderswo sind auch auf den Britischen Inseln kleine Betriebsgrößen noch rentabel, sofern es sich um Spezialkulturen handelt.

Dank hohen Erbschaftssteuern konnten in den letzten Jahrzehnten viele Pächter die von ihnen bewirtschafteten Betriebe kaufen, so daß heute im UK etwa die Hälfte aller Betriebe von ihren Wirten besessen wird. Wenn sich seit 1950 die Zahl der Farmen stark vermindert hat, bei gleichzeitiger Vergrößerung der Restbetriebe, so ist das ein weiteres Merkmal für die Anpassung der britischen Landwirtschaft an die heutige Wirtschaftslage. In Irland ist anders als früher über die Hälfte der Farmen im Eigentum ihrer Inhaber, doch ist dort die Wirtschaftlichkeit durch erheblich geringere Betriebsgrößen eingeschränkt.

Zwischen Betriebsform und Produktionsziel der Farmen und ihrer Größe lassen sich keine festen Regeln aufstellen. Neben naturgeographischen und marktwirtschaftlichen Bedingungen stecken historisch-geographische Einflüsse, denen auch die gesellschaftlichen unterliegen, den Rahmen ab. Die für eine zweckmäßigere und besser durchdachte Wirtschaft nötige Spezialisierung der Betriebe führt weg von den noch verbreiteten gemischtlandwirtschaftlichen Betrieben und hin zur Regionalisierung durch immer engere Anpassung an die Natur und an den Markt. So setzt sich die Entwicklungslinie fort, im kontinentaleren und trockneren Südosten das Ackerland, im feuchteren, ozeanischen Westen das Grünland auszudehnen. Die anspruchslose Schafhaltung wird noch mehr als bisher auf die Gebirge konzentriert, wiewohl es in einzelnen Landschaften der Tieflandsregion, wie in der Romney Marsh, ausgesprochene Schaffarmen gibt. Die Mehrzahl der großen leistungsfähigen Betriebe liegt im Gebiet östlich einer Linie, die von Bournemouth an der Südküste nach Darlington in Nordost-England verläuft. Dort werden in Ackerbaubetrieben vor allem Brau- und Futtergerste und an zweiter Stelle Weizen produziert. Ein zweites Hauptanbaugebiet der auf die trockneren Landesteile mit fruchtbaren Böden beschränkten Gerste liegt, ebenfalls in Verbindung mit Großbetrieben, im Tweed-Tyne-Tiefland beiderseits der Südostgrenze Schottlands. Dort dient sie auch der Whisky-Erzeugung. Das gebietlich wie im Rahmen unterschiedlicher Betriebsgrößen am weitesten verbreitete Getreide ist der Hafer, der jedoch seiner Anbaufläche nach in Großbritannien und in Nordirland im Jahre 1968 knapp ein Sechstel der Gerstenfläche einnahm. Da er für die menschliche Ernährung nur noch eine untergeordnete Rolle spielt und sonst als Futter angebaut wird, ist er häufig in Viehwirtschaftsgebieten vertreten, zumal er dort auch kühle und feuchte Witterung im Sommer erträgt und schon vor seiner Endreife in grünem Zustand verwertet werden kann. Daher ist der Haferanbau relativ am stärksten in Schottland, in Irland und in Wales verbreitet. Als Viehfutter werden auch 46% des Weizens und 76% der Gerste verbraucht, dazu Hackfrüchte, Feldgras und importierte Futtermittel. Während etwa die Hälfte des Weizenbedarfs, insbesondere zur Brotherstellung, durch Importe befriedigt wird, deckt die Kartoffelernte die Nachfrage. Frühkartoffeln werden an den Küsten mit milden Wintern und günstigen Verbindungen zu den Märkten angebaut. Ein Teil der Kartoffelernte wird verfüttert.

Obwohl die Kultur der Zuckerrübe erst 1912 aufgenommen wurde, übertrifft ihre fast jährlich um einige Prozente schwankende, behördlich reglementierte Anbaufläche die des Gemüses. Im Jahre 1968 wurden 7 Millionen t geerntet und daraus in achtzehn Fabriken eine Zuckermenge gewonnen, die 30% des gesamten Bedarfs deckt. Die Schnitzel und Melasse, die als Nebenprodukte anfallen, geben ein wertvolles Viehfutter. Der Zuckerrübenanbau ist an drainierte Lehmböden mit guter Basenversorgung und relativ geringen Niederschlägen gebunden, so daß sie hauptsächlich in Ostanglien, den Fens und im nördlich anschließenden Tiefland angebaut wird. Wenn im relativ sonnigen Südosten Irlands neben Weizen auch Zuckerrüben vertreten sind, so geht ihr Anbau doch auf staatliche Beihilfen aus wirtschaftspolitischen Gründen zurück. Die vier Zuckerfabriken der Republik decken fast den ganzen Bedarf, während Nordirland auf Einfuhren angewiesen ist. Zu den wichtigsten Sonderkulturen gehört der Hopfen, dessen Fläche nur 0,2% des Ackerlandes einnimmt, während sein jährlicher Ertrag 2% des Einkommens aus dem Ackerbau erbringt. Wenn sich trotz der guten Einnahmen seine Anbaufläche in den letzten fünfzig Jahren kaum verändert hat, geht das – ähnlich wie bei den Zuckerrüben – auf reglementierende Einwirkungen amtlicher Stellen zurück. Bei Hopfen sind die Bindungen an Boden und Klima noch enger als bei Gerste und Zuckerrübe. Daher ist er vor allem in Kent mit relativ trockenen und warmen Sommern und gut entwässerten Braunerden verbreitet.

Aus dem Erwerbsgartenbau, der Kulturen von Gemüse, Blumen, Obst und Pflanzschulen umfaßt, kommen rund 10% des landwirtschaftlichen Bruttoproduktes. Aus klimatischen Gründen liegen die Hauptanbaugebiete der Spezialkulturen in England, und zwar südlich der Mersey-Wash-Linie und dort hauptsächlich im Osten und Südosten. Denn hier stellt sich das erforderliche warme und sonnige Wetter ein, jedoch muß zusätzlich beregnet werden. Intensiver Obstbau ist auf drei Gebiete beschränkt. Sie sind durch relative Trockenheit und längere Sonnenscheindauer ausgezeichnet. Aus Kent, dem »Garten Englands«, wo sich Hopfen und sortenreicher Obstbau (Birnen, Äpfel, Kirschen, Pflaumen, Beeren) berühren, werden die benachbarten Londoner Märkte beliefert. Auch das zweite Hauptanbaugebiet, das um den »Wash« mit Schwerpunkt in den Fens liegt, versorgt den Großverbraucher London. Das dritte bedeutende Anbaugebiet erstreckt sich entlang des unteren Severn. Es ist dank Leelage ziemlich trocken, windarm und sonnig und hat zufolge atlantischer und südlicher Lage auch einen wärmeren Frühling. Obstbau ist auch über die Platten von Ostanglien verstreut, wo Apfelkulturen im Vordergrund stehen. Die Hauptanbaugebiete zur Apfelweinbereitung liegen nördlich des unteren Severn in Herefordshire, vor allem aber in Somerset und Devon, gegenüber den französischen Apfelweingebieten der Bretagne und der Normandie. Nordirland besitzt südlich des Lough Neagh bedeutende Apfelkulturen, und in der Irischen Republik sind vielversprechende Obstkulturen im zentralen Tiefland bei Dublin aufgenommen worden.

Bei der hohen Arbeitsintensität des Gemüsebaus sind seine Ansprüche an den Boden andere als beim Acker- und Grünland. Er soll so beschaffen sein, daß der Arbeitsaufwand niedrig bleibt. Daher besitzen auch in Großbritannien die Gemüseanbaugebiete vielfach sandige Böden, insbesondere wenn auch Klima und Wasserhaushalt die Kultur begünstigen. Der Klimafaktor kommt nicht allein in der südlichen Lage aller bedeutenden Anbaugebiete zum Ausdruck, sondern auch in der Sortenwahl. An den wintermilden Küsten von Devon und Cornwall werden z.B. Winter-Blumenkohl und Frühgemüse gezogen. Sie können auf den Londoner Märkten mit den zeitigen Angeboten der Kanalinseln, der Niederlande und Italiens konkurrieren. Immerhin besitzt sogar Schottland östlich Edinburgh ein nennenswertes Gemüseanbaugebiet, wo an der Südküste des »Firth of Forth« sandige Böden an gehobener Küste in Verbindung mit der relativen Klimagunst und der Nähe der Großmärkte eine günstige Voraussetzung bieten. Wie in allen Industrieländern häufen sich um alle großen Städte die Handelsgärtnereien. Der Gemüsebau von Südost- und Ostengland mit Einschluß der Fens beliefert hauptsächlich die Londoner Märkte und Teile des industriellen Mittelenglands, sofern die Produkte nicht in die lokale Konservenindustrie gehen. Aus dem Vale of Evesham nördlich der Cotswold Hills wird der Stadtgroßraum Birmingham versorgt, aus dem Anbaugebiet beiderseits des Humber das Ballungsgebiet des westlichen Yorkshire, und das bedeutende Feldgemüsegebiet der Küsten von Lancashire beschickt die benachbarten Großräume Manchester und Liverpool. Kulturen unter Glas, die vor allem der Erzeugung von Tomaten und Salat dienen, bedecken eine Fläche von rund 1620 ha. Konzentriert sind sie im Lea-Tal östlich London, in Lancashire, dem östlichen Yorkshire und an der südenglischen Küste; hinzu kommen ausgedehnte Gewächshäuser der Insel Guernsey, wo vor allem Frühtomaten für London wachsen.

Blumen werden ebenfalls in Glashäusern gezogen. Dank günstigem Klima sind in Nähe der Küsten Freilandkulturen verbreitet. Die Fens sind nicht nur ein wichtiges Anbaugebiet von Kartoffeln und Gemüse, sondern auch von Blumen, vor allem von Narzissen und Tulpen; um Spalding erstreckt sich ein Schwerpunkt der Blumenzwiebelkultur. An der wintermilden Südküste von Cornwall und auf den Scillyinseln, wo die durchschnittliche Temperatur des kältesten Monats (Februar) 7,5°C beträgt, ist der Anbau von Blumen im Freiland rentabel. Die Haupternte, die mit Expreßzügen, dem Lkw oder Flugzeug zu den Londoner Märkten gelangt, fällt in die Monate Januar–April und erzielt dadurch gute Preise.

Die größten Gartenbaubetriebe erreichen 100–120 ha Fläche, viele umfassen nur wenige Morgen. Der Einsatz von Beregnungsanlagen und Düngemitteln ist hoch. Die großen Betriebe besitzen eigene Packhäuser mit Wasch- und Sortiermaschinen. Kleinere Erzeuger schließen sich zu Absatzgenossenschaften zusammen, die das entsprechende Instrumentarium für eine marktgerechte Zubereitung bereitstellen. Wie andere Zweige der Landwirtschaft wird der Gartenbau durch die Agrarpolitik der Regierung unterstützt. Da seine Produkte leicht verderblich sind und stärker saisonalen Preisschwankungen unterliegen, erfolgt die Förderung nicht durch Standardpreise, sondern über Importzölle; außerdem gibt es Beihilfen zur Modernisierung.

Etwa zwei Drittel des Einkommens der britischen Landwirtschaft beruhen auf Viehhaltung. Ihr dienen direkt als Grünland

---

Republik Irland
(Poblacht Na h'Eireann, Irish Republic, Eire)

Republik mit Zweikammerparlament und Wahlrecht für alle über 21 Jahre alten Bürger; keine Wehrpflicht; Hauptstadt Dublin (rund 570 000 Ew., mit Vororten 650 000 Ew.).

Fläche: 70 283 qkm – **Einwohnerzahl:** 3,01 Mill. – **Bevölkerungsdichte:** 42,2 Ew./qkm – **Jährlicher Geburtenüberschuß:** 12,2‰ – **Bevölkerung:** Nahezu ausschließlich Iren – **Sprache:** Irisch (eine keltische Sprache) und Englisch als Staatssprachen; als Umgangssprache weit überwiegend Englisch – **Religion:** Katholiken rund 95, Protestanten 4,5%; 5500 Juden – **Wichtige Ausfuhrgüter:** Vieh, Fleisch, Molkereiprodukte, Lebensmittel, Maschinen, Tabak, Textilien

---

Nordirland
(Northern Ireland)

Teilstaat (14 146 qkm, 1,52 Mill. Ew., Bevölkerungsdichte 107,5 Ew./qkm) mit eigener Landesregierung und eigenem Zweikammerparlament (beide seit 1972 suspendiert); Hauptstadt Belfast (rund 360 150 Ew.). – Im 17. Jahrhundert kamen zahlreiche Protestanten aus England und Schottland nach Ulster, der nördlichsten der vier historischen Provinzen Irlands, von deren neun Grafschaften Nordirland sechs umfaßt. Die katholischen Iren, nach und nach in die Minderheit geraten, sahen sich zunehmender politischer, wirtschaftlicher und sozialer Benachteiligung ausgesetzt. Die daraus resultierenden Spannungen führten immer wieder zu blutigen Auseinandersetzungen zwischen den beiden ungleichen Bevölkerungsteilen. Seit der Aufteilung Irlands im Jahre 1921 sind separatistische Bewegungen entstanden, die auf den Anschluß Nordirlands an die Republik Irland hinarbeiten. Ihre Kontrahenten sind militant-politische Organisationen der Protestanten. Der verborgene Kampf zwischen den beiden Lagern kam Ende 1968 offen zum Ausbruch. Seitdem herrschen in Nordirland bürgerkriegsähnliche Zustände, die bis heute Hunderten von Menschen – hauptsächlich Zivilisten, aber auch Soldaten der zur Befriedung eingesetzten britischen Armee – das Leben kosteten. Der Konflikt wird nur dann zu beenden sein, wenn die katholische Minderheit endlich jene Gleichstellung in allen Bereichen des öffentlichen Lebens erhält, die ihr jahrhundertelang versagt war. Derzeit sind 62% der Bevölkerung Nordirlands Protestanten, 35% Katholiken. Am 20. 3. 1973 hat die Regierung von Großbritannien in einem Weißbuch eine Verfassung für Nordirland vorgelegt.

Leben im britischen Kohlenrevier

Rechts: Lawrence Daly, Generalsekretär der National Union of Mineworkers, auf einer Gewerkschaftskundgebung am 7. Februar 1972 auf dem Trafalgar Square in London

Unten: Sympathiekundgebung von Frauen streikender Bergarbeiter (Januar 1972)

Bis 1910 beherrschte die britische Kohle den Weltmarkt; die Zwischenkriegszeit brachte in den Kohlenrevieren Zechenstillegungen, Arbeitslosigkeit und Stagnation. Die 1947 erfolgte Verstaatlichung des britischen Kohlenbergbaues konnte den Schrumpfungsprozeß nicht aufhalten. Seit 1962 wird dieser noch beschleunigt durch das Vordringen von Heizöl und Naturgas. Mithin bedarf der Bergbau erheblicher staatlicher Zuschüsse. Streiks sind eine Folge der Schwierigkeiten, bringen aber keine Lösung. Vielfach sind auch die Wohnverhält-

Links: Bergungsmannschaften bei der Suche nach den Opfern der Katastrophe von Aberfan, bei der 1966 eine Schule von einer Abraumhalde verschüttet wurde

Unten: Britische Großstadtslums

nisse noch unbefriedigend. Die Slums der britischen Industriegroßstädte, mit ihren trostlosen Straßen und ihren schmalen Reihenhäusern, sind ein Erbe des 19. Jahrhunderts. Seit dem Ende des Zweiten Weltkrieges werden sie planmäßig abgerissen. Durch den räumlich großzügigeren Wiederaufbau wird der verfügbare Wohnraum in diesen Vierteln wesentlich geringer, so daß ein Teil der Bevölkerung in anderen Wohngegenden oder neu angelegten Stadtsiedlungen in der Nähe entsprechender Arbeitsplätze untergebracht werden muß.

oder indirekt als Futterfläche fast 90% der landwirtschaftlichen Nutzfläche. Das Grasland mit Einschluß der Naturweiden umfaßt zwei Drittel der agrarischen Nutzflächen. Milch ist das wichtigste Produkt der britischen Landwirtschaft, an zweiter Stelle steht Fleisch. Einheimische Haustierrassen besitzen in ihren Leistungen einen hohen Rang. Dazu gehören vor allem die Rassen der Fleisch liefernden Gebirgsrinder »Galloway« und »Aberdeen Angus«. Wo im Tiefland die Milchwirtschaft vorherrscht, dominieren die friesischen Rinder dank höchster Milchleistung und besseren Kalbfleischertrags. Die in den letzten Jahren ständig erhöhte Rindfleischerzeugung entspricht etwa einem Viertel der Erzeugung der EWG und deckt nur 70% des britischen Bedarfs, so daß zusätzliche Einfuhren nötig werden. Sie kommen vorwiegend aus Argentinien und Australien. Im Schweinebestand, der wie in allen Marktwirtschaftsländern großen Schwankungen unterworfen ist und im UK zwischen etwa fünf und acht Millionen hin- und herpendelt, liegt die Produktion erheblich unter den Zahlen der Bundesrepublik Deutschland, so daß ebenfalls Fleischeinfuhren nötig sind, die meistens aus Dänemark kommen. Starken Veränderungen, vor allem infolge jahreszeitlicher Schwankungen und winterlicher Verluste im Gebirge, ist die Zahl der Schafe unterworfen. Mit über 26 Millionen Tieren (1970) hat das UK den absolut größten Bestand unter allen europäischen Staaten. Die Erzeugung von Schaf- und Lammfleisch (1971 rund 0,2 Mill. t) und Wolle (1971 etwa 43 000 t) ist daher größer als in allen EG-Ländern zusammen. Aus Schafhäuten werden modische Mäntel und Jacken, aus Wolle Teppiche und Tweedstoffe hergestellt.

Die Geflügelhaltung, die sich in der Nachkriegszeit kräftig entwickelt hat, ist durch Spezialisierung und Intensität gekennzeichnet. Das kommt u. a. darin zum Ausdruck, daß 70% aller Legetiere in Betrieben mit über tausend Stück gehalten werden, einige Betriebe besitzen mehr als hunderttausend Stück. Mit 132 Millionen Tieren (1971), zum weitaus größten Teil Hühner, und einer Legeleistung von zweihundert Eiern je Henne und Jahr, ist das UK Selbstversorger in Eiern; die Produktion von broilers (Tafelhähnchen) erreicht bis zu 300 Millionen Stück im Jahr. Schwerpunkte der verbreiteten Geflügelhaltung liegen in Lancashire und Nordirland.

In großräumiger Sicht heben sich unterschiedliche, durch Natur, wirtschaftshistorisches Erbe und Markt geformte Agrargebiete heraus, zwischen denen es verschiedenartige Beziehungen gibt. So halten die Gebirgsfarmer vor allem Schafe oder ziehen Rinder auf, um sie an Grünlandbetriebe des Tieflandes zu verkaufen, die entweder auf Milch- oder auf Fleischproduktion eingestellt sind. Der Zuckerrübenfarmer besitzt häufig eine größere Rinderzahl, um die Nebenprodukte des Zuckerrübenanbaus zu verfüttern. Die agrarischen Produkte werden vorwiegend durch den privaten Zwischenhandel – Getreidehändler, Viehmärkte, Fleischfabriken, Molkereien – auf den Markt geworfen oder durch Absatzgenossenschaften der Erzeuger. Bei manchen Erzeugnissen schalten sich Behörden und Kommissionen (marketing boards) ein. Sie dürfen regulierende Verordnungen erlassen. Nationale Güteklassen, die seit 1968 eingeführt wurden, sollen die Wettbewerbschancen der einheimischen Produkte gegenüber Importen verbessern. Behörden, die sich wie die Home-Grown-Cereals-Authority mit der Verbesserung der Produkte und ihrem Absatz befassen, sind ähnlich raumwirksam wie die naturgeographischen Verhältnisse oder das freie Spiel des Marktes. Mit erheblichen Regierungsbeihilfen wurde auch der berühmte Londoner Gemüsemarkt Covent Garden aus der City, wo er eine beengte Lage einnahm, verlegt und im Süden der Metropole in moderner Form neu errichtet.

Bei den ländlichen Siedlungen unterscheidet eine Grobgliederung ein Streusiedlungsgebiet mit Einzelhöfen und Weilern in Schottland, Nord- und Westengland, Wales und Irland und ein Dorfgebiet im übrigen England. Dies deckt sich größtenteils mit Niederbritannien. Indes ist in keinem der beiden Gebiete nur eine Siedlungsform vertreten, zumal diese mehr einen bestimmten Entwicklungsprozeß der Siedlungen verkörpert als einen unabänderlichen Zustand. Im Streusiedlungsgebiet sind die Einzelhöfe meist im Zusammenhang mit der Neuordnung des ländlichen Raumes durch Einhegungen entstanden; vorher waren Weiler und Kleindörfer vorherrschend, von denen es noch wenige gibt. In den Dörfern ist eine dichte Reihung der Gebäude oft ein Hinweis auf die nichtagrarische Funktion der Siedlung; die hochgradige Verstädterung hat vielfach die früher schärferen Unterschiede zwischen Stadt und Land verwischt.

Devon, Dartmoor · Farm unweit Exeter. Das Bergland ist Viehzuchtgebiet und gehört größtenteils zum Dartmoor Nationalpark.

Zwar liegen noch viele Farmen in Dörfern, doch häufiger in locker gebauten Weilern oder als stattliche Einzelhöfe an den Gemarkungsrändern der Dörfer. Dort sind sie in den letzten Jahrhunderten im Zusammenhang mit den Einhegungen errichtet worden. Die alten Kirchdörfer, die ihre agrarische Funktion mehr oder weniger verloren haben, sind öfter zentrale Orte niederen Ranges, häufiger noch steht die reine Wohnfunktion an erster Stelle; ihre Einwohner fahren zur täglichen Arbeit in Fabriken oder Büros benachbarter Städte. Die Formen der ländlichen Gebäude zeigen in ihren älteren Vertretern eine große Vielfalt: vom Fachwerkhaus in Kent über die Gebäude aus Feuerstein (flint) in Ostanglien bis zu den massiven Bruchsteinhöfen in Orkney. Verbreitet sind im südöstlichen England mit seinem starken Entwicklungstempo Farmen, die sich aus Gebäuden unterschiedlichen Alters zusammensetzen. Das Hauptproblem der ländlichen Gebäude besteht darin, daß sie meistens aus früheren Jahrhunderten stammen und damit auf Wirtschaftsformen und Bodennutzungssysteme der Vergangenheit zugeschnitten sind. Daher werden gegenwärtig vom Staat erhebliche Mittel bereitgestellt, die Gebäude den heutigen Erfordernissen anzupassen. Wo das schon gelungen ist, unterscheiden sich die Formen in ihrem Äußeren kaum noch von Gewerbebetrieben. Jedenfalls werden Dorfstraßen mit malerischen Fachwerkhäusern, womöglich mit Strohdach, die in Bildbänden und Fremdenverkehrsprospekten gewöhnlich die ländlichen Siedlungen repräsentieren, in der Regel nicht mehr von Landwirten bewohnt.

Neben den landwirtschaftlichen Erzeugnissen spielt der Fisch für die menschliche Ernährung (und zur Fischmehlbereitung) eine bedeutende, für Düngemittel eine geringe Rolle.

Der Fischverbrauch ist im ganzen zurückgegangen und erreicht nur noch drei Viertel des Vorkriegsverzehrs. Die Fischerei mit Flotte, Verarbeitung und Handel ist vor allem für die schottische Wirtschaft von Bedeutung. Mit rund 1,1 Millionen t Fangertrag stand das UK im Jahre 1970 an fünfzehnter Stelle der Fischereistaaten. Obwohl die britischen Fischer zwischen der Westküste Grönlands, der Barentssee und der marokkanischen Küste fangen, kommt ein großer Teil der Anlandungen vom kontinentalen Schelf aus der Umgebung der Britischen Inseln. Die modernen Hochsee-Trawler, insbesondere die großen Fang- und Fabrikschiffe, benötigen leistungsfähige Häfen, die in kurzer Zeit große Anlandungen umschlagen. Daher sind die großen Fangschiffe, die heute den Hauptumsatz abwickeln, auf wenige große Häfen konzentriert. Von den wichtigsten liegen an der englischen Ostküste Hull und Grimsby, an der Westküste Fleetwood, in Wales Milford-Haven und in Schottland Aberdeen. Neue Fabrikschiffe, die den Fisch sofort nach dem Fang – teils filetiert – einfrieren, operieren in den Gewässern um Neufundland, Labrador, Grönland und in der Barentssee.

Forst- und Naturparks

Die Länder der Britischen Inseln sind infolge der Vernichtung des Waldes durch den Menschen die waldärmsten Europas und rangieren nach dem Anteil des Waldes am Staatsgebiet noch hinter Griechenland und den Niederlanden. Umfangreiche Aufforstungen, die seit Jahrzehnten andauern, führen allmählich zu einer Wandlung. Trotzdem umfaßt das Waldland nur 6,5% der gesamten Landesfläche; die Holzbodenfläche, zu der auch Kahlschläge gehören, liegt mit 7,75% Anteil wenig darüber. Ein Schwerpunkt der staatlichen Anpflanzungen der letzten Jahre befand sich in Schottland, wo vor allem im Hochland und im südschottischen Bergland umfangreiche Nadelholzkulturen angelegt wurden. Dazu dienten vor allem Naturweiden unterhalb der natürlichen Waldgrenze, die im zentralen Hochland bei 600–650 m liegt und an der Westküste kaum über den Meeresspiegel hinaufreicht. Im atlantischen Cornwall soll in einer 100 m hoch gelegenen Anpflanzung experimentell geprüft werden, inwieweit dort Waldbäume in einer durch Stürme gefährdeten Exposition noch wachsen können. Die niedrige Lage der Baumgrenze wird nicht durch die Temperatur, sondern durch den Wind bestimmt. Er ist für alle Anpflanzungen im Gebirge ein Problem, da Stürme die Bäume austrocknen und mechanisch schädigen. In den großen schottischen Forsten, die wie Glen Trool oder der Border Forest Park nationale Forstparks sind und damit einen hohen Freizeitwert haben, ist nur ein Teil des Gebietes Holzbodenfläche. An Steilhängen, auf ärmsten Böden, Moor und allen Lagen über 500–600 m müssen aus naturgeographischen oder wirtschaftlichen Gründen Aufforstungen unterbleiben. In den Forstparks gibt es neben attraktiven Landschaftsbildern und Wäldern geschützte Pflanzen und Tierarten in freier Wildbahn sowie historische und vorgeschichtliche Denkmäler. Die Parks verbinden forstwirtschaftliche Gesichtspunkte mit den Bestrebungen von Naturschutz, Denkmalpflege, Bildung und Fremdenverkehr. Nationalparks sind großräumige, durch natürliche und meist auch historisch-geographische Eigenart, durch Schönheit, Luftreinheit und damit auch Erholungswert hervorragende Regionen. Sie genießen als solche den Schutz der Gesetze zur Erhaltung ihrer Eigenart und sind mit Einrichtungen für den Erholungsverkehr versehen (u. a. Park- und Campingplätze); England und Wales besitzen zehn derartige Parks, die fast 10% der gesamten Landesfläche umfassen. Schottland hat im Gebirge fünf große Landschaftsschutzgebiete mit Fjorden, großen Seen und alpinen Massiven (u. a. Ben Nevis, Cairngorms); auch für Nordirland sind Parks vorgesehen. Die Irische Republik kann sich dank agrarischem Charakter und geringer Bevölkerungsdichte auf zwei Parks beschränken. Ferner gibt es im UK 125 größere und 2200 lokale Naturschutzgebiete. Andere Maßnahmen zur Erhaltung von naturnahen Landstrichen mit dem Ziel, der Bevölkerung in den großen Agglomerationen schnell erreichbares Freizeitgelände zugänglich zu machen, sind die gesetzlich verankerten Einrichtungen von Grüngürteln und sonstigen Erholungsgebieten (country parks). Sie sollen auch das weitere Zusammenwachsen von Siedlungen verhindern.

Verstädtertes und entvölkertes Land – Stadtgründungen auf grüner Wiese ...

Zieht man um den Mittelpunkt Birmingham eine Ellipse mit den Endpunkten der großen Achse im Nordwesten in Blackpool und in Hastings im Südosten, so umfaßt man den stark industrialisierten und verstädterten englischen Kern: Mittelengland nebst südlichem Lancashire, westlichem Yorkshire und der Region London, ein Gebiet mit der Hälfte der britischen Bevölkerung. Andere Regionen stärkster Häufung der Bevölkerung sind die mittelschottische Senke, die nordostenglische Küstenzone vom unteren Tweed bis zum unteren Tees, Südostwales, die Region Bristol und die englische Südküste von Poole in Dorset nach Osten. Diesen Ballungsgebieten stehen als Schwund-, wenn nicht gar als Leerräume gegenüber: alle Gebirge Schottlands mit Einschluß seiner Inseln, die nördlichen Penninen, das Gebirge in Wales, die Bergländer von Südwestengland und der größte Teil von Irland. Dazwischen liegen die Räume mittlerer Dichte, wozu z.B. der ostenglische Küstenstreifen zwischen Wash und Southend gehört. Das Hauptproblem für Landesplanung und Landesentwicklung besteht darin, daß sich die erheblichen Gegensätze in der Bevölkerungsdichte, die sich in dieser ausgeprägten Form erst mit der Industrialisierung eingestellt haben, weiter verstärken statt abschwächen. Schon seit den frühen zwanziger Jahren dieses Jahrhunderts leben rund 33% der britischen Bevölkerung in den sieben großen Ballungsgebieten (Conurbationen), deren Strukturschwierigkeiten durch vielfältige Ansprüche der modernen Industriegesellschaft an den Raum immer weiter wachsen. Da von den 4,3 Millionen Neubauwohnungen der Zwischenkriegszeit vier Millionen als zweigeschossige Einfamilienhäuser mit kleinen Vor- und größeren Hintergärten errichtet wurden, verdoppelten viele Großstädte ihre Fläche. Da eine Planung, welche die Entwicklung der einzelnen Stadt- und Vorortbezirke bestmöglich aufeinander abgestimmt hätte, fehlte, entstanden sich weit über die administrativen Grenzen erstreckende monotone Stadtrandsiedlungen, oft mit unzureichender Verbindung an die Stadtkerne. Es wurden immer neue Eingemeindungen erforderlich, durch die jedoch die Schwierigkeiten für ein ausreichendes Angebot an städtischen Dienstleistungen zwar zu mildern, aber nicht zu beheben waren. So griff ohne Steuerung und Ordnung die Zersiedlung der Landschaft in den Verdichtungsgebieten immer weiter um sich, ein Vorgang, der durch die neue Gesetzgebung zwar abgeschwächt, aber noch nicht völlig unterbunden wird. Da sich immer mehr Randgemeinden, insbesondere Klein- und Mittelstädte, gegen Eingemeindungen in die ausufernden Großstädte wehrten und wehren, entstanden durch Zusammenwachsen verschiedener Städte die Conurbationen (con + urbs). Die Stadt Manchester hat 541 000 Einwohner (1971), ihre Conurbation (= South-East-Lancashire)

Devon, Plymouth · Neues Zentrum der im Zweiten Weltkrieg schwer zerstörten Stadt (hier: Royal Parade, Ostseite).

aber 2,4 Millionen Einwohner, die auf 52 selbständige, jedoch aneinander grenzende administrative Einheiten ohne übergeordnete Zentralverwaltung verteilt sind. Unter ihnen sind außer Manchester vier weitere Großstädte zwischen 100000 und 200000 Einwohner und zwei Mittelstädte über 50000 Einwohner. Da die anderen Conurbationen im Prinzip die gleichen Strukturprobleme besitzen, gehört eine administrative Neuordnung zu den Zukunftsaufgaben.

Ein Modell bietet die Neuordnung der Conurbation London. 1963 wurde die Grafschaft London (3,2 Millionen Einwohner) und ein breiter Gürtel angrenzender Vororte zu Greater London mit (1971) 7,4 Millionen Einwohnern zusammengefaßt. Ein weiteres Ausufern der bebauten Fläche soll in London, wie in anderen Großstädten, durch einen gesetzlich geschützten Grüngürtel verhindert werden. Die überschüssige Bevölkerung wird jenseits in neuen Städten (New Towns) oder in den dort schon vorhandenen Orten unter besonderer Berücksichtigung der Mittel- und Kleinstädte, die großzügig ausgebaut werden, angesiedelt. London hat in den Nachkriegsjahren einen ganzen Kranz von New Towns erhalten. Zählt man die Verdichtungszone um den Grüngürtel aufgrund ihrer Verflechtungen zu London, ergeben sich 10 Millionen Einwohner.

Eine Kehrseite der Bevölkerungsballung in den Verdichtungsräumen ist die Abwanderung aus ländlichen Gebieten. Sofern es sich dabei um Arbeitskräfte handelt, die durch Vergrößerung landwirtschaftlicher Betriebe freigesetzt werden, ist sie volkswirtschaftlich notwendig. Auch Orts- und Flurwüstungen in den gebirgigen Randgebieten (Hochland und Inseln von Schottland u. a. m.) gehören im nationalen Rahmen zu den Begleiterscheinungen einer sich modernisierenden Landwirtschaft. Sobald die Abwanderung auch kleine und mittlere Städte, selbst randliche Industriegebiete ergreift und zu weiteren Verdichtungen der mittel- und südenglischen Kernzone führt, wird sie zum Alarmzeichen für die britische Landesplanung.

Seit Kriegsende sind im Vereinigten Königreich 31 neue Städte gegründet worden: 23 in England und Wales, 5 in Schottland und 3 in Nordirland. Sie wurden auf grüner Wiese, in Anlehnung an ein Dorf oder eine Kleinstadt erbaut und sollen zwischen 30000 und 250000 Einwohner aufnehmen. Anlaß zur Gründung waren die Nachteile in den übervölkerten Riesenstädten: unhygienische Wohnverhältnisse, lange Wege zur Arbeit, verstopfte Straßen, wenig Grünanlagen, weite Entfernungen zu den Freizeit- und Erholungsflächen der Umgebung. Diese Nachteile werden dank überlegter Standortwahl und durchdachter Planung in den neuen Städten vermieden. Sie bieten allen ihren Einwohnern das, was in den großen Ballungsgebieten nur wenigen vorbehalten ist: der tägliche Ausblick auf Bäume und Sträucher, Gras, Blumen, gefällige Gebäude, gute Luft und Ruhe, ohne daß ihre Bewohner auf die wesentlichen Annehmlichkeiten des Stadtlebens verzichten müssen. Die Bevölkerung besteht vorwiegend aus jungen Ehepaaren zwischen zwanzig und vierzig mit kleinen Kindern. Da die meisten ein schmales, düsteres Reihenhaus, eine Mietwohnung oder nur einzelne Zimmer in London oder einer anderen Riesenstadt gegen ein freundliches Reihenhaus mit eigenem Garten tauschen konnten, ist die Mehrzahl mit ihrer neuen Umgebung zufrieden. Die neue Stadt Crawley z. B. hat in fünfzehn Jahren nur 0,2% Rückwanderer im Jahr nach London verloren. Gewiß, manche Neubürger vermissen ihre Kneipe an der Ecke, alte Bekannte oder ihren beliebten Klub; doch bei gutem Willen ergeben sich genügend neue Möglichkeiten. Allein die neue Stadt Harlow besitzt bei fast 80000 Einwohnern bereits vierhundert Vereine und Klubs.

Die Nachbarschaften oder Wohnbezirke der neuen Städte, die 5000 bis 20000 Bewohner umfassen, besitzen ein eigenes

Der Hyde Park – ein soziales Ventil

Die Einwanderung von 1,4 Mill. Farbigen nach Großbritannien hat durch deren Massierung in großen Städten zu Spannungen geführt. In der Rednerecke (Speaker's Corner) des Londoner Hyde Park lassen sich Aggressionen abreagieren. Hier werden in völlig freier Meinungsäußerung Rassenhaß, Imperialismus, die britische Gesellschaft und ihre Regierung, Parteien, Kirchenpolitik, Gottlosigkeit, Verbrechen und Militarismus angeklagt. Ernsthafte Argumente und utopische Phantastereien von Rednern unterschiedlichster Farbe, Partei und Weltanschauung geben wie kaum anderswo Einblicke in Volksmeinungen einer Weltstadt.

YOU ARE IMPORTANT
YOU ARE THE LIGHT OF THE WORLD
YOU ARE THE SALT OF THE EARTH
YOU HAVE HEAVEN WITHIN YOU
YOU MUST CONSIDER YOUR NEIGHBOUR AS YOURSELF
BECAUSE THE KINGDOM OF HEAVEN IS AMONG YOU
IT ALL DEPENDS ON YOU

Einkaufszentrum und ein bis zwei Nebenzentren. Im Mittelpunkt jeder Stadt liegt das große Zentrum mit Verwaltungs-, Geschäfts-, Kultur- und Freizeiteinrichtungen, umgeben von großen Parkplätzen, in guter Anbindung an die anderen Stadtbezirke. Besondere Industrieviertel, sauber, durchgrünt und mit ansprechender Architektur, liegen in Fußwegentfernung von den Wohnvierteln, von diesen durch Grünstreifen getrennt. Viele Fabriken sind aus den Riesenstädten nach hier verlegt worden und haben ihre Arbeitskräfte nebst Familien mitgebracht. Insgesamt haben sich in den neuen Städten bislang rund tausend Fabriken mit 150 000 Arbeitsplätzen niedergelassen; zahlreiche weitere sind im Bau, da die Entwicklung der meisten Städte noch nicht abgeschlossen ist.

Für die Anziehungskraft der neuen Städte spricht nicht nur, daß sie in den letzten zwanzig Jahren mehr als eine halbe Million Neubürger aufgenommen haben. Bereits einige von ihnen sind zentrale Orte mit leistungsfähigem Angebot für ihre Umgebung geworden. Alle diese Erfolge ermutigen zu weiteren Gründungen, die auch vorgesehen sind. Parallel zum Bau neuer Städte laufen in allen Industriegroßstädten Programme zur Erneuerung ihrer Zentren. Diese können freilich nicht wie die neuen Städte nach dem Modell der Gartenstadt entwickelt werden. Die neuen Wohn- und Verkehrsbauten, die Gewerbe-, Verwaltungs-, Bildungs- und Vergnügungseinrichtungen samt Grünanlagen müssen auf die Knappheit des Raumes Rücksicht nehmen. Dennoch kommen ansprechende Kompromisse zwischen Planung, Architekten und den Ansprüchen der verschiedenen Gruppen zustande. Selbstverständlich dominieren hier Hochhäuser, Großwohnanlagen und urbane Verkehrs- und Versorgungseinrichtungen.

Die letzte Dampflok fuhr 1968 – Modernisierung von Verkehr und Bergbau

Wenn 1968 die letzte Dampflokomotive außer Dienst gestellt wurde, ist das nur ein äußeres Zeichen für eine tiefgreifende Modernisierung der britischen Eisenbahnen gewesen. Sie kämpfen wie die Deutsche Bundesbahn seit vielen Jahren mit dem Defizit, so daß die kostensparende Technisierung durch Elektrifizierung, automatische Verladung von Massengütern, Einführung des Containerverkehrs u. a. Rationalisierungsmaßnahmen rasch vorangetrieben werden. Ein weiterer Weg zur Gesundung besteht in der Stillegung unrentabler Linien.

Planungsregionen und neue Städte in Großbritannien

(Stand: 1969)

Allein von 1950 bis 1969 sind 11 000 km Strecke und damit ein Drittel des gesamten Schienennetzes aufgelassen worden. Es handelt sich um Linien in ländlichen und peripheren Räumen, die besser durch Bus und Lastkraftwagen bedient werden. Auf den Hauptstrecken, insbesondere zwischen den Ballungsgebieten, spielt die Eisenbahn im Pendelverkehr, im neuen Intercity-Schnellverkehr, für viele Massengüter und durch den neuen Containerverkehr weiterhin eine wichtige Rolle. Ihre Bedeutung wird sich verstärken, wenn sich der für die späten siebziger Jahre geplante Eisenbahntunnel durch den Kanal realisieren läßt. Auch der Anschluß an die EWG wird den für die Bahn wichtigen Fernverkehr verstärken. Das Flugzeug ist nur im Personenverkehr von und nach Schottland eine Konkurrenz. Mit dem Ausbau der Straßen, die ein sich rasch verdichtendes Autobahnnetz ergänzt, behält der Kraftwagenverkehr seine führende Stellung. Er hat sie auf Kosten der Bahn errungen, weil er ihr durch seine größere Flexibilität und die Möglichkeit des Haus-zu-Haus-Verkehrs überlegen ist. Über Meeresarme und Trichtermündungen wurden, meist im Zusammenhang mit dem Autobahnbau, Brücken errichtet, von denen einige zu den längsten der Erde zählen (u. a. Firth of Forth, Severn). In London wurde die Themse, in Liverpool der Mersey zusätzlich untertunnelt.

Nationale Verkehrsdrehscheibe und Schwerpunkt des Weltverkehrs ist London. Allein die Pendler zur Innenstadt zählen 1,25 Millionen; zu 90% benutzen sie Schnellbahn, U-Bahn oder Bus. London hat 800 Personenbahnhöfe, von denen 277 auf die U-Bahn entfallen, die 1969 eine achte Linie (Victoria) erhalten hat. Daneben sind 8000 meist doppelstöckige Autobusse und 8200 Taxis im Einsatz.

Schiffs- und Flughäfen sind die Bindeglieder zur Außenwelt. Da die Hochsee von allen Richtungen in tiefen Trichtermündungen und Buchten ins Land greift, gibt es über dreihundert Hochseehäfen, darunter Tiefwasserhäfen, die ganze Flotten aufnehmen können. Sie sind für die modernen Supertanker geeignet und damit von größtem Wert für die britische Wirtschaft. Die höchste Tonnage von vollgeladenen Schiffen, die derzeit aufgenommen werden kann, ist: Bantry Bay (Südwest-Irland) 312 000 t, Milford Haven (Südwest Wales) 250 000 t, Thames Haven (London) 210 000 t, Tranmere (Liverpool), Fawley (Southampton) beide je 100 000 t. Durch Baggern sollen ausgebaut werden: Immingham für 250 000 t, Finnart (Glasgow) und Coryton (London) für je 200 000 t. Die meisten dieser Häfen sind bereits mit großen Raffinerien verbunden. Die Mechanisierung eines Dutzends bedeutender Häfen mit automatischen und Container-Umschlageinrichtungen und Möglichkeiten zum »roll-on, roll-off service« (Lastwagenverladung ins Schiff) ist weit fortgeschritten.

Der Londoner Hafen, der mehrere Systeme großer Becken (Docks) und die Themse umfaßt, ist der wichtigste des Commonwealth of Nations und gehört mit Rotterdam und New York zu den drei größten der Erde. 1970 betrug sein Umschlag 57 Millionen t; mit 29 Millionen t (1970) folgt der Hafen Liverpool, der u. a. auf den Verkehr mit dem Fernen Osten und Irland spezialisiert ist. Dover ist der Haupthafen zur Verbindung mit Europa; von hier und anderen Häfen gehen Hovercraft-Schnelldienste (Luftkissenboote) ganzjährig zu kontinentalen Häfen. Ihre Fahrzeit von Dover nach Boulogne beträgt nur noch 35 Minuten. Southampton ist wichtigster Passagierhafen nach Übersee.

An erster Stelle im internationalen Fernverkehr von Personen steht das Flugzeug. Führend sind (1972) die beiden Londoner Flugplätze Heathrow (London Airport) mit 18,7 Millionen Passagieren im Jahr und Gatwick mit 5,4 Millionen. Mitte der siebziger Jahre benötigt London einen dritten Flughafen, für den die Insel Foulness nördlich der Themsemündung vorgesehen ist. In der Größenordnung um zwei Millionen Fluggäste rangieren Abbotsinch (bei Glasgow) und Manchester. Beachtliche Mengen hochwertiger Güter werden bereits auf dem Luftweg transportiert.

Auch die Energieversorgung mußte umgestellt werden. Für eine durchgehende Erneuerung des Kohlenbaus ist der National Coal Board verantwortlich. Er hat ähnliche Schwierigkeiten zu überwinden wie der Bergbau in der EWG. Eine Rationalisierungsfrucht ist der Rückgang der Kohlengruben in den letzten zehn Jahren um die Hälfte; die Zahl der Arbeitskräfte hat sich um 300 000 vermindert und die Mechanisierung ist vollständig geworden. Nur noch vier Steinkohlenreviere haben eine größere Bedeutung: 1. Yorkshire, Derbyshire und Nottinghamshire; 2. Durham und Northumberland; 3. South Wales; 4. schottische Central Lowlands (mittelschottische Senke). Während im Jahre 1950 noch 90% der Energie aus Kohle kam, werden es 1975 nur noch 34% sein, 42% werden aus Öl, 14% aus Naturgas und 10% aus Atomenergie und Hydroelektrizität kommen. Dank günstiger Tiefwasserhäfen ist die Versorgung mit Erdöl glänzend. Die Kapazitäten der 23 Raffinerien übertreffen 100 Millionen t im Jahr; die größten erreichen einen Jahresdurchschnitt von jeweils 10–18 Millionen t.

Seit der Entdeckung von Erdgasquellen im Jahre 1965 in der Nordsee vor der ostenglischen Küste sind vier ergiebige Felder produktiv geworden. Alle wichtigen Industriegebiete, auch London und Schottland, sind von oder werden bald durch Erdgasleitungen erschlossen. Die neuen Erdölfelder vor der ostschottischen Küste versprechen lohnende Ausbeute.

Die Regionen im Strukturwandel

Eines der größten Strukturprobleme ist die Vorherrschaft der Südost-Region (17,2 Millionen Einwohner) mit London, das nicht allein das alles überragende Dienstleistungs- und Wirtschaftszentrum der Britischen Inseln ist, sondern auch zu den ersten Weltstädten gehört. Sie enthält den bedeutendsten europäischen Flughafen, den größten britischen Passagierhafen (Southampton) und entlang der Südküste eine stattliche Reihe von Seebädern. Sie dienen nicht allein der Erholung, sondern auch als Ruhesitz, ja bereits als Wohnorte für Pendler höherer Gehaltsgruppen nach London. Daher besitzt der Südosten eine größere Bevölkerungszahl als jede andere britische Region, und dank der expandierenden Industrie ist die Vermehrung der Zahl der Arbeitsplätze größer als sonst. Daraus ergeben sich neue Anreize, in die Südostregion zu ziehen, so daß die Schwierigkeiten trotz Gründung neuer Städte fortdauern. Durch den Eintritt des UK in die EWG wird sich das Übergewicht der Südostregion noch verstärken, da sie das niederländische, belgische und französische Ballungsgebiet über den Kanal hinaus fortsetzt. Deshalb ist ein Hauptanliegen der britischen Landesplanung, in den nächsten Jahrzehnten einen stärkeren Ausgleich zwischen den Regionen herbeizuführen. Es wird z. B. geplant, einen Teil des Bevölkerungsüberhanges der Südostregion in die benachbarte Region East Anglia (1,6 Millionen Einwohner) zu leiten. Dort sind noch 10% aller Erwerbstätigen in der Landwirtschaft beschäftigt, eine für Großbritannien überdurchschnittlich hohe Zahl.

Besonders günstig ist die Industriestruktur der Region East Midlands (3,3 Millionen Einwohner) durch den hohen Anteil an Branchen mit großer Produktivität und modernem Technisierungsgrad. Die Region Yorkshire and Humberside (4,8 Mil-

Devon, Berglandheide (Buckland in the Moor) · Natursteinmauern umfrieden zwei der selten gewordenen ried- bzw. strohgedeckten Häuser.

lionen Einwohner) besitzt eine vielseitige Industrie und zusätzlich ein großes Potential zu weiterer industrieller Expansion und Entwicklung. Zu den künftigen Aufgaben gehört die Ansiedlung neuer Industriezweige, um die wirtschaftliche Grundlage für einzelne Gebietsteile mit einseitiger Struktur (Kohlebergbau, Stahl, Textilien) zu verbreitern, unter Schaffung von mehr Arbeitsplätzen für Frauen. Günstig für die künftige Industrialisierung sind die neu entdeckten Erdgasvorkommen in der Nordsee und die Möglichkeit zum weiteren Ausbau von Tiefwasserhäfen im Humber-Ästuar. Die Wirtschaftskraft der Region West-Midlands (5 Millionen Einwohner) ist konzentriert auf Birmingham, Coventry mit vorherrschenden Industriezweigen Bergbau, Eisen- und Stahlwaren, Fahrzeugbau, Elektrotechnik, Chemie und auf das sogenannte Black Country (nordwestlich von Birmingham). Sein Name ist rein historisch; das Schrumpfen des Bergbaus auf wenige, aber tiefe und sauber gewordene Kohlengruben und die Einstellung des Eisenerzbergbaus und der mit ihm verbundenen Verhüttung haben sein Wirtschaftsgefüge grundlegend verändert. Moderne Wachstumsindustrien ohne stärkere Schmutz- und Rauchentwicklung sind an die Stelle aufgelassener Betriebe mit Umweltverschmutzung getreten. Die Region North-West (6,8 Millionen Einwohner) erhält ihre Problematik durch die starke Bevölkerungsballung an ihrer Südgrenze mit den Conurbationen Mersey-Side (1,4 Millionen Einwohner) und South East Lancashire (2,4 Millionen Einwohner); ihre Hauptstädte Liverpool und Manchester sind verkehrsreiche Hochseehäfen und bedeutende Zentren von Handel und Industrie. Ein Gegengewicht zur Bevölkerungsballung im Süden bilden die benachbarten Nationalparks Peak und Lake District. Die im 19. Jahrhundert dominierende Baumwollindustrie ist zugunsten einer ausgeglichenen Wirtschaftsstruktur durch andere Industriezweige von der Spitze verdrängt worden, unter ihnen: Bekleidung, Maschinenbau, Fahrzeug- und Schiffsbau, Elektrotechnik, Stahl, Chemie und Glas. Dennoch gibt es in einigen Städten eine strukturelle Arbeitslosigkeit infolge des weiteren Schrumpfens der Baumwollindustrie. Daher bemüht sich die Planungsbehörde um weitere Ansiedlung expansiver Industriezweige. Im Rahmen von Maßnahmen zur Strukturverbesserung ist neben der Erneuerung der Stadtkerne der Ausbau des Landstraßen- und Autobahnnetzes geplant.

Auch in der Region Northern (3,3 Millionen Einwohner) ist die Bevölkerung ungleichmäßig verteilt. Sie umfaßt in ihren dünnbesiedelten Gebieten vier Nationalparks, während sich an der Küste die Besiedlung in einem relativ schmalen Streifen zusammenballt, insbesondere in der Conurbation Tyneside und der aus mehreren Städten, darunter Middlesbrough neu gebildeten Großstadt Teesside (400000 Einwohner). Die früher vorherrschende Schwerindustrie mit Steinkohlenbergbau, Eisen- und Stahlindustrie und Schiffsbau vermindert laufend ihre Bedeutung, so daß auch hier Strukturschwächen eingetreten sind. Sie sollen durch weitreichende Landesentwicklungspläne überwunden werden, wozu u. a. die Entwicklung neuer Städte, eine Autobahn, die Erneuerung alter Stadtkerne und die Ansiedlung neuer Industrien gehört.

Die strukturelle Problematik der Region South-West-England (3,7 Millionen Einwohner) ergibt sich aus der augenfälligen Diskrepanz in Bevölkerungswachstum, Arbeitsplatzangebot und Einkommen zwischen ihrer blühenden Subregion mit und um Bristol und dem weniger prosperierenden Süden und Westen mit den Städten Exeter und Plymouth und den kargen Bergländern Exmoor, Dartmoor und Bodmin Moor. Vordringlich ist die weitere Förderung des Fremdenverkehrs, der insbesondere dank mildem Klima und malerischen Buchten an der Südküste, der »englischen Riviera«, günstige Voraussetzungen hat. Wesentliche Verbesserungen werden die Autobahnen nach Südwales, London und Mittelengland bringen. Die Landwirtschaft spielt noch eine Rolle, das städtische Leben ist überwiegend in Kleinstädten konzentriert. Wales (2,7 Millionen Einwohner) mit Monmouthshire umfaßt 8,5% der Landfläche von Britannien, aber nur 5% seiner Bevölkerung, von der rund zwei Drittel im Industriegürtel von Südwales mit den größten Städten Cardiff, Swansea und Newport wohnen. Alle drei sind Zentren von Verwaltung, Industrie und Handel und bedeutende Häfen. Da die Wirtschaftskraft von Wales einseitig auf Kohlen, Eisen und Stahl beruhte, ist es zu Krisen gekommen. In ihrer Überwindung sind durch neue Industriezweige Erfolge erzielt worden; die Autobahnbrücke über den Severn-Ästuar zur Verbindung des Südwaliser Industriegebiets mit Bristol ist wirtschaftsfördernd. Gebirge und periphere Lage von Schottland (5,2 Millionen Einwohner) kommen in seiner geringen Bevölkerungsdichte zum Ausdruck. Es umfaßt 32% der Landfläche von Britannien, jedoch nur 10% seiner Bewohner. Das Hauptindustriegebiet liegt in der zentralen Senke um Glasgow und Edinburgh. Dort, wo 75% der Bevölkerung leben, liegen die meisten Fabriken, der Schwerpunkt des Handels, Verkehrs, der Verwaltung und der kulturellen Einrichtungen. Das Problem der strukturellen Arbeitslosigkeit ist größer als in England. Die traditionellen Industrien – Schiffs- und Bergbau, Schwerindustrie – haben an Bedeutung verloren; durch Rationalisierung hat die Landwirtschaft zahlreiche Arbeitskräfte freigesetzt. Da bislang nicht genügend zusätzliche Arbeitsplätze geschaffen worden sind, haben allein von 1951 bis 1961 rund 250000 Auswanderer Schottland verlassen. Daher zielen die Landesentwicklungspläne auf moderne Industrien ab, die genügend zusätzliche Arbeitskräfte bereitstellen. Eine Entwicklungsbehörde befaßt sich mit dem Förderungsgebiet »Hochland und Inseln«, das seit langem einen starken Bevölkerungsrückgang verzeichnet. Ein wesentlicher Antrieb wird von den Nordsee-Ölfeldern ausgehen. In Nordirland (1,5 Millionen Einwohner) gibt es ähnliche Strukturprobleme wie in Schottland. Während das Land 5,5% der Fläche von Britannien einnimmt, umfaßt es nur 2,7% seiner Bevölkerung, von der ein erheblicher Teil in der Agglomeration Belfast (550000 Einwohner) lebt. Schiffs- und Flugzeugbau, Maschinenbau, Elektrotechnik, Kunstfaser- und Textilherstellung sind neben der Landwirtschaft die bedeutendsten Wirtschaftszweige. Eine Krise der traditionellen Industrien – Schiffsbau und Leinenfabrikation – führte zur Ansiedlung wachstumsorientierter Branchen, die in den letzten zwanzig Jahren 120000 zusätzliche Arbeitsplätze geschaffen haben. Die Strukturprobleme der Republik Irland (3,01 Millionen Einwohner) liegen ähnlich, wiewohl es mit rund 35% aller Erwerbstätigen in der Landwirtschaft noch agrarischer ist. Durch Zusammenlegung von Höfen verbessert sich die Agrarstruktur rasch. Allein zwischen 1954 bis 1960 sind 11,5% der Betriebe unter 20 ha eingegangen. Die freigewordenen Arbeitskräfte wandern nur noch zu einem kleinen Teil aus. Die meisten finden Arbeitsplätze in neuen Fabriken. Bereits sind über dreihunderttausend Arbeitskräfte in zahlreichen Branchen beschäftigt. Viele Betriebe sind dank besonderer staatlicher Förderung in ausländischem Besitz. Schon übertrifft die Wertschöpfung der Industrie die der Landwirtschaft, so daß man Irland nicht mehr als reines Agrarland bezeichnen kann. Zu den Strukturproblemen gehört die Konzentration von Fabriken in der Hauptstadt Dublin (mit Vororten 650000 Einwohner). Im Verkehr spielen Flugzeug und Autobus eine wichtige Rolle. Der Flugplatz Shannon umfaßt eine zollfreie Industriezone. Das stark geförderte Fremdenverkehrsgewerbe besitzt in den schönen, naturnahen Landschaften eine gute Grundlage.

Der vollzogene Eintritt von Großbritannien und der Republik Irland in die Europäische Wirtschaftsgemeinschaft hat einen neuen Abschnitt in der Entwicklung der Wirtschaft und damit auch der Bevölkerung und Landschaften der britischen Inseln eingeleitet.

Dury, G.: The British Isles. *London 1968.* – Hartig, P. (Hg.): England. *(Darin u. a. Beiträge von H. Jäger und K. Krüger.) Frankfurt/Berlin/München 1971.* – Hoskins, W. G.: The Making of the English Landscape. *London 1957.* – Leister, I.: Wachstum und Erneuerung britischer Industriegroßstädte. *Wien/Köln/Graz 1970.* – Mitchell, J.: Great Britain. Geographical Essays. *Cambridge 1962.* – Regions of the British Isles. *(Serie, aus der bislang 5 Bde. veröffentlicht sind.) 1960ff.* – Stamp, L. D./Beaver, S. H.: The British Isles. *London 1963.* – Steers, J. A. (Hg.): Field Studies in the British Isles. *London 1964.* – The Atlas of Britain and Northern Ireland. *(Gehört zu den Spitzenleistungen neuerer Länderatlanten.) Oxford 1963.* – Watson, J. W./Sissons, J. B. (Hg.): The British Isles. *London 1964.*

Alle angeführten Werke sind neuere Gesamtdarstellungen. In deutscher Sprache liegen nur vor: Hartig, England, *mit 12 Beiträgen aus dem gesamten Bereich der Auslandskunde – und die mit Abbildungen und Plänen hervorragend ausgestattete Untersuchung von* Leister. *– Als erste Einführung brauchbar sind* Dury *und* Stamp/Beaver *(stärker wirtschaftsgeographisch orientiert). –* Hoskins *hat die umfassendste Kulturlandschaftsgeschichte Englands vorgelegt. – Die Werke von* Mitchell *und* Steers *führen durch regionale, reichlich mit Grafiken ausgestattete Studien in Grundfragen wissenschaftlicher Länderkunde ein. Das gleiche Ziel verfolgen mit einer Gliederung nach den Sachbereichen der Allgemeinen Geographie* Watson/Sissons. *– Eine Länderkunde von Großbritannien bereitet der Verfasser für die Länderkundliche Reihe der Wissenschaftlichen Buchgesellschaft (Darmstadt) vor.*

Gerhard Muschwitz

Die Benelux-Länder

Benelux – ein Begriff für drei europäische Staaten

Die Bezeichnung »Benelux« ist nicht nur ein neues Wort unserer an Abkürzungen reichen Zeit, in ihr verbirgt sich ein Programm bzw. ein Abkommen. Die drei Staaten Belgien, Niederlande und Luxemburg gründeten am 9. Mai 1947, nur zwei Jahre nach dem Ende des Zweiten Weltkrieges, eine übernationale Organisation: eben die »Benelux«. Dieses Abkommen ist von den Exilregierungen der drei Staaten schon am 5. September 1944 abgeschlossen worden mit dem Ziel einer verstärkten wirtschaftlichen Zusammenarbeit, dann einer Zollunion und später sogar einer gemeinsamen sozialökonomischen Politik. Mit dem 1944 geschlossenen, unter den Bedingungen des Jahres 1947 revidierten Vertrag bewiesen die drei Länder, daß überregionale Zusammenschlüsse auf wirtschaftlichem Gebiet nicht in Widerstreit mit nationalen Interessen zu liegen brauchen. Die drei Länder erkannten, daß das Zeitalter der europäischen Einigung begonnen hatte, das sie in Zukunft mit neuen Plänen und Ideen verwirklichen wollen.

Deshalb darf man es nicht für einen Zufall halten, daß fast alle europäischen Organisationen und Institutionen ihren Sitz in einem dieser Staaten haben. Wer als Tourist in die niederländische Residenzstadt Den Haag kommt, wird nicht versäumen, dem Friedenspalast einen Besuch abzustatten, der 1913 für den Ständigen Schiedshof erbaut wurde, eine der frühesten internationalen Organisationen zur Beilegung internationaler Streitigkeiten. Heute ist in dem schloßartigen Backsteinbau der Internationale Gerichtshof untergebracht, eine Institution der Vereinten Nationen. Stärker als Den Haag werden die Städte Luxemburg und Brüssel durch europäische Organisationen geprägt. Befindet sich in Luxemburg die Hohe Behörde, das ausführende Organ der Montanunion, so residiert in Brüssel die Kommission, die Exekutive der Europäischen Wirtschaftsgemeinschaft (EWG), der außer den Benelux-Staaten Frankreich, Italien, die Bundesrepublik Deutschland sowie, seit dem 1. Januar 1973, Großbritannien, die Republik Irland und Dänemark angehören. Auch die Europäische Atomgemeinschaft (Euratom) hat ihren Sitz in Brüssel wie die NATO, die »Nordatlantikpakt-Organisation«. Deshalb kann man die belgische Hauptstadt, deren Bewohner zu einem Fünftel Ausländer sind, die heimliche Hauptstadt Europas – der Europäischen Gemeinschaften (EG) – nennen, in der weitreichende Entscheidungen für ganz Europa getroffen werden.

Für die europäische Einigung haben sich folgende Politiker der Benelux-Länder eingesetzt: der ehemalige belgische Außenminister Paul-Henri Spaak, der von 1952 bis 1954 dem europäischen Parlament als Präsident vorstand und von 1957 bis 1961 Generalsekretär der NATO war; der frühere niederländische Außenminister Dirk Kippko Stikker, der von 1961 bis 1964 das Generalsekretariat der NATO leitete; der langjährige niederländische Außenminister Josef Luns, der sich vor allem für die Erweiterung der EWG durch Großbritannien einsetzte und 1971 das Amt des Generalsekretärs der NATO übernahm. Die Bürger der drei Staaten sind wenig beengt durch nationalistische Vorstellungen, sie wollen Europäer sein, geprägt durch das Vorbild des Erasmus von Rotterdam, der in einer Zeit der Gegensätze sich für Verständigung und Toleranz aussprach.

Als die drei Staaten die Zollunion beschlossen, dachten die Unterzeichner daran, die im Laufe der letzten dreihundert Jahre entstandenen Hindernisse zu überwinden und den Weg für eine freie und friedliche Zusammenarbeit zu öffnen. Damit knüpfen die Politiker von heute an geschichtliche Verbindungen an, die im 19. Jahrhundert, im Zeitalter des Nationalismus, nur wenig sichtbar waren. Im 16. Jahrhundert, zu den Regierungszeiten von Kaiser Karl V. und seines Sohnes Philipp II., waren das heutige Belgien und die Niederlande noch ein Staatsgebilde. Doch im Freiheitskampf der Niederlande, der seit 1568, seit der Hinrichtung der Grafen Egmont und Hoorn in Brüssel, geführt wurde, lösten sich die nördlichen Provinzen von den südlichen und gingen ihre eigenen Wege. Sie erklärten sich selbständig, kündigten dem König von Spanien den Gehorsam auf, schlossen 1579 unter der Führung Wilhelms von Oranien die Union von Utrecht und erhielten im Frieden von Münster und Osnabrück, durch den 1648 der Dreißigjährige Krieg beendet wurde, ihre Sonderstellung bestätigt. Von diesem Zeitpunkt an blieben die Niederlande, von Unterbrechungen abgesehen, ein unabhängiger, selbständiger Staat.

Viel wechselvoller ist die Geschichte der sogenannten spanischen Niederlande – des heutigen Belgiens –, die erst spanisch, später österreichisch, dann französisch, auch niederländisch waren. Diese Gebiete wurden 1793 Frankreich einverleibt; Kaiser Napoleon schuf 1810 ein Königreich Holland, zu dem auch große Teile Belgiens gehörten. Von 1814 bis 1830 übten die Niederländer ihre Herrschaft auch über die Bewohner der südlichen Gebiete, die Belgier, aus, die sich in der Julirevolution von 1830 von dieser Fremdherrschaft befreiten. Da dieser Aufstand den Engländern sehr gelegen kam, bestärkten sie die Unabhängigkeitsbestrebungen der Belgier, und in der Londoner Konferenz von 1831 wurden Unabhängigkeit und Unverletzlichkeit Belgiens festgelegt. Als König des neuen Staates wurde der deutsche Herzog Leopold von Sachsen-Coburg-Gotha eingesetzt, der auch die Verfassung verkündete. Seit der Thronbesteigung am 21. Juli 1831 – der Tag wird heute noch als Nationalfeiertag begangen – gibt es den Staat Belgien.

Luxemburg, der kleinste Staat, wurde auf dem Wiener Kongreß von 1814 zum Großherzogtum erhoben, zugleich aber Mitgliedsland des Deutschen Bundes. Diese Abhängigkeit vom Deutschen Bunde wurde infolge einer verwickelten internationalen Lage im Jahre 1867 aufgegeben; die preußischen Truppen räumten die Festung Luxemburg und schleiften die gewaltigen Festungsanlagen. Nach dem Ersten Weltkrieg löste Luxemburg alle Verbindungen mit dem Deutschen Reich und schloß Zoll- und Wirtschaftsverträge mit Belgien, an dessen Währung es sich anschloß. Obwohl ihnen alle Großmächte, darunter auch das Deutsche Reich, Neutralität garantiert hatten, wurden die Benelux-Länder in beide Weltkriege hineingezogen. Nach ihrer Befreiung von deutschen Truppen begannen die Benelux-Länder untereinander die Zusammenarbeit, um sie nach 1951 im europäischen Rahmen fortzusetzen.

genannten Insulinde; über dreihundert Jahre bestand die wirtschaftliche Zusammenarbeit des Mutterlandes mit ihr. Dann erhielten die Unabhängigkeitsbestrebungen Ostindiens Unterstützung durch die Japaner, die 1942 die Kolonie besetzten. Am 27. Dezember 1949 wurde die niederländische Flagge in Djakarta niedergezogen, und Indonesien erklärte sich unabhängig. Damit waren sämtliche niederländischen Auslandsinvestitionen verloren, außerdem war das Verhältnis zwischen den Niederlanden und Indonesien für Jahre schwer belastet. Die gesamte niederländische Beamtenschaft kehrte in das Mutterland zurück, ja sogar Tausende von Indonesiern, die mit der Kolonialmacht gut zusammengearbeitet hatten, ließen sich in den Niederlanden nieder. Die Eingliederung dieser Menschen in das Wirtschaftsleben bedeutete in den Nachkriegsjahren eine schwere Aufgabe für die Behörden des Landes.

Belgien, Gent
Die Gildehäuser an der Graslei,
Zeugen flämischer Tradition
in der Hauptstadt Ostflanderns.

Starke wirtschaftliche Schwierigkeiten hatten die Niederlande und Belgien zu überwinden, als sich ihre ehemaligen Kolonien nach dem Zweiten Weltkrieg unabhängig erklärten. Die im Jahre 1602 gegründete Niederländisch-Ostindische Kompagnie, eine Handelsgesellschaft, mit vielen Monopolen ausgestattet, hatte im Laufe des 17. Jahrhunderts ein gewaltiges Kolonialreich erworben. In fast allen Erdteilen war diese Handelsgesellschaft aktiv, an der Goldküste in Westafrika, an der Ostküste von Nordamerika (Neu-Amsterdam, das spätere New York), besonders aber in Niederländisch-Indien, der so-

Noch dramatischer gestalteten sich die Ereignisse, als die wichtigste belgische Kolonie, das Kongogebiet, unabhängig wurde. Erst am Ende des 19. Jahrhunderts war Belgien Kolonialmacht geworden, als König Leopold II. Konzessionsrechte und Land im Kongobecken erworben hatte (1884). Dieses Gebiet wurde auf der Berliner Kongo-Konferenz 1885 als unabhängiger, aber dem belgischen König persönlich unterstellter Staat anerkannt. Erst nach Leopolds II. Tode wurde es 1908 echte Kolonie. 1960 gab Belgien den Kongo frei. Doch bald kam es zu blutigen Auseinandersetzungen zwischen den einzelnen Provinzen und der Zentralregierung, die sich, unterstützt von ausländischen Mächten, über Jahre hinzogen. Erst ab 1964 begann sich die Lage zu normalisieren und die Kongorepublik ein wirklich freier Staat zu werden. Diese Vorgänge belasteten auf Jahre hin die Beziehungen zwischen der Kongorepublik und Belgien, die sich erst jüngst zu normalisieren begannen.

Einsatz einer Seilbahn beim Bau des Grevelingendamms

Der Kampf der Niederländer mit dem Meer

Deichanlage bei Lelystad

Warft in Seeland

Wie viele Nordseeküstenbewohner kämpfen die Niederländer seit Jahrhunderten gegen die Tücken des Meeres. Boten um 1000 n. Chr. Warften, auf denen sich wenige Häuser erhoben, der zahlenmäßig geringen Bevölkerung noch einigermaßen Schutz vor Sturm- und Springfluten, so mußte man später, im Zeichen des Bevölkerungszuwachses, neue Methoden ersinnen, um das gefährdete Land und seine Menschen zu schützen. Neben dem verstärkten Deichbau, der das ebene Land vor den Gewalten des Meeres bewahren sollte, wurde ab 1850 die Zurückgewinnung des seit Jahrhunderten überschwemmten Landes betrieben. Küstenlinien wurden verkürzt, überflutete Gebiete eingepoldert, trockengelegt und in Kultur genommen. Diese Vorhaben ließen sich nur mit Hilfe der modernen Technik bewältigen. Begabte Ingenieure entwickelten neuartige Methoden und Spezialmaschinen. Die Krönung der Anstrengungen des niederländischen Volkes, der See Land abzutrotzen, ist das Deltaprojekt, das in diesem Jahrzehnt seiner Vollendung entgegengeht.

Neues Polderland am IJsselmeer

Eine Treppe zum Meer

Ein Blick auf die physikalische Karte läßt erkennen, daß in den Benelux-Ländern im allgemeinen das Tiefland überwiegt, nur nach Südosten, an der Grenze zur Bundesrepublik Deutschland, steigt das Land etwas an. Während die Niederlande in der südlichen Provinz Limburg in Bergland übergehen (hier liegt im Vaalserberg mit 322 m die höchste Erhebung des Landes), hat Belgien östlich des Maas-Sambre-Tales einen wesentlich größeren Anteil am Bergland, und in Luxemburg überwiegt das bergige Gelände. Belgien gipfelt im Hohen Venn und in den Ardennen, die Teile des Rheinischen Schiefergebirges sind, und zwar im Botrange mit 694 m.

Bei einer Fahrt durch das kleine Land Luxemburg (2586 qkm) ist bei einer gewissen Gleichförmigkeit der lieblichen Mittelgebirgslandschaft nicht auf den ersten Blick zu erkennen, daß das Land zwei unterschiedliche Landschaften aufweist: im Norden das Ösling, im Süden das Gutland. Das Gutland setzt die Schichtstufenlandschaft Lothringens nach Nordosten fort; tiefere Täler oder breitere Senken werden von Bergzügen umgrenzt und geschützt, die mit Eichen- oder Rotbuchenwäldern bestanden sind. Die breiteren Senken gaben dieser Landschaft den Namen Gutland – fruchtbares Land. Auf den ertragreichen Böden konnte sich der Ackerbau ausbreiten, der das Land mit Weizen und Gerste versorgt. In die aus Kreide und Dogger bestehende Schichtstufenlandschaft haben sich die Flüsse eingesägt und somit eine recht bizarre Landschaft entstehen lassen, wie z.B. das Tal der Alzette bei Luxemburg-Stadt. Den Norden und Nordwesten Luxemburgs nehmen die Ausläufer der Ardennen ein, hier Ösling genannt. Das Ösling ist eine flachwellige, alte Rumpflandschaft, die von den Flüssen Wiltz, Clerf und Sauer zerschnitten wird. Die Plateauflächen liegen klimatisch ungünstig, und der rauhe Wind bringt häufig Niederschläge. Dieses wenig fruchtbare Gebiet ist Waldgebiet; Landwirtschaft wird nur begrenzt betrieben.

Unmerklich ist der Übergang des Ösling nach Nordwesten zu den Ardennen und nach Norden zum Hohen Venn, die der Landschaft Hochbelgiens zuzurechnen sind. Die Flüsse, z.B. die Ourthe, haben die Hochebene, die aus paläozoischen Schiefern, Grauwacken und Kalken besteht, zertalt und eine recht abwechslungsreiche Landschaft geschaffen. Infolge der relativ hohen Niederschläge bildeten sich hier Moore, die erst in jüngster Zeit kultiviert wurden. Die Ardennen wie auch das Hohe Venn sind mit Wäldern bestanden, meist Fichten, an den Nordabhängen auch mit Buchen. In diese in vergangenen Zeiten ausgedehnten Wälder haben die Bewohner Rodungsinseln geschlagen, um einer kargen Landwirtschaft – meist Viehhaltung und geringem Ackerbau – nachzugehen.

Verläßt man die Plateauhochfläche und steigt nach Nordwesten in die Täler hinab, dann ändert sich das Bild. Hier wird intensive Landwirtschaft getrieben, Roggen-, sogar etwas Weizenanbau und Rinderzucht. Je weiter man zur Maas gelangt, um so fruchtbarer wird das Land, Obstanbau wird möglich (Äpfel, Birnen und Kirschen). Sobald das Maas-Sambre-Tal erreicht ist, geht das Gebiet der landwirtschaftlichen Nutzung in ein Industrierevier über. Die Menschen, die schon im Mittelalter um den Reichtum an Steinkohle und Eisenerz wußten, haben die Mittelgebirgslandschaft in das »Ruhrgebiet Belgiens« verwandelt. Im Tal von Maas und Sambre, das streckenweise durch seine landschaftliche Schönheit überrascht, liegen die Industriewerke, am Rande des Tales breiten sich die Schlackenhalden aus, und auf den Hochflächen überwiegt die landwirtschaftliche Nutzung.

Mittelbelgien, das Land um Brüssel, ist im wesentlichen ein Hügelland, dessen Erhebungen bis zu 150 m Höhe aufsteigen. Der natürlichen Abdachung des Landes nach Nordwesten folgen auch die kleinen Flüsse, die die Schelde sammelt und dem Meer zuführt. Große Teile des Gebietes besitzen eine fruchtbare Lößdecke und somit die beste Voraussetzung für intensiven Ackerbau (Weizen und Zuckerrüben). Da man dies schon frühzeitig erkannte, rodete man den »Kohlenwald«, dessen letzter Rest der Wald von Soignes bei Brüssel ist. Mittelbelgien ist ein intensiv genutztes Kulturland und verhältnismäßig dicht besiedelt. Über das Land verstreut liegen kleine alte Städte mit sehenswerten Kirchen und Rathäusern, wohlhabende Bauerndörfer und ab und an auch Einzelhöfe. In der Nähe des Meeres dehnen sich Weiden und Wiesen, die für die Viehzucht genutzt werden. Die sandigen Böden ermöglichen Blumenzucht und den Anbau von Flachs.

Niederbelgien, das Kempen und Flandern umfaßt, setzt sich in der Landschaft recht markant gegen Mittelbelgien ab. Hier herrscht das flache, weite, nicht mehr überschaubare Tiefland vor. Trotz künstlicher Bewässerung und Meliorierung des Bodens ist auch heute Kempen mit den sandigen Alluvialböden nicht so fruchtbar wie die Lößzone um Brüssel. Wirtschaftlich bedeutungsvoll wurde dieser Landstrich erst durch die in etwa 500 m Tiefe lagernden Steinkohlen, die inzwischen die Lager

---

Luxemburg
(Grand-Duché de Luxembourg, Grousherzogdem Lezebuurg, Großherzogtum Luxemburg)

Konstitutionelle Monarchie mit Einkammerparlament und Wahlrecht für alle über 21 Jahre alten Bürger; keine Wehrpflicht; Hauptstadt Luxemburg (77 055 Ew.).

Fläche: 2586 qkm (davon Acker- und Gartenland 25, Wiesen und Weiden 25, Wald 33%) – **Einwohnerzahl:** 350 000 – **Bevölkerungsdichte:** 135 Ew./qkm – **Jährlicher Geburtenüberschuß:** 0,0‰ – **Bevölkerung:** Luxemburger (deutschsprachige Moselfranken); rund 57 000 Ausländer – **Sprache:** Französisch und Letzeburgisch (Moselfränkisch), Deutsch – **Religion:** Rund 95% Katholiken; etwa 3000 Protestanten, 1000 Juden – **Beschäftigung** (Anteil der Erwerbstätigen): Landwirtschaft 26, Industrie 30, Handel 18, übrige Berufe 26% – **Wichtige Ausfuhrgüter:** Erzeugnisse der Schwerindustrie, landwirtschaftliche Produkte, Textilien

---

Belgien
(Koninkrijk België, Royaume de Belgique)

Konstitutionelle Monarchie mit Zweikammerparlament, Wahlpflicht für alle über 18 Jahre alten Bürger und Wehrpflicht; Hauptstadt Brüssel (rund 166 000 Ew., mit Vororten 1,07 Mill. Ew.).

Fläche: 30 513 qkm (davon Acker- und Gartenland 28, Wiesen und Weiden 24, Wald 19%) – **Einwohnerzahl:** 9,71 Mill. – **Bevölkerungsdichte:** 318 Ew./qkm – **Jährlicher Geburtenüberschuß:** 1,4‰ – **Größere Städte:** Antwerpen (234 000 Ew., mit Vororten 673 000 Ew.), Lüttich (150 000 Ew., mit Vororten 447 000 Ew.), Gent (153 000 Ew., mit Vororten 230 000 Ew.) – **Bevölkerung bzw. Sprachgruppen:** Niederländisch sprechende Flamen 55,6, französischsprachige Wallonen 32,6, Deutschsprachige knapp 1%; rund 720 000 Ausländer – **Religion:** Überwiegend Katholiken; etwa 100 000 Protestanten, 41 000 Juden – **Beschäftigung** (1964; Anteil der Erwerbstätigen): Landwirtschaft 6, Industrie 45, Handel 21, übrige Berufe 28% – **Wichtige Ausfuhrgüter:** Eisen- und Stahlwaren, Maschinen, Fahrzeuge, chemisch-pharmazeutische Produkte, Textilien, Buntmetalle

des Maas-Sambre-Tales an Bedeutung überragen. Westlich der Schelde erstreckt sich das Polderland, das durch eine Dünenkette vom Meer getrennt und geschützt ist. Es wurde vom Meer durch Anschwemmungen geschaffen. Die saftigen Marschen sind geeignete Weideplätze für Rinder. Die gradlinige, belgische Küste, knapp 65 km lang, war um das Jahr 1000 zerrissen und eingebuchtet. Durch Anschwemmung hat sich im Laufe der Jahrhunderte eine Ausgleichsküste gebildet, so daß Städte, die ehemals an einer Meeresbucht lagen, wie Brügge, versandeten. Künstlich mußten die Häfen Ostende und Zeebrugge, die als Fährhäfen mit Großbritannien Bedeutung haben, geschaffen werden. Nimmt in Belgien das Polderland im Nordwesten des Landes nur einen kleinen Teil ein, so ist das Polderland in den Niederlanden die eigentlich bestimmende Landschaftsform. Dieses Land ist auch nicht, wie in Belgien, ein Geschenk des Meeres, sondern es wurde in hartem Kampf der See abgerungen. Der römische Geschichtsschreiber Tacitus, der zwar das Land nicht gesehen hat, sich aber von den Legionssoldaten berichten ließ, schrieb: »Ich weiß nicht, ob man diese Niederungen Erde oder Wasser nennen soll.« Auch heute noch bestimmt das Wasser, das in langen Kanälen oder Gräben neben dem flachen, marschenartigen Lande fließt, das Gesicht der Landschaft. Im Polderland, geschützt durch die natürliche Dünenkette im Westen und durch die in harter Arbeit errichteten künstlichen Deiche im Süden und Norden, liegt das wertvollste Anbaugebiet der Niederlande. Hier haben sich die Bewohner ihren »Garten« geschaffen, auf dem Blumen und Gemüse gezogen werden, aber auch Weizen und Zuckerrüben gedeihen.

Doch das für den Anbau wichtige Polder- oder Marschenland erstreckt sich nicht über das gesamte Staatsgebiet. Zur Eiszeit schütteten die Schmelzwässer, wie auch im gesamten norddeutschen Raum, große Sandflächen (Geest) auf, so im Osten des Landes in der Provinz Groningen, südlich davon in Gelderland und zwischen den Armen des Rheines. Diese Gebiete liegen auch ein klein wenig höher als das Polderland. Die Bewohner aber haben es verstanden, die früher wenig ertragreichen Flächen der Landwirtschaft nutzbar zu machen; nur auf den sehr trockenen Sandgebieten wachsen auch heute noch Kiefern und Heidekraut. An der Grenze zur Bundesrepublik Deutschland breiten sich die Flächen des Bourtanger Moores aus, in dem, ganz im Gegensatz zu anderen Landstrichen, Einsamkeit und Abgeschiedenheit herrschen.

Wer nicht will das Wasser staun...

Da 33% des Staatsgebietes (teilweise bis zu 6m) unter dem Meeresspiegel liegen, ist es nicht überraschend, daß Überflutungen der »niederen Lande« keineswegs eine Seltenheit sind. Der Niederländer steht in einem jahrhundertelangen, nie endenden Kampf gegen die Gewalt des Meeres. Die Sturmfluten haben das Land nicht nur überschwemmt, sondern Teile davon abgerissen. Im Jahre 1260 brach das Meer in das Gebiet des heutigen IJsselmeeres (früher meist Zuidersee genannt) ein, 1421 überschwemmte die große Sankt Elisabethenflut weite Teile des Landes. Eine Sturmflut sitzt den Niederländern noch im Nacken, weil viele sie selbst miterlebt haben: die Überschwemmung der Deltagebiete am 31. Januar 1953.

Schon im 13. Jahrhundert begannen die Bewohner den Kampf gegen die Gewalt des Meeres und schlossen sich zu »Waterschappen« zusammen, deren erste 1293 auf der Insel Walcheren gegründet wurde. Deiche mußten kontrolliert, neue gebaut werden, unter Wasser stehende Gebiete waren zu entwässern. Heute nimmt diese Aufgabe das Ministerium van Wa-

---

Niederlande
(Koninkrijk der Nederlanden)

Konstitutionelle Monarchie mit Zweikammerparlament, Wahlrecht für alle über 21 Jahre alten Bürger und Wehrpflicht; Hauptstadt Amsterdam (831 000 Ew.), Regierungssitz Den Haag (550 000 Ew.).

Fläche: Mit Binnengewässern 40 844, ohne Binnengewässer 33 779 qkm (davon Acker- und Gartenland 25, Wiesen und Weiden 36, Wald 8%) – **Einwohnerzahl:** Etwa 13,33 Mill. – **Bevölkerungsdichte** (auf die Landfläche bezogen): 394,3 Ew./qkm – **Jährlicher Geburtenüberschuß:** 7,6‰ – **Größere Städte:** Rotterdam (680 000 Ew.), Utrecht (279 000 Ew.), Eindhoven (189 000 Ew.), Haarlem (172 000 Ew.), Groningen (171 000 Ew.), Tilburg (15 300 Ew.), Nimwegen (150 000 Ew.), Enschede (141 000 Ew.), Arnheim (132 000 Ew.), Apeldoorn (126 000 Ew.), Breda (122 000 Ew.), Maastricht (112 000 Ew.), Dordrecht (100 000 Ew.), Hilversum (100 000 Ew.) – **Bevölkerung:** Niederländer; friesische und indonesische Minderheiten; 204 000 Ausländer (1968) – **Sprache:** Niederländisch – **Religion:** Protestanten (hauptsächlich Niederländische Reformierte Kirche) rund 44, Katholiken über 40%; 23 000 Juden – **Beschäftigung** (1964; Anteil der Erwerbstätigen): Landwirtschaft 11, Industrie 42, Handel 23, übrige Berufe 24% – **Wichtige Ausfuhrgüter:** Nahrungs- und Genußmittel, Maschinen, Fahrzeuge, elektrotechnische Geräte, chemische Produkte, Porzellan, Keramik

---

terstaat wahr, das zu den wichtigsten Behörden der Niederlande gehört. Was es verkündet, wird Gesetz, was es beschließt, ist für alle Bewohner bindend.

»Wer nicht will das Wasser staun – soll auch nicht das Land bebaun«, heißt ein Seeländer Sprichwort, das trotz aller technischen Hilfsmittel immer noch seine Gültigkeit hat. Die Niederländer sind führend auf dem Gebiet der Poldertechnik, sie haben Praktiken entwickelt, die von anderen Völkern übernommen werden. Die Windmühlen waren Jahrhunderte lang die einzigen »Maschinen«, das Land vom Grundwasser zu befreien; heute verrichten modernste Dieselpumpen diese Arbeit; trotzdem läßt man die Windmühlen möglichst stehen, da sie das Landschaftsbild der Niederlande geprägt haben. Sie stehen unter Denkmalschutz.

Der 28. Mai 1932 war für die Bewohner der Niederlande ein Markstein in ihrem ununterbrochenen Kampf gegen das Meer, es war ein Tag der Freude und des Stolzes: Genau um 13 Uhr wurde (vom Rundfunk überallhin übertragen), nach schwerem Kampf mit der Strömung in der Abschlußrinne, der Damm geschlossen, der das IJsselmeer von dem Meere trennt. Nach über fünfjähriger Bauzeit war es gelungen, diesen Abschlußdamm, der fast 32 km lang, 90 m breit und 7,60 m hoch ist, zu beenden und damit eine große Meeresbucht in das IJsselmeer, einen Binnensee, zu verwandeln.

Schon im 17. Jahrhundert gab es die ersten Projekte, z.B. durch Simon Stevin, die Gebiete wieder dem Meere zu entreißen. 1848 unterbreitete dann ein Amsterdamer Schiffsmakler einen ausgereiften Vorschlag; er trug den Titel: »Die Eindeichung und Trockenlegung der Zuydersee und des Y, mit Kanälen von Yssel bis Arnheim, an Antwerpen vorbei bis an die Nordsee, vorgeschlagen und empfohlen als wirksame Mittel zur Hebung des Handels, der Schiffahrt und der Landwirtschaft in den Niederlanden.« Doch der Weg vom Projekt zur Ausführung ist oft weit, und hätte es nicht die 1886 gegründete Zuiderzeevereeniging gegeben mit ihrem tatkräftigen Leiter Cornelis Lely, wer weiß, ob dann die Pläne so schnell Wirklichkeit geworden wären. Lely legte schon 1892 den Plan dem Parlament

Der Deltaplan in den Niederlanden

Legende:
- Landgewinnung 1200–1600
- Landgewinnung 1600–1900
- Landgewinnung 1900–1970
- Zukünftige Landgewinnung
- Marschgebiete (u. d. M.)
- Geestgebiete
- Kanalnetz
- Süßwasser durch Eindeichung
- Wattenmeer (Landgew. mögl.)
- Küstendünengürtel
- Hauptabschlußdämme
- Staatsgrenzen

Beschriftungen auf der Karte:

NORDSEE

Norderney, Juist, Borkum, Rottumeroog, Rottumerplaat, Simonszand, Schiermonnikoog, Engelsmanplaat, Ameland, Westerems, Terschelling, Vlieland, Texel

Abschlußdeich, Wieringermeer, IJsselmeer, Nordostpolder, Markerwaard, Ostflevoland, Südflevoland

Leeuwarden, Groningen, Zwolle, IJssel, Haarlem, Amsterdam, Utrecht, Arnheim, Emmerich, Rhein, Den Haag, Europoort, Rotterdam, Lek, Waal, Maas, Wesel

Haringvliet, Grevelingen, Osterschelde, Westerschelde, Vlissingen, Breda, Eindhoven, Duisburg, Antwerpen, Schelde, Brüssel

BELGIEN

BUNDESREPUBLIK DEUTSCHLAND

vor, das ihn auch 1894 annahm, aber infolge vieler Schwierigkeiten erst nach dem Ersten Weltkrieg realisieren konnte. Cornelis Lely (1854–1929) war die »Seele« des Zuiderseeprojektes, dessen Abschluß er nicht mehr erlebte. Der Hauptort des Polders Ostflevoland ist ihm zu Ehren Lelystad genannt worden.

Nachdem der Abschlußdamm fertiggestellt war, konnte man an die Einpolderung des IJsselmeeres gehen. Fünf Polder wurden geplant und im Laufe der Jahre auch angelegt. Zuerst (1930) entstand Wieringermeer im Nordwesten, dann der Nordostpolder (1942), danach Ostflevoland (1962), dann Südflevoland (1968), und gegenwärtig arbeitet man am Polder Markerwaard. In den fünf neuen Poldern mit 220 000 ha Fläche werden etwa 250 000 Menschen wohnen und auf den fruchtbaren Feldern Weizen, Roggen und Gerste anbauen. Da in das IJsselmeer neben der IJssel auch andere Flüsse münden, geht der Salzgehalt des Wassers zurück, und das IJsselmeer wird zu einem großen Süßwasserbecken, das als Erholungsgebiet Bedeutung gewinnt.

Für die Fischer, die in kleinen Städten am IJsselmeer ihrem Erwerb nachgingen, bedeutete diese Entwicklung Aufgabe ihres Berufes. Auch die einstmals berühmten Seestädte, wie Hoorn oder Enkhuizen, verloren ihre Bedeutung als Hafenstädte; sie erinnern nur noch in ihren Gebäuden an die große Vergangenheit. Die auf dem früheren Meeresboden entstehenden Städte sind modern, großzügig und weiträumig angelegt.

Obgleich das IJsselmeerprojekt noch nicht abgeschlossen ist, haben die Niederländer ein neues Projekt begonnen: das Deltaprojekt. Weshalb entsteht an den Mündungen von Lek, Waal, Maas und Schelde eines der aufwendigsten und schwierigsten Projekte, obwohl damit kein Landgewinn verbunden ist? Ein Rückblick auf die Ereignisse des Winters 1953 erklärt dies Vorhaben. In der Nacht vom 31. Januar zum 1. Februar 1953 suchte eine schwere Sturmflut das Rhein- und Maasdelta heim, vernichtete 133 Dörfer, zerstörte gegen 2500 Häuser und beschädigte weitere 15 000 Gebäude; 1800 Menschen ertranken in den Fluten, eine halbe Million wurde obdachlos. Der Schaden belief sich auf über eine Milliarde holländischer Gulden. Damit sich eine solche Sturmflut in dem ohnehin gefährdeten Deltagebiet nicht wiederholen kann, erarbeitete man den Deltaplan. Die Inseln im Deltagebiet von Rhein, Maas und Schelde sollen mit großen Dämmen verbunden werden, die z. B. die Osterschelde oder das Browerhavensche Gat durchziehen und die Inseln fester aneinanderketten, so daß das Meer auch bei einer Sturmflut nicht ins Land eindringen kann. Nur zwei Meeresarme werden offen bleiben, der Nieuwe Waterweg und die Westerschelde als Zufahrten zum Rotterdamer und Antwerpener Hafen. Dadurch verkürzt sich die Küstenlinie von 1700 km auf 450 km. Gleichzeitig werden die Deiche an den beiden offenen Meeresarmen erhöht und befestigt. Geschätzt hat man die Kosten des riesigen Projektes auf zwei Milliarden Gulden, doch wird die endgültige Bausumme, wenn im Jahre 1981 das Vorhaben abgeschlossen sein wird, bestimmt höher liegen. Damit die Flüsse, die das Deltagebiet bilden, in das Meer münden können, baut man im Haringvliet eine große Schleuse von über 1000 m Länge und 17 mächtigen Schleusenöffnungen. Hierbei haben die Niederländer als überlegene Wasserbautechniker ein neues Bauverfahren im Meer entwickelt. Auch hier werden die zwischen den Inseln Walcheren und Schouwen gelegenen Meeresarme in kürzester Zeit zu Süßwasserflächen, die dann als Erholungsgebiet für die Städter dienen und alsbald mit Strandbädern und anderen wassersportlichen Anlagen ausgestattet sein werden.

Nicht nur Tulpen, Käse und Pantoffeln

Holland und die Blumenzucht sind fast identisch. Ohne den Tulpen- bzw. den Blumenzwiebelexport besäße die niederländische Wirtschaft einen Aktivposten weniger; denn immerhin exportieren die Niederlande allein Tulpenzwiebeln im Werte von 220 Millionen DM im Jahr. Dabei ist die Tulpe ursprünglich gar kein europäisches Gewächs, sondern sie stammt aus Vorderasien und gelangte auf umständlichen Wegen in den Norden. Zu Beginn des 17. Jahrhunderts grassierte die »Tulipomanie«, und die Menschen berechneten ihr Vermögen in Tulpenzwiebeln; so kostete z. B. eine weiße Tulpe mit feuerroten Streifen um 10 000 Gulden. Es brach ein Spekulationsfieber aus, an dem sich viele Niederländer beteiligten. Der Börsenkrach vom 3. Februar 1637, der die Menschen von der »Tulipomanie« befreite, brachte manche Familie an den Rand des Ruins.

Die eigentliche volkswirtschaftliche Ausnutzung der Blumenzucht blieb erst unserem Jahrhundert vorbehalten. Die tonig-sandigen Böden zwischen Haarlem im Norden und Leiden im Süden, zwischen dem Dünengürtel und Aalsmeer eignen sich besonders gut für den Anbau von Blumen. Hatte man im 17. Jahrhundert ungefähr 150 Kreuzungen entwickelt, so sind es heute über sechstausend Züchtungen, denen man die eigenwilligsten Namen gegeben hat. Auf 11 000 ha werden Blumenzwiebeln gezüchtet; Blumen wachsen auf 1000 ha im Freien und auf 1250 ha unter Glas. Die Anbaufläche verteilt sich wie folgt: 2852 ha Tulpen, 1579 ha Gladiolen, 1060 ha Narzissen, es folgen dann Hyazinthen, Iris, Krokusse und andere Knollenblumen. In der Blumenbörse von Aalsmeer, die wie ein modernes Amphitheater aussieht, werden die Angebote versteigert und mit den schnellsten Verkehrsmitteln wie Eisenbahn oder gar Flugzeug in die USA, die Bundesrepublik Deutschland, nach Großbritannien oder nach Schweden gebracht.

Auch in Belgien, in der Umgebung von Gent zwischen Brügge und Antwerpen, werden, teils in Gewächshäusern, teils im Freien, Blumen wie Krokusse und Narzissen angebaut, aber im wesentlichen im eigenen Lande verkauft.

Sehr bald erkannten die niederländischen Gärtner und Bauern, daß ihre sandig-tonigen Böden ebenfalls für den Gemüseanbau geeignet sind. Von Rotterdam bis Den Helder, von Nimwegen bis Utrecht und von Venlo bis Maastricht erstrecken sich auf langen Streifen z. T. fruchtbaren Schwemmlandes die Gemüsekulturen. Da aber das Wetter nicht beständig ist und in den europäischen Ballungsgebieten das Gemüse vor allem im

	Die Tulpe
Heimat:	Armenien und Kurdistan
Um 1550	Erste Beschreibung der Tulpe durch Konrad Gesner
Um 1560	Die Tulpe wird durch einen Gesandten nach Wien gebracht
Um 1570	Der Apotheker W. Zwitser in Amsterdam pflanzt in seinem Gärtchen eine Tulpe
1616	Bei der Hochzeit Ludwigs XIII. ist die Tulpe eine Modeblume
15. Januar 1637	Eine Tulpenzwiebel ist 120 Gulden wert
23. Januar 1637	Eine Tulpenzwiebel ist 385 Gulden wert
1. Februar 1637	Eine Tulpenzwiebel ist 400 Gulden wert
3. Februar 1637	Börsenkrach; die »Tulipomanie« ist vorbei
Um 1700	600 Tulpensorten
1970	6000 Tulpensorten

zeitigen Frühjahr gebraucht wird, haben die Gärtner einen Teil ihrer Anbaufläche unter Glas gebracht, in der Nähe der Großstädte sogar ein Viertel ihrer Anbaufläche. Hier werden dann Salat, Gurken, Bohnen, Tomaten, Blumenkohl, Erdbeeren angebaut. Der Absatz erfolgt durch Genossenschaften; Abnehmer sind die holländischen Großstädte, aber auch die Bundesrepublik Deutschland.

In Belgien liegen die Gemüse- und Gartenbaubetriebe in der Nähe der Großstädte, z. B. um Brüssel und Antwerpen. Sowohl im Freien wie auch in Gewächshäusern werden Karotten, Kraut, Bohnen und Chicorée gezogen; eine Besonderheit sind die Brüsseler Trauben. Beliefern die Niederländer den europäischen Markt mit Frischgemüse, so die Belgier mit Gemüsekonserven. Im Maas-Sambre-Tal gedeihen Äpfel und Birnen, in geschützten Lagen auch Kirschen, dagegen ist der Weinanbau nur vereinzelt zu finden.

Der Ackerbau in den Benelux-Staaten kann allgemein als recht intensiv bezeichnet werden, wozu das gemäßigte Klima, die gut nutzbaren Bodenarten, die reichliche Düngung und nicht zuletzt der hohe Stand der Agrarwissenschaft beigetragen haben. In den Niederlanden sind 25,5 % des Landes Äcker, die mit Weizen, Zuckerrüben, Gerste und Kartoffeln bestellt werden. Obwohl die Ernteerträge in den Niederlanden zu den höchsten gehören – für Weizen liegen sie bei 45 dz/ha, für Gerste bei 40 dz/ha –, müssen zusätzlich Weizen wie auch Gerste eingeführt werden (in manchem Jahr fast ebensoviel wie geerntet wurde). Die Getreideerzeugung kann also mit dem Verbrauch, der in den Niederlanden infolge des Bevölkerungszuwachses hoch ist, nicht Schritt halten.

Die besten Böden befinden sich im Bereiche des Deltaschwemmlandes von Rhein und Maas (Weizen und Zuckerrüben) und auf den Poldern des IJsselmeeres. Wie in allen euro-

Holland, Marken · Fremdenverkehrsort, am Rand des künftigen Polders Markerwaard (IJsselmeer).

päischen Ländern nimmt auch hier die Ackerfläche ab; 1950 betrug sie 920 000 ha, 1970 nur noch 890 000 ha. Für die Niederlande ist der Kleinbetrieb typisch. Von den fast 150 000 landwirtschaftlichen Betrieben bewirtschaften 60 % weniger als 10 ha und nur 13 % mehr als 20 ha. Im Vergleich zu Belgien, wo es 4 ha sind, verfügt der Landwirt in den Niederlanden über 3 ha (im Durchschnitt gerechnet), in Frankreich dagegen über 7 ha. Ungefähr 0,7 Millionen Niederländer arbeiten in der Landwirtschaft. In Belgien nimmt das Ackerland 28 % der Landesfläche ein, und auch hier sind die Betriebe meistens kleiner als 20 ha. Es sind gemischte Betriebe, in denen sowohl Ackerbau als auch Viehzucht betrieben wird. Doch kann die belgische Landwirtschaft die Ernährung der Bevölkerung in größerem Maße sichern als die niederländische, etwa zu 80 %. Die besten Anbaugebiete liegen in dem Lößgürtel zwischen Löwen, Brüssel und Gent, wo alle Voraussetzungen für den Weizen- und Zuckerrübenanbau gegeben sind. Flandern war einstmals das »klassische Land des Ackerbaues«. Andere Anbaufrüchte sind Kartoffeln, Hopfen, Hanf, Flachs, Gemüse; in den Flußtälern gedeihen die verschiedenen Obstarten. Auch in Belgien ist, vor allem seit Beginn unseres Jahrhunderts, eine Abnahme der bäuerlichen Kleinbetriebe festzustellen, besonders in den kargen Gebieten des Ostens. Seit Jahrhunderten ist der Flachsanbau in Flandern charakteristisch, er bildete die Grundlage der einheimischen Textilindustrie, ist jedoch in seiner Bedeutung zurückgegangen.

Da Luxemburg insgesamt höher liegt, ist das Klima für den

Ackerbau nicht so günstig, außerdem sind die Böden karger. 26% des Bodens sind dem Ackerbau vorbehalten, der sein Zentrum im Gutland hat. Hier reifen Weizen und Gerste, hier findet man Obstkulturen; im etwas höher gelegenen Ösling ist nur Roggen- und Haferanbau möglich. In Luxemburg herrscht, übereinstimmend mit den anderen Beneluxstaaten, der Kleinbetrieb vor. Die Durchschnittsgröße der 6700 landwirtschaftlichen Betriebe beträgt 20 ha; aber 30% bewirtschaften weniger als 10 ha. Eine Sonderkultur ist der Weinanbau an der Mosel und der unteren Sauer; immerhin sind hier 1200 ha mit Rebstöcken bepflanzt.

In den Niederlanden umfaßt das Wiesen- und Weideland 36% der Landesfläche, während knapp 25% dem Ackerland vorbehalten sind. Diese saftigen Weiden, die sich über das gesamte Staatsgebiet erstrecken, vor allem die Provinz Groningen im Nordosten kennzeichnen, bilden die Voraussetzung einer intensiven und seit Jahrzehnten betriebenen Viehwirtschaft. Da zu allen Jahreszeiten genügend Niederschläge fallen, sind die Weideflächen saftig und als Futterquelle bestens geeignet. Dennoch importiert man, vor allem für die Rinder, Klee und Mais als Kraftfutter. Die niederländischen Bauern haben gute Rinderrassen (z. B. die schwarzbunte holländisch-friesische Rasse) gezüchtet. Den jährlichen Milchertrag von 4250 l je Kuh hat man einen Erfolg der niederländischen Viehzucht genannt. Auch der Fettgehalt der Milch konnte in den letzten Jahren erhöht werden, und zwar von 3,2% im Jahre 1910 auf 4,1% im Jahre 1967. Auf den Weiden der Niederlande grasten im Jahre 1970 rund 4,4 Millionen Rinder.

Der Milchertrag wird zu 85–90% in genossenschaftlichen Molkereien (nur in Südholland geschieht es z. T. noch beim Bauern) zu Butter, Käse und Quark verarbeitet. Schon im 16. Jahrhundert waren Butter und Käse aus Holland begehrt, und heute wird ein Drittel in die Nachbarländer exportiert. Eine Touristenattraktion ist der Käsemarkt zu Alkmaar, wo auf dem Marktplatz noch nach alter Weise mit den roten runden Käsen gehandelt wird. Der Gouda war für die Feinschmecker um 1800, so auch für Goethe, eine echte Delikatesse.

Der Schweinebestand ist mit 4,8 Millionen Stück etwas höher als der Bestand an Rindern. Schweine werden vor allem in Stallungen gehalten, und man achtet heute auf Magerkeit. Wie in anderen Staaten Europas gehen auch in den Niederlanden Schaf- (555 000 Tiere) und Pferdezucht (57 000 Tiere) zurück und haben nur noch geringe Bedeutung.

Auch in Belgien grasen auf den Weiden des Scheldegebietes und um Brüssel Rinder, die weniger des Fleisches als der Milch wegen gehalten werden. Von 1885 bis 1969 hat sich der Bestand an Rindern fast verdoppelt, von 1,4 Millionen auf 2,7 Millionen Stück. Dennoch werden aus Belgien – eine Ausnahme bildet der bekannte Limburger Käse – kaum Milcherzeugnisse exportiert; sie werden im eigenen Lande benötigt.

Die Schafzucht, die nur in den Ardennen und in Kempen wirtschaftlich ist, ging zurück. Auch der Bestand an Pferden hat sich vermindert; um die Jahrhundertwende besaßen die Belgier, so sagt man, in der Brabanter Rasse das beste Halbblutpferd und im Ardennerpferd das beste Zugpferd der Welt.

In Luxemburg wird im Ösling in verstärktem Maße Viehzucht getrieben. Am größten ist der Rinderbestand mit 190 000 Stück, dann folgen Schweine. Obwohl manche kargen Bergweiden sich für Schafzucht eignen würden, ist sie unbedeutend. Dennoch übersteigt die Produktion von Fleisch und Milcherzeugnissen die des Inlandsbedarfes, und so kann Luxemburg davon nach Belgien ausführen.

Von der geologischen Beschaffenheit her ist es verständlich, daß die bergigen Gebiete im Süden der Benelux-Länder mannigfache Bodenschätze aufweisen, während die über die Geest- und Marschenzone sich ausbreitenden Niederlande (von einer Ausnahme abgesehen) kaum Bodenschätze besitzen. Deshalb konnte Belgien schon verhältnismäßig zeitig – nämlich 1820 – mit der Industrialisierung beginnen. Die alten Werke und Zechen, die erst zu Beginn der sechziger Jahre unseres Jahrhunderts geschlossen wurden, die verschandelte Landschaft und die schlechten Wohnverhältnisse für die Arbeiter sind die Zeugen dieser »Gründerjahre«. Im Maas-Sambre-Tal, wo anfangs ausreichend Steinkohle und Eisenerz vorhanden waren, reihen sich, vor allem um die Orte Charleroi und Lüttich, Eisenhüttenwerke, Eisengießereien, Walzwerke und weiterverarbeitende Eisenindustrien und elektronische Industrien aneinander. Da inzwischen die Eisenerzreserven zum großen Teil erschöpft sind, muß Eisenerz aus Luxemburg oder aus Frankreich eingeführt werden. Hier werden außerdem Werkzeugmaschinen, Webstühle, chirurgische Instrumente, Autos, Jagdgewehre und Waffen hergestellt. Daneben haben sich in jüngster Zeit auch Glashütten, die ein gutes Industrieglas produzieren, optische und chemische Werke angesiedelt. So ist es nicht übertrieben, wenn das Maas-Sambre-Gebiet als das »Ruhrgebiet Belgiens« bezeichnet wird.

Belgiens ältester Industriezweig, die Textilindustrie, ist besonders in Flandern und um Brüssel ansässig. Die flandrische Textilindustrie, deren Rohstoffe einheimische Wolle und Flachs waren, hatte im Spätmittelalter ihre große Blütezeit. Die Städte Antwerpen, Brügge und Gent verdankten ihren Reichtum diesem Gewerbe, das damals noch in Heimarbeit betrieben wurde. Flämische Tuche, wie später die Gobelins aus Brüssel, nahmen ihren Weg durch Europa und waren überall begehrt. Weber aus Flandern, die gezwungen waren, ihre Heimat zu

Flämischer Pferdekamm, Belgien

Backmodel, Niederlande

Gelderscher Kanal

Amsterdam – nur Idylle?

Betrachtet man Amsterdam aus der Perspektive eines der Touristenboote, die tagaus, tagein die Fremden durch das Gewirr der unzähligen Grachten führen, dann mag man den Eindruck gewinnen, als gleite man durch eine wohlbewahrte Idylle. Zwar wird man wiederholt darauf hingewiesen, daß jedes Haus auf einen kleinen Wald von Holzstämmen gegründet ist, daß für den königlichen Palast allein 13 659 Pfähle in den sumpfigen Boden gerammt werden mußten. Die Schönheit und die schlichte Noblesse der Patrizierhäuser täuschen leicht darüber hinweg, daß man in einer sehr vitalen, dem modernen Leben aufgeschlossenen Stadt weilt. Die Ruhe, die zu gewissen Tageszeiten über den Grachten schwebt, verbirgt den geschäftigen und emsigen Sinn der Bewohner; denn Handel und Gewerbefleiß sind es, durch die Amsterdam zu einer Großstadt mit annähernd 850 000 Ew. wurde. Hat man Muße,

Grachtenrundfahrt im Touristenboot

Ray-Halin-Kanal   Unten: Blick auf den 1620 erbauten Münzturm

auch eine Hafenrundfahrt zu unternehmen, wird man das voreilig gefällte Urteil revidieren. Riesige Dockanlagen, Hafenbecken und ein Wald von Kränen an den Kais widersprechen der »Idylle Amsterdam«. Dank des 1865–1876 gebauten Nordseekanals, der Amsterdam mit dem Meer verbindet, ist die Stadt nach Rotterdam zum zweitgrößten Hafen des Landes geworden. Überseeische Produkte wie Kaffee und Kakao, Tee und Tabak, Baumwolle und Erdnüsse werden in zahlreichen Amsterdamer Fabriken weiterverarbeitet. Neben dem Schiffbau spielt der Maschinenbau eine wichtige Rolle; daneben sind Fahrrad-, Auto- und Flugzeugfabriken vertreten. In den letzten Jahrzehnten hat die Chemische Industrie, die Kunststoffe, Chemiefasern und Erdölprodukte erzeugt, stark an Bedeutung gewonnen, während die immer wieder genannte Diamantschleiferei nur noch eine untergeordnete Stellung im Amsterdamer Wirtschaftsleben einnimmt. Die über das ganze Stadtgebiet verstreuten Textilfabriken lassen Amsterdams maßgeblichen Rang in der niederländischen Textilindustrie und seinen Ruf als führende Modemetropole des Landes verstehen. Die neuen Wohngebiete und Trabantenstädte, die den zugewanderten Bürgern und jungen Familien Heimat geben, dehnen sich nach Westen und nach Südwesten weit in das ebene Land. Dort liegt auch der Flughafen Schiphol, einer der europäischen Weltflughäfen, der – ein Symbol der gesamten Niederlande – dort errichtet wurde, wo bis 1840 noch die Wellen des Haarlemmermeeres brandeten. Als man im folgenden Jahrzehnt dieses Gewässer trockenlegte und so 168 qkm fruchtbaren Polderlandes gewann, ahnte freilich noch niemand, daß damit auch ideale Bedingungen geschaffen wurden für die spätere Anlage eines modernen Weltflughafens.

verlassen, gingen sowohl nach Großbritannien als auch nach Deutschland und verbreiteten dort ihre Kunstfertigkeit. Die Baumwollindustrie ist überwiegend in Gent beheimatet, das man deshalb das »flandrische Manchester« nannte. Doch auch die moderne Kunstfaserindustrie findet sich im Umkreis der alten Textilstädte. Seit Beginn unseres Jahrhunderts besitzt Belgien eine leistungsfähige und vielseitige Chemische Industrie; vor allem die Herstellung von Foto- und Filmbedarf ist wegen der Weltfirma Agfa-Gevaert, die in der Nähe von Antwerpen ihre Fabrikationsstätten hat, bedeutend. Ab 1950 sind die Erdölraffinerien im Raum Antwerpen ausgebaut und vergrößert worden. Die Industrie Belgiens ist also recht vielseitig, entwickelt sich schnell, den modernen Bedürfnissen gerecht werdend, und sie ist auch konkurrenzfähig.

Die Industrie Luxemburgs konzentriert sich auf den Südwesten des Landes. Bei Düdelingen und Esch-Belval hat Luxemburg Anteil an den französischen Minette-Eisenerzlagern. Das Eisenerz (25–36% Metallgehalt) kann teilweise im Tagebau gewonnen werden. Es wird an Ort und Stelle verhüttet. Obwohl die Förderung von 7,8 Millionen t im Jahr 1957 auf 4,1 Millionen t im Jahr 1972 zurückgegangen ist, hat die Eisenindustrie des Landes kaum etwas von ihrer monopolartigen Stellung verloren. Der Koks zur Verhüttung wird jetzt auf der kanalisierten Mosel aus dem Ruhrgebiet herangefördert. Luxemburg besitzt 29 Hochöfen modernster Bauart, sieben Stahlwerke und acht Gießereien, die dem aus den Firmen ARBED und HADIR gebildeten Konzern gehören. Das kleine Luxemburg hält einen unbestreitbaren Rekord: Es steht an der siebzehnten Stelle der Stahlerzeuger der Welt, es ist das zehntwichtigste Stahlland Europas, und es produziert die größte Stahlmenge je Kopf der Bevölkerung. Deshalb ist es nicht verwunderlich, daß die Eisenindustrie (und die damit verbundenen Nachfolgebetriebe) den wichtigsten Industriezweig des Landes bildet und fast ein Viertel des Bruttosozialproduktes erwirtschaftet.

Seit 1950 ist mit dem Aufbau einer Textil-Industrie begonnen worden, die heute in vierzig, meist kleineren Betrieben fast fünftausend Menschen beschäftigt. Man stellt Kunstfasern her, verarbeitet auch ausländische Rohstoffe wie Baumwolle oder Schafwolle. Kennzeichnend für die luxemburgische Nichteisenindustrie ist der Kleinbetrieb mit nur wenigen Beschäftigten. Auf alte Traditionen gehen in diesem Lande die Lederverarbeitung und die keramische Industrie zurück, die aber im Exportgeschäft keine große Rolle spielen. Mit Krediten und Unterstützungen setzt sich die luxemburgische Regierung für den Aufbau neuer Industriezweige ein, um die wirtschaftliche Struktur des Landes zu verbessern, zugleich die Industrieballung im Südwesten etwas auszugleichen.

Wäre in der Gegenwart eine Industrialisierung nur aufgrund von landeseigenen Bodenschätzen möglich, dann müßten die Niederlande industriearm sein; das Gegenteil ist jedoch der Fall. Im Südosten, in der Nähe von Maastrich, haben die Niederlande etwas Steinkohle, und hier wird in acht kleineren und in vier großen staatlichen Zechen der wichtige Brennstoff gefördert. Bedeutender sind jedoch die Erdöl- und Erdgaslagerstätten in der Provinz Groningen, die Erdgas exportieren, u.a. in die Bundesrepublik Deutschland.

Da im Lande Eisenerz nicht vorhanden, jedoch für den Aufbau einer modernen Industrie unerläßlich ist, muß man es aus Schweden, Spanien oder Westafrika einführen. Deshalb errichteten die Niederländer ein großes Eisen- und Stahlwerk in der an der Westküste gelegenen Stadt IJmuiden, dem Eingangstor zum Nordsee-Kanal und damit zum Amsterdamer Hafen. Von diesem modernen Stahlwerk, das eine Kapazität von jährlich rund 4 Millionen t Rohstahl besitzt, und einigen weiteren kleinen Stahlwerken hängt die eisenverarbeitende Industrie ab, die über das ganze Land verstreut ist.

Bedeutend ist die Maschinenindustrie, die Hebe- und Transportfahrzeuge, Schiffsmotoren wie auch Heizkessel und Turbinen für thermische Kraftwerke liefert. Fast so alt wie die Luftfahrt sind die Fokker-Flugzeugwerke, die heute, in Zusammenarbeit mit anderen Firmen, Kurz- und Mittelstrecken-Transportflugzeuge bauen. Sogar über eine eigene Automobilindustrie (DAF) verfügen die Niederlande in Eindhoven. Die auf dem Gebiete des Gartenbaues und der Landwirtschaft gewonnenen Erkenntnisse können die Werke verwerten, die landwirtschaftliche Maschinen herstellen und im Ausland einen guten Ruf haben. Die Niederlande, die große Seefahrernation im 17. Jahrhundert, gehören zu den großen Schiffbauländern der Erde. Die Werften liegen in den Hafenstädten wie Rotterdam, Amsterdam, Vlissingen. In den beiden letzten Jahrzehnten hat, als Folge der Erdöl- und Erdgasfunde im Lande und des wachsenden Imports von Rohöl aus dem Auslande, die Chemische Industrie an Bedeutung gewonnen. Riesige Raffinerien befinden sich in den Hafenstädten, so vor allem in Rotterdam-Europoort, weiterhin in Amsterdam und in Groningen. Nicht von ungefähr ist Shell vor allem auch ein niederländischer Erdöl-Konzern.

Stellvertretend für die wirtschaftliche Entwicklung des Landes muß in dem Zusammenhang der Name eines weiteren Konzerns angeführt werden: Philips, beheimatet in der fast 200 000 Einwohner zählenden Stadt Eindhoven. Inzwischen hat die Firma Zweigwerke in anderen niederländischen Städten errichtet, aber auch in einigen Städten des Auslands.

Mit Hilfe des Vaters erwarben die Brüder Gerard und Anton Philips in Eindhoven eine kleine Fabrik, in der sie 1891 die Produktion von Glühlampen aufnahmen. Aus der Fabrik mit 26 Arbeitern auf 400qm Fläche ist im Laufe von achtzig Jahren durch Tüchtigkeit, Gespür für wirtschaftliche Notwendigkeit und wissenschaftliche Planung und Forschung ein Unternehmen geworden, das in den Niederlanden 80 000, in der ganzen Welt aber 160 000 Arbeiter beschäftigt. Dieser riesige Konzern stellt heute fast alles her, was die Elektrotechnik benötigt: Glühlampen, Radios, Fernseher, Plattenspieler, Zählwerke, große elektronische Aggregate, Turbinen für Stromerzeugung, Telefone, Computer, Meßgeräte, Schallplatten, Tonbänder u.a. In der Gegenwart sind dem Philips-Konzern auch Werke angeschlossen, die keine elektrotechnischen Geräte erzeugen. Dieser Konzern bestreitet allein 10% der niederländischen Ausfuhr; er hat soziale Einrichtungen geschaffen, die für andere Wirtschaftszweige, ja die Niederlande selbst, vorbildlich sind.

Den Niederländern wird nachgesagt, daß sie gern und gut essen. Da im Lande Nahrungsmittel (Weizen, Kartoffeln, Obst u.a.) angebaut, aus Übersee Genußmittel importiert werden, hat sich im Laufe der Jahrhunderte, vor allem als die Niederlande noch Kolonialmacht waren, eine vielseitige Nahrungs- und Genußmittelindustrie entwickelt. Besonders in den Hafenstädten wie Amsterdam und Rotterdam finden sich die Verarbeitungsbetriebe für die überseeischen Erzeugnisse wie Kaffee, Kakao, Tabak, Erdnüsse, Gewürze. Der größte Konzern der Nahrungs- und Genußmittelbranche ist Unilever. Über dem Kamin des Rotterdamer Rathauses ist die Devise der Stadt zu lesen: »Orbi ex orbe« (Wir geben der Welt, was ihr gebührt). Dieser Wahlspruch betont den Lebensnerv aller Benelux-Staaten: den Handel. Ohne umfangreichen Import und die darauf aufbauende Industrie, ohne den vielseitigen Export zählten die Benelux-Staaten nicht zu den wirtschaftlich blühenden und sozial fortschrittlichen Ländern unseres Kontinents.

Sehenswerte Städte und betriebsame Häfen

Die belgische Provinz Flandern, die durch eine Dünenkette gegen das Meer geschützt wird, war und ist ein bedeutendes Wirtschaftszentrum. Davon zeugen alte Städte wie Brügge, Gent, Antwerpen und Mechelen, die ihre Größe und ihren Reichtum dem Handel verdanken. Sie bewahren ihr ehrwürdiges Gesicht bis in unsere von mächtigen Industriegiganten bestimmte Zeit.

Brügge, die »Perle von Flandern«, war im 13. und 14. Jahrhundert eine der reichsten Städte Westeuropas. Durch den Zwin, einen Meeresarm, konnten die Schiffe in den Hafen gelangen, in dem Tuche und Seidenwaren, Goldwaren und Schmuck, Weizen und Heringe, Salz und Gewürze gehandelt wurden. Da sich um Brügge die Leinen- und Wollfabrikanten niederließen, wurde es ein Textilzentrum und damit ein Wirtschaftszentrum ersten Ranges. Im 15. Jahrhundert Sitz der Herzöge von Burgund, die einen prunkvollen Hof hielten, große Feste feierten und die Künstler, besonders die Maler, förderten, manifestierte es seine Macht in wunderbaren Bauten: dem Belfried, der Kanzlei, dem Stadthaus und anderen Bürgerbauten. Mit der Versandung des Zwin erlosch die Bedeutung der Stadt, die erst im 20. Jahrhundert durch den Albertkanal einen erneuten wirtschaftlichen Aufschwung erhielt, so daß die Stadt Mittelpunkt von Möbel-, Textil- und Metallindustrie wurde.

An der Mündung der Lys in die Schelde liegt Gent, schon im 7. Jahrhundert urkundlich erwähnt, im 12. Jahrhundert Hauptstadt von Flandern, in der sich die mächtigen Grafen von Flandern ein stattliches Wasserschloß errichteten. Die Tuch- und Wollindustrie, der Hafenbetrieb und der Handel verursachten das Wachstum der Stadt, die um 1420 dichter bevölkert war als Paris. In Gent, dessen unverwechselbare Silhouette die reich verzierten Häuser an der »Graslei« prägen, wurde der spätere Kaiser Karl V. geboren, der versuchte, große Teile Europas zu einigen. Während Brügge im 16. Jahrhundert seine Bedeutung verlor, gab es für Gent keine Periode des Niedergangs, denn schon um 1700 wurde es Zentrum der belgischen Baumwollindustrie. Die Stadt, die heute mit Vororten 230 000 Einwohner zählt, hat neben der Textilindustrie, in der zwanzigtausend Arbeiter tätig sind, auch noch Metallindustrie und chemische Werke. Das Urteil des Florentiner Historikers L. Guicciardini aus dem Jahre 1567 gilt noch heute: »Die Menschen dieses Landes sind große Kaufleute; sie haben einen ausgedehnten Verkehr und verstehen sich vorzüglich auf jedes Gewerbe, denn ihr Land ist zum großen Teil auf Warenhandel und auf Kunst gegründet.«

Die Niederlande haben kein Gebiet, in dem alte, sehenswerte Städte so eng benachbart liegen wie im belgischen Flandern. Der Fremde muß durch möglichst viele Provinzen wandern, um einen Eindruck von der Kunst der niederländischen Städtebaumeister zu erhalten. Wahrscheinlich am interessantesten sind, neben Amsterdam, die ehemaligen kleinen Hafenstädte am IJsselmeer, von denen aus die Bewohner im 17. Jahrhundert ihre verwegenen Fahrten über die Weltmeere unternahmen. Die im Westen des IJsselmeeres gelegene kleine

*Belgien, Beringen ·
Steinkohlenbergwerk nördlich
von Hasselt in der Provinz
Limburg, einem überwiegend agrarisch
strukturierten Gebiet.*

Hafenstadt Hoorn, die der Südspitze Amerikas ihren Namen gegeben hat, besaß im Rahmen der 1602 gegründeten Ostindischen Kompanie eine gewichtige Stimme; denn hier handelte man damals mit Käse, Heringen und Orchideen. Die Grote Kerke von Edam mit ihren wunderbaren Kirchenfenstern und das herrliche Glockenspiel – die Benelux-Länder sind für ihre wohlklingenden Glockenspiele bekannt – erinnern an das »Goldene Jahrhundert«, in dem nicht nur der Edamer Käse gehandelt wurde, sondern hier weltpolitische Entscheidungen getroffen wurden. Als die Niederländer sich um 1600 gegen die eindringenden spanischen Truppen verteidigen mußten, legten sie um ihre Städte sternförmig Bastionen und Wassergräben an, um sie uneinnehmbar zu machen. Ein gut erhaltenes Beispiel dieser Verteidigungstechnik ist die östlich von Amsterdam gelegene Stadt Naarden.

Heute sind die Benelux-Länder bedeutend für Verkehr und Handel, deshalb wurden die Verkehrsträger wie auch die vielen Verkehrswege den Erfordernissen unserer Zeit angepaßt. Von dieser Sicht aus ist es nicht überraschend, daß sich auf dem Territorium der Benelux-Länder zwei der größten Häfen des Kontinents befinden: Antwerpen und Rotterdam.

Am Ostufer der Schelde ist Antwerpen gelegen, der größte und wichtigste Hafen Belgiens seit dem 15. Jahrhundert, heute Mittelpunkt eines Wirtschaftsraumes mit 673 000 Menschen. Die Bedeutung der Stadt, in der um 1550 täglich hundert Schiffe ein- und ausliefen und fast zweitausend Frachtfuhrwerke die Waren ausluden, ging infolge des niederländischen Freiheitskampfes zurück; denn viele Bürger wanderten nach Amsterdam aus. Erst im 19. Jahrhundert überwand Antwerpen diesen Rückschlag, wuchs als Hafenstadt, zumal es Mittelpunkt des belgischen Fluß- und Kanalnetzes geworden war. Am wirtschaftlichen Aufschwung nach dem Zweiten Weltkrieg konnte es teilnehmen, und Industrien aller Art ließen sich in der Hafenzone oder der näheren Umgebung nieder: Schiffswerften, Automontagewerke, Nahrungsmittelfabriken und viele Betriebe der verhältnismäßig jungen chemischen Industrie, u. a. die Agfa-Gevaert-Werke.

Ist man in Rotterdam auf der Suche nach Zeugnissen der Vergangenheit, z. B. nach Gildehäusern und Kathedralen, dann wird man enttäuscht. Denn die City von Rotterdam wurde am 14. Mai 1940 durch einen deutschen Luftangriff vollständig zerstört. Die Stadtplaner nutzten die einmalige Chance. Sie begannen schon während des Zweiten Weltkrieges mit Plänen für den Wiederaufbau, der nach 1945 aufgenommen wurde. Die Innenstadt erhielt ein modernes Gesicht, zweckmäßige und freundliche Gebäude entstanden, dem Verkehr dienen breite Straßen. Erinnert die Plastik »Die zerstörte Stadt« von O. Zatkine an jenen Tag des Unheils, so weist der unmittelbar am Hafen und am Eingang des Maastunnels stehende Euromast (115 m) auf das moderne, aufstrebende Rotterdam. Schon 1870 hatte es durch den Nieuwen Waterweg eine tiefe und breite Verbindung mit dem Meere erhalten; denn die Stadt liegt im Mündungsgebiet von Rhein und Maas und hat dadurch ein großes Hinterland, das sich bis nach Basel erstreckt. Heute dehnen sich die Hafenanlagen von der Stadt über Schiedam nach Vlaardingen bis hin zum Europoort aus. Dadurch ist Rotterdam, nach hartem Konkurrenzkampf mit anderen Häfen, bald der größte Hafen Europas, wenig später der größte Hafen der Welt geworden. 1972 wurden allein 230 Millionen t (Massen- und Stückgüter, besonders Erdöl) umgeschlagen. Um auch den größten Tankerriesen die Möglichkeit zum Löschen zu geben, baute die Stadt, direkt am Mündungsgebiet des Lek, den Hafen Europoort. Wenn auch die Anlage von Europoort große Investitionen erforderte, so amortisiert sich dies in kürzester

Links: Niederlande, Scheveningen · Strand, Strandpromenade und der 300 m ins Meer hinauslaufende Landungssteg des Badeortes und Vorortes von Den Haag.

Rechts: Luxemburg, Vianden · Sommerfrische an der Our im dicht bewaldeten Ösling (Ardennen) nahe der deutschen Grenze.

Unten: Belgien, Brüssel · Blick über die »heimliche Hauptstadt Europas«, in der jeder fünfte Bewohner ein Ausländer ist.

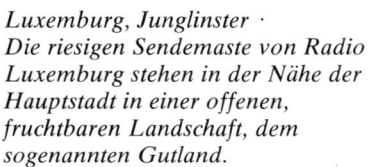

Luxemburg, Junglinster ·
Die riesigen Sendemaste von Radio
Luxemburg stehen in der Nähe der
Hauptstadt in einer offenen,
fruchtbaren Landschaft, dem
sogenannten Gutland.

Zeit, denn die umgeschlagene Warenmenge steigt weiterhin. Deshalb finden wir die vielseitigsten Industrien im Hafengebiet, die die angelandeten Güter weiterverarbeiten. Gerade hier kann man beobachten, wie die Niederländer für die Zukunft planen.

Es gibt kaum eine andere Hauptstadt, die als Mittelpunkt einen solchen »Festsaal« hat, wie Brüssel im Grande Place. Dieser Marktplatz ist nicht nur ein architektonisches Juwel, weil hier neben dem gotischen Rathaus mit seinem hohen Turm über 35 reich verzierte Gildehäuser stehen, hier wurde auch mehrfach europäische Geschichte gemacht. Brüssel, um 966 erstmals erwähnt, erlangte 1120 als Stadt einige Bedeutung, wurde 1477 von den Habsburgern zur Hauptstadt der Niederlande erkoren und blieb dies fast zweihundert Jahre lang. Doch ihr Gesicht erhielt die Stadt unter dem belgischen König Leopold II., der während seiner Regierungszeit (1865–1909) viele Gebäude errichten ließ, so den Justizpalast, eines der größten Gebäude Europas. In unserer Zeit ist Brüssel nicht nur die Hauptstadt Belgiens, es ist, wie wir schon festgestellt haben, zur »heimlichen Hauptstadt Europas« avanciert, nachdem sich hier wichtige europäische Institutionen niedergelassen haben. Man hat ausgerechnet, daß über 250 internationale Organisationen in dieser Stadt ihren Sitz haben, daß weit über 100 Staaten diplomatisch vertreten sind, daß jeder fünfte Bewohner von

Oben: Belgien, Einzelhofsiedlungen ·
Blick vom Kemmelberg auf
Einzelhofsiedlungen des flandrischen
Flach- und Hügellandes.
Mitte: Luxemburg, Heiderscheidergrund ·
Talterrassen der Sauer
bei Heiderscheid unterhalb des
Obersauer-Stausees.
Unten: Niederlande, Vlissingen ·
Schiffskrane überragen die Stadt
an der Westerschelde
auf der ehemaligen Insel Walcheren.

Belgien, Kempen · Typisches altes riedgedecktes Bauernhaus. Es steht in der sandigen Landschaft Nord-Belgiens, auf deren Böden Kartoffeln, Roggen, Hafer und Futterpflanzen gedeihen.

Brüssel ein Ausländer ist. Um dem Wohnraummangel abzuhelfen, wird ein großes Stadtviertel, die »Cité Européenne«, errichtet. Brüssel ist eine außerordentlich dynamische Stadt, deren wirtschaftliche Bedeutung auch die Weltausstellung von 1958 unterstrich.

»Venedig des Nordens« – so wird Amsterdam, die Hauptstadt der Niederlande mit dem Königlichen Schloß, genannt. Und in der Tat hat es manche Ähnlichkeit mit der »Königin der Adria«; es ist auch auf einem sumpfigen Gelände erbaut, in dem einzelne Wasseradern viele kleine Inseln (man sagt, es seien über neunzig) umspülen; es ist ebenso eine Handelsstadt mit der Schiffahrt als lebenswichtiger Grundlage. Amsterdam, das um 1300 Stadtrechte erhielt und auch der Hanse angehörte, blühte erst am Ende des 16. und zu Beginn des 17. Jahrhunderts auf, als nämlich die Niederlande ihre Seeherrschaft ausübten und das Kolonialreich gründeten. Da die Ostindische Kompanie hier ihren Sitz hatte, wurden alle Güter aus den fernen Ländern über Amsterdam geleitet, die Stadt war eine Warenbörse. In Form einer Linse sind die Grachten angelegt, die das Stadtgebiet durchziehen, an deren Ufern sich die Kaufleute die schmalen, hohen Häuser errichteten. Nach dem Wirtschaftsrückgang im 18. Jahrhundert konnte die Stadt im 19. Jahrhundert wieder Anschluß an die Zeit gewinnen, und heute ist es die größte und wichtigste Stadt der Niederlande. Der 1890 gebaute Nordseekanal, der Amsterdam mit dem Meer verbindet, förderte den Aufstieg zum zweitgrößten Hafen des Landes, in dem u. a. Güter aus tropischen Ländern angelandet und in den Fabriken weiter verarbeitet werden. Daneben verfügt die Stadt über Werke der Chemischen und Metall-Industrie, über Schiffswerften und Textilgewerbe. Vom 17. Jahrhundert an bildete es das Kulturzentrum des Landes. Modernste und zukunftsträchtige Anlagen befinden sich vor den Toren der Stadt: der Flughafen Schiphol, einer der leistungsfähigsten Flughäfen Europas, und die Satellitenstadt im Westen, die nicht zuletzt die jungen Bewohner Amsterdams aufnimmt.

Tourismus, Sprachenstreit, konfessionelle Gegensätze

Wenn in den Frühlingsmonaten April und Mai die Tulpen-, Narzissen- und Hyazinthenfelder aufleuchten und duften, fahren an den Wochenenden Hunderttausende von Touristen in die Niederlande; man hat zuweilen täglich mehr als eine Million Menschen gezählt. Etwa ein Viertel der Besucher sind Bürger der Bundesrepublik Deutschland, dann folgen die Engländer und schließlich die US-Amerikaner, die sich an den riesigen Blumenfeldern erfreuen. Die Touristen versäumen es auch nicht, den Welthafen Rotterdam kennenzulernen, sich durch die Grachten von Amsterdam fahren zu lassen oder den Zauber der kleinen Städte in Holland und am IJsselmeer kennenzulernen. Im Sommer dagegen lockt die niederländische Küste mit weltbekannten Badeorten wie Scheveningen, Noordwijk aan Zee oder Katwijk aan Zee; die Stille der westfriesischen Inseln Texel oder Vlieland wird viel weniger von Erholungsuchenden gestört.

Der Sprachenstreit in Belgien

(Nach »Atlas Narodow Mira«)

Belgien, Sprachenstreit · Der Sprachenstreit in Belgien hat 1968 sogar eine Regierung (vanden Boeynants) zerbrochen. Die Flamen fühlten sich durch die französisch sprechenden Wallonen benachteiligt. Im Juli 1971 konnte ein Abkommen verabschiedet werden, das den beiden Sprachgruppen größtmögliche Sprach- und Kulturautonomie gewährleistet. Konfliktlos ist die Situation der etwa 120 000 vor allem deutsch sprechenden Bewohner um Eupen und Malmédy.

- Niederländisch (Flamen)
- Französisch (Wallonen)
- Deutsch

Einen solchen Touristenansturm brauchen Belgien und Luxemburg nicht zu bewältigen, obwohl es auch hier viele Sehenswürdigkeiten gibt. Lediglich die Plätze in den belgischen Badeorten am Meer sind in den Sommermonaten ausgebucht. Ostende galt einmal als das führende Modebad, dem heute Middelkerke oder Knokke an die Seite getreten sind. In Luxemburg gibt es noch weniger Touristen. Nur wenige Fremde wandern hier durch die waldreiche Landschaft mit ihren vielen Burgen und Ruinen in den kleinen Flußtälern oder machen eine Schiffahrt auf der Mosel, die die Grenze zwischen Luxemburg und Deutschland bildet.

Der moderne Tourismus ist ein Aktivposten innerhalb der Wirtschaft eines Landes. Es fließt nicht nur durch die Erholungssuchenden Geld ins Land, die eigene Wirtschaft hat auch durch den Bau von Verkehrswegen, von Hotels und Pensionen Gewinn. Auch einige Wirtschaftszweige wie die Andenkenindustrie, die keramische oder die Holzindustrie sind Nutznießer des Tourismus.

Die Touristen, die einen kürzeren oder längeren Urlaub in den Benelux-Staaten verbringen, bewundern die Sehenswürdigkeiten und die Landschaft, achten jedoch im allgemeinen wenig auf die gesellschaftlichen Spannungen und Konflikte. Nur wenige wissen, daß die Staatsform der Monarchie (in ihr gleichen sich die Benelux-Staaten) in den letzten Jahrzehnten Krisen aufwies. In den Jahren 1945–1951 waren viele Belgier aufgrund der Haltung König Leopolds II. im Zweiten Weltkrieg für die Abdankung des Königs, ja sogar für die Abschaffung der Monarchie. Erst als der König zugunsten seines Sohnes Baudouin (Boudewijn) verzichtete, ebbte der Streit ab. Dazu hat u.a. auch der Verzicht auf das ehemals steife Hofzeremoniell und der enge Kontakt mit der Bevölkerung beigetragen, den der König pflegt.

In den Niederlanden war die Monarchie kaum in Frage gestellt. Dies lag vor allem an der persönlichen Haltung der Königin Wilhelmina während des Zweiten Weltkrieges und der persönlichen Nähe der Königsfamilie zu der niederländischen Bevölkerung. Nach fast fünfzigjähriger Regierungszeit dankte im Jahre 1948 Königin Wilhelmina zugunsten ihrer Tochter Juliane ab, die auch heute noch regiert. Glanzvoll wird in den Niederlanden nur die Eröffnung der Generalstaaten (des Parlaments) im September eines jeden Jahres in Den Haag begangen; sonst befleißigt man sich eines schlichten Zeremoniells.

Auch in Luxemburg, das seit dem Wiener Kongreß von 1814 von einem Großherzog regiert wurde, gab es kaum Spannungen zwischen dem Volk und seiner Repräsentanz. Heute steht Großherzog Jean, der mit einer Schwester des belgischen Königs verheiratet ist, an der Spitze des Landes, das parlamentarisch regiert wird (Einkammerparlament [Deputiertenkammer]). Die Benelux-Staaten zeigen, daß ein moderner Staat und die monarchische Form sich nicht zu widersprechen brauchen. Denn in diesen Staaten hat sich die Monarchie den veränderten Verhältnissen angepaßt.

Dem durch Belgien reisenden Touristen fällt auf, daß in Lüttich eine andere Sprache als in Knokke, ja, daß selbst in den Stadtgebieten Brüssels verschieden gesprochen wird. Denn eine »belgische« Sprache gibt es nicht; die beiden Hauptsprachen sind das Flämische im Westen und im Nordwesten – und das Französische der Wallonen im Süden und im Südosten. Mitten durch Belgien verläuft die Sprachgrenze; seit dem Jahre 1000 hat sie sich nur wenig verschoben. Verändert aber hat sich das zahlenmäßige Verhältnis der beiden Volksgruppen zueinander; von 1910 bis 1960 stieg der Anteil der flämisch Sprechenden von 46,2% auf 51%, und für 1975 hat man einen

Anteil von fast 60% vorausberechnet. Diese Veränderung zugunsten der flämischen Sprache liegt in der höheren Geburtenrate der Flamen begründet.

Demonstrationen und Proteste machen jedem deutlich, daß das Sprachenproblem in Belgien gesellschaftlichen Zündstoff enthält. Zu Beginn der sechziger Jahre demonstrierten die Flamen in Brüssel für eine proportionale Vertretung von Flamen und Wallonen im Parlament und gegen die kulturelle Bevormundung durch die Wallonen. Denn die eigentliche Verkehrssprache ist das Französische, und die wichtigsten Zeitungen des Landes erscheinen in Französisch. 1968 zerbrach an dem Sprachenstreit sogar die Regierung vanden Boeynants. Pläne zur Erweiterung der französisch sprechenden Abteilung der Universität Löwen lösten den starken Protest der Flamen aus, die sich dadurch in ihrem Lehrvorhaben benachteiligt fühlten. Da einige Radikale, vor allem unter den Wallonen, die Teilung Belgiens in zwei Bundesländer mit jeweils einheitlicher Sprache forderten, mußte die belgische Regierung bemüht sein, diesen Konflikt einzudämmen. Im Juli 1971 konnte ein Abkommen verabschiedet werden, das den beiden Sprachgruppen größtmögliche Sprach- und Kulturautonomie gewährleistet. Sowohl die Flamen als auch die französisch sprechenden Wallonen sollen ihre Belange vertreten können, ohne sich gegenüber der anderen Sprachgruppe benachteiligt zu fühlen.

Ohne Konflikte ist die Situation der etwa 120 000 vor allem deutsch sprechenden Bewohner um Eupen und Malmédy, an der Ostgrenze Belgiens.

In den Niederlanden, wo kein Sprachenstreit die Bevölkerung trennt, liegt der Konflikt auf einer anderen Ebene. Hier ist es das Verhältnis zwischen dem Protestantismus und dem Katholizismus, das Zündstoff liefern kann. Zunächst muß eine Fehlmeinung berichtigt werden: die Annahme, die Niederlande seien ein durchweg protestantisches Land. In den Niederlanden bekannten sich 1947 etwa 38,5% der Bevölkerung zum kathoiischen und 44,1% zum evangelischen Glauben, der Rest verteilte sich auf andere Religionsgemeinschaften. Gegenwärtig hat sich das Verhältnis fast umgekehrt, denn den rund 5,3 Millionen Katholiken stehen 5 Millionen Protestanten gegenüber. Das Nebeneinander der Konfessionen, das in anderen Ländern kaum Schwierigkeiten bereitet, ist deshalb so kompliziert, weil den protestantischen Gläubigen, die zudem in Sekten zerstritten sind, die Geschlossenheit der katholischen Bevölkerung gegenübersteht. Wie in Belgien die Gruppe der Flamen zunimmt, so in den Niederlanden der Anteil der katholischen Gläubigen; denn der niederländische Katholizismus ist modern und kritisch. Vor allem die jüngere Generation neigt, aufgrund der Sachlichkeit und Unvoreingenommenheit, dem Katholizismus zu.

Im Kampf gegen das Wasser haben die Niederländer gerade in unserem Jahrhundert Vorbildliches geschaffen; im Kampf gegen die Enge des Raumes sind sie dabei, für die anderen europäischen Staaten zum Vorbild zu werden. Die Niederlande sind einer der wenigen Staaten, in denen nicht nur von Raumordnung und Raumplanung geredet wird, sondern in denen Raumplanung integrierender Faktor jeder Innenpolitik ist. Lebten um 1900 etwa 40% der Bevölkerung in Städten mit über 20 000 Einwohnern, so waren es 1958 schon 58%, und gegenwärtig sind es über 60%. Die Zunahme der städtischen Bevölkerung ist ein Kennzeichen jedes Industrielandes. Aber in den Niederlanden konzentrieren sich die städtischen Siedlungen im Westteil des Landes. Die Raumplanungs-Kommission versucht nun (ähnlich wie z.B. in Großbritannien), die Ballungsräume im Westen zu entlasten, indem sie zur Bildung neuer Industriezentren im Norden und Südosten anregt. Fabriken mit rund 130 000 Arbeitsplätzen entstanden in den östlichen Gebieten, und die Unternehmen, die dort neue Werke errichteten, wurden vom Staat durch Steuererleichterungen unterstützt. Vor allem im Gebiet von Groningen im Norden und von Terneuzen im Süden sollen neue Industrien entstehen, die die Menschen zur Umsiedlung anregen und so vielleicht die übervölkerten Gebiete des Westens entlasten. Neben diesem Vorhaben muß jede einzelne Großstadt die Aufgaben der Zukunft zu bewältigen suchen. Beim Wiederaufbau der zerstörten Innenstadt von Rotterdam und beim weiträumigen Industriegebiet um Rotterdam haben die Niederländer gezeigt, wie sie diese Probleme lösen. Gegenwärtig entstehen im Westen und Südwesten von Amsterdam, dessen Innenstadt als historisches Denkmal nicht verändert werden soll, großzügige und weiträumige Trabantenstädte, in der die Neubürger Amsterdams eine Wohnung finden sollen. Man hat errechnet, daß 1980 hier etwa 10% der Bevölkerung von Amsterdam wohnen werden, also über hunderttausend Menschen. In den Niederlanden, die 1972 über 13,3 Millionen Einwohner zählten, werden, wenn die Berechnungen zutreffen, noch stark an Bevölkerung zunehmen. Deshalb sind Raumordnung und Raumplanung für diesen Staat lebensnotwendig.

Auf vielen Gebieten haben die Benelux-Staaten bewiesen, daß sie auftretende Schwierigkeiten und Probleme in der Vergangenheit wie in der Gegenwart zu lösen verstanden. Auch deshalb sind sie als »Benelux« zu einer Keimzelle des Vereinten Europas geworden.

Delfos, L.: Kulturgeschichte von Niederlande und Belgien. *Bremen 1962.* – Dericum, Chr.: Belgien/Luxemburg. *Olten 1971.* – Elbin, G.: In Holland. *München 1971.* – Frank, H.: Holland heute. *Düsseldorf 1966.* – Köhne, K.-E.: Belgien und die Niederlande. *Stuttgart 1965.* – Leyden, F.: Belgien, Niederlande u. Luxemburg. *(In: Hdb. der geographischen Wissenschaften.) Potsdam 1938.* – Merianheft: Holland. *Hamburg 1963.* – Merianheft: Luxemburg. *Hamburg 1964.* – Meursen, Th.: Holland – Geistige Länderkunde. *Nürnberg 1956.* – Rachlis, E.: Die Benelux-Länder. *(Time-Life-Buch.) Nederland 1963 (1970).* – Schöffer, I.: Kleine Geschichte der Niederlande. *Frankfurt 1956.* – Schwabe, H. R.: Die Niederlande. *Bern 1952.* – Senger, M.: Holland. *Bern 1957.* – Sugny, J. de: Holland. *Lausanne 1963.*

Delfos, L.: *Kenntnisreiche, recht umfassende Darstellung der belgischen und niederländischen Kunst in all ihren Bereichen; Herausarbeitung der Höhepunkte von Literatur und Musik, mit besonderer Betonung der Malerei und Baukunst.* – Rachlis, E.: *Wie in den anderen Bänden der Reihe »Life – Länder und Völker« werden auch in dieser alle drei Staaten behandelnden Darlegung der gegenwärtige Zustand und die entscheidenden Probleme unserer Zeit betont. Eine Vielzahl von großformatigen, meist Farbaufnahmen, weiterhin Karten und Tabellen veranschaulichen die Ausführungen.* – Senger, M.: *Der Verfasser dieses Buches, das 20 Fotos und 15 Kartenskizzen enthält, deutet anschaulich und lebendig den gegenwärtigen Zustand aus der historischen Entwicklung. Der an sich gute statistische Anhang ist leider nur bedingt verwertbar, da das Zahlenmaterial (von 1955) inzwischen veraltet ist.* – Sugny, J. de: *Stiche alter holländischer Hydraulikkunst (von 1780) beleben den lesenswerten, sowohl geographische, historische wie auch politische und soziologische Aspekte berührenden Text. Neben einer Vielzahl von Fotos ist der dokumentarische Anhang mit reichlichem statistischem Material wertvoll.* – Frank, H.: *Wie in den anderen Bänden der Reihe »Länder heute« wird auch hier ein Bild der gegenwärtigen Niederlande entworfen, vor allem seiner wirtschaftlichen und gesellschaftlichen Probleme und Fragen. Einige Fotos, jedoch wenige Statistiken, unterstützen den Text.*

Gustav Fochler-Hauke

Minderheiten in Europa

Minderheitenfrage und Minderheitenschutz

Minderheitenprobleme gehören zu den schmerzhaftesten Kapiteln der Geschichte. Minderheiten innerhalb eines Staates, die einem anderen Volkstum oder einer anderen Religion angehören als das staatstragende Volk, befanden sich, von Ausnahmen abgesehen, fast stets in einer Abwehrsituation. Der Minderheitenschutz wurde mit dem Erstarken des Nationalismus im 19. Jahrhundert immer notwendiger, jedoch selten erreicht. Im sogenannten Zwischeneuropa, d. h. in den Ländern zwischen dem Russischen Reich bzw. der Sowjetunion und dem Deutschen Reich, war in neuerer Zeit das Minderheitenproblem besonders akut, da sich seit dem Mittelalter in diesem Raum (von der Ostsee bis zur Adria und zum Schwarzen Meer) durch die verschiedenen Kolonisationsbewegungen zahlreiche Gebiete mit deutschen, polnischen, madjarischen und slawischen Minderheiten herausgebildet hatten. Zwar erhielt nach dem Ersten Weltkrieg – der die Auflösung des Osmanischen Reiches und der Donaumonarchie mit sich brachte – ein großer Teil der bis dahin unter fremder Herrschaft lebenden Völker staatliche Unabhängigkeit, aber das Minderheitenproblem war damit nicht gelöst, nicht zuletzt infolge der vielfältigen Verzahnung der Nationalitäten. Das von Woodrow Wilson verkündete Selbstbestimmungsrecht der Völker wurde nur teilweise verwirklicht, namentlich zugunsten der slawischen Völker. Die neu gebildeten Staaten, wie die Tschechoslowakei, Ungarn, Polen, Rumänien, Jugoslawien, die baltischen Länder und Finnland, wurden z. T. zum Minderheitenschutz verpflichtet; sie haben aber diese Verpflichtungen meist nur ganz bedingt und teilweise überhaupt nicht erfüllt. So war die Zeit zwischen den beiden Weltkriegen durch die Minderheitenfrage überschattet.

Die Epoche der Zwangsaussiedlungen und Vertreibungen in Europa

Vertreibung und Zwangsumsiedlung von Minderheiten waren seit dem vorigen Jahrhundert häufig genug an der Tagesordnung. Es sei nur an das furchtbare Schicksal der Armenier im Osmanischen Reich erinnert, in dem sie eine wichtige, jahrhundertelang von den Türken tolerierte und teilweise sogar bevorzugte Zwischenschicht gebildet hatten. Durch den Griechisch-Bulgarischen Vertrag von 1919 wurde eine gegenseitige freiwillige Auswanderung von Minderheiten vereinbart, durch den 123 000 Bulgaren Griechenland und 30 000 Griechen Bulgarien verließen. Einen ungewöhnlichen Umfang nahm nach dem Griechisch-Türkischen Krieg der Bevölkerungsaustausch an, der zunächst willkürlich in der Form der Vertreibung, sodann seit der Konvention von Lausanne (1923) systematisch vorgenommen wurde; bis 1926 wurden aus der Türkei 1,35 Millionen Griechen nach Griechenland und aus diesem 434 000 Türken nach der Türkei »repatriiert«. Zwischen der Türkei und Griechenland schwelt heute noch das Zypern-Problem, sehen sich doch die über 100 000 türkischen Zyprioten, eine Minderheit von 17 %, durch die griechischsprachigen Zyprioten bedroht.

Das Vorhandensein deutscher Minderheiten hat in diesem Jahrhundert zu besonders schweren Krisen geführt. Nach dem Ersten Weltkrieg wanderten aus den vom Reich an Polen gefallenen Gebieten Hunderttausende Deutsche freiwillig oder unter Druck ab, aber es blieb eine starke deutsche Minderheit zurück; ihre Benachteiligung bzw. tatsächliche und vermeintliche polnische Übergriffe gegen sie und gegen den damaligen Freistaat Danzig wurden zu einem der äußerlichen Anlässe für den Ausbruch des Zweiten Weltkriegs. Zwischen 1939 und 1944 wurden – zunächst durch Verträge mit den Aussiedlerländern, sodann in den besetzten Gebieten aus eigenem Ermessen – insgesamt etwa 950 000 Deutsche umgesiedelt, aus Polen, den baltischen Staaten, der Sowjetunion, Südosteuropa und Südtirol. Seit 1944 begann die Flucht und Vertreibung von Deutschen aus den unter sowjetische und polnische Verwaltung gefallenen deutschen Gebieten, ferner aus der Tschechoslowakei und Südosteuropa, eine der größten Bevölkerungsbewegungen aller Zeiten, von der insgesamt mehr als 12 Millionen Deutsche betroffen wurden. Durch diese Aktionen sollte u. a. das Entstehen neuer Minderheitenprobleme vermieden werden. Es verblieben dennoch einige Hunderttausend Deutsche sowie außerdem ehemals deutsche Staatsangehörige mit z. T. nichtdeutscher Haussprache, die als Autochthone bezeichnet wurden, in den Gebieten östlich der sogenannten Oder-Neiße-Linie. Nach und nach konnte ein großer Teil (1950–1972 rund eine halbe Million) in die Bundesrepublik Deutschland abwandern. Im Zusammenhang mit der Unterzeichnung des Vertrages von 1970 zwischen der Bundesrepublik Deutschland und Polen soll die Umsiedlung der Deutschen, die sich in der Bundesrepublik niederlassen wollen, zum Abschluß gebracht werden. In der Tschechoslowakei sind nur noch (1970) 85 600 Deutsche ansässig. In der Sowjetunion, in der es einst, u. a. im Wolga- und Schwarzmeergebiet, große, mehr oder weniger geschlossene deutsche Siedlungsgebiete gab, leben nun infolge der im Zweiten Weltkrieg begonnenen Zwangsaussiedlung die (1970) 1,84 Millionen Deutschen weit verstreut, darunter in Sibirien und Kasachstan. Ähnliches gilt für die 1,17 Millionen Polen, die nach der Aussiedlung der Masse der polnischen Bevölkerung aus den an die Sowjetunion abgetretenen ostpolnischen Gebieten noch zurückgeblieben sind. Die furchtbarsten Verluste erlitt durch die nationalsozialistische Vernichtungspraxis das europäische und besonders das osteuropäisch-sowjetische Judentum. Die – mit Ausnahme der Sowjetunion – geringen jüdischen Minderheiten, die heute noch in diesen Ländern leben, verringern sich weiterhin durch die Abwanderung, namentlich in Polen.

Minderheiten im heutigen »Westeuropa«

Zu den europäischen Minderheiten, die keine Probleme hervorrufen, gehören die insgesamt wenig über 30 000 Lappen, von denen rund zwei Drittel im nördlichen Norwegen, die übrigen im Norden Schwedens, Finnlands und auf der sowjetischen Halbinsel Kola leben.

Eine historisch-kulturell interessante Minderheitengruppe Skandinaviens bilden die etwa 330 000 Finnlandschweden, die rund 7 % der Gesamtbevölkerung Finnlands ausmachen. Die Gebiete des heutigen Finnlands, die seit dem 13. Jahrhundert nach und nach unter schwedische Herrschaft gekommen und erst 1809 an das Russische Reich gefallen sind, erhielten namentlich in den Städten und in der grundherrschaftlichen Struktur eine schwedische Prägung. Die schwedische Sprache wurde mit der Zeit übermächtig. Erst im vorigen Jahrhundert begann mit der Entdeckung der finnischen Volksliteratur eine Neubesinnung auf die eigene Sprache und die echte Nationalwerdung. Die Finnlandschweden haben zwar an Einfluß verloren, doch sie genießen dieselben Rechte wie die Finnen. Das Schwedische ist wie das Finnische Nationalsprache; Gemeinden mit mehr als 10 % oder 5000 Angehörigen einer Minderheit gelten als zweisprachig; Doppelnamen wie Helsinki–Helsingfors, Turku–Åbo oder Pori-Björneborg zeugen davon. Die stärksten schwedischen Gruppen leben an der Südwestküste. Rein schwedisch sind die am Südende des Bottnischen Meerbusens gelegenen Inseln Åland (Ahvenanmaa), die mit einem autonomen Status ausgestattet sind und auf denen über 20 000 Finnlandschweden leben.

Wie das Verhältnis zwischen Finnen und Finnlandschweden, so hat sich auch jenes zwischen Deutschen und Dänen beiderseits der deutsch-dänischen Grenze im allgemeinen positiv entwickelt. Da die nach einer Volksabstimmung (1920) vorgenommene neue Grenzziehung nicht ganz nach ethnischer Situation erfolgen konnte, leben nördlich der Grenze noch rund 60 000 Deutsche und südlich davon etwa 50 000 Dänen. Beide Gruppen genießen volle kulturelle Entfaltungsmöglichkeit. Zäh hat gerade auch in neuerer Zeit eine andere kleine Minderheit um ihre Existenz gerungen, die Gruppe der rund 300 000 Friesischsprechenden in der niederländischen Provinz Friesland.

Als alte slawische Minderheit im deutschen Siedlungsgebiet sind die 50 000–60 000 Sorben (»Serbja«, »Wenden«) zu nennen, die in den Gebieten um Bautzen und Hoyerswerda sowie im Spreewald in gewissem Umfang ihre kulturelle Eigenart bewahrt haben; sie besitzen in der DDR Selbstverwaltungsrecht.

In Großbritannien hat es bis in die Gegenwart hinein immer wieder nationalistische und separatistische Strömungen im sogenannten Celtic Fringe, d. h. im keltischen Randgebiet des Königreiches gegeben, ohne daß jedoch bisher von einem eigentlichen Minderheitenproblem in diesen Gebieten gesprochen werden konnte. Schottische Nationalisten haben mehrfach eine Selbstregierung nach dem Vorbild Nordirlands gefordert, walisische – u. a. durch ihre Partei Plaid Cymru – die Selbstverwaltung (Home Rule) verlangt

*Rumänien, Șura Mare (Großscheuern) ·
Die Deutschen in Rumänien – hier einige
Siebenbürger in ihrer Volkstracht –
machen heute nur noch 2% der
Gesamtbevölkerung aus.*

und mitunter ihre Forderung durch Anschläge unterstrichen. In Schottland ist – ebenso wie in Cornwall – aber das Keltische in Sprache und Überlieferung nur noch schwach vertreten; weniger als tausend Schotten bedienen sich allein des Gälischen, wenn auch noch rund achtzigtausend diese angestammte Sprache neben dem Englischen beherrschen. Stärker ist die Tradition in Wales, denn hier sprechen immerhin noch über 20 000 Waliser nur Welsh und mehr als 0,6 Millionen neben Englisch auch Welsh; hier sind auch außer sprachlich-kulturellen Eigenarten soziale Benachteiligungen für das Verlangen nach einem Sonderstatus verantwortlich. Stärker als die Unzufriedenheit dieser Gruppen könnte in Zukunft eine erst in der jüngsten Vergangenheit erstarkte Minderheit in Großbritannien zu einem Problem werden: die aus verschiedenen einst oder noch zum Commonwealth of Nations gehörenden Ländern eingewanderten Farbigen, besonders Gruppen aus Vorderindien, die direkt aus ihrer Heimat kamen oder von den Regierungen der jungen Staaten Ostafrikas ausgewiesen wurden und einen britischen Paß besaßen, sowie Neger und Mulatten aus Westindien. Nur ein Teil von diesen Farbigen, hauptsächlich Asiaten, ist in gehobenen Berufen tätig, die Masse aber muß sich mit Arbeitsplätzen begnügen, die von den Einheimischen nicht gesucht oder verschmäht werden. Die soziale Situation der Mehrheit dieser Zugewanderten ist mehr oder weniger prekär. Im Rahmen des Commonwealth Immigration Act ist versucht worden, den weiteren Zustrom einzudämmen. Schon sind mindestens 1,5 Millionen Farbige im Lande ansässig, d.h., diese machen rund 2% der Gesamtbevölkerung aus; manche Kenner der Situation rechnen aber in den nächsten zwei Jahrzehnten mit einer Zunahme auf das Dreifache und fürchten in diesem Zusammenhang, daß sich Krisen wie in den USA ergeben könnten. In der Gegenwart wirft allerdings die gespaltene Bevölkerung Nordirlands akutere Fragen auf. Die protestantische Mehrheit hat hier bislang die eine halbe Million zählende katholische Minderheit politisch und wirtschaftlich mehr oder weniger in Abhängigkeit gehalten. Die im 12. Jahrhundert begonnene Unterwerfung der Iren durch die Briten und die Folgen der Kolonisation durch schottische und nordenglische Siedler, erfuhren in ihren Auswirkungen seit dem 16. Jahrhundert eine zunehmende Verschärfung, da die Iren die Reformation nicht übernahmen. Die nach dem Ersten Weltkrieg durch den irischen Freiheitskampf erzwungene Bildung eines unabhängigen Irlands konnte den Zwist nicht beenden, da eine große katholisch-irische Gruppe in dem mehrheitlich anglikanischen Ulster ansässig ist, das nicht zum irischen Freistaat kam, sondern als Nordirland mit eigenem Parlament und eigener Regierung bei England blieb. In dem seither vergangenen halben Jahrhundert wurde viel zuwenig getan, um wirtschaftlich und sozial den Katholiken Nordirlands endlich gleiche Entwicklungsmöglichkeiten zu geben. Die Katholiken blieben unterprivilegiert, sowohl im öffentlichen Leben als auch in der Wirtschaft. Es ist deshalb nicht verwun-

Frankreich, Finistère · Bretonin mit Spitzenhäubchen. Ein Großteil der Bretonen erstrebt eine kulturell-administrative Autonomie.

Das Baskenland, Heimat einer ethnischen Minderheit

GOLF VON BISCAYA

FRANKREICH

Algorta · Guernica · Deva · Biarritz · Irún · Labourd · Bilbao · Durango · San Sebastián · Basse-Navarre · Vizcaya · Guipúzcoa · Tolosa · Soule · Vitoria · Miranda de Ebro · Pamplona · Álava · Navarra · Logroño · Calahorra

SPANIEN

— Wichtige Straßen
— Provinz- bzw. Landschaftsgrenze
▬ Französisch-spanische Grenze
— Grenze des baskischen Sprachgebietes

*Oben: Irland, Belfast 1973 ·
Britische Soldaten in Kampfstellung.
Die katholische Minderheit, wirtschaftlich
und politisch in Abhängigkeit gehalten,
kämpft um gleiche Entwicklungsmöglichkeiten.*

*Links: Großbritannien, Krisengefahr ·
Nur einem kleinen Kontingent
von Staatsangehörigen aus Ländern,
die einst dem britischen
Kolonialreich angehörten,
gestattet England die Einwanderung.
Aber auch sie haben nur geringe Aussichten
auf soziale Eingliederung.*

derlich, daß die sozialen noch mehr als die religiösen Gegensätze seit dem Ausgang der sechziger Jahre immer stärker aufflammten und zu schweren Gewalttaten führten. Eine ausgleichende Sozial- und Wirtschaftspolitik ist unerläßliche Voraussetzung für eine Lösung, aber erst im Ansatz vorhanden.

Die Auseinandersetzung zwischen Flamen und französischsprechenden Wallonen in Belgien ist kein Minderheitenkonflikt, da beide Nationalitäten staatstragende Gruppen sind, wie dies auch in der Schweiz bei den verschiedensprachigen Gruppen der Fall ist; Reibungen zwischen Minderheiten ergeben sich hier innerhalb des Gesamtstaates in Städten, z.B. in der Hauptstadt Brüssel, wo bei sprachlicher Verzahnung jede Gruppe leidenschaftlich ihre Position wahren bzw. verbessern will. Die Situation der über 60 000 Deutschen, die vor allem im Gebiet von Eupen-Malmédy leben, gilt als befriedigend.

Die große Zahl der ausländischen Arbeitskräfte hat in Belgien noch nicht zu Streit über die mögliche Gefahr einer Überfremdung geführt, wohl aber in der Schweiz, in der dieses Problem schon vor mehreren Jahren akut wurde. Ein Minderheitenkonflikt, der neben sprachlich-kulturellen auch historische Wurzeln besitzt, hat sich hier in jüngster Zeit im Kanton Bern zugespitzt. Zwar wurde 1950 die Existenz eines altbernisch-deutschsprachigen und eines katholisch-jurassisch-französischsprachigen Volksteiles im Kanton anerkannt, und die Jurassier haben volle Gleichberechtigung, aber diese geben sich damit nicht zufrieden. Unter Führung der »Front de Libération jurassienne« und des »Rassemblement Jurassien« wurde der Kampf um die Trennung vom Kanton Bern und die Bildung eines eigenen Kantons begonnen und wiederholt durch Gewaltakte dramatisiert.

Eine besondere Situation herrscht in Frankreich, das seit je nur eine »französische Nation« – »une nation, une langue« – kennt und sozusagen anderssprachige Minderheiten nicht zur Kenntnis nimmt bzw. das Bemühen darauf richtet, sie zu Franzosen im Geiste zu erziehen und sie an die französische Kultur zu assimilieren; es ist ein Unterfangen, das durch zielstrebige Kulturpolitik immer wieder überaus erfolgreich war, auch bei großen Teilen zugewanderter ausländischer Arbeitskräfte und Intellektueller. Die Erfolge sind nicht zuletzt bei den 1,2 Millionen deutschstämmigen Elsässern und Lothringern, bei den rund 0,8 Millionen Italienischsprechenden, 0,3 Millionen Katalanen, 0,2 Millionen Flamen und über 0,1 Millionen Basken festzustellen, wenn sich auch diese Gruppen bisher zumindest in Volkskultur und Umgangssprache weitgehend ihre Eigenständigkeit zu bewahren vermochten, obwohl ihnen keinerlei Autonomie zugestanden wurde. Von den rund 3 Millionen Bretonen sprechen etwa 1,3 Millionen noch ihre – von den Franzosen als Dialekt bezeichnete und auch mehrere Mundarten aufweisende – Sprache (brezhoneg), namentlich in der Basse-Bretagne. Vor mehreren Jahrzehnten trat die bretonische »Gween ha Du« (»weiß und schwarz«, nach der bretonischen Flagge) in Erscheinung, vor einigen Jahren schließlich die »Bretonische Befreiungsfront«, die sich auch mehrfach durch Anschläge bemerkbar machte. Ob selbst die Mindestforderung, kulturell-administrative Autonomie, unter den gegebenen Verhältnissen Erfolg haben kann, ist sehr fraglich. Die Mehrzahl der Basken Frankreichs hegt keine separatistischen Neigungen, aber der Wunsch nach kulturell-sprachlicher Eigenständigkeit ist vorhanden und wurde zeitweise durch die Organisation Enbata (Sturmwind) akzentuiert.

In mancher Hinsicht nimmt Spanien gegenüber den nichtspanischen ethnischsprachlichen Gruppen eine ähnliche Haltung ein wie Frankreich; echte kulturelle oder gar Verwaltungs-Autonomie wird nicht gewährt, auch nicht den fast ein Viertel der Bevölkerung ausmachenden Katalanen, deren Sprache zwischen dem Spanischen und dem Provenzalischen steht und die ihr Siedlungsgebiet zu einem der am besten entwickelten Regionen des ganzen Landes gemacht haben. 1932 erhielt Katalonien Autonomie, die aber nach dem Versuch, eine unabhängige Republik zu begründen, 1934 verfiel; die auch von der Geistlichkeit geförderten Autonomiebestrebungen sind jedoch bis heute lebendig geblieben. Ungleich stärker sind diese Bestrebungen jedoch bei den Basken aktiv geworden

Die sprachlichen Mehrheiten in Südtirol

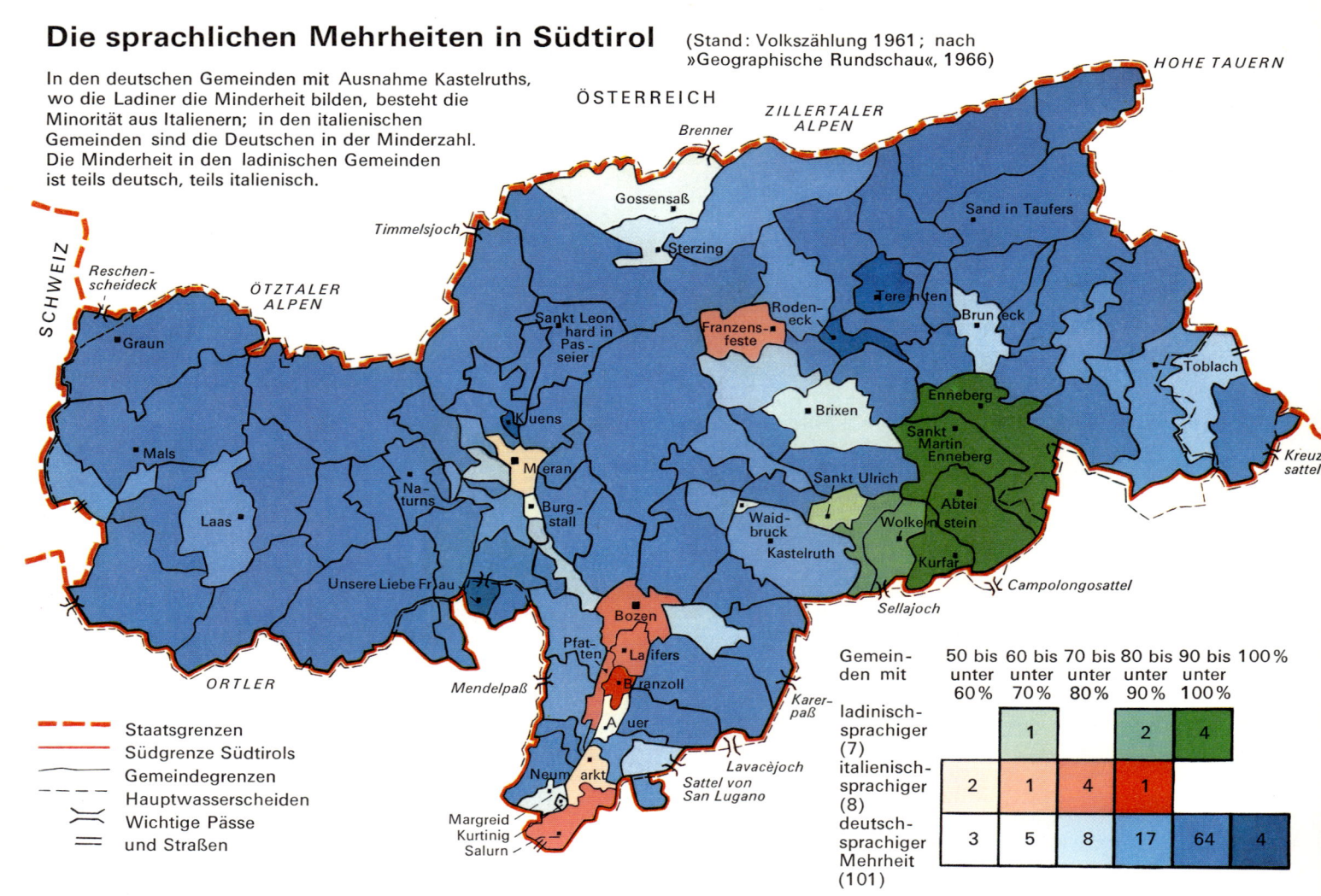

(Stand: Volkszählung 1961; nach »Geographische Rundschau«, 1966)

In den deutschen Gemeinden mit Ausnahme Kastelruths, wo die Ladiner die Minderheit bilden, besteht die Minorität aus Italienern; in den italienischen Gemeinden sind die Deutschen in der Minderzahl. Die Minderheit in den ladinischen Gemeinden ist teils deutsch, teils italienisch.

Legende:
- ‐‐‐ Staatsgrenzen
- — Südgrenze Südtirols
- Gemeindegrenzen
- - - Hauptwasserscheiden
- ⟆ Wichtige Pässe und Straßen

Gemeinden mit ladinischsprachiger (7), italienischsprachiger (8), deutschsprachiger Mehrheit (101), aufgeteilt in Klassen 50 bis unter 60%, 60 bis unter 70%, 70 bis unter 80%, 80 bis unter 90%, 90 bis unter 100%, 100%.

	50 bis unter 60%	60 bis unter 70%	70 bis unter 80%	80 bis unter 90%	90 bis unter 100%	100%
ladinischsprachiger (7)		1		2	4	
italienischsprachiger (8)	2	1	4	1		
deutschsprachiger (101)	3	5	8	17	64	4

(vgl. Grafik S. 124), obwohl diese weniger als 2% der Gesamtbevölkerung stellen, aber – wie die Katalanen – ihr Siedlungsgebiet zu hoher Entwicklung brachten. Bei den Basken (spanisch Vascos, baskisch Euskaldunak), deren Herkunft umstritten blieb und die eine nichtindogermanische Sprache (euskera) sprechen, handelt es sich um ein besonders begabtes Volk, das viele der spanischen Konquistadoren und Übersee-Unternehmer stellte; Basken waren u.a. Ignatius von Loyola und die modernen Dichter Baroja und Unamuno, obgleich sie spanisch schrieben. Zwar hat die baskische Eigenständigkeit in Spanien trotz aller Behinderung mehr Entfaltungsmöglichkeit als in Frankreich, aber vielleicht gerade deshalb ist der Kampf um volle sprachlich-kulturelle Gleichberechtigung, u.a. besonders vom Klerus unterstützt, viel heftiger als im Norden der Pyrenäen. Er hat durch die 1959 erfolgte Gründung der ETA (Euzkadi ta Askatasuna = Baskenland und Freiheit) einen ungewöhnlichen Auftrieb erhalten. Die reformistischen Kräfte erstreben Autonomie, die sozialrevolutionären hoffen auf eine gesamtspanische sozialistische Lösung und sind z.T. ausgesprochene Separatisten.

Zu einem der bekanntesten Minderheitenprobleme Europas wurde jenes von Südtirol, das entgegen dem von Wilson verkündeten Selbstbestimmungsrecht nach dem Ersten Weltkrieg aufgrund des Friedensvertrages von Saint-Germain (10. September 1919) von Österreich an Italien abgetreten werden mußte. In der Provinz Bozen machten damals die deutschsprachigen Südtiroler, einschließlich der kleinen, in der Volkskultur eng mit ihnen verwandten Gruppe der rätoromanischen Ladiner der Dolomiten, 97,4% der Gesamtbevölkerung aus, während die ansässigen Italiener einen Anteil von nur 2,6% aufwiesen. Durch die in Verbindung mit der Industrialisierung planmäßig geförderte Zuwanderung von Italienern erhöhte sich deren Anteil bis 1961 auf 34,3%, während die deutschsprachigen Südtiroler auf 62,2% zurückgingen und auf die Ladiner 3,4% entfielen (vgl. Grafik). Unter dem Faschismus wurde eine rücksichtslose Entdeutschungspolitik getrieben. Durch das Hitler-Mussolini-Abkommen von 1939 sollte das Südtirolproblem endgültig gelöst werden. Vor die Wahl gestellt, der Italianisierung anheimzufallen oder nach dem Deutschen Reich umzusiedeln, optierten 86% für die Umsiedlung. Im Pariser Abkommen vom 5. September 1946 (Gruber-De-Gasperi-Abkommen) zwischen Österreich und Italien verpflichtete sich letzteres, den »deutschsprachigen Einwohnern der Provinz Bozen und der benachbarten zweisprachigen Ortschaften der Provinz Trient, volle Gleichberechtigung mit den italienischsprachigen Einwohnern im Rahmen besonderer Maßnahmen zum Schutze des Volkscharakters und der kulturellen und wirtschaftlichen Entwicklung des deutschsprachigen Bevölkerungsteiles« zuzusichern. Dieses Abkommen wurde in den Friedensvertrag der Alliierten mit Italien aufgenommen. Der größte Teil der mehr als siebzigtausend Optanten durfte in die Heimat zurückkehren bzw. erhielt auf Wunsch wieder die italienische Staatsangehörigkeit. Da jedoch durch das Autonomiestatut vom 29. Januar 1948 alle wesentlichen Selbstverwaltungsrechte der Region Trentino-Alto Adige (Trentino – Tiroler Etschland) übertragen worden waren, in der die Italiener eine Mehrheit besitzen, blieb die Provinz Bozen wiederum ohne echte Autonomie und damit ihre deutschsprachige Bevölkerung entsprechend benachteiligt, vor allem wirtschaftlich und im öffentlichen Dienst, wenn auch die Verhältnisse gegenüber der faschistischen Zeit eine wesentliche Verbesserung erfuhren. Nach langwierigen Verhandlungen zwischen Österreich und Italien wurde 1969 ein Kompromiß getroffen; in den 1971 endgültig gebilligten Vereinbarungen des sogenannten Südtirol-Paketes wurde der offizielle Name der mehrheitlich deutschsprachigen Provinz wieder in Südtirol abgeändert; dieses erhielt nun, innerhalb der Region Trentino-Südtirol, in Kultur, wichtigen Wirtschaftsfragen, in der Arbeitsvermittlung und Verwaltung größere

Rechte. Die Selbstbehauptung der (1971) 260351 deutschsprachigen Südtiroler und der rund 15456 Ladiner wird auch davon abhängen, ob es gelingt, ihre wirtschaftliche und sozialpolitische Basis ausreichend zu stärken, zumal in den größten und wirtschaftlich bedeutendsten Gemeinden, darunter in Bozen und Meran, die Italiener bereits das Übergewicht besitzen.

In einer viel schwierigeren Lage als die Südtiroler ist die französischsprachige Bevölkerung im Aostatal (italienisch Valle d'Aosta, französisch Val d'Aoste). Das Aostatal, das seit dem 12. Jahrhundert zu Savoyen gehört hatte und 1860 nach der Abtretung Savoyens an Frankreich bei Italien geblieben war, verblieb auch nach dem Zweiten Weltkrieg bei diesem, obwohl es zunächst französische Truppen besetzt hatten. Auch in diesem, zu Füßen des Mont Blanc gelegenen wichtigen Fremdenverkehrsgebiet, hatte der Faschismus mit allen Mitteln die Italianisierung vorwärtsgetrieben, vor allem durch Bürokratisierung und Industrialisierung. Auf diese Weise wurden die französischsprachigen Valdotains immer stärker zurückgedrängt; im Hauptort Aosta machen sie nur noch etwa ein Viertel der Einwohner aus. Zwar besitzt die etwa 110000 Einwohner zählende Region Aosta durch das Spezialstatut vom 31. Januar 1948 eine kulturelle Autonomie, aber die Situation der Valdotains ist doch schwierig genug.

Kleine slawische (Slowenen) und rätoromanische Minderheiten (Friauler bzw. Furlani, italienisch Friulani) leben in der italienischen Region Friaul-Julisch-Venetien (Friuli-Venèzia Giùlia), zu der auch Triest gehört; dieses sollte ursprünglich ein Freistaat werden, doch wurde das Gebiet durch das Abkommen vom 5. Oktober 1954 geteilt, wobei die Stadt mit einem Teil ihrer Umgebung Italien, der Rest Jugoslawien zufiel; die Vereinbarung wurde durch eine Bestimmung über den Schutz der Minderheiten ergänzt. Albanische Volkssplitter leben schließlich in Süditalien und auf Sizilien. Kleine Minderheiten weist auch Österreich auf, darunter rund dreißigtausend Kroaten und etwa zehntausend Madjaren im Burgenland sowie über zwanzigtausend Slowenen in Kärnten; sie bilden jedoch keine geschlossenen Siedlungsgebiete. Nach Artikel 7 des Staatsvertrages vom 15. Mai 1955 ist Österreich verpflichtet, in den Gebieten kroatischer, slowenischer oder gemischter Bevölkerung die Sprache der Minderheit neben dem Deutschen als zweite Amtssprache zuzulassen und u. a. den Minderheiten den Elementarunterricht in ihrer Muttersprache zu sichern. 1972 kam es wegen der Aufstellung doppelsprachiger Ortstafeln in einer Anzahl von Gemeinden in Kärnten zu Reibungen.

Minderheiten in Südosteuropa

Die eigentlich staatstragenden Völker Jugoslawiens, die Serben, Kroaten, Slowenen, Bosnier, Montenegriner (Crnogorcen) und Makedonier besitzen in der Föderativen Republik eigene Teilrepubliken. Als Minderheiten sind vor allem die Madjaren, die rund 3%, und die Albaner, die 4,4% der Gesamtbevölkerung ausmachen, anzusehen; dazu kommen nach der Dezimierung und Aussiedlung der einst bedeutenden deutschen Volksgruppe eine nur noch etwa zehntausend Köpfe zählende deutsche Minderheit sowie rumänische, slowakische, türkische und italienische Gruppen und Zigeuner. Die Madjaren leben hauptsächlich in der autonomen Provinz Wojwodina, die Albaner in der autonomen Provinz Kosowo der Republik Serbien. Spannungen ergaben sich besonders im Zusammenhang mit der albanischen Minderheit, die die Erhebung ihrer autonomen Provinz in eine Republik fordern; in jüngster Zeit wurden ihnen gewisse Zugeständnisse gemacht. Mehrere Hunderttausend Albaner leben auch in der jugoslawischen Teilrepublik Makedonija; unter ihnen zeigten sich Bestrebungen, an die zu einer Teilrepublik zu erhebende Provinz Kosowo angegliedert zu werden. Die Makedonier, die nach jugoslawischer Ansicht ein eigenes südslawisches Volk bilden, waren im Laufe der Geschichte immer wieder in Hinsicht auf ihre Volkszugehörigkeit umstritten; die Bulgaren hatten sie nach dem Zweiten Weltkrieg ebenfalls als eigene Volksgruppe anerkannt und ihnen im sogenannten Pirin-Makedonien kulturelle Autonomie eingeräumt. Später aber wurde das Makedonische als bulgarischer Dialekt bezeichnet. Die jugoslawisch-bulgarischen Auseinandersetzungen über die Makedonier gelten zwar als weitgehend beigelegt, doch kam es auch jüngst wegen der Makedonier zu Reibungen. Jugoslawien hat schließlich Griechenland vorgeworfen, die in dessen Norden lebenden Makedonier im Bürgerkrieg Ende der vierziger Jahre und durch Umsiedlungen geschwächt zu haben. Die Griechen verneinen die Existenz eines makedonischen Volks und bezeichnen ihre makedonische Minderheit – die keinen Minderheitenschutz genießt und offenbar sich ständig durch Assimilation verringert – als »slawophone Griechen«.

In Ungarn, in dem vor dem Zweiten Weltkrieg über eine halbe Million Deutsche lebten, gibt es nach neueren Angaben – nach der Zwangsaussiedlung und Flucht eines großen Teiles der deutschen Minderheit – rund 215000 Deutsche; außerdem 110000 Slowaken, 100000 Kroaten und Serben sowie 25000 Rumänen. Wie in Rumänien, so zeichnet sich auch in Ungarn seit Mitte der sechziger Jahre die Tendenz ab, den Minderheiten eine formale Gleichstellung zu garantieren, wobei jedoch, wie in allen kommunistischen Ländern, der Inhalt aller kulturellen Entfaltung auch bei den Minderheiten kommunistischer Ideologie entsprechen muß. Die bedeutendsten madjarischen Gemeinschaften außerhalb Ungarns leben, wie erwähnt, in Jugoslawien, ferner in der Tschechoslowakei – in der sie nach der Aussiedlung stärkerer Gruppen nach dem Zweiten Weltkrieg – noch etwa 3,9% der Gesamtbevölkerung ausmachen, sowie in Rumänien, in dem (einschließlich der siebenbürgischen »Szekler«) ein Zwölftel der Bevölkerung aus Madjaren besteht; ihre autonome Region wurde 1967 aufgelöst. Die Deutschen Rumäniens, darunter vor allem die Siebenbürger Sachsen, die Jahrhunderte hindurch ihre Selbstverwaltung behauptet hatten, machen heute nur noch rund 2% der Gesamtbevölkerung – d.h. 380000–400000 – aus, während sie vor dem Zweiten Weltkrieg eine Dreiviertelmillion zählten. In Ungarn und Rumänien sowie in anderen Ländern Südost- und Ostmitteleuropas leben außerdem noch weitere, allerdings kleine Minderheiten (Ukrainer, Serben, Kroaten, Slowaken, Türken, Griechen, Zigeuner usw.), die – wie die Türken Bulgariens – zahlenmäßig nicht ins Gewicht fallen.

Holzpuppe, Südtirol

> Auerhahn, J.: Die sprachlichen Minderheiten in Europa. *Leipzig/Berlin 1926.* – Bagley, T. H.: General principles and problems in the international protection of minorities. *Genf 1950.* – Buchholz, W./Köllmann, W.: Raum und Bevölkerung in der Weltgeschichte, 2. und 3. Band. *Würzburg 1955.* – Europa Ethnica. (Früher »Nation und Staat«. Vierteljahresschrift für Nationalitätenfragen.) *Wien.* – Raschhofer, H.: Hauptprobleme des Nationalitätenrechts. *1931.* – Stone, J.: Regional guarantees of minority rights. *New York 1933.*

Gerhard Muschwitz

Deutschland

*Thüringen, Wartburg ·
Geschichtsträchtige Stätte
auf dem fast 400 m hohen Wartberg.
Noch immer finden hier offizielle
Feiern und Tagungen statt.*

Kaum vereinigt, wieder geteilt

Am Fuße der Wartburg unweit von Eisenach versammelten sich am 18. Oktober 1817 ungefähr fünfhundert Studenten und Professoren der verschiedenen deutschen Universitäten. Der Jahrestag der Völkerschlacht von Leipzig und die Feier zur dreihundertsten Wiederkehr der deutschen Reformation hatten sie zusammengeführt. Indem sie im Feuer ihrer Fackeln u. a. einen österreichischen Korporalstock und viele reaktionäre Bücher verbrannten, gaben sie damit ihren Unmut kund. Sie alle hatten gehofft, daß nach den Freiheitskriegen von 1813 die Zeit der einzelnen Landesherren vorbei sei und ein einiges Deutsches Reich entstehe. In deutsches Gebiet aber teilten sich immer noch 4 Königreiche, 31 Kurfürstentümer, Großherzogtümer, Herzogtümer und einige »Freie Reichsstädte«.

Nach 54 Jahren wurde ihr Wunsch erfüllt: Die einzelnen deutschen Landesfürsten stimmten der Bildung eines Deutschen Reiches, wenn auch mit Widerstreben, zu. Der neue Staat umfaßte ein Staatsgebiet von 540 858 qkm, auf dem um 1880 rund 45 Millionen Menschen, 1914 aber 67 790 000 lebten; die Bevölkerungsdichte wurde 1910 mit 120 Einwohner/qkm angegeben.

50 Jahre nach der Reichsgründung, also 1921, war das Staatsgebiet erheblich kleiner geworden; denn der Versailler Vertrag von 1919 bestimmte, daß Gebiete im Osten, im Westen und im Norden abgetrennt werden mußten. Die Fläche des Deutschen Reiches betrug danach 470 672 qkm, d.h., sie war um fast 23 % kleiner geworden. Die Grenzveränderungen erfolgten im Westen und vor allem im Osten, dort nämlich, wo die Grenzen weniger geographisch bedingt waren und auch nicht mit Volkstumsgrenzen zusammenfielen. Im Laufe der wechselvollen deutschen Geschichte haben sich hier jeweils die größten Veränderungen ergeben. Dagegen änderten sich die Nord- und die Südgrenze des Deutschen Reiches wenig, Grenzen, die – zumindest im Süden – viel stärker geographisch-strukturell bedingt sind.

Der Blick vom Turm der Wartburg, 75 Jahre nach der Gründung des zweiten deutschen Kaiserreiches, also 1946, hätte an jenen von 1817 erinnert. Die Wartburg lag nicht mehr inmitten eines einheitlichen deutschen Reiches, nur wenige Kilometer von ihr lief wieder eine Grenze. Um die Gefahr zu beseitigen, daß von Deutschland aus, wie es beim Zweiten Weltkrieg der Fall war, wieder ein Krieg ausgelöst werden könnte, beschlossen die Alliierten auf den Konferenzen von Jalta (Februar 1945) und Potsdam (August 1945) die Aufteilung des Deutschen Reiches in vier Besatzungszonen und in das Gebiet jenseits von Oder und Neiße, das unter polnische und russische Verwaltung gestellt wurde. Die damalige deutsche Hauptstadt

Berlin wurde ebenfalls in drei, später in vier Sektoren unterteilt und erhielt einen besonderen Status. Die am 3. September 1971 in Berlin unterzeichnete »Viermächte-Vereinbarung« brachte ein vertraglich geregeltes Übereinkommen. Die Zerschlagung des Deutschen Reiches nach dem Zweiten Weltkrieg und seine Aufteilung in Besatzungszonen bedeutete den tiefsten und auch folgenreichsten Einschnitt in der Geschichte Deutschlands.

Am Ende der vierziger Jahre entstanden aus den Besatzungszonen – gefördert jeweils von der herrschenden Besatzungsmacht – zwei deutsche Staaten: Aus der amerikanischen, der englischen und der französischen Zone bildete sich am 7. September 1949 die Bundesrepublik Deutschland mit der provisorischen Hauptstadt Bonn, in der sowjetischen Besatzungszone entstand am 7. Oktober 1949 die Deutsche Demokratische Republik (DDR) mit der Hauptstadt (Ost-)Berlin. Die Bundesrepublik Deutschland mit West-Berlin umfaßt eine Fläche von 248 471 qkm mit 61,8 Millionen Einwohnern (Mitte 1972), die sich jedoch durch die Umsiedler ständig erhöht; die Fläche der DDR beträgt 108 178 qkm mit 17,04 Millionen Einwohnern (Mitte 1972; einschließlich Ost-Berlin). Betrug die Einwohnerdichte in der Bundesrepublik rund 249 Einwohner/qkm (1972), so in der DDR 158.

Die Gebiete jenseits der Flüsse Oder und Neiße, d.h. die ehemaligen Länder Schlesien, Pommern und Teile der Mark Brandenburg, wurden nach dem Potsdamer Abkommen unter polnische Verwaltung gestellt, Ostpreußen wurde in einen sowjetischen und einen polnischen Verwaltungsbezirk geteilt. Diese Länder umfassen eine Fläche von 114 000 qkm (das waren 24,3 % der gesamten Reichsfläche von 1937) mit 9,4 Millionen Bewohnern (das waren 13,5% der Bevölkerung des Reiches). Viele Bewohner dieser Gebiete flüchteten in den letzten Monaten des Zweiten Weltkrieges aus ihrer Heimat, die anderen wurden in den folgenden Jahren ausgesiedelt.

Durch die Zerschlagung des Deutschen Reiches und die Neugliederung im Jahre 1949 ergab sich notwendigerweise eine Umstrukturierung der deutschen Wirtschaft. Von 1871 bis 1945 hatte sich ein deutsches Wirtschaftsgebiet, ein einheitlicher Markt gebildet, auf den die Wirtschaftsregionen sich orientierten. Dieses einheitliche Ganze existierte nun nicht mehr, und die beiden deutschen Staaten mußten die Schwierigkeiten, die sich daraus ergaben, überwinden.

Deutschland, ein Land der Vielgestaltigkeit

Die deutschen Landschaften bieten sich dem aufmerksamen Betrachter in mannigfacher Abwechslung dar. Ob der Reisende das Land von Nord nach Süd, von West nach Ost durchquert – reizvoll sind die Landschaftsformen, die seine Sinne aufnehmen. Diese Vielgestaltigkeit beruht auf der wechselvollen geologischen Geschichte, der Einwirkung der endogenen und der vielfältigen exogenen Kräfte, den Gestaltern der Oberflächenformen. Diese Vielgestaltigkeit, der Wechsel von Ebene, Hügelland, Seenlandschaften und Gebirgen macht Deutschland für die nördlichen und nordwestlichen Nachbarn als Reiseland attraktiv.

Der aufmerksame Reisende, der mit seinem Wohnwagen die Grenze Schleswig-Holsteins passiert, hält sich hier vielleicht nicht lange auf. Er weiß vielleicht, daß der Salzgehalt der Nordsee größer ist als der der Ostsee (3,4% gegenüber nur 0,7% im

Oben: Oberfranken, Mittelalter und Gegenwart, Coburg · Die Veste Coburg über einem Neubauviertel der alten Residenzstadt an der Itz.

Links oben: Emsland, Norddeutsche Tiefebene, Fehnkolonie · Eine Siedlung (Großefehn) im Hochmoor entlang dem entwässernden Kanal, der »Mutter der Fehntjer«.

Rechts: Oberbayern, Alpen, Mittenwald · Beliebter Ferienort im Isartal zwischen Wetterstein und Karwendelgebirge mit zum Teil buntbemalten Häusern.

Links: Hessen, Mittelgebirge, Rhön · Typisch sind die herausragenden bewaldeten Kuppen (meistens Basalt) über sanftgewelltem Ackerland.

Einzug Napoleons im Oktober 1806

Spartakistische Matrosen 1918

»Stahlhelm«-Mitglieder 1933   Unten: Sowjetische Truppen 1945

In den Jahren 1788–1791 wurde nach den Entwürfen von Carl Gotthard Langhans am Westende der Berliner Prachtstraße Unter den Linden das 65 m breite und 26 m hohe Brandenburger Tor errichtet, das mit der Quadriga des Bildhauers Johann Gottfried Schadow gekrönt wurde. Als der Architekt dieses Werk nach Motiven der Propyläen von Athen schuf, konnte er nicht ahnen, daß das Tor schon bald zum Wahrzeichen der Hauptstadt Preußens und später des Deutschen Reiches werden sollte. So ist das Brandenburger Tor wie kaum ein anderes Bauwerk mit den vergangenen 180 Jahren deutscher und europäischer Geschichte verbunden. Die Einzüge fremder Truppen in die Stadt, so der Soldaten Napoleons 1806 und der sowjetischen Truppen im Mai 1945, vollzogen sich ebenso vor dem Hintergrund des Tores wie die Rückkehr deutscher Truppen aus den Befreiungskriegen von 1813 und den Kriegen von 1866 und 1870/71. Auch die Nationalsozialisten nahmen ihren »Weg zur Reichskanzlei« durch die Säulen des Tores. 170 Jahre lang floß der Verkehr zwischen der Innenstadt und den westlichen Vororten Berlins durch das Brandenburger Tor. Der 13. August 1961 funktionierte es mit dem Mauerbau zu einem Bauwerk mit Museumscharakter um. Auf östlicher wie auf westlicher Seite führt man Besuchergruppen und prominente ausländische Staatsgäste hierher. Ob es der Entspannungspolitik der siebziger Jahre gelingen wird, das Tor wieder zum Verbindungsstück zwischen den beiden Teilen der Stadt werden zu lassen, muß abgewartet werden.

Nach dem Bau der Mauer

Geschichte im Brennspiegel des Brandenburger Tores

westlichen Teil der Ostsee); wahrscheinlich kennt er die an der Nordsee weit stärker ausgeprägten Gezeiten, den stärkeren Wellengang. Nicht von ungefähr gilt das alte Wort noch heute: »Nordsee – Mordsee.« Die Sturmfluten haben im Laufe der Jahrhunderte an der Küste genagt. Land sank ein, Inseln im Wattenmeer blieben. Vor der deutschen Nordseeküste erheben sich aus dem flachen, von den Gezeiten überspülten Wattenmeer viele Inseln, die zu der Gruppe der Nordfriesischen, der Ostfriesischen Inseln und der Halligen zusammengefaßt werden. Aber auch der Küste der Ostsee sind einige Inseln vorgelagert, nicht so stark von den Sturmfluten bedroht, wesentlich größer, wie z. B. die Insel Fehmarn oder die Insel Rügen, mit 930 qkm die größte deutsche Insel. Zu den bekanntesten Inseln der Nordsee gehören die Badeinsel Sylt, ab 1927 durch den Hindenburgdamm mit dem Festland verbunden, und das vor der friesischen Küste lagernde Norderney. Damit das Land vor Überschwemmung geschützt ist, haben die Bewohner der Nordseeküste fast überall Deiche errichtet, hinter denen sich das fruchtbare, als Weide- und Ackerland genutzte Marschenland ausbreitet. Die Bauern leben auf Einzelhöfen – hier und da findet sich noch das geduckte, mit einem hohen Schilfdach bedeckte Marschenhaus –, oder in Dörfern, die sich hinter dem Deich oder an einer Straße entlangziehen.

Spätestens ab Hamburg benutzt unser Reisender die Autobahn, um südlich in Richtung Hannover–Frankfurt zu fahren. Er durchfährt einen Teil des norddeutschen Tieflandes, das eine westöstliche Ausdehnung von rund 500 km hat, eine nordsüdliche dagegen von 200 bis zu 250 km. Zwar wird er auf dieser Fahrt den nördlich der Elbe gelegenen, von Hügelketten durchzogenen Teil des Tieflandes nicht berühren, zwischen denen Seen (der Plöner See, der Schweriner See, die Müritz mit 107 qkm) eingebettet sind. Während diese Gebiete (der Holsteinische bzw. der Baltische Landrücken) recht lieblich und abwechslungsreich sind, wird er das von der Lüneburger Heide, die er nun durchfährt, nicht so unvermittelt sagen können. Dennoch wird er bemerken, daß das Norddeutsche Tiefland keine völlige Ebene ist, sondern von Hügeln unterbrochen wird, die z. B. im Wilseder Berg bis zu 169 m aufragen. Im Vorbeifahren betrachtet er vielleicht zwischen kleinen Wald- oder Feldstücken liegende Dörfer, meist Haufendörfer, deren Gebäude, Kirchen wie auch Wohnhäuser, aus Backsteinen errichtet wurden.

Nach Celle zu senkt sich das Land ein klein wenig, denn jetzt erreicht man das Urstromtal der Aller. Urstromtäler wie auch die Höhenrücken sind Reste der Eiszeit, die das Norddeutsche Tiefland formte. Bis an die deutschen Mittelgebirge heran schoben sich die von Norden kommenden Gletscher, hobelten die Landfläche glatt, schufen auch Vertiefungen, in denen sich Seen bildeten, und ließen in den End- und Grundmoränen das mitgebrachte Gesteinsmaterial zurück. Die Landwirtschaft verdankt der Eiszeit den Geschiebelehm, der für den Ackerbau gut zu nutzen ist, und den Lößboden, einen sehr lockeren, mineralhaltigen Boden. Südlich von Hannover erblickt der Tourist am Horizont Bergsilhouetten; hier beginnt das Gebiet der deutschen Mittelgebirge. In der verallgemeinernden Vorstellung gilt Deutschland als ein Land der Mittelgebirge, nicht als ein Flachlandgebiet, wie z. B. Ungarn. Wenn auch die deutschen Mittelgebirge in ihrer Erscheinungsform sehr unterschiedlich sind, so besitzen sie doch Gemeinsamkeiten: Es überwiegen die Breitendimensionen auf Kosten der Höhe, alle Gebirge sind bewaldet, in den höheren Lagen mit Nadelbäumen, in den tieferen mit Laub- oder Mischwald.

Ungefähr 100 km südöstlich von Hannover erhebt sich vor allem nach Westen und Norden, markant und inselartig, der

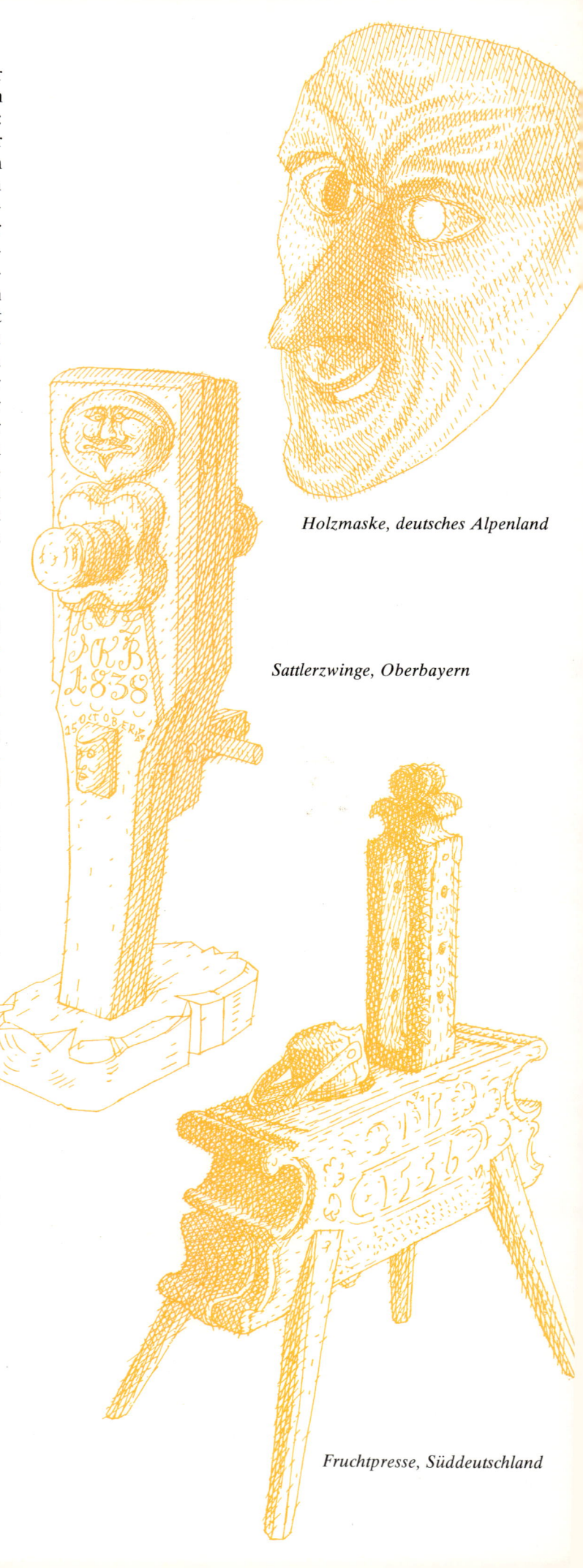

Holzmaske, deutsches Alpenland

Sattlerzwinge, Oberbayern

Fruchtpresse, Süddeutschland

Harz (Haart = Wald), der im Brocken eine Höhe von 1141 m erreicht und eine durchschnittliche Höhe von 600 bis 750 m besitzt. Von Nordwesten nach Südosten sich erstreckend, in herzynischer Richtung, ist er ungefähr 100 km lang, gegen 35 km breit und wird von hochgelegenen Verflachungen durchzogen, die an den Rändern von den Flüssen zerschnitten werden. Der Harz bildet eine Klimaprovinz für sich mit rauhen Gebirgswinden, kühlem Sommerwetter und schneereichen Wintern. Seine romantischen Täler mit bizarren Felspartien und die Vielzahl an Teichen und Talsperren machen ihn zum Urlaubsziel der Dänen, Niederländer und Berliner.

Unweit von Göttingen sieht man die Erhebung des Sollings (Große Blöße 528 m) und des Kaufunger Waldes liegen. Diese Gebirge zählt man zu der Gruppe des Weser- und Fuldaberglandes, das den Lauf der beiden Flüsse begleitet. Diese durchschnittlich 500–600 m hohen Bergländer, zu denen die Rhön (Wasserkuppe 950 m), der Kellerwald, der Vogelsberg (Taufstein 774 m) u. a. gehören, bestehen aus mesozoischen Gesteinen, die teilweise von vulkanischen Decken überlagert sind. An den Rändern der Gebirge sind in den Spalten heiße Quellen an die Oberfläche gedrungen. Zwischen den einzelnen Gebirgen liegen Senken, durch die die Verkehrswege geführt werden konnten und die z. T. für landwirtschaftliche Siedlungen genutzt werden.

Wenn der Reisende in die Nähe von Frankfurt gelangt, berührt er den Bereich der rheinischen Gebirgsgruppe, die, von der Oberfläche und vom Gestein her recht unterschiedlich, vom Rhein und seinen Nebenflüssen zu einem Komplex zusammengefaßt wird. Den Osten der zwischen Basel und Frankfurt sich erstreckenden Oberrheinischen Tiefebene, einer 280 km langen und bis zu 40 km breiten Senke, begrenzen der Odenwald und der Schwarzwald. Im Gesteinsaufbau begründet, durch die endogenen Kräfte unterstützt, hebt sich der sehr karge und wenig für die Landwirtschaft nutzbare Südschwarzwald, dessen höchste Erhebung der Feldberg mit 1493 m bildet, von dem wesentlich niedrigeren, etwas freundlicheren und viel stärker besiedelten Nordschwarzwald ab. Nordwestlich von Frankfurt liegt das Reinische Schiefergebirge, bestehend aus Taunus, Hunsrück, Westerwald, Eifel, Sauerland (höchste Erhebung: Großer Feldberg mit 880 m im Taunus), die von den Nebenflüssen des Rheins, z. B. der Mosel, der Lahn, der Ahr, voneinander getrennt werden. Die Hänge der Täler sind vor allem an der Mosel und am Mittelrhein mit Rebstöcken bepflanzt; von hier gelangt man auf die Hochflächen, die im Westerwald und im Hunsrück sehr eben sind bzw. nur von wenigen markanten Erhebungen überragt werden.

Weiter geht es gen Süden über die Schwäbische Alb, ein vor allem aus Dogger und Malm bestehendes Kalkgebirge, das sich von Südwesten, von Donaueschingen, nach Nordosten, nach Aalen, ungefähr 180 km durch die Lande zieht. Wie eine mächtige, aber durch den Niederschlag stark aufgelöste Mauer erhebt sich die Schwäbische Alb, die durch Kalksteinbildungen wie Höhlen oder Karstgebiete gekennzeichnet ist, um 400 m über dem »Unterland« und dacht sich allmählich nach Südosten zur Donauniederung ab. Von Ulm über Augsburg nach München führt die Straße nicht zwischen den Bergen hindurch, sondern über eine weite, fast ebene Fläche: das Alpenvorland. Diese Hochebene, die sich von Südwesten nach Nordosten zur Donau hin senkt, ist von kleinen Erhebungen und von vielen zur Donau hin entwässernden Flüssen durchzogen. Ihre mittlere Höhe kann bei 500 m angesetzt werden. Inmitten dieser Hochebene breitet sich die bayerische Landeshauptstadt München aus. Das Alpenvorland hat im Aufbau starke Ähnlichkeit mit dem Norddeutschen Tiefland; denn es wurde ebenso wie dieses durch die Eiszeit geformt. Zur Donau hin dehnen sich Moorgebiete (Donaumoos, Dachauer Moos), dann folgen die Endmoränenhügel, in die eine Gruppe von Seen (Ammersee, Starnberger See, Chiemsee) eingebettet sind. Meist an Flüssen, an günstigen Übergängen und an den das Alpenvorland durchziehenden Verkehrswegen liegen in ihren Funktionen stark mit ihrer Umgebung verbundene Städte wie Landshut oder Straubing und die charakteristischen bayerischen Dörfer.

Südlich des Alpenvorlandes, zwischen dem Bodensee und der Salzach, hat Deutschland auf ungefähr 240 km einen Anteil an den Alpen, und zwar an den Nördlichen Kalkalpen. Wenn auch das deutsche Alpenland nur 3 % der Gesamtfläche ausmacht, so sind doch die Allgäuer Alpen (Mädelegabel mit 2649 m), die Bayerischen Alpen (Zugspitze mit 2963 m) und die Berchtesgadener Alpen (Watzmann mit 2713 m) echtes Hochgebirge mit scharf gezackten, weit über die Baumgrenze hinausragenden Gipfeln, tiefen, von reißenden Wildwasserflüssen durchzogenen Tälern. In den Talauen liegen die Orte, die noch zu Beginn des 20. Jahrhunderts hauptsächlich Landwirtschaft betrieben, heute aber vom Fremdenverkehr geprägt sind wie etwa Garmisch-Partenkirchen oder Berchtesgaden.

Landwirtschaft im Umbruch

Die Landwirtschaft nahm jahrhundertelang die erste Stelle in der Volkswirtschaft ein. Erst in den vergangenen 100–150 Jahren verwandelte sich Deutschland in einen Industriestaat. Folgende Zahlen spiegeln diese Entwicklungstendenz in Deutschland wider: 1882 waren 40 % aller Erwerbstätigen in der Landwirtschaft beschäftigt, 1970 dagegen nur 9 %, und dieser Anteil vermindert sich weiter. Doch darf daraus nicht der Schluß gezogen werden, daß die Landwirtschaft in der Gegenwart nur noch eine untergeordnete Bedeutung besitzt; trotz der geringen Zahl der Beschäftigten produziert sie hohe Erträge. Zwei Drittel aller im Lande benötigten Nahrungsgüter werden in Deutschland erzeugt, nur ein Drittel muß eingeführt werden. In der Bundesrepublik Deutschland sind rund 33 %, in der DDR 44 % der Fläche Acker- und Gartenland sowie 23 % bzw. 13 % Wiesen- und Weideland.

Auf verhältnismäßig engem Raum wechseln Bodenqualität und klimatische Voraussetzungen, so daß in Deutschland eine äußerst differenzierte landwirtschaftliche Nutzung entstand. Die Bauern versuchten in der Vergangenheit durch Dreifelderwirtschaft und gute Düngung hohe Erträge aus dem Boden herauszuholen. In der Gegenwart können die Erträge kaum noch gesteigert werden, denn die Bundesrepublik liegt z. B. beim Weizenanbau mit 36 dz/ha fast an der Spitze der Länder, wie beim Kartoffelanbau mit 248 dz/ha. Dennoch gehen die Bemühungen weiter, die landwirtschaftlichen Erträge weiter zu heben, wenn nicht in Quantität, so doch in Qualität.

In der Bundesrepublik entfällt der größere Teil des Ackerlandes auf den Getreideanbau. An erster Stelle steht der Weizen, der in den fruchtbaren Tieflandsbuchten angebaut wird, gefolgt vom Roggen und der Gerste. Etwa ein Fünftel des Ackerlandes nehmen die Hackfrüchte, also Kartoffeln, Zuckerrüben und Futterrüben, ein. Während die Zuckerrübe guten Boden beansprucht und besonders in den Börden zu finden ist, kann die Kartoffel, die zuerst im 18. Jahrhundert auf Betreiben Friedrichs des Großen angebaut wurde, auf den leichten und etwas sandigen Böden des Norddeutschen Tieflandes gut gedeihen. Zurückgegangen ist nach dem Zweiten Weltkrieg der Anbau von Faserpflanzen wie Flachs und Hanf, ebenso der Tabakanbau im Süden der Bundesrepublik.

Umweltverschmutzung · Nur noch die Turmspitzen von Hamburg reichen aus dem »Smog« (Nebelrauch) heraus, der bei bestimmten Wetterlagen über der Stadt lastet.

Wein-, Obst- und Gemüseanbau setzen gute Klima- und Bodenverhältnisse voraus. Auf die Täler des Rheins, Mains und Neckars, der Mosel und der Nahe konzentriert sich der deutsche Weinbau, dessen Ertrag unter den Einflüssen des Klimas stark schwankt. Diese wärmeren Gebiete, aber auch die geschützten Lagen in Thüringen und Sachsen sind Anbaugebiete für Äpfel, Birnen, Pflaumen und Kirschen. Obwohl in der Bundesrepublik vielerlei Gemüsearten gepflanzt und geerntet werden, Kohl aller Arten, Bohnen, Erbsen, Zwiebeln, Gurken, Spargel u. a., reicht doch das Gemüseangebot für die Versorgung der Bevölkerung nicht aus. Die Gemüseeinfuhren, vor allem aus den Niederlanden, sind nicht unbeträchtlich. 23 bzw. 13% des Bodens werden als Wiesen und Weiden bewirtschaftet und geben damit die Voraussetzung für die Viehhaltung. Die schweren Verluste, die der Zweite Weltkrieg dem Viehbestand in Deutschland geschlagen hat, sind inzwischen ersetzt worden. Dadurch kann in der Bundesrepublik der Bedarf an Milch und Butter zu 100%, an Fleisch zu 87% und an Käse zu 54% aus eigener Erzeugung gedeckt werden. Obwohl 1972 der Bestand an Schweinen in der Bundesrepublik mit rund 20 Millionen Tieren weitaus höher war als der Rinderbestand mit fast 14 Millionen, so ist die Rinderhaltung volkswirtschaftlich gewichtiger. Den Rindern stehen im Norden und Süden der Bundesrepublik gute Weiden zur Verfügung, so daß hohe Milchleistungen erreicht werden; mit bis 4000 kg je Kuh ist die durchschnittliche Milchleistung gut. Mit der zunehmenden Motorisierung der Landwirtschaft nahm die Zahl der Pferde ab. 1960 gab es 800 000 Pferde. 1972 nur noch 282 000 Tiere. Waren in der Bundesrepublik 1949 nur 89 743 Traktoren eingesetzt, so waren es 1969 schon über 1,3 Millionen. Auch die Zahl der Ziegen und Schafe ging zurück, zumal die Schafzucht in Deutschland zur Wollgewinnung nie bedeutend war. Nach dem Zweiten Weltkrieg setzten in der Bundesrepublik Deutschland Bestrebungen ein, die Landwirtschaft den neuen Erfordernissen des Marktes anzupassen. Sowohl in der Bundesrepublik wie in der DDR stieg die Zahl der landwirtschaftlichen Maschinen. Die Zahl der Melkmaschinen z. B. erhöhte sich von 5596 im Jahre 1949 auf 519 000 im Jahre 1969. Damit die modernen Bewirtschaftungsmethoden mit hochentwickelten Maschinen voll wirksam werden konnten, mußte in vielen Landesteilen die Flurbereinigung durchgeführt werden. Nur für 35% der landwirtschaftlichen Nutzfläche war keine Flurbereinigung notwendig, bei 35% ist diese Maßnahme im Gange oder steht kurz vor dem Abschluß; die restlichen 30% müssen noch geordnet werden. Die Flurbereinigung erspart den Bauern unnötige Wege und verhilft dazu, die Maschinen nutzbringend und rationell einzusetzen. Vor allem in den süddeutschen Gebieten, wo von alters her die Klein- und Zwergbetriebe vorherrschend waren, ist die Flurbereinigung notwendig.

Eine weitere Möglichkeit, um die Höfe intensiver zu bewirtschaften, ist die Aussiedlung von Höfen aus einem engen Bezirk. Die Höfe werden neu in der Gemarkung angesiedelt, um die weiten Anmarschwege zu verringern. In den Dörfern selbst wird dadurch Raum gewonnen, die verbleibenden Höfe zu vergrößern bzw. kleinere Gewerbebetriebe, die für die Landwirtschaft notwendig sind, zu errichten. Eine weitere Veränderung des dörflichen Gesamtbildes erfolgte durch die in Hessen und Niedersachsen geschaffenen Dorfgemeinschaftshäuser.

Moderne Wirtschaftsmethoden zwingen auch zur Vergrößerung der vollbäuerlichen Betriebe. Damit soll erreicht werden, daß die Höfe rentabel arbeiten können und größere Gewinne erzielen. Nach dem Mansholt-Plan sind folgende Betriebsgrößen anzustreben: 80–120 ha bei Getreide- und Hackfrüchten, bei Viehhaltung 40–60 Milchkühe, bei Fleischerzeugung 150–200 Rinder. Nur die Betriebe mit Spezialkulturen (Wein-Obstanbau) können kleiner sein und dennoch rentabel. Verständlich ist, daß sich die Besitzer kleinerer Höfe gegen diese Überlegungen und ihre Konsequenzen wehren. Aber sowohl in den USA als auch in der UdSSR hat sich gezeigt, daß in der Landwirtschaft eine Tendenz zur Großflächenbewirtschaftung besteht. Größere Betriebe können auch Investitionen für Maschinen oder Maßnahmen zur Qualitätsverbesserung leichter erwirtschaften als kleine Höfe. Bei letzteren ergibt sich ein Mißverhältnis zwischen Betriebsaufwand und Ertrag, so daß die Besitzer dieser Höfe oft zur Ausübung eines Nebenberufes gezwungen sind, um ein Existenzminimum zu erhalten. Die Rationalisierung in der Landwirtschaft ist unbedingt notwendig, denn die Zahl der landwirtschaftlichen Lohnarbeiter ist stark rückläufig. Deshalb arbeiten die kleineren Höfe oft nur mit den Familienangehörigen.

Obwohl der Begriff »Grüner Plan« in der Öffentlichkeit oft zitiert wird, ist allgemein wenig bekannt, welche vielfältigen Maßnahmen sich damit verbinden. Die meisten Befragten denken, es handele sich dabei nur um Subventionen für die Bauern. Daß mit Hilfe des Grünen Planes auch die verfehlte Agrarpolitik der letzten Jahrzehnte, die vollkommen auf einen nationalen Markt ausgerichtet war, überwunden werden muß, ist wenig bekannt. Mit den Mitteln des Grünen Planes sollen z. B. Strukturverbesserungen in der Landwirtschaft (u.a. die eben erwähnte Flurbereinigung, der Wegebau, die Wasserwirtschaft, die Verbesserung der sozialen Lage der Landarbeiter) erreicht, aber auch die Einkommenslage der Landwirtschaft verbessert werden. Mit diesen und anderen Maßnahmen kann die deutsche Landwirtschaft modernisiert werden und den Wettbewerb mit anderen europäischen Landwirtschaften bestehen.

Vor ganz anderen Problemen steht die Landwirtschaft in der DDR, deren Aufgabe nicht die Konkurrenzfähigkeit mit anderen Ländern, sondern vor allem die Versorgung der Bevölkerung mit den Grundnahrungsmitteln darstellt.

Im September 1945 wurde im Gebiet der sowjetisch besetzten Zone die Bodenreform durchgeführt, d.h. die Güter der Großgrundbesitzer (unter Großgrundbesitz verstand man alle Güter über 50 ha) wurden enteignet, ihre Ländereien an landarme oder landlose Bauern, meist Flüchtlinge aus Ostpreußen oder Schlesien, aufgeteilt. Zwar konnte man so Tausenden von Bauern einen Hof geben, aber zur Produktion dringend benötigter Überschüsse waren diese Neubauernhöfe nicht fähig. So begann man ab 1952, als auf der 2. Parteikonferenz der »Aufbau des Sozialismus« verkündet wurde, mit der Werbung für die Landwirtschaftlichen Produktionsgenossenschaften (LPG). Da sich nicht genügend Bauern bereit erklärten, ihre Eigenständigkeit aufzugeben und eine gemeinsame Bewirtschaftung vorzunehmen, ging man im Winter 1960/61 mit starkem Druck vor, um die Kollektivierung zu vollenden. Im April 1961 konnte dann auch die Kollektivierung abgeschlossen werden, und heute sind 94% des Bodens kollektiviert.

Elbsandsteingebirge ·
Flußerosion und Abtragung
schufen im Kreidesandstein
u.a. die »Barberina« am Pfaffenstein.

Die LPGs sind – nach der Definition im statistischen Jahrbuch der DDR – »genossenschaftlich-sozialistische landwirtschaftliche Großbetriebe, die durch den Zusammenschluß werktätiger Bauern und Bäuerinnen, werktätiger Gärtner, Landarbeiter und anderer Werktätiger entstehen, die sich mit gesellschaftlichen Produktionsmitteln als Gruppeneigentum ausrüsten und durch kollektive Arbeit den landwirtschaftlichen Produktionsprozeß durchführen«. Nachteile der kollektivierten Landwirtschaft waren vor allem darin zu sehen, daß sie anfangs zu stark von der Planung bestimmt und die Eigeninitiative und Verantwortlichkeit z. T. sehr eingeengt wurde. Außerdem dominierten oft parteipolitische über ökonomische Entscheidungen und erschwerten die Anpassung an veränderte Situationen. Diese Schwerfälligkeit bewirkte, daß wiederholt Engpässe in der Versorgung der Bevölkerung auftraten.

Beim Getreideanbau, der in der DDR in den nördlichen Bezirken überwiegt, stehen Roggen und Weizen etwa gleichrangig an erster Stelle, gefolgt von Gerste und Hafer; teilweise sind die Hektarerträge etwas geringer als in der Bundesrepublik Deutschland. Außerordentlich wichtig ist der Anbau von Kartoffeln und Zuckerrüben, der vor allem in den mittleren Gebieten der DDR, in den Bördelandschaften um Magdeburg und Halle, betrieben wird. Wesentlich geringer als in der Bundesrepublik ist, infolge der geographischen und klimaschen Lage, der Wein-, Obst- und Gemüseanbau. Zwar finden sich Rebstöcke an den Hängen der Unstrut (eines Nebenflusses der Saale) und an der Elbe zwischen Meißen und Dresden, aber diese Lagen sind nur klein. Gebiete recht intensiven Obst- und Gemüseanbaues sind das Erfurter Becken (hier werden auch Blumen gezüchtet) und das Vorland des Harzes. Als weitere Sonderkultur ist noch der Spargelanbau in der

Altmark zu nennen. Wie in der Bundesrepublik ist in der DDR der Bestand (1972) an Schweinen (10,4 Millionen Tiere) höher als der Rinderbestand (5,38 Millionen Tiere). Dazu kommen 1,6 Millionen Schafe und an Kleinvieh knapp 140000 Ziegen.

Die Rolle des Bergbaues und die industrielle Entwicklung

Die Industrie war, von einigen mehr oder weniger großen Betrieben abgesehen, um 1870 noch recht unbedeutend. Deutschland war ein landwirtschaftlich bestimmtes Land, die Mehrzahl der Bewohner verdiente den Lebensunterhalt auf den Feldern, in den Ställen, in den Wäldern. Verhältnismäßig schnell setzte nach dem gewonnenen Krieg von 1870/71 die Umstrukturierung der Wirtschaft ein; denn durch gewaltige Investitionsmittel konnten die Grundlagen der Industrie geschaffen werden.

Der Bergbau wurde in Deutschland schon in früheren Jahrhunderten betrieben. In den deutschen Mittelgebirgen (Harz und Erzgebirge) schürfte man, natürlich meist mit sehr einfachen Geräten, nach Silber, Zinn, Zink und Kupfer; am Rammelsberg wurde der Bergbau 968 aufgenommen, im Erzgebirge 1163. Seit etwa 1302 baute man im Ruhrgebiet Steinkohle ab, die man zur Verhüttung und Heizung benötigte; zur selben Zeit waren auch einige Pingen im Siegerländer Eisenerzgebiet erschlossen. Etwas später kam dann der Kupfererzbergbau im Ostharz, in der Gegend von Mansfeld, hinzu. Doch erst die Entwicklung und Anwendung der Dampfmaschine und anderer technischer Erfindungen schuf von 1800 an die Möglichkeit, die Bodenschätze in großem Umfange zu fördern und an Ort und Stelle zu verarbeiten. Der Reichtum an verschiedenen Bodenschätzen gab die besten Voraussetzungen zur Errichtung von Großindustrien. Im Laufe des 19. und 20. Jahrhunderts wurden alle deutschen Bodenschätze erschlossen, manche sind z. T. schon völlig erschöpft.

Das Deutsche Reich war neben England das an Steinkohlen reichste Land in Europa, und die Bundesrepublik besitzt auch heute noch erhebliche Lagerstätten. Früher nannte man sechs in verschiedenen Landschaften Deutschlands gelegene Lager, von denen über 75% im Ruhrgebiet (zwischen den Flüssen Ruhr und Lippe) konzentriert sind. Es folgen die Vorkommen im Saargebiet und im Aachener Becken; in der DDR liegt ein zwar kleines, aber altes Steinkohlevorkommen im Raum Zwickau–Ölsnitz. Die Gebiete von Waldenburg und das große oberschlesische Steinkohlevorkommen werden heute von Polen ausgebeutet. Von 1920 an hat die Braunkohle an wirtschaftlicher Bedeutung gewonnen. Obwohl die Bundesrepublik zwei umfangreiche Lager (westlich von Köln in der Ville und bei Helmstedt) besitzt, sind doch die größten Vorkommen im Gebiet der DDR. In nördlicher und westlicher Richtung von Leipzig und in der Niederlausitz bei Senftenberg befinden sich einige der größten Braunkohlevorkommen der Welt.

Die deutschen Vorkommen an Erdöl und Erdgas (im Emsgebiet, bei Lüneburg und Celle sowie bei Heide in Holstein) können nur einen kleinen Teil zur Versorgung beitragen.

Um die Jahrhundertwende waren die Eisenerzvorkommen im Siegerland, die heute völlig erschöpft sind, von hohem wirtschaftlichem Nutzen. Dagegen haben die neu erschlossenen Vorkommen im Raum Salzgitter an Bedeutung gewonnen. Da die DDR außer kleinen Eisenerzlagern im Thüringer Wald und bei Brandenburg keine Vorkommen besitzt, muß es diesen wichtigen Rohstoff aus den COMECON-(RGW-)Ländern, vor allem aus der Sowjetunion, einführen.

Die Edelmetallgewinnung hat stark abgenommen, und nur etwas Kupfer bei Mansfeld und Silber und Zink im Erzgebirge sind zu erwähnen. Sehr reich ist Deutschland, sowohl die Bundesrepublik als auch die DDR, an Kali- und Steinsalzen. Die Landschaften um den Harz und in der Vorderröhn weisen umfangreiche Lagerstätten auf. Erwähnenswert sind noch Granite, Basalte, Porphyre, Sand- und Kalksteine, die in vielen Steinbrüchen gewonnen werden und im Straßen- und Hausbau Verwendung finden. Der Abbau dieser Bodenschätze schuf die Voraussetzung für die sprunghafte Entwicklung der Industrie in der zweiten Hälfte des vergangenen Jahrhunderts. Dabei wurden die Standorte für die Industriewerke selten willkürlich gewählt, sondern verschiedene Faktoren bestimmten die Ortswahl. Kennzeichnend für den Beginn des Industriezeitalters war der Aufbau der Industrie in unmittelbarer Nähe der Bodenschätze. Wo Steinkohle- und Eisenerzlager vorhanden waren, bildete sich die Eisen- und Stahlindustrie; wo Braunkohle gefördert wurde, errichtete man Chemische Werke, wie z. B. in der Umgebung von Leipzig. Industrien, die einen hohen Bedarf an Energien benötigten, wurden in der Nähe der Energiequelle errichtet, wie z. B. die Aluminiumhütten bei Siegen oder Rheinfelden oder die vielfältige Textilindustrie in den Tälern des Schwarzwaldes. In jüngerer Zeit sind Industrien an verkehrsgünstigen Stellen entstanden, z. B. die Erdölraffinerien in den deutschen Nordseehäfen oder die Chemischen Werke am Rhein, wie Bayer und BASF. Auch das Volkswagenwerk

Kaufkraftvergleich Bundesrepublik/DDR
(Nach den Angaben des Bundesministeriums für innerdeutsche Beziehungen)

Mitte 1971 betrug der durchschnittliche Brutto-Monatslohn eines Industriearbeiters in der Bundesrepublik 1340,— DM, in der DDR rd. 800,— DM. Im folgenden werden eine Reihe von Konsumgütern und Dienstleistungen aufgeführt, wobei jeweils die zum Kauf erforderliche Arbeitszeit diesseits und jenseits der innerdeutschen Grenze gegenübergestellt wird.

Warenmenge bzw. Dienstleistung	Zum Kauf erforderliche Arbeitszeit (Std./Min.)	
	Bundesrepublik	DDR
1 kg Roggenbrot (handelsüblich)	0,12	0,07
10 Eier, Klasse B	0,16	0,49
1 kg Schweinefleisch (Kotelett)	1,07	1,54
1 kg Rindfleisch (Schmorfleisch)	1,24	2,21
5 kg Kartoffeln	0,32	0,16
1 kg Apfelsinen	0,13	1,11
1 kg Kaffee (mittlere Sorte)	2,19	16,40
100 g Schokolade (35% Kakao)	0,06	0,55
10 Zigaretten (mittlere Preislage)	0,09	0,23
1 Herren-Straßenanzug (50% Wolle)	25,58	44,46
1 Herren-Oberhemd (Kunstfaser)	2,15	11,30
1 Paar Perlon-Damenstrümpfe	0,21	1,31
1 Kleinschreibmaschine (mit Tabulator)	31,40	37,16
1 Elektroherd (3 Platten, Bratröhre mit automat. Regler)	41,07	152,51
1 Kühlschrank (140 l, Kompressor mit Tiefkühlfach)	41,15	261,54
1 Fernseh-Tischgerät (schwarzweiß), 61 bzw. 62 cm Bildröhre	78,53	419,03
1 Auto, Pkw (45–50 PS)*	878,28	4226,11

* Vergleichswagen: Opel Kadett, 1100 ccm, Normalausführung – Wartburg Pkw, 1000 ccm, Standardausführung

Die beiden deutschen Staaten im Vergleich
(Nach den Angaben des Bundesministeriums für innerdeutsche Zusammenarbeit)

		Bundesrepublik	DDR
Fläche		248471 qkm	108178 qkm
Einwohnerzahl (1970)		61,510 Mill.	17,041 Mill.
Bevölkerungsdichte		248 Ew./qkm	158 Ew./qkm
Heirat, Geburt, Tod (auf 1000 Einwohner)			
Eheschließungen	1960	9,4	9,7
	1970	7,2	7,7
Ehescheidungen	1960	0,9	1,4
	1970	1,2	1,6
Lebendgeborene	1960	17,4	17,0
	1970	13,2	13,9
Gestorbene	1960	11,6	13,6
	1970	11,9	14,1
Geburtenüberschuß	1960	5,8	3,4
	1970	1,3	−0,2
Bevölkerungs-entwicklung	1950–1970	+24,1%[*1]	−7,3%
Altersstruktur 1970			
unter 15 Jahren		23,2%	22,6%
Erwerbstätige[*2]		60,3%	57,8%
im Rentenalter[*3]		16,5%	19,6%
Kinder im Kindergartenalter		3,0 Mill.	1,0 Mill.
Kindergartenplätze		1,1 Mill.	0,57 Mill.
Plätze vorhanden für		36,6%	57,6%

Schulbildung
Von je 100 Schülern besuchten

	Bundesrepublik		DDR
		Allgemeinbildende polytechnische Oberschule	
Volks- und Hauptschulen	71,4%	Klasse I–VIII	80,8%
Realschulen	9,7%	Klasse IX–X	14,2%
Gymnasien	15,5%	Klasse XI–XII	2,1%
Sonderschulen	3,4%		2,9%

		Bundesrepublik	DDR
Ärzte			
Einwohner je Arzt	1960	703	1181
	1970	621	626
Krankenhausbetten (auf 10 000 Ew.)	1950	108	102
	1970	111	111
Wohnungsbestand (insgesamt)	1950	10,2 Mill.	5,0 Mill.
	1970	20,8 Mill.	6,0 Mill.
(je 1000 Ew.)	1950	205	276
	1970	338	355
Streitkräfte (in 1000 und % der Bevölkerung)		Bundeswehr 449 = 0,75%	Nat. Volksarmee 192 = 1,13%
Erwerbstätige	1950	20,4 Mill.	7,2 Mill.
	1970	27,2 Mill.	7,77 Mill.
(davon weiblich)		36,0%	48,2%
in der Industrie	1950	6,7 Mill.	2,1 Mill.
	1970	8,6 Mill.	2,8 Mill.
in der Bauwirtschaft	1950	1,1 Mill.	0,46 Mill.
	1970	1,5 Mill.	0,57 Mill.
in Handel u. Verkehr	1950	2,9 Mill.	1,1 Mill.
	1970	4,8 Mill.	1,4 Mill.
in Land- u. Forstwirtschaft, Fischerei	1950	5,0 Mill.	2,0 Mill.
	1970	2,4 Mill.	1,0 Mill.
Einfuhr	1960	42,723 Mrd. DM	8,319 Mrd. VM[*4]
	1970	109,606 Mrd. DM	18,196 Mrd. VM[*4]
Ausfuhr	1960	47,946 Mrd. DM	8,257 Mrd. VM[*4]
	1970	125,276 Mrd. DM	17,532 Mrd. VM[*4]

[*1] Die Zunahme der Bevölkerung der Bundesrepublik ist neben dem höheren Geburtenüberschuß vor allem auf die Aufnahme der Heimatvertriebenen, auf die Wiedereingliederung des Saargebietes (0,9 Mill.) 1957 und auf die Zuwanderung aus der DDR (1950–70 rd. 3 Mill. Flüchtlinge) zurückzuführen.
[*2] Männer vom 15.–65., Frauen vom 15.–60. Lebensjahr
[*3] Männer über 65, Frauen über 60 Jahre
[*4] Wertangabe in Valuta-Mark (VM = Rechnungseinheit für den Außenhandel)

wurde nicht zuletzt wegen der verkehrsgünstigen Lage am Mittellandkanal in Wolfsburg gebaut. Industrien werden dort aufgebaut, wo die Absatzlage sehr günstig ist, z.B. die Bekleidungsindustrien in den großen Städten, wie auch die Nahrungsmittelwerke oder die großen Brauereien. Auf keinen Fall wird sich eine Projektierungsgruppe zu einer Werksgründung entschließen, wenn nicht genügend Arbeitskräfte vorhanden sind. Gerade in unserer Zeit spielt das Problem der Arbeitskräfte eine noch gewichtigere Rolle als früher, als man Menschen einfach umsiedelte.

Während sich die Kleinindustrie mit Ausnahme der überwiegend landwirtschaftlich genutzten Gegenden im Norden und Süden ziemlich gleichmäßig über das Land verteilt, konzentriert sich die Schwerindustrie in einigen Gebieten. Das etwa 3500 qkm große Ruhrgebiet, in dem 5,4 Millionen Menschen in einer Häufung von Großstädten (Essen, Dortmund, Duisburg, Gelsenkirchen, Wanne-Eickel) leben, ist das größte Ballungsgebiet dieser Art. Vor 130 Jahren existierten hier nur kleinere Betriebe, das Gebiet zwischen Rhein, Ruhr und Lippe war Bauernland. Heute erstrecken sich Kilometer für Kilometer riesige Werkhallen, Hochöfen, Tausende von Schornsteinen ragen in den Himmel. Die im Stadtgebiet von Oberhausen liegenden kleinen Eisenhütten können als einstige Keimzellen des Ruhrgebietes angesehen werden. Die Grundlage dieses Industriereviers sind die fast unerschöpflichen Vorräte an Steinkohle. Die gesicherten Vorräte bis zu einer Tiefe von 1200 m wurden vor dem Zweiten Weltkrieg mit 38–40 Milliarden t angegeben, die vermuteten mit 288 Milliarden t. Da gegenwärtig weniger als 100 Millionen t gefördert werden, kann der Vorrat noch sehr lange reichen. Dennoch kann man heute die Steinkohle nicht mehr so günstig fördern wie vor achtzig Jahren; die guten Kohlenflöze liegen nur mehr im Norden des Reviers und außerdem in größeren Tiefen. Die durchschnittliche Fördertiefe beträgt heute um 800 m, dadurch verringert sich die Rentabilität.

Da sich unweit des Ruhrgebietes, im Siegerland, nicht unbedeutende Eisenerzlager befanden, konnte das Ruhrgebiet eine weitere Aufwärtsentwicklung nehmen. Es wurde zum Schwerpunkt der deutschen Eisen- und Stahlindustrien. Es entstanden die Stahl- und Walzwerke in Dortmund und Duisburg, die auch heute noch zu den größten und leistungsfähigsten der Welt gehören, es erwuchs die eisenverarbeitende Industrie. Man braucht nur die Kruppwerke zu nennen, die heute Eisenbahnwaggons, Lokomotiven, Lastkraftwagen, Motoren für Schiffe

Gastarbeiter in der Bundesrepublik

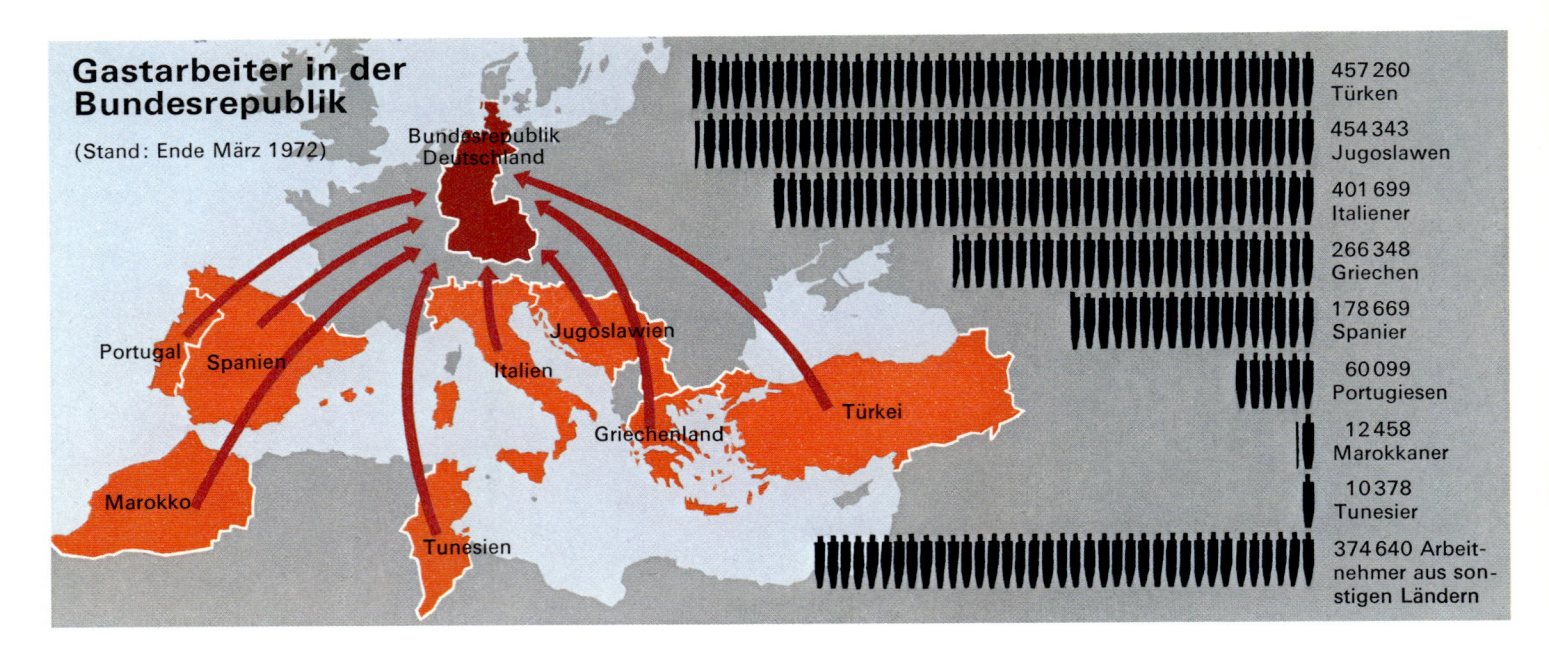

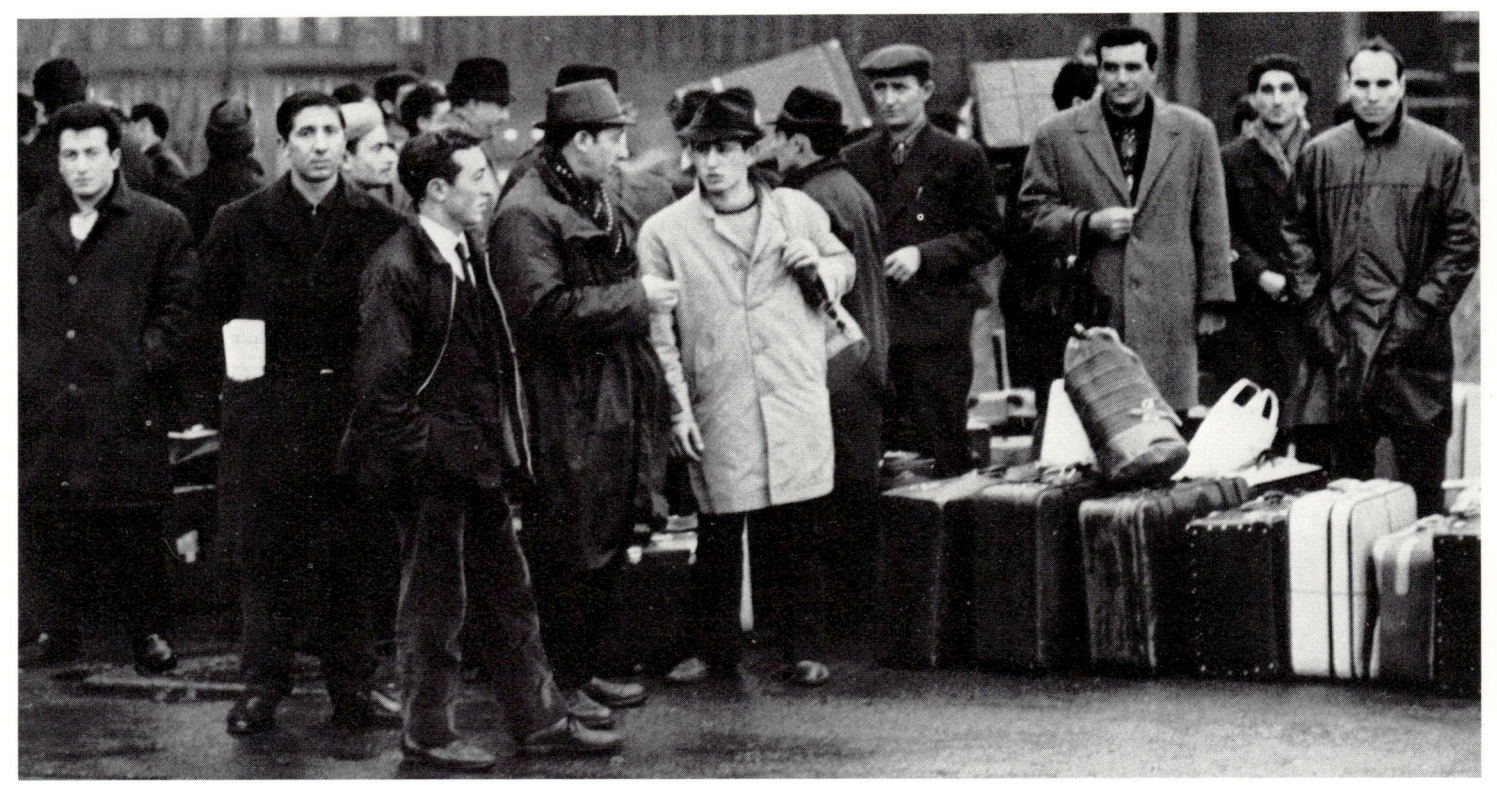

(Stand: Ende März 1972)

- 457 260 Türken
- 454 343 Jugoslawen
- 401 699 Italiener
- 266 348 Griechen
- 178 669 Spanier
- 60 099 Portugiesen
- 12 458 Marokkaner
- 10 378 Tunesier
- 374 640 Arbeitnehmer aus sonstigen Ländern

u. a. herstellen. Daneben finden sich im Ruhrgebiet Röhren-, Maschinen- und Stahlwerke. In den vergangenen Jahrzehnten haben sich im Norden des Ruhrgebietes Chemische Werke niedergelassen, z. B. die Werke von Marl-Hüls und die verschiedenen Erdölraffinerien. Folgende Zahlen veranschaulichen den Strukturwandel, der im Ruhrgebiet eingesetzt hat: In Bochum ging der Anteil des Bergbaus am Industrieumsatz zurück, während gleichzeitig die Anteile des Maschinenbaues der Elektro-Industrie stiegen. In Herne fiel in der gleichen Zeit der Anteil des Bergbaues, dagegen errang die neu geschaffene Chemische Industrie einen wachsenden Anteil. Auch sonst macht sich die Umstrukturierung im Ruhrgebiet bemerkbar. Nach der Kohlenkrise zu Beginn der sechziger Jahre gründete u. a. die Adam Opel AG in Bochum ein neues Automobilwerk, um die im Bergbau frei gewordenen Arbeitskräfte aufzufangen. Dieser Prozeß geht weiter; neue Textilfabriken, Werke der Nahrungsmittelindustrie, der Elektrobranche entstehen. Der Steinkohlenbergbau und die angeschlossenen Werke haben also anteilmäßig nur noch eine geringe Bedeutung. Insgesamt leben hier rund 9 % der Industriebeschäftigten der Bundesrepublik, und von hier kommt auch ein etwa gleich großer Anteil der Industrieproduktion.

Daß das Ruhrgebiet im Verlauf von hundert Jahren der wirtschaftliche Schwerpunkt Deutschlands werden konnte, verdankt es nicht zuletzt seiner guten Lage und dem vielfältigen Verkehrsnetz. Das Eisenbahnnetz ist dicht und elektrifiziert, der Verkehr sehr intensiv; auch das Straßenverkehrsnetz weist eine hohe Belastung auf, so daß es ständig erweitert werden muß. Ganz besonders wichtig sind im Ruhrgebiet die Wasserstraßen, denn auf ihnen werden die Massengüter wie Steinkohle, Eisenerz, Kalk usw. befördert. Da im Ruhrgebiet die täglich benötigte Wassermenge außerordentlich groß ist, muß die Wasserwirtschaft diesem Bedarf gerecht werden und große Wasservorräte bereitstellen. Drei Viertel des Wasserbedarfs beansprucht die Industrie, der Rest wird von den Haushalten verbraucht. Doch das weitverzweigte Talsperrensystem, zu dem die Möhne- und die Biggetalsperre gehören, decken den Bedarf nicht, so daß es notwendig ist, die Abwässer aufzufrischen und zur industriellen Nutzung zur Verfügung zu stellen. So bringt dieser Ballungsraum sich ständig wandelnde Probleme, die immer neue technische Lösungen verlangen.

Industrie an Neckar, Rhein, Main und Mittellandkanal

Im Stuttgarter Raum, der heute zu Schiff auf dem kanalisierten Neckar erreicht wird, hat sich, da keine Bodenschätze vorhanden sind, seit 1890 eine hochentwickelte Veredelungs- und Fertigungsindustrie niedergelassen. Fast 90% aller Arbeitskräfte dieses Gebietes sind Facharbeiter, die oft nebenbei – das ist eine Besonderheit dieses Raumes – einen kleinen Bauernhof bewirtschaften. Großbetriebe sind um Stuttgart die Daimler-Benz AG, die hier allein vierzigtausend Arbeiter beschäftigt, und die Robert Bosch AG, die in verschiedenen Zweigwerken mit fast achtzigtausend Arbeitern Haushaltsgeräte, elektrische Apparate, Elektrowerkzeuge, Maschinen u.a. herstellt. Die IBM, ein Werk der datenverarbeitenden Industrie, ist hier ebenso zu Hause wie die nach dem Zweiten Weltkrieg errichteten Carl-Zeiss-Werke zu Oberkochen. Älter als diese Großbetriebe sind die vielen Textilfabriken, die hier z.T. schon um 1860 wegen der billigen Arbeitskräfte und der günstigen Energieversorgung gegründet wurden.

Am Nordende der Oberrheinischen Tiefebene konzentrieren sich die alten Städte, von denen einige – wie Mainz und Wiesbaden – von den Römern gegründet wurden. Aber man findet auch etwas jüngere Städte, wie Frankfurt und Mannheim, die zu eigentlichen industriellen Schwerpunkten geworden sind. In unmittelbarer Nähe liegen Städte, die heute fast 100 000 Einwohner haben, vor hundert Jahren jedoch noch kleine Dörfer waren, wie Rüsselsheim oder Hoechst. Da auf dem Rhein die Rohstoffe herangebracht und die Fertigprodukte abtransportiert werden können, haben sich in diesem Gebiet viele Werke der Chemischen Industrie niedergelassen. Darunter befinden sich die beiden Riesenwerke: die Farbwerke Hoechst und die BASF in Ludwigshafen, die heute die größten chemischen Unternehmen in der Bundesrepublik darstellen. Der Sitz der Unternehmensverwaltungen und der Großbanken ist Frankfurt. Auf dem Sektor der Automobilproduktion befinden sich in Mannheim-Waldhof Zweigwerke der Daimler-Benz AG und in Rüsselsheim die Stammwerke der Adam Opel AG, in der über 30 000 Menschen arbeiten. Maschinenfabriken wie Brown & Boveri oder Lanz sind hier ebenso ansässig wie Nahrungsmittel- und Textilfabriken. Gleich dem Stuttgarter Raum ist auch dieses Gebiet gekennzeichnet durch einen hohen Zustrom von Pendlern, die täglich bis über 30 km zur Arbeitsstätte zurücklegen.

Das Industriegebiet um Hannover und Braunschweig ist verhältnismäßig jung, denn die bei Salzgitter lagernden Eisenerze werden erst seit etwa 1933 abgebaut und verarbeitet. Neben dem Hüttenwerk in Salzgitter entstanden hier Walzwerke, eine Waggonfabrik und in jüngster Zeit auch ein Automobilwerk. Die Industrie der benachbarten Großstädte Hannover und Braunschweig ist außerordentlich vielseitig, da sich hier

Links: Gastarbeiter in der Bundesrepublik Deutschland · Die Gastarbeiter füllen die Deckungslücken im Arbeitskräftebedarf der bundesdeutschen Wirtschaft. Sie sind u.a. im Straßenbau, im Gaststättengewerbe und in fast allen Branchen der Industrie tätig.

Nordrhein-Westfalen, Braunkohlenkraftwerk Niederaußen, Krs. Bergheim/Erft · Typisch das enge Nebeneinander von Industrie und Wohngebieten.

Betriebe der Nahrungsmittelbranche, Maschinenfabriken wie auch optische Industrien niedergelassen haben. Mit zu diesem Industriegebiet kann das Volkswagenwerk in Wolfsburg gerechnet werden, das hier im Jahre 1938 aufgrund seiner günstigen Lage (Mittellandkanal, Eisenbahnlinie von Berlin nach Hannover) gegründet wurde. Mit seinem Jahresumsatz steht es an der Spitze aller Großbetriebe in der Bundesrepublik und in den westlichen Industrieländern an der 15. Stelle.

Die Industrie der DDR

Als 1949 die DDR entstand, hatte sie auf dem industriellen Sektor eine schwere Aufgabe zu lösen. Zwar befanden sich auf ihrem Territorium viele Betriebe der verarbeitenden Industrie, teilweise von Weltruf wie die Zeiss-Werke in Jena, die Agfa-Werke in Wolfen, jedoch kaum Werke der Schwerindustrie.

Kreidefelsen von Rügen.

Das hatte seine Ursache in den fehlenden Bodenschätzen; Steinkohle wurde z.B. nur in geringen Mengen im Zwickau-Ölsnitzer-Becken, Eisenerz in kleinen Gruben im Thüringer Wald gefördert.

Bodenschätze von überregionaler Bedeutung sind Braunkohlen und die Kalisalze. Neue Braunkohlenvorkommen wurden erschlossen, z.B. durch das große Projekt der »Schwarzen Pumpe« bei Senftenberg. Dadurch erfuhr die Chemische Industrie im letzten Jahrzehnt eine große Entfaltung. Bei Mansfeld findet sich etwas Kupfererz, das seit Jahrhunderten abgebaut wird, sowie Zinn und Zink im Ost-Erzgebirge. Bedeutungsvoll wurden nach dem Zweiten Weltkrieg zeitweise die von der sowjetischen Besatzungsmacht ausgebeuteten Uranerzvorkommen im Erzgebirge.

Die beachtliche Schwerindustrie der DDR ist ohne die Einfuhren von Steinkohle und Eisenerz aus Polen und der UdSSR nicht zu denken. An Stahlwerken bestanden anfangs u.a. die Maxhütte in Unterwellenborn (Thüringen) und das Stahlwerk in Henningsdorf bei Berlin. Damit der Engpaß der Stahlerzeugung überwunden werden konnte, errichtete man in den

sonst nur landwirtschaftlich ausgerichteten Norden stärker zu industrialisieren; denn der industrielle Schwerpunkt in der DDR liegt bisher im Süden, in den ehemaligen Ländern Sachsen-Anhalt, Sachsen und Thüringen.

Wenn es in der DDR auch keine derartige Konzentration von Industrien wie im Ruhrgebiet oder im Stuttgarter Raum gibt, so sind doch im Süden viele bedeutende Industriezweige vertreten. Wichtig ist der Maschinenbau, der am Ausfuhrwert der DDR mit fast 50 % beteiligt ist; Magdeburg mit den vielen Maschinenfabriken, Leipzig, Halle und Karl-Marx-Stadt (früher Chemnitz) sind hier zu nennen. In Leipzig werden u. a. Druckereimaschinen gebaut, in Karl-Marx-Stadt Textilmaschinen, in Zwickau Eisenbahnwaggons, in Halle Werkzeugmaschinen.

Schon früher besaß die feinmechanische und optische Industrie in Mitteldeutschland einen guten Ruf; sie ist vor allem in den Städten Jena und Dresden beheimatet und produziert Kameras, Ferngläser, Linsen, Teleskope u. a. mehr.

Aufgrund der riesigen Braunkohlenlager um Leipzig und Senftenberg in der Niederlausitz entstand ab 1910 eine bedeutende und vielseitige chemische Industrie, die Stickstoff, Salpeter, synthetischen Kautschuk, synthetischen Treibstoff und Plastikartikel erzeugt. Zu den industriellen Schwerpunkten zählen die Leuna-Werke »Walter Ulbricht« bei Merseburg, die Buna-Werke bei Schkopau, das frühere Agfa-Werk bei Wolfen und das neu errichtete Kombinat »Schwarze Pumpe« bei Senftenberg.

Wie in Schlesien, so wurden im Erzgebirge in Heimarbeit Stoffe und Gewebe hergestellt; aus diesen Anfängen entwickelte sich am Ende des vergangenen Jahrhunderts im Raum Chemnitz–Zwickau–Crimmitschau eine bedeutende Textilindustrie, in der alle Zweige vertreten sind. Auch heute überwiegen noch kleinere Betriebe mit ausgebildeten Facharbeitern.

Die Stadt als Brennpunkt der Landschaft

Eine Vielzahl von Städten aller Größenordnungen verteilen sich über das Land. Ihre Entstehungszeit wie auch der Anlaß ihrer Gründung sind historisch sehr vielfältig. Als älteste Siedlung sind Städte wie Köln, Trier, Regensburg anzusehen; sie erwuchsen aus römischen Lagern, was heute z. T. noch an der Anlage des Straßennetzes erkennbar ist. Die weitaus meisten Städte sind im Mittelalter oder im Spätmittelalter im Schutze von Burgen oder an Kreuzungspunkten mehrerer wichtiger Handelsstraßen entstanden. Auch dem Machtwort eines Fürsten verdanken manche Städte ihr Dasein, wie z. B. Mannheim

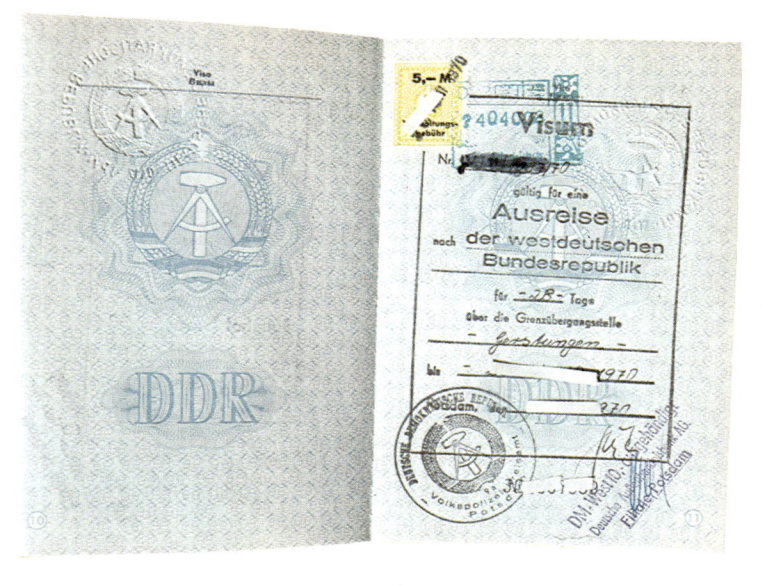

Modernisierte Großstadt, Leipzig · Am Rande der Altstadt erhebt sich das Hochhaus (140 m) der Karl-Marx-Universität.

Nur für Rentner und Funktionäre (rechts).

Jahren 1950–1955 das Eisenhüttenkombinat Ost (früher Stalinstadt), das um 3 Millionen t Eisenerz verhütten kann.

Ebenfalls neu aufgebaut wurden die Werften von Rostock (Warnow-Werft), von Stralsund und Wismar. Während vor dem Kriege dort nur kleine Fischkutter auf Kiel gelegt wurden, laufen heute in den modernen Werften Schiffe der 10 000-t-Klasse, so u. a. Kühlschiffe und Fischfangschiffe vom Stapel. Die Werftindustrien und das ab 1960 errichtete Chemische Kombinat in Schwedt/Oder sollen u. a. dazu beitragen, den

In den Rhein mündende Abwasserleitung

Rheinisches Fischsterben

Warum ist es am Rhein so schön?

Rechts: Dicke Luft um das Hüttenwerk Rheinhausen

Oben: Burg Gutenfels bei Kaub   Unten: Frohsinn in Rüdesheim

Abwässer und Industrieabfälle haben dem Rhein zu dem Attribut »Europas schmutzigstes Gewässer« verholfen und die überaus malerische Mittelrheinlandschaft zwischen Bingen und Bonn um eine neue Aussicht vermehrt: jene auf bunte und ölige Fluten, auf denen nicht selten Fischkadaver treiben. Noch erfreuen sich Jahr für Jahr Millionen Touristen an der romantischen, von sagenumwobenen Burgen gekrönten Kulisse, verwandeln sich sommers die Weinorte in schunkelliederselige Festplätze. Wie lange noch?

145

oder Karlsruhe. Während die Städte in Mitteldeutschland oder in Schlesien verhältnismäßig regelmäßig angelegt sind, mit einer übersichtlichen Straßenführung, in deren Mittelpunkt sich der Markt befindet, besitzen die Städte im Westen Deutschlands einen unregelmäßigen Grundriß. Wie schnell z. B. eine Ortschaft zu einer bedeutenden Stadt anwachsen kann, zeigt das Beispiel von Berlin, das von 1750 an seine Einwohnerzahl verzwanzigfachte.

Nicht nur Straßen, Eisenbahnen und Brücken, noch stärker litten die Städte unter den Auswirkungen des Zweiten Weltkrieges, durch den sie vielfach in ihrer Struktur verändert wurden. Die Mehrzahl der Städte war mehr oder weniger hart vom Bombenkrieg betroffen, viele sogar noch durch die Bodenkämpfe. Manche Städte, wie z. B. Köln oder auch Dresden, boten am Ende des Krieges den Anblick eines riesigen, kaum übersehbaren Trümmerhaufens. Vor den Städteplanern stand die schwierige Aufgabe, mit geringen Mitteln und möglichst schnell Wohn- und Gewerberäume zu schaffen. Nicht immer konnte diese Aufgabe überzeugend gelöst werden. Da die deutsche Stadt durch historische Bauten geprägt wurde, sah man es als eine Hauptaufgabe an, wertvolle alte Bauten entweder zu restaurieren oder die noch erhaltenen ins neue Stadtbild einzufügen. Einige typische mittelalterliche Städte, wie Rothenburg/o. T. oder Goslar, die für die Ausländer »die deutsche Stadt« repräsentieren, hatten den Zweiten Weltkrieg fast unzerstört überstanden. Viele der deutschen Großstädte sind Kulminationspunkte mit überregionaler Ausstrahlung. In ihnen konzentriert sich das wirtschaftliche, geistige und kulturelle Leben. Sie üben trotz oder wegen ihres hektischen Lebens und ihrer ständigen Veränderung eine große Anziehungskraft auf die Menschen aus, ganz gleich, ob man an Hannover, München, Frankfurt, an Leipzig oder Dresden denkt. Ihnen allen gleich ist die City, mit lebhaftem Geschäftstreiben, einer Anzahl Parks oder Promenaden oft am Fluß, Industriegebieten und nach allen Himmelsrichtungen ständig wachsenden Wohngebieten. Der ehemals geschlossene historische Stadtkern fiel fast überall den Bomben zum Opfer, der Wiederaufbau folgte mehr praktischen als künstlerischen Gesichtspunkten.

In vielen Mittelstädten haben Industrie und Handel keine so ausschließliche Bedeutung, sie haben aber als Sitz von Universitäten oder Behörden eine zentrale Funktion. Solche auch im Ausland bekannten Städte sind Göttingen, Würzburg, Heidelberg, Tübingen u. a., in der DDR Jena und Greifswald. Sie werden in viel stärkerem Maße als die eigentlichen Großstädte von historischen Bauwerken geprägt; man denke nur an die Schloßbauten und Kirchen in Würzburg.

Ein Resultat unserer industriellen Entwicklung ist die Industriestadt im engeren Sinne, meist als Anhängsel eines Werkes entstanden. Diese Städte sind z. T. nur Wohnsiedlungen für Arbeiter und Angestellte, mit den notwendigen Geschäften zur Versorgung der Bevölkerung. Als Musterbeispiele dafür seien Rüsselsheim für die Opel-Arbeiter, Leverkusen für die Bayer-Arbeiter und Wolfsburg für die Arbeiter des VW-Werkes erwähnt. Hier fehlt jegliche Bindung an historisch Gewachsenes, es handelt sich mehr oder weniger um rationale Lösungen.

Eine ähnliche Entwicklung nahmen Randgemeinden größerer Städte. Sie wuchsen mit den Industrie- oder auch Wohnvororten zu neuen Satellitenstädten zusammen. Auch hier bestimmen meist rein kommerzielle Gesichtspunkte den Städtebau. Daneben ist das Land übersät mit Kleinstädten von 10 000 bis 20 000 Einwohnern. Sie besitzen in der Regel so viele kleinere Industriebetriebe, wie die Stadt und ihr umgebendes ländliches Einzugsgebiet mit Arbeitskräften beschicken kann. Hier ist es oft gelungen, Althergebrachtes an Bauwerken in verkehrsruhigen kleinen Stadtzentren zu erhalten.

Berlin, die ehemalige Hauptstadt des Deutschen Reiches, hat in vieler Hinsicht eine Sonderstellung. Sie war (1939: 4,34 Millionen Einwohner) und ist auch heute noch (1972: 3,17 Millionen Einwohner) die größte Stadt in Deutschland. Obwohl verkehrsgünstig gelegen, entwickelte sich aus den beiden Städten Cölln und Berlin erst dann eine größere Stadt, als die preußischen Könige ihre Residenz nach Berlin verlegten. Der gewaltige Anstieg begann nach 1871 als Hauptstadt des neu gegründeten Deutschen Reiches. Nach Eingemeindung der vielen kleinen Ortschaften wie Pankow, Schöneberg oder Köpenick erreichte es 1874 die Millionengrenze und war vor dem Zweiten Weltkrieg eine der wichtigsten Metropolen Europas. Der Zweite Weltkrieg schlug auch dieser Stadt schwere Wunden (über eine halbe Million Wohnungen waren zerstört), ja,

Links: Stadtgründungen des 20. Jahrhunderts, Wolfsburg und seine Trabantenstädte (hier Detmerode) · Die Stadtteile verzahnen sich mit den Wäldern.

*Unten links: Alte Kleinstadt, Fritzlar · Das mittelalterliche Bild der 1200jährigen Dom- und Kaiserstadt hat sich erhalten. Blick auf den Marktplatz.
Unten rechts: Berlin, Alexanderplatz · Großzügig und modern ausgebaut präsentiert sich der Alexanderplatz, der Kern von Ostberlin.*

Berlin im Zeitraffer

1237	Erste Erwähnung des Fischerdorfes Cölln, 1244 von Berlin
1307	Vereinigung von Cölln mit Berlin
1488	Residenz der Markgrafen von Brandenburg
1412	10 000 Ew.
1539	Einführung der Reformation
Um 1670	Cölln und Berlin werden vom Großen Kurfürsten zur Festung ausgebaut; Anlage der Straße Unter den Linden
1680	20 000 Ew.
1800	172 000 Ew.; führende Industriestadt Preußens
1810	Gründung der Universität, der späteren Humboldt-Universität
1871	Hauptstadt des Deutschen Reiches; 930 000 Ew.
1900	1,988 Mill. Ew.
Um 1900	Gründung des modernen Verkehrsnetzes, der S-Bahnen, der U-Bahnen und des Omnibusnetzes
1910	2,064 Mill. Ew.
1939	4,340 Mill. Ew.
1940–1945	Starke Kriegszerstörung der historischen Bauten und der Wohnviertel; 32% des Wohnraumes (über 500 000 Wohnungen) sind zerstört
2. Mai 1945	Einnahme der Stadt durch die Rote Armee
Juli 1945	Aufteilung in vier Besatzungszonen (Westberlin 480, Ostberlin 403 qkm)
1948/49	Blockade von Westberlin durch die Sowjetunion
13. August 1961	Bau der Mauer in Berlin
3. September 1971	Unterzeichnung des Viermächte-Abkommens über Berlin

die schwerste Wunde: die Teilung der Millionenstadt in West-Berlin und Ost-Berlin, eine unmittelbare Folge des Zweiten Weltkrieges. Die Verkehrswege, die West-Berlin mit dem Bundesgebiet verbinden, führen durch die DDR. Am 3. September 1971 wurde durch die Unterzeichnung des »Viermächte-Abkommens« im ehemaligen Kontrollratsgebäude größere Sicherheit für die Verkehrsverbindungen und damit auch für die Wirtschaft West-Berlins geschaffen.

Reformen in West und Ost

Vergleicht man die Bundesrepublik im Jahre ihrer Gründung mit ihrem gegenwärtigen Status, so wird nur ein oberflächlicher Betrachter meinen, es habe sich in den zurückliegenden 22 Jahren mit Ausnahme des wirtschaftlichen Aufschwunges wenig geändert. Wahrscheinlich sind die Veränderungen stärker, als der einzelne es wahrhaben will. Gerade in den letzten Jahren zeigte sich, daß es nur wenige Gebiete des gesellschaftlichen und kulturellen Lebens gibt, in denen der Ruf nach Reformen nicht erklungen ist. Wenn auch radikale Gruppen eine vollständige Revolutionierung erstreben, so spricht sich die Mehrzahl nüchtern Denkender für Reformen aus, die Altes, Überholtes den neuen Erfordernissen anpassen sollen. In den vergangenen Jahren wurden in einer solchen Reform des Bildungswesens bereits bedeutende Fortschritte erzielt.

Die Bildungspolitiker und interessierten Kreise haben erkannt, daß Mängel im Bildungswesen sich in Zukunft verheerend auswirken, ja sogar die wirtschaftliche Bedeutung eines Landes in Frage stellen können.

Auch vor der Bundeswehr haben die Rufe nach Reform nicht haltgemacht. Man ist bestrebt, die »innere Führung« konsequent zu verwirklichen; der Soldat soll sich als Bürger in Uniform fühlen. Dadurch hat sich das Verhältnis zwischen Vorgesetzten und Untergebenen verändert, der alte verhaßte Kasernenhofdrill ist verschwunden.

Auch im Bereich der Wirtschaft gibt es mannigfache Neuerungen, die hier nur gestreift werden können. Wenn auch einige Firmenbesitzer ihre Arbeitnehmer als Aktionäre am Betrieb beteiligen, so ist von der Sozialisierung der Wirtschaft in der Bundesrepublik nicht zu sprechen. Aber die Gewerkschaften fordern paritätische Mitbestimmung. Ein Arbeiter in einem demokratischen Staat sollte mehr über sich und seine Arbeit entscheiden können, er sollte auch durch mehr Mitverantwortung an seinem Arbeitsplatz interessiert werden. Gerade in der Frage, wie diese Mitbestimmung zu verwirklichen ist, gehen die Ansichten der Gewerkschaften und der Arbeitgeberverbände auseinander. Auf jeden Fall ist die Tendenz nicht zu übersehen, daß die erweiterte Mitbestimmung ein Gebot der Stunde ist, wobei die Form verschieden sein kann.

Ein weiteres Problem wirft die Integration der (1973) fast 3 Millionen Gastarbeiter (Italiener, Spanier, Griechen, Türken, Jugoslawen u. a.) in der Bundesrepublik auf. Diese Menschen helfen einerseits, die Wirtschaft in ihrem derzeitigen Umfang in Gang zu halten, leben andererseits privat isoliert und werden nicht selten finanziell ausgenutzt; für ihre Kinder sind die Bildungsmöglichkeiten unzureichend.

Auch die Länder und Kreise sollen umstrukturiert und in ihrer Verwaltung rationalisiert werden. Schon länger ist im Gespräch die Neuaufteilung der Bundesländer, ohne daß bisher Entscheidendes geschehen wäre. Bereits in der Phase der Verwirklichung sind die Kreiszusammenlegungen.

Dergleichen Probleme hat die Regierung im anderen Teil Deutschlands nicht. Bevor im Jahre 1949 die Deutsche Demokratische Republik gegründet wurde, waren im Bereich der sowjetischen Besatzungszone Reformen großen Umfangs durchgeführt worden, die als tiefgreifende gesellschaftspolitische Strukturveränderungen zu werten sind. Schon im Herbst 1945 wurde im Zeichen der »Bodenreform« das Land der sogenannten Großgrundbesitzer an landarme oder landlose Bauern aufgeteilt; ein wenig später führte man die Schulreform durch, nach der es eine achtklassige Einheitsschule und die darauf weiterführende Schule gibt. Viel stärker wirkte sich die Justizreform aus, da es hier darum ging, die Kräfte aus der Justiz auszuschalten, die mit ihrem althergebrachten Rechtsempfinden dem Fortgang zur »volksdemokratischen Justiz« im Wege stehen würden. Ganz im Zeichen auf den zukünftigen Einheitsstaat stand die Errichtung von »Zentralverwaltungen« in der Sowjetischen Besatzungszone (SBZ), die als Keimzellen der späteren Fachministerien anzusehen sind.

Im Gründungsjahr der DDR (1949) hatte sich die Gesellschaft in diesem Teil Deutschlands schon so verändert, daß die folgenden Maßnahmen nur als Weiterführung des eingeschlagenen Weges zu betrachten sind. Als 1952 auf der 2. Parteikonferenz der SED der »Aufbau des Sozialismus« in der DDR beschlossen und verkündet wurde, da war nicht nur der Boden sozialisiert, d.h. nicht mehr in Besitz von Privateigentümern, auch die entscheidenden Zweige der Industrie waren längst »volkseigen«. 1946 hatte man im Freistaate Sachsen darüber abstimmen lassen, ob die Fabriken der »Kriegsverbrecher« enteignet werden sollten; in den anderen Ländern der SBZ wurden wenig später, ohne Volksabstimmung, alle großen und mittleren Industriebetriebe enteignet. Kleine Geschäfte, Handwerks- und kleinere Industriebetriebe (0,1%) sind z.T.

Theodor Heuss

1884	Geboren in Brackenheim (Württemberg)
1901–1905	Studium in München
1905	Promotion mit der Arbeit »Weinbau und Weingärtnerstand in Heilbronn«
1905–1912	Redakteur der Zeitschrift »Die Hilfe« (Herausgeber Friedrich Naumann)
1912–1918	Chefredakteur der »Neckarzeitung« in Heilbronn, später der Zeitschrift »Deutsche Politik«
1920–1933	Dozent an der Hochschule für Politik in Berlin
1924–1928	Reichstagsabgeordneter als Mitglied der Deutschen Demokratischen Partei (DDP)
1930–1933	Reichstagsabgeordneter als Mitglied der Deutschen Staatspartei (Nachfolgepartei der DDP)
1942	Schreibverbot durch die Nationalsozialisten
1945/46	Kultusminister von Württemberg-Baden
1946	Gründungsmitglied und erster Vorsitzender der Freien Demokratischen Partei (FDP)
1946–1949	FDP-Abgeordneter im Landtag von Württemberg-Baden, Mitarbeit im Parlamentarischen Rat
1947	Professor für neuere Geschichte und politische Wissenschaften an der TH Stuttgart
1949	Wahl zum ersten Präsidenten der Bundesrepublik Deutschland
1954	Wiederwahl zum Bundespräsidenten
1963	Verstorben in Stuttgart

Theodor Heuss schrieb über 1500 Bücher, Aufsätze und Zeitungsartikel. Ihm sind u.a. bedeutende Arbeiten über Friedrich Naumann, Justus von Liebig, Hans Poelzig und Robert Bosch zu verdanken; ein zeitgeschichtliches Dokument sind seine »Erinnerungen 1905–1933«, 1966.

noch in Privatbesitz, können aber die Zahl ihrer Arbeitskräfte und ihre Produktion nicht vergrößern. Immer wieder wird von seiten der DDR betont, daß das Volkseigentum an Produktionsstätten und an Boden niemals wieder Privatbesitzern in die Hand gegeben würde. Die volkseigenen und genossenschaftlichen Industriebetriebe liefern 99,9% der Produktion.

Im Jahre 1952 wurde die einschneidendste Veränderung im gesellschaftlichen Aufbau vollzogen. Im Juli 1952 wurden anstelle der ehemaligen fünf Länder im Gebiet der DDR (Thüringen, Sachsen, Sachsen-Anhalt, Brandenburg und Mecklenburg) vierzehn Bezirke geschaffen, die einander gleichgeordnet sind und den zentralistischen Verwaltungsabsichten der Regierung besser entgegenkommen als die föderalistisch bestimmten Länder. Auch die anderen staatlichen Organe wie Gerichte, Schulverwaltungen, Krankenhäuser wurden nun den Bezirken unterstellt.

Konnten sich die Bauern bis 1960 von der Kollektivierung fernhalten, so wurden sie im Winter 1960/61 gezwungen, ihre Höfe aufzugeben und sich in LPGs zusammenzuschließen.

Ein Problem hat den staatlichen Organen und der Wirtschaft der DDR Kopfzerbrechen bereitet: die Abwanderung. Von 1949 bis 1961 haben ungefähr 2,3 Millionen Bewohner aus den unterschiedlichsten Gründen das Gebiet der DDR verlassen und sind in die Bundesrepublik gekommen. Um diese stetige Abwanderung von Arbeitskräften zu verhindern, ließ die Regierung der DDR am 13. August 1961 die Mauer zwischen Ost- und West-Berlin errichten. Wenn auch seither immer Bewohner versuchen, unter Einsatz ihres Lebens die Grenzsperren zu überwinden, so ist doch eine Massenflucht unmöglich geworden.

Die vielleicht wichtigsten Veränderungen des letzten Jahrzehnts sind die weitere Bildungsreform und das neue ökonomische Plansystem. Anstelle der Einheitsschule wurde die zehnklassige polytechnische Oberschule geschaffen, die eng mit der industriellen Praxis verbunden ist. Im neuen ökonomischen Plansystem wird mehr auf Rentabilität der Betriebe und auf geregelte Versorgung der Bevölkerung geachtet. Unbestreitbaren Vorrang hat jedoch die Planwirtschaft.

Neben diesen Veränderungen bilden die Besitzverhältnisse in Landwirtschaft und Industrie die immer wieder von Politikern der DDR in die Diskussion gebrachten Hindernisse für eine eventuelle Annäherung beider deutscher Staaten. Es wird viel an Willen und Kraft notwendig sein, um eine Entfremdung zwischen den Menschen beider deutscher Staaten zu verhindern. Der 1972 geschlossene Verkehrsvertrag und der im November 1972 unterzeichnete »Grundvertrag« sollen dazu beitragen, die Folgen der Teilung Deutschlands erträglicher zu gestalten. Am 18. 9. 1973 wurden die beiden deutschen Staaten von der UNO-Vollversammlung als Mitglieder in die Vereinten Nationen aufgenommen.

Dahrendorf, R.: Gesellschaft und Demokratie in Deutschland. *München 1968.* – Deutschland. Das Land, in dem wir leben. *Gütersloh 1966.* – *Eschenburg, Th.:* Staat und Gesellschaft in Deutschland. *München 1962.* – *Gradmann, R.:* Süddeutschland, *2 Bde. Leipzig 1931.* – *Grosser, A.:* Deutschlandbilanz. Geschichte Deutschlands seit 1945. *München 1970.* – *Hertig-Sormani:* Deutschland. (In: *Länder und Völker.*) *Luzern 1969.* – *Krebs, N.:* Landeskunde von Deutschland, *2 Bde. Leipzig 1931.* – *Krüger, H.:* Deutsche Augenblicke. *München 1969.* – *Kuby, E.:* Das ist des Deutschen Vaterland. *Hamburg 1959.* – *Leonhardt, R. W.:* x-mal Deutschland. (Revidierte Neuauflage.) *München 1971.* – *Maull, O.:* Deutschland. *Leipzig 1933.* – *Merianheft:* Deutschland. *Hamburg 1972.* – *Paul, W.:* Einladung ins andere Deutschland. *Frankfurt/M. 1967.* – *Ratzel, F.:* Deutschland. (7. Aufl. bearb. von Hans Bobeck.) *Berlin 1943.* – *Richert, E.:* Das zweite Deutschland – ein Staat, der nicht sein darf. *Gütersloh 1964.* – *Ule, W.:* Das deutsche Reich. *Leipzig 1925.*
Deutschland. Das Land, in dem wir leben: *Eingeteilt in vier große Abschnitte (die deutschen Landschaften; die deutsche Geschichte; Kultur und Gesellschaft; die deutsche Wirtschaft), leitet jeweils ein knapper Essay den umfangreichen und ausführlich kommentierten Bildteil ein, in dem Farbaufnahmen überwiegen. Viele Grafiken und Karten unterstützen die einleitenden Essays.* – Hertig-Sormani: *Der Vorzug dieses Buches liegt darin, daß über das rein Geographische hinausgegangen wird, nacheinander Geographie, Geschichte, Kunst, Kultur, Sitten und Bräuche der beiden deutschen Staaten betrachtet werden. Die Längsschnitte, die reich illustriert sind, versuchen die Entwicklung in den einzelnen Bereichen zu charakterisieren.* – Leonhardt, R. W.: *Dieses meisterhaft geschriebene Buch gibt zunächst eine Reise durch deutsche Landschaften und Städte in West und Ost wieder, die recht gut charakterisiert werden. Danach wird das Verhältnis der Deutschen zu Politik und Demokratie, zu Wirtschaft und Wohlstand, zu Religion und Antisemitismus skizzenhaft beleuchtet.* – Maull, O.: *Dies Werk stellt eine wissenschaftliche Länderkunde dar, die, nach einigen einleitenden Kapiteln, eingehend die deutschen Teillandschaften in ihrer Verflochtenheit von Boden, Klima, Landwirtschaft usw. betrachtet. Dieses kenntnisreiche und wohlfundierte Buch wendet sich vor allem an Geographen.* – Merianheft: Deutschland. *In dem Anfang 1972 erschienenen Merianheft geht es darum, »den Begriff Deutschland auf seinen heutigen Inhalt zu überprüfen, eine Standortbestimmung mithin«. Das Heft zeichnet sich durch viele, auch einander widersprechende, abwechslungsreiche Beiträge aus, die vielfältig illustriert sind.*

Heinrich Pleticha

Querschnitt

Die Deutschen und ihre Nachbarn

Deutschland – viele Territorialherren und ein König

Im Jahre 813 erhob Karl der Große seinen Sohn Ludwig zum Mitkaiser und machte ihn zum alleinigen Erben seines Reiches, dessen Grenzen im Westen die Pyrenäen, im Osten die Elbe und im Südosten die Donau bildeten und das vom Atlantik bis nach Mittelitalien reichte. Karl hatte das Reich in harten Kämpfen zusammengefügt und staatsmännisch klug organisiert. Seine geistige und politische Mittelachse bildete das Rheingebiet. Westlich davon lag das ehemals römische Gallien, das die Franken seit dem 5. Jahrhundert zum Kernland ihres Königreiches gemacht hatten, im Nordosten bildete Sachsen, im Südosten Bayern den Eckpfeiler des Reiches. Zum erstenmal waren im Staate Karls des Großen alle jene Stämme vereint, aus denen sich später das deutsche Volk zusammensetzte. Dreißig Jahre hatte der Kaiser benötigt, um die Stämme der Sachsen zu unterwerfen, und mit der Einbeziehung des bayerischen Herzogtums in das fränkische Reich war ihm auch die Oberherrschaft über Kärnten und die Steiermark zugefallen.

Schon die Zeitgenossen Karls hatten ihn den »Vater des Abendlandes« genannt, und mit Recht konnten sich die römisch-deutschen Kaiser ebenso als seine Nachfolger betrachten wie die Könige Frankreichs. Deutsche und französische Geschichte nimmt ihren Ausgang von seiner Persönlichkeit. Aber die Einheit des Reiches, die er sich mit der Erhebung des Sohnes hatte bewahren wollen, brach schon drei Jahrzehnte später für immer auseinander, als die Enkel Karls nach dem Tode ihres Vaters Ludwig 843 im Vertrag von Verdun das Reich teilten. Ludwig der Deutsche erhielt den Osten, Karl der Kahle den Westen. Zwischen ihren beiden Reichen, als Mittelachse von Italien bis zur Rheinmündung sich erstreckend, lag Lotharingien, das Reich des ältesten Enkels und Erben der Kaiserkrone.

Nach dem Aussterben seiner karolingischen Herrscherlinie zerbrach schon 880 dieses lotharingische Mittelreich. Während Italien seine Selbständigkeit erlangte, fiel der gesamte Norden an das ostfränkische Reich. Von einer kurzen Unterbrechung abgesehen, blieb von nun an die lothringische Westgrenze das ganze Mittelalter hindurch die Grenze zwischen Deutschland und Frankreich. Sie war weitgehend auch Sprach- und Kulturgrenze, jedoch ohne jenes Kulturgefälle, von dem noch bei der deutschen Ostgrenze die Rede sein wird.

Für das ostfränkische Reich zeigten sich in den folgenden Jahrzehnten spürbar die Nachteile seiner zentralen Lage in der Mitte Europas. Gleich an zwei Grenzen mußte es sich heftiger Angriffe fremder Völker erwehren. Im Norden bedrohten die skandinavischen Normannen die weitgehend ungeschützte Küste, zerstörten Städte wie Hamburg und nutzten mit ihren schnellen Schiffen die großen Flüsse als Einfallswege bis tief in den heutigen niederdeutschen Raum hinein. Im Südosten, wo der eurasiatische Steppengürtel bis nach Mitteleuropa ausstrahlt, diente den Ungarn die Lücke zwischen Alpen- und Karpatenbogen als Einfallspforte. Von ihren Wohnsitzen in der heutigen ungarischen Tiefebene unternahmen ihre Reiterhorden fast alljährlich ausgedehnte Raubzüge in den süddeutschen Raum bis an die mitteldeutsche Gebirgsschwelle.

In der Abwehr dieser Gefahren bildeten sich im Norden bei den Sachsen und im Süden bei den Bayern, die beide dank der Politik Karls des Großen fest dem fränkischen Reich eingefügt worden waren, starke Stammesherzogtümer heraus. Im Süden schützte das Herzogtum Schwaben, das weit in die heutige Schweiz hinein reichte, wichtige Alpenpässe. Im Westen bildete Lotharingien das Herzogtum Lothringen, während das Herzogtum Franken die Mitte des Reiches mit den Gebieten beiderseits des Mains und am Oberrhein umfaßte. Von Anfang an wurde dabei die deutsche Geschichte entscheidend von der Tatsache beeinflußt, daß geographische Lage und Bodengestalt zwar die Ausbildung dieser Herzogtümer teilweise begünstigte, nicht aber ihren engen Zusammenschluß zu einem einheitlichen Reich. So bleibt die Geschichte des Mittelalters weitgehend beeinflußt durch den sich mehr und mehr festigenden Gegensatz zwischen den territorialen Gewalten und der Zentralgewalt des deutschen Königtums.

Nach dem Aussterben der Karolinger ging die Königswürde 919 an das sächsische Herzogsgeschlecht über. Mit diesem Jahr setzt man den Beginn der eigentlichen deutschen Geschichte. Im Westen festigten die sächsischen Könige die Grenzen gegenüber Frankreich, im Norden gegenüber Dänemark, und im Osten bannten sie bis zur Mitte des 10. Jahrhunderts die Madjarengefahr. Zugleich nahmen sie hier die Politik Karls wieder auf und suchten die Ostgrenze durch einen Gürtel sogenannter Grenzmarken zu sichern, der von der Billunger Mark an der Ostseeküste über Nord- und Ostmark (Lausitz) bis zur Mark Österreich reichte, unterbrochen nur durch das von Gebirgen umgrenzte Böhmen,

Castel del Monte, Jagdschloß Friedrichs II. in Apulien · Das Zentrum des Heiligen Römischen Reiches lag von 1212–1250 im Mittelmeerraum.

das aber seit Ende des 10. Jahrhunderts mehr und mehr unter deutschen Einfluß gelangte.

Noch lag das politische und kulturelle Schwergewicht im Westen, im Bereich der Rheinlinie. Gerade die eindeutige Abgrenzung gegenüber Frankreich führte zu stärkerer Aktivität im Osten und Südosten. Hatte sich hier die Einfallspforte am Alpenrand zuerst einmal als Nachteil erwiesen, so zeigten sich nun auch die Vorteile der Leitfähigkeit vor allem des Donaustroms. Deutsche Siedler, vorwiegend aus dem bayerischen Herzogtum, festigten die österreichische Mark. Im Norden behinderten u. a. Böhmerwald und Erzgebirge eine Kolonisation. Dagegen bildeten die Marken entlang der Elbe geeignete Ausgangsgebiete für eine erste Siedlertätigkeit. Sie wurde begünstigt durch die breite Mulde der großen Urstromtäler nördlich der Mittelgebirgsschwelle, vor allem aber auch durch das starke Kulturgefälle gegenüber den dort siedelnden Slawen, die in diese während der Völkerwanderungszeit von germanischen Stämmen aufgegebenen Gebiete nachgerückt waren. Die sächsischen Könige nahmen die Italienpolitik der Karolinger wieder auf. Ober- und Mittelitalien wurden ein Teil des »Heiligen Römischen Reiches Deutscher Nation«. Die Blickrichtung der deutschen Politik ging damit in den folgenden Jahrhunderten zwangsweise ebenso nach Süden wie nach Osten. Verfehlt wäre es, dabei von einer Alternative zwischen der Italien- und Ostpolitik zu sprechen, muß man doch versuchen, beide Strömungen aus den Zeitgegebenheiten heraus zu sehen und zu deuten.

1024 fiel die Königs- und Kaiserwürde an das fränkische oder salische Herrscherhaus. König Konrad II. gelang es, einen Erbanspruch auf das Königreich Burgund zu verwirklichen und dieses seit dem 10. Jahrhundert im Süden zwischen Frankreich und Deutschland entstandene Staatsgebiet dem Reich einzuverleiben. Von dieser Zeit an bestand das »Heilige Römische Reich« aus drei Teilen: Deutschland, Italien und Burgund. Von einer geographischen Einheit konnte dabei überhaupt nicht mehr die Rede sein.

Während der Zeit der großen Auseinandersetzungen zwischen den römisch-deutschen Kaisern und den Päpsten ging bis zur Mitte des 12. Jahrhunderts die Blickrichtung der deutschen Politik fast ausschließlich nach Süden. Dann aber nahmen die deutschen Fürsten den Gedanken der Ostkolonisation wieder auf. Sie wurden dabei unterstützt von den Herrschern der inzwischen entstandenen slawischen Fürstentümer in Pommern, Polen und Böhmen, die ihrerseits deutsche Siedler in ihre Länder riefen. Längst war die alte Reichsgrenze an Elbe, Saale und Böhmerwald überschritten, und bis 1250 verlief die Grenze deutschen Siedlungsgebiets etwa entlang der Oder. Diese Ostbewegung, in deren Verlauf systematisch Dörfer angelegt und Städte gegründet wurden, führte zu einer friedlichen kulturellen Durchdringung des Landes und der Eindeutschung weiter Gebiete.

Seit dem 12. Jahrhundert zeichnete sich auch im Westen eine Verzahnung des politischen Geschehens zwischen dem Reich und seinen Nachbarn ab, als dieses in die aufkeimende Auseinandersetzung zwischen England und Frankreich hineingezogen wurde. Als Verbündeter seines Schwiegervaters Heinrich I. von England bereitete Kaiser Heinrich V. einen Feldzug gegen Frankreich vor. Er erreichte aber nur, daß sich das französische Nationalgefühl erstmals gegen Deutschland richtete und der französische König eine Verbindung mit dem Papst anstrebte, der nun das ganze Mittelalter hindurch in Frankreich eine Stütze gegen den römisch-deutschen Kaiser fand. Das war um so bedeutsamer, als die deutsche Italienpolitik gegen Ende des 12. Jahrhunderts unter dem schwäbischen Herrscherhaus der Staufer ihren Höhepunkt erlebte. Durch die Heirat mit der Erbin des Normannenreiches fügte Kaiser Heinrich VI. Unteritalien und Sizilien dem Reichsverband ein. Für seinen Sohn, Kaiser Friedrich II., wurde in der ersten Hälfte des 13. Jahrhunderts Deutschland sogar zu einem Nebenland. Das politische Zentrum des Heiligen Römischen Reiches verschob sich für eine Generation in den Mittelmeerraum. Nach dem Tode des Kaisers brach dieses Imperium aber wieder auseinander. Unterstützt vom Papst (Urban IV.), der die Machtausdehnung des Kaisers zu hindern suchte, erlangte Karl von Anjou Unteritalien und Sizilien.

Als nach den Wirren der kaiserlosen Zeit gegen Ende des 13. Jahrhunderts die deutsche Königsgewalt wieder erstarkte, zeigte sich eine deutliche Verlagerung des innerpolitischen Schwergewichts nach dem Osten. Noch stammten vier der sieben Kurfürsten, die von nun an den deutschen König wählten, aus dem alten karolingischen Reichsteil im Westen, drei aber, der Herzog von Sachsen (dem heutigen Sachsen am Mittellauf der Elbe), der Markgraf von Brandenburg und der König von Böhmen hatten ihre Territorien in den neuen östlichen Gebieten.

Von geradezu schicksalhafter Bedeutung sollte die Wahl eines aus dem Schweizer Aargau stammenden Grafen von Habsburg zum deutschen König werden. Um sich und seiner Familie die dringend nötige Macht zu sichern, übertrug König Rudolf 1278 Österreich und die Steiermark seinen Söhnen. Das Haus Habsburg sollte von nun an eine entscheidende Rolle in der deutschen Geschichte spielen. Da seine Hausmacht aber an der südöstlichen Peripherie des Reiches lag, mußte diese Randlage stets seine politischen Entscheidungen beeinflussen. Und das in einer Zeit, in der das römisch-deutsche Kaisertum zunehmend an Bedeutung einbüßte. Die deutsche Herrschaft über Italien hörte weitgehend auf. Das deutsche Königtum verlor seine zentrale Machtstellung, die einzelnen Fürsten dagegen gewannen an Bedeutung und politischem Einfluß.

Parallel zu dem Niedergang des Reiches läuft der politische Aufstieg Frankreichs. Ein stärkerer Einfluß französischer Könige auf die deutsche Politik wurde allerdings verhindert durch den Ausbruch des Hundertjährigen Krieges zwischen Frankreich und England. Einen starken Einfluß auf die Entwicklung der politischen Verhältnisse an der Westgrenze des Reiches übte der Aufstieg des Herzogtums Burgund im 14. Jahrhundert, jenes ursprünglich kleinen Territoriums, das westlich des zum Reichsverband gehörenden Königtums gleichen Namens lag. Herzog Philipp der Kühne, Abkömmling des französischen Königshauses der Valois, erwarb nach 1363 durch Heirat wie durch Kauf ehemaliges Reichsgebiet bis hinauf zur flandrischen Küste. Er und seine Nachfolger festigten das Herzogtum und vermochten ihm eine bedeutsame Mittelstellung zwischen dem Reich und Frankreich zu verschaffen.

Als dann aber 1477 die Tochter und alleinige Erbin Herzog Karls des Kühnen von Burgund Maximilian, den Sohn des römisch-deutschen Kaisers Friedrich III. und Erben des habsburgischen Besitzes, heiratete, wurden für Jahrhunderte neue politische Weichen gestellt. Diese Heirat bedeutete zuerst einmal eine Belastung für Habsburg, denn es mußte sich die Erbschaft gegenüber Frankreich erkämpfen. In die damit aufkeimende Feindschaft zwischen der Krone Frankreichs und dem Hause Habsburg wurde das Deutsche Reich mit hineingezogen, dessen Kaiser in nur einmal unterbrochener Reihe die Habsburger seit dem Ausgang des 15. Jahrhunderts stellten. Die Auswirkungen dieser dynastischen Verbindung wurden noch verstärkt, als der Sohn Maximilians und Marias von Burgund die Tochter und Erbin der spanischen Könige Ferdinand und Isabella heiratete. Denn als nach mehreren Todesfällen im spanischen Herrscherhaus 1516 Maximilians Enkel Karl in den Besitz Spaniens gelangte, stieg das Haus Habsburg zur ersten Großmacht Europas auf. Das politische Geschehen in Ost und West verzahnte sich nun aufs engste. Stärker als bisher wurde das Reich zu einer Drehscheibe in einem großen politischen Raum.

Auch im Osten hatten sich im Spätmittelalter einige wesentliche, durch die zentrale Lage des Reiches bedingte Veränderungen ergeben, die das geopolitische Bild nachhaltig beeinflußten. Durch den Städtebund der Hanse war im 14. Jahrhundert eine Handelsmacht entstanden, die den Küstenhandel von der französischen Atlantikküste bis zum Ilmensee in Rußland, und von der mittelnorwegischen Küste bis tief nach Mitteldeutschland hinein beherrschte. Es blieb nicht aus, daß die Hansestädte auch zu einem politischen Machtfaktor wurden, mit dem die skandinavischen Länder rechnen und dem sie sich sogar zeitweilig beugen mußten.

Etwa gleichzeitig erlebte der an der Ostseeküste im Raum zwischen Weichsel und Memel von dem Deutschen Ritterorden gegründete Ordensstaat seine Blüte. Im 13. Jahrhundert waren die Ritter vom Polenherzog zum Kampf gegen die heidnischen Preußen ins Land gerufen worden. Inzwischen hatten sie durch rege Kolonisationstätigkeit ihre Stellung so ausgebaut, daß der von ihnen geschaffene Staat zu einem Konkurrenten für

151

Polen selbst wurde. Als sich Polen und Litauen zu einem Staat vereinigten, vermochte der Orden dem gemeinsamen Druck nicht standzuhalten und mußte schließlich die Oberhoheit Polens über das Ordensland anerkennen. Diese blieb auch bestehen, als der letzte Hochmeister, Albrecht von Brandenburg, 1525 zum Protestantismus übertrat und das Ordensland in ein weltliches Herzogtum umwandelte. Erst im 17. Jahrhundert erzwangen die Hohenzollern, denen das Land durch Erbvertrag zugefallen war, seine volle Souveränität. Von da an wurde es zum östlichen Eckpfeiler des brandenburgisch-preußischen Staates und blieb Teil des Deutschen Reiches bis zum Ende des Zweiten Weltkriegs.

Die zweite Hälfte des 15. Jahrhunderts brachte im Südosten Europas eine weitgehende Veränderung der politischen Lage, die auch auf die deutsche Geschichte einwirkte. Unaufhaltsam waren die osmanischen Türken nach dem Fall von Konstantinopel (1453) auf dem Balkan bis an die Grenzen Ungarns vorgedrungen. Als 1526 der König von Ungarn

Marienburg an der Weichsel · Im späten Mittelalter Hauptquartier des Deutschen Ritterordens im Ostseeraum und glanzvolle Residenz des Ordensstaates, jetzt Touristenattraktion.

und gleichzeitige König von Böhmen im Kampf gegen die Türken fiel, erhob Habsburg aufgrund eines Erbvertrages Anspruch auf beide Länder. Böhmen, seit Jahrhunderten im Reichsverband, wurde habsburgischer Besitz. Ihren Herrschaftsanspruch auf Ungarn konnten die Habsburger vorerst nicht durchsetzen, sahen sie doch im Gegenteil die Grenzen ihrer eigenen Erblande bedroht. Um die Türken abzuwehren, benötigten die deutschen Kaiser aus dem Hause Habsburg die Unterstützung der deutschen Fürsten. Die Türkenfrage wurde damit ebenso zu einem Teil deutscher Politik wie im Westen die burgundische Frage.

Vergeblich hatte 1519 nach dem Tode Kaiser Maximilians der französische König Franz I. versucht, die enge Verbindung des Hauses Habsburg mit dem Reich zu durchbrechen und selbst für die deutsche Kaiserkrone zu kandidieren. Die deutschen Kurfürsten wählten Karl von Spanien, den Enkel Maximilians, zum Kaiser. In dieser engen Verbindung des Königreiches Spanien, seiner italienischen Nebenländer und des Deutschen Reiches sah der französische König eine Bedrohung seiner Unabhängigkeit. Vergeblich suchte er daher in den folgenden Jahren die Umklammerung zu durchbrechen, aber selbst gegen eine Koalition von Frankreich, England und dem Papst konnte sich Karl V. behaupten, immer allerdings mit Unterstützung der deutschen Fürsten, deren Hilfe er sich durch entsprechende Zugeständnisse erkaufen mußte. Deshalb war es auch naheliegend, daß im Verlauf der durch die Reformation ausgelösten innerpolitisch-religiösen Spannungen die protestantischen deutschen Fürsten in der Auseinandersetzung mit dem streng katholischen Kaiser die Hilfe Frankreichs suchten und dem französischen König gegen das Versprechen von Subsidien die an der Westgrenze gelegenen Bistümer Metz, Toul und Verdun überließen. Im Osten konnte der Kaiser zwar die unmittelbare Gefahr von seinen Erblanden abwenden, doch blieb Ungarn vorerst in den Händen der Türken.

Das »Monstrum« von Reich zerfällt in viele Teile

In der Auseinandersetzung zwischen Frankreich und Deutschland war von französischer Seite erstmals die Frage nach dem Rhein als eine »natürliche Grenze« aufgeworfen worden, doch blieb sie im folgenden Jahrhundert noch ohne Bedeutung. Mit dem Dreißigjährigen Krieg änderte sich jedoch die Situation. Mochte der Kampf zuerst einmal als innerdeutscher Religionskrieg begonnen haben, so bekam er in dem Augenblick europäischen Charakter, als sich 1630 Schweden einmischte, um seine Stellung als führende Ostseemacht zu festigen. 1635 folgte ihm Frankreich, dessen leitender Minister, Kardinal Richelieu, jetzt die Stunde für gekommen sah, die habsburgische Weltmacht zu zerbrechen. Der Westfälische Friede von 1648 brachte durch diese Interessenverzahnung auch einen durchgreifenden geopolitischen Wandel. Die Gewinner waren Frankreich und Schweden, der Verlierer weniger das Haus Habsburg als vielmehr das Reich. Vorpommern und die Bistümer Verden und Bremen fielen an Schweden. Frankreich wurde im Besitz von Metz, Toul und Verdun bestätigt und konnte sich erfolgreich im Elsaß festsetzen. Von weit größerer Bedeutung als diese Grenzveränderungen erwies sich aber der unaufhaltsame Zerfall des Reiches. Es zerbrach in eine Vielzahl von Territorien, die ihrerseits wieder in Teile und Teilchen aufgespalten waren, so daß dieses »Monstrum« von Reich, wie es ein Zeitgenosse nannte, in fast achtzehnhundert Teile zersplittert war, lose zusammengehalten nur noch durch die Kaiserkrone, die weiterhin in den Händen Habsburgs blieb.

Während Ludwig XIV. in der zweiten Hälfte des 17. Jahrhunderts in Frankreich seinen absolutistischen Staat schuf, stiegen in Deutschland aus der Vielzahl der Territorien zwei Mächte zu europäischer Bedeutung auf. Österreich, von den Folgen des Dreißigjährigen Krieges nur wenig betroffen, kämpfte mit allen seinen Kräften gegen die Türken, die 1683 noch einmal bis Wien vorgedrungen waren. Nur eineinhalb Jahrzehnte genügten jetzt, um die Gefahr für immer zu bannen, Ungarn zurückzugewinnen und an der Karpaten–Donau–Save-Linie jene Militärgrenze aufzubauen, die nun für Jahrhunderte das Abendland vom Osmanischen Reich schied.

Österreich hätte diese Leistung niemals vollbringen können, wenn die Türkenabwehr nicht als eine deutsche, ja geradezu europäische Aufgabe angesehen worden wäre und neben den deutschen Fürsten auch andere europäische Länder, wie Polen oder Venedig, ihren Beitrag geleistet hätten. Von nun an verlagerte sich aber das österreichische Schwergewicht stärker aus dem Reich hinaus nach Südosten.

Gerade umgekehrt verlief die Entwicklung Brandenburg-Preußens, das unter dem Großen Kurfürsten (1640–1688) zu einem absolutistischen Staat nach französischem Vorbild ausgebaut wurde. Hier lag das politische Schwergewicht ursprünglich in den ostelbischen Landesteilen, aber die Besitzungen in Westfalen und am Niederrhein erzwangen eine Blickrichtung nach West und damit in den Reichsverband hinein. Die mit allen Kräften vorangetriebene Türkenabwehr hinderte den deutschen Kaiser, auch den Schutz des Reiches im Westen zu gewährleisten, wo Ludwig XIV. die Vormachtstellung Frankreichs durch Gebietserwerbungen zu festigen suchte. Es gelang ihm, das ganze Elsaß samt der Freien Reichsstadt Straßburg und damit den Oberrhein als strategische Grenzlinie zu gewinnen.

Im ersten Jahrzehnt des 18. Jahrhunderts erlebte Deutschland in seiner Mittellage die Überlappung gleich zweier großer Kriege, des Spanischen Erbfolgekrieges, in dem Frankreich um das durch das Aussterben der spanischen Habsburger frei gewordene Spanien kämpfte, und des Nordischen Krieges, in dem sich die Ostseemächte gegen die Vormachtstellung Schwedens verbunden hatten. Wieder wurden Teile Deutschlands zu internationalen Kriegsschauplätzen. Der Friede von Utrecht (1713) löste die Habsburgische Klammer um Frankreich, und ein französischer Prinz erhielt die Krone Spaniens. Das Ende des Nordischen Krieges brachte Brandenburg-Preußen einen Teil Vorpommerns und Stettin.

Gerade im Spanischen Erbfolgekrieg hatte sich erstmals der Einfluß Englands auf das politische Geschehen in Mitteleuropa gezeigt. Er wurde noch verstärkt, als 1714 das Haus Hannover den englischen Thron bestieg und in Personalunion England und Hannover regierte. Der alte englisch-französische Gegensatz, der durch die Rivalität in den Kolonialgebieten neu belebt wurde, wirkte jetzt mehr und mehr auch auf die deutsche Politik. Als mit dem Regierungsantritt Friedrichs des Großen der Gegensatz zwischen Preußen und Österreich aufkeimte, mußten sich beide Länder ihre Bündnispartner unter den europäischen Mächten suchen. Der Siebenjährige Krieg (1756–1763) war deshalb nicht nur eine innerdeutsche, sondern zugleich eine weltpolitische Auseinandersetzung, die auch in den Kolonialgebieten Nordamerikas und Indiens geführt wurde. Österreich fand in Frankreich einen neuen Bündnispartner, zu dem sich Rußland gesellte, England dagegen unterstützte Preußen, weil es in ihm den Festlanddegen zur Verteidigung Hannovers erblickte, zugleich aber auch, weil es nur durch ein solches Bündnis die Veränderungen des europäischen Gleichgewichts zu verhindern hoffte.

Das Ende des Siebenjährigen Krieges brachte auch das Ende des österreichisch-russischen Bündnisses. Nur in der in drei Etappen vollzogenen Teilung Polens fanden sich Österreich, Rußland und Preußen im letzten Drittel des 18. Jahrhunderts noch einmal zusammen. Opfer der typisch absolutistischen Kabinettspolitik wurde Polen, das von der Landkarte verschwand. Mit seiner Aufteilung fand die deutsche Ostgrenze noch einmal eine unheilvolle Abrundung, deren Folgen bis in die Gegenwart nachwirken.

Schon wenige Jahre danach wurde ganz Mitteleuropa hineingezogen in den Strudel der Französischen Revolution und den Aufstieg Napoleons. Preußen und Österreich mußten sich nach ihren Niederlagen gegenüber den Revolutionsheeren zur Abtretung linksrheinischer Gebiete an Frankreich bereiterklären. Der unter dem Druck Napoleons zustande gekommene Reichsdeputationshauptschluß von 1803 veränderte die politische Situation Deutschlands von Grund auf. Die geistlichen und kleineren weltlichen Fürstentümer wurden aufgeteilt auf die Groß- und Mittelstaaten. Sechzehn Fürsten traten aus dem Reichsverband aus und schlossen sich als Satelliten Frankreichs unter dem Protektorat Napoleons 1806 zum Rheinbund zusammen. Franz I. legte daraufhin die deutsche Kaiserkrone nieder und blieb fortan nur noch Kaiser seiner österreichischen Erblande.

Damit waren die Grenzen des Reiches im Osten zurückgenommen, die Zersplitterung Deutschlands etwas abgebaut. Aber weder die Befreiungskriege noch der Wiener Kongreß, der 1815 nach dem Sturz Napoleons eine neue Friedensordnung herbeiführen sollte, vermochten die verbleibenden 35 Fürstentümer und vier Reichsstädte wieder zu einem einigen Deutschland zu verbinden. Zu stark wirkten der Dualismus zwischen Preußen und Österreich und der Partikularismus der deutschen Mittelstaaten. So gelang nur der Zusammenschluß zu einem lockeren deutschen Staatenbund, den auch die Revolution von 1848 nicht überwinden konnte.

Erst nachdem der Gegensatz zwischen Preußen und Österreich 1866 im Bruderkrieg zugunsten Preußens entschieden und Österreich auch aus dem letzten lockeren Verband mit dem Reich ausgeschieden war, konnte der preußische Ministerpräsident Bismarck eine Lösung im kleindeutschen Sinne, d.h. die Schaffung eines Deutschen Reiches unter der Führung Preußens anstreben. Der erste Schritt dazu war die Gründung eines Norddeutschen Bundes. Das französische Mißtrauen gegen die sich anbahnende Führerstellung Preußens wurde schließlich zu einer der wesentlichen Ursachen für den Krieg von 1870/71, der nach dem deutschen Sieg mit der Schaffung eines neuen deutschen Kaiserreiches endete. Als schwere Belastung für das deutsch-französische Verhältnis erwies sich dabei die nach dem Sieg erzwungene Abtretung des Elsaß und Lothringens mit Metz an das neue Deutsche Reich.

Die deutsche Politik der folgenden zwei Jahrzehnte war gekennzeichnet durch das Bemühen Bismarcks, jede Verschiebung des europäischen Gleichgewichts zu verhindern und Deutschland in der Mittellage zwischen Frankreich und Rußland erfolgreich zu behaupten. Dieses Ziel, das zugleich eine Isolierung Frankreichs einschloß, suchte er im Dreibund mit Österreich und Italien und durch den Rückversicherungsvertrag mit Rußland zu erreichen. Aber nach dem Ende der Ära Bismarck vermochten Kaiser Wilhelm II. und seine Kanzler dieses Vertragswerk nicht weiterzuführen. Erneut verschoben sich die weltpolitischen Gegensätze, und wieder wurde Deutschland in seiner Mittellage davon betroffen. Ein Bündnis zwischen Frankreich und Rußland, der Abbau der englisch-französischen Spannungen in der imperialistischen Kolonialpolitik und schließlich die Annäherung zwischen Rußland und England trieben Deutschland in eine zunehmende Isolierung, in der ihm als einziger sicherer Partner in Europa nur noch Österreich verblieb.

Die aufgestauten Gegensätze entluden sich im Ersten Weltkrieg. Der Friede von Versailles brachte der neuen deutschen Republik nicht nur Gebietseinbußen wie die Rückgabe Elsaß-Lothringens an Frankreich und u. a. den Verlust Westpreußens, Posens und Oberschlesiens an das neu entstandene Polen, sondern mit den Reparationen auch schwere wirtschaftliche und politische Belastungen, die 1923 in der Besetzung des Ruhrgebiets durch Frankreich gipfelten. Frankreichs Streben war noch weitergegangen. Wenn es nach 1918 zeitweilig gehofft hatte, die Rheingrenze zu erreichen, muß das unter jenem Sicherheitsstreben gesehen werden, das auch Marschall Foch zu den Worten veranlaßte: »Man muß seine Zuflucht zu all den Mitteln nehmen, die die Natur bietet, und die Natur hat nur eine Schranke vor die Invasionsfront gelegt: den Rhein.«

Die auch für Deutschland stark spürbaren Folgen der Weltwirtschaftskrise erleichterten es Hitler, 1933 an die Regierung zu gelangen. Sein Machtantritt bedeutete zugleich das Aufkommen neuer geopolitischer Ideen mit einer eindeutigen Blickrichtung nach Osten. So suchte der Nationalsozialismus seine imperialistischen Pläne mit der Behauptung zu bemänteln, Deutschland sei übervölkert und benötige Lebensraum im Osten. Der Anschluß Österreichs und die Besetzung Böhmens und Mährens schufen die erweiterte strategische Ausgangsbasis für das deutsche Vorgehen im Zweiten Weltkrieg, der mit der katastrophalen Niederlage endete. Während die deutsche Westgrenze nach 1945 ihre in einem Jahrtausend gewachsene Form behielt, wurde die Ostgrenze bis zur Oder und Neiße zurückgedrängt und Deutschland selbst in Besatzungszonen aufgeteilt, aus denen sich die zwei deutschen Staaten in der heutigen Form herauskristallisierten.

Anneliese Siebert

Frankreich

Das »glücklichste Land Europas«

Frankreich, das seiner Lage nach auch wohl als das »glücklichste Land Europas« bezeichnet wird, stellt von Natur aus eine von Gebirgen und Meeren klar umgrenzte Einheit dar, so daß es auch selbstverständlich gewesen wäre, wenn sich von vornherein eine geschlossene Nation, ein geschlossener Staat gebildet hätte. Dennoch währte dieser Prozeß der Staatsbildung viele Jahrhunderte, weil die geschichtlichen und verfassungsrechtlichen Gegebenheiten nicht dem natürlichen Charakter des Landes entsprachen. Dann allerdings hat sich Frankreich – vielleicht infolge dieses schweren Ringens – im Laufe der jahrhundertelangen Geschichte zu einem Staatsgebilde ganz eigener Art entwickelt. In keinem Land Europas – zumindest nicht in Kontinentaleuropa – wirken Geschichte und Tradition nachhaltiger, wurzeln die politischen Anschauungen über Volk, Staat und Regime tiefer und wird auf die Prinzipien politischer Ordnungsvorstellungen größerer Wert gelegt als in Frankreich. Frankreichs Einheitlichkeit und Geschlossenheit heute ist aber in Wahrheit eine eigene Welt in sich von unendlicher Vielfalt und Mannigfaltigkeit, die nicht allein eine Vielzahl an Böden, Klimaten, Pflanzenformationen und Landschaften, sondern auch verschiedenartigste Ausprägungen von Kultur, Volkstum, sozialen und wirtschaftlichen Bedingungen in sich schließt. Über all dieser Vielfalt aber steht die Idee des einheitlichen Staates, die hervorgegangen sein mag aus der römischen Tradition und verwirklicht worden ist in der absoluten Monarchie des Sonnenkönigs Ludwig XIV., »demokratisiert und nationalisiert während der Großen Revolution, rationalisiert und glorifiziert von Napoleon und seiner Administration, schließlich restauriert und zugleich modernisiert von Charles de Gaulle und seinen Anhängern« (Hänsch, Kl.). Der »Staat« hat seinen Wert für die Franzosen bis heute behalten. »La France« – der Begriff verbindet sich mit der Vorstellung der tausendjährigen Geschichte Frankreichs. Die Zugehörigkeit zu dieser Nation wird nicht durch die gleiche Rasse, das gleiche Volkstum, die gleiche Sprache entschieden, sondern derjenige ist Franzose, der sich zu Frankreich bekennt. Beherrschender Zug des französischen Lebens – vor allem des politischen Lebens – ist die Tatsache, daß die Franzosen ein ungebrochenes Nationalbewußtsein haben. Sie gehören einer Nation an und sind überzeugt, daß sie als kulturell-politische Einheit in der Welt ihre Rolle zu spielen haben. Der Staat, »La France«, ist der Integrationsfaktor, der die kulturell-politisch, sozial und wirtschaftlich außerordentlich unterschiedlichen Regionen mit dem Brennpunkt Paris zusammenhält.

Das Antlitz Frankreichs hat sich nach dem letzten Krieg nicht nur in politischer und geistiger Hinsicht gewandelt, sondern auch im Hinblick auf sein ökonomisches Denken und Tun. Dieses Land mußte, um allein sein Wirtschaftssystem zu verbessern, mit einer zähen Tradition brechen und neue Zielsetzungen und Bestrebungen, die dem Wohle des ganzen Volkes und Landes dienen sollen, durchsetzen. Dieser Prozeß des Umdenkens ist noch lange nicht abgeschlossen. Die Erkenntnis, daß zwischen dem seit Jahrhunderten alles überstrahlenden Brennpunkt Paris und der »Provinz« außerhalb der mächtigen Metropole größte Diskrepanzen bestehen, hat sich eigentlich erst in den letzten beiden Jahrzehnten durchgesetzt. Alle modernen raumordnerischen Probleme Frankreichs von heute sind aus diesen Gegensätzen zwischen Paris und seiner Region und der »Provinz«, aus den Gegensätzen zwischen dicht besiedelten und wirtschaftlich stark entwickelten Regionen – wozu neben Paris auch der Norden und Osten Frankreichs gehören – gegenüber den dünn besiedelten und schwach entwickelten Regionen des Südens und des Südwestens erwachsen. So scheidet gleichsam eine Diagonale von Nordwesten nach Südosten das ganze Land in gegensätzlich entwickelte Kulturlandschaften. Man glaubte sich in Frankreich gesichert gegen Krisen, weil Landwirtschaft und Industrie strukturell ausgeglichen schienen. Frankreich aber wurde in den dreißiger Jahren so stark von der Weltwirtschaftskrise erfaßt, daß seine Arbeitslosigkeit kurz vor dem Zweiten Weltkrieg den Höhepunkt erreichte und die industrielle Produktion weit zurückblieb, so daß Anfang 1945 nur 29% des Standes von 1929 erreicht wurden. Dazu kam ein erheblicher Rückstand an Investitionen und moderner Ausrüstung in Technik und Forschung. Der Wiederaufbau in diesem Bereich war also notwendigerweise das drängendste Problem zur Sicherung der gesamten Existenzgrundlage. Nur im Hinblick auf diese Erfahrungen und Belastungen Frankreichs kann man die Bedeutung des jetzigen Bevölkerungszuwachses, die neue Dynamik und den immer noch latent vorhandenen wirtschaftlichen Konservatismus, die zögernde und späte Umstellung zum Industriestaat, die großen Diskrepanzen in der Provinz und zu der Pariser Region verstehen. Der Schlüssel zum Verständnis Frankreichs und seiner wirtschaftlichen, geistigen und politischen Stellung in der Welt liegt besonders in seiner demographischen Situation der letzten hundert Jahre. Trotz aller Schwierigkeiten aber hat sich Frankreich seinen »élan spirituel« bewahrt, der aus jahrhundertealten Schätzen schöpft und sich an neuen Quellen immer wieder entzündet. Das innere Gleichgewicht erhält Frankreich viel eher als von seinem politischen Mittelpunkt Paris wohl von seinen vielfältig gestalteten Provinzen oder Regionen. Von dieser neuen Erkenntnis nach 1945 ausgehend, fördern führende Männer heute diese provinziellen Kräfte, um die extrem zentralistische Tendenz des Staatsgebildes und Landes aufzulockern.

Die »cafetière« reicht vom Mittelmeer bis zur Nordsee

Das aus so gegensätzlich und unterschiedlich entwickelten Kulturlandschaften zusammengesetzte Staatsgebiet Frankreichs umfaßt gegenwärtig auf einer Fläche von rund 544 000 qkm fast 52 Millionen Einwohner, die vorwiegend die französische Sprache sprechen. Frankreich, das eigentliche Kernland Westeuropas, stellt eine große Landmasse dar, die verhältnismäßig wenig gegliedert ist. Offen ist die Landesgrenze einerseits nur an der burgundischen Pforte, dem »Loch von Belfort« (Trouée de Belfort), das 28 km breit und 350 m ü. d. M. zwischen den kristallinen Vogesen und dem Kalkjura eingesenkt ist und die beste Verbindung zwischen der Oberrheinischen Tiefebene und der Saône-Rhône-Senke darstellt. Anderseits ist die 700 km lange Nordgrenze offen und das Ringen um sie der eigentliche Gegenstand der geschichtlichen Auseinandersetzungen und wechselhaften Beziehungen zwischen Frankreich und Deutschland gewesen.

Land und Meer sind für Frankreich in der Grenzgestaltung gleichermaßen von Bedeutung, zumal wenn man bedenkt, daß allein 3120 km Meeresküsten gleichzeitig Staatsgrenze sind, so daß das Land immer das Bestreben hatte, neben einer Landmacht auch Seemacht zu sein. Frankreich mißt in seiner größten Ausdehnung von Norden nach Süden rund 1000 km und von Osten nach Westen fast ebensoviel. Das Land innerhalb dieser Grenzen zeigt die gleichen Landschaftselemente wie beispielsweise auch Deutschland, nämlich Tiefland, Mittelgebirge und Hochgebirge, jedoch in einer vollkommen anderen Verteilung. Seine Lage an zwei Meeren, die durch die Schiffahrtsstraße des Südkanals und des Seine-Rhône-Weges verbunden sind, verursacht eine ganz besondere Verkehrsaufgeschlossenheit und Verkehrsdurchgängigkeit.

Frankreich ist in seiner natürlichen Lage dadurch ausgezeichnet, daß es zwischen den Küsten des warmen Mittelmeeres und den kühleren Gestaden des Atlantischen Ozeans, des Ärmelkanals und der Nordsee liegt und in seiner einheitlichen, fast sechseckigen Gestalt, die im Lande selbst gern mit einer »cafetière«, einer Kaffeekanne, verglichen wird, eine Vielfalt von Landschaften, von Klimaten und Menschen verschiedenen Volkstums umfaßt. Die von Natur gegebenen Gegensätze machen das Land ganz besonders reizvoll und anziehend, zumal sie auch in den vom Menschen geschaffenen Kulturlandschaften an Bauwerken und Kunstwerken sichtbaren Ausdruck finden – und sei es allein schon durch das naturgebundene Baumaterial. Diese Gegensätze haben die Kulturlandschaften wesentlich mitgeprägt, denn nirgendwo gibt es größere Unterschiede als zwischen der Provence mit ihren römischen und romanischen Baudenkmälern, dem aquitanischen Westgallien mit seiner noch tief ins Mittelalter hinein wirksamen keltischen Kultur und der Normandie mit ihren stolzen, ganz andersartig gestalteten, vom Wikingergeist zeugenden Bauten und Kunstwerken. Sie alle sind von unterschiedlichem Klima ebenso geformt worden wie sie von unterschiedlichem Volkstum und dessen mannigfaltiger Schöpferkraft gestaltet worden sind.

Geologisch ist Frankreich ein Stück des westeuropäischen Schollenlandes, das schon im Paläozoikum von alpenartigen Faltengebirgen durchzogen und von Brüchen zerstückelt und sogar teilweise unter den Meeresspiegel gesenkt war. Zwischen den Massiven liegen drei weite Beckenlandschaften, das Pariser Becken mit der Seine als Achse, das aquitanische Becken mit der Garonne und das Saône-Rhône-Becken. Es sind Einbrü-

Bretagne, Le Mont-Saint-Michel · Im Golf von Saint-Malo liegt auf einem kleinen Granitfelsen Frankreichs ehemals bedeutendste Benediktinerabtei Saint-Michel.

Auvergne, Puy de Sancy · Höchste Erhebung des Zentralmassivs und Frankreichs (1886 m) außerhalb von Alpen und Pyrenäen.

che, die später mit Meeres- und Süßwasserablagerungen der Trias bis zum Jungtertiär angefüllt wurden. Das französische Tiefland ist in seinen Oberflächenformen nicht durch eiszeitliche Ablagerungen bestimmt wie das deutsche. Alpen und Pyrenäen wurden im Jungtertiär gebildet, wobei auch der Jura als Teil der Kalkalpenvorzone in nordwestlicher Richtung zusammengeschoben wurde. Zur gleichen Zeit wurde das Zentralmassiv schräg gestellt, und zwar wurde es am südöstlichen Rande stark gehoben. In der Auvergne stiegen dabei reihenweise vulkanische Massen empor.

Frankreichs Klima ist insgesamt gesehen mild und sehr günstig, von vorwiegend atlantischer Prägung. Nur in den östlichen Gebirgen treten kältere und schneereichere Winter auf. Im Südosten dagegen ist das Mittelmeerklima im Rhônegebiet landeinwärts spürbar. Insgesamt lassen sich sechs Klimaprovinzen unterscheiden: Bretagne und Normandie sind so ozeanisch, daß Feigenbaum, Fuchsie und Rhododendron den Winter durchstehen, doch Rebbau wegen dauernder Bewölkung und geringer Sonnenwärme nicht möglich ist. Im Pariser Becken dagegen läßt die Höhe der Niederschläge von 800 mm im Westen bis nur 400 mm im Osten zwischen Seine und Marne nach, so daß strahlende Sonnentage hier den Weinbau begünstigen und das Gebiet zum Hauptanbaugebiet für Getreide machen. Dagegen ist das Garonnebecken infolge heißer Sommer und trockener, klarer Herbsttage ein vorzügliches Weinbaugebiet. Hier gedeiht auch der Mais ausgezeichnet, weil der Frühling im allgemeinen feucht ist. Im Zentralmassiv aber ist das Klima rauh und naß; nur in wärmeren Becken werden Edelkastanie sowie Weizen, Obst und auch Wein kultiviert. Im Mittelmeergebiet herrscht ein trockenheißer Sommer und milder Winter, Regen fällt nur im Herbst und Winter. So findet sich im Bereich der Mittelmeerküste eine üppige Vegetation aus Lorbeer, Oleander, Myrte, immergrüner Eiche, Orange, Maulbeerbaum und Olive. Charakteristisch ist ein Fallwind, der kalte Nord- oder Nordweststurm, der Mistral. Im Osten Frankreichs hat das Klima von den Ardennen bis in die Alpen weitgehend festländischen Charakter. Die Sommer sind heiß und sonnig genug, daß in den bekannten Weinbaugebieten der Wein reifen kann, die Winter aber sind hart und kalt, während Frühling und Herbst regnerisch sind.

Hinsichtlich seiner Pflanzendecke gehört Frankreich zum Laubwaldgebiet der gemäßigten Zone. Allerdings ist der Wald heute weitgehend gerodet, nur 22% sind noch teils von Laubwald, teils von Nadelwald bedeckt. Vor allem sind alle tiefer liegenden Gebiete wie in allen mitteleuropäischen Ländern in Kulturland überführt. Im Mittelmeergebiet geht der Laubwald in lichtere Wälder aus immergrünen Gehölzen und Hartlaubgewächsen über. Vielfach findet sich hier auf den verarmten Böden weithin die dornenreiche Macchie.

Die Wasserläufe Seine, Loire, Garonne, Rhône, Saône sind durch die großen Becken vorgezeichnet. Am Rande aber haben sich selbständige Flußsysteme ausgebildet. Die Wasserversorgung ist im allgemeinen in Frankreich ausreichend. Gegen die Hochwassergefahr im Seinebecken, die immer dann besteht, wenn alle Wasser der Zuflüsse gleichzeitig eintreffen, sind große Staudämme teils gebaut und teils im Entstehen. Für die Wasserversorgung im Pariser Raum soll auch das Wasser der Loire aufgefangen werden. Im Mittelmeergebiet ist die Wasserführung der Flüsse großen Schwankungen unterworfen, wobei neben Wasserarmut auch starke Hochwasser auftreten können.

Seit die Wasserkraft in größerem Umfange für Energieerzeugung und Bewässerungsanlagen genutzt wird, ist der Wasserbedarf weit besser gedeckt. Die Atomindustrie, die viel Wasser und starke elektrische Anlagen braucht, ist im Seinetal nahe Paris in Saclay, im Rhônetal in Marcoule und Pierrelatte bei Avignon, im Durancetal in Sadarache bei Manosque und im Loiretal in Chinon konzentriert.

Die Bodenschätze Frankreichs finden sich vor allem in den alten Massiven im Nordwesten und Westen des Pariser Beckens. Hier sind es Eisen- und Buntmetallerze, die frühzeitig in den Tälern erschlossen werden konnten, nun jedoch erschöpft sind und nicht mehr lohnend abgebaut werden können. Auch alte Steinkohlenlager, die sich hier fanden, sind stillgelegt. Heute liegen die bedeutendsten Eisenerzlager in Lothringen um Nancy, wo die Minetteerze abgebaut werden. Im nordwestlichen Frankreich finden sich am Rande der Amorika in der Normandie größere Eisenerzlager sowie Steinkohlenlager als Ausläufer des belgischen und Ruhrkohlen-Revieres. Ferner sind in den alten Massiven Uranerze entdeckt worden, ebenso besonders im Pyrenäenvorland bei Lacq, Parentis-en-Born, Saint-Marcet und bei Coulommes im südlichen Pariser Becken Erdöllager und Erdgaslagerstätten. Außerdem gibt es große Vorkommen von Bauxit, das seinen Namen nach dem ersten Fundort Les Baux bei Arles hat, vor allem im östlichen Pyrenäenvorland und in der Provence.

Entwicklung von Volk, Siedlung und Staat

Die letzten Bevölkerungszahlen für Frankreich nach der allgemeinen Volkszählung von 1968 zeigen im Vergleich zu der Volkszählung von 1962 eine Zunahme von rund 3,5 Millionen Einwohnern. Die Fünfzig-Millionen-Grenze war Ende des Jahres 1968 erreicht. Auffällig ist die starke Zunahme in den landschaftlich besonders reizvollen Gebieten Frankreichs, vor allem in den Bereichen der Provence (+ 34,1%), der Côte d'Azur (+ 34,1%), von Rhône–Alpes (+ 21,1%) und Languedoc–Roussillon (+ 17,2%). Diese Zunahme in den genannten Gebieten ist großenteils hervorgerufen durch meist nicht standortgebundene, nicht von Grundstoffindustrien abhängige Industriebetriebe.

Die Bevölkerungsentwicklung hat in Frankreich in den letzten Jahrhunderten drei Stadien durchgemacht. Von 1801 bis etwa 1860 haben Geburtenhäufigkeit und Sterblichkeit in gleichem Maße abgenommen. Von 1860 bis 1938/39 aber erfolgte eine schnellere Abnahme der Geburtenhäufigkeit. Die Rate des natürlichen Bevölkerungszuwachses näherte sich Null und war während des Ersten Weltkrieges und zwischen 1935 und 1945 negativ. Das dritte Stadium ist charakterisiert durch ein schnelles Wiederansteigen der Geburtenhäufigkeit. Nach Ende des letzten Krieges lag die Rate der natürlichen Bevölkerungszunahme ziemlich hoch. Die Zunahme der französischen Bevölkerung in den letzten Jahren entsprach schon dem Wachstumsrhythmus der deutschen und liegt bereits über dem der englischen Bevölkerung. Frankreich hat seine Bevölkerungsverluste erst mit Beginn der Industrialisierung – besonders seit dem Ersten Weltkrieg – durch zahlreiche Einwanderer, die als Fremdarbeiter registriert wurden, ausgeglichen. 1968 gab es fast 2,7 Millionen Ausländer, die vorwiegend aus Spanien und Portugal kamen, während sie früher auch aus Italien, Nordafrika und Polen einwanderten. Die Zahl der jährlich Einwandernden beträgt derzeit etwa 110 000 Personen, so daß sich heute insgesamt über 3 Millionen Ausländer in Frankreich aufhalten.

Die Bevölkerungsverteilung und Bevölkerungsdichte ist im ganzen Land außerordentlich ungleich. Bei einer durchschnittlichen Bevölkerungsdichte gegenwärtig von 95 Einwohnern/qkm wohnen in der Pariser Region 783 Einwohner/qkm, im Elsaß 170 und in der Normandie über 120 Einwohner/qkm, während die niedrigsten Dichtezahlen im Zentralmassiv, in der Champagne, im Limousin und in der Auvergne u. a. teils unter 50 Einwohner/qkm anzutreffen sind. Im Großraum Paris lebt allein ein Sechstel der gesamten französischen Bevölkerung. Am dünnsten besiedelt sind die Gebirgsgegenden und wasserarmen Gebiete, dazu auch die »Landes« und Korsika. Die Landflucht in Frankreich hält noch immer an. Die Landwirtschaft verliert jährlich etwa hunderttausend Menschen durch Abwanderung in Industrie und in die Städte. 1851 betrug der Anteil der Landbevölkerung an der gesamten Bevölkerung noch 72%, heute sind es nur noch 20%. Von den 38 000 Landgemeinden Frankreichs haben etwa 50% weniger als 300 Einwohner. Die Bevölkerungspyramide oder das Bevölkerungsalter Frankreichs zeigte lange Zeit eine starke Überalterung. Erst nach dem letzten Krieg ist eine günstigere Entwicklung zu verzeichnen, sogar positiver als die in Deutschland.

Korsika, Bonifacio · Die Altstadt des Hafenortes auf Südkorsika liegt auf einem 60 m hohen, steil zum Meer abfallenden Kalkfelsen.

Die arbeitende Bevölkerung Frankreichs beträgt heute 20,7 Millionen, 1985 wird sie voraussichtlich 22,43 Millionen betragen. 1970 kamen noch 40,8 Beschäftigte auf je hundert Personen, 1985 werden es nur noch 39,7 sein. In der Landwirtschaft schätzt man, daß die arbeitende Bevölkerung von 1970 bis 1975 etwa von drei Millionen (1968) auf 2,25 Millionen 1975 absinken wird. Der Anteil der arbeitenden Landbevölkerung lag 1968 bei 15% (1906 bei 42%) und wird in fünf Jahren nur noch 10 oder 11% betragen. Da die Binnenwanderung in Frankreich erheblich ist, vollzieht sich auch eine Veränderung der Berufsstruktur. Am stärksten hat sich der tertiäre Bereich mit allen Dienstleistungen, mit Handel, Hotelgewerbe, Bankwesen, Verwaltung, öffentlichen Diensten, freien Berufen,

Winkel in Montmartre    *Montmartre: Maler und Modell*    *Boulevard Lenoir: Trödelmarkt*

Weltstadt an der Seine

Paris ist seit Jahrhunderten Brennpunkt des Gesellschaftslebens, des kulturellen, wirtschaftlichen und politischen Geschehens in Frankreich. Die Weltmetropole bietet die gegensätzlichsten Bilder. Neben architektonischen Sehenswürdigkeiten (Notre-Dame, Louvre, Eiffelturm, Arc de Triomphe), zahlreichen Parkanlagen, Museen, Galerien und Bibliotheken sowie den breiten Boulevards mit ihren Cafés, Restaurants, Geschäften und Theatern gehören die »Clochards« und die »Bouquinistes« an den Seineufern zum typischen Erscheinungsbild der »Lichterstadt«, ebenso die Künstlerviertel und Vergnügungsstätten von Montmartre. Daß in Paris Gegensätze stärker als in der »Provinz« hervortreten, zeigte auch die Studentenrevolution von 1968. Für Europa gewinnt Paris durch neue Zentralfunktionen immer größere Bedeutung.

Bild links: Etablissements an der Place Pigalle

Oben: »Clochards« am Seineufer

Sitzstreik protestierender Pariser Studenten

Hauspersonal u. a. seit 1954 entwickelt und wächst bis heute schneller als der sekundäre Bereich. Er umfaßt heute bereits 43% (gegenüber 29% im Jahre 1906) der erwerbstätigen Bevölkerung und wird weiter zunehmen.

Die »bäuerliche Mentalität« Frankreichs

Der eigentliche Typus des Franzosen hat sich vorwiegend in Paris herausgebildet als Mittel aus den aus allen Teilen des Landes Zugewanderten verschiedenen Volkstums. Zu dem überfeinerten großstädtischen Pariser steht heute in starkem Gegensatz vor allem die sehr differenzierte bäuerliche Bevölkerung der einzelnen Regionen des übrigen Landes, der lebhafte Gascogner, der schwerfälligere Auvergner, der »schlaue« Normanne, der »treuherzige« Burgunder, der verschlossene Bretone usw.

Schon im Vorhergehenden haben wir festgestellt, daß die Römer ganz Gallien eroberten. Sie haben das Land romanisiert, und auch ihre Sprache wurde bestimmend für die Sprache der Franzosen. Später kamen die Franken, die dem Land ihren Namen gaben, kamen Burgunder, Westgoten und Normannen. Aus all dem Gemisch von Völkern und Stämmen heraus ist der Franzose von heute geworden, der Franzose voll »esprit« und »intelligence«.

Die Sprache hat trotz keltischer und germanischer Einflüsse und Entlehnung insgesamt ihren romanischen Charakter bewahrt und ist viele Jahrhunderte die wichtigste Sprache der diplomatischen und gebildeten Kreise Europas gewesen. Nachdem das Eindringen der Franken die romanische Bevölkerung in die Nordfranzosen und die Südfranzosen geteilt hatte, bildeten sich auch zwei unterschiedliche Sprachzweige heraus, das Französische im Norden und das Provençalische im Süden (südlich der Loire), die einander jedoch sehr nahestanden und als verschiedene Ausdrucksformen der gleichen Sprache gelten können. Die keltische Bretagne ist nie voll romanisiert worden. Hier wird z. T. heute noch keltisch gesprochen, ebenso wie im äußersten Südwesten noch baskisch lebendig ist. In einem kleinen Teil von Flandern hört man die flämische Sprache, im Elsaß das alemannische Deutsch. Heute sprechen über 95% Franzosen die französische Sprache – inklusive aller Mundarten. Schätzungsweise 1,4 Millionen Menschen sprechen in Frankreich deutsch, vor allem in Elsaß-Lothringen, 1,2 Millionen bretonisch, 400 000 italienisch, vor allem im Departement Alpes-Maritimes und auf Korsika; rund 200 000 sprechen, besonders um Dünkirchen herum, niederländisch (flämisch), 200 000 katalanisch im Roussillon, 100 000 schließlich im Departement Basses-Pyrénées baskisch.

Insgesamt betrachtet erklärt sich das zähe Festhalten an einem Gegebenen, das überall zu beobachten ist, weitgehend aus der Bedeutung der bäuerlichen Bevölkerung im ganzen Land. Diese Tatsache ist wesentlich geworden seit der Revolution, als die großen Güter aufgeteilt wurden. Seitdem sind kleine und kleinste bäuerliche Betriebe mit Erbteilung und Erbrecht über weite Landschaften verstreut und bestimmen nicht nur die Physiognomie, sondern auch die Mentalität.

Historische Entwicklung von Volk, Siedlung und Staat

Die Grenzen, die im wesentlichen von Meeresküsten und Hochgebirgen gebildet werden, hätten eigentlich von Natur aus bereits die Entstehung eines Einheitsstaates fördern können. Dennoch ist es dazu erst verhältnismäßig spät gekommen. In der Frühzeit zeichnet sich jedoch weder ein französisches Volkstum noch das heutige Staatsgebiet ab, vielmehr verlaufen alte Kulturgrenzen Europas mitten durch den heutigen französischen Raum. Erst mit den Kelten, die zunächst auf den Britischen Inseln und in Nordfrankreich saßen, dann die Niederlande und Süddeutschland einnahmen und schließlich den größten Teil des heutigen französischen Staatsgebietes überzogen und die im Südwesten vor allem iberische, im Südosten ligurische Volkselemente überlagerten, breitete sich eine gewisse einheitliche Kultur über den gesamten Raum aus. Die Gallier, die zu den Kelten gehören und bereits im 7. Jahrhundert v. Chr. im heutigen Mittelfrankreich nachweisbar saßen, schufen auch die ersten Stadtanlagen, Fernverkehrswege, Märkte und Fluchtburgen, die noch zur Römerzeit ihre Bedeutung hatten.

Vom Mittelmeer her hatten die Griechen in Südfrankreich Fuß gefaßt und Marseille gegründet, das alte Massilia, Antibes, das griechische Antipolis, und Nicaea, das heutige Nizza. Auch die Römer kamen vom Meer her und gründeten 118 v. Chr. die Provincia Narbonensis. Sie nahmen schließlich ganz Frankreich ein, romanisierten jedoch den Norden des Landes nur vorübergehend. Im 3. Jahrhundert wurde im ganzen Gebiet des heutigen Frankreich lateinisch gesprochen. Immerhin herrschte in Gallien nun für fünfhundert Jahre die lateinische Sprache und Kultur vor, deren Einfluß jedoch so groß war, so daß die Franzosen zu den romanischen Völkern Europas zählen.

Erst die Franken, die seit 257 n. Chr. von Osten her einwanderten, gaben dem Volk und Land ihren Namen. Das Eindringen dieser Franken hat, wie wir gesehen haben, die bisher vorwiegend romanische Bevölkerung in zwei Teile geteilt, in Nordfranzosen und Südfranzosen. Der Schwerpunkt der fränkischen Einwanderung lag zunächst an Mosel, Maas und Niederrhein. Dazu gehörte auch das Land zwischen Schelde und Loire, Neustrien oder Neuland, in welchem sich die Franken mit den Einheimischen mischten. Erst seit der Wende zum zweiten Jahrtausend bildete sich eine scharfe deutsch-französische Sprachgrenze heraus. Ihr Verlauf hat sich seitdem wenig verändert.

Vor dem 9. Jahrhundert gab es in Frankreich also noch keinen Ansatz zum eigenen Staat, und noch im Mittelalter gehörten die Flußgebiete von Maas, Mosel und Rhône nicht zu Frankreich. Die Bretagne und Gascogne und die spanische Mark mit Barcelona sowie die Normandie hatten noch im 10.

Blattmaske auf einem Konsolstein, Frankreich

Votivgabe aus der Normandie

und 11. Jahrhundert ein starkes Eigenleben. Das Königtum der Kapetinger von 887 bis 1792, in Seitenlinien bis 1848, war nicht sehr stark und beherrschte nur Teile Frankreichs, das in zahlreiche Lehnsherrschaften aufgeteilt war. Unter Heinrich Plantagenet waren mehr als 50% von Frankreich mit England vereinigt und die Grenze zwischen deren Gebieten unscharf. Erst um 1300 begann der Kampf zwischen Kapetingern und Plantagenets, in dessen Folge sich eine schärfere Grenze zwischen den Ländern herauskristallieren sollte. 1258 setzten die Könige sich zum erstenmal in le Puy im Zentralmassiv fest. Der damalige Hafen von Aigues-Mortes war der Ausgangspunkt für die Kreuzzüge Ludwigs des Heiligen. 1349 kaufte Frankreich die Dauphiné in den Alpen. Die Souveränitätsrechte des deutschen Kaisers aber erloschen erst 1456. Nach 1429 zogen sich endlich die Engländer zurück; allerdings blieb Calais noch bis 1558 in ihrer Hand. Zu diesem Zeitpunkt nun wurde Paris bereits das kulturelle und politische Zentrum Frankreichs.

Im 16. und 17. Jahrhundert waren die Könige bestrebt, ihre Rechte auszudehnen. Unter dem deutschen Kaiser Karl V. erwuchs der Gegensatz Frankreich–Habsburg, der von nun an für die Folgezeit die europäische Politik beeinflußte. Damit wurde auch die Ostgrenze wieder schwankend. Im Westfälischen Frieden kamen die Bistümer Metz, Toul, Verdun, auch Cambrai, später das Elsaß und Lothringen – erstmals 1670 – in französische Hand. Zu dieser Zeit war Frankreich das dichtest besiedelte Land in Mitteleuropa und wuchs nun langsam zu einem festgefügten Einheitsstaat zusammen. Diese Konsolidierung bis zum Höhepunkt der Entwicklung in der französischen Revolution und der Zeit Napoleons brachte Frankreich auch die Vorrangstellung innerhalb der westlichen höfischen Kultur und Zivilisation ein. In diesen zweihundert Jahren wurde die französische Sprache Diplomatensprache und Sprache der gebildeten Führungsschicht in Europa. Das Habsburger Reich dagegen begann zu zerfallen. Frankreich baute jetzt im Innern seine Verwaltung aus, sein Finanzwesen, sein Heer und seine Flotte, sein Verkehrswesen, seine Kanalnetze usw. Kein Land in Europa wies damals eine gleiche oder ähnliche Entwicklung auf.

Innerhalb der französischen Geschichte des 19. und 20. Jahrhunderts wechseln zunächst republikanische und monarchistische Staatsformen mehrfach. Es kommt fünfmal zur Bildung von Republiken. Frankreich hat in seiner fast tausendjährigen Geschichte zahlreiche große Staatsmänner hervorgebracht, doch kaum einer von ihnen hat so lange Zeit eine so führende, für Frankreich und weite Teile der Welt so bedeutende Rolle gespielt wie General Charles de Gaulle. Er war für Frankreich ein Retter in tiefster Not, ein Befreier, ein Staatsmann, der in der Lage war, die Entkolonialisierung durchzuführen, die Algerienkrise ohne Bürgerkrieg zu überwinden, die Autorität des Staates und der Regierung in Frankreich wiederherzustellen, gefestigte Institutionen zu schaffen und eine Politik der internationalen Entspannung einzuleiten und das Werk der deutsch-französischen Aussöhnung zu vollbringen. De Gaulle hielt unmittelbar nach dem Krieg 1945/46 erstmals die Regierungsgeschicke Frankreichs in Händen. Doch die politische Struktur der Nationalversammlung war nicht geeignet, eine stabile Regierung zu gewährleisten. Als dann General de Gaulle erneut – auf dem Höhepunkt der Algerienkrise – gerufen wurde, um Frankreichs Schicksal in die Hand zu nehmen, war er besorgt, neue staatliche Institutionen zu schaffen. Zweifellos hat Frankreich erstmals nach dem langen Wirrwarr der häufigen Krisen mit der von de Gaulle gegründeten V. Republik stabile Regierungen aufzuweisen, die es ermöglichten, zahlreiche Reformen in Gang zu bringen.

Der hohe Rang der französischen Kultur und die reichen Kulturschätze, zu denen auch die vielfältigen Baudenkmäler gehören, werden am deutlichsten in der Konzentration von Paris, von wo alle Strahlen hinausgehen ins Land, das aber umgekehrt aus den verschiedensten Landesteilen infolge der großen Menschenströme immer neue und oft starke Impulse erhalten

Tiermotiv des Bildteppichs von Bayeux, Frankreich

hat und noch erhält. In der Metropole sind nicht nur die weltberühmten Schulen, u. a. die bedeutendste Universität des Landes, die Sorbonne, zu finden, sondern alle Kulturschätze der Nation sind in einzigartiger Weise zusammengetragen. Als es nach der Revolution 1789 zur Gründung von großen Museen kam, bildeten bald die konfiszierten Kunstschätze der Feudalherren und auch der Kirche den Grundstock der heute so hervorragenden weltberühmten Sammlungen in den großen Kunststätten und Galerien von Paris.

Landwirtschaftsgebiete und Hauptprobleme der Land- und Forstwirtschaft

Frankreich ist länger als andere große europäische Länder ein Agrarstaat geblieben. Seine unterschiedlichen Böden und Klimate, die Vielfalt seiner Anbaumöglichkeiten erforderten für ein einheitlich gesteuertes Wirtschaftsgebiet planvolles Vorgehen. So hat man aus Gründen der Rentabilität bestimmte Kulturen von Obst, Wein, Oliven, Gemüse beispielsweise in bestimmten Anbaugebieten konzentriert, um die Produktion rationeller zu gestalten. Doch steht solchen Bemühungen im-

Oben: Der Pont du Gard, römischer Aquädukt bei Nîmes   Unten: Steinsetzungen bei Carnac (Bretagne)

Zeugen französischer Geschichte

Rechts: Blick auf das Südportal der Kathedrale von Chartres

Turm und Triumphbogen aus römischer Zeit bei Saint-Rémy (Provence)

Mitte rechts: Aus dem Bildteppich von Bayeux (Normandie)

Eindrucksvolle Denkmäler geben Aufschluß über Frankreichs wechselvolle Geschichte. Aus vorgeschichtlicher Zeit sind neben den Höhlenmalereien altsteinzeitlicher Siedler im südlichen Frankreich jene bis heute rätselhaften Steinsetzungen überkommen, die die keltische Urbevölkerung vor allem in der Bretagne hinterließ. Nach der Eroberung Galliens durch Caesar entstanden überall im Lande römische Kolonialbauten: Triumphbogen, Aquädukte, Amphitheater. Erst nach 1670 wuchs Frankreich, das damals dichtestbesiedelte Land Europas, zu einem Einheitsstaat zusammen. Der Bildteppich von Bayeux erzählt die Geschichte der Unterwerfung Englands (1066) durch die Normannen Wilhelms des Eroberers. Zeugnis von der Hochblüte mittelalterlicher Kultur und Kunst in Frankreich legen die romanischen und gotischen Kathedralen ab, zu deren schönsten jene von Chartres zählt.

mer wieder die Tatsache entgegen, daß in weiten Bereichen kleine und kleinste landwirtschaftliche Betriebe vorherrschen und die Rentabilität in Frage stellen. So lassen sich zunächst einmal acht landwirtschaftliche Gebiete unterscheiden, die in ihren natürlichen Bedingungen und ihrer Produktivität sehr unterschiedlich gestaltet sind.

Die nördlichen Landstriche zwischen Loire und belgischer Grenze bilden bereits seit dem 18. Jahrhundert Frankreichs Hauptanbaugebiete für Getreide und Zuckerrübe und gehören zu den fruchtbarsten Bereichen des ganzen Landes. Hier werden heute allein auf 15% der gesamten Nutzfläche des Landes, auf der 19% der Bevölkerung leben, 41% des Weizens, 43% des Hafers, 92% der Zuckerrüben Frankreichs produziert. Ferner stammen aus diesem Gebiet 21% aller Milch- und 36% aller Fleischproduktion. Seit geraumer Zeit wird hier auch Mais angepflanzt, so daß sich sogar dessen Anbau hier konzentriert und das Schwergewicht nicht mehr im Südwesten hat, wenn auch dort die besten klimatischen Bedingungen dafür gegeben sind. Kartoffel- und Rübenanbau gehen allerdings neuerdings in dieser Region zurück. Die Bevölkerungsdichte liegt hier insgesamt weit über Landesdurchschnitt. In der Wirtschaft herrschen die größeren Pachtbetriebe vor.

Im Westen Frankreichs liegt eine ebenso hoch entwickelte landwirtschaftliche Region. Hier handelt es sich um ein Viehzuchtgebiet und um ein Gebiet mit vorwiegend Futteranbau. Diese Region, die die westliche Normandie, die Bretagne, die Vendée und das Gebiet bis südlich an den Rand des Zentralmassivs umfaßt und auch den Südrand des Pariser Beckens und den Nordrand des Zentralmassivs nach Osten hin bis zur Allier einbezieht, deckt den gesamten Futterrüben- und Zwischenfutterbedarf Frankreichs. Daneben werden auch Getreide und Kartoffeln produziert. Wesentlich ist ferner, daß diese westlichen Gebiete 40% des Butterbedarfs für das gesamte Land decken. Der Anteil an Ackerland ist hier noch verhältnismäßig hoch, allerdings in Gebieten wie beispielsweise der Normandie überwiegt das Grünland. Die »Landes« oder »Bruyères« dagegen, die einstigen Ginsterheiden, sind fast aufgeforstet.

Gerade das Flurbild dieser weiten Landschaften im Westen wird charakterisiert durch ein dichtes Heckennetz, das für weite Gebiete des gesamten Frankreichs bemerkenswert ist im Gegensatz zu den nördlichen Regionen der »grande culture« und der Plateaulandschaft in Lothringen. Allerdings sind auch Inseln offener Landschaften, die »champagnes«, wie sie sich im Nordosten finden, in diese sogenannten Bocage-Landschaften eingestreut. Die Hecken, teils auch durch Mauern ersetzt, sind nachweislich bereits in vorgeschichtlicher Zeit vorhanden gewesen und sollten die Ackerstücke begrenzen. In diesen westlichen Agrargebieten liegen auch Bereiche mit Spezialkulturen von Wein, Obst, Tabak u. a. entlang klimatisch besonders begünstigter Küstensäume und auch im Loiretal. Ferner werden vor allem in der Bretagne Tomaten, Artischocken, Kohlarten u. ä. angebaut. Samenzüchtereien liegen um Roscoff, an der Küste der Cornouaille und um Nantes südlich bis in die Gegend der Insel Oléron. Hier herrscht überall der kleine und kleinste Landwirtschaftsbetrieb vor. Die Bevölkerungsdichte liegt hier z.T. erheblich unter dem Landesdurchschnitt.

Nach Osten hin schließen sich an diese Bocage-Landschaften die Plateaulandschaften des Nordostens an, die von der Touraine bis zu den Vogesen reichen. Hier haben sich auf den weniger günstigen Böden – es fehlt die fruchtbare Lehmdecke, die im Norden und Nordosten vorhanden ist – Waldreserven erhalten, die meist in Staatsbesitz sind. Sie werden vorwiegend mit Niederwald bewirtschaftet. In neuerer Zeit allerdings wird hier hauptsächlich mit Nadelhölzern aufgeforstet, wodurch die Qualität der Wälder verringert wird. Der Getreideanbau ist in diesen Gebieten weitgehend konservativ. Hier liegen allein 33% aller Brachflächen Frankreichs. Die Bevölkerungsdichte entspricht dem Durchschnitt der übrigen Agrarlandschaften.

Die Gebiete des Oberrheingrabens, der Rhône-Saône-Senke, der Täler von Loire und Allier im Zentralmassiv, zudem der kleine Anteil Frankreichs am Schweizer Mittelland südlich des Genfer Sees stellen einen Bereich mit hoher Bevölkerungsdichte dar. Hier verlaufen die Hauptbahnlinien und Fernverkehrsstraßen in den Tälern, und Industrie und Gewerbe sind hoch entwickelt. Kleinere Kohlevorkommen liegen hier, und die Wasserkraft wird immer stärker genutzt. Bei günstigem Beckenklima und vor allem an der Côte d'Or, an der Loire und im Elsaß gedeihen Wein, Mais und Hackfrüchte. Da hier allenthalben Arbeitskräfte fehlen, wird in zunehmendem Maße die Grünlandwirtschaft bevorzugt. Im Rhônetal mit schon mediterranem Klima sind anstelle der alten Maulbeerbaumzucht intensiver Obstbau, Tabakanbau, Nußbaumpflanzungen, Zuckerrüben, Blumen- und Tomatenpflanzungen getreten. Alle diese Kulturen sind fast nur bei Bewässerung möglich.

Camargue, Saintes-Maries-de-la-Mer · Stierherde in einem der vielen Sumpfgebiete der Camargue. Stier- und Pferdezucht spielen neben Reisanbau die Hauptrolle.

Das mediterrane Landwirtschaftsgebiet reicht bis zur Südabdachung des Zentralmassivs und der Alpen. In diesem Bereich wird vor allem Schafzucht betrieben. Daneben kultiviert man Getreide, Wein, Ölbaum, wenn ausreichende Bewässerungsmöglichkeiten vorhanden sind. Um die hier spärlichen Niederschläge auszunutzen, ist das Fruchtfolgesystem zweijährig. In diesem gesamten Gebiet gab es in den letzten hundert Jahren besonders große Bevölkerungsverluste durch Abwanderung. Sie betrugen bis über 50%. Infolgedessen gibt es hier zahlreiche fremde Arbeiter aus Spanien und Italien. In der Languedoc wird Weinbau in ebenen Lagen kultiviert. Mit Hilfe von Bewässerungsanlagen, die von den Rhône-Stauwerken aus gespeist werden, wurden Obst-, Gemüse- und Blumenkulturen, in der Camargue und im Roussillon auch die Grundlagen für den Reisanbau geschaffen.

Das Pyrenäenvorland stellt das aquitanische Becken dar, das von der Garonne durchflossen wird. Hier herrscht der landwirtschaftliche Kleinstbetrieb als Eigentum vor. Neben Viehzucht spielen Weinbau, Obst-, Mais- und Futterbau eine große Rolle. Die Erträge sind allerdings nicht so bedeutend wie beispielsweise im Norden Frankreichs. Hier liegen auch die mit Nadelhölzern aufgeforsteten »Landes«, die im 19. Jahrhundert noch weite Ödlandflächen mit Heide und Ginster darstellten. In diesen Wäldern, die durch Brand und Schädlinge ständig gefährdet sind, gibt es kaum Siedlungen. Man erhofft für dieses wirtschaftlich sehr rückständige Gebiet durch die Nutzung der Erdgasvorkommen einen Aufschwung.

Die Höhengebiete des Zentralmassivs haben ein sehr ungünstiges Klima mit feuchten Wintern und ausgetrockneten Böden im Sommer. Hier liegen ausgedehnte Wildweideflächen, die vor allem im Hochlimousin noch 60% der gesamten Nutzfläche ausmachen und die der Schafzucht dienen. Neben Herstellung von besonderen Käsesorten – aus diesem Bereich kommt z. B. der weltberühmte Roquefort – wird Roggen angebaut. Die Bevölkerung in diesen weltabgeschiedenen Gebieten lebt äußerst kärglich. Hier gibt es noch Ortschaften, die nicht an ein Stromnetz angeschlossen sind. Aufgrund der Wollgewinnung entstanden Textilbetriebe. Schließlich werden hier auch Seidenbänder hergestellt. Es handelt sich insgesamt jedoch um ein wahres Notstandsgebiet, aus dem vor allem die jüngere Bevölkerung ständig abwandert.

In den Waldgebirgen Frankreichs, die ebenso spät besiedelt worden sind wie die übrigen Waldgebirge Europas, lebt die Bevölkerung vorwiegend von Viehwirtschaft, Holzwirtschaft, Wasserkraftnutzung und Abbau von Lagerstätten. Im Jura sind Spezialindustrien angesiedelt, z. B. Füllfederhalterfabrikation und Preßstoffindustrien. In den Alpen, aus denen die Bevölkerung stark abwandert, hat sich unter Ausnutzung der Wasserkraft etwas Industrie entwickelt. Daneben aber bietet der Fremdenverkehr, der sich z. T. ganzjährig entwickelt hat, ständig mehr und ausreichendere Existenzmöglichkeiten. In den höheren Lagen wird die Almwirtschaft betrieben. In den Tälern, in denen trockene Sommer vorherrschen, konnten sogar Spezialkulturen auf Mais und Wein entstehen. In den Pyrenäen gelten ähnliche Bedingungen (Klima und Vegetation) wie in den Alpen.

Das Problem der französischen Landwirtschaft liegt darin, daß in den meisten Agrarlandschaften ein Mangel an Arbeitskräften und Kapital herrscht und damit die brachliegenden Flächen – selbst bester Böden – über 20% der gesamten Ackerfläche betragen. Seit 1938 sind die Ödländereien und Hutungen auf 6,5 Millionen ha angestiegen, das ist fast ein Drittel des gesamten Ackerlandes Frankreichs. Die günstigen landwirtschaftlichen Gegebenheiten können also längst nicht überall optimal ausgeschöpft werden. Dazu kommt noch die ungeheure Zersplitterung der Parzellen. Es sind schließlich 56% aller Betriebe in der französischen Landwirtschaft Klein- und Kleinstbetriebe mit höchstens 10 ha Land. Diese kleinen Betriebe bewirtschaften allein 27% der gesamten französischen Betriebsfläche. Sie liegen weitgehend im Westen und Süden des Landes, wo der Eigenbesitz mit kleinsten Flächen vorherrscht, während in den ertragreicheren Gebieten Frankreichs größere Pachtbetriebe eine immer wesentlichere Rolle spielen. Auch um die Pariser Region herum entstehen immer mehr große Pachtbetriebe, die den Ballungsraum beliefern; die meisten sind modern eingerichtet, und ihre Wirtschaftsgebäude bestimmen bereits das Landschaftsbild. In diesem Zusammenhang ist das reiche Gebiet der Beauce zu nennen, wo Großbetriebe mit 80 und 100 ha bis ins Cambrésis hinein überwiegen. Der Staat möchte laut Plan erreichen, daß die Betriebsgrößen etwa 20 bis

Normandie, Cotentin · Heckenlandschaft (Bocage) im Westen der Normandie. Die Felder und Weiden sind durch Hecken eingefriedigt.

50 ha betragen. Vor allem sollen zunächst entsprechende Maßnahmen in den wirtschaftlichen Notstandsgebieten getroffen werden, zu denen in erster Linie die Bretagne, die Auvergne, die Causses und die Cevennen gehören, die man zu »zones d'action rurales« erklärt hat. Hier beginnt man damit, die Parzelleneinteilung durch Umlegung günstiger zu gestalten. Ferner sind größere Meliorationsprojekte im Languedoc, in der Provence, in den »Landes«, den Marschen der Westküste, auf Korsika sowie auch in den durch die Landflucht veröedeten Gebieten Ostfrankreichs in Angriff genommen. Doch vielfach fehlt es der bäuerlichen Bevölkerung zunächst an Kapital, oft aber auch an Initiative und der Bereitschaft, die natürlichen Gegebenheiten zu verbessern.

Seit geraumer Weile ist man bemüht, die gesamte Landwirtschaft zu modernisieren und neu zu organisieren. Die Nutzung der Wirtschaftsfläche hat sich seit der Mitte des 19. Jahrhunderts erheblich verändert, und zwar ist die Ackerfläche von 25 auf etwa 19 Millionen ha zurückgegangen, die Produktion aber hat zugenommen, während die Wiesen- und Weideflächen von fast 8 Millionen auf gut 13 Millionen ha angestiegen sind. Auch die Waldfläche hat sich von 8 Millionen auf gut 11 Millionen ha vergrößert. Dabei ist allerdings die Qualität des Waldes durch Fichtenmonokulturen herabgemindert. Die Weinbaufläche ist von 2 auf 1,4 Millionen ha zurückgegangen. Zusammenfassend sollen nach dem Plan an Sanierungsarbeiten und Maßnahmen durchgeführt werden: Flurbereinigung, Vergrößerung der Betriebe, Gewährung von Investitionskrediten, Umschulungen, Förderung der Binnenwanderung von Landwirten auf lebensfähige Höfe in günstigeren Gebieten, Betriebszusammenlegung usw.

Die französische Forstwirtschaft, deren Areal etwa 22% der Landesfläche umfaßt, untersteht seit 1964 einer nationalen Forstbehörde in Paris. Die Privatwälder werden von achtzehn Regionalzentren dieser Behörde, die auch Wiederaufforstungen betreibt, beaufsichtigt. In den letzten hundert Jahren ist in Frankreich zu viel Holz als Brennmaterial für Industrie und Wohnungen geschlagen worden. Vor allem leiden die Privatwälder bei einem solchen Einschlag erheblich. Im Umkreis von 20 km rund um Paris sind in dieser Zeit etwa 15 000 ha Wald verlorengegangen.

Hauptgebiete der Viehwirtschaft sind die Normandie, der Westen, die Höhengebiete des Zentralmassivs und die alpinen Gebirge. Frankreich ist der größte Fleischproduzent Europas und liefert 40% des Rinderbedarfs und 60% des Kälberbedarfs der (kontinentalen) EWG. Der Eigenverbrauch ist hoch. Die Norm-Familie in Frankreich gibt 25% aller Ausgaben für Fleisch aus. Bei Milcherzeugnissen ist die Produktion um 12% höher als der Eigenbedarf. Die Erträge der Viehzucht machen über 50% der Gesamteinnahmen der Landwirtschaft aus.

Die Fischereiwirtschaft Frankreichs hat ihre Hauptstandorte vor allem in den langen Küstenbereichen an der Nordsee und am Atlantik. Mit Ausnahme von Saint-Malo liegen die bedeutendsten und zahlreichsten Fischereihäfen an der Südküste der Bretagne und damit an der Westküste Frankreichs. Von Bedeutung ist hier die Sardinenfischerei; dazu kommen Thunfisch- Makrelen- und auch Heringsfang. 1970 betrugen die Fänge 775 200 t, einschließlich Muscheln, Austern und Krustazeen, die in der Ernährung des Landes eine große Rolle spielen und auch exportiert werden. Ein Drittel der gesamten Austernproduktion geht nach Paris. Die größten europäischen Kunden sind England, Deutschland, Belgien und die Schweiz.

Vom Agrarstaat zum Industriestaat

Die größten Industrie- und Bevölkerungskonzentrationen weisen neben Paris die Ballungsgebiete um Lille, Diedenhofen, Straßburg, Lyon, Saint-Etienne und Grenoble im Osten sowie Marseille im Süden auf. Die wichtigsten und ältesten Konzentrationen finden sich in der Nähe von Kohlen- und Eisenerzlagern. Bei Beginn der Industrialisierung lagen hier auch die entscheidenden Standorte für den Aufbau einer Schwerindustrie und Konsumgüterfabrikation. Das bedeutendste Revier des staatlichen Kohlenbergbaus liegt im Norden Frankreichs und stellt die Fortsetzung des Ruhrkohlenreviers und des belgischen Reviers von Charleroi und Mons dar. Es zieht sich hin über Valenciennes bis an den Pas-de-Calais in die Gegend von Béthune. Hier werden allein 50% der Gesamtproduktion gefördert, während 25% in Lothringen und weitere 25% in kleineren Revieren, vorwiegend bei Saint-Etienne, bei Alès, bei Décize und bei Montceau-les-Mines, gefördert werden. Langsam sind diese Reviere erschöpft, so daß andere Industrien, vor allem die Chemische, besonders Kunststoffindustrie, hierher gezogen werden. Von der gesamten Eisenerzförderung entfallen allein auf Lothringen 94%, der Rest vor allem auf die Normandie. In Lothringen, im Bezirk von Briey–Longwy und Nancy werden die »Minette«, d. h. Dogger-Erze, abgebaut. Die Bedeutung der Kohle geht seit der Gewinnung elektrischer Energie aus Wasserkraft immer mehr zurück. Sie wird heute in zunehmendem Maße durch Erdöl und Erdgas ersetzt. In den Seehäfen, insbesondere um Dünkirchen, entstanden aufgrund der Einfuhr amerikanischer Kohle, die billiger ist als einheimische, moderne Industriebetriebe. Blei und Zink werden im Zentralmassiv und in den Pyrenäen gewonnen, haben aber keine größere Konzentration verursacht, desgleichen das Uranerz im Zentralmassiv und südlich der Loire. Doch ist Frankreichs Bauxitvorkommen nach der Sowjetunion das größte Europas. Der bedeutendste Abbau dieses Minerals geschieht in der Provence und im Languedoc. Erdöl wird in geringeren Mengen in Parentis-en-Born und im Pariser Becken bei Coulommes gefördert, während Erdgas im Gebiet um Lacq im Pyrenäenvorland genutzt wird. Die Industriereviere in Nordfrankreich knüpfen an die alten Zentren des Textilgewerbes in Flandern an, wo diese bereits eine hohe Bevölkerungsdichte begünstigt hatten.

Der französische Wirtschaftsplan sieht heute vor, daß bestimmte Wirtschafts- und Industriezweige in bestimmten Städten oder Gebieten konzentriert auftreten. So sind die modernsten Stahlwerke, in denen über 65% der Gesamtproduktion hervorgebracht werden, in Lothringen situiert, die größten Textilwerke – Textilindustrie ist einer der ältesten Industriezweige Frankreichs überhaupt – haben ihre Standorte für Leinen und Wolle im Norden, für Baumwolle im Elsaß und für Seide und Kunstfaser im Raum von Lyon. Die Schwerpunkte für Kohle liegen nach wie vor im Departement Nord und Pas-de-Calais, wo 50%, und Lothringen, wo 25% produziert werden. Der Schwerpunkt für Öl- und Erdgasgewinnung liegt im aquitanischen Becken. Erdölleitungen verbinden heute Marseille mit Straßburg und darüber hinaus mit Karlsruhe, und Parentis mit Bordeaux, le Havre mit Paris. Erdgas wird nun

---

Frankreich
(République Française)

Präsidialrepublik mit Zweikammerparlament, allgemeinem Wahlrecht und Wehrpflicht. Hauptstadt Paris. 13 Mill. Ew., als Agglomeration 9 Mill. Ew.

Fläche: 543 998 qkm (mit Korsika, aber ohne »Überseedepartements«) – **Einwohnerzahl:** Fast 52 Mill. (davon 75–80% städtische Bevölkerung) – **Bevölkerungsdichte:** 95 Ew./qkm – **Jährlicher Geburtenüberschuß:** 6,4‰ – **Bevölkerung:** Franzosen (davon 1,2 [nach anderen Angaben 3] Mill. mit bretonischer, 1,4 Mill. mit deutscher, etwa 400 000 mit italienischer, 200 000 mit katalanischer, 200 000 mit niederländischer, über 100 000 mit baskischer Muttersprache) rund 3,5 Mill. Ausländer (u. a. Spanier, Portugiesen, Italiener, Polen und Algerier) – **Sprache:** Französisch – **Religion:** Römisch-katholisch; verbreiteter Laizismus: 900 000 Protestanten, 520 000 Juden, 180 000 Angehörige der Armenischen Kirche – **Wichtige Ausfuhrgüter:** Maschinen und Fahrzeuge (etwa 30% des Exportwertes), Eisen und Stahl (6,7%), chemische Produkte, Textilien, Getreide, Obst, Gemüse, Wein, Parfümerien.

bereits durch ein Rohrnetz von 1500 km Länge vorwiegend in den Raum von Nantes, Dijon und vor allem von Paris und Lyon, Saint-Etienne, le Peage geleitet. Schwerpunkt der elektrischen Energieerzeugung ist das Rheingebiet, das Gebiet der Rhône und der Durance. Geplant sind Gezeitenkraftwerke an der Nordseeküste, von denen das erste in der Bucht von Saint-Michel bei Saint-Malo in der Rance-Mündung bereits in Betrieb ist. Heute stammen 11% des Energieverbrauchs aus Wasserkraft. Weil das jedoch nicht ausreicht, soll nun die Kernenergie genutzt werden.

Frankreichs Entwicklung zum Industriestaat ist noch längst nicht abgeschlossen. 1936 waren 37% der tätigen Bevölkerung in der Landwirtschaft beschäftigt, 1965 nur 17,5%. Im Vergleich zur Bundesrepublik Deutschland, wo zu gleicher Zeit 10% der tätigen Bevölkerung in der Landwirtschaft arbeiteten, war dieser Prozentsatz noch immer relativ hoch. Frankreich ist durch seine natürlichen Gegebenheiten nicht direkt zum Industriestaat prädestiniert. Außer Eisenerz (10% der Weltproduktion), Bauxit (9%) und Pottasche (20%) fehlen fast alle Rohstoffe. Auch die überseeischen Besitzungen haben diesen Mangel seinerzeit nicht ausgleichen können. Ohne Kohle und Elektrizität können auch die vorhandenen Rohstoffe nicht weiterverarbeitet werden. So leidet Frankreich seit langem an einem erheblichen Mangel an natürlichen Energiequellen. Die großen europäischen Kohlelager, die sich vom Ruhrgebiet über das Aachener Revier, das Saargebiet, Belgien bis nach England erstrecken, erreichen Frankreich nur im Norden mit ihren Ausläufern. Ölvorkommen hat Frankreich ebenfalls nur in geringfügigem Ausmaße. In neuester Zeit nutzt man verstärkt die Erdgasvorkommen in Lacq, die Wasserkraft im Zentralmassiv, in den Alpen und den Pyrenäen und vor allem eben die Atomenergie in Saclay, Marcoule usw. Durch alle diese Maßnahmen kann Frankreich seinen Energiebedarf für die moderne Industrie eben gerade decken. Trotzdem müssen weiterhin jährlich etwa 40% der benötigten Energie eingeführt werden. Damit besteht für Frankreich heute ein erhebliches Mißverhältnis zwischen dem Grad seiner Industrialisierung und seinen Energiereserven. Zu diesen natürlichen Nachteilen kommen auch noch strukturelle hinzu. Frankreich hatte nach Kriegsende zunächst die Versäumnisse der Jahre 1919–1938 nachzuholen. Es hatte nicht nur eine veraltete Ausrüstung zu erneuern, sondern es mußten auch vor allem häufig fest verankerte und althergebrachte Privilegien, eine gewisse Unbeweglichkeit, ja sogar teilweise Fortschrittfeindlichkeit überwunden werden.

Trotz der zahlreichen Schwierigkeiten ist jedoch die industrielle Produktion in den letzten Jahren verhältnismäßig schnell gestiegen. Der wachsende Energiebedarf vor allem in der Chemischen Industrie, der Elektroindustrie und der Automobilproduktion erweist sich dabei als erheblich. Der industrielle Bereich einschließlich der Energieerzeugung und Bauwirtschaft ist heute bereits mit 49% an der Erstellung des Bruttoinlandproduktes beteiligt. Die Vergleichszahlen betragen für die Bundesrepublik Deutschland 54%, für Großbritannien 48% und für Italien 44%.

Seit der Währungsreform 1958 hat sich auch der Außenhandel Frankreichs günstig entwickelt. 1972 betrug die Einfuhr 134,9 Milliarden Francs, die Ausfuhr 131,4 Milliarden Francs. Seit 1962 war die Handelsbilanz fast ständig passiv. Noch 1950 betrug der Anteil des Handels mit den Entwicklungsländern 50% des Gesamthandels. Er ging aber infolge der Entkolonialisierung endgültig immer mehr zurück. Hauptausfuhrgüter sind derzeit Maschinen und Kraftfahrzeuge, Lokomotiven, Textilerzeugnisse sowie Getreide, Wein, Obst und Gemüse. Eingeführt werden vor allem Erdöl, Textilrohstoffe und Maschinen. 1972 überrundete Frankreich erstmals Großbritannien als Exportland; es wetteifert mit diesem um den dritten Platz im Welthandelsrang.

Frankreichs 40 größte Städte

Die 40 größten französischen Städte haben durchweg mehr – z.T. weit mehr – als 100000 Ew. und können mithin als »Großstädte« gelten. Nach wie vor beherrschend ist die Stellung der Hauptstadt, die zusammen mit ihren Vororten rund ein Sechstel von Frankreichs Bevölkerung beherbergt (Angaben nach einem Informationsblatt der französischen Botschaft, Zählung 1968; meistens Agglomerationen).

	Einwohner (in 1000)	Zunahme 1962–1968 (in %)
Paris (mit Vororten)	8182	8
Lyon	1083	15
Marseille	964	15
Lille-Roubaix-Tourcoing	881	7
Bordeaux	555	11
Toulouse	440	20
Nantes	394	13
(Nice) Nizza	393	13
Rouen	370	13
Toulon	340	18
Straßburg (Strasbourg)	335	10
Grenoble	332	27
Saint-Etienne	331	5
Lens	327	0,5
Nancy	258	11
Le Havre	247	9
Valenciennes	229	6
Cannes	213	25
Douai	205	6
Clermont-Ferrand	205	19
Tours	202	23
Mülhausen (Mulhouse)	199	10
Rennes	193	20
Dijon	184	18
Montpellier	171	38
Brest	169	13
Reims	168	17
Orléans	167	14
Metz	166	10,7
Le Mans	166	14
Angers	163	13
Caen	152	26
Limoges	148	14
Béthune	145	1
Dünkirchen (Dunkerque)	143	13
Avignon	139	20
Amiens	136	13
Thionville	136	8
Hagondange-Briey	134	7
Denain	127	2

Paris als Brennpunkt des politischen, kulturellen, wirtschaftlichen und gesellschaftlichen Lebens

Noch vor zehn Jahren konnte man in bezug auf den Fremdenverkehr davon sprechen, daß Frankreich »noch entdeckt werden« müsse. Nur wenige Departements zogen zunächst überhaupt den Fremdenstrom an. Heute ist Frankreich als

Reiseland nicht nur wegen seines Anziehungspunktes Paris gefragt, sondern auch als »Land der vier Jahreszeiten«, da es für jede Jahreszeit ein Gebiet darbieten kann, das in klimatischer Hinsicht jeweils äußerst günstig ist.

Allgemeine Hauptgebiete des Fremdenverkehrs sind Paris, die Riviera (eine »zweite Riviera« wird ausgebaut, s. Grafik S. 173), die Seebäder der Normandie, der Bretagne und der Côte d'Argent, ferner auch die zahlreichen Heilbäder Frankreichs, die z.T. schon zur Römerzeit bekannt waren. Landschaftlich anziehend sind auch stets das Loiretal, Burgund und natürlich die großartigen Wintersportplätze in den französischen Alpen, die eine besondere Attraktion darstellen. Aber auch die Wintersportzentren in der nördlichen Hälfte der Pyrenäen, im Zentralmassiv, im Jura, in den Vogesen und in den Bergen Korsikas werden viel besucht.

In Frankreich besteht ein dichtes und gut ausgebautes Straßennetz mit einer Länge von 650 000 km (im Jahre 1970). Die französischen Straßen, die vielfach noch den alten römischen Straßen und den napoleonischen Heerstraßen folgen, werden oft von Pappelreihen gesäumt. Das ganze Straßennetz wie der gesamte Verkehr sind auf Paris ausgerichtet. Der öffentliche Omnibuslinienverkehr ist ausgedehnt entwickelt. Dagegen ist der Bau von Autobahnen verhältnismäßig spät in Angriff genommen worden. Bis 1966 hatte man erst 600 km Autobahn gebaut, bis 1971 waren weitere 938 km fertig. Von entscheidender Bedeutung wäre z.B. der Ausbau einer Autobahnstrecke Paris–Saarbrücken–Mannheim–Prag, eine Straße, der besondere Bedeutung für die Verbindung zwischen West- und Mitteleuropa zukommen würde.

Die Entwicklung des Eisenbahnwesens begann bereits 1825. Die Länge der Eisenbahnstrecken betrug 1970 rund 36 530 km, wovon 9360 km elektrifiziert waren. Die elektrifizierten Strecken Paris–Lille, Paris–Straßburg, Paris–Marseille, Paris–Rennes und le Havre sowie Marseille–Ventimiglia bewältigen allein 70% des gesamten Bahnverkehrs. Eine wesentliche Leistungssteigerung wurde durch erhöhte Fahrgeschwindigkeit und durch Rationalisierungsbestrebungen auch auf den nicht elektrifizierten Bahnen erzielt.

Frankreichs Binnenschiffahrt war bereits im Mittelalter auf einer Reihe von Flüssen sehr rege, und schon im 17. Jahrhundert begann der Ausbau der Kanäle, von denen heute 4600 km zusätzlich zu den 3200 km als schiffbar klassifizierten Flüssen und Strömen kommen. Allerdings ist eine Schiffahrt mit größeren Schiffen nur noch auf Seine und Rhein und den Kanälen der drei nordöstlichen Departements und ihren Verbindungen nach Belgien und den Niederlanden möglich. Beim Ausbau von Rhein und Rhône mit Staustufen und Elektrizitätswerken sind zwar auch für die Schiffahrt große Schleusen gebaut, doch hat die Energiegewinnung und bei der Rhône auch die Wasserbereitstellung für große Bewässerungsprojekte gegenüber dem Verkehr den Vorrang. Eines der größten Kanalisierungsprojekte war der Moselausbau, von dem nach mehrjährigem Bestehen der »internationalen Mosel« festgestellt werden kann, daß dieser Ausbau den Anliegern, vor allem der lothringischen Wirtschaft, echte Vorteile gebracht hat. Die größten Binnenhäfen sind Straßburg, Paris mit rund 80 Teilhafenanlagen und Rouen. 1950 wurden 35,8 Millionen t und 1966 bereits 89,8 Millionen t auf den Binnenwasserstraßen Frankreichs befördert. Die wichtigsten Seehäfen des Landes sind Marseille–Fos, le Havre–Rouen, Bordeaux, Nantes und Dünkirchen. Mit seiner Handelsflotte von 7,5 Millionen BRT stand Frankreich (1972) an zehnter Stelle der Welthandelsflotte.

Frankreich verfügt über zwei internationale Flughäfen in Paris-Orly und le Bourget und nimmt damit auch eine bedeutende Position für Europa ein. Orly soll weiter ausgebaut werden, während le Bourget 1975 außer Betrieb gesetzt werden soll. Dafür aber entsteht bereits seit ein paar Jahren am Nordrand von Paris ein neuer ausgedehnter moderner Flughafen.

In Frankreich leben heute etwa zwei Fünftel der gesamten Bevölkerung des Landes, das sind 20 Millionen Menschen, in vierzig Städten mit über 125 000 Einwohnern, von denen Paris mit seiner Bannmeile allein 9 Millionen, Lyon und Marseille jetzt je 1 Million beherbergt. Die Bevölkerungszunahme dieser vierzig Städte betrug im Zeitraum 1962–1968 über 2 Millionen Einwohner, das macht etwa zwei Drittel des gesamten Anstiegs der Bevölkerungszahl Frankreichs im genannten Zeitraum aus. Die Konzentration in den Städten hält weiterhin an. Die durchschnittliche Zunahme der Einwohnerzahl der vierzig Städte betrug zwischen 1962 und 1968 etwa 11%.

Es kann kein Zweifel daran sein, daß auch in den nächsten Jahren die Landflucht anhalten wird. Schätzungsweise wird bis 1980 die Zahl der Großstädte mit über 100 000 Einwohnern von vierzig auf sechzig ansteigen. Die Zahl der neuen Städte, mit deren Bau in Frankreich verhältnismäßig spät begonnen worden ist, beträgt gegenwärtig etwa 25. Ein großes Problem der Planung besteht darin, die überalterten Städte mit ihren engen, gewundenen Straßen und niedrigen Häusern, mit z.T. unzureichender Kanalisation dem technischen und neuzeitlichen Fortschritt anzupassen. Die Gemeinden können das nur zu einem geringen Teil aus eigenen Mitteln schaffen. Als Gegenpole zu Paris hat man sogenannte »Ausgleichsmetropolen« (»métropoles d'équilibre«) bestimmt, die weiterentwickelt werden sollen. Dazu gehören: Lyon-Saint-Etienne, Marseille-Aix, Bordeaux, Lille-Roubaix-Tourcoing, Toulouse, Straßburg, Nantes-Saint-Nazaire, Nancy-Metz-Thionville. Groß-Paris umfaßt allein 327 Gemeinden, das macht etwa 2% der Fläche Frankreichs aus, auf der 20% der Gesamtbevölkerung des Landes leben. Täglich fahren mehr als eine Million Pendler nach Paris zur Arbeit.

Paris als Landeshauptstadt Frankreichs ist zugleich die beherrschende Metropole für das gesamte gesellschaftliche Leben im Lande. Seine einzigartige Lage an der Seine dort, wo der Fluß in großen Mäandern ein Becken durchfließt, von den hellen Kalkwänden der umliegenden Höhen umgeben, auf deren Plateaus sich weite Wälder oder fruchtbare Ackerländereien dehnen, sichert ihm die Bewunderung der ganzen Welt. Den Kern der entstehenden Stadt bildete die Insel der Cité in der Seine. Das französische Königtum machte Paris zum Mittelpunkt der Macht und des Glanzes von ganz Frankreich. Bei dem starken Wachstum der Stadt mußten die Befestigungen immer weiter hinausgeschoben werden. Seit Ludwig XIV. sind anstelle der alten Bollwerke die breiten Boulevards entstanden. Die Stadt selbst setzt sich aus individuell charakterisierten Stadtteilen zusammen, neben den Geschäftsvierteln, den Künstlerquartieren, dem Quartier Latin, den Vorstädten (faubourgs) für das Handwerk oder für Vergnügungen und den luxuriösen Wohnvierteln, gibt es hier die zahlreichen Paläste und Museen, die Parks, Gärten und Friedhöfe und schließlich die großartige Kathedrale Notre-Dame. Auf engem Raum leben im Kern der Stadt heute etwa 3 Millionen Menschen auf einer Fläche von 1100 qkm, in der Bannmeile das Dreifache. Begünstigt durch die ungebrochene Tradition eines politischen, administrativen und kulturellen Zentralismus, angezogen durch das wirtschaftliche Potential dieser Menschenansammlung, drängen immer mehr Menschen und Firmen nach Paris. Hier in Paris herrscht die moderne Gesellschaft in allen Phasen und Äußerungen. Alle Bereiche dieses städtischen Lebens sind dort konzentriert. In keinem anderen Land Europas findet man eine so

Der tägliche Reiseverkehr in Frankreich

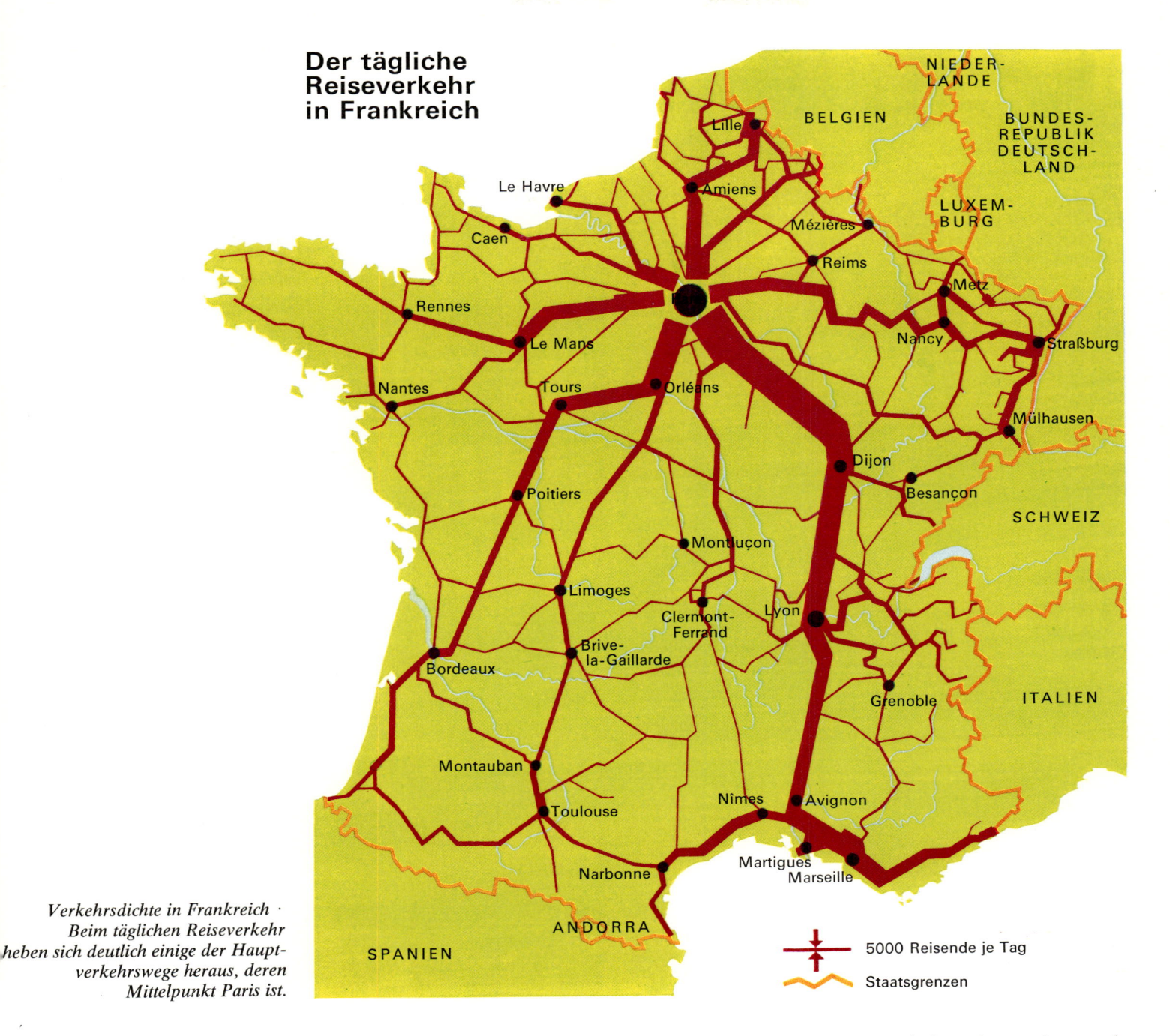

Verkehrsdichte in Frankreich · Beim täglichen Reiseverkehr heben sich deutlich einige der Hauptverkehrswege heraus, deren Mittelpunkt Paris ist.

5000 Reisende je Tag
Staatsgrenzen

einmalige und einzigartige Konzentration wie in Frankreichs Landeshauptstadt. Die Bedeutung, die Paris damit für das Land hat, läßt sich schon von allen Kartenbildern ablesen, auf denen deutlich alle Straßen, Luftlinien, Kanäle, Eisenbahnwege auf die Landeshauptstadt hin ausgerichtet sind und von ihr wiederum ins Land hinausführen. Die Bannmeile von Paris umfaßt einen Umkreis von 200 km, auf dem auch die größte Konzentration aller Industriezweige vorhanden ist.

Paris ist also nicht nur Brennpunkt allen gesellschaftlichen, sondern auch allen wirtschaftlichen und industriellen Lebens in Frankreich, zumal hier etwa ein Fünftel der gesamten französischen Bevölkerung konzentriert ist und damit ein Fünftel der in der Industrie tätigen Menschen ganz Frankreichs. In den Außenvierteln der Metropole finden sich heute Werke der Schwerindustrie ebenso wie der Großindustrie, Textilindustrie, Maschinen- und Fahrzeugindustrie, Chemischen Industrie wie des Verlags- und Büchereiwesens. Seine glänzende Verkehrslage drückt sich darin aus, daß der Atlantik von Paris aus auf dem Wasserwege schnell zu erreichen ist und somit Öl und Kohle ebenso schnell an die Stadt herangebracht werden können. Auch für Europa hat Paris inzwischen eine stark zentrale Lage und eine ganz besondere Anziehungskraft. Die Vorteile dieser Konzentration sind vielfältiger Art. Doch sind auch die Nachteile nicht zu übersehen. Neben den unangenehmen Begleiterscheinungen, wie zu großer Zeitverlust durch längere Wegzeiten zur Arbeitsstätte, Wohnungsknappheit, intensiver Verkehr u. a., treten erhebliche Nachteile vor allem in den hohen Infrastrukturkosten auf, die mit der Niederlassung eines Arbeitsunternehmens im Pariser Raum verbunden sind. Je nach Wohnbezirk liegen sie um das Doppelte bis Sechsfache höher als im übrigen Frankreich. Allerdings werden diese Mehrkosten durch höhere Rentabilität im Pariser Raum und andere Vorteile wieder aufgewogen. Ein anderer Nachteil aber hinterließ nachhaltige Spuren. Die fast ein Jahrhundert während stagnierende Bevölkerungszahl und die enorme Landflucht, deren Ziel vor allem Paris und dessen Umgebung war, verhinderten lange Zeit, daß sich andere Großstädte auch zu Städten mit mehr als einer Million Einwohnern entwickeln konnten. Erst seit jüngster Zeit sind Lyon und Marseille zu Millionenstädten herangewachsen.

Ussé

Chenonceaux

Azay-le-Rideau

Chaumont

Saumur

Schlösser im »Garten Frankreichs«

Die Geschichte des monarchischen, feudalen Frankreichs wird in seinen Schlössern lebendig. Das ausgeglichene Klima des Loiretals und die Fruchtbarkeit seines Bodens haben hier bereits im Mittelalter den »Garten Frankreichs« entstehen lassen, und die Könige bevorzugten schon früh

Blois

Chambord

die liebliche Landschaft. Eine Hochblüte königlicher Bautätigkeit erlebte das Land an der Loire namentlich im 16. Jahrhundert, und mit der Krone wetteiferte der einheimische Adel um die schönste Residenz. Diesem »Bauwurm« sind die zahlreichen Schlösser und Burgen beiderseits des Stromes zwischen Gien und Angers zu verdanken. Manche von ihnen bilden geradezu eine »Musterfibel« aller Stile von der Gotik bis zum Klassizismus. Das prächtigste Loireschloß und gleichzeitig ein Höhepunkt der französischen Renaissance ist Chambord, während andere, etwa Chaumont und Ussé, festungsähnlichen Charakter bewahrt haben. Schloß Blois bietet einen besonders harmonischen Zusammenklang von Spätgotik und Renaissance.

Raumordnungspolitik und regionale Wirtschaftspolitik nach dem letzten Weltkrieg

Nach 1945 hat sich in Frankreich notwendigerweise zunächst vor allem in seiner Wirtschaftspolitik ein grundlegender Wandel vollziehen müssen, aus dem heraus schließlich die umfassendere Raumordnungspolitik erwachsen ist, denn letztlich konnten erst alle anderen Bereiche des Lebens aufbauen, wenn die Existenzmöglichkeiten gesichert waren. Aber gerade hinsichtlich der wirtschaftlichen Entwicklung galt es – wie im Vorhergehenden wiederholt festgestellt worden ist – vielfach mit einer zähen Tradition zu brechen. Mit Hilfe eines 1946 erstellten Planes hat man zunächst eine umfassende Marktstudie erarbeitet, um damit einen Katalog der notwendig zu treffenden Maßnahmen zu liefern. Dabei ging es darum, die Existenzmöglichkeiten in verschiedenen Landschaften, die regionale Wirtschaftsstruktur, zu verbessern, was um so schwieriger ist, als Frankreich ein politischer Zentralstaat und auch sein ganzes wirtschaftliches und kulturelles Leben seit Jahrhunderten auf den mächtigen Mittelpunkt Paris ausgerichtet ist. Dadurch sind fast alle Regionen, vor allem der ganze Südwesten und Süden sowie auch das Zentralmassiv wirtschaftlich unterentwickelt geblieben. In keinem anderen Land Europas sind darum die Regionalprobleme schärfer akzentuiert als hier in Frankreich. Die Erkenntnis der Notwendigkeit, in der »Provinz« ein Gleichgewicht zu schaffen und so die Dominanz der Pariser Region auf wirksame Weise brechen zu müssen, hat schließlich dazu geführt, den oben besprochenen Plan aufzustellen und damit die Regionalpolitik zu einer wirtschaftlichen Zentralaufgabe zu erklären.

Der »Plan« von 1946 (Jean Monnet) ist von einem damals eingesetzten Generalkommissariat geschaffen worden, das den Auftrag hatte, einen Plan zur »Modernisierung und Ausrichtung« der Wirtschaft aufzustellen. Bis jetzt sind sechs Fünfjahrespläne mit Empfehlungen, Voraussagen für die einzelnen Wirtschaftszweige zunächst und später auch für die Gesamtentwicklung einer Region aufgestellt worden.

Das Ziel der französischen Raumordnung, eine harmonische und ausgewogene soziale und kulturelle Entwicklung in allen Teilen des Landes zwischen den Regionen und Paris herbeizuführen, damit gleichzeitig die Pariser Konzentration zu entlasten oder zu dezentralisieren, wird nur dann Erfolg haben, wenn auch die wissenschaftliche Forschung entsprechende Untersuchungen unter den Aspekten der Raumordnung anbieten kann. Diese Raumforschung oder Grundlagenforschung, die in Übereinstimmung mit den Zielsetzungen des Nationalplanes durchgeführt werden muß, ist in Frankreich noch kaum entwickelt. Auch die bisherige Stadtforschung ist noch einseitig der Tradition entsprechend dem Städtebau verhaftet.

Das größte Problem der französischen Raumordnung stellt die bereits erörterte Diskrepanz zwischen der einzigartigen Konzentration im Pariser Raum und wenigen, wesentlich kleineren Ballungszentren auf der einen Seite und dem weiten übrigen Territorium auf der anderen Seite dar. J. F. Gravier sprach 1947 von »Paris et le désert Français« und kennzeichnete damit die Gesamtsituation und das Mißverhältnis in der Entwicklung der verschiedenen Landschaftsregionen. Was durch jahrhundertelange gemeinsame Geschichte und einen straffen Zentralismus überdeckt worden war, trat nun deutlich hervor, daß es nämlich um 1950 grob gesehen etwa drei unterschiedliche Räume in Frankreich gab: den Pariser Raum, die industrialisierten, dicht bevölkerten, fortschrittlichen Gebiete des Nordens, Nordostens und Ostens und schließlich die vorwiegend agrarisch, schwach bevölkerten, rückständigen armen Bereiche des Südens, Südwestens und des Zentralmassivs. So galten nach dem letzten Krieg allein von der regionalen Wirtschaftspolitik her alle Anstrengungen zunächst einmal der Dezentralisation der mächtigen Pariser Region, die in drei Etappen eingeleitet wurde. Erfolge dieser Maßnahmen zeichneten sich allerdings nur sehr zögernd ab, und als die gesamte Raumordnungspolitik durch die EWG schließlich in Frankreich verschoben wurde, verschwand zunächst sehr schnell der Eifer, gerade im Pariser Raum zu dezentralisieren, weil nämlich nun wieder Paris und seine Region zu den übrigen EWG-Staaten außerordentlich verkehrsgünstig liegt. Es konzentriert sich nun, z. T. verständlicherweise, das Schwergewicht der gesamten französischen Wirtschaftspolitik in vieler Hinsicht wieder zu stark auf Paris, das nach wie vor seine großartige Anziehungskraft unter Beweis stellt.

Allerdings haben bereits wiederum viele große Unternehmen inzwischen erkannt, daß eine Übersiedlung, wenigstens teilweise, in die Provinz durchaus günstig sein kann. So haben beispielsweise alle großen Autofirmen neue Betriebe außerhalb des Pariser Raumes zusätzlich errichtet: Renault im Seinetal und im Departement Nord, Simca in la Rochelle und im Departement Nord, Citroën in Rennes und in Lothringen usw. Auch staatliche und technische Dienststellen, Forschungszentren und Hochschulen wurden in die Provinz verlegt, so z. B. das Centre des Télécommunications nach Lannion, die Ecole Supérieure d'Aeronautique nach Toulouse, Dienststellen für Kulturbeziehungen und Zusammenarbeit des Außenministeriums nach Nantes usw. Eine Reihe von Städten hat inzwischen seit den fünfziger Jahren attraktive Industriezonen für industrielle Niederlassungen geschaffen. Als erste Stadt hatte damit Reims begonnen.

Insgesamt ist das bisherige Ergebnis der Dezentralisation also noch nicht recht deutlich geworden. Die Expansion der Pariser Region ist zwar durch die verschiedensten Maßnahmen erschwert worden, vor allem durch die hohen Kosten des Baugrundes, doch hat Paris seine alte Anziehungskraft behalten. Eine Reihe von Betrieben ist zwar in die Provinz ausgewichen, die meisten aber blieben doch in unmittelbarer Nähe der Pariser Region, weil sie so die beste Verbindung mit dem Hauptbetrieb halten können. Immerhin lagen 1954 noch 33% aller in Frankreich erteilten Industriebewilligungen im Pariser Raum, während es 1967/68 nur noch 10% waren. Der Bevölkerungsstrom nach Paris ist zwar etwas gehemmt worden, die Bevölkerung innerhalb der Kernstadt von Paris ist weiterhin rückläufig, doch in der Pariser Bannmeile nimmt die Bevölkerungszahl zu.

Allgemeine Regionalreform der »Provinz«

Die Regionalreform hängt eng zusammen mit den Dezentralisierungsmaßnahmen. Um die einzelnen Regionen besser überschauen zu können, ist mit dem Nationalplan nach dem Krieg zusammen eine neue Einteilung der 96 Departements in 21 Programmgebiete vorgenommen worden. Man hat die »Régions de Programme« geschaffen, an deren Spitze jeweils ein Präfekt steht mit einer Wirtschaftskommission als beratender Institution. Auch diese regionalpolitischen Reformen stehen noch im Anfang und sind noch lange nicht abgeschlossen. Auch ihr möglicher Erfolg ist wegen der kurzen Zeitspanne noch nicht zu überschauen. Die Bestrebungen um Stabilisierung und Wachstum der einzelnen Regionen hat in vielen Fällen zuerst sogar zu verschärften Gegensätzen geführt. Bei den regional-

Der Ausbau von Frankreichs »zweiter Riviera«

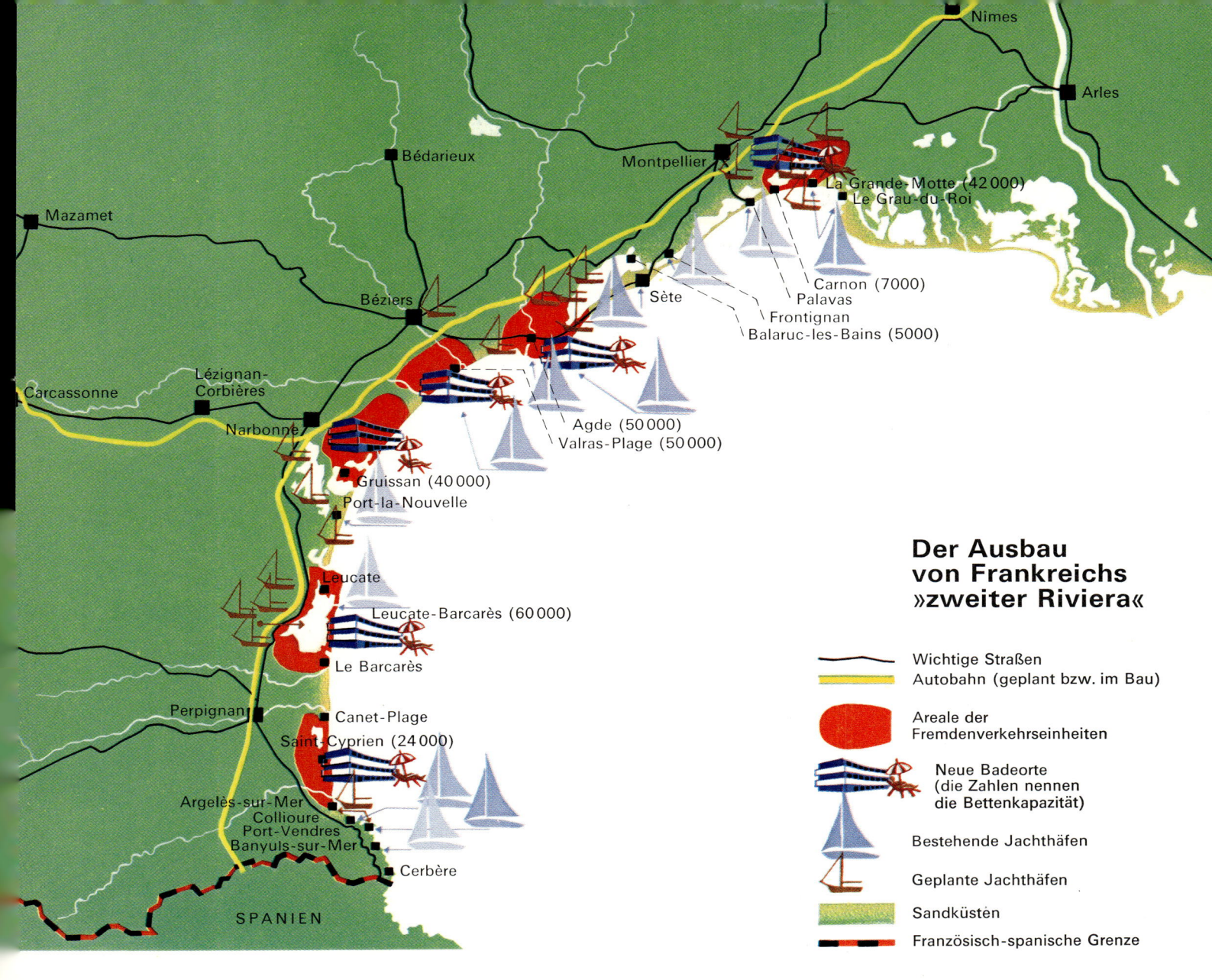

- Wichtige Straßen
- Autobahn (geplant bzw. im Bau)
- Areale der Fremdenverkehrseinheiten
- Neue Badeorte (die Zahlen nennen die Bettenkapazität)
- Bestehende Jachthäfen
- Geplante Jachthäfen
- Sandküsten
- Französisch-spanische Grenze

politischen Maßnahmen handelt es sich in erster Linie um solche des Staates, um finanzielle Anreizmittel in Form von Investitionen und sonstiger finanzieller Hilfe, um auf diese Weise die Standortverteilung von Bevölkerung und Wirtschaftspotential zu beeinflussen. Durch Steuerung der Investitionen von Privaten und der öffentlichen Hand können auf der einen Seite Gebiete entwickelt (wie z. B. der Ausbau der »zweiten Riviera«) und auf der anderen Seite das Ballungsgebiet Paris dezentralisiert werden. Die Investitionspolitik ist also regional differenziert und beeinflußt durch entsprechende Verteilung.

Bisher sind auch die Staatsaufgaben hinsichtlich der wirtschaftlichen Infrastruktur gegenüber der sozialen und kulturellen eigentlich noch vernachlässigt, obwohl sie als entscheidend für die Industrieansiedlung und Entwicklung einer Region gelten. Besondere Bedeutung kommt dabei dem Wohnungs- und Städtebau zu. Noch herrscht überall Wohnungsmangel. Nur Städte, die über gute infrastrukturelle Ausstattung verfügen, haben Anziehungskraft. In diesem Zusammenhang erscheint es von größter Bedeutung für die regionale Entwicklung und regionale Reform, daß auch in bezug auf das gesamte kulturelle Leben in Frankreich, das bisher noch ganz auf Paris ausgerichtet war und ist, eine Verlagerung von Schulen und Institutionen der Universität u. a. in die Provinz erfolgt.

Die französische Regierung hat 1970 ein 100-Punkte-Programm zum Umweltschutz verkündet. Die im Großraum Paris bereits mit Erfolg angewendeten verschärften Vorschriften zur Einschränkung der Luftverpestung – der Schwefeldioxydgehalt der Luft nahm um 35 % ab, die Rauchgasbelastung um 40 % – will man nun auch für andere Groß- und Mittelstädte gelten lassen. Durch regelmäßige Kontrollen ermitteln die Behörden Kraftfahrzeuge, deren Abgasausstoß über das Normalmaß hinausgeht und deshalb schleunigst korrigiert werden muß.

Um Probleme und Maßnahmen der französischen Raumordnung richtig beurteilen zu können, muß immer die Ausgangslage berücksichtigt werden, nämlich der streng zentralisierte Aufbau der französischen Politik und Verwaltung. Die Gemeinden und Departements sind kommunale Körperschaften, die zwar eigene, aber geringe Haushaltsmittel haben. Die Regionen dagegen sind erst neu geschaffen und sind keine Gebietskörperschaften, sie haben weder ein Parlament, noch verfügen sie über einen Etat. Dazu kommt, daß wichtige Wirtschaftszweige ganz oder teilweise in der Hand des Staates sind. Das bedeutet immer wieder Konzentrierung auf Paris. Die aufgezeigte Diskrepanz der so unterschiedlich entwickelten Regionen zeigt, daß bisher noch kein ausreichendes Gegengewicht zu der Pariser Konzentration entstehen konnte.

Blickt man zusammenfassend und im Zusammenhang mit den übrigen Aspekten des Themas »Frankreich« noch einmal

Das Fürstentum Monaco

Oben: Fürstliches Schloß

Unten: Blick von Monaco auf La Condamine

Oben: Spielbetrieb im Kasino   Unten: »Kakteenfelsen« bei Monaco

Monaco, der namengebende Kern des Riviera-Fürstentums, zeichnet sich durch seine einzigartige Lage auf schmalem, 65 m hohem Felsvorsprung aus, dessen Wände steil zum Mittelmeer hin abfallen. Dahinter steigen Gebirgsketten bis zu 1110 m Höhe auf. Das Bild des kleinen Stadtstaates, zusammengewachsen aus den drei Gemeinden Monaco, Monte Carlo und La Condamine, wird bestimmt durch das fürstliche Schloß und die Gebäude des 1910 eröffneten Ozeanographischen Museums in Monaco, den seit 1878 bestehenden Prunkbau des Spielkasinos in Monte Carlo und durch den Jachthafen von La Condamine. Seinen Reichtum bezieht Monaco in der Hauptsache aus dem Fremdenverkehr und aus dem Betrieb des Spielkasinos, aber auch aus der Herausgabe zahlreicher Briefmarkenserien. Lohnend ist ein Gang durch das malerische Labyrinth der Altstadt von Monaco.

zurück auf die hier dargelegten Raumordnungsprobleme Frankreichs, das Problem der Dezentralisation der Pariser Region und das Problem der Regionalreform in der »Provinz«, dann läßt sich doch – trotz der erst seit gut zwei Jahrzehnten getroffenen Maßnahmen – feststellen, daß sich nicht nur die Bevölkerungsentwicklung günstig gestaltet, sondern daß sich tatsächlich der Lebensstandard der Franzosen insgesamt gebessert hat und nun doch in allen Teilen des Landes sich ein besseres Leben abzuzeichnen beginnt. Der Verbraucherindex, d.h. der Lebensstandard der Franzosen, hat sich zum Beispiel allein von 1959 bis 1968 von 100 auf 222 gehoben. Der größere Wohlstand wird sichtbar in einer prozentualen Verminderung des Haushaltsbudgets für Nahrungsmittel, in einer Verallgemeinerung der Ausstattung mit langlebigen Gütern und in der Entstehung immer vielfältigerer Bedürfnisse, z.B. in der Zunahme von Zweitwohnungen für Wochenend- und Ferienaufenthalte. 1962 gab es in Frankreich 960 000 Zweitwohnungen, 1970 waren es bereits 1,5 Millionen solcher Zweitwohnungen oder -häuser. Eine andere Tatsache aber soll ebenfalls hier noch einmal hervorgehoben werden, nämlich, daß eine vertiefte Kenntnis von Land und Leuten Frankreichs notwendig ist allein im Hinblick auf das Verhältnis zu Deutschland, um alte Vorurteile auszuräumen und zu einer wirklichen Verständigung zu gelangen zum Wohl und zur Stabilisierung Europas. Vor allem sollte darum das von beiden Ländern bereits im Rahmen des deutsch-französischen Freundschaftsvertrages so erfolgreich begonnene deutsch-französische Jugendwerk immer weiter und tiefer ausgebaut und der Austausch der Jugend beider Länder in jeder Weise gefördert werden.

Das Fürstentum Monaco

Hoch über der Steilküste am Mittelmeer, auf einem Sattel zwischen Tête de Chien und Mont de la Bataille, liegt das uralte Dorf La Turbie, das wegen seiner Lage hoch über Monaco und Monte Carlo berühmt ist. Von hier aus hat man einen einzigartigen Blick auf das seit 1815 selbständig gebliebene Fürstentum an der französischen Riviera östlich von Nizza, das sich 3 km lang und rund 300 m bis 1 km breit an der Küste dahinzieht. Das kaum 1,8 qkm umfassende Fürstentum hat 23 035 (1969) Einwohner und besteht aus drei Städten, die zu einer Gemeinde vereinigt sind. Die natürliche Lage dieser drei Städte ist großartig: Monaco mit seinen 2000 Einwohnern thront auf einem 60 m hohen, weit ins Meer vorspringenden und steil abfallenden Felsen, auf dessen westlichem Teil der aus dem 13. Jahrhundert stammende Palast des Fürsten liegt, das Palais du Prince, und das mächtige Ozeanographische Museum, dessen 87 m hohe Seefront auf gewaltigen Unterbauten ruht, mit einer hervorragenden Sammlung von Meerestieren. Unterhalb des Felsens liegt La Condamine mit etwa 11 000 Einwohnern und der 1901–1926 ausgebaute Hafen. An die Neustadt La Condamine schließt sich Monte Carlo mit ebenfalls etwa 10 000 Einwohnern an, mit seinem 1878 erbauten Spielkasino und seinen vielen Luxusbauten. Die Spielbank, bereits 1863 gegründet unter der Bezeichnung »Société anonyme des Bains de Mer« (S.B.M.), liegt inmitten dekorativer Gärten auf einem Felsvorsprung. Hier liegt auch die Wallfahrtskirche Sainte-Devote, die der Schutzheiligen des Fürstentums geweiht ist. Die Stadt Monaco ist eine griechische Gründung, das alte Monoikos, zur Römerzeit »Portus Herculis Monaeci« genannt. Von hier aus schiffte sich Caesar gegen Pompejus ein. Monaco ist die Hauptstadt des kleinen Fürstentums, das 1338 von der genuesischen Familie Grimaldi gegründet worden ist. Aufgrund der Wiener Kongreßakte von 1815 erhielt Sardinien das Protektorat über Monaco. Carlo III. (1856–1889) trat 1861 Mentone und Roccabone an Frankreich ab, wodurch sich das Gebiet des Fürstentums von 21,6 auf 1,5 qkm verringerte und die Einwohnerzahl von 7400 auf 1500 sank (infolge Aufschüttungen an der Seefront ist das Areal derzeit 1,8 qkm groß). Er schloß mit Frankreich eine Zollunion, behielt aber die Souveränität. Unter ihm wurde Monte Carlo gegründet. Albert I. (1899–1922) schuf 1910 das Ozeanographische Museum. 1911 gab er Monaco eine Verfassung, und am 17. Juli 1918 wurde mit Frankreich ein neuer Schutzvertrag abgeschlossen, der 1951 neu gefaßt worden ist. Danach soll beim Aussterben der regierenden Dynastie Monaco an Frankreich fallen. 1949 folgte sein Enkel Rainier III. auf den Thron. Nach der Volkszählung vom 31. Januar 1969 hatten im Fürstentum 23 035 Einwohner (1968 = 21 880) ständigen Wohnsitz, davon waren aber nur 3489 monegassische Staatsbürger und alleinige Bürger des Landes. Im Fürstentum leben relativ wenig junge Menschen, dagegen viel Pensionäre. 40% der im Fürstentum tätigen Menschen kommen täglich von außerhalb herein. Wesentlich ist in den letzten Jahrzehnten die Entwicklung des Fremdenverkehrs. Das Fürstentum steht im Zollverband mit Frankreich.

Korsika

Die Insel Korsika, La Corse, stellt ein Departement Frankreichs dar und gehört nach der Neugliederung Frankreichs zum Programmgebiet Provence–Côte d'Azur. Die Insel umfaßt eine Fläche von 8722 qkm, auf der 213 700 Einwohner (1970) leben. Die Hauptstadt ist Ajaccio. Die Insel ist durch ein tiefes Meeresbecken 180 km von Frankreich und durch seichte Gewässer 84 km von Italien getrennt. Im Süden verläuft zwischen Korsika und Sardinien die nur 11,5 km breite Straße von Bonifacio. Korsika erstreckt sich von Kap Corse im Norden bis Kap Pertusato im Süden auf 185 km Länge. Seine größte Breite beträgt 85 km. Auf kleinstem Raum handelt es sich um ein wildes, zertaltes, unwirtliches Bergland, das im Monte Cinto bis 2710 m emporsteigt und dessen höchste Gipfel schneebedeckt sind. Im Westen besteht das Bergland vorwiegend aus Granit und Porphyren, im Osten aus junggefalteten Schiefern. Während die Westküste schöne Naturhäfen hat, zu denen vor allem Saint-Florent, Calvi, Galeria, Porto, Valinco, Sagone und Ajaccio gehören, ist die Ostküste von Haffen oder Etangs gesäumt und nur im Golf von Porto Vecchio zugängig. Hier münden auch die beiden längsten Flüsse Korsikas, der Golo und der Tavignano. An der Ostseite der Insel ist das Bergland niedriger, und dem Monte San Pietro ist eine fruchtbare, einst malariagefährdete Ebene vorgelagert. Insgesamt hat Korsika bis auf die Höhenlagen ein ausgeprägtes Mittelmeerklima.

Die auf der Insel lebende Bevölkerung ist überwiegend arm. Haupterwerbszweige sind Viehzucht (Schafe und Ziegen). Eine gewisse Rolle spielen Thunfisch- und Sardellenfang. Die Frauen bestreiten neben der Hausarbeit großenteils die Feldarbeit. Die Auswanderung ist sehr stark. Vor hundert Jahren etwa, 1872, lebten auf Korsika noch 358 000 Menschen, heute nur noch knapp zwei Drittel dieser Zahl. Die Sprachen sind Französisch und ein mittelitalienischer Dialekt. Charakteristisch für die Bevölkerung war die Vendetta, die Blutrache, die auch heute noch hier und da geübt wird. Die Täter fristeten einst ihr Leben in der wilden Macchie und in den einsamen Bergwäldern. Neben Viehzucht und Fischfang wird in den Küstenbereichen Weinbau betrieben, werden Südfrüchte, Ölbäume und Korkeichen kultiviert. In den Höhenzonen zwischen 400 und 1100 m ü. d. M. werden ausgedehnte Edelkastanienwälder gepflegt, und hier wurden auch bewässerte Obstgärten angelegt. Der größte Teil der Insel ist allerdings unbewohnt, 45% der Fläche ist mit Macchie bedeckt, einem undurchdringlichen Gestrüpp aus Kermeseichen, Mastixsträuchern, Myrten, Erdbeerbäumen, Johannisbrotbäumen, baumartigen Heiden, lianenartigen Kletterpflanzen. Von der Gesamtfläche der Insel sind 17% mit Wald, 20% mit Weideland und knapp 6% mit Ackerland bedeckt. Das bedeutet, das der Getreideanbau nicht zur Versorgung ausreicht. Für die wirtschaftliche Entwicklung Korsikas ist heute der Fremdenverkehr, der bereits jährlich 200 000 Touristen bringt, sehr wesentlich.

1746 wurde die Unabhängigkeit Korsikas verkündet. 1768 eroberten es die Franzosen. 1769 wurde in Ajaccio Napoleon I. geboren. Nach wiederholten Versuchen Paolis, nach der Französischen Revolution wieder Fuß auf Korsika zu fassen, wurde Korsika 1796 von Napoleon zurückerobert und mit Frankreich verbunden. 1942/43 wurde Korsika von Italienern und Deutschen besetzt; durch französische Truppen und Guerillas wurde es im Herbst 1943 zurückerobert.

Die französischen »Überseedepartements« und Frankreichs Überseebesitzungen

Zum Hoheitsgebiet der Französischen Republik gehören neben dem europäischen Mutterland mit der Insel Korsika auch die Übersee-Departements (Départements d'Outre Mer = D.O.M.) und die Überseegebiete (Territoire d'Outre Mer = T.O.M.). Die D.O.M. und die T.O.M. sind, abgesehen von Französisch-Guayana und dem französischen Territorium der Afar und der Issa, Inseln und Inselgruppen, die im weiten Atlantik, im Pazifik und Indischen Ozean verstreut liegen. Die Überseedepartements und die Überseebesitzungen unterscheiden sich durch ihren politischen Status. Die überseeischen Departements werden als integrierender Bestandteil der Französischen Republik bezeichnet, die eine beschränkte Eigenständigkeit erlangen, indem in gewissen inneren Angelegenheiten eine Selbstverwaltung auf bestimmte Organe übertragen wird. Als frühere Kolonien Frankreichs erhielten sie durch das Gesetz vom 19. März 1946 den Status eines Departements mit praktisch gleichen Rechten und Pflichten wie die anderen Departements des französischen Mutterlandes. Ihre lokale Verwaltung wurde aber schon lange vorher nach dem Vorbild des Mutterlandes aufgebaut, so daß sie in ihrer Entwicklung den anderen früheren Kolonien zu diesem Zeitpunkt weit überlegen waren. Die vier Überseedepartements sind: Guadeloupe (1779 qkm, 330 000 Einwohner), Martinique (1102 qkm, 340 000 Einwohner), Französisch-Guayana (91 000 qkm, 50 000 Einwohner), Réunion (2510 qkm, 470 000 Einwohner).

Die früheren überseeischen Territorien dagegen haben eine besondere Organisation. Durch die Verfassung von 1946 erhielten sie den Status eines Überseegebietes im Rahmen der Union Française. Dieser Status konnte sozusagen als erste Phase der Entkolonialisierung gelten. Schließlich erlangten fast alle Überseegebiete, vor allem in Afrika, ferner Madagaskar, die Unabhängigkeit. Das geschah durch die Ablösung der Verfassung vom 27. Oktober 1946 durch die Verfassung vom 4. Oktober 1958. Dadurch konnten vor allem die überseeischen Gebiete über ihre künftige Verfassung und ihr Verhältnis zu Frankreich selbst durch Volksentscheid bestimmen. Die französische Union wurde durch die »Communauté Française« ersetzt. Innerhalb der Communauté verwalten die

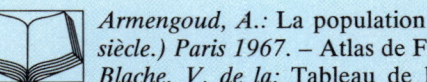

Armengoud, A.: La population française. *(In: XXᵉ siècle.) Paris 1967.* – Atlas de France. *Paris 1954.* – *Blache, V. de la:* Tableau de la géographie de la France. *Paris 1940.* – *Chardonnet, J.:* L'Economie Française, 2 Bde. Paris 1958/59. – *Demangeon, A.:* Paris, la ville et sa banlieue. *Paris 1966.* – *Dion, R.:* Paris. Lage, Werden und Wachsen der Stadt. *(In: Frankfurter Geographische Hefte. Jg. 25. Heft 1.) 1951.* – *Dominique, P.:* La Corse. Types et Coutures. *Paris 1935.* – Frankreichkunde. 4. Aufl. *(In: Handbücher d. Auslandskunde, hgg. v. P. Hartig.) Frankfurt/Berlin/Bonn 1964.* – *Giacobi, Fr.:* Korsika. *(In: Europa-Bücher, Frankreich Nr. 5.) Bonn 1961.* – Handwörterbuch für Raumforschung und Raumordnung. *(Hgg. v. der Akademie für Raumforschung und Landesplanung.) Hannover 1970.* – *Hänsch, Kl.:* Frankreich. Eine politische Landeskunde. Zur Politik und Zeitgeschichte. *(Hgg. v. d. Landeszentralstelle für politische Bildung.) Berlin 1966.* – *Hartke, W.:* Das Land Frankreich als sozialgeographische Einheit. *Frankfurt/Berlin/Bonn/München 1968.* – *Huber, M./Bunle, H./Boverat, F.:* La population de la France, son évolution et ses perspectives. *Paris 1965.* – *Klöpper, R.:* Trabantenstadtprobleme um Lyon. *(Studie der Probleme der Trabantenstadt.) Hannover 1969.* – *Klute, F.:* Handbuch der Geographischen Wissenschaft. *(Bd. West- u. Nordwesteuropa.)* – La France. *(In: Géographie Universelle.) Paris 1948.* – *Matti, W.:* Strukturen und Funktionen in der Agglomeration Paris. *(Studie zum Problem der Trabantenstadt.) Hannover 1969.* – *Müller-Ohlsen, L.:* Strukturwandlungen und Nachkriegsprobleme der Wirtschaft Frankreichs. *(In: Kieler Studien Nr. 23.)* – *Münz, E. K.:* Frankreich. *(In: Kultur der Nationen; Geistige Landeskunde.) Nürnberg 1964.* – *Pasquier, A.:* Où va la région? *1970.* – *Peikert, H.:* Frankreichs Wirtschaft heute. *1963.* – *Pinchemel, Ph.:* Géographie de la France, 2 Bde. Paris 1964. – *Scheu, E.:* Frankreich. *(In: Handbuch der Geographischen Wissenschaft, Bd. West- u. Nordwesteuropa.) Potsdam 1935.* – *Sieburg, Fr.:* Kleine Geschichte Frankreichs. *Frankfurt/M. 1953.* – *Sorre, M.:* Les Pyrénées. *(In: Coll. Colin.) Paris 1941.* – *Weimann, M.:* Wirtschaftsplanung in Regionen. Französische Planungssystematik und Wachstumspolitik der EWG. *(In: Schriften zum Handbuch für Europa-Wirtschaft, Bd. 35.) 1967.*

Staaten seither weitgehend frei ihre eigenen Angelegenheiten. Sie können auch aus ihr austreten und unabhängig werden. Der Vorsitzende der Communauté ist der Präsident der französischen Republik. Die insgesamt acht Überseegebiete sind:

Saint-Pierre-et-Miquelon (242 qkm, 5200 Einwohner), Neukaledonien (19 058 qkm, 110 000 Einwohner), Wallis und Futuna (255 qkm, 8 546 Einwohner), Französisch-Polynesien (3988 qkm, 120 000 Einwohner), Neue Hebriden, französisch-britisches Kondominium (14 763 qkm, 80 000 Einwohner). Französisches Territorium der Afar und der Issa (22 000 qkm, 125 000 Einwohner), Komoren (2171 qkm, 270 000 Einwohner). Französische Südpolar- und Antarktisgebiete.

Diese Überseegebiete sind im allgemeinen nicht in der Lage, die Kosten für die erforderlichen Verbesserungen in der Landwirtschaft und für die Schaffung einer Industrie zu finanzieren. Frankreich trägt zu ihrer wirtschaftlichen Entwicklung bei, macht aber zur Bedingung, daß diese Gebiete Hauptkunden und Hauptlieferanten Frankreichs bleiben. Mit der Errichtung der EWG wurde die Förderung dieser Überseegebiete durch die Gemeinschaft aufgenommen. Die beteiligten Staaten verpflichten sich, mit einem Entwicklungsfonds (in fünf Jahresbeiträgen werden 581,25 Millionen US-Dollar eingezahlt) den Überseegebieten eine bessere Nutzung ihrer wirtschaftlichen Möglichkeiten zu erleichtern und ihren Lebensstandard zu heben. Das wichtigste Absatzland für alle seine überseeischen Gebiete ist Frankreich selbst.

Werner Ludewig

Die Schweiz, Österreich und Liechtenstein

Drei Länder in den Alpen

Wenn wir uns diesen Alpenländern zuwenden, so gilt es, Staaten zu schildern, die in Mittelalter und Neuzeit im Verband des »Heiligen Römischen Reiches Deutscher Nation« mit den deutschen Staaten ein Stück weit den Weg der Geschichte gemeinsam gegangen sind. Sie haben sich nacheinander vom »Reich« gelöst. Trotz vieler Gemeinsamkeiten, vor allem in Sprache und Kultur, dokumentierte diese Lösung die in langer Entwicklung herausgebildete Individualität von Staaten und Völkern. Die Eigenart der Schweiz und Österreichs ist um so auffallender, als die Natur ungewöhnlich ausgeprägte Gemeinsamkeit zeigt. Beide gehören zu je etwa 60% zum Gebirgskörper der Alpen, je etwa 30% sind hügeliges Alpenvorland und Tiefland, je 10% Mittelgebirge.

Der Gebirgszug der Alpen zieht sich in einem großen, nach Süden offenen Bogen, 1100 km lang und 150–300 km breit, vom Golf von Genua bis zur Donau bei Wien. Die größten Erhebungen des Gebirgsmassivs liegen in den Westalpen, vor allem im französisch-schweizerisch-italienischen Grenzgebiet, und erreichen hier Höhen von 4300 bis über 4800 m ü.d.M. Eine Linie, die vom Bodensee durch das Rheintal und über den Splügenpaß zum Comer See gezogen werden kann, trennt West- und Ostalpen. Das Gebirge war lange Zeit eine trennende Schranke zwischen Mittel- und Südeuropa, deren Überquerung ein Abenteuer war, galt als Sitz böser Geister, in denen sich die Gewalten der Natur verkörperten, und hatte weit mehr abschreckende als einladende Züge.

Heute werden die Alpen von vielen Straßen und Eisenbahnlinien überquert, die zahlreiche Pässe als meist auch im Winter befahrbare Übergänge in Einsattelungen der Gebirgskämme nutzen. Kühne Brücken und andere technische Bauten erleichtern den Verkehr. Die längsten Tunnel dienen dem Eisenbahnverkehr; sie durchbrechen seit der Zeit um die letzte Jahrhundertwende die Massive des Simplon (19,8 km lang), Sankt Gotthard, Lötschberg, Mont Cenis und Arlberg. In den sechziger Jahren wurden auch Straßentunnel eröffnet, so durch den Mont Blanc (11,9 km lang) und unter den Pässen Großer Sankt Bernhard, Felber Tauern und San Bernardino. Weitere Tunnel – wie der Straßentunnel unter dem Sankt Gotthard – sind im Bau oder projektiert.

Die Alpen bilden großenteils eine ausgesprochene Wetterscheide, die eine vom mitteleuropäischen Klima beeinflußte Nordseite mit Niederschlägen in allen Jahreszeiten und eine mittelmeerisch beeinflußte Südseite mit Niederschlägen vor allem im Winter und Frühling hat. Im Inneren des Gebirges bestimmen die Höhenunterschiede und die Lage zu den vorherrschenden feuchten Westwinden das Klima. Die höchsten

Jahresniederschläge empfängt mit durchschnittlich 2500 mm das Gebiet der Julischen Alpen, während abgeschlossene Binnentalungen wie das Rhônetal im Wallis nur 500–600 mm Niederschlag erhalten. Auch Kärnten gehört zu den besonders regenarmen Teilen der Alpen. Die klimatische Schneegrenze – die Linie, über der der Schnee das ganze Jahr überdauert – liegt im Mittel auf der Nordseite bei 2400, auf der Südseite bei 2700 m.

Die Alpen sind Quellgebiet eines Großteils der mittel- und westeuropäischen Flüsse. Zum Rhein, dessen Quellflüsse den schweizerischen Kanton Graubünden entwässern, sind besonders Aare und Reuss gerichtet. Die wichtigsten Zuflüsse der Donau sind im Nordalpengebiet Iller, Lech, Isar, Inn (mit Salzach), Traun, Enns und Leitha, im Südosten Mur und Drau. Im Süden bilden vor allem Piave und Etsch besondere Flußgebiete, während Adda, Ticino, Dora Bàltea und Dora Riparia die bedeutendsten Nebenflüsse des Po sind. Der Rhône, dem Hauptfluß der Südwestschweiz, fließen Isère und Durance zu.

Die großen Alpenseen, meist ein Erbe der Eiszeit, liegen überwiegend in ehemaligen Gletscherbecken. Der größte See ist der Genfer See. Neben ihn treten in der Schweiz Thuner See, Vierwaldstätter See und Walensee, an der Südflanke Lago Maggiore, Luganer, Comer, Iseo- und Gardasee, während die Kärntner Seen, die deutschen Alpenseen und die Seen des

Österreich, Stubaier Alpen · Schrankogel und Hoher Moosferner. Die Stubaier Alpen gehören zu den am stärksten vergletscherten Teilen der Ostalpen.

Salzkammerguts kleinere Ausmaße haben. Nicht zum Alpengebiet im engeren Sinne zählen dagegen die großen Wasserflächen von Bodensee, Neusiedler See, Neuenburger See und Zürichsee.

Die ausgedehntesten Gletscher finden sich in den Westalpen: Aletschgletscher (22 km lang, 138 qkm), Gornergletscher und Mer de Glace, während der längste Gletscher der Ostalpen, die Pasterze (10 km lang), vom Großglockner herabzieht.

Südtirol, Erdpyramiden am Ritten bei Bozen · Sie entstehen an Hängen in Lockermaterial durch Ausspülung. Ein harter Deckstein schützt sie oft vor Abtragung.

Dem sich mit zunehmender Höhe ändernden Klima entspricht die Vegetation der Alpen. Während Laub- und Mischwälder nur bis maximal 1500 m Höhe hinaufreichen, findet Nadelwald in geschlossenen Beständen seine Obergrenze bei etwa 2000 m. Darüber folgt die Krummholz- oder Latschenzone und dann zwischen Baum- und Schneegrenze der Bereich der Matten, in dem die typischen Alpentiere, wie vor allem Gemse, Steinbock und Murmeltier, leben.

Ackerbau spielt in klimatisch begünstigten Tälern noch eine Rolle. Teilweise ist schon seit Jahrhunderten Bewässerung in Gebrauch. So hat besonders im regenarmen Wallis die Bewässerung eine alte Tradition und großen Einfluß auf Gemeindeorganisation und Brauchtum. Bedeutender als der Ackerbau ist die Viehwirtschaft, die in der für das Gebirgsland typischen Form der Alpwirtschaft oder Sennerei betrieben wird, für die die jahreszeitliche Wanderung von Vieh und Betreuungspersonal zwischen Talgütern und Almen (im alemannischen Sprachgebiet »Alpen«) kennzeichnend ist. Während früher oft die ganzen Familien mit dem Vieh wanderten und die Milch auf den Almen zu Käse und Butter verarbeitet wurde, breiten sich heute modernere Betriebsweisen mit Gemeinschaftsalmen, größeren Viehbeständen, spezialisierten Arbeitskräften und Milchpipelines aus.

Vor allem in den waldreicheren Ostalpen hat die Holzwirtschaft nach wie vor Bedeutung. Dort kommen auch Bodenschätze vor, z. B. Eisenerz, Salze und etwas Kohle. Von besonderem und immer noch zunehmendem Wert sind die reichen Wasserkräfte, die in zahlreichen Talsperren und Kraftwerken genutzt werden. Die ursprünglich nur an wenigen Orten vertretene Industrie beruhte einst überwiegend auf Holzreichtum und Bodenschätzen; heute nutzt sie zunehmend die Energie der Wasserkräfte (z. B. chemische und metallurgische Industrie im Wallis), oder sie stützt sich auf das durch die Umstrukturierung der Landwirtschaft frei gewordene Arbeitskräftepotential und verarbeitet importierte Rohstoffe. Von ebenfalls ständig noch wachsender wirtschaftlicher Bedeutung ist der Fremdenverkehr. Er konzentrierte sich ursprünglich, im 19. Jahrhundert einsetzend, auf einige traditionsreiche Zentren, zu denen in der Schweiz Zermatt, Interlaken, Sankt Moritz, Davos und Lugano, in Österreich Innsbruck, Badgastein, Kitzbühel und Salzburg gehören. Heute erschließt er auch die letzten Täler und bietet fast überall der ansässigen Bevölkerung, deren landwirtschaftliche Lebensgrundlage nicht mehr gesichert ist, zusätzlichen Erwerb.

Die österreichischen Bundesländer

Vorarlberg, das westlichste und mit Ausnahme Wiens kleinste Bundesland, wird im Westen vom Rheintal, im Norden von den Allgäuer Alpen, im Osten von den Lechtaler Alpen, im Südosten von der Verwallgruppe und im Süden von Rätikon und Silvretta gebildet. Kernstück des hauptsächlich vom Rheinzufluß Ill und von der Bregenzer Ache entwässerten Landes ist der Bregenzer Wald. Trotz bedeutender Milchviehzucht ist es das am stärksten industrialisierte Bundesland (der Anteil der in der Industrie Tätigen an der Gesamtzahl der Erwerbstätigen ist höher als in Wien!), mit vorherrschender Textilindustrie.

Tirol, seit der Abtrennung Südtirols in zwei Teile geteilt, ist im Norden vor allem das Einzugsgebiet des mittleren Inn zwischen Nordtiroler Kalkalpen im Norden, Kitzbühler Alpen im Osten, Zillertaler, Stubaier und Ötztaler Alpen im Süden und Lechtaler Alpen im Westen. Osttirol wird dagegen vom Drauzufluß Isel zwischen Hohen Tauern im Norden und Lienzer Dolomiten im Süden entwässert. Tirol ist Österreichs bedeutendstes Fremdenverkehrsland, verfügt aber auch über eine umfangreiche Industrie.

Das Land Salzburg ist im wesentlichen das Flußgebiet der Salzach (Pinzgau, Pongau, Tennengau) und ihres Zuflusses Saalach, im Osten auch von oberster Mur (Lungau) und Enns mit den umgrenzenden Hohen Tauern im Süden, Radstädter und Schladminger Tauern sowie Dachstein im Osten, Salzburger Kalkalpen im Norden und Kitzbühler Alpen im Westen. Im Norden hat es auch Anteil am Salzkammergut und reicht mit dem Flachgau ins Alpenvorland. Als Fremdenverkehrsland steht es an zweiter Stelle, knapp vor Kärnten. Das Land Salzburg besitzt aber neben leistungsfähiger Landwirtschaft auch viel Industrie, Bergbau und einen großen Anteil an Österreichs Wasserkräften.

Kärnten, das Einzugsgebiet der Drau zwischen Hohen Tauern und Gurktaler Alpen im Norden, Gailtaler und Karnischen Alpen sowie Karawanken im Süden, Sau-, Pack- und Koralpe im Osten, ist dank seines sonnigen Klimas und seiner warmen Badeseen (Millstätter, Ossiacher, Wörther See u. a.) ebenfalls ein beliebtes Fremdenverkehrsziel. In seiner Industrie bildet

Links: Schweiz, Les Hauderers · Typisches wallisisches Dorf. Zum Schutz gegen Nagetiere werden die Vorratsräume auf Holzpfosten und Steinscheiben errichtet.

Oben: Kärnten, Faaker See · Am 2,4 qkm großen Badesee im Westen des Klagenfurter Beckens liegen die Touristenorte Drobollach, Egg und Faak.

die Holzverarbeitung und Papiererzeugung einen Schwerpunkt.

Steiermark, das zweitgrößte Bundesland, reicht vom Salzkammergut (Totes Gebirge) mit der Dachsteingruppe über das obere Ennstal, die Niederen Tauern mit den Eisenerzer Alpen und die Steirisch-Niederösterreichischen Kalkalpen zur Längstalfurche von oberer Mur und Mürz. Jenseits von Glein- und Stubalpe sowie den Fischbacher Alpen ist die Untersteiermark ein von Mur und Raab mit ihren Zuflüssen entwässerter Teil des Alpenvorlandes, ein Kerngebiet der österreichischen Landwirtschaft. Zum Teil auf der Grundlage der Erzvorkommen und der Wälder hat sich eine umfangreiche Industrie entwickelt, deren wichtigste Betriebe im Längstal von Mur und Mürz zu finden sind.

Österreich
(Republik Österreich)

Bundesrepublik mit Zweikammerparlament und Landtagen in den neun Bundesländern; Wahlrecht für alle am Wahljahresbeginn über 19 Jahre alten Bürger; allgemeine Wehrpflicht; Hauptstadt Wien (1,6 Mill. Ew.).

Fläche: 83849 qkm – **Einwohnerzahl:** 7,5 Mill. (davon über 54% städtische Bevölkerung) – **Bevölkerungsdichte:** 90 Ew./qkm – **Jährlicher Geburtenüberschuß:** 1,2‰ – **Größere Städte:** Graz (253000 Ew.), Linz (206000 Ew.), Salzburg (131000 Ew.), Innsbruck (118000 Ew.) – **Bevölkerung:** Österreicher (zu 98% deutschstämmig; kleine kroatische, madjarische, slowenische und tschechische Minderheiten) – **Sprache:** Deutsch – **Religion:** Katholiken rund 89, Protestanten über 6%; 12000 Juden und andere Minderheiten (1%) – **Wichtige Ausfuhrgüter:** Maschinen und Fahrzeuge (über 20% des Exportwertes), Metalle und Metallerzeugnisse (20%), Textilien und Bekleidung (knapp 15%), Rohstoffe (besonders Holz), Chemikalien, Papier, Pappe, Nahrungsmittel, elektrische Energie

Oberösterreich, das alte »Österreich ob der Enns«, greift zwischen der Enns und dem Tal von Salzach und Inn vom Salzkammergut mit seinen Seen im Süden über das nördliche Alpenvorland mit den Mittelgebirgen Hausruck und Kobernaußer Wald, dem Innviertel, der Welser Heide und der Traun–Enns-Platte und die Donau mit dem Mühlviertel auf die Mittelgebirgsumrandung (Böhmerwald) des Böhmischen Beckens, zu der auch bereits der Sauwald südlich des Passauer Engtals der Donau gehört. Neben der gut entwickelten Landwirtschaft, dem nicht unbedeutenden Bergbau und dem Fremdenverkehr, besonders im Salzkammergut, weist das Land einige der bedeutendsten Betriebe der österreichischen Schwer-, Maschinen- und chemischen Industrie, namentlich in Linz und Steyr, aber auch weitere Industriezweige und große Wasserkraftwerke auf.

Niederösterreich, das größte Bundesland, das Wien umschließt, umfaßt im Süden die Nördlichen Kalkalpen, mit Wechsel und Buckliger Welt auch Ausläufer der Zentralalpen, davor die von Enns, Ybbs, Erlauf, Pielach und Traisen zerschnittenen Platten des Alpenvorlandes, nördlich der Drau Hochflächen und Mittelgebirge (Weinsberger Wald, Waldviertel, Weinviertel), zu denen auch der durch das Donau-Engtal der Wachau abgetrennte Dunkelsteiner Wald gehört. Unterhalb der Wachau durchfließt die Donau das Tiefland des Tullner Feldes, jenseits des Wienerwaldes das Wiener Becken mit dem Marchfeld. Neben Steiermark ist dieses Land Österreichs bedeutendstes Agrargebiet; es verfügt außerdem über Bodenschätze (Erdöl und Erdgas) und um Wien und im Alpenvorland über eine vielseitige Industrie.

Das kleine Burgenland als östlichstes Bundesland ist in der Mitte und im Süden hügeliges bis mittelgebirgiges (Günser Gebirge) Alpenvorland, im Norden, abgesehen vom Leithagebirge, Randgebiet der ungarischen Tiefebene mit dem Neusiedler See. Es kam nach dem Ersten Weltkrieg vor allem als Hauptversorgungsgebiet Wiens mit Agrarprodukten von Ungarn zu Österreich. Seine Wirtschaft ist weniger entwickelt als die anderer Bundesländer.

Die schweizerischen Kantone

Der zentrale und zweitgrößte Kanton Bern hat Anteil an allen drei Großlandschaften der Schweiz. Er reicht vom Fremdenverkehrsgebiet Berner Oberland über das traditionell agrarisch, jetzt zunehmend auch industriell strukturierte Mittelland mit dem Einzugsgebiet der oberen und mittleren Aare auf den Jura und darüber hinaus im Elsgau ins burgundische Hügelland.

Unterwalden, südlich des Vierwaldstätter Sees, gliedert sich in die Halbkantone Obwalden, das Flußgebiet der Sarner Aa und das Hochtal von Engelberg, und Nidwalden, das Südufer des Sees und das untere Tal der Engelberger Aa. In beiden Halbkantonen sind heute Industrie und Fremdenverkehr bedeutender als die ursprünglich bestimmende Landwirtschaft. Das gilt auch für Uri, das Einzugsgebiet der Reuss südlich des Urner Sees, und Schwyz, das sich in das Muotatal im Süden, den zentralen Talzug von Brunnen über den Ort Schwyz, den die Mythen überragen, nach Arth am Zuger See, die nach Norden gerichteten Täler von Wäggi und Sihl sowie das Tiefland der March am Zürichsee gliedert. Glarus, das Einzugsgebiet der Linth südlich des Walensees, zwischen Glärnisch, Tödi und Surenstock, ist dagegen ein altes Zentrum der Textilindustrie, heute auch anderer Industriezweige.

Graubünden, der größte und östlichste Kanton, umfaßt die Einzugsgebiete der Oberläufe von Rhein und Inn sowie Südtäler, die zu Tessin, Adda und Etsch gerichtet sind. Zwischen Rätikon, Silvretta, Ortlermassiv, Berninagruppe, Adula- und Glarner Alpen erstrecken sich zahlreiche, durch Pässe verbundene Tallandschaften, die z. T. klimatisch sehr begünstigt sind. Der Kanton gehört zu den am wenigsten industrialisierten der Schweiz, ist aber das führende Fremdenverkehrsgebiet.

Der Kanton Tessin gliedert sich in das Sopraceneri, das vom Fluß Tessin und seinen Zuflüssen entwässerte Gebiet der Tessiner Alpen bis zum Nordende des Lago Maggiore, und, jenseits der Paßschwelle des Monte Ceneri, das Sottoceneri beiderseits des Luganer Sees. Das sonnige, mittelmeerische Klima begünstigt den sehr umfangreichen Fremdenverkehr, auch die Landwirtschaft, die aber von der vielseitigen Industrie übertroffen wird.

Das Wallis ist das Einzugsgebiet der Rhône oberhalb des Genfer Sees mit den Berner Alpen im Norden und den Walliser Alpen, einem der höchsten Teile der Alpen, im Süden. Vor allem seine südlichen Nebentäler sind Schwerpunkte des Fremdenverkehrs. Die außerordentlich gewachsene Industrie (Metallerzeugung, chemische Industrie u. a.) hat die von der Natur im trockenen Rhônetal durchaus begünstigte Landwirtschaft (Obst- und Weinbau) überflügelt. Daneben ist das Wallis der führende Wasserkraftlieferant der Schweiz.

Wie Bern hat auch der Kanton Waadt Anteil am Jura mit dem Längstal des Vallée de Joux, dem hügeligen Mittelland zwischen Neuenburger und Genfer See und an den Alpen mit den Diablerets. Lebhafter Fremdenverkehr am Genfer See und in den Waadtländer Alpen, Landwirtschaft im Mittelland und eine vielseitige Industrie machen den Kanton zu einem der wohlhabendsten der Schweiz.

Der Kanton Freiburg umfaßt die Freiburger Alpen mit den Tälern von oberer Saane, Jaunbach und Sense mit Viehzucht und zunehmendem Fremdenverkehr, sowie hügeliges Mittelland mit Landwirtschaft und Industrie.

Im Norden des Kantons Luzern trennen sanfte Hügelzüge die breiten Talungen von Wigger, Suhr und Hallwiler Aa, den Süden bilden Ost- und Nordflanke des mittelgebirgigen Napf, die Tallandschaft Entlebuch und die Voralpenzone mit Brienzer Rothorn und Pilatus sowie das Ufer des Vierwaldstätter Sees mit starkem Fremdenverkehr. Der Kanton ist, abgesehen von einigen Städten, ein Bauernland, in dem die Industrie weniger stark vertreten ist als in den meisten Landesteilen.

Dagegen gehört der Aargau zu den am stärksten und vielseitigsten industrialisierten Kantonen, obwohl die Landwirtschaft im Mittellandanteil an Aare, unterer Reuss und Limmat sehr intensiv ist. Den Norden des Kantons bilden die Ketten und Tafeln des östlichen Jura mit dem Fricktal sowie das Südufer des Rheins.

Zug, einer der kleinsten Kantone, liegt beiderseits der Nordhälfte des Zuger Sees und um den Ägerisee und ist ein Übergangsgebiet zwischen Voralpen und Mittelland mit gut entwickelter Landwirtschaft, Industrie und mit Fremdenverkehr.

Der Kanton Zürich im Zentrum der Nordschweiz, der bevölkerungsreichste Kanton, reicht vom Fuß der Voralpen über die ganze Breite des Mittellands zum Hochrhein und im Zipfel von Rafz über das rechte Rheinufer hinaus. Die Höhenzüge des Albis, der Zürichsee und die Voralpenausläufer mit dem Hörnli im Osten unterbrechen das flachhügelige Mittelland, das trotz intensiver agrarischer Nutzung ganz – auch außerhalb des Ballungsgebietes Zürich – von der Industrie dominiert wird.

Der Thurgau südwestlich des Bodensees ist ein von der Thur und ihrem Nebenfluß Murg durchflossenes, fruchtbares und stark industrialisiertes Hügelland, das wie die folgenden Kantone zu dem traditionsreichen, inzwischen auch von anderen Industriezweigen mitgetragenen Textilindustriegebiet der Nordostschweiz gehört und im Süden auf die Voralpen übergreift.

Der Kanton Sankt Gallen umfaßt im Norden hügelige bis mittelgebirgige Ausläufer des Mittellandes, die an den Bodensee stoßen, im Osten das breite Rheintal und im Süden alpine Landschaften, u.a. das Toggenburg – das Tal der Thur – mit Säntis und Churfirsten, den Ostteil der Glarner Alpen sowie im Südwesten die Linthebene bis zum Zürichsee. Der Kanton, der außer einer z.T. von der Natur begünstigten Landwirtschaft auch viel Fremdenverkehr aufweist, umschließt das Gebiet von Appenzell, das sich gliedert in Innerrhoden mit dem Tal der oberen Sitter und dem Säntis und das im Westen und Norden anschließende Mittelgebirgsland von Außerrhoden. Es ist ein Land der Viehwirtschaft mit einer vielfach in Heimarbeit betriebenen Textilindustrie, besonders in Außerrhoden.

Der Kanton Schaffhausen umfaßt nahezu alle rechtsrheinischen Gebiete der Schweiz mit dem kleinen Mittelgebirge des Randen und dem fruchtbaren Reb- und Ackerland des Klettgaus. Besonders die Agglomeration der Stadt Schaffhausen ist stark industrialisiert.

Während der Halbkanton Basel-Stadt im wesentlichen das Gebiet der Stadt umfaßt, das in seiner Agglomeration noch weit über die Grenzen des Halbkantons ausgreift, ist Basel-Land in seinem Kernraum das Einzugsgebiet der Ergolz in der bewaldeten Plateaulandschaft des Jura. Im Süden schließen der Kettenjura mit Weidewirtschaft, im Nordwesten Ausläufer der Oberrheinebene an. Die Wirtschaft wird von der Industrie Basels, aber auch einer in fast allen Gemeinden entwickelten eigenen Industrie beherrscht.

Der Kanton Solothurn umfaßt bei sehr unregelmäßigem Grenzverlauf etwa gleichgroße Teile des Jura und des dichtbesiedelten, industriereichen Mittellandes und gehört zu den am stärksten und vielseitigsten industrialisierten Kantonen.

Neuenburg liegt ganz im Jura. Faltenzüge und zwischengelagerte Täler prägen das Landschaftsbild. Das Gebiet ist waldreich, am Seeufer klimabegünstigt, in den Hochtälern winterkälter als selbst in den Alpen und ein Viehzuchtgebiet mit vorherrschender Industrie, vor allem Uhrenproduktion.

Der kleine Kanton Genf umfaßt außer der Stadt und ihrer Agglomeration umliegende, intensiv landwirtschaftlich genutzte und dicht besiedelte Gebiete eines hügeligen Beckens zwischen Jura und Alpen.

Liechtenstein

Bei unserem Vergleich zwischen der Schweiz und Österreich wollen wir Liechtenstein nicht vergessen. Seit 1719 reichsunmittelbares Fürstentum, wurde Liechtenstein nach manchen Auffassungen bei der Aufhebung zahlreicher Kleinstaaten 1803 offenbar vergessen. Noch bis 1866 gehörte es zum Deutschen Bund. Seit dem gleichen Jahr kommt es ohne Militär aus. Seit 1833 war Liechtenstein Mitglied im österreichischen Zollverein. 1876–1918 gab es eine Zoll-, Währungs- und Steuerunion mit Österreich, an deren Stelle 1924 der Zoll- und Währungsanschluß an die Schweiz trat.

Das Fürstentum wird im Westen vom Alpenrhein, im Osten und Süden von den Bergen des Rätikon begrenzt. Hauptsiedlungszone ist der Ostteil der Rheinebene mit intensivem Anbau (Getreide, Obst, Wein), während die Gebirgslagen und Hochtäler, sofern sie nicht bewaldet sind, der Alpwirtschaft dienen.

Jura – der 23. Kanton?

Als der Wiener Kongreß 1815 den Anschluß des größten – im Jura gelegenen – Teils des ehemaligen Fürstbistums Basel an den Kanton Bern beschloß, legte er den Keim zu einem Konflikt, der in unserer Zeit zu einem der größten innenpolitischen Probleme der Schweiz werden sollte, zu ihrem »unbewältigten Minderheitenproblem«. Seit 1815 muß eine französischsprachige Volksgruppe, die nur etwa ein Siebentel der Bevölkerung des Kantons ausmacht und noch dazu in dessen von der Natur besonders wenig begünstigtem Randgebiet ansässig ist, mit einer Mehrheit zusammenleben, die es nicht selten an Rücksichtnahme auf die Minderheit fehlen ließ. Besonders im katholischen Nordjura kamen Schwierigkeiten religiöser Art und Kulturkämpfe hinzu. Wenn es trotz mancher Abtrennungstendenzen erst nach dem Zweiten Weltkrieg zu einem organisierten Separatismus kam und wenn bis heute trotz nunmehr deutlicher Bereitschaft der Mehrheit, die Minderheit sogar überproportional an der Regierung zu beteiligen und sie kulturell und wirtschaftlich zu fördern, noch keine Lösung erreicht wurde, so ist dies klar in der inneren Uneinigkeit der Jurassier begründet. Es gibt keinen einheitlichen frankophonen Jura. Deutlich zeigte dies z.B. eine Abstimmung am 5. Juli 1959 über die von der Separatistenorganisation Rassemblement Jurassien eingebrachte Gesetzesinitiative, die auf die Abtrennung des mehrheitlich französischsprachigen Kantonsteils hinzielte. Nicht nur der deutschsprachige »alte« Kantonsteil lehnte sie ab – auch im Jura selbst überwog mit 52% die Ablehnung. Von den sieben jurassischen Bezirken nahmen nur die drei katholischen im Nordjura (Delémont, Franches-Montagnes, Porrentruy) mit großer Mehrheit (66–76%) an, während die überwiegend protestantischen im Südjura (Courtelary, Moutier, La Neuveville) und das katholische, aber deutschsprachige Laufen ebenso deutlich (65–76%) verwarfen. Im Südjura, der trotz seiner Zugehörigkeit zum Bistum Basel bereits ab dem 14./15. Jahrhundert Beziehungen zu Bern hatte und von Bern gegen äußere Feinde, nicht selten sogar gegen seinen Landesherrn geschützt wurde, neigt man eher dazu, bei Bern zu bleiben, obwohl der Führer des Rassemblement, Roland Béguelin, südjurassischer Protestant ist und obwohl die von den Gegnern der Separation vorgebrachten Bedenken, daß ein Kanton Jura wirtschaftlich nicht lebensfähig sei, sicher übertrieben sind. Seit den im Frühjahr 1969 veröffentlichten Vorschlägen einer von Altbundesrat Petitpierre geleiteten Kommission scheint man sich einig zu sein, daß der Jura seine Zukunft selbst bestimmen muß, sei es als autonomer Teil von Bern, sei es als eigener Kanton des ganzen Juras oder auch nur des Nordjuras. Man schließt die Möglichkeit nicht aus, daß einzelne Bezirke oder Gemeinden an den Bezirksgrenzen eigene Wege gehen, Laufen sich etwa an Basel-Land oder an Solothurn anschließt.

Oben: Der Sankt-Gotthard-Paß gegen das Val Tremola

Die Bezwingung der Alpen

Es bedurfte jahrhundertelanger harter Arbeit, bis die Alpen ihren Charakter als trennende Schranke zwischen Mittel- und Südeuropa so weitgehend verloren, wie es heute der Fall ist. Aus Saumpfaden, einst nur zu Fuß oder mit Tragtierkolonnen zu bewältigen, wurden bequem befahrbare Autostraßen. Kühne Brücken und Tunnels erleichtern den Übergang, auch für die Eisenbahn (die Semmeringbahn wurde 1848–1854 erbaut), die mit Zahnradstrecken bis in entlegene Täler und auf hohe Gipfel reicht, Seilbahnen ergänzen das Netz der Verkehrswege. Besondere Probleme mußten gelöst werden, um den Betrieb auch im schneereichen Winter sicherzustellen. Es ist eine nicht hoch genug einzuschätzende Leistung der Alpenländer, dem Durchgangsverkehr zwischen Nord und Süd, der ihnen nur teilweise eigenen Nutzen bringt, den Weg gebahnt zu haben.

Von links nach rechts: Der Berninapaß, von Lawinenschnee freigelegt – Von einer Felswand abgehende Lawine – Jungfraujoch (3457 m), die höchstgelegene Bahnstation Europas

Rechts: Der Bocchetteweg in der Brentagruppe

Liechtenstein
(Fürstentum Liechtenstein)

Erbmonarchie mit Einkammerparlament und Wahlpflicht für alle über 20 Jahre alten Männer; keine Wehrpflicht; Zoll- und Währungseinheit mit der Schweiz; Auslandsvertretung durch die Schweiz; Hauptort Vaduz (4500 Ew.).

Fläche: 157 qkm – **Einwohnerzahl:** 23000 – **Bevölkerungsdichte:** 145 Ew./qkm – **Jährlicher Geburtenüberschuß:** 11,6‰ – **Bevölkerung:** Liechtensteiner (deutschsprachige Alemannen); 8500 Ausländer (über ein Drittel der Bevölkerung) – **Sprache:** Deutsch – **Religion:** Katholiken 92, Protestanten 7% – **Wichtige Ausfuhrgüter:** Vorwiegend Industriegüter (Maschinen, Instrumente, Chemikalien u. a.); ferner Getreide, Wein, Obst, Holz, Vieh

Die Landwirtschaft beschäftigt nur noch 8% der Erwerbstätigen gegenüber 45% in der Industrie, 15% im Baugewerbe und über 30% im tertiären Bereich. Während die Industrie früher vor allem Textilien erzeugte, dominiert heute die Metallverarbeitung (Maschinen, Meßgeräte, optische und Elektrogeräte), ferner chemische und keramische Industrie, Holzverarbeitung, Nahrungsmittel- und Lederindustrie. Große wirtschaftliche Bedeutung haben auch der Fremdenverkehr, der Handel mit Briefmarken und Liechtensteins Rolle als »Steuerparadies«, als formeller Sitz vieler Auslandsfirmen.

Liechtenstein, Schloß Vaduz ·
Von hier umfaßt der Blick den
Rhein und den Schweizer Ort Buchs.

Geschichtliche Vergleiche

Die Schweiz und Österreich sind Alpenländer, Kleinstaaten, Neutrale und was der Gemeinsamkeiten mehr sind, und sie sind doch ganz verschiedene, historisch gewachsene Individuen, deren Eigenart man am nächsten kommt, wenn man ihre Geschichte vergleichend betrachtet. Die Schweiz ist ein mehrsprachiger Bund kleiner selbständiger politischer Einheiten, Österreich der Rest eines zentral regierten Großreiches, der Donaumonarchie. Während die Schweiz seit Jahrhunderten ein neutraler Kleinstaat ist, war Österreich bis in unser Jahrhundert Ausgangspunkt und Träger mittel- und südosteuropäischer Großmachtpolitik.

Eine ungewöhnliche Nation ließ die Geschichte in der Schweiz entstehen: Auf kleinem Raum leben vier verschiedene Sprach- und Kulturgruppen, die das Bekenntnis zur gemeinsamen Geschichte, zu Toleranz, Freiheit, Demokratie und Bundesstaat eint und die bei aller Verschiedenheit mit jener selbstverständlichen Sicherheit auftreten, zu der sie sich durch die Stellung und das Wesen ihres Landes in Vergangenheit und Gegenwart berechtigt fühlen.

Seit der Eingliederung des Königreichs Burgund im 11. Jahrhundert gehörte die ganze heutige Schweiz zum Deutschen Reich. Das Land zerfiel in zahlreiche weltliche und geistliche Territorialherrschaften. Unter den weltlichen Feudalherren ragten die schwäbischen Herzöge von Zähringen hervor. Als das Geschlecht Anfang des 13. Jahrhunderts ausstarb, traten im Südwesten der heutigen Schweiz die Grafen von Savoyen in den Vordergrund, während im Nordosten die Grafen von Habsburg die beherrschende Stellung gewannen. Sie hatten weite Besitztümer in den heutigen Kantonen Zürich, Aargau und Thurgau und verwalteten als Vögte die Ländereien zahlreicher Klöster. Ihr Streben, die nordöstlichen Teile der Schweiz zum Zentrum ihrer Hausmacht zu machen, stieß rasch auf den Widerstand der einheimischen Bauern und Ritterschaften. Diese konnten sich darauf berufen, daß der letzte große Staufer, Kaiser Friedrich II., ihnen mit der Absicht, den Weg über den Gotthardpaß zu sichern, die Reichsfreiheit zugesichert und beurkundet hatte. Es war das Ziel der Leute in den »Waldstätten« Uri, Schwyz und Unterwalden, nur dem Kaiser Treue zu schulden, nicht tyrannischen Vögten unterworfen zu werden, und sich selbst zu verwalten. Im »Ewigen Bund« von 1291 schworen sie sich zu, einander »mit Leib und Gut« dazu beizustehen. Bald bewährte sich der Bund im Krieg. Am Morgarten über dem Ägerisee bezwangen die Eidgenossen 1315 das kaiserliche Heer und erstritten sich die erneute Anerkennung ihrer Reichsunmittelbarkeit. Rasch erweiterte sich nun die Eidgenossenschaft; Luzern, Zürich, Glarus, Zug und Bern traten bei und bildeten bis 1353 den Bund der »acht alten Orte«. In dieser Zeit begann im Ausland der Name eines der Urkantone – Schwyz – zur Sammelbezeichnung des Bundes freiheitsliebender Bauern, Stadtbürger und Adeliger zu werden.

Zur Weltmacht und zurück nach Österreich

Als der schweizerische Geschlecht der Habsburger mit Rudolf I. erstmals den deutschen König stellte und Rudolf 1278 nach fast dreihundertjähriger Herrschaft der Babenberger und einem kurzen böhmischen Zwischenspiel Österreich erwarb, berührte und verknüpfte sich die Geschichte der Schweiz und Österreichs, allerdings nur, um sich sogleich wieder auseinanderzuentwickeln.

Österreich wurde zum Grundstein der rasch wachsenden Hausmacht der Habsburger. Im 14. Jahrhundert wurde das Herzogtum auf fast das gesamte Ostalpengebiet ausgeweitet. Die Habsburger konnten ihren Hausbesitz besonders im 15. Jahrhundert vor allem durch kluge Heiratspolitik so vermehren (Ungarn, Böhmen, Mähren, Schlesien), daß ihre Stellung als stärkste Reichsfürsten unangefochten und die Kaiserwürde praktisch erblich wurde. Mit dem Erwerb Spaniens weitete sich der habsburgische Besitz zum Weltreich aus. Seine österreichischen Stammlande waren indessen zum Bollwerk Europas gegen die sich auf dem Balkan ausbreitende Macht der Türken geworden, deren Vordringen zweimal – 1529 und 1683 – vor Wien abgewiesen wurde.

Auch nach der Teilung des Geschlechts in eine spanische und eine österreichische Linie nach dem Tod Karls V. (1558), wobei letzterer die Anwartschaft auf die deutsche Königskrone und die Kaiserwürde zufiel, war die Basis für eine Großmachtpolitik gegeben. Als mit dem Ende des Dreißigjährigen Krieges Habsburgs Anspruch, als Vorkämpfer des Katholizismus im Zeitalter der Gegenreformation das Reich wieder zu einen, gescheitert war, als der Westfälische Friede 1648 die Souveränität der deutschen Staaten anerkannte und die Kaiserwürde nur noch formalen Rang hatte, nahm Österreichs Politik zunehmend reichsfremden Charakter an. Am Ende stand ein Vielvölkerstaat, der in der napoleonischen Zeit in eine tiefe Krise stürzte, die Franz II. veranlaßte, sich 1804 Kaiser Franz I. von Österreich zu nennen und 1806 die Kaiserwürde des Heiligen Römischen Reiches Deutscher Nation abzulegen.

Der Weg der Schweiz

Den Eidgenossen war es indessen gelungen, sich der Ausdehnungspolitik der Habsburger zu entziehen. 1386 hatten sie bei Sempach ein kaiserliches Ritterheer vernichtet. Nachdem sich 1388 auch die Glarner durch den Sieg bei Näfels behauptet hatten, erkannte Habsburg 1389 die Unabhängigkeit der Eidgenossenschaft an. Ein letzter Versuch Maximilians I., die Schweiz in seine Reichsreformpläne einzubeziehen, endete im »Schwabenkrieg« 1499 mit einer neuen Niederlage, die praktisch die endgültige Lösung der Eidgenossen vom Reich bedeutete, auch wenn diese erst 1648 im Westfälischen Frieden formell besiegelt wurde. Durch die Aufnahme von Freiburg, Solothurn (1481), Basel, Schaffhausen (1501) und Appenzell formte sich bis 1513 die Eidgenossenschaft der »13 alten Orte«, die schon fast das heutige Gebiet der Schweiz umfaßte, z. T. allerdings noch als von den souveränen Kantonen beherrschte sogenannte Untertanenländer, z. T. als in loserer Form verbündete »zugewandte Orte«. Die Eidgenossenschaft hatte sich besonders in Kämpfen gegen Burgund, Savoyen und Mailand geformt. In diese Zeit fällt auch der einzige Versuch, von schweizerischem Boden aus eine Art Großmachtpolitik zu treiben, getragen von dem Walliser Kirchenfürsten Matthias Kardinal Schiner, dem Bischof von Sitten. Der Versuch endete 1515 in der Niederlage von Marignano bei Mailand gegen die Franzosen.

Die Eidgenossenschaft hielt zusammen, obwohl sie in der Reformationszeit konfessionell gespalten wurde. Zwingli führte die Reformation in Zürich ein, Calvin und Farel in Basel, Bern, Genf, Neuenburg und der Waadt. Während Appenzell, Glarus und Sankt Gallen konfessionell gemischt waren, hielten die Waldstätte, Luzern, Zug, Freiburg und Solothurn am Katholizismus fest.

Auch die politische Struktur der einzelnen Kantone entwickelte sich unterschiedlich. Waren die »alten Orte« ursprünglich demokratisch verfaßt gewesen, so entwickelten sich im 16. und 17. Jahrhundert in Zürich, Basel und Schaffhausen Zunftaristokratien, in Bern, Freiburg, Solothurn und Luzern Herrschaften bevorrechtigter, meist grundbesitzender städtischer Geschlechter. Aufstände von Bauern, Verschwörungen und Familienkämpfe erschütterten die Länder, Reformpläne kamen auf, besonders nach der Französischen Revolution, gelangten jedoch nicht mehr zur Ausführung, denn unter dem Angriff Napoleons brach die alte Eidgenossenschaft 1797/98 zusammen.

Der neu entstehenden Helvetischen Republik wurde die zentralistische Verfassung eines Einheitsstaates aufgezwungen. Doch wurde schon 1803 durch die Mediationsakte die Eidgenossenschaft als Staatenbund von jetzt 19 Kantonen (nunmehr wurden auch Sankt Gallen, Graubünden, Aargau, Thurgau, Tessin und Waadt souveräne Kantone) wiederhergestellt. Nachdem 1815 auch Wallis, Neuenburg (das gleichzeitig noch für einige Jahrzehnte preußischer Besitz blieb) und Genf beigetreten waren, wurde der Schweiz im 2. Pariser Frieden die Anerkennung ihrer dauernden Neutralität und der Unverletzlichkeit ihres Territoriums völkerrechtlich zugestanden. Bald aber stürzte das Land durch den erzwungenen Beitritt zur Heiligen Allianz, der zu Einschränkungen der Pressefreiheit und des Asylrechts führte, in eine neue Krise, die sich einerseits 1830/31 in Verfassungskämpfen äußerte, nach denen zwölf Kantone demokratische Verfassungen mit Volkssouveränität, Rechtsgleichheit, Gewaltentrennung und Beschränkung kirchlicher Einflüsse annahmen, sich der Kanton Basel spaltete, und andererseits die überwiegend katholischen und konservativen Kantone einen Sonderbund schlossen, der erst durch einen inneren Krieg, den Sonderbundskrieg von 1847, aufgelöst wurde. 1848 kam dann eine liberale Bundesverfassung zustande, die dem Bund Befugnisse für Post, Münze, Maß, Gewicht und Zölle gab, im übrigen aber die Souveränität der Kantone unangetastet ließ. Eine Verfassungsrevision von 1874 brachte gewisse rechtliche Vereinheitlichungen (besonders Handelsrecht) und die Möglichkeit, die Bundesbefugnisse durch Volksabstimmungen zu erweitern, wovon bis in die Gegenwart relativ sparsam Gebrauch gemacht wurde.

Obwohl es immer wieder zu diplomatischen Schwierigkeiten kam, weil die neutrale Schweiz allen politischen Flüchtlingen Asyl gewährte, festigte sich ihre internationale Stellung und Bedeutung. Das war zum einen darin begründet, daß sie sich als Insel des Friedens aus den Kriegen des 19. und 20. Jahrhunderts heraushalten konnte und wirtschaftlich immer mehr aufblühte, zum anderen aber darin, daß internationale Einrichtungen hier ihren Sitz nahmen, zuerst das Internationale Komitee vom Roten Kreuz und der Weltpostverein, nach dem Ersten Weltkrieg der Völkerbund, nach dem Zweiten Weltkrieg mehrere, z. T. vom Völkerbund übernommene, z. T. neu geschaffene Organisationen der Vereinten Nationen. Obwohl sich die Schweiz bis heute nicht zum Beitritt in die UNO entschließen konnte, arbeitet sie in allen internationalen Vereinigungen mit. Sie ist nicht nur Gastgeber der Abrüstungskonferenzen der UNO und zahlreicher anderer internationaler Friedenskonferenzen, sondern hat auch direkt in vielen Konfliktfällen ihre guten Dienste geleistet.

Schweiz
(Schweizerische Eidgenossenschaft, Confoederatio Helvetica, Suisse, Svizzera, Svizzra)

Bundesstaat mit Zweikammerparlament und Kollegialregierung, allgemeinem Wahlrecht und Wehrpflicht; Hauptstadt Bern (162000 Ew., mit Vororten 264000 Ew.).

Fläche: 41288 qkm – **Einwohnerzahl:** 6,42 Mill. (davon rund 55% städtische Bevölkerung) – **Bevölkerungsdichte:** 153 Ew./qkm – **Jährlicher Geburtenüberschuß:** 5,7‰ – **Größere Städte:** Zürich (422000 Ew., mit Vororten 675000 Ew.), Basel (213000 Ew., mit Vororten 373000 Ew.), Genf (173000 Ew., mit Vororten 321000 Ew.), Lausanne (140000 Ew., mit Vororten 226000 Ew.), Winterthur (mit Vororten 106000 Ew.) – **Bevölkerung:** Schweizer; über 1 Mill. Ausländer – **Sprache** (Schweizer Bürger): Deutsch 75, Französisch 20, Italienisch 4, Rätoromanisch 1% – **Religion** (Schweizer Bürger): Protestanten 55, Katholiken 43%; 20000 Juden – **Wichtige Ausfuhrgüter:** Maschinen und Apparate (über 40% des Exportwertes), Chemikalien, Kunststoffe und Pharmazeutika (17%), Textilien und Bekleidung (10%), Nahrungs- und Genußmittel (10%)

Österreichs Weg in die Gegenwart

Österreich mußte noch durch viele Krisen und Katastrophen gehen, ehe es ihm in einer Sternstunde der Geschichte gelang, zu einer ähnlichen Stellung wie die Schweiz zu kommen.

Metternich war es auf dem Wiener Kongreß und durch den Abschluß der Heiligen Allianz noch einmal gelungen, nach der durch Napoleon bewirkten Erschütterung Österreichs Stellung als europäische Großmacht zu festigen. Während aber Preußen die Donaumonarchie durch den Krieg von 1866 zum Ausscheiden aus dem Deutschen Bund zwang, während 1859 und 1866 die meisten Besitzungen in Italien verlorengingen, erschütterten seit 1848/49 die Nationalbewegungen den Staat. 1867 gelang zwar der Ausgleich mit den Madjaren, als die Doppelmonarchie Österreich-Ungarn geschaffen wurde, doch konnten oder wollten weder die Deutschnationalen im österreichischen Landesteil noch insbesondere die Madjaren die Wünsche der slawischen Nationalitäten nach größeren Rechten in einem föderativ neugeordneten Staat befriedigen. Daraus entstanden auch außenpolitische Konflikte im Zusammenstoß mit der panslawistischen Politik Rußlands und der serbischen Großmachtpolitik. Diese aus den österreichischen Nationalitätenproblemen erwachsenden Konflikte wurden zum Auslöser des Ersten Weltkriegs, in dem die Österreichisch-Ungarische Monarchie zerbrach. An seinem Ende sah sich Österreich auf den größeren Teil seiner deutschsprachigen Gebiete (ohne die Sudetenländer und Südtirol) reduziert. Die deutschsprachigen Abgeordneten des Reichsrats riefen die Republik aus.

Die meisten Österreicher glaubten zunächst, die Zukunft ihres Staates im Anschluß an das Deutsche Reich suchen zu sollen, doch unterbanden die Alliierten im Friedensvertrag von Saint-Germain 1919 diese Bestrebungen. In dem anfangs von allen Parteien getragenen Staat glaubte niemand an seine Überlebensfähigkeit. Arbeitslosigkeit, Inflation und Hungersnot vertieften innere Gegensätze. Als nach der nationalsozialistischen Machtergreifung in Deutschland und dem Erstarken der Nationalsozialisten in Österreich der Anschlußgedanke immer drängender wurde, glaubte die herrschende christlichsoziale Partei die Unabhängigkeit nur durch die Ausschaltung des Parlaments und der Parteien sichern zu können, doch konnte sich der autoritäre Ständestaat, der versuchte, sich an Italien anzulehnen, nur noch wenige Jahre behaupten. Hitlers Einmarsch und der Anschluß Österreichs an das Deutsche Reich 1938 wurde von der überwältigenden Mehrheit der Bevölkerung gebilligt. Die Stimmung schlug jedoch rasch um. Die Erfahrungen der Anschlußperiode ließen endlich Ansätze eines österreichischen Nationalbewußtseins und eine Widerstandsbewegung gegen den Nationalsozialismus entstehen, die sich auf die Eigenstaatlichkeit vorbereitete. In gemeinsamer KZ-Haft fanden Sozialisten und Christlichsoziale zusammen. Gemeinsam, unter dem Zwang der Lage, trugen die großen Parteien SPÖ und ÖVP das Land, als es nach der Niederlage des Deutschen Reiches neu entstehen konnte, weil es von den Alliierten als Opfer der deutschen Expansion anerkannt wurde, seinen Wiederaufbau und den Weg zum Staatsvertrag von 1955, der dem Land nach zehnjähriger Aufteilung in Besatzungszonen die Souveränität gab.

Grundpfeiler der Wirtschaft: Industrie, Landwirtschaft und Fremdenverkehr

Während die Schweiz als ein sehr altes, traditionsreiches Industrieland, auch und gerade in Gebirgskantonen wie Glarus und im Jura, anzusprechen ist und schon lange nur noch am Rande als Land der Bauern und Senner, muß Österreich als bis in die nahe Vergangenheit stark agrarisches Land mit in den meisten Gebieten relativ junger Industrialisierung gelten. Dem widerspricht die Tatsache nicht, daß die Eisenwerke der Steiermark 1767 fast ebensoviel Roheisen erzeugten wie jene Englands und daß es in Eisen- und Holzverarbeitung, Textilerzeugung und anderen Zweigen sehr alte gewerbliche Traditionen gibt. Während in der Schweiz bereits 1880 die Zahl der in der Industrie Tätigen jene in der Landwirtschaft beträchtlich überstieg, war sie in Österreich noch 1934 kleiner als die Zahl der landwirtschaftlich Erwerbstätigen. Erst die deutsche Besetzung (1938–1945) erweiterte das Industriepotential entscheidend, doch war die Industrialisierung einseitig kriegswirtschaftlich orientiert (Energie- und Rohstoffproduktion, Schwerindustrie) und wurde durch Bombenzerstörungen und Demontagen teilweise wieder rückgängig gemacht.

Wenn die Schweiz als eines der von Natur ärmsten Länder – sie besitzt außer der Wasserkraft kaum Rohstoffe – zu einem der nach Lebensstandard und Pro-Kopf-Einkommen wohlhabendsten wurde, so war dafür nicht allein die lange Friedenszeit die Voraussetzung. Freiheit und Not – diese beiden Faktoren stellt ein Kenner der schweizerischen Wirtschaftsgeschichte als die Triebfedern der Entwicklung heraus. Dabei waren diese beiden »Güter« natürlich ungleichmäßig auf die Volksschichten verteilt. Schon immer hatte kaum einer der Kantone seine Landeskinder aus dem Ertrag des eigenen Bodens ernähren können, schon immer war es nötig, nicht nur Getreide und Salz, sondern auch fast alles zu importieren, was ein bescheidener Luxus erforderte. Als Ausgleich galt es, für den entsprechenden Export aufzukommen. Das Gewerbe war frei, und die Not sorgte für die entsprechenden Arbeitskräfte, von denen nur ein Teil in den Städten tätig wurde, die meisten dagegen eine (Heim-)Arbeit suchten und fanden, die es ihnen gestattete, nebenher den kleinen bäuerlichen Hof weiter zu bewirtschaften. Die Nordostschweiz um Sankt Gallen erzeugte aus Flachs Leinen, später bereitete sie eingeführte Rohbaumwolle

Pulverhorn, Österreich

Votivfiguren, Wallis

Gewundenes Alphorn, Schweiz

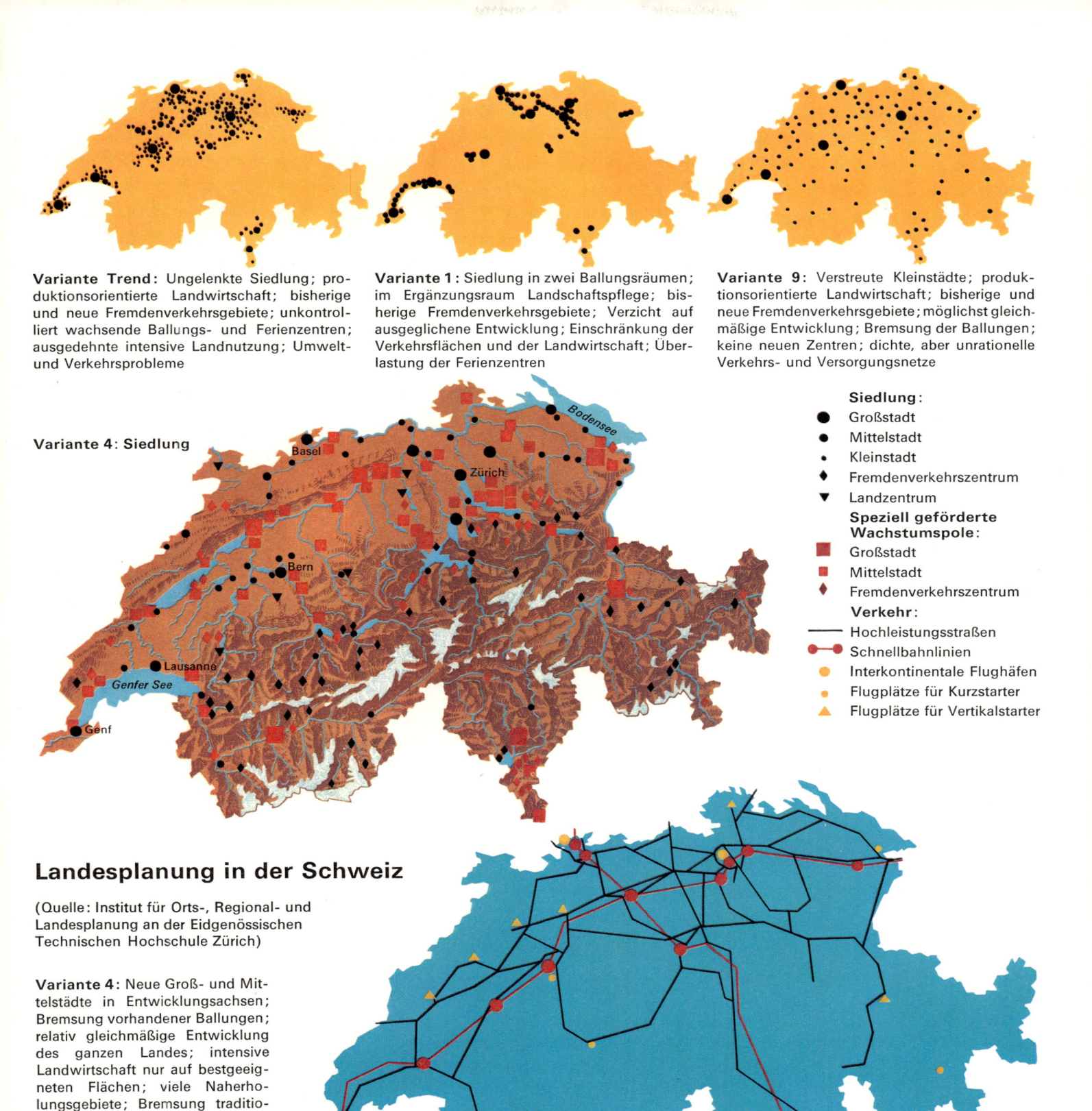

Variante Trend: Ungelenkte Siedlung; produktionsorientierte Landwirtschaft; bisherige und neue Fremdenverkehrsgebiete; unkontrolliert wachsende Ballungs- und Ferienzentren; ausgedehnte intensive Landnutzung; Umwelt- und Verkehrsprobleme

Variante 1: Siedlung in zwei Ballungsräumen; im Ergänzungsraum Landschaftspflege; bisherige Fremdenverkehrsgebiete; Verzicht auf ausgeglichene Entwicklung, Einschränkung der Verkehrsflächen und der Landwirtschaft; Überlastung der Ferienzentren

Variante 9: Verstreute Kleinstädte; produktionsorientierte Landwirtschaft; bisherige und neue Fremdenverkehrsgebiete; möglichst gleichmäßige Entwicklung; Bremsung der Ballungen; keine neuen Zentren; dichte, aber unrationelle Verkehrs- und Versorgungsnetze

Variante 4: Siedlung

Siedlung:
- ● Großstadt
- ● Mittelstadt
- · Kleinstadt
- ♦ Fremdenverkehrszentrum
- ▼ Landzentrum

Speziell geförderte Wachstumspole:
- ■ Großstadt
- ■ Mittelstadt
- ♦ Fremdenverkehrszentrum

Verkehr:
- — Hochleistungsstraßen
- —•— Schnellbahnlinien
- ● Interkontinentale Flughäfen
- ● Flugplätze für Kurzstarter
- ▲ Flugplätze für Vertikalstarter

Landesplanung in der Schweiz

(Quelle: Institut für Orts-, Regional- und Landesplanung an der Eidgenössischen Technischen Hochschule Zürich)

Variante 4: Neue Groß- und Mittelstädte in Entwicklungsachsen; Bremsung vorhandener Ballungen; relativ gleichmäßige Entwicklung des ganzen Landes; intensive Landwirtschaft nur auf bestgeeigneten Flächen; viele Naherholungsgebiete; Bremsung traditioneller und Ausbau neuer Fremdenverkehrsgebiete; rechtlich gut gesicherter Landschaftsschutz; lineare Struktur der Transport- und Versorgungsnetze; Maßnahmen zur Verhinderung der Abwanderung aus Randgebieten

Variante 4: Verkehr

Das Institut für Orts-, Regional- und Landesplanung der ETH Zürich hat 1972 »Landesplanerische Leitbilder« vorgelegt, die Grundlagen für Planungsentscheidungen bieten sollen. Dabei wurden der bei ungelenkter Besiedlung zu erwartende Trend und neun Planungsvarianten dargestellt. Hier sind die Siedlungsverteilung der Variante Trend und der extremen Varianten 1 und 9 (oben) und ausführlich die ausgewogene Variante 4 wiedergegeben. Da die Raumplanung Aufgabe der Kantone ist und der Bund nur – im Rahmen der allgemeinen Gesetzgebung – Hinweise geben kann, wird es entscheidend darauf ankommen, ob in den Kantonen die Notwendigkeiten der Zukunft gesehen werden.

Markt vor Mozarts Geburtshaus

Rechts: Der nächtlich erleuchtete Residenzplatz

Salzburg mag vielen als ein typisches Stück Altösterreichs erscheinen. Dabei ist es erst etwa 170 Jahre her, daß Stadt und Land Salzburg aus den Händen der Fürsterzbischöfe an Habsburg bzw. Österreich kamen, sieht man von einem kurzen bayerischen Zwischenspiel 1810–1816 ab. Salzburg ist auch unter den zehn größten Städten Österreichs diejenige, deren Bevölkerung zwischen 1961 und 1971 am stärksten wuchs, was nicht eine Folge kräftiger Industrialisierung war, sondern vor allem dem Aufschwung von Handel, Gewerbe und Fremdenverkehr zu danken ist. Waren es in den Jahrhunderten vor der Säkularisation die vom Domkapitel aus aller Herren Ländern gewählten Fürsterzbischöfe, die nicht nur in der Feste Hohensalzburg eine der größten vollständig erhaltenen Burgen Mitteleuropas hinterließen, sondern auch aus ihren Heimatländern Künstler, Wissenschaftler und Beamte mitbrachten und der Stadt die maßgeblichen Impulse gaben, so sind es seit 1920 die Festspiele, die den heutigen Ruf der Stadt begründen.

Festspielmetropole Salzburg

Blick auf die Feste Hohensalzburg

Barocke Steinplastik im Mirabellgarten

auf; in Zürich und dann in Basel verarbeiteten reformierte Glaubensflüchtlinge aus Locarno Seide und Baumwolle, und in Genf gründeten französische Hugenotten das Uhrengewerbe. Eine besondere Stellung erreichte aber der sehr arbeitsintensive Zweig der Stickerei. Hauptexportgut aber blieben lange die Söhne des Landes, die als Söldner in fremde Kriegsdienste traten. Darin wurde nur insofern etwas Anstößiges gesehen, als immer wieder die Gefahr bestand, daß sich Schweizer gegenseitig zur Ader ließen, so etwa, als im Spanischen Erbfolgekrieg bei Malplaquet das »französische« Schweizerregiment des Berners May und das »holländische« Schweizerregiment des Berners Stürler einander fast aufrieben. Erst als die aufblühende Industrie die Arbeitskräfte nicht mehr entbehren konnte, wurde im 19. Jahrhundert die »Reisläuferei« verboten.

Neben der Textilindustrie in der Nordostschweiz und in den großen Städten war es das Uhrengewerbe, das zu einem typischen Zweig der schweizerischen Industrie wurde. Ob es aus Genf von den Hugenotten in den Jura getragen wurde oder ob es – wie die Legende es will – dort dadurch entstand, daß in dem Dorf La Sagne bei Le Locle 1679 der vierzehnjährige Schmiedelehrling Daniel-Jean Richard mit technischem Sachverstand die Uhr eines durchreisenden Pferdehändlers reparierte, bald seine erste eigene Uhr baute und damit das Gewerbe gründete, ist belanglos; es wurde jedenfalls rasch wichtig für das ganze ausgedehnte arme Bergland des Jura.

Ende des 18. Jahrhunderts konnte die Schweiz wohl schon als das am stärksten industrialisierte Land des europäischen Festlands gelten, wobei die höchste Intensität nicht etwa in einem der Stadtkantone, sondern in dem entlegenen ländlichen Gebirgsland Glarus lag. Dort trat, als die ersten Textilmaschinen die Handweberei und -spinnerei unrentabel machten, die Stoffdruckerei besonders in den Vordergrund.

Das 19. Jahrhundert ist dann durch das Aufkommen von Folgeindustrien bestimmt. Seit 1805 baute Hans Caspar Escher in Zürich englische Spinnmaschinen nach. Aus dem Bau von Textilmaschinen entwickelten sich fast alle Zweige des vielseitigen schweizerischen Maschinenbaus. Ähnlich war es mit der chemischen Industrie, deren Wurzel der Bedarf der Textilfabriken an Farbe war, und dem Bankgewerbe, das zunächst den Textilhandel finanzierte.

Wichtig aber wurde für die Entwicklung der Schweizer Wirtschaft zweierlei: Da ist zum einen die sprichwörtliche Qualität und Präzision ihrer Arbeit, zum anderen aber die Tatsache, daß trotz aller Ausbeutung der Arbeitskraft Fabrikherren und Kantone und nach der Verfassungsrevision von 1874 auch der Bund Wege fanden, aus dem Volk heraus (d. h. durch Referendum) noch vor Bismarcks Sozialgesetzgebung Gesetze zur sozialen Sicherung und zu sozialem Schutz zu schaffen.

Im ganzen bietet die Schweizer Wirtschaft heute folgendes Bild: Die Industrie beschäftigt rund 36% der Erwerbstätigen. Sie ist sehr vielfältig, wobei arbeitsintensive Veredlungs- und Qualitätsprodukte überwiegen. Nach der Zahl der Beschäftigten sind die wichtigsten Industriezweige: Maschinen-, Apparate- und Fahrzeugbau mit drei Zehnteln der Erwerbstätigen, Textil-, Bekleidungs- und Schuhindustrie einerseits sowie Metallerzeugung und -verarbeitung andererseits mit je einem Siebentel der Beschäftigten, ferner Chemisch-Pharmazeutische Industrie, Uhren- und Schmuckerzeugung, Nahrungs- und Genußmittelindustrie, graphisches Gewerbe und Holzverarbeitung. Die Bodenschätze sind mit Ausnahme von Salz und bescheidenen Mengen von Eisen- u. a. Erzen nicht abbauwürdig. Die Energieversorgung beruht auf importierten Brennstoffen sowie hinsichtlich der Elektrizitätserzeugung fast ausschließlich auf den reichen eigenen Wasserkräften, die 98% des elektrischen Stroms liefern. Die Elektrizitätserzeugung ermöglicht einen Exportüberschuß von 15% der Produktion.

Das Holzaufkommen der Wälder (23,9% der Fläche) reicht für den Eigenbedarf des Landes nicht aus, da die Wälder großenteils aus klimatischen und wasserwirtschaftlichen Gründen als Schutzwälder dienen.

Nur knapp 7,5% der Erwerbstätigen sind in der Landwirtschaft beschäftigt. Diese nutzt 6,7% der Fläche als Acker- und Rebland, 19,4% für den Futterbau und 26% als Alpweiden. 77% ihres Produktionswerts entfallen auf die Viehzucht, davon allein 32% auf die Milchproduktion. Die Landwirtschaft vermag insgesamt 55–60% des Nahrungsmittelbedarfs zu decken. Dabei ist die Schweiz bei Getreide, Zucker und Fetten zu rund 80% auf Einfuhren angewiesen, während sie sich bei Fleisch, Milch, Käse, Butter und Kartoffeln fast völlig, bei Gemüse, Obst und Eiern weitgehend selbst versorgt und teilweise Exportüberschüsse erzielt.

Etwa 12% der Beschäftigten arbeiten im Baugewerbe und rund 44% im sogenannten tertiären Bereich, der Handel, Banken, Versicherungen, Verkehr, Gastgewerbe, öffentliche und private Dienste umfaßt. Dieser erhebliche Prozentsatz ist für ein hochentwickeltes Wirtschaftssystem wie das schweizerische kennzeichnend.

In der Schweiz sind – jahreszeitlich etwas schwankend – 0,6–0,7 Millionen ausländische Arbeitskräfte tätig. Das ist etwa ein Viertel aller Beschäftigten. Davon sind über die Hälfte Italiener. In der Industrie beträgt der Ausländeranteil an der Arbeiterschaft 36%.

Die große Zahl von ausländischen Arbeitskräften – einschließlich der Familienangehörigen übersteigt die Zahl der Ausländer 1 Million, fast ein Sechstel der Wohnbevölkerung! – hat bei den Schweizern Sorgen ausgelöst, die um das Schlagwort von der »Überfremdung« kreisen. Zwar hat die Bevölkerung eine von der sogenannten Nationalen Aktion eingebrachte Gesetzesinitiative, durch die in vier Jahren der Ausländeranteil in allen Kantonen (außer Genf) auf 10% begrenzt werden sollte, mit 54% verworfen, doch verheißt das Problem für die Zukunft noch viele Schwierigkeiten.

Der gute Zustand des dichten Straßen- und des fast voll elektrifizierten Eisenbahnnetzes ist auch dem Fremdenverkehr zu verdanken. Der Flughafen von Zürich in Kloten hat hohen internationalen Rang, die Flughäfen von Genf, Basel und Bern stehen demgegenüber zurück. Der Rhein hat als Binnenschiffahrtsweg im Gegensatz zur Rhône erhebliche Bedeutung, obwohl Basel der einzige bedeutende Hafen ist. Der Fremdenverkehr bildet die Grundlage für einen großen Teil des Volkseinkommens und gleicht einen erheblichen Teil des Zahlungsbilanzdefizits aus, denn 60% der Übernachtungen entfallen auf Auslandsgäste.

In Österreich beschäftigen Industrie und verarbeitendes Gewerbe etwa 35% der Erwerbstätigen. Nach der Beschäftigtenzahl sind die wichtigsten Zweige: Textil-, Bekleidungs- und Schuhindustrie sowie Maschinen- und Fahrzeugbau mit Elektrotechnik mit je einem Fünftel der Beschäftigten, Metallerzeugung und -verarbeitung, Nahrungs- und Genußmittelindustrie sowie Holzverarbeitung mit Papiererzeugung mit je einem Sechstel bis einem Achtel.

Der seit alten Zeiten bedeutende Bergbau beschäftigt noch rund 1,5% der Erwerbstätigen. Er fördert ansehnliche Mengen Eisenerz, Erdöl und Erdgas, Graphit, Magnesit (dritter Platz in der Weltförderung), Mangan-, Zink-, Blei- und Kupfererze sowie Salz, keramische Rohstoffe, ferner Antimon, Wolfram und andere Güter. Der Steinkohlenabbau ist ganz aufgegeben, der Braunkohlenabbau ist eingeschränkt worden. Ein nicht unerheblicher Teil der Bergbauprodukte wird exportiert. Das dem Bergbau angeschlossene österreichische Eisenhüttenwesen erlangte Weltgeltung durch die Entwicklung des LD-Verfahrens (benannt nach den Produktionsstätten Linz und Donawitz).

Österreich verfügt durch seine Gebirgsbäche und Flüsse über ein sehr hohes Potential an Wasserkraft, das bisher allerdings nur zu 40–50% durch Kraftwerke ausgenutzt wird (Schweiz: 80–90%!). Seinen Energiebedarf kann das Land zu 70% aus eigenen Quellen decken, und zwar durch Wasserkraft (44%), Erdöl und Kohle (beide zusammen etwa 26%). Das bestehende Energiedefizit von 30% wird durch Kohle- und Erdölimporte ausgeglichen.

Österreich gehört zu den waldreichsten Ländern Europas (38% der Landesfläche) und kann Holz und Holzprodukte in beachtlichem Umfang exportieren.

Die Landwirtschaft beschäftigt noch immer annähernd ein Fünftel der Erwerbstätigen. Sie nutzt 20% der Landesfläche für Acker-, Obst- und Weinbau, 12% als Wiesen und 15% als Weiden und Almen. Ihr Anteil am Bruttosozialprodukt ist trotz Leistungssteigerungen auf 8% zurückgegangen. Ertragreichster Betriebszweig ist die Viehzucht, wenn auch nicht ganz so ausgeprägt wie in der Schweiz (zwei Drittel des Produktionswertes). Die Landwirtschaft deckt über 80% des österreichischen Nahrungsmittelbedarfs. Eingeführt werden müssen vor allem pflanzliche Fette und Futtergetreide, Exportüberschüsse gibt es besonders bei Zucker, Rindfleisch, Käse und Butter. Etwa 8% der Beschäftigten arbeiten im Baugewerbe, 40% der Erwerbstätigen arbeiten auch hier (wie in der Schweiz) im tertiären Bereich.

Ein Problem ausländischer Arbeitskräfte gibt es in Österreich noch nicht. Ihre Zahl liegt mit etwa 70 000 niedriger als die Zahl der im Ausland tätigen Österreicher und übersteigt kaum 2% aller Beschäftigten. Trotzdem kann auch in Österreich von Vollbeschäftigung gesprochen werden.

Eisenbahn- und Straßennetz sind ähnlich hervorragend wie in der Schweiz. Der bedeutendste Flughafen ist Schwechat bei Wien. Die Donau hat als Binnenschiffahrtsstraße insgesamt nur relativ bescheidene Bedeutung, vor allem solange der Anschluß an das westdeutsche Kanalnetz durch die Verbindung vom Main zur Donau noch nicht fertiggestellt ist.

Im Fremdenverkehr, der 80–90% des Einfuhrüberschusses ausgleicht, ist der Anteil der Auslandsgäte an den Übernachtungen mit über 70% noch größer als in der Schweiz.

Große Städte in kleinen Staaten

Ein wesentlicher Unterschied zwischen der Schweiz und Österreich liegt darin, daß die Schweiz mehrere fast gleichrangige Zentren – Bern, Zürich, Basel und Genf – hat, Österreich aber »nur« Wien. Während Zürich als größte Stadt der Schweiz weniger als 7% ihrer Bewohner beherbergt, selbst mit allen Vororten knapp 12%, lebt in Wien über ein Fünftel aller Österreicher. Keiner wird sagen können, daß Bern, Basel und Genf im Schatten Zürichs stünden, während die etwa gleich großen Städte Graz und Linz nur regionale Zentren sind und allenfalls das kleine Salzburg aufgrund seiner Lage und seiner besonderen kulturellen Bedeutung eine Sonderstellung einnimmt.

Zürich ist stets der Träger des wirtschaftlichen Fortschritts in der Eidgenossenschaft gewesen. Es ist ihr bedeutendster Industriestandort, vor allem aber das Zentrum des Finanzwesens – der Banken und Versicherungen – und des Handels. So war es seit alters. Selten nur hat Zürich jene Großmachtambitionen innerhalb der Schweiz gezeigt, wie sie Bern immer wieder auf-

Österreich, Wien ·
Blick vom Leopoldsberg
auf die Donaubrücken
und die im Norden des Stromes
gelegenen Stadtgebiete.

wies, dessen Macht zeitweise vom Rheinufer bis zur Waadt, ja ins savoyische Chablais südlich des Genfer Sees reichte. Die heutige Bundeshauptstadt hat sich stets als politische Führerin der Eidgenossenschaft verstanden; als sie diese Funktion nicht so wahrnehmen konnte, wie es ihr vorschwebte, wandte sie sich anderen Aufgaben zu. So hielt sie sich z. B. im 15. und beginnenden 16. Jahrhundert, als der Sinn der Innerschweizer auf Landerwerb und Einfluß im italienischen Norden gerichtet war, von diesen fern und eroberte gleichzeitig fast die ganze Westschweiz oder zog sie an den Bund heran. In Bern herrschten bis 1831 stets landbesitzende Aristokraten, die sich fast mehr als Großbauern denn als Städter fühlten. Und heute noch ist die Rolle der Industrie für die Stadt geringer als in den anderen Großstädten. Die Verwaltungsfunktion prägt ihr Bild und Wesen.

Wieder anders Basel: ebenfalls eine alte Handels- und Gewerbestadt, aber gezeichnet durch die Lage im Grenzbereich der Eidgenossenschaft zu Frankreich und Deutschland. Macht interessierte die reichen Basler Familien stets weniger als Geld. Stärker als in anderen großen Städten waren sie auch bereit, zugewanderte Familien aus dem näheren Umland, dem Elsaß oder Schwarzwald, und Flüchtlinge, vor allem protestantische Glaubensflüchtlinge aus Holland, Flandern, Frankreich, in ihren Kreis aufzunehmen, wenn sie nur genug Geld mitbrachten. Noch heute ist Basel besonders auf den Außenhandel orientiert, auch mit seinen führenden Industriezweigen, dem Maschinen- und Apparatebau und der Chemisch-Pharmazeutischen Industrie. Ein bedeutender Zug baslerischen Wesens war auch seine Gelehrsamkeit; seine Universität, an der seit Erasmus von Rotterdam viele große Geister aus zahlreichen Ländern, aber immer wieder auch namhafte Vertreter der Stadt lehrten, ist die älteste der Schweiz.

Genf schließlich ist die kosmopolitischste der schweizerischen Großstädte, nur ganz am Rande schweizerisch, so wie es schon seine isolierte Lage andeutet. Manche Beobachter bezeichnen diese Stadt mehr als das bedeutendste Kulturzentrum des frankophonen Bereichs nach Paris denn als den Vorort der Westschweiz (diese Rolle kommt wohl eher Lausanne zu). Alles oder fast alles, was in Genf in Kultur und Politik geschah und geschieht, war stets weniger auf die Eidgenossenschaft als auf die Welt gerichtet. Gewiß hat auch Genf ein traditionsreiches Gewerbe, weitreichende Handelsbeziehungen und Finanzverflechtungen. Aber wesentlich für das Bild, das wir uns von der Stadt machen, ist ihre Rolle als »protestantisches Rom« dank Calvin, die auf Holland, Schottland, die amerikanischen Neuenglandstaaten mit ihrem Puritanismus und ihrer Verflechtung von Glaube und wirtschaftlicher Dynamik stärker ausgestrahlt hat als auf die benachbarte Eidgenossenschaft, ist das aufklärerische Wirken Rousseaus, die Tätigkeit des von Dunant geschaffenen Roten Kreuzes und schließlich ihre Rolle als Gastgeber von Völkerbund und UN-Organisationen.

Wie kommt es, daß das so viel größere, für sein Land so viel bedeutendere, ja übermächtige Wien für manche Kenner in der Vergangenheit keine vergleichbare eigene historische und gegenwärtige Dynamik aufzuweisen scheint? Es muß damit zusammenhängen, daß Wien ganz durch seine Residenzfunktion geprägt wurde – durch Hof, Adel, Geistlichkeit –, daß sein Wesen und Schicksal mit Aufstieg und Fall der Habsburger Monarchie verknüpft ist. Erst in der Spätzeit der Babenberger wurde es 1237 für fünfzig Jahre freie Reichsstadt, dann verlor das Bürgertum seine Privilegien. Stets wenn es neue Rechte erstritten hatte, gingen sie wieder verloren. Eine Reihe hingerichteter Bürgermeister symbolisiert diese ständigen Kämpfe. Nach der Reformation, als die Mehrzahl der Bürger protestantisch wurde, brachen Gegenreformation und die ständige Residenzfunktion der Bürgerschaft endgültig das Rückgrat, zuerst politisch, dann auch ökonomisch. Das Fehlen einer bodenständigen Kaufherrenschicht hat sich für Wien bis in die jüngste Vergangenheit ausgewirkt. Wenn wirtschaftliche Aktivitäten aufkamen, so waren sie zunächst meist von Ausländern getragen. Die Wiener Bürger sind sehr oft nur Zuschauer und Statisten auf der Bühne gewesen. Das hat sie in Lebensstil und Lebensauffassung geprägt, durchaus auch positiv, z.B. in ihrem Sinn für die Kunst.

In der zweiten Hälfte des vorigen Jahrhunderts wuchsen Wien zu seiner Rolle als Verwaltungszentrum, als übernationale Hauptstadt eines Vielvölkerstaats, als assimilierend wirkendes Zentrum aller Völker der Monarchie die Funktionen der Wirtschaftsmetropole zu. Darauf geht seine ungewöhnlich vielseitige Industrie zurück. Nach dem Ersten Weltkrieg dagegen war Wien plötzlich die viel zu große Hauptstadt eines Kleinstaats, ein randlich gelegener »Wasserkopf«, dessen Industrie plötzlich die Märkte fehlten. Erst nach dem Zweiten Weltkrieg hat langsam ein Erholungsprozeß – u. a. ein Gesundschrumpfen – eingesetzt, dessen Erfolg davon abhängen wird, ob Neutralität und offener werdende Grenzen es Wien gestatten, die alten und wieder wachsenden Beziehungen zum Donauraum zu verstärken.

Große Geltung bewahrte Wien als Kulturzentrum, als Hochburg von Musik und Theater. Dabei lebt es nicht nur vom Glanz der Vergangenheit, sondern ist – auch in moderner Literatur und bildender Kunst – von gegenwärtiger Dynamik. Dies alles hat auch wirtschaftliche Bedeutung, ist doch Wien mit über drei Millionen Übernachtungen im Jahr das weitaus größte Fremdenverkehrszentrum, gefolgt von Salzburg, das – wenn auch in kleinerem Rahmen – einen vergleichbaren internationalen kulturellen Rang hat und das in ähnlicher Weise als Residenz (der Fürstbischöfe) seine Prägung erhielt.

Die österreichische Neutralität

Staatsvertrag von Wien, 8. Juni 1955
Artikel 4.
Verbot des Anschlusses.
1. Die Alliierten und Assoziierten Mächte erklären, daß eine politische oder wirtschaftliche Vereinigung zwischen Österreich und Deutschland verboten ist. Österreich anerkennt voll und ganz seine Verantwortlichkeiten auf diesem Gebiete und wird keine wie immer geartete politische oder wirtschaftliche Vereinigung mit Deutschland eingehen.
2. Um einer solchen Vereinigung vorzubeugen, wird Österreich keinerlei Vereinbarung mit Deutschland treffen oder irgendeine Handlung setzen oder irgendwelche Maßnahmen treffen, die geeignet wären, unmittelbar oder mittelbar eine politische oder wirtschaftliche Vereinigung mit Deutschland zu fördern oder seine territoriale Unversehrtheit oder politische oder wirtschaftliche Unabhängigkeit zu beeinträchtigen. Österreich verpflichtet sich ferner, innerhalb seines Gebietes jede Handlung zu verhindern, die geeignet wäre, eine solche Vereinigung mittelbar oder unmittelbar zu fördern, und wird den Bestand, das Wiederaufleben und die Tätigkeit jeglicher Organisationen, welche die politische oder wirtschaftliche Vereinigung mit Deutschland zum Ziele haben, sowie großdeutsche Propaganda zugunsten der Vereinigung mit Deutschland verhindern.

Bundesverfassungsgesetz vom 26. Oktober 1955, BGBl. Nr. 211, über die Neutralität Österreichs
Der Nationalrat hat beschlossen:
Artikel I.
(1) Zum Zwecke der dauernden Behauptung seiner Unabhängigkeit nach außen und zum Zwecke der Unverletzlichkeit seines Gebietes erklärt Österreich aus freien Stücken seine immerwährende Neutralität. Österreich wird diese mit allen ihm zu Gebote stehenden Mitteln aufrechterhalten und verteidigen.
(2) Österreich wird zur Sicherung dieser Zwecke in aller Zukunft keinen militärischen Bündnissen beitreten und die Errichtung militärischer Stützpunkte fremder Staaten auf seinem Gebiete nicht zulassen.
Artikel II.
Mit der Vollziehung dieses Bundesverfassungsgesetzes ist die Bundesregierung betraut.

Kultur und Sprache

Auch auf kulturellem Gebiet ist die Individualität Österreichs und der Schweiz sehr stark ausgeprägt. Die Schweiz ist als Berührungsraum deutscher, französischer und italienischer Kultur und als fruchtbarer Boden einer eigenen rätoromanischen Kultur zu sehen, Österreich als ein Teil des deutschsprachigen Kulturraums mit einer Mittlerfunktion zum europäischen Südosten.

Die Schweizer sind eine Nation aus vier gleichberechtigten Volksgruppen, die Österreicher sind ein deutschsprachiges Volk mit einigen sehr kleinen Minderheiten: je etwa 25000 Slowenen (in Südkärnten) und Kroaten, 4000 Madjaren (beide in Burgenland). Diese Minderheiten sind ein Resterbe des Vielvölkerstaats und besitzen weitgehende kulturelle Autonomie. Viel größer ist die Zahl derjenigen Österreicher, die tschechischer, slowenischer und anderer slawischer sowie ungarischer Herkunft sind, an denen sich aber die Assimilationskraft des Österreichertums erwies. Sprache und Volkscharakter

Österreichs sind geprägt von den bajuwarischen Einwanderern, die während des Mittelalters in großer Zahl ins Land kamen. Dagegen sind die Bewohner Vorarlbergs und des Tiroler Lechtals Alemannen – wie die Mehrheit der deutschsprachigen Schweizer. Ein Witzwort nennt den Vorarlberger den »mißglückten Versuch, aus einem Schweizer einen Österreicher zu machen«. Und in der Tat haben sich die Vorarlberger oft, zuletzt 1919, stark zur Schweiz hingezogen gefühlt. Ihre besonders intensive Industrialisierung entstand in Kooperation mit der Nordostschweiz, sie sind sehr ausgeprägte Föderalisten und gelten in Österreich selbst als fleißiger und sparsamer als die Mehrheit – ob zu Recht, das mag hier ebenso dahingestellt bleiben, wie manche in diesem Kapitel zitierte Ansicht. Die sehr unterschiedliche Größe der schweizerischen Volksgruppen beeinträchtigt ihre Gleichberechtigung nicht, was aber Konflikte keineswegs ausschließt. Das Rätoromanische (Bündnerische) wurde erst 1938 durch Volksabstimmung zur (vierten) Landessprache erklärt, was viele Schweizer damals angesichts der Lage im Deutschen Reich als Demonstration gegen nationalstaatliches Denken und die Unterdrückung von Minderheiten empfanden.

Sieht man von dem Sonderfall der etwa 50 000 Rätoromanen ab, so treffen sich in der Schweiz drei der wichtigsten Sprach- und Kulturkreise Europas, ohne sich zu assimilieren, in Duldung und oft heimlicher Bewunderung der Leistung des anderen. Dabei ist der Welschschweizer nie Franzose gewesen oder geworden, der Deutschschweizer nie Deutscher, der Tessiner nie Italiener. Alle prägt schweizerische Eigenart.

Nur eins muß noch angemerkt werden. Das Schweizerdeutsch, die in zahlreiche Dialekte zerfallende Umgangs- und Muttersprache der 75% Deutschschweizer, ist eigentlich die »fünfte Sprache« des Landes, denn die verfassungsmäßige Nationalsprache, das »Schriftdeutsch«, ist für die Schweizer Kinder eine »Fremdsprache«, die man erst in der Schule lernt.

Neutralität – Chance und Risiko

Die österreichische Neutralität ist gewissermaßen durch einen einmaligen staatlichen Willensakt entstanden, zweifelsfrei aus eigenem Entschluß, aber in der klaren Erkenntnis, daß nur dadurch Souveränität voll zurückzugewinnen war. Die schweizerische Neutralität ist dagegen eine in langer Geschichte gewordene Haltung. Sie wird auf das Scheitern schweizerischer Expansion nach Oberitalien 1515 zurückgeführt, sicher insoweit mit Recht, als der lose Staatenbund damals einsah, daß er weder zu einheitlicher Außenpolitik noch zu zielbewußter gemeinsamer Kriegführung fähig war. Eine weitere Expansion hätte Aufgabe der Föderation, der kantonalen Selbständigkeit bedeutet; so beschied man sich fortan und entschied sich für die innere Freiheit. Ähnlich wichtig war die konfessionelle Spaltung der Schweiz. Man konnte nur politisch zusammenbleiben, wenn man sich gerade aus den konfessionell begründeten Kriegen Europas im 16. und 17. Jahrhundert heraushielt.

Heute kann man also sagen, daß die Neutralität der Schweiz, die 1815 völkerrechtliche Anerkennung fand, ihr nicht nur die nationale Selbständigkeit, sondern auch die innere Freiheit erhielt. Neutralität bedeutet für die Schweizer den Willen zur Selbstverteidigung, zu Unabhängigkeit und nationaler Eigenart, die Nichtteilnahme an Bündnissen und das Streben nach Schlichtung und Vermittlung in Konflikten. Sie wird politisch verstanden, nie als Gesinnungsneutralität, als Sache des Staates, nicht des einzelnen. Österreichs Neutralität, am schweizerischen Vorbild entwickelt, hat einige eigene Züge. Es mag in

> *Die wahrscheinlich beste moderne Länderkunde, über die ein europäisches Land verfügt, ist:* H. Gutersohn, Geographie der Schweiz. *3 Bände in 5 Teilen. Bern 1958–1969. – Kürzer gefaßt betont das Wesentliche:* E. Egli, Die Schweiz. *Bern 1966. – Die Geschichte als Ganzes und spezielle Fragen behandeln:* P. Dürrenmatt, Schweizer Geschichte. *Zürich 1963. –* E. Bonjour, Geschichte der schweizerischen Neutralität. *6 Bände. Basel 1970. – In feuilletonistischer, doch historisch wohlfundierter Form geht den Besonderheiten der einzelnen Kantone nach:* F. R. Allemann: 25mal die Schweiz. *München 1965 – während die überaus wichtige Wirtschaftsgeschichte plastisch gezeichnet wird von:* L. Stucki, Das heimliche Imperium. Wie die Schweiz reich wurde. *Bern/München 1968. – Staat und Politik, Gesellschaft und Recht finden eine einprägsame Darstellung in:* H. Tschäni, Profil der Schweiz. *Zürich 1969. – Daneben könnten zahlreiche Titel zu allgemeinen und speziellen Fragen genannt werden. Ebenso ist es bei Österreich. Hier seien hervorgehoben als historischer Überblick:* E. Zöllner, Geschichte Österreichs. *Wien 1970. –* H. Hantsch, Die Geschichte Österreichs. *2 Bände. 1959 – als Gesamtdarstellung der Geographie:* N. Krebs, Die Ostalpen und das heutige Österreich. *2 Bände. 1969 – als Report neuzeitlicher Entwicklungen:* Österreich – 50 Jahre Republik. *Hgg. vom Institut für Österreichkunde. Wien 1968 – und als prächtige, reichbebilderte Einführung:* Österreich – Porträt in Bild und Wort. *Gütersloh 1968. – Ein vorzügliches Nachschlagewerk ist das* Österreich-Lexikon. *2 Bände. Wien 1965/1967. – Unterhaltsam und amüsant zu lesen ist bei aller Reichhaltigkeit des verarbeiteten Materials:* A. Prokesch, 9mal Österreich. *München 1969. – Abschließend sei auf die alljährlich erscheinenden statistischen Grundlagenwerke hingewiesen, die für die aktuelle Information unentbehrlich sind:* Statistisches Jahrbuch der Schweiz. *Basel. –* Statistisches Handbuch für die Republik Österreich. *Wien.*

Österreichs exponierter Lage zwischen NATO und Warschauer Pakt begründet sein, daß seine neutrale Außenpolitik weit aktiver wirkt und zugleich viel stärker auf Neutralität gerade zwischen diesen beiden Blöcken konzentriert ist. Das äußert sich in seiner direkten Mitarbeit in der UNO, die Entscheidungen in Fragen wie Korea, Rhodesien und Nahost nicht aus dem Weg ging, die Österreich eine Beteiligung an Friedenseinsätzen von UNO-Truppen im Kongo, auf Zypern und am Suezkanal ermöglichte. Die Schweiz dagegen blieb – trotz mancher Beitrittsneigung im Land – bisher der UNO fern. Sie neigt viel stärker als Österreich dazu, eigene Neutralität durch eigene militärische Stärke abzusichern. Beide Wege haben sich bewährt. Nicht nur die Schweizer Haltung, Neutralität mit internationaler Solidarität zu verbinden, fand weltweiten Respekt, auch die Österreichs, was sich unter anderem darin äußert, daß Wien ebenfalls als Sitz internationaler Organe und Verhandlungen gewählt und Dr. Kurt Waldheim UNO-Generalsekretär wurde.

Mit ihrer Neutralität hängt auch die Stellung der Schweiz und Österreichs zu EWG und EFTA zusammen. Obwohl die Bindung zur EWG im Außenhandel viel enger und umfassender ist als zu den anderen EFTA-Staaten, verbot sich von Anfang an ein Beitritt, und es kam auch bei der Erweiterung der EWG 1972/73 zu keinem Aufnahmeantrag. Für Österreich war das klar eine Frage der Neutralität und des im Staatsvertrag von 1955 festgelegten Anschlußverbots, für die Schweiz wären die neutralitätspolitischen Probleme vielleicht eher überwindbar; hier spielen staatspolitische Bedenken mit, denn es fehlt der schweizerischen Bundesregierung an der Kompetenz, so dirigistisch in das Wirtschaftsleben einzugreifen, wie es in der EWG erforderlich ist. Für beide Länder aber ist die Tatsache, daß sie den europäischen Gemeinschaften nur lose assoziiert sind, für die Zukunft eines ihrer schwersten Probleme.

Gerhard Herrmann

Begegnungsraum Mittelmeer

Ein Schauplatz von weltgeschichtlicher Bedeutung

Das Mittelmeer trennt und verbindet gleicherweise die Küsten von Südeuropa, Nordafrika und Vorderasien. Es liegt gewissermaßen zwischen den Kontinenten und hat dadurch eine so ausgesprochene Sonderstellung, daß man sogar den Versuch gemacht hat, den Mittelmeerraum als eigenen Erdteil anzusehen. Es handelt sich hier um einen Lebensraum, um ein »Milieu« eigener Prägung, das, bei aller Differenziertheit im einzelnen, gemeinsame Wesenszüge im Küstenbau, in Klima und Vegetation der Küstenzonen aufweist. Diese haben seit eh und je als Magnet auf Völker aus anderen Lebensräumen gewirkt und andererseits Volkstum und Geschichte der Mediterranis entscheidend geformt.

Das Mittelmeer dehnt sich zwischen den drei »alten« Erdteilen über eine Gesamtfläche von 2,966 Millionen qkm (einschließlich Schwarzes Meer) bei einer Ost-West-Erstreckung von 3860 km und einer mittleren Nord-Süd-Breite von 600 km und einer maximalen Breite von 1800 km. Die Apenninhalbinsel mit Sizilien bzw. die Straße von Sizilien – zwischen Kap Bon (Tunesien) und Kap Lilibeo bei Marsala (Sizilien) nur 145 km breit – trennt das westliche (821 500 qkm) und das doppelt so große östliche (1 674 300 qkm) Mittelmeer (ohne Marmara- und Schwarzes Meer, aber einschließlich Adria und Ägäis). Durch seine Lage im Bruchgürtel der Alten Welt wird das Mittelmeer durch kesselartige Becken charakterisiert, die steil von den Küsten abfallen, da die Bruchränder und die Küstenlinien fast zusammenfallen, so daß nur selten Schelfflächen anzutreffen sind, z. B. im Golf von Valencia, im Golfe du Lion, in den Buchten der Großen und der Kleinen Syrte und im Nildelta. Bereits 25 km vor der Küste von Algerien wird eine Tiefe von 2750 m, zwischen Sardinien und dem Golf von Salerno eine solche von 3730 m erreicht. Die absolut größte Tiefe findet sich mit 5015 m nordwestlich von Kreta.

Das Mittelmeer ist im Grunde nur ein Nebenmeer des Atlantiks, mit dem es durch die Straße von Gibraltar in Verbindung steht. Diese Straße, ein jungtertiärer Grabenbruch, ist bei Kap Tarifa nur 14,5 km breit und am Westausgang nur 345 m tief. Trotzdem spielt sie für den Wasserausgleich des Mittelmeers eine entscheidende Rolle. Die Verdunstung ist im Mittelmeerraum infolge der hohen Temperaturen und der geringen Niederschläge größer als die Niederschlagsmenge. Die zuströmenden Flüsse sind wenig wasserreich – der größte Fluß, der Nil, verliert einen erheblichen Teil seines Wassers auf dem Weg durch den Sudan und durch Ägypten –, sie vermögen den Verdunstungsüberschuß nicht auszugleichen. Dieser Ausgleich erfolgt vielmehr über die Straße von Gibraltar durch den Zufluß von Atlantikwasser als Oberstrom, dem ein schwererer, da salzhaltigerer, aber mengenmäßig geringerer Unterstrom entgegenläuft. Der Oberstrom kann eine Geschwindigkeit bis zu 10 km je Stunde erreichen. Der Salzgehalt des Mittelmeers liegt infolge der hohen Verdunstung höher als der des Atlantiks und beträgt 38‰ im Westbecken und 39‰ im Ostbecken. Die Gezeitenbewegungen sind unbedeutend. Nur in der Nähe der Straße von Gibraltar, in der Adria sowie an der Straße von Messina und in den Dardanellen betragen die Springtidenhübe mehr als 0,5 m.

Die erwähnte Lage im Bruchgürtel hat zu einem sehr differenzierten Verlauf der Küsten geführt. Die Nordküste ist viel reicher gegliedert als die Südküste. Die drei europäischen Halbinseln springen tief in das Meeresbecken vor. Italien und Griechenland weisen eine unverhältnismäßig lange Küstenlinie im Vergleich zur Binnenlandfläche auf. Darüber hinaus aber sind diese Küsten durch zahlreiche Buchten (französische Südküste, italienische Westküste) oder vorgelagerte Inselketten (Dalmatien, Ionische Inseln) für Schiffahrt und Fischfang aufgeschlossen. Eine Sonderstellung nimmt hierbei die östliche Adriaküste ein. Die ihr vorgelagerten Inselketten sind die aufragenden Teile eines untergetauchten Küstenstrichs. Am deutlichsten tritt diese starke Gliederung der Küste in der Bucht von Kotor (Boka Kotorska) in Süddalmatien in Erscheinung, die dadurch entstand, daß zwei der Küste parallel laufende, durch kurze Quertäler verbundene Längstäler »ertranken«. So ist die »Boka« der großartigste Naturhafen Europas, gleichzeitig ein idealer Kriegshafen, bis 1918 Österreich-Ungarns, seitdem Jugoslawiens.

Die ungemein starke Durchdringung von Land und Meer ist ein besonderes Charakteristikum des Mittelmeers in mehrfacher Hinsicht: Hohe Gebirge treten oft dicht an die Küste (französische und italienische Riviera, Dalmatien), außerdem weist es einen ungewöhnlichen Reichtum an Inseln jeder Größe auf, von denen die Mehrzahl ausgesprochen gebirgig ist. Die ägäische Inselwelt z. B. stellt die nicht untergetauchten Spitzen eines einstigen griechisch-anatolischen Gebirgssystems dar. Durch diesen im frühen Diluvium erfolgten Einbruch wurde eine Verbindung zwischen Mittelmeer und Schwarzem Meer – bis dahin ein Binnenmeer – hergestellt; Dardanellen und Bosporus entstanden, Reste eines ertrunkenen Flußtales, was heute noch deutlich erkennbar ist. Die Ägäischen Inseln, die in Sichtweite voneinander liegen, bildeten schon frühzeitig ideale Voraussetzungen für eine Schiffahrt, die sich an Landmarken orientieren mußte, da das nautische Wissen bescheiden war.

Aber grundsätzlich gilt dies auch für die größeren Inseln, die als »Trittbretter« für Völkerbewegungen und die Schiffahrt der Frühzeit dienten, die in drei Jahrtausenden und mehr einen ständigen Wechsel der Besitzer erlebten, vornehmlich für Sizilien, Malta und die Balearen im Westen, sowie für Zypern und Kreta im Osten. Wie oben erwähnt, ist die afrikanische Küste weit weniger gegliedert als die Küste der nördlichen Mittelmeerländer und also ausgesprochen hafenarm. Das gilt nicht nur für Ägypten mit seiner durch Nehrungen und Lagunen unzugänglichen Deltaküste, sondern auch für die einförmige Tafelküste Libyens mit ihrem Steilufer. Weiter im Westen ist die Küste zugänglicher, vor allem im Golf von Tunis.

Unruhige Erdkruste – ständige Bedrohung menschlichen Bemühens

Als Besonderheit in Europa, Island ausgenommen, weist der Mittelmeerraum aktiven Vulkanismus auf. Es ist die italienische und die ägäische Vulkanzone zu unterscheiden. Hierbei handelt es sich nur um das Endstadium erdgeschichtlicher Entwicklung. Denn reiche Spuren tertiärer Vulkantätigkeit sind fast überall zu verzeichnen: an der Küste der Atlasländer, an der Süd- und Ostküste Spaniens, auf den Balearen, im Languedoc, an der Küste der Provence und vor allem an den großen Bruchfeldern Westitaliens: der Monte Amiata in der Toskana, die Tuffregion Latiums vom Bolsenasee bis zu den Albaner Bergen. Auch Westsardinien weist erloschene Vulkangebirge auf; ferner die Euganeischen Hügel (Eugànei) südlich von Padua und die Vicentinischen Berge. In Süditalien ist der Monte Vùlture mit seiner klassischen Vulkangestalt am bekanntesten.

Der weitaus größte tätige Vulkan Europas ist der Ätna (3263 m), nahe der Ostküste Siziliens. Man spricht besser vom Ätnagebirge, denn der Umfang des Kegelsockels beträgt

150 km. Seit dem frühen Altertum (475 v. Chr.) sind etwa 135 Ausbrüche bekannt; der letzte fand im Frühjahr 1971 statt. Diese erfolgen jedoch nicht aus dem Gipfelkrater, sondern aus Spalten im riesigen Kegelmantel, auf denen parasitäre Krater entstehen (etwa 270). Bei besonders starken Ausbrüchen (1669, 1928/29) ergießen sich die Lavaströme sogar bis ins Meer. Ihre Spuren sind heute noch zu sehen.

Wie der Ätna ist auch der Vesuv (1281 m) ein Schichtvulkan, an dessen Aufbau Lavaergüsse und Aschenschichten beteiligt sind. Folgenschwerer als Lavaergüsse sind hier Explosionen, die nach längeren Ruhepausen eintreten und von verheerenden Aschenregen begleitet sind. So auch beim berühmten Ausbruch vom 24. August 79 n. Chr., der Pompeji und Herculaneum verschüttete und um so verheerender wirkte, als der Vesuv bis dahin als erloschen galt und daher bis zum Gipfel bewaldet bzw. landwirtschaftlich genutzt war, da ja verwitterte Lava einen besonders fruchtbaren Boden ergibt. Der heutige Doppelgipfel des Vesuvs kommt dadurch zustande, daß der Vulkan sich auf dem zusammengebrochenen großen Kraterkessel eines ursprünglich erheblich höheren älteren Vulkans aufbaut, von dem an der Nordseite ein Rest der alten Kesselumwallung stehengeblieben ist, der Monte Somma (1181 m). Seit der Katastrophe von 79 n. Chr. haben starke Tätigkeit und jahrhundertelange Ruhepausen (12.–17. Jahrhundert) abgewechselt. Der letzte und sehr starke Ausbruch erfolgte am 20. März 1944. Seitdem ruht der Vesuv. Auch die berühmte Rauchfahne ist verschwunden. Natürlich kann aber jederzeit wieder ein neuer Ausbruch erfolgen.

Besonders interessante vulkanische Erscheinungen treten auf den Phlegräischen Feldern (»verbrannter Boden«) unmittelbar westlich von Neapel auf. Sie zeigen das Endstadium vulkanischer Tätigkeit. Der einzige Ausbruch in geschichtlicher Zeit erfolgte 1538, als sich innerhalb von zwölf Tagen der 140 m hohe Auswurfkegel des Monte Nuovo bildete. Auf den Phlegräischen Feldern befinden sich etwa dreißig Krater, von denen die Solfatara tätig ist. Hier tritt auf ebener Erde kochender Schlamm zutage, der Wasserdampf und Schwefelwasserstoff exhaliert. Die geologische Fortsetzung dieses Gebiets ist die Insel Ischia, deren Monte Epoméo im Jahre 1301 zuletzt tätig war und heute als erloschen betrachtet werden kann. Als vulkanische Resterscheinungen treten aber auf Ischia zahlreiche Fumarolen auf, die heiße Dämpfe und Gase ausstoßen, sowie Thermalquellen. Ein Kuriosum bildet dort ein kleines geothermisches Elektrizitätswerk. Vulkanischen Ursprungs sind schließlich die Liparischen Inseln, nordöstlich von Sizilien, die die Spitzen von Vulkankegeln sind. Nur der Stròmboli ist heute voll tätig und zeichnet sich durch erstaunliche Regelmäßigkeit der Eruptionen aus, alle 10–12 Minuten. Die Nachbarinsel Vulcano befindet sich heute nur noch im Fumarolenstadium. Der letzte Ausbruch fand in den Jahren 1888–1890 statt.

Ungleich kleiner ist die aktive Vulkanzone im Ägäischen Meer: die kleine Inselgruppe Santorin (Thira, Thera), die südlichste der Kykladen. Sie stellt die Reste eines großen Inselvulkans dar, der um 1550–1500 v. Chr. explodiert und zerbrochen ist. Diese, wahrscheinlich durch Erd- und Seebeben verschärfte Katastrophe hat mit großer Wahrscheinlichkeit das jähe Ende der alten Kultur Kretas herbeigeführt. Die drei ringförmig angeordneten Inseln der Santoringruppe stellen die Reste des alten Kraterrandes dar.

Die Lage des Mittelmeerraums in einer jungen Bruchzone begünstigt das Auftreten von Erdbeben, vornehmlich in einer Zone der größten Zertrümmerung durch Brüche: von Andalusien über Sizilien, Kalabrien und Griechenland bis nach Westkleinasien. Die schwersten Erdbebenkatastrophen neuerer Zeit zerstörten weitgehend Catània (1663), Lissabon (1755) und Messina (1908) sowie Règgio di Calàbria. In Griechenland sind die

Jugoslawien, Crna Gora (Montenegro) · Die von wilden Kalkketten umrahmte Stadt Kotor an der nach ihr benannten Bucht.

Ionischen Inseln, der Golf von Korinth und das ätolische Becken besonders gefährdet, während Athen niemals so vernichtend heimgesucht worden ist wie etwa Korinth.

Gunst und Ungunst des mediterranen Klimas

Kaum ein anderer Faktor prägt die Eigenart des Mittelmeerraums so stark wie sein Klima: ein Wechselklima mit trockenen Sommern und mild-feuchten Wintern, ein subtropisches Winterregenklima. Dies bezieht sich natürlich nur auf die Küstenzonen. Hierbei ist nicht die absolute Temperaturhöhe oder die Menge der Niederschläge das Entscheidende, sondern die jahreszeitliche Verteilung der Niederschläge. Im Gegensatz zu Mitteleuropa kommt das Pflanzenwachstum weitgehend im Sommer zum Erliegen, während es im Winter kaum unterbrochen wird. Jedoch ist die Trockenheitsperiode im Süden, in der Nähe der Wüstenregion, wesentlich länger als im Norden, auch im Osten länger als im Westen. Die jahreszeitlich ungleichmäßige Niederschlagsverteilung wird von den jeweils herrschenden Winden bewirkt. Im Sommer überwiegen trockene nördliche Winde. Ganz anders im Winter: Durch die Abkühlung der nordafrikanischen und vorderasiatischen Landmassen entstehen dort, wie auch in Mitteleuropa, Zonen hohen Luftdrucks. Andererseits bildet sich über dem Mittelmeer selbst, dessen Oberfläche im Winter bedeutend wärmer ist als die umgebenden Landmassen, eine trogförmige Region niedrigen Luftdrucks. Infolgedessen strömt die Luft von allen Seiten in den Mittelmeerraum hinein. Da diese Luftdruckregionen sich ständig verschieben und auch wandernde Minima auftreten, so ergibt sich ein häufig wechselnder Windverlauf und eine ständige Mischung verschieden temperierter Luftmassen. Häufige Niederschläge sind die Folge. Die Hauptquelle der Feuchtigkeit ist das Mittelmeer selbst. Diejenigen Winde sind die Hauptregenbringer, die vom Mittelmeer her wehen. Im ganzen ist die Atmosphäre kaum weniger bewegt als etwa nördlich der Alpen.

In einem Gebiet häufiger und witterungsbestimmender Winde, von denen Schiffahrt und Fischerei abhängen, treten diese auch stärker ins Volksbewußtsein: Sie tragen Namen und werden nicht, wie bei uns, einfach nach der Himmelsrichtung bezeichnet: so der Mistral, ein kalter, trockener Fallwind, der in oft zerstörerischer Stärke das Rhônetal hinabstürmt, oder die Bora, ebenfalls ein kalter Nordfallwind, teils trocken, teils feucht, die an der dalmatinischen Küste »beheimatet« ist

Typische Karstlandschaft in Jugoslawien, entstanden durch Flußerosion und Lösungsvorgänge in den Kalkgesteinen.

und vorwiegend von November bis April auftritt. Das Gegenstück ist der »Schirokko«, ein heißer, sehr trockener Südwind, der die Gluthitze der Sahara mit sich bringt (bis zu 35°C noch um Mitternacht) und sogar die Oliven- und Weinernte vernichten kann. Dagegen sind die regelmäßigen, wenn auch schwachen Küstenwinde eine Wohltat, die tagsüber landwärts wehen und Kühlung bringen.

Pflanzenvielfalt und Waldvernichtung

Ein Überblick über die Vegetation muß sich auf die charakteristische Flora beschränken, wobei zwischen der einheimischen und der erst in geschichtlicher Zeit eingebürgerten zu unterscheiden ist. Die eigentliche Mittelmeerflora ist eine ausgesprochene Küsten- und Tieflandsflora, die in einem mehr oder weniger schmalen Saum der Küste folgt und nur in den Flußtälern stärker in das Innere drängt. Die Charakterpflanze dieses Raums schlechthin ist der Ölbaum. Seine Ansprüche an das Klima (Nordgrenze 4°-C-Januarisotherme) stimmen so genau mit den klimatischen Gegebenheiten des Mittelmeergebiets überein, daß seine Grenzen gleichzeitig die Grenze der eigentlichen mediterranen Vegetation bilden. Neben dem Ölbaum als Kulturpflanze gibt es auch noch Waldbestände an wilden Ölbäumen, den Oleastern, und zwar vor allem in Süditalien, Sizilien, Sardinien,

Bosnien und Herzegowina, Mündung der Pliva in den Vrbas · Die Pliva, linker Nebenfluß des Vrbas, entspringt als starke Karstquelle und stürzt bei Jajce in einem 30 m hohen Wasserfall in den Vrbas.

häufiger Garten- und Straßenbaum anzutreffen ist.

Neben dem Ölbaum ist der bekannteste Charakterbaum unseres Gebiets die Pinie, die allerdings in Nordafrika und südlich der Libanonküste fehlt. Aleppokiefer und Zypresse sind dagegen überall verbreitet. Abschließend sei noch auf eine sehr charakteristische Pflanzengemeinschaft hingewiesen: die Macchie, eine Buschwaldformation aus vorwiegend immergrünen Sträuchern. Die feuchteren Westküsten werden bevorzugt. Die Zahl der Arten ist gering. Am häufigsten vertreten sind Lorbeer, Myrte, Zistrosesträucher, Erdbeerbaum und Baumheide, in trockneren Gebieten auch die Zwergpalme, die einzige in Europa heimische Palmenart.

Korsika und Südspanien wie auch auf den Balearen. Bei der lichten Pflanzweise der Ölbaumhaine und der lichtdurchlässigen Belaubung hat der Untergrund eine geschlossene Vegetationsdecke, mit zahlreichen Knabenkraut- und Ragwurzgewächsen im Frühjahr. In den südlichen Gebieten des Ölbaumgürtels wird häufig auch der Johannisbrotbaum kultiviert, dessen Schoten nicht nur als Näscherei beliebt sind, sondern auch als Viehfutter dienen. Man trifft ihn daher oft in Bauerngärten an.

Ein trauriges Kapitel ist die Waldzerstörung, hervorgerufen durch den Raubbau zweier Jahrtausende infolge des riesigen Holzbedarfs für den Schiffsbau. Den Rest vollbrachte Ziegenfraß, so daß nur gelegentlich für eine moderne Wiederaufforstung die Voraussetzungen gegeben sind. Größere Bergwaldgebiete sind daher nur selten anzutreffen. Die Verkarstung des vegetationsarmen Bodens setzte ein, vor allem in Süditalien und Sizilien. Eine Sonderstellung nehmen die immergrünen Eichenwälder ein, echt mediterran, da sie vorwiegend an den Küsten und in den Niederungen vorkommen. Die Stecheiche ist überall verbreitet. Ihr naher Verwandter, die Haselnußeiche, wird wegen ihrer süßen Früchte sogar in Nordafrika und auf der Iberischen Halbinsel kultiviert. Dagegen sind die drei Korkeichenarten auf den Westen beschränkt, wo sie in Portugal und Spanien wirtschaftlich eine Rolle spielen. Schließlich sei als Vertreter immergrüner Küstenwälder noch der Lorbeer erwähnt, der in Italien auch als

Mittelmeerraum, Bevölkerung Stellvertretend für die bunte Bevölkerung des Mittelmeerraumes steht hier eine Marktfrau aus Dubrovnik an ihrem Gemüsestand.

Dagegen sind eine Reihe »typischer« Gewächse Fremdlinge in diesem Gebiet, z. B. der Feigenkaktus, die Opuntie, und die Agave, beide aus Mexico. Die Opuntie begleitet im Süden u. a. kilometerweit die Bahndämme, wird aber auch als lebender Gartenzaun kultiviert. Auch die zahlreichen Palmenarten, häufig in Gärten, an Alleen und Bahnhöfen anzutreffen, sind sämtlich Fremdlinge. Unter den fremden Nadelhölzern sind die Norfolk-»Schmucktanne« (Chile) und andere Araukarienarten besonders auffallend.

Eine Sonderstellung nehmen die Zitrusfrüchte (Agrumen) ein, die neben dem Weinstock zu den wichtigsten Kulturpflanzen gehören. Nur die Zitrone war bereits der Spätantike, wenn auch lediglich als Zierpflanze, bekannt. Die Pomeranze brachten die Araber um 1000 nach Sizilien. Die Orange ist kaum vor 1500 aus ihrer chinesischen Heimat an das Mittelmeer gelangt, die Bergamotte zweihundert Jahre später und die Mandarine gar erst 1828.

Ein klassischer Raum der Völkerbegegnung

Wie oben erwähnt, wirkte das Mittelmeergebiet als Magnet auf Völker aus anderen Lebensräumen. So wurde er, mehr als irgendein anderes Gebiet, ein Raum der teils friedlichen, teils feindlichen Begegnungen der Völker durch viele Jahrhunderte. Sie kamen von außen, setzten sich mehr oder weniger lange fest und mußten sich dort mit den mediterranen Völkern – den Puniern oder Römern z. B. – auseinandersetzen. Der Kampf um die Vorherrschaft im Mittelmeerraum wurde in den drei Punischen Kriegen zugunsten Roms entschieden. Der kleine Bauernstaat an der Tibermündung gelangte so zur Herrschaft über die ganze Halbinsel und schuf schließlich das Imperium Romanum. Es war das einzige Machtgebilde der Geschichte, dem es gelang, den gesamten Mittelmeerraum zu einer politischen, wirtschaftlichen und kulturellen Einheit zusammenzuschweißen. Vor allem die großartigen Bauten sind noch heute sichtbare Spuren jener Zeit, so das Amphitheater von Pola (Istrien), der Palast des Diokletian bei Salona (Split), die Ruinen von Baalbek in Libanon, von Leptis Magna in Libyen, von Italica in Spanien, die Aquädukte von Segovia und Tarragona in Spanien sowie das Theater und der Triumphbogen in Orange, die Arenen von Nîmes und Arles und schließlich der großartige Aquädukt Pont du Gard bei Nîmes.

Die zwei Jahrhunderte des Imperium Romanum von Augustus bis zum Tode von Marc Aurel (180) waren die große weltgeschichtliche Stunde des Mittelmeerraums. In der Zeit seiner größten räumlichen Ausdehnung (um 117 unter Kaiser Trajan) griff das Imperium zwar weit über diesen Raum hinaus und reichte von der Südgrenze Schottlands bis zum Persischen Golf. Aber in Rom liefen alle Fäden zusammen.

In den folgenden Jahrhunderten des langsamen Niedergangs aber schrumpfte das Reich wieder zurück auf sein Kerngebiet. 395 erfolgte die Teilung in das Weströmische und das Oströmische Reich, Konstantinopel (Byzanz) trat die Machtnachfolge von Rom an. Die Anfänge wie das Ende Roms waren gekennzeichnet durch die Auseinandersetzung mit einströmenden Völkern: den Griechen zu Beginn und den Germanen in der Spätzeit. Ähnlich ist die Geschichte des Oströmischen Reiches umrahmt von Kämpfen gegen die Germanen, die Araber und zum Schluß gegen den Islam, bzw. die Türken, bis der Fall von Konstantinopel, 1453, eine säkulare Zäsur ersten Ranges bringt und den Mittelmeerraum aus dem Zentrum des Weltgeschehens herausrückt.

Werfen wir noch einen kurzen Blick auf die genannten Völkerströme: Die Einwanderung der von Norden kommenden indogermanischen Äoler, Ionier und Dorer hatte sich in den Jahrhunderten von 2000 bis etwa 1100 v. Chr. vollzogen und führte zur Niederlassung in Griechenland, auf den Ägäischen Inseln und an der Küste Kleinasiens. Es entwickelte sich die griechische Staatenwelt, die Keimzelle der abendländischen Kultur. Die griechischen Stadtstaaten kolonisierten bald ihrerseits in westlicher Richtung und gründeten Tochterstädte, vor allem in Süditalien, der »Magna Graecia«, und auf Sizilien.

Die älteste griechische Siedlung auf italischem Boden war im 9. Jahrhundert Kyme (Cumae), das seinerseits um 600 v. Chr. Neapolis gründete. Aus weiteren Kolonisationsströmen aller griechischen Stämme enstanden zahlreiche blühende Städte an den drei Küsten der Magna Graecia, darunter das durch seinen Reichtum sprichwörtlich gewordene Sybaris, dessen genaue Lage erst 1970 durch den Einsatz modernster technischer Methoden festgestellt wurde, und das um 600 Poseidonia, das heutige Paestum, gegründet hatte. Dort bewundern wir noch heute die schönsten und besterhaltenen griechischen Tempel. Weitere bedeutende griechische Städte der Magna Graecia sind Kroton, Lokroi, Tarent und Rhegion, das heutige Règgio di Calàbria. Die Hellenisierung setzte sich an der Ost- und Südküste Siziliens fort, blieb aber bezeichnenderweise dort wie auch anderswo auf die Küstenstriche beschränkt: Zankle (Messina), Syrakus, Gela, Akragas (Agrigento), um nur die wichtigsten zu nennen. Ihren Höhepunkt erreichte die griechische Kolonisation etwa 800–550 v. Chr.; sie erfaßte alle Küsten mit Ausnahme des Südostens: Massilia (Marseille), Mainake an der Ostküste Spaniens, Kyrene (Nordafrika), Byzantion, Trapezunt und Chersonesos (Schwarzes Meer), Abdera an der Küste Thrakiens.

Hatte sich die griechische Ausbreitung teils vor dem Auftreten, teils in der Frühzeit Roms vollzogen, bis dann das Imperium Romanum den politischen Untergang der griechischen Stadtstaaten und der hellenistischen Groß-

Mittelmeerraum, Vegetation · Hartlaubgehölze, Zypressen, Agaven, Zedern.

reiche herbeiführte, so unterlag andererseits das Imperium in jahrhundertelangen Abwehrkämpfen dem Ansturm der Germanen. Zwar konnten die zahlreichen germanischen Angriffswellen zunächst außerhalb des Mittelmeerraums an der durch den Limes gesicherten Militärgrenze an Rhein und Donau aufgehalten werden, aber 260 gelang es dann den Alemannen, den Limes zu durchbrechen. Um 400 wurde auch die Rheingrenze aufgegeben, und etwa zur gleichen Zeit erfolgte der endgültige Einbruch in den römischen Kernraum. 406 überschritten die Wandalen den Rhein und zogen durch Gallien auf die Iberische Halbinsel, die sie, 411 vom Kaiser notgedrungen als Bundesgenossen aufgenommen, als Teilkönigreiche unter sich aufteilten. Doch schon 429 setzte König Geiserich nach Afrika über, eroberte Karthago und wurde bald darauf als erster unabhängiger germanischer Herrscher auf römischem Reichsboden anerkannt. Die kulturelle Überlegenheit Roms erwies sich aber als so groß, daß die römische Zivilverwaltung und das römische Recht beibehalten wurden. Von Karthago aus errang Geiserich mit seiner Flotte die Vorherrschaft im westlichen Mittelmeer, eroberte Korsika, Sardinien, die Balearen und Teile von Sizilien und plünderte 455 Rom. Das Wandalenreich hatte aber nur kurzen Bestand. Nach einer vernichtenden Niederlage (534) durch Belisar, den Feldherrn des oströmischen Kaisers Justinian, verschwand es aus der Geschichte. Etwa zur gleichen Zeit wie der Einbruch der Wandalen setzte 395 der Ansturm der Westgoten unter Alarich ein. Sie drangen durch den Balkan über Griechenland nach Italien, plünderten 410 Rom, zogen dann nach dem Tode Alarichs bei Cosenza im heutigen Kalabrien (»Nächtlich am Busento lispeln ...«) zurück nach Aquitanien im südlichen Gallien, wo sie 418 das Tolosanische Reich gründeten, das den Ausgangspunkt für ihre Festsetzung auf der Iberischen Halbinsel (Reich von Toledo) bildete, wo sie noch zwei Jahrhunderte herrschten. Manches Erbe der Westgoten ist bis heute in Iberien erkennbar, z. B. in Orts- und Personennamen, einigen Bauten und Grabfunden.

Im Gegensatz zu Wandalen und Westgoten richtete sich der Vorstoß der Ostgoten unmittelbar gegen den Kernraum Italien. Ihr König Theoderich begann 488 im Auftrag des oströmischen Kaisers den Kampf gegen dessen mißliebig gewordenen Statthalter Odoaker, besiegte und ermordete ihn 493 und herrschte bis 526 von Ravenna aus. Sein praktisch unabhängiges Reich umfaßte neben Italien und Dalmatien auch Teile des Balkan- und Ostalpengebiets, ging aber wenige Jahrzehnte später im Kampf gegen Ostrom unter. Theoderichs Ziel, alle germanischen Völker im Weströmischen Reich zu vereinen, wurde nicht erreicht. An ihn erinnert heute noch sein Grabmal in Ravenna. Die letzte germanische Landnahme erfolgte durch die Langobarden, die um 568 die heutige Lombardei und später Teile von Mittel- und Süditalien besetzten, wo sie die Herzogtümer Spoleto und Benevent errichteten.

Der Ansturm des Islams

Etwa gleichzeitig war eine neue Macht am Mittelmeer aufgetaucht: der Islam. Nach dem Tode des Propheten (632) hatte er sich in wenigen Jahren nach Norden ausgebreitet, Palästina und Syrien wie auch Ägypten der byzantinischen Herrschaft entrissen. Bereits 717/18 wurde Byzanz belagert, das nur mit Mühe widerstand. Kurz vorher, um 703, war die nordafrikanische Küste bis zum Atlantik (Maghreb = Westen) in Besitz genommen und die Islamisierung der im Maghreb lebenden Berber erfolgt. Die spätrömischen bzw. frühchristlich-byzantinischen Kulturzentren in Nordafrika verschwanden endgültig aus der abendländischen Geschichte.

Im Frühling 711 landete ein arabisch-berberisches Heer unter dem Feldherrn Tarik bei Gibraltar (= Dschebel al Tarik = Fels des Tarik), schlug im Juli 711 ein westgotisches Heer bei Jerez de la Frontera vernichtend, eroberte in weniger als zehn Jahren die Iberische Halbinsel (arabisch Al Andalus), mit Ausnahme des äußersten Nordwestens (Galicien, Asturien), überschritt wenig später die Pyrenäen und wurde erst 732 in der Schlacht von Tours und Poitiers endgültig zum Stehen gebracht und auf Südfrankreich zurückgeworfen. Die erstaunlich rasche Eroberung Iberiens war dadurch erleichtert, daß die herrschenden Westgoten nur eine dünne Oberschicht bildeten und Arianer waren, also im Gegensatz zum heimischen römisch-katholischen Klerus standen. Die Bevölkerung war ihnen daher feindlich gesinnt und leistete dem Eroberer keinen Widerstand.

Der Ansturm des Islams richtete sich auf den gesamten Mittelmeerraum. Fast dreihundert Jahre lang waren die Araber und ihre Hilfsvölker, vor allem die Berber, praktisch die Herren des westlichen Mittelmeers. 827 wurde das westliche Sizilien besetzt, in den nächsten fünfzig Jahren der Rest der Insel, wo sie zweihundert Jahre herrschten und Palermo zu einem blühenden Kulturzentrum machten. Seit 837 saßen sie schon auf dem italienischen Festland, hatten in Bari und Tarent sogar eigene Emirate errichtet, die zwar nur etwa dreißig Jahre Bestand hatten, aber als Stützpunkte für Raubzüge in der Adria dienten. Im 9. Jahrhundert geriet sogar Rom zweimal in unmittelbare Gefahr, wobei die »Sarazenen« bei ihrem Angriff sogar von christlichen Bundesgenossen, Neapel, Salerno, Amalfi, unterstützt wurden.

Für die Beurteilung der Stellung des Islams im Mittelmeer sind zwei Faktoren zu unterscheiden. Einmal die islamische Seeräuberei, die ein Jahrtausend lang eine Rolle gespielt hat, zum andern die mehr oder weniger langfristige Festsetzung in den mediterranen Küstengebieten. Beide Momente haben bis heute ihre Spuren hinterlassen. Die Küstenbewohner mußten in ständiger Angst leben, denn die Seeräuber kamen blitzschnell, raubten und plünderten und entführten die »brauchbare« Einwohnerschaft in die Sklaverei, verschwanden aber ebenso rasch, ehe Hilfe aus dem Hinterland herbeikam. Heute noch können wir an fast allen südeuropäischen Küsten die Wachttürme sehen, von denen aus die Bevölkerung gewarnt und zur Flucht oder, selten genug, zur Verteidigung veranlaßt werden sollte. Die praktische Schutzlosigkeit der Küstenorte hatte oft zur Folge, daß diese aufgegeben wurden und eine Neuansiedlung auf besser zu schützenden Höhenrücken im Hinterland erfolgte. Auch dies läßt sich heute noch, vor allem in Süditalien, feststellen.

Die weitaus bedeutendste Seeräuberpersönlichkeit war Chaireddin Barbarossa (1467–1546), ein aus Mytilene gebürtiger Türke, der auf eigene Faust eine Herrschaft in Algier errichtet hatte, die er später dem Sultan unterstellte. In seinen besten Tagen war er faktisch der Herrscher über das Mittelmeergebiet. Wie gefürchtet die Seeräuber waren, beweist die Tatsache, daß führende Handelsmächte wie Venedig und Genua ihnen oft Tribute zahlten, um ihren Handel mit der Levante einigermaßen ungestört abwickeln zu können. In der Spätzeit, im 17. und 18. Jahrhundert, waren vor allem die Seeräuber der Barbareskenstaaten – etwa Marokko, Algier, Tunis – gefürchtet. Ihr Hauptjagdgebiet war die Straße von Gibraltar. Noch zu Beginn des vorigen Jahrhunderts zahlten ihnen einige europäische Mächte Tribute. Erst die Besetzung Algiers durch die Franzosen 1830 machte dem Spuk endgültig ein Ende.

Die Machtstellung des Islams im Mittelmeer erreichte ihren Höhepunkt, als die Türken die Führung übernahmen. Der Fall von Byzanz am 29. Mai 1453 war ein Fanal gewesen. Schon lange vorher (zuletzt Akko 1291) waren die Kreuzfahrerstützpunkte und »Königreiche« im Heiligen Land verlorengegangen. Weite Teile Griechenlands und der Ägäischen Inseln waren schon vor dem Fall von Byzanz türkisch geworden. Hierdurch waren militärische Kräfte freigelegt, und die Expansion nach Norden und Westen konnte verstärkt werden. 1500 standen die Türken in Albanien und Dalmatien. 1522 fiel Rhodos, dessen Verteidiger, der Johanniterorden, von dem großmütigen Sultan, Suleiman dem Prächtigen, freien Abzug erhielt und der sich für kurze Zeit in Zypern niederließ, bald aber von Kaiser Karl V. Malta zugewiesen bekam. 1572 endlich wurde Zypern nach heldenhafter Verteidigung den Venetianern entrissen. Fast gleichzeitig aber, 1571, wurde durch den Seesieg von Lépanto (Navpaktos, vor dem Golf von Patras) die türkische Expansion, zum mindesten im Mittelmeer, endgültig zum Stehen gebracht.

Der Mittelmeerraum in Neuzeit und Gegenwart

Von nun an rückt das Mittelmeer aus seiner welthistorischen Schlüsselstellung mehr und mehr hinaus, die es zwei Jahrtausende innegehabt hatte. Im Zeitalter der Nationalstaaten verlagerte sich das Schwergewicht nach Mittel- und Westeuropa. Vor allem aber wurde durch die großen Entdeckungen (1492 Amerika, 1498 Seeweg nach Ostindien) eine

Zweitausendjährige Städtenamen im Mittelmeerraum

- La Coruña (Ardobrigo Curonium)
- Lugo (Lucus Augusti)
- Astorga (Asturica Augusta)
- Braga (Bracara Augusta)
- Segovia
- Lissabon (Olisipo)
- Toledo (Toletum)
- Beja (Pax Iulia)
- Mérida (Emerita Augusta)
- Córdoba (Corduba)
- Italica
- Cádiz (Gades)
- Málaga (Malaca)
- Tanger (Tingis)
- Volubilis
- Slâ (Sala)
- Melilla (Rusaddir)
- Zaragoza (Caesaraugusta)
- Tarragona (Tarraco)
- Ampurias (Emporiae)
- Sagunto (Saguntum)
- Valencia (Valentia)
- Alicante (Lucentum)
- Cartagena (Carthago Nova)
- Pollensa (Pollentia)
- Palma
- Limoges (Limonum)
- Lyon (Lugdunum)
- Bordeaux (Burdigala)
- Toulouse (Tolosa)
- Carcassonne (Carcaso)
- Narbonne (Narbo Martius)
- Orange (Arausio)
- Nîmes (Nemausus)
- Arles (Arelate)
- Marseille (Massilia)
- Nizza (Nicaea)
- Ténès (Cartennae)
- Sétif (Sitifis)
- Constantine (Constantina)
- Djidjelli (Igilgilis)
- Tabarqa (Thabraca)
- Tunis (Tunes)
- Karthago
- Nâbeul (Neapolis)
- Dougga (Thugga)
- Timgad (Thamugadi)
- Tébessa (Theveste)
- Sbeitla (Sufetula)
- Gafsa (Capsa)
- Gabès (Tacapsae)
- Djerba (Girba)
- Sabrata (Sabratha)
- Tripolis (Oea)
- Leptis Magna
- Bregenz (Brigantium)
- Avenches (Aventicum)
- Bozen (Bauzanum)
- Mailand (Mediolanum)
- Verona
- Turin (Augusta Taurinorum)
- Genua
- Pisa (Pisae)
- Aleria
- Olbia
- Cagliari (Carales)
- Aquileia
- Bologna (Bononia)
- Pula (Pola)
- Senj (Senia)
- Ancona
- Perugia (Perusia)
- Rom (Roma)
- Neapel (Neapolis)
- Cosenza (Consen...)
- Palermo (Panormus)
- Messina (Messana)
- Reggio (Rhegium)
- Syrakus (Syracusae)

- in *(Salonae)*
- Nisch *(Naissus)*
- Shkodër *(Scodra)*
- Skopje *(Scupi)*
- Durrës *(Dyrrhachium)*
- Brindisi *(Brundisium)*
- Plowdiw *(Philippopolis)*
- Saloniki *(Thessalonica)*
- Feodosija *(Theodosia)*
- Konstanza *(Constantiana)*
- Sinop *(Sinope)*
- Ereğli *(Heraclea)*
- Trabzon *(Trapezus)*
- Istanbul *(Constantinopolis)*
- Izmit *(Nicomedia)*
- Farsala *(Pharsalus)*
- Edremit *(Adramyttium)*
- Ankara *(Ankyra)*
- Izmir *(Smyrna)*
- Kayseri *(Caesarea)*
- Konya *(Iconium)*
- Korinth *(Corinthus)*
- Olympia
- Athen *(Athenae)*
- Milâs *(Mylasa)*
- Sparta
- Antalya *(Attalia)*
- Tarsus
- Iskenderun *(Alexandria)*
- Rhodos
- Kreta
- Zypern *(Cyprus)*
- Palmyra
- Tripoli *(Tripolis)*
- Baalbek
- Beirut *(Berytus)*
- Damaskus
- Caesarea
- Amman *(Ammonitae)*
- Qurena *(Kyrene)*
- Derna *(Darnis)*
- Tokra *(Tauchira)*
- Bengasi *(Berenice)*
- Gaza
- Jerusalem
- Alexandria
- Pelusium
- Memphis

Blick von der Akropolis auf Athen, die Hauptstadt Griechenlands · Es liegt in einem von bis über 1000 m hohen Kalkketten (Hymettos 1026 m; Lykabettos 277 m; Akropolis 156 m) umrahmten Becken.

grundsätzliche Wende herbeigeführt. Venedig und Genua verloren ihre Monopolstellung im Wirtschaftsverkehr mit dem Osten an die neuen Weltmächte Spanien und Portugal. Das Mittelmeer geriet für mehr als 350 Jahre in eine Randstellung. Es verlor seine Funktion als Raum der Völkerbegegnung. Die hochfliegenden Pläne Napoleons I. zur Errichtung einer französischen Mittelmeerhegemonie und zur Beherrschung des Weges nach Indien blieben welthistorisch Episode. Seine ägyptische Expedition scheiterte an den beiden britischen Siegen bei Abu Qir im Nildelta, der Seeschlacht von 1798 und der Landschlacht von 1801. Der Sieg Nelsons bei Trafalgar, 1805, sicherte die britische Seeherrschaft auch im Mittelmeer für fast anderthalb Jahrhunderte. Die politischen Ereignisse verengten sich zu lokalen Geschehnissen, wie etwa 1830 die Festsetzung Frankreichs in Algerien und 1882 in Tunesien. Dies war u. a. eine Folge des Machtschwunds der damaligen Hauptmacht des Islams, der Türkei, die zum »Kranken Mann am Bosporus« wurde und ein Land nach dem anderen aus ihrer Oberhoheit entlassen mußte: Ägypten, Tunesien, Algerien, Marokko. Griechenland löste sich in hundertjährigem Freiheitskampf von der türkischen Herrschaft.

Weltpolitisch-weltwirtschaftliche Bedeutung erlangte der Mittelmeerraum erst wieder 1869 mit der Eröffnung des Suezkanals. Durch die zähen Bemühungen Ferdinand de Lesseps konnte trotz (zunächst) starken britischen Widerstandes ein alter Traum verwirklicht werden, der schon die Pharaonen, aber auch Leibniz, in einer Denkschrift an Ludwig XIV., sowie Napoleon und seine Wissenschaftler aus dem ägyptischen Feldzug von 1798 beschäftigt hatte. Die Suezkanalgesellschaft, anfangs unter französisch-ägyptischer Kontrolle, gelangte als Folge der Mißwirtschaft des Khediven von Ägypten durch einen berühmten Finanzcoup des britischen Premiers Disraeli 1875 unter britischen Einfluß. 1882 wurde ein verschleiertes Protektorat über Ägypten zur Sicherung des Kanals errichtet, der ein Kernstück des Weges nach Britisch-Indien bildete und der außerdem durch den britischen Besitz von Gibraltar (1704), Malta (1798) und Zypern (1878) gesichert wurde. Durch diese Stützpunktpolitik nahm Großbritannien bis zum Ende des Zweiten Weltkriegs eine Hegemoniestellung im Mittelmeer ein, die die Anrainerstaaten daran hinderte, eine gegen Großbritannien gerichtete Außenpolitik zu treiben. Hieran ist letztlich die Expansionspolitik des Faschismus mit ihrer Mare-Nostro-These gescheitert, insbesondere aber auch im Zweiten Weltkrieg der nordafrikanische Feldzug, da es nicht gelang, den britischen Stützpunkt Malta auszuschalten und den Nachschub nach Afrika zu sichern.

Das Ende des Zweiten Weltkriegs brachte für den Mittelmeerraum erneut eine grundsätzliche Wende, deren Auswirkungen bis heute anhalten: Großbritannien mußte als Weltmacht ersten Ranges zurücktreten. Dies fand im Oktober 1956 seinen dramatischen Ausdruck, als Großbritannien in Ägypten militärisch eingriff, um seine Interessen am Suezkanal zu schützen, nachdem Nasser die Verstaatlichung des Kanals verfügt hatte. Unter dem Druck der USA, der Sowjetunion und der UNO mußte Großbritannien seine militärische Position in Ägypten bedingungslos wieder räumen. Dieser »Zwischenfall« kündigte mit brutaler Deutlichkeit an, daß heute das politische Schicksal des Mittelmeerraums nicht mehr in den Händen seiner eigentlichen Anrainer liegt.

Anstelle Großbritanniens war noch 1945 die USA die führende westliche Weltmacht geworden. Sie trat auch im Mittelmeer die Nachfolge an: 1948 wurde dort die 6. US-Flotte stationiert, mit Hauptquartier in Neapel. Sie hatte als NATO-Macht die Aufgabe, die Südflanke des europäischen Bereichs des Nordatlantikbündnisses zu decken, dem von den Anrainerstaaten Frankreich, Italien, Griechenland und die Türkei angehörten. Großbritannien blieb zwar, auf Malta und Zypern gestützt, präsent, aber die USA besaßen nun die unbestrittene Vormacht. Das weltpolitisch Neue war, daß diese Funktion erstmals von einer Macht ausgeübt wurde, die im Mittelmeerraum weder beheimatet ist, noch dort über eigenen Landbesitz verfügt. Die 6. US-Flotte sollte eine nuklear bewaffnete Abschreckungsmacht darstellen, aber auch für Interventionen durch konventionelle Operationen (z. B. 1958 in Libanon) verfügbar sein und Italien, Griechenland und der Türkei von See aus Rückhalt geben.

Diese Hegemoniestellung konnte aber nur wenige Jahre – bis 1967 – gehalten werden. Zwar wird das Mittelmeer noch immer von den NATO-Verbündeten militärisch beherrscht, aber es ist nicht länger das »mare nostro« der NATO-Streitkräfte. Mit dem Aufkreuzen sowjetischer Kriegsschiffe westlich der Dardanellen am 31. Mai 1967 ist eine grundsätzlich neue Lage eingetreten, die die Mittelmeerproblematik auf lange Sicht bestimmen dürfte, wobei die Entwicklung im einzelnen nicht voraussehbar ist.

Die Meerengenfrage

Das militärische Auftreten der Sowjetunion im Mittelmeer ist der vorläufige Schlußpunkt einer fast dreihundertjährigen Entwicklung: Seit Peter dem Großen war die russische Politik durch den Drang zum Mittelmeer bestimmt bzw. auf die »Befreiung« Konstantinopels gerichtet. 1698 gelangte Rußland vorläufig, 1739 dann endgültig nach Asow bzw. nun an das Schwarze Meer, das bis dahin als ein rein türkisches Binnenmeer betrachtet worden war. Im Verlauf der nächsten 150 Jahre kam es zu mehreren russisch-türkischen Kriegen, bei denen es letztlich um das Durchfahrtsrecht durch die Meerengen und um den Besitz Konstantinopels ging. Dies war zunächst eine rein türkisch-russische Angelegenheit. Als aber um 1840 die Türkei dicht davor stand, ein Protektorat des Zarenreiches zu werden, griffen die Westmächte diplomatisch zugunsten der Türkei ein, um eine russische Hegemoniestellung im östlichen Mittelmeer zu verhindern. Es kam zur Londoner Meerengenkonvention von 1841, durch die die Meerengen zum erstenmal internationalisiert wurden. Hiernach verpflichtete sich die »Hohe Pforte«, allen fremden Kriegsschiffen die Einfahrt in die Meerengen zu verbieten, solange sie sich im Frieden befinde. Hieran hat sich auf lange Sicht trotz Krimkrieg und Berliner Kongreß bis zum Ende des Ersten Weltkriegs nichts Wesentliches geändert. Im Ersten Weltkrieg waren die Dardanellen mit deutscher Hilfe erfolgreich gegen die Alliierten verteidigt worden, aber nach dem Zusammenbruch der Türkei, 1918, wurden sie kampflos von den Ententetruppen besetzt. Es ist eine Ironie der Geschichte, daß dem zaristischen Rußland von den Westmächten im Geheimvertrag vom 20. März 1915 der Besitz der Meerengen und Konstantinopels zugesagt worden war, diese Zusage aber infolge der russischen »Oktoberrevolution« hinfällig wurde.

Im Friedensvertrag von Sèvres mit der Türkei (1920) wurde u.a. das uneingeschränkte Recht der freien Durchfahrt für Kriegs- und Handelsschiffe ohne Unterschied der Flagge festgelegt. Die Türkei hat aber diesen Vertrag nie ratifiziert; bereits zwei Jahre später erlangte sie durch den Sieg über Griechenland und dessen Vertreibung aus Kleinasien und Thrakien ihre Bewegungsfreiheit zurück. Die Meerengenfrage wurde neu aufgerollt. Auch die langsam erstarkende Sowjetunion schaltete sich in die Auseinandersetzung ein. Sie verlangte, daß die Freiheit der Handelsschiffahrt durch die Meerengen durch ein neues internationales Abkommen geregelt werde, aber sämtliche Anlieger des Schwarzen Meeres hieran beteiligt werden müßten.

Zum erstenmal in der Geschichte trat also Moskau für eine Stärkung der türkischen Souveränität an den Meerengen ein, da es hoffte, auf den »Portier« der Dardanellen nötigenfalls genügend Einfluß ausüben zu können. Der britisch-sowjetische Gegensatz in der Meerengenfrage tauchte wieder auf, freilich mit dem wesentlichen Unterschied, daß die UdSSR keinen Ausgang in das Mittelmeer erstrebte, sondern eine Schließung der Wasserstraße für Kriegsschiffe befürwortete, um im Schwarzen Meer sicher zu sein.

Das Ergebnis war die Meerengenkonvention von Lausanne vom Juli 1923, wonach Dardanellen und Bosporus entmilitarisiert und unter die Kontrolle einer Internationalen Kommission gestellt und ihre Freiheit durch Großbritannien, Frankreich, Italien und Japan garantiert wurde. Die Konvention wurde allerdings bereits 1936 durch das heute noch gültige Abkommen von Montreux ersetzt. Unter dem Eindruck des Abessinienkrieges von 1935/36 und des schweren britisch-italienischen Gegensatzes war die Viermächtegarantie fragwürdig geworden, und die Türkei verlangte mit guten Gründen eine Neuregelung. Sie hatte Erfolg und erhielt die volle Oberhoheit zurück, durfte also u.a. wieder Befestigungen anlegen. Während die Durchfahrt für die Handelsschiffahrt generell frei ist, gelang es der Sowjetunion gegen den Widerstand Großbritanniens, für Kriegsschiffe eine Sonderregelung zugunsten der Anliegerstaaten des Schwarzen Meeres durchzusetzen: Diese können beliebig viele Kriegsschiffe ein- und auslaufen lassen, während die Nichtuferstaaten Beschränkungen in der Tonnagegröße und der Schiffszahl unterliegen und sich höchstens drei Wochen im Schwarzen Meer aufhalten dürfen.

Flotten-Demonstration

Seit dem Sommer 1967 operieren nun die 6. US-Flotte und die russische III. Eskadra im Mittelmeer. Im Gegensatz zur Sowjetunion verfügen die Amerikaner über Flugzeugträger, die Sowjets aber sind in der U-Waffe und der nuklearen Ausstattung überlegen. Gravierend ist auch, daß die Sowjetunion über einen weit moderneren Schiffsbestand verfügt: 90% ihrer Kriegsschiffe wurden in den letzten zwanzig Jahren gebaut, gegenüber 40% bei den USA. Am schwersten aber fällt ins Gewicht, daß der Westen die Luft- und

*6. US-Flotte im Mittelmeer ·
Seit 1948 wurden amerikanische Marinestreitkräfte stationiert, um die Südflanke des europäischen NATO-Bereichs zu decken.*

Malta, Marsalforn-Bucht · Bucht und gleichnamiger Ort liegen auf der Insel Gozo. Trotz teilweise intensivem Anbau ist Malta wegen seiner hohen Bevölkerungsdichte auf Lebensmitteleinfuhren angewiesen.

Flottenstützpunkte an der afrikanischen Mittelmeerküste verloren hat – alle Staaten dieses Raums haben ihre volle Unabhängigkeit errungen, und wichtige Stützpunkte wie Mers-el-Kebir in Algerien und Wheelus in Libyen stehen der NATO nicht mehr zur Verfügung. Darüber hinaus sind einige Staaten politische, wirtschaftliche und militärische Bindungen mit der Sowjetunion eingegangen, die wohl problematischste Folge des Sechstagekrieges vom Juni 1967. Noch ist nicht abzusehen, wann einmal der seit 1971 in Ausbau befindliche, sehr leistungsfähige neue Luftwaffen- und Flottenstützpunkt in Marsa Matruk, zwischen Alexandrien und der libyschen Grenze gelegen, einmal die größten Vorteile bieten wird.

Malta und die Malteser

Durch seine zentrale Lage am Schnittpunkt der kürzesten Verbindungen zwischen Sizilien und Afrika bzw. zwischen Gibraltar und Ägypten ist seine raumpolitische Bedeutung stets sehr groß gewesen. Von der Steinzeit an besiedelt, ist es im Verlauf seiner dreitausendjährigen Geschichte im Besitz aller Völker gewesen, Griechen und Türken ausgenommen, die in unserem Raum einmal geherrscht haben: Auf die Phöniker (1000–600 v.Chr.) folgten Karthago (600–216 v.Chr.), dann rund elfhundert Jahre Rom bzw. Byzanz (216 v.Chr.–870 n.Chr.), dann die Araber (870–1090), und schließlich gehörte es zu Sizilien (1090–1530), dessen wechselnde Schicksale es teilte (Normannen, Staufer, Anjou, Aragon, Habsburg, sodann 1530 von Kaiser Karl V. dem aus Rhodos vertriebenen Johanniterorden als selbständiges Besitztum überlassen, der nun Malteserorden genannt wurde. Unter dem Orden erlebte es eine hohe Blüte, deren Spuren heute noch das Bild der Hauptstadt Valletta kennzeichnen. Durch die erfolgreiche Abwehr einer Türkenbelagerung erwarben die Malteser europäischen Ruhm. 1798 wurde die Insel unter wenig rühmlichen Umständen kampflos an Napoleon I. übergeben. Bereits im gleichen Jahr kam sie in britischen Besitz. Für anderthalb Jahrhunderte bildete sie den wichtigsten britischen Flottenstützpunkt zur Sicherung des Seeweges von Gibraltar nach dem Suezkanal bzw. Ostindien. Diese Rolle spielte sie noch in den beiden Weltkriegen.

Die Malteser kamen zu Wohlstand durch die hohen Ausgaben der Briten für die Befestigungen, die Werften und den Unterhalt der Garnison. Die Schwächung des Commonwealth of Nations nach dem Zweiten Weltkrieg und die Umwälzungen in der Waffentechnik führten zu einer einschneidenden Verminderung des britischen Engagements, bis schließlich Malta am 21. September 1964 die volle Unabhängigkeit erwarb, aber Mitglied des Commonwealth of Nations blieb. Damit aber hat sich ein schwieriges wirtschaftliches Problem ergeben. Denn die landwirtschaftliche Erzeugung reicht bei weitem für die Versorgung nicht aus. Mit Ausnahme der Werftanlagen war auch keine Industrie vorhanden. Schon seit 1945 hatte man sich durch verschiedene Fünfjahrespläne bemüht, mit Regierungshilfe eine gewisse Industrialisierung zur Eigenversorgung zu betreiben.

Malta
(State Malta, Stat ta'Malta)

Parlamentarische Monarchie und Mitglied des Commonwealth of Nations; Hauptstadt Valetta (17600 Ew.). – Die Inselgruppe von Malta ist der Rest einer jungtertiären Kalktafel, die einst Sizilien mit Nordafrika verband. Sie umfaßt Malta (246 qkm), Gozo (67 qkm) und das unbesiedelte Comino (3 qkm). Malta ist der am dichtesten bevölkerte Staat Europas.

Fläche: 316 qkm – **Einwohnerzahl:** Etwa 320000 **Bevölkerungsdichte:** 1032 Ew./qkm – **Jährlicher Geburtenüberschuß:** 7,7‰ – **Bevölkerung:** Malteser (im wesentlichen eine italienisch-arabische Mischbevölkerung); britische Minderheit – **Sprache:** Maltesisch und Englisch; als Umgangssprache auch Italienisch – **Religion:** Überwiegend Katholiken; protestantische Minderheiten – **Wichtige Ausfuhrgüter:** Textilien, Agrarprodukte (u.a. Gemüse, Blumen, Obstkonserven, Wein, Tabak)

Einer der wenigen zu Buch schlagenden Aktivposten ist heute der Tourismus, dessen Ausbau nachdrücklich und erfolgversprechend vorangetrieben wird.

Daß die Lebensbasis zu schmal ist, zeigt die hohe Auswanderungsquote, die nach einem Maximum von 10 000 (1954) immer noch etwa 4000 im Jahr beträgt. Mehr als die Hälfte der Auswanderer ging in den letzten Jahren nach Australien, mit dem Sonderabmachungen getroffen wurden.

Einen interessanten Sonderfall bildete die maltesische Sprache, eine Mischsprache par excellence. Der Grundstock ist ein arabischer Dialekt, von Tunesien beeinflußt, mit einigen punischen (Karthago) und zahlreichen italienischen und englischen Einsprengseln. Erst seit dem 18. Jahrhundert wird das Maltesische lateinisch geschrieben. Wie tief der arabische Spracheinfluß gegangen ist, zeigt die arabische Form der meisten Orts- und Flurnamen.

1971 kam erstmals die Labour Party an die Regierung. Sie forderte mit Erfolg für die NATO-Marinebasis, die sie zur Verfügung stellt, bessere finanzielle Bedingungen.

Zypern – jahrtausendealter Zankapfel

Durch das zur Nordküste steil abfallende Karpásgebirge ist die Insel vor Nordwinden geschützt. Am Gebirgssüdhang wächst auf vulkanischem Boden der berühmte Zypernwein. Im Südwesten erstreckt sich das Gebirge Tróodos mit dem Olympos (1952 m). Zwischen den Bergländern liegt die fast die Hälfte der Insel umfassende fruchtbare Ebene Messaria (= »Zwischen den Bergen«) mit der Hauptstadt Nicosia. Das Zentrum des Anbaus der Zitrusfrüchte ist die geschützte Südküste. Bergbaulich werden seit alters Kupfererze und Eisenpyrit gewonnen und im Lande angereichert. Sie bilden etwa die Hälfte des Exportwertes. Aber insgesamt sind die Importe doppelt so hoch wie die Exporte. Einen Ausgleich erhofft man sich vom Ausbau des Tourismus, für den durch ein ideales Klima und die Fülle von Kulturdenkmälern aller Epochen hervorragende Voraussetzungen gegeben sind, wenn erst einmal langfristige politische Ruhe eingekehrt ist.

Zypern ist eine der ältesten mediterranen Kulturstätten. Archäologische Funde reichen bis ins 5. Jahrtausend zurück. Die früheste griechische Besiedlung datiert um 1200. Bis in die Gegenwart unterstand die Insel wechselnden Fremdherrschaften, wie z.B. Assyrien, Persien, Ägypten. 58 v. Chr. wurde sie römische Provinz, bei der Reichsteilung von 395 kam sie zu Byzanz. Bereits 478 wurde die zyprische Kirche autokephal, d. h., sie genoß Eigenständigkeit gegenüber dem Patriarchen von Byzanz, was heute noch in der Doppelfunktion von Bischof Makarios als weltliches und geistliches Oberhaupt zum Ausdruck kommt. Die byzantinische Oberherrschaft bestand bis 1184. Nach einem kurzlebigen Kaisertum Zyperns setzte sich 1192 der entthronte »König« von Jerusalem, Guido de Lusignan, in den Besitz der Insel. Dieses französische Hochadelsgeschlecht herrschte nun drei Jahrhunderte. Es war eine Zeit der Blüte – Kirchen in edelster französischer Gotik und andere Bauten zeugen heute noch davon –, aber es war eine Fremdherrschaft der französischen Feudalschicht über die griechische Bevölkerung, mit harter Unterdrückung der heimischen Ostkirche durch die römisch-katholische Kirche. 1489 gelangte Zypern durch eine politische Heirat an Venedig, ging aber bereits 1571 an die Türken verloren, trotz heldenhafter Verteidigung von Famagusta (an der Ostküste), dessen riesige Festungsmauern heute noch eine Sehenswürdigkeit sind.

Die neue Türkenherrschaft wurde von vielen Zyprioten begrüßt, brachte sie doch ein Wiederaufblühen der griechischen Kirche dank des religiös toleranten Islams. In den dreihundert Jahren türkischer Herrschaft wurde aber durch Masseneinwanderung von Türken der Grund zum heutigen Volkstumskonflikt gelegt. Als 1878 Großbritannien die Insel als Pfand erhielt, sie 1914 annektierte und 1925 zur Kronkolonie machte, fand es bereits die ENOSIS-(Anschluß-)Bewegung vor, die, im Rahmen des griechischen Befreiungskampfes gegen die Türken, für den Anschluß an das Mutterland kämpfte, wenn auch zunächst unterirdisch.

Nach 1945, mit dem Machtschwund des Commonwealth of Nations und dem sinkenden strategischen Interesse an der Insel, lockerte sich auch der britische Druck, der den inneren Frieden erzwungen hatte. Als Griechenland 1954 die Zypernfrage erfolglos vor die UNO brachte, schritt die EOKA (Ethnike Organosis Kypriotikes Apeleutheroseos), die »Nationale Organisation der Zypriotischen Befreiung«, unter General Grivas zum offenen Aufstand, der vier Jahre währte, bis das Züricher Abkommen vom Februar 1959 zwischen Großbritannien, Griechenland, der Türkei und den Führern der griechischen und türkischen Volksgruppen Zypern die Unabhängigkeit zusicherte. Der Anschluß an Griechenland wie die Teilung der Insel wurden aber ausdrücklich ausgeschlossen. Unter britischer Hoheit verblieben bis jetzt zwei Militärbasen von 256 qkm im Süden des Landes.

Nach der Errichtung der Republik am 16. August 1960 kam es im Dezember 1963 erneut zu schweren Unruhen, als Präsident Makarios eine Erweiterung der Rechte der griechischen Mehrheit forderte, die über das Züricher Abkommen hinausging. Bisher stellt die türkische Minderheit den Vizepräsidenten, über den Volkstumsanteil hinaus 30% der Abgeordneten im Parlament und einige Minister. Außerdem haben Griechenland und die Türkei das Recht, auf Zypern Truppenkontingente zu unterhalten. Um einen neuen Bürgerkrieg und einen militärischen Zusammenstoß der beiden Schutzmächte zu verhindern, wurde 1964 eine UNO-Friedenstruppe zur Sicherung entsandt.

Solange Makarios im Amt ist, der die Kunst des Lavierens meisterhaft beherrscht, wird das Bemühen um Kompromisse andauern. Bei aller Wahrnehmung der Interessen seiner Volksgruppe hat er an der Verwirklichung der ENOSIS, der »Vereinigung mit dem Mutterland«, wie sie Grivas versteht, kein Interesse, denn sie würde seiner Machtstellung ein Ende bereiten. Ein neues Stadium des Zypernproblems zeichnete sich Mitte 1971 ab, als eine griechisch-türkische Kompromißlösung zu Lasten von Makarios deutlich wurde. Dies veranlaßte den Staatspräsidenten zu einer Reise nach Moskau, das sich für die Eigenständigkeit des »zyprischen Volkes« aussprach. Die Schutzmachtstellung Griechenlands und der Türkei hat der Insel bisher keinen Frieden gebracht. Im Sommer 1973 verschärften sich die Auseinandersetzungen erneut.

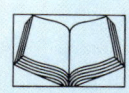

Zypern
(Kypriaki Dimokratia, Kibris Cumhuriyeti, Cyprus)

Präsidialrepublik mit Einkammerparlament (laut Verfassung stellen die Griechen 70, die Türken 30% der Abgeordneten); Mitglied des Commonwealth of Nations; Hauptstadt Nicosia (114 000 Ew.). – Zypern ist die drittgrößte Mittelmeerinsel (225 km lang, durchschnittlich 100 km breit); sein östlichster Punkt ist nur 65 km von der türkischen Küste entfernt.

Fläche: 9251 qkm – **Einwohnerzahl:** Etwa 650 000 – **Bevölkerungsdichte:** 70,2 Ew./qkm – **Jährlicher Geburtenüberschuß:** 10‰ – **Bevölkerung:** Griechen 78,8, Türken 17,5%; armenische und andere Minderheiten – **Sprache:** Griechisch und Türkisch als Staatssprachen; Englisch wichtig als Verkehrs- und Bildungssprache – **Religion:** Orthodoxe Christen (Griechen), Moslems (Türken); Angehörige der Armenischen und der Maronitischen Kirche; 100 Juden – **Wichtige Ausfuhrgüter:** Eisen- und Kupferkies und entsprechende Konzentrate, Asbest, Kartoffeln, Obst, Wein

---

Bovery, M.: Das Weltgeschehen am Mittelmeer. *Jena 1936.* – *Eberle, G.:* Pflanzen am Mittelmeer. *Frankfurt/M. 1965.* – *Eck, O.:* Seeräuberei im Mittelmeer. *München 1943.* – *Herre, P.:* Weltgeschichte am Mittelmeer. *Wildpark/Potsdam 1930.* – *Imhoff, Chr. v.:* Duell im Mittelmeer. *Freiburg 1968.* – *Kümmerly, W.:* Malta. Insel der Mitte. *Bern 1965.* – *Maier, Fr. G.:* Cypern. *Stuttgart 1964.* – *Philippson, A.:* Das Mittelmeergebiet. Seine geographische und kulturelle Eigenart. *Leipzig.* – *Wobst, G.:* Die Dardanellenfrage bis zum Lösungsversuch des Abkommens von Montreux. *Leipzig 1941.*

Gerhard Herrmann

Italien

»Kennst du das Land, wo die Zitronen blüh'n...?«

Dieses Goethewort hat bis heute einseitige, wenn nicht falsche Vorstellungen über Klima und Vegetation Italiens bestimmt. Kaum ein zweites Land Europas weist in dieser Hinsicht schärfere Gegensätze auf, die oft in Entfernungen von nur wenigen Kilometern in Erscheinung treten. Eine »italienische« Landschaft schlechthin gibt es also nicht, sondern eine Vielfalt sehr unterschiedlicher Landschaften. Ein Blick auf die Geschichte zeigt eine ähnliche Differenziertheit. Italiens Einigung vollzog sich stufenweise zwischen 1860 und 1870 und wurde am 20. September 1870 mit der Eroberung Roms abgeschlossen. In wohl jeder Stadt gibt es daher eine »Via 20 settembre«.

Das junge Königreich wurde nach französischem Muster als zentralistischer Einheitsstaat konstituiert und ist heute in 20 Regionen von je 1–9 Provinzen gegliedert. Dieser Zentralismus stellt aber einen Widerspruch zum Gesetz seiner Geschichte dar, die durch kleinstaatliche Zerrissenheit in Nord- und Mittelitalien und vielhundertjährige Fremdherrschaft in Süditalien und Sizilien gekennzeichnet ist. Hieraus ergeben sich tiefgreifende Unterschiede im Bildungsstand der Bevölkerung, in der Bodenverteilung, im Grad der wirtschaftlichen Entwicklung – von einer halbnomadischen Hirtenkultur im Innern Sardiniens bis zu den höchstentwickelten Industriezentren um Mailand und Turin –, von der völlig verschiedenen Volksmentalität ganz zu schweigen. Der tiefe Gegensatz von Nord und Süd – viel tiefer als etwa in Deutschland oder Frankreich – ist das Kernproblem Italiens, heute ebenso wie 1860. In mehr als einem Jahrhundert ist seine Lösung nicht gelungen, obwohl nach dem Zweiten Weltkrieg erhebliche Bemühungen unternommen worden sind: durch die Auflockerung des Zentralismus, die Tätigkeit der Cassa per il Mezzogiorno (»Südkasse«) und den Bau vorbildlicher Autobahnen.

Italien gliedert sich in drei Großräume: Oberitalien mit der südlichen Alpenabdachung und der Poebene, das eigentliche Halbinselitalien und Inselitalien, das außer Sizilien und Sardinien einige kleinere Inselgruppen umfaßt, vornehmlich die Liparischen und die Ägadischen Inseln nördlich bzw. westlich von Sizilien, den Toskanischen Archipel (u.a. Elba) sowie Ischia und Capri im Golf von Neapel.

Die Festlandgrenze folgt im wesentlichen der Hauptwasserscheide der Alpen, ausgenommen die Grenze zum Schweizer Tessin und bei Triest. Das Voralpengebiet hat mitteleuropäisches Klima. Nur die Ufer der Voralpenseen, vor allem ihres größten, des Gardasees, bilden Inseln des Mittelmeerklimas, wo Agrumen, Oliven und Palmen gedeihen.

Ganz anders die Poebene. Sie umfaßt mit etwa 50000 qkm ein Sechstel Italiens, bei einer Länge von 500 km und einer Breite von 50–200 km. Ursprünglich eine Bucht der Adria, wurde sie mit Sedimenten aufgefüllt, die eine Mächtigkeit von bis zu 2000 m aufweisen und einen ungemein fruchtbaren Boden bilden. Der 652 km lange Po transportiert große Mengen von Sand und Schlamm, womit er früher die Ebene erhöhte. Seit Jahrhunderten eingedämmt, lagert er seitdem das mitgeführte Erdreich im Flußbett selbst ab, so daß die Deiche ständig erhöht werden müssen. Das extrem geringe Gefälle – schon bei Piacenza nur 0,4% – begünstigt die Ablagerung. Bei Ferrara, 100 km von der Mündung entfernt, fließt der Po bei Hochwasser in Höhe der Hausdächer. Die Stärke der Wasserführung schwankt extrem (1:32). Dammbrüche bei Herbsthochwasser wirken daher verheerend (1961, Rovigo!). Das Klima ist kontinental; das bedeutet kalte Winter und heiße Sommer. Mailand verzeichnet z.B. bis zu 80 Frosttage, während die mittlere Julitemperatur in Bologna sizilianische Werte erreicht.

Der fruchtbare Boden und die Bewässerung (11000 qkm) ermöglichen intensiven Anbau, für den die »coltura mista« charakteristisch ist, eine Gemengelage von Obst- und Weinbau mit Anbau von Getreide und Futterpflanzen. So ist die Poebene das weitaus wichtigste landwirtschaftliche Erzeugungsgebiet; sie liefert fast die gesamte Reisernte, vornehmlich in Piemont und der Lombardei, 90% der Zuckerrüben, 70% der Futterpflanzen, 40% des Mais. Oliven und Agrumen fehlen natürlich wegen ihrer Winterempfindlichkeit.

Der Apennin, ein Faltengebirge wie die Alpen, bildet das »Rückgrat« der Halbinsel. Er schließt landeinwärts von Savona, an der nordligurischen Küste, an die Alpen an, zieht sich in mehreren Parallelketten auf etwa 1000 km Länge und bis 150 km Breite durch die Halbinsel und setzt sich dann in Sizilien in den Monti Peloritani, den Monti Nebrodi und den Madonie fort. Seine höchste Erhebung erreicht er im Gran Sasso der Abruzzen (2914 m), südöstlich von Rom.

Der kalabrische Apennin, der die »Stiefelspitze« ausfüllt, ist wesentlich niedriger. Im Norden, östlich von Cosenza, bildet er das Hochplateau der La Sila, die durch ihren Wald- und Wasserreichtum mitteleuropäisch anmutet. Im Süden endet er im Aspromonte (1956 m), östlich der Straße von Messina.

Im ganzen ist der Apenninbogen in steilem Abfall nach Westen geöffnet, während er an der Adriaseite sich als ein zerstückeltes Hügelland allmählich zur Küste senkt, an die er im Norden dicht herantritt. Im Süden dagegen sind der Gargano und die apulischen Kalktafeln vorgelagert, die geologisch nicht zum Apennin gehören. Als Südschranke der Poebene bildet er eine ausgeprägte Klimascheide und schützt Toskana und Umbrien vor der Winterkälte dieser Ebene. Hier erst entwickelt sich typisch mediterrane Vegetation und tritt erstmals der Ölbaum in größeren Hainen in Erscheinung. Andererseits wirken sich die von Norden nach Süden streichenden Gebirgsketten für den West-Ost-Verkehr trennend und hemmend aus: Die dichtbesiedelte, hafenreiche Westküste hat nur schlechte Verkehrsverbindungen zur dünnbesiedelten, hafenarmen Adriaküste.

Wie erwähnt, ist der Nord-Süd-Gegensatz und seine Überwindung ein Kernproblem Italiens, von der Einigung bis heute. Der Erreichung dieses Ziels stand lange Zeit der strenge Zentralismus französischer Prägung entgegen. Die Verfassung der jungen Republik von 1947 sah daher in Artikel 117 eine starke Dezentralisierung vor, indem sie den 20 Regionen, die weitgehend den historischen Landschaften entsprechen, begrenzte legislative Befugnisse einräumte, die vom Regionalrat als Parlament bzw. dem Regionalausschuß als Regierung wahrzunehmen sind, begrenzt freilich durch einen Regierungskommissar der Zentrale, der die Regionsgesetze gegenzeichnen muß. Freilich blieb diese Selbstverwaltung der Regionen über zwanzig Jahre lang auf dem Papier. Erst durch die Wahlen vom Juni 1970 konnte die Selbstverwaltung der Regionen konstituiert werden. Diese Entwicklung wurde zweifellos begünstigt durch die Erfahrungen, die man in der langjährigen Kontroverse um die Autonomie Südtirols, des Alto Adige, gemacht hat und worüber an anderer Stelle ausführlich berichtet wird. Die Regionen werden künftig die Gesetzgebungskompetenz für alle Fragen lokaler oder regionaler Natur haben. Neben die 15 »normalen« Regionen treten noch 5 Regionen mit Sonderstatut: Sizilien, Sardinien, Trentino/Südtirol, Aostatal, mit einer französischsprachigen Minderheit, und Friaul-Julisch-Venetien, mit einer Minderheit der Furlanen, eines Zweigs der Rätoromanen, und der slowenischen Minderheiten um Triest und Görz (Gorizia).

Das industrielle Norditalien

Ab den fünfziger Jahren hat Italien einen tiefgreifenden wirtschaftlichen Strukturwandel erlebt. Es geht nicht mehr an, es lediglich als das Museum Europas und den Badestrand für Millionen ausländischer Touristen anzusehen. Beides hat natürlich nach wie vor seine – auch wirtschaftliche – Bedeutung. Aber der moderne Italiener schätzt es gar nicht, nur darauf angesprochen zu werden. Für ihn stehen der wirtschaftliche Aufschwung des Landes und die Angleichung an den mitteleuropäischen Standard im Vordergrund des Interesses.

Dieses Ziel ist im Industriedreieck des Nordwestens bereits weitgehend erreicht: in den Regionen Lombardei, Piemont, Ligurien. 50% der gesamten Industrieerzeugung entfallen auf dieses Gebiet, wobei die Lombardei allein 60% der Produktion

Italien, Hochgebirge · Blick vom Monte Agudo auf die Bergwelt der Dolomiten, der östlichen Gruppe der Südtiroler Kalkalpen.

und der Dienstleistungen des »Dreiecks« erstellt. Mailand (um 1900 nur kaum 350 000 Einwohner) ist heute die Wirtschaftsmetropole des Landes, die als Magnet auf die Italiener aller Regionen, vor allem aber des Südens, wirkt. Jährlich wandern etwa 50 000 Personen zu. Heute hat Mailand etwa 1,71 Millionen Einwohner, von denen nur ein Drittel gebürtige Mailänder sind. Das Nettoeinkommen pro Kopf liegt fast doppelt so hoch wie im übrigen Italien. Freilich ist jeder fünfte Zuwanderer ein Analphabet aus dem Süden, und nur ein Drittel dieser Zuwanderer holt die versäumte Schulbildung nach; ihre echte gesellschaftliche Eingliederung ist ein schwer lösbares Problem. Mailand ist nicht nur ein vielseitiges Industriezentrum und Sitz der meisten Konzernzentralen. Es führt auch in Handel und Finanz. Etwa 40% des Außenhandels werden über Mailand abgewickelt. Die Mailänder Messe ist eine der größten Europas.

Kaum weniger eindrucksvoll ist der Aufschwung Turins,

der Hauptstadt von Piemont, der Keimzelle des italienischen Staates. Der Piemontese gilt als der Preuße Italiens. Seine Ruhe und seine Sachlichkeit entsprechen in keiner Weise der Klischeevorstellung vom Italiener. In den ersten Jahrzehnten der Staatswerdung bildeten die Piemontesen den Kern der führenden Beamtenschaft der Zentrale, nicht immer zur Freude der so völlig anders gearteten Römer. 1861–1865 war Turin die Hauptstadt des jungen Königreiches. Heute ist Turin (1,2 Millionen Einwohner) die Stadt der Fiat S.p.A. und ihres Wirtschaftsimperiums; 90 % der Autoproduktion entfallen auf Turin. Hinzu kommt die Produktion von Eisenbahnmaterial, Elektrogeräten und Kunstseide.

Genua (842 000 Einwohner), als einstige Seerepublik alte Rivalin Venedigs, ist heute die Hauptstadt Liguriens und mit Abstand wichtigster Hafen des Landes. Auf einem sehr schmalen Küstenstreifen – der Apennin tritt hier dicht an das Meer – dehnt es sich in einer Länge von ungefähr 35 km nach Süden und nach Westen aus. Es ist Sitz großer Reedereien und Werften und einer hafenständig orientierten Industrie, die Importrohstoffe verarbeitet; neben Erdölraffinerien, Hochöfen, Walzwerken, Eisenindustrie aller Stufen spielen die Textil- und die Lebensmittelindustrie eine wichtige Rolle. Die Hälfte der Eisenindustrie hat ihren Sitz in Ligurien. Die Verkehrsbedeutung Genuas hat sich neuerdings erheblich erhöht: Es ist Ausgangspunkt mehrerer Pipelines in die Poebene, die Schweiz und nach Ingolstadt.

Das wirtschaftliche Übergewicht des Industriedreiecks läßt sich deutlich am stark überdurchschnittlichen Pro-Kopf-Einkommen der drei Industrieregionen ablesen. Setzt man den Index für Italien mit 100 an, so betrugen 1968 die betreffenden Werte für die Lombardei 138, für Piemont 129 und für Ligurien 135,7. Diese drei Regionen liegen mit Abstand an der Spitze. Das entgegengesetzte Extrem verzeichnen die Regionen des Südens: Kalabrien 52,9, Basilicata 60,3, Kampanien (mit Neapel) 69,2 und Apulien 69,3.

Den südlichen Teil der Poebene, bis zum Hauptkamm des Apennin, nimmt die Region Emìlia-Romagna ein (Hauptstadt Bologna, 493 000 Einwohner). Sie hat ihren Namen nach der 187 v. Chr. errichteten Via Aemilia, die sie von Rimini bis Piacenza, also von Südosten nach Nordwesten durchzieht und an der die meisten wichtigen Städte liegen. Sie sind heute vorwiegend Zentren für den Absatz der reichen landwirtschaftlichen Erzeugung, z. B. Schinken (Parma), Käse (Reggio Emìlia), teils verdienen sie als Hauptstädte einstiger Herzogtümer hohes geschichtliches Interesse: Ferrara, Mòdena, Parma, Ravenna. Bologna – »grassa«, die »Fette«, genannt – ein Zentrum der Lebensmittelindustrie, genießt den Ruf der besten Küche Italiens und ist einer der bedeutendsten Bahn- und Straßenknotenpunkte. Die in neuerer Zeit vielbesuchte Adriaküste der Romagna ist ein wichtiges Touristengebiet mit Rimini als Hauptort, in dessen Nachbarschaft die Zwergrepublik San Marino liegt.

Der nordöstliche Teil der Poebene wird von der Region Venetien eingenommen. Venedig (368 000 Einwohner) ist heute nur die Hauptstadt dieser Region. Aber durch seine tausendjährige Geschichte und die Lage in der Lagune nimmt es bis heute eine Sonderstellung ein. Die Markusrepublik, die »Serenissima«, entwickelte ein einzigartiges System der Elitenauslese, wodurch nur die fähigsten Mitglieder seiner Aristokratie in Spitzenstellungen gelangen konnten. Durch ein ausgeklügeltes System von Amtskontrollen wurde aber gleichzeitig sichergestellt, daß diese Amtsträger das Interesse der Republik wahrnahmen und nicht bloß im eigenen Geschäftsinteresse handelten oder gar, als Dogen, ein monarchisches Regime anstrebten. So gehört Venedig zu den wenigen europäischen Staaten, die vom frühen Mittelalter bis an die Schwelle des vorigen Jahrhunderts (1797) bestanden. In der Zeit seiner höchsten Machtstellung (1200–1600) war Venedig gleichberechtigter Partner der europäischen Großmächte, wobei freilich die Fronten in eiskaltem Kalkül und frei von jedem ideologischen Denken je nach politischem oder wirtschaftlichem Vorteil bezogen wurden, wie es von einer Republik der Kaufleute, Reeder und Bankiers nicht anders zu erwarten war. So errang es die Vormachtstellung im östlichen Mittelmeer. Das Lateinische Kaisertum von Konstantinopel (1204–1261) war ein Satellit von San Marco.

Venedig festigte seine Position nach zwei Richtungen: nach Osten und nach Westen. Die Sicherung der Seewege in Adria und östlichem Mittelmeer erfolgte durch die Festsetzung an der dalmatinischen Gegenküste und in Istrien bzw. auf Kreta, Zypern, Euböa und der Peloponnes. Anfang des 15. Jahrhunderts wurde auch der Festlandbesitz, die Terra ferma, rasch erweitert; bald umfaßte er Friaul (Udine), den Ost- und den Mittelteil der Poebene einschließlich Verona, Brèscia und Bèrgamo, rückte also nahe an Mailand heran. Heute noch findet sich an zahlreichen öffentlichen Bauten dieses Gebiets der Markuslöwe. Aber die Terra ferma diente nur der Sicherung. Im Grunde empfand sich Venedig als Großmacht mit Stoßrichtung nach der Levante und nicht als Teil Italiens. Dies findet auch im venezianischen Dialekt seinen Niederschlag, der zahlreiche Ausdrücke griechischer oder levantinischer Herkunft, wenn auch oft verballhornt, enthält und vom Hochitalienischen erheblich abweicht.

Die Entdeckung des Seeweges nach Ostindien leitete den Niedergang ein. Die Außenposten gingen nach und nach verloren. Aber die kulturelle Spätblüte währte noch Jahrhunderte, da es der erfahrenen Diplomatie der Republik immer wieder gelang, sich durch Anlehnung an stärkere Mächte eine Scheinselbständigkeit zu bewahren.

Im 18. Jahrhundert war Venedig das Vergnügungszentrum der europäischen Hocharistokratie. Sein Karneval, seine Kurtisanen, die Komödien des Goldoni, die Veduten eines Guardi und eines Canaletto boten einen letzten Abglanz, bis 1797 die Kanonen Napoleons der tausendjährigen Republik ein kampf- und ruhmloses Ende bereiteten. Aber ihre Anziehungskraft auf die Fremden hat die einmalige geschichtsträchtige Schönheit der Stadt in der Lagune bis heute bewahrt. Sie zu erhalten und zu retten ist die fast unlösliche Aufgabe der Gegenwart.

Die unmittelbare Gefährdung der Lagunenstadt geht von den festländischen Industriezonen von Mestre und Porto Marghera aus, wo in den letzten zwei Jahrzehnten ein großes Industriezentrum mit Werken der Großchemie, vor allem Ölraffinerien, entstand. Hier leben etwa 300 000 Menschen, gegenüber nur 120 000 im alten Venedig. Die Industrieabgase führen zu einer raschen Zersetzung der alten Fassaden und Skulpturen. Darüber hinaus aber wurde die Selbstreinigung der Lagune durch Abwässer schwer gestört. Teile der Lagune wurden durch Aufschüttungen für Industrieanlagen dem Wattenmeer entzogen. Am folgenschwersten wirkte sich indes die Wasserentnahme aus artesischen Brunnen auf dem Grunde der Lagune aus, die dadurch hervorgerufene Bodenabsenkung betrug früher 1 mm jährlich, ist aber heute auf 5–7 mm gestiegen. Als natürliche Folge hat die Zahl der Hochwasser, vor allem in den Wintermonaten, erheblich zugenommen.

Über diese Probleme wird seit Jahren leidenschaftlich diskutiert. Aber durch die Gegensätzlichkeit der lokalen Interessen – in den Industriezonen ist fast ausschließlich lombardisches und piemontesisches Kapital beteiligt – wurde praktisch nichts

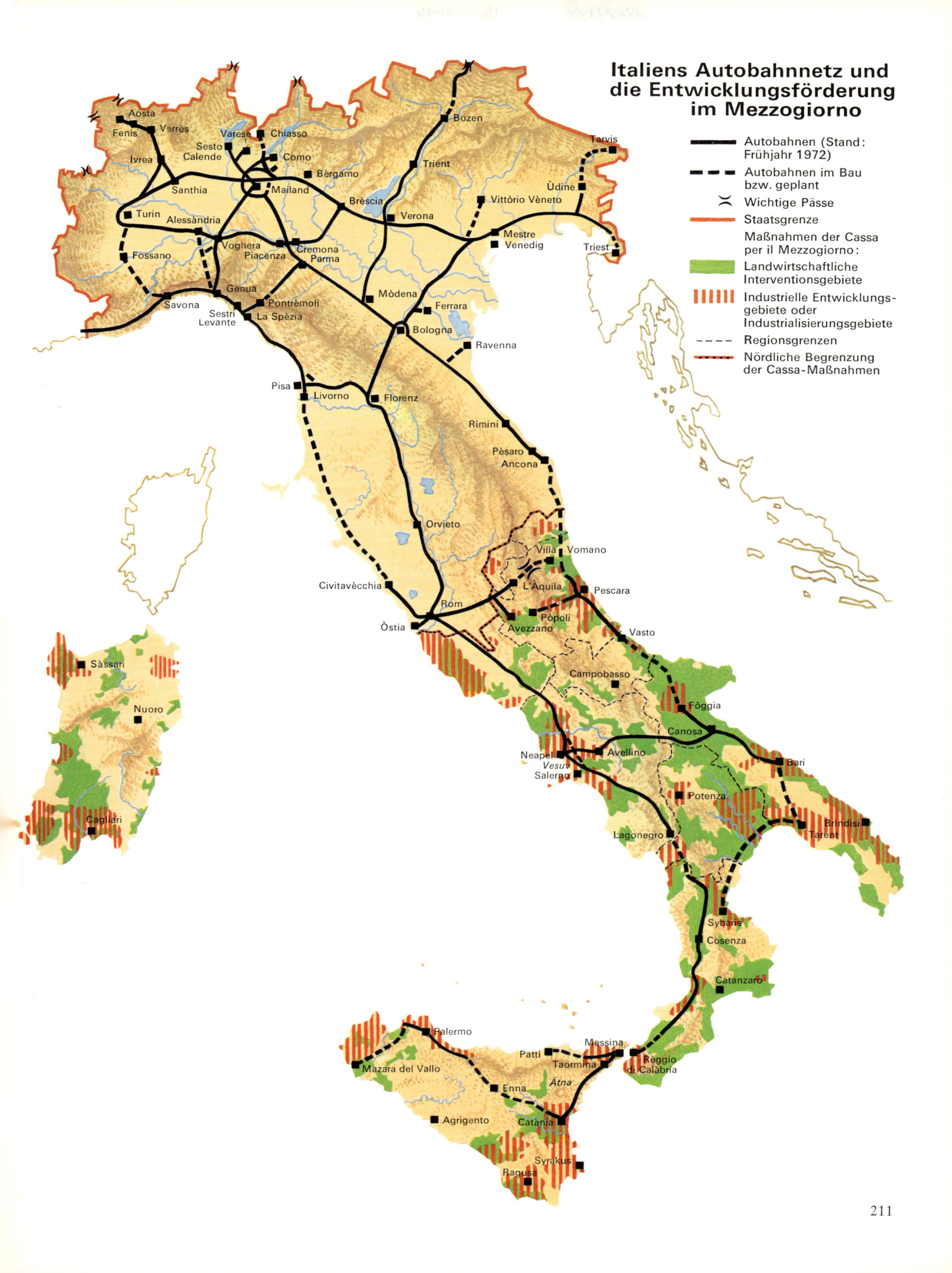

Italiens Autobahnnetz und die Entwicklungsförderung im Mezzogiorno

Legende:
- ▬▬ Autobahnen (Stand: Frühjahr 1972)
- ▬ ▬ Autobahnen im Bau bzw. geplant
- ⋈ Wichtige Pässe
- ▬▬ Staatsgrenze

Maßnahmen der Cassa per il Mezzogiorno:
- 🟩 Landwirtschaftliche Interventionsgebiete
- ▯▯▯ Industrielle Entwicklungsgebiete oder Industrialisierungsgebiete
- - - - Regionsgrenzen
- •••• Nördliche Begrenzung der Cassa-Maßnahmen

Italien
(Repubblica Italiana)

Republik mit Zweikammerparlament, allgemeinem Wahlrecht und Wehrpflicht; Hauptstadt Rom (2,80 Mill. Ew.).

Fläche: 301 250 qkm (Grenzlänge 9230 km, davon Festlandgrenze [zu Frankreich, der Schweiz, Österreich und Jugoslawien] 1810, Küsten 7420 km) – **Einwohnerzahl:** 54,35 Mill. (davon über 54% städtische Bevölkerung) – **Bevölkerungsdichte:** 180 Ew./qkm – **Jährlicher Geburtenüberschuß:** 7,2‰ – **Größere Städte:** Mailand (1,71 Mill. Ew.), Neapel (1,28 Mill. Ew.), Turin (1,19 Mill. Ew.), Genua (842 000 Ew.), Palermo (664 000 Ew.), Bologna (493 000 Ew.), Florenz (461 000 Ew.), Catània (415 000 Ew.), Venedig (368 000 Ew.), Bari (356 000 Ew.), Triest (278 000 Ew.), Messina (275 000 Ew.), Verona (262 000 Ew.), Càgliari (226 000 Ew.), Tarent (223 000 Ew.) – **Bevölkerung:** Italiener; deutschsprachige Südtiroler 1971: 260 351); slawische, albanische, französische und ladinische Minderheiten – **Sprache:** Italienisch; als zweite Amtssprache in der Provinz Bozen Deutsch, in der Region Aostatal Französisch zugelassen – **Religion:** Über 99% Katholiken; protestantische (etwa 100 000) und orthodoxe Minderheiten; 35 000 Juden – **Wichtige Ausfuhrgüter:** Maschinen und Fahrzeuge (rund ein Drittel des Exportwertes), Textilien und Bekleidung (ein Fünftel), Chemikalien (etwa ein Zehntel), Agrarprodukte (u. a. Südfrüchte, Gemüse, Reis, Wein).

Durchgreifendes unternommen. Ende Oktober 1971 fiel endlich eine grundsätzliche Entscheidung: In Rom wurde ein »Gesetz zur Rettung Venedigs« angenommen. Hierfür steht eine Auslandsanleihe von 250 Milliarden Lire (damals 1,375 Milliarden DM) zur Verfügung, die auf Betreiben der UNESCO durch eine internationale Bankengruppe zinsgünstig gegeben wird, wozu noch 100 Milliarden Lire aus italienischen Mitteln treten. Die Durchführung des Programms steht unter der Aufsicht des Staatlichen Komitees für Wirtschaftsplanung, wobei die jeweiligen Kompetenzen auf die Stadt, die Region und den Staat aufgeteilt sind. Vier Projektgruppen werden in Arbeit genommen: die Errichtung von beweglichen Schleusen an den drei Verbindungskanälen zwischen Lagune und Adria, die nur bei Hochwasser geschlossen werden; der Bau eines Aquädukts als Ersatz für die zu schließenden artesischen Brunnen; die Restaurierung der Monumentalbauten und der Wohnhäuser; die Errichtung eines Kanalisationssystems (bis heute gehen sämtliche Abwässer der Industrie, der Stadt und der Inseln ungeklärt in die Lagune!).

Das »Herz Italiens«

Toskana und das benachbarte Umbrien (Hauptstadt Perùgia, 125 000 Einwohner) gelten als das Herz Italiens. Das bereits mediterrane Klima und ein harmonischer Wechsel von Ebene und Hügelland begünstigen die Landwirtschaft seit eh und je. Neben Getreide und Zuckerrüben werden Oliven und Wein (Chianti) angebaut. Die Toskana ist reich an Bodenschätzen: Im toskanischen Erzgebirge werden Pyrite, Kupfer, Blei und Antimon abgebaut, auf Elba Eisenerz, am Monte Amiata in der südlichen Toskana Quecksilber (es handelt sich um das zweitgrößte Vorkommen nach jenem von Almadén in Spanien). Berühmt sind die Marmorlager von Carrara an den Hängen der Apuanischen Alpen im Nordwesten. Die meisten Braunkohlenvorkommen Italiens liegen in der Toskana. Landwirtschaft und Mineralvorkommen bilden die Grundlage für Spezialindustrien. Eine wichtige Rolle spielt der Fremdenverkehr; die Seebäder der Versilia (Viarèggio), zahlreiche Heilbäder (Montecatini Terme, Chianciano), vor allem aber die unausschöpflichen Kunstschätze in Florenz, Siena, Lucca, Pisa usw. sind Ziele des internationalen Tourismus.

Die Mittellage zwischen Nord und Süd hat der Toskana in der Geschichte eine Schlüsselstellung zugewiesen. Hier war schon das Kerngebiet der Etrusker, über deren Herkunft und Sprache die Fachwelt sich immer noch nicht einig ist. In der Zeit ihrer kurzen Hochblüte herrschten sie von Bologna bis fast nach Neapel, und das Königshaus des ältesten Roms war zweifellos etruskisch. Im Streit der rivalisierenden toskanischen Stadtrepubliken im Mittelalter – u. a. Florenz, Pisa, Siena, Lucca, Pistòia – ging schließlich Florenz als Sieger hervor. Dante ist sein größter Sohn. Im 15. Jahrhundert, im »Quattrocento«, war Florenz die führende Handels- und Finanzmacht Europas mit eigenen Faktoreien in den Handelszentren auch Nord- und Mitteleuropas. Unter der älteren Linie der Medici, unter Cosimo dem Alten und Lorenzo il Magnifico, erlebte Florenz im 15. Jahrhundert für die Dauer von sechzig Jahren eine einmalige kulturelle Hochblüte, von der es immer noch gekennzeichnet ist. Daß bis heute zahlreiche handels- und finanztechnische Ausdrücke italienischen Ursprungs sind, geht auf jene Hegemoniestellung der Arnostadt zurück. Florenz (461 000 Einwohner) und Siena aber streiten sich um die Ehre, wo das reinste Italienisch gesprochen werde.

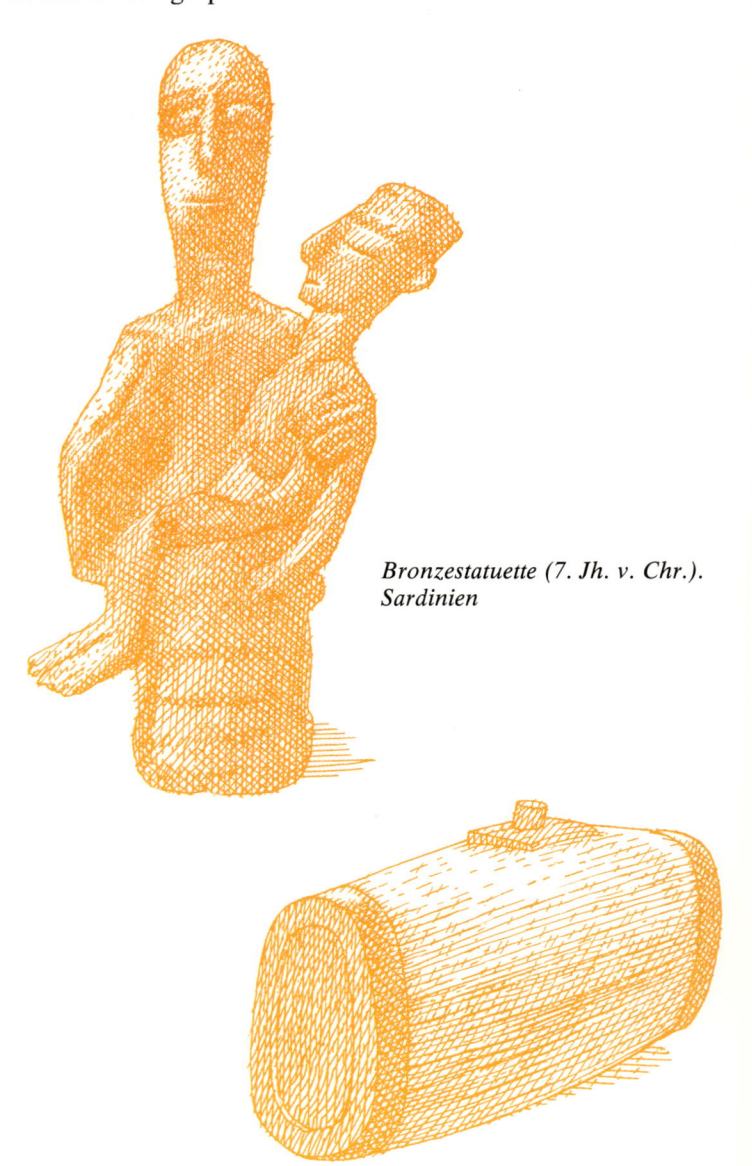

Bronzestatuette (7. Jh. v. Chr.). Sardinien

Weinfäßchen, Apulien

Kurze Zeit, von 1865 bis 1870, war Florenz die Hauptstadt Italiens. Dann mußte es diesen Rang wieder an Rom abtreten. Rom ist keine beliebige Hauptstadt. Es ist heute noch die »urbs« schlechthin. Seit 1871 die Hauptstadt des jungen Königreichs – seit 1929 auch die Vatikanstadt als selbständige Einheit einschließend –, war es bis 1870 auch die Hauptstadt des Kirchenstaats gewesen, der sich in der Zeit seiner größten Ausdehnung von der Emìlia-Romagna bis an die Grenzen des Königreichs Neapel-Sizilien erstreckte. Darüber hinaus aber ist Rom seit fast zweitausend Jahren die Metropole der römisch-katholischen Kirche. Als einstige Kapitale des römischen Weltreichs weist Rom heute noch eine Überfülle baulicher und anderer Denkmäler von der Frühzeit der Römischen Republik bis in die Jahrhunderte des untergehenden Imperiums auf, soviel auch zugrunde ging, mehr durch Menschenhand als durch Naturereignisse, oder noch unerreichbar im Boden ruht, oder beim Ausbau nach 1870 fahrlässig oder gedankenlos durch »Prachtbauten« des späten 19. Jahrhunderts überbaut wurde.

Immer aber war Rom exemplarisch dem Auf und Ab der Geschichte unterworfen. Die Einwohnerzahlen sind hier ein untrügliches Barometer. Zur Zeit des Augustus war es die größte Stadt des »Orbis Terrarum« mit 800 000 bis 1 Million Einwohnern. Aber schon im 5. Jahrhundert, in den Stürmen der Völkerwanderung, war diese Zahl auf 50 000 gesunken.

San Marino
(Repubblica di San Marino)

Republik mit Einkammerparlament und Wahlrecht für alle über 21 Jahre alten Bürger; keine Wehrpflicht; Zoll- und Währungseinheit mit Italien; Auslandsvertretung durch Italien; Hauptort San Marino (3400 Ew.). – San Marino, die älteste Republik der Welt (gegründet 855), ist durch einen Freundschaftsvertrag mit Italien verbunden und erhält von ihm Jahresgelder. Haupteinnahmequellen sind der Fremdenverkehr, die Herausgabe von Briefmarken und der ertragreiche Anbau eines geschätzten Weins.

Fläche: 60,57 qkm – **Einwohnerzahl:** Etwa 20 000 (außerdem über 6000 Bürger im Ausland) – **Bevölkerungsdichte:** 313,5 Ew./qkm – **Jährliche Bevölkerungszunahme 1963–1969:** 17‰ – **Bevölkerung:** Italiener – **Sprache:** Italienisch – **Religion:** Römisch-katholisch

Den absoluten Tiefpunkt brachte das 14. Jahrhundert, als das Papsttum in Avignon residierte und in Rom nur noch 15 000–20 000 Menschen lebten. Das Forum war unter der Erde verschwunden, zum »campo vaccino«, zur Kuhweide, geworden. Die Rückkehr des Papstes, 1377, und die folgenden anderthalb Jahrhunderte brachten zwar einen Aufschwung, aber der »Sacco di Roma« vom Mai 1527 – die Plünderung durch spanische und deutsche Landsknechte – und die nachfolgende Pest beendeten jäh die Blüte unter den Renaissance-Päpsten; die Einwohnerzahl sank auf 32 000. Wieder setzte ein Umschwung ein: Die großen Barockpäpste vom Ende des 16. Jahrhunderts, vor allem Sixtus V. und seine Nachfolger, waren Städtegestalter von Format. Durch großzügige Straßendurchbrüche und die Anlage von Plätzen und Brunnen haben sie das römische Stadtbild, in dem der Barockcharakter dominiert, bis heute geprägt.

Rom blieb aber im wesentlichen innerhalb der heute noch stehenden Aurelianischen Mauer, die Kaiser Aurelian (270–275) als Schutz gegen die Barbareneinfälle hatte errichten lassen. Am Ende des Kirchenstaates, 1870, hatte Rom erst 226 000 Einwohner erreicht, blieb also weit hinter Neapel zurück (damals 480 000 Einwohner). Unter dem jungen Königreich setzte nun eine ungezügelte Bodenspekulation und Bautätigkeit ein, wodurch die meisten alten Villen und Paläste mit ihren Parks für immer verschwanden. 1890 schrieb ein italienischer Nationalökonom: »Diese hochmütigen Patrizier, Angehörige des päpstlichen Hofes, verdammten zwar die Invasion

Vatikanstadt
(Stato della Città del Vaticano, Santa Sede, Saint-Siège, Holy See)

Souveräner Staat (0,44 qkm, rund 1000 Ew., davon 532 vatikanische Bürger); Teil des italienischen Wirtschaftsgebietes (mit eigener Münz- und Posthoheit). – Als Staat (der kleinste der Erde) wurde die Vatikanstadt durch die zwischen dem Heiligen Stuhl und dem Königreich Italien geschlossenen Lateranverträge vom Februar 1929 konstituiert. Sie liegt auf dem rechten römischen Tiberufer, ist auf drei Seiten von alten Festungsmauern umgeben und umfaßt die Peterskirche mit Petersplatz, die vatikanischen Bauten und Gärten, ferner einige exterritoriale Kirchen und Paläste in Rom sowie die päpstliche Sommerresidenz in Castel Gandolfo (in den Albaner Bergen). Die Vatikanstadt besitzt einen eigenen Bahnhof und betreibt einen Rundfunksender (auf italienischem Gebiet).

der modernen Barbaren, zerstückelten und verkauften dann aber nur allzu bereitwillig selbst ihren väterlichen Besitz.« Rom wurde zum Behördenzentrum mit starkem Bevölkerungszustrom, der in den zwanziger Jahren ein atemberaubendes Tempo annahm. Rom überholte Neapel und wurde nun erst die größte Stadt Italiens (1931: 1 008 000 Einwohner). Diese Entwicklung vollzog sich, obwohl die Industrialisierung in und um Rom bis zum Zweiten Weltkrieg keine und auch später nur eine untergeordnete Rolle spielte. Über 74% der römischen Beschäftigten sind im Handel, im Dienstleistungsgewerbe und in der öffentlichen Verwaltung tätig. Nur 22% arbeiten in der Industrie, davon etwa die Hälfte im Baugewerbe.

Das Kernproblem des heutigen Roms ist das Bevölkerungswachstum, das sich seit zwanzig Jahren vollzieht. Seit 1931 hat sich die Einwohnerzahl verdreifacht und zählt heute fast 3 Millionen. Bei gleichbleibender Zuwanderungsdynamik würden zu Beginn der achtziger Jahre 4 Millionen erreicht sein. Dieser Zustrom, vor allem aus dem Süden, vollzieht sich aber völlig ungeregelt. Die neuen Wohnviertel in den Außenbezirken werden planlos aus dem Boden gestampft, ohne daß der Ausbau der Straßen und Versorgungseinrichtungen damit Schritt halten kann. Bebauungspläne, soweit überhaupt vorhanden, bleiben auf dem Papier. Die Bodenspekulation regiert wie schon in den letzten Jahrzehnten des 19. Jahrhunderts. Da die neuen Viertel fast alle verkehrsmäßig auf die Stadtmitte hin orientiert sind, herrscht hier ein permanentes Verkehrschaos, noch dadurch verschlimmert, daß auch der »kleine« Römer motorisiert ist und die alte Gewohnheit beibehält, ebenfalls mittags nach Hause zu fahren. Die Verbannung der Autos aus dem Stadtkern ist noch im Experimentierstadium. Es fehlt an Umgehungsstraßen und Parkplätzen; auch der U-Bahn-Bau ist über eine Teilstrecke nicht hinausgediehen.

Zur Verkehrsmisere tritt die nicht zu unterschätzende Finanzmisere. Die Stadtverwaltung ist den ihr gestellten Aufgaben nicht gewachsen: ihre Organisation und Finanzierung sind den Erfordernissen einer Weltstadt nicht angepaßt. Da infolge der geringen Industrialisierung ins Gewicht fallende Einnahmen fehlen, ist Rom so hoch verschuldet, daß es praktisch auf einen Bankrott hinausläuft.

Der sowjetische Außenminister Gromyko in Privataudienz bei Papst Paul VI. (November 1970)

Der Petersplatz

Theologiestudenten in Rom

Schweizergardist

Die Vatikanstadt – Ziel von Wallfahrern

Der Vatikan ist erst seit 1377 (Rückkehr aus Avignon) Residenz der Päpste. Vorwiegend in der Renaissance und im Barock zum größten Palast der Welt ausgebaut, beherbergt er heute auch die Dienst- und Wohnräume des Kurienklerus sowie die Vatikanische Bibliothek, das Archiv und die Kunstsammlungen. Die Peterskirche, 1626 geweiht, trat an die Stelle einer frühchristlichen Basilika. Sie ist der größte umbaute Raum der Welt. Die Schweizergarde besteht seit 1505 und umfaßt heute etwa 100 Mann. Bei der Plünderung Roms 1527 opferte sie sich bis zum letzten Mann auf, um dem Papst die Flucht zu ermöglichen. Die malerische Landsknechtsuniform wurde inzwischen abgeschafft.

Lukanien, Siedlungsformen · Rivello, typischer süditalienischer Ort in geschlossener Bauweise. Im Hintergrund der Monte Sirino (2005 m).

Neapel und der Mezzogiorno

Neapel (1 280 000 Einwohner) ist die mit Abstand größte Stadt Süditaliens und die Hauptstadt der Region Kampanien. Bis 1921 war es sogar, wie gesagt, die größte Stadt Italiens, wurde dann aber von Rom und Mailand überholt. Es ist in erster Linie Hafen- und Handelsplatz. Auch seine Industrie ist primär hafenorientiert: Schiffbau, Ölraffinerien, Eisenhütten (Bagnoli). Daneben ist die Textil- und die Lebensmittelindustrie (Teigwaren) von Bedeutung. Die Stadt dehnt sich rasch nach Osten und nach Westen aus und wächst mit den Nachbarorten Pozzuòli und Torre del Greco zu einem Ballungsraum zusammen. Die ganze Küste um den Golf bildet eine ununterbrochene Kette von Siedlungen. Die Küstenebene (»Campania felix«) ist eines der dichtestbesiedelten und fruchtbarsten Gebiete Italiens. Die weitere Umgebung des Vesuvs weist eine Bevölkerungsdichte von 500 Einwohnern/qkm auf. Wein, Getreide, Hanf, Tabak, Agrumen sind die wichtigsten Erzeugnisse. Die Umgebung der Stadt bietet, noch mehr als die Stadt selbst, überaus attraktive Fremdenverkehrsziele: Capri, Ischia, die Ausgrabungen von Pompeji und Herculanum wie auch die vulkanischen Erscheinungen der Nachbarschaft, z.B. die Phlegräischen Felder mit der Solfatara, in weiterer Entfernung die Südküste der Halbinsel Sorrento mit Amalfi und Positano. Im Norden Neapels liegt das spätbarocke Schloß von Caserta, das Versailles der Könige von Neapel und Sizilien, das größte Schloß Italiens, durch die Einheitlichkeit der architektonischen Konzeption seinem Vorbild sogar überlegen.

Der Neapolitaner nimmt eine Sonderstellung ein. Er ist weder Nord- noch Süditaliener, sondern eben Neapolitaner. Im Verlauf von fast drei Jahrtausenden hat sich hier aus sehr heterogenen Elementen ein Volkstypus eigener Art herausgebildet. Der Neapolitaner ist das Ergebnis – oder auch das Opfer – einer fast ständigen Fremdherrschaft, der er sich mit Geschick und Wendigkeit anpassen mußte, wobei er aller Obrigkeit und Staatlichkeit mit Mißtrauen und Ablehnung gegenüberstand. Ein anarchischer Individualismus, der allenfalls die Familie einschloß, war die Folge.

Neapel wurde im 7. Jahrhundert v.Chr. gegründet, und zwar von Cumae aus, der ältesten griechischen Kolonie in Italien. 326 v.Chr. kam es an Rom, behielt aber seinen griechischen Charakter. Nach dem Ende des Weströmischen Reiches gehörte es zum Ostgotenreich, nach dessen Untergang zum byzantinischen Exarchat. Es folgten die Langobarden, die dann im 11. und im 12. Jahrhundert von den Normannen abgelöst wurden, deren Nachfolger der Stauferkaiser Heinrich VI. wurde (1194). Nach dem Untergang der Staufer – Konradin wurde 1268 in Neapel hingerichtet – trat Karl von Anjou, ein Bruder des französischen Königs, die Herrschaft über Neapel an. Doch der Wechsel der Fremdherrschaften ging weiter. Alfons V. von Aragón, dessen Haus schon seit mehreren Generationen in Sizilien herrschte, konnte 1442 auch Neapel an sich bringen und es gegen französische Ansprüche behaupten, die erst 1529 endgültig aufgegeben wurden, womit es in den Besitz von Kaiser Karl V. als Rechtsnachfolger von Aragón gelangte. Neapel wurde nun von spanischen Vizekönigen regiert. Noch heute wird im Volksmund die Hauptstraße der Stadt »Toledo«

genannt, in Erinnerung an den bedeutendsten dieser Vizekönige. Durch die lange Hispanisierung wich die Entwicklung Neapels mehr und mehr von der des übrigen Italiens ab. Bis heute ist dieser spanische Einschlag in vielen Baulichkeiten deutlich erkennbar. Wieder eine neue Fremdherrschaft brachte der Spanische Erbfolgekrieg. 1714 fiel das festländische Neapel, 1720 auch Sizilien an die österreichischen Habsburger. Doch die Herrschaft der Österreicher war nur kurz, denn bereits 1735 überließen sie es als Sekundogenitur an Karl IV., den Sohn des ersten spanischen Bourbonenkönigs. Dieses Haus regierte dann – abgesehen von der kurzen Zwischenherrschaft der Napoleoniden Joseph und Murat (1806–1815) – bis 1860, als das morsche »Königreich Beider Sizilien« unter den Angriffen der Freischaren Garibaldis und der Truppen Piemonts schnell und fast widerstandslos zusammenbrach und im jungen Königreich aufging.

An Kampanien schließt sich südwärts, die »Stiefelspitze« bildend, die Region Kalabrien an. Sie ist trotz aller Fortschritte der Nachkriegszeit immer noch eines der rückständigsten Gebiete Italiens und hat das niedrigste Pro-Kopf-Einkommen (Indexzahl 52,9) aller Regionen. Zwar hat die Beseitigung der Malaria nach dem Zweiten Weltkrieg die intensive Bewirtschaftung der Küstengebiete begünstigt (Produktion von Agrumen, Wein, Oliven, Pfirsichen, Tomaten und Frühgemüse; eine Spezialität ist der Anbau der Bergamotte, die in ganz Italien nur in einem schmalen Küstenstreifen bei Règgio di Calàbria kultiviert wird und deren ätherisches Öl für die Parfümherstellung unentbehrlich ist). Aber im Innern herrscht immer noch der Großgrundbesitz vor, gegenüber dem der zersplitterte kleinbäuerliche Besitz nicht konkurrenzfähig ist. Nur in der Sila war die Ansiedlung von Neubauern erfolgreich. Die Region ist nach wie vor nicht in der Lage, die stark wachsende Bevölkerung zu ernähren. Die Folge ist eine starke Binnenwanderung nach dem Industriedreieck des Nordwestens und dem Ballungszentrum Rom. Nach schweren innenpolitischen Auseinandersetzungen 1970/71 wurde die regionale Hauptstadtfunktion aufgeteilt zwischen Règgio di Calàbria, an der Straße von Messina, und Catanzaro, in der Nähe der Ostküste am Golf von Squillace.

Der »Stiefelspitze« Kalabrien entspricht der »Stiefelabsatz« Apulien. Die entsprechende Region umfaßt den Südosten der Halbinsel mit langen Küsten an der Adria und im Golf von Tarent. Noch zu Beginn dieses Jahrhunderts war es eines der ärmsten Gebiete Italiens mit riesigen nomadisierenden Schafherden. Seine heute stark gebesserte Lage verdankt es, neben der Ausrottung der Malaria und der durch die Südkasse eingeleite-

Blick auf einen Teil des Hafens (Porto Vecchio) von Genua, dessen Einzugsbereich über Italien hinaus bis in die Schweiz und nach Süddeutschland reicht.

Via Appia, 312 v. Chr. angelegte Militärstraße von Rom nach Capua, später bis Brindisi; von Grabdenkmälern und u. a. von Pinien und Zypressen gesäumt.

Links: Unruhige Erde, Solfatara · Wasserdampf und Schwefelwasserstoff ausstoßender Krater in den Phlegräischen Feldern bei Neapel.

Ständige Bedrohung, glühende Lava · Die junge Bruchtektonik Westitaliens macht sich in Erdbeben und Vulkanismus bemerkbar. Am bekanntesten ist der zur Zeit ruhige Vesuv.

ten Industrialisierung, dem Jahrzehnte währenden Ausbau (Beginn 1906) der mit ihren Abzweigungen 26 000 km langen apulischen Wasserleitung. Diese wird aus dem Quellgebiet des ursprünglich zum Tyrrhenischen Meer fließenden Sele gespeist und liefert jährlich etwa 100 Millionen cbm für Bewässerungszwecke. Ein starker landwirtschaftlicher Aufschwung war die Folge. Die Ebene von Fòggia, der »Tavogliere di Puglia«, ist heute ein einziges Weizenfeld. In der Ölbaumkultur liegt Apulien mit Abstand an der Spitze aller Regionen. Die Schafzucht beschränkt sich heute nur noch auf die verkarsteten Teile des Innern. Der Aufschwung der Agrarerzeugung hat auch die Häfen von Bari, Brindisi und Tarent begünstigt, wo diese industriell verarbeitet wird. Die Levantemesse in Bari hat internationalen Ruf und ist, nach der von Mailand, die zweitwichtigste Messe des Landes.

Seine große Zeit hatte Apulien unter den Normannen und den Staufern. Kaiser Friedrich II. liebte es besonders. Von dieser Blüte künden heute noch Kastelle (z. B. Castel del Monte) und romanische Kirchen, u. a. in Trani, Andria, Troia, Lucera und Ruvo di Puglia. Eigenartige Hausformen sind die kegelförmig gebauten »Trulli« in den südapulischen Orten Alberobello und Locorotondo und in ihrer Umgebung.

Inselitalien

Als Insel und Region (25 708 qkm, 4 667 000 Einwohner) bildet Sizilien eine Welt für sich. Der Sizilianer ist erst Sizilianer, dann Italiener. Er spricht vom »continente«, wenn er die Halbinsel meint. Wie kaum ein anderes Gebiet Europas wurde Sizilien zum Schmelztiegel vieler Fremdvölker, unterstand ihrer häufig wechselnden Herrschaft. Dies verhinderte die Herausbildung eines festen Staatsgefühls. Hinzu kommt, bis heute wirkend, der Gegensatz der fruchtbaren Küstenstriche zum gebirgigen Innern wie auch zwischen West- und Ostsizilien, verkörpert in Palermo (664 000 Einwohner) und Catània (415 000 Einwohner). Der Westen, wo einst die Phönizier saßen, ist das Kerngebiet der Mafia, die ursprünglich kein Verbrecherbund war, sondern eine Art Selbsthilfeorganisation gegenüber staatlicher Ohnmacht, Ordnung zu halten, und gegenüber der Volksfeindlichkeit der staatstragenden Fremden; an der Ostküste dagegen Catània, in altem griechischem Siedlungsgebiet, modern und lebendig, das Wirtschaftszentrum Siziliens, das in geradezu amerikanischem Tempo wächst.

Schon im 9. Jahrhundert v. Chr. kamen die ersten Fremdherren, die Phönizier, die sich im Westen festsetzten, aber sich auf die Küsten beschränkten, während die Vorbevölkerung im Innern, die Sikaner, die Sikuler und die Elimer, unbehelligt blieben. Es folgte die griechische Ansiedlung an der Süd- und der Ostküste (Hauptort Syrakus). Die Uneinigkeit der griechischen Stadtstaaten und ihr Gegensatz zu Karthago, später zu Rom, brachen ihre Herrschaft. 212 v. Chr. eroberten die Römer Syrakus. Sizilien wurde die erste römische Provinz und Roms Kornkammer. Nach dem Niedergang des Weströmischen Reiches kam es 535 an Byzanz, dreihundert Jahre später unter arabische Herrschaft (831–1061), unter der es eine einzigartige Blüte erlebte, eine Blüte, die sich unter der mehr als hundertjährigen toleranten Herrschaft der Normannenkönige fortsetzte, von der heute noch die Dome von Monreale und Cefalù sowie die Capella Palatina im Normannenpalast von Palermo künden, während aus arabischer Zeit nur wenig erhalten ist. Ihre Nachfolger, die Stauferkaiser Heinrich VI. und Friedrich II., wurden dagegen stets als Fremdlinge empfunden. Nach ihrem Sturz wurde Sizilien vollends ein Spielball fremder

Herrscherhäuser – Anjou, Aragón, Bourbon – und aus der Ferne regiert von Neapel bzw. Aragón aus. Nur kurze Zeit herrschte eine aragonische Nebenlinie selbständig in Palermo. Aus jenen Jahrhunderten (1268–1861) stammt die tiefe Staatsverdrossenheit der Sizilianer, die auch im jungen Königreich Italien bestehenblieb. Denn alle Entscheidungen fielen im fernen Rom, wenn sie überhaupt fielen.

So bedeutete es eine grundsätzliche Wende, als 1946 der Insel eine weitgehende Autonomie und ein eigenes Parlament, das im alten Normannenpalast in Palermo tagt, eingeräumt wurde. Freilich blieben die Enttäuschungen nicht aus, denn der Einfluß der Parteizentralen in Rom blieb übermächtig. Auch die Einsprüche des Staatskommissars gegen Gesetze der Region, ursprünglich mehr theoretisch gedacht, erwiesen sich häufig als Hemmschuh für den Aufbau einer Eigenständigkeit.

Abgüsse von Leichnamen in Pompeji · Das antike Pompeji wurde am 24. 8. 79 verschüttet. Die Skelette der von der Katastrophe Überraschten und Gegenstände, die sie benutzt hatten, liegen z. T. noch dort, wo man sie fand.

Wenn Sizilien seit den fünfziger Jahren dennoch einen großen wirtschaftlichen Aufschwung genommen hat, so ist dies in erster Linie der Entdeckung größerer Erdölvorkommen (um 1950), vor allem in Ragusa und Gela, zu danken. Diese und Importöl bilden die Grundlage für das Wachstum einer Petrochemischen Industrie, die zwischen Augusta und Syrakus konzentriert ist. 1957 wurden große Kalilager, später auch Erdgaslager, entdeckt. Dagegen befindet sich der früher fast ein Weltmonopol haltende Schwefelbergbau in den Provinzen Caltanissetta und Enna seit Jahrzehnten in einer schweren Krise, da er der Konkurrenz der amerikanischen Lager nicht gewachsen ist. Daneben spielen Steinsalzabbau und Salzgewinnung aus Meersalinen (Tràpani, Syrakus, Augusta) eine Rolle.

Für die Landwirtschaft ist der Gegensatz Küste–Binnenland bestimmend. Seit Beginn der fünfziger Jahre hat der Anbau von Agrumen einen sehr starken Aufschwung zu Lasten des Weinbaues genommen. Zentren sind das Gebiet um den Ätna (Paternò) und die Conca d'Oro um Palermo. 20% der landwirtschaftlichen Erzeugung Siziliens entfallen auf sie. Zentrum für den Agrumenabsatz ist Catània. An der Südküste herrscht der Mandelbaum vor. Nord- und Ostküste sind auch die Zentren des Tourismus.

Dem Wohlstand der Küste steht die oft erschreckende Armut des Innern gegenüber. Das Land ist dort noch immer überwiegend in der Hand der Großgrundbesitzer. Angebaut werden Getreide, Flachs und Bohnen. Bemühungen um eine Bodenreform haben noch keinen durchgreifenden Erfolg erzielt: nicht nur angesichts des Widerstandes der Latifundienbesitzer, sondern auch infolge der tiefen Armut und des sehr niedrigen Bildungsstandes der landwirtschaftlichen Tagelöhner, wovon der Sozialreformer Dolci in seinen Büchern erschütternde Beispiele gibt.

Sizilien, Taormina · Gut erhaltene Ruinen eines griechischen Theaters in der 396 v. Chr. von Flüchtlingen aus Naxos gegründeten Stadt.

Eine echte Hebung des Lebensstandards und eine Besserung der Sozialstruktur wird erst möglich sein, wenn sich norditalienisches und ausländisches Kapital noch stärker an einer Industrialisierung beteiligt und dadurch Arbeitsplätze schafft. Das ist natürlich bei der hochtechnisierten Petrochemie nicht der Fall. Ein weiteres Hindernis bildet die Verkehrsferne der Insel. Der Bau eines Autobahnnetzes steht erst in den Anfängen (vgl. Grafik S. 211). Seit Jahrzehnten geht der Streit, ob Messina durch eine Brücke oder einen Tunnel an das festländische Verkehrsnetz angeschlossen werden soll. Im Augenblick neigt man mehr einem Brückenbau zu, trotz der seismischen Gefahren in der Straße von Messina. Wann es aber wirklich zu einem Baubeginn kommt, ist heute noch ganz ungewiß.

Sardinien war und ist die Insel des Abseits. Mit 23 800 qkm nur wenig kleiner als Sizilien, weist Sardinien mit 1 468 000 Einwohnern nur knapp ein Drittel der sizilianischen Bevölkerung auf und ist mit 61 Einwohnern/qkm die am dünnsten bevölkerte Region. Die Insel ist wie Korsika ein Rest der untergegangenen tyrrhenischen Masse, also geologisch erheblich älter als die Halbinsel. Ihre geschichtlichen Anfänge sind in Dunkel gehüllt. Die nur in Sardinien zu findenden sogenannten Nuragen sind die ältesten Kulturzeugnisse auf italienischem Boden. Es handelt sich hier um turmartige Wehrbauten oder Fluchtburgen, 10–20 m hoch, aus grob geschichteten Gesteinsblöcken. Etwa 7000 derartiger Bauten sind mehr oder weniger gut erhalten; am stärksten sind sie im Nordwesten der Insel vertreten. Über ihre Erbauer weiß man nichts. Sie gehen wahrscheinlich auf eine iberische Urbevölkerung zurück. Um 1000 v. Chr. setzten sich an den Küsten die Phönizier fest, gefolgt von den Karthagern. Dagegen haben Griechen und Araber auf Sardinien keine Rolle gespielt.

Die Nachfolge Karthagos trat auch hier Rom an. Im Gegensatz zu heute war Sardinien eine Kornkammer zur Versorgung Roms. Eine gewisse Blüte brachte für etwa zweihundert Jahre 1072 die Eroberung durch Pisa, das damals auf der Höhe seiner Macht stand. Es folgten vier Jahrhunderte aragonesischer bzw. spanischer Herrschaft (1298–1708), die die Insel ganz von Italien abwandten. Davon künden viele Bauten, aber auch sprachliche Spuren: 1354 wurden in und um Alghero, im Nordwesten, nach Aussiedlung der heimischen Bevölkerung Katalanen angesiedelt. Dort wird heute noch ein katalanischer Dialekt gesprochen. Auch katalanische Tracht findet sich noch. Erst seit 1720 ist die Insel wieder Italien zugewandt, als sie, eine Folge des Spanischen Erbfolgekrieges, an Savoyen-Piemont kam, das sich bis 1861 Königreich Sardinien nannte.

Bis in die Gegenwart hat Sardinien ein Schattendasein geführt. Trotz der langen Küsten sind die Sarden nie ein Volk von Fischern und Seeleuten gewesen. Infolge der Seeräubergefahr und der erst nach dem Zweiten Weltkrieg gebannten Malaria wurde das Landesinnere für die Besiedlung bevorzugt. Der gebirgige Charakter der Insel erschwerte die Kultivierung des Bodens; nur 36% der Fläche werden landwirtschaftlich genutzt. Intensiver Anbau findet sich nur bis in 500 m Höhe. Auf den Hochflächen des Innern wird halbnomadische Viehzucht betrieben, vorwiegend von Schafen und Ziegen, die ein Drittel des gesamtitalienischen Bestandes ausmachen. Im Südwesten werden Zink, Arsen, Antimon und Eisenerz abgebaut. In der Nähe der Hauptstadt Càgliari (226 000 Einwohner) wird Salz durch Meerwasserverdunstung gewonnen. Die noch wenig entwickelte Industrie, vorwiegend in und um Càgliari, arbeitet meist für den heimischen Bedarf.

Dagegen vollzieht sich seit den sechziger Jahren eine industrielle Revolution im Nordwesten in Porto Torres bei Sàssari. Hier eröffnete 1968 der Erdölkonzern SIR eine Großraffinerie Sardoil, die jährlich über 5 Millionen t Rohöl verarbeitet und mit Nachfolgeindustrie 10 000 Menschen beschäftigen soll. Von ihr wird ein wirtschaftlicher Aufschwung der Insel erwartet. Kerosin, Gasöl, Schmieröl, aber auch plastisches Material, Düngemittel usw. stehen auf dem Programm. Von diesem industriellen »Brückenkopf« sind Anstöße zu einer weiteren Industrialisierung Sardiniens zu erwarten.

Trotz der geringen Bevölkerungsdichte findet aber eine ständige Abwanderung zum Kontinent statt, da die eigene Wirtschaftskraft immer noch nicht ausreicht. Erst auf lange Sicht dürften die Erschließungsmaßnahmen der Südkasse und die Förderung des Tourismus, vor allem an der Ostküste, eine Wende herbeiführen. Freilich wird diese stark erschwert durch die düstere, in sich gekehrte Mentalität der Sarden, die z.T. durch ein streng konservatives, ja archaisches Denken bestimmt ist und die Inselbewohner für moderne Wirtschaftsformen wenig geeignet macht. Vor allem auf dem Lande wirken heute noch vorchristliche Überlieferungen, z.B. Blutrache. Die Volkskunst (Weberei und Flechtarbeiten) weist sehr eigenständige Formen auf. Diese Sonderstellung zeigt sich auch in der Sprache, denn Sardisch ist kein italienischer Dialekt, sondern eine romanische Sprache eigener Prägung.

Der Kampf um die Erschließung der unterentwickelten Gebiete

Eine der positivsten Leistungen der Nachkriegszeit war die Wiedergewinnung fruchtbaren Ackerlandes durch Entsumpfung und durch Ausrottung der Malaria. Drei Gebiete sind hier zu nennen: die Pontinischen Sümpfe südlich von Rom, die Maremmen, das versumpfte Küstengebiet der tyrrhenischen Toskana, und der »Mezzogiorno«, der Süden.

Zwar waren schon im Mittelalter und im 19. Jahrhundert immer wieder einschlägige Versuche gemacht worden, aber ohne dauerhafte Erfolge. Die Trockenlegung des »Ager Pontinus« ist eine der wesentlichen Aufbauleistungen der faschistischen Ära. Hier wurden nach kostspieliger Errichtung von Entwässerungsanlagen in der römischen Campagna fruchtbares Ackerland gewonnen und in den Jahren 1932–1937 neue Städte angelegt: Aprilia, Latina (früher Littoria), Sabaudia und Pontinia. 1971 hatte Latina, die bei weitem größte Siedlung und Hauptstadt der gleichnamigen Provinz, 78300 Einwohner. Auf ihrem Gebiet lebten 1911 nur 225 Menschen, meist Hir-

Sizilianische Landschaft um Segesta · Eine felsige, vegetationsarme Gegend mit entsprechend dünner Besiedlung. In den Küstenregionen wird Weinbau betrieben.

Typischer sizilianischer Eselkarren, reich verziert mit bunten Ornamenten und meistens auch mit farbenprächtigen historischen Darstellungen.

ten und Kleinbauern. Diese Zahlen sprechen für sich. Die Meliorisierung der Maremmen erfolgte dagegen erst ab Beginn der fünfziger Jahre durch die 1951 errichtete »Ente Maremma«, eine für diesen Zweck gegründete öffentliche Körperschaft. Bislang konnten 160000 ha an 19000 Familien vergeben und 1100 km Straßen und Landwege angelegt werden. Nur der äußerste Süden der Maremmen blieb als Naturdenkmal im »Urzustand« erhalten. Die Hauptaufgabe war aber, den großen Rückstand Süditaliens in Lebensstandard und Wirtschaftsstruktur gegenüber dem Norden aufzuholen. Zu diesem Zweck wurde 1950 die Cassa per il Mezzogiorno errichtet, die als Sonderbehörde dem schwerfälligen staatlichen Verwaltungsapparat entzogen bleiben sollte. Ihr Bereich ist der »Mezzogiorno«, der nach Norden durch die Region Abruzzen bzw. den Südzip-

fel der Provinz Latina abgegrenzt ist und Sizilien und Sardinien einschließt. Sieht man von Sardinien ab, handelt es sich also weitgehend um das Gebiet des früheren Königreichs Beider Sizilien. Der Bereich der Cassa umfaßt mit 131500 qkm knapp 44% der Fläche des Landes und etwa ein Drittel seiner Bevölkerung.

Zwischen 1951 und 1970 wurde ein Investitionsvolumen von 7700 Milliarden Lire erzielt, wobei aber im ersten Jahrzehnt die Aufwendungen überwiegend der Verbesserung der Infrastruktur dienten: Bodenreform, Straßen- und Brückenbau, Wasserleitungen und Dränage, wozu später der Ausbau des Bahnnetzes und der Fähreinrichtungen für bessere Verbindungen mit den beiden großen Inseln sowie die Förderung des Tourismus traten. Der Einfluß auf den Beschäftigungsgrad blieb zunächst gering. Von 1951 bis 1970 ging sogar die Zahl der Beschäftigten im Süden von rund 6,5 auf knapp 5,9 Millionen zurück. Außerdem verließen 3 Millionen Erwerbstätige ihre Heimat, vor allem auf Kosten der Landwirtschaft. Die Zahl der in der Industrie Beschäftigten stieg von 1,3 Millionen auf gut 1,8 Millionen. Erst 1965 setzte eine verstärkte Industrialisierung ein.

Für 1971–1975 steht der Südkasse ein Finanzierungsvolumen von 4300 Milliarden Lire zur Verfügung. Diese Beiträge sollen als verlorener Zuschuß oder als zinsverbilligtes Darlehen den leistungsfähigen norditalienischen Industriekonzernen einen Anreiz zu Investitionen im Süden geben. An erster Stelle ist hier das große Stahlwerk in Tarent zu nennen, das größte Italiens, dessen Kapazität von heute 5 Millionen t bis 1980 verdoppelt werden soll. In Sizilien soll ein Zentrum der Großchemie geschaffen werden mit anschließender Weiterverarbeitung und Kunststofferzeugung, vor allem aber ein großes Aluminiumwerk für 150000 t und ein angeschlossenes Elektrizitätswerk auf Wärme- und Atomenergiebasis. Allerdings besteht bei derartigen Anlagen ein Mißverhältnis von Investitionsaufwand und Arbeitsplatzbeschaffung.

Taucher im Canal Grande

Unterhalb der Seufzerbrücke wird Zement für Sanierungsarbeiten gelöscht

Seitenkanal

Oben und unten: Die »Kehrseite« der Stadt

Venedig – eine sterbende Stadt?

Venedig droht eine sterbende Stadt zu werden. Abgase und Abwässer des nach dem Zweiten Weltkrieg entstandenen Industriezentrums von Mestre/Marghera führten zu massiver Luft- und Wasserverschmutzung im Bereich von Venedig. Der Steinfraß beschädigte die 400 Paläste und die 200 Kirchen der einstigen »Serenissima« in wenigen Jahren aufs schwerste. Die Entnahme von Wasser und Erdgas aus dem Untergrund beschleunigt das Absinken Venedigs. Als Folge treten immer häufiger Hochwasser auf, die auch wachsende Schäden verursachen. Erst dann, wenn es der Regierung in Rom gelingt, die egoistischen Interessen einflußreicher Industriekreise zu überwinden, kann der Milliardenkredit der UNESCO für die Sanierung Venedigs wirkungsvoll eingesetzt werden.

Nuragen · Turmbauten (Wehr-, Fluchttürme, Gräber) der Jungstein- bis Eisenzeit auf Sardinien, Korsika und Süditalien.

Trulli (hier Alberello) · Abart des urtümlich einräumigen steinernen Rundhauses mit kuppelförmigem Scheingewölbe.

In den apulischen Städten Brindisi und Manfredònia sind chemische bzw. petrochemische Großanlagen im Ausbau, von denen natürlich auch Anstöße zur Errichtung kleiner und mittlerer Unternehmen als Zulieferbetrieben ausgehen.

Das faschistische Intermezzo

Der Wiederaufbau nach den schweren Zerstörungen des Zweiten Weltkrieges und die Redemokratisierung waren durch die Erbschaft von 21 Jahren faschistischer Herrschaft schwer vorbelastet. Ursprünglich eine linksgerichtete Splittergruppe, gewann der Partito Nazionale Fascista (PNF) durch Frontwechsel gegen Kommunismus und Sozialismus seit 1921 rasch an Zulauf dank der Unterstützung durch das Besitzbürgertum, das Offizierkorps, die Bürokratie und die Kirche. Der Marsch der Schwarzhemden auf Rom, am 28. Oktober 1922, führte zur unblutigen und formell »legalen« Machtergreifung, zunächst in Form einer Koalitionsregierung. Erst die schwere Systemkrise, ausgelöst durch die Ermordung des sozialistischen Abgeordneten G. Matteotti am 10. Juni 1924, führte zum Staatsstreich vom Januar 1925 und zur Errichtung einer Diktatur: Ausschaltung des Parteienparlaments, Beseitigung der Freiheitsrechte, Aufbau einer Geheimpolizei und eines Sondergerichtshofs für politische Verbrechen.

Im Gegensatz zu Deutschland aber blieb der italienische Staat der Partei übergeordnet. Mit der Staatsidee wurde ein Kult getrieben, der der Mentalität des Italieners völlig zuwiderlief. Nach dieser Festigung der Machtstellung Mussolinis erfolgte der Umbau in einen Ständestaat, der praktisch die Gewerkschaften entmachtete und die »Wirtschaft« auf Kosten der Arbeiterschaft stärkte. Die erhöhte wirtschaftliche Leistungskraft und die Festigung der Ordnung kamen aber nur der immer hemmungsloser werdenden Expansionspolitik Mussolinis zugute, die den Keim des Zusammenbruchs in sich trug, da sie die politische und wirtschaftliche Kraft des Landes bei weitem überstieg.

1934/35 noch an die Westmächte angelehnt (Stresafront) und in der Österreichfrage in scharfem Gegensatz zum Nationalsozialismus stehend, geriet der »Duce« ab 1936 mehr und mehr in Abhängigkeit von Hitler-Deutschland. Durch Geheimabkommen mit Frankreich abgesichert, hatte er 1935 Äthiopien überfallen und in wenigen Monaten besetzt, da die Wirtschaftssanktionen des Völkerbundes wirkungslos blieben und er von Deutschland wirtschaftlich unterstützt worden war. Nach der Eroberung des Landes nahm im Mai 1936 Viktor Emanuel III. den Titel eines Kaisers von Äthiopien an. Gleichzeitig wurde Italienisch-Ostafrika errichtet, das neben Äthiopien noch die älteren italienischen Kolonien Eritrea und Somaliland umfaßte. Hinzu trat das 1926–1931 erneut eroberte Libyen und der Dodekanes (Rhodos). Ihre Gesamtheit bildete das kurzlebige »Imperium«.

Die Zusammenarbeit zwischen Berlin und Rom wurde nun immer enger. Gemeinsam griff man in den Spanischen Bürgerkrieg ein. 1936 wurde die Achse Berlin–Rom gegründet, im April 1939 Albanien besetzt, im Mai 1939 ein Militärbündnis der beiden Diktatoren, der Stahlpakt, geschlossen. Vergeblich versuchte Mussolini, den deutschen Überfall auf Polen zu verhindern, nachdem er noch 1938 maßgeblich am Münchener Abkommen beteiligt gewesen war. Zunächst »nichtkriegführende Macht«, trat Italien dann doch im Juni 1940 in den Krieg ein, um sich an der französischen Beute zu beteiligen. Dem militärisch und wirtschaftlich ungenügend vorbereiteten Italien brachte die Folgezeit nur Niederlagen; Ost- und Nordafrika gingen verloren. Auch der von Albanien aus gestartete Angriff auf Griechenland endete in einer Katastrophe.

Die Mißstimmung im Lande wuchs rasch, so daß sogar der »Großfaschistische Rat« sich im Juli 1943 gegen den »Duce« erklärte, dessen Verhaftung vom König veranlaßt wurde. Nach seiner Befreiung durch deutsche Fallschirmjäger errichtete Mussolini im norditalienischen deutschen Besatzungsgebiet den Satellitenstaat der »Italienischen Sozialen Republik«, der mit der deutschen Kapitulation Ende April 1945 sein Ende fand. Am 28. April 1945 wurde Mussolini auf der Flucht in der Nähe der Schweizer Grenze von Partisanen erschossen. So hinterließ der Faschismus eine Tabula rasa, auf der der Wiederaufbau zu erfolgen hatte.

Die innenpolitische Bühne

Seit der Einigung vor gut hundert Jahren ist Italien in zwei gegensätzliche Lager gespalten, die etwa gleich stark sind und sich daher gegenseitig neutralisiert bzw. eine lähmende Immobilisierung herbeigeführt haben. Namen und Fronten dieses Antagonismus haben gewechselt, die Tatsache selbst ist geblieben.

Schon im Jahrzehnt der Einigungskämpfe (1860–1870) trat dies in Erscheinung: hier König Viktor Emanuel II. von Sardinien-Piemont und sein Minister Graf Cavour, dort der Mann des Volkes, der Abenteurer Garibaldi aus Nizza mit dem langobardischen Namen, ein fanatischer Republikaner und Anhänger Mazzinis. Unter großen Schwierigkeiten gelang es immer wieder, um des gemeinsamen Zieles willen, den Gegensatz zwischen Monarchisten und Republikanern auszugleichen. So zogen der König und Garibaldi gemeinsam in Neapel ein. Aber am Aspromonte hatten piemontesische Truppen auf die Garibaldianer geschossen, wobei der Nationalheld verwundet wurde. Schließlich hat Garibaldi schweren Herzens aus Vaterlandsliebe seinen Frieden mit der Monarchie gemacht, sich aber allen offiziellen Ehrungen entzogen und den Rest seines Lebens in innerer Emigration auf der winzigen Insel Caprera nördlich von Sardinien verbracht.

Wie sehr sich monarchistische und republikanische Gesinnung seither die Waage gehalten haben, zeigte sich zwei Menschenalter später, als es am 2. Juni 1946 zur Volksabstimmung über die Staatsform kam: 12,7 Millionen Stimmen wurden für die Republik, 10,7 Millionen für die Monarchie abgegeben, mit der ungemein charakteristischen Begleiterscheinung, daß alle nord- und mittelitalienischen Regionen bis zu Umbrien und den Marken eine republikanische Mehrheit aufwiesen, während alle Südregionen ab Latium, also einschließlich Roms, sowie Sizilien und Sardinien eine monarchistische Mehrheit erzielten. Dies nur ein weiterer Aspekt der Nord-Süd-Problematik.

Auch der Gegensatz Staat–Kirche durchzieht die italienische Innenpolitik seit der Einigung des Landes im Jahre 1870. Alle Bemühungen des frommen Königs und seiner Regierung (schon 1870) um eine Aussöhnung wurden von Pius IX. schroff zurückgewiesen. Er wollte »Gefangener« bleiben. Sogar die Übernahme staatlicher Ämter, ja die Beteiligung an Wahlen wurden unter Androhung von Kirchenstrafen streng verboten. Zwar wurde 1905 das Wahlbeteiligungsverbot von dem milder gesinnten Pius X. aufgehoben, aber erst die Lateranverträge von 1929 (vgl. Informationskästchen S. 213) stellten den Frieden her, wobei der faschistische Vertragspartner sehr weitgehende – auch finanzielle – Konzessionen machte, Milliardenbeträge, die es den Finanzexperten des Vatikans ermöglichten, Schlüsselpositionen in der italienischen Wirtschaft zu erringen und auszubauen.

Im Wahlkampf von 1948, als eine »Machtergreifung« des Kommunismus drohte, griff der Klerus auf höhere Weisung in den Wahlkampf ein. Im Juli 1949 wurden alle aktiven Kommunisten mit Exkommunikation bedroht. Erst unter Johannes XXIII. distanzierte sich die Kirche wieder von den parteipolitischen Auseinandersetzungen. Aber die an das Zweite Vatikanische Konzil geknüpften Erwartungen erfüllten sich nicht, obwohl die Konzilsversammlung dem Staatskirchentum wie dem herkömmlichen Klerikalismus eine Absage erteilt hatte. Jedenfalls kam es nicht zu einer Revision der Lateranverträge, die zwar – mit Hilfe der Kommunisten! – in Artikel 7 der Verfassung von 1947 sanktioniert wurden, aber in klarem Widerspruch zu Artikel 8 stehen, der die Gleichberechtigung der religiösen Bekenntnisse garantiert.

Die ganze Brisanz des Gegensatzes Kirche–Staat (seit 1873) kommt heute im Kampf um die Scheidungsgesetze zum Ausdruck. Nachdem etwa ein Dutzend Versuche, eine gesetzliche Scheidung zu ermöglichen, schon im Vorstadium gescheitert waren, fiel am 1. Dezember 1970 eine klare Entscheidung, als das Parlament mit 319 Stimmen der beiden sozialistischen Parteien, der Kommunisten, der Republikaner und der Sozialproletarier, gegen 286 Stimmen der Christlichen Demokraten, der Monarchisten und der Neofaschisten sich für die Einführung der Scheidung aussprach. Aber auch dies scheint nur eine vorläufige Lösung zu sein. Denn inzwischen betreiben die klerikal gebundenen Parteien wie auch die italienische Bischofskonferenz eine Volksabstimmung über die Aufhebung des Scheidungsgesetzes, deren Abhaltung in absehbarer Zeit zu erwarten ist und über deren Ausgang sich nichts Sicheres aussagen läßt. Auf jeden Fall dürfte sie knapp ausfallen und die Gefahr eines Kulturkampfes mit sich bringen.

Eine weitere Gegensätzlichkeit besteht im Parteiwesen, wo die Stärke von Rechtsblock und Linksblock annähernd gleich ist. Die stärkste Partei ist die DC (Democrazia Cristiana). Ihre Schlagkraft wird aber dadurch geschwächt, daß sie, ähnlich wie die CDU in der Bundesrepublik Deutschland, in recht gegensätzliche Gruppen zerfällt und ständig Flügelkämpfen ausgesetzt ist. Solange eine integre Persönlichkeit von der Autorität des Trentiners De Gasperi an der Spitze stand, konnten die daraus erwachsenden Gefahren gebannt werden. Seinen Nachfolgern gelang es nicht, die Gegensätze auszugleichen.

Die zweitstärkste Partei sind die Kommunisten, die in den Regionen Emìlia-Romagna, Toskana und Umbrien die mit Abstand führende Partei bilden, wie überhaupt die KPI die stärkste KP der westlichen Welt ist, wenn auch bei weitem nicht so moskauabhängig wie die Schwesternparteien in Frankreich oder in der Bundesrepublik Deutschland. Das Zünglein an der Waage bilden die sozialistischen Parteien verschiedener Schattierung, die zur Zusammenarbeit teils mit der DC, teils mit den Kommunisten neigen. Diese Ambivalenz der parteipolitischen Kräfteverhältnisse prägt seit den sechziger Jahren die Lage, vor allem seit sich 1962 die DC zur »Öffnung nach links«, d. h. immer wieder zur Zusammenarbeit mit den Sozialisten entschloß, womit aber die Gefolgschaftstreue ihres rechten Flügels unsicher wurde. Die Folge hiervon waren häufige Regierungswechsel und Kompromisse nach beiden Seiten, um tragfähige Regierungsmehrheiten zu erhalten. Diese chronische Schwäche der jeweiligen Regierungsmehrheit zwang weiter dazu, heiße Eisen »auszuklammern« und die längst überfälligen Reformen teils nur mit halber Kraft zu betreiben, teils ganz auf die lange Bank zu schieben. Die Zeit für Reformen aber drängt.

Almagia, R.: A'Italia, *2 Bde. Turin 1959.* – *Barzini, L.:* Die Italiener. *Frankfurt/M. 1965.* – *Bocca, G.:* Die Entdeckung Italiens. Ein Land zwischen Vergangenheit und Zukunft. *München 1966. (Behandelt anschaulich gesellschaftliche, politische und wirtschaftliche Probleme des heutigen Italiens.)* – *Dolci, D.:* Umfrage in Palermo. *Olten 1959. (Ein bereits klassisch gewordenes Buch über die Elendsprobleme in Westsizilien.)* – *Jaime, E.:* Kleine Geschichte Venedigs. *Frankfurt/M. 1955.* – *Kienlechner, T.:* 7mal Rom. Schauplatz des 20. Jahrhunderts. *München 1970.* – *Peterich, E.:* Italien, 3 Bde. *München 1967 ff. (Ein maßgeblicher Landschafts- und Kunstführer.)* – *Peterich, E.:* Fragmente aus Italien. *München 1969.* – *Piovene, G.:* 18mal Italien. *München 1968.* – *Pleticha, H.:* Italien aus erster Hand. Geschichte und Gegenwart der Apenninenhalbinsel, berichtet von Augenzeugen und Zeitgenossen. *Würzburg 1969.* – *Schinzinger, F.:* Die Mezzogiorno-Politik. Möglichkeiten und Grenzen der Agrar- und Infrastrukturpolitik. *Berlin 1970.* – *Seidlmayer, M.:* Geschichte Italiens. *(Mit einem Beitrag von Th. Schieder: Italien vom Ersten zum Zweiten Weltkrieg.) Stuttgart 1962.* – *Tichy, F.:* Die geographischen Grundlagen der italienischen Industrie. *(In: Geographische Rundschau.) Braunschweig 1961.* – *Wegner, M.:* Sizilien, Charakterstudie einer Weltinsel. *Berlin 1964.*

Gerhard Herrmann

Die Iberische Halbinsel

Zwischen Europa und Afrika

Hinter den Pyrenäen beginnt zwar nicht Afrika, aber immerhin ist Spanien tiefgreifend durch die Begegnung mit Afrika geprägt worden. Schon in vorgeschichtlicher Zeit drangen die sogenannten Almerialeute aus Nordafrika auf der Halbinsel ein. Ihre Nachkommen, die Iberer, sind wahrscheinlich mit den nordafrikanischen Berbern verwandt und vermischten sich später mit von Norden kommenden Kelten. Am Beginn der deutlicher faßbaren Geschichte steht die Gründung von Tartessos durch die aus Kleinasien stammenden Tyrsener, die bereits Weinstock und Ölbaum kultivierten und Bergbau betrieben. Ihr Reichtum lockte die Phönizier an, die im 11. Jahrhundert Gadir (Cádiz) gründeten und von dort aus Bernstein- und Zinnhandel mit Nordeuropa betrieben. Ihre Nachfolge traten um 500 v. Chr. die Karthager an, die vor allem im Südosten saßen, wo sie Neu-Karthago (Cartagena) gründeten. Ihre Herrschaft dauerte etwa dreihundert Jahre, bis im Verlauf der Punischen Kriege Rom an ihre Stelle trat. Für den Unabhängigkeitsdrang und die Tapferkeit der Keltiberer ist es bezeichnend, daß die Römer zwei Jahrhunderte brauchten, um »Hispania« zu erobern. Nur der Eigenbrötelei und dem Partikularismus der keltiberischen Stämme – Eigenschaften, die in der spanischen Geschichte immer wieder in Erscheinung treten – war es zu danken, daß die Römer die Oberhand behielten, endgültig allerdings erst unter Augustus. Damit aber begann eine vierhundertjährige Friedenszeit mit durchgreifender Romanisierung in Sprache, Rechtswesen und materieller Kultur, wovon nur das Baskengebiet ausgenommen blieb. Hispania wurde so römisch, daß es seinerseits dem Imperium eine Reihe bedeutender Persönlichkeiten stellte: die beiden Seneca aus »Corduba«, die großen Kaiser Trajan und Hadrian und z. B. den Satiriker Martial. Im Sturm der Sueben und Westgoten brach dann die Römerherrschaft zusammen.

Die Begegnung Spaniens mit dem Orient erreichte ihren welthistorischen Höhepunkt 711, als ein arabisch-berberisches Heer unter Tarik bei Gibraltar landete, die Westgoten bei Jérez de la Frontera vernichtend schlug und, durch nachfolgende Truppen verstärkt, in nur sieben Jahren die ganze Halbinsel eroberte, mit Ausnahme des immerfeuchten, waldig-gebirgigen Nordwestens, der nicht nur ein ideales Rückzugsgebiet war, sondern dessen Natur den arabisch-berberischen Völkerschaften wesensfremd blieb. Kein Zufall, daß gerade dort, und sehr früh, die Keimzelle der »Reconquista«, der Wiedereroberung, entstand.

Schon 722 wurde am Nordhang des Kantabrischen Gebirges zum erstenmal ein moslemisches Heer geschlagen und das Königreich Asturien gegründet. Die Befreiung vom Islam dauerte aber ebenso viele Jahrhunderte, wie der Siegeszug der Moslems Jahre gebraucht hatte. Die Reconquista endete im Schicksalsjahr 1492 – das auch die Entdeckung Amerikas und die so verhängnisvolle Vertreibung der Juden brachte – mit dem freien Abzug des letzten maurischen Königs von Granada. Machtpolitisch hatte dieses Königreich, das die heutigen Provinzen Granada, Málaga und Almería umfaßte, schon seit fast 250 Jahren nur noch ein Schattendasein geführt, denn, von Granada abgesehen, war die Reconquista bereits 1248 abgeschlossen. Sie war aber keineswegs als ein einheitlicher Feldzug, hie Christ, dort Moslem, verlaufen. Kein eiserner Vorhang trennte »Al Andalus«, das maurische Iberien, und die christliche Staatenwelt. Der Kampf wogte jahrhundertelang hin und her, und manche Orte haben im Verlauf von 350 Jahren bis zu zehnmal den Besitzer gewechselt. Zersplitterung und Kleinstaaterei, Intrigen und Eifersüchteleien der Herrscherfamilien fanden sich in beiden Lagern. Der islamische Fürst rief christliche Ritter zu Hilfe und umgekehrt. Mindestens bis zum Ende des 11. Jahrhunderts stand man sich mit Achtung und Toleranz gegenüber. Von Kreuzzugsdenken konnte noch nicht die Rede sein. Ferdinand III. – der Heilige – von Kastilien wollte König über »drei Religionen« sein. Aber auch die Christen unter maurischer Herrschaft blieben in ihrer Religionsausübung unbehelligt; sie konnten ungehindert ihre Gottesdienste abhalten und behielten sogar ihre eigenen Bischöfe.

Seinen kulturellen Höhepunkt erreichte der Islam in Spanien im 10. Jahrhundert, als Córdoba der Sitz des Kalifats war: eine Hochblüte von Kunst, Wissenschaft und Gewerbe, einmalig im damaligen Europa, getragen von arabischen und jüdischen Gelehrten. »Arm, uneinig und ohne einen Horizont, der über die kriegerische Aktion hinausreichte, erblickten die Christen bis zum 11. Jahrhundert in den Arabern einen übermächtigen Feind, mit dem sie, von den Umständen gezwungen, zu einer Verständigung gelangen mußten« (A. Castro). Dieses tolerante Nebeneinander fand erst sein Ende, als 1086 die Almoraviden und 1147 die Almohaden, fanatische Berbersekten aus Marokko, die Führung des Islams übernahmen. Dies löste die religiös-kriegerische Kreuzzugsbegeisterung des christlichen Spaniens aus, die weit über die Zeit der Reconquista hinaus anhielt und den ideellen Anstoß für die Großen Entdeckungen gab.

Fast achthundert Jahre Islam in Spanien sind natürlich nicht einfach 1492 im Abgrund der Geschichte verschwunden. Ihre Spuren sind bis heute im spanischen Leben zu verfolgen, in erster Linie in der Sprache und im Landbau. Nicht weniger als 1400 Worte arabischer Herkunft sind in die spanische und portugiesische Sprache eingegangen, wozu noch zahlreiche Redensarten des täglichen Lebens treten. Augenfälliger tritt dies in den Siedlungs-, Berg- und Landschaftsnamen in Erscheinung. In Spanien, Portugal und auf den Balearen wurden 2911 Namen gezählt, wozu noch 313 Namen von Flüssen und Bächen treten. Am deutlichsten erkennbar sind natürlich die baulichen Reste der Maurenzeit: die Burgen (Alcázar), das Plattdachhaus und die isoliert stehenden Minaretts, z. B. die berühmte Giralda in Sevilla, aber auch Beispiele in Córdoba und Saragossa (Zaragoza).

Viele Kulturgewächse wurden von den Arabern nach Iberien gebracht: Dattelpalme, Pomeranze, Granatapfel, Maulbeerbaum, Johannesbrotbaum, Aprikose, Zuckerrohr, Reis und Baumwolle, um nur die wichtigsten zu nennen. Die Bewässerung nahm in »Al Andalus« einen starken Aufschwung, was bis heute nachwirkt. Viele bewässerungstechnische Ausdrücke sind arabischen Ursprungs.

nien wird führender Staat der europäischen Politik – bei seinem Tod, 1516, hinterläßt Ferdinand seinen Erben Sardinien, Sizilien, weite Teile des festländischen Italiens sowie das heute zu Frankreich gehörende Roussillon – und das Spanische Weltreich in Übersee. 1492 trat Kolumbus von Cádiz aus die Fahrt nach dem zu entdeckenden »Indien« an. Das Ergebnis ist bekannt. Der Enkel von Ferdinand und Isabella, König Karl I. von Spanien, als deutscher Kaiser Karl V., konnte mit Recht sa-

Portugal, Porta da Piedade bei Lagos. Vom Meer und Wind malerisch aufgelöste Kliffküste der Algarve, der südlichsten Landschaft Portugals.

Reconquista und Inquisition – Aufstieg zur Weltmacht und Verfall

Die Zersplitterung des christlichen Spaniens in zahlreiche Fürstentümer und »Königreiche« sowie Thronstreitigkeiten und Kämpfe zwischen dem Herrscher und dem Feudaladel ließen die Reconquista nur langsam und unter vielen Rückschlägen vorankommen. Schließlich erlangten Kastilien und Aragón eine unbestrittene Führerstellung. Als die Thronerben, Isabella I. von Kastilien und Ferdinand II. von Aragón, seit 1469 verheiratet, 1474 bzw. 1479 ihre Throne bestiegen, war das Fundament zum Staate Spanien gelegt, wenn es sich auch zunächst nur um eine Personalunion handelte. Unter diesem Herrscherpaar wurden die Weichen der Geschichte gestellt. Drei Faktoren kennzeichnen die kommende Entwicklung: der weitere Zusammenschluß Spaniens im Sinne des Zentralismus; Spa-

gen, daß in seinem Reiche die Sonne nicht untergehe. Die altindianischen Kulturen wurden weitgehend vernichtet, riesige Reichtümer strömten in das Mutterland, vor allem Silber aus Perú und Mexico. Aber die Rückwirkungen auf Spanien waren zwiespältig. Die Hoffnung auf leichte hohe Gewinne trieb gerade die kräftigsten Männer aus der Heimat. Dies fiel um so leichter, als die Mehrzahl der Bauern arm und unterdrückt lebte. Denn in den bisher maurischen Gebieten hatte sich der Großgrundbesitz ausgebreitet, da die christlichen Fürsten dort weite Ländereien an ihre Gefolgsleute vergeben hatten. Ein starker Bevölkerungsrückgang war die Folge. Es kam hinzu, daß die einströmenden Reichtümer für den Bau von Kirchen, Schlössern und Klöstern, für pompöse Repräsentation ausgegeben wurden. Wirtschaftlich-rationales Denken, das das englische und niederländische Kolonialreich später eine so viel günstigere Entwicklung nehmen ließ, ist dem Spanier, vor allem dem Kastilier, nur bedingt gegeben, und Kastilier und Andalusier trugen in erster Linie die Kolonisation.

Hier rächte sich ein drittes Ereignis des Schicksalsjahres 1492: die Vertreibung der Juden auf Druck des berüchtigten Großinquisitors Torquemada, des Hauptes der Inquisition; freilich war dies nur der Schluß einer längeren Entwicklung, denn schon in den vorangehenden Jahrzehnten waren sie scharfer Verfolgung und Diskriminierung ausgesetzt, in Kastilien noch mehr als in Aragón. Die Folgen dieses Aderlasses hat Spanien bis heute nicht verwunden. Die Juden hatten seit sehr früher Zeit in Spanien gelebt. Bei christlichen wie arabischen Herrschern erfreuten sie sich großen Ansehens als Gelehrte, Ärzte, Bankiers und Handwerker. Freilich waren sie als Steuerpächter bei der Bevölkerung unbeliebt. Hunderttausende dieser »Sephardim« wanderten im Laufe der folgenden Jahre aus, nach Portugal, von wo sie später ebenfalls vertrieben wurden, nach Südfrankreich, England, Holland, Italien, Griechenland, Kleinasien und Nordafrika. Überall führten sie einen Aufschwung von Handel und Gewerbe herbei. Etwa ein Drittel der jüdischen Bevölkerung blieb im Lande, wurde aber zur Taufe gezwungen, was diese »Conversos« aber nicht davor bewahrte, jahrhundertelang von der Inquisition verfolgt zu werden.

Der Aderlaß der Judenvertreibung erhielt sein Gegenstück in der Vertreibung der »Moriscos«, der unter christlicher Herrschaft lebenden Mohammedaner. Zwar war den Mauren bei der Übergabe von Granada unbehinderte Religionsausübung zugesagt worden. Man hielt sich aber nur wenige Jahre hieran. 1502 wurde durch ein Edikt Isabellas den Mauren in Kastilien nur die Wahl zwischen Taufe und Auswanderung gelassen. Eine echte Assimilation erwies sich aber nicht als möglich. Am Ende, in den Jahren 1609–1614, stand auch hier die Vertreibung. Sie begann in der Provinz Valencia, wo die Hälfte aller Moriscos lebte. Etwa 275 000 wurden vertrieben. Valencia büßte ein Viertel seiner Bevölkerung ein. Die wirtschaftlichen Folgen waren verheerend. Da die meisten Moriscos als kleine Pachtbauern arbeiteten, ging die landwirtschaftliche Erzeugung sehr stark zurück.

Mit der Vertreibung von Juden und Moriscos waren gerade die fleißigsten und wirtschaftlich ideenreichsten Teile der Bevölkerung ausgeschaltet. Ein spanischer Chronist schreibt: »Gleichgültig, wie viele es waren, jedenfalls wanderte mit ihnen die Arbeitsfreude aus, und im Lande blieben Überheblichkeit und Faulenzerei.« Groß- und Kleinadel, die Hidalgos, lehnten aus ihrem Standesethos eigene Arbeit grundsätzlich ab. Die Blüte der Jugend ging in die Kolonien. Spanische Heere, die besten der Zeit, kämpften auf allen Schlachtfeldern Europas. Zu den Verlusten an Menschenzahl und Wirtschaftskraft trat der Niedergang an den Universitäten als Folge der strengen Zensur. Auf Bücherschmuggel stand die Todesstrafe. Gegenüber Dichtung und bildender Kunst war man großzügiger, sonst wäre das Goldene Zeitalter von Kunst und Dichtung nicht möglich gewesen (Miguel de Cervantes Saavedra, Lope de Vega, Diego Velásquez, El Greco).

Unter Philipp II. hatte das Spanische Weltreich seinen Machthöhepunkt erreicht. Äußeres Symbol hierfür war die Errichtung des Escorial (1559–1584), einer riesigen Schloß- und Klosteranlage mit der Grablege des Herrscherhauses, 50 km nordwestlich von Madrid am Fuß der Sierra Guadarrama. Mit Philipps Tode, 1598, setzte der Niedergang ein, der sich bereits 1588 in der Vernichtung der Armada durch das aufstrebende England angekündigt hatte. Auch der Wechsel der Dynastie als Folge des Spanischen Erbfolgekrieges änderte nichts an diesem Niedergang, als 1714 die Bourbonen die Nachfolge der Habsburger angetreten hatten. Der Beginn des 19. Jahrhunderts brachte das napoleonische Zwischenspiel (1808–1813) und den Verlust der lateinamerikanischen Kolonien. Es folgten die Carlistenkriege, im Streit um die Thronfolge. 1898 gingen auch Cuba, Puerto Rico und die Philippinen an die USA, teils formell, teils verschleiert, verloren. Im Intrigenspiel zwischen Parteiführern, Adelscliquen und einer Kabinettsdiktatur (Primo de Rivera) unter dem letzten König wurde das Ansehen von Staat und Monarchie vollends verspielt: Im April 1931 ging Alfons XIII. außer Landes.

Landschaftliche Vielfalt und wirtschaftliche Gunst

Im Nordwesten, zwischen Atlantik und Kantabrischem Gebirge, liegt das »immerfeuchte Iberien«: Galicien (Santiago de Compostela, einst der berühmteste Wallfahrtsort Europas), Asturien (Oviedo, Hauptstadt dieses einstigen Königreichs) mit den wichtigsten Kohle- und Zinkerzvorkommen, die Bas-

Eselskopf aus Stroh, Iberische Halbinsel

Hahn aus Keramik, Portugal

Handratsche und Hammer, Spanien

feuchte Winter –, sondern auch die Orientierung von Handel und Politik. Nicht zufällig haben die Könige von Aragón, seit dem 12. Jahrhundert auch Herrscher von Katalonien, jahrhundertelang in Sardinien, Neapel und Sizilien geherrscht. Katalonien kehrt gewissermaßen der Halbinsel den Rücken zu. Der Gegensatz Barcelona–Madrid ist durch die Jahrhunderte bis zum heutigen Tag naturgegeben, verschärft und schwer aufhebbar auch durch den Gegensatz von Sprache und Kulturtradition.

Der südwärts anschließende mediterrane Küstenstreifen, die Levante – hier wird ein katalanischer Dialekt gesprochen –, ist das fruchtbarste Gebiet Spaniens. Die Städte sind umgeben von »Huertas« oder »Vegas«, bewässerten Gartenlandschaften mit intensivstem Obst- und Gemüsebau. Hauptort ist Valencia (498 000 Einwohner; die viertgrößte Stadt) mit Orangen- und Reisanbau. Weiter südlich, zwischen Alicante und Murcia, liegt der berühmte Dattelpalmenwald von Elche mit etwa 100 000 Bäumen, der einzige in Europa. Er dient allerdings in erster Linie der Gewinnung von Wedeln für kirchliche Zwecke.

Der Levante vorgelagert ist die Inselgruppe der Balearen mit

Spanien, Provinz Málaga, Ronda · Die Stadt liegt an der 40–90 m breiten und bis 150 m tiefen Schlucht des Guadalevín (Brücke gebaut: 1784–1788).

Sierra de Gredos · Höchster Teil des Kastilischen Scheidegebirges, ein Granitmassiv mit kahlen Gipfeln.

kischen Provinzen mit bedeutenden Eisenerzvorkommen, dem Industriezentrum Bilbao und Santander. Das immerfeuchte Iberien gehört zu den niederschlagsreichsten Gebieten Europas, im Durchschnitt 1600 mm jährlich, dank den vom Atlantik wehenden Winden und dem Gebirgsstau.

Nach Südosten schließt sich das Ebrobecken an. In seinem Mittelpunkt liegt Saragossa, die alte Hauptstadt des einstigen Königreichs Aragón. Das Klima ist extrem kontinental: sehr kühle Winter und heiße, trockene Sommer. Die Temperaturextreme schwanken in Saragossa zwischen 40,4 °C im August und −7,6 °C im Januar. Mediterran beeinflußt ist dagegen der Winkel zwischen Pyrenäen und Mittelmeerküste: Katalonien mit Barcelona, der zweitgrößten Stadt (1,86 Millionen Einwohner), dem geistigen Zentrum der Katalanen und dem Industrie- und Handelszentrum des Landes. Mediterranen Charakter zeigt nicht nur das Klima – heiße, trockene Sommer, milde,

Mallorca, Menorca und den Pityusen. Mallorca ist heute neben der nördlich von Barcelona gelegenen Costa Brava ein wichtiges, da devisenbringendes Touristenzentrum. Die Fruchthainkultur durch Bewässerung ist hoch entwickelt (Mandeln, Aprikosen und Feigen). Die Bevölkerung spricht einen katalanischen Dialekt.

Andalusien im Süden ist die größte Region des Landes und intensiv von der maurischen Vergangenheit geprägt. Córdoba, Sevilla und Granada waren nacheinander die führenden Macht- und Kulturzentren des Islams. Im 16./17. Jahrhundert war Sevilla das Zentrum des Handels mit der Neuen Welt, wo die Silberflotten einliefen. Auch heute noch kann es von Seeschiffen bis 9 m Tiefgang erreicht werden. Córdoba, weiter aufwärts am Guadalquivir gelegen, ist die am stärksten maurisch wirkende Stadt Spaniens, die alte Hauptmoschee, die Mezquita, trotz späterer christlicher Einbauten, eines der eindrucksvollsten

Höhepunkte spanischer Architektur

Oben: El Escorial, Bibliothek

Unten: El Escorial, Gesamtansicht des Klosters

Der Escorial, nordwestlich von Madrid, in 1130 m Höhe am Südhang des Guadarramagebirges gelegen, ist eine der größten Schloßanlagen Europas. Er wurde 1563–1584 unter persönlichem Engagement Philipps II. erbaut: ein imposanter, stilreiner, aber nüchtern wirkender Spätrenaissancebau von 260×161 m Grundfläche. Das Bauwerk mit seiner monumentalen Fassade und den Ecktürmen, mit 16 Höfen und 7 Kuppeln, ist in der Grundkonzeption eine dem Laurentius gewidmete Klosteranlage und erst in zweiter Linie ein heiliges Residenzschloß. Den Kern bildet folgerichtig die Kirche, die, angelehnt an Bramantes Entwurf der Peterskirche in Rom, als Zentralbau mit einer 95 m hohen Kuppel errichtet wurde. Unterhalb der Kirche befindet sich die Grablage der spanischen Könige seit Karl V. Der Escorial war gleichermaßen ein Symbol der spanischen Weltherrschaft und Ausdruck der tiefen Frömmigkeit Philipps II.

Córdobas Altstadt mit ihren engen Gassen, schönen Innenhöfen und vergitterten Fenstern und Balkons trägt noch heute mehr als Granada oder Sevilla deutlich maurische Züge. Die Siedlung wurde bereits 152 v. Chr. von den Römern besetzt, dann 572 von den Westgoten und 711 von den Arabern erobert. Córdobas Glanzzeit begann, als der Omajjade Abd ar Rahman I. hier das westliche Kalifat errichtete. Als »Mekka des Westens« und »Stadt der Wunder« wurde die Stadt unter Abd ar Rahman III. (912–961) bezeichnet. Mit 500000 Einwohnern war Córdoba die reichste und größte Stadt Europas und ein Kulturzentrum ersten Ranges; sein Kunsthandwerk – Silber- und Lederwaren – genoß Weltruf. Von den Bauten aus maurischer Zeit sind die sechzehnbogige Granitbrücke über den Guadalquivir und vor allem die 785–990 erbaute Hauptmoschee, La Mezquita, mit ihren 869 Säulen zu nennen. Nach der Reconquista wurde sie in eine christliche Kirche umgewandelt, z. T. umgebaut.

Nach langer Bedeutungslosigkeit Córdobas hat die Stadt in den letzten Jahrzehnten nicht nur als Anziehungspunkt für den Fremdenverkehr wieder eine wirtschaftliche Belebung erfahren und Ansehen erlangt.

Patio de las Munecas im Alkazar von Sevilla

Patio de las Doncellas im Alkazar von Sevilla

Säulenwald der »Mezquita« von Córdoba

> **Die Iberische Halbinsel**
>
> Die zu sieben Achteln vom Meer umgebene Iberische Halbinsel – Küstenlänge 4100, Festlandgrenze (Baskische Pforte–Pyrenäenhauptkamm – Katalanische Pforte) 677 km – hat eine Fläche von rund 580 000 qkm. Im Cabo da Roca bei Lissabon weist sie den westlichsten, in der Punta Marroquí an der Straße von Gibraltar den südlichsten Punkt Festlandeuropas auf. Das Innere der Halbinsel nimmt eine von Gebirgen und tief eingeschnittenen Flüssen durchzogene Hochebene, die Meseta, ein, die durch Randgebirge von den Küstenräumen getrennt ist; nur das Guadalquivirbecken im Südwesten ist zum Meer offen. Der Gegensatz zwischen dem trockenen, von Kontinentalklima gekennzeichneten Binnenland und der maritim geprägten Küstenzone (wobei an der Mittelmeerküste im Durchschnitt wesentlich höhere Temperaturen herrschen als an der Atlantikküste) ist – nicht zuletzt in kulturgeographischer Hinsicht – ein Lebensgesetz der Iberischen Halbinsel.

Gotteshäuser des Abendlandes. In Niederandalusien, wo im Sommer Höchsttemperaturen von 45 °C erreicht werden, wird mehr als die Hälfte des spanischen Olivenöls gewonnen, außerdem Reis, Rohrzucker und Baumwolle. Die »Costa del Sol«, um Málaga, entwickelte sich rasch zu einem führenden Fremdenverkehrsgebiet.

Das Guadalquivirbecken wird im Norden durch die an Bodenschätzen reiche Sierra Morena begrenzt (Blei, Río-Tinto-Kupferminen, Quecksilber bei Almadén). Nordwestlich der Sierra Morena erstreckt sich Estremadura, das von der Meseta zum portugiesischen Flachland abfällt. Früher sehr fruchtbar, ist es heute das klassische Gebiet des Großgrundbesitzes mit ausgedehnter Weidewirtschaft; es ist nur sehr dünn besiedelt. Sein Hauptort Badajoz stand durch seine strategisch wichtige Lage am Guadiana in der Nähe der portugiesischen Grenze seit Jahrhunderten im Zentrum kriegerischer Auseinandersetzungen.

Östlich von Estremadura schließt sich Neukastilien an, dessen Südosten die Hochebene der Mancha einnimmt, die Landschaft des Don Quichote, die Hauptkornkammer Spaniens, im westlichen Teil auch mit viel Weinbau und Ölbaumkulturen. Das historische Zentrum Neukastiliens ist Toledo, wo zwei Jahrtausende spanischer Geschichte ihre Spuren hinterlassen haben; 1561 verlegte Philipp II. die Hauptstadt nach Madrid, das damals erst 30 000 Einwohner hatte. Madrid blieb noch ein Jahrhundert später »ein schmutziges Nest«, obwohl es die Hauptstadt eines Weltreichs war. Erst kurz vor dem Bürgerkrieg erreichte es die Millionengrenze, wuchs dann allerdings infolge von Zentralisierung und Industrialisierung in amerikanischem Tempo. Heute hat Groß-Madrid über 3 Millionen Einwohner. Aber im Grunde ist es ein Fremdkörper in der einsamen und wenig erschlossenen Landschaft Neukastiliens.

Nördlich des Iberischen Scheidegebirges liegt Altkastilien mit Burgos, der alten Hauptstadt, westlich davon León, die Hauptstadt des gleichnamigen Königreichs bis zu dessen Vereinigung mit Kastilien. Die »Perle« Altkastiliens ist Salamanca mit der ältesten Universität des Landes (gegründet 1230), im späten Mittelalter eine der angesehensten Europas.

Vom Bürgerkrieg zum Franco-Regime

Der Übergang zur Republik vollzog sich völlig unblutig. Sie wurde mit hohen Erwartungen begrüßt. Aber die radikalen Maßnahmen der Regierung erfolgten überstürzt: Enteignung des Großgrundbesitzes, scharfer Antiklerikalismus – »Spanien hat aufgehört, katholisch zu sein«, erklärte Ministerpräsident Azaña –, und die Gegensätze zwischen den liberal-demokratischen und den linksradikalen Flügeln der republikanischen Parteien einerseits und gegenüber den klerikal-konservativen Gruppen, die auf dem flachen Land immer noch stark waren, verschärften sich von Jahr zu Jahr. Die Gewalttätigkeiten häuften sich: Die Unruhen der katalanischen Separatisten und der anarchistischen Landarbeiter in Andalusien, ein blutiger Aufstand der asturischen Bergarbeiter ließen die öffentliche Ordnung immer mehr in Chaos versinken.

Demgegenüber formierte sich die Opposition von Kirche, Adel und Offizierkorps: Im Juli 1936 begannen die Generale zu putschen. An ihre Spitze trat bald, durch glückliche Umstände begünstigt, General Franco, der von Marokko aus mit Hilfe deutscher und italienischer Flugzeuge nach Südspanien übersetzte. Aber es gelang nicht, die Macht im Handstreich zu erringen. Der dreijährige Bürgerkrieg wurde zur Generalprobe

> **Spanien**
> *(Estado Español)*
>
> Korporative Monarchie (derzeit mit einem Staatschef an der Spitze; von Caudillo General Franco designierter Nachfolger ist Prinz Juan Carlos de Bourbon, ein Enkel des letzten Königs) mit Gesetzgebender Versammlung (Mitglieder teils ernannt, teils ständisch gewählt) und allgemeiner Wehrpflicht; Hauptstadt Madrid (3,03 Mill. Ew.).
>
> **Fläche** (ohne afrikanische »Überseeprovinzen«): 504 750 qkm (davon Festland 492 463, Balearen 5014, Kanarische Inseln 7273 qkm) – **Einwohnerzahl**: 34,49 Mill. (davon Festland über 32 Mill., Balearen 560 000, Kanarische Inseln 1,18 Mill.) – **Bevölkerungsdichte**: 67 Ew./qkm – **Jährlicher Geburtenüberschuß**: 11,2‰ – **Größere Städte**: Barcelona (1,86 Mill. Ew.), Sevilla (511 000 Ew.), Valencia (498 000 Ew.), Saragossa (396 000 Ew.), Bilbao (379 000 Ew.), Málaga (323 000 Ew.), Murcia (281 000 Ew.), Las Palmas de Gran Canaria (240 000 Ew.), Córdoba (233 000 Ew.), La Coruña (230 000 Ew.), Hospitalet (216 000 Ew.) – **Bevölkerung bzw. Sprachgruppen**: Spanisch (Kastilisch, mit verschiedenen Mundarten) sprechende Spanier 65, katalanisch sprechende Katalanen 24, galicisch sprechende Galicier 8, baskisch sprechende Basken 3% – **Sprache**: Spanisch als Staatssprache; als Umgangssprachen (kirchlich auch als Amtssprachen) die Sprachen der verschiedenen Ethnien – **Religion**: Römisch-katholisch (Staatsreligion); 32 000 Protestanten, 7000 Juden, rund 1000 Moslems – **Wichtige Ausfuhrgüter**: Agrar- und Fischereiprodukte (u. a. Zitrusfrüchte, Oliven und Olivenöl, Wein, Gemüse- und Fischkonserven), Bergbauprodukte, Maschinen, Fahrzeuge

für den Zweiten Weltkrieg: Hitler und Mussolini unterstützten die Generale, Sowjetrußland und Frankreich mit internationalen Brigaden die »Roten«. All dies geschah unter der Fiktion offizieller »Nichteinmischung«. Am Ende, im März 1939, lagen Land und Wirtschaft in Trümmern. 1,2 Millionen Tote, darunter 750 000 Zivilisten, waren der Blutzoll.

Durch geschicktes Lavieren gelang es Franco im Zweiten Weltkrieg, sich der Pressionen der Alliierten und der Achsenmächte, in den Krieg einzutreten, zu entziehen und neutral zu bleiben. Auch die völlige diplomatische und außenpolitische Isolierung nach dem Kriege seitens der Westmächte wurde durchgestanden, die Bemühungen, Franco zu stürzen, vereitelt. Spanien blieb z. B. vom Marshallplan ausgeschlossen; nur Argentinien gewährte im Herbst 1945 größere Kredite. Schließlich kam Franco die Eskalation des »Kalten Krieges« zugute. Im März 1951 war das Eis gebrochen, als die USA einen Botschafter nach Madrid entsandten. Den entscheidenden Durch-

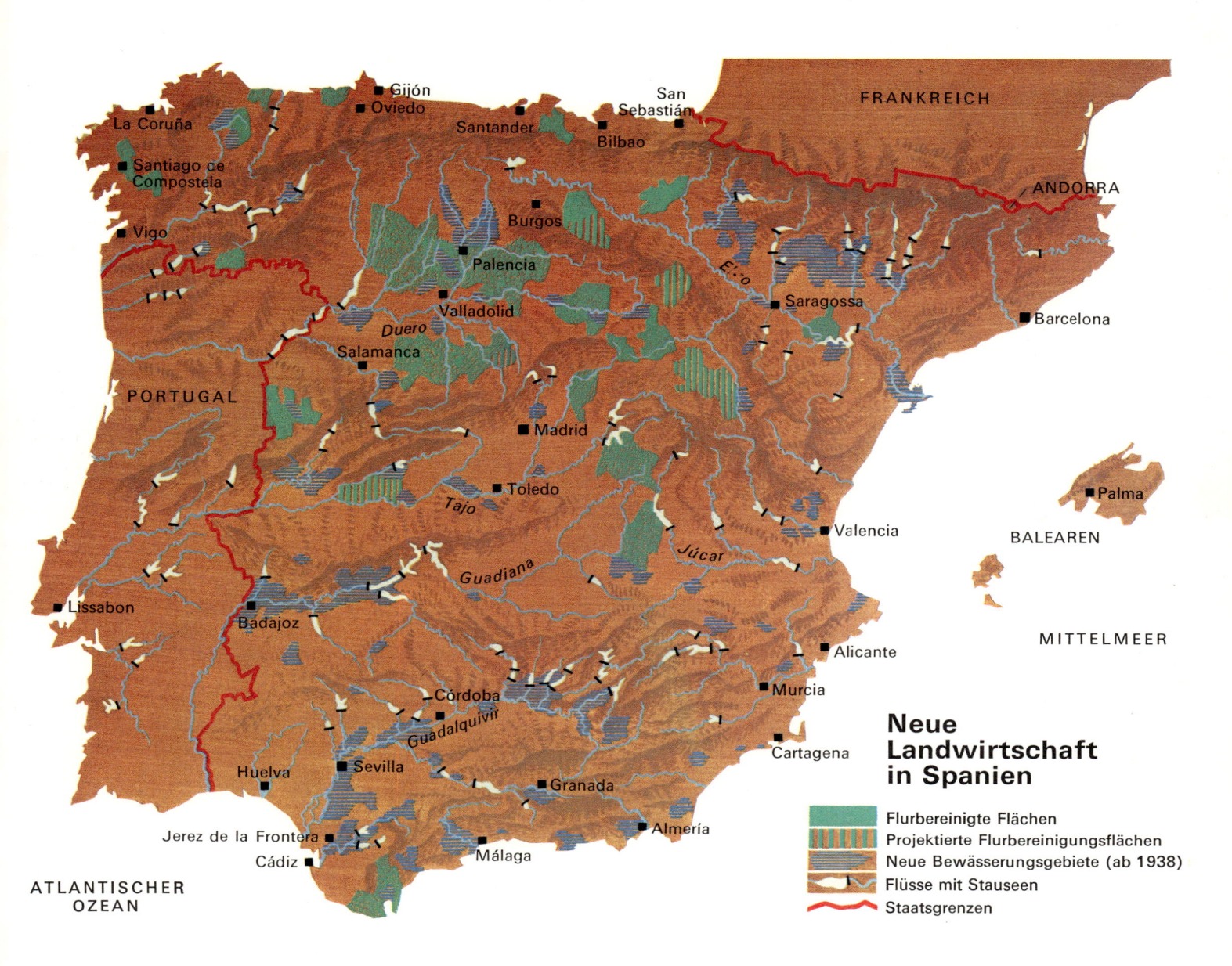

Neue Landwirtschaft in Spanien

- Flurbereinigte Flächen
- Projektierte Flurbereinigungsflächen
- Neue Bewässerungsgebiete (ab 1938)
- Flüsse mit Stauseen
- Staatsgrenzen

bruch brachte dann im September 1953 ein zehnjähriger Vertrag mit den USA, denen gegen eine »Verteidigungshilfe« von 276 Millionen US-Dollar mehrere Flugbasen und der Flottenstützpunkt Rota bei Cádiz zur Verfügung gestellt wurden. Er wurde später unter Modifikationen verlängert. Mit der Aufnahme in die UNO Ende 1955 war die Isolation Spaniens praktisch beendet.

Innenpolitisch ist es Franco gelungen, geleitet von Skepsis und einem ideologiefreien Denken, seinem Lande dreißig Jahre lang innere Stabilität und materiellen Fortschritt zu sichern, gewiß nicht mit demokratischen Mitteln, aber auch nicht mit faschistischen, wie es die Propaganda behauptet. Er hat die »Falange«, die dem Faschismus geistig nahesteht und die im Bürgerkrieg und in den ersten Nachkriegsjahren eine wichtige Rolle spielte, von den Schaltstellen der Macht entfernt und diese mit Technokraten besetzt, von denen ein Teil dem auch in Spanien sehr umstrittenen Laienorden des »Opus Dei« angehört. Eine freie Wirtschaft gibt es nicht, ebensowenig Gewerkschaften im westlichen Sinne. Diese sind in den nach Wirtschaftszweigen gegliederten Syndikaten aufgegangen, in denen Arbeitgeber und Arbeitnehmer eines Zweiges zusammengefaßt sind. Die gesetzgebende Versammlung, die Cortes, geht nicht aus Wahlen hervor. Ihre Mitglieder gehören ihr kraft Amtes an, etwa ein Drittel ist Vertreter der Syndikate, bis zu fünfzig prominente Persönlichkeiten werden vom Staatschef

ernannt. Eine echte Opposition besteht nicht. Seit den sechziger Jahren ist eine leichte Liberalisierung zu verzeichnen. So wurde 1962 die Militärgerichtsbarkeit aufgehoben und 1966 die absolute Unabhängigkeit der Gerichte im »Organischen Gesetz« deklariert. Aber es bleibt ein strenger Zentralismus, und Kirche und hohes Offizierkorps sind die Pfeiler des Systems. Die Stellung des Caudillo ist völlig unbestritten. Das haben gelegentliche Abstimmungen (1947 zum Nachfolgegesetz) und die wirklich spontanen Kundgebungen während der Krisenwochen Ende 1970 anläßlich des Baskenprozesses gezeigt. Der Schock des Bürgerkrieges sitzt so tief in den breiten Volksschichten, daß das Bedürfnis nach Ruhe die Haltung bestimmt. Die soziale und politische Gärung zeigt sich jedoch in den letzten Jahren mit zunehmender Stärke.

Die wirtschaftliche Entwicklung

Bis gegen 1950 war Spanien überwiegend Agrarland gewesen. Nur im Baskenland hatten sich schon früher, aufbauend auf den Eisenerz- und Kohlevorkommen (Asturien) Schiffbau und Metallindustrie entwickelt. Katalonien, vor allem Barcelona und Umgebung, war frühzeitig ein Zentrum der Textilindustrie. Intensive Bemühungen um die Hebung von Landwirtschaft und Industrie setzten um 1950 ein, nachdem die

»Quarantäne« abgebaut und z. B. die Schließung der französischen Grenze 1948 aufgehoben worden war. Engere Wirtschaftsbeziehungen zum Ausland konnten nun angeknüpft werden. Die wesentlichen Initiativen lagen und liegen bei der Regierung: Intensivierung des Schulunterrichts, Errichtung von Fachschulen. Im landwirtschaftlichen Bereich fand eine Bodenreform in zweifacher Hinsicht statt: Verminderung des Latifundienbesitzes, vor allem in Estremadura und Andalusien und eine Flurbereinigung in den Gebieten bäuerlichen Zwergbesitzes, vornehmlich im Nordwesten, in Galicien, Navarra und den Baskischen Provinzen. Für diesen Zweck war schon 1939 das Instituto Nacional de Colonización (INC) geschaffen worden. Zwischen 1954 und 1967 wurden z. B. 1,8 Millionen ha bereinigt. Die Gesamtheit der zu bereinigenden Fläche wird auf 8 Millionen ha geschätzt.

Die zentrale Aufgabe aber ist der Ausbau der Bewässerungsanlagen, um die extreme Trockenheit weiter Gebiete auszugleichen. Seit 1949 wurde der Ausbau riesiger Stauseen verstärkt betrieben. Lautensach führt in seinem Standardwerk 220 solcher Anlagen auf, von denen die meisten erst nach 1949 errichtet wurden. Der größte ist der Cijara-Stausee (Pantano de Cijara) am Guadiana (1956) mit 1,67 Milliarden cbm Fassungsvermögen, gefolgt von den Anlagen bei Buendía am Tajo (1957) mit 1,57 Milliarden cbm sowie Valdecañas am Tajo (1962) mit 1,43 Miliarden cbm. Sie dienen mehrfachen Zwecken: der Bewässerung, der Stromerzeugung und dem Ausgleich der jahreszeitlich und von Jahr zu Jahr sehr starken Wasserstandsschwankungen.

Was das INC für die Landwirtschaft, ist das Instituto Nacional de Industria (INI) für die Förderung der Industrie. Auch hier wird nach Plänen verfahren. Aber der spanische Plangedanke ist kein starrer Dirigismus im Sinne sozialistischer Staaten. Es soll vielmehr eine Art von Leitfaden für die Unternehmerinitiative gegeben werden. Der Staat stellt primär die Infrastruktur zur Verfügung (Wasser, Elektrizität, Straßennetz, Baugrund usw.). Da die Zersplitterung der Industriebetriebe sehr groß und die Ausstattung technisch oft überholt ist und also zu teuer produziert wird, fördert man Firmenzusammenschlüsse und sucht ausländisches Kapital zu interessieren, teils durch Kapitalbeteiligung, teils durch die Errichtung von Tochtergesellschaften. Weitere Anreize werden durch Steuerfreiheit bzw. -ermäßigung, Zollfreiheit, verlorene Staatszuschüsse und freien Transfer der Gewinne geboten.

Ein Kerngedanke der Planungspolitik ist die Erschließung neuer Zentren, also hinweg von der einseitigen Ballung in Barcelona und – neuerdings – Madrid. Den Beginn der Planungspolitik bildete der »Plan Badajoz« (1955–1958), der zwar vorwiegend der Förderung der Landwirtschaft diente, aber das Wirtschaftsniveau eines der rückständigsten Gebiete Westspaniens hob. Dies gelang durch eine systematische Kombination von Energieerzeugung, Bewässerungsarbeiten, Straßenausbau und Anlage weiterverarbeitender Industrien unmittelbar bei den landwirtschaftlichen Erzeugungsstätten.

Der II. Entwicklungsplan (1969–1972) diente der regionalen Industrieentwicklung: Im gebirgigen Asturien wurden die Verkehrsverbindungen zwischen den wichtigsten Städten Oviedo, Gijón und Avilés durch Schnellstraßen verbessert; die Wasserwirtschaft wird ausgeglichener gestaltet; die zahllosen kurzen Bäche und Flüsse sollen nicht mehr ungenutzt ins Meer fließen, sondern werden durch ein Netz von Verbindungskanälen in einer Vielzahl mittelgroßer Staubecken aufgefangen, die eine Kraft- und Nutzwasserreserve darstellen. Der Zersplitterung in zahlreiche montane Klein- und Mittelbetriebe wird durch die Schaffung von Großunternehmen entgegengewirkt, um stärker rationalisieren zu können. Von Bedeutung ist auch die Schaffung eines Zentrums für Petrochemie bei Tarragona. In diesem Gebiet gab es bisher nur Landwirtschaft und Kleinindustrie. Der Entwicklungsplan beschränkte sich auf die Informierung der ausländischen Fachwelt. Führende deutsche und französische petrochemische Firmen haben inzwischen Tochtergesellschaften errichtet. Auch US-Ölkonzerne zeigen Interesse. Ein Kristallisationspunkt ist also gegeben, und weiterverarbeitende Industrien werden folgen. Geradezu umwälzend ist der Plan für Murcia im Südosten, ein extremes Trockengebiet, dem auch der Bau von Staubecken und Brunnen in Trockenperioden nichts geholfen hatte. Nach Fertigstellung der Kanalisierungsarbeiten am Tajo will man diesen in der Nähe von Aranjuez, südlich von Madrid, anzapfen und einen Teil seines Wassers über 300 km Rohrstrecke in den Segurafluß leiten, der nördlich von Murcia in das Mittelmeer mündet. Durch ein System von Bewässerungskanälen sollen gleichmäßige Ernten gesichert werden. Die Bundesrepublik Deutschland hat hierfür Kredite zugesichert.

Eines der schwierigsten Probleme ist die sehr erhebliche chronische Passivität der Handelsbilanz, die sich als Bremse auf die Industrialisierung auswirkt, da dadurch der Einfuhr von In-

Links: Cádiz · Die Stadt mit ihren Flachdachhäusern und Aussichtstürmen liegt auf einem von Kliffs umgebenen Felsen.

Rechts: Becken von Granada · Im Binnenbecken der Betischen Kordillere werden neben Oliven (Bild) in Bewässerungsoasen u. a. Getreide und Obst angebaut.

Andalusien · Karge Vegetation, rote Erde, Zypressen und ein typischer Eselskarren auf einer Hochfläche in der Nähe von Granada.

vestitionsgütern Grenzen gezogen sind. Wenn dennoch in den letzten zehn bis fünfzehn Jahren ein erstaunlicher finanzieller Aufschwung verzeichnet wurde, so war dies einigen Faktoren zu verdanken, die die Zahlungsbilanz positiv beeinflußt und so das Passivum der Handelsbilanz kompensiert haben: die geradezu explosionsartige Entwicklung des Auslandstourismus, die nicht zu unterschätzenden Geldüberweisungen spanischer Gastarbeiter an ihre Angehörigen in der Heimat und die Kapitalzuflüsse aus Auslandskrediten.

Kastilier – Katalanen – Basken

Der Mitteleuropäer macht häufig den Fehler, Spanier und Italiener in einen Topf zu werfen, einfach weil beide Romanen sind. Das ist falsch. Ist der Italiener ein im Grunde untragischer Realist – der moderne Kapitalismus ist nicht zufällig in Florenz geboren –, so ist der Spanier ein Mensch des Alles oder Nichts, der zutiefst von der Fragwürdigkeit des Daseins überzeugt ist. Einer der großen Spanier unseres Jahrhunderts, Miguel de Unamuno, trifft mit einem seiner Hauptwerke – »Das tragische Lebensgefühl« – in das Zentrum spanischen Wesens. Er meint damit die Unaufhebbarkeit der Gegensätzlichkeit von Zeit und Ewigkeit. Für ihn ist daher der Don Quichote des Cervantes eine Zentralgestalt Spaniens, der aus einer Traumwelt gegen »Realitäten« kämpft und zwangsläufig scheitern muß. Cervantes bringt in seinem Drama »Das Leben ist ein Traum« Ähnliches zum Ausdruck. Aber auch der so viel nüchternere Salvador de Madariaga bezeichnet den Don Quichote »im tiefsten als Sinnbild der spanischen Seele«, weil »das Gleichgewicht zwischen sozialen und individuellen Tendenzen fehlt«. Er stellt fest, »daß die beiden Hauptübel des Landes nicht die Armee

Wein in Portugal

Die Portwein-Reben werden an den terrassierten Schieferhängen des oberen Douro angebaut. In Kelterhäusern maschinell gekeltert, teils aber auch noch mit Füßen getreten, in Fässern (550 l Inhalt) mit der Bahn oder auf Holzschiffen uralter Bauart nach Vila Nova de Gaia bei Porto gebracht, lagert man den Portwein schließlich jahrelang. Der nach strengen Regeln bearbeitete Wein enthält 20–22% Alkohol und 5–6% Zucker. Die Ausfuhr erfolgt nur über Porto. Über 250 Jahre lang war Großbritannien der Hauptabnehmer des Portweins; heute ist es Frankreich.

Rechts: Weinfässer in Porto

Portugiesin bei der Weinlese   *Unten: Auf dem Weg zur Kelterei*

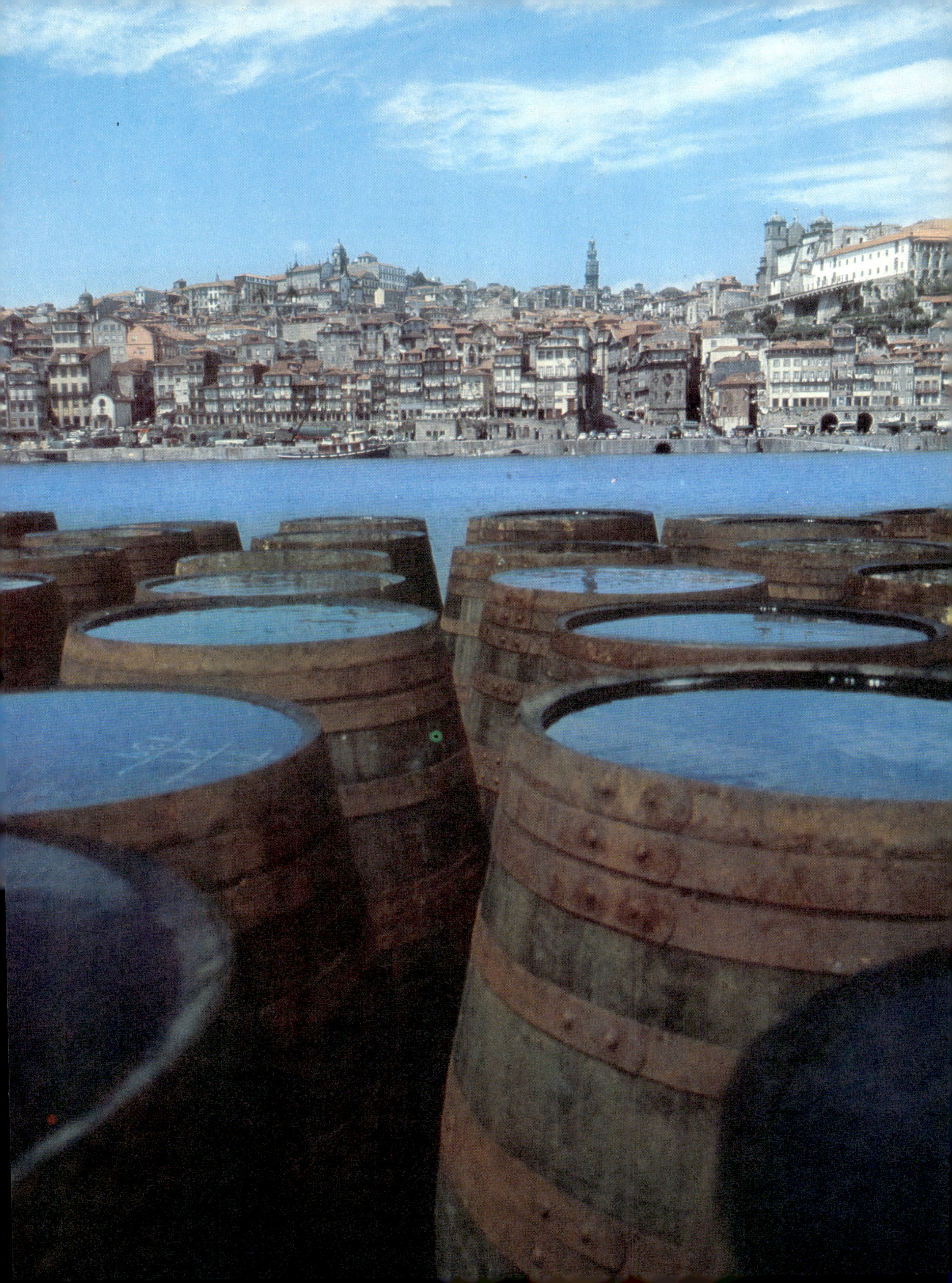

und die Kirche, nicht Marxismus oder Anarchismus, sondern die Neigung zu Separatismus und Diktatur sind«. Oder: »Der Spanier neigt bei dem Reichtum seines persönlichen Ichs und der Armut seines sozialen Wesens zu einem leeren und trockenen Nihilismus, der passiv bleiben und sich dann in sozialer Unfruchtbarkeit ausdrücken kann oder, wenn er aktiv wird, nach Vernichtung drängt. Die immer wiederkehrenden Bürgerkriege kann man als politisch gefärbte Ausbrüche einer uralten spanischen Zerstörungswut deuten, als Proteste des persönlichen Ichs gegen das soziale Ich und all das, was dieses geschaffen hat. Bezeichnend dafür ist der Ruf der Faschisten: ›Es lebe der Tod!‹ oder der Schrei der asturischen Bergarbeiter: ›Es lebe das Dynamit!‹.«

Aber auch der so völlig anders geartete Franco sagte 1966 vor den Cortes: »Die Dämonen Spaniens heißen: der Geist der Anarchie, negative Kritik, mangelndes Solidaritätsgefühl, Extremismus und gegenseitige Feindschaft.«

Es führt ein direkter Weg von der fanatischen Intoleranz und den Unmenschlichkeiten der Inquisition, von der Vernichtung der indianischen Hochkulturen über die Greuel des Volkskrieges gegen die Truppen Napoleons – von Goya in seinen »Desastres de la Guerra« festgehalten – und die beiden Carlistenkriege (1834–1840; 1872–1876) zu den Untaten beider Seiten im Bürgerkrieg von 1936–1939.

Vom »eigentlichen« Spanier, in seiner reinsten Ausprägung, dem Kastilier, ist der Katalane deutlich unterschieden, nicht nur durch eigene Sprache und Kulturtradition, sondern durch die Wesensart. »Kataloniens Losung ist Fortschritt, sein Feld nicht – wie Kastiliens – die Ewigkeit, sondern die Zeit, ja das Jetzt und Hier« (Madariaga). So blieb Barcelona lange Zeit das alleinige Wirtschafts- und Kulturzentrum, nach außen, dem Mittelmeer zugewandt und in die Händel dieses Raums verstrickt, als Madrid noch ein belangloses Nest auf karger Hochebene war. Kein Wunder, daß Katalonien/Barcelona stets auf Autonomie, ja zeitweise auch auf Unabhängigkeit bedacht war. Der alte Gegensatz Peripherie–Zentrum!

Das Katalanische steht zwischen dem Spanischen und dem Provenzalischen. Es wird im eigentlichen Katalonien, also den Provinzen Gerona, Barcelona, Tarragona und Lérida, sowie, mit Dialektabweichungen, im Land Valencia und auf den Balearen gesprochen; außerdem in Andorra und im südfranzösischen Roussillon. Vom frühen Mittelalter bis zur Vereinigung von Aragón und Kastilien (1474–1479) bestand eine rege eigene Literatur, die dann in der Romantik des 19. Jahrhunderts eine neue Blüte erlebte. Seit je waren die katalonischen Stände auf ihre Selbständigkeit und die Bewahrung ihrer »fueros« (Sonderrechte) bedacht. 1640 fiel Katalonien sogar von der spanischen Monarchie ab und konnte erst nach zwölf Jahren von der Zentralregierung unterworfen werden, aber unter Bekräftigung der fueros. Im Spanischen Erbfolgekrieg focht Katalonien auf seiten des Habsburgers Karl, was zum Verlust der Sonderrechte führte, als der siegreiche Bourbone Philipp V. 1714 den Thron bestieg. Seitdem ist die katalonische Frage nicht mehr zur Ruhe gekommen. Der Gegensatz zu Madrid verschärfte sich im 19. Jahrhundert, als Barcelona zum Industriezentrum des Landes wurde. Die katalonische Bewegung spaltete sich in zwei Richtungen: die gemäßigte forderte Verwaltungsautonomie, die radikale verfocht den offenen Separatismus. Dem ersteren Ziel schien man nahe, als die junge Republik im September 1932 einen Autonomiestatus gewährte. Die »Generalidad« wurde errichtet. Die Bemühungen um volle Unabhängigkeit scheiterten jedoch. Das streng zentralistische Francoregime beseitigte alle Errungenschaften. Der Gegensatz Barcelona–Madrid bleibt aber unverkennbar latent. Charakte-

---

Andorra
(Valls d'Andorra, Les Vallées d'Andorre)

Freistaat unter dem Patronat des Bischofs von Seo de Urgel (Spanien) und des französischen Staatspräsidenten, vertreten durch je einen Landvogt; allgemeines Wahlrecht; Volksmiliz; Posteinheit mit Spanien; Auslandsvertretung durch Frankreich; Hauptort Andorra la Vella (5500 Ew.). – Als Staat besteht Andorra seit dem Jahre 1278 (Vertrag zwischen dem Grafen von Foix und dem Bischof von Seo de Urgel). Die Bevölkerung lebt von Wald- und Viehwirtschaft, Ackerbau, vor allem aber vom Fremdenverkehr. Steuern werden keine erhoben; der Staat bezieht seine Einkünfte aus der Verpachtung einer Rundfunkstation und der Stromausfuhr nach Spanien.

Fläche: 453 qkm – **Einwohnerzahl:** 20 000 – **Bevölkerungsdichte:** 45,2 Ew./qkm – **Jährlicher Geburtenüberschuß:** 85‰ – **Bevölkerung** (1970): Rund 5400 Einheimische (Andorraner), etwa 13 600 Ausländer (u.a. 9240 spanische, 700 französische Staatsbürger) – **Sprache:** Katalanisch, Französisch, Spanisch – **Religion:** Römisch-katholisch; 70 Juden

---

ristisch und zukunftweisend ist jedoch, daß die Kirche, im Gegensatz zur staatlichen Regelung, die katalanische Sprache seit Anfang 1965 ausdrücklich als Amts- und Liturgiesprache anerkannt hat, ähnlich wie das Baskische in den Baskischen Provinzen.

Die baskische Frage weist manche Parallelen zur katalonischen auf, stellt aber ein unlösbar scheinendes Problem dar. Die Unklarheiten und Widersprüche häufen sich hier. Die etwa eine Million Basken lebt beiderseits der westlichen Pyrenäenausläufer, davon ein Fünftel in Frankreich. Ihre Sprache ist die einzige vorindogermanische in Westeuropa, aber in viele Dialekte aufgespalten. Über ihre Herkunft gibt es zahlreiche widersprüchliche Theorien. Jetzt glaubt man, daß sie nicht von den Iberern, sondern von der steinzeitlichen Pyrenäenbevölkerung abstammen. In den letzten drei Jahrhunderten ging ihr Siedlungsgebiet ständig zurück. Heute wohnen sie in den drei Baskischen Provinzen Vizcaya (Bilbao), Guipúzcoa (San Sebastián) und Álava (Vitoria) sowie im Norden von Navarra. Sie sind sehr konservativ, arbeitsam und religiös, wurden aber erst im 9./10. Jahrhundert christianisiert. Sie hängen sehr an ihren alten Bräuchen, haben Freude an Essen und Trinken und lehnen den Militärdienst ab. Ignazius von Loyola ist der berühmteste Sohn dieses Volkes, von dessen Wesensmerkmalen er aber in vielen Fällen abwich.

Schon im Mittelalter trotzten sie dem König von Kastilien den Schwur ab, ihre Sonderrechte in Gerichtsbarkeit, Steuerwesen und Verwaltung zu achten. Bei innerpolitischen Auseinandersetzungen kämpften sie freilich stets »auf der falschen Seite«. So wurden nach den Carlistenkriegen des 19. Jahrhunderts ihre Rechte stark eingeschränkt. Genauso erging es ihnen unter der Republik von 1931. Zwar wurde bereits am 17. April 1931, also unmittelbar nach dem Sturz der Monarchie, unter der Traditionseiche von Guernica der baskische Staat »Euzkadi« ausgerufen, aber erst am 10. Oktober 1936, also schon während des Bürgerkriegs, trat das von der Republik gewährte Autonomiestatut in Kraft. Zu spät, denn bereits im Sommer 1937, nachdem die Francotruppen Bilbao besetzt hatten, wurde es aufgehoben und Vizcaya zur »Verräterprovinz« erklärt. Die Führer der Freiheitsbewegung emigrierten, gingen in den Untergrund oder resignierten. Heute hat die Bewegung keine reale Chance. Gerade die gehobenen Kreise, insbesondere die Industriellen von Bilbao, die wirtschaftlich stark von dem Wohlwollen Madrids abhängig sind, haben Frieden gemacht. Die Zukunft bleibt also ungewiß. Ob nach dem Ausscheiden von Franco Madrid einen milderen Kurs steuern und dieser kleinen Minderheit eine gewisse Autonomie gewähren wird, kann niemand sagen. Vielleicht gelingt es eines Tages der prinzipiell baskenfreundlichen Kirche, angesichts ihres überragenden Einflusses einen Ausgleich herbeizuführen.

Portugal, das Land an der Atlantikküste

Die Lage Portugals weist manche Parallele zu der Kataloniens auf. Beide sind unmittelbar dem Meer zugewandt, beide wenden der Meseta bzw. dem Kernland Kastilien den Rücken zu. Beide sind sprachlich vom Spanischen geschieden. Freilich, Portugal gelang der Sprung in die Eigenstaatlichkeit. Aber das kleine Portugal konnte diese nur erringen bzw. gegen den stärkeren Nachbarn auf lange Sicht nur behaupten durch Anlehnung an andere Mächte.

Die Natur Portugals ist grundsätzlich von der Spaniens unterschieden: Bei einer Nordsüderstreckung von 560 km und einer Breite bis zu 220 km – im Durchschnitt 160 km – ist es ein Land des atlantischen Küstensaums und der anschließenden Hügelländer. Hier lebt die Mehrheit der Bevölkerung, deren Dichte von Nord nach Süd und von der Küste nach dem gebirgigen Innern rasch abnimmt. Infolgedessen ist die Bevölkerungsverteilung in den einzelnen Distrikten extrem verschieden: Lissabon (583 Einwohner/qkm), Porto (576), Braga (226), Aveiro (214) gegenüber Beja (27), dem am dünnsten besiedelten Distrikt. Nicht nur die beiden einzigen Großstädte Lissabon (831 000 Einwohner) und Porto (326 000 Einwohner) liegen an der Küste oder in ihrer Nähe, auch die meisten mittleren Städte. Eine einzige Stadt im Innern erreicht 25 000 Einwohner: Évora, die einstige Residenz.

Die Grenze zu Spanien ist seit dem Mittelalter fast unverändert geblieben. Sie verläuft etwa am Rand der Meseta. Im Norden liegt der gebirgigste Teil des Landes, durch den Unterlauf des Minho vom Bergland Galiciens getrennt. In der Mitte, etwa zwischen dem bei Porto mündenden Douro und dem Tejo, zieht die Serra da Estrela, die westlichste Kette des Iberischen Scheidegebirges, mit dem Tôrre, dem höchsten Gipfel des Landes (1991 m). Die entsprechend der Neigung der Meseta von Nordost nach Südwest fließenden Flüsse, Douro, Tejo und Guadiana, brechen in Engtälern in das portugiesische Tiefland durch, wobei sie teilweise der Staatsgrenze folgen. Ihr Gefälle wird durch zahlreiche Stauanlagen für Stromerzeugung und Bewässerung genutzt. Nur der Minho an der Nordgrenze kommt aus dem galicischen Bergland.

Die Nähe des Atlantiks bestimmt auch das Klima, das viel ausgeglichener als das Spaniens ist. Sehr milde Winter, aber auch durch die Seewinde gemilderte Hochsommertemperaturen. Lissabon: Jahresmittel 15,9°C, Januarmittel 10,5°C, Augustmittel 22°C. Die Niederschlagsmengen nehmen von Nord nach Süd und von der Küste ins Innere ab. Aber selbst die sommerliche Trockenheit kann das Grün des Landschaftsbildes nicht verwischen.

Eine Sonderstellung nimmt die Südprovinz, das Algarve, ein, das durch westöstlich streichende Gebirgszüge nach Norden geschützt ist. Das eigentliche, das Niederalgarve, erstreckt sich als maritime Saumlandschaft von nur 8–23 km Breite von Kap São Vicente, dem südwestlichsten Punkt Iberiens, bis zur Mündung des Guadiana, der auf lange Strecken die Grenze zu Spanien bildet. Die Hochsommer sind sehr heiß (Augustmittel in Albufeira 25,9°C), die Niederschläge, bei 5–6 Trockenmonaten, mit 400 mm im Jahr extrem niedrig. Bewässerung, arabische Überlieferung, und starke nächtliche Taubildung ermöglichen eine intensive Fruchthainwirtschaft und Anbau von Gemüse, Mais, Reis und Zuckerrohr mit zwei bis vier Ernten im Jahr. Auch der Fischfang (Sardine, Anchovis, Thunfisch) und die Konservenindustrie sind von Bedeutung. Seit der Errichtung eines Flugplatzes im Hauptort Faro hat der Tourismus einen sehr raschen Aufschwung genommen; man rechnet auch weiterhin mit einer günstigen Entwicklung.

Heinrich der Seefahrer (1394–1460), Denkmal am Bootshafen von Lissabon · Er schuf die Voraussetzungen für die Gründung des portugiesischen Weltreiches.

Portugal
(República Portuguesa)

Korporative Republik mit Parlament (Mitglieder gewählt) und Ständekammer (Mitglieder berufen oder ernannt); begrenztes Wahlrecht (u.a. von Bildungsstand und Steuerleistungen abhängig); allgemeine Wehrpflicht; Hauptstadt Lissabon (831 000 Ew., mit Vororten 1,26 Mill. Ew.).

Fläche (ohne afrikanische »Überseeprovinzen«): 91 641 qkm (davon Festland 88 500, Azoren 2335, Madeirainseln 796 qkm) – **Einwohnerzahl:** Etwa 8,83 Mill. (davon Festland 9,06 Mill., Azoren 340 000, Madeirainseln 270 000; rund 60% ländliche Bevölkerung) – **Bevölkerungsdichte:** 96,4 Ew./qkm – **Jährlicher Geburtenüberschuß:** 9,6‰ – **Bevölkerung:** Nahezu ausschließlich Portugiesen – **Sprache:** Portugiesisch – **Religion:** Römisch-katholisch; etwa 100 000 Protestanten, 700 Juden – **Wichtige Ausfuhrgüter:** Textilien (über ein Viertel des Exportwertes), Kork, Fische und Fischereiprodukte, Holz, Wein, Harze, Olivenöl, Pyrite, Wolfram, Chemikalien, Maschinen

Heimkehrende Fischer an der Küste von Algarve

Oben: Fischer   *Unten: Fischmarkt in Lissabon*

Unten: Am Strand von Nazaré   *Rechts: Fischversteigerung*

Fischfang – eine wichtige Erwerbsgrundlage

Portwein und Ölsardinen sind die international bekanntesten Erzeugnisse Portugals. Da der Atlantik fischreicher ist als das an Oberflächenplankton arme Mittelmeer, spielt der Fischfang für Portugal eine weit größere Rolle als etwa für Griechenland. Die Hauptfanggebiete liegen an der nördlichen Westküste, etwa zwischen der Nordgrenze und Nazaré. Auf die Südküste, die Küste von Algarve, entfallen nur etwa 16% der Fänge. Die Fänge schwanken stark, zwischen 450000 und 600000 t. 75% aller eingebrachten Fische werden im Inland verzehrt, der Rest wird zu Konserven verarbeitet und exportiert. Das gilt vor allem für Sardinen; sie werden, mit hochwertigem heimischem Olivenöl versetzt, als Ölsardinen in alle Welt gesendet. Der einst bedeutende Thunfischfang ist zurückgegangen.

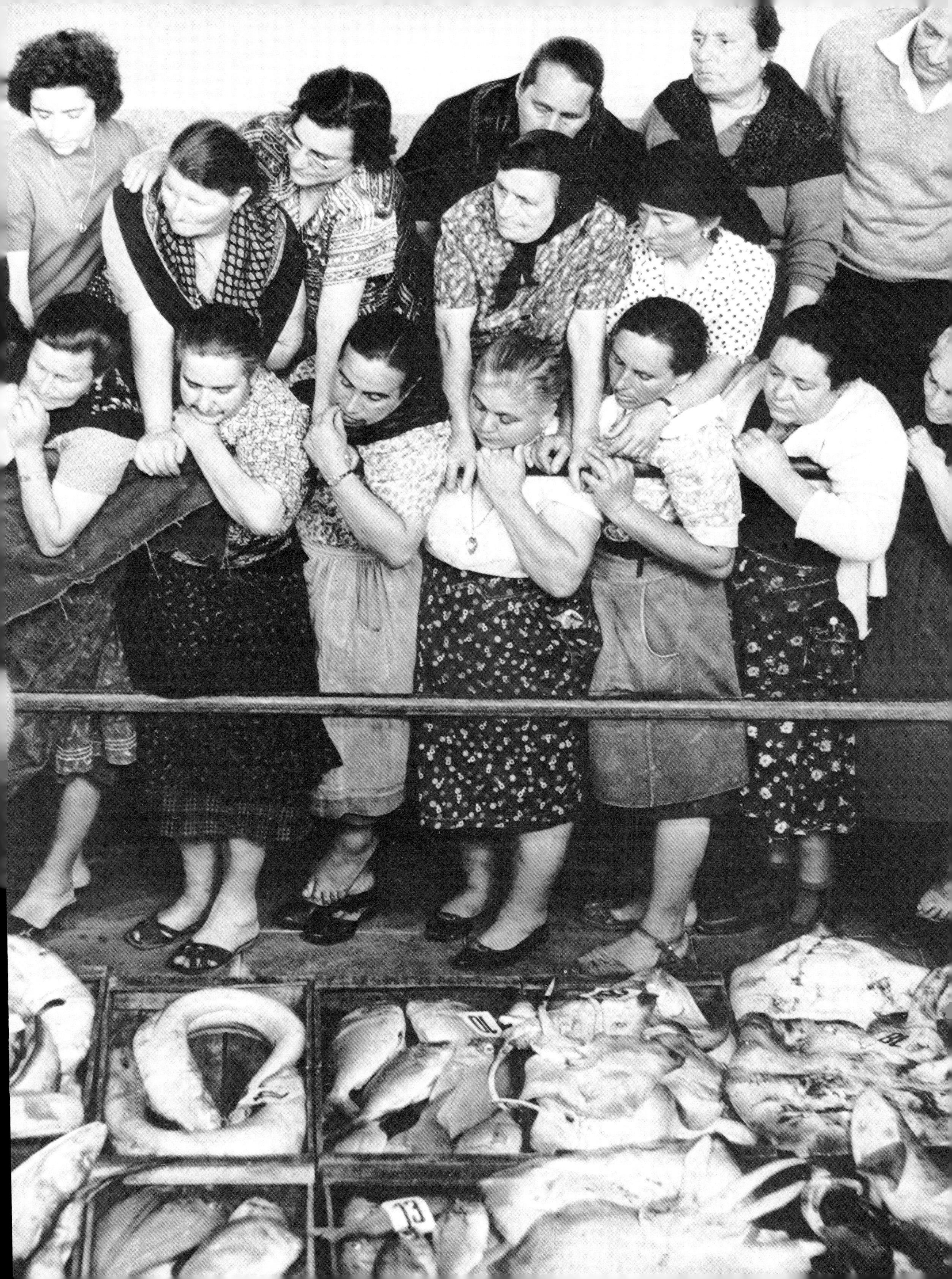
10
13
BL

Das Wunder der Weltreichsgründung

Die Anfänge der portugiesischen Geschichte sind durch die Reconquista bestimmt. Freilich war die Araberherrschaft von sehr unterschiedlicher Dauer. Im Gebiet nördlich des Douro herrschten die Araber nur 38, im Algarve aber 539 Jahre; dieses wurde 1249, also fast 250 Jahre vor Granada, endgültig befreit. Der Kampf verlief sehr wechselhaft. Lissabon wie andere Städte haben im Laufe der Jahrhunderte mehrfach den Besitzer gewechselt. 1143 kann als das Geburtsjahr Portugals angesehen werden. Damals wurde Alfons I. aus dem Hause Burgund, ursprünglich ein Lehnsmann und Verwandter des Königs von Léon und Kastilien, von diesem nach langjährigem Kampf als König von »Portucalis«, das damals nur den Norden umfaßte, anerkannt. Das Haus Burgund regierte bis 1383 und konnte allmählich seine Herrschaft bis zum Algarve ausdehnen, mußte sich aber ständig gegen die Ansprüche Kastiliens zur Wehr setzen. Schon damals wurde ein Lebensgesetz Portugals erkennbar: die Anlehnung an England. Allein auf die Dauer gegen das mächtige Kastilien zu schwach, schloß es 1294 einen Handels- und 1308 einen Freundschaftsvertrag mit England, der 1368 »für ewige Zeiten« durch den Vertrag von Windsor, ein Offensiv- und Defensivbündnis, gekrönt wurde.

Nach dem Aussterben des Hauses Burgund kam durch Beschluß der »Cortes« Johann I. aus dem Hause Aviz auf den Thron, der, erneut im Kampf gegen Kastilien, sich in der Schlacht von Aljubarrota (1385) behauptete. Zum Gedächtnis dieses Sieges ließ er das Kloster Batalha errichten, heute *das* Nationaldenkmal des Landes und eines seiner bedeutendsten Bauwerke.

Heinrich, einer der Söhne Johanns I., den man später den »Seefahrer« nannte (1394–1460), schuf in seiner berühmten Seefahrerschule in Sagres bei Kap São Vicente systematisch die technischen und kartographischen Voraussetzungen für die späteren Entdeckungsfahrten, die den Seeweg nach Indien erschlossen. Nur die Entdeckung Madeiras, der Azoren und der Kapverdischen Inseln erlebte er noch selbst. Aber die Könige Johann II. und Manuel I. setzten seine Pläne in die Tat um: Bartolomëu Diaz erreichte 1487 das Kap der Guten Hoffnung, Vasco da Gama erschloß 1497–1499 den Seeweg nach Indien. Pedro Alvarez Cabral entdeckte 1500 Brasilien. Almeida und Albuquerque errichteten in den Folgejahren in Indien und im indonesischen Archipel eine Reihe von Stützpunkten, vor allem auf Ceylon und auf den Molukken. Für etwa ein Jahrhundert war Portugal Herr im Indischen Ozean. Etwa zur gleichen Zeit wurden die ersten Faktoreien an den Küsten des späteren Angola und Moçambique errichtet. Als 1519–1521 der Portugiese Fernão de Magalhães (Magallanes) die erste Weltumsegelung durchführte, geschah dies allerdings in Diensten Kastiliens.

Beim Tode Manuel I. des Glücklichen, 1521, stand sein Land auf einmaliger Höhe, politisch und kulturell. Auch ein ganz eigener Baustil, der »manuelische«, wurde entwickelt. In ihm mischen sich Elemente der späten Gotik mit der überwuchernden Ornamentik Indiens und mit Schiffahrtsmotiven, in ihrer Art einmalig in Europa. Der »Manuelismus« fand seine berühmteste Ausprägung im Kreuzgang des Hieronymusklosters und des Turms von Belém bei Lissabon, die Manuel als Dank für die Taten Vasco da Gamas errichten ließ, der dort auch seine letzte Ruhestätte fand. Auch das Sommerschloß von Sintra und Bauten in Tomar und Coimbra – einer der ältesten Universitätsstädte Europas (1308) – sind hier zu nennen. Lissabon wurde die wichtigste und reichste Hauptstadt Europas.

Aber unter Manuels Nachfolgern zeigte sich bald, daß das Land über seine Verhältnisse gelebt hatte, trotz der aus den Kolonien, vor allem aus Brasilien, strömenden Reichtümer, da diese nicht produktiv eingesetzt wurden und nur dem Herrscherhaus und einer dünnen Adelsschicht zugute kamen. Die Bevölkerung hatte sich auf kaum 1 Million verringert und lebte ganz überwiegend in bitterer Armut. Die Nachfolger Manuels und damit das ganze Land gerieten völlig unter klerikalen Einfluß. 1536 wurde die Inquisition eingeführt; Kultur und Erziehung kamen ganz in die Hände der Jesuiten. Sebastian I., ein religiöser Fanatiker, ließ sich zu einem schlecht vorbereiteten Kreuzzug gegen Marokko hinreißen, um den Islam auch aus Nordafrika zu vertreiben; dort erlitt er 1578 eine vernichtende Niederlage und fand selbst den Tod. Das bedeutete das Ende der Dynastie und den jähen Zusammenbruch der Weltmachtstellung Portugals. Philipp II. von Spanien machte erfolgreich Erbansprüche geltend, und von 1580 bis 1640 stand das Land unter spanischer Herrschaft. Damals ging auch der größte Teil der südindischen Besitzungen an die Niederlande verloren.

Gibraltar

Britisches »Dominion«, seit 1704 faktisch, seit 1714 (Vertrag von Utrecht) offiziell im Besitz Großbritanniens. – Der Felssporn unweit der Südspitze der Iberischen Halbinsel hat eine bewegte Geschichte. Im Jahre 711 landeten die Araber unter Tarik bei Gibraltar (der Name kommt von »Dschebel al Tarik«, »Fels des Tarik«) und begannen von hier aus die Eroberung der Halbinsel. Erst 1462 setzten sich die Spanier wieder in den Besitz von Gibraltar, verloren es aber zweieinhalb Jahrhunderte später, im Spanischen Erbfolgekrieg, an Großbritannien, das diese natürliche Seefestung in der »Großen Belagerung« von 1779–1783 erfolgreich gegen die miteinander verbündeten Franzosen und Spanier verteidigte. Bis zum Beginn des 20. Jahrhunderts ein Eckpfeiler britischer Machtpolitik, auch im Hinblick auf die Sicherung des Seewegs nach Indien, hat Gibraltar heute infolge der modernen Waffentechnik erheblich an strategischer Bedeutung eingebüßt.

Das britische Gibraltar wurde stets als »Stachel im Fleische Spaniens« empfunden, aber alle Bemühungen um Rückgabe blieben vergebens, wenn sie auch ab 1950 intensiviert wurden und sich die UNO seit 1963 wiederholt mit der Gibraltarfrage beschäftigt hat. Eine Volksabstimmung im September 1967 ergab eine erdrückende Mehrheit für den Verbleib im Commonwealth of Nations. 1969 trat eine neue, die demokratischen Rechte erweiternde Verfassung in Kraft, was die spanische Regierung zu scharfem Protest und zur Schließung der Landgrenze im Juni 1969 veranlaßte, nachdem jahrelange Verkehrsbehinderungen vorangegangen waren. Bereits Ende 1968 hatte die Vollversammlung der Vereinten Nationen Großbritannien aufgefordert, den Kolonialstatus zu beenden und Verhandlungen mit Spanien aufzunehmen. Dem wurde zwar zum Teil Folge geleistet, das Gibraltarproblem aber blieb offen.

Der Kalkfelsklotz von Gibraltar, durch eine 900 m breite Nehrung mit dem Festland verbunden, ist bis zu 1250 m breit und erreicht in seinem höchsten Punkt 425 m; insgesamt ist der britisch besetzte Teil der Landzunge von Gibraltar 4,8 km lang. Die Wirtschaftsgrundlage der Bevölkerung bilden neben dem Tourismus die Arbeit in Werften und militärischen Einrichtungen, die Schiffsversorgung und der Transithandel (Freihafen). Lebensmittel müssen eingeführt werden. Bis 1969 arbeiteten etwa 4600 Pendler aus dem nahen La Linea in Gibraltar.

Fläche: 5,8 qkm – **Einwohnerzahl** (1971; ohne Militär): 30 000 – **Bevölkerungsdichte:** 5455 Ew/qkm – **Bevölkerung:** Zwei Drittel der Zivilbevölkerung Einheimische vorwiegend spanischer, italienischer, portugiesischer und maltesischer Abkunft, ein Drittel ausländische Staatsbürger; britische Militärpersonen mit Angehörigen – **Sprache:** Englisch und Spanisch – **Religion:** Katholiken und Protestanten (Anglikaner)

Die Spanier machten sich mit der Zeit so verhaßt, daß es 1640 unter Führung des Herzogs von Bragança zum Aufstand kam. Portugal wurde wieder unabhängig, und der Herzog bestieg den Thron. Die weitere Geschichte zeigte, daß der Niedergang unaufhaltsam war. Daß Portugal seine Unabhängigkeit gegenüber Spanien bewahren konnte, hat es nur der Eifersucht der Großmächte zu danken, denen an einer zu starken Machtstellung Spaniens nicht gelegen war. Trotz mancher Gegensätze wurde die Anlehnung an England immer wieder zur Rettung. Kennzeichnend hierfür war der Methuenvertrag von 1703, der den englischen Markt für den Portwein im Austausch gegen englische Wollwaren öffnete, womit die heimische Wollindustrie vernichtet wurde. Um die Mitte des 18. Jahrhunderts erlebte Portugal eine Nachblüte unter dem Marquis von Pombal, einem der bedeutendsten Vertreter des aufgeklärten Absolutismus, dem sein Herrscher für seine politischen, wirtschaftlichen und militärischen Reformen freie Hand ließ. Er drängte die klerikalen Einflüsse zurück und schaffte die Inquisition ab. Sein bleibendes Verdienst ist u.a. der rasche Wiederaufbau Lissabons in einer einheitlichen Gesamtkonzeption nach dem verheerenden Erdbeben vom 1. November 1755, das den größten Teil der Altstadt, der Alfama, mit unersetzlichen Werten vernichtete. Noch das heutige Lissabon trägt baulich den Stempel Pombals.

In der Folgezeit wurde die bedrohte Unabhängigkeit Portugals wiederholt durch englische Hilfe gerettet, zuletzt 1807, als napoleonische Truppen eingefallen waren; sie wurden in jahrelangen Kämpfen nicht nur aus Portugal, sondern auch aus Spanien vertrieben. Im Laufe des 19. Jahrhunderts vollendete sich der völlige Niedergang infolge ständiger Thronwirren und chronischer Mißwirtschaft und Korruption, in deren Verlauf schließlich auch Brasilien verlorenging. Nur die Erschließung des Hinterlandes von Angola und Moçambique gegen Ende des Jahrhunderts war ein bleibender Gewinn. 1910 wurde der letzte König aus dem Hause Bragança vertrieben und die Republik ausgerufen. Aber an der Korruption und dem Parteienhader änderte sich nichts. In fünfzehn Jahren amtierten acht Staatspräsidenten und 44 Regierungen.

Die Ära Salazar und ihr Erbe

Das Jahr 1926 brachte eine grundsätzliche Wende, als General Carmona eine – bis 1932 währende – Militärdiktatur errichtete und den Finanzwissenschaftler der Universität Coimbra, Antonio de Oliveira Salazar (1889–1970), 1927 zum Finanzminister berief; dieser regierte von 1932 bis zu seiner schweren Erkrankung 1968 als Ministerpräsident das Land autoritär. Er sanierte die Staatsfinanzen und betrieb einen strengen Wirtschaftsprotektionismus, um die Leistungsfähigkeit der Industrie zu erhöhen. Die Verfassung von 1933 konstituierte den »Estado Novo« in autoritärem und katholisch-ständischem Geist. Von einer Demokratie im westeuropäischen Sinne kann bisher nicht die Rede sein. Denn die Minister sind lediglich dem Staatspräsidenten verantwortlich. Nur etwa 20% der Bevölkerung sind wahlberechtigt, wovon sich aber knapp die Hälfte der Stimme zu enthalten pflegt. Praktisch besteht keine andere Partei als die Staatspartei, die »Nationale Volksaktion«. Oppositionsgruppen können sich nur befristet vor den Wahlen – und erfolglos – betätigen. Die 1971 begonnenen Vorbereitungen einer neuen Verfassung deuten gewisse Liberalisierungstendenzen an.

Salazar konnte sein Land aus dem Zweiten Weltkrieg heraushalten. Es ist Mitglied der UNO und der NATO. Eine

Allemann, F. R.: Portugal. *München 1971. – Burckhardt, T.:* Die maurische Kultur in Spanien. *(Reichhaltiges gutes Bildmaterial.) München 1970. – Castro, A.:* Spanien, Vision und Wirklichkeit. *Köln 1957. – Crozier, B.:* Franco. *München 1967. – Kamen, H.:* Die spanische Inquisition. *München 1967. – Konetzke, R.:* Geschichte des spanischen und portugiesischen Volkes. *Leipzig 1939. – Lautensach, H.:* Die Iberische Halbinsel. *(Geographisch-landeskundliches Standardwerk. Umfangreiche Bibliographie.) München 1964. – Madariaga, S. de:* Spanien. Wesen und Wandlung. *Stuttgart 1955. – Strelocke, H.:* Portugal. Studienreiseführer mit Landeskunde. *Stuttgart 1968. – Welles, B.:* Spanien. Ende einer Diktatur. *München 1967.*

schwere Belastung des Staatshaushalts sind die hohen Ausgaben für die afrikanischen »Überseeprovinzen«, in denen seit Jahren Aufstände bekämpft werden müssen. Als Instrument der Wirtschaftsförderung dienen Sechsjahrespläne, von denen der dritte, 1968–1973, Investitionen von 25 Milliarden DM vorsah. Von 1960 bis 1969 ist das Bruttosozialprodukt von 2,44 auf 5,86 Milliarden US-Dollar, d.h. um weit über 100% gestiegen. Während Salazar ursprünglich den Wirtschaftsausbau aus eigener Finanzkraft durchführte, werden seit 1964 Investitionen des Auslands begünstigt, ähnlich wie in Spanien. Sie kommen vor allem der Industrie und dem Tourismus zugute. Der Bau der 1966 vollendeten Salazar-Brücke über den Tejo in Lissabon, einer der größten Brücken Europas, wurde z.B. vorwiegend vom Ausland finanziert. Die ausländischen Investitionen sind in den letzten Jahren sprunghaft gestiegen und dürften auch in Zukunft noch wachsen.

Bis vor wenigen Jahren bildeten die Lebensmittelverarbeitung (Fisch- und Obstkonserven) und die Textilindustrie die einzigen Industriezweige von Bedeutung. Inzwischen wurde eine staatliche Erdölraffinerie am Tejo bei Lissabon und eine ähnliche Anlage in Porto errichtet. In Barreiro bei Lissabon und in Setúbal entwickelte sich die Chemische Industrie (Düngemittel, Waschmittel, Harzprodukte usw.). Auch die Glasindustrie wurde stark ausgebaut. Eine Autobahn Lissabon–Porto befindet sich im Bau. Fertiggestellt ist die Arrábidabrücke als Einfahrt nach Porto. Auf dem Gebiete der Urproduktion nimmt Portugal eine führende Stellung für Kork, Harze und Wismut ein. Etwa die Hälfte des Weltverbrauchs von Kork wird von Portugal gedeckt. Als Produzent von Harzprodukten steht es in Europa an der Spitze. Das Rohprodukt wird aus einem Pinienbestand von 1,3 Millionen ha gewonnen. Die Wolframvorkommen im Norden sind die reichsten Europas.

Problematisch ist, ähnlich wie in Spanien, die Passivität der Handelsbilanz; Ausfuhr 1972: 1287 Millionen US-Dollar, Einfuhr 2183 Millionen US-Dollar. Der Passivsaldo wird weitgehend durch die Einnahmen aus dem Fremdenverkehr und die Überweisungen der im Ausland tätigen Gastarbeiter ausgeglichen. Ein weiteres Problem ist das Verhältnis zu EFTA und EWG. Portugal ist zwar Mitglied der EFTA, aber ein Drittel seiner Einfuhren stammt aus EWG-Ländern, und nur 25% kommen aus EFTA-Ländern. Der Nachfolger Salazars, Marcello Caetano, bemüht sich zwar um soziale Reformen und Liberalisierung der Wirtschaft, sieht sich aber hierbei einem starken Widerstand der konservativen Kräfte aus der Salazar-Zeit gegenüber.

Caetano strebt eine größere Selbständigkeit der afrikanischen Kolonien an, wofür er als früherer Kolonialminister über Sachkenntnis verfügt. Die Zeit drängt, denn neben den afrikanischen Ländern verschärfen auch die europäischen Verbündeten ihre Kritik am portugiesischen Kolonialismus.

Heinz Siegert

Jugoslawien und Albanien

Jugoslawien – Land im Übergang

Von Peter Hebbel stammt das Wort: »Österreich ist eine kleine Welt, in der die große ihre Probe hält«. Ein Wort, das in einem noch viel tieferen Sinn auch für Jugoslawien, den teilweisen Nachfolgestaat Österreich-Ungarns, zutrifft. Jugoslawien, mit einem etwas größeren Territorium als die Bundesrepublik Deutschland, ist ein Vielvölkerstaat mit mehr als 20 Millionen Einwohnern. In ihm begegnen sich die Kulturkreise dreier Religionen – der katholischen, der orthodoxen und der muselmanischen, und in ihm leben 14 Völker und Nationalitäten mit verschiedener Mentalität und historischer Entwicklung zusammen.

Auch das Landschaftsbild ist mannigfaltig. Drei Viertel des Landes werden von Hochebenen und Gebirgen eingenommen. Der höchste Berg, der Triglav (2863 m), liegt im Nordwesten Sloweniens. Aber auch in der Bergwelt der Dinarischen Alpen, die nach dem Süden bis zum Shkodërsee und gegen Osten über die Herzegowina und Bosnien bis zum Amselfeld reicht, sind Zweieinhalbtausender keine Seltenheit. Auch die Gipfel der Sar Planina in Westmakedonien sind höher als 2000 m. Nördlich der Save hat Jugoslawien Anteil an der »Pannonischen Tiefebene«; hier liegt seine Kornkammer. Zwischen den Bergen dehnen sich in den Karstgebieten weite, fruchtbare Talkessel. Die Flüsse queren häufig die Bergmassive in engen Schluchten, von denen manche für den Verkehr von großer Wichtigkeit sind; als bedeutendste Flüsse seien die Morava und der Vardar, die Bosna, Neretva und Una genannt. Zum Adriatischen Meer hin ist Jugoslawien weit offen; die Küstenlinie beträgt einschließlich jener der zahlreichen Inseln und Eilande 6116 km. Von großer wirtschaftlicher Bedeutung ist die Donau, die Jugoslawien in einer Länge von 588 km durchfließt; ihre Breite beträgt 800 bis zu 2000 m; ihre größte Tiefe erreicht sie (52 m vor der Stauung) im »Eisernen Tor«.

Die Sozialistische Föderative Republik Jugoslawien ist nach der 1971 verabschiedeten Verfassung ein Staatenbund, in dem lediglich die Außen- und Verteidigungspolitik sowie die Koordinierung der Wirtschaft im Kompetenzbereich der Zentralregierung in Belgrad liegen. Alle übrigen staatlichen Agenden werden von den Regierungen der sechs Teilrepubliken (Serbien, 5,2 Millionen Einwohner; Kroatien, 4,4 Millionen; Bosnien–Herzegowina, 3,7 Millionen; Slowenien, 1,7 Millionen; Makedonien, 1,6 Millionen; und Crna Gora [Montenegro], 0,53 Millionen) sowie der zu Serbien gehörenden autonomen Provinzen Vojvodina (1,9 Millionen, u. a. über 0,5 Millionen Madjaren) und Kosmet (Kosowo Metohija, 1,2 Millionen, u. a. 0,9 Millionen Albaner) wahrgenommen. Mit dem seit 1948 schrittweise erfolgten Abbau der Zentralregierung in Belgrad und dem ebenfalls 1971 neu geschaffenen Staatspräsidium, dem kollektiven Führungsorgan an der Spitze des Staates, unterscheidet sich das heutige Jugoslawien prinzipiell auch hinsichtlich der Gleichberechtigung der Völker und Nationalitäten vom jugoslawischen Königreich der Zwischenkriegszeit, in dem unter serbischer Führung eine eigene »jugoslawische Nation« geschaffen werden sollte. Das neue Staatspräsidium, dem je drei Vertreter der Republiken und zwei Vertreter der Autonomen Provinzen angehören, soll nach dem Ausscheiden des Präsidenten Tito aus der aktiven Politik dessen übernationale Stellung einnehmen. Der Vorsitz und somit das Präsidentenamt wird dann in einem jährlichen Turnus wechseln, so daß jedes Jahr eine andere Teilrepublik den Ersten Mann im Staate stellt. Mit diesem übernationalen Führungsorgan sollen nationale Gegensätze überwunden und nationalistische Tendenzen eliminiert werden. Die immer wieder aufflackernden nationalen Spannungen sind nicht nur eine Hypothek, die Jugoslawien vom Vielvölkerstaat Österreich-Ungarn übernehmen mußte, sondern auch die Folgen der unterschiedlichen historischen und damit auch kulturell-wirtschaftlichen Entwicklung der heutigen Teilrepubliken. Slowenien und Kroatien waren bis zum Zusammenbruch der Österreichisch-Ungarischen Monarchie feste Bestandteile des Habsburgerreiches. Ihre Kultur war stark vom Katholizismus geprägt und ihre Wirtschaft ein integrierter Bestandteil der Gesamtwirtschaft der Monarchie. Agram, das heutige Zagreb, und Sisak wurden in der zweiten Hälfte des 19. Jahrhunderts zu wirtschaftlichen Zentren ausgebaut. Serbien, Makedonien sowie Bosnien und die Herzegowina verloren nach der Schlacht auf dem Amselfeld (1389) ihre Selbständigkeit und verblieben nahezu 500 Jahre (bis 1878) unter türkischer Herrschaft. Die Wirtschaft stagnierte, das Bildungswesen blieb weit hinter jenem in Slowenien und Kroatien zurück. Erst die Ergebnisse des Berliner Kongresses, bei dem 1878 die Voraussetzungen für das Ende der Türkenherrschaft in Europa geschaffen wurden, ermöglichten auch in Serbien eine Konsolidierung.

Für Bosnien und die Herzegowina, die zum Unterschied von Serbien, das orthodox geblieben war, türkische Provinzen mit strenggläubiger moslemischer Bevölkerung geworden waren, begann die wirtschaftliche Entwicklung und Erschließung erst durch die vom Berliner Kongreß befürwortete Okkupation durch Österreich-Ungarn. Erstmals hat man das Land vermessen und Bahnen und Straßen angelegt. So auch die Bahnlinie von Sarajevo nach dem dalmatinischen Metković, die erst jetzt durch eine Normalspurstrecke ersetzt worden ist. Montenegro (Crna Gora), ein unwegsames Karst- und Gebirgsland, konnte sich über all die Jahrhunderte eine relative Unabhängigkeit bewahren. Politisch war das Fürstentum Montenegro stets den serbischen Ambitionen nach einem südslawischen Reich aufgeschlossen.

Einer Vereinigung Montenegros mit Serbien stand jedoch das von den Österreichern okkupierte Bosnien und die Herzegowina entgegen. Serbien erhob Anspruch auf beide Länder und unterstützte die irredentistische Bewegung »Junges Bosnien«, deren Ziel die Befreiung Bosniens und der Herzegowina von der Herrschaft Österreichs war. Ein Mitglied der Mlada Bosnia, Gawrilo Princip, erschoß 1914 in Sarajevo den österreichischen Thronfolger Franz Ferdinand und löste damit den Ersten Weltkrieg aus. Mit dessen Ende war der Weg frei für die Gründung eines südslawischen Reiches. Slowenien und, etwas zögernd, Kroatien, schlossen sich zu einem Königreich der Serben, Kroaten und Slowenen zusammen. Später nannten sie diesen Staat Jugoslawien. Doch das Mißtrauen zwischen den Völkern, vor allem zwischen Serben und Kroaten, blieb. Beide beschuldigten einander nationalistischer Tendenzen und lieferten für beide Beschuldigungen auch zahlreiche Beweise. Die wirtschaftliche Lage war kritisch und verschärfte noch die innerpolitischen Spannungen. Besonders rückständig waren Makedonien, Montenegro, Bosnien und die Herzegowina sowie ein Großteil Serbiens. Von den damals rund 15 Millionen Jugoslawen konnten mehr als 44% weder lesen noch schreiben. Das wirtschaftliche Gefälle zwischen Slowenien, Kroatien und den armen Ländern im Süden und Osten konnte nicht ausgeglichen werden. Wie morsch dieses Staatengebilde war, erwies sich nach dem Einmarsch der deutschen Truppen. Das Königreich Jugoslawien fiel auseinander. Kollaborateure in Serbien und Kroatien versuchten an der Seite der Okkupationsmacht zu retten, was noch zu retten war. Kroatien wurde ein eigener »unabhängiger« Staat, und Serbien erhielt eine deutschfreundliche Regierung. Schließlich mündeten diese Versuche in einem verhängnisvoll kroatisch-serbischen Chauvinismus, dem auf beiden Seiten unzählige Menschen zum Opfer fielen. Das Ende des südslawischen Reiches schien für immer gekommen. Doch schon wenige Wochen nach dem deutschen Einmarsch formierten sich die ersten Partisanengruppen. Der Kominternfunktionär Josip Broz, genannt Tito, organisierte den gesamtjugoslawischen Widerstand, und bereits 1943 fand in dem befreiten bosnischen Städtchen Jajce eine gesamtjugoslawische Delegierten-Konferenz statt, die den Grundstein für den zukünftigen Staat Jugoslawien legte.

Dalmatien, Makarska · Ferienort am Fuße des Biokovo-Gebirges.

Der »eigene Weg zum Sozialismus«

Nach der Befreiung Jugoslawiens, die aus eigenen Kräften und nicht – wie in den anderen volksdemokratischen Ländern – durch die Rote Armee erfolgte, versuchten die jugoslawischen Kommunisten ihr Land nach russischem Vorbild aufzubauen. Die privaten Industrie-, Verkehrs-, Handelsunternehmen und Fabriken wurden nationalisiert. Die Enteignung traf auch die Banken und die Großgrundbesitzer. Den Bauern wurde ein Höchstbesitz von 10 ha bebaubaren Bodens belassen. Auch die Miethäuser wurden verstaatlicht.

Mit Enthusiasmus begann man den Wiederaufbau. Die Nationalitätenfrage spielte ebensowenig eine Rolle wie etwa die Staatlichkeit der einzelnen Republiken. Präsident Tito, der Volksheld Jugoslawiens, regierte für alle in Belgrad. Jugoslawien stand vor sehr schwierigen Problemen. Die ohnehin unter-

Jugoslawien
(Socijalistička Federativna Republika Jugoslavija)

Sozialistische Föderative Republik mit Einkammerparlament. Wahlrecht für alle über 18 Jahre alten Bürger und Wehrpflicht; Hauptstadt Belgrad (770 000 Ew.).

Fläche: 255 804 qkm – **Einwohnerzahl:** Etwa 20,50 Mill. (davon annähernd 50% städtische Bevölkerung) – **Bevölkerungsdichte:** 80,2 Ew./qkm – **Jährlicher Geburtenüberschuß:** 10,1‰ – **Größere Städte:** Zagreb (566 000 Ew.), Sarajevo (244 000 Ew.), Skopje (312 000 Ew.), Ljubljana (174 000 Ew.), Neusatz (141 000 Ew.), Rijeka (133 000 Ew.) – **Bevölkerung:** Serben 41,7, Kroaten 23,5, Slowenen 8,8, Makedonier 7, Albaner 4,4, Madjaren über 3, Montenegriner 2,7%; rumänische, slowakische, türkische, italienische, deutsche und andere Minderheiten – **Sprache:** Serbokroatisch, Slowenisch, Makedonisch – **Religion:** Serbisch-orthodoxe Christen 41,5, Katholiken 31,8, Moslems 12,3%; 200 000 Protestanten, 7000 Juden; 12,3% Konfessionslose – **Wichtige Ausfuhrgüter:** Vieh, Fleisch, Erze, Metalle, Maschinen, Schnittholz, Textilien, Obst, Tabak, Wein, Zement

entwickelte Wirtschaft war während des Zweiten Weltkrieges vollends zerstört worden. Die Verluste an Menschen und Material waren riesengroß: Von 1941 bis 1945 kamen 10% (1,7 Millionen Menschen) der jugoslawischen Gesamtbevölkerung durch die Kriegs- und Bürgerkriegsereignisse ums Leben. Etwa 300 000 Dorfhaushalte wurden mit lebendem und totem Inventar vernichtet. 90 000 qualifizierte Industriearbeiter fielen dem Krieg ebenso zum Opfer wie etwa 40 000 Lehrer, Ingenieure, Professoren, Ärzte und andere Intellektuelle. Etwa 25% der Bevölkerung waren obdachlos, die meisten Brücken und Eisenbahnstrecken zerstört, die Strecke Belgrad–Zagreb von den abziehenden Truppen regelrecht umgepflügt worden.

Nach der Befreiung glich das Land einer einzigen großen Baustelle. Der Staat wurde zentralistisch regiert und die Wirtschaft mit administrativen Mitteln straff von Belgrad aus gelenkt. Jugoslawien war auf dem besten Weg, das Schicksal aller anderen volksdemokratischen Staaten des Balkanraumes zu teilen. Doch die Gleichschaltung mit dem sowjetischen System scheiterte an der politischen Eigenwilligkeit Präsident Titos. Er lehnte es ab, in Stalin den Führer aller kommunistischen Parteien zu sehen. 1948 kam es zum offenen Bruch mit Stalin und zur Verketzerung Titos. Unter der Beschuldigung »Titoist« zu sein, wurden in allen volksdemokratischen Ländern Kommunisten, die nicht moskautreu waren, blutig verfolgt und viele hingerichtet.

Dem Ausschluß der Kommunistischen Partei Jugoslawiens aus dem Kominform folgte schlagartig die vollständige wirtschaftliche Isolierung Jugoslawiens. Mit der einseitigen Kündigung der Wirtschaftsverträge wollte Stalin Jugoslawien zwingen, seinen politischen Kurs zu ändern. Jugoslawien, dessen Außenhandel zu mehr als 50% auf die Ostblockländer ausgerichtet war, sah sich plötzlich einer totalen Wirtschaftsblockade gegenüber. Die Folgen waren katastrophal: Die Fabriken und Industrieanlagen konnten nicht in Betrieb genommen werden, weil die vertraglich zugesicherten Maschinen und Ausrüstungen aus der UdSSR, der ČSR, Polen, Ungarn und Ostdeutschland nicht geliefert wurden. Zwischen 1950 und 1954 gab es praktisch keine wirtschaftlichen Beziehungen zwischen den Ostblockstaaten und Jugoslawien. Die Vereinigten Staaten halfen mit einem Überbrückungskredit aus.

Damals widersetzte sich Jugoslawien nicht nur als erstes volksdemokratisches Land erfolgreich dem Stalinismus, sondern begann gleichzeitig einen langwierigen Kampf gegen den Staats- und Parteibürokratismus, der sich in den knappen drei Jahren überall in der Administration breitgemacht hatte. Der ideologische Streit mit Moskau führte in Belgrad zu der Erkenntnis, daß »der Sozialismus nicht nur auf andere Weise als im Lande der Sowjets aufgebaut werden kann, sondern aufgebaut werden muß« – und daß auch die Arbeiter und Bauern an der Verwaltung des Landes teilnehmen sollen.

Zu Beginn des Jahres 1950 wurde das Gesetz über die Einführung von Arbeiterräten verabschiedet, das praktisch eine »Entnationalisierung« der verstaatlichten Unternehmungen bedeutete. Durch dieses Gesetz wurden die Fabriken aus dem Staatsbesitz herausgenommen und den Arbeitern zur Verwaltung übergeben. Anstelle der in den anderen, von Kommunistischen Parteien geführten Ländern geforderten Stärkung der zentralen Staatsgewalt, setzten die jugoslawischen Kommunisten die ursprüngliche marxistische Theorie vom Absterben des Staates durch die Selbstverwaltung. Allmählich entwickelte sich aus dieser Theorie eine Gesellschaftsordnung, wie es sie sonst nirgends auf der Welt gibt. Zum erstenmal in der Geschichte wird in Jugoslawien versucht, »die Idee zu verwirklichen, daß die Arbeiter selbst die Fabriken verwalten, daß die Bürger ihre Kommunen, daß die Lehrer, Schüler und Studenten gemeinsam die Schulen verwalten, daß die Sozialversicherten und nicht der Staat die Fonds ihrer Versicherung verwalten – mit einem Wort, man versucht, das traditionelle staatliche, autokratisch-bürokratische System in ein System zu übertragen, in dem Millionen Menschen in Form der Selbstverwaltung über ihre Angelegenheiten bestimmen sollen« (Dušan Bilandčić, Direktor des Instituts für die Geschichte der Arbeiterbewegung in Zagreb). Im Unterschied zum staatlichen Zentralismus, in dem die Staatsbürger die Befehlsempfänger der Staatsgewalt sind, wird durch die Selbstverwaltung ein entgegengesetzes Prinzip relevant: Die Menschen sollen bestimmen, und die übergeordneten Organe haben diese Bestimmungen zu vollziehen.

Das Prinzip der Selbstverwaltung erfaßt allmählich alle Zweige des Gesellschaftssystems. Der Prozeß des Aufbaues ist jedoch noch lange nicht abgeschlossen. Neue Veränderungen sind im Gang, die die Selbstverwaltung noch verfeinern und konsequenter gestalten sollen. Ein Teil des jugoslawischen Selbstverwaltungssystems ist die Arbeiterselbstverwaltung. Sie ist am weitesten entwickelt, wenngleich auch sie sich erst nach der Wirtschaftsreform von 1965 richtig entfalten konnte. Bis

Josip Broz Tito

Josip Broz Tito wurde am 25. Mai 1892 im kroatischen Dorf Kumrovec bei Agram (Zagreb) geboren. Er erlernte das Schlosserhandwerk. Während des Ersten Weltkrieges diente er in der österreichisch-ungarischen Armee und geriet 1915 in russische Kriegsgefangenschaft. 1920 kehrte er nach Jugoslawien zurück. Später trat er der verbotenen KP bei und wurde Gewerkschaftsfunktionär. Mehrmals verhaftet und abgeurteilt, wurde Tito 1935/36 in Moskau Mitglied des Balkansekretariats der Komintern. 1937 kehrte er nach Jugoslawien zurück und organisierte als Generalsekretär die Konsolidierung der jugoslawischen KP. 1941 stand Tito an der Spitze des Volksaufstandes gegen die deutsche Besatzung Jugoslawiens. Er war oberster Befehlshaber des »Volksbefreiungsheeres« und der Partisaneneinheiten. 1943 wurde Tito zum Vorsitzenden des »Nationalen Befreiungskomitees« gewählt und zum Marschall Jugoslawiens ernannt. Nach der Befreiung war Tito Präsident der Bundesregierung, Oberbefehlshaber der jugoslawischen Streitkräfte und Minister für Landesverteidigung; ab 1953 wurde er viermal nacheinander zum Präsidenten der Republik gewählt. Seit 1971 ist er Vorsitzender des neugeschaffenen Staatspräsidiums.

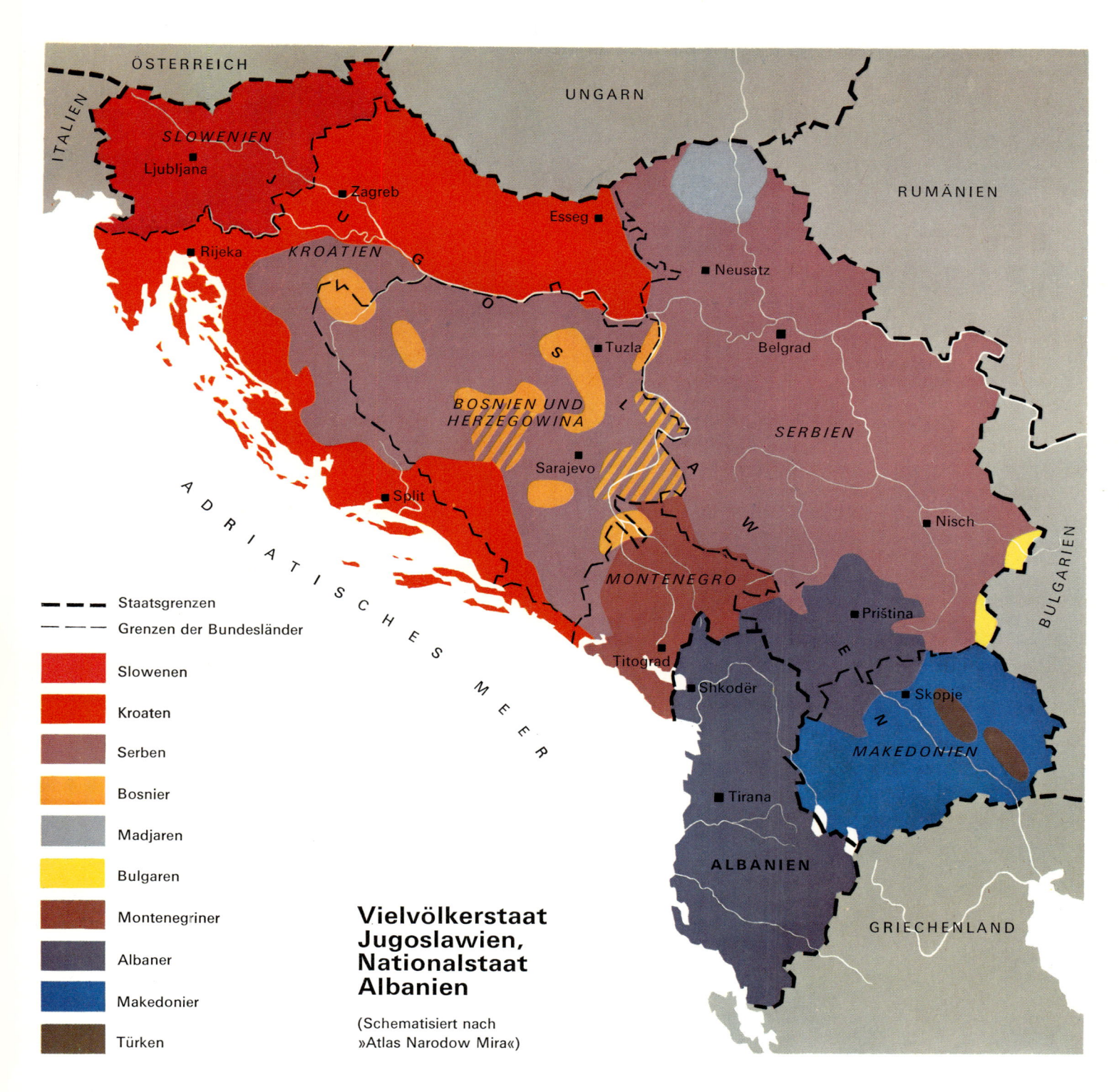

Vielvölkerstaat Jugoslawien, Nationalstaat Albanien

(Schematisiert nach »Atlas Narodow Mira«)

Legende:
- Staatsgrenzen
- Grenzen der Bundesländer
- Slowenen
- Kroaten
- Serben
- Bosnier
- Madjaren
- Bulgaren
- Montenegriner
- Albaner
- Makedonier
- Türken

dahin war die Verwirklichung der Selbstverwaltungsidee von konservativen Parteibürokraten immer wieder hinausgeschoben und behindert worden.

Mit den Begriffen der klassischen Wirtschaft ist das Wesen der jugoslawischen Arbeiterselbstverwaltung kaum erklärbar. Ihr Verständnis verlangt neue Denkkategorien. In Jugoslawien gehören die Produktionsstätten weder privaten Personen, noch Gesellschaften – aber auch nicht dem Staat. Genau gesagt gehören sie niemandem. Am ehesten sind sie mit Stiftungen vergleichbar. Die Industrien, Fabriken, aber auch Hotelunternehmungen und Warenhäuser werden den Beschäftigten zur Nutznießung überlassen. Die Beschäftigten verfahren so, als wären sie die Besitzer dieser Unternehmungen. Die Gesamtleitung und Kontrolle liegt beim Arbeiterselbstverwaltungsrat, kurz Arbeiterrat, dessen Mitglieder vom Arbeitskollektiv, d. h. von allen Betriebsangehörigen für zwei Jahre gewählt werden. Der Arbeiterrat wählt aus seiner Mitte den Verwaltungsrat und den Direktor, die dem Arbeiterrat verantwortlich sind. In der Praxis ist das Zusammenspiel zwischen dem Arbeiterrat und dem auf ein modernes Management ausgerichteten Verwaltungsrat noch nicht ideal gelöst. Nicht immer zeigen die Arbeiterräte Verständnis für betrieblich notwendige Entscheidungen der Geschäftsführung. Aber das sind Probleme von sekundärer Bedeutung. Noch ist alles in Fluß.

Nicht mehr in Frage gestellt wird jedoch das Prinzip der Selbstverwaltung überhaupt. Sie wird auch auf die Landwirtschaft ausgedehnt werden. Ein Prozeß, der vermutlich Jahrzehnte in Anspruch nehmen wird, weil die Bauern nach Ansicht der jugoslawischen Parteitheoretiker in der Regel schwerer »sozialisierbar« als andere Bevölkerungsschichten sind. Mit

Ausnahme der ersten Nachkriegsjahre hat man in Jugoslawien die Bauern nicht gezwungen, landwirtschaftlichen Produktionsgenossenschaften beizutreten. Wer gezwungen worden war, konnte nach 1950 wieder austreten. 1968 gab es in Jugoslawien lediglich neunzehn landwirtschaftliche Produktionsgenossenschaften volksdemokratischer Provenienz mit etwa zweitausend Mitgliedern. Von der Arbeiterselbstverwaltung erfaßt ist bisher lediglich ein Viertel der jugoslawischen Landwirtschaft. In der Hauptsache sind dies die großen Güter, Genossenschaften und Kombinate in der Vojvodina. Drei Viertel der Landwirtschaft sind noch in privatem Besitz. Dennoch haben schon viele Einzelbauern ökonomische Bindungen zu den Genossenschaften. Doch ist ihre Rechtsauffassung von Besitz, Grund und Boden noch weit von jener entfernt, die sich in Industrie, Handel, Verkehrsgewerbe oder dem Fremdenverkehr schon durchgesetzt hat.

Auch dem ausländischen Beobachter ist vieles in diesem jugoslawischen Modell unverständlich und widersprüchlich. So ist die Wirtschaft sozialisiert, dennoch wird sie aber nach kapitalistischen Kriterien wie etwa jenen von Angebot und Nachfrage geführt. Jugoslawien besitzt zwar eine Planwirtschaft, doch richtet sich die Produktion weitgehend nach den Gesetzmäßigkeiten der freien Marktwirtschaft. Aus östlicher Sicht ist Jugoslawien zur Kapitalwirtschaft zurückgekehrt und hat somit den Weg zum Sozialismus verlassen.

Tatsächlich aber kann von einer Rückkehr Jugoslawiens zum Kapitalismus oder zur freien Marktwirtschaft nicht die Rede sein. Alle entscheidenden Produktionsmittel befinden sich in gesellschaftlichem Eigentum. Jugoslawien ist ein sozialistischer Staat, dessen Wirtschaft jedoch die Erfahrungen und Methoden der freien Marktwirtschaft zur Steigerung der Produktivität oder Effektivität nicht unberücksichtigt läßt. Seine Wirtschaftsprobleme sind unbestreitbar immer noch groß, das ist allein auch schon daraus zu ersehen, daß rund eine Million Jugoslawen im Ausland arbeiten.

Jugoslawien, Šibenik · Industrieviertel des beliebten Ferienortes; u. a. Herstellung und Weiterverarbeitung von Aluminium und Ferrolegierungen.

Rechts: Jugoslawien, Split · Souvenirmarkt im 38 000 qm großen Diokletianspalast, der im 3./4. Jahrhundert erbaut wurde.

Links: Dalmatien, im Mündungsgebiet der Neretva bei Ploče. Vom Fluß aufgeschüttetes, vom Menschen kultiviertes Land, mit Zitrus- und Gemüseanbau.

Bewahrung der Souveränität

Der Abbruch der politischen und wirtschaftlichen Beziehungen mit der Sowjetunion und den übrigen Ostblockländern brachte 1948 den jugoslawischen Völkern neben neuen Entsagungen und wirtschaftlichen Schwierigkeiten aber auch die Erkenntnis, daß es für Jugoslawien gefährlich ist, sich großen politischen, militärischen oder wirtschaftlichen Blöcken anzuschließen. In dieser Erkenntnis ist auch der Kern der heutigen jugoslawischen Außenpolitik zu suchen. In einer Zeit, in der russische Panzer getarnt in rumänischen und bulgarischen Feldern in Bereitstellungen standen, befreite sich die Kommunistische Partei Jugoslawiens von der Illusion, daß dem Ausschluß aus dem Kominform nur ideologische Meinungsverschiedenheiten zugrunde lagen. Präsident Tito wurde klar, daß es sich bei den Sanktionen der Ostblockländer um Maßnahmen handelte, die dazu führen sollten, daß »ein großes Land einem kleinen Land seine Politik, seine Konzeption der Gesellschaftsordnung, seine Konzepte der wirtschaftlichen Entwicklung und Struktur aufzwingen wollte«. Dies macht auch verständlich, weshalb die jugoslawischen Kommunisten die militärische Intervention in der ČSSR im Jahre 1968 so vehement und kompromißlos verurteilten.

Die geopolitische und geostrategische Lage Jugoslawiens hat auch im Zeitalter der Interkontinentalraketen nichts an ihrer Brisanz eingebüßt. Ein politisches und militärisches Vakuum in diesem Raum würde zweifellos zu einem neuen Krisenherd in Europa führen. Ein schwaches Jugoslawien könnte Nachbarn zu Grenzrevisionen und Gebietsansprüchen animieren. Der alte Streit um Makedonien könnte wieder von neuem aufflakkern, Ungarn wieder Interesse an der Vojvodina bekunden und Italien wieder die Triestlösung in Frage stellen. Nur ein geeintes, wirtschaftlich starkes Jugoslawien läßt derartige Überlegungen inopportun werden. Jugoslawien hat eine offene Grenze zur Adria und grenzt an sieben Staaten mit unterschiedlichen Gesellschaftssystemen. Im Norden an das neutrale und marktwirtschaftlich orientierte Österreich, ferner an Ungarn, das dem Warschauer Paktsystem und dem COMECON angehört. Im Nordosten an Rumänien, das trotz seines ausgesprochen etatistischen Gesellschaftssystems einer supranationalen Integration innerhalb des Ostblocks ablehnend gegenübersteht und für eine absolute Souveränität der Ostblockstaaten eintritt. Die Bulgaren, die Nachbarn im Osten, verfolgen seit dem Tod Georgi Dimitroffs, der eine echte Zusammenarbeit mit Jugoslawien anstrebte, außenpolitisch uneingeschränkt die sowjetische Linie. Gelegentlich wird von Bulgarien das Thema Makedonien, das als bulgarisches Gebiet bezeichnet wird, in die politische Diskussion geworfen. Im Süden liegt Griechenland, ein NATO-Staat, mit dem die außenpolitischen Beziehungen trotz der gegensätzlichen Gesellschaftssysteme normal sind. Mit dem im Südwesten angrenzenden Albanien, das politisch und wirtschaftlich stark von der Volksrepublik China abhängig geworden ist, hatte Jugoslawien jahrzehntelang keinen Kontakt. Die gegensätzlichen ideologischen Auffassungen waren z. T. die Ursache dieser Frontstellung, zum anderen Teil die bisher unbefriedigende Lösung des Autonomie-Problems der rund 0,9 Millionen in Jugoslawien lebenden Albaner. Seit dem Ende der sechziger Jahre macht sich eine schrittweise Verbesserung der zwischenstaatlichen Beziehungen bemerkbar. Im Nordwesten grenzt Jugoslawien an den NATO-Staat Italien, mit dem es ausgezeichnete politische und wirtschaftliche Beziehungen hat. Die außenpolitische Handlungsfreiheit eines Staates ist weitgehend von seiner innenpolitischen Stabilität abhängig und diese wiederum von der wirtschaftlichen Stärke des Landes. Im sozialistischen Vielvölkerstaat Jugoslawien ist die innenpolitische Stabilität bei wirtschaftlichen Schwierigkeiten und aufbaubedingten Durststrecken weniger in der Ablehnung des Systems durch die Bevölkerung gefährdet, denn im Aufflackern der alten nationalen Gegensätze. So wehrten sich die wirtschaftlich starken Republiken wie Slowenien und Kroatien, eine von der Zentralregierung vorgeschriebene zu starke Entwicklungshilfe für die anderen Republiken zu tragen, während die anderen über eine mangelnde Solidarität klagten. Daraus haben sich oft nationale Überhitzungen ergeben, die jetzt durch die weitgehende Staatlichkeit der Republiken und durch die Selbstverwaltung ausgeschaltet werden sollen.

Ein anderes jugoslawisches Phänomen, das in seinen ersten Ansätzen erkennbar ist, ist der Verzicht des Bundes der Kommunisten Jugoslawiens auf den exekutiven Führungsanspruch im Lande. Die Kommunisten Jugoslawiens sollen in der Zukunft die geistige Avantgarde der jugoslawischen Völker sein. Freilich, zu diesem Ziel führt noch ein weiter Weg. Aber er ist abgesteckt. Die Partei wird, wenn das von ihr initiierte Modell der Selbstverwaltung Früchte trägt, selbst an Macht verlieren, ob sie dies noch wahrhaben möchte oder nicht. Es sei denn, es käme zu einem stalinistischen Rückfall, den sich allerdings heute in Jugoslawien auf die Dauer nicht einmal mehr Stalinisten leisten könnten. Die Existenz des Gesamtstaates aber ist mit der Entwicklung des Selbstverwaltungssystems eng verbunden. Wenn es gelingt, daß die aus dem wirtschaftlichen Pragmatismus entstehende Prosperität zu einer echten natio-

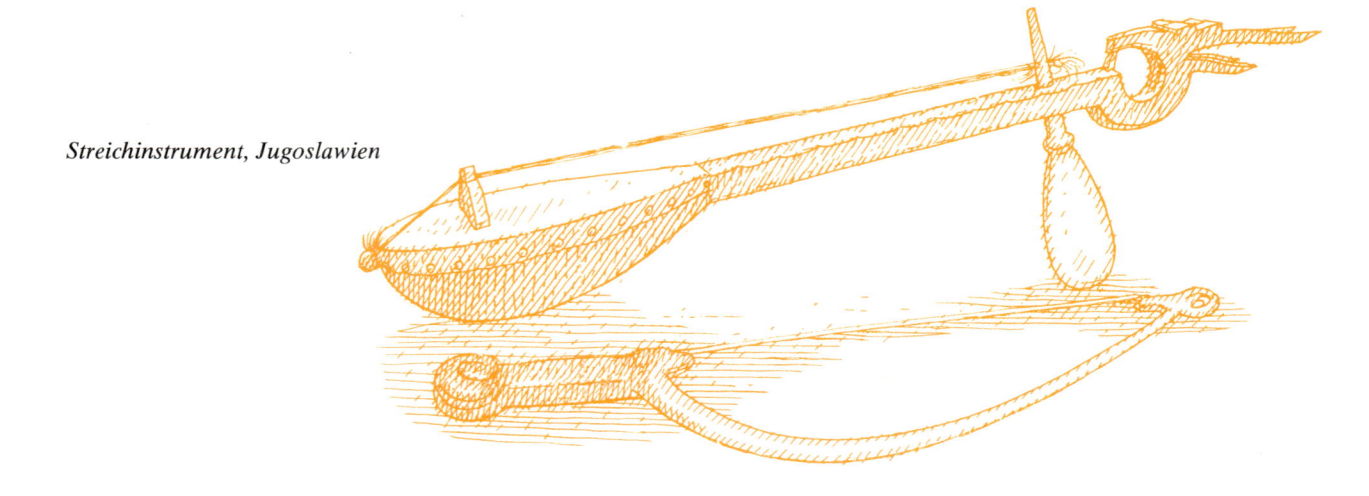

Streichinstrument, Jugoslawien

*Links: Dalmatien, Zadar ·
Geschäftiges Treiben auf dem
Markt von Zadar, auf dem die
Erzeugnisse des umliegenden
Agrarlandes angeboten werden.*

*Rechts: Kroatien, Plitwitzer Seen ·
16 Seen, stufenförmig unter-
einanderliegend, durch bis
50 m hohe, über die trennenden
Kalktuffdämme stürzende
Wasserfälle oder Schnellen
miteinander verbunden.*

*Unten: Serbien, Dobrojutro ·
Blick auf den Dobrojutro und
die umliegende karg bewachsene
Karstlandschaft.*

nalen Solidarität innerhalb der jugoslawischen Völker, zu einer Angleichung der wirtschaftlichen Potenz aller Länder und zur Überwindung des west-östlichen Bildungsgefälles führt, dann werden die nationalen Unterschiede nicht mehr zu Klippen der jugoslawischen Innenpolitik und zu Sandbänken der Weltpolitik werden können – wenn nicht die jüngsten ideologischen Verengungserscheinungen Rückschläge bringen.

Schwer durchlässige Grenzen – Albanien

Es gibt keinen besseren Vergleich, der die Unterschiede zwischen von kommunistischen Parteien geführten Staaten augenscheinlicher demonstriert, als jenen zwischen der Sozialistischen Föderativen Republik Jugoslawien und der Volksrepublik Albanien. Dort ein weltoffenes Land, das sich bemüht, ohne administrativen Zwang eine sozialistische Gesellschaft aufzubauen, hier ein etatistischer Staat, der seine Monopolstellung in allen Bereichen des gesellschaftlichen und wirtschaftlichen Lebens geltend macht. Dort ein Land, dessen Grenzen zu den offensten Europas zählen, hier ein Staat, der sich von seiner Umwelt fast hermetisch abschließt.

Albanien, flächenmäßig etwas kleiner als Belgien, liegt zwischen dem Adriatischen Meer und dem zerklüfteten makedonischen Bergland. Die Herkunft der Bevölkerung verliert sich in der Geschichte des Altertums. Die Griechen gründeten auf dem Territorium des heutigen Albaniens ihre Kolonien, dann setzten sich die Römer hier jahrhundertelang fest. Die illyrischen Ureinwohner dürften sich damals zum Großteil in die unwegsame Bergwelt im Landesinnern zurückgezogen haben. Erst im 11. Jahrhundert traten die Albaner als Mischvolk wieder ins Licht der Geschichte ein. Unbeschadet überdauerten sie die byzantinische, bulgarische, serbische und schließlich auch die türkische Herrschaft. Die Türkenzeit hinterließ in Albanien die stärksten Spuren. Obwohl sich die Albaner 1468 unter ihrem Nationalhelden Skanderbeg zwanzig Jahre lang heroisch einer türkischen Besetzung widersetzten, wurden sie nach ihrer

Links: Albanien, Shkodër · Weite Schwemmlandebene in der Nähe von Shkodër, am Fuße der hoch aufragenden Kalkketten der Dinariden.

Unterwerfung das am nachhaltigsten islamisierte Volk Südosteuropas. Die Türkenherrschaft dauerte in Albanien bis 1912. Während des Ersten Weltkriegs wurden weite Teile des Landes durch österreichisch-ungarische Truppen besetzt. Auch während des Zweiten Weltkrieges rückten italienische und deutsche Truppen nach Albanien ein. Unter der Führung des heutigen Chefs der kommunistischen Partei der Arbeit, Enver Hoxha, befreiten 70000 Skipetaren (»Adlersöhne«, Selbstbezeichnung der Albaner) als Partisanen ihr Land ohne ausländische Hilfe. Die Partisanen von einst halten auch heute noch alle Schlüsselpositionen des Landes besetzt.

Das durch die lange Türkenherrschaft zutiefst orientalisch-feudalistische Albanien übernahm nach der Befreiung kritiklos das sowjetische Gesellschafts- und Wirtschaftsmodell, mit dem es seine wirtschaftliche Rückständigkeit zu überwinden und den geistig-kulturellen Anschluß an das 20. Jahrhundert zu finden hoffte. Zahlreiche jugoslawische Spezialisten halfen in der ersten Phase des Wiederaufbaues mit, den neuen kommunistischen Staat aufzubauen und einzurichten. Nach und nach besetzten sie auch die politischen und wirtschaftlich wichtigen Positionen. Jugoslawien bestritt einen großen Teil des albanischen Staatshaushaltes, und in den Tresoren der Staatsbank lagen bereits die für einen Anschluß Albaniens an Jugoslawien vorgesehenen gemeinsamen Banknoten. Albanien sollte die siebente Republik der jugoslawischen Föderation werden.

Titos Bruch mit der Sowjetunion rettete die Unabhängigkeit Albaniens. Enver Hoxha schlug sich auf die Seite der Sowjetunion, die nun ihrerseits Entwicklungshelfer nach Albanien entsandte und das schmale Budget der Skipetaren um fast eine Milliarde Mark aufstockte. 1961 sah sich Enver Hoxha nach einem neuen Verbündeten um; die Sowjetunion hatte zuviel Einfluß in Albanien bekommen. In der Volksrepublik China fand Enver Hoxha einen fast idealen Beschützer der eigenen Unabhängigkeit: mächtig genug, um die Souveränität Albaniens zu garantieren, aber auch weit genug entfernt, sie nicht zu gefährden. Die ungünstigen geographischen Verhältnisse, die bisher nur gering erschlossenen Bodenschätze, die schlechten Verkehrsverbindungen im Landesinnern und nicht zuletzt die noch teilweise orientalisch bestimmte Mentalität setzen einer raschen wirtschaftlichen Entwicklung und Modernisierung des Landes Grenzen. Dennoch ist seit 1945 eine konstante Aufwärtsentwicklung unverkennbar. Vor dem Krieg war Albanien

Enver Hoxha

Enver Hoxha (sprich »Hodscha«) ist seit dem Zweiten Weltkrieg die politische Zentralfigur Albaniens. 1908 in Gjirokastër als Sohn eines toskischen Gutsbesitzers geboren, war Hoxha Lehrer mit akademischer Ausbildung, ehe er 1941 Mitbegründer der illegalen KP Albaniens und Partisanenführer wurde. 1942 wurde Hoxha Mitglied des »Nationalen Befreiungsrates« und 1943 Mitglied des Zentralkomitees der albanischen KP sowie deren Generalsekretär. Als Oberkommandierender des »Antifaschistischen Befreiungskomitees« wurde er 1945 Regierungschef der Volksrepublik Albanien. Seit 1954 bekleidet Enver Hoxha ausschließlich die Stelle des Ersten Sekretärs der albanischen KP, die sich seit 1948 Partei der Arbeit nennt. Hoxha, der sein Land mit patriarchalischen Methoden regiert – fast die Hälfte der 62 ZK-Mitglieder sind mit Hoxha verwandt –, hat es bisher durch eine geschickte Außenpolitik verstanden, seinem Land die größte Unabhängigkeit innerhalb des »Ostblocks« zu bewahren. Den Einmarsch in die ČSSR nahm Hoxha zum Anlaß, die Mitgliedschaft seines Landes bei Warschauer Pakt und RGW zu kündigen, nachdem Albanien schon jahrelang nicht mehr an den Ratssitzungen teilgenommen hatte.

ein zurückgebliebenes Agrarland mit fast keiner Industrie. Derzeit produziert und exportiert Albanien u. a. Eisen, Kupfer, Chromerz, Nickel, Benzin, Baustoffe, Zement, Maschinen, Phosphate, Wolle, Leder sowie Obst- und Fischkonserven. Nach Jugoslawien wird auch elektrische Energie geliefert. Seit der Normalisierung der zwischenstaatlichen Beziehungen der beiden Länder, die seit 1948 bis Ende der sechziger Jahre unterbrochen waren, ist der beiderseitige Güterverkehr wieder sprunghaft angestiegen. Auch mit Griechenland hat Albanien, obwohl es sich mit diesem Land offziell noch im Kriegszustand befindet, 1970 erstmals ein Handelsabkommen abgeschlossen. In Albanien sind alle Dörfer und Städte elektrifiziert, und die Wasserversorgung in den größeren Städten und Dörfern ist gesichert. Vor dem Krieg wurde in Tirana Wasser noch von Wasserträgern verkauft. Die Hauptstadt Tirana und die Hafenstadt Durrës wurden nach dem Krieg durch eine Eisenbahnlinie verbunden; der ersten in Albanien. Obwohl die flache und lagunenreiche albanische Adriaküste günstig dem Fremdenverkehr erschlossen werden könnte, ist man in Albanien derzeit an einem zügigeren Ausbau des Tourismus nicht interessiert. Die traditionelle Scheu vor den Fremden ist auch heute noch stark unter der Bevölkerung verbreitet.

Die Nachkriegsentwicklung Albaniens sollte aber nicht nur nach ihrer wirtschaftlichen Effektivität beurteilt werden, denn gleichzeitig mit der von Jugoslawien, der Sowjetunion und der Volksrepublik China geförderten Industrialisierung des Landes erfolgte auch ein großzügiger Ausbau des Schul- und Gesundheitswesens. Auch heute noch wird mehr als ein Viertel des Gesamtbudgets jährlich für diesen Zweck ausgegeben. Vor der Befreiung des Landes waren mehr als 80% der Bevölkerung Analphabeten. Heute besteht eine achtjährige Schulpflicht; ein Großteil der Jugendlichen besucht ein Gymnasium. Seit 1960 hat Albanien auch eine eigene Universität.

Ein wesentliches Merkmal des Fortschrittes im Lande ist die zunehmende Emanzipation der albanischen Frauen. Früher besaßen die Frauen keinerlei Rechte. Sie wurden von den Männern fast wie Sklavinnen gehalten. Noch 1967 stellte Robert Schwanke fest: »Die Partei versuchte, unterstützt von den Jugendlichen, diese letzte Bastion albanischer Tradition unseligen Angedenkens zu nehmen. Wieder lesen wir jedoch im albanischen Parteiblatt, daß auch nach dieser Aktion da und dort Frauen schwerbepackt wie Esel zum Holztragen verwendet werden, daß sie allen männlichen Hausgenossen die Hände waschen müssen, daß sie schon in früher Jugend von ihren Eltern einen Mann zugewiesen erhalten, den sie nicht kennen. Heiratsvermittler ziehen nach wie vor durch das Land, man spricht von Männern, die sich durch fiktive Scheidungen eine gesetzliche Handhabe für die Bigamie geben lassen.«

Heute Einzelerscheinungen, früher aber allgemein üblich. – Denn die mühevolle Kleinarbeit der jungen Parteiaktivisten, die von Haus zu Haus und von Dorf zu Dorf zogen, um für die Emanzipation der Frauen zu werben, war nicht umsonst. Wie in keinem anderen europäischen volksdemokratischen Land sind in Albanien die Frauen auch in führenden Positionen innerhalb der Partei- und Staatsadministration anzutreffen. Von den Parlamentsabgeordneten sind ein Viertel Frauen; mehr als sechshundert, meist junge Albanerinnen, leiten Fabriken, Betriebe und gesellschaftliche Institutionen. Frauen sind Vorsitzende und Vizevorsitzende von landwirtschaftlichen Produktionsgenossenschaften, und über die Hälfte der Lehrkräfte stellen die Frauen. Viele von ihnen leiten Schulen oder sind Prorektoren, Dekane oder Direktoren an den Hochschulen. Für die albanische Frau bedeutete die kommunistische Machtübernahme eine echte Revolution.

Doch die Schatten der Vergangenheit sind noch lange nicht zur Gänze überwunden. So besteht, zum Unterschied von allen anderen südosteuropäischen Ländern, in Albanien nach wie vor der Trend zur Großfamilie. Damit verhindern die Männer doch noch in vielen Fällen eine Eingliederung ihrer Frauen in den Produktionsprozeß. Familien mit fünf bis sieben Kindern sind keine Seltenheit. 10% aller albanischen Familien haben acht und mehr Kinder.

Die ärztliche Versorgung der Bevölkerung ist kostenlos und im ganzen Land gesichert. Die einst gefürchteten Infektionskrankheiten wie Malaria, Syphilis und Tuberkulose sind durch straffe prophylaktische und hygienische Maßnahmen unter Kontrolle gebracht worden. Die durchschnittliche Lebenserwartung, die 1938 lediglich 38 Jahre betrug, wird heute mit 68 Jahren angegeben.

Die wirtschaftliche und gesellschaftliche Ordnung Albaniens hat sich seit der kommunistischen Machtübernahme nach dem Zweiten Weltkrieg nicht verändert. Während in allen anderen kommunistischen Ländern Europas seit Jahren Bestrebungen im Gange sind, die Wirtschaft zu reformieren und den Alltag zu demokratisieren, ist Albanien von seinem starren, zentralistischen Wirtschaftssystem – das auch das Privatleben der Bevölkerung weitgehend reglementiert – nicht abgewichen. Die Volkswirtschaft Albaniens wird vom Staat beherrscht.

Auch in seinem Verhältnis zu den Religionsgemeinschaften unterscheidet sich Albanien wesentlich von den übrigen kommunistischen Staaten Europas. Hier wurde nach keinem Modus vivendi mit der Kirche gesucht. Die Religionsgemeinschaften wurden aufgelöst und ihre Priester als Land- und Industriearbeiter in den Produktionsprozeß eingegliedert. Alle Moscheen und Kirchen gingen in Staatsbesitz über und sind bestenfalls als Kulturdenkmäler erhalten geblieben. Albanien ist heute zumindest formell der »erste atheistische Staat Europas«.

Albanien
(Republika Popullóre e Shqipërísë)

Kommunistische Volksrepublik mit Einkammerparlament, Wahlrecht für alle über 18 Jahre alten Bürger und allgemeine Wehrpflicht; Hauptstadt Tirana (170 000 Ew.).

Fläche: 28 748 qkm – **Einwohnerzahl:** Etwa 2,29 Mill. (davon 35% städtische Bevölkerung) – **Bevölkerungsdichte:** 78,4 Ew./qkm – **Jährlicher Geburtenüberschuß:** 30,0‰ – **Bevölkerung:** 98% Albaner (Skipetaren); slawische, griechische und walachische Minderheiten – **Sprache:** Albanisch – **Religion:** Früher über 50% Moslems (überwiegend Sunniten), fast ein Drittel Christen (Orthodoxe, Katholiken), 300 Juden; 1967 waren 2169 Moscheen und Kirchen geschlossen – **Wichtige Ausfuhrgüter:** Bergbauprodukte (über 50% des Exportwertes), Tabak, Felle, Wolle, Früchte (Oliven, Apfelsinen, Trauben)

Sušič, D.: Danilo und die Weltgeschichte. *Bern/München/Wien 1966.* – Bonač, V.: Jugoslawien. *Hannover 1968.* – Wüescht, I.: Jugoslawien und das Dritte Reich. *Stuttgart/Derego 1969.* – Reißmüller, J. G.: Jugoslawien. *Düsseldorf/Köln 1971.* – Gottschalk, H.: Jugoslawische Lyrik der Gegenwart. *Gütersloh 1964.* – Dor, M.: Jugoslawien (Erzählungen). *Herrenalb, Schwarzwald 1965.* – Djilas, M.: Njegos. *Wien/München/Zürich 1966.* – Statistisches Taschenbuch Jugoslawiens. *Belgrad 1968/1969/1970.* – Andrić, I.: Sämtliche Erzählungen, 3 Bde. *München 1963.* – Günther, H.: Verstädterung in Jugoslawien. *Wiesbaden 1966.*

Gerhard Herrmann

Griechenland

Griechenlands Schlüsselstellung im Mittelmeer

Was für das Mittelmeer als Ganzes gilt, die Verbindung zwischen drei Erdteilen zu sein, gilt für Griechenland in erhöhtem Maße. Es liegt im Brennpunkt aller mediterranen Kraftlinien, sei es Gibraltar–Suez, sei es Europa–Kleinasien. Seine Lage an der Südflanke des Balkans, am »weichen Unterleib Europas«, macht es anfällig für alle Erschütterungen, die von diesem Krisenherd ausgehen und die es in den Ersten wie den Zweiten Weltkrieg hineingezogen haben. Athen ist der verschleierte Kampfplatz im Mittelmeer rivalisierender Großmächte: Schon im 19. Jahrhundert war der britische Gesandte in Athen der geheime Herrscher Griechenlands im politischen Schachspiel gegen Rußland. In den Ersten Weltkrieg trat Griechenland unter dem Druck der Ententemächte ein. Und nach dem Zweiten Weltkrieg waren es Großbritannien und die USA, die durch aktives militärisches Eingreifen das Land davor bewahrten, ein kommunistischer Satellitenstaat zu werden. Heute aber ist Griechenland als Mitglied der NATO zusammen mit der Türkei ein Eckstein der NATO-Position im östlichen Mittelmeer, demgegenüber viele demokratische Bedenken gegen das Obristen-Regime zurücktreten müssen.

Diese raumpolitische Schlüsselstellung hat aber auch positive Seiten: Sie hat Athen beispielsweise zu einem der wichtigsten Knotenpunkte im Weltluftverkehr gemacht, über den zahlreiche Fluglinien von Europa nach Asien, Afrika und Australien verlaufen.

Die griechische Halbinsel ist zwar weitaus kleiner als die Iberische und die Apenninhalbinsel, trägt aber stärker als diese mediterranen Charakter, weil sie nicht aus dem Mittelmeerraum herausragt, wie dies etwa bei der Meseta Spaniens und dem italienischen Alpen- und Voralpengebiet bzw. der Po-ebene der Fall ist. Dieser Charakter wird weiter durch den Verlauf seiner Küsten unterstrichen, deren Zersplitterung in zahllose Buchten, Landvorsprünge und Kaps einmalig in Europa ist, wenn auch im Osten und Süden ausgeprägter als im Westen. Die Meeresbezogenheit tritt extrem in den Golfen von Patras und Korinth in Erscheinung, die so tief in die Halbinsel einschneiden, daß die Peloponnes zur Fast-Insel wird, d. h. inzwischen ist sie tatsächlich zur Insel geworden, denn 1893 wurde der Isthmus von Korinth durch einen Kanal durchschnitten, der bei einer Fahrwasserbreite von 23 m und einer Tiefe von 8 m für Schiffe unter 10 000 BRT befahrbar ist. Er ist bis zu 60 m in die lockeren Felswände der Landenge eingeschnitten.

Der »Zerschlissenheit der Küstensäume« entspricht die Kleinkammerung des Innern. Die Becken und Senken, von Gebirgszügen umgeben, die zu buchtenreichen Küsten geöffneten Tiefländer sind durchweg kleinräumig. Es fehlen große Ebenen und Plateaus, es fehlen daher auch große, für Schiffahrt geeignete Flüsse. Schon aus dem Landschaftscharakter heraus kam es so im alten Griechenland zur Bildung zahlreicher kleiner Stadtstaaten. Ihre Uneinigkeit wurde geradezu zu einem Lebensgesetz des Landes. Am augenfälligsten tritt der maritime Charakter Griechenlands in der ägäischen Inselflur in Erscheinung, die heute ganz überwiegend in griechischem Besitz ist. Insgesamt sind es 108 Inseln, davon 86 bewohnt, von denen Kreta mit 8250 qkm mit Abstand die größte ist. Kreta bildet das Kernstück einer Inselgirlande, die von den Südkaps der Peloponnes über Rhodos nach Kleinasien reicht, der Rest eines versunkenen Gebirges.

Hinzu kommen an der Westküste die Ionischen Inseln mit Korfu (Kerkyra) und Kephallenia als die wichtigsten. Diese Inseln nehmen eine zweifache Sonderstellung ein: Sie sind das einzige Gebiet, das niemals in türkischem Besitz war, und sie erfreuen sich reicher Niederschläge – Korfu mit 1350 mm gegenüber Nauplion im Osten mit nur 440 mm – und üppiger Vegetation, liegen allerdings in einer aktiven Erdbebenzone.

Nordgriechenland schließt sich an den Rumpf der Balkanhalbinsel an. Es ist ein Gebiet des Übergangs. Sein westlichster Teil ist das gebirgige Epiros (»Festland«), zwischen der hafenarmen ionischen Küste und dem Pindos gelegen, das die Fortsetzung des dinarischen Faltengebirgssystems bildet und sich bis an den Golf von Korinth erstreckt. Die Verkehrsverbindungen zum übrigen Griechenland waren seit alters schlecht. Erst neuerdings besteht eine Autostraße zwischen der Hauptstadt Jannina (Ioánnina) und Patras. Auch wirtschaftlich ist Epiros rückständig: Weidewirtschaft mit Schaf- und Ziegenzucht im Gebirge. Nur in den Talbecken und an der Küste findet sich Getreidebau, um den Ambrakischen Golf Oliven-, Wein- und Orangenanbau.

Im Osten von Epiros schließt sich Thessalien an, die größte geschlossene Beckenlandschaft Griechenlands, rings von Gebirgen umgeben: im Westen vom Pindos, im Norden vom Nordthessalischen Gebirge, im Osten vom sagenumwobenen Olymp – mit 2911 m Griechenlands höchster Berg – sowie Óssa und Pelion und im Süden von der Othrys (Mavrika). Das wichtigste Handels- und Industriezentrum ist Volos am Pagasäischen Golf. Die leicht zugänglichen Paßübergänge zwischen den Gebirgen im Norden und Süden machen Thessalien zu einem typischen Durchgangsland zwischen dem Kerngebiet um Athen und Makedonien.

Das nördlich angrenzende Westmakedonien ist, ähnlich wie Epiros, stark gebirgig mit eingelagerten kleinen Beckenlandschaften. Zentralmakedonien ist geprägt durch das Schwemmland der Flüsse Vardar und Aliakmon, die Kampania, eine ungemein fruchtbare Gartenlandschaft, die scharf gegen die umrahmenden Gebirge abgegrenzt ist. Ihr Zentrum ist Saloniki (Thessaloniki), mit 340 000 Einwohnern die zweitgrößte Stadt und wichtiger Verkehrsknotenpunkt, der führende Hafen Nordgriechenlands mit einer Freizone für Jugoslawien. Die Ebene von Saloniki ermöglicht durch zahlreiche Bewässerungsanlagen intensiven Anbau von Obst, Gemüse, Zuckerrüben und Baumwolle, in den Deltazonen auch von Reis. Dasselbe gilt für die Becken von Serres und Drama, die den wirtschaftlichen Mittelpunkt von Ostmakedonien und das Zentrum des Tabakanbaus darstellen. Die Niederungsgebiete Makedoniens bilden den weitaus reichsten Agrarraum Griechenlands.

Südöstlich von Saloniki liegt die »dreifingrige« Halbinsel Chalkidike. Auf dem Vorgebirge des östlichsten Fingers befin-

raums ist Athen im Altertum wie in der Neuzeit das natürliche Zentrum gewesen. Heute lebt etwa jeder fünfte Grieche in Athen. Seine extrem schwankende Einwohnerzahl ist ein Spiegelbild des Auf und Ab der griechischen Geschichte. Auf seinem Höhepunkt, um 430 v. Chr., hatte es etwa 100 000 Einwohner. Am Ende der Türkenzeit, um 1830, war es eine Landstadt von 2000 Einwohnern, bis dann im weiteren 19. Jahrhundert ein stetiger (1896: 124 000) und in den letzten siebzig Jahren ein immer sprunghafterer Aufstieg einsetzte (1971: 2,53 Millionen Einwohner, einschließlich Piräus). Athen ist heute das Zentrum von Industrie, Handel, Bankwesen und der Schiffahrt, außerdem des Tourismus im östlichen Mittelmeer.

Piräus – Castella bei Athen ·
Boote im Fischerhafen.

det sich die seit 1923 autonome Mönchsrepublik Athos, deren Eigenständigkeit 1968 erheblich eingeschränkt wurde.

Ohne deutlichen Übergang schließt sich an das östliche Makedonien Westthrakien an, das durch die Maritza vom türkischen Ostthrakien getrennt wird, ein ausgesprochenes Übergangsgebiet, in dessen Niederungen vorwiegend Tabak und Baumwolle angebaut werden, während im nördlichen Bergland extensive Schaf- und Ziegenzucht betrieben wird.

Mittelgriechenland, dessen Nordgrenze die nur 120 km breite Einschnürung zwischen dem Ambrakischen Golf im Westen und von Lamia im Osten bildet, hat sein Schwergewicht in der Kernlandschaft Attika mit Athen. Nur durch einen an der schmalsten Stelle 70 m breiten Sund getrennt, ist das langgestreckte Euböa vorgelagert. Nach Westen schließt sich ein dünnbesiedeltes Bergland mit eingelagerten Becken an.

Durch seine Lage in der Mitte des griechischen Siedlungs-

Die Fast-Insel Peloponnes (22 000 qkm) ist im Innern von einem bis über 2000 m hohen, stark verkarsteten, dünnbesiedelten Kalkbergland erfüllt. Die Mehrzahl der Bevölkerung lebt in den eingelagerten Senken und Becken und in den kleinen Küstenebenen, wo bei Bewässerung Wein, Oliven, Feigen, Maulbeerbaum und Baumwolle angebaut werden. Patras im Nordosten (111 000 Einwohner mit Vororten) ist die größte Stadt und der wichtigste Hafen für die Ausfuhr von Sultaninen und Korinthen. An zweiter Stelle steht Kalamai im Süden, das Zentrum der Seidenindustrie. Dagegen sind die großen Namen der Antike, Sparta und Korinth, erloschen. Das heutige Landstädtchen Sparta ist eine Neugründung des 19. Jahrhunderts, 1928 und 1930 erneut zerstört und wiederaufgebaut, Korinth fiel zahlreichen Erdbeben zum Opfer und wurde nach der Zerstörung von 1858 etwa 6 km entfernt in Küstennähe neu aufgebaut, blieb aber bedeutungslos.

Der politische Weg in die Gegenwart

Mit der Zerstörung von Korinth 146 v. Chr. war die politische Geschichte Altgriechenlands beendet. Es ging in Rom auf, wenn es auch erst 120 Jahre später zur römischen Provinz Achaia wurde, die abseits des Weltgeschehens dahindämmerte. Bei der Reichsteilung von 395 kam Griechenland zum oströmischen Byzantinischen Reich, dessen Kultur und Sprache griechisch waren und es ein Jahrtausend lang blieben. Noch enger wurde die Bindung an Konstantinopel, als 1054 das Große Schisma, die Kirchentrennung, erfolgte. Diese innere Bindung ist nie abgerissen, auch nicht in den Jahrhunderten oströmischer Schwäche, als Griechenland die ständig wechselnden Fremdherrschaften der Araber, Bulgaren, Normannen und Albaner erdulden mußte.

Links: Betagte Griechin beim Wollespinnen · In Griechenland ist die Viehwirtschaft noch sehr extensiv; sie vermag den Bedarf an Fleisch und Molkereiprodukten nicht zu decken.

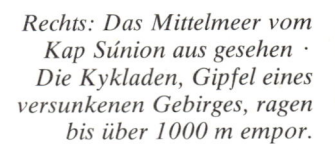

Durch die Errichtung des Lateinischen Kaisertums 1204 kam Konstantinopel praktisch unter venezianische Oberhoheit. Venedig setzte sich u. a. in den Hafenstädten der Peloponnes, auf den Ionischen Inseln und den meisten Inseln der Ägäis fest. Griechenland selbst zerfiel in zahlreiche kleine Fürstentümer, überwiegend unter der Herrschaft französischer Hochadelsgeschlechter. Nach dem Sturz des Lateinischen Kaisertums 1261 führte Kaiser Michael VIII., der Gründer der Paläologendynastie, einen letzten Machtaufschwung von Konstantinopel herbei und sicherte noch einmal den Besitz von Griechenland.

Dort entstanden nun unter Paläologenprinzen sogenannte Despotate, vor allem in Epiros und auf der Peloponnes, die nur lose von Konstantinopel abhängig waren. Sie wurden zu Keimzellen einer kulturellen und sozialen Stärkung des Griechentums und blieben dies auch nach ihrem politischen Zusammenbruch in den Jahrhunderten der Türkenherrschaft. Diese »Freiheitsinseln des Griechentums« bildeten dann den Kern der späteren Aufstandsbewegungen.

Noch eine andere Tatsache sicherte die kulturelle Kontinuität des Griechentums. Der Sultan erkannte die orthodoxe Kirche als Rechtsperson an, und dem Patriarchen blieben seine

Rechts: Das Mittelmeer vom Kap Súnion aus gesehen · Die Kykladen, Gipfel eines versunkenen Gebirges, ragen bis über 1000 m empor.

Rechts: Ruinenstätte in Delphi · Delphi besaß im alten Griechenland durch seine Orakel große Bedeutung.

Rechte und Pflichten erhalten. Die Kirche war Richter in allen zivilrechtlichen Angelegenheiten der Griechen. Die Kirche war sogar in weiten Gebieten, nicht nur Griechenlands, Träger der Zivilverwaltung für die Christen. Der Patriarch blieb also politisch und religiös die Führungsinstanz der orthodoxen Völker. Ihm ist es zu danken, daß die griechische Sprache bewahrt blieb und das kulturelle Erbe weitergegeben wurde. Hieraus ist zu erklären, daß sich die Griechen bis tief in das 19. Jahrhundert nicht als Hellenen bezeichneten – diese galten ja als Heiden –, sondern als Romäer, Römer des Ostens. So wurde die Kirche zur tragenden Säule des Freiheitskampfes. Wie eng die Bindung an Konstantinopel war und blieb, zeigt bis heute ein Sprachgebrauch: Während sonst im Westen der Freitag als Unglückstag gilt, ist es in Griechenland der Dienstag, denn an einem Dienstag des Mai 1453 wurde Konstantinopel türkisch. Griechenland ereilte dieses Schicksal etwa zur selben Zeit: zwischen 1430 und 1461.

Der Kampf um die Befreiung von der Türkenherrschaft dauerte fast ein Jahrhundert, nämlich von 1821 bis 1913. Erst nach zahlreichen Rückschlägen und nur dank ausländischer Unterstützung endete er erfolgreich. Bezeichnenderweise rief ein

Links: Fruchtbarer Küstenstreifen am Golf von Korinth (von Akrokorinth aus aufgenommen) mit intensiver Landwirtschaft (Getreide, Zitrusfrüchte, Ölbaumkultur).

Rechts: Auch heute noch findet man in verschiedenen Gebieten Griechenlands die so primitive Form des Getreidedreschens (hier: auf Mykonos).

Kirchenfürst, der Erzbischof von Patras, im August 1821 den Aufstand aus. Er verlief zunächst unglücklich und drohte in einem Blutbad zu ersticken, zumal die streng restaurativ eingestellten europäischen Mächte sich zurückhaltend verhielten. Erst unter dem Eindruck der Türkengreuel ergriff der Philhellenismus, die Griechenbegeisterung, die gesamte europäische Öffentlichkeit, deren Druck sich die Regierungen nicht entziehen konnten. Freilich beruhte er auf einem tiefen Irrtum, da er ganz auf das antike Hellenentum bezogen war. Briten, Franzosen und Russen griffen 1827 militärisch ein und vernichteten die türkisch-ägyptische Flotte bei Navarino (Pylos), 1830 kam es dann zum 2. Londoner Protokoll, wodurch Griechenland seine volle Souveränität erhielt. Freilich, der neue Staat hatte nur einen Umfang von 47000 qkm mit etwa 600000 Einwohnern, und seine Nordgrenze lag erst etwa auf der Linie Varta–Volos, umfaßte also noch nicht den Epiros, Thessalien, Makedonien und Thrakien, wo die Mehrzahl der Griechen lebte.

Die Schutzmächte einigten sich auf Otto, den zweiten Sohn König Ludwigs I. von Bayern als König von Griechenland. Er war ein redlicher Romantiker, aber der komplizierten Lage nicht gewachsen. Er regierte mit Hilfe bayerischer Beamter und Militärs. Es gelang ihm jedoch nicht, den griechischen Charakter zu verstehen und echten Kontakt zu »seinem« Volk zu gewinnen, nicht zuletzt, weil er römisch-katholisch blieb. Um den Ausbau von Athen machte er sich verdient. Unter Mitwirkung des britischen Gesandten wurde er 1862 gestürzt. Die Schutzmächte entschieden sich nun für Prinz Wilhelm von Dänemark, der als Georg I. fünfzig Jahre regierte und angesichts des Enderfolges 1913 ermordet wurde. Als seine »Mitgift« konnten sich die seit 1815 unter britischem »Schutz« stehenden Ionischen Inseln dem Mutterland anschließen.

Unter Georgs Herrschaft nahm das Land einen entscheidenden Aufschwung. Straßen- und Eisenbahnnetz wurden ausgebaut, eine Bodenreform durchgeführt, wenn auch unter Begünstigung des Großgrundbesitzes. Der Anteil der Stadtbevölkerung erhöhte sich beträchtlich von 8% im Jahre 1853 auf 33% im Jahre 1907. Etwa um die Jahrhundertwende wurden die ersten Anfänge des Kapitalismus verzeichnet (Bergbau, Schiffbau). Handel und Schiffahrt, seit je eine griechische Domäne, entwickelten sich rasch.

Weniger gradlinig verlief die außenpolitische Entwicklung: Im Anschluß an den Berliner Kongreß von 1878 wurde die Türkei unter britisch-französischem Druck zu einer »Berichtigung« der griechischen Nordgrenze veranlaßt. Die Konvention von Konstantinopel 1881 brachte Thessalien und Südepiros ein.

Inzwischen war die Befreiung Kretas in den Vordergrund gerückt, wo seit 1858 fast ununterbrochen Revolten schwelten. 1897 glaubte man unter Überschätzung der eigenen Kraft eine gewaltsame Lösung herbeiführen zu können, erlitt aber eine schwere Niederlage. Wieder griffen die Großmächte helfend ein. Das bereits besetzte Kreta mußte zwar erneut geräumt werden, erhielt aber eine eigene Regierung unter türkischer Oberhoheit.

Die endgültige Befreiung brachten dann die beiden Balkankriege von 1912/13, die zu der heute noch bzw. wieder geltenden Grenzziehung führten. Nur der Dodekanes mit Rhodos ging erst 1947 aus italienischem in griechischen Besitz über. Befreit wurden die restlichen Ägäischen Inseln mit Kreta (nur Imbros und Bozca Ada [Tenedos] vor den Dardanellen blieben türkisch), Südmakedonien mit Saloniki, Westthrakien mit Kavalla. Das Staatsgebiet erweiterte sich von 65000 auf 113000 qkm, die Bevölkerungszahl stieg von 2,8 Millionen auf

4,8 Millionen Einwohner. Freilich warf dieser riesige Zuwachs schwere Probleme auf. Mehr als die Hälfte der Bewohner Südmakedoniens und Thrakiens war nichtgriechisch, teils türkisch, teils bulgarisch. Außerdem erschwerte die Randlage im Norden die Verteidigung gegen Serbien und Bulgarien, die nach wie vor nach der Ägäis strebten. Auch die Türkei hatte sich mit dem Verlust des überwiegend türkisch besiedelten Thrakien nicht abgefunden.

Bevor eine Konsolidierung möglich war, brach der Erste Weltkrieg aus. König Konstantins I. Bemühungen, das Land neutral zu halten, ließen sich gegenüber dem massiven Druck der Alliierten, die in Saloniki gelandet waren, wo des Königs Gegenspieler, E. Venizelos, »der große Kreter«, eine Gegenregierung errichtet hatte, nicht durchhalten. Der König wurde zur Abdankung gezwungen. Venizelos' Ziel war die großgriechische Lösung, die »Befreiung« der etwa 2 Millionen Griechen Kleinasiens, die dort seit drei Jahrtausenden an der Küste, vor allem in und um Izmir (Smyrna) siedelten. Seinem Geschick gelang es, auf den Pariser Friedensverhandlungen von 1919 die alliierte Genehmigung zur Landung in Izmir zu erlangen. Sein Ehrgeiz war blind gegenüber den militärischen und politischen Möglichkeiten. Das Ergebnis ist bekannt. Nach Anfangserfolgen 1919 wurde das in das Innere gelockte Heer 1922 vernichtend geschlagen und buchstäblich ins Meer gejagt. Hunderttausende der eingesessenen Griechen wurden von den verfolgenden Türken niedergemetzelt. Griechenland wurde das Opfer der zwischen Frankreich und Großbritannien in Kleinasien aufgebrochenen Gegensätze, wodurch es ihrer Unterstützung verlustig ging. Hinzu kam die unerwartete Erstarkung der Türkei unter Mustafa Kemal Pascha, später Atatürk.

Hiermit hatte der griechisch-türkische Gegensatz seinen Höhepunkt, aber auch sein Ende erreicht. In langwierigen Verhandlungen gelang es Venizelos, den alten Besitzstand von 1913 zu sichern. Vor allem aber wurde eine bevölkerungspolitische Flurbereinigung größten Stils durchgeführt: Alle in der Türkei lebenden Griechen, ausgenommen der in Konstantinopel, wurden zwangsweise nach Griechenland umgesiedelt, etwa 1 Million. Umgekehrt mußten fast 400 000 Türken, vorwiegend aus Makedonien, in ihre Heimat zurückkehren. Ausgenommen blieb Westthrakien. Dadurch stieg z. B. der griechische Bevölkerungsanteil in Makedonien von 43 % auf 90 %. Die mit diesem tiefgreifenden Strukturwandel verbundenen Schwierigkeiten konnten nur mit Hilfe des Völkerbundes überwunden werden. Die Einschmelzung der Umsiedler gelang erstaunlich rasch und verbesserte sogar die Voraussetzungen für die weitere Industrialisierung, da der Anteil der Städter unter ihnen größer war als bei den Eingesessenen. Die wirtschaftliche Entwicklung kam rascher voran, als es ohne den Exodus geschehen wäre. Der griechisch-türkische Gegensatz hat hiermit seine zentrale Stellung verloren. Nur in Zypern ist er noch virulent. Immerhin sind heute beide Staaten Mitglieder und Partner in der NATO.

Noch einmal geriet Griechenland in eine schwere Existenzkrise, als es in den Zweiten Weltkrieg hineingezogen wurde. Zwar gelang es General Papagos, später Marschall und Ministerpräsident, im Oktober 1940 und März 1941 die italienischen Angriffe von Albanien aus zurückzuschlagen, aber im April 1941 brach das Land unter der deutschen Übermacht zusammen und versank jahrelang im Chaos. Ein mörderischer Guerillakrieg entbrannte. Die Partisanen zerfielen in mehrere untereinander feindliche Gruppen, von denen aber bald die kommunistische, die ELAS, das Übergewicht gewann. Sie kämpfte nach zwei Seiten: gegen die Besatzungsmächte Deutschland und Italien und gegen rivalisierende Partisanen-

Fischeralltag auf der Insel Mykonos

Links: Dorf auf Mykonos

Fischer der Ägäis

Auf den Inseln der Ägäis

Die Inselwelt der Ägäis ist das Armenhaus Griechenlands: Die Gewässer sind relativ fischarm. Die Fänge an Sardinen, Sardellen und Thunfisch gehen zurück, ebenso die Schwammfischerei. Obst-, Wein- und Olivenanbau sind nur stellenweise möglich. Seit Jahrhunderten mit dem Meer vertraut, dienen die Inselgriechen als Seeleute in aller Welt. Heute finden viele auch Arbeitsplätze in der Industrie von Athen und Piräus, oder sie wandern aus. Noch unerschlossene Möglichkeiten bietet der Tourismus, für den derzeit nur Rhodos und allenfalls Kreta gerüstet sind.

> **Griechenland**
> *(Vasileion tis Ellados, Hellás)*
>
> Aufgrund des Volksentscheids vom 29. Juli 1973 Präsidialrepublik mit Georg Papadopoulos als Präsidenten. Vorher konstitutionelle Monarchie (der König befand sich seit dem Staatsstreich von 1967 im Ausland und wurde durch einen Regenten vertreten) mit »Beratendem Ausschuß für die Gesetzgebung« als Ersatz für das aufgelöste Parlament (Wahlen seit Jahren angekündigt); allgemeine Wehrpflicht; Hauptstadt Athen (862 000 Ew., mit Vororten [darunter Piräus mit 184 000 Ew.] 2,53 Mill. Ew.).
>
> **Fläche:** 131 944 qkm (davon Festland 106 778, Inseln 25 166 qkm; Küstenlänge 15 021 km [davon Inseln 10 943, Festland 4078 km], Festlandgrenze [zu Albanien, Jugoslawien, Bulgarien und der Türkei] 1170 km) – **Einwohnerzahl:** 8,80 Mill. (davon 57% städtische und halbstädtische Bevölkerung) – **Bevölkerungsdichte:** 67,3 Ew./qkm – **Jährlicher Geburtenüberschuß:** 7,6‰ – **Größere Städte:** Saloniki (545 000 Ew. mit Vororten), Patras (111 000 Ew. mit Vororten) – **Bevölkerung:** Fast ausschließlich Griechen; bulgarische, türkische und aromunische (rumänische) Minderheiten – **Sprache:** (Neu-)Griechisch – **Religion:** Griechisch-orthodoxe Christen; moslemische (über 1%), protestantische, katholische (35 000) und jüdische (6500) Minderheiten – **Wichtige Ausfuhrgüter:** Agrarprodukte (u.a. Tabak, Früchte, Wein, Olivenöl, Baumwolle), Erze, Textilien

verbände. Die härteste Last hatte die Bevölkerung zu tragen, vor allem die Bauern.

Als die deutschen Truppen im September/Oktober 1944 abzogen, standen die Kommunisten unmittelbar vor der Machtergreifung. Wieder war es Großbritannien, das sich als Retter erwies. Mitte Oktober 1944 zogen die Briten in Athen ein, und im Dezember wurden mit ihrer Hilfe die Kommunisten aus Athen und der Peloponnes vertrieben. Aber noch kam das gepeinigte Land nicht zur Ruhe. Zwar kehrte König Georg II. nach einer Volksabstimmung aus dem Exil zurück, aber etwa zur gleichen Zeit brach die »dritte Runde« des kommunistischen Aufstands an. Der Kampf wurde von Norden aus geführt, wo die Kommunisten mit der Unterstützung der Volksrepubliken des Balkans rechnen konnten. Erst als Tito 1949 diese Unterstützung einstellte – bedingt durch seinen Bruch mit dem Kominform – und General Papagos die griechische Armee reorganisiert hatte – seit März 1947 mit amerikanischer statt britischer Hilfe –, gelang die Niederschlagung des Aufstandes, und im Oktober 1949 konnten endlich die Friedensglocken läuten.

Am Anfang des Wiederaufbaus stand die erfolgreiche Bekämpfung der Malaria. Seit Jahrhunderten war Griechenland mit Abstand das malariaverseuchteste Gebiet Europas gewesen. Noch vor dem Zweiten Weltkrieg wurden 15–30% der Bevölkerung jährlich davon befallen, vorwiegend in den Flußdeltas Makedoniens und Thrakiens, an den halb ausgetrockneten Binnenseen und in den Küstenniederungen. Von 1946 bis 1951 wurde mit Hilfe des DDT durch die Amerikaner und die Gesundheitsorganisation der UNO ein erfolgreicher Feldzug durchgeführt, der das Land praktisch malariafrei machte, wenn auch der stark erweiterte Reisanbau der Anopheles neue »Nistplätze« schuf.

Die erste Phase des Wiederaufbaus diente mit Hilfe des Marshallplans dem Wohnungsbau, der Sicherung der Ernährung und des Bekleidungsbedarfs. Seit Ende 1953 wurden ausländische Kapitalanlagen staatlich gefördert. Von 1953 bis 1968 erreichten sie fast 1 Milliarde US-Dollar, wobei über die Hälfte auf USA und Frankreich entfielen. 70% dieser Anlagen betrafen die Industrie, gefolgt von Tourismus, Bergbau und Schiffahrt. Der Staat beschränkte sich auf die Förderung privater Investitionen und die Entwicklung der Infrastruktur (Verkehrswesen und Energiewirtschaft). Den stärksten Impuls für die Konjunktur gab der Wohnungsbau, auf den fast 40% aller Investitionen entfielen.

Bei dem Aufbau einer heimischen Großindustrie nahmen die Großreeder Niarchos und Onassis eine Schlüsselstellung ein. Ersterer kontrolliert Griechenlands größte Werft in Skaramanga bei Athen. Der Bau von Ölraffinerien, Kraftwerken, einer Aluminiumhütte zur Verwertung der steigenden Bauxitgewinnung werden vorangetrieben. Eine West-Ost-Autostraße von Igoumenitsa an der Epirosküste nach Alexandropolis an der türkischen Grenze (750 km), die der alten römischen Via Egnatia folgt, ist durch ein amerikanisches Konsortium im Bau.

Der stetige Wirtschaftsaufschwung, gesichert durch die Stabilität der Drachme, war das Hauptargument, das das Obristenregime seinen Kritikern entgegenhält. 1970 stieg das Bruttosozialprodukt real um 7,1% (1969 sogar um 8,3%). Die Industrieproduktion erhöhte sich 1970 um 11%. Das ausländische Kapital hat wieder Vertrauen gefaßt: 1970 betrugen die langfristigen Auslandsanlagen 244,5 Millionen US-Dollar, 56% mehr als 1969. Der Außenhandel ist weiterhin stark passiv. 1972: Einfuhr 2035 Millionen US-Dollar, Ausfuhr 871 Millionen US-Dollar. Die Industrieausfuhr hat inzwischen 30% erreicht. Dem Ausgleich der Zahlungsbilanz dienen die Überweisungen der Gastarbeiter und Auslandsgriechen, die Deviseneinnahmen aus der Schiffahrt und aus dem Tourismus. Nach Angaben der UNO sind die Reallöhne zwischen 1967 und 1969 um 26,4% gestiegen, die Lebenshaltungskosten um 2,9%, doch derzeit mit steigender Tendenz.

Vom Obristenregime zur Präsidialrepublik

Griechenland ist aufgrund des Volksentscheids vom 29. Juli 1973 Präsidialrepublik. Papadopoulos, der »Führer der Revolution vom 21. April 1967« wurde ihr erster Präsident. Sie löst das Obristenregime ab, das seit dem Militärputsch 1967 die Regierungsmacht ausübte. Der Putsch verhinderte damals die bevorstehenden Parlamentswahlen, die eine Mehrheit der Linken erbracht hätten. Vorausgegangen war 1965 der »Staatsstreich« Konstantins II., der Ministerpräsident Papandreou entlassen hatte, obwohl er über eine Mehrheit im Parlament verfügte. Im Oktober 1973 wurde von Papadopoulos eine Regierung aus Zivilisten vereidigt.

Durch das Obristenregime wurde die Landwirtschaft planmäßig gefördert (Entwicklungsplan 1968–1972). Vor allem Menge und Qualität der exportbezogenen Produkte wie Tabak und Obst versuchte man zu heben. Bis 1972 sollte die Zahl der landwirtschaftlichen Maschinen verfünffacht werden. 1,8 Millionen ha wurden bis 1972 zusätzlich bewässert. Dies kommt zu 20,4% der landwirtschaftlichen Fläche zugute. Hinzu kamen Maßnahmen der Bodenmelioration und verstärkte Elektrifizierung. Auch das landwirtschaftliche Kredit-

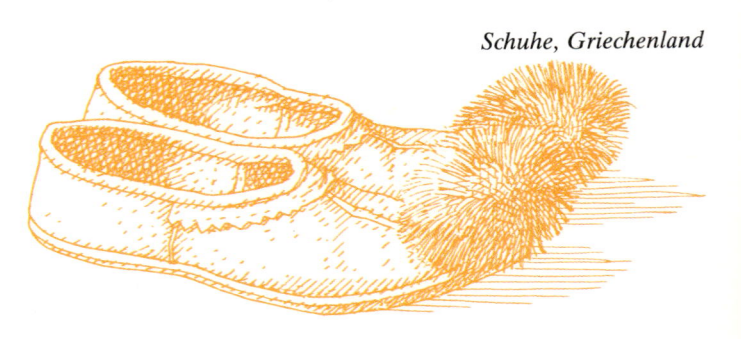

Schuhe, Griechenland

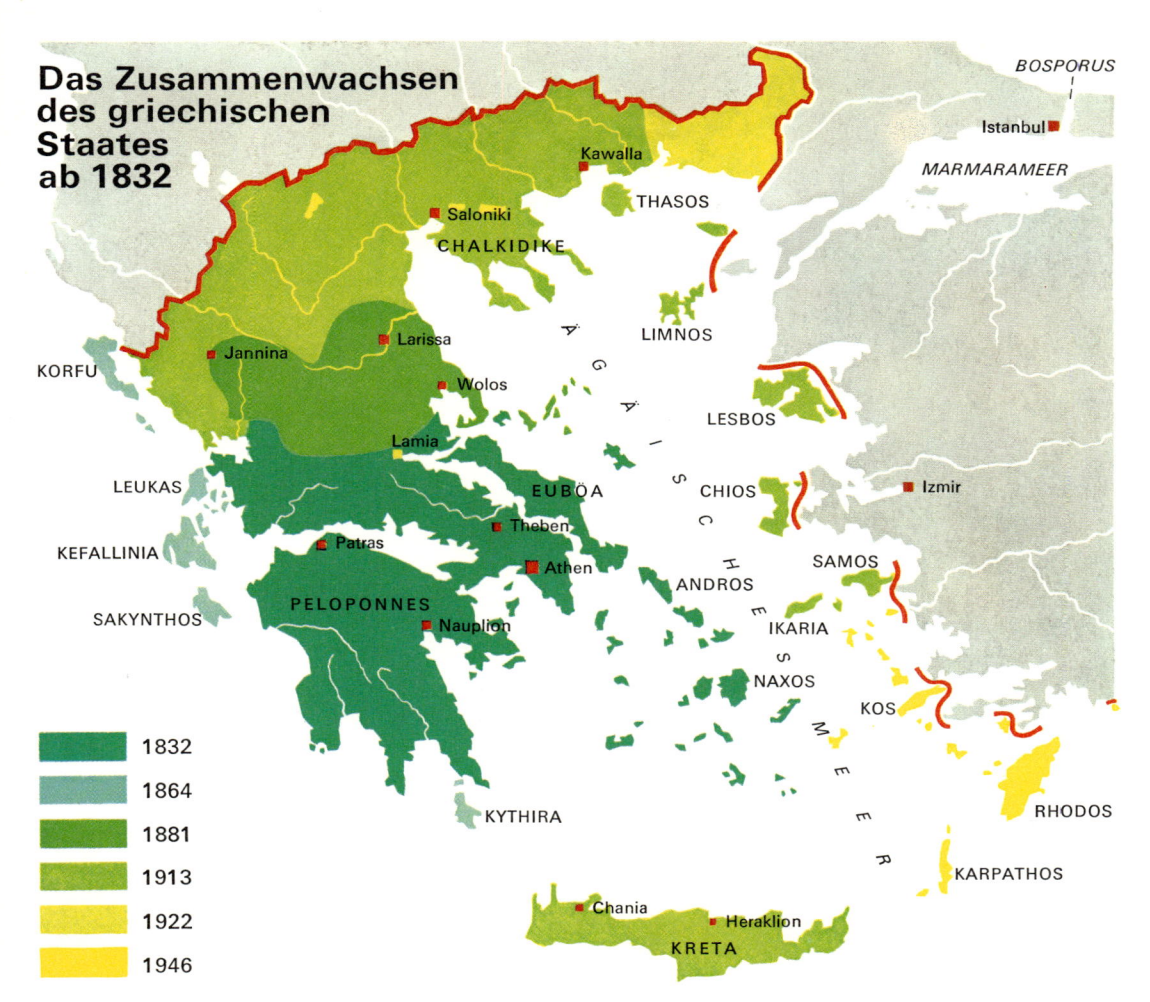

Das Zusammenwachsen des griechischen Staates ab 1832

- 1832
- 1864
- 1881
- 1913
- 1922
- 1946

Die Grafik zeigt das Wachsen des griechischen Staates von 1832 an, dem Jahr der wiedergewonnenen Souveränität als Königreich, bis 1946, dem Bürgerkriegsjahr und der Rückkehr Georgs II. auf den Thron.

wesen wurde ausgebaut. Dennoch ging die Zahl der landwirtschaftlichen Bevölkerung zurück infolge der Anziehungskraft der neuen Industrieanlagen in Griechenland selbst wie der Nachfrage nach Gastarbeitern im Ausland.

So positiv die wirtschaftlichen Leistungen des Obristenregimes waren, so wenig war es die innenpolitische Lage. Es gab keine Presse- und Lehrfreiheit. Jede Opposition wurde gewaltsam unterdrückt. Zahlreiche Intellektuelle – Wissenschaftler und Journalisten – sind emigriert, andere wurden interniert oder zu Zwangsaufenthalt auf den Inseln verurteilt. Die breite Masse der Bevölkerung hielt sich ruhig, damit zufrieden, daß sich ihre wirtschaftliche Lage ständig besserte. Sie, vor allem die Bauernschaft, hatte seit jeher in Armut gelebt, und die formale Demokratie hatte ihr kaum Vorteile gebracht.

Aber die Gründe hierfür liegen tiefer: Der Grieche hat niemals ein unmittelbares Verhältnis zum Staat entwickelt. Dies haben nicht nur die Jahrhunderte der Türkenherrschaft verhindert, auch das Mißtrauen gegenüber der Korruption der Oberschicht, die den Staat beherrschte. Auch mögen viele die Unfreiheit einer Diktatur einer neuen Bürgerkriegsgefahr vorziehen, daher wohl auch der Ausgang der Volksabstimmung vom 29. 7. 1973.

Der Grieche ist durch und durch Individualist. Gebunden ist er an seine Sippe, sein Dorf, seine Insel und schließlich an seine Kirche. Der Staat als Abstraktum ist für ihn keine Wirklichkeit. Die endlosen Diskussionen im Kaffeehaus bilden ein Ventil, wobei das Reden wichtiger ist als das Zuhören.

So steht ein Umsturz von innen nicht zu erwarten, aber auch nicht von außen: Denn Griechenland ist für die NATO-Position im Mittelmeer unentbehrlich und erhielt z. B. 1971 eine Militärhilfe von 117 Millionen US-Dollar. Das State Department ließ im Sommer 1971 ausdrücklich erklären, daß die militärischen Interessen der USA den Vorrang vor der Art des Regimes hätten. Allenfalls wurde inoffiziell auf die Regierung eingewirkt, die Rückkehr zur Demokratie zu beschleunigen. Eine solche hatte das Regime zwar in Aussicht gestellt, ohne sich aber auf einen Termin festzulegen. So wirkten wirtschaftliche und militärpolitische Faktoren zusammen, um ihm Dauer zu gewährleisten. Voraussetzung war, daß das Offizierskorps weiter hinter ihm stand. Die Obristenjunta wußte das natürlich und sorgte für massive materielle Begünstigung der Offizierskaste. Ob die neugebildete Regierung den Weg zur Demokratie beschreitet, diese Frage kann nur die Zukunft beantworten.

Dryander, E. v.: 6mal Griechenland. München 1969. – Gaitanides, J.: Griechenland ohne Säulen. München 1963. – Kirsten, E./Kraiker, W.: Griechenlandkunde, 2 Bde. (Ausführliche Behandlung der antiken Denkmäler.) Heidelberg 1967. – Maull, O.: Länderkunde von Südosteuropa. Leipzig/Wien 1929. – Nikolinakos, M./Kostas Nikolaou (Hg.): Die verhinderte Demokratie: Modell Griechenland. (In: edition Suhrkamp Nr. 302.) Frankfurt/M. 1969. (Eine Sammlung von Aufsätzen im Exil lebender Wissenschaftler und Publizisten über die Hintergründe des Putsches der Militärjunta.) – Philippson, A.: Die griechischen Landschaften, 4 Bde. Landeskundliches Standardwerk. Frankfurt/M. 1951–1959. – Rosenthal-Kamarinea, I.: Griechenland. Nürnberg 1965.

Heinz Siegert

COMECON-Staaten (Die europäischen Partner der Sowjetunion im RGW)

Das andere Europa

Das Ergebnis des Zweiten Weltkrieges hat nicht nur die Landkarte Europas wesentlich verändert, sondern auch in acht europäischen Staaten zu einer tiefgreifenden gesellschaftspolitischen Strukturwandlung geführt. Bulgarien, die Tschechoslowakei (ČSR, seit 1960 ČSSR), Polen, Ungarn, Bulgarien, Albanien, Jugoslawien und der von der Sowjetunion besetzte Teil des ehemaligen Deutschen Reiches, Länder also mit völlig verschiedener historischer Entwicklung und wirtschaftlicher Ausgangsbasis, gerieten in die totale Einflußsphäre der Sowjetunion. Nur Jugoslawien und Albanien konnten sich dieser Einflußsphäre entziehen, obwohl auch in diesen beiden Ländern das System nach wie vor kommunistisch blieb. Die Regierungsform, das politische System und die wirtschaftliche Entwicklung wurden dem sowjetischen Vorbild angeglichen. Die historischen Bindungen und wirtschaftlichen Verflechtungen der befreiten und besetzten Länder wurden weitgehend ignoriert und auf die neue Führungsmacht, auf die Sowjetunion, ausgerichtet.

25 Jahre nach jenem Krieg, dessen Ziel es angeblich gewesen war, Europa vor dem Kommunismus zu schützen und zu retten, gibt es einen Kranz kommunistischer Staaten um die Sowjetunion und sind sowjetische Truppen bis weit nach Mitteleuropa hinein präsent: in der DDR, in der ČSSR, in Polen und in Ungarn. Lediglich in Rumänien und Bulgarien sind keine sowjetischen Truppen stationiert. Nach dem Krieg sicherte sich die Sowjetunion, die in Europa die Hauptlast des Kampfes gegen das Deutsche Reich und seine Verbündeten zu tragen hatte, im Einverständnis mit ihren westlichen Verbündeten den militärischen, wirtschaftlichen und politischen Einfluß in allen bis Mai 1945 von ihr besetzten Ländern. Das europäische Kräfteverhältnis wurde damit rigoros zugunsten der Sowjetunion verschoben, wobei es der Politik Stalins gelang, auch befreite Länder wie Polen und die ČSR in den Hegemonialbereich der Sowjetunion einzubeziehen.

Die Großmachtpolitik der Sowjetunion fand damals in Europa nicht nur durch die inaktive Haltung der Westmächte Unterstützung, sondern wurde auch durch die Tatsache begünstigt, daß Moskau zu dieser Zeit das uneingeschränkte Zentrum des internationalen Kommunismus war. Die eiserne Disziplin, die innerhalb des kommunistischen Apparates herrschte, machte es der Sowjetunion möglich, durch die Kommunistischen Parteien in den besetzten Ländern ihr genehme und ergebene Regierungen zu etablieren und die Voraussetzungen für eine totale kommunistische Machtübernahme zu schaffen. Gleichzeitig hoffte die Sowjetunion, mit Hilfe des gleichgeschalteten politischen und gesellschaftlichen Systems auch die unterschiedlichen historischen, wirtschaftlichen und kulturellen Gegebenheiten überwinden zu können.

Diese Unterschiede der nunmehr im kommunistischen Machtbereich liegenden Länder sind jedoch beträchtlich. Proletarischer Internationalismus und nationales Bewußtsein stehen sich auch heute wieder so diametral gegenüber, daß man diese Tendenzen einfach nicht mehr als »Quantité négligeable« abtun kann.

Gotthold Rhode skizziert die drei historisch bedingten Kulturräume innerhalb des Sowjetblocks, die in jeder Hinsicht bedeutende Niveauunterschiede aufweisen: 1. mitteleuropäisch strukturierte Gebiete, die mit Mitteleuropa stets in engstem Kontakt standen, beziehungsweise geographisch wie kulturell zu ihm gehörten und russische und türkische Herrschaft entweder gar nicht oder nur ganz vorübergehend erlebt haben; zu ihnen gehören alle Teile des Deutschen Reiches in den Grenzen von 1914, ganz Böhmen und Mähren sowie in gewisser Abstufung die Slowakei, Westungarn und, wiederum weiter abgestuft, Siebenbürgen und Westgalizien; 2. die über ein Jahrhundert russisch beherrschten Gebiete, also das einstige »Kongreßpolen«; 3. Gebiete, die drei bis vier Jahrhunderte unter direkt oder indirekt ausgeübter Türkenherrschaft standen und dementsprechend spät ein eigenes Bürgertum und ein außerhalb der Kirche und der Folklore stehendes Kulturleben entwickeln konnten, also der ganze Balkan südlich der Donau, die Moldau und die Walachei (im heutigen Rumänien) und, weit abgestuft, aber doch noch spürbar beeinflußt, Ungarn zwischen Donau und Theiß und das rumänische Banat.

Auch die Sprachenvielfalt – von den rund 104 Millionen Menschen, die im Bereich der europäischen Ostblockstaaten leben, werden acht Sprachen gesprochen – erweist sich für die Zusammenarbeit dieser Staaten oft noch recht problematisch, wenngleich für alle führenden Positionen innerhalb des »Rates für gegenseitige Wirtschaftshilfe« (RGW, englisch Council of Mutual Economic Aid, COMECON) die russische Sprache obligatorisch ist. Aber die Beamten bilateraler Unterkommissionen können in den wenigsten Fällen auch alle Sprachen der Mitgliedsländer. Privat wird Russisch als internationale Verständigungssprache kaum benützt. Polen verständigen sich mit Rumänen in der Regel in französischer, Tschechen mit Ungarn meist in deutscher Sprache.

Das nationale Bewußtsein ist auch unter kommunistischen Vorzeichen nicht egalisiert worden. Es gibt voneinander abweichende Auffassungen über Nationalismus, Nationalität, Volk und Staat, die bisher nicht einem gemeinsamen Ziel untergeordnet werden konnten.

Die religiöse Basis ist in den Ländern des Ostblocks ebenfalls unterschiedlich. In Polen und Ungarn ist der Einfluß der katho-

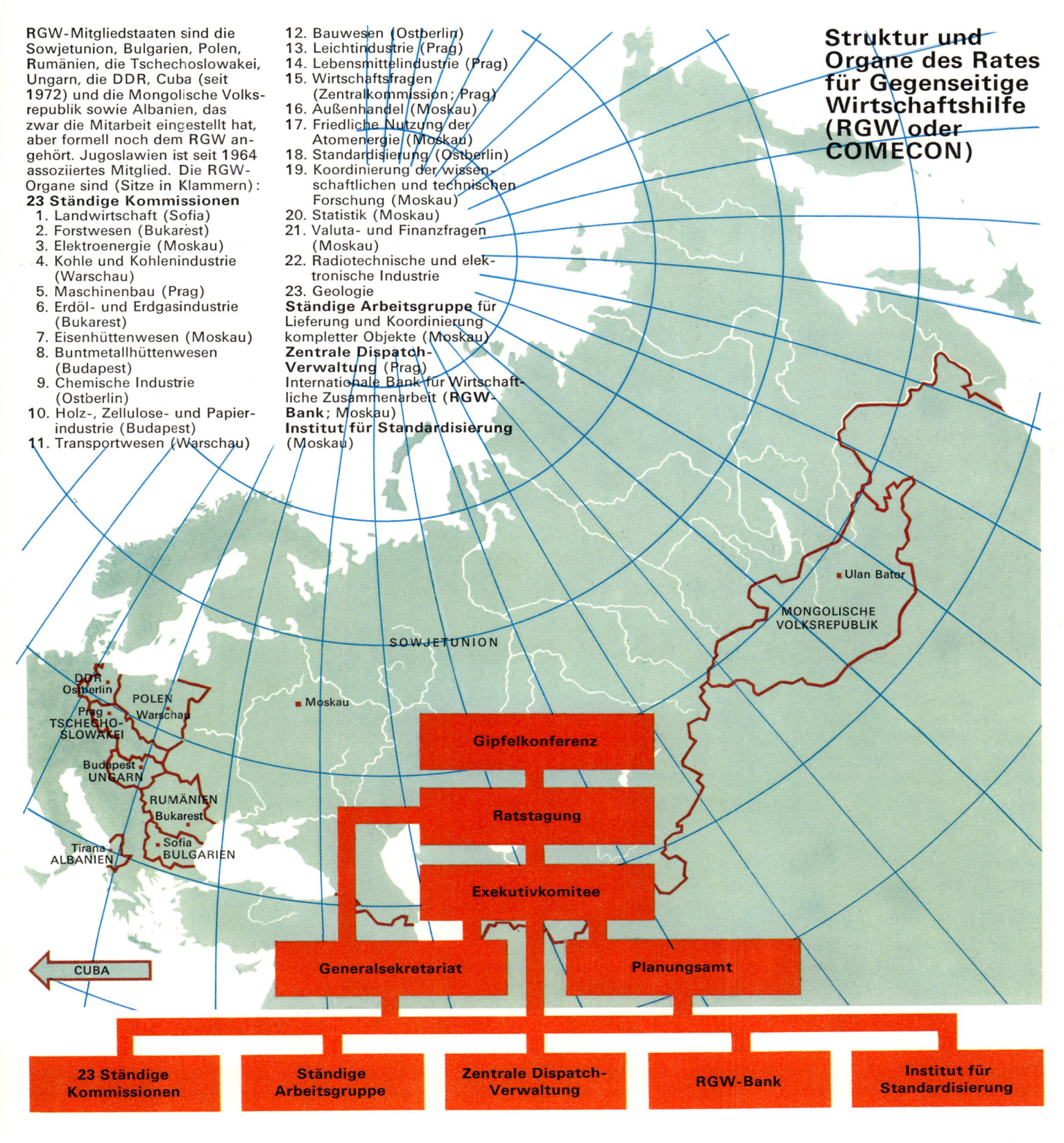

Struktur und Organe des Rates für Gegenseitige Wirtschaftshilfe (RGW oder COMECON)

RGW-Mitgliedstaaten sind die Sowjetunion, Bulgarien, Polen, Rumänien, die Tschechoslowakei, Ungarn, die DDR, Cuba (seit 1972) und die Mongolische Volksrepublik sowie Albanien, das zwar die Mitarbeit eingestellt hat, aber formell noch dem RGW angehört. Jugoslawien ist seit 1964 assoziiertes Mitglied. Die RGW-Organe sind (Sitze in Klammern):

23 Ständige Kommissionen
 1. Landwirtschaft (Sofia)
 2. Forstwesen (Bukarest)
 3. Elektroenergie (Moskau)
 4. Kohle und Kohlenindustrie (Warschau)
 5. Maschinenbau (Prag)
 6. Erdöl- und Erdgasindustrie (Bukarest)
 7. Eisenhüttenwesen (Moskau)
 8. Buntmetallhüttenwesen (Budapest)
 9. Chemische Industrie (Ostberlin)
10. Holz-, Zellulose- und Papierindustrie (Budapest)
11. Transportwesen (Warschau)
12. Bauwesen (Ostberlin)
13. Leichtindustrie (Prag)
14. Lebensmittelindustrie (Prag)
15. Wirtschaftsfragen (Zentralkommission; Prag)
16. Außenhandel (Moskau)
17. Friedliche Nutzung der Atomenergie (Moskau)
18. Standardisierung (Ostberlin)
19. Koordinierung der wissenschaftlichen und technischen Forschung (Moskau)
20. Statistik (Moskau)
21. Valuta- und Finanzfragen (Moskau)
22. Radiotechnische und elektronische Industrie
23. Geologie

Ständige Arbeitsgruppe für Lieferung und Koordinierung kompletter Objekte (Moskau)
Zentrale Dispatch-Verwaltung (Prag)
Internationale Bank für Wirtschaftliche Zusammenarbeit (**RGW-Bank**; Moskau)
Institut für Standardisierung (Moskau)

---

lischen Kirche auch unter der KP-Herrschaft noch sehr stark; in der ebenfalls überwiegend katholischen ČSSR dagegen ist die Rolle der Kirche eher passiv wie auch jene der evangelischen Kirche in der DDR. Die Bevölkerung Bulgariens und Rumäniens gehört zum größten Teil der orthodoxen Kirche an, die immer schon eine Art Staatskirche war und sich auch nach 1945 als erste Religionsgemeinschaft zu einem Übereinkommen mit dem neuen Staat bereit fand.

Josef Stalin bezeichnete einmal die kommunistische Machtübernahme in den heutigen Mitgliedsländern des COMECON als eine »kalte Revolution«. Die Machtübernahme wurde in Moskau konzipiert, und die Durchführung den einzelnen kommunistischen Parteien übertragen. Das Prinzip war überall gleich: Nach dem Einmarsch ihrer Truppen in Polen, Rumänien, Bulgarien, Ungarn und die ČSR setzte die sowjetische Besatzungsmacht »provisorische Regierungen« ein, denen auch Vertreter nichtkommunistischer Parteien angehörten. Die kommunistischen Regierungsmitglieder bekamen die Ressorts Inneres und Justiz. Damit waren Exekutive, Staatssicherheitsdienst und die Gerichte in ihren Händen. Gemeinsam mit den

Bulgarien, Rosenernte · Rosenöl, das mit dem Staatssiegel in Handel kommt, ist für die Parfümerie und die Aromatisierung noch immer begehrt.

bürgerlichen und sozialdemokratischen Parteien sowie den Bauernparteien wurde die Verstaatlichung der Banken, der Grundstoffindustrie und anderer Industrien beschlossen und die Bodenreform durchgeführt. Später wurden dann die nichtkommunistischen Parteien durch Schauprozesse und politischen Terror gespalten, die antikommunistischen Politiker eliminiert und die Restparteien aufgelöst oder in das System der sozialistischen Einheit integriert. Die heutige DDR bildete zunächst eine Ausnahme, weil sich die Sowjetunion damals noch nicht über das weitere Schicksal der sowjetischen Besatzungszone im klaren war. Jugoslawien wiederum entging dem Zugriff Stalins nur deshalb, weil Tito bereits vor dem Eintreffen sowjetischer Truppen auf jugoslawischem Gebiet der Sowjetunion vertraglich nur einen Durchmarsch, nicht aber eine Besetzung des Landes zugestanden hatte.

Heute sind die Länder des »Rates für gegenseitige Wirtschaftshilfe« eine Realität, über deren politische Kontinuität die Sowjetunion als Hegemonialmacht wacht. Daran konnten weder die Aufstände in Posen, Berlin oder Ungarn noch die weltweite Empörung und die Verurteilung der ČSSR-Invasion durch die Truppen des Warschauer Paktes etwas ändern. Das militärische Gleichgewicht beider Großmächte bestimmt den Status quo – auch im »anderen Europa«. Der Invasion der ČSSR lag gleichzeitig eine strategische Absicht zugrunde: Die Russen wollten damit ein Aufbrechen des »Eisernen Dreiecks« (Berlin, Warschau, Prag) verhindern, das seit 1945 den historischen Kriegskorridor – den breiten offenen Raum zwischen der Nordsee und dem Moskauer Kern der russischen Tiefebene – blockiert.

Die Länder des anderen Europas sind kommunistisch geworden. Ihre wirtschaftliche und politische Existenz kann heute ernsthaft nicht mehr in Frage gestellt werden. Die neue gesellschaftliche Ordnung ist in sich gefestigt und stabil geworden. Die Sowjetunion, der Schwerpunkt des RGW, sowie Cuba und die Mongolische Volksrepublik, die beiden nichteuropäischen Mitglieder, sind als Staaten in diesem Kapitel nicht behandelt worden; sie werden in eigenen Artikeln dargestellt. Gleiches gilt für die sozialistische Republik Jugoslawien, die eine Art Assoziierung mit dem COMECON eingegangen ist.

Bulgarien – Herzland des Balkans

Etwa im 5. Jahrhundert fielen die Slawen in das Gebiet des heutigen Bulgariens ein und besiegten die dort ansässigen thrakischen Stämme. Die Slawen siedelten sich an und wurden wie die Thraker ein ackerbautreibendes Volk. Etwa im 7. Jahrhundert stieß der schon zur Legende gewordene Fürst Isperich, ein Chan der Turkbulgaren (türkische Bolgaren, Protobulgaren), aus der Wolganiederung in das Gebiet südlich der Donau vor und unterwarf die dort angesiedelten Slawen.

Die Bulgaren assimilierten sich rasch mit den unterworfenen Stämmen; sie nahmen Lebensformen und Brauchtum der Besiegten an, nicht zuletzt auch deren Sprache. Nach einer – geschichtlich gesehen – kurzen Zeit zeugte nur noch der Name »Bulgar« von der urbulgarischen Herkunft des Volkes rund um das Balkangebirge. Um dieselbe Zeit, in der Karl der Große sein Frankenreich schuf, schmiedete Chan Krum ein bulgarisches Reich, das vom Gebiet östlich der Theiß bis zum Schwarzen Meer und von der Mündung des Dnjestr bis fast an die Adria reichte. Ein solches Reich mußte notgedrungen mit seinem Nachbarn Byzanz in Streit geraten.

Die Bulgaren unter Chan Krum und seinen Nachfolgern waren heidnisch-barbarisch und ihre Sitten hart und grausam; doch ihre Kunst war, soweit wir das heute nach den spärlichen Funden schließen können, nicht ohne Größe. Im September 865 nahm Zar Boris das Christentum an; Kaiser Michael von Byzanz stand ihm Pate.

Aber dieses friedliche Nebeneinander währte nicht lange. Nach wechselvollen Kämpfen kam das Gebiet des heutigen Bulgariens im 11. Jahrhundert unter byzantinische Herrschaft. Zehntausend Mann des geschlagenen bulgarischen Heeres wurden geblendet. Nach einem Jahrhundert erhoben sich die Bulgaren, verjagten die Byzantiner und gründeten das Zweite Bulgarische Reich, das bald dem ersten an Größe und Macht nicht nachstand.

Während sich zu dieser Zeit in der Hauptstadt Tirnowo Wirtschaft, Kunst und Kultur zu einer unvergleichlichen Höhe entwickelten, sammelten sich jenseits des Bosporus die Türken zum Sturm gegen Europa. Nach schweren und grausamen Kämpfen wurde Bulgarien schließlich 1393 unter türkische Herrschaft gebracht. Fünfhundert Jahre lang blieb das Land unter dem »türkischen Joch«. Das Eigenleben der Bulgaren als Volk wurde auf das schwerste getroffen. Wenn dieses kleine Volk die Zeit der Fremdherrschaft so überstehen konnte, daß es nach seiner Befreiung 1878 wie ein Phönix aus der Asche zu neuem, eigenständigem Leben auferstehen konnte, so ist es nicht übertrieben, von einem »bulgarischen Wunder« zu sprechen.

Russen als Befreier – Deutsche als Freunde

Die neuere Geschichte Bulgariens beginnt mit der Befreiung von der Türkenherrschaft 1877/78. An diesem Befreiungskrieg hatte Rußland einen entscheidenden Anteil, und aus dieser Zeit stammt die traditionelle Verbundenheit zwischen Bulgaren und Russen. Die Bulgaren sind den Russen als ihren Befreiern aufrichtig zugetan; andererseits haben sie aber auch – bis zum Ende des Zweiten Weltkrieges saßen deutsche Fürsten auf dem bulgarischen Thron – eine große Hochachtung und Wertschätzung für den Deutschen und das Deutsche. Als während des Zweiten Weltkrieges der deutsche Einfluß sehr stark war, vermochten es die deutschen Berater in Sofia trotzdem nicht, den sonst so treuen Bundesgenossen zum Kriege gegen die Sowjetunion zu bewegen. Bulgarien erklärte lediglich den Vereinigten Staaten und England den Krieg. Während sich die königliche Regierung gegen Kriegsende um einen Sonderfrieden mit den Westmächten bemühte, rief der in der Sowjetunion lebende Georgi Dimitroff, eine der profiliertesten Persönlichkeiten des internationalen Kommunismus, zur Gründung einer »Vaterländischen Front« und zum Kampf gegen die Deutschen auf. Am 5. September 1944 erklärte die Sowjetunion Bulgarien überraschend den Krieg und schuf sich damit den Vorwand, in Bulgarien einzumarschieren. Am 8. September überschritten russische Truppen die bulgarische Grenze, und am 9. September 1944 übernahm die »Vaterländische Front« die Macht. 1946 wurde die Monarchie abgeschafft und 1947 die Volksrepublik Bulgarien auch verfassungsmäßig verankert. Nach dem Krieg wurde Bulgarien mit russischer Hilfe stark industrialisiert. Im Jahre 1939 betrug der Anteil der Industrieproduktion an der Gesamtproduktion 15, im Jahre 1970 über 50%. In

Bulgarien, Tabakernte · Tabak, im Süden des Landes angebaut und von guter Qualität, ist ein wichtiges Ausfuhrgut geblieben.

Bulgarien, Nikopol · Die Stadt am Steilufer der südlichen Donau gelegen, ist ein bescheidener Markt für seine ländliche Umgebung geblieben.

dem gleichen Zeitraum sank der Verhältnisanteil der Land- und Forstwirtschaft von 65 auf 20 %. Seit 1969 ist Bulgarien auch voll elektrifiziert. Zur Erzeugung elektrischer Energie durch Wasserkraft und zur Bewässerung dürregefährdeter Gebiete sind zahlreiche Stauseen angelegt worden.

Bulgarien ist vielleicht das progressivste Agrarland des RGW-Raumes. Die Ausgangsposition für die Kollektivierung der Landwirtschaft war hier günstig: Es gab keinen Großgrundbesitz, sondern nur Hunderttausende kleiner Einzelbauern, die kaum lebensfähig waren und sich daher leichter als in anderen Ländern zu »Landwirtschaftlichen Produktionsgenossenschaften« (LPG) zusammenschlossen. Als erstes Land im Ostblock war Bulgariens Landwirtschaft schon 1958 zu 98% »vergenossenschaftet«. Damals gab es etwa 3000 LPG. Durch den weiteren Zusammenschluß von benachbarten LPG erfolgte bis 1969 eine neuerliche Konzentration der Landwirtschaft: Es gab nur noch 857 LPG, die durchschnittlich 4000 ha bewirtschafteten. Seit 1970 befindet sich die bulgarische Landwirtschaft in einer Phase des Übergangs zu noch größeren Produktionseinheiten mit agrarisch-industriellem Charakter. Bulgarien experimentiert auf diesem Gebiet für den gesamten Ostblock. Die neuen agrar-industriellen Komplexe umfassen 20 000–30 000 ha. Die Durchschnittsgröße eines Getreidefeldes liegt zwischen 1000 und 3000 ha, und Sonnenblumenfelder sind 800–1000 ha groß. Durch diese Größenordnung soll eine industriemäßige landwirtschaftliche Produktion erreicht werden. Durch die neuen landwirtschaftlichen Kombinate soll auch die sozialökonomische Struktur des bulgarischen Dorfes verändert werden: Der Unterschied zwischen Stadt und Land soll allmählich abgebaut werden. Alle Berufe, die früher überwiegend nur in der Stadt ausgeübt werden konnten – vom Piloten (für landwirtschaftliche Flugzeuge) bis zum EDV-Spezialisten – sind nun auch auf dem Lande möglich geworden.

Auch auf dem Gebiet des Fremdenverkehrs war Bulgarien bahnbrechend für alle COMECON-Länder. Schon zu einer Zeit, in der eine Kommerzialisierung der Erholung in allen anderen kommunistischen Staaten noch ideologisch abgelehnt wurde, rüsteten sich die Bulgaren für einen »Fremdenboom« auch aus den westlichen Ländern. Die Schwarzmeerküste wurde erschlossen und zu einem einzigartigen Erholungsgebiet ausgebaut. Nach dem Meer werden nun auch die schneereichen Gebirge in den Fremdenverkehr mit einbezogen. Der Fremdenverkehr ist innerhalb kurzer Zeit zum drittgrößten Wirtschaftszweig des Landes geworden.

Rumänien – »Einen gesenkten Kopf schlägt man nicht ab«

In Rumänien gibt es ein Sprichwort aus der Türkenzeit: Einen gesenkten Kopf schlägt man nicht ab. In diesem Sprichwort verbirgt sich ein Stück rumänische Mentalität, eine aus bitterer Erfahrung gewonnene Weisheit eines jahrhundertelang unterjochten Volkes. In der Außenpolitik Rumäniens lag – und liegt auch heute noch viel von dieser Erfahrung.

Rumänien gehört zu den jüngsten Staaten Europas; seine staatliche Anerkennung durch die Großmächte erfolgte 1878 auf dem Berliner Kongreß. Aus mehr oder weniger losen Völker- und Stammesbünden verschiedener Herkunft, die der Herrschaft von Rom und Byzanz folgten, entwickelten sich im 14. Jahrhundert die Fürstentümer Moldau und Walachei. Siebenbürgen gehörte als Woiwodat zum Königreich Ungarn und nahm eine grundsätzlich andere Entwicklung als die beiden Fürstentümer jenseits der Karpaten. Während der Türkenherrschaft gelang es den rumänischen Fürstentümern, was die anderen von Türken eroberten Länder nicht zuwege brachten: Sie wurden nicht zu türkischen Paschaliks umgewandelt. Die rumänischen Fürsten arrangierten sich mit den türkischen Her-

---

Bulgarien
(Narodna Republika Bulgarija, Bulgarische Volksrepublik)

Volksrepublik mit Einkammerparlament, Wahlpflicht für alle über 18 Jahre alten Bürger und Wehrpflicht; Hauptstadt Sofia (877 000 Ew., mit Vororten rund 1 Mill. Ew.).

Fläche: 110 912 qkm (Küstenlänge 384 km) – **Einwohnerzahl:** 8,6 Mill. (davon 54% städtische Bevölkerung) – **Bevölkerungsdichte:** 77,5 Ew./qkm – **Jährlicher Geburtenüberschuß:** 7,5‰ – **Größere Städte:** Plowdiw (250 000 Ew.), Warna (225 000 Ew.), Ruse (151 000 Ew.), Burgas (135 000 Ew.) – **Bevölkerung:** Bulgaren über 90%, außerdem Türken, Makedonier und Zigeuner – **Sprache:** Bulgarisch – **Religion:** Etwa 78% orthodoxe Christen; größere moslemische Gruppen; über 50 000 Katholiken, 7000 Juden – **Wichtige Ausfuhrgüter:** Industrie- und Bergbauprodukte, Tabak, Obst, Gemüse, Wein, Rosenöl

ren, zahlten Tribute und stellten Hilfeleistungen für die Heere des Sultans zur Verfügung und erhielten dafür eine begrenzte Autonomie. Für die sich in der Moldau und der Walachei während dieser Zeit formende neue Aristokratie war die Autonomie ein Schutzbrief für ihren Bestand. Doch das Bündnis des Adels mit den Türken hatte eine noch viel weiter reichende Bedeutung. Während im benachbarten Bulgarien praktisch das ganze Volk unter dem Joch der Fremdherrschaft blieb, entstand in Rumänien schon damals eine tiefe Kluft zwischen Volk und Bojaren, die in der Folge nie mehr überbrückt werden konnte.

Das soziale Elend des rumänischen Volkes änderte sich

Rumänien
(Republica Socialistă România, Sozialistische Republik Rumänien)

Sozialistische Republik mit Einkammerparlament, Wahlrecht für alle über 18 Jahre alten »schaffenden« Bürger und Wehrpflicht; Hauptstadt Bukarest (1,42 Mill. Ew., mit Vororten 1,52 Mill. Ew.).

Fläche: 237 502 qkm (Grenzlänge 3151 km [UdSSR, Ungarn, Jugoslawien, Bulgarien], davon 245 km Küste) – **Einwohnerzahl:** 20,37 Mill. (davon rund 40% städtische Bevölkerung) – **Bevölkerungsdichte:** 85 Ew./qkm – **Jährlicher Geburtenüberschuß:** 11,5‰ – **Größere Städte** Klausenburg (Cluj, Kolosvár; 203 000 Ew.), Temeschvar (Timişoara; 192 000 Ew.), Kronstadt (Braşov; 182 000 Ew.), Jassy (170 000 Ew.), Konstanza (172 000 Ew.), Craiova (175 000 Ew.), Galatz (179 000 Ew.), Ploiesti (162 000 Ew.), Braila (152 000 Ew.), Arad (137 000 Ew.), Großwardein (137 000 Ew.), Hermannstadt (Sibiu; 120 000 Ew.) – **Bevölkerung:** Rumänen etwa 87, Madjaren über 8, Deutsche 2%; kleine Minderheiten von Zigeunern, Ukrainern, Serben, Kroaten, Bulgaren, Slowaken, Tschechen, Russen, Tataren, Türken, Griechen, Armeniern, Polen – **Sprache:** Rumänisch; Umgangssprachen der verschiedenen ethnischen Gruppen – **Religion:** Rumänisch-orthodoxe Christen rund 88, Katholiken etwa 6, Protestanten über 5%; 120 000 Juden; kleine moslemische Gruppen – **Wichtige Ausfuhrgüter:** Erdöl und Derivate sowie Erze und Halbfabrikate (zusammen zwei Drittel des Exportwertes), Maschinen, Fahrzeuge, Getreide, Viehzuchtprodukte, Holz

---

nicht, als die Walachei und die Moldau nach dem russisch-türkischen Krieg von 1828/29 eine größere Selbständigkeit erhielten. Die drückende Not der Bauern wurde auch nicht gelindert, als die Verfechter eines rumänischen Nationalstaates mit einer Doppelwahl von Alexandru Ion Cuza zum Fürsten der Moldau und der Walachei den Grundstein für den rumänischen Staat legten.

Um die Jahrhundertwende bestand Rumänien aus der Walachei, der Moldau und der Dobrudscha. Die Donau bildete den größten Teil der Grenze gegen Bulgarien, der Pruth war die Grenzlinie gegen Rußland, und das mächtige Halbrund der Karpaten grenzte Rumänien vom Eisernen Tor bis zur Bukowina gegen Siebenbürgen und das Banat ab.

Während des Ersten Weltkrieges erklärte sich Rumänien zunächst als neutral, schloß sich aber 1916 der Entente an – und erhielt durch den Frieden von Trianon Siebenbürgen. Nach Ausbruch des Zweiten Weltkrieges erklärte Rumänien erneut seine Neutralität. Im Juni 1940 mußte Rumänien aufgrund eines sowjetischen Ultimatums Bessarabien und die Nordbukowina an die UdSSR abtreten. Dann verlor Rumänien durch den Wiener Schiedsspruch (August 1940) einen Teil der Dobrudscha an Bulgarien und den Norden Siebenbürgens an Ungarn. Innerhalb eines Jahres büßte Rumänien ein Drittel seines Territoriums mit etwa 5 Millionen Menschen ein. Rumänien resignierte nicht. Es schloß sich näher an Deutschland an. Mit dem Krieg des Deutschen Reiches gegen die Sowjetunion wurden in Rumänien historische Ressentiments gegen die Russen wach. Hitlers Krieg gegen den Bolschewismus wurde in Rumänien zum »Heiligen Krieg gegen Rußland«. Nahezu 600 000 Mann fielen in diesem Krieg. Im Frühjahr 1944 überschritten sowjetische Truppen die rumänische Grenze. Am 23. August 1944 kam es zu einem Aufstand. König Michael I. befahl den Waffenstillstand gegen die russischen und den Kampf gegen die deutschen Truppen. Der Führer der kommunistisch orientierten »Pflügerfront«, Petru Groza, bildete alsbald eine Linksregierung. Die Kommunisten erhielten das Innenministerium und das Justizministerium; die Sowjets überwachten die Armee und alle Schlüsselstellungen in der Wirtschaft. Rumänien wurde wie ein besiegter Staat behandelt. Dem Land wurden harte Reparationen auferlegt und die deutsche Bevölkerung Rumäniens zur Zwangsarbeit in die Sowjetunion gebracht. Später gelang es dem rumänischen Kommunistenführer Gheorghiu-Dej, diese Deutschen wieder nach Rumänien zurückzubringen. Hier erhielten sie allmählich ihre vollen staatsbürgerlichen Rechte – und auch die beschlagnahmten Häuser – zurück. Die rund 400 000 Siebenbürger Sachsen und Banater Schwaben, die noch in Rumänien leben, verfügen über eigene Zeitungen und Zeitschriften, die Kinder werden in deutschen Schulen unterrichtet, es gibt deutschsprachige Verlage und deutsche Abteilungen an den Staatstheatern in Hermannstadt (Sibiu) und Temeschvar (Timişoara). Der Gebrauch der deutschen Namen für die Siedlungen wurde 1971 allerdings eingeschränkt. Angehörige der deutschen Nationalität sind auch als Vorsitzende von Genossenschaften oder in anderen führenden Stellungen tätig. Nicht so geklärt wie das Verhältnis der deutschen Minderheit zur rumänischen Mehrheit ist jenes zwischen den Madjaren (Ungarn) und den Rumänen. In Rumänien leben vor allem in Siebenbürgen etwa eineinhalb Millionen Madjaren. Obwohl sie die gleichen Rechte besitzen wie die deutsche Minderheit, kann von einer echten Integration der ungarischen Bevölkerung in das rumänische Staatswesen noch nicht gesprochen werden. Die Madjaren streben keine egalisierende Gleichberechtigung, sondern eine echte Autonomie an.

Agrar-Industriekomplexe in Bulgarien

Die bulgarische Landwirtschaft verfügt über die größten Betriebsflächen im nichtsowjetischen Europa. Die Staatsgüter und LPG, die einen durchschnittlichen Bodenbesitz von 4000 ha aufweisen, werden seit 1970 in Agrar-Industriekomplexen vereinigt, und ihre Nutzflächen betragen nun jeweils zwischen 20 000 und 30 000 ha. Durch diese Konzentration wird die rationelle Auswertung der landwirtschaftlichen Maschinen und der modernen Agrartechnik außerordentlich erleichtert.

Die Produktion der Agrar-Industriekomplexe ist aufgrund der Klima- und der Bodenverhältnisse spezialisiert. Einer dieser spezialisierten Großbetriebe ist der Agrar-Industriekomplex »Spartak« in Südwestbulgarien, dessen Ackerland mehr als 13 000 ha umfaßt. Hier werden jährlich 5600 t Tabak erzeugt. Außerdem besitzt »Spartak« 1400 ha große Weingärten, deren Bearbeitung weitgehend mechanisiert ist. Ein Arbeiter bestellt 8–10 ha. Auf einer 700 ha großen Fläche – davon 100 ha in Gewächshäusern – wird Gemüse angebaut.

Bis 1971 waren 138 der insgesamt 155 geplanten Komplexe aufgebaut. Bulgarien orientiert sich außerdem auf eine Konzentration der Viehzucht. In den neuen Schweinefarmen werden jährlich 32 000–100 000 Schweine gemästet. Kühne Maßnahmen sind auf dem Gebiet der Gemüseproduktion und des Obst- und Weinbaues vorgesehen. Die Gemüsefelder sind für europäische Verhältnisse von ganz außergewöhnlicher Größe.

Alter jüdischer Friedhof

Alchimistengasse auf dem Hradschin

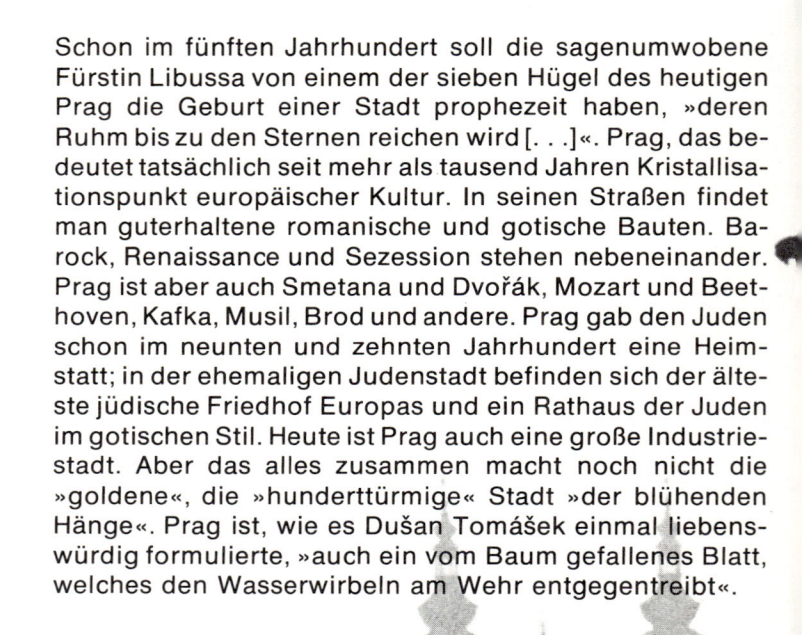

Schon im fünften Jahrhundert soll die sagenumwobene Fürstin Libussa von einem der sieben Hügel des heutigen Prag die Geburt einer Stadt prophezeit haben, »deren Ruhm bis zu den Sternen reichen wird [...]«. Prag, das bedeutet tatsächlich seit mehr als tausend Jahren Kristallisationspunkt europäischer Kultur. In seinen Straßen findet man guterhaltene romanische und gotische Bauten. Barock, Renaissance und Sezession stehen nebeneinander. Prag ist aber auch Smetana und Dvořák, Mozart und Beethoven, Kafka, Musil, Brod und andere. Prag gab den Juden schon im neunten und zehnten Jahrhundert eine Heimstatt; in der ehemaligen Judenstadt befinden sich der älteste jüdische Friedhof Europas und ein Rathaus der Juden im gotischen Stil. Heute ist Prag auch eine große Industriestadt. Aber das alles zusammen macht noch nicht die »goldene«, die »hunderttürmige« Stadt »der blühenden Hänge«. Prag ist, wie es Dušan Tomášek einmal liebenswürdig formulierte, »auch ein vom Baum gefallenes Blatt, welches den Wasserwirbeln am Wehr entgegentreibt«.

Prager Biergarten   *Haus am Altstädter Ring*

Prag, Stadt im Herzen Europas

Karlsbrücke

Rumänien, das in den ersten Jahren nach dem Krieg fast als eine sowjetische Provinz angesehen werden konnte, wirkt seit der Mitte der sechziger Jahre als »Enfant terrible« eines unabhängigen außenpolitischen Kurses unter den COMECON-Ländern. Rumänien nahm nicht an der militärischen Besetzung der ČSSR im Jahre 1968 teil und gilt innerhalb des COMECON als strikter Gegner von supranationalen Tendenzen. Innenpolitisch ist Rumänien jedoch ein typisch etatistischer Staat, in dem alle Macht bei der Führungsspitze der Kommunistischen Partei Rumäniens liegt, die auch die kulturelle Entwicklung in ihr genehme Bahnen lenkt.

Reiches Land mit ehrgeizigen Plänen

Rumänien ist ein an Rohstoffen reiches Land und besitzt eine dynamische Wirtschaft, die einen raschen Modernisierungsprozeß durchmacht. Die Industrie ist zum führenden Wirtschaftszweig aufgerückt. Zugleich mit dem radikalen Wandel in der Struktur der Wirtschaft fand auch eine bessere territoriale

Rumänien, Fischer · Die Donau und besonders ihr Deltagebiet sind die ertragreichsten Fanggebiete der rumänischen Fischer.

Verteilung der Produktivkräfte statt. Neben dem Ausbau der alten Industriezentren wurde der wirtschaftlichen und soziokulturellen Entwicklung der in der Vergangenheit zurückgebliebenen Gebiete besondere Aufmerksamkeit geschenkt. In der Dobrudscha, in der Moldau, in Oltenien (Kleine Walachei) und in der Maramureș werden Jahreswachstumsraten erzielt, die weit über dem Landesdurchschnitt liegen.

Rumänien gehört zu den führenden Erdgasproduzenten Europas. Die chemische Industrie, besonders die Petrochemie, befindet sich in einer steilen Aufwärtsentwicklung. Auch das Erdöl wird zum Großteil im Lande selbst verarbeitet.

Der industrielle Aufbau Rumäniens ging Hand in Hand mit der Erhöhung der Rohstoffbasis und der Entwicklung der Produktion von Elektroenergie. Mit der Elektrifizierung des Landes wurde 1950 begonnen. Es entstand eine Reihe großer Wärme- und Wasserkraftwerke, darunter eines am Eisernen Tor mit einer installierten Leistung von mehr als 1000 MW (Megawatt).

Das Hüttenwesen gehört zu den ältesten Industriezweigen Rumäniens. Die wichtigsten Hüttenzentren sind: Galatz (Galați), Hunedoara, Reșița, Călan, Otelul Roșu, Bukarest, Cîmpia Turzii, Brăila, Roman, Jassy (Iași) und Buzău. Die Entwicklung der Nichteisenmetallurgie ist vor allem auf die reichlich vorhandenen Bodenschätze zurückzuführen, die erst nach 1945 entdeckt wurden. Die Zentren dieser Industrien liegen in der Baia Mare, in den Ost- und Westkarpaten, im Banater Bergland und in der Dobrudscha.

Die landwirtschaftliche Nutzfläche Rumäniens beträgt etwa 60% der Gesamtfläche des Landes. Da die Möglichkeiten zur Erweiterung der landwirtschaftlichen Nutzfläche gering sind, kann eine Steigerung der Produktion nur durch eine intensive und vielseitige Landwirtschaft erzielt werden: durch Mechanisierung, Chemisierung, Bodenmeliorationen und eine rationelle Nutzung des Bodens. 90% der landwirtschaftlichen Nutzfläche sind vergenossenschaftet bzw. im Staatsbesitz. Die bedeutendsten landwirtschaftlichen Gebiete sind die rumänische Tiefebene, wo außer Getreide auch Futterpflanzen angebaut werden, ferner die Dobrudscha mit Getreidebau, Futterpflanzen und Industriepflanzen. In den entlang der Karpatenkette gelegenen Gebieten weicht der Getreidebau zugunsten des Kartoffelanbaus, der Futterpflanzen, der Zuckerrüben und anderer Industriepflanzen zurück. Stark entwickelt ist der Obst- und Weinbau.

Ungarn – Land der heiligen Stephanskrone

Die Urgeschichte des madjarischen Volkes verliert sich in Legenden. Das erste nachweisbare Gebiet, in dem die Vorfahren der heutigen Madjaren lebten, war ein Waldland zwischen dem Mittellauf der Wolga und dem Fluß Kama. Von hier wanderten sie im 2. Jahrhundert allmählich gegen Süden, wo sie mit turkbulgarischen Stämmen in Berührung kamen. Im 9. Jahrhundert gelangten die Ungarn an den Unterlauf des Dons. Von Petschenegen vertrieben, fanden sie zwischen Bug, Dnjestr, Sereth und Pruth eine neue Heimat. Doch seßhaft konnten sie im Zwischenstromland »Etelköz« nicht werden. Im Norden war das Kiewer Reich eine ständige Gefahr für die ungarischen Stämme, und im Süden schufen die bulgarischen Chane durch zahlreiche Eroberungszüge einen mächtigen Staat. Vom Osten her drängten erneut die Petschenegen. Die Madjaren hielten dem Druck der Umklammerung nicht stand. Unter der Führung des Fürsten Arpád schlossen sie einen Bund und zogen gegen Westen. Im Jahre 896 überschritten sie die Karpaten.

Wie die Hunnen und Awaren begannen auch die Madjaren ihren Einbruch in die europäische Geschichte mit verheerenden Streif- und Raubzügen nach Deutschland, Italien und Griechenland. Sie hatten keine festen Wohnplätze, sondern lebten unter Zelten, und ihr einziger Reichtum bestand in den großen Viehherden, die sie mit sich führten. Erst nach der Schlacht auf dem Lechfeld (955) wurde ihren Eroberungszügen ein Ende gesetzt. Sie wurden in das Gebiet ihrer ersten Landnahme zurückgedrängt, wo sie unter Fürst Géza und dessen Sohn Stephan das Christentum annahmen. Mit der Annahme des Christentums und der Königskrone von Papst Sylvester im Jahre 1000 beseitigte Stephan jene Schranken, die ihn bis dahin von den christlichen Herrschern getrennt hatten. Er heiratete Gisela von Bayern (die Schwester Kaiser Heinrichs II.). Für Stephan bedeutete die Annahme des Christentums auch eine Fe-

Rumänien, Kraftwerk in Craiova
Die rasche Industrialisierung war nicht zuletzt durch den Ausbau der Energieversorgung möglich. Allein von 1960 bis 1970 verfünffachte sich die Stromgewinnung.

stigung seiner königlichen Macht, weil sie ihm das oberste Patronatsrecht des Königs von Ungarn über die Kirche »für alle Zeiten« sicherte. Seither waren Kirche und Staat in Ungarn eine Einheit. An dieser Einstellung hat sich im Prinzip bis zum Zusammenbruch der Habsburger Monarchie, ja bis zur Ausrufung der Volksrepublik im Jahre 1948, nicht viel geändert. Die erfaßbare Geschichte der Madjaren ist seither eine durchaus europäische Geschichte.

Die neuere Geschichte Ungarns begann nach dem Zusammenbruch der Habsburger Monarchie im Jahre 1918 mit einem jähen Ereignis. Am 31. Oktober 1918 brach in Budapest eine bürgerliche Revolution aus. Der neue Ministerpräsident Graf Mihály Károlyi proklamierte am 16. November die Republik. Unter seiner Regierung wurde eine Bodenreform durchgeführt, bei der aller 250 ha übersteigender Grundbesitz enteignet wurde. Károlyi begann auf seinen eigenen Ländereien mit der Bodenverteilung. Doch diese Art der Sozialisierung durch den »roten Grafen« genügte der 1918 gegründeten Kommunistischen Partei Ungarns nicht. Im März 1919 riß sie unter der Führung von Béla Kun die Macht an sich und rief die »Ungarische Räterepublik« aus. Die neue Regierung verkündete ein Sozialprogramm, für das damals alle wirtschaftlichen Voraussetzungen fehlten: den Achtstundentag, gleichen Lohn für Männer und Frauen bei gleicher Leistung, bezahlten Urlaub, Sozialversicherung. Ferner wurde die entschädigungslose Enteignung aller Grundbesitze über 50 ha sowie die Gründung Landwirtschaftlicher Genossenschaften verfügt. Das kommunistische Experiment Béla Kuns dauerte genau 133 Tage. Zur Niederschlagung der Kommunisten rückten die Armeen der Tschechoslowakei, Rumäniens und Serbiens gegen die »Rote Armee« vor. In Südungarn marschierten französische Truppen ein. Nach dem Sturz der Räteregierung wurde Ungarn wieder als ein Königreich erklärt und als Stellvertreter des Königs Vizeadmiral Nikolaus von Horthy zum Reichsverweser gewählt. Der Friedensvertrag von Trianon (1920) führte Ungarn in einen wirtschaftlichen Niedergang. Zwei Drittel seines Territoriums und 41% seiner Bevölkerung kamen an die Nachbarstaaten. Dem amputierten und kaum lebensfähigen Staat wurden für dreißig Jahre Reparationslasten diktiert, die zu einer Verarmung führen mußten.

Ungarn blieb bis nach dem Zweiten Weltkrieg ein typisches Agrarland, das nicht in der Lage war, auch nur einen bescheidenen Wohlstand für seine Bevölkerung zu schaffen. Die soziale Disparität, wie sie unter den europäischen Ländern damals nur mit Spanien und Portugal vergleichbar war, verhinderte zusammen mit den Kriegslasten jeden wirtschaftlichen Aufschwung. Wollte in der Zwischenkriegszeit ein Historiker Überreste des Feudalismus kennenlernen, brauchte er, wie ein ungarischer Schriftsteller einmal treffend sagte, nur nach Ungarn zu kommen, denn »hier konnte er alle jene Institutionen, Bräuche und sozialen Schichten, die in fortschrittlicheren Ländern schon durch die industrielle Revolution beseitigt worden waren, in sichtbarer und greifbarer Weise finden«.

Nach der Machtergreifung Hitlers im Jahre 1933 ging die ungarische Innen- und Außenpolitik auf deutschen Kurs. Im Schutze des Deutschen Reiches erwartete man eine Revision der Grenzen und im Sog der deutschen Wirtschaft einen sozialen Aufschwung. Die Besetzung Böhmens und Mährens im Jahre 1939 durch Deutschland nutzte Ungarn für die Besetzung Transkarpatiens (Karpato-Ukraine). Ein Großteil Siebenbürgens fiel durch den Wiener Schiedsspruch (1940) wieder an Ungarn. Im November 1940 trat es dann dem Dreimächtepakt (Deutschland–Japan–Italien) bei, schloß aber gleichzeitig mit Jugoslawien einen »ewigen Freundschaftspakt«. Als Hitler im April 1941 Jugoslawien angriff, forderte er Ungarn zur Besetzung des Baranyadreiecks sowie der Batschka westlich der

Ungarn
(Magyar Népköztársaság, Ungarische Volksrepublik)

Volksrepublik mit Einkammerparlament. Wahlrecht für alle über 20 Jahre alten Bürger und Wehrpflicht; Hauptstadt Budapest (1,94 Mill. Ew.).

Fläche: 93030 qkm (Grenzlänge 2242 km [UdSSR, Rumänien, Jugoslawien, Österreich, Tschechoslowakei]) – **Einwohnerzahl:** 10,40 Mill. (davon 48% städtische Bevölkerung) – **Bevölkerungsdichte:** 112,4 Ew./qkm – **Jährlicher Geburtenüberschuß:** 3,3‰ – **Größere Städte:** Miskolc (173000 Ew.), Debrecen (155000 Ew.), Fünfkirchen Pécs; 145000 Ew.), Szeged (119000 Ew.) – **Bevölkerung:** Etwa 98% Madjaren; nach westlichen Schätzungen rund 220000 Deutsche, 110000 Slowaken, 100000 Serben und Kroaten, 25000 Rumänen – **Sprache:** Madjarisch (Ungarisch) – **Religion:** Katholiken über 60, Protestanten etwa 25, Orthodoxe 3%; 100000 Juden – **Wichtige Ausfuhrgüter:** Industriegüter (Maschinen und Ausrüstungen beinahe zwei Fünftel des Exportwertes), Bergbau- und chemische Produkte, Fleisch, Getreide, Textilien

Ungarn, die Theiß bei Tokaj · Die Theiß, die sich bei Tokaj mit dem Bodrog vereinigt, einst besonders stark im Alföld mäandrierend, wurde auf weiten Strecken begradigt.

Ungarn, Ziehbrunnen und Wasserbehälter · Die mageren Weidegebiete der Pußta, einst durch Hirtenromantik verklärt, sind längst zum größten Teil urbar gemacht.

Theiß auf und sicherte Ungarn neuen Gebietszuwachs zu. Horthy nahm an. Ministerpräsident Graf Teleki verübte, entsetzt über diesen Vertragsbruch, Selbstmord. Nach dem Einmarsch deutscher Truppen in die Sowjetunion erklärte auch Ungarn Rußland den Krieg. Nach den deutschen Niederlagen in der Sowjetunion versuchte Horthy, sich von seinem Bündnispartner Deutschland zu lösen. Doch er kam nicht mehr zum Zug. Im Oktober 1944 mußte er abdanken und der »Ungarischen Pfeilkreuzlerpartei« den Weg frei machen. Die neue faschistische Regierung stellte die gesamte militärische und wirtschaftliche Macht Ungarns in den Dienst Deutschlands. Die Folgen dieser Bündnistreue waren für Ungarn nach Kriegsende noch katastrophaler als nach dem Ersten Weltkrieg. Ungarn erhielt wieder die Grenzen von 1920. Budapest lag in Trümmern, und das Land war durch die monatelangen Kämpfe verwüstet. Vier Jahre später, im Jahre 1949, wurde die Ungarische Volksrepublik ausgerufen.

1956 machte Ungarn in der Weltöffentlichkeit Schlagzeilen. Das Volk erhob sich gegen die stalinistische Willkürherrschaft seiner kommunistischen Regierung. Als jedoch die Gefahr bestand, daß durch den Aufstand nicht nur die Stalinisten, sondern auch das System gestürzt werden könnte, griffen die Sowjets ein. Seither ist es um das Zehn-Millionen-Volk an Donau und Theiß ruhiger geworden. Ungarn hat inzwischen trotz der Armut des Landes an Bodenschätzen den Übergang zur Industriegesellschaft gefunden. Die sowjetische Intervention von 1956 war für Ungarn eine folgenreiche Zäsur. Wie selten vorher in Ungarns tausendjähriger Geschichte ist seither das politische Denken in Staat, Kirche und auch in allen Bevölkerungskreisen realistisch geworden. Politische und wirtschaftliche Überlegungen und Entscheidungen sind wohltuend von Emotionen befreit.

Am 1. Januar 1968 wurde in Ungarn eine Wirtschaftsreform in Gang gesetzt, die mit vielen Tabus gebrochen hat: Es gibt keine starre zentrale Planung mehr, und man berücksichtigt Marktbedürfnisse; damit verbunden ist eine gewisse Selbständigkeit der einzelnen Unternehmen. Die Regierung verzichtet dabei zwar nicht auf einen umfassenden Volkswirtschaftsplan. Aber sie reglementiert nicht mehr bis ins letzte Detail, sondern lenkt über Steuer-, Kredit- und Zinspolitik mehr oder minder behutsam. Die Folgen dieser Form wirtschaftlicher Stabilisierung haben nicht nur zu einer fühlbaren Verbesserung des Lebensstandards geführt, sondern auch die Basis für eine breitgefächerte gesellschaftliche Veränderung – im Westen oft als

»Liberalisierung«, in Ungarn als »Demokratisierung« bezeichnet – geschaffen, die zu einer Normalisierung des Lebens geführt hat.

Auch der Landwirtschaft, dem Sorgenkind fast aller kommunistischer Wirtschaftsmodelle, hat der neue Wirtschaftsmechanismus Auftrieb gegeben. Es gibt in Ungarn etwa dreitausend Landwirtschaftliche Produktionsgenossenschaften, die etwas mehr als 60% des nutzbaren Ackerlandes bestellen. Diese Großbetriebe werden mit kräftiger finanzieller Hilfe durch den Staat allmählich zu modernen landwirtschaftlichen Produktionsstätten ausgebaut. Aber auch die privaten Bauern erhalten eine staatliche Förderung.

Polen zwischen Hammer und Amboß

Fast zur selben Zeit wie die Madjaren fanden auch die Polen ihren Weg zum Christentum und damit zur geistig-kulturellen Annäherung an den westlichen Kulturkreis. Ein Akzent der polnischen Geschichte, der bis in die Gegenwart reicht. 966 wurde der polnische Herzog Mieszko getauft. Sein Sohn Boleslaw Chrobry wurde 1025 zum ersten polnischen König gekrönt; er erwarb Pommern zwischen Oder und Weichsel, Kleinpolen mit Krakau und Schlesien.

Zum Schutz gegen die Überfälle der Tataren, Litauer und Pruzzen riefen die Polen 1226 den Deutschen Orden ins Land, der die Pruzzen unterwarf und im eroberten Land einen eigenen Ordensstaat gründete, der zum ersten Zankapfel zwischen Polen und Deutschen wurde. Im Jahre 1410 besiegte König Wladislaw II. Jagiello die Ordensritter bei Tannenberg. Durch den 2. Thorner Frieden (1466) erhielt Polen Pomerellen, das Ermland, das Kulmerland und Michelau sowie die großen Städte Danzig, Thorn, Elbing und Marienburg.

Danach erlebte Polen eine Periode des wirtschaftlichen und kulturellen Aufstieges. Die Hauptstadt Krakau strahlte mit ihrer berühmten Universität im 15. und 16. Jahrhundert auf alle anderen Länder Europas aus. Das 16. Jahrhundert war in Polen, ähnlich wie in vielen Staaten des Westens, das »goldene Jahrhundert« der Literatur. Polen war eindeutig nach dem Westen orientiert. Erst durch die »Lubliner Union« (1569), die Litauen und Polen vereinigte, und durch die Eingliederung Wolyniens und der Ukraine kam Polen in Kontakt und Konflikt mit seinem östlichen Nachbarn, Rußland.

Im 17. Jahrhundert verlor Polen die Oberhoheit über Preußen und mußte auch auf eine mögliche Wiedervereinigung mit Schlesien verzichten. Polen war durch den Verfall der königlichen Zentralgewalt seinen Feinden hilflos ausgeliefert. 1655 drangen die Schweden tief nach Polen ein, und 1667 ging die Ukraine verloren. Erst durch König Johann III. Sobieski, der die Tataren 1673 in Bessarabien schlug und zehn Jahre später half, den Türken vor Wien eine schwere Niederlage zuzufügen, kehrten in Polen Ruhe und Frieden ein.

Doch schon im 18. Jahrhundert wurde Polen seine geostrategische Lage wieder einmal zum Verhängnis: Das Land wurde von schwedischen, sächsischen und russischen Truppen verwüstet. 1772 teilten sich Rußland, Österreich und Preußen ein Viertel des Landes.

In Restpolen entstand unter König Stanislaw II. Poniatowski ein für die damaligen Verhältnisse ungewöhnlich fortschrittlicher Staat. Hervorragende Vertreter der Aufklärung schufen eine Konstitution, die nach der Verfassung der Vereinigten Staaten von Nordamerika der zweite Rechtsakt dieser Art in der Welt war. Das Einspruchsrecht des Adels wurde aufgehoben und die erbliche Thronfolge eingeführt. König Stanislaw II.

Poniatowski leistete als erster den Verfassungseid. Der Hochadel verbündete sich daraufhin mit Rußland und Preußen. 1793 erfolgte die zweite Teilung Polens, der Rest wurde zwei Jahre später von den drei Großmächten aufgeteilt.

Polnische Patrioten setzten nun ihre ganze Hoffnung auf Napoleon. Sie kämpften als Legionäre in Italien gegen Österreich und später gegen Rußland. Ein kurzlebiger Erfolg blieb nicht aus. Der französisch-russische Friedensvertrag von Tilsit (1807) machte die von Preußen einverleibten polnischen Gebiete unabhängig. Das Herzogtum Warschau wurde gegründet. Nach dem Sieg Napoleons über die Österreicher (1809) fielen auch die von Österreich annektierten Gebiete an das neue Herzogtum.

Doch der Traum der Freiheit währte für Polen nicht lange. Nach der Niederlage Napoleons wurde das Land durch den Wiener Kongreß erneut aufgeteilt. Der größte Teil des Herzogtums Warschau fiel als das sogenannte Königreich Polen (»Kongreßpolen«) Rußland zu. Die Republik Krakau stand unter der Kontrolle der drei Teilungsmächte. Dreißig Jahre später kam auch die Republik Krakau zur Österreichisch-Ungarischen Monarchie.

Polen erlangte erst nach dem Ersten Weltkrieg seine nationale Unabhängigkeit. Der neue Staat umfaßte die gesamten an Österreich gefallenen Gebiete und fast alle von Preußen okkupierten Landstriche sowie Landstriche der nach der dritten Teilung russisch gewordenen Provinzen. Wirtschaftlich konnte sich der neue polnische Staat jedoch in der Zwischenkriegszeit kaum erholen und sich auch politisch nicht konsolidieren.

Die gefährliche vierte Teilung

Im September 1939 kam es zum Krieg zwischen dem Deutschen Reich und Polen. In einem Blitzkrieg besetzte Hitler Polen. Er erhielt dabei durch die Sowjetunion Unterstützung, die ihre Truppen am 17. September 1939 gegen Polen in Marsch setzte. Die Sowjetunion handelte dabei gemäß einem Geheimabkommen zum deutsch-sowjetischen Vertrag vom 23. August 1939, das die beiderseitigen Interessengebiete durch eine Linie entlang der Flüsse Pisa, Narew, Weichsel und San abgrenzte. Die vierte Teilung war perfekt.

Polen
(Polska Rzeczpospolita Ludowa, Volksrepublik Polen)

Volksrepublik mit Einkammerparlament, Wahlrecht für alle über 18 Jahre alten Bürger und Wehrpflicht; Hauptstadt Warschau (1,3 Mill. Ew.).

Fläche: 312677 qkm (Grenzlänge 3538 km [Tschechoslowakei, UdSSR, DDR], davon 524 km Küste – **Einwohnerzahl:** 33,07 Mill. (davon rund 52% städtische Bevölkerung) – **Bevölkerungsdichte:** Knapp 106 Ew./qkm – **Jährlicher Geburtenüberschuß:** 9,4‰ – **Größere Städte:** Lodsch (Łódź; 761000 Ew.), Krakau (Kraków; 583000 Ew.), Breslau (Wrocław; 523000 Ew.), Posen (Poznań; 469000 Ew.), Danzig (Gdańsk; 364000 Ew.) – **Bevölkerung:** Überwiegend Polen; Minderheiten von Deutschen, Ukrainern, Weißrussen, Slowaken, Russen, Zigeunern, Litauern, Griechen, Mazedoniern, Tschechen – **Sprache:** Polnisch – **Religion:** Mehr als 90% römisch-katholisch; über 500000 Orthodoxe, 280000 Protestanten, 60000 »Polnische Katholiken«, 30000 Altkatholiken, 12000 Juden (vor dem Zweiten Weltkrieg über 3 Mill., 1946 etwa 200000) – **Wichtige Ausfuhrgüter:** Maschinen und Transportmittel (über 30% des Exportwertes), Kohle, Koks, Briketts, Zement, Konsumgüter, Viehzuchtprodukte, Holz.

Blick vom Kulturpalast auf die Bauten des neuen Zentrums *Rechts: Wiederaufgebauter Altstadtmarkt*

Neues und neues altes Warschau

Der Aufstand der Warschauer Bevölkerung gegen die deutsche Besetzung brach am 1. August 1944 aus und dauerte bis zum 2. Oktober desselben Jahres. Auf polnischer Seite kamen bei diesen Kämpfen etwa zweihunderttausend Menschen ums Leben. 85% der Stadt wurden völlig zerstört. Die historische Forschung hat inzwischen die militärische Sinnlosigkeit des Warschauer Aufstandes kurz vor dem bevorstehenden Zusammenbruch der deutschen Front nachgewiesen. Der Aufstand war aufgrund einer politischen Überlegung der polnischen Exilregierung in London ausgelöst worden, die sich vor dem Eintreffen der sowjetischen Truppen in den Besitz der polnischen Hauptstadt setzen wollte. Die Waffen und Munitionsvorräte des Warschauer Bezirks der illegalen Landesarmee reichten lediglich für 10% des Mannschaftsstandes. Die Rote Armee unterstützte diesen Aufstand nicht genügend. – Der Wiederaufbau modernisierte die Stadt und restaurierte originalgetreu die Altstadt.

Blick auf Warschau 1945 *Hotel Warschau 1945 und nach dem Wiederaufbau (1960)*

Gesticktes Motiv, Bulgarien

Osterkrug, Polen

Pan-Flöte, Ungarn

Wachsfigürchen, ČSSR

Ton-Pfeifchen, Rumänien

Rund 700 000 Mann gerieten in deutsche und 300 000 Mann in sowjetische Kriegsgefangenschaft. Die Sowjetunion übernahm etwas mehr als ein Drittel des Landes mit etwa 11 Millionen Einwohnern, von denen 6 Millionen Nichtpolen waren. An das Deutsche Reich fielen Danzig und alle durch den Vertrag von Versailles abgetretenen Gebiete. Außerdem wurden das Wartheland und Lodsch sowie der Bezirk Czechanow und der Suwalki-Zipfel dem Deutschen Reich eingegliedert. Kleinpolen und das Gebiet um Warschau wurden »Generalgouvernement«. Sitz des Generalgouverneurs war Krakau. Doch auch dieses Gebiet, das die Bezirke Krakau, Warschau, Radom und Lublin umfaßte, wurde zu einem Teil des »Großdeutschen Reiches« erklärt.

In Oberschlesien, Posen, dem Warthegau und in Westpreußen wurden 1,5 Millionen Polen enteignet und in das Generalgouvernement abgeschoben. Die Universitäten und Schulen wurden geschlossen, Professoren und Lehrer verhaftet, um dem polnischen Volk für immer eine höhere Schulbildung zu verwehren. In den sowjetisch besetzten Teilen fand die polnische Bevölkerung ebenfalls keine Gnade; von hier wurden 1,5 Millionen Polen nach Sibirien geschickt.

Der deutsche »Generalplan Ost« sah eine stufenweise Eindeutschung Polens und die damit verbundene zwangsweise Umsiedlung und eine allmähliche Aussiedlung der Polen vor. Die polnische Intelligenz als führende Schicht des Volkes sollte vernichtet werden. Daß es sich dabei nicht nur um Pläne handelte, bewies das Vorgehen der deutschen Behörden. Polen wurde zum Schauplatz eines unvorstellbaren Experimentes: Juden und Slawen sollten ausgerottet werden. Diesem Völkermord fielen nahezu die gesamte jüdische und etwa 10% der polnischen Bevölkerung zum Opfer. Verzweifelt und vergeblich wehrten sich die Juden des Warschauer Gettos 1943 in einem Aufstand gegen ihre Ausrottung.

Der Untergrundkampf erreichte am 1. August 1944 mit dem Aufstand in Warschau einen dramatischen Höhepunkt. Nach 62 Tagen eines heldenhaften Kampfes mußten die Widerstandskämpfer kapitulieren. Warschau wurde dem Erdboden gleichgemacht. Dieser Kampf auf verlorenem Posten hatte jedoch große politische Bedeutung. In Polen kämpften damals zwei Untergrundorganisationen: eine nationale Gruppe, die von der polnischen Exilregierung in London geleitet wurde, und eine kommunistische unter der Führung des Komintern-Funktionärs Bolesław Bierut. Im Auftrag der Exilregierung kämpften zudem etwa 100 000 Mann geflüchteter und im Exil lebender Polen als Angehörige der »Polnischen Legion« auf seiten der Alliierten. Ein Großteil der Legion wurde in Montecassino aufgerieben. Durch den Warschauer Aufstand wollte die Exilregierung politisches Terrain für die Nachkriegszeit gewinnen. Der Aufstand mißlang, weil die Sowjetunion den verzweifelt kämpfenden Aufständischen keine Hilfe zuteil werden ließ, obgleich die Rote Armee im September 1944 bereits das östliche Weichselufer von Warschau erreicht hatte.

Am 17. Januar 1945 zog Bolesław Bierut, der Führer der Partei der Arbeit, mit den in der Sowjetunion aufgestellten polnischen Einheiten gemeinsam mit der Roten Armee in Warschau ein. Das Polnische Komitee der Nationalen Befreiung übernahm die Mehrheit der Industriebetriebe und alle Banken in provisorische, staatliche Verwaltung und erließ ein Dekret über die Durchführung der Bodenreform. Insgesamt wurden rund 8 Millionen ha enteignet. Die Vertreter der Exilregierung wurden damit vor vollendete Tatsachen gestellt. In den ersten Nachkriegsjahren glich Polen mehr einer Sowjetrepublik als einem souveränen Staat. Alle Schlüsselpositionen in der Wirtschaft und in der Armee waren von russischen »Beratern« besetzt. Polen wurde 1952 Volksrepublik.

Polen rückte nach dem Westen

Das Ende des Zweiten Weltkrieges brachte für Polen neue Grenzen: Das östliche Polen kam an die Sowjetunion, dafür erhielt Polen etwa 103 000 qkm ehemaligen Reichsgebietes zur Verwaltung. Polen rückte damit geographisch nach dem Westen, dem es sich geistig noch immer eng verbunden fühlt.

Insgesamt beträgt das Territorium Polens heute 312 677 qkm gegenüber 390 000 qkm im Jahre 1939. Die Zahl der Einwohner betrug 1946 etwas über 18 Millionen in Alt-Polen und 5 Millionen in den West- und Nordgebieten, von denen etwa 4 Millionen aus den polnischen Ostgebieten stammten, insgesamt etwa 24 Millionen. 26 Jahre später zählte die polnische Bevölkerung bereits wieder über 33 Millionen Menschen.

Polen hat durch den Krieg 38% seines Nationalvermögens von 1938 verloren. In der Industrie waren fast 66% der Betriebe mit etwa einem Drittel des Vorkriegswertes aller Industrieanlagen zerstört. Die Vermögensschäden in der Landwirtschaft beliefen sich auf 35% und in der Forstwirtschaft auf 28% des Vorkriegswertes. 350000 Bauernhöfe wurden vollständig zerstört, der Viehbestand dezimiert und 45% der Ackerbaufläche lag brach. 8000 km Eisenbahnstrecke waren gesprengt worden.

Mit dem Wiederaufbau der zerstörten Wirtschaft erfolgte auch eine komplexe geologische Erforschung des gesamten Landes. Eine bis dahin in der Welt einmalige Aktion. Neben den bereits bekannten Zink- und Bleierzlagern, Erdgas- und Erdölvorkommen wurden auch andere Bodenschätze entdeckt, z. B. im Raum von Konin Braunkohlenlager, die auf 45 Millionen t geschätzt werden. Noch reichere Braunkohlenvorkommen liegen im Raum von Turoszów – d. h. etwa 1 Milliarde t. Entdeckt wurden ferner neue Schwefellager, und im Raum von Lublin stießen die Geologen auf eines der ertragreichsten Kupfererzlager Europas.

Die Schwerpunkte der polnischen Industrialisierung liegen im Schiffbau, in der Elektro- und Maschinenbauindustrie. Polen gehört zu den zehn größten Produzenten von Hochseeschiffen. Etwa ein Drittel der Produktion an Fischereifahrzeugen wird exportiert.

Polen, das wie die meisten europäischen Staaten seine landwirtschaftliche Nutzfläche nicht vergrößern kann, muß sich auf eine Intensivierung der landwirtschaftlichen Produktion einstellen. Im Unterschied zu allen übrigen RGW-Staaten ist Polen nach 1956 nicht mehr den Weg der Kollektivierung der Landwirtschaft gegangen. Als einzigem Ostblockland überwiegt in Polen noch das private Bauerntum. Rund 3,5 Millionen Bauernwirtschaften verfügen über rund 17 Millionen ha landwirtschaftlichen Nutzlandes. Insgesamt besitzen die Einzelbauern 85% des landwirtschaftlichen Bodens. Etwa 8000 Staatsgüter verfügen über 2,7 Millionen ha, d. h. knappe 13%, während die Landwirtschaftlichen Genossenschaften, ansonsten eines der Hauptkriterien für einen volksdemokratischen Staat, lediglich etwas mehr als 1% der landwirtschaftlichen Nutzfläche bewirtschaften.

Polen verfolgt wie auch Ungarn seit 1956 in seiner wirtschaftlichen Entwicklung eine Politik der kleinen Schritte. Ein nicht unwesentlicher Teil des Volkseinkommens wird für den historisch getreuen Wiederaufbau der zerstörten Städte verwendet. Die Bevölkerung hat dafür auch schon in den Hungerjahren der Nachkriegszeit großes Verständnis bewiesen. Für die Wiederherstellung einer Altstadt zeigen die Polen bei ihrem Wiederaufbau oft mehr Interesse als für moderne Industrieanlagen. In seiner geistig-kulturellen Ausrichtung ist Polen weitgehend westlich orientiert, und in der Regel gibt sich auch die Partei tolerant. Ausnahme der Regel, und das gilt im großen und ganzen auch für die Bevölkerung, ist ein über Jahrhunderte durch einen militanten Katholizismus gewachsener Antisemitismus, den auch die Todeslager der Kriegszeit nicht völlig verdrängen konnten.

Land der Tschechen und Slowaken

Die Tschechoslowakei wurde am 28. Oktober 1918 gegründet. An diesem Tag wurde die Dynastie der Habsburger abgesetzt und die Tschechoslowakei zu einer selbständigen Republik erklärt. Die Errichtung dieses Staates war schon während des Ersten Weltkrieges vorbereitet worden. Die aus Emigranten und anderen nationalgesinnten Tschechen und Slowaken gebildeten tschechoslowakischen Legionen, die unter dem Befehl des späteren Präsidenten der Republik, Tomas Masaryk, standen, waren schon 1917 als kriegsführende Macht von der Entente anerkannt worden. Gleichzeitig war auch in Paris eine provisorische Regierung der Tschechoslowakei entstanden.

Die Friedensverträge der Entente mit Österreich und Ungarn legten Österreich den Verzicht auf Böhmen und Österreich-Schlesien auf; Ungarn verlor die slowakischen und ruthenischen Komitate Oberungarns. Der neue Staat bestand jedoch nicht nur aus Tschechen und Slowaken, sondern auch aus Deutschen, Madjaren, Ruthenen und Polen. Nach einer Volkszählung von 1910 lebten auf dem Gebiet der späteren Tschechoslowakei 6,2 Millionen Tschechen, 3,5 Millionen Deutsche, 1,7 Millionen Slowaken, 1,1 Millionen Madjaren, 400000 Ruthenen, 160000 Polen und 50000 Angehörige anderer Minderheiten. Die Volkszählung von 1970 ergab folgendes Ergebnis: 65% Tschechen, 29,2% Slowaken, 4% Madjaren, 85252 Deutsche, 66777 Polen, 58667 Ukrainer und Russen und 44000 Angehörige anderer Minderheiten. Mehr als 3 Millionen Deutsche wurden 1945 gewaltsam aus ihrer angestammten Heimat vertrieben. Ein Stück Transkarpatiens mußte die Tschechoslowakei nach dem Krieg an die Sowjetunion abtreten, die damit eine direkte Grenze mit Ungarn erhielt.

Die Geschichte der Tschechen und Slowaken reicht bis in die Völkerwanderungszeit zurück, und sie ist eng verbunden mit der Geschichte des »Heiligen Römischen Reiches« und dem Königreichs Ungarn. Die slawische Bevölkerung Böhmens sik-

Polens West- und Nordgebiete

1968 wurden in Polen insgesamt 169067 Industriebetriebe gezählt. Von ihnen befanden sich 39717 in den westlichen und den nördlichen Woiwodschaften. Deren Anteil an der gesamten Industrieproduktion Polens (berechnet in vergleichbaren Preisen vom Jahre 1960) lag im Jahre 1950 bei 22,2, im Jahre 1960 bei 24,7 und 1968 bei 25,7%. Einen besonders hohen Anteil an Polens Industrieproduktion haben Stadt und Woiwodschaft Wrocław (Breslau; Verhüttung von Nichteisenmetallen, Maschinenbau und Metallkonstruktionen, elektrotechnische und Chemische Industrie), die Woiwodschaft Gdańsk (Danzig; Maschinenbau und Metallkonstruktionen, Metall- und elektrotechnische Industrie) und die Woiwodschaft Opole (Oppeln; Maschinenbau und Metallkonstruktionen).
Die folgende Aufstellung über die wichtigsten Zweige der vergesellschaftlichten Industrie Polens gibt in der linken Spalte den Wert (in Mill. Złoty) bzw. die Menge der gesamtpolnischen Produktion des Jahres 1968 wieder, in der rechten Spalte den jeweiligen Anteil der westlichen und der nördlichen Woiwodschaften.

Verhüttung von Nichteisenmetallen	65526,3	2302,3
Maschinenbau und Metallkonstruktionen	77285,9	17195,1
Metallindustrie	48670,5	10670,5
Chemische Industrie	88278,9	20528,3
Elektrotechnische Industrie	51212,7	14836,0
Elektroenergie (in Mill. kWh)	55520,3	15603,3
Braunkohle (in 1000 t)	26877,7	15474,9
Metallbearbeitungsmaschinen (in t)	45641,0	13525,0
Stickstoffdünger (in 1000 t)	758,9	243,3

Tschechoslowakei
(Československá Socialisticka Republiká [ČSSR], Tschechoslowakische Sozialistische Republik)

Föderative sozialistische Republik mit Zweikammerparlament, Wahlpflicht für alle über 18 Jahre alten Bürger und Wehrpflicht; Hauptstadt Prag (1,13 Mill. Ew.).

Fläche: 127869 qkm (davon böhmische Länder 78860, Slowakei 49009 qkm; Grenzlänge 3553 km [Bundesrepublik Deutschland, DDR, Polen, UdSSR, Ungarn, Österreich]) – **Einwohnerzahl:** 14,5 Mill. (davon 9,9 Mill. in den böhmischen Ländern, 4,4 Mill. in der Slowakei; etwa 50% städtische Bevölkerung) – **Bevölkerungsdichte:** 113 Ew./qkm – **Jährlicher Geburtenüberschuß:** 4,5‰ – **Größere Städte:** Brünn (Brno; 339000 Ew.), Preßburg (Bratislava; 291000 Ew.), Ostrau (Ostrava; 279000 Ew.), Pilsen (Plzeň; 147000 Ew.), Kaschau (Košice; 142000 Ew.) – **Bevölkerung:** Tschechen etwa 65, Slowaken knapp 30%; Minderheiten von Madjaren, Deutschen, Polen, Russen, Ukrainern – **Sprache:** Tschechisch und Slowakisch – **Religion:** Überwiegend Katholiken; je 8% Protestanten und Anhänger der Tschechoslowakischen Kirche; griechisch-orthodoxe Minderheiten; 14000 Juden – **Wichtige Ausfuhrgüter:** Maschinen und Fahrzeuge (über 40% des Exportwertes), Textilien, Glas, Porzellan, Agrarprodukte, Holz, Kohle.

kerte während der Völkerwanderung vom Osten her in das von den germanischen Stämmen verlassene Gebiet ein. Sie besiedelten die fruchtbaren Becken und Senken, während die höher gelegenen waldreichen Gebiete frei blieben. Diese wurden später von deutschen Bauern und Bergleuten gerodet und besiedelt.

In Südmähren bildete sich allmählich ein politisches und kulturelles Zentrum der Slawen, das Großmährische Reich, das im 9. Jahrhundert seine Blütezeit erlebte. Zu Beginn des 10. Jahrhunderts zerfiel dieses Reich durch den Einfall der Madjaren. Das Zentrum der Tschechen verschob sich nach Böhmen, die Slowaken gelangten unter ungarische Oberhoheit, unter der sie bis 1918 blieben.

Böhmen und Mähren spielten unter der Herrschaft der Přemysliden eine bedeutende politische Rolle in Mitteleuropa. Přemysl Ottokar II. (1253–1278) war einer der Kandidaten für die deutsche Kaiserkrone. Zu seinem Reich gehörte auch die Steiermark, das Egerland, Krain und Kärnten. König Ottokar unterlag in der Königswahl gegen Rudolf von Habsburg und fiel 1278 in der Schlacht auf dem Marchfeld. An Ottokars hervorragende Verwaltung erinnert in Niederösterreich noch heute die Einteilung dieses Bundeslandes in administrative Landesviertel. Rudolf vermählte seine Tochter mit Ottokars Sohn Wenzel II. Nach dessen Tod fiel Böhmen an die Habsburger. Diese wurden 1310 von den Luxemburgern abgelöst, deren einflußreichster Herrscher Karl IV. war. Unter ihm wurde Prag zu einer der bedeutendsten Städte Europas. Er gründete 1348 die Prager Universität, die sich bald zu einem Sammelpunkt neuer, sozial- und religionsreformatorischer Gedanken entwickelte.

Die sozialen Widersprüche dieser Zeit fanden ihren Ausdruck in der Tätigkeit des Magisters und Rektors der Prager Universität, Johannes Hus, der für eine Reform der Kirche und der Gesellschaft eintrat. Seine Verurteilung durch das Konzil von Konstanz und sein Tod auf dem Scheiterhaufen im Jahre 1415 löste die Hussitenbewegung aus. Nach großen Siegen über Reichs- und Kreuzheere wurden die Hussiten Opfer ihrer eigenen Uneinigkeit und 1434 vernichtend geschlagen. Von dieser Zeit an ist das Schicksal Böhmens eng verbunden mit jenem Ungarns und Österreichs. Von den Habsburgern blieb nur Rudolf II. (1576–1612) in bester Erinnerung der Tschechen. Er war ein Freund der schönen Künste und der Wissenschaft. An seinem Hof arbeiteten unter anderem auch Tyge (gen. Tycho) Brahe und Kepler. Sein Majestätsbrief über die Religionsfreiheit (Gleichberechtigung der Katholiken und Protestanten) löste die Spannung im Lande. Nach seiner Entmachtung durch die habsburgischen Prinzen, die seinen Bruder Mathias zum Regenten bestellten, und nach seinem Tod verschärfte sich die Lage zusehends. Der »Prager Fenstersturz« (1618) gab das Signal zum Ausbruch des Dreißigjährigen Krieges. Die Niederlage der böhmischen und mährischen protestantischen Stände durch die katholischen Habsburger in der Schlacht am Weißen Berg bei Prag (1630) bedeutete den Verlust der böhmischen Selbständigkeit für die Dauer von drei Jahrhunderten, während der die Habsburger praktisch die unumschränkten Herren im Lande waren. Das Land wurde stark germanisiert, die tschechische Sprache blieb nur unter der Landbevölkerung erhalten, die nichtkatholischen Glaubensbekenntnisse wurden mit Hilfe der Jesuiten ausgerottet. Ein großer Teil des Adels, des Bürgertums und der Intelligenz zog die Emigration der zwangsweisen Rekatholisierung vor.

Unter der Bezeichnung »Nationale Wiedergeburt« versteht man in der Tschechoslowakei die Periode der zweiten Hälfte des 18. Jahrhunderts und der ersten Hälfte des 19. Jahrhunderts. Damals schufen die Manufakturen die Voraussetzung für die Entwicklung der Industrie, und unter dem Einfluß der französischen Philosophen begannen sich in Europa fortschrittliche Ideen durchzusetzen. Der Gedanke der Nationalen Wiedergeburt machte sich zuerst in der Wissenschaft, insbesondere in der Sprachforschung, bemerkbar; später erschienen auch Dramen, Gedichte und Prosa in tschechischer Sprache. In der Slowakei

Hofwirtschaften

Hofwirtschaften oder Hilfswirtschaften werden in den RGW-Staaten jene bäuerlichen Anwesen genannt, die die Genossenschaftsbauern auf dem ihnen verbliebenen privaten Hofland betreiben. Das private Hofland darf nicht verkauft oder verpachtet, es kann jedoch vererbt werden. Seine Größe ist mit etwa 0,5 ha limitiert. Hier kann für private Zwecke Gemüse gepflanzt, Obst gezüchtet, Wein angebaut oder auch das Futter für das »persönliche Vieh« produziert werden. Versuche, den Bauern ihren privaten Boden und ihren persönlichen Viehbestand auf die eine oder andere Form zu entziehen – zum Beispiel in Bulgarien –, scheiterten am geschlossenen Widerstand der Bauern.

Als erster RGW-Staat erkannte Ungarn, daß die Hofwirtschaften nicht nur ein notwendiges Übel in der Zeit des Übergangs zum Kommunismus sind – wie dies die Meinung der orthodoxen Kommunisten ist –, sondern daß ihnen eine eminent wichtige Rolle in der Landwirtschaft zukommt. In Ungarn stammen 35% der Milch, 65% der Eier, 29% des Obstes, 45% des Weins und 30–35% des Schlachtviehs aus der Produktion der Hofwirtschaften.

In den anderen RGW-Staaten mit einer vergenossenschafteten Landwirtschaft hat man bisher über die wirtschaftliche Bedeutung des Hoflandes offiziell geschwiegen, wie man auch der Ansicht war, daß die Arbeitsproduktivität nur in den LPG, nicht aber in den Hofwirtschaften erhöht werden sollte. Ungarn ist auch hier schon vom starren Schema abgegangen, und selbst Bulgarien, dessen Landwirtschaft überdimensional strukturiert ist, gab 1971 erstmals den Anteil der »Nebenwirtschaften« an der gesamten landwirtschaftlichen Produktion für das Jahr 1969 bekannt; danach befanden sich 34% des Rinderbestandes, 91% aller Büffelkühe, über 21% der Schweine, 43% der Schafe und 64% des Geflügels im persönlichen Besitz der bulgarischen Hoflandbesitzer.

Polen, Hohe Tatra · Von Zakopane, Polens wichtigstem Wintersportplatz, ist die Mnich-(»Mönch«-)Spitze am Meeraugesee (Karsee) leicht erreichbar.

wurde eine eigene Schriftsprache gebildet, die das Entstehen einer selbständigen slowakischen Literatur ermöglichte.

Nach dem Revolutionsjahr 1848 begannen sich in Böhmen und Mähren auch das wirtschaftliche und politische Leben sowie Kunst und Wissenschaft kräftig zu entwickeln. Der größte Teil der Industrie Österreich-Ungarns konzentrierte sich auf Böhmen, Mähren und Schlesien und wurde auch noch während des Ersten Weltkrieges ausgebaut. Der neue Staat verfügte somit über eine hochentwickelte Industrie, die durch ihre historisch bedingte Arbeitsteilung geradezu nach einer engen wirtschaftlichen Zusammenarbeit mit den Nachbarstaaten verlangte.

Die Politik der ersten tschechoslowakischen Republik war indes von Anfang an durch einen immer schärfer werdenden Nationalitätenstreit bestimmt. Die nichttschechischen Völker setzten sich gegen eine tschechische Bevormundung zur Wehr. Das Ende dieses Staates auf tönernen Füßen kam bald. Im Jahre 1938 stimmten England und Frankreich der Forderung des Deutschen Reiches nach einer Abtrennung der deutschsprachigen Grenzgebiete zu. Im März 1939 wurden die tschechischen Länder dem Deutschen Reich als Protektorat unterstellt. Die Slowakei wurde ein unabhängiger Staat. Während des Krieges waren das Protektorat und die Slowakei relativ sichere Gebiete, weil sie von beiden kriegführenden Parteien fast bis zum Kriegsende wie eine neutrale Zone behandelt wurden.

Erst im August 1944 brach in der Slowakei ein Aufstand gegen die deutschen Truppen aus, und im Mai 1945 griff die Bevölkerung Prags – wie dies auch heute noch offizielle tschechoslowakische Lesart ist – »zu den Waffen gegen die deutschen Okkupanten«, obwohl von einer deutschen Okkupation zu diesem Zeitpunkt kaum noch gesprochen werden konnte. Es kam zu einem furchtbaren Blutbad unter der deutschen Bevölkerung.

1948 wurde die Tschechoslowakei Volksrepublik, und 1961 wurde die Tschechoslowakische Sozialistische Republik proklamiert.

Ein führendes Industrieland im Ostblock

Die Tschechoslowakei gehört zu den traditionellen Industrieländern Europas. Zu den bekanntesten Industrieunternehmen zählen seit der Monarchie die Škoda-Werke in Pilsen und die Maschinenbaubetriebe in Brünn und Prag. In der Gesamtstruktur der Industrieproduktion war bis zum Ende des Zweiten Weltkrieges die Konsumgüterindustrie vorherrschend (Textil-, Schuh- und Nahrungsmittelindustrie). Ausgeführt wurden hauptsächlich Maschinen, Leder- und Textilwaren, Glas, Zucker, Hopfen und Braugerste.

Nach dem Zweiten Weltkrieg wurden die Schwerindustrie sowie die Brenn- und Rohstoffbasen stark ausgebaut. Ungefähr 85% der elektrischen Energie werden in Wärmekraftwerken erzeugt. Die größten Wärmekraftwerke des Landes stehen in Komořany bei Brüx (Most), in Tisová und in Nováky (Slowakei), in Opatovice nad Labem bei Königgrätz (Hradec Králové) und in Mělnik. Die Hüttenindustrie ist gut entwickelt; eines der modernsten Hüttenkombinate wurde in der Nähe von Kaschau (Košice, Slowakei) gebaut.

Der Anteil des Maschinenbaus an der Industrieproduktion beträgt ein Drittel. Die Erzeugung von energetischen Ausrüstungen, Landmaschinen und schweren Werkzeugmaschinen wurde erweitert und neue Produktionszweige eingeführt (Schiffbau, Wälzlager, elektronische Apparate). An der Entwicklung dieser Sparten sind sowohl die renommierten Industriewerke wie Škoda, ČKD u.a. als auch zahlreiche in den jüngsten Jahren errichtete Betriebe beteiligt, wie z.B. Automobilfabrik in Rýnovice bei Reichenberg (Liberec), Maschinenbauwerke in Uničov, Iglau (Jihlava), Budweis (České Budějovice) und in anderen Städten.

Die traditionellen Gebiete für die Chemische Industrie liegen in Nordböhmen, im Elbegebiet und in der Umgebung von Ostrau (Ostrava). Neue Fabrikanlagen sind auch in der Mittelslowakei entstanden. Das größte chemische Werk in Záluži bei Brüx erzeugt synthetische Brennstoffe, die Werke in Aussig (Ústí nad Labem) vornehmlich Schwefelsäure und Kunstdünger. In Preßburg (Bratislava) und Umgebung werden Kunstfasern, Arzneimittel und Kunstdünger produziert, sowie das aus der Sowjetunion durch eine Fernleitung gelieferte Erdöl verarbeitet.

Im Rahmen der Konsumgüterproduktion wurde die Bekleidungsindustrie wesentlich erweitert und auch die traditionelle Schuhindustrie ausgebaut. Rund neunzig Millionen Paar Schuhe werden jährlich produziert. Zu den weltbekannten Konsumgütern gehören auch das böhmische Glas aus Karlsbad (Karlovy Vary), Železný Brod, Haida (Nový Bor) und Tannwald (Tanvald), das Karlsbader Porzellan, die Bijouterie aus Gablonz (Jablonec) und Musikinstrumente.

Eng verbunden mit der auch im Ausland bekannten Nahrungsmittel- und Genußmittelindustrie (Pilsner und Budweiser Biere, Znaimer Gurken, Prager Schinken, Süßwaren und Spiri-

Unten: Zum Trocknen ausgebreitetes bzw. aufgestelltes Schilfrohr im Donaudelta (Rumänien)   Oben: Blick vom Gellerthügel über Budapest

Bewaldete Höhenzüge säumen hier den Lauf der Donau

Unten: Neusatz an der Donau (Jugoslawien) *Oben: Donaukraftwerk »Eisernes Tor« an der rumänisch-jugoslawischen Grenze*

Donaulandschaften

Die Eröffnung des Donaukraftwerkes »Eisernes Tor« im Mai 1972 war ein Ereignis von historischer Bedeutung. Mit diesem Kraftwerk, das zu den größten der Welt zählt, beweisen die beiden Donaustaaten Jugoslawien und Rumänien ihre industrielle Mündigkeit. Ingenieure und Techniker aus beiden Ländern haben in siebenjähriger Arbeit die Donau reguliert, um ihre Energien nutzen zu können, und zugleich die Schiffahrt gefahrlos gemacht. Die Donau wird, nachdem sie immer ein wichtiger Verkehrsweg war, auch zu einem der wichtigsten Energieträger Südosteuropas werden.

> **Was bedeutet Etatismus?**
>
> Der Belgrader Philosophieprofessor Svetovzar Stojanović schreibt in seinem Buch »Kritik und Zukunft des Sozialismus« u. a. über den Etatismus:
>
> »Das stalinistische System trägt alle wesentlichen Charakteristika des Etatismus. Die Stalinisten setzen den Staat in jeder Hinsicht mit der Gesellschaft gleich, auch in Hinsicht auf das Eigentum an den Produktionsmitteln und die Verwaltung der Produktion.
>
> In der etatistischen Gesellschaft ist die herrschende Klasse kollektiver Eigentümer der Produktionsmittel, und der Teil des Mehrwertes, den sich ihre Angehörigen individuell aneignen, entspricht ihrem Platz in der Staatshierarchie [...] Die Besonderheit der etatistischen Klasse besteht neben anderem auch darin, daß ihre wirtschaftliche Macht aus der politischen kommt, während es bei der Bourgeoisie umgekehrt der Fall ist.
>
> Sie (die Arbeiterklasse im stalinistischem System) ist vollständig untergeordnet und stark ausgebeutet. Sie verwaltet weder (unmittelbar oder mittelbar) die Produktion, noch entscheidet sie über die Verteilung des Mehrwertes. Sie ist nicht einmal im Besitz verschiedener Rechte, die sie im Kapitalismus praktiziert, wo sie den Arbeitgeber wählen und über Arbeitsbedingungen und die Höhe des Lohnes feilschen kann. In dieser Hinsicht kann man eine Analogie zwischen Stalinismus und Feudalismus ziehen: Im Stalinismus ist nicht nur die Arbeitskraft, sondern in bestimmtem Maße auch der Arbeiter verdinglich [...] Im vollkommen konstituierten Etatismus ist die Bauernschaft durch die Verstaatlichung des Landes in einen Teil des Proletariats umgewandelt, das von der herrschenden Klasse gedungen wird.«

tuosen) ist die Landwirtschaft, die bereits vor der kommunistischen Machtergreifung eine der fortschrittlichsten Europas war. Die Güter des böhmischen Adels wurden nach den modernsten Erkenntnissen überaus intensiv bewirtschaftet. Die Zerschlagung des Großgrundbesitzes und die damit verbundene Aufsplitterung des Bodens in kaum lebensfähige Produktionseinheiten wirkte sich für die tschechoslowakische Landwirtschaft in den ersten Nachkriegsjahren nachteilig aus. Erst durch den Ausbau der Landwirtschaftlichen Genossenschaften konnte die Produktion wieder erhöht werden. Über 90% der landwirtschaftlichen Nutzfläche wird von den landwirtschaftlichen Einheitsgenossenschaften und Staatsgütern bewirtschaftet. Eine Genossenschaft umfaßt etwa 650 ha.

Die tschechoslowakische Landwirtschaft stellt ungeachtet der großen strukturellen Veränderung noch immer eine der schwächsten Stellen der Volkswirtschaft dar. Das größte Problem bildet die Überalterung und der Mangel an Arbeitskräften. Im Verhältnis zu den Vorkriegsjahren sind die Arbeitskräfte in der Landwirtschaft um die Hälfte zurückgegangen.

Die traditionellen Anbaugebiete haben sich nicht geändert: In den Tiefebenen Mittelböhmens und Mährens werden Zuckerrüben, Weizen und Gemüse produziert, in Südmähren und der Slowakei auch Tabak, Mais und Wein. Mit dem Hopfenbau befaßt man sich hauptsächlich im Gebiet von Saaz (Žatec). In Süd- und Westböhmen werden vorwiegend Futtermittel und Roggen erzeugt.

DDR – einer der größten Maschinenexporteure der Welt

Die Deutsche Demokratische Republik (DDR) wurde am 7. Oktober 1949, also kurz nach der Schaffung der Bundesrepublik Deutschland, gegründet. Die politischen Voraussetzungen für die Gründung dieses Staates waren bereits unter der Ägide der sowjetischen Besatzungsmacht geschaffen worden. Zwar wird die DDR auch im Zusammenhang mit dem Beitrag über Deutschland behandelt, doch sei hier wenigstens kurz auf sie eingegangen, da sie Mitglied des RGW ist.

Am 30. Juni 1946 fand im Land Sachsen eine Abstimmung über »die wirtschaftliche Entmachtung der Monopolisten, der Nazi- und Kriegsverbrecher und die Überführung ihrer Betriebe in Volkseigentum« statt. 77,7% stimmten für die Enteignung. Das Ergebnis dieser Abstimmung wurde auch in den anderen Ländern der damaligen sowjetischen Besatzungszone für die Enteignung herangezogen. Bis 1948 wurden 9281 Unternehmen verstaatlicht. Durch eine Bodenreform wurden 7136 Großgrundbesitzer und 4142 als Kriegsverbrecher eingestufte Personen mit einem Bodenbesitz von insgesamt 3,2 Millionen ha entschädigungslos enteignet.

Alle aktiven Nationalsozialisten wurden aus den öffentlichen und halböffentlichen Ämtern entfernt. Über eine Million Personen, vor allem Lehrer, Richter und Staatsanwälte, wurden entlassen. Bereits im Oktober 1945 war von der Kommunistischen Partei Deutschlands und der Sozialdemokratischen Partei Deutschlands ein Programm zur »antifaschistisch-demokratischen Schulreform« ausgearbeitet worden. Diesem Programm entsprach das »Gesetz zur Demokratisierung der deutschen Schule«, das 1946 in der SBZ (Sowjetische Besatzungszone) erlassen wurde. 72% der Lehrkräfte, die Mitglieder der NSDAP waren, wurden aus dem Schuldienst entfernt und durch 43 000 Neulehrer – zumeist Arbeiter, die in Kurzkursen ausgebildet worden waren – ersetzt. Von jedem Traditionalismus befreit, hat sich seither das Schulwesen der DDR in Teilen zu einem der fortschrittlichsten überhaupt entwickelt.

In dem historisch gewachsenen Wirtschaftsgebiet Gesamtdeutschlands konzentrierte sich die Grundstoffindustrie an Rhein und Ruhr. Auch im Schwermaschinenbau lagen der gesamte Energiemaschinenbau, 96% der Herstellung von Wasserturbinen und 95% der Produktion von Gießereimaschinen, in Westdeutschland.

Andererseits entfielen vor dem Krieg fast neun Zehntel der Industrieproduktion auf dem jetzigen Gebiet der DDR auf die verarbeitenden Industrien. Diese Ausgangsposition machte die DDR in besonderem Maße von der Zulieferung von Rohstoffen und Halbfabrikaten abhängig. Die DDR war daher nach der Proklamierung ihrer Selbständigkeit und der damit verbundenen Blockierung der Zulieferungen aus dem Westen zum Ausbau einer eigenen Schwerindustrie und der Grundlagenindustrie gezwungen. Dieser Aufbau – viele Industrie- und Verkehrsanlagen waren zudem von der Sowjetunion als Reparation demontiert worden – erforderte große finanzielle Mittel. Die Konsumgüterproduktion litt darunter, und damit auch der Lebensstandard der Bevölkerung gegenüber jenem in der Bundesrepublik.

In der weiteren Entwicklung holte die DDR erstaunlich rasch auf: Ab 1952 war nicht nur die Basis für die traditionellen Zweige Maschinenbau, Textilindustrie und Feinmechanik/Optik geschaffen, sondern es wurden auch neue Industriezweige wie Chemieanlagenbau, Energiemaschinenbau, Plastverarbeitung, Elektronik geschaffen. Die petrochemischen Werke Schwedt und »Leuna II« begannen zu produzieren und halfen mit, die Chemisierung der gesamten Volkswirtschaft einzuleiten. Heute steht die DDR in der Pro-Kopf-Chemieproduktion an zweiter Stelle (nach den USA).

Für die Entwicklung der Chemischen Industrie und der Energiewirtschaft ist die Zusammenarbeit der DDR mit den RGW-Ländern von besonderer Bedeutung. Schon 1958 schlug die Sowjetunion vor, die DDR, die ČSSR, Polen und Ungarn durch eine transeuropäische Pipeline mit den Erdölfeldern der Baschkirischen ASSR zu verbinden. In knapp fünfjähriger Bauzeit wurde diese mit 5200 km längste Pipeline der Welt erbaut. Damit konnte in der DDR rasch eine Umstellung der Kohle- auf Petrochemie erfolgen. Eine zweite Pipeline und eine Erdgasleitung wurden vom RGW im Jahre 1968 empfohlen; beide Leitungen sind fast fertig. Das Erdölverarbeitungswerk Schwedt verfügt zudem über eine Leitung zum Erdölhafen Rostock. Auch das Großtanklager Berlin ist mit Schwedt durch eine Kraftstoffleitung verbunden. Dieses Mineralverbundnetz ersetzt die unrationellen Eisenbahntransporte.

Auch in anderen Zweigen der Industrie hat die DDR stark aufgeholt: Sie ist der größte Maschinenexporteur der RGW-Länder und nach den USA und der BRD einer der größten Maschinenexporteure der Welt. Die DDR ist führend in der Erzeugung von numerisch gesteuerten Werkzeugmaschinen; die Demonstration einer Datenfernübertragung Leipzig–Moskau–Leipzig bei der Frühjahrsmesse 1969 gab einen sehr nachhaltigen Einblick in die zukünftigen Perspektiven der Zusammenarbeit zwischen den RGW-Ländern. Durch eine in der DDR produzierte Datenfernübertragungsanlage war ein numerisch gesteuertes Bearbeitungszentrum unmittelbar mit einer großen Datenbank in Moskau verbunden. Über 2000 km Entfernung erhielt das Bearbeitungszentrum in Leipzig in Bruchteilen von Sekunden aus dem Rechenzentrum in Moskau exakte Steuerimpulse für die automatische Fertigung von Werkstücken. Dieses Experiment macht klar, welche großen Möglichkeiten sich für die industrielle Entwicklung der DDR durch die Zusammenarbeit mit den Ländern des RGW ergeben können. In Zukunft werden viele der im Rechenzentrum Moskau gespeicherten Werte für die DDR-Produktion abgerufen werden können. Abkommen zwischen der DDR und der UdSSR über die Zusammenarbeit auf dem Gebiet der Kybernetik und Leitungswissenschaften sowie zur Einführung mathematisch-ökonomischer Methoden bei Planung und Leitung der Volkswirtschaft sind Fixpunkte dieser Entwicklung.

Die Landwirtschaft der DDR ist vergenossenschaftet. Die Mehrzahl der LPG sind hochproduktive Betriebe. Die DDR deckt ihren Verbrauch an Fleisch, Milch und Eiern vollständig aus eigener Produktion, bei Butter zu 97%, bei Getreide zu 75%. Früher war das Gebiet der DDR ernährungsmäßig ein ausgesprochenes Zuschußgebiet.

Kommunismus ist nicht gleich Kommunismus

Bis zu Stalins Tod im Jahre 1953 war das kommunistische Weltsystem monolithisch ausgerichtet. Jede Abweichung von der in Moskau vorgezeichneten Linie wurde als Verrat angesehen. Inzwischen sind mehrere Spielarten des Kommunismus entstanden, deren innerer Aufbau jedoch – soweit sie im Ein-

---

Der »andere« deutsche Staat

Die Deutsche Demokratische Republik (DDR) umfaßt ein Territorium von 108 178 qkm. Sie gliedert sich in 15 Verwaltungsbezirke; die Hauptstadt ist (Ost-)Berlin. Die DDR hat 17,04 Mill. Ew.; davon sind 45,8% männlichen und 54,2% weiblichen Geschlechts. Die Bevölkerungsdichte beträgt 158 Ew./qkm. Von den 8,26 Mill. Berufstätigen (einschließlich Lehrlingen) sind 7,19 Mill. Arbeiter und Angestellte und u.a. 0,84 Mill. Mitglieder von Produktionsgenossenschaften (0,65 Mill. von LPG, 0,13 Mill. von PGH). Auf 100 Personen im arbeitsfähigen Alter kommen – als Folge des Zweiten Weltkrieges – 33 Rentner. 1971 waren in der Industrie 2,99 Mill., in Land- und Forstwirtschaft 0,98 Mill., im Handel rund 840 000 Menschen tätig. Etwa 560 000 Personen arbeiteten in der Bauwirtschaft, ebenso viele im Verkehrs-, Post- und Fernmeldewesen. Der handwerkliche Bereich umfaßte ungefähr 400 000, nichtproduzierende Bereiche an 1,38 Mill. Beschäftigte.

Die DDR gehört zu den zehn führenden Industriestaaten der Welt. Die Volkswirtschaft beruht auf dem sozialistischen Eigentum an den Produktionsmitteln. Zum Volkseigentum gehören die Bodenschätze, der größte Teil der Industriebetriebe und des Verkehrswesens, Banken und Versicherungseinrichtungen, das Post- und Fernmeldewesen, fast der gesamte Großhandel sowie bedeutende Teile des Einzelhandels. Der jährliche Zuwachs der Industrieproduktion betrug in den letzten Jahren kontinuierlich mindestens 6%. Von der Industrieproduktion entfielen 1971 rund 83,1%, 1972 jedoch schon 94,9% auf volkseigene und der Rest auf genossenschaftliche Betriebe; der Anteil der privaten Betriebe ging infolge der getroffenen Maßnahmen in dieser Zeit von 1,3% (1971) auf 0,1% (1972) zurück.

Unterrichtstag in der Produktion

In den Stundenplänen der DDR-Schulen taucht ein Begriff auf, der im Bildungsprogramm früherer Jahre nicht zu finden war und auch heute noch den Lehrern und Schülern vieler anderer Länder unbekannt sein dürfte: der »Unterrichtstag in der Produktion«, kurz UTP genannt. Einmal in der Woche absolvieren die Schüler der Klassen 7 bis 10 den Unterrichtstag in der Produktion. Dieser UTP ist der Kern der polytechnischen Erziehung, die im Bildungswesen der DDR eine wichtige Rolle spielt und als integrierender Bestandteil der Allgemeinbildung aufgefaßt wird.

Beim polytechnischen Unterricht handelt es sich um eine Komponente der Bildung, die die wissenschaftlichen Grundlagen und Grundprinzipien der Produktion umfaßt, sozusagen ein Abc der Technik, der Technologie und der Ökonomie. Damit werden die Schüler in Theorie und Praxis vertraut gemacht, und zwar sowohl innerhalb der konventionellen Unterrichtsfächer (Naturwissenschaft, Mathematik, Technisches Zeichnen, Einführung in die sozialistische Produktion) als auch in der praktischen Produktionsarbeit.

In der Praxis sieht das so aus, daß die Schüler einmal in der Woche für drei bzw. fünf Unterrichtsstunden in einen Industriebetrieb, in eine LPG oder in ein dafür eingerichtetes polytechnisches Zentrum gehen. Die produktive Arbeit wird so ausgewählt, daß sie sich zugleich in ein pädagogisches System einfügt, einen Lerneffekt hervorbringt und Erkenntniswert besitzt.

Zu diesem Zweck werden etwa Lernaufträge und Aufträge für bestimmte Problemuntersuchungen gegeben, es wird experimentiert, und es werden sogenannte erkenntnisfördernde Arbeiten durchgeführt, die mathematische, physikalische und andere Kenntnisse voraussetzen. Hierzu ein Beispiel, um das Prinzip zu verdeutlichen: Die Schüler einer 7. Klasse hatten im Zusammenhang mit dem Lehrplanthema »Umformen durch Biegen« Biegeversuche an Metallblechen zu machen. Dabei waren u.a. folgende Probleme zu lösen: Warum wird der Außenbogen länger (gedehnt), der Innenbogen kürzer (gestaucht)? Was geschieht mit der mittleren Schicht? Kann der Biegeradius beliebig klein gewählt werden? Wie verhält sich dickeres Material beim Biegen? Mit den aus der Mathematik bekannten Gesetzen waren außerdem die Biegelängen zu berechnen.

Durch die unmittelbare Teilnahme an produktiver Arbeit soll dem Schüler die Realität und der Wert des Gelernten und noch zu Lernenden bewußt werden. Er empfindet dann Schule und Berufsarbeit nicht mehr als getrennte, nur zeitlich aufeinanderfolgende Bereiche des Lebens, sondern ordnet das Lernen von vornherein realen Lebensaufgaben zu.

Der polytechnische Unterricht wurde in der DDR im Jahre 1958 eingeführt. In allen übrigen RGW-Staaten wird diese Form des Unterrichts erst aufgebaut.

Masuren, Seenplatte · Der Niedersee, eine der stillen Wasserflächen im »Land der tausend Seen«, ein Ziel von Wassersportlern und Fischern.

flußbereiche der Sowjetunion liegen – noch monolithisch geblieben ist. Dennoch sind Unterschiede auch im Einflußbereich der Sowjetunion deutlich: Der Kommunismus wirkt sich für die Bevölkerung Ungarns anders aus als für die Bevölkerung Rumäniens; und die Landwirtschaft im kommunistischen Polen ist ganz anders strukturiert als im kommunistischen Musterland Bulgarien. Die Reformer in Prag wiederum hatten eine ganz andere Vorstellung von einem kommunistischen Staat der Zukunft als etwa die Kommunistische Partei der Sowjetunion.

Die Enteignung des »Monopolkapitals« und des Großgrundbesitzes schuf zwar in allen volksdemokratischen Staaten günstige Voraussetzungen für den Aufbau des Kommunismus, doch sind die Ansichten darüber, wie die Idee nun in die Praxis umgesetzt werden müßte, sehr verschieden. Die Verstaatlichung allein stellt nämlich nach Meinung führender kommunistischer Theoretiker noch keine Sozialisierung dar, weil damit die Frage einer gerechten Verteilung des Mehrwertes noch nicht gelöst ist.

Mit Ausnahme des assoziierten Jugoslawiens haben alle Mitgliedsstaaten des RGW in ihrer gesellschaftspolitischen und wirtschaftlichen Ausrichtung das sowjetische Modell übernommen, nach dem allein die Kommunistische Partei über die wirtschaftliche Entwicklung des Landes zu bestimmen hat. Die gesamte Wirtschaft – Produktion, Umsatz, Finanzen, Außenhandel – bildet ein riesiges Staatsmonopol. Alle Fabriken, alle Verkaufsläden, alle Banken, alle Bauplätze, alle Angestellten und Arbeiter, wo immer sie auch tätig sind, werden vom Staat erfaßt, der von der kommunistischen Partei geleitet wird.

In allen kommunistischen Staaten ist dieser Führungsanspruch der Partei unbestritten. Daran ändert auch nichts die Tatsache, daß es in einigen Ostblockstaaten noch andere Parteien gibt. Da die Verfassung dieser Länder ausdrücklich eine »sozialistische Gesellschaftsordnung« festlegt, sind alle Parteien dem Aufbau des Sozialismus verpflichtet.

In den Verfassungen der Ostblockländer wird auch die wirtschaftliche Struktur des Landes bestimmt. Im Artikel 7 der ČSSR-Verfassung wird beispielsweise festgelegt: »Die ökonomische Grundlage der tschechoslowakischen Republik bildet das sozialistische Wirtschaftssystem, welches jegliche Form der Ausbeutung des Menschen durch den Menschen ausschließt. Das sozialistische Wirtschaftssystem, in dem die Produktionsmittel vergesellschaftet sind und die gesamte Volkswirtschaft planmäßig geleitet ist, sichert auf der Grundlage der bewußten Zusammenarbeit aller Bürger die mächtige Entwicklung der Produktion und ein ständiges Ansteigen des Lebensniveaus der Werktätigen.«

»Die gesamte Volkswirtschaft wird planmäßig geleitet«, dieser Passus der ČSSR-Verfassung, der in dieser oder in ähnlicher Form in allen Verfassungen der Länder des RGW zu finden ist, machen den wesentlichen Unterschied zu den Ländern im übrigen Europa, einschließlich Jugoslawiens, deutlich. Planwirtschaften sind in Krisenzeiten auch in westlichen Demokratien durchaus nicht ungewöhnlich: Sie konzentrieren eine gewaltige Kraftanstrengung des ganzen Volkes auf ein einziges Ziel. Dieses Ziel liegt in den RGW-Ländern in einer raschen Industrialisierung, um damit den wirtschaftlichen Rückstand der Vergangenheit aufzuholen und den Menschen ein besseres Leben zu sichern.

In den kommunistischen Staaten hat der Staatsplan nicht nur eine wirtschaftliche, sondern auch eine gesellschaftspolitische Funktion: Er ist das Korsett des Systems. Damit nämlich der Plan bis in die äußersten Spitzen der Wirtschaft funktionieren kann – und nicht nur die Wirtschaft, sondern auch die Bildung und die Kultur unterliegen der Planung –, bedarf es einer straffen Organisation, bedarf es des »Apparates«. Der Apparat muß, wenn er gut funktionieren soll, militärisch diszipliniert sein. Er war in den ersten Jahren nach dem Krieg die Stütze jedes von Kommunisten beherrschten Staates, und er ist es z.T. auch heute noch. Die Nuancen in der Handhabung der Macht unterscheidet die Ostblockländer graduell, aber nicht prinzipiell.

Die Unterschiede in der Durchführung des Planes sind ein sicherer Gradmesser für die evolutionäre Entwicklung in den einzelnen Ländern. Der Spielraum – das zeigt das Beispiel UdSSR und Jugoslawien deutlich – ist groß. Wird der Plan streng zentralistisch durchgeführt, dann bleibt auch die persönliche Freiheit in allen Bereichen eingeschränkt; wird die Planung weitgehend an die Werktätigen delegiert, so wächst auch deren individuelle Freiheit.

Der Staatsplan ist Gesetz

Die jugoslawische Verfassung von 1946, die noch dem UdSSR-Modell entsprach, verlangte, daß der Staat das wirtschaftliche Leben und die wirtschaftliche Entwicklung des Landes dirigiere, »um den allgemeinen Wirtschaftsplan durchzuführen und die Kontrolle über die Wirtschaft auszuüben«. Ionescu bezeichnet denn auch »das Plangesetz als die nach der Verfassung legale Basis der monopolistischen Kontrolle und Lenkung des gesamten wirtschaftlichen und sozialen Lebens der Nation durch den Staat«. Der Plan ist die zweite Verfassung des Staates. Theoretisch wird im staatlichen Bereich alles geplant. Es werden nicht nur die Kennziffern für die wirtschaftliche Entwicklung des Landes innerhalb der nächsten fünf Jahre vorausberechnet und festgelegt, sondern auch der für diese Entwicklung notwendige Bedarf an Facharbeitern, Mittelschultechnikern und Hochschulabsolventen. Als in Rumänien 1966 die Zahlen für den nächsten Fünfjahresplan veröffentlicht wurden, stand der Bedarf an Nachwuchskräften ebenfalls fest: 330 000 Berufsschulabsolventen und 130 000 Mittelschultechniker. Damit diese Anzahl auch erreicht werden konnte, war es notwendig, mehr Schulen und Ausbildungsstätten zu bauen. Für den weiteren Ausbau der Fachschulen wurde also im neuen Plan ein Beitrag von mehr als 1 Milliarde Lei vorgesehen. Diese, den Volkswirtschaftsplänen entsprechende Ausweitung des Schulwesens erforderte ihrerseits eine verstärkte Heranbildung von Fach- und Mittelschullehrern und darüber hinaus eine plangerechte Aufstockung des Lehrkörpers an den Hochschulen.

In der Anfangsphase des Überganges zum volksdemokratischen System führte die strenge Planwirtschaft in den Agrarländern zu großen und beachtlichen Erfolgen. Doch je rascher die Industrialisierung vorankam, desto früher erfolgte die Umstrukturierung von der extensiven zur intensiven Wirtschaft. Nun begann aber die schwerfällige Form des Planes zu versagen. Versuchte man anfangs den Rückgang der Zuwachsrate auf den Mangel an qualifizierten Arbeitskräften zurückzuführen, so bemerkten die Nationalökonomen des Ostblocks sehr bald, daß die Ursachen im starren Planungssystem lagen, die nur durch eine Wirtschaftsreform beseitigt werden konnten. Die Diskussion dauerte Jahre: Es gab keine Richtlinien, keine Vorbilder, wie wirtschaftliche Schwierigkeiten in der Planwirtschaft hätten überwunden werden können. Die Sowjetunion, ein noch immer an Rohstoffen reiches Land, zögerte am längsten vor Wirtschaftsreformen. Und das – aus sowjetischer Sicht gesehen – aus gutem Grund: Die Wirtschaftsreformen, wie sie innerhalb des Ostblocks diskutiert wurden, brachten nämlich nicht nur eine neue Ära der wirtschaftlichen Entwicklung, sondern führten auch zu einer Änderung in der gesellschaftlichen Struktur. Die Entwicklungskrise innerhalb der RGW-Länder machte deutlich, daß auch Planwirtschaften von objektiven ökonomischen Gesetzmäßigkeiten bestimmt werden. Wertkategorien wie Gewinn, Wert, Ware und Preis wurden nun auch in der kommunistischen Wirtschaft beachtet. Der tschechische Wirtschaftswissenschaftler Ota Šik skizzierte die Situation nach dem Start der Wirtschaftsreform in der ČSSR etwa so: »Wer aber das neue System des Managements nur auf Leistungsanreize und Marketing beschränken und gleichzeitig die alten administrativen Methoden beibehalten will, beweist, daß er nicht über den Punkt hinausgelangt ist, an dem wir 1958 standen, und er würde genau so scheitern wie damals. Die Einführung des neuen Systems des wirtschaftlichen Managements bedingt die Demokratisierung unserer Gesellschaft [...] und die des ganzen politischen und wirtschaftlichen Bereiches.«

Am Beispiel der Tschechoslowakei zeigt sich augenfällig, wie mit der Drosselung der Wirtschaftsreformen auch der Demokratisierungsprozeß zurückging. In Ungarn, wo die Wirtschaftsreform innerhalb der RGW-Länder am stärksten entwickelt ist, hat auch die sozialistische Demokratie einen höheren Reifegrad erreicht. In Rumänien, dem Land, das den Ehrgeiz hat, sich außenpolitisch von einer sowjetischen Bevormundung freizuspielen und dafür überdurchschnittliche Wachstumsraten benötigt, steht die Entwicklung der »sozialistischen Demokratie« noch auf einer niedrigen Stufe.

Der »Rat für gegenseitige Wirtschaftshilfe«

Am 16. April 1948 schlossen sich die europäischen Staaten zum europäischen Wirtschaftsrat zusammen, und am 25. Januar 1949 wurde in Moskau der »Rat für gegenseitige Wirtschaftshilfe« (RGW) gegründet, im Westen COMECON (Council for Mutual Economic Aid) genannt. Die wirtschaftliche und politische Spaltung Europas begann sich abzuzeichnen. Dem RGW gehörten als Gründungsmitglieder außer der Sowjetunion noch Bulgarien, Polen, Rumänien, die Tschechoslowakei und Ungarn an. Albanien trat dem RGW einen Monat später bei (gilt seit 1962 faktisch nicht mehr als Mitglied, wurde aber formell nicht ausgeschlossen), und die DDR wurde am 29. September 1950 Mitglied.

Die Sowjetunion nahm von der Gründung an eine Sonderstellung ein: Ihre wirtschaftliche Autarkie wird durch ihre RGW-Mitgliedschaft nicht eingeschränkt. Ihre völkerrechtlich anerkannte Rolle als Großmacht zwingt ihr auch innerhalb des RGW einen besonderen Status auf. Die völkerrechtliche Anerkennung der Sowjetunion als Großmacht wurde durch die Charta der Vereinten Nationen dokumentiert, die einen Unterschied zwischen den Großmächten USA, Sowjetunion, Großbritannien, Frankreich und China macht. Nur diese fünf Mitgliedsländer sind ständig im Weltsicherheitsrat vertreten und haben dort ein Vetorecht. Die Sowjetunion ist nicht nur völkerrechtlich und politisch eine Großmacht, sondern verfügt auch wie die USA – und in absehbarer Zeit vermutlich auch China – über ein genügend großes Potential, um ihre Wirtschaft aus eigenen Mitteln in Gang zu halten. Zum Unterschied von Großbritannien oder Frankreich ist die Sowjetunion von Importen weitgehend unabhängig.

Die Sowjetunion hat aus dieser Sonderstellung auch nie ein Hehl gemacht: »Ich meine, wir müssen auch hier auf einem realistischen Boden bleiben, weil die Frage der Autarkie in der Sowjetunion wahrscheinlich anders gesehen werden muß, als in der Schweiz oder in Österreich«, stellte ein sowjetischer Vertreter einmal bei einem Europagespräch in Wien trocken fest, und fügte hinzu: »Die Sowjetunion ist ein Land, das 90 Millionen t Stahl produziert, die Sowjetunion ist ein Land, das alles hat, was man für das Leben braucht. Und darum wäre es nach meiner Meinung unsinnig zu sagen, daß ein Bestreben zur Autarkie vorhanden ist, weil die Sowjetunion alles hat – ebenso wie die Vereinigten Staaten.«

Die Ausgangsposition der Sowjetunion für die Gründung

Gdánsk (Danzig) · Das Krantor an der Weichsel, eines der ältesten (1411) Bauwerke der Stadt, wurde nach 1945 im alten Stil wiederaufgebaut.

des RGW war klar: Nach dem Zweiten Weltkrieg wollte die Sowjetunion die in ihrem Vorfeld liegenden Staaten wirtschaftlich und politisch enger an sich binden. Sie wollte auch verhindern, daß sich diese Länder nach dem Westen orientieren. Deshalb mußten die ČSR und Polen über Stalins Auftrag die ihnen angebotene amerikanische Marshallplan-Hilfe ablehnen. Durch das von den USA und ihren Verbündeten über die osteuropäischen Staaten verhängte Wirtschaftsembargo, das die amerikanische Politik des »Roll-back« unterstützen sollte, gerieten diese noch mehr in den Einflußbereich der Sowjetunion.

Bis 1956 schien es, als würde die Sowjetunion nicht so sehr an einer echten Integration von gleichberechtigten souveränen Staaten im Rahmen des RGW interessiert sein als vielmehr daran, sich mit den europäischen Volksdemokratien einen wirtschaftlichen Ergänzungsraum zu schaffen. Da die Sowjetunion bis zu den Aufständen in Ungarn und Polen praktisch über die ihr ergebenen kommunistischen Parteien auch die Wirtschafts- und Außenpolitik dieser Länder bestimmte, war der RGW damals in erster Linie nur ein Transmissionsriemen für die wirtschaftliche Verflechtung der osteuropäischen Völker mit der Sowjetunion. Ratssitzungen fanden in dieser Zeit kaum statt. Dennoch bedeutete diese erste Epoche der wirtschaftlichen Zusammenarbeit keineswegs nur eine Einbahnstraße zugunsten der Sowjetunion. Man darf nämlich nicht übersehen, daß die ökonomischen und historischen Voraussetzungen für eine wirtschaftliche Integration in den einzelnen Ländern recht unterschiedlich waren. Die Konzeption eines wirtschaftlichen Großraumes, der auf Produktionsbasis integriert werden sollte, mußte notgedrungen um einen Ausgleich zwischen dem Industrie- und Agrarsektor bemüht sein. Die Vollmitglieder beschlossen daher schon bei ihrer Gründung, über »die Produktionsteilung, beziehungsweise Abgrenzung zur Integration ihrer Nationalwirtschaften zu gelangen«, von der eine beachtliche Steigerung des Industriepotentials des gesamten Blocks erwartet wurde. Die Sowjetunion unterstützte die Industrialisierungsbestrebungen nachhaltig durch langfristige Handelsabkommen.

Die klassischen Agrarländer Bulgarien, Rumänien, Ungarn und z. T. auch Polen, hatten eine andere wirtschaftliche Ausgangsposition als etwa die stark industrialisierte Tschechoslowakei oder die DDR. Ihre Industrialisierung war jedoch eine Grundvoraussetzung für jede weitere wirtschaftliche Integration. Für Rumänien ergab sich noch ein anderes Problem: als rohstoffreichem Land drohte ihm bei einer verstärkten übernationalen Integration zu diesem Zeitpunkt die Gefahr, für die industrialisierten RGW-Länder ein billiger Rohstofflieferant zu werden. Supranationale Verbindungen wurden daher von Rumänien, und damals auch noch von Bulgarien, abgelehnt. Der Plan – zwar nicht offen ausgesprochen, aber doch im Trend erkennbar – über den RGW zu einem supranationalen Staatengebilde zu gelangen, in dem die Sowjetunion uneingeschränkt die Vorherrschaft besessen hätte, scheiterte nach Stalins Tod am Widerstand der Mitgliedsländer.

Die RGW-Länder sind an der Weltindustrieproduktion etwa mit einem Drittel beteiligt. Die industrielle Produktion ist weiterhin steigend. Der RGW-Raum ist heute im Welthandel nicht nur als Lieferant von Rohstoffen interessant, sondern auch als industrieller Exportpartner. Die hochentwickelten Industrieländer Westeuropas sowie Japan und in jüngster Zeit auch die USA sind im zunehmenden Maße an einer Erweiterung ihrer Handelsbeziehungen mit den RGW-Ländern interessiert – trotz der Unterschiede der Wirtschaftssysteme und der komplizierten Zahlungsmodalitäten.

Das Ende des »Kalten Krieges« wurde zuerst im wirtschaftlichen Bereich signalisiert: Abbau des Embargos, Vergrößerung des Güteraustausches und langfristige Investitions- und Kreditabkommen. Deutsche, Briten, Franzosen und Italiener projektieren und bauen schon seit Jahren Fabriken und Industrieanlagen in allen RGW-Ländern. So errichtete z. B. Fiat ein Autowerk in der Sowjetunion, Renault in Rumänien. Kooperationen zwischen östlichen und westlichen Unternehmungen sind heute schon zu einer wirtschaftlichen Selbstverständlichkeit geworden. Wenn auch die systembedingten strukturellen und politischen Hindernisse noch nicht beseitigt werden können, zeichnen sich doch schon sehr konkrete wirtschaftliche Verflechtungen zwischen den RGW-Ländern und den Ländern der Europäischen Wirtschaftsgemeinschaft (EWG) ab.

Die Zielsetzung des RGW unterscheidet sich jedoch grundsätzlich von jener der EWG. Der RGW ist eine zwischenstaatliche Behörde, deren Beschlüsse und Empfehlungen von den Mitgliedsstaaten einstimmig angenommen werden müssen, zum Unterschied vom Prinzip der Mehrheitsbeschlüsse der EWG, das auf dem Verzicht des nationalen Vetos beruht. Die sowjetischen und sowjetisch inspirierten Gründer des RGW hatten gehofft, die Supranationalität des RGW über die Internationalität der von Moskau aus gelenkten kommunistischen Parteien zu erreichen. Inzwischen hat die Praxis gezeigt, daß auch kommunistische Regierungen nicht bereit sind, sich dem RGW als einer supranationalen Wirtschaftsvereinigung unter der Führung Moskaus unterzuordnen.

Die Mitgliedsländer ziehen bilaterale Abkommen über den Handel und die Koordinierung der Produktion einer multilateralen Zusammenarbeit mit dirigistischen Methoden vor. Als die Sowjetunion 1962 vorschlug, eine supranationale Planungsbehörde zu errichten, die einen einheitlichen Gesamtplan für alle RGW-Mitglieder hätte erstellen sollen, lehnte Rumänien scharf ab: »Die Leitung der Volkswirtschaft ist eines der fundamentalen, wesentlichen und unveräußerlichen Attribute der Souveränität des sozialistischen Staates. Der Staatsplan ist ein Ganzes und unteilbar. Es können nicht Teile oder Abschnitte aus ihm herausgelöst und außerhalb des Staates gestellt werden. Angesichts der Unterschiedlichkeit der jeweiligen Voraussetzungen für den Aufbau des Sozialismus wird es einem klar, daß es ein Einheitsschema oder -rezept nicht gibt und auch nicht geben kann; niemand kann entscheiden, was für andere Länder oder Parteien richtig ist und was nicht.«

Die Rumänen stellten den russischen Integrationsvorschlägen ihre Prinzipien für eine Zusammenarbeit im Rahmen des RGW gegenüber: Verstärkung der wirtschaftlichen Beziehungen zwischen den Mitgliedsländern auf der Basis des gegenseitigen Vorteils und vollkommener Gleichberechtigung, allmähliche Ausschaltung des Unterschiedes im Lebensniveau und gegenseitige Unterstützung zur Entwicklung aller Wirtschaftssparten in den einzelnen Ländern.

Die von der Sowjetunion vorgeschlagene übernationale Planungsbehörde sollte die Aufgabe haben, im Rahmen von Perspektivplänen Investitionsobjekte nach einer rationalen Beurteilung der Ressourcen im RGW-Bereich auszuwählen. Diese langfristigen Projekte sollten gemeinsam finanziert und zum gemeinsamen Eigentum werden. Auch dies lehnten die Rumänen mit dem Hinweis ab, daß derartige Vorstellungen in Widerspruch zu den grundsätzlichen Prinzipien der Beziehungen zwischen sozialistischen Staaten, zu den Prinzipien der Unabhängigkeit, der nationalen Souveränität, der Gleichberechtigung und der kameradschaftlichen Hilfe stünden.

Siebenbürgen, Sighişoara (Schäßburg) · Einst ein bedeutender Mittelpunkt der »Siebenbürger Sachsen«. Altstadtgasse mit dem 64 m hohen »Stundturm« (14. Jh.).

Die unmißverständliche Reaktion Rumäniens auf den sowjetischen Vorschlag machte nicht nur auf die unterschiedlichen politischen und wirtschaftlichen Interessen der Mitgliedsländer aufmerksam, sie unterstrich auch die Notwendigkeit einer Kompromißbereitschaft seitens der Sowjetunion, wenn der RGW ein echtes Instrument der internationalen Zusammenarbeit werden sollte.

Diese Kompromißbereitschaft zeichnete das im Juli 1971 in Bukarest von der 25. Ratssitzung beschlossene Komplexprogramm aus, in dem die diametral entgegengesetzten Standpunkte der Sowjetunion und Rumäniens auf eine für beide Seiten zufriedenstellende Formel gebracht werden konnten. Die Ausarbeitung dieses Programms war von den Regierungschefs aller Mitgliedsstaaten 1969 beschlossen worden. Das Komplexprogramm sieht eine noch engere wirtschaftliche Verflechtung zwischen den einzelnen Mitgliedsländern vor, ohne daß dadurch jedoch eine Einschränkung der Souveränität erfolgen kann.

Im Komplexprogramm haben die Mitgliedsländer des RGW vier Fünfjahrespläne für die Entwicklung ihrer Volkswirtschaften koordiniert. Der größte Teil des Bedarfes der RGW-Länder an den wichtigsten Produkten soll durch Eigenerzeugung und gegenseitige Lieferungen gedeckt werden.

Eine wichtige Rolle spielt im Komplexprogramm die Organisation der Zusammenarbeit der Partnerländer in der Produktionssphäre, vor allem bei der Lösung des Roh- und Brennstoffproblems, bei der Spezialisierung und Kooperation der Produktion im Maschinenbau und in der Chemie. Aufgrund von Komplexabkommen mit der DDR, der ČSSR, Ungarn und Rumänien werden in der Sowjetunion zusätzliche Produktionsstätten für Erdöl, Erdgas, Eisenerz und Kunstdünger geschaffen, die ausschließlich der Versorgung dieser Länder mit Roh- und Werkstoffen sowie Energieträgern dienen. Ferner ist die Errichtung eines gemeinsamen Hüttenkombinates und einer Zellulosefabrik auf dem Territorium der Sowjetunion geplant. In Polen ist die gemeinsame Erschließung der neuentdeckten Kohlenlager vorgesehen. Bulgarien hat in der autonomen sowjetischen Republik Komi ein Holzgewinnungsunternehmen errichtet. Rund viertausend bulgarische Holzarbeiter fällen und verarbeiten hier jährlich über zwei Millionen Festmeter Holz, das für Bulgarien bestimmt ist.

Ferner sieht das Komplexprogramm die Abstimmung wichtiger Volkswirtschaftszweige und Produktionsarten für den Zeitraum von zehn und zwanzig Jahren vor, wie auch die gemeinsame Planung einzelner Industriezweige. Aber kein Mitgliedsland ist verpflichtet, daran teilzunehmen.

Bei der Bukarester Tagung wurden erneut auch die nichtkommunistischen Länder zum Beitritt eingeladen. »Sollten andere Staaten in der Wirtschaftsintegration der RGW-Länder Möglichkeiten sehen, ihre eigenen [...] Wirtschaftsprobleme zu lösen, so können sie sich«, wie es heißt, »zu seiner Realisierung voll oder teilweise beteiligen«. Finnland vereinbarte 1973 ein Rahmenabkommen mit dem COMECON.

Nur Empfehlungen möglich

Zum Unterschied vom Westen, wo man unter dem Begriff Wirtschaftsintegration im internationalen Maßstab die Liberalisierung des Handels und den freien Strom von Waren, Kapital und Arbeitskräften aus einem Land in das andere versteht, geht die Konzeption des RGW von der Integration der Produktionskräfte und Produktionsbeziehungen aus.

Damit die Teilnehmerländer im voraus festgelegte konkrete Verpflichtungen übernehmen können, muß sich ihre Zustimmung aus den Bedürfnissen ihrer eigenen Wirtschaft ergeben, und kann daher auch nicht durch den RGW dekretiert werden. Eine Empfehlung des »Rates« ist nur ein von außen kommender Impuls, den das betreffende Teilnehmerland nur dann als seinen eigenen akzeptieren wird, wenn sich dadurch wirtschaftliche Vorteile ergeben. Dazu ein Beispiel aus der Praxis: Der einzige nennenswerte Rohstoff Ungarns ist Bauxit. Aus Bauxit wird nach der Verhüttung Aluminium. Für 6 t Bauxit bekommt man 1 t Aluminium. Für die Aluminiumerzeugung ist jedoch ein hoher Stromverbrauch notwendig; die Selbstkosten hängen weitgehend vom Strompreis ab. In Ungarn ist Strom teuer; der Herstellungspreis für 1 kWh Strom ist in Ungarn etwa zehnmal so hoch wie in der Sowjetunion. Ungarn und die Sowjetunion schlossen ein Aluminiumabkommen ab, wonach die wenig Energie beanspruchenden Phasen der Aluminiumherstellung, nämlich der Bauxitabbau, die Alaunerdegewinnung sowie die Verarbeitung des fertigen Aluminiums in Ungarn, die Verhüttung zu Aluminiumblöcken aber etwa 3000 km entfernt in sowjetischen Werken erfolgen soll, die in unmittelbarer Nähe großer sowjetischer Wasserkraftwerke liegen. Das aus der ungarischen Alaunerde gewonnene Aluminium wird wieder nach Ungarn zurückgeliefert. Eine Verhüttung in Ungarn würde etwa die Hälfte der in Ungarn produzierten elektrischen Energie in Anspruch nehmen und die Selbstkosten wesentlich erhöhen. Durch die Verhüttung in der Sowjetunion importiert Ungarn praktisch 3–4 Milliarden kWh elektrischer Energie billig in Form von Aluminiumblöcken. Aber auch für die Sowjetunion ist dieses Geschäft vorteilhaft, weil ein direkter Export dieser billigen elektrischen Energie äußerst unwirtschaftlich und z.T. durch den enormen Stromnetzverlust gar nicht durchführbar wäre.

In der praktischen Zusammenarbeit der RGW-Länder nehmen solche Empfehlungen einen wichtigen Platz ein. In Sachfragen, wie etwa in der wirtschaftlichen und technischen Zusammenarbeit, der Spezialisierung sowie der Profilierung der Produktion, kann auch die Ratssitzung (bis 1971 gab es insgesamt 25 Sitzungen) keinen Beschluß fassen, sondern nur Empfehlungen geben. Alle von dieser Generalversammlung des RGW angenommenen Empfehlungen werden aber erst dann wirksam, wenn sie von den einzelnen Regierungen gutgeheißen wurden. Kommt aber ein Mitgliedsland noch nachträglich zur Auffassung, daß sie einer Empfehlung nicht beitreten möchte, kann es sich als desinteressiert erklären.

Die Zusammenarbeit zwischen den Mitgliedsstaaten hat verschiedene Formen: Koordinierung der volkswirtschaftlichen Pläne; technisch-wissenschaftliche Zusammenarbeit und Unterstützung; Spezialisierung und Kooperation in der Produktion.

Die Koordinierung der Volkswirtschaftspläne der einzelnen Staaten erfolgt bei gegenseitigen Beratungen ihrer Planungsorgane bzw. auf den Konferenzen der zwölf ständigen Kommissionen des RGW. Bei den ständigen Kommissionen werden die einzelnen Industriezweige und deren Produktion aufeinander abgestimmt. Die Realisierung erfolgt dann in der Regel durch langfristige Handelsabkommen zwischen den einzelnen Mitgliedsländern.

Die technisch-wissenschaftliche Zusammenarbeit beinhaltet auch die Übergabe kompletter Produktions- und Fabrikationstechnologien, den Austausch von Dokumentationen und Patenten, den Erfahrungsaustausch und die Ausbildung von Fachkräften. So hat die Sowjetunion den RGW-Ländern zwischen 1960 und 1965 mehr als dreißigtausend komplette Dokumentationen mit mehreren Millionen Zeichnungen zur Ver-

> **Zur Struktur der COMECON-(RGW-)Staaten**
>
> Laut Angaben der FAO ist der Anteil der in der Landwirtschaft Beschäftigten an der Gesamtzahl der Erwerbstätigen der RGW-Staaten von 54,9% im Jahre 1950 auf 32,4% im Jahre 1970 gesunken; für 1975 wird ein Anteil von 27,2%, für 1980 von 22,1% vorausgesehen. (Zum Vergleich: In den nichtkommunistischen Industrieländern betrug im Jahre 1970 der entsprechende Anteil 14,1%). Die Elektroenergieproduktion der RGW-Staaten stieg von 135 346 Mill. kWh 1950 über 406 560 Mill. kWh 1960 auf 920 772 Mill. kWh im Jahre 1969 (ohne Albanien). Der Index des Nationaleinkommens (1960 = 100) befand sich 1969 in den einzelnen Mitgliedsstaaten des RGW auf folgendem Stand (in vergleichbaren Werten): Bulgarien 196, DDR 145, MVR 127, Polen 171, Rumänien 209, Tschechoslowakei 149, UdSSR 184, Ungarn 165. Nach dem »Wochenbericht« des DIW vom 2. März 1972 belief sich der Anteil der RGW-Staaten am OECD-Außenhandelsumsatz 1960 auf 2,6%, 1970 auf 3,2%, während die OECD-Staaten 1960 mit 20,5%, 1970 mit 23,2% am RGW-Außenhandelsumsatz beteiligt waren.

fügung gestellt. Etwa siebentausend Dokumentationen erhielt die Sowjetunion von den anderen Mitgliedsländern. Diese Pläne werden den Mitgliedsstaaten kostenlos überlassen; lediglich die Kopien und die Übersetzungen müssen bezahlt werden. Für Ungarn sind z.B. die Ersparnisse durch Übernahme von sowjetischen Bauplänen und Dokumentationen für den Bau des Stahlwerkes Dunaújváros und der Borsoder Chemischen Werke an der Theiß zu nennen.

Im Rahmen der industriellen Zusammenarbeit entwickelte sich als eine spezifische Form der Kooperation die internationale Arbeitsteilung. Sie basiert auf dem Gedanken, gleichgeartete Produktionen ohne nennenswerte Rentabilität durch einen in Serien fertigenden Betrieb für alle Länder zu ersetzen oder bei Neugründungen ein Nebeneinander zu verhindern. Auf der Basis solcher Spezialisierungsvorschläge wurden ganze Industriezweige neu entwickelt, so die Produktion von Elektrokarren in Bulgarien, nachrichtentechnische Industrie in Ungarn.

Investitionsgüter und komplette Fabrikanlagen werden von den RGW-Ländern in der Regel auf Kreditbasis – mit 2% Verzinsung – geliefert, ein Teil davon meist auch auf der Grundlage von Amortisationsverpflichtungen aus der laufenden Produktion. Beispiele für diese Art der Zusammenarbeit sind u.a. die von der Tschechoslowakei in Siebenbürgen gebauten Elektrizitätswerke, die über eine über die Sowjetunion führende Hochspannungsleitung innerhalb von zehn Jahren mehr als 2 Milliarden kW Strom in die ČSSR liefern; der ČSSR-Vertrag mit Bulgarien, wonach mit tschechoslowakischer Kredit- und Materialhilfe Erzgruben erschlossen und Aufbereitungsbetriebe gebaut wurden, aus denen die ČSSR seit Produktionsbeginn Erze, Halbzeug und Elektrolytkupfer bezieht; das mit langfristigen Krediten der DDR, ČSSR und Polen aufgebaute Schilfverwertungskombinat bei Brăila in Rumänien, das diese Länder langfristig mit Papier beliefert. Von großer Bedeutung ist die 5000 km lange Erdgasleitung »Nordlicht«, die im Gebiet von Tjumen in Westsibirien beginnt, sich im Westen verzweigt und deren nach der DDR führendes Teilstück 1973 fertig wurde. Gleiches gilt für die Erdölleitung »Freundschaft«.

Obwohl seit der Gründung des »Rates für gegenseitige Wirtschaftshilfe« für die Entwicklung der Mitgliedsländer viel geleistet wurde – auch auf dem Gebiet der Bildung, des Gesundheitswesens, der sozialen Fürsorge –, kann noch nicht von einer inneren Einheit des COMECON-(RGW-)Bereiches gesprochen werden. Es fehlt bisher eine über die internationale Arbeitsteilung hinausgehende harmonische gesamtwirtschaftliche Zusammenarbeit.

In allen RGW-Staaten sind Wirtschaftsreformen im Gange, die auch zu Reformwünschen für die Zusammenarbeit innerhalb des RGW geführt haben. Bei allem Respekt vor der Bewahrung der nationalen Souveränität drängen die Fachleute im Osten auf eine noch engere Integration und Zusammenarbeit auf allen Ebenen, um die Volkswirtschaften der einzelnen Länder noch effektiver gestalten zu können. Denn nur dadurch können sie zu gleichberechtigten Wirtschaftspartnern der nichtkommunistischen Länder werden.

Bis zum Jahre 1980 soll das schwerfällige System der Außenhandelsbeziehungen zwischen den RGW-Ländern überwunden und der bis heute noch geschlossene nationale Markt in einen integrierten gemeinsamen Markt umgewandelt werden. Dafür ist neben der Zusammenarbeit der Regierungen auch eine direkte Zusammenarbeit zwischen den Produktions- und Handelsbetrieben aller Mitgliedsländer notwendig.

Das größte Hindernis für eine gesamtwirtschaftliche Integration liegt im derzeitigen Währungssystem. Es wird daher an die Einführung der Konvertibilität der Valuten gedacht. Hier ist geplant, eine gemeinsame Währung zur Hauptvaluta der Integration zu machen, die zugleich auch eine Reservewährung wäre und – zu realen Kursen – die nationalen Währungen zu einem einheitlichen Währungssystem verknüpfen würde. Die Schaffung eines solchen Währungssystems ist natürlich überaus schwierig und wird nur nach langen Vorarbeiten möglich sein.

Erst wenn der RGW-Raum zu einem einheitlichen Währungsgebiet und darüber hinaus zu einer Zollunion geworden ist, kann er der EWG als gleichwertiger Partner gegenübertreten, und erst dann könnte ein Beitritt von nichtkommunistischen Ländern nicht nur juristisch, sondern auch praktisch überlegenswert sein.

> **Bulgarien** – Ognjanoff, Chr.: Bulgarien. *Nürnberg 1967.* – Siegert, H.: Bulgarien heute. *Düsseldorf 1966.* – **Tschechoslowakei** – Kavka, F.: Die Tschechoslowakei, Abriß ihrer Geschichte. *Prag 1963.* – Kuhn, H.: Tschechoslowakei. *Nürnberg 1965.* – Liehm, A.: Gespräch an der Moldau. *Wien 1968.* – Ließ, R.: Tschechen und Slowaken. *Schwäbisch Hall 1970.* – **DDR** – Dornberg, J.: Deutschlands andere Hälfte. *Wien 1968.* – Matal, K. V.: Die DDR – Aufbau, Entwicklung und Zukunft. *Frankfurt/M. 1969.* – Müller-Gangloff, E.: Mit der Teilung leben. *München 1965.* – Polikeit, G.: Die sogenannte DDR. *Jugenheim 1966.* – Richter, E.: DDR – Das zweite Deutschland. *Gütersloh 1964.* – Weber, H.: Von der SBZ zur DDR. *Hannover 1966.* – **Polen** – Arnold, St./Zychovski, M.: Abriß der Geschichte Polens. *Warschau 1967.* – Carl, H.: Kleine Geschichte Polens. *Frankfurt/M. 1960.* – Interpress: Polen, Land und Leute. *Warschau 1970.* – **Rumänien** – Rebreanu, L.: Aufstand. *Berlin 1962.* – Reisen, Wandern, Erholung in Rumänien. *Bukarest 1971.* – Siegert, H.: Rumänien heute. *Düsseldorf 1966.* – **Ungarn** – Boldiszán, T.: Ungarn. *Budapest 1964.* – Darnoy, P.: Ungarn nach dem Volksaufstand. *Köln 1960.* – Király, E.: Die Arbeiterselbstverwaltung in Ungarn. *Oldenburg 1961.* – Lindner, W.: Die kommunistische Planwirtschaft am Beispiel Ungarns. *Zürich 1964.* – Meilensteine. Drei Jahrzehnte im Spiegel der ungarischen Literatur. *Budapest 1965.* – Siegert, H.: Ungarn heute. *Düsseldorf 1967.* – **Allgemein** – Geographische Übersichten. (In: Westermann Lexikon der Geographie. Mit reichen Literaturangaben.) *Braunschweig 1968.* – Kahn, H. W.: Die Russen kommen nicht. *München 1969.* – Ließ, R. O.: Südosteuropa. *Wien 1968.* – Richter, E.: Die neue Gesellschaft in Ost und West. *Gütersloh 1966.* – Stojanovic, S.: Kritik und Zukunft des Sozialismus. *München 1970.*

Reinhard Stewig

Die Türkei

Der Gegensatz zwischen Binnen- und Randlandschaften

Anatolien besteht aus einer alten, starren, wahrscheinlich mehrgliedrigen Masse in der Mitte, die von je einem langgestreckten Ketten- und Faltengebirge im Norden, dem Pontischen Gebirge, und im Süden, dem Taurus, begrenzt und umschlossen wird. Diese beiden Gebirge streichen etwa parallel zu den Küsten des Schwarzen Meeres und des östlichen Mittelmeeres. Im Osten der Türkei liegt das ehemals Armenien genannte Gebirgsknotenland Ostanatolien. Im Westen der Halbinsel verzahnen sich die in Ost-West-Richtung laufenden Gebirgszüge und Bergländer mit niedrig gelegenen, von See her tief ins Land eingreifenden Grabenbrüchen und Flußtälern zu einem vielfach gekammerten Raum. Das charakteristische Landschaftselement der Türkei ist die »Ova«, d.h. die mehr oder weniger ausgedehnte, von niedrigen bis hohen Gebirgszügen begrenzte Ebene; sie ist im Westen und im Innern des Landes weit verbreitet. Im Innern herrscht eine flachwellige, von meist nur niedrigen Gebirgszügen begrenzte Ova-Landschaft.

Dieser Gegensatz zwischen den gebirgigen Küstengebieten und dem flachen Innern wird durch das Klima noch verstärkt. Wenn sich in den Wintermonaten die Westwindzone der mittleren Breiten nach Süden verlagert, spalten sich die von Westen herandrängenden regenbringenden Tiefdruckgebiete vor den Gebirgen Westanatoliens. Sie teilen sich in eine nördliche Zugstraße, entlang der Nordküste, und eine südliche, entlang der Südküste Anatoliens. So erhalten alle peripheren Gebiete der Türkei in den Wintermonaten z.T. sehr hohe Niederschläge, während das Innere des Landes meist leer ausgeht. Verlagert sich in den Sommermonaten die Westwindzone wieder nach Norden, so bleiben auch die Süd- und Westküste Anatoliens ohne Niederschläge. Die Nordküste dagegen erhält durch die vom Schwarzen Meer herandrängenden feuchtigkeitsbeladenen Luftmassen auch im Sommer Niederschläge.

Diese unterschiedlichen natürlichen Gegebenheiten der Binnen- und Randlandschaften bewirken in ihrem Zusammenspiel die großräumliche Verteilung der natürlichen Vegetation Anatoliens. Den geringen jährlichen Niederschlagsmengen entsprechend ist die Ova-Landschaft Inneranatoliens als Hauptverbreitungsgebiet der natürlichen Steppe, und zwar der Grassteppe, die sich unter dem Einfluß des Menschen in eine Krautsteppe umgewandelt hat, anzusehen. Die Höhenzüge, von denen die Ebenen umgeben werden, haben ursprünglich wahrscheinlich ein leichtes Waldkleid getragen, das aber vom Menschen weitgehend zerstört worden ist. Die Gebirge in den peripheren Gebieten Anatoliens können als potentielles Waldland angesehen werden. Besonders in West- und Südanatolien hat seit der Antike eine starke Entwaldung eingesetzt, so daß dort Wald heute nur noch in wenigen höheren Lagen anzutreffen ist. Im Gegensatz dazu ist auch heute das ganzjährig beregnete Pontische Gebirge stark bewaldet.

So wichtig wie die jährliche Niederschlagsmenge ist für die Vegetationsverbreitung die Menge der Sonneneinstrahlung. Die Vegetation der in Ost-West-Richtung streichenden Randgebirge Anatoliens zeigt diese Abhängigkeit sehr deutlich: Infolge starker Sonneneinstrahlung weisen die Südhänge bis in größere Höhen lichte Trockenwälder auf, während in jeweils gleicher Höhenlage auf der Nordseite – als Folge der geringeren Sonneneinstrahlung und der meist höheren Niederschläge – dichte Feuchtwälder zu finden sind.

Das Kräftespiel westlicher und östlicher Einflüsse

Die Türkei bildet, entsprechend ihrer großräumlichen Lage, historisch und kulturell eine Brücke zwischen Europa und Asien. Zu den prägenden Einflüssen, die aus dem Kernraum Anatoliens selbst stammten, kamen aus dem Westen europäische und aus dem Osten asiatische Einflüsse hinzu.

Zwischen 1800 und 1200 v.Chr. bildete sich in Anatolien erstmals ein Reich, nämlich das Hethiterreich, das sich auf Inneranatolien als Kernraum stützte. Von dort dehnte es sich auch auf die Randräume Anatoliens aus und rang in Syrien und Palästina mit dem Pharaonenreich Ägypten um die territoriale Herrschaft. Wahrscheinlich basierte das Hethiterreich wirtschaftlich auf extensiver Viehhaltung und ein wenig Ackerbau in der Nähe der Flüsse Inneranatoliens. Daß gerade dieses Gebiet der Kernraum des Reiches war, wird noch gestützt durch die Tatsache, daß sich etwa 200 km östlich von Ankara, bei dem heutigen Dorf Boğazköy, die Hauptstadt Hattusa befand, die wie andere vor- und frühgeschichtliche Hauptstädte Südwestasiens eine Palastsiedlung war.

Schon während des Niederganges des Hethiterreiches, um 1200 v.Chr., regten sich in Griechenland und in Persien auf Anatolien übergreifende Kräfte. In einer ersten altgriechischen Kolonisationswelle um 1000 v.Chr. entstanden an der Ägäisküste Anatoliens eine ganze Reihe von Siedlungen, poleis, unter denen Troja, Ephesos und Milet nur die bekanntesten sind. Während der zweiten altgriechischen Kolonisationswelle griff die griechische Besiedlung – teilweise kamen die Siedler aus dem Mutterland, teilweise aus Westanatolien – auf die Nord- und Südküste Anatoliens über.

Im 6. Jahrhundert v.Chr. griff das Perserreich auf Anatolien über, eroberte Inneranatolien und auch die griechischen Siedlungen an der Küste. Doch der Kernraum des Perserreiches blieb das iranische Hochland mit Persepolis als Hauptstadt. Anatolien war Eroberungsraum.

Hatten mit der Ausdehnung des Perserreiches die östlichen Einflüsse auf Anatolien übergegriffen, so wurden diese mit dem Einsetzen der dritten altgriechischen Kolonisationswelle wieder von westlichen abgelöst. Dieses Mal drangen die griechischen Siedler über die West-, Süd- und Nordküsten hinaus ins Innere Anatoliens vor. Nach dem Tode Alexanders des Großen wurde die griechische Herrschaft im Lande durch zahlreiche Kleinstaaten, schließlich durch das Römische Reich abgelöst. Anatolien wurde römische Provinz, die die Ostgrenze des Reiches am Euphrat verteidigen mußte. Das politische Zentrum, Rom, lag außerhalb Anatoliens. Nach der Teilung des Römischen Reiches im 4. Jahrhundert rückte ein Machtzentrum erneut in den Bereich Anatoliens. Das »neue Rom« des Byzantinischen (Oströmischen) Reiches wurde die altgriechische Siedlung Byzanz am Bosporus. Konstantin der Große weihte sie 330 unter dem Namen »Konstantinopolis« ein. Da das Byzantinische Reich Kleinasien und die Balkanhalbinsel umfaßte, wurde das nordwestliche Randgebiet Anatoliens durch den Standort der Hauptstadt zur Nahtstelle der beiden Teilräume des Byzantinischen Reiches.

Der westliche Einfluß in Anatolien dauerte unvermindert bis ins 11. Jahrhundert an. Dann verlor das Byzantinische Reich zunächst Ostanatolien, später auch Inneranatolien an die von Osten eindringenden Turkstämme. Die Turkstämme, die auf ihrem Weg von Innerasien nach Westen in Persien mit dem Islam in Berührung gekommen und islamisiert worden waren, gründeten das Seldschukenreich in Inneranatolien mit der Hauptstadt Rum (Konya), etwa 250 km südlich von Ankara. Sie wurden selbst wieder von anderen Turkstämmen überrannt. Zu Anfang des 14. Jahrhunderts schälten sich die Osmanen als zukunftsträchtiger, türkischer Stamm in Nordwestanatolien heraus. Mit den Türken und dem Islam begann in Anatolien die Periode östlicher, asiatischer Einflüsse.

Noch aber lag in dieser neuen Entwicklungsphase das wirtschaftliche und politische Schwergewicht Anatoliens allein an der nordwestlichen Peripherie. Bursa in Nordwestanatolien wurde 1326 Hauptstadt der Osmanen. Bald nahm das Osmanische Reich das Territorium des Byzantinischen Reiches ein. 1453 wurde Konstantinopel als Istanbul auch osmanische Hauptstadt. Inneranatolien – der Kernraum des Hethiter- und Seldschukenreiches – blieb in osmanischer Zeit extensives Weideland, dessen trockenste Teile, die Wüstensteppe um den großen Salzsee Tuzgölü, man möglichst umging.

Erst das Ende des Ersten Weltkrieges brachte eine große Wende. Das Osmanische Reich, das auf der Seite Deutschlands gestanden hatte, verlor alle Gebiete außerhalb Anatoliens – mit Ausnahme eines kleinen Teiles von Thrakien. 1923 wurde die Republik Türkei ausgerufen. Die politische Metropole des neuen Staates wurde im selben Jahr von dem peripheren Istanbul in das zentraler gelegene Ankara verlegt. Inneranatolien hat mit der Erhebung Ankaras zur neuen Hauptstadt einen be-

Silhouette von Istanbul mit »Goldenem Horn« · Istanbul, traditionsreiche einstige Hauptstadt der Türkei, ist noch immer deren volkreichstes und wirtschaftlich wichtigstes Ballungsgebiet.

Oben: Säulen des Apollotempels von Didyma   *Rechts oben: Bogen des Hadrianstempels in Ephesos*   *Rechts: Amphitheater in Milet*

griechischen Kolonisten siedelten an der türkischen Westküste in ähnlichen Ortslagen wie daheim in Griechenland: an Vorgebirgen oberhalb einer ackerbaulich nutzbaren Ebene. Geschickt verwendete man Berghänge zum Bau von Amphitheatern, wie z. B. in Milet. Aber diese Ortslagen hatten zur Folge, daß die Siedlungen in nachantiker Zeit, als man sie nicht mehr benutzte, vom Bergschutt – oft meterhoch – verschüttet wurden. Der Hadrianstempel in Ephesos ist aus einem solchen Berghang ausgegraben worden. Noch manche antike Statue dürfte mit dem Fortschreiten der Ausgrabungen zu finden sein. Nur selten stehen im erdbebenreichen Westanatolien noch antike Säulen – wie z. B. beim Apollotempel in Didyma.

Griechische Antike in Westanatolien

Die türkische Ägäisküste gleicht der gegenüberliegenden griechischen. Beide Küsten haben ein ähnliches Klima und sind durch den Wechsel von steil aufragenden Gebirgszügen und Küstenebenen geprägt. Schon im ersten vorchristlichen Jahrtausend wurde die türkische Ägäisküste Ziel griechischer Auswanderer. Diese alt-

Bergung einer Marmorskulptur auf dem Grabungsfeld von Ephesos in den dreißiger Jahren

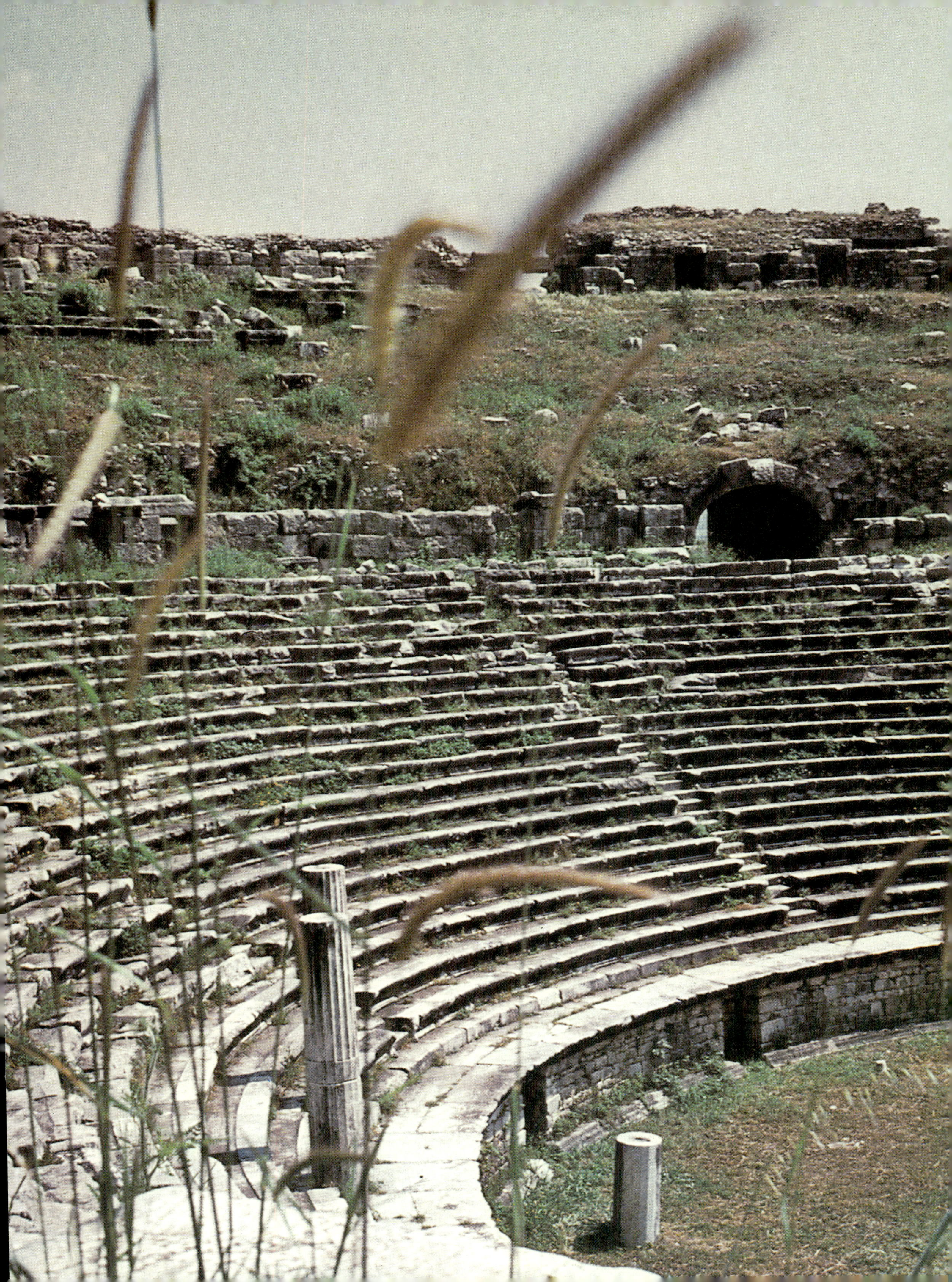

Die türkischen Provinzen und ihre Bevölkerungsdichte

(Stand 1965; nach »Länderkurzbericht Türkei« des Statistischen Bundesamtes, 1969)

Sofern keine Städtenamen angegeben sind, ist der Name der Provinz mit dem der jeweiligen Hauptstadt identisch.

Ew./qkm:
- Unter 20
- 20 bis unter 40
- 40 bis unter 60
- 60 bis unter 80
- 80 bis unt. 130
- 401 (Istanbul)

■ Hauptstadt
• Provinzhauptstädte
— Staatsgrenzen
— Provinzgrenzen

deutenden und bis heute anhaltenden Entwicklungsimpuls erfahren.

Gleichzeitig mit dieser Rückorientierung der neuen Türkei auf den anatolischen Kernraum trat eine Öffnung des Staates gegenüber den westlichen, europäisch-kosmopolitischen Einflüssen ein. Mustafa Kemal Pascha, seit 1934 Atatürk genannt (d. h. »Vater der Türken«), brach radikal mit den feudalistischen Traditionen des Osmanischen Reiches, das sich erstmals seit der Mitte des 19. Jahrhunderts um Reformen zu bemühen begonnen hatte. Er führte eine Trennung von Staat und Kirche ein, so daß sich in der Türkei – im Gegensatz zu anderen islamischen Ländern – die nationalistischen Bestrebungen nicht auf die Religion stützen können. Er führte das Bürgerliche Gesetzbuch nach schweizerischem, das Strafgesetzbuch nach italienischem und das Handelsgesetzbuch nach deutschem Vorbild ein. Er schaffte die Vielehe ab und gab der Frau das Wahlrecht und die Gleichberechtigung. Er führte Familiennamen ein. Er stellte die türkische Schrift auf das lateinische Alphabet um. Er schaffte den Fez als Kopfbedeckung ab. Er reformierte das Schulwesen grundlegend. Seine Reformen erfüllten eine Reihe von Voraussetzungen dafür, daß sich nun das Agrarland Türkei nach dem Vorbild der Industrieländer in diesem Jahrhundert entwickeln kann.

Regionale Unterschiede und Entwicklung der Landwirtschaft

Die regional unterschiedliche Höhe der jährlichen Niederschläge hat in der Türkei (wie auch in anderen Trockengebieten) drei Grundformen des Ackerbaues entstehen lassen, und zwar 1. die Trockenlandwirtschaft; d. h. die meist geringen und für den Kulturpflanzenwuchs gerade noch ausreichenden Niederschläge werden für den Anbau genutzt, ohne daß zusätzliches Bewässerungswasser zur Verfügung steht; 2. den Bewässerungsanbau; hier reicht die natürliche Niederschlagsmenge zumindest für einen Teil der anzubauenden Kulturpflanzen nicht mehr aus, aber aus Flüssen oder Brunnen kann Bewässerungswasser entnommen werden; 3. die Feuchtlandwirtschaft; d. h., die natürliche Niederschlagsmenge liegt meist über dem für den Kulturpflanzenanbau nötigen Maß.

Mit diesen drei Formen des Ackerbaues ist eine räumliche Differenzierung in Anatolien verbunden. So ergeben sich nach der jeweiligen Dominanz einer der drei Ackerbauformen agrare Typenlandschaften. In Inneranatolien dominiert die Trockenlandwirtschaft; Bewässerungsanbau ist dort nur an wenigen Stellen des Taurusgebirgsrandes, wo Flußwasser zur Verfügung steht, vorhanden. In Westanatolien sind sowohl der Bewässerungsanbau, der auf dem z. T. reichlich vorhandenen Flußwasser basiert, als auch mediterrane Baum- und Strauchkulturen, die mit dem natürlichen Regenfall auskommen, vertreten. In Nordanatolien herrscht angesichts der ganzjährigen reichlichen Niederschläge die Feuchtlandwirtschaft vor. So spiegeln die drei agraren Typenräume erneut den Gegensatz zwischen dem trockenen Innern und den feuchten Säumen wider, die wiederum untereinander differenziert sind.

Als 1890 der türkische Eisenbahnbau von Istanbul aus Ankara erreichte, das damals noch Angora hieß, erhielt die auf die Produktion von Schaf- und Angoraziegenwolle ausgerichtete Viehwirtschaft der weiteren Umgebung einen bedeutenden Auftrieb. Seit den vierziger Jahren dieses Jahrhunderts, vor allem seit dem Ende des Zweiten Weltkrieges, an dem die Türkei zwar nicht teilnahm, der aber dennoch einen Stillstand in der wirtschaftlichen Entwicklung des Landes bedeutete, hat sich ein Wandel vollzogen. Wer heute durch Inneranatolien reist, sieht, gerade um Ankara, zur Erntezeit wogende Weizenfelder. Die ehemals dominierende Viehwirtschaft ist von den Ebenen auf die dem Ackerbau schwerer zugänglichen, die Ovas begrenzenden Gebirgszüge zurückgedrängt.

Mehrere Faktoren haben diese neue Entwicklung bewirkt. In den fünfziger Jahren begann die Bevölkerung der Türkei stark anzuwachsen, so daß sich die türkische Regierung genötigt sah, durch günstige Preise die Weizenproduktion des Landes anzukurbeln, um die zunehmende Bevölkerung unabhängig von Importen ernähren zu können. Gleichzeitig kam es durch amerikanische Hilfslieferungen nach dem Ende des Zweiten Weltkrieges zur Mechanisierung der türkischen Landwirtschaft in Inneranatolien, wodurch überhaupt erst die technische Voraussetzung zur Bearbeitung weiter Agrarflächen geschaffen wurde. Von 1950 bis 1962 hat sich die landwirtschaftliche Nutzfläche um rund 60% vergrößert. Diese Veränderungen hatten aber auch soziale Folgen, wurden doch zahlreiche Arbeitskräfte gerade durch die Mechanisierung der Landwirtschaft freigesetzt und wanderten in einer Landfluchtbewegung in die Städte ab, in der Hoffnung, dort Arbeit zu finden, die man durch eine verstärkte Industrialisierung für sie zu beschaffen suchte. In der Ausbreitung der Mechanisierung der Landwirtschaft sind in Inneranatolien deutlich räumliche Unterschiede festzustellen. Neben den Gebieten des Bewässerungsanbaues am Südrande Inneranatoliens, die sich wegen ihrer Kleinflächigkeit nicht für die Mechanisierung eignen, gibt es gerade in Inneranatolien, im Gegensatz zu anderen islamischen Ländern, häufig den bäuerlichen Kleinbesitz, der sich einen teuren Maschinenpark nicht leisten kann. So findet man moderne landwirtschaftliche Maschinen in jenen Gebieten Inneranatoliens, in denen der Großgrundbesitz noch dominiert oder in denen sich die Bauern zu Genossenschaften zusammengeschlossen haben. Das Nebeneinander von althergebrachten Formen des Landbaues und mechanisierter Anbauweise ist für die Trockenlandwirtschaft Inneranatoliens kennzeichnend.

Angesichts der geringen und von Jahr zu Jahr stark schwankenden Niederschlagsmenge in Inneranatolien schwanken auch die Erträge sehr stark von Jahr zu Jahr. Auf eine Reihe von feuchten Jahren folgt oft eine Serie von trockenen. Durch die Errichtung von großen Getreidesilos an den Bahnstationen dieses Gebietes ist man bemüht, mit einer Einlagerung der Ernteüberschüsse die unausbleiblichen Defizite auszugleichen. Seit alters her wird die Methode des Dryfarming (Trockenfarmen), das in den USA seine wissenschaftliche Wiederentdeckung erlebt hat, in Inneranatolien angewendet. Der Bodenfeuchtigkeit wird durch eine entsprechende Bodenbearbeitung zum kapillaren Aufstieg verholfen, wenn nach einem oder mehreren Brachjahren erneut Weizen eingesät wird. Die Methode erfordert zwangsläufig große Bodenareale, um betriebswirtschaftlich hinreichende Erträge zu erbringen. So liegen in Inneranatolien die Dörfer bis zu 30 km voneinander entfernt.

Während der Weizenanbau Inneranatoliens hauptsächlich

Wasserpfeife, Türkei

Türkei
(Türkiye Cümhuriyeti)

»Nationale, demokratische und soziale Republik« mit Zweikammerparlament, Wahlrecht für alle über 22 Jahre alten Bürger und Wehrpflicht; Hauptstadt Ankara (m. V. 1,2 Mill. Ew.).

Fläche: 780 576 qkm (davon europäischer Landesteil 23 623 qkm) – **Einwohnerzahl:** 37 Mill. (davon über 8% im europäischen Landesteil; etwa 40% städtische Bevölkerung) – **Bevölkerungsdichte:** 47,3 Ew./qkm – **Jährlicher Geburtenüberschuß:** Etwa 25‰ – **Größere Städte:** Istanbul (2,25 Mill. Ew.), Izmir (520 000 Ew.), Adana (351 000 Ew.), Bursa (275 000 Ew.), Gaziantep (225 000 Ew.), Eskişehir (216 000 Ew.), Konya (200 000 Ew.), Kayseri (167 000 Ew.), Samsun (134 000 Ew.), Erzurum (134 000 Ew.), Sivas (132 000 Ew.), Malatya (130 000 Ew.) – **Bevölkerung:** Türken über 90, Kurden etwa 6, Araber 1%; Minderheiten von Tscherkessen, Griechen, Lasen, Bulgaren, Georgiern, Armeniern – **Sprache:** Türkisch als Staatssprache; als Umgangssprachen auch die Idiome der verschiedenen ethnischen Gruppen – **Religion:** 98% sunnitische Moslems; christliche Minderheiten (u. a. 76 000 Orthodoxe, 29 000 Katholiken, über 23 000 Protestanten); 38 000 Juden – **Einfuhr:** 1,51 Mrd. US-Dollar – **Ausfuhr:** 0,85 Mrd. US-Dollar – **Wichtige Ausfuhrgüter:** Früchte (über 25% des gesamten Exportwertes), Baumwolle (25%), Tabak (16%), Chrom- und Kupfererze, Getreide, Wolle

---

der Eigenversorgung der schnell zunehmenden türkischen Bevölkerung dient, erscheint wenigstens ein Teil der im Bewässerungsanbau erzeugten Baumwolle West- und Südanatoliens auf dem Weltmarkt. Die Türkei gehört zur führenden Gruppe der Baumwollexporteure. Jeder der großen west-ostgerichteten Grabenbrüche Westanatoliens wird auf seiner ganzen Länge von einem mindestens nach der Schneeschmelze im Frühjahr wasserreichen Fluß durchflossen, dessen Wasser man an einigen Stellen durch Stauanlagen für die trockene Jahreszeit zu speichern sucht.

Die Baumwolle, eine einjährige Pflanze, verlangt in ihrer Wachstumszeit viel Feuchtigkeit an den Wurzeln, die man ihr aus den Flüssen zukommen läßt, aber unbedingte Trockenheit zur Zeit der Ernte, wenn die Kapseln aufspringen, damit ein Verkleben der Fasern und damit eine Qualitätsminderung verhindert wird. Seit alters wird in Westanatolien Baumwolle angebaut. Ihr wechselnder Verwendungszweck in neuerer Zeit zeigt den Bedeutungswandel der Produktion. Im 16. Jahrhundert brachte die englische Levantehandelsgesellschaft erstmalig Baumwolle aus Westanatolien nach England (Lancashire), wo sich im 18. Jahrhundert die englische Baumwollindustrie entwickelte. Diese Entwicklung in England führte zu einer bedeutenden Ausweitung des Baumwollanbaues in Westanatolien, der ganz im Dienste des Exportes stand. Im Laufe des 19. Jahrhunderts nahm jedoch der Baumwollanbau in den Südstaaten der USA einen großen Aufschwung und verdrängte Westanatolien als Lieferanten. Nur vorübergehend, als die USA infolge der Auseinandersetzung zwischen den Süd- und den Nordstaaten als Lieferant ausfielen, war Westanatoliens Baumwolle wieder mehr gefragt. Generell kam es jedoch zu einer bedeutenden Verminderung des Baumwollanbaues in Westanatolien. Erst nach der Gründung der türkischen Republik erfolgte erneut eine umfangreiche Ausweitung des Anbaues. Während jedoch im 19. Jahrhundert die Baumwollproduktion des Osmanischen Reiches nach Art eines Koloniallandes überwiegend

Anatolien in frühgeschichtlicher und in antiker Zeit	
7000–6000 v. Chr.	Çatal Hüyük, neolithische Siedlung (Hauptstadt?) in der Nähe von Konya, 250 km südlich von Ankara
1800–1200 v. Chr.	Reich der Hethiter in Inneranatolien; Hauptstadt Hattusa bei dem heutigen Dorf Boğazköy, 200 km östlich von Ankara
900–600 v. Chr.	Reich der Phryger in Inneranatolien; Hauptstadt Gordion, 200 km westlich von Ankara
600–300 v. Chr.	Gründung griechischer Siedlungen an den Küsten Anatoliens; Westküste: Troja, Ephesos, Milet, Pergamon, Smyrna (Izmir), Halikarnassos, Knidos, Phokaia, Nikaia (Iznik), Nikomedeia (Izmit), Byzanz (Istanbul); Südküste: Perge, Aspendos, Side; Nordküste: Herakleia (Ereğli), Sinope (Sinop), Trapezos (Trabzon)
334 v. Chr.	Einmarsch Alexanders des Großen; Anatolien wird Teil von Alexanders hellenistischem Reich
133 v. Chr.	Das Pergamenische Reich, hervorgegangen aus dem unter seinen Heerführern aufgeteilten Reich Alexanders des Großen, wird an die Römer vererbt; Anatolien wird römische Provinz
45–58 n. Chr.	Missionsreisen des Apostels Paulus; Ausbreitung des Christentums in Anatolien
330 n. Chr.	Byzanz, unter dem Namen Konstantinopel wiedergegründet, wird Hauptstadt des Byzantinischen Reiches, das in Anatolien die Nachfolge des Römischen Reiches antritt

nalen Getränkes der Türkei (vom »Türkentrank« Kaffee) auf Tee und des geringeren Kaffeeimportbedarfs eine Beschäftigungsmöglichkeit in das übervölkerte türkische Schwarzmeergebiet gebracht, und zwar mit dem arbeitsintensiven Vorgang des Teepflückens zur Erntezeit und der darauffolgenden Bearbeitung in fünf Fabriken.

Phasen der Industrialisierung

Im 19. Jahrhundert gab es im Osmanischen Reich ein hochentwickeltes Handwerk, das sich im Raum von Bursa besonders auf die Produktion von Seidenstoffen, basierend auf der Kokonerzeugung einer umfangreichen Seidenraupenzucht, spezialisiert hatte. Da der europäischen Seidenstoffproduktion, vor allem in Frankreich und Oberitalien, schon früh die Umstellung auf eine industrielle Produktionsweise gelungen war, lieferte sie um die Mitte des 19. Jahrhunderts billig hergestellte Seidenstoffe bis in das Osmanische Reich und ruinierte dadurch das Seidentextilhandwerk Anatoliens. Gleichzeitig stieg der Bedarf der französischen und italienischen Seidenindustrie an Rohseide, den sie in Anatolien, im Raum von Bursa, zu decken suchte. Die Seidenraupenzucht wurde hier weiter intensiv betrieben, obgleich das Seidentextilhandwerk an Bedeutung verlor. Um die Versorgung der Werke in Italien und Frankreich mit Rohseide sicherzustellen, brachten ausländische Kapitalgeber und Interessenten Spinnmaschinen nach Bursa und legten so auf privatwirtschaftlicher Basis den Grundstein für eine mo-

auf den Export ausgerichtet war, wurde nun die Produktion in den Dienst der Industrialisierung des eigenen Landes gestellt. Auf der Basis der eigenen Rohbaumwollproduktion wurde – hauptsächlich in den Anbaugebieten – eine Textilindustrie aufgebaut. Die Baumwollproduktion wurde nach dem Zweiten Weltkrieg auf den in Flußnähe liegenden, bewässerten Feldern so ausgeweitet, daß genug Rohbaumwolle zur Versorgung der eigenen, erweiterten Textilindustrie und für den Export zur Verfügung steht. Auch die Produktion der übrigen mediterranen Kulturen West- und Südanatoliens, wie Oliven, Feigen, Wein, Tabak, Weizen, für deren Anbau die natürlichen Niederschläge ausreichen, erfuhr eine beträchtliche Steigerung.

Mit dem Namen Türkei assoziiert sich unter anderem auch der Begriff »türkischer Kaffee«. Nur ist heute in der Türkei der Kaffee nicht mehr das Nationalgetränk, das er zur Zeit des Osmanischen Reiches war, als die Kaffeeanbaugebiete Südarabiens noch zu diesem Staat gehörten. Als am Ende des Zweiten Weltkrieges u.a. diese Kaffeeanbaugebiete verlorengingen, stellte man das nationale Getränk auf Tee um, der seitdem in den charakteristischen kleinen Gläsern im ganzen Land ausgeschenkt wird.

Der Teestrauch wird an der östlichen Schwarzmeerküste der Türkei bis zu etwa 15 km landeinwärts und 600 m Höhe intensiv angebaut. Nur hier werden seine Wachstumsansprüche innerhalb der Türkei erfüllt: viel Niederschläge über das ganze Jahr verteilt, hohe Luftfeuchtigkeit, kein stehendes Wasser an den Wurzeln und milde Winter. Nur hier finden sich außer ganzjährigen hohen Niederschlägen in dem gebirgigen Gelände schnelle Abflußmöglichkeiten für das Niederschlagswasser und in niedrigen Höhenlagen die milden Wintertemperaturen. Wie in den alten Teeländern China und Japan herrscht nicht die Teeplantage vor, sondern der bäuerliche Anbau auf kleinen und kleinsten Parzellen bei starker Feldzersplitterung. Der Teeanbau in den Feuchtlandwirtschaftsgebieten der anatolischen Schwarzmeerküste hat neben der Umstellung des natio-

Anatolien in byzantinischer und in osmanischer Zeit	
900–1100	Einwanderung von Turkstämmen nach Anatolien; das Byzantinische Reich – und mit ihm das Christentum – wird aus Ost- und Inneranatolien verdrängt
1100	Bildung des Seldschukenreiches in Inneranatolien; Hauptstadt Konya
1300	Zerfall des Seldschukenreiches nach dem Mongoleneinfall nach Anatolien; beginnende Herausbildung des Osmanischen Reiches aus dem türkischen Fürstentum der Osmanen in Nordwestanatolien
1326	Bursa, in Nordwestanatolien, wird erste feste Hauptstadt der Osmanen
1360	Ausdehnung des Osmanischen Reiches auf die Balkanhalbinsel; Edirne wird Hauptstadt der Osmanen
1453	Untergang des Byzantinischen (Rest-)Reiches und Eroberung Konstantinopels, das als Istanbul Hauptstadt des Osmanischen Reiches wird
1700–1800	Größte Ausdehnung des Osmanischen Reiches, das außer Anatolien die Balkanhalbinsel, Südrußland, Syrien, Palästina, Mesopotamien und die Küsten Arabiens und Nordafrikas umfaßt; seitdem Verlust der Außengebiete
1850	Reformen im Osmanischen Reich; beginnende Überwindung der mittelalterlichen, feudalistischen Agrarverfassung
1800–1950	Rückwanderungsbewegung islamischer und islamisierter Gruppen, besonders aus Südrußland und vom Balkan, nach Verlust der Außengebiete des Osmanischen Reiches
1915–1916	Vertreibung der Armenier aus dem Hochland am oberen Euphrat, das seitdem statt Armenien Ostanatolien genannt wird

derne Industrialisierung in der Türkei. In diesen Fabriken arbeiteten lange Zeit überwiegend christliche Arbeiterinnen der armenischen und griechischen Volksgruppen. Die mohammedanische Frau war damals noch wenig emanzipiert und durfte außer Haus nur verschleiert auftreten.

Der Niedergang des türkischen Handwerks in Anatolien als Folge des umfangreichen Absatzes billiger europäischer Industriewaren im Land war so umfassend, daß der Staat in eigener Regie Fabriken gründete, hauptsächlich in Istanbul, der damaligen Hauptstadt, um wenigstens die Versorgung der eigenen Armee mit Uniformen und Schuhwerk nicht vom Ausland abhängig werden zu lassen. Mit diesen staatlichen Fabrikgründungen wurde im 19. Jahrhundert – neben der privatwirtschaftlichen – die zweite Wurzel der modernen Industrialisierung in der Türkei geschaffen.

Auch nach dem Ersten Weltkrieg wurde die Industrialisierung des Landes vor allem unter staatlicher Leitung und mit der Zielvorstellung der wirtschaftlichen Autarkie vorangetrieben. Wenn Autarkie angestrebt wurde, mußte natürlich die wirtschaftliche Hilfe des Auslandes so gering wie möglich gehalten, und die heimischen Rohstoffe mußten so umfassend wie möglich ausgenutzt werden. Das führte zu einer Besinnung auf die eigenen Möglichkeiten. Man weitete den schon erwähnten Baumwollanbau in den Bewässerungsgebieten West- und Südanatoliens beträchtlich aus, um Rohbaumwolle zur Verarbeitung in neugeschaffenen türkischen Textilfabriken zur Verfügung zu haben. Auch eine Wollindustrie wurde nach dem Ersten Weltkrieg aufgebaut. Allerdings eignet sich die kurzfaserige Wolle der einheimischen anatolischen Schafrassen zur maschinellen Verarbeitung zu Wollstoffen wenig. Versuche, auf den Staatsgütern ein an das anatolische Klima adaptiertes Merino-Schaf zu züchten, das bessere Rohwolle liefert, hatten bisher nicht den erwünschten Erfolg. So muß die neu geschaffene türkische Wollindustrie Rohwolle importieren. Unabhängig von Importen dagegen ist die Türkei bei Zucker dank des Zuckerrübenanbaus und der daran angeschlossenen Verarbeitungsindustrie.

Als einziges Land Südwestasiens verfügt die Türkei sowohl über Eisenerzlagerstätten als auch über Steinkohlenvorkommen, die sich für die Verkokung eignen (also zur Verwendung im Hochofen bei der chemischen Reduktion des Eisenerzes zum Eisen). Allerdings liegen die Kohlenflöze sehr ausgeprägt an der Peripherie Anatoliens, im Raum westlich und östlich von Zonguldak. Die Kohlenflöze in diesem stark zertalten Gebirgsland erstrecken sich bis unter das Schwarze Meer und werden teils in horizontalen Stollen, die von den Talsohlen aus in den Berg vorgetrieben werden, teils mit Hilfe vertikaler Schächte und Stollen abgebaut. Die Eisenerzlagerstätten Anatoliens befinden sich am östlichen Rande Inneranatoliens bei Divriği und können im Tagebau erschlossen werden.

Die günstige Möglichkeit, die das Vorhandensein von Steinkohle und Eisenerz im eigenen Land bietet, nutzte man in der Türkei erstmals nach dem Ende des Ersten Weltkrieges, um unter staatlicher Regie und mit ausländischer technischer Hilfe ein Eisen- und Stahlwerk zu errichten. Den Standort wählte man in Kohlennähe, obwohl bereits damals die Hüttentechnologie so weit vorangeschritten war, daß die zur Erschmelzung von Eisen erforderliche Kohle- bzw. Koksmenge im Verhältnis zur Eisenerzmenge beträchtlich abgenommen hatte. Zwar ging man damals aus strategischen Überlegungen noch nicht unmittelbar an die Schwarzmeerküste, sondern errichtete das erste türkische Eisen- und Stahlwerk landeinwärts bei dem Dorf Karabük im verkehrsmäßig schwer erschließbaren nordanatolischen Gebirgsland. Die türkischen Eisenerze müssen also mit

Die moderne Türkei

1920	Vertrag von Sèvres am Ende des Ersten Weltkrieges, in dem das Osmanische Reich an der Seite Deutschlands gestanden hatte; alle Besitzungen außerhalb Anatoliens mit Ausnahme eines Restteils in Thrakien gehen verloren; Anatolien soll in griechische, italienische, britische, französische und armenische Staats- bzw. Einflußgebiete aufgeteilt werden
1923	Vertrag von Lausanne; die geplante Aufteilung Anatoliens wird rückgängig gemacht; die Reste griechischer Bevölkerung in Westanatolien und moslemischer Bevölkerung in Griechenland werden ausgetauscht; der neue Staat Türkei entsteht als Republik; Ankara wird Hauptstadt
1923–1938	Regierungszeit Mustafa Kemal Paschas, genannt Atatürk (»Vater der Türken«); Reformen: Trennung von Staat und Kirche, Einführung einer europäischen Rechtsordnung, des lateinischen Alphabets, Abschaffung der Vielehe, des Fes als Kopfbedeckung; die Türkei öffnet sich den Einflüssen des Westens
1939–1945	Im Zweiten Weltkrieg bleibt die Türkei neutral, erlebt jedoch einen Stillstand ihrer wirtschaftlichen Entwicklung
1950	Wahlniederlage der Republikanischen Volkspartei, der Partei Atatürks, die wirtschaftspolitisch den Kurs des Etatismus – die Entwicklung der Wirtschaft des Landes in staatlicher Regie und aus eigener Kraft – gesteuert hatte; die neue Regierung, getragen von der Demokratischen Partei unter Adnan Menderes, fördert die privatwirtschaftliche Entwicklung und öffnet das Land ausländischen Kapitalgesellschaften
1960	Staatsstreich; die Armee übernimmt die Regierungsgewalt
1961	Neue Verfassung; die Staatsgewalt geht wieder auf eine zivile Regierung über
1970	Beginnende innere Unruhen, die aus den sozialen Spannungen der Verstädterung und der Industrialisierung erwachsen; erneuter Staatsstreich

der Bahn von Divriği 1000 km weit nach Karabük gebracht werden. An die Hochöfen schließen sich eine Stahlerzeugungsanlage nach dem Siemens-Martin-Verfahren und weitere Bearbeitungsstufen wie Walzwerk und Röhrenwerk an. Als man nach dem Zweiten Weltkrieg ein zweites großes türkisches Eisen- und Stahlwerk errichtete, wählte man als Standort sowohl die Nähe der Kohle, in Ereğli, als auch die unmittelbare Küstennähe des Schwarzen Meeres, so daß die Eisenerz- und notfalls auch die Kohleversorgung und der Absatz der Produkte für Export über See erfolgen können.

Nach dem Zweiten Weltkrieg fand ein tiefgreifender Wandel der Wirtschafts- und Industrialisierungspolitik in der Türkei statt. Seit 1927, dem Jahr der ersten Volkszählung in der Türkei, hat die Bevölkerung – besonders seit dem Ende des Zweiten Weltkrieges – beträchtlich zugenommen; insgesamt stieg die Einwohnerzahl von 13 Millionen auf rund 37 Millionen und hat sich damit bis heute fast verdreifacht; gleichzeitig erfolgte auch in der räumlichen Verteilung ein bedeutender Wandel; die beginnende Mechanisierung der Landwirtschaft setzte Arbeitskräfte in den ländlichen Gebieten frei, die in die Städte abwanderten. Damit sind gegenüber der Zwischenkriegszeit ver-

Oben: Maden-Dagh; Karstlandschaft   Unten: Pamukkale. Kalksinterterrassen bei Denizli

Große Teile Inneranatoliens und das vom verkarsteten Taurus geprägte Südanatolien bieten sich heute als Landschaften dar, in denen das Fehlen von Wäldern, das Zurücktreten von Kulturland und die Dominanz der Naturlandschaft besonders auffallen. Es sind jedoch nur verhältnismäßig kleine Gebiete, die in Inneranatolien aufgrund unzureichender Niederschläge, in Südanatolien als Folge ungünstiger Böden und der Steilheit der Hänge, keine hochstämmige Vegetation zu tragen vermögen. Es war der Mensch, der durch jahrhundertelangen Raubbau zur Vernichtung des Waldes und damit zu einer Bodenabtragung und Verkarstung erschreckenden Ausmaßes beigetragen hat. Vielfach sind es nur wenige Schattenbäume, die in den ländlichen Siedlungen oder auf den Feldern Anatoliens an die ehemals weit verbreitete Waldbedeckung erinnern. Am Ostrande Inneranatoliens stieß der heute nicht mehr tätige Vulkan Erciyas Daği in der Nähe der Stadt Kayseri bei früheren Ausbrüchen gewaltige Mengen Asche aus. Das abgelagerte weiche Material ist im Laufe der Zeit zu Talschluchten und Felspyramiden zerschnitten worden. Diese bizarre Naturlandschaft erhielt ihren Reiz aber erst dadurch, daß hier die christlich-byzantinische Bevölkerung vor den nach Inneranatolien eindringenden türkischen Stämmen Zuflucht suchte und nicht nur Wohn-, sondern auch Kirchenräume aus dem Tuffgestein herausschnitt, heute eine touristische Attraktion Inneranatoliens. Am Ostende des westanatolischen Grabenbruches, der vom Büyük Menderes durchflossen wird, treten – in der Nähe der Stadt Denizli – aus mehreren Quellen heiße, kalkreiche Wasser aus. Sie fließen über eine Felsterrasse, gestuft, zur Flußebene hinab. Dabei verdunstet das Wasser, und der sich absetzende Kalk läßt Gebilde entstehen, die wie die gestreckten Fäden der in der Flußebene geernteten Baumwollkapseln aussehen. Dieses Aussehen führte zum türkischen Namen: Pamukkale – Baumwollschloß.

Höhlen in Ablagerungen vulkanischer Aschen im Tal von Zilve, Mittelanatolien

Anatolien: Karst und heiße Quellen

Der türkische Kleinbauer ist auch heute auf Ochsengespann und einfache Geräte angewiesen.

änderte Voraussetzungen für die Industrialisierung eingetreten insofern, als heute ein überreichliches Arbeitskräfteangebot vor allem in den Städten der Türkei zur Verfügung steht, während nach dem Ersten Weltkrieg durch Bevölkerungsaustausch und Kriegsverluste die Arbeitskräfte in der jungen Türkei knapp waren. Außerdem wirken sich heute die Bemühungen Atatürks um die Reform des türkischen Schulwesens und um die Emanzipation der türkischen Frau aus. So stehen seit dem Ende des Zweiten Weltkrieges erstmals mit einem Grundwissen ausgestattete Arbeitskräfte der türkischen Industrie zur Verfügung. Die Emanzipation der Frau hat dazu geführt, daß auf den heute schon überbesetzten türkischen Arbeitsmarkt zusätzlich weibliche Arbeitskräfte drängen.

Eine Verbesserung dieser schwierigen wirtschaftlichen und sozialen Situation in der Türkei nach dem Ende des Zweiten Weltkriegs wird in verstärkten Industrialisierungsanstrengungen gesucht. Wichtige Voraussetzung für eine weitergehende Industrialisierung ist die Bereitstellung von Energie; darum hat sich der Staat in den vergangenen Jahrzehnten tatkräftig und erfolgreich bemüht. Im Gegensatz zu ihren östlichen und südöstlichen Nachbarländern besitzt die Türkei keine bedeutenden Erdölvorkommen. Der erdölhöffige, mesopotamische Trog reicht nur mit seinen nordwestlichen Ausläufern auf türkisches Staatsgebiet. Dort ist man nach dem Zweiten Weltkrieg fündig geworden und hat bei Batman eine kleinere Raffinerie geschaffen. Außer den Steinkohlenlagerstätten im äußersten Nordwesten und diesen geringen Erdölvorkommen steht im Primärenergiebereich der Türkei noch die geringwertige Braunkohle Westanatoliens zur Verfügung, die – in verkehrsmäßig schwer zugänglichem Gebirgsland gelegen – abgebaut und in thermischen Kraftwerken in Elektrizität umgesetzt wird. Nach dem Zweiten Weltkrieg ist man erstmals an den Ausbau und die Nutzung der Wasserkräfte des Landes gegangen. Die physisch-geographische Struktur des Landes, der Gebirgskranz um das innere Hochland, von dem aus die radial nach außen entwässernden Flüsse die stärker beregneten Randgebirge durchbrechen, erlaubten die Anlage von Staudämmen und Talsperren, die sich heute schon zu einem lockeren Kranz am Rande Anatoliens zu verdichten beginnen. Allerdings ist es auch auf diesem Gebiet wieder die Peripherie Anatoliens, die mit dem Erdölvorkommen im Südosten, den Stein- und Braunkohlenlagerstätten im Norden und Westen und den Stauwerken im Gebirgskranz vor dem kargen Innern den Vorzug genießt.

Bei allen diesen Veränderungen in der türkischen Bevölkerungs- und Wirtschaftsstruktur, hauptsächlich seit dem Ende des Zweiten Weltkrieges, war es an der Zeit, im Sinne einer verstärkten Industrialisierungspolitik der Wirtschaft des Landes einen neuen Impuls zukommen zu lassen. Während man noch in den ersten Nachkriegsjahren der Zielvorstellung wirtschaftlicher Autarkie nachging, wurde 1950, als die Macht im Lande von der alten Republikanischen Volkspartei Atatürks auf die Demokratische Partei überging, das Industrialisierungssteuer herumgeworfen. Hatte man bis dahin allein auf Industrialisierung durch den Staat gesetzt, so wurde nun – unter weiterer Förderung staatlicher Industriebetriebe – der privatwirtschaftlichen Industrialisierung freier Lauf gelassen. Demzufolge bestehen heute im Wirtschaftsleben der Türkei privatwirtschaftliche und staatswirtschaftliche Industriebetriebe nebeneinander. Die privatwirtschaftliche Industrie in der Türkei gliedert sich in zwei Gruppen, nämlich in die ausländische und in die einheimische Gruppe. Die neue Wirtschaftspolitik führte zum Einströmen ausländischen Kapitals auf den türkischen Markt und zur Errichtung einer großen Zahl von Zweigunternehmen der großen, internationalen Konzerne und Kapitalgesellschaften. Besonders Zweigunternehmen der Elektroindustrie, des Maschinenbaues, der Fahrzeugindustrie und Chemisch-Pharmazeutischen Industrie ließen sich zur Belieferung des türkischen Marktes in Istanbul, dem größten Importhafen des Landes, nieder (Istanbul entwickelt sich allmählich zur Industriestadt). Erneut ist mit diesem Standort der Peripherie Anatoliens, und zwar der nordwestlichen, der Vorzug vor dem Innern des Landes gegeben worden, so daß die wirtschaftliche Hauptstadt der Türkei noch immer und auch weiterhin am Bosporus liegt. Gerade die Industrialisierung des Nordwestens der Türkei, die auch über Istanbul hinaus auf kleinere Städte wie Izmit übergreift, führt wieder zur Notwendigkeit, diesen Raum bevorzugt mit Energie zu versorgen, was jüngst zur Anlage einer Erdölraffinerie geführt hat, die mit Importöl versorgt wird. Sie wiederum zieht eine Petrochemische Industrie nach sich. So ist heute bereits ein Selbstverstärkungseffekt der Wirtschaft in Nordwestanatolien zu beobachten.

Die andere Gruppe der privatwirtschaftlichen Industrie in der Türkei, die durch die weltmarktoffene, aber auch zu einer gefährlichen Auslandsverschuldung führende Wirtschaftspolitik seit Anfang der fünfziger Jahre entstand, ist die einheimische türkische Gruppe. Sie leidet unter Kapitalmangel, der für die ausländischen Großunternehmen, die in der Türkei Zweigwerke bauen, nicht besteht. Trotz Gewährung von Industrieförderungskrediten an die einheimischen Unternehmer können diese damit meist nur kleinere Industriebetriebe gründen. Die etwa achthundert kleinen Webereien, die seit 1950 in Bursa gegründet worden sind und die Seiden-, Baumwoll-, aber auch vollsynthetische Garne verarbeiten, sind ein Beispiel für die neu entstehenden privatwirtschaftlichen kleinen Industriebetriebe in der Türkei.

Bisher war der fehlende Facharbeiterstamm ein schweres Handikap jeglicher Industrialisierungsbemühungen. Da seit Anfang der sechziger Jahre in zunehmendem Maße türkische Gastarbeiter in Mitteleuropa, vor allem in der Bundesrepublik Deutschland, Beschäftigung finden, ist mit ihrem Auslandsarbeitsaufenthalt vielfach eine Ausbildung, oft zum Facharbeiter, verbunden. Nach Rückkehr der Gastarbeiter in die Türkei dürfte der türkischen Industrialisierung eine noch fehlende Voraussetzung, das Vorhandensein von geschulten Arbeitskräften in ausreichender Anzahl, in der Zukunft erfüllt werden. Eine überstürzte Rückkehr allerdings würde große Probleme schaffen. Noch immer aber drängen Hunderttausende Türken nach einem Arbeitsplatz im Ausland.

Der Strukturwandel der Städte

Nach der langen Periode islamisch-östlicher Einflüsse vollzieht sich in den Städten ein Strukturwandel »von der orientalisch-osmanischen zur europäisch-kosmopolitischen Stadt«.

Zum Wesen der orientalisch-osmanischen Stadt gehört es, daß sie eine große Moschee besitzt, die einen beträchtlichen Teil der Stadtbewohner aufnehmen kann. Um die Moschee – oder auch nur an einer Seite – befindet sich der Basar, der Hauptstandort des Einzelhandels der Stadt. Im Basar ordnen sich die angebotenen Waren nach Branchen, z. T. werden die Waren im Basar selbst hergestellt. Um diesen Stadtkern herum gruppieren sich die Wohngebiete, die, jedenfalls in den größeren Städten, über eigene kleinere Gotteshäuser verfügen. Für die orientalisch-osmanische Stadt anatolischer Prägung war es typisch, daß die Einwohnerschaft sehr heterogen zusammengesetzt war. Außer den Mohammedanern, die nicht immer die zahlenmäßige Mehrheit bildeten, gab es die christlichen Armenier, die christlichen Griechen und die Juden, daneben zahlreiche andere Gruppen, die bei Abbröckeln der Außengebiete des Osmanischen Reiches vom Balkan, aus Südrußland, von der Arabischen Halbinsel als »muhacir« (heute: »göçmen«, d. h. Rückwanderer, Flüchtling) zugezogen waren und sich in den Städten niedergelassen hatten. Besonders in den Städten Ostanatoliens, dem früheren Armenien, und auch Nordanatoliens waren die Armenier zahlreich vertreten. In Städten Westanatoliens war es im Laufe des 19. Jahrhunderts in einer neugriechischen Auswanderungsbewegung zur Niederlassung zahlreicher Griechen gekommen. Diese Bevölkerungsgruppen scharten sich um ihre Moschee, Kirche oder Synagoge in den entsprechenden, homogen zusammengesetzten Wohnvierteln.

Nach außen war die traditionelle anatolische Stadt entgegen der orientalischen Regel meist nicht durch eine Mauer abgeschlossen, es sei denn, es handelte sich um solche Ausnahmefälle wie Istanbul, Iznik (das alte Nikäa) oder Diyarbakir, wo meist noch aus vorislamischer Zeit Stadtmauern die Altstädte abgrenzten. So fehlte auch vielfach der für die orientalischen Städte im nordwestlichen Afrika bezeichnende Palast oder Herrschaftssitz, weil sich die Osmanen schnell über Anatolien ausbreiten konnten und die aufkeimenden Kleinfürstentümer unterdrückten. Dagegen sind große Friedhöfe ein bezeichnendes Stadtrandelement der orientalisch-osmanischen Stadt.

Im Aufriß war die osmanisch-orientalische Stadt Anatoliens stärker differenziert, spiegelte sich doch die physisch-geographische Ausstattung der einzelnen Landesteile in der Verwendung des Baumaterials wider. Im Norden und Westen war das osmanische Stadthaus vielfach eine Übertragung des ländlichen Holzhauses, das, oft auf einem Steinsockel stehend, eine Fachwerkkonstruktion mit Walmdach war. Die Fachwerkfächer wurden mit Lehmziegeln ausgefüllt und mit einer Holzverschalung verkleidet. In den holzärmeren Gegenden des Innern und des Südostens dagegen verwendete man Lehmziegel, gebrannt und ungebrannt, oder Lesesteine zum Bau der Mauern, während das Dach ein mit Stroh und Lehm verkleidetes Flachdach war. Was den Grundriß der osmanisch-anatolischen Stadt betrifft, so gilt das allgemein-orientalische Prinzip des unregelmäßigen Sackgassengrundrisses. Die wechselnde Breite, die häufige, scheinbar unmotivierte Richtungsänderung, das verästelte und unverästelte Blindenden der nur für den Personen- und Tragtierverkehr eingerichteten Straßen ist sein hauptsächliches Kennzeichen. Wenn die zahlreichen Sackgassen im Orient aus der Notwendigkeit erklärt werden können, bei Bevölkerungszunahme einen städtischen Ausbau und eine Vermehrung der Wohnplätze in das Innere der Baublöcke zu ermöglichen und dabei den Abschluß nach außen zu wahren, dann war gerade in Anatolien mit seiner aus zahlreichen, verschiedenen Gruppen zusammengesetzten Stadtbevölkerung diese Notwendigkeit gegeben.

Seit der Mitte des 19. Jahrhunderts ist die aufgezeigte, traditionelle Struktur der osmanisch-orientalischen Stadt Anatoliens im Umbruch begriffen. In Istanbul beispielsweise ging man

Rekultivierung in Aydin, Westanatolien · Meliorationen, Neulandgewinnung und Aufforstung sollen die Agrarproduktion heben und die Bodenerosion eindämmen.

Zonguldak, Industriestadt mit Ausfuhrhafen des Steinkohlenreviers von Ereğli im Hinterland der Schwarzmeerküste.

einerseits daran, sehr breite, gerade, langgestreckte Straßendurchbrüche in der Altstadt zwischen dem Goldenen Horn und dem Marmarameer zu schaffen und auf diese Weise die Stadt dem Kraftfahrzeugverkehr zu öffnen. Andererseits legte man, besonders nach verheerenden Großbränden, die natürlich bei der Holzhausbebauung reichlich Nahrung fanden, ganze Stadtviertel im planmäßigen Schachbrettgrundriß an und errichtete sie neu mit Steinhäusern. Da ja die Ausdehnung der neuen Grundrißflächen von den Zufälligkeiten der Größe der Brände abhängig ist, nimmt zwar die Fläche des Schachbrettgrundrisses in Istanbul allmählich zu, wird aber kein so einheitliches Grundrißmuster bilden wie das etwa in der nordamerikanischen Stadt der Fall ist. Auch in den kleineren anatolischen Städten schreitet die Grundrißerneuerung zumindest in der Weise voran, daß einige große Durchbruchstraßen geschaffen werden, oft mit einem zentral gelegenen Platz, auf dem dann häufig ein Atatürk-Denkmal anzutreffen ist. Auch beim Aufriß dringen, vor allem in den größeren türkischen Städten, die modernen Baustile ein. Dabei erweist sich die Stahlbetonbauweise in diesem erdbebengefährdeten Land als vorteilhaft.

Die einschneidendsten Wandlungen jedoch vollziehen sich in der Sozialstruktur der Städte. War in der traditionellen anatolischen Stadt eine Gliederung der Wohngebiete allein nach Religionszugehörigkeit und nicht nach dem sozialen Stand vorhanden, so ist heute diese traditionelle Struktur insbesondere in den größeren Städten in Auflösung begriffen. Schon um die letzte Jahrhundertwende und nach dem Ersten Weltkrieg wurde mit der Vertreibung der Armenier und durch den Bevölkerungsaustausch mit Griechenland die Heterogenität der Bevölkerungszusammensetzung in den türkischen Städten fast aufgehoben. Mit der Industrialisierung und der Stadtwanderung der entwurzelten Landbevölkeung setzte eine wesentlich stärkere soziale Differenzierung ein, als es sie in der traditionellen orientalisch-osmanischen Stadt gegeben hatte. Die Stadtbevölkerung gruppiert sich heute nicht mehr um die lokale Wohnviertelmoschee, die seit der Trennung von Staat und Kirche durch Atatürk an Bedeutung verloren hat, sondern sie gruppiert sich nach Sozialschichten. So bilden sich einerseits z. B. in Istanbul die Standorte der gehobenen sozialen Schichten in schöner Lage an den Ufern des Bosporus heraus, während andererseits die oft mittellosen ländlichen Zuwanderer in den »gecekondu evler«, den über Nacht gebauten Häusern am Stadtrand, an den Ausfallstraßen, in der Nähe der Industrie – einem Element, das es in der traditionellen orientalischen Stadt nicht gab – Zuflucht nehmen.

Verkehrserschließung im Zeichen der Landbrückenfunktion

Die Entwicklung der Verkehrswege und Verkehrseinrichtungen in Anatolien läßt noch einmal die Landbrückenfunktion zwischen Europa und Asien und den Wandel des sich westlichen und östlichen Einflüssen öffnenden Landes erkennen.

Als während der altgriechischen Kolonisationsbewegungen die anatolischen Küsten von griechischen Siedlungen besetzt waren und das Perserreich sich über Inneranatolien hinaus nach Westen ausgedehnt hatte, führte die persische Königsstraße vom fernen Asien über Inneranatolien nach Sardes ins Küstengebiet des Ägäischen Meeres und von dort wahrscheinlich über Milet oder Ephesos zum (nach Persien) zweiten Zentrum der damaligen politischen Macht, nach Griechenland. Auch in römischer Zeit führte eine Ostwestroute vom ferneren Asien durch Anatolien, dabei Inneranatolien und den Tuzgölü, den großen Salzsee, südlich umgehend, während die persische Königsstraße in Inneranatolien wahrscheinlich einen nördlicheren Verlauf genommen hatte. Die römische Ostwestroute erreichte in Ephesus das Ägäische Meer und führte von dort weiter nach Rom. Auf dieser Ostwestroute drang mit dem Apostel Paulus von der Hafenstadt Ephesos her das Christentum nach Anatolien ein. Aber in dieser Entwicklungsphase entstand bereits eine zweite, weiterführende Verkehrsverbindung, die Anatolien in der Diagonale querte und die vom mittleren Euphrat über Inneranatolien und den Bosporus auf das Gebiet der mittleren Donau zielte. Sie hatte die Aufgabe, zwei Grenzen des Römischen Reiches, die Euphrat- und die Donaugrenze, miteinander zu verbinden und eine schnelle Verlegung der Truppen von der einen zur anderen Front zu ermöglichen.

Als dann Konstantinopel zur Hauptstadt des Byzantinischen Reiches wurde, erfuhr diese Diagonalroute von der Meerengenmetropole quer durch Inneranatolien einen großen Bedeutungszuwachs, während die ehemals bedeutendere Ostwestroute durch Anatolien außer Gebrauch kam. Die Folge davon war, daß die zahlreichen antiken Siedlungen an der Küste Westanatoliens, allen voran Ephesos, durch die Verlagerung des Verkehrs nach Konstantinopel eingingen und nicht, wie es manche ältere Darstellung wahrhaben will, durch die Versandung ihrer Häfen, die nur eine Folge war.

Die große Diagonalstraße von Konstantinopel quer durch Anatolien war das ganze Mittelalter hindurch ein viel benutzter Fernverkehrsweg, auf dem sich im 11. und 13. Jahrhundert der erste und der dritte Kreuzzug bewegten.

Daß das Osmanische Reich nicht nur als Bruch mit den Traditionen des mittelalterlichen Anatoliens aufgefaßt werden darf, zeigt auch die Entwicklung der Fernverkehrsverbindungen. Nach einer Zwischenphase des Überganges der politischen Gewalt in Anatolien vom Byzantinischen auf das Osmanische Reich bildete sich, gerade weil die neue Hauptstadt am Bosporus eingerichtet wurde, erneut die Diagonalstraße quer durch Anatolien heraus, die von Istanbul aus die Verbindung mit Mesopotamien, Syrien und Palästina herstellte.

Im Laufe der osmanischen Zeit setzte mit dem Verlust der Außengebiete und dem Niedergang des Reiches der Verfall der Landverkehrsverbindungen ein. Die Verbindung zwischen der Hauptstadt Istanbul und den verschiedenen Reichsteilen wurde im 18. Jahrhundert unter Umgehung Anatoliens meist auf dem Seewege hergestellt, so wie bereits einmal in römischer Zeit der Seeweg zu den syrischen Gestaden eine schwere Konkurrenz zum damaligen Landverkehrsweg war. Im 19. Jahrhundert begann die Erschließung Anatoliens mit modernen Verkehrsmitteln. Es war jene Zeit, in der die europäischen Großmächte an der Öffnung der tropischen und subtropischen Länder unter kolonialem Gesichtspunkt zur Lieferung von Rohstoffen und als Absatzgebiete ihrer Industrieerzeugnisse interessiert waren. Bezeichnenderweise setzte deshalb der Bau des Eisenbahnnetzes in Anatolien von der Küste her ein, eine Linie entstand damals von Izmir (Smyrna) aus unter französischer Regie, eine zweite ebenfalls von Izmir aus unter englischer Regie ins agrarisch reiche Westanatolien, das für eine Lieferung von Rohbaumwolle ins englische Baumwollindustriegebiet von Lancashire in Frage kam. Eine dritte Linie entstand unter deutschem Einfluß von Istanbul aus. Sie nahm in ihrem Verlauf die antike und mittelalterliche Diagonalroute durch Anatolien wieder auf und führte als Erschließungsbahn zu einem ersten, bescheidenen wirtschaftlichen Aufschwung Inneranatoliens.

Die neue republikanische Selbständigkeit der Türkei nach dem Ersten Weltkrieg brachte auch für die verkehrsinfrastrukturelle Ausstattung Anatoliens einen radikalen Wandel. Wenn bis zum Ersten Weltkrieg die Halbinsel nur von den Küsten aus verkehrsmäßig aufgeschlossen worden war, so schaffte man nach dem Ersten Weltkrieg diese Verkehrsorientierung zwar nicht ab, förderte aber in besonderem Maße den Ausbau der inneranatolischen Eisenbahnverbindungen zu einem verknüpften Netz unter nationalstaatlichem Gesichtspunkt. Mit dieser Zielsetzung wurde in den Zwischenkriegsjahren der Ausbau der Eisenbahnlinien über Inneranatolien hinaus nach Ostanatolien bis an die sowjetische Grenze – heute auch die persische Grenze – und bis an den 1710 m ü. d. M. liegenden Vansee vorangetrieben.

Die fünfziger und sechziger Jahre brachten auch für den Ausbau der Verkehrswege einschneidende Neuerungen. Während in den Zwischenkriegsjahren das Schwergewicht noch auf dem Ausbau des Eisenbahnwesens gelegen hatte, wird heute den Straßen eindeutig der Vorzug gegeben. Neue Eisenbahnlinien sind, mit Ausnahme der Strecke vom Vansee an die persische Grenze, nicht mehr geschaffen worden. Der Personenfernverkehr im Lande spielt sich derzeit schon überwiegend mit Omnibussen ab, die infolge des wesentlich enger geknüpften Straßennetzes, dessen Ausbau unter Einsatz moderner amerikanischer Straßenbaumaschinen großzügig vorangetrieben wird, das Land flächenhaft bedienen können. 1970 hatte die Türkei schon über 60 000 Straßenkilometer ausgebaut (1950 waren es über 47 000 km).

Die zahlreichen neuen Straßen aber werden nicht nur Kraftfahrzeuge, Industriewaren und materielle Güter, sondern auch Ideen und Ideologien aus dem Westen und aus dem Osten ins Land bringen. Angesichts der Wirtschaftsstruktur des Landes, des Gegensatzes zwischen dem noch wenig entwickelten Inneranatolien und dem noch gar nicht entwickelten Ostanatolien einerseits und dem in rascher Industrialisierung befindlichen Nordwesten des Landes andererseits, angesichts der Probleme und sozialen Spannungen, die die Landflucht und die Industrialisierung mit sich bringen, bleibt nur zu hoffen, daß die Einflußnahme der neuen Ideen, denen sich die Türkei weit geöffnet hat, nicht gewaltsam verlaufen möge.

Christiansen-Weniger, F.: Ackerbauformen im Mittelmeerraum und Nahen Osten, dargestellt am Beispiel der Türkei. Frankfurt/M. 1970. (Neubearbeitung der älteren Veröffentlichung des Verfassers: »Die Grundlagen des türkischen Ackerbaus« von 1934; zusammenfassende und grundlegende agrarwissenschaftliche Darstellung, die von den agrargeographisch bedeutsamen Kategorien Trocken-, Feucht- und Bewässerungslandwirtschaft in der Türkei ausgeht.) – Hütteroth, W.-D.: Bergnomaden und Yaylabauern im mittleren kurdischen Taurus. (In: Marburger Geographische Schriften, Heft 11.) Marburg 1959. (Eine der wenigen wissenschaftlichen Untersuchungen, die sich auf empirischer Basis mit zwei Systemen der Landnutzung, dem Gebirgsnomadismus und der halbseßhaften Form der Landwirtschaft [Yaylabauerntum] in einem peripheren Raum der Türkei beschäftigt.) – Hütteroth, W.-D.: Getreidekonjunktur und jüngerer Siedlungsausbau im südlichen Inneranatolien. (In: Erdkunde, Archiv für wissenschaftliche Geographie, Bd. XVI.) Bonn 1962. – Hütteroth, W.-D.: Ländliche Siedlungen in Inneranatolien in den letzten vierhundert Jahren. (In: Göttinger Geographische Abhandlungen, Heft 46.) Göttingen 1968. (Unter siedlungs- und historischgeographischem Aspekt werden Dorf und Flur in einem Teil des Steppenkernraumes der Türkei nach ihrer Entwicklung untersucht und dabei die – verglichen mit Europa – ganz anderen Ordnungskräfte und Organisationsprinzipien einer orientalischen Agrarlandschaft aufgedeckt.) – Imhof, E./Leuthold, Ch. u. R.: Unbekannte Türkei. Wo Ost und West sich begegnen. Bern 1970. (Sammel- und Bildband mit Beiträgen verschiedener Autoren über Vegetation, Tierwelt, Wirtschaft, Verkehr, staatliche Entwicklung und Kunstgeschichte der Türkei mit sehr guten Farbaufnahmen.) – Krüger, K.: Die neue Türkei. Berlin 1963. (Populärwissenschaftliche Darstellung der neuen Türkei unter allgemeinländerkundlichem Gesichtspunkt.) – Kündig, W./Roiter, F.: Türkei. Zürich 1968. (Allgemeiner Überblick über Natur, Bevölkerung, Geschichte und Wirtschaft der Türkei mit ausgezeichneten Farbaufnahmen.) – Louis, H.: Das natürliche Pflanzenkleid Anatoliens, geographisch gesehen. (In: Geographische Abhandlungen, 3. Reihe, Heft 12.) Stuttgart 1939. (Ältere, aber grundlegende und zusammenfassende Untersuchung, die sowohl den Gesetzmäßigkeiten der Verbreitung des Waldbestandes im Gebirgssaum der Türkei wie auch der Frage nach der anthropogenen oder natürlichen Bedingtheit der inneranatolischen Steppe nachgeht.) – Rother, L.: Die Städte der Cukurova: Adana – Mersin – Tarsus. Ein Beitrag zum Gestalt-, Struktur- und Funktionswandel türkischer Städte. (In: Tübinger Geographische Studien.) Tübingen 1971. – Steward, D.: Türkei. (In: Life – Länder und Völker.) 1966. – Stewig, R.: Byzanz – Konstantinopel – Istanbul. Ein Beitrag zum Weltstadtproblem. (In: Schriften des Geographischen Instituts der Universität Kiel, Bd. XXII, Heft 2.) Kiel 1964. – Stewig, R.: Bursa, Nordwestanatolien. Strukturwandel einer orientalischen Stadt unter dem Einfluß der Industrialisierung. (In: Schriften des Geographischen Instituts der Universität Kiel, Bd. 32.) Kiel 1970. – Stewig, R.: Die Industrialisierung in der Türkei. (In: Die Erde, Zeitschrift der Gesellschaft für Erdkunde zu Berlin, 103. Jahrgang, Heft 1.) Berlin 1972. (Zusammenfassende Darstellung der Industrialisierung in der Türkei als Prozeß und unter besonderer Berücksichtigung des Staates und der Privatwirtschaft als Träger der Industrialisierung.) – Tümertekin, E.: The Iron and Steel Industry of Turkey. (In: Economic Geography, Bd. XXXI.) Worcester, Mass. 1955. – Winkler, E.: Die Wirtschaft von Zonguldak, Türkei. Eine geographische Untersuchung. (In: Wiener Geographische Schriften, Heft 12/13.) Wien 1961. (Das einzige Steinkohlenbergbaugebiet der Türkei, in peripherer Lage am Schwarzen Meer, wird nicht nur unter dem Gesichtspunkt des Bergbaus untersucht, sondern es werden auch die Auswirkungen der Bergwirtschaft auf Siedlungen und Landwirtschaft der Region dargelegt.) – Winkler, E.: Grundlagen und Entwicklung der Teewirtschaft im türkischen Schwarzmeergebiet. (In: Mitteilungen der Österreichischen Geographischen Gesellschaft, Bd. 105.) Wien 1963.

Jörg Maier

Freizeitverhalten und Tourismus in Europa

Freizeit und Tourismus im gesellschaftlichen Wandel

Die Freizeit und ihre Gestaltung ist in den letzten Jahren in allen Industriegesellschaften zu einem bedeutsamen Gegenstand der öffentlichen Diskussion geworden. Die dabei auftretende Diskrepanz in der Bewertung dieser Verhaltensweisen deutet auf die enge Beziehung der Freizeit zur jeweiligen gesamtgesellschaftlichen Situation hin. Spielte sie in der Agrargesellschaft noch eine untergeordnete Rolle, so stieg ihr quantitativer und qualitativer Umfang mit dem Wandel zur Industriegesellschaft moderner Prägung.

Die Anfänge des modernen Tourismus liegen neben den Reisen junger Adeliger und den Wallfahrten des Volkes vor allem im städtischen Bürgertum und seinen Bäderreisen. In der ersten Hälfte des 19. Jahrhunderts entstanden dabei die »großen« Badeorte in Europa, wie Baden-Baden, Karlsbad, Marienbad, Nizza oder Wiesbaden. Als Äquivalent dazu entstand aus dem Kleinbürgertum die Gewohnheit der »Sommerfrische«. Die von romantischen Idealen getragenen Reisen der Maler und Dichter und die Entdeckervorstellungen des beginnenden Alpinismus trugen ebenso wie die ersten Formen eines organisierten Tourismus dazu bei, die verschiedenen Spielarten des Massentourismus und der Freizeitindustrie von heute zu entwickeln.

Nach dem Ersten und insbesondere dem Zweiten Weltkrieg, durch gesetzliche Urlaubsregelungen in den meisten europäischen Ländern gefördert, induzierten Freizeit und Erholung einen Prozeß, der in weiten Gebieten zu einem landschaftsgestaltenden Faktor großen Ausmaßes wurde. Entscheidend für diesen Prozeß sind u. a.: die dynamisch wachsende Bevölkerung in Verbindung mit der fortschreitenden Verdichtung und Verstädterung (so betrug der Anteil der städtischen Bevölkerung in Europa 1967 im Durchschnitt 55–60%. Während in den Niederlanden, Großbritannien und der Bundesrepublik diese Werte bis 80% ansteigen, liegen sie in den süd- und osteuropäischen Ländern zwischen 25 und 40%);

das Wachstum der Wirtschaft und der Realeinkommen (weit stärker noch wuchsen die Ausgaben für die Urlaubsgestaltung und für sonstige Freizeitgüter);

die Verkürzung der Arbeitszeit (in diesem Jahrhundert wurde sie von 60–70 Arbeitsstunden/Woche auf rund 40 Stunden reduziert, jedoch keineswegs überall und für alle Sozialgruppen gleichermaßen realisiert);

die Veränderung der Sozial- und Altersstruktur (die ständige Ausweitung des tertiären Bereichs führte z. B. in Westeuropa zu einer »Tertiärbevölkerung« von fast 50%);

die steigende Mobilität, unterstützt durch die wachsende Motorisierung (insbesondere in den nordwesteuropäischen Ländern ist der Pkw-Besitz am weitesten verbreitet und weist die größten Wachstumsraten auf, meist Verdopplung der Bestandswerte innerhalb der letzten zehn Jahre);

der technische Fortschritt in Verkehrswesen und -technik (u. a. Großraum-Flugzeuge);

die Veränderung der Bedürfnisse und Präferenzen der einzelnen Sozialgruppen in Abhängigkeit von gesellschaftlichen Leitbildern;

die Veränderung der Angebotsstruktur für Freizeit und Erholung, insbesondere die Entwicklung neuer Erholungsgebiete und -formen (u. a. Camping und Caravaning, Chalets und Ferien-Appartements, Freizeitwohnsitze).

Zur Abgrenzung des Begriffes Freizeit kann man von der Unterteilung in Arbeitszeit und von fremdbestimmter Arbeit freien Zeit unter Berücksichtigung der Rüstzeit ausgehen. Auch die Restgröße Freizeit ist nicht frei disponibel, sondern in weitem Maße durch den Entwicklungsstand der Gesellschaft bzw. durch gruppentypische Verhaltensweisen bestimmt.

Wenn auch dieser arbeitspolare Freizeitbegriff für eine Aussage über raum- und verhaltensbezogene Aspekte nicht ausreicht, so erlaubt er doch folgende Differenzierung der Freizeitverwendung: wohnraumgebundene Freizeit (»indoor«-Erholung), Freizeit im Nahbereich des Wohnraumes bzw. -ortes (Naherholung) und Freizeit im weiteren Umland des Wohnortes (Urlauberholung).

Unter Fremdenverkehr wird die Summe der Wechselwirkungen verstanden, die zwischen einer vorübergehend auftretenden Häufung von Ortsfremden und ihrer Umgebung bestehen. Die Entwicklung zur mobilen Gesellschaft verweist aber auch hier auf einen Wandel der Terminologie zu einer Geographie des Freizeitverhaltens, deren Rahmen die traditionelle Fremdenverkehrsgeographie überspannt. Im Mittelpunkt der Betrachtungen steht dabei der gruppenspezifische Zusammenhang zwischen der Grundfunktion »sich Erholen« – und den dadurch ausgelösten räumlichen Prozessen.

Geht man von dieser Zeit-Raum-Stufenfolge aus, so zeigt sich, daß die Bevölkerung Europas den überwiegenden Teil ihrer Freizeit (in der Bundesrepublik Deutschland etwa 70% der »Netto«-Freizeit) zu Hause oder in Wohnungsnähe verbringt. Insbesondere in den noch agrarisch orientierten Ländern Südosteuropas umfaßt die Freizeit außerhalb der Wohnumwelt nur einen Bruchteil der gesamten Freizeitverwendung. Als charakteristisch für die »indoor«-Verhaltensweisen können besonders in Westeuropa die Tätigkeiten »Fernsehen« oder »Wagen- und Gartenpflege« angesehen werden.

Aufgrund der zunehmenden Bebauung wächst hauptsächlich in den Stadtregionen der Bedarf an Erholungsflächen. Unter Naherholung kann man dabei alle Freizeit- und Erholungsformen verstehen, die sich zeitlich bis zum Wochenendaufenthalt erstrecken. Der Zusatz »Nah« soll nur bedingt auf die relativ geringe Entfernung und die relativ kurze Dauer des Verkehrsvorgangs hinweisen.

Für die innerstädtische Naherholung spielen vor allem öffentliche Parkanlagen, Schrebergärten, Schwimmbäder und Sportanlagen, aber auch kulturelle Einrichtungen wie Theater und Museen eine große Rolle. Ihr Einfluß auf die Umgebung hängt dabei vor allem vom Bekanntheitsgrad, der Erreichbarkeit und der Funktion ab. Trotz der unterschiedlichen soziologischen und psychologischen Bedeutung der verschiedenen Freizeiteinrichtungen innerhalb Europas besteht eine deutliche gruppenspezifische Differenzierung der verschiedenen innerstädtischen Einrichtungen.

Über Ausmaß und Struktur des außerstädtischen Naherholungsverkehrs berichten bisher nur vereinzelte Untersuchungen. Trotzdem ist die Annahme nicht unbegründet, daß 25–35% der Bevölkerung am Wochenende regelmäßig die Großstadt verlassen. Bei kleineren Städten und insbesondere im ländlichen Raum sind es nur 10–20% der Bevölkerung (nach Untersuchungen in der Bundesrepublik Deutschland und Slowenien). Ein vergleichbares Ergebnis ist im Urlaubsreiseverkehr zu beobachten, bei dem die Reiseintensität in Großstädten weit über dem Landesdurchschnitt, in ländlichen Orten weit darunter liegt. Deutlich weist aber die wachsende Reiseintensität in den letzten Jahren gerade in diesen Orten auf die zunehmende Urbanisierung des ländlichen Raumes hin.

Wie sehr die Naherholung eine Verhaltensäußerung der Industriegesellschaft ist, zeigt sich an ihrem Auftreten in den verschiedenen Wirtschaftssystemen, in kapitalistischen ebenso wie in sozialistischen Ländern. Die Untersuchungen in den südosteuropäischen Ländern weisen allerdings auf das unterschiedliche Entwicklungsniveau der Industrialisierung und Urbanisierung in diesen Ländern hin (so lag der Anteil der nicht am Naherholungsverkehr Teilnehmenden z. B. in Slowenien mit rund 25% wesentlich höher als in deutschen Städten, wo es nur 10–15% sind).

Versucht man gegenüber dem Urlaubsreiseverkehr unterschiedliche Charakteristika für den Naherholungsverkehr darzustellen, so muß neben der Konzentration auf das Wochenende und auf bestimmte Verkehrswege (die Verkehrsspitzen im Rückflutverkehr übertreffen z. T. diejenigen des werktäglichen Nah- und Geschäftsverkehrs), der Dominanz des Personenwagens als Verkehrsmittel und der elastischen Reaktion auf Wetterlagen, der geringe Bewegungsradius der Naherholer im Zielgebiet genannt werden. Die Differenzierung des natur- und kulturgeographischen Landschaftspotentials sowie der Freizeitgewohnheiten bewirken dabei eine saisonale Schwerpunktbildung, wobei Straßen- bzw. Waldrandaufenthalte sowie die Nähe von Seilbahnen im Winter bzw. Badeseen im Sommer besonders bevorzugt sind.

Die meisten Naherholer aus kleineren Städten fahren nicht weiter als 10–40 km fort; die Großstädter dagegen bevorzugen für den Kurzurlaub drei Gebiete, nämlich den Stadtrand, den Nahbereich (30–50 km) und den weiteren Gravitationsbereich (50–150 km). Nicht übersehen werden darf, daß Städte nicht nur Quellen des Naherholungsverkehrs, sondern auch dessen Ziele sein können. Bei einem großen Teil der Attraktionspunkte verschiedener europäischer Großstädte trägt erst der Tagesausflugsverkehr auswärtiger Personengruppen zu der großen Bedeutung bei, die diese Einrichtungen im Rahmen des Freizeitwertes der jeweiligen Städte besitzen: Die eine Million Besucher z. B. des Tierparks in Hamburg im Jahre 1968, die über zwei Millionen »Besteiger« des Eiffelturms sind für diese Form der Naherholung ebenso kennzeichnend wie die 1,2–1,6 Millionen Besucher öffentlicher Theater in Berlin oder München. Sie weisen deutlich darauf hin, daß hier ein Bedarf befriedigt wird, der weit über den der jeweiligen Städte hinausreicht.

Im Rahmen des kurzfristigen Tourismus spielt eine nicht unbedeutende Rolle der Geschäfts- und Dienstreiseverkehr. Insbesondere in den Großstädten, aber auch in Mittel- und Kleinstädten besitzt er trotz seiner relativ kurzen Aufenthaltsdauer von ein bis zwei Tagen aufgrund der wesentlich höheren Ausgabenquote von durchschnittlich 40–50 DM einen beachtlichen ökonomischen Wert. Da ein großer Teil dieser Reisen mit der Eisenbahn durchgeführt wird, findet man in Großstädten häufig eine Konzentration des Beherbergungsgewerbes in der Nähe des Hauptbahnhofes.

Aber nicht nur für die kurzfristigen Freizeitformen spielt die »Saison« kaum eine Rolle, sondern ist über das ganze Jahr verteilt, auch für den Kurverkehr bestehen geringere jahreszeitliche Schwankungen. Dadurch und auch durch seine lange Aufenthaltsdauer unterscheidet er sich insbesondere vom Transitreiseverkehr, dessen Standorte an den großen Nord-Süd-Verkehrsverbindungen liegen, während er gegenüber den Bildungsreisen durch eine veränderte Zielfunktion gekennzeichnet ist.

Zu den längerfristigen Tourismusformen gehört neben dem Kurverkehr auch der Urlaubsreiseverkehr. Obgleich dieser an der Freizeit nur einen Anteil von 10% hat, besitzt er in der Raumplanung ein großes Gewicht. Richtung und Umfang der Reiseströme müssen berücksichtigt werden, um die Bevölkerungsbewegungen zu bewältigen, die während der Hauptreisezeit optisch besonders deutlich in endlos scheinenden Fahrzeugkolonnen zum Ausdruck kommen. Denn die Hauptreisezeit konzentriert sich auf wenige Reisemonate (z. B. ballen sich in Frankreich 82% des Reiseverkehrs auf die Monate Juli und August, in Schweden 75% auf Juni bis August). Große Stockungen entstehen dadurch, daß dabei nur bestimmte Zielgebiete in Frage kommen, die auf wenigen Verkehrswegen bzw. -linien erreicht werden.

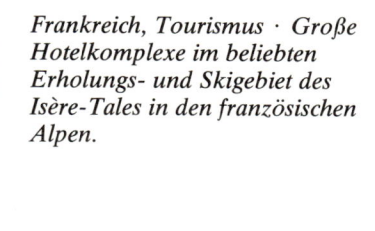

Frankreich, Tourismus · Große Hotelkomplexe im beliebten Erholungs- und Skigebiet des Isère-Tales in den französischen Alpen.

Räumliche und funktionale Differenzierung des Tourismus in Europa

Die Entwicklung des Tourismus in Europa zeigte in den letzten Jahren eine ständig wachsende Teilnahme der Bevölkerung am Fremdenverkehr (in der Bundesrepublik Deutschland z. B. erfaßte er 1954 etwa 24%, 1971 schon 42%). Allerdings zeigten sich zwischen den einzelnen Ländern Europas erhebliche Unterschiede. So erfaßte die Reiseintensität in den skandinavischen Ländern 1967 über 70% der Bevölkerung. In Großbritannien, den Niederlanden und der Schweiz beträgt sie zwischen 55 und 70%, während sie in Italien nur knapp 20% erreicht. Für Westeuropa zusammen betrachtet, bedeutet dies z. B., daß fast die Hälfte der Bevölkerung (rund 130 Millionen Menschen) alljährlich im Urlaub verreist.

Die Beteiligung in den sozialistischen Län-

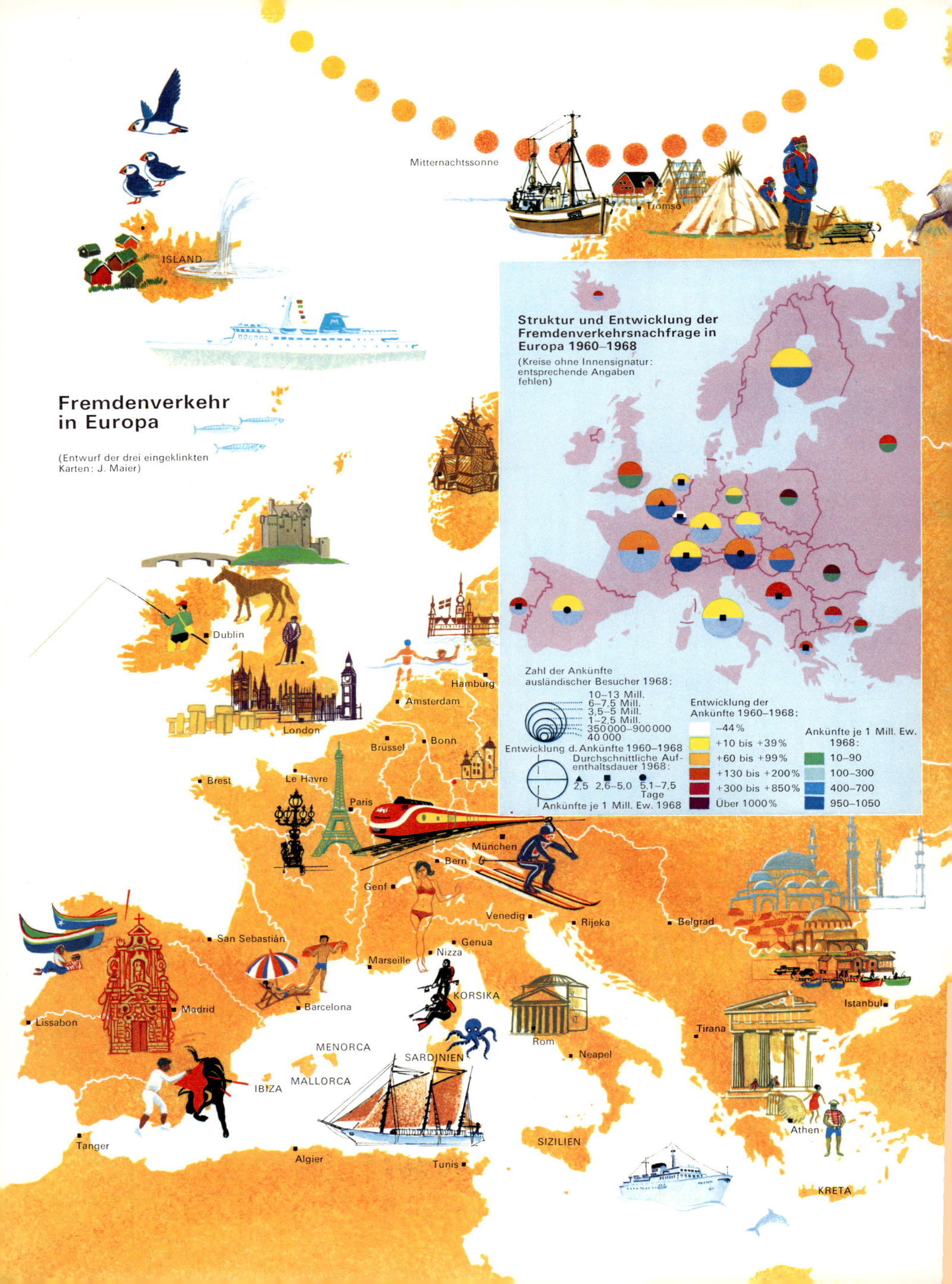

Fremdenverkehr in Europa

(Entwurf der drei eingeklinkten Karten: J. Maier)

Struktur und Entwicklung der Fremdenverkehrsnachfrage in Europa 1960–1968

(Kreise ohne Innensignatur: entsprechende Angaben fehlen)

Zahl der Ankünfte ausländischer Besucher 1968:
- 10–13 Mill.
- 6–7,5 Mill.
- 3,5–5 Mill.
- 1–2,5 Mill.
- 350 000–900 000
- 40 000

Entwicklung d. Ankünfte 1960–1968
Durchschnittliche Aufenthaltsdauer 1968:
▲ 2,5   ■ 2,6–5,0   ● 5,1–7,5 Tage

Ankünfte je 1 Mill. Ew. 1968

Entwicklung der Ankünfte 1960–1968:
- −44 %
- +10 bis +39 %
- +60 bis +99 %
- +130 bis +200 %
- +300 bis +850 %
- Über 1000 %

Ankünfte je 1 Mill. Ew. 1968:
- 10–90
- 100–300
- 400–700
- 950–1050

Mitternachtssonne · Tromsø · ISLAND · Dublin · Hamburg · Amsterdam · London · Brüssel · Bonn · Brest · Le Havre · Paris · Genf · Bern · München · Venedig · Rijeka · Belgrad · San Sebastián · Marseille · Genua · Nizza · KORSIKA · Rom · Neapel · Istanbul · Tirana · Athen · Lissabon · Madrid · Barcelona · MENORCA · MALLORCA · IBIZA · SARDINIEN · SIZILIEN · KRETA · Tanger · Algier · Tunis

dern ist – mit Ausnahme der DDR – demgegenüber schwächer ausgeprägt (zwischen 10–15%). Bezieht man die Reiseintensität jedoch nur auf Auslandsreisen, so zeigt sich innerhalb der RGW-Länder, daß der relativ höhere Lebensstandard der ČSSR, der DDR und Ungarns zu einer höheren Reiseintensität beiträgt. Auch innerhalb der westlichen Industrieländer ergeben sich in dieser Hinsicht stärkere Unterschiede. So ist die Beteiligung am Auslandsreiseverkehr vor allem in Großbritannien gering, während sich in der Bundesrepublik Deutschland, Belgien, den Niederlanden und der Schweiz der Inlands- und Auslandsreiseverkehr ungefähr die Waage halten.

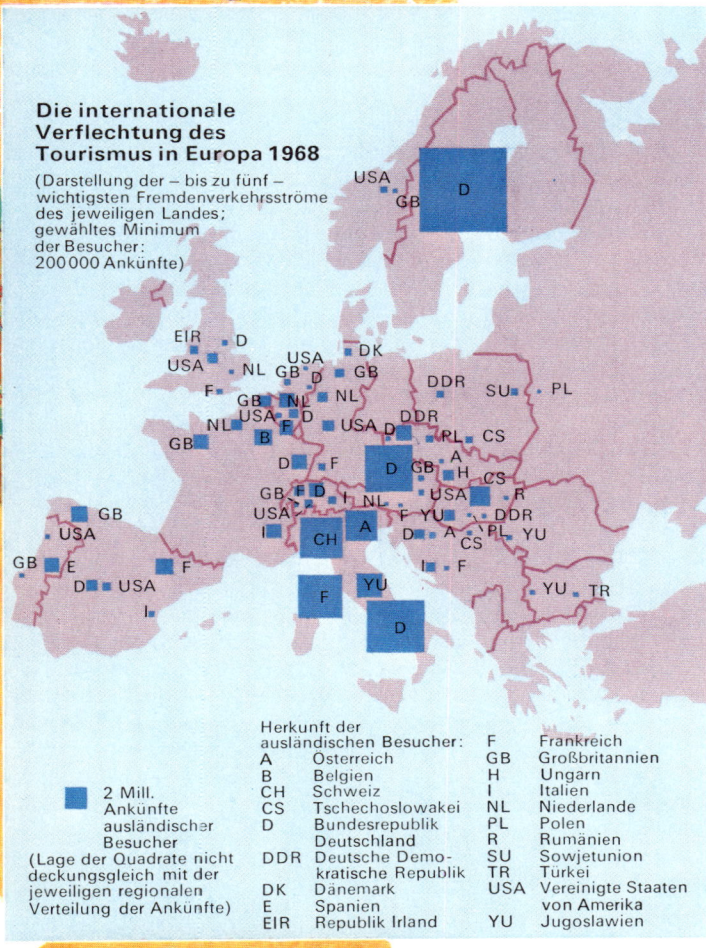

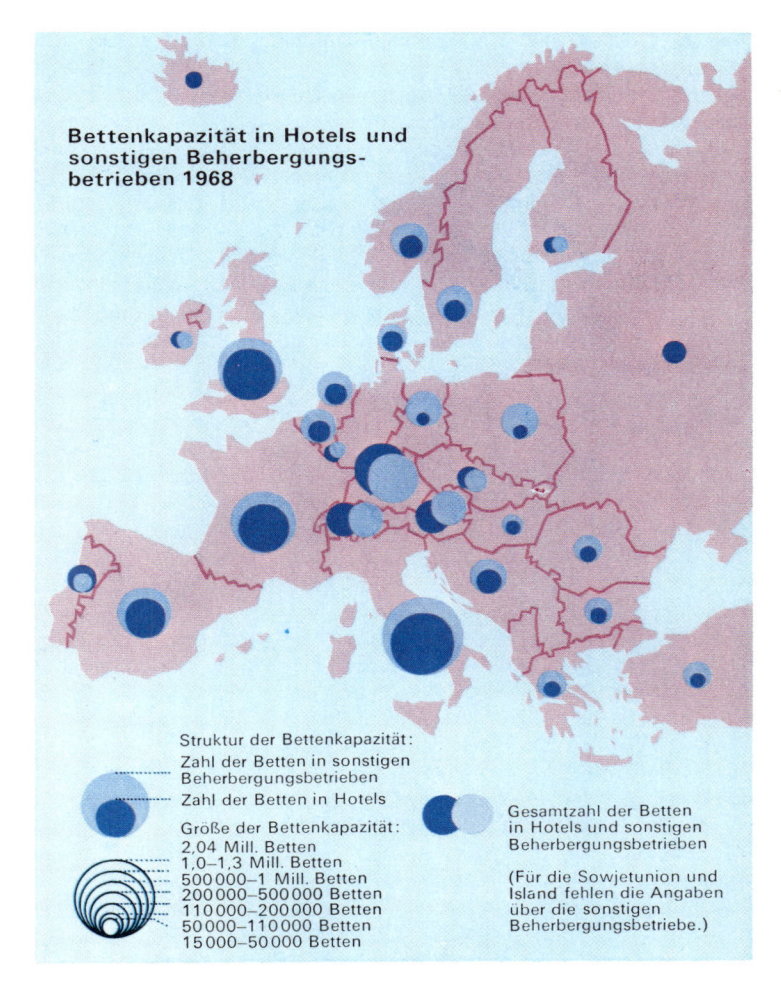

und vor allem in Österreich machen die deutschen Touristen den größten Anteil an den ausländischen Gästen aus. Demgegenüber dominiert Spanien als Gastland bei den Urlaubern aus Großbritannien, Belgien und den Niederlanden. Am Beispiel Frankreichs und Italiens zeigt sich, daß neben der gesellschaftlichen Entwicklungsstufe auch die »kulturelle Distanz« bei der Auswahl der Reiseziellländer eine große Rolle spielt. Bevorzugt werden häufig Gebiete, die nur wenige Umstellungen in den alltäglichen Lebensgewohnheiten verlangen (Nachbarländer).

In Europa steht zwar der Urlaub im eigenen Land immer noch weit an erster Stelle, trotzdem trägt der Auslandstourismus in großem Maße zu den charakteristischen Eigenschaften dieser Mobilitätserscheinung bei. Geradezu als »Touristen-Export«-Länder können in Europa insbesondere die Bundesrepublik Deutschland, die Niederlande und Frankreich bezeichnet werden (vgl. Grafik S. 308), während die süd- und, in den letzten Jahren verstärkt, auch die südosteuropäischen Länder als »Import«-Länder auftreten. So verzeichnete z. B. Italien 1970, mit rund 15 Millionen ausländischen Besuchern das größte Ferienland in Europa, die Ankunft von 3 Millionen deutschen und 1,3 Millionen französischen Gästen. Auch in Jugoslawien

In der Grafik oben links ist zu erkennen, daß die internationale Verflechtung des Tourismus in den sozialistischen Ländern trotz der verstärkten Zunahme der letzten Jahre vergleichsweise gering ist. Nur knapp 10% des Welttourismus entfallen auf die RGW-Länder, an deren Spitze 1970 Ungarn mit drei Millionen Besuchern vor der lange Jahre führenden ČSSR stand. Was die Verflechtung mit dem westlichen Ausland betrifft, so führt die Bundesrepublik Deutschland als »Exportland« mit weitem Vorsprung (im Jahre 1970 waren z. B. in Bulgarien 9% und in Rumänien sogar 11% der Gäste aus der Bundesrepublik Deutschland). Gegenüber dem quantitativ überaus geringen Reisestrom aus den RGW-Ländern in das westliche Ausland tritt die große Anzahl der Reisen von Jugoslawien, insbesondere nach Italien, deutlich hervor.

Neben der gesellschaftlichen und wirtschaftlichen Entwicklungsstufe wird der Grad der Beteiligung am Tourismus durch die Struktur der Erholungsuchenden bzw. deren Veränderung beeinflußt.

So trägt u.a. die zunehmende Urbanisierung zu einer Erhöhung der Reisen bei. Während z.B. die Reiseintensität in den ländlichen Gemeinden Frankreichs 1966 nur 16% betrug, führten fast 73% der Pariser Urlaubsreisen durch. Ähnliche Ergebnisse liegen – wenn auch nicht so stark differenziert – für Italien, Belgien und die Bundesrepublik Deutschland vor.

Bei der Struktur nach Altersgruppen tritt ein derartig großer Unterschied nicht auf. Zwar besitzt die Altersgruppe der über 65jährigen einen geringeren Anteil am Auslandstourismus als die 18- bis unter 45jährigen, jedoch ist im Inlandstourismus die Differenzierung weit geringer als bei der Reiseintensität der einzelnen Berufsgruppen. Hier führen die Beamten und Angestellten des »unselbständigen« Mittelstandes weit vor den Selbständigen, den Arbeitern und insbesondere den Landwirten. So wiesen die leitenden Angestellten in Italien bzw. der Bundesrepublik Deutschland 1966 eine Reiseintensität von 59% bzw. 69% vor, während von den Arbeitern nur 17% bzw. 26% eine Urlaubsreise unternahmen. Nicht zuletzt spielte hierbei die enge Korrelation zwischen Einkommenshöhe und Reiseintensität eine wichtige Rolle.

Unter den für die Reise benutzten Verkehrsmitteln haben der Pkw und das Flugzeug in den letzten zehn Jahren gegenüber der Eisenbahn und dem Bus stark zugenommen. Wird der Pkw besonders von über 60% aller Reisenden in Belgien, den Niederlanden und Frankreich benutzt, so erreichte das Flugzeug – meist durch Charterflüge – vor allem in den skandinavischen Ländern eine große Bedeutung. Auch in der Bundesrepublik Deutschland waren die Gruppenreisen im Flugtourismus durch ein außergewöhnliches Wachstum gekennzeichnet (von 720000 Reisenden 1967 auf rund 2 Millionen im Jahre 1971). Ebenso ist bei den Eisenbahnen durch ein sich ständig erweiterndes Netz von Autoreisezügen als Alternative zu den immer größer werdenden Verkehrsbehinderungen auf der Straße während der Hauptreisezeit in den vergangenen vier bis fünf Jahren wieder ein Anstieg der Reisenden zu beobachten.

Was die Zielgebiete des Tourismus in Europa betrifft, so zeigt sich deutlich, daß die Meeresküsten bzw. die Seengebiete einerseits, das Gebirge andererseits die Schwerpunkte des zwei- bis vierwöchigen Aufenthalts darstellen. So wählten z.B. 52% der italienischen bzw. 45% der belgischen Erholungsuchenden die in- oder ausländischen Meeresküsten als Ziel ihrer Reisen. Die Niederländer suchen im Inlandstourismus zwar ebenfalls bevorzugt die Erholungsgebiete an der Nordsee auf, im Auslandstourismus sind jedoch die Gebirgslandschaften Österreichs und der Schweiz beliebte Ziele. Im deutschen Urlaubsreiseverkehr sind ferner noch die Binnenseengebiete sowie die Mittelgebirgsbereiche von Bedeutung.

Diese Tendenzen in den Verhaltensweisen führen in Verbindung mit den Schul- und Betriebsferien-Regelungen dann zu den extremen Sommersaisonwerten in den nordeuropäischen Ländern, während die Mittelmeerländer eine längere Urlaubssaison bzw. die Schweiz oder Österreich daneben noch einen ausgeprägten Wintertourismus besitzen. Die Grafiken auf den Seiten 308/309 weisen auf diese funktionale und regionale Differenzierung der europäischen Fremdenverkehrsgebiete hin. Deutlich ist eine Konzentration der Ankünfte ausländischer Besucher – als Maßstab für den Beliebtheitsgrad eines Landes – in Italien und Frankreich festzustellen. Es folgen Österreich, Spanien, die Bundesrepublik Deutschland, Belgien und die Schweiz, während von den südosteuropäischen Ländern allein Ungarn und Jugoslawien bisher bedeutungsvoll sind.

Diese deutliche Vorrangstellung Italiens bestätigt sich auch in der Zahl von über 230 Millionen (1969) Übernachtungen ausländischer Gäste. Zwar wies die Bundesrepublik Deutschland auch 207 Millionen Übernachtungen auf, jedoch entfielen nur 9% davon auf ausländische Touristen. Der Gegensatz hierzu tritt in Österreich und Spanien auf, wo 71% bzw. 67% der Übernachtungen auf Ausländer entfallen. Die Eigenarten der europäischen Länder werden in der Grafik Seite 308 deutlich. Hier zeigt sich, daß Belgien und die Bundesrepublik Deutschland »Transitländer« sind, die Aufenthaltsdauer der Touristen ist sehr kurz, während in Spanien und vor allem in Österreich die Reisenden länger anwesend sind.

Mit Hilfe der Fremdenverkehrsintensität – als Ausdruck für den Einfluß des Fremdenverkehrs in einem Land – kann man feststellen, daß Luxemburg, die Schweiz und Österreich stärker vom Tourismus abhängig sind als beispielsweise das Industrieland Großbritannien oder das noch stärker agrarisch orientierte Rumänien. Dabei müssen die Entwicklungstendenzen von 1960 bis 1968 beachtet werden, die klar auf die dynamische Aufwärtsentwicklung in den südosteuropäischen Ländern sowie Portugal hinweisen.

Bei der Frage nach der Eignung eines Gebietes für Freizeit und Tourismus kann man naturgeographische Faktoren wie Oberflächengestalt (bevorzugt werden Gebiete mit hoher Reliefenergie: Mittel-, Hochgebirge), Orte an Gewässern, das Klima (Sonnenscheindauer oder Schneesicherheit) und die Tier- und Pflanzenwelt von den kulturgeographischen Faktoren unterscheiden. Zu den kulturgeographischen Faktoren rechnen vor allem die Bevölkerung des Fremdenverkehrsgebietes und ihre Einstellung zum Tourismus, die Siedlungsentwicklung und -struktur, kunsthistorische Bauten und Denkmäler sowie die unmittelbaren und mittelbaren Institutionen und Einrichtungen des Hotel- und Gaststättengewerbes, des Handels und Verkehrs sowie der sonstigen Infrastruktur. Beide Faktorengruppen zusammen ergeben das Potential einer Fremdenverkehrslandschaft, wobei die Betonung einzelner Komponenten von den Wünschen und Bedürfnissen der verschiedenen Sozialgruppen der Reisenden abhängt. Eine Klassifizierung der einzelnen Gebiete ist daher im Zeitablauf keineswegs konstant, führen doch gesellschaftliche Veränderungen auch zu Umorientierungen der Freizeit-Verhaltensweisen.

Bei einigen europäischen Ländern ist seit mehreren Jahren ein Wandel in der Unterbringung der Gäste festzustellen. So nehmen z.B. einerseits die First-class-Hotels und andererseits die verschiedenen Formen der Selbstversorgung wie Camping, Caravaning oder Freizeitwohnsitze verstärkt zu, während Zwischenformen (die Second-class-Hotels oder die Privatquartiere) teilweise an Bedeutung verlieren. Trotzdem nehmen – wie die Grafik auf Seite 309 verdeutlicht – die nichtgewerblichen Beherbergungsformen in allen Ländern außer der Bundesrepublik Deutschland, Österreich, der Schweiz und Portugal den größten Teil der Kapazität ein; in der Türkei ist dies weitgehend auf die wachsende Zahl an Campingplätzen zurückzuführen, in der DDR und in Polen hingegen auf das große Angebot an betrieblichen und gewerkschaftlichen Unterkünften.

So unterschiedlich wie die Herkunftsländer der Reisenden, so unterschiedlich sind auch die Wünsche nach Unterbringung. 60% der Erholungsuchenden aus Großbritannien z.B. bevorzugen das Hotelzimmer, während bei den französischen Touristen der Aufenthalt bei Verwandten und Bekannten dominiert. Demgegenüber besitzt das Camping und Caravaning insbesondere in den Niederlanden große Bedeutung. Aber auch in der Bundesrepublik Deutschland gewinnt es – überwiegend aus Kostengründen und als Ersatz für den fehlenden festen Freizeitwohnsitz – immer mehr Anhänger. Statt 100000 Caravans, die 1968 in der Bundesrepublik registriert wurden, sind es bis 1971 fast 250000 geworden. Da rund ein Drittel der Wohnwagenbesitzer ihre Pseudo-Zweitwohnsitze das ganze Jahr über benutzen – meist zwischen zwei Standorten wandernd – entstehen zunehmend Probleme für die Erholungsplanung in den Fremdenverkehrsgebieten. Als Standorte wählen die Camper meist See- oder Meeresufer, Waldränder oder attraktive Aussichtspunkte in der Nähe der Großstädte bzw. großer Durchgangsstraßen.

Diese Zielfunktion verbindet sie wiederum mit den Freizeitwohnsitzen, die, von den skandinavischen Ländern ausgehend, zunehmend in Mitteleuropa und den sozialistischen Ländern (als eine der wenigen Möglichkeiten privater Kapitalanlage) an Bedeutung gewinnt. Die unterschiedliche regionale Beliebtheit dieser Form der Freizeitgestaltung zeigt sich z.B. darin, daß in Schweden 1960 etwa 25% der Erholungsuchenden ihren Urlaub in Freizeitwohnsitzen verbrachten, während es in Frankreich und Belgien 10%, in den Niederlanden und der Bundesrepublik Deutschland nur 1–2% waren. In Schweden oder Dänemark, wo heute jeder fünfte Haus-

halt über einen Zweitwohnsitz verfügt, rechnet man mit einem jährlichen Anstieg von 10 000–20 000 Häusern bzw. Wohnungen im Laufe der nächsten Jahre. Die Entwicklung in Mitteleuropa ist quantitativ noch nicht so stark ausgeprägt; dagegen schätzt man für Teile Südfrankreichs die Zahl der Zweitwohnsitze bereits heute größer ein als die Zahl der Hauptwohnsitze.
Trotz ihrer besonderen Dynamik werden die Zweitwohnsitze in ihrer Entwicklung von dem Wachstum der Hotel-Neusiedlungen an den Stränden am Mittelmeer oder Schwarzen Meer bzw. in verschiedenen Hochgebirgstälern noch weit übertroffen. In den letzten Jahren wurden z. B. an der rumänischen Küste mehrere Badeorte (Venus, Jupiter) mit 8000–10 000 Betten errichtet; in der Nähe von Poreč (Istrien) wurde die Hotelstadt Plava Laguna mit rund 10 000 Betten geschaffen. Als bisher größtes Vorhaben an der französischen Mittelmeerküste (im Languedoc-Roussillon) wurde ein Fremdenverkehrsgebiet mit über 250 000 Betten in wenigen Jahren gebaut, und in Hochsavoyen wurden mehrere neue Wintersportzentren (Morzine, Flaine) im Hochgebirge errichtet, die bis 1980 auf 10 000–30 000 Betten angewachsen sein werden.

Auswirkungen des Tourismus

Durch die zunehmende Beteiligung der Bevölkerung am Urlaubs- und Naherholungsverkehr wachsen die Flächenansprüche der erholungsuchenden Menschen, verstärkt durch das Interesse an reizvollen Landschaften in Verbindung mit neuen Freizeitgewohnheiten (z. B. »aktiver Urlaub«). So hat die verstärkte Freizeitaktivität über die direkten Einflüsse hinaus Konflikte zwischen den verschiedenen ökologischen, ökonomischen und sozialen Interessen entstehen lassen.

Auf der einen Seite bietet der Tourismus für die Bevölkerung neue Beschäftigungs- und Einkommensmöglichkeiten. So waren z. B. 1969 in Italien 310 000 Personen in Hotels, in Österreich rund 90 000 Personen in Hotels und Restaurants beschäftigt. Darüber hinaus erhält das gesamte Wirtschaftsleben zahlreicher Gebiete Impulse aus dem Tourismus, die zu einer mehr oder weniger großen Abhängigkeit von diesem Wirtschaftsfaktor beitragen. So ist der Flughafen von Mallorca während der Hochsaison der frequentierteste Europas (alle 3 Minuten startet oder landet eine Maschine), und die 1000 Bewohner der Insel Vrsar (jugoslawische Adria), die noch zu Beginn der sechziger Jahre kein elektrisches Licht kannten, verfügten 1969 dank des Zustroms von rund 50 000 Hotel- und Camping-Urlaubern über die wichtigsten Infrastruktureinrichtungen.

Die Bedeutung des Fremdenverkehrs für eine Gemeinde oder ein Gebiet ist vielfach bereits an den Veränderungen im Ortsbild erkennbar. Darüber hinaus zählen der ausgeprägte saisonale Rhythmus (in der Zahl der Übernachtungen, der Arbeitskräfte oder auch der Umsätze), der Überbesatz zentraler Dienstleistungen und häufig der hohe Anteil ausmärkischen Grundeigentums zu den eigentlichen Charakteristika dieses Gemeindetyps. Durch die verbesserten Kommunikations- und Verkehrsverbindungen reicht der Tourismus in seiner Versorgungs-, Wirtschafts- und Sozialstruktur vielfach weit über seine örtlichen Grenzen hinaus. Allerdings werden die regionalen Multiplikatorwirkungen in unterentwickelten Gebieten häufig überschätzt, muß doch der Großteil der Vorleistungen (Nahrungsmittel und auch Gebrauchsgegenstände) von weiter entfernt liegenden Gebieten bezogen werden. Die größte Bedeutung erhält der Tourismus in vielen Ländern deshalb in der Zahlungsbilanz. So gaben die drei größten Touristen-»Exportländer« Bundesrepublik Deutschland, Frankreich und Großbritannien 1969 im übrigen Westeuropa fast 11 Milliarden DM aus. Mehr als die Hälfte davon stammte von den deutschen Reisenden, die nach den Pro-Kopf-Ausgaben betrachtet von den Skandinaviern und Briten noch weit übertroffen werden. Dies führte dazu, daß in Spanien die Einnahmen aus dem Tourismus über 75% und in Österreich über 35% des Warenexports ausmachten. In den sozialistischen Ländern liegt seine ökonomische Bedeutung allerdings noch weit zurück, die entsprechenden Werte für Bulgarien, Rumänien und Ungarn betragen zwischen 2,5 und 3,6%.

Der Tourismus trägt vor allem zu einer Diffusion der Verhaltensweisen und somit zu neuen Formen von Sozialbeziehungen bei, die zu funktional differenzierten Gruppenbildungen führen. Die Beharrlichkeit räumlicher und gesellschaftlicher Strukturen wird durch die Konfrontation mit den Gewohnheiten der Erholungsuchenden durchbrochen.

Andererseits weisen die ökologischen Auswirkungen darauf hin, daß die Freizeitaktivitäten notwendigerweise in den Rahmen eines um Quantität und Qualität bemühten Umweltschutzes einbezogen werden müssen. So beeinträchtigen die Nebenerscheinungen der Freizeit (Abfall, Beschädigungen und Verunreinigungen) die ökologischen Verhältnisse. Der Erholungswert wird dadurch und durch die sonstige Wasser- und Luftverschmutzung stark vermindert. Welche Bedeutung dieses Problem bereits erreicht hat, zeigen Beispiele wie zeitlich befristete Badeverbote in der Schweiz für den Comer See, den Lago Maggiore, den Luganer See und das Südufer des Bodensees, die alarmierende Verschmutzung an der französischen Riviera und die notwendig gewordenen Investitionen in Höhe von fast 100 Millionen DM für neue Kläranlagen und die Verbesserung des Kanalisationsnetzes zwischen Cattolica und Cesenatico.

Wie sehr gerade planerische Überlegungen dringend notwendig werden, wird verständlich, rechnet man für die nächsten zehn bis fünfzehn Jahre doch mit einer Verdopplung der heutigen Reiseintensität im Urlaubs- und Naherholungsverkehr in Europa.

Fremdenverkehr in den RGW-Ländern. (In: *DIW-Wochenblatt*, 38. Jg., Nr. 17.) Berlin 1971. – Hoffmann, H.: So reisten die Deutschen 1966. Frankfurt/M. 1967. – Horch, M.: Der Tourismus in den Außenwirtschaftsbeziehungen westeuropäischer Staaten. (Diss.) Bonn 1969. – Jersic, M.: Der Naherholungsverkehr verschiedener Städte in Slowenien. Ljubljana 1970. – Koch, A.: Die touristische Nachfrage der europäischen Bevölkerung. (In: *Jahrbuch für Fremdenverkehr*, 17. Jg.) 1969. – OECD-Statistik: Tourism in Europe. Paris 1970. – Poser H.: Geographische Studien über den Fremdenverkehr im Riesengebirge. (In: *Abhandlungen der Gesellschaft der Wissenschaften*, H. 20.) Göttingen 1939. – Ritter, W.: Fremdenverkehr in Europa. Leiden 1966. – Ruppert, K./Maier, J.: Der Naherholungsraum einer Großstadtbevölkerung, dargestellt am Beispiel Münchens. (In: *Informationen*, H. 2.) 1969. – Ruppert, K./Maier, J.: Zur Geographie des Freizeitverhaltens. (In: *Münchner Studien zur Sozial- und Wirtschaftsgeographie*, Bd. 6.) Kallmünz/Regensburg 1970. – Ruppert, K./Maier, J. (Hg.): Der Tourismus und seine Perspektiven für Südosteuropa. (In: *WGI-Berichte zur Regionalforschung*, Bd. 6.) München 1971. – Ruppert, K./Maier, J.: Der Zweitwohnsitz im Freizeitraum – raumrelevanter Teilaspekt einer Geographie des Freizeitverhaltens. (In: *Informationen*, H. 6.) 1971. – Williams, A. V./Zelinsky, W.: On some patterns in international tourist flows. (In: *Economic Geography*, Bd. 46.) 1970.

Gegenüber mehreren globalen Studien mit ökonomischem Schwerpunkt ist die Zahl geographischer Untersuchungen zu diesem Thema weit geringer ausgeprägt. Allein Ritter versuchte bisher, für das Gebiet Europas eine zusammenhängende Übersicht vorzulegen. Die verschiedenen Formen des Tourismus besitzen überaus starke regionalspezifische Auswirkungen auf die Landschaft, so daß die mikrogeographische Analyse, wie sie von Poser beispielhaft vorgeführt worden ist, weit eher angebracht ist als der additive Charakter der makrogeographischen Betrachtung. Zum anderen zeigt sich in den verschiedenen raumrelevanten Freizeitverhaltensweisen eine derartige Fülle geographischer Methoden und Probleme, daß eine detaillierte Untersuchung kaum in Form dieser kurzgefaßten Studie behandelt werden kann. Der Fragenkreis reicht von der innerstädtischen Feierabenderholung bis hin zu den Freizeitwohnsitzen oder den Pensionistensiedlungen, erweitert noch durch die verschiedenen Wirtschafts- und Gesellschaftssysteme in Europa.

Peter Simons

Das arabische Vorderasien

Brücke zwischen Afrika und Asien

Die im Zentrum der Alten Welt gelegene Arabische Halbinsel, im Norden begrenzt durch die Linie Aqaba-Mündung Schatt al-Arab und Lebensraum für schätzungsweise 11 Millionen Menschen, ist die kontinentalste Halbinsel der Erde. Das arabische Vorderasien – d. h. die Arabische Halbinsel und die nördlich und nordöstlich angrenzenden Gebiete (bis zum Rand der taurisch-iranischen Faltengebirge) – umfaßt 3,5 Millionen qkm. Es ist altes Durchgangsland zwischen Afrika und Asien, eine Drehscheibe, über die vor- und frühgeschichtliche Kulturen vor allem von Asien nach Afrika gelangten. Im Handel zwischen Asien und Europa bildete Arabien jahrhundertelang den Umschlagplatz zwischen den Ländern am Indischen Ozean und dem Mittelmeer. Im Großreich der Kalifen war Arabien das politische Kernland. Im Osmanischen Reich bildete es das Verbindungsglied zwischen den europäisch-kleinasiatischen und den nordafrikanischen Provinzen.

Klimatisch gehört der Raum zum passatischen Trockengürtel der Alten Welt (Wendekreiswüsten). Neun Zehntel der Fläche sind Wüste oder Halbwüste. So hat die Arabische Halbinsel auch geographisch Brückenfunktion. Sie leitet von der nordafrikanischen Wüste (Sahara) zu den innerasiatischen Trockengebieten über. Nach ihrer Fläche ist sie nicht viel kleiner als Vorderindien (3,9 Millionen qkm). Beide Halbinseln werden zwar vom Wendekreis geschnitten, sind aber klimatisch ganz verschieden. Während außerdem die Arabische Halbinsel mit 35 Millionen Einwohnern auf weiten Strecken zu den menschenleersten Gebieten der Erde gehört, bildet Vorderindien mit über 670 Millionen Bewohnern eines der Dichtezentren der Menschheit.

Die Menschen des arabischen Vorderasiens leben meist in den feuchteren Randgebieten entlang den Küsten und den ihnen benachbarten Hochländern. Besonders dicht besiedelt sind die Gebirgsländer von Jemen (Arabische Republik Jemen und Demokratische Volksrepublik Jemen), Asir und der »Fruchtbare Halbmond«, der die Gebiete des Bewässerungs- und Regenfeldbaus von Palästina über Syrien bis Irak umfaßt. In diesem Bereich entstanden nach heutigem Wissen die ersten Städte der Erde. Jericho (als Siedlung aus ungebrannten Ziegeln) ist schon im 7. Jahrtausend v. Chr. nachgewiesen. Im syrisch-mesopotamischen Steppenraum entwickelten sich die ältesten Ackerbausiedlungen, in denen Weizen und Gerste angebaut und Rinder gehalten wurden. Hier und in Kleinasien sind wohl die Entstehungszentren einiger der ältesten Getreidearten zu suchen. Auch der Hirtennomadismus wurde früh zu einem politisch bedeutsamen Faktor und bedrohte bis ins 20. Jahrhundert die Ansiedlungen der seßhaften Ackerbauern.

In Nordarabien ist die arabische Bevölkerung in sich ziemlich einheitlich. Auch heute ist das beduinische Element noch stark vertreten. Im Innern Arabiens leben vorwiegend semitische Araber. In allen küstennahen Gebieten und im »Fruchtbaren Halbmond« gibt es daneben zahlreiche Vertreter anderer Völker. Eine starke Rassenmischung ist hier häufig zu beobachten. An der Küste des Roten Meeres lebt von Djidda an südwärts eine Bevölkerung mit stark negroidem Einschlag, deren Vorfahren aus Schwarzafrika stammen. Dunkelhäutige Menschen mit negroidem oder äthiopischem Einschlag, meist Nachkommen von Sklaven, leben auch in Südarabien und am Persischen oder Arabischen Golf. Die »Sklaven« waren meist keine Sklaven im europäischen Sinne, sondern häufig engste Mitarbeiter ihres Herrn, weil dieser ihnen mehr vertrauen konnte als seinen eigenen Stammesangehörigen. Nicht selten gelang es »Sklaven«, in einflußreiche Posten aufzusteigen.

In Teilen Südarabiens ist ein starker malaiischer Einschlag zu beobachten, weil viele vorübergehend nach Indonesien ausgewanderte Kaufleute und Handwerker malaiische Ehefrauen in ihre Heimat brachten. Am Persischen Golf leben neben Arabern in manchen Scheichtümern zahlreiche Pakistani, Belutschen, Perser, Inder u. a. Auch im Fruchtbaren Halbmond begegnen wir anderen Volksgruppen (besonders Kurden, Armeniern, Türken, Tscherkessen).

Im geographisch und rassisch stärker gegliederten Südarabien sind auch die Lebensweisen vielfältig. Im wilden kristallinen Bergland von Kaur, zwischen Jemen und Hadramaut, haben sich noch zahlreiche vorislamische Sitten erhalten. Im Wadi Ischisa (Djiza), das nördlich vom Ras Fartak in das Küstengebiet mündet, wird noch die alte Sprache der Sabäer gesprochen. Die arabischen Dialekte Südarabiens unterscheiden sich stark von jenen des Nordens. Im Wadi Hadramaut hat eine seßhafte Bevölkerung eine hochstehende Stadtkultur entwickelt, während in den nördlich benachbarten Randgebieten des Rub al Khali eine rein nomadische Bevölkerung im Freien oder in Kalksteinhöhlen lebt.

In religiöser Hinsicht ist die Bevölkerung weitaus einheitlicher. Über 90 % der rund 35 Millionen Bewohner bekennen sich zum Islam, davon etwa zwei Drittel zur Sunna (durch Streitfragen über die rechtmäßige Nachfolge der Kalifen spaltete sich schon in der Frühzeit die Schi'a [die Partei Alis] vom orthodoxen Islam [Sunna] ab). Christen gibt es vor allem in Libanon, Syrien und im nördlichen Irak. Von den einst zahlreichen Juden leben heute nur noch wenige Tausend in den arabischen Ländern. Die meisten sind nach Israel ausgewandert. Im Jemen, wo um 1940 etwa 100 000 Juden im Hochland lebten, sind es heute schätzungsweise noch 2000. Die Schiiten leben vor allem in Irak und im Jemen. Starke schiitische Minderheiten gibt es aber auch in Libanon und Syrien, wo sich verschiedene islamische Sekten herausgebildet haben (Ismailiten, Drusen u. a.), die man vereinfachend zur Schia rechnet.

Dürre und Erdöl – dominierende Faktoren

Der Raum ist überwiegend trocken; Regenarmut herrscht zu allen Jahreszeiten. Neun Zehntel der Fläche erhalten weniger als 250 mm Jahresniederschlag. Die dem Fruchtbaren Halbmond benachbarten Räume (Syrische Wüste, An Nafud) und das Innere der Rub al Khali erhalten weniger als 100 mm, in manchen Teilen sogar unter 50 mm Niederschlag. Das Innere der Rub al Khali weist ein extrem arides Klima auf, wobei nach Aussagen von Mitarbeitern der ARAMCO (Arabian-American Oil Company) in manchen Gebieten die Niederschläge bis zu zehn Jahre ausbleiben können. Dieser Raum gehört damit zu den trockensten Gebieten der Erde. Zur vielerorts großen Trockenheit gesellen sich als bedeutender wirtschaftlicher Unsicherheitsfaktor die unregelmäßig auftretenden Heuschreckenschwärme. Diese Wanderheuschrecken überqueren dann die ganze Arabische Halbinsel.

Entlang der Linie Mekka–Arabische Emirate am Golf verläuft die Grenze zwischen den Subtropen und den Tropen. Die Gebiete südlich davon erhalten Sommerregen, vor allem die Bergländer von Asir, Jemen und Oman. In ihrer Vegetation ähneln Asir und Jemen stark den Savannengebieten Ostafrikas. Der Norden der Halbinsel verzeichnet Winterregen. Nahe der Mittelmeerküste und entlang der Randketten Irans tritt entsprechend eine Vegetationszone vom Mittelmeertyp auf, weiter landeinwärts sind es mediterrane Steppengebiete.

Die Küsten am Roten Meer, Südarabiens und am Persischen Golf sind ganz überwiegend durch ein arides Klima mit langen schwülheißen Sommern charakterisiert (relative Luftfeuchtigkeit 70 bis 80 %). In den Morgenstunden treten hier häufig Nebel auf, am Roten Meer und im Raum Aden sind es vorwiegend Winternebel, am Indischen Ozean und im Persischen Golf Sommernebel. Auch die Küste am Mittelmeer erreicht im Sommer hohe Luftfeuchtigkeit, aber bei weitem nicht so hohe Temperaturen wie die übrigen Küsten und das Innere der Halbinsel, wo mittlere Julitemperaturen über 30°C erreicht werden. Die relative Luftfeuchtigkeit ist im Innern gering und kann bis auf 10 % herabsinken. Im Winter gibt es in vielen Gebieten Fröste, in hohen Gebirgslagen sogar im tropischen Bereich der Halbinsel. Regelmäßige winterliche Schneefälle erhält das Libanongebirge.

Arabien ist Teil der großen afrikanischen Scholle, die im Westen als kristalliner Sockel (Arabo-Nubisches Massiv) halbkreisförmig zutage tritt. Diese senkt sich nach Osten in Richtung auf das Sagrosgebirge. Den kristallinen Kern umgeben ausgedehnte Schichtstufenlandschaften, die aus mesozoisch-tertiären Schichttafeln bestehen. Deutlich hervortretende Stufen bildet nur der Kalkstein; wo Sandstein ansteht, ist die Oberfläche meist von Sandwüstenstreifen bedeckt. Die höchste und längste Schichtstufe ist der Djabal Tuwaiq al Arid mit rund 1000 km Länge und einer relativen Höhe von 300 bis 500 m. Im Westen der Wüste An Nafud liegen ausgedehnte Sandsteingebiete, die bis an das Wadi el-Araba reichen und vielfach phantastisch anmutende Gebirgsformen bilden. Die Syrische Wüste besteht weitgehend aus tertiären und kretazischen Kalk-Mergel-Schichttafeln. In die weiten Flächen sind wie in anderen Gebieten Arabiens zahlreiche abflußlose Senken (Khabras) eingetieft. Die größte (250 km lang, 30 km breit) ist das Wadi Sirhan entlang der jordanisch-saudiarabischen Grenze. Es bildet seit ältesten Zeiten die Leitlinie für die Wüstenroute von Damaskus ins Innere Arabiens. Große Teile des Südens nimmt das »Leere Viertel« (arabisch Rub' al Khali) ein. Die Bedu, die am Rande dieser Sandwüste leben, nennen sie »Ar-Rimal« (»die Sande«). Die gesamte Rub al Khali umfaßt 900 000 qkm; davon sind 600 000 qkm geschlossene Sandgebiete. Es handelt sich hier um das größte geschlossene Dünenmeer der Erde. Die Dünen erreichen Höhen zwischen 60 und 230 m (W. Thesiger). Viele dieser Dünen sind außerordentlich schwer zu überqueren. Zwischen den Dünen treten aber in Abständen sandfreie Korridore und gut passierbare Hochflächen auf. Im Osten der Rub al Khali liegen am Rande des Oman-Gebirges die gefährlichen Treibsande der Umm as-Samim (»Mutter des Gifts«), in denen schon zahlreiche Menschen rettungslos versunken sind.

Das Rote Meer (arabisch Bahr al Ahmar) ist im späten Tertiär durch Grabeneinbruch entstanden. Dieses System steht mit dem ostafrikanischen Grabensystem und dem syrischen Grabeneinbruch (Jordan – Totes Meer – Golf von Aqaba) in Verbindung. Beiderseits des Grabens erfolgte eine starke Aufwärtsbewegung der Schichten (z. B. Nubisches Küstengebirge und Bergland von Jemen). Im Bergland von Jemen liegt westlich San'a der höchste Berg Arabiens, der Vulkan Djebel Hadur Nebi Schu'aib (3760 m). Der Graben ist in mancher Hinsicht einem ins Gigantische gesteigerten Oberrheingraben vergleichbar. Dem Einbruch gingen vulkanische Ergüsse voraus, denen die fruchtbaren Verwitterungsböden der Trappdecken des Jemens zu verdanken sind. Lavafelder bedecken bis nach Syrien hin ausgedehnte Flächen. Sie bilden verkehrsfeindliche

Demokratische Volksrepublik Jemen, der Hafen von Aden · Im Hintergrund Clock Tower von Steamer Point, das Wahrzeichen der Stadt.

*Rechts: Raffinerie bei Dhahran, Saudi-Arabien
Mitte: Bohrturm im Gebiet von Kuwait
Rechts außen: Ölhafen Mena al-Ahmadi in Kuwait: Ölleitungen und Tanker
Unten: Nächtliches Kuwait; Abfackeln von Gas*

Reichtum aus Erdöl

18120 qkm Wüste bilden das Scheichtum Kuwait am heißen Persischen Golf. Araber, Perser, Inder, Neger und Europäer partizipieren an dem Reichtum des Landes. Die Handelsbilanz ergibt einen Ausfuhrüberschuß von mehr als 2 Mrd. DM im Jahr. Die Quelle des Reichtums ist, wie bei den Nachbarn Iran und Saudi-Arabien, das Erdöl. Es prägt große Teile der Landschaft mit den Bohrtürmen, Raffinerien und Pipelines. Die Hauptstadt Kuwait konkurriert mit europäischen Großstädten. Im Hafen von Mena al-Ahmadi warten die weißen Riesentanker auf Ladung. – Der vierte Nahostkrieg führte im Herbst 1973 zum Versuch eines teilweise arabischen Ölboykotts, vor allem gegen die USA. Die Araber dürften in Zukunft stärker als bisher das Öl als politische Waffe benutzen.

Wüste und »Fruchtbarer Halbmond«

Legende:
- Anbaugebiete
- Wüstensteppen
- Sandwüsten
- »Fruchtbarer Halbmond«
- Staatsgrenzen
- Erdölleitungen
- Erdölraffinerien

Länder und Gebiete: Türkei, Zypern, Syrien, Libanon, Israel, Jordanien, Irak, Iran, Saudi-Arabien, Kuwait, Bahrain, Katar, Arabische Emirate am Golf, Oman, Arabische Republik Jemen, Demokratische Volksrepublik Jemen, Ägypten, Sudan, Äthiopien, Somalia, Französisches Territorium der Afar und der Issa, Sowjet-Union

Meere und Gewässer: Schwarzes Meer, Mittelmeer, Kaspisches Meer, Rotes Meer, Persischer Golf, Golf von Oman, Arabische Meer, Golf von Aden

Städte und Orte: Istanbul, Izmir, Ankara, Samsun, Adana, Nicosia, Tripoli, Sidon, Haifa, Tel Aviv-Jaffa, Port Sa'id, Jerusalem, Kairo, Suez, Elat, El Aqaba, Haleb, Homs, Damaskus, Mosul, Ninive, Assur, Al Haditha, Kirkuk, Bagdad, Babylon, An-Nadjaf, Uruk, Ur, Tiflis, Eriwan, Baku, Täbris, Kermanschah, Ahvas, Abadan, Isfahan, Maschhad, Schiras, Persepolis, Kerman, Ha'il, Medina, Djidda, Mekka, Riad, Al Hufuf, Kuwait, Al Mischʻab, Ras Tannura, Al Manama, Doha, Musa'id, Abu Dabi, Maskat, Port Sudan, Asmera, Addis Abeba, Djibouti, San'a, Al Hudaida, Tarim, Al Mukalla, Ash Sha'ab

Stillgelegte Erdölleitung
Neutrale Zone
Euphrat, Tigris, Nil

Basaltblockfelder (Harra). Das Rote Meer, etwa 0,46 Millionen qkm, hat eine mittlere Tiefe von 491 m (größte Tiefe 2604 m). Der Salzgehalt ist mit bis über 40‰ sehr hoch. Nahezu an allen Küsten treten Korallenriffe mit einer überaus farbenprächtigen Fischwelt auf. Mit weniger als 100 mm Jahresniederschlag ist es einer der regenärmsten Teile des Weltmeeres, und zusammen mit dem südlichen Persischen Golf bildet es einen der heißesten Meeresteile der Erde. Das Oberflächenwasser erreicht bis über 35°C! Im Gegensatz zum Roten Meer ist der Persische Golf ein Flachmeer. Die Küste ist auf der iranischen Seite gebirgig, sonst meist flach und sandig. Im Süden gibt es zahlreiche Inseln und Korallenbänke. Oberflächentemperatur und Salzgehalt entsprechen jenen des Roten Meeres. Der ursprünglich viel ausgedehntere Golf ist durch die Aufschüttungen des Schatt al-Arab weit zurückgedrängt worden. Der ganze Raum Mesopotamien (der sogenannte mesopotamische Trog) stellt als Fortsetzung des Persischen Golfes eine ausgedehnte Geosynklinale (weiträumige Verbiegung) dar. Das Präkambrium, das im Westen Arabiens an der Oberfläche liegt, tritt am Persischen Golf erst in einer Tiefe von 5000 bis 6000 m auf. Die darüberliegenden Sedimentgesteine sind großräumig verbogen; die flachen Antiklinalen enthalten die größten bekannten Erdölvorkommen der Erde (etwa 40 bis 60% der Weltreserven).

Die Erdölförderung begann zuerst in Persien und Mesopotamien. Dort war das Öl schon lange bekannt, trat es doch an einigen Stellen auf natürliche Weise an die Oberfläche. In den übrigen Erdölländern mußte erst nach dem Öl gesucht werden. Die ersten Ölgesellschaften, die Konzessionsrechte im mesopotamischen Trog erwarben, kamen aus England und Frankreich. Später gesellten sich amerikanische Gesellschaften hinzu. Unter diesen ist die amerikanisch-arabische ARAMCO besonders bekannt geworden. Etwa ab 1960 kam eine neue Generation von Fördergesellschaften ins Geschäft (italienische, japanische, kleinere amerikanische u. a.). Bei Erschließung neuer Felder machen die jungen Staaten heute meist die Beteiligung nationaler Gesellschaften zur Auflage, um so selbst besser ins Geschäft zu kommen. Die bedeutendsten Ölländer des Nahen Ostens sind (1971) Iran (227 Millionen t), Saudi-Arabien (223 Millionen t) und Kuwait (146 Millionen t), es folgen Irak (83 Millionen t), Abu Dabi (1970: 33 Millionen t) und Katar (20 Millionen t). Die Tagesförderung einzelner Sonden liegt im Schnitt bei 4000 t und überragt damit den Weltdurchschnitt (3 t) um mehr als das Tausendfache! Das Öl wird überwiegend von den Feldern zu den Tankschiffen in den Ölhäfen am Persischen Golf befördert, nur zum geringen Teil mittels großer Pipelines durch die Syrische Wüste zu den Häfen am Mittelmeer.

Keimzelle unserer Zivilisation

Aus dem ständigen Abwehrkampf der Seßhaften gegen die Nomaden erwuchs der Zwang, Siedlungen mit Mauern zu umgeben. So entstanden um 3000 v. Chr. in Mesopotamien die ersten Städte der Erde (Stadtstaaten der Sumerer). Berühmte Städte aus dieser Zeit sind Ur und Uruk. Die Sumerer schufen damals die Grundlagen für die Entwicklung unserer Zivilisation: Sie erfanden zwischen 3000 und 2800 v. Chr. die Schrift, formulierten die ersten geschriebenen Gesetze, führten den schriftlichen Kaufvertrag, das Steuersystem, staatliche Normen für Maße und Gewichte u. a. ein.

In den folgenden Jahrtausenden bildeten sich an der Mittelmeerküste und am Persischen Golf mächtige Handelsstaaten und bedeutende Kulturzentren. Der Persische Golf behielt

Drache vom Ischtar-Tor, Babylon

seine Bedeutung als einer der wichtigsten Handelswege der Welt bis ins hohe Mittelalter. Erst mit der Entdeckung des Seeweges nach Indien ging der Handel über die arabische Landmasse stark zurück.

Auch in Südarabien entstanden frühzeitig Hochkulturen, die häufig Kontakte zum benachbarten Ostafrika aufnahmen. Im Osten der heutigen Arabischen Republik Jemen lag das »glückliche Arabien« (Arabia felix). Um 1000 v. Chr. entstand hier das Reich der Sabäer, deren berühmte Königin von Saba Handelsbeziehungen bis in den Mittelmeerraum unterhielt. Die südarabischen Königreiche lagen östlich der jeminitischen Berge am Rande des Leeren Viertels. Grundlage ihres Wohlstandes bildete eine intensive Bewässerungswirtschaft in Verbindung mit einem weitreichenden Fernhandel. Über die Hauptstädte der Königreiche verlief die Weihrauchstraße, eine der ältesten Welthandelsstraßen. Auf ihr wurden lange Zeit (von der Mitte des 3. Jahrtausends v. Chr. bis ins 7. bzw. 8. Jahrhundert n. Chr.) vor allem Weihrauch und Myrrhe befördert. Daneben wurden auch zahlreiche Waren aus Indien, China und Ostafrika auf diesem Wege in den Mittelmeerraum gebracht. Die Hauptroute verlief vom Weihrauchland Dofar ausgehend über das Wadi Hadramaut, die genannten Königreiche, At Ta'if, Jathrib (Medina) und Petra nach Ghaza sowie Damaskus. Mit dem Aufkommen des Seeverkehrs durch das Rote Meer (im frühen Mittelalter) verfiel dieser vorher so wichtige Handelsweg. In den letzten vorchristlichen Jahrhunderten wanderten südarabische Stämme nach Nordäthiopien ein. Auch an der ostafrikanischen Küste wurden Kolonien gegründet. Der frühzeitige Seehandel der südarabischen Küstenvölker wurde besonders im Mittelalter wieder sehr verstärkt. Am Persischen Golf waren es z. T. innerarabische Wüstenstämme, die zu »Seenomaden« wurden (nach H. von Wißmann). Als sehr tüchtige Seefahrer gelangten sie bis nach Indien und Ostafrika.

Im 7. Jahrhundert trat mit der Gründung des Islams das für den Trockengürtel der Alten Welt bedeutendste historische Ereignis ein. Die in viele rivalisierende Stämme zersplitterten Araber fanden in der Gestalt des aus Mekka stammenden Propheten Mohammed einen großen Religionsstifter und zugleich einen bedeutenden politischen Führer. »Zum dritten Mal in der Geschichte ging aus der Landbrücke zwischen Asien und Afrika, [...] eine große Weltreligion hervor. Einmalig in der Geschichte verband sich religiöse Begeisterung mit dem Eroberungsdrang eines nomadischen Volkes.« (H. von Wißmann). Die als Kalifen bezeichneten Nachfolger Mohammeds (Abu Bakr, Omar, Othman) dehnten das Reich weit über die Grenzen Arabiens aus. Unter den Omajjaden (661 bis 750) drangen die arabischen Kamelreiterheere im Westen bis Spanien vor, im Osten bis zum Indus.

Die sozialen Verhältnisse

Jedem Besucher Arabiens fällt die Zweiteilung in eine mittelalterlich anmutende »typisch orientalische« und eine moderne, von »westlicher« Technologie geprägte Welt auf. In allen Großstädten sieht man neben Menschen in traditioneller Kleidung europäisch gekleidete »Araber«. In einigen Ländern kleiden sich auch die Frauen der gehobenen Schichten europäisch. Häufig sind es nur die jüngeren Frauen, die sich ohne Schleier auf die Straße »wagen«. Aber auch im Bild der Städte prallen die Gegensätze oft unvermittelt aufeinander. Fast jede größere Stadt besteht aus der »Medina« und der südeuropäisch aussehenden Neustadt. Die Medina ist die Altstadt, deren Häuser z. T. aus dem späten Mittelalter stammen. Doch sind die meisten bei weitem nicht so alt, aber ganz eindeutig im arabischen Baustil errichtet. Die Straßen der Altstadt sind eng und vielfältig verwinkelt (z. T. blind endend). Sie können nur ausnahmsweise mit Kraftfahrzeugen befahren werden. Oft gibt es sehenswerte Moscheen, von denen leider nur einige Nicht-Moslems zugänglich sind. Touristen dürfen z. B. die berühmte Omajjaden-Moschee in Damaskus sowie Felsendom und Aqsa-Moschee in Jerusalem betreten; auch die zahlreichen Koranschulen (Medressen) mit ihren vielfach kunstvoll ausgeführten Decken und Wänden bilden Anziehungspunkte für die Fremden. Zentrum der Altstadt ist der Basar (arabisch souk). Hier findet man noch den ursprünglichsten – in den Augen der gebildeten Araber rückständigen – Orient. Von der Neustadt, die vielfach allen Anforderungen moderner Hygiene entspricht, lernt der Fremde häufig nur den Teil kennen, in dem sein Hotel liegt. Dabei lohnt sich oft der Besuch der Neustadt. Die Originalität der modernen Architektur überrascht immer wieder. Die Fassaden der Häuser sind nicht selten aufgelockert und unterscheiden sich so wohltuend von der Monotonie »moderner« Architektur in einigen europäischen Ländern.

Der Basar war einst (vor dem Ausbau der Neustadt) das Wirtschaftszentrum der orientalischen Stadt. Diese Monopolstellung hat er heute verloren. In der Neustadt sind ausgedehnte moderne Geschäfts- und Bankenviertel entstanden. Maschinen und Geräte aller Art (überwiegend aus Industriestaaten importiert) werden fast ausschließlich hier angeboten. Auch die Produktion (z. B. Textilien, Papierwaren, Konserven, Plastikwaren, Haushaltsgegenstände u. a.) ist weitgehend in die Neustadt verlagert worden. Hier erfolgt die Herstellung der Fertigwaren z. T. in modernen Industriebetrieben, wenn auch insgesamt der Kleinbetrieb (Handwerksbetrieb) noch vorherrscht. Im Basar bildeten ursprünglich Produktionsstätte und Verkaufsladen eine Einheit (heute noch bei Schuhmachern, Kupferschmieden u. ä. zu beobachten). Viele Basarläden bieten aber auch billige Fabrikwaren (z. B. Plastikwaren, Textilien) an. Die Gliederung nach Branchen ist meist noch deutlich zu erkennen (Basar der Fleischer, der Stoffhändler, der Parfümhändler, der Gewürzhändler u. a.).

Den Europäer mutet vieles seltsam und unverständlich an, was z. T. auf Unkenntnis beruht. Aber manche Lebensgewohnheit gerät auch zwangsläufig mit der »modernen« Welt in Konflikt. So reicht die in Schulen und Universitäten immer noch vorherrschende Methode des Auswendiglernens zum Verständnis der komplizierten technologischen Welt nicht mehr aus. Unter »Wissen« wird meist das wörtliche Kennen eines Textes und nicht das Verstehen von Zusammenhängen verstanden (nach A. Hottinger). Wissenschaftliches Denken im abendländischen Sinne hat sich bis heute nur eine kleine Schicht zu eigen gemacht.

Wer arabische Mentalität richtig verstehen will, muß auch die Sprache dieser Menschen studieren. Nur dann wird er nicht verständnislos bei Fernsehberichten auf die rauschhaft Begeisterten schauen, die z. B. einem Politiker zujubeln, dessen große Worte nicht immer den folgenden Ereignissen entsprechen. Der Kenner der arabischen Sprache weiß nämlich von der suggestiven Kraft, die glühende Worte hier auf Menschen ausüben. Eine andere Besonderheit dieser Sprache (die auch zu Mißverständnissen führen kann) ist das Fehlen von Fremdwörtern. Sie entsprechen nicht dem arabischen Sprachempfinden. Man »übersetzt« alle fremden Begriffe, gibt ihnen ein »arabisches (und damit ein scheinbar vertrautes) Gewand«. Ein Araber ohne fremdsprachliche Kenntnisse wird ein arabisiertes (Fremd-)Wort kaum in seiner tatsächlichen Bedeutung erfassen. (Beispiel: englisch industrialisation; deutsch Industrialisierung; arabisch Tasmi' [= Herstellung; abgeleitete Nominalform von sana'a = herstellen im handwerklichen Sinne].)

Die Lebensweise unterscheidet sich grundsätzlich von der in Industriestaaten. »Die Eile ist vom Teufel.« Hast und »keine Zeit haben« ist den meisten Menschen dort etwas Unverständ- liches (eine »Tollheit« der Europäer). Auch unter Pünktlichkeit versteht man etwas anderes als in den von der Uhr beherrschten Industriestaaten. Die Regeln der Gastfreundschaft werden nach wie vor streng befolgt. Der Koran schreibt vor, einen Gast für drei Tage wie einen Bruder aufzunehmen. Zahlreiche religiöse Gesetze werden heute nicht mehr so streng befolgt wie früher. Ausnahmen bilden vor allem das Einhalten der Fastenzeit im Monat Ramadan und die Gehorsamspflicht gegenüber den Eltern. Der unveränderte Zusammenhalt der Familien und Sippen wird durch die soziale Situation erzwungen. Eine Sozialversicherung ist erst in Anfängen vorhanden, so sind die Menschen im Alter auf ihre Verwandten angewiesen. Da der Monat Ramadan im islamischen Mondjahr durch alle Jahreszeiten wandert, wird das Wirtschaftsleben oft stark beeinträchtigt (besonders in den Sommermonaten; von Sonnenaufgang bis Sonnenuntergang darf weder gegessen noch getrunken werden).

Nach wie vor genießen die Frauen weniger Rechte als die Männer. So bekommt z. B. kaum eine Frau ohne Genehmigung ihres Mannes einen Reisepaß. Die Ehescheidung ist heute in einigen Staaten erschwert. Im Falle einer Scheidung erhält die Frau auf jeden Fall alle Güter zurück, die sie mit in die Ehe gebracht hat (»Gütertrennung« seit Mohammed!). Die Pflichten des Ehemannes gegenüber der Frau werden in den Eheverträgen z. T. sehr detailliert festgelegt. Wo Polygamie (bis vier Frauen) noch erlaubt ist, ist sie aus wirtschaftlichen Gründen

Links: Im schiitischen Wallfahrtsort Kazemiya (Vorort von Bagdad) steht die Große Moschee mit ihren vergoldeten Kuppeln. Sie beherbergt die Gräber zweier schiitischer Imane.

Die Anlage, Nichtgläubigen verschlossen, ist wahrscheinlich im 16. Jahrhundert erbaut worden.

Rechts: Friedhof von Bagdad

Oben: Wadi Ram, ausgetrockneter Salzsee (Jordanien)

Unten: Nomade, Kamele und ein Regenloch in der Syrischen Wüste

Wüsten – Extreme

Tausende von Quadratkilometern Nordafrikas und Vorderasiens bedeckt die Wüste, die größte der Erde, einsam und sonnengrell. Zwischen gelbe und rote Sandmeere schieben sich schwarze und braune Plateaudecken. In sie eingefräst wie Teppichmuster das Geäder von steilwandigen Trockentälern. Hier flossen einst Ströme, als vor Jahrtausenden der Boden noch eine Vegetationsdecke trug. Wasser, in unbekannten, aber sicher bedeutenden Mengen, birgt der Untergrund. Häufig stammt es aus früheren Epochen. Wo es an die Oberfläche dringt oder Brunnen und Pumpen es aus dem nahen Grundwasser fördern, erlaubt es Menschen, Tieren und Pflanzen zu überleben. In Oasen kontrastiert üppige Fruchtbarkeit zur Leblosigkeit von Sandwüsten und Salzseen.

Links: Ausgetrockneter Wasserlauf in der Wüste (Wadi)

Rechts: Blick über den südlichen Teil der Halbinsel Arabien mit dem Hochland und dem Wadi Hadramaut (Aufnahme von Gemini IV)

Wasserreservoir in der Wüste (Jordanien)

Bewässerter Dattelpalmenhain in Tadjura (Libyen)

nur den wenigsten möglich (alle Frauen müssen gleich behandelt werden). Auch in den konservativsten Staaten der Arabischen Halbinsel leben über 90 % in Einehe. Selbstverschuldete Ehelosigkeit ist anstößig (noch vor kurzem im Jemen allgemeine Ehepflicht!). Die Ehe ist im Islam kein Sakrament; der Geschlechtsverkehr gilt als etwas Gottgefälliges. Vom öffentlichen Leben sind die Frauen noch weitgehend ausgeschlossen. In fast allen Staaten der Halbinsel besucht aber eine steigende Zahl von Mädchen die Schulen und Universitäten. Auch die Berufstätigkeit der Frauen nimmt zu. Bei gesellschaftlichen Veranstaltungen wird aber die Trennung der Geschlechter meist streng beachtet. Geschlechtsverkehr (der Frauen) vor der Ehe ist streng verpönt, Verlust der Jungfräulichkeit eine »Schande«. Die sozialen und wirtschaftlichen Umwandlungen auf der Halbinsel vollziehen sich in den einzelnen Regionen mit unterschiedlichem Tempo. In den Städten beginnt sich allmählich – von zahlreichen Anfangsmißerfolgen begleitet – die Industrialisierung anzubahnen. So verändert sich allmählich die rentenkapitalistische Wirtschaftshaltung der städtischen Oberschicht. Auf dem Lande beginnt mit der Einleitung von Bodenreformen der Aufstieg der abhängigen Fellachen zum selbständigen Bauern. Das einst so selbstbewußte Nomadentum ist dagegen in einem rasch fortschreitenden Verfall begriffen. Das von W. Thesiger, einem der besten Kenner der arabischen Nomaden, so treffend gezeichnete Bild des Nomadentums wird bald der Vergangenheit angehören oder nur noch auf kleinere Gruppen anwendbar sein. Für den Rückgang gibt es zwei Gründe: die Ausdehnung der Ackerbauzone in die Steppengebiete (z. B. in Syrien; hier lebten während der Mandatszeit noch sechzig Nomadenstämme mit 350000, heute noch acht Nomadenstämme mit 150000 Angehörigen; nach A. Leidlmair) und die Einführung der modernen Verkehrsmittel. Auch die einschneidenden Maßnahmen der Regierungen (z. B. Ibn Saud) haben erheblich dazu beigetragen. Unter allen Umständen versucht man eine Politik der Ansiedlung zu betreiben, denn die Begriffe »Staat« und »Nationalismus« sind weit mehr eine Sache der Seßhaften als der Nomaden.

In den Ländern, die keinen Anteil am Ölreichtum haben, wird der soziale und wirtschaftliche Fortschritt wie in vielen Entwicklungsländern durch das starke Bevölkerungswachstum (über 2 % jährlich) immer wieder in Frage gestellt. Die Mehrheit der Bevölkerung glaubt, daß es Allahs Wille sei, möglichst viele Kinder zu haben. Maßnahmen zur Geburtenkontrolle werden daher bis jetzt nur von einer Minderheit getroffen.

Politisch haben sich die arabischen Staaten auch seit der von ihnen abgelehnten Gründung Israels nur selten und nur teilweise einigen können. Erst im vierten Nahostkrieg vom Oktober 1973 zeigte sich verstärkt arabische Solidarität. Der ägyptisch-syrische Versuch, die 1967 (Sechstagekrieg) von Israel besetzten Gebiete zurückzugewinnen, mißlang zwar, aber zahlreiche arabische Staaten standen diesmal mit Truppen oder sonstiger Hilfe an der Seite Ägyptens und Syriens.

Saudi-Arabien – puritanisches Königreich im Banne des Erdöls

Die Familie Saud hatte bereits im 18. Jahrhundert versucht, die Halbinsel zu beherrschen. Zur gleichen Zeit setzte sich der aus dem Nadjd (Nedsched) stammende Mohammed Ibn Abd al-Wahbab (1703–1787) für eine Erneuerung des Islams ein. Zusammen mit einem Fürsten aus der Familie Saud verbreitete er seine neue Glaubensrichtung, die als Wahhabismus bezeichnet wird. Der von ihr geforderte Puritanismus bestimmt noch heute

---

Saudi-Arabien
(Al Mamlaka al Arabija asch Sa'udija, Königreich Saudi-Arabien)

Doppelmonarchie; weitgehend intakte Stammesverfassung im Landesteil Nadjd, Ratsversammlung im Landesteil Hedjas; keine Wehrpflicht; Hauptstadt Riad (200000 Ew., mit Vororten 300000 Ew.).

Fläche (nach UNO-Angaben): 2149690 qkm – **Einwohnerzahl** (nach UNO-Angaben): 7,7 Mill. (nach anderen Angaben nur 4–5 Mill.) – **Bevölkerungsdichte**: Etwa 3 Ew./qkm (bzw. 1,7–1,3 Ew./qkm) – **Jährlicher Geburtenüberschuß**: Etwa 17‰ – **Größere Städte**: Djidda (300000 Ew.), Mekka (250000 Ew.), Al Hufuf (100000 Ew.) – **Bevölkerung**: Araber – **Sprache**: Arabisch – **Religion**: Moslems (größtenteils sunnitische Wahhabiten; Schafiiten und andere) – **Wichtige Ausfuhrgüter**: Fast nur Erdöl und Derivate, ferner Datteln, Häute, Felle, Wolle

---

das Leben in Saudi-Arabien. Wie zu Zeiten Mohammeds verbanden die Wahhabiten Religion und Krieg miteinander und konnten so bis 1806 nahezu die ganze Halbinsel erobern. Die heilige Stadt Mekka wurde für die Anhänger der traditionellen Sunna gesperrt. Daraufhin griff Ägyptens Herrscher Mohammed Ali militärisch in Arabien ein. Sein Sohn Ibrahim eroberte 1818 die wahhabitische Hauptstadt Dar'ija, nahe der heutigen Hauptstadt Riad (Ar Riyād). Doch es gelang ihm nicht, das Haus Su'ud auszuschalten. Auch der Wahhabismus konnte sich weiter behaupten. Es handelt sich wohl um ein »Wiedererwachen der ‚arabischen' wüstenbedingten, streng monotheistischen Religiosität« (A. Hottinger). Doch bis zur endgültigen Staatsgründung hatten die Sauds noch manche Machtprobe mit den Raschids, ihren alten Rivalen, zu bestehen. Anfang des 20. Jahrhunderts flohen sie vor diesen nach Kuwait. Von dort aus eroberte Ibn Saud 1902 in einem kühnen Handstreich Riad. Danach ging die Reichserweiterung zügig voran. 1924 eroberte er Medina und 1925 Mekka. 1926 ließ er sich zum »König von Hedjas« ausrufen und nannte sich bald darauf »König von Hedjas und Nadjd und von dessen abhängigen Gebieten«. Durch ein Dekret vom 18. November 1932 erhielt der neue Staat den Namen »Königreich Saudi-Arabien«. Ibn Sauds Stütze im Kampf um die Einheit der Halbinsel waren die Ichwan (»Brüder«), die organisierten Verfechter des Wahhabismus. Sie benutzte er als Kampftruppe und Siedler in den eroberten Gebieten. Die erste Ackerbaukolonie gründeten sie in der Oase Al Artawiya. Der heutige König Feisal versucht das Land mit energischer Hand zu modernisieren. Die nötigen Mittel hierzu liefert ihm der Erdölexport. Feisal löste 1964 seinen Bruder Saud ab, der 1953 nach dem Tode seines Vaters Abd-ül-Aziz III. den Thron bestiegen hatte.

Die Angaben über die Staatsfläche schwanken (1,5–2,5 Millionen qkm). Wahrscheinlich umfaßt der tatsächliche Einflußbereich 2 Millionen qkm. Umstritten ist vor allem die Abgrenzung gegen die Arabische Republik Jemen und die Demokratische Volksrepublik Jemen. Unsicher sind auch die Angaben über die Bevölkerungszahl. Nach UNO-Schätzungen (1970) soll das Land 7,7 Millionen Einwohner haben; nach anderen Angaben sind es nur 4–5 Millionen. Etwa ein Viertel der Bewohner lebt in Städten. Der Anteil der Nomaden und Halbnomaden liegt möglicherweise noch bei 50 %. Ihre wirtschaftliche und politische Bedeutung geht immer stärker zurück.

Die Bewohner sind überwiegend strenggläubige Wahhabiten. Die ausgeprägt puritanische Religiosität tritt dem Fremden auf den verschiedensten Gebieten entgegen. Im ganzen Land besteht ein strenges Alkoholverbot, das auch für Ausländer gilt. Öffentliche Kinos gibt es nicht, dafür ist das Fernsehnetz schon stark ausgebaut. Frauen ist der Erwerb eines Kfz-Führerscheines verboten. Es gibt nur arabische Zeitungen. Offiziell gilt die islamische Zeitrechnung (1971 = 1391). Trotz ausgeprägter Züge, die auch staatlicherseits bewußt gefördert werden, übernimmt das Land in raschem Tempo westliche Technologien. Bis heute sind über 7000 km Asphaltstraßen gebaut worden, die alle wichtigen Städte des Landes miteinander verbinden. Personen- und Güterverkehr werden daher nicht mehr von langsamen Kamelkarawanen, sondern von Lastwagen und Bussen bewältigt. Auch das Flugnetz ist gut ausgebaut. Die »Saudi Arabian Airlines« sind eine der wichtigsten Fluglinien innerhalb des Nahen Ostens. Zwischen Ad Dammam am Persischen Golf und Riad besteht eine Eisenbahnverbindung. Ein automatischer Fernsprechdienst befindet sich im Aufbau. Das Gesundheitswesen wird intensiv gefördert. Die großen Städte befinden sich dank des Ölreichtums in rascher Aufwärtsentwicklung. Riad (»die Gärten«), die tatsächliche Hauptstadt (200000–300000 Einwohner), ist Sitz der Hauptresidenz des Königs und der wichtigsten Ämter. Sie ist reine Verwaltungsstadt, in ihrer heutigen Form praktisch aus dem Nichts entstanden. Die Sommerresidenz des Königs befindet sich in At Ta'if im nördlichen Bergland von Asir. Sie ist ein bekannter Sommererholungsort. Auch andere Bergstädte in Asir, wie z. B. Abha, sind bekannt für ihre wunderbar klare und kühle Luft. Wie eine Fata Morgana muten die fruchtbaren Täler und die sprudelnden Bergbäche im Bereich dieser Bergstädte und -dörfer im sonst so trockenen Saudi-Arabien an!

Die Rote-Meer-Küste wird wie im Jemen von einer negroiden Bevölkerung in Strohhütten-Dörfern bewohnt. Anbau (vor allem Hirse) erfolgt durch Bewässerung mit Hilfe von Erddämmen. Hier an der Westküste liegt Djidda (Jeddah, 300000 Einwohner), die wichtigste Hafen- und Handelsstadt des Landes. In ihr befinden sich das Außenministerium und sämtliche ausländischen Botschaften. Djidda besitzt auch eine beachtliche Zahl von Industriebetrieben (ein Walzwerk, eine Raffinerie, drei Zementfabriken u. a.). Das traditionelle Stadtbild hat einschneidende Veränderungen erfahren. Viele der reichverzierten alten Wohnhäuser (drei bis fünf Stockwerke) sind im Verfall begriffen oder abgerissen worden. Neue Straßenzüge verdrängen immer stärker das Bild der alten orientalischen Stadt. Während des Pilgermonats erlebt Djidda als Pilgerhafen Mekkas vorübergehend eine außerordentliche Betriebsamkeit. Große Empfangshallen am Flughafen nehmen die zahlreichen Pilger aus aller Welt auf, die ihr religiöses Ziel auf dem Luftwege ansteuern. Andere treffen auf Schiffen ein (jährliche Pilgerzahl über 300000). Eine gute Autostunde von Djidda entfernt liegt in einem Nord–Süd gerichteten Engtal Mekka, heiligste Stadt des Islams und für jeden Nicht-Moslem auch heute noch eine verbotene Stadt. Seit Bestehen der Weihrauchstraße war Mekka eine wichtige Handels- und Messestadt. Auch hatte sie als Wallfahrtsort schon lange vor Mohammed große Bedeutung. Die Einnahmen aus den Pilgerfahrten sind beträchtlich (jährlich rund 50 Millionen US-Dollar). Wichtigstes Pilgerziel in Mekka ist die große Moschee El-Haram mit der Kaaba und dem Brunnen Zemzem. Im Küstengebirge des Hedjas liegt die ebenfalls für Nicht-Moslems verbotene Stadt Medina mit den Gräbern des Propheten und der Kalifen Abu Bakr und Omar. Aufgrund des Wasserreichtums besitzt die Stadt ausgedehnte Palmenhaine.

Die Ostküste ist durch das Erdöl zu einem zweiten Wirtschaftszentrum geworden. Von hier gehen starke Impulse zu den bisher sehr isolierten Oasengruppen im Innern. Zahlreiche Oasenbewohner haben in den »Öloasen« Arbeit gefunden und sind unter den Einfluß einer ihnen bisher völlig fremden Welt geraten. Dieser Einfluß löst sie allmählich immer stärker aus den alten Stammesbindungen heraus.

Die Ölvorräte wurden 1972 auf 18,8 Milliarden t geschätzt (= 28,9 % der Weltreserven). Der erste Ölfund gelang 1935 der ARAMCO. Sie ist bis heute die weitaus wichtigste Ölgesellschaft im Lande geblieben. Seit 1951 werden auch »offshore«-Reserven (untermeerische Reserven) erschlossen (Gesamtförderung 1972: 285,5 Millionen t = 10,9% der Weltförderung). Die ARAMCO hat ihren Verwaltungssitz in Dhahran am Persischen Golf. In der planmäßig inmitten eines Ölfeldes angelegten Stadt leben fast nur Angestellte der ARAMCO. Mit ihren vorgefertigten Häusern gleicht sie weitgehend einer amerikanischen Stadtanlage. Erstmalig in der Welt entstanden hier mehrere zentrale Klimaanlagen, die die einzelnen Häuser wie eine Fernheizung versorgen. In der Hafenstadt Dammam (32000 Einwohner) gibt es beachtliche Ansätze von Industrie. Größte Aufmerksamkeit wird dabei dem Aufbau petrochemischer Betriebe gewidmet. Dammam ist Einfuhrhafen für Ausrüstungsgegenstände der ARAMCO und Ausgangspunkt der Eisenbahnlinie nach Riad. Das Erdöl wird vor allem über den Ölhafen Ras Tannura (Tanura) ausgeführt. Der Hafen liegt auf einer weit ins Meer reichenden Landzunge. 1939 legte hier der erste Tanker an. 1966 verarbeitete die Raffinerie von Ras Tannura 16 Millionen t Rohöl. 1967 wurden über die Trans-Arabian-Pipeline (TAP-Line, 1200 km lang) 16,6 Millionen t Öl nach Saida (Libanon) gepumpt. Dammam und Dhahran werden aus der quellenreichen alten Oase Qatif mit Obst und Gemüse beliefert. Weiter südlich liegt an der Bahnlinie Dammam–Riad die Oase Hasa mit dem Hauptort Al Hufuf (Hufuf). Oasenwirtschaft mit Anbau von Dattelpalmen (7 Millionen Bäume) ist die bei weitem vorherrschende Form des Anbaus. Nur im Bergland von Asir ist Regenfeldbau möglich (rund 20% der Anbaufläche des Landes). Die vorwiegend von Nomaden betriebene Viehzucht beschränkt sich meist auf Schaf- und Ziegenhaltung; lediglich rund 5 % des Viehbestandes sind Kamele (550000 Stück).

Kultgefäß aus Uruk, Irak

Die Scheichtümer am Golf und das Sultanat Oman

Kommt man nach Kuwait, so erinnern einen fast nur die traditionellen Gewänder der Einheimischen an die Vergangenheit. Alles andere in Kuwait ist neu, ist Moderne in Superlativen! In dem 733 000 Einwohner (Volkszählung vom April 1970) zählenden Land gibt es etwa 90 000 Telefonanschlüsse (innerhalb Kuwaits kostenloses Telefonieren!), jeder sechste Bewohner hat einen Pkw. Schulbesuch, Universitätsausbildung, ärztliche Behandlung (einschließlich Krankenhausaufenthalt) sind völlig kostenlos. Auf fünfhundert Menschen kommt ein Arzt! Steuern zahlt nur, wer ein hohes Einkommen hat. Jeder Kuwaiter erhält vom Staat eine Altersrente. Das sind nur einige der »Wunder in der Wüste«. Mußte man früher der hier herrschenden Trockenheit wegen das Trinkwasser auf Schiffen vom Schatt al-Arab heranbringen, ist man heute in Kuwait in dieser Hinsicht völlig unabhängig. In zwei modernen Destillieranlagen werden täglich viele Millionen Liter Trinkwasser aus dem Persischen Golf gewonnen (schon 1966 waren es täglich 45 Millionen Liter).

Die Grundlage des märchenhaften Aufstiegs bildet natürlich das Erdöl, das hier in gewaltigen Mengen unter der Erde lagert. Nirgends sonst auf der Welt liegen auf so engem Raum so große Vorräte. Doch die rasche Entwicklung zum modernen Wohlfahrtsstaat verdankt das Land in erster Linie der Mentalität der Kuwaiter, die für alles Moderne aufgeschlossen sind und als sehr tolerant gelten.

Der große Ölboom begann nach dem Zweiten Weltkrieg. Dabei hatte es 1937 zunächst so ausgesehen, als ob Kuwait überhaupt kein Öl besäße! Doch im Oktober 1937 wurde endlich in den Burgan-Hügeln im Süden von Kuwait Öl gefunden. Das Burgan-Feld ist mit 9 Milliarden t Reserven das bedeutendste der bekannten Ölfelder der Erde. In der Produktion steht Kuwait heute an sechster Stelle unter den Förderländern (1972: 152 Millionen t). Der Export geht vor allem nach Westeuropa und Japan. Für die Arbeit in den Häfen, Fabriken und zahlreichen öffentlichen Einrichtungen werden viele ausländische Arbeitskräfte benötigt (1970: 387 000 Ausländer). Sie kommen aus arabischen Ländern, Persien, Pakistan u. a. In den Spitzenpositionen arbeiten überwiegend Europäer, Amerikaner und Ägypter. Statistisch gesehen hat Kuwait das höchste Pro-Kopf-Einkommen der Welt. In Wirklichkeit bestehen allerdings große Einkommensunterschiede, doch Armut im eigentlichen Sinne gibt es nicht mehr. Um die Bildung von Kanister-Städten zu verhindern, hat der Staat rechtzeitig ein soziales Wohnungsbauprogramm gestartet. So findet man in allen Städten Kuwaits fast nur moderne Gebäude.

Durch planmäßigen Aufbau einer umfangreichen Industrie will man für die Zeit nach dem Ölboom vorsorgen. Straßen- und Flugnetz sind ebenso wie die Hafenanlagen stark ausgebaut worden. In Schuaiba, 55 km südlich der Hauptstadt Kuwait, befindet sich ein großes Industriezentrum im Aufbau. Das dort errichtete Dampfkraftwerk ist das größte thermische Kraftwerk im Nahen Osten. Wichtigster Ölexporthafen ist Mina al Ahmadi. In der Stadt Ahmadi leben fast alle Angestellten der Kuwait Oil Company. Mit einem ausgeprägten Sinn für die politischen Realitäten hat Kuwait einen Entwicklungsfonds zur Finanzierung von Entwicklungsprojekten in anderen arabischen Ländern eingerichtet (»Kuwait Fund for Arab Economic Development«).

Der nach Kuwait entwickeltste Staat am Persischen Golf ist Bahrain. Er besteht aus über dreißig Inseln. Auf der Hauptinsel Bahrain (434 qkm) liegen die Hauptstadt Al Manama (über 80 000 Einwohner), der Handelshafen Mina Sulman und das Ölfeld von Awali. Ein 2 km langer Damm verbindet Bahrain mit der Insel Muharraq (über 42 000 Einwohner). Auf ihr liegt der internationale Flughafen. Im Mai 1971 wurde hier die längste Startbahn im Persischen Golf eröffnet (für Jumbo-Jets). Bahrain war seit je ein bedeutender Warenumschlagplatz. Ein Ölboom ist nicht möglich, da das Land nur geringe Vorräte besitzt (Jahresförderung 3 Millionen t). Der Ölhafen befindet sich auf der Insel Sitra. Sehr bedeutend ist die Ölraffinerie (Jahreskapazität über 10 Millionen t); etwa 80 % der durchgesetzten Menge kommen über eine Unterwasserleitung aus Saudi-Arabien.

Die zahlreichen Süßwasserquellen ermöglichen einen recht umfangreichen Ackerbau. 5 % der Fläche sind auf der Hauptinsel Oasenlandschaft, angebaut werden Datteln, Luzerne, Zitrusfrüchte u. a. Ende 1971 haben sich die Briten aus dem Golf zurückgezogen und damit die große Militärbasis auf Bahrain aufgegeben. Seitdem gibt es noch mehr Arbeitslose. Zum Glück besitzt Bahrain vorbildliche soziale Einrichtungen. Schulen und Krankenhäuser stehen kostenlos zur Verfügung. Man ist bemüht, eine moderne Industrie aufzubauen, für die als Energiequelle die reichen Erdgaslager zur Verfügung stehen. So liefert seit 1972 eine Aluminiumhütte 88 000 t Aluminium im Jahr. Außerdem wird viel in den Ausbau des Erziehungswesens investiert.

Im Nachbarstaat Katar begann die moderne Entwicklung mit der Erdölförderung ab 1950 (1972: 23,3 Millionen t). Die Vorräte werden auf 900 Millionen t geschätzt. Das Ölfeld Dukhan an der Westküste ist durch eine 115 km lange Pipeline mit dem Ölhafen Umm Said verbunden. Das Erdgas vom Dukhan-Feld wird als Energiequelle für ein Wärmekraftwerk und zwei Meerwasserentsalzungsanlagen genutzt. In der Hauptstadt Doha (60 000 Einwohner) steht ein Rundfunksender, dessen Programme am ganzen Golf gehört werden. Es gibt rund 120 Moscheen und eine Bibliothek mit wertvollen arabischen Handschriften. Die sozialen Einrichtungen der absoluten Monarchie sind relativ gut. Erziehung und Gesundheitswesen werden sehr gefördert. Verkehrs- und Nachrichtenwesen sind schon gut ausgebaut. Der Wille zur Industrialisierung drückt sich in einer Raffinerie und einer Zementfabrik aus. Wie in den meisten Scheichtümern ist auch hier der Anteil der aus verschiedenen Ländern Zugewanderten hoch.

Südlich von Katar zieht sich in einem Halbrund die buchten- und inselreiche Küste der »Arabischen Emirate am Golf« hin. Sie bildet gleichsam den Abschluß des Persischen Golfes im Süden. Strategische Position und Natur des Küstenstreifens boten »ideale« Voraussetzungen für Seeräuber. Diese »Piratenküste« wurde im 19. Jahrhundert zur »Vertragsküste« (Trucial

---

Kuwait
(Dowlat al Kuwait)

Arabisch-islamisches Fürstentum (Scheichtum) mit Nationalversammlung; keine Wehrpflicht; Hauptstadt Kuwait (300 000 Ew. mit Vororten).

Fläche: 18 120 qkm – **Einwohnerzahl:** 733 000 (davon über 50% Ausländer) – **Bevölkerungsdichte:** 40,5 Ew./qkm – **Jährlicher Geburtenüberschuß:** 55‰ – **Bevölkerung:** Überwiegend Araber; Perser, Inder, Neger; 4000 Weiße – **Sprache:** Arabisch; Englisch wichtig als Handelssprache – **Religion:** Sunnitische Moslems; über 20 000 Christen (u.a. Angehörige der Armenischen Kirche, Katholiken, koptische Christen) – **Wichtige Ausfuhrgüter:** Erdöl und Erdölprodukte

Oman

Unabhängiges Sultanat ohne parlamentarische Einrichtungen; Hauptstadt Maskat (6200 Ew.), Residenzstadt Salala.

Fläche: Etwa 212000 qkm (nach anderen Angaben 337000 qkm) – **Einwohnerzahl:** 650000 (nach Angaben der UNO 700000) – **Bevölkerungsdichte:** schätzungsweise über 3 Ew./qkm) – **Jährlicher Geburtenüberschuß:** unbekannt – **Bevölkerung:** Hauptsächlich Araber; Gruppen von Indern, Pakistanern, Persern, Bälutschen und Negern in den Städten – **Sprache:** Arabisch – **Religion:** Moslems (Ibaditen, Sunniten, Schiiten) – **Wichtige Ausfuhrgüter:** Vorwiegend Erdöl, ferner Datteln, Fische, Früchte, Perlen

Coast), die sieben dazugehörenden arabischen Scheichtümer zu »Vertragsstaaten« (Trucial States) bzw. zu »Trucial Oman« (Befriedetes Oman). Diese Namen gehen auf einen 1843 mit England geschlossenen Vertrag zum Frieden auf See zurück. Die Grenzen dieser Staaten sind nur unklar festgelegt. F. Slezak bemerkt hierzu: »Auf dem Kartenbild erscheinen die sieben Vertragsstaaten als ein Mosaik, das an das barocke Mitteleuropa erinnert. Dabei ist die Grenzziehung durchaus offen. Für die Südgrenze Abu Dabis etwa gibt es fünf Varianten. Grenzen im modern-abendländischen Sinn sind ja nomadisierenden Gesellschaften völlig wesensfremd. Der Beduine muß Weideplätze und Wasserstellen entsprechend dem jeweiligen Witterungsablauf wechseln, was die moderne politische Verwaltung mit neutralen Zonen berücksichtigen wollte, in ‚Trucial Oman' ebenso wie etwa an Saudi-Arabiens Nordgrenze.« Englands Ankündigung, sich bis Ende 1971 aus den Gebieten »östlich von Suez« zurückzuziehen, veranlaßte die beunruhigten Scheiche (Bahrain, Katar und die sieben Vertragsstaaten), Pläne für eine »Föderation der Arabischen Emirate« zu verfassen. Im Juli 1971 beschlossen nach langem Hin und Her der sich gegenseitig mißtrauisch beäugenden Scheiche sechs der sieben Vertragsstaaten, eine Föderation der »Vereinigten Arabischen Emirate« zu bilden. Ras al Khaima weigerte sich anfangs, trat aber dann der Föderation bei. Bahrain und Katar blieben der Konferenz fern. Kurz darauf erklärten beide ihre Unabhängigkeit. Seit September 1971 sind sie Mitglied der »Arabischen Liga« und der UNO, die auch die Föderation aufnahm.

Der größte Staat dieser Föderation ist Abu Dabi (rund 46000 Einwohner). Auf einer der Inseln liegt die Hauptstadt Abu Dabi, die durch einen schmalen Damm mit dem Festland verbunden ist. Die Stadt gleicht einer einzigen Baustelle. Der Ölboom beginnt das äußere Bild des Scheichtums rasch zu verändern. 1958 wurde vor der Küste Öl entdeckt, zwei Jahre später auch auf dem Festland. Die sicheren Vorräte werden auf über 2,7 Milliarden t geschätzt. Schon spricht man von einem zweiten Kuwait (Förderung 1972: 50 Millionen t). Das Öl der »off-shore«-Felder wird zu den beiden Ölhäfen der Insel Das geleitet. Die rund 50 Sonden dieser Felder produzieren mehr als doppelt soviel wie die über 3200 Sonden der Bundesrepublik Deutschland! Die Stadt Abu Dabi wird durch eine Trinkwasserleitung aus der weitgehend zum Scheichtum gehörenden Oase Buraimi versorgt. Die größere Oase Liwa gehört ebenfalls zu Abu Dabi. Beide Oasen besitzen ausgedehnte Palmengärten. Der Ausbau zahlreicher Infrastrukturen läuft in dem Land, das keine Finanzierungsschwierigkeiten kennt, auf Hochtouren.

Im Gegensatz zu Abu Dabi besitzt Dubai eine alte Stadt- und Handelstradition. Nach Beirut ist es der größte Umschlagplatz für Gold in diesem Raum. Der Schmugglerflotte, die Gold und Uhren nach Indien brachte, verdankte Dubai einen beachtlichen Teil seines vor-ölzeitlichen Reichtums. Die Perlenfischerei, die sonst im Persischen Golf stark zurückgegangen ist, hat noch Bedeutung. Die Scheiche des »Venedigs des persischen Golfs« (von Münchhausen) haben von jeher für eine liberale Wirtschaftspolitik gesorgt. Viele ausländische Banken haben in der durch zahlreiche Neubauten stark veränderten Stadt eine Niederlassung. Elektrizität und fließend Wasser sind weitgehend vorhanden. Das Schulwesen befindet sich noch im Aufbau. Schulbesuch und Krankenhausaufenthalt sind kostenlos. Der bisher vorhandene Reichtum wird in Zukunft durch das 1966 vor der Küste entdeckte Erdöl stark vermehrt werden (Förderung 1972: 7,5 Mill. t).

Wenig oder gar nicht vom »Zauberer« Öl bedacht sind die fünf anderen Emirate, von denen nur zwei einen etwas höheren Entwicklungsstand erreicht haben. In Asch Schariqa (Schardschah, Sharjah) z. B. wurden bisher keine bedeutenden Ölvorkommen entdeckt. Die Haupt»stadt« gleichen Namens besitzt einen Flughafen. Das Schulwesen ist schon recht gut entwickelt. Die einzige natürliche Hilfsquelle des Emirates Adjman (Adschman) ist der Fischfang an der nur etwa 10 km langen Küste; außerdem besitzt der Staat zwei kleine Enklaven im Hinterland der Halbinsel von Oman. Die meisten Bewohner leben im Hauptort Adjman. Auch in dem sehr wenig entwickelten Scheichtum Umm al Qaiwain (Qaywayn, Qeiwein) ist Fischfang an der 25 km langen Küste die Haupterwerbsquelle. 2500 der 3700 Einwohner leben im Hauptort Umm al Qaiwain. Ras al Khaimah dagegen steht auf einer höheren Entwicklungsstufe. Der Hauptort gleichen Namens (6000 Einwohner) hat öffentliche Trinkwasserversorgung und elektrischen Strom. Als einziger Vertragsstaat weist das Gebiet eine relativ bedeutende Landwirtschaft auf. Seit 1955 besteht eine landwirtschaftliche Versuchsstation. Die reichen Fisch- und Garnelenvorkommen vor der Küste sollen in Zukunft genutzt werden. Auch die Bewohner des wenig entwickelten Scheichtums Fudjaira

Die Arabischen Emirate am Golf

	Fläche (in qkm)	Einwohnerzahl (1968)
Abu Dabi	70000	46400
Dubai	3900	59000
Asch Schariqa	2500	31600
Adjman	250	4200
Umm al Qaiwain	720	3700
Ras al Khaima	1700	24400
Fudjaira	1200	9700
Insgesamt	80270	179000

(Fudschairah) leben von Landwirtschaft und Fischerei. Öl wurde bisher nicht gefunden. Der Hauptort Al Fudjaira hat 2000 Einwohner.

Das unabhängige Sultanat Oman (etwa 212000 qkm Fläche, 680000–700000 Einwohner) besitzt keine festen Grenzen. An der Küste liegen eine Reihe kleinerer Städte (Maskat, Matrah, Sur, Suhar u. a.), die z. T. in der Vergangenheit glanzvolle Epochen als Handelszentren erlebt haben (z. B. Suhar).

Im 18. Jahrhundert beherrschte Oman die wichtigsten Küstenplätze und Inseln in Ostafrika. Oman gehört auch heute noch zu den am wenigsten bekannten Gebieten der Erde. Die Bewohner bezeichnen nur den gebirgigen Teil als Oman. Der zentrale Teil des Oman-Gebirges ist der Djabal al Akhdar (»Grünes Gebirge«). Nach beiden Seiten schließt sich an ihn Al Hadjar an (westlicher und östlicher Hadjar). Den Gebirgszügen vorgelagert ist eine sichelförmige, nahezu 300 km lange und 15–30 km breite feuchtheiße Küstenebene (Al Batina), die aber relativ kühle Nächte aufweist. Sie ist die wirtschaftlich wichtigste Zone des Sultanats. Ein fast ununterbrochener 3–10 km breiter Palmoasenstreifen (Brunnenbewässerung) zieht sich nahezu 250 km weit durch die Küstenebene (Dattelpalmen, Feigen, Bananen u. a.). Die inneren Teile der Küstenebene dienen als Weideflächen. Das Gebirge ist zum größten Teil unfruchtbar. Nur im Djabal al Akhdar wird Regenfeldbau betrieben. Hier gibt es auch noch Reste der einst weiter verbreiteten Wälder (Niederschlag rund 500 mm; höchster Berg: J. Esch Scham, 3107 m). Die terrassierten Berghänge (z. T. mit Kaffeeanbau) erinnern an die Kulturlandschaft im Jemen. Ansonsten ist der Anbau im Gebirge und seinen Randzonen auf Bewässerung angewiesen. Das Wasser gelangt oft von weit her durch Fernleitungen zu den Feldern. Es sind entweder offene Kanäle (Saqiyah) oder (überwiegend) tunnelartige Stollen, die in Abständen von etwa 50 m ungefähr 10–15 m tiefe Einstiegsschächte besitzen. Sie zapfen das Grundwasser an. Diese vor allem in Iran verbreitete Art der Grundwassergewinnung ist wohl auch von dort hierher vermittelt worden. Die in Iran Qanat genannten Stollen heißen in Oman Feledsch (Plural Afladsch). Sie treten auch häufig in den Oasen auf dem Plateau (Dhahirah) zwischen dem westlichen Al Hadjar und dem Rub al Khali auf. Auch in der teilweise zu Oman gehörenden Oase Buraimi sind sie sehr zahlreich. 1963/64 wurde 240 km südwestlich von Maskat Erdöl gefunden. Eine 250 km lange Pipeline bringt es seit 1967 nach Saih al Malih (bei Maskat; Förderung 1972: 13,6 Millionen t). Das der Demokratischen Volksrepublik Jemen benachbarte Dofar (Dhofar) gehört ebenfalls zu Oman. Hauptort ist Salala, gleichzeitig Residenzstadt von Oman. Dhofar war im Altertum bedeutendes Weihrauchland Südarabiens.

Demokratische Volksrepublik Jemen – altes Weihrauchland in Gärung

In Südarabien sind die Machtverhältnisse besonders kompliziert, die Grenzen noch nicht genügend festgelegt. Auch die Gegensätze zwischen »Progressiven« und «Reaktionären» (den konservativen Scheichs) sind besonders stark. Vor dem Abzug der Briten aus Aden wurden die zahlreichen Scheichtümer weitgehend von England kontrolliert. Faktisch bestehen die einzelnen Herrschaftszellen weiter, wenn sich auch die neuen Machthaber in der Volksrepublik bemühen, so etwas wie ein Staatsbewußtsein zu entwickeln. Die Volksrepublik (seit 1967 unabhängig; knapp 290 000 qkm; 1,51 Millionen Einwohner) umfaßt die ehemalige britische Kronkolonie Aden, die Scheichtümer der südarabischen Föderation (ihr gehörten siebzehn Sultanate zwischen Aden und Hadramaut an) und das ehemalige östliche Aden-Protektorat (Hadramaut). Die wirtschaftlichen Schwierigkeiten sind in dem Land, das eine moderne Wirtschaftsgesinnung erst noch entwickeln muß, sehr groß.

Die Haupteinnahmen des Staates kommen überwiegend aus der Landwirtschaft, obgleich nur 0,5 % der Fläche landwirtschaftliche Nutzfläche sind. Es werden vor allem Weizen, Gerste, Hirse, Dattelpalmen und Sesam angebaut. Im ganzen gesehen ist die Versorgung mit landwirtschaftlichen Produkten unzureichend. An der Küste spielt die Fischerei eine wichtige Rolle. Hier liegen auch einige ehemals bedeutende Handelsstädte (z. B. Al Mukalla und Shihr). Shihr war früher einer der wichtigsten Ausgangspunkte der Weihrauchstraße. Al Mukalla gehört noch heute, ebenso wie Shibam im Wadi Hadramaut, »zum Schönsten und Imponierendsten, was ein Reisender in der arabischen Welt kennenlernen kann« (A. Hottinger).

Im Bereich der regenarmen Küstenzone gibt es nur Brunnenoasen. Das Klima ist tropisch (geringe tägliche und jahreszeitliche Temperaturschwankungen). Morgendliche Tau- und Nebelbildung ist häufig. Hinter der Küste ragt der Rand des riesigen Dschol-(Jol-)Plateaus (Kalksteintafeln) auf. Es senkt sich von 1500 m im Süden allmählich auf 1100 m im Norden. Im küstennahen Bereich gibt es über 2000 m hohe Erhebungen. Solche hoch aufragenden Plateauränder erhalten wesentlich mehr Regen (bis 500 mm) als die Küstenzone. Mit ihrem recht dichten Bewuchs bilden sie Inseln des Regenfeldbaus in Südarabien. Im Gegensatz dazu ist das Dschol-Plateau auf weiten Strecken sehr kahl und erhält nur im Sommer vereinzelt Gewitterregen. Die Temperaturschwankungen sind groß, Hagel bei Gewitterregen nicht unbekannt. In den Wadis treten nach starken Gewittergüssen oft meterhohe Flutwellen auf. Sie werden zur Bewässerung der Felder genutzt. Das berühmteste Tal im Innern bildet das Wadi Hadramaut (400 km lang), in dem eine der ältesten und eigenartigsten Kulturen des Orients beheimatet ist. Der Mittellauf weist eine breite Talsohle mit reichlichen Grundwasservorräten auf. Hier liegen die bedeutendsten Städte Hadramauts (Shibam, Saiwun, Tarim; mit jeweils einigen Tausend Bewohnern). Seit dem Altertum herrscht eine ausgeprägte Stadt- und Handelskultur. Die Gegensätze zwischen Stadtbewohnern und Beduinen sind nach wie vor stark. Die einst mächtige Stadt Tarim ist heute vorwiegend religiöses Zentrum (350 Moscheen; 12 000 Einwohner). Auffallend im Stadtbild sind die zahlreichen indonesischen Paläste (der aus Indonesien zurückgekehrten Hadarim). Die Stadt Saiwun ist Ausgangspunkt der Mekkapilger. Charakteristisch für die Städte des Wadis und z. T. auch seiner Nebentäler (z. B. Wadi Amd) sind die fünf- bis sechsstöckigen Hochhäuser.

Die Stadt Aden (250 000 Einwohner) im Südwesten des Landes ist der wichtigste Ausfuhrhafen. Ausgeführt werden vor allem die in der Raffinerie von Aden gewonnenen Erdölprodukte. Die Stadt verdankte 80 % ihres Volkseinkommens der britischen Militärbasis. Der Abzug der Briten (1967) und die Schließung des Suezkanals wirkten sich nachteilig auf das Wirtschaftsleben der Stadt aus. Aden hatte als bester Naturhafen Südarabiens im Mittelalter große Bedeutung als Umschlagplatz der Waren von Indien und China zum Mittelmeerraum. Im 15. Jahrhundert soll ein Mufti von Aden die belebende Wirkung der Kaffeebohnen entdeckt haben. Auf jeden Fall trat der Kaffee von hier aus im 15. Jahrhundert seinen Siegeszug an. Damals entstanden in den Bergen des Jemens die ersten Kaffeeplantagen. Der Ausfuhrhafen Mokka (Mocha, Al Mukhā) im Jemen verlieh dem »Mokka« seinen Namen (nach H. Vocke).

Demokratische Volksrepublik Jemen
(Al Dschumhurija al Jamanija ad Demokratija asch Scha'abija)

Republik mit (provisorischem) »Volksrat«; Hauptstadt El Sha'ab (10 000 Ew.).

Fläche: 287 683 qkm – **Einwohnerzahl:** 1,51 Mill. – **Bevölkerungsdichte:** 4,2 Ew./qkm – **Jährlicher Geburtenüberschuß:** 22‰ – **Bevölkerung:** Hauptsächlich (Süd-)Araber; 16 000 Inder, 10 000 Somali; kleine Gruppen von Europäern (vorwiegend Briten) – **Sprache:** Arabisch – **Religion:** Moslems; kleine christliche Minderheiten; 500 Juden – **Wichtige Ausfuhrgüter:** Erdölderivate, Kaffee, Baumwolle, Häute, Felle, Salz

Als Captaine Haines 1839 Aden im Auftrag der Ostindischen Kompagnie besetzte, fand er ein elendes Nest mit wenigen Hundert Bewohnern vor. Als wichtiger Stützpunkt auf dem Seeweg nach Indien erlangte Aden vor allem nach Eröffnung des Suezkanals große Bedeutung. Zwischen 1956 und 1966 war Aden die geschäftigste Stadt der Arabischen Halbinsel, in der Güter aus aller Welt zollfrei angeboten wurden. Allerdings war die britische Kronkolonie auch die am wenigsten arabische Stadt der Halbinsel! Zur Volksrepublik gehört die niederschlagsarme Insel Socotra (Soqotra; 3626 qkm). Der Hauptort Tamrida (Hudaibu) besitzt eine große Dattelpalmenoase.

Die Arabische Republik Jemen – Wiederaufstieg und Verfall alter Hochkultur

Das überwiegend gebirgige Land hat von jeher Eroberungsversuche erheblichen Widerstand entgegengesetzt. Dennoch gelang es in den letzten Jahrhunderten den Türken wiederholt, das Land längere Zeit besetzt zu halten. Die heutige Arabische Republik Jemen (195 000 qkm; 6 Millionen Einwohner) wurde erst nach dem Zweiten Weltkrieg von den Türken unabhängig. Nach einem fast achtjährigen Bürgerkrieg zwischen Republikanern und Royalisten scheint seit 1970 die republikanische Staatsform gefestigt. Die Hauptstadt der Arabischen Republik Jemen, San'a (Sanaa; 80 000–100 000 Einwohner; 2350 m ü. d. M.) zeichnet sich durch imponierende Hochhäuser, eine mächtige Stadtmauer und sehr sehenswerte Basare aus. Die Stadt besitzt eine Radiostation und ist durch Asphaltstraßen mit der ebenfalls sehenswerten Stadt Ta'ess im Süden und der Hafenstadt Al Budaida verbunden. Ta'ess (50 000 Einwohner, 1500 m ü. d. M.) ist Zentrum der jemenitischen Sunniten (Schafiiten), die aber gegenüber den Schiiten (Zaiditen genannt) eine Minderheit von knapp 20 % der Bevölkerung ausmachen. Die Stadt besitzt wie San'a ein angenehmes Klima. Im Gegensatz dazu hat Al Hudaida lange und sehr heiße Sommer, verbunden mit einer hohen Luftfeuchtigkeit. Es liegt in der bis 60 km breiten Küstenebene (Tihama), die aus Wüste und Halbwüste besteht. Die Bewohner der Tihama sind häufig durch Vermischung mit afrikanischen Völkern sehr dunkelhäutig. Sie leben von nomadischer Viehzucht (Buckelrind, Kamel). Die Täler, die von der Tihama ins jemenitische Gebirge führen, sind relativ dicht besiedelt. Es gedeihen hier bei Bewässerung zahlreiche Nutzpflanzen (Hirse, Bohnen, Sesam, Baumwolle, Mais, Zuckerrohr, Taro, Mango u. a.). Steigt man von hier aus ins Gebirge, so gelangt man mit zunehmender Höhe in immer niederschlagsreichere Zonen (vorwiegend Sommerregen bis 2000 mm). An den Hängen treten in 700 bis 1500 m Höhe Buschwälder auf (vor allem mit Myrrhe). Von 900 bis 2000 m reicht die Zone des immergrünen Buschwaldes. In ihr gedeiht der noch häufig angebaute Kaffeestrauch (Kaffee macht 50 % des Exportwertes aus). Typisch ist der Terrassenbau. Die Terrassenmauern erreichen bis zu 6 m Höhe, die Terrassenfläche ist dabei manchmal nur 2 m breit. An einem einzigen Hang können bis zu 250 Terrassen auf 1000 m Höhenunterschied auftreten (nach H. von Wißmann; s. Bild Seite 332). Wälder sind heute fast nur in Form von Buschwäldern erhalten. In der Kaffeezone findet man unter den wildwachsenden Pflanzen die größte Kandelabereuphorbie der Erde (Euphorbia ammak). Die hohen Niederschläge ermöglichen hier einen vielfältigen Regen- und Bewässerungsfeldbau (ganzjähriger Anbau). Es gedeihen Weizen, Mais, Hirse (Sorghum), Tabak, Taro, Ingwer, Linsen, Bananen, Zitrusfrüchte u. a. Besondere Erwähnung

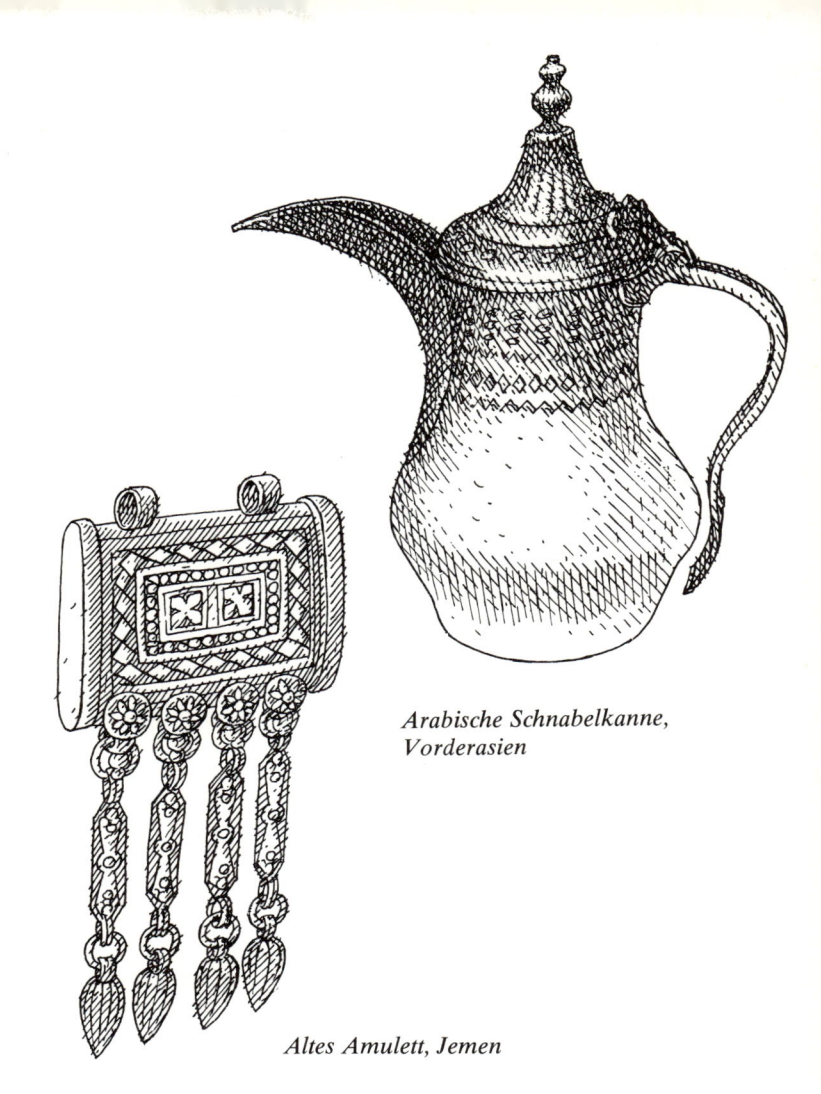

Arabische Schnabelkanne, Vorderasien

Altes Amulett, Jemen

verdient der Anbau des Qat-Strauches (Catha edulis), der bis in 2500 m Höhe angetroffen wird. Seine Blätter, die eine stimulierende Wirkung haben, werden fast im ganzen Land gekaut. Oberhalb 2000 m gelangt man in die Zone der Hartlaubgehölze (mit Olea chrysophylla, einem wilden Ölbaum). Sie reicht über 3000 m hinauf. Hier gedeihen im Regen- und Bewässerungsfeldbau Gerste, Weizen, Hirse (Sorghum), Hafer, Bohnen, Linsen, Pfirsiche, Aprikosen, Birnen u. a. Weiter landeinwärts wird das Land trockener (subtropische Steppenzone, in ihr liegt San'a). Regenfeldbau mit Weizen, Gerste, Feigenbaum, Weinstock u. a. ist noch möglich. Im Osten senkt sich das Gebirgsland allmählich, und man gelangt in die Halbwüsten- und Wüstenzone Innerarabiens. Im Altertum lagen hier bedeutende Handelsplätze und Oasen (Weihrauchstraße). Davon zeugen z. B. die Ruinen von Marib, dem Saba der Bibel.

Arabische Republik Jemen
(Al Dschumhurija al Arabija al Jamanija)

Arabisch-islamische Republik mit Gesetzgebendem Konsultativrat und Wehrpflicht; Hauptstadt San'a (80 000–100 000 Ew.).

Fläche: 195 000 qkm – **Einwohnerzahl:** 6 Mill. – **Bevölkerungsdichte:** 30,7 Ew./qkm – **Jährlicher Geburtenüberschuß:** 16‰ – **Bevölkerung:** (Süd-)Araber, z.T. mit Negern vermischt – **Sprache:** Arabisch – **Religion:** Moslems (Islam Staatsreligion), davon über 80% schiitische Saiditen; 2000 Juden – **Wichtige Ausfuhrgüter:** Kaffee (rund 50% des Exportwertes), Gummiarabikum, Häute, Felle

Wachtposten eines Beduinenstammes

Palmyra (Tadmor), Ruinen des hellenistischen Handelszentrums, dahinter Totentürme

Baalbek, sogenannter Bacchustempel

Das heute Tadmor genannte Palmyra liegt in der Übergangszone der großen Wüstengebiete zum »Fruchtbaren Halbmond« am Nordrand des arabischen Vorderasiens. Das reichlich vorhandene Quellwasser und die verkehrsgünstige Lage führten schon vor über 3000 Jahren zur Errichtung eines festen Karawanenplatzes und Handelszentrums (Indien–Persien–Europa) inmitten wüstenhafter Umgebung. Seine höchste Blütezeit erreichte Palmyra unter der Herrscherin Zenobia. Als sie sich von der Herrschaft Roms lossagte, ließ der römische Kaiser Aurelian II., nachdem er ihre Heere bei Antiochia und Emesia vernichtend geschlagen hatte, den Ort im Jahre 273 zerstören. Die heutige Siedlung, eine Palmenoase mit etwa 12 000 Einwohnern, liegt am Rande des gewaltigen Ruinenfeldes. – Auch die Ruinen der im Altertum syrischen (heute libanesischen) Stadt Baalbek zeugen von vergänglicher Kultur. Die ältesten Funde stammen aus der Bronzezeit. Das moderne Baalbek liegt in der Nähe der Ruinen inmitten eines Agrargebietes. – Nicht der Vergangenheit angehörig dagegen sind sich feindlich gesinnte Beduinenstämme.

Vergängliche Kultur

Jordanien – das umstrittene Königreich der Haschemiten

Das heutige Königreich Jordanien hat in den wenigen Jahrzehnten seines Bestehens eine wechselvolle Geschichte erlebt. 1921 wurde Transjordanien (d. h. die Gebiete östlich des Jordans) aus dem damaligen Syrien herausgelöst und zum britischen Mandat erklärt. Im Winter 1920/21 war Emir Abdallah Ibn Hussain, aus dem Hause der Haschemiten, in das damals noch recht unbedeutende und abseits gelegene Amman gekommen. 1923 wurde ihm das Emirat über Transjordanien zugesprochen. Von seinem Vater, dem Scherifen von Mekka, erhielt er Ma'an und Aqaba. 1946 wurde Transjordanien selbständig und nannte sich von da an »Haschemitisches Königreich Transjordanien«. Im ersten arabisch-israelischen Krieg gelang es Abdallahs Beduinentruppen, Alt-Jerusalem, Samaria und Teile von Judäa erfolgreich gegen die Israeli zu verteidigen. Nach der Teilung Palästinas verleibte er dieses Rest-Palästina seinem Staat ein, der sich seitdem »Haschemitisches Königreich Jordanien« nennt. Abdallah wurde am 20. Juli 1951 vor der Aksa-Moschee in Jerusalem erschossen. Sein Nachfolger Hussain hat es seitdem verstanden, das von Anfang an auf ausländische Subventionen angewiesene Land durch alle politischen und wirtschaftlichen Krisen hindurchzumanövrieren. Die schwerste Existenzkrise machte der Staat nach dem Sechstagekrieg im Juni 1967 durch. Alle Gebiete westlich des Jordans gingen damals an Israel verloren. Jordanien büßte etwa 45 % seiner Bevölkerung ein und verlor rund 38 % seines Brutto-Inlandsproduktes. Besonders kritisch wurde die Lage, als im September 1970 immer schwerere Kämpfe zwischen Hussains Beduinengruppen und den bewaffneten Palästinensern ausbrachen. Wieder einmal erwiesen sich die Beduinensoldaten als die eigentliche Stütze des Staates.

Nur 8,5 % der Staatsfläche werden landwirtschaftlich genutzt. Angebaut werden vor allem Weizen, Gerste und Mais. Der Anbau erfolgt überwiegend in Form der Zweifelderwirtschaft (mit einem Jahr Brache). Der Bewässerungsfeldbau kann noch erweitert werden. Im Ausbau befindet sich das sogenannte Ghor-Projekt am Jarmuk, ein umfangreiches Neulandprogramm mit Bewässerung. In dem von guten Straßen erschlossenen Land werden bisher fast nur Phosphate ausgebeutet (bei Ruseifa; 1969 betrug die Ausfuhr 630 000 t, meist nach Asien). Der Abbau soll auf 1,5 Millionen Jahrestonnen erhöht werden (1970: 0,9 Millionen t).

Die auffälligste Erscheinung im Landschaftsbild ist der Jordangraben. Die Bergländer zu beiden Seiten ragen zwischen 1000–1600 m über die Grabensohle auf. Sie sind durch tief eingeschnittene Flüsse vielfach in schwer zugängliche, landschaftlich sehr eindrucksvolle Gebirgslandschaften gegliedert. Der Graben ist 410 km lang und 6–12 km breit. Er wird auf einer Länge von 180 km vom Jordanfluß, dem tiefstgelegenen Fluß der Erde, durchflossen. Seine nördlichen Zuflüsse sind Dan, Hasbani und Baniyas. Den See Genezareth erreichen jährlich etwa 600 Millionen cbm Wasser; beim Verlassen des Sees sind es infolge der starken Verdunstung nur noch 450 Millionen cbm. Durch weitere Zuflüsse (vor allem der Jarmuk mit jährlich 475 Millionen cbm) kommt der Jordan an seiner Mündung ins Tote Meer auf rund 1,2 Milliarden cbm Wasser/Jahr. Die einzelnen Abschnitte des Jordangrabens unterscheiden sich untereinander in bezug auf Höhenlage und Niederschlag.

Das Tote Meer ist die salzhaltigste Wasserfläche der Erde. Der Salzsee bedeckt eine Fläche von 1050 qkm und erreicht fast 400 m Tiefe. Die Verdunstung ist sehr hoch (jährlicher Zufluß über 1 Milliarde cbm!). Der Salzgehalt liegt bei 270 bis 310 ⁰/₀₀ (in den Weltmeeren im Mittel 35‰). Es sind enthalten: 52 % Magnesiumchlorid ($MgCl_2$), 30 % Kochsalz ($NaCl$), 12 % Calziumchlorid ($CaCl_2$). In den restlichen 6 % sind besonders Kaliumchlorid (KCl, Kali!) und Magnesiumbromid ($MgBr_2$) enthalten. In der Zukunft können große Mengen Düngemittel aus dem Toten Meer gewonnen werden (Kaliwerk in Israel). In diesem Meer gibt es kein Leben: Auf Fische und Pflanzen wirkt der hohe Salzgehalt tödlich.

Das Wadi el Araba (175 km lang) reicht vom Toten Meer bis zum Golf von Aqaba. Die Talsohle ist von Sand und Kies bedeckt und bis zu 15 km breit. Im Norden, am Südrand des Toten Meeres, liegen ausgedehnte Salzsümpfe (395 m u. d. M.). Bis zur Wasserscheide, etwa auf der Höhe des Dschebel Mubrak steigt das Wadi auf über 200 m ü. d. M. Zu beiden Seiten dieser Senke liegen ausgedehnte Bergländer, im Westen das Bergland der Negev (450–1000 m), im Osten die Berge von Edom (bis 1700 m) mit den berühmten Ruinen der Felsenstadt Petra. Von der Wasserscheide aus senkt sich das Wadi allmählich bis zum Meeresspiegel. Nicht weit von der Mündung liegt am Golf die Stadt El Aqaba (1200 Einwohner). El Aqaba ist der einzige Hafen des Landes, in extremem Wüstenklima gelegen (15 mm jährlicher Niederschlag). Das Wasser für die Stadt wird aus Brunnen im Küstensand gewonnen. Die Bergländer zu beiden Seiten des Jordangrabens (zwischen Totem Meer und dem See Genezareth) sind die am dichtesten besiedelten Gebiete Jordaniens. Samaria gehört zu den regenreichsten Gebieten des ehemaligen Palästinas (über 700 mm Niederschlag). Auf den überwiegend guten Böden werden Getreide, Ölbäume, Wein und Obst angebaut. Hauptort des Gebietes ist Nablus (64 000 Einwohner). Im Süden geht Samaria ohne feste Grenze in das Bergland von Judäa über. Hier befinden sich die Städte Jerusalem(Quds)-Altstadt (66 000 Einwohner), Hebron; (43 000 Einwohner) und Bethlehem (25 000 Einwohner). Im Jordangraben liegt die Stadt Jericho. Diese tiefstgelegene Stadt der Erde ist eine der ältesten Stadtsiedlungen. Jerusalem, zugleich heilige Stadt der Mohammedaner, Christen und Juden, ist auch in seinem Altstadtteil seit 1967 von Israel besetzt. Nach israelischer Vorstellung soll diese Stadt für immer bei Israel bleiben. Östlich des Jordangrabens zieht sich eine große Kalktafel mit einzelnen Aufwölbungen hin. Östlich dieser Bergländer erstreckt sich die ostjordanische Wüstentafel, die zwei Drittel von Ostjordanien umfaßt. In diesem von rund 200 000 Beduinen bewohnten Gebiet gibt es nur einige Brunnenoasen. Das im Norden gelegene Bergland von Gilead erreicht eine mittlere Höhe von 1000 m ü. d. M. Angebaut werden Getreide, Tabak, Wein und Obst. Schaf- und Ziegenhal-

---

Jordanien
(Al Mamlaka al Urdunija al Haschimija, Haschemitisches Königreich Jordanien)

Konstitutionelle Monarchie mit Zweikammerparlament und Wahlrecht für alle über 18 Jahre alten Männer; keine allgemeine Wehrpflicht; Hauptstadt Amman (500 000 Ew.).

Fläche: 97 740 qkm (davon 1118 qkm Binnengewässer) – **Einwohnerzahl:** 2,47 Mill. (davon etwa 900 000 Palästinaflüchtlinge; rund 50% städtische Bevölkerung) – **Bevölkerungsdichte:** 25,2 Ew./qkm – **Jährlicher Geburtenüberschuß:** 36‰ **Bevölkerung:** Jordanische Araber – **Sprache:** Arabisch – **Religion:** Rund 90% sunnitische Moslems; schiitische Moslems; christliche Minderheiten 5% (u.a. Griechisch-Orthodoxe, Angehörige der Armenischen Kirche, Melchiten) – **Wichtige Ausfuhrgüter:** Phosphate, Pottasche, Viehzuchtprodukte, Früchte, Gemüse, Tabak

tung ist sehr verbreitet. Mittelpunkt ist die Stadt Irbid (65 000 Einwohner). Nahe der Stadt Dscherasch liegen die Ruinen von Gerasa, die zu den ausgedehntesten und besterhaltenen römischen Ruinen zählen. Im Süden ist das Bergland niedriger; es gibt hier mehr Dörfer als im Norden. Wichtigste Stadt ist Es Salt (16 000 Einwohner). Nicht weit von Es Salt liegt die Hauptstadt Amman (500 000 Einwohner). Die lange Zeit völlig verlassene Stadt hatte im Altertum große Bedeutung, vor allem durch ihre Lage an der Straße von Damaskus in den Hedjas. In römischer Zeit hieß sie »Philadelphia«; das römische Amphitheater ist noch erhalten. Seit 1878 begann der Wiederaufstieg der Stadt (1905: 2000 Einwohner). Den Hauptanstoß zur Weiterentwicklung gaben der Bau der Hedjasbahn und der Zuzug von Arabern bei der Gründung von Transjordanien (1921). Die Stadt liegt im Tal des Wadi Sarka; die einzelnen Stadtteile erstrecken sich über mehrere Hügel (z. B. Dsch. Amman, Dsch. Hussain). Eine Universität besteht seit 1962. Die im ganzen noch bescheidene Industrie ist vor allem hier und im benachbarten Sarka konzentriert. Das Bergland von Moab bildet das Mittelstück des ostjordanischen Berglandes. Mit einer 1000 m hohen Steilstufe ragt es über das Ostufer des Toten Meeres empor. Es ist in vielen Gebieten ziemlich flach. Dies und die günstigen Niederschlagsverhältnisse (400–500 mm) machen es zum wichtigsten Getreidegebiet Jordaniens. 1966 hatte Jordanien 1,9 Millionen Einwohner, von denen jeweils ein Drittel Transjordanier, Palästinenser und Flüchtlinge waren. Die Zukunft des seit 1967 stark geschrumpften Staates bleibt ungewiß, nicht zuletzt auch die Eingliederung der Flüchtlinge.

Syrien – uraltes Durchgangsland am Rande der Wüste

Der heutige Staat Syrien ist nur ein Teil des großsyrischen Raumes, der auch den Libanon und Palästina umfaßt, stets die Funktion einer Landbrücke zwischen Nordafrika und Vorderasien und als solche eine höchst wechselvolle Geschichte besaß. Einmal gehörte er zum Perserreich, später war er Zentrum des islamischen Reiches der Omajjaden und während der letzten Jahrhunderte wichtiges Teilstück des großen Osmanischen Reiches. Anders als der Libanon umfaßt Syrien weite Gebiete, die für einen Anbau ohne Bewässerung zu trocken sind. Die Küstengebiete und vor allem der Dschebel Ansarije im Küstenhinterland erhalten reichliche Winterregen (bis 1200 mm). Der Küstenstreifen ist sehr fruchtbar (Oliven, Feigen, Roggen, Tabak, Tomaten u. a.). Die Bewohner sind zu zwei Dritteln Alawiten (Nussairier), Anhänger einer schiitischen Geheimlehre. Im Norden des Küstengebietes wachsen an den Hängen des Dschebel Akra ausgedehnte Nadelwälder. In diesem Raum liegt die einzige größere Hafenstadt (El Ladhaqiye). Die winterlichen Regenfronten können durch den Sattel von Homs weit in das syrische Hinterland vordringen. So gehören ganz Westsyrien und der Nordosten des Landes zum Gebiet des Regenfeldbaus (350–600 mm Niederschlag). In den Grenzräumen zur Halbwüste ist allerdings häufig mit Mißernten durch Dürre zu rechnen. Noch vor wenigen Jahrzehnten wurden die Grenzgebiete von nomadischen Stämmen beherrscht. Heute ist in Syrien die antike Ackerbaugrenze wieder erreicht oder sogar überschritten. Besonders im Nordosten, in der sogenannten Dschesira, wurde nach dem Zweiten Weltkrieg eine Verdoppelung der Anbaufläche erreicht. Im Regenfeldbau gedeiht hier Weizen; in den Flußoasen am Euphrat und Nahr el Khabur gibt es bedeutende Baumwollzentren (Baumwolle ist ein wichtiger Devisenbringer). Das heutige sozialistische Syrien hat den Großgrundbesitz, der überall in den jung erschlossenen Agrarräumen vorherrschte, enteignet. Umfangreiche Reformprogramme wurden eingeleitet. Zentrum des Getreidelandes im Nordosten ist El Haseke (18 000 Einwohner). Vor dem Zweiten Weltkrieg war die Provinz Haseke hauptsächlich Weideland der Schammar-Beduinen. Heute fahren über die gleichen Flächen zur Erntezeit Tag und Nacht die Mähdrescher. Die Gebiete intensivster landwirtschaftlicher Nutzung sind dort, wo die Möglichkeit zur Bewässerung gegeben ist. Die wichtigsten Bewässerungsgebiete befinden sich am Euphrat, Nahr al-Khabur und Nahr el 'Âsi (Orontes). Insgesamt stehen 18 Milliarden cbm Flußwasser zur Verfügung, bei deren maximaler Nutzung das bewässerte Land auf 1,5 Millionen ha (heute 0,6 Millionen ha) ausgedehnt werden könnte. Große Projekte sind am Euphrat (Tabka-Damm, mit sowjetischer Hilfe) und Asî Nehri geplant und z. T. schon verwirklicht (Rastan-Damm am Nahr el 'Âsi) und die erste Stufe des Tabka-Dammes.

Syrien ist ein Raum uralter Stadtkultur. Städte wie Damaskus und Aleppo sind seit Jahrtausenden kontinuierlich besiedelt. Damaskus (arabisch Dimaschq, Esch Scham) ist seit 1944 Hauptstadt; am Fuße des Dschebel Kassiun (1140 m) gelegen, auf dessen Gipfel der Fernsehturm von Damaskus steht, dehnt sich die Stadt immer weiter an den Hängen des Berges aus. Durch die Altstadt fließt der Barada-Fluß, der seinen Wasserreichtum den Karstquellen im Antilibanon verdankt. Östlich der Stadt befindet sich eine berühmte Bewässerungsoase (Ghuta). Damaskus liegt am Kreuzungspunkt der Straßen Beirut–Bagdad und Haleb (Aleppo)–Amman. Die hier beginnende Hedjasbahn, die früher bis nach Medina führte, endet heute südlich von Ma'an. Das südliche Teilstück wurde im Ersten Weltkrieg durch die Beduinentruppen des Obersten Lawrence zerstört. Als Oasenstadt alter Tradition und Kultur hat Damaskus noch ein beachtliches Kunsthandwerk. Im modernen Gewerbe ist es vor allem ein Zentrum des Feingewerbes und der Luxusindustrie. Im Grundriß der Altstadt schimmert das Rechteckmuster der hellenistisch-römischen Epoche durch. Am Ende des berühmten Hamidiye-Souks erhebt sich im Zentrum der Altstadt die große Omajjadenmoschee, Wahrzeichen der Stadt wie in Haleb die Zitadelle. Seine glanzvollste Zeit erlebte Damaskus als Hauptstadt des Omajjaden-Reiches. Es wurde damit als Hauptstadt des bisher einzigen großarabischen Reiches zu einer Art Traumstadt für alle Araber. Nicht zufällig wirkten hier und in Beirut die jungen arabischen Nationalisten. Stabilisierend wirkte schon immer die Wassergunst der Stadt am Rande der Wüste. Führt doch der Barada selbst in sehr trokkenen Sommern noch reichlich Wasser. Die Ghuta-Oase wird

---

Syrien
(Al Dschumhurija al Arabija asch Surija, Arabische Republik Syrien)

Sozialistisch-demokratische Volksrepublik mit Parlament, Wahlrecht und Wehrpflicht; Hauptstadt Damaskus (835 000 Ew.).

Fläche: 185 180 qkm – **Einwohnerzahl:** 6,45 Mill. (davon über 160 000 Palästinaflüchtlinge) – **Bevölkerungsdichte:** 23,8 Ew./qkm – **Jährlicher Geburtenüberschuß:** 29‰ – **Bevölkerung:** Hauptsächlich syrische Araber; Kurden, Armenier, Tscherkessen – **Sprache:** Arabisch; Sprachen der ethnischen Minderheiten – **Religion:** Moslems (Sunniten, Schiiten, Ismaeliten) über 80, Christen (u. a. Griechisch-Orthodoxe, Angehörige der Armenischen Kirche; 15 000 Protestanten) über 11, Drusen über 2 % – **Wichtige Ausfuhrgüter:** Baumwolle (bis zu über 40 % des Exportwertes), Vieh, Häute, Felle, Früchte, Weizen, Wolle, Textilien.

Arabische Republik Jemen · Terrassenkulturen und Terrassensiedlungen sind typisch für die altbesiedelten Teile des gebirgigen Landes. An einem einzigen Hang finden sich mitunter bis zu 250 Terrassen auf 1000 m Höhenunterschied.

heute in allen Teilen intensiv genutzt (Motorpumpen zur Grundwasserförderung). Angebaut werden besonders Gemüse, Obst, Hirse, Luzerne und andere Futterpflanzen (viel Rinderzucht), Mais, Ölbäume, Baumwolle usw. Das Brotgetreide (Weizen) erhält die Stadt aus dem südlich gelegenen Hauran-Gebirge.

Die Landbesitzer auf den relativ begrenzten Flächen der Ghuta-Oase mußten früher den Fellachen wegen des Zwanges zu höchster Intensität einen relativ großen Ernteanteil belassen. Die Wochenendhäuser der Landbesitzer (Stadtbewohner) deuten auf ein eher patriarchalisches System hin.

Im Gegensatz zu Damaskus ist Haleb eine Steppenstadt, in deren Umgebung aber in weitem Umkreis Regenfeldbau möglich ist. Die Bewässerung spielt nur eine untergeordnete Rolle. Haleb war vor der Bodenreform ein Zentrum des Großgrundbesitzes. Die reichen Unternehmer und Kaufleute der Stadt besaßen Hunderte von Dörfern in der näheren und weiteren Umgebung. Ihre rentenkapitalistische Wirtschaftsweise führte zu scharfen sozialen Gegensätzen. Man könnte diese Wirtschaftsweise als ein System des »Soviel-wie-möglich-Herauswirtschaftens« bezeichnen. Dabei »durfte« dem Fellachen auf keinen Fall mehr als das Existenzminimum verbleiben!

Haleb ist seit langer Zeit eine Stadt des Handels. In der Zeit des Levantehandels war sie das bedeutendste Handelszentrum der Levante (Land des Sonnenaufgangs; italienische Bezeichnung für die Küstengebiete von Kleinasien bis Ägypten. Berühmte Levante-Städte waren z. B. Istanbul, Haleb, Beirut und Alexandria. In den Städten bildete sich eine europäisch-orientalische Kaufmannsschicht heraus – die Levantiner). An diese Blütezeit erinnern noch heute der prächtige Chan el Gumruk und der Chan el Wasir. Fremde Handelshäuser (z. B. aus Venedig) genossen in der Stadt weitgehende Freiheit. Auch heute zeigt sich die Aufgeschlossenheit der Bewohner in der für orientalische Verhältnisse sehr ausgedehnten Neustadt. Berühmt und alteingesessen ist die Textilindustrie. Die meisten Großbetriebe der Baumwollindustrie sind hier ansässig; neben ihnen gibt es noch zahlreiche Handwerksbetriebe, die hauptsächlich Seidenweberei betreiben. Eine besondere Rolle spielen die armenischen Flüchtlinge.

An der Straße Haleb–Damaskus liegen Homs und Hama. Homs besitzt eine Raffinerie, die Erdöl aus dem Nordosten des Landes verarbeitet. Das seit dem Neolithikum besiedelte Hama ist altes Handelszentrum zwischen Bauern und Nomaden. Berühmt sind die Wasserräder der Stadt (am Nahr el 'Asi). Sie bilden heute allerdings nur noch eine Touristenattraktion. Südöstlich von Hama liegt die Landstadt Selemiye, das Zentrum der in Syrien lebenden Ismailiten, einer schiitischen Sekte.

Eine entscheidende Bedeutung erlangte mit wechselndem Erfolg in Syrien und Irak die Baath-Partei. In beiden Ländern übt sie im gegenwärtigen politischen Kräfteverhältnis großen Einfluß aus. Der Name »Baath« bedeutet »Mission« oder »Sendung«. Fälschlich wird der Name auch mit »Renaissance-Partei« oder »Erneuerungspartei« übersetzt. Gründer der Baath-Partei ist Michel Aflaq, ein Geschichtslehrer aus Damaskus. Während seines Studiums in Paris nahm er Kontakte zum Kommunismus auf. Später trat er in die KP Syriens ein, die er 1943 wieder verließ. Zusammen mit dem Sozialisten Haurani (aus Hama, wo die vom Großgrundbesitz abhängigen Bauern die Basis für seine »Syrische Sozialistische Partei« bildeten) gründete er in der Folgezeit die Baath-Partei (Hizb albaath al-arabi al ischtiraki = »Sozialistische Partei der arabischen Sendung«). Die Ideologie der Partei wurde vor allem von Aflaq geformt (radikaler arabischer Sozialismus; Panarabismus). Da seine Jugend in die Mandatszeit fiel, tauchen Worte wie »Kolonialismus« und »Imperialismus« sehr häufig in seinen Schriften und Reden auf. Seine nationale Mystik umfaßte die Behauptung, daß nach der Beseitigung von Kolonialismus und einheimischem Großkapital die Einheit der arabischen Nation »von selbst« komme. Und nur als *ein* Volk könnten die Araber voll und ganz, d. h. ihrer Mission (Sendung = baath) entsprechend leben. Diese auf eine nicht näher bestimmte Zukunft gerichtete Ideologie fand in der jüngeren Generation begeisterten Anklang. Die Partei wurde aber keine Massenbewegung, sondern behielt ihren Charakter als Kaderpartei bei; sie ist in Zellen organisiert. Die politische Rolle und die Ziele des Baath sind für den Außenstehenden oft schwer zu verstehen.

Libanon – Handels- und Finanzzentrum im Nahen Osten

> **Libanon**
> *(Al Dschumhurija al Lubnanija, Republik Libanon)*
>
> Republik mit Einkammerparlament (Sitze nach dem Proporz der Religionsgemeinschaften festgelegt) und allgemeinem Wahlrecht; keine Wehrpflicht; Hauptstadt Beirut (700 000 Ew. mit Vororten).
>
> **Fläche:** 10 400 qkm – **Einwohnerzahl:** 2,96 Mill. (davon über 180 000 Palästinaflüchtlinge) – **Bevölkerungsdichte:** 275,9 Ew./qkm – **Jährlicher Geburtenüberschuß:** 25‰ – **Bevölkerung:** Libanesische Araber, tscherkessische und armenische Minderheiten – **Sprache:** Arabisch, daneben Französisch praktisch zweite Landessprache und neben Englisch wichtig als Handels- und Bildungssprache – **Religion:** Moslems (je etwa zur Hälfte Sunniten und Schiiten) über 50%, Christen verschiedener Bekenntnisse (davon rund die Hälfte Maroniten); 90 000 Drusen, 6000 Juden – **Wichtige Ausfuhrgüter:** Textilien, Edelmetallarbeiten, Obst, Gemüse, Baumwolle, Olivenöl.

Die Wirtschaft des kleinen Gebirgsstaates (10 400 qkm) beruht zu zwei Dritteln auf Dienstleistungen. Der Tourismus spielt in dieser »Schweiz des Nahen Ostens« eine erhebliche Rolle (1970: 1,5 Millionen überwiegend arabische Touristen). Die Industrie ist noch wenig entwickelt und setzt sich überwiegend aus kleineren, z. T. handwerklichen Betrieben zusammen. Wichtigster Wirtschaftszweig ist der Transithandel; so gilt Libanon als einer der wichtigsten Transithandelsplätze für Gold. Eine weitere Einnahmequelle bilden die Transitgebühren der beiden Pipelines (Tripoli: aus dem Irak, Sidon: aus Saudi-Arabien). In beiden Städten stehen Raffinerien.

Da viele Libanesen im Ausland leben (etwa 1,1 Millionen, vor allem in USA, Brasilien, Argentinien, Mittelamerika, Afrika und in arabischen Staaten), verfügen die Geschäftsleute über ausgezeichnete Auslandsverbindungen. Fast alle Großbanken der Welt sind in Beirut vertreten. Für die Bewohner der Nachbarstaaten ist Libanon das Einkaufsland, können sie doch hier Waren kaufen, die in ihren eigenen Ländern häufig nicht zu bekommen sind. Die libanesischen Kaufleute haben einen phänomenalen Geschäftssinn – dank einer alten Tradition in diesem Durchgangsland. Dennoch wäre es falsch, die Libanesen als ein Volk zu betrachten, das fast ausschließlich von Dienstleistungen lebt. Nach wie vor arbeiten 65 % (nach anderen Angaben 50 %) in der Landwirtschaft; diese erzeugt aber nur ein Drittel der benötigten Nahrungsmittel und ist am Bruttoinlandsprodukt mit nur 10% beteiligt (1970); das Einkommen vieler Dorfbewohner ist demnach offenbar sehr gering. Im Gebirge trifft man auf einen hochentwickelten Terrassenanbau (besonders Obst). In den höheren Lagen dominiert der Apfelanbau (Export in die Nachbarländer), in tieferen Lagen werden neben anderen Baumfrüchten vor allem Ölbäume kultiviert. Viele Terrassen werden allerdings infolge zunehmender Landflucht nicht mehr bebaut. In den Tälern und entlang der Küstenebene wird intensiver Bewässerungsfeldbau (Zitrusfrüchte, Bananen, Gemüse) betrieben. In der fruchtbaren Beqa und im weniger gebirgigen Südlibanon überwiegt der Getrei-

Arabisches Vorderasien · Verschleierte Frauen sind in arabischen Städten noch immer alltäglich. Nur junge Frauen »wagen« es, den Schleier fortzulassen.

Altes Basaltrelief, Vorderasien

deanbau (Weizen, Gerste). Die Beqa ist außerdem ein Zentrum des Weinbaus und der sich ständig ausdehnenden Geflügelzucht. Bei Baalbek liegen die weltberühmten Ruinen der antiken Stadt gleichen Namens. In den hohen Gebirgslagen bilden Schaf- und Ziegenzucht meist die einzige Erwerbsquelle. Sie stellen aber eine starke Bedrohung für die Wiederaufforstungsversuche (mit Pinien und Zedern) im einst so waldreichen Libanongebirge dar. Die z. T. sehr erfolgreichen Aufforstungen auf der Iberischen Halbinsel haben deutlich gezeigt, daß eine Wiederbewaldung nur einen Sinn hat, wenn man die Erbfeinde des Waldwuchses – das Schaf und vor allem den »Kletterkünstler« Ziege – aus den betreffenden Gebieten verbannt. Das ist aber nur möglich, wenn man den Menschen, die von dieser Form der Viehzucht kümmerlich leben, andere Erwerbsquellen erschließt. So ist die Wiederbewaldung des Libanons nicht nur ein forstwirtschaftliches, sondern vor allem ein soziales Problem. Auch für die Gesamtwirtschaft ist die Aufforstung von erheblicher Bedeutung, stammen doch drei Viertel der im Lande erzeugten elektrischen Energie aus Wasserkraftwerken. Eine gleichmäßigere Wasserführung der Flüsse und eine geringere Verschlammung der Stauseen ist aber nur zu erzielen, wenn die oft so steilen Hänge des Libanons wieder bewaldet sind.

Libanon ist der einzige Staat in Arabisch-Vorderasien, der ganz in der Regenfeldbauzone liegt. Die Küstengebiete erhalten 700–1000 mm, das Gebirge bis zu 1300 mm Niederschlag. In den hohen Lagen (über 1000 m) fällt im Winter Schnee; er schmilzt im Libanon (bis 3000 m hoch) und im Hermongebirge erst im späten Frühjahr wieder ab. So kann der Tourist vormittags im Gebirge Ski laufen und nachmittags im Meer baden!

Rassisch, kulturell und religiös ist die Bevölkerung außerordentlich verschiedenartig. Am stärksten wirken sich die religiösen Gegensätze auf das gesamte öffentliche Leben aus. Entgegen den immer wieder zu lesenden Angaben dürften heute die Moslems in der Mehrheit sein (höhere Geburtenraten der Moslems; stärkere Auswanderung der Christen); auf den nach dem Abzug der Franzosen angenommenen Prozent-Anteilen der verschiedenen Religionsgemeinschaften beruht aber das demokratisch-parlamentarische Regierungssystem des Staates. So dürfte auch in der politischen Angst vor einer Verschiebung im einmal angenommenen Zahlenverhältnis der tiefere Grund dafür zu sehen sein, daß seit Beendigung der Mandatszeit keine Volkszählung mehr stattgefunden hat. Nach der Schätzung von 1972 gab es 424 000 Maroniten (Christliche Gemeinschaft), 149 000 Griechisch-Orthodoxe, 91 000 Griechisch-Katholische, 286 000 Sunniten, 250 000 Schiiten, 88 000 Drusen (Gesamtbevölkerungszahl: knapp 3 Millionen). Der Staatspräsident muß laut Verfassung stets ein Maronit sein, der Ministerpräsident immer ein Moslem. Im Parlament sitzen nur Vertreter der einflußreichen, häufig miteinander rivalisierenden Familien. Für jeden »unabhängigen« finanzschwachen Kandidaten ist es schon wegen der enormen Wahlkampfkosten völlig ausgeschlossen, mithalten zu können. Das einem strengen Proporzdenken unterliegende System hat bisher verhindert, daß eine der verschiedenen religiösen Gruppen über die andere dominiert. Die sich dabei zwangsläufig ergebende Herrschaft der »Beys« – der Vertreter einflußreicher Familien – mit ihrer überwiegend konservativen Haltung hat bisher jede grundlegende soziale Wandlung im Lande verhindert. Hier dürfte sich in der Zukunft zunehmend sozialer Sprengstoff anhäufen. Die Kluft zwischen Christen und Moslems wird dadurch wohl noch weiter verstärkt werden, zumal die Christen insgesamt die wohlhabendere Schicht darstellen. Schon seit der Entstehung des Staates leben Christen und Moslems in ihrer eigenen Welt. Verstärkt wird die Abschirmung gegen andere Gruppen auch durch das bei jeder Gemeinschaft andere Erb- und Familienrecht. Ehen zwischen Vertretern verschiedener Religionsgemeinschaften sind selten. Die Christen suchen Anlehnung im »Westen«, die Moslems orientieren sich nach der »sozialistischen« arabischen Welt. Besonders schwierig ist seit dem Sechstagekrieg von 1967 die außenpolitische Lage. Die Regierung versucht, sich aus dem Konflikt herauszuhalten, doch die Aktionen der Fedajin vom Südlibanon aus riefen immer wieder israelische Vergeltungsschläge hervor.

Kulturelles und wirtschaftliches Zentrum des Landes ist die Hauptstadt Beirut. Hier haben die meisten Banken und Handelsunternehmen ihren Sitz. Darüber hinaus war und ist Beirut ein bedeutendes Kulturzentrum im Nahen Osten. Die Stadt besitzt vier Universitäten. Mittelpunkt der Stadt ist der große rechteckige Platz el Burdsch (Place des Martyres). Südlich davon liegen am Ras Beirut die modernsten Viertel der Stadt, die mit ihren supermodernen Hoch- und Wohnhäusern, Hotels u. a. ihresgleichen im Nahen Osten suchen. In Beirut kann der aufmerksame Beobachter besonders deutlich sehen, wie vielschichtig die Rassen und Kulturen in Libanon sind. Man trifft auf Kurden aus Nordsyrien und Nordirak, die ihren Unterhalt zumeist als Handlanger verdienen, weiterhin auf Tscherkessen, Armenier, Drusen, Syrer, Palästinenser und viele andere. Der Hauptteil der Drusen, die ihre Religion von einer schiitischen Sekte herleiten und keine Moscheen errichten, lebt im syrischen Dschebel Drus. Die kämpferischen Drusen waren einst die Herren im Libanon und in den angrenzenden Gebieten.

Irak – das historische Zweistromland

Das Zweistromland bildet das arabische Gegenstück zur Nilstromoase in Ägypten. Wie dort existiert hier eine jahrtausendealte Bewässerungskultur. Auf ihrer Basis entstanden die Stadtstaaten der Sumerer. Das spätere Reich der Assyrer lebt noch heute im Bewußtsein seiner Nachfahren. Seit ihrer Vertreibung im Ersten Weltkrieg sind die rund 1,5 Millionen Assyrer über die ganze Welt verstreut. Etwa 800 000 leben noch in Irak, weitere 300 000 in Libanon und Syrien. Sie sprechen neben der jeweiligen Landessprache ihre alte assyrische Sprache.

Grundlage der Bewässerungskultur bilden die Flüsse Eu-

Irak
(Al Dschumhurija al Iraqija, Republik Irak)

Republik mit »Revolutionärem Befehlsrat« und »Nationalrat«; allgemeine Wehrpflicht; Hauptstadt Bagdad (411 000 Ew., mit Vororten 1,75 Mill. Ew.).

Fläche: 448 742 qkm – **Einwohnerzahl:** 10,07 Mill. – **Bevölkerungsdichte:** 24,6 Ew./qkm – **Jährlicher Geburtenüberschuß:** 35‰ – **Größere Städte:** Basra (313 000 Ew.), Karrada Asch Scharqiya (237 000 Ew. mit Vororten), Mosul (250 000 Ew.), Kazemiya (183 000 Ew. mit Vororten), Kirkuk (167 000 Ew.), Adhamiya (152 000 Ew.), Nedschef (128 000 Ew.) – **Bevölkerung:** Irakische Araber 75, Kurden 15–20, Türken fast 2, Perser über 1%; kleine ethnische Splittergruppen – **Sprache:** Arabisch; Kurdisch und Sprachen der anderen ethnischen Gruppen – **Religion:** Schiitische und sunnitische Moslems; etwa 3% Christen verschiedener Bekenntnisse; Jesiden, Mandei; 3000 Juden – **Wichtige Ausfuhrgüter:** Vorwiegend Erdöl (rund 90% des Exportwertes), ferner Datteln, Getreide, Viehzuchtprodukte, Zement

phrat und Tigris. Die Notwendigkeit zur Bewässerung war in dem zu 75 % aus Wüsten und Halbwüsten bestehenden Land von jeher gegeben; damit herrschte aber auch der Zwang zu umfassenden Gemeinschaftsarbeiten. So hat sich hier frühzeitig, viel eher als in Europa, eine Stadtkultur entwickelt, von der die Ruinen von Ur, Babylon, Ninive u. a. zeugen. Die zwei Quellarme des Euphrats entspringen in Ostanatolien. Der Euphrat durchfließt in einem großen Bogen zunächst Syrien; hier und im nördlichen Irak ist er tief in das Tafelland der Syrischen Wüste eingeschnitten. Bei Hit tritt er in das mesopotamische Tiefland ein. Haupthochwasserzeit sind April und Mai. Große Staudämme sind bei Ar-Ramadi und Hindiga errichtet worden. Wegen seiner vergleichsweise recht ausgeglichenen Wasserführung ist der Euphrat besser für die Bewässerung geeignet als der Tigris; dieser stellt das »Sorgenkind« der irakischen Bewässerungswirtschaft dar. Der Tigris durchfließt im nördlichen Irak zunächst die ausgedehnte Steppentafel am Rande der iranischen Gebirgsketten. Hier erhält er mehrere Zuflüsse (Großer und kleiner Sab u. a.), die alle reißende Gebirgsflüsse darstellen. Stauanlagen sind daher viel schwieriger zu errichten als am Euphrat. Bei Samarra erreicht der Tigris das Tiefland. In der Nähe Samarras und Kuts liegen große Staudämme. Unterhalb von Bagdad mündet der Nahr Diyala in den Tigris. Auch an diesem Fluß liegen ausgedehnte Bewässerungsgebiete, hauptsächlich bepflanzt mit Agrumen und Dattelpalmen. Die Hochwasser des Tigris treten vor allem von März bis Mai auf. Nördlich von Basra vereinigen sich Euphrat und Tigris und fließen als Schatt al-Arab in den Persischen Golf. Hier am Unterlauf der beiden Ströme gibt es ausgedehnte Sumpfgebiete mit riesigen Schilfbeständen. Trotz der großen Bedeutung der Ölwirtschaft (1972 Förderung 67 Mill. t) ist Irak überwiegend ein Agrarland. Folgerichtig wird ein großer Teil der Ölgelder in die Landwirtschaft investiert. Angebaut werden vor allem Weizen und Gerste. Weit weniger verbreitet ist der Anbau von Reis, Mais und Baumwolle. In manchen Gebieten spielt der Anbau von Dattelpalmen eine bedeutende Rolle. In den Bewässerungsgebieten war bis 1958 Großgrundbesitz vorherrschend. Die Ausbeutung der Fellachen erreichte dort oft erschreckende Ausmaße (nach E. Wirth). Den zweiten agrarischen Kernraum Iraks bilden die Ebenen im Norden am Fuße der iranischen Gebirgsketten. Sie sind mit 200 bis 400 mm Niederschlag im allgemeinen noch für den Regenfeldbau geeignet. Hier liegen einige der ältesten Ackerbaugebiete der Erde. In diesem Gebiet harrt eines der schwierigsten politischen Probleme nach wie vor einer Lösung – die Kurdenfrage.

Bagdad (mit Vororten über 1,7 Millionen Einwohner) ist die Hauptstadt des Landes sowie Handels- und Gewerbezentrum. Sie erstreckt sich über 40 qkm am linken Tigrisufer. Gegründet wurde sie vom Abbassidenherrscher Al Mansur (762). Bagdad erlebte damals eine Hochblüte von Wissenschaft und Kunst. Im 13. Jahrhundert wurde die Stadt durch die Mongolen verwüstet. Das moderne Bagdad macht einen unorganischen Eindruck. Die vordem so ausgedehnten Schilfhüttenquartiere (Sarifas) sind seit 1963 systematisch zurückgedrängt worden. Im Stadtteil Karch leben zahlreiche Schiiten noch stark traditionsgebunden, was sich z. B. darin zeigt, daß ihre Frauen kaum auf die Straße gehen. Im Stadtteil Kazemiya (Kadhimain), dem Wallfahrtsort irakischer und persischer Schiiten, ist das persische Element stark vertreten. Im Vorort Daura steht die größte Erdölraffinerie des Landes. Eine 317 km lange Pipeline führt nach Kirkuk. Eine Eisenbahnlinie (Bagdadbahn) verbindet Bagdad mit Istanbul. Basra (313 327 Einwohner) wurde 638 nach der arabischen Eroberung gegründet. Es ist Mittelpunkt des größten zusammenhängenden Dattelpalmengebietes der Erde und führender Seehafen des Landes. 60 km weiter südlich wurde 1966/67 der neue Überseehafen Umm Kasr fertiggestellt. Südwestlich von Basra liegt bei Zubair das zweitgrößte Erdölfeld Iraks. (Die Förderung begann 1948). Zubair war früher Ausgangs- und Endpunkt großer Kamelkarawanen zwischen Basra und Haleb. Die wichtigsten Erdölfelder befinden sich im Raum Kirkuk. Die westlich des Tigris gelegenen modernen Stadtteile von Kirkuk (167 413 Einwohner) sind deutlich von der Ortschaft geprägt.

Wichtigste Stadt im Norden des Landes ist Mosul (etwa 250 000 Einwohner); es ist Handelszentrum inmitten fruchtbarer Ackerebenen mit Regenfeldbau. Die Stadt weist ein sehr buntes Völkergemisch auf (Kurden, arabische Beduinen, Assyrer, Turkmenen, Armenier u. a.). Etwa 3% der Bewohner sind Christen. Das Gebiet um Mosul und der mittlere Irak sind der Hauptlebensraum der irakischen Sunniten. Die irakischen Schiiten (rund 4,5 Millionen) leben hauptsächlich im südlichen Irak. Dort liegen auch ihre beiden heiligsten Städte Kerbela und Nedschef. In beiden Städten wird Persisch verstanden, da viele Bewohner eine persische Mutter haben. Nedschef (rund 130 000 Einwohner) ist Zentrum der schiitischen Gelehrsamkeit, Kerbela (etwa 83 000 Einwohner) ist ein großer schiitischer Wallfahrtsort. Hier stehen die Grabmoscheen von Hussain und Abbas. Im Gegensatz zu Syrien spielt hier die Baath-Partei die entscheidende Rolle; Kämpfe zwischen deren Flügeln und die Aufstände der Kurden, die Autonomie verlangen, haben immer wieder schwere Krisen hervorgerufen.

Boesch, H.: Der Mittlere Osten. *Bern 1959.* – *Hottinger, A.:* 10mal Nahost. *München 1970.* – *Kochwasser, F. H.:* Kuwait. Geschichte, Wesen und Funktion eines modernen arabischen Staates. *Tübingen/Basel 1969.* – *Leidlmair, A.:* Umbruch und Bedeutungswandel im nomadischen Lebensraum des Orients. *(In: Geographische Zeitschrift, Heft 2/3.) 1965.* – *Thesiger, W.:* Die Brunnen der Wüste. Mit den Beduinen durch das unbekannte Arabien. *München 1959.* – *Verg, E.:* Halbmond um den Davidstern. *Frankfurt/Berlin 1964.* – *Wirth, E.:* Damaskus – Aleppo – Beirut. Ein geographischer Vergleich dreier nahöstlicher Städte im Spiegel ihrer sozial und wirtschaftlich tonangebenden Schichten. *(In: Die Erde, Heft 2 u. 3.) 1966.* – *Wißmann, H. v.:* Arabien und seine kolonialen Ausstrahlungen. Eine geographisch-geschichtliche Skizze. *(In: Lebensraumfragen europäischer Völker, Bd. 2.) Leipzig 1941.*

Werner Ludewig

Israel

Im Berührungsraum dreier Kontinente

Über wenige Länder ist in Vergangenheit und Gegenwart so viel geschrieben worden wie über das »Heilige Land« Palästina–Israel. Historische und religiöse Ereignisse gaben den Anlaß ebenso wie die Spannungen der Gegenwart.

Israel liegt am Ostrand des Mittelmeers, im Berührungsraum der drei Kontinente Asien, Afrika und Europa. Diese Lage machte das Land seit je interessant für benachbarte oder weiter entfernte Reiche wie Ägypten, Mesopotamien (Assyrien, Babylon), Persien, Makedonien, Rom, Byzanz, das islamische Kalifat, Türkei, England oder Sowjetunion. Nur einmal war es – unter König David – selbst Zentrum eines größeren Reiches. Wichtig ist auch die Lage im Übergangsgebiet von der Wüste zum »Gelobten Land«, dem fruchtbaren, klimatisch begünstigten Gebiet, wo »Milch und Honig flossen«. Seit Abraham und später Moses ihr Volk nach Kanaan führten, übt das Land eine starke Anziehungskraft auf die Völker der Wüste aus. Die Grenzen Israels sind das Ergebnis politischer Ereignisse. Mit historischen oder natürlichen Gegebenheiten haben sie wenig zu tun. Dies hat sich in der jüngsten Vergangenheit oft verhängnisvoll ausgewirkt. In den Grenzen, wie sie nach dem Ersten Weltkrieg dem britischen Palästinamandat gezogen wurden, hatte das Land eine Fläche von etwa 27 000 qkm – wenig mehr als ein Drittel der Fläche Bayerns. Seine Südwestgrenze gegen die Sinaihalbinsel wurde 1906 zwischen dem von England verwalteten Ägypten und der Türkei ausgehandelt und z. T. mit dem Lineal durch den Negev gezogen. Während die Nordgrenze im Ersten Weltkrieg zwischen England und Frankreich vereinbart wurde, kam die Ostgrenze zustande, als England das durch die Balfour-Deklaration für das »jüdische Nationalheim« vorgesehene Gebiet beschnitt und die Landschaften östlich von Jordan, Totem Meer und Wadi el Araba abtrennte, um das Emirat Transjordanien zu schaffen. Die Waffenstillstandsgrenzen von 1948/49, die den Gazastreifen sowie die westlich des Jordans liegenden Gebiete um Nablus und Hebron ausgliederten, verkleinerten das Staatsgebiet Israels auf knapp 21 000 qkm (was dem Land Hessen entspricht). Dieses kleine Land erstreckte sich von Metula im Norden an der libanesischen Grenze bis nach Elat im Süden am Roten Meer über 420 km – entsprechend der Strecke von Hamburg bis Würzburg oder von Bonn bis München –, während sein ausgedehntester Teil auf der Breite von Beer Sheva rund 100 km maß – wie die Strecke Frankfurt–Würzburg – und sein schmalster gerade 14 km – wie die Strecke Essen–Bochum. Der israelische Satiriker Ephraim Kishon sagt treffend, daß man von jedem beliebigen Punkt des Landesinnern in einer halben Stunde entweder ans Meer oder in arabische Gefangenschaft kommt. In diesem so umschriebenen Raum, der trotz seiner geringen Ausdehnung in zahlreiche unterschiedliche Landschaften gegliedert ist, haben sich oft eigenwillige, kulturell unterschiedliche Sippen- und Stammesverbände in der Frühzeit der geschichtlichen Entwicklung geformt.

Israel ist ein größtenteils bergiges oder hügeliges Land, das überwiegend von Kalksteinen und Kreideschichten aufgebaut wird. Diese Gesteinsgrundlage und das subtropische Mittelmeerklima mit seiner intensiven Sonneneinstrahlung und dem scharfen Gegensatz von relativ regenreichem Winter (der 1100 mm Niederschlag am Meron in Obergaliläa, 800 mm am Karmel und 100–300 mm im nördlichen Negev bringt) und absolut regenlosem Sommer bestimmen den Charakter der Böden und des natürlichen Pflanzenwuchses.

Nicht nur im Kartenbild, auch in der Landeswirklichkeit lassen sich in der Nordhälfte Israels drei große, nordsüdlich ziehende Landschaftszonen unterscheiden: Küstenebene, Bergland und Jordangraben. Eine Sonderstellung nimmt der Negev, der wüstenhafte Süden des Landes, ein. Auf dieses von Natur keineswegs unfruchtbare, aber regenarme Gebiet, das auch einige Bodenschätze aufweist, konzentrieren sich die Bemühungen um die innere Entwicklung Israels. Durch Bewässerung konnte die Südgrenze des bebauten Landes um etwa 100 km nach Süden und Südosten vorgeschoben werden. Die Distrikt-Hauptstadt Beer Sheva im nördlichen Negev ist als industrielles Zentrum dieses Gebietes fast zur Großstadt gewachsen, im Osten bildet die 1963 gegründete Stadt Arad den Mittelpunkt der Chemischen Industrie, die die Bodenschätze der Umgebung auswertet. Stadtgründungen im zentralen Negev sind Dimona, Mizpe Ramon und Yeruham. Die Bewohner Dimonas z. B. arbeiten in den chemischen Werken am Toten Meer und den Phosphatgruben von Oron, in örtlicher Industrie und einem nahegelegenen Zentrum der Kernenergieausnutzung. Bei Mizpe Ramon werden Glassande, Gips und Kaolin abgebaut. Im Süden bilden die Kupferminen von Timna, die schon König Salomo ausbeuten ließ, das bedeutendste bisher bekannte Erzvorkommen Israels.

Die durchweg sandige Küste wird weithin von einem Dünenstreifen gesäumt, hinter dem sich die eigentliche fruchtbare und wasserreiche, aber bei fehlender Entwässerung zur Versumpfung neigende Küstenebene erstreckt. Im Hinterland der philistäischen Küste ist seit der Inbetriebnahme der Yarqon-Negev-Leitung 1953 um die Stadt Qiryat Gat der Lakhish-Distrikt planmäßig besiedelt worden, in dem Baumwolle, Zuckerrüben, Erdnüsse, Gemüse, Tabak und Getreide erzeugt werden, während in Küstennähe Zitrusfrüchte vorherrschen. Nach Norden schließt sich die schmale Karmelküste mit Bananenanbau an. Das Sebulontal um die Haifabucht, in die mit dem Qishon der größte Fluß des Landes mündet, bildet mit der Städteballung Haifa-Akko (Acre) das wichtigste Industriezentrum des Landes, während das sogenannte Akkotal nördlich von Akko mit der Fremdenverkehrs- und Industriestadt Nahariya wieder ein Gebiet intensiven Acker- und Gartenbaus ist.

Das Bergland Israels besteht aus den drei Hauptabschnitten Judäa, Samaria und Galiläa (von Süden nach Norden). Judäa gliedert sich in die hügeligen Vorberge der Shefela, die zentralen Bergländer um Hebron, Jerusalem und Ramallah und die judäische Wüste am Osthang des Gebirges. Soweit die Niederschläge eine ausreichende Grundlage für die Landwirtschaft bieten, ist dieses Gebiet hauptsächlich von Arabern bewohnt; die im Regenschatten liegende judäische Wüste ist praktisch unbesiedelt. Sie fällt in Bruchstufen, aus denen einzelne Fels-

Der Jordangraben gliedert sich von Norden in das Hulatal, das Becken des Sees Genezareth, das Bet-Shean-Tal, von dem das Jesreeltal abzweigt, das Samaria und Galiläa trennt, das untere Jordantal, das Tote Meer und das Wadi el Araba. Im Hulatal sammeln sich die Quellflüsse des Jordans. Es war ein malariaverseuchtes, in seinem Zentrum vom Hulasee eingenommenes Sumpfgebiet mit weiten Papyrusdickichten, die eine reiche Vogelwelt beheimateten, bevor sie in den fünfziger Jahren trockengelegt und in ein fruchtbares Agrargebiet umgewandelt wurden.

Der See Genezareth ist das Haupt-Wasserreservoir Israels, während das Tote Meer mit seinem stark salzhaltigen Wasser (über 30% Salzgehalt!) Rohstoffe für die Chemische Industrie liefert. Außer einigen Hotels gibt es an seinem Ufer nur eine Ortschaft, das Kibbuz in der Oase En Gedi, wo aus dem Berg-

Tel Aviv · Blick vom Shalom Tower über die Stadt zur Mittelmeerküste. Tel Aviv ist die größte Stadt sowie das Wirtschafts- und Kulturzentrum Israels.

berge herausgelöst sind, zum Jordangraben ab. Der berühmteste dieser Berge ist die Masada über dem Südteil des Toten Meeres, auf der Herodes der Große eine Festung anlegte die im jüdischen Aufstand gegen die Römer in jahrelanger Belagerung der Ort des letzten jüdischen Widerstandes war und heute als Nationalheiligtum Symbol jüdischen Behauptungswillens ist.

Samaria ist noch stärker in einzelne Täler, Becken und Berge gegliedert. Die größte der Senken ist jene von Nablus; ein Ausläufer des Berglandes von Samaria ist der Karmel mit seinen Karsthöhlen und Weinbergen.

Während Obergaliläas ländliche Bevölkerung etwa zur Hälfte aus Arabern und Drusen besteht, die u. a. Obst und Tabak anbauen, ist Untergaliläa mit seinem Hauptort Nazareth Hauptsiedlungsgebiet der israelischen Araber. Sie erzeugen Oliven und Weizen.

land der judäischen Wüste eine starke Quelle zutage tritt und die Grundlage für eine fruchtbare »Insel« mitten im »Meer der Wüste« bildet.

Es war von der Übergangslage des Landes zwischen Asien, Afrika und Europa die Rede und von der vielfältigen Differenziertheit seiner Landschaften; der Verkehr zwischen den verschiedenen nahen oder fernen Machtzentren hatte es immer schwer, Wanderdünen und Sümpfe, Strauchdickichte und unwegsame Berge zu überwinden. Auch innerhalb des Landes hat es stets Verkehrsprobleme gegeben, die ihre Auswirkung auf die Lage des jeweiligen politischen Zentrums hatten. Ein israelischer Geograph hat darauf hingewiesen, daß es in der Regel dann an der Küste lag, wenn die Eroberer übers Meer von Westen gekommen waren, wie die Römer und die Kreuzfahrer, sich aber nach ihrem Abzug wieder ins Innere verlagerte. In diesem Sinne auch ist es bedeutsam und symbolkräftig, wenn

> ## Israel
> *(Medinat Yisrael)*
>
> Republik mit Einkammerparlament, Wahlrecht für alle über 18 Jahre alten Bürger und Wehrpflicht für Männer und unverheiratete Frauen; Hauptstadt Jerusalem (315 000 Ew.).
>
> **Fläche** (mit Binnengewässern und einschließlich des 1967 eingegliederten Ostteils von Jerusalem): 20 770 qkm – **Einwohnerzahl:** 3,3 Mill. (davon 82% städtische Bevölkerung) – **Bevölkerungsdichte:** 159 Ew./qkm – **Jährliche Bevölkerungszunahme** (nur Juden): 16,3‰ (Araber: 48,0‰) – **Größere Städte:** Tel Aviv-Jaffa (360 000 Ew., mit Vororten über 1,1 Mill. Ew.), Haifa (220 000 Ew., mit Vororten 350 000 Ew.), Ramat Gan (125 000 Ew.), Bat Yam, Holon (je über 100 000 Ew.), Petah Tigwa (95 000 Ew.), Bëer Sheva (90 000 Ew.) – **Sprache:** (Neu-)Hebräisch (Iwrith) als Staatssprache; als Umgangssprache z. T. Jiddisch; Arabisch – **Religion:** Juden 86, Moslems 10,5, Christen 2,5, Drusen 1% – **Wichtige Ausfuhrgüter:** Diamanten (über ein Viertel des Exportwertes), Textilien, Zitrusfrüchte (ein Neuntel), Chemikalien, Kupfer, Zement

Israels wirtschaftliche Entwicklung und sein Weg zur Nation

Als die ersten jüdischen Einwanderer vor knapp hundert Jahren ins Land kamen, galt Palästina als eines der rückständigsten Gebiete Asiens. Inzwischen ist aus einer Lage, die als historischer Zwang empfunden wurde, und aus der nie vergessenen geistigen, religiösen und geographischen Verwurzelung des jüdischen Volkes in Palästina ein Staat entstanden. Trotz der ständigen Kriegsbelastung weist er unter allen Mittelmeerländern (außer Frankreich) das höchste Bruttosozialprodukt pro Kopf seiner Bewohner auf und ist in Asien außer Japan das einzige nicht strukturell unterentwickelte Land. Seine Strukturdaten sind die eines hochentwickelten Industriestaates mit dominierendem tertiärem Bereich und nur noch etwa 8% aller Beschäftigten in der Landwirtschaft. Trotzdem spielt der agrare Bereich in Wirtschaft und Gesellschaft (Kibbuzim, Moshavim) eine bedeutende Rolle. Das ehemalige Entwicklungsland Israel, das bereits seit langem seinerseits umfangreiche Entwicklungshilfe in der »Dritten Welt« leistet, hat auch in seinen eige-

Israel seine Hauptstadt von Tel Aviv, der zionistischen Metropole der Zeit vor der Staatsgründung, nach Jerusalem verlegte. Die Lage am Übergang von der Wüste zum fruchtbaren, bebauten Land ist ebenfalls historisch stets wichtig gewesen. Wie scharf die Grenze zwischen dem Fruchtland und der menschenarmen Wüste der Wanderhirten ist, sieht man bei einer Spazierfahrt in die judäische Wüste vor den Toren Jerusalems oder im nördlichen Negev mit seinem Gegensatz von wohlbewässerten Äckern und kümmerlichen Weiden. Diese Grenze hat sich in der Geschichte oft verschoben, nicht nur in kleinem Maßstab, wenn in Regenjahren am Rand der Wüste gesät oder in Dürrejahren Felder brachgelegt wurden, sondern auch im großen. Ursache waren nicht Klimaänderungen (die die Forschung heute für die letzten Jahrtausende ausschließt), sondern der ständige Kampf zwischen Ackerbauern und nomadischen Hirten. Der Bauer will sein Land ausdehnen, der Hirte dagegen hat Interesse an einer Übergangszone, in der die Niederschläge reichlich genug sind, daß seine Kamele, Schafe und Ziegen auch im trockenen Sommer noch Weide finden. So drang die Wüste stets vor, wenn es keine starke Zentralmacht im Lande gab, und wich zurück, wenn die Zentralmacht die Beduinen in ihrem Ausdehnungsdrang hemmen oder sie gar zu seßhaften Bauern machen konnte.

Die Schilderung der Landesnatur hat deutlich gemacht, wie relativ es war, als ehemals die Israeliten, die als Wanderhirten aus der Wüste kamen, das »gelobte Land, in dem Milch und Honig flossen«, priesen, in dem sie sich ansiedelten. Israel gehört keineswegs zu den von der Natur besonders begünstigten Landstrichen, zumal heute, da Bodenschätze, Energievorräte und Wasserreichtum wichtiger sind als guter Boden und günstiges Klima.

> ## Der Wiedereinzug ins Gelobte Land
>
> | Einwanderungsperioden | Jüdische Einwanderer | Jahr | Einwohner[1] | Anteil der Juden |
> |---|---|---|---|---|
> | | | 1882 | 450 000 | 24 000 |
> | 1882–1903 (1. Aliya) | 25 000 | 1903 | 600 000 | 50 000 |
> | 1904–1914 (2. Aliya) | 35 000 | 1914 | 700 000 | 85 000 |
> | 1919–1924 (3. Aliya) | 35 000 | 1922 | 757 000 | 84 000 |
> | 1925–1931 (4. Aliya) | 82 000 | 1931 | 1 036 000 | 175 000 |
> | 1932–1939 (5. Aliya) | 265 000 | 1939 | 1 500 000 | 445 000 |
> | 1940–14. Mai 1948 | 100 000 | | | |
> | 15. Mai–31. Dez. 1948 | 102 000 | 1948 | 915 000 | 759 000 |
> | 1949–1956 | 732 000 | 1956 | 1 872 000 | 1 667 000 |
> | 1957–1966 | 421 000 | 1966 | 2 657 000 | 2 345 000 |
> | 1967–1973 | 125 000 | 1973 | 3 300 000 | 2 820 000 |
>
> Die Angaben beziehen sich für die Zeit vor 1948 auf Palästina, für die Jahre ab 1948 auf Israel (1973 einschließlich Ostjerusalem).

nen Grenzen noch große Entwicklungsprobleme zu lösen, besonders im Negev und in den arabischen Siedlungsgebieten. Es mobilisiert alle Kräfte und auch die letzten Existenzquellen, um seiner rasch wachsenden Bevölkerung einen hohen Lebensstandard zu sichern. Das israelische Volk hat seit der Staatsgründung einen beachtlichen Wirtschaftsaufschwung erzielt. Es bemüht sich mit Erfolg um eine allseitige Entwicklung der Wirtschaft, wobei Auslandsinvestitionen, Waren- und Kapitalhilfen (u. a. deutsche Wiedergutmachungsleistungen) und staatliche Förderung eine große Rolle spielen. Der Ausdehnung des bebauten Landes dienen die Urbarmachung und die Verbesserung von Böden (Düngung, Entsalzung), die Anlage von Terrassen gegen die Abspülung von Böden und die Dränierung versumpfter Gebiete. Umfangreiche wissenschaftliche Forschung (z. B. im Weizmann-Institut in Rehovot und im Negev-Institut in Beer Sheva) ermöglicht intensive Bodennutzung. Im Vordergrund steht die Erweiterung des bewässerten Bodens (43% der landwirtschaftlichen Nutzfläche, z. T. mehrere Ernten); das größte Vorhaben ist die Kultivierung des nördlichen Negevs unter Verwendung von Yarqon- und Jordanwasser (aus dem See Genezareth).

Man überläßt in Israel bei der Wasserplanung nichts dem

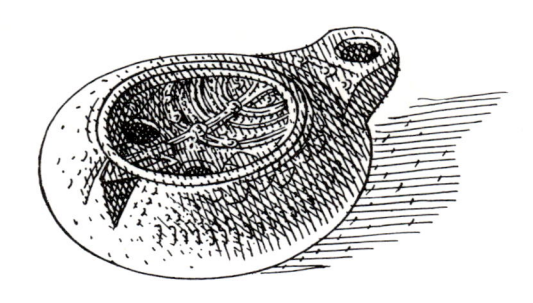

Öllämpchen, Israel

Zufall. Die extrem ungleichmäßige Verteilung der Niederschläge über das Jahr erfordert eine Speicherung der Vorräte, die ungleichmäßige Verteilung über das Land (Überschuß im Norden, Mangel im Süden) den Transport in die Bedarfsgebiete. Für die Wasserspeicherung im Grundwasser sind die geologischen Verhältnisse günstig. Das Regenwasser versickert in den Hauptniederschlagsgebieten in den Kalk- und Dolomitschichten und fließt in der Tiefe zur Küstenebene bzw. zum Jordangraben ab. Dort tritt es an Verwerfungslinien in Quellen zutage oder kann aus der Tiefe heraufgepumpt werden. Eine oberflächliche Speicherung in Staubecken empfiehlt sich wegen hoher Verdunstungsverluste nicht; wenn man oberflächlich abfließendes Wasser aufhält, dann nur, um es rasch in den Grundwasserspiegel zu leiten. Problematisch ist auch der hohe Salzgehalt vieler Quellen und Brunnen, vor allem in den Trockengebieten, besonders aber auch in der Küstenebene, wo ein zu starkes Abpumpen des Grundwassers zu einem Eindringen von Seewasser in den Grundwasserspiegel führen kann, was seinerzeit besonders im Gazastreifen unter ägyptischer Verwaltung der Fall war. Man hat deshalb in manchen Gebieten viel getan, um die zurückgegangenen Vorräte von Süßwasser im Untergrund aufzufüllen. Ebenso wichtig wie die Wasserspeicherung ist der Transport in die Bedarfsgebiete durch das landesweite Wassernetz. Der erste große Schritt in dieser Richtung war das Yarqon-Negev-System seit Anfang der fünfziger Jahre, das das Wasser der Yarqonquellen östlich von Tel Aviv in das Lakhishgebiet und den Nordnegev leitet, der wesentlichste Beitrag nach einigen anderen Projekten die 1965 fertiggestellte Leitung, die Jordanwasser größtenteils durch Rohrleitungen aus dem See Genezareth durch Galiläa, das Jesreeltal und die Küstenebene bis nach Beer Sheva leitet. Zu ihr gehören

Großlandschaften und Wasserwirtschaft in Israel

Niederschläge (in mm/Jahr)
- Über 1000
- 800–1000
- 600–800
- 400–600
- 200–400
- 100–200
- 50–100
- Unter 50

[von 1949 Waffenstillstandslinie
— Großlandschaftsgrenzen
— Nationale Wasserleitungen
-- Regionale Wasserleitungen

Mit Hilfe eines das ganze Land durchziehenden Wasserrohrleitungsnetzes konnte die Südgrenze des bebauten Gebietes im Negev um etwa 100 km nach Süden und Südosten vorverlegt werden. Das Negev-Institut zur Erforschung von Wüstengebieten in Beer Sheva ist das Zentrum der israelischen Bemühungen um die Verbesserung der Bewässerungsmethoden und die Zucht dürreresistenter Nutzpflanzen. In neuen Städten (Arad, Dimona u. a.) wohnen die Arbeitskräfte, die auf der Grundlage von Bodenschätzen eine chemische Industrie aufbauten. Wassermangel und Bodenbeschaffenheit setzen einer weiteren Ausdehnung des sehr knappen Agrarlandes auf dem zentralen und südlichen Negev Grenzen.

Bauten der neugegründeten Stadt Arad in der Wüste Negev

Negev – Kulturland aus der Wüste

Rohrleitung zur Bewässerung der Wüste Negev

Die Wüste Negev

Auf der Suche nach besseren Bewässerungsmethoden

gewaltige Pumpwerke, die den Höhenunterschied zwischen dem See Genezareth (212 m u. d. M.) und den Hügeln Galiläas überwinden. Israel stützt sich bei dieser Ableitung auf den von allen beteiligten Regierungen gebilligten Johnston-Plan von 1953, der ihm 40 % des Jordanwassers zuspricht (320 Millionen cbm im Jahr). Die Arabische Liga hat diesen Plan 1955 nachträglich verworfen und 1963/64 die totale Ableitung der Jordanquellflüsse auf syrischem und libanesischem Gebiet beschlossen, ein rein politisches Vorhaben, dessen Realisierung durch die Besetzung der Hermonsüdflanke seit 1967 verhindert ist. Israel nutzt etwa 85 % des auf seinem Gebiet verfügbaren Wassers, ein Spitzenwert, der aber den weiter steigenden Bedarf nicht deckt, trotz aller Sparsamkeit in Haushalt und Industrie. Deshalb hat auch die Klärung und Wiederverwendung von Abwässern große Bedeutung. Außerdem experimentiert man mit Meerwasserentsalzungsanlagen, die u. a. bereits einen großen Teil des Wasserbedarfs in Elat decken, und anderen unkonventionellen Methoden, wie Tiefbohrungen und künstlichem Regen.

Der hohe Energiebedarf all dieser Maßnahmen macht das Wasser für Israels Landwirtschaft sehr teuer (0,25 DM/cbm); trotzdem arbeitet sie mit Gewinn. Obgleich die Landwirtschaft, wie erwähnt, nur noch 8 % der Erwerbstätigen beschäftigt, erzeugt sie wertmäßig 75 % des inländischen Nahrungsmittelbedarfs (bei Fleisch, Fischen, Milchprodukten, Eiern, Gemüse, Obst und Kartoffeln u. a. 75–100 %) und 17 % des Exportwerts. Nur bei Getreide, Ölen und Fetten sind größere Importe notwendig. Es ist aber wirtschaftlicher, für den Export hochwertige Güter für den Weltmarkt anzubauen, vor allem Zitrusfrüchte (Jaffa-Orangen, Grapefruits), ferner Datteln, Oliven, Gemüse, Weintrauben, Blumen, Erdbeeren usw. Umfangreich ist auch der Anbau von Zuckerrüben, Bananen, Baumwolle und Tabak. In der Viehzucht dominieren die leistungsfähige Geflügelhaltung und die Milchwirtschaft sowie die sehr umfangreiche Fischzucht in künstlichen Teichen, für die auch Wasser verwendet wird, das für Bewässerungszwecke zu salzig ist.

Als Zentren der landwirtschaftlichen Erschließung wurden zahlreiche neue Städte gegründet (u. a. Qiryat Gat, Qiryat Shemona). Die landwirtschaftlichen Nutzflächen, die größtenteils in den Händen von Staat oder Genossenschaften (Moshavim, Kibbuzim) sind, in der Küstenebene aber noch vorwiegend privaten Plantagenbesitzern aus der ersten Einwanderungszeit gehören, konnten wesentlich erweitert werden (1948/49: 167000 ha, 1971/72: 456000 ha).

Gleichen Rang wie die Entwicklung der Landwirtschaft haben die Förderung von Industrie und Bergbau und der Ausbau von Energieversorgung und Verkehr. In diesen Wirtschaftszweigen kommen wissenschaftliche Findigkeit, technisches Können und Unternehmungsgeist des Volkes besonders zum Tragen. Die Industrie, außer der Chemischen Industrie, ist weitgehend auf importierte Rohstoffe und Energieträger angewiesen. Wichtigster Industriezweig für den Export ist trotz mancher Krisen die Diamantenschleiferei (5–6 % des Wertes der Industrieproduktion); die Rohware wird importiert. Daneben sind viele andere Industriezweige systematisch entwickelt worden (Nahrungsmittel und Getränke; Metalle und Maschinen; Textilien und Bekleidung; Chemikalien, Gummi und Kunststoffe; Transportmittel und Fahrzeuge; Holzprodukte; Elektrogeräte; Baustoffe u. a.). Mehr als 20 % der Industrieproduktion werden exportiert.

Dicht unterhalb dieses Wasserfalls an der Hermon-Südflanke versickert das Wasser im Karst. Einige Kilometer weiter speist es den Jordan-Quellfluß Baniyas.

Samaria · Ein kleines Becken um El Lubban südlich von Nablus mit fruchtbarem Anschwemmungsboden (roter Terra-Rossa-Boden) zwischen terrassierten Hängen.

Balfour-Deklaration vom 2. November 1917

Sehr geehrter Lord Rothschild,
ich habe das Vergnügen, Ihnen im Namen der Regierung Seiner Majestät die folgende, dem Kabinett unterbreitete und von ihm gebilligte Erklärung der Sympathie mit den jüdisch-zionistischen Bestrebungen zu übermitteln:
»Die Regierung Seiner Majestät steht der Errichtung einer Nationalen Jüdischen Heimstätte für das jüdische Volk in Palästina mit Wohlwollen gegenüber und will die Ausführung dieses Vorhabens nach Kräften erleichtern helfen, unter der ausdrücklichen Voraussetzung, daß nichts geschieht, was die bürgerlichen oder religiösen Rechte der bereits in Palästina bestehenden nichtjüdischen Gemeinden oder die Rechte und den politischen Status der Juden in irgendeinem anderen Land beeinträchtigt.«
Ich wäre Ihnen dankbar, wenn Sie diese Erklärung dem Zionistischen Bund zur Kenntnis bringen wollten.
Mit vorzüglicher Hochachtung
Arthur James Balfour

Die israelische Wirtschaft ist ein eigenartiges Mischsystem sozialistischen, staatlichen und privatwirtschaftlichen Charakters. Je reichlich 20 % des Wirtschaftsertrages werden von Betrieben und Institutionen des Staates und der Gewerkschaften erwirtschaftet, gut 50 % von Privatunternehmen. Besonders stark ist der genossenschaftliche Bereich außer in der Landwirtschaft in der Schwerindustrie, im Bauwesen und im Verkehr, während der Staat außer im Verkehr besonders in Entwicklungsprojekten, die vor allem die Bodenschätze erschließen, und im Außenhandel engagiert ist.

Das Verkehrsnetz ist gut entwickelt, vor allem das Straßennetz. Bemerkenswert sind die neuen Straßen, die Elat am Roten Meer mit dem Mittelmeer und dem Toten Meer verbinden. Die Eisenbahn hat geringere Bedeutung; ihre Hauptstrecken sind Nahariya–Gaza an der Küste sowie Haifa–Beer Sheva–Dimona und Tel Aviv–Jerusalem. Die rasch gewachsene Handelsflotte hat ihre Hauptstützpunkte in den Häfen von Haifa, Ashdod und Elat. Neben einer älteren Pipeline, die Elat mit den Raffinerien von Haifa verbindet und weitgehend dem Inlandsbedarf dient, gibt es seit 1970 eine weitere, leistungsfähigere Leitung von Elat zum Ölhafen von Ashqelon, die für den Transit von Erdöl bestimmt ist und eine Jahreskapazität von 60 Millionen t hat. Diese z. T. politisch motivierte Anlage soll den für Großtanker ohnehin zu flachen Suezkanal entbehrlich machen.

Die Ausfuhr (1971: 28% geschliffene Diamanten, 13% Textilien und Kleidung, 9% verarbeitete Nahrungsmittel, 8% Chemikalien, 6% Bergbauprodukte, 19% sonstige Industrieprodukte; 11% Zitrusfrüchte, 6% sonstige Agrarprodukte) deckt nur etwa 60% der Einfuhr (davon 10% Verbrauchsgüter, 25% Investitionsgüter, 65% Rohstoffe und Energieträger), wofür vorwiegend die Rüstungsimporte (die Verteidigung kostet insgesamt 25–30% des Bruttosozialprodukts) und die Investitionen für die noch im Gang befindliche Aufbauphase der Wirtschaft die Ursachen sind. Haupthandelspartner sind die EWG-Länder (vor allem Großbritannien und die Bundesrepublik Deutschland) und die USA. Seit 1970 gibt es ein Handels- und Zollabkommen mit der EWG, von dem man eine Ausweitung des israelischen Exports erwartet. Die Einnahmen aus dem Fremdenverkehr (dessen Zentren neben den historischen Stätten Seebäder wie Netanya, Nahariya und Elat sind) schließen ein Viertel der Lücke zwischen Ein- und Ausfuhr. Hinzu treten Spenden der jüdischen Diaspora sowie Waren- und Kapitalhilfen vor allem der USA und der Bundesrepublik Deutschland. Trotzdem sind die Devisenreserven in den letzten Jahren zeitweise zurückgegangen, das Zahlungsbilanzdefizit stieg, da der Export zwar kräftig, aber weniger stark wuchs als der Import (Rüstungskäufe), obwohl die Regierung nicht nur durch sehr hohe Einkommensteuern (bis 72%) die Kaufkraft dämpft, sondern auch durch Zölle und Verbrauchssteuern auf sogenannte Luxusgüter, die z. B. einen kleinen Mittelklasse-Pkw rund 20 000 DM kosten lassen.

Parallel mit dem Ausbau der wirtschaftlichen Grundlagen des Landes läuft die Entwicklung seines geistigen und kulturellen Lebens. Israel steht allen Juden offen und hat von 1948 bis 1973 fast 1,5 Millionen jüdische Einwanderer aus mehr als achtzig Ländern (davon über 50% aus Asien und Afrika) aufgenommen, ihnen, soweit sie mittellos waren, die Reise bezahlt, Wohnung und Arbeit nachgewiesen. Doch allein mit der Schaffung der materiellen Voraussetzungen war es nicht getan. Alle mußten zunächst die neuhebräische Landessprache (Iwrith) erlernen, die als wichtigste Grundlage für die Bildung einer Nation aus so unterschiedlichen Volksgruppen angesehen wird. Neben der überlieferten jüdischen Gemeinsamkeit, die weit über das Religiöse hinausgreift und die in der neuen Berührung mit dem ersehnten Heimatboden neu erwachte, brachten alle diese Volksgruppen die besonderen Eigenarten ihrer Gastländer mit. Es war und ist bis heute kein reibungsloser Verschmelzungsprozeß. Besonders der Gegensatz zwischen den Juden europäisch-amerikanischer Herkunft, die das Bild des Staates prägen, ihn führen und ihm seine Impulse geben, und den Vertriebenen aus den orientalischen Ländern Asiens und Nordafrikas, die inzwischen mit ihren im Lande geborenen Nachkommen die Mehrheit bilden, ist noch nicht überwunden, doch sehen die Israelis diese Probleme mit distanzierter Ruhe an. Der allen gemeinsame Druck der Bedrohung ihres Staates von außen, der gemeinsame Wille zur Selbstbehauptung und die Vielfalt der Schwierigkeiten, die jedem seine angemessene Aufgabe gibt, wird – so meinen sie – helfen, auch diese Probleme zu lösen.

Das grundlegende Werk für die Geographie, in dem auch historische, gesellschaftliche und wirtschaftliche Aspekte nicht vernachlässigt werden, schrieben zwei israelische Geographen: Orni, E./Efrat, E., Geographie Israels. *Jerusalem 1966. – Es wird ergänzt durch:* Vilnay, Z., The New Israel Atlas. (Geographisches und historisches Kartenwerk.) *Jerusalem/New York/Toronto 1967 – durch die äußerst objektive und umfassende Gesamtdarstellung:* Sontheimer, K. (Hg.), Israel – Politik, Gesellschaft, Wirtschaft. *München 1968 – und das sehr komprimierte, hoch informative Büchlein:* Jendges, H., Israel – eine politische Landeskunde. *Berlin 1970. – Eine besonders lesenswerte, sachlich plaudernde Einführung ist:* Guggenheim, W.: 30mal Israel. *München 1973. – Wertvolle Nachschlagewerke sind:* Tatsachen über Israel. *(Informationsdienst des israelischen Außenministeriums. Jährliche Neuausgaben.) Jerusalem. –* Oppenheimer, J./u. a. (Hg.), Lexikon des Judentums. *Gütersloh 1971. – Spezialprobleme behandeln:* Darin-Drabkin, H., Der Kibbuz. *Stuttgart 1967. –* Frey, R. L., Strukturwandlungen der israelischen Volkswirtschaft. *Tübingen 1965. –* Pirker, Th., Die Histadrut. *Tübingen 1965. –* Schaafhausen, I., Entwicklung durch Selbsthilfe am Beispiel Israels. *Hamburg 1963. –* Spiegel, E., Neue Städte in Israel. *Stuttgart 1966. – Schließlich bietet einen tiefen und wohlkommentierten Einblick in die Staatswerdung:* Ullmann, A. (Hg.), Israels Weg zum Staat. *München 1964 – während den geistesgeschichtlichen Hintergrund erhellt:* Buber, M., Israel und Palästina. *München 1968.*

Werner Ludewig

Israel und die Araber

Der Weg des Volkes Israel bis zur Staatsgründung 1948

Wer es will, mag den arabisch-israelischen Gegensatz auf den Patriarchen Abraham und darauf zurückführen, daß er seine Nebenfrau Hagar und ihren Sohn Ismael, den Stammvater der Araber, verstieß und in die Wüste trieb, um das Erbe des Sohnes Isaak zu sichern. Auf jeden Fall wird weit in die Geschichte zurückgreifen müssen, wer das Verhältnis zwischen dem Volk Israel und den Arabern untersuchen will, auch wenn dieser historische Rückblick zum Verständnis des heutigen Konflikts nicht sehr viel beiträgt, weil für den derzeitigen Zustand noch ganz andere und durchaus gegenwartsnähere Gründe bestimmend sind.

Zunächst muß auf die Kontinuität jüdischer Präsenz in Palästina hingewiesen werden. Hatte es vor der Zerstörung des Tempels in Jerusalem im Jahre 70 schätzungsweise 3 Millionen Juden in Palästina gegeben, so waren es nach der Niederwerfung des Aufstands durch Titus und des letzten, von Simeon Bar Kochba geführten Aufstands (132–135) immer noch etwa 800000. Zwar wurde unter Hadrian die Religionsausübung unterdrückt, doch entfaltete sich in den neuen Zentren Safed und Tiberias bald wieder ein reges geistiges Leben. Nachdem das Christentum unter Konstantin Staatsreligion des Römischen Reiches geworden war, verschlechterte sich die Lage der Juden sehr. Viele wurden zwangsweise getauft, andere vertrieben. Die Verbleibenden richteten ihre Hoffnung auf die Perser, die 614 Jerusalem eroberten und die Stadt den Juden, die an ihrer Seite gekämpft hatten, zurückgaben, doch schon nach wenigen Jahren folgte – wenn auch nicht für lange – die Rückeroberung durch Byzanz: Aus den Weiten der Arabischen Halbinsel tauchte ein Gegner auf, der von nun an das Geschick des Nahen Ostens bestimmen sollte, der Islam. Im Jahre 630 standen die Araberheere im Negev, eroberten 634 Gaza, besetzten 638 Jerusalem und 640 die Hauptstadt Caesarea.

Schon lange hatte es in Arabien starke jüdische Gemeinden gegeben. Jahrhundertelang, bis 525, waren die Fürsten von Medina Juden. Durchweg gehörten die arabischen Juden zur Oberschicht. Mohammed, dessen Lehre in vielem mit der jüdischen übereinstimmt, fand bei diesen Juden wenig Resonanz, da ihnen die soziale Motivation, die Möglichkeit, in der neuen Lehre einen Weg zu sozialem Aufstieg zu sehen, fehlte und ihr Geschichtsbewußtsein den selbsternannten Propheten ablehnte. Trotzdem war die islamische Herrschaft den Juden anfangs eher günstig. Das von den Kriegen zerstörte Land erholte sich, mit ihm die jüdischen Gemeinden, die an ihrem Glauben festhielten und sich gegen eine Steuer freikaufen konnten. Auch in Jerusalem entstand wieder eine jüdische Gemeinde. Trotz mancher Diskriminierungen erlangten viele Juden geachtete Stellen in Finanzwesen, Wissenschaft, Diplomatie und Politik. Perioden der Unterdrückung und der Toleranz wechselten. Abba Eban spricht für die Zeit der Kreuzzüge von dem »goldenen Experiment« arabisch-jüdischer Symbiose. Doch fand diese Epoche unter der Mamlukenherrschaft (1291–1517) ein Ende. Die Eroberung durch die Türken seit 1517 brachte eine neue Blütezeit, bald aber folgten wieder Perioden der inneren Unsicherheit, der Mißachtung und Unterdrückung.

Napoleon I. hatte während seines ägyptischen Feldzuges 1799 in einem Aufruf die Juden der Welt als die rechtmäßigen Erben Palästinas bezeichnet. Er traf mit diesen Worten eine damals auch in christlichen Kreisen weit verbreitete Stimmung. Es waren die Jahrzehnte, in denen die Emanzipation den Juden Europas endlich die Möglichkeit gab, in Wirtschaft, Politik und Kultur einen hervorragenden Platz einzunehmen, wobei es aber nicht zu einer Assimilation kam, denn die ersten Anzeichen des modernen Antisemitismus förderten das jüdische Nationalbewußtsein und den Gedanken an einen eigenen Staat in Palästina.

Zu den Vorkämpfern eines jüdischen Palästinastaates gehörten im 19. Jahrhundert zunächst vor allem englische jüdische Politiker und Philanthropen wie Sir Laurence Oliphant, Benjamin Disraeli und Sir Moses Montefiore, der Orangenplantagen anlegte und die Gründung erster jüdischer Stadtviertel außerhalb der Jerusalemer Altstadt unterstützte. Diese Bemühungen waren nicht so erfolglos, wie manchmal dargestellt wird. Von 1845 bis 1882 stieg die Zahl der Juden Palästinas von 12000 auf 24000 (bei einer Gesamtzahl von 450000 Einwohnern). Davon lebten allerdings erst 2% in ländlichen Siedlungen. Erst als nach 1882 in größerer Zahl jüdische Einwanderer aus Rußland, Polen und Rumänien ins Land strömten (1. Aliya; hebräisch = Aufstieg [nach Zion] = Einwan-

Verlassenes Flüchtlingslager nahe der fruchtbaren Oase von Jericho. Bis 1967 lebten hier rund 40000 Palästinenser. Aus Mangel an Arbeitsmöglichkeiten verließen die Flüchtlinge das Lager nach der Besetzung durch die Israelis.

derungswelle; vgl. Tabelle S. 338), die unter dem Eindruck blutiger Pogrome im Russischen Reich standen, breitete sich die ländliche Siedlung rascher aus. Ihr bekanntester Förderer war Edmond de Rothschild. Die Wende brachte 1896 Theodor Herzls Schrift »Der Judenstaat« und der von ihm einberufene erste Zionistenkongreß in Basel 1897. Über den einzuschlagenden Weg blieb man sich zunächst uneinig. Während Herzl *vor* einer Masseneinwanderung vom Türkensultan die Genehmigung zur späteren Einrichtung einer »öffentlich-rechtlich gesicherten jüdischen Heimstätte« erlangen wollte, betrieben die »praktischen Zionisten« die sofortige Einwanderung. Nach neuen Pogromen setzte 1904 die 2. Aliya ein, eine Welle meist junger Leute aus Rußland, von sozialistischen Ideen geformt und getragen von Schlagworten wie der »Religion der Arbeit« und der »Rückkehr zum Boden«. Sie ließ die jüdische Bevölkerung auf 85 000 (davon 12 000 in 44 ländlichen Siedlungen) ansteigen. Ihr entstammen die politischen Ideen (u. a. Kibbuzbewegung) und die meisten politischen Führer, die das Bild des Staates Israel bis heute prägen.

Im Ersten Weltkrieg, in dem die Türkei auf seiten Deutschlands gegen England, Frankreich und Rußland kämpfte, wurden Palästina und der größere Raum des Nahen Ostens zum Spielball machtpolitischer Interessen. Sowohl Deutsche als auch Briten und Franzosen bemühten sich, Juden und Moslems als Verbündete zu gewinnen. London trieb ein diplomatisches Doppelspiel. Durch die von dem in England lebenden Zionistenführer Dr. Chaim Weizmann 1917 erwirkte Balfour-Deklaration (vgl. Kästchen S. 343) wurde den Juden zugesichert, daß ein »jüdisches Nationalheim« errichtet werde, und zwar in Grenzen, wie sie damals den Zionisten vorschwebten, unter Einschluß des südlichen Libanon und der transjordanischen Gebiete bis zur Hedjasbahn. Eine »Jüdische Legion« kämpfte auf seiten der Alliierten gegen die Türken. Gleichzeitig erweckte England in der von der haschemitischen Dynastie des Scherifen Hussain von Mekka geführten arabischen Nationalbewegung die Hoffnung auf Unterstützung bei der Errichtung eines großarabischen Reiches. Nach dem Krieg wurden alle Hoffnungen enttäuscht. Palästina wurde britisches, Syrien mit Libanon französisches Mandat. Die Haschemiten erhielten für Hussains Söhne Feisal den Irak und Abdallah (auf Kosten des Palästinamandats) Transjordanien, zunächst aber unter britischem Protektorat. Die Araber konnten sich damit nicht zufrieden geben, obgleich sie mit weit geringerem Einsatz weit mehr erreicht hatten als die Juden: Sie hatten mit der Abtrennung Transjordaniens ihren Teil des Palästinamandats erhalten. Das Königreich Saudi-Arabien war frei, der Weg zur Unabhängigkeit Iraks, Transjordaniens, Syriens und Libanons vorgezeichnet. Nur das Schicksal Palästinas lag im dunkeln.

Indessen wuchs die jüdische Bevölkerung. Gleich nach dem Ersten Weltkrieg kam die 3. Aliya (1919–1924); es waren junge, zu Pionieraufgaben bereite Menschen aus dem von Krieg und Revolution erschütterten Osteuropa. Gleichzeitig aber wuchs auch die arabische Bevölkerung durch unkontrollierte Zuwanderung aus den Nachbargebieten, angezogen durch den höheren Lebensstandard Palästinas. Seit 1924 brachte die 4. Aliya vor allem polnische Juden aus dem unteren Mittelstand ins Land, nach 1933 folgte die 5. Aliya, vor allem aus Deutschland nach der Machtübernahme des Nationalsozialismus. Darunter waren viele kapitalkräftige und wissenschaftlich gebildete Einwanderer, die das wirtschaftliche Leben, vor allem in Industrie, Bauwesen und Zitruswirtschaft, entscheidend ankurbelten. Die allgemeine Hebung des Lebensstandards kam den massenhaft einwandernden Arabern wie den Juden, deren Zahl bis 1939 auf 450 000 stieg, zugute. Angesichts der jüdischen Masseneinwanderung brach 1936 ein allgemeiner arabischer Aufstand mit Generalstreik und zahlreichen Mordtaten und Pogromen in Städten (z. B. Hebron) und Dörfern aus. Die arabischen nationalen Führer sahen in diesem Aufstand ein Mittel, nicht nur die Zionisten zu beseitigen, sondern auch die britische Herrschaft abzuschütteln.

1937 stellte eine königliche Kommission unter Lord Peel das historische Anrecht der Juden auf Palästina erneut fest und kritisierte die dem Geist der Balfour-Deklaration widersprechende bisherige Mandatspolitik. Sie schlug eine Teilung des Landes vor. Trotz der geringen Größe ihres Anteils akzeptierten die Juden, um eine Aufnahmebasis für Hunderttausende verfolgter europäischer Juden of-

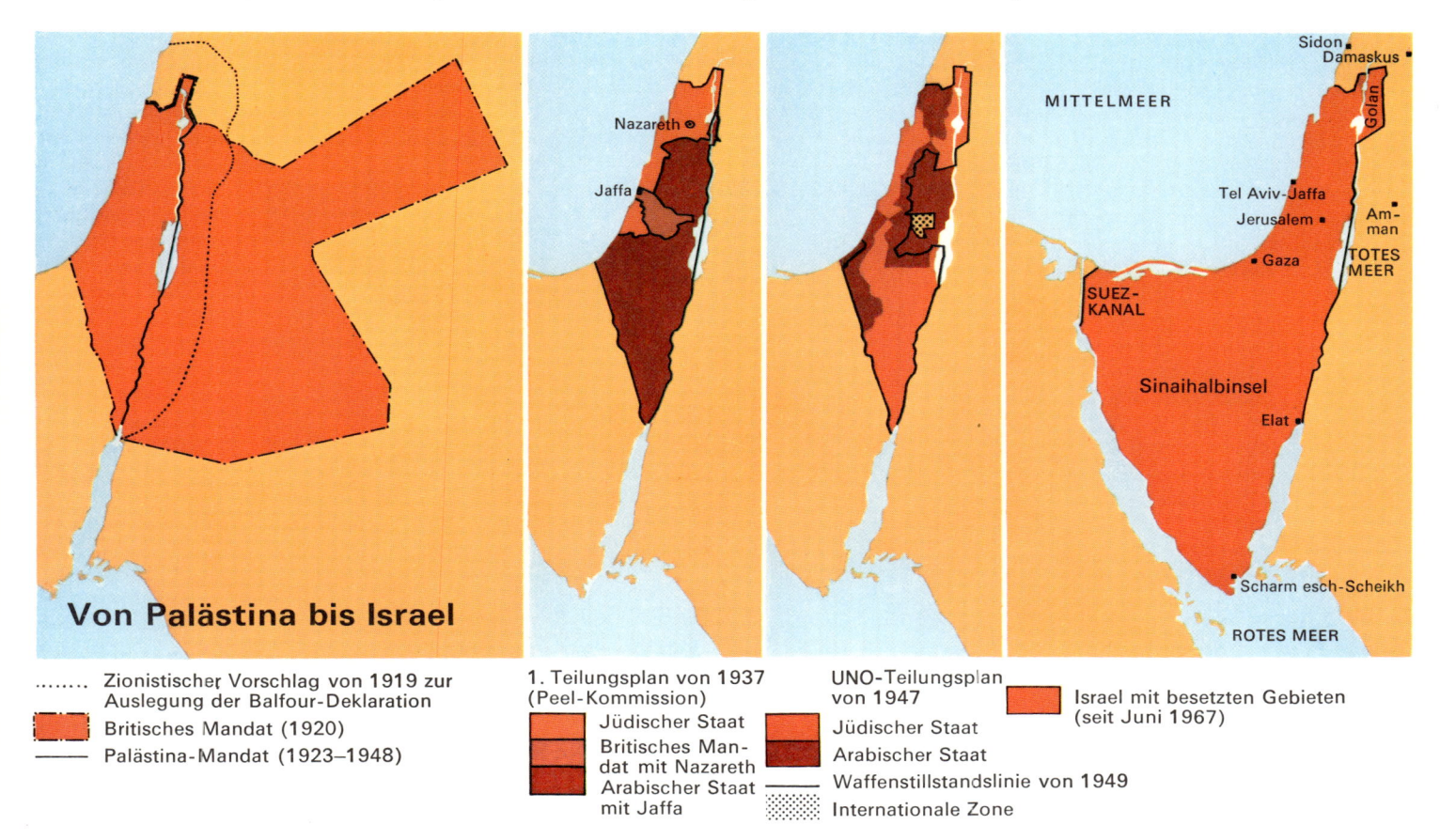

Von Palästina bis Israel

.... Zionistischer Vorschlag von 1919 zur Auslegung der Balfour-Deklaration
Britisches Mandat (1920)
— Palästina-Mandat (1923–1948)

1. Teilungsplan von 1937 (Peel-Kommission)
Jüdischer Staat
Britisches Mandat mit Nazareth
Arabischer Staat mit Jaffa

UNO-Teilungsplan von 1947
Jüdischer Staat
Arabischer Staat
— Waffenstillstandslinie von 1949
Internationale Zone

Israel mit besetzten Gebieten (seit Juni 1967)

fenzuhalten. Die Araber aber lehnten überwiegend den britischen Plan ab und verharrten bis 1939 im Aufstand. Um die Araber als Bundesgenossen im sich ankündigenden Zweiten Weltkrieg zu gewinnen, veröffentlichten die Briten daraufhin im Mai 1939 ein Weißbuch, das die britische Politik der nächsten Jahre bestimmte. Das Weißbuch war der Höhepunkt der zwischen Nachgiebigkeit und Härte nach beiden Seiten schwankenden britischen Politik. Es beschränkte trotz der hitlerischen Vernichtungsmaßnahmen rigoros jede jüdische Einwanderung und jüdische Landkäufe und sah innerhalb von zehn Jahren die Errichtung eines von Juden und Arabern gemeinsam regierten, das heißt von der arabischen Mehrheit dominierten Staates vor.

Damit war die Balfour-Deklaration praktisch zurückgewonnen. Während eine kleine jüdische Minderheit arabischen Terror durch jüdischen Terror beantwortete und auch einen Untergrundkrieg gegen die Briten aufnahm, beschloß die Mehrheit, »mit den Briten zusammenzuarbeiten, als gäbe es kein Weißbuch, den Kampf gegen das Weißbuch aber fortzusetzen, als gäbe es keinen Krieg«.

Nach dem Zweiten Weltkrieg wurde der Kampf gegen die Weißbuch-Politik verstärkt fortgesetzt. Trotz amerikanischen Drucks suchten die Briten die Einwanderung der überlebenden europäischen Juden weiter zu verhindern. Zehntausende wurden in Konzentrationslagern auf Zypern interniert. Während die Briten, deren Politik in der Weltmeinung immer weniger Verständnis fand, mit dem selbstverschuldeten Terror und Gegenterror nicht fertig wurden, empfahl im Frühjahr 1947 die Mehrheit einer UNO-Kommission eine Teilung in zwei selbständige Staaten, ein Plan, den die UNO-Vollversammlung am 29. November 1947 mit großer Mehrheit akzeptierte (33:13 Stimmen, 10 Enthaltungen). Unter den zustimmenden Staaten waren neben den USA und Frankreich die kommunistischen Staaten außer Jugoslawien, die meisten europäischen und lateinamerikanischen Länder; die Ablehnung kam außer von zehn islamischen Staaten nur von Griechenland, Indien und Kuba.

Obwohl die Juden über die geplante Internationalisierung Jerusalems nicht glücklich waren, akzeptierten sie die Teilung, während die Araber sofort am 30. November 1947 die Feindseligkeiten eröffneten. Aus vereinzelten Überfällen wurden systematische Angriffe auf viele jüdische Siedlungen; irreguläre Truppeneinheiten drangen aus den Nachbarstaaten ein, und am Tag nach dem Ende des Mandats (als die letzten Briten abzogen, nicht ohne die meisten strategischen Positionen, auch in den für die Juden bestimmten Gebieten, und viel Kriegsmaterial den Arabern zu überlassen) und der Unabhängigkeitserklärung Israels (14. Mai 1948) marschierten die Armeen von fünf Staaten (Transjordanien mit der vom britischen General Glubb [»Glubb Pascha«] befehligten Arabischen Legion, Irak, Syrien, Ägypten und Libanon) zum Vernichtungskrieg in Israel ein. Die anfangs auch zahlenmäßig und im ganzen Kriegsverlauf trotz vor allem tschechoslowakischer Waffenhilfe in der Bewaffnung unterlegene israelische Armee behauptete in zehnmonatigen, von kurzen Waffenstillständen unterbrochenen Kämpfen mit Ausnahme der Altstadt von Jerusalem alle wichtigen Positionen. In der ersten Hälfte des Jahres 1949 kamen Waffenstillstände auf der Basis der von beiden Seiten besetzten Territorien zustande.

Der junge Staat Israel sah sich im Besitz eines Staatsgebiets, das größer war, als im UNO-Teilungsplan vorgesehen. Ein großer Teil der in diesem Raum ansässig gewesenen Araber (über 500 000) hatte das Land auf den Rat ihrer politischen Führer, den Vormarsch der arabischen Armeen nicht zu behindern, freiwillig verlassen, andere flohen unter dem Eindruck des Gegenterrors extremistischer Kampfgruppen (Massaker von Deir Yassin). Andererseits hat Israel seit 1948 rund 700 000 aus (ganz überwiegend arabischen) asiatischen und afrikanischen Ländern emigrierte oder vertriebene Juden aufgenommen, die ebensowenig für ihre Verluste von den Herkunftsländern entschädigt wurden wie die Palästinenser.

Friedlosigkeit ohne Ende

Dem Waffenstillstand folgte kein Frieden, obwohl Israel einen Rückzug auf die Teilungsgrenzen von 1947 zunächst nicht ausschloß und zur Aufnahme von Flüchtlingen in gewissem Umfang bereit war. Die arabischen Staaten verweigerten direkte Verhandlungen und die Anerkennung Israels. Sie verhinderten die Integration der Flüchtlinge in den Aufnahmeländern und förderten einen ständigen Kleinkrieg an Israels Grenzen. Der einzige möglicherweise kompromißbereite Araberführer, Abdallah ibn Hussain, König von Jordanien, wurde 1951 ermordet. Auch ein arabischer Palästinastaat kam nicht zustande, weil darin ein Stück Anerkennung der Teilung gelegen hätte; vielmehr annektierten Jordanien bzw. Ägypten die von ihnen besetzten Teile Palästinas (Judäa, Samaria, Ostjerusalem; Gaza). Auf die sich ständig steigernden Terrorakte, auf die Sperrung des Suezkanals und schließlich des Golfes von Aqaba sowie direkte Angriffsvorbereitungen reagierte Israel am 29. Oktober 1956 mit dem Einmarsch nach Sinai und Gaza. Binnen sechs Tagen standen seine Truppen am Kanal. Unter dem Druck der Großmächte und nachdem es Garantien für die freie Zufahrt nach Elat (deren Wertlosigkeit sich 1967 erwies) erhalten hatte, räumte Israel das Gebiet am 1. März 1957 wieder. In Gaza, an der Sinaigrenze sowie am Ausgang des Golfes von Aqaba (Scharm esch-Scheikh) wurden UNO-Truppen stationiert. Die arabischen Staaten verharrten im Zustand der Aggression. Die UdSSR rüstete Ägypten und Syrien auf. Besonders letzteres war immer wieder Ausgangspunkt von Übergriffen. 1967 bewog der ägyptische Präsident Nasser UNO-Generalsekretär U Thant zum Abzug der sogenannten Friedenstruppe, sperrte erneut die Zufahrt nach Elat und zog, in einer mit Syrien und Jordanien koordinierten Aktion, Truppen an Israels Grenzen zusammen. Die am 5. Juni 1967 ausbrechenden Kämpfe führten nach rascher Vernichtung des arabischen Luftwaffenpotentials binnen sechs Tagen (sogenannter Sechstagekrieg) zur israelischen Besetzung von Gaza, der Sinaihalbinsel, der von Jordanien annektierten Gebiete in Judäa und Samaria sowie der syrischen Golanhöhen. Nach dem von den Vereinten Nationen vermittelten Waffenstillstand vereinigte Israel die beiden Teile Jerusalems. Die übrigen Gebiete wurden der Militärverwaltung unterstellt, die sich in Judäa, Samaria und Gaza weitgehend auf die einheimischen Behörden stützt und das bisherige Rechtssystem beibehält. Der UNO-Sicherheitsratsbeschluß vom 22. November 1967, der eine endgültige

Links: Israelis als Besatzungsmacht in arabischem Gebiet. Seit dem Sechstagekrieg (Juni 1967) unterstehen Israel Gaza, die Sinaihalbinsel, Judäa, Samaria und die Golanhöhen sowie ganz Jerusalem.

Angehörige des arabischen Untergrunds. Sie können sich mit der 1947 völkerrechtlich begründeten Existenz Israels nicht abfinden.

Friedensregelung fordert, erwies sich als zweideutig. Die arabischen Staaten verweigerten die Anerkennung Israels und forderten die Räumung der besetzten Gebiete als Vorleistung, während Israel nach fünfundzwanzigjähriger Erfahrungen darin nur den letzten Schritt einer Regelung sehen wollte.

Die arabische Argumentation sieht die Wurzel des Konflikts nicht in alten religiösen, gesellschaftlichen oder nationalen Gegensätzen. Nach ihr begann der Konflikt durch die zionistische Haltung zur Zeit der 2. Aliya vor dem Ersten Weltkrieg. Es geht um das sozialistisch-zionistische Prinzip, auf die Ausbeutung arabischer Lohnarbeiter zu verzichten und eine allseitig entwickelte jüdische Wirtschaft aufzubauen, worin die Araber Tendenzen zur Rassentrennung und zum Boykott arabischer Waren erblicken. Schwerer wiegt der arabische Vorwurf, daß die jüdische Ansiedlung, das britische Palästinamandat und schließlich die Staatsgründung das Ergebnis eines imperialistischen Komplotts seien. Daran ist zwar so viel richtig, daß die britische Palästinapolitik, deren imperialistischer Charakter von Anfang bis Ende unleugbar ist, die entscheidende Ursache des Konflikts darstellt. Wer aber wollte es den Juden verargen, daß sie die Chance, die ihnen die britische Politik bot, wahrnahmen? Im übrigen war die britische Politik während der Mandatszeit (nachdem ihr das Mandat nicht zuletzt dank der weltweiten zionistischen Propaganda zugesprochen worden war) eher antizionistisch und einer Staatsgründung keineswegs förderlich. Das Problem des Landkaufs und der darauf beruhenden Mißstimmigkeiten (die Araber sprechen von einer Vertreibung der arabischen Bauern) bedarf eines klärenden Worts: Die Araber berufen sich darauf, daß die Verweigerung des Landverkaufs durch die Bauern in der Mandatszeit eines der wichtigsten Mittel ihres Widerstands gewesen sei, sicher insofern mit Recht, als die landarmen Bauern ohnehin wenig Land zu verkaufen hatten. Das Problem ist aber mehr

> **UNO-Sicherheitsratsbeschluß vom 22. November 1967**
>
> Der Sicherheitsrat, in Bekundung seiner ständigen Sorge über die ernste Lage im Nahen Osten, in Betonung der Unzulässigkeit, Gebiete durch Krieg zu erwerben, und der Notwendigkeit, für einen gerechten und dauerhaften Frieden zu arbeiten, in dem jeder Staat des Gebietes in Sicherheit leben kann, in Betonung ferner, daß alle Mitgliedsstaaten durch die Annahme der Charta der Vereinten Nationen die Verpflichtung eingegangen sind, in Übereinstimmung mit Artikel 2 der Charta zu handeln,
> 1. bekräftigt, daß die Erfüllung der Grundsätze der Charta die Errichtung eines gerechten und dauerhaften Friedens im Nahen Osten verlangt, der die Anwendung der beiden folgenden Grundsätze einschließt: a) Rückzug der israelischen Streitkräfte aus Gebieten, die während des jüngsten Konflikts besetzt wurden; b) Unterlassung aller Ansprüche und jeglicher kriegerischer Handlungen sowie Achtung und Anerkennung der Souveränität, der territorialen Unversehrtheit und der politischen Unabhängigkeit eines jeden Staates in dem Gebiet und seines Rechtes, innerhalb sicherer, anerkannter Grenzen frei von Drohungen und Akten der Gewalt in Frieden zu leben;
> 2. bekräftigt ferner die Notwendigkeit, a) die freie Schiffahrt auf internationalen Wasserstraßen des Gebietes zu garantieren; b) eine gerechte Regelung des Flüchtlingsproblems zu verwirklichen; c) die territoriale Unverletzlichkeit und die politische Unabhängigkeit eines jeden Staates in dem Gebiet durch Maßnahmen sicherzustellen, zu denen die Schaffung entmilitarisierter Zonen zählt;
> 3. ersucht den Generalsekretär, einen Sonderbeauftragten zu ernennen, der sich nach dem Nahen Osten begeben soll, um dort mit den betroffenen Staaten Verbindung aufzunehmen und zu unterhalten, damit ein Abkommen begünstigt und Bemühungen unterstützt werden, um eine mit den Bestimmungen und Grundsätzen dieser Entschließung übereinstimmende friedliche und annehmbare Lösung zu finden;
> 4. ersucht den Generalsekretär, dem Sicherheitsrat so bald wie möglich über den Fortschritt der Bemühungen des Sonderbeauftragten zu berichten.
> Abstimmungsergebnis: einstimmige Annahme.

eine innerarabische soziale Frage. Schon in der Türkenzeit konnten die Juden Land in erster Linie von arabischen und türkischen Großgrundbesitzern erwerben, die es nicht selbst bewirtschafteten, sondern verpachtet hatten. Natürlich mußten die Pächter wei-

Jerusalem – heilige Stadt dreier Weltreligionen

Nach der Eroberung durch König David (1004–965 v. Chr.) Residenz der israelitischen Könige und Kultmittelpunkt. Salomo (965–926 v.Chr.) ließ den ersten Tempel erbauen, der durch Nebukadnezar 586 v. Chr. zerstört wurde. Nach Rückkehr der Juden aus der Babylonischen Gefangenschaft um 520 v. Chr. Bau des zweiten Tempels, den Herodes der Große und seine Nachfolger ab 19 v. Chr. erneuerten; 70 n. Chr. Zerstörung durch die Römer. Ab Beginn des 4. Jahrhunderts (Konstantin der Große) für 300 Jahre eine christliche Stadt (Grabeskirche). 638 von den islamischen Arabern (Felsendom), 1099 von den Kreuzfahrern erobert; 1187 durch Saladin wieder islamisch, 1229–1244 noch einmal von Kaiser Friedrich II. besetzt. 1517 türkisch; Bau der noch erhaltenen Stadtmauern mit 34 Türmen und 8 Toren. Von 1850 an jüdische Bevölkerungsmehrheit, erste Stadtviertel außerhalb der Mauern, z. B. Mea Shearim (1875), noch heute die Hochburg jüdischer Orthodoxie. 1917 von den Briten erobert, 1920–1948 Sitz der britischen Mandatsverwaltung. Harte Kämpfe im israelischen Unabhängigkeitskrieg 1948/49, Eroberung der Altstadt durch die Arabische Legion, Vertreibung der jüdischen Bewohner. 1950 Annexion Ostjerusalems mit der Altstadt durch Jordanien. 23. Januar 1950 Proklamation (West-)Jerusalems zur Hauptstadt Israels. Im Sechstagekrieg 1967 Eröffnung von Kämpfen durch Jordanier, Besetzung Ostjerusalems durch Israelis, die es durch Wiedervereinigung der Stadt ihrem Staat eingliedern (29. Juni 1967).

Heute: 315000 Ew., davon 54000 ulamische und 12000 christliche Araber. Altstadt mit christlichem Viertel im Nordwesten (mit Grabeskirche und Via Dolorosa), islamischem Viertel im Nordosten (Tempelplatz mit Felsendom, El-Aqsa-Moschee und West- oder Klagemauer), armenischem Viertel im Südwesten (mit Zitadelle und Davidsturm sowie Resten des Herodespalastes) und jüdischem Viertel, das 1948 fast völlig zerstört wurde. Nördlich der Altstadt moderne arabische Viertel, im Westen und im Süden jüdische Neustadt mit Residenz des Präsidenten, Knesseth (Parlament), Ministerien und anderen politischen und religiösen Spitzenbehörden, Herzls Grab, zentralem Militärfriedhof, neuer Universität, Gedenkstätte Yad Vashem (für die Opfer des Nazismus), Hadassahhospital (Universitätsklinik), Israel-Museum mit »Schrein des Buches« (Schriftrollen von Qumran).

chen. Meist waren diese gar nicht Bauern. Bei ihrem »Land« handelte es sich überwiegend um Sumpfgelände, auf dem nur Schilf geschnitten und zu Korbwaren und ähnlichem verarbeitet wurde. Daß diese als wertlos geltenden Ländereien, meist Malariagebiete, von den Juden trockengelegt und in wertvolles Fruchtland verwandelt wurden, erregte begreiflichen Neid. Auch in der Mandatszeit waren die Großgrundbesitzer, so sehr sie als politische Führer des arabischen Nationalismus auftraten, stets zu Landverkäufen bereit. Dabei mag der Gedanke mitgespielt haben, daß Pächter, die weichen mußten, einen guten Ansatz für antijüdische Propaganda boten.

So war die nationale Bewegung bis zum Ende der Mandatszeit vorwiegend Sache der Oberschicht, die eine eigene Herrschaft errichten wollte, und weniger der breiten Volksschichten. Ist es nicht so – wie ein Teil der Palästinenser im Exil heute meint –, daß das erste Ziel eine Veränderung der gesellschaftlichen Verhältnisse im arabischen Raum sein sollte? Hinzu kommt die Frage, ob die Palästinenser eine eigene Nation oder – wie die meisten arabischen Regierungen deklamieren – Teil einer größeren arabischen Nation sind. Wenn das letztere richtig ist (und vieles spricht, auch wenn man palästinensische Araber fragt, dafür), so könnte man sich auf den Standpunkt stellen, daß dieser großen arabischen Nation, die sich seit über zwanzig Jahren mit der durch den UNO-Beschluß von 1947 völkerrechtlich begründeten Existenz Israels nicht abfinden will, der Verlust eines winzigen Bruchteils ihres Gebiets (0,25 %) und eine Entschädigung des kleinen palästinensischen Volksteils (2 % aller Araber) zugemutet werden darf. Doch so einfach sind Fragen des Heimatrechts der einzelnen arabischen Palästinenser wohl nicht zu beantworten. Es ist unbestreitbar, daß ihnen Unrecht geschehen ist, daß sie ein Heimatrecht in Palästina haben und daß sie dafür einen Aus-

Jerusalem · Fromme Juden an der Klagemauer (Westmauer).

Jerusalem, Omar-Moschee. Sie wurde im 7. Jahrhundert dort erbaut, wo Mohammed auf einem Maulesel gen Himmel gefahren sein soll. Der Brunnen dient rituellen Waschungen.

gleich verlangen können. Aber stärkere Rechtsgründe sprechen für die Israelis. Wir wollen dabei die völkerrechtlichen Tatsachen, die durch Balfour-Deklaration (Palästina als »Nationalheim« nicht nur der Juden Palästinas, sondern des jüdischen Volks der Diaspora), Mandatsauftrag und vor allem UNO-Beschluß vom 29. November 1947 geschaffen wurden, nicht überbewerten, sondern darauf verweisen, daß die große Aufbauleistung, wie sie seit der 1. Aliya, besonders aber seit 1948 erbracht wurde, ein unwiderrufliches natürliches Recht geschaffen hat und daß die Behandlung der Minderheiten, die Bemühungen um ihre wirtschaftliche und kulturelle Entwicklung, trotz mancher – zum Teil leicht widerlegbarer – arabischer Klagen dieses Recht festigt. Während in Ostjerusalem heute nicht nur Handel und Fremdenverkehr blühen und die Religionsausübung für Moslems und Christen unbehindert ist, war den Juden in der Zeit der jordanischen Besetzung das Gebet an der sogenannten Klagemauer und der Zutritt zu anderen heiligen Plätzen (Patriarchengräber in Hebron u. a.) verwehrt.

Wie soll es nun weitergehen in Nahost? Möglicherweise ist unmittelbar nach dem Sechstagekrieg eine große Chance für alle Völker des Nahen Ostens von Israels Regierung verpaßt worden: Als damals 250 palästinensische Würdenträger und Beamte die Errichtung eines mit Israel koexistierenden, von Jordanien unabhängigen Palästinastaats vorschlugen, stand General Dayan mit seiner Neigung zum Eingehen auf diesen Wunsch fast allein. Die Regierung beschloß, das Ergebnis der Beratungen der Vereinten Nationen abzuwarten, die sich hinschleppten und im Sicherheitsratsbeschluß vom 22. November 1967 gipfelten. Er erwies sich mit seinen Forderungen zum Rückzug »aus besetzten Gebieten« (»from territories [...]«, d.h. ohne bestimmten Artikel, d.h. also *nicht* Rückzug aus *allen* Gebieten), der Anerkennung der territorialen Unversehrtheit aller Nahoststaaten, ihres Rechts, in sicheren Grenzen zu leben, der freien Schiffahrt, der Regelung des Flüchtlingsproblems und der Schaffung entmilitarisierter Zonen als akzeptabel für Israel, doch belastet seine Zweideutigkeit, die es Israels Gegnern und gedankenlosen Neutralen gestattet, die Forderung nach dem »Rückzug aus *allen* besetzten Gebieten« hineinzuinterpretieren, seitdem die Verhandlungen.

Israel hat erkennen lassen, daß es einen weitgehenden Rückzug aus den 1967 besetzten Gebieten nicht ablehnt, soweit diese entmilitarisiert werden (Sinai, Judäa, Samaria); es beharrt nur auf Ostjerusalem und Sicherheitspositionen wie Golan, Scharm esch-Scheikh, Gaza u. a. Man hat ihm oft vorgeworfen, durch seine Forderung nach direkten Verhandlungen eine unannehmbare Bedingung zu stellen. Gleichzeitig empfahl man ihm, nach jedem verbalen Zeichen der Anerkennungsbereitschaft zu greifen, auch wenn es mit unannehmbaren Bedingungen verknüpft ist. Man empfahl Israel ebenfalls, die stets wiederkehrenden Drohreden (»Wir werden sie ins Meer treiben«) nicht so ernst zu nehmen. Israel war nicht geneigt, derartigen Ratschlägen zu folgen.

Von der Sowjetunion wieder kräftig aufgerüstet, begannen Ägypten und Syrien am 6. Oktober 1973 den vierten Nahostkrieg. Obwohl die Angriffsvorbereitungen erkennbar waren, entschloß sich Israel, diesmal keinen Präventivschlag zu führen, um der antiisraelischen Stimmung bei der Mehrheit der UNO-Mitglieder – erkauft durch Geldzahlungen arabischer Erdölländer an Regierungen der Dritten Welt bzw. durch die Androhung eines Erdölboykotts – zu begegnen. Es nahm dadurch erhebliche Anfangserfolge der Ägypter und Syrer und einen verlustreichen Krieg in Kauf. Schließlich gelang es der israelischen Armee, von den Golan-Höhen aus über die Waffenstillstandslinie von 1967 vorzustoßen, doch kam es zu keinem durchgreifenden Erfolg. Truppen des Iraks, Jordaniens, Saudi-Arabiens, Marokkos, Algeriens, Tunesiens und des Sudans griffen in die Kämpfe ein. Auf das Ostufer des Suezkanals vorgedrungene ägyptische Truppen gerieten in eine schwierige Lage, während israelische Verbände einen strategisch wichtigen Brückenkopf westlich des Kanals ausbauen konnten, ehe der vom UNO-Sicherheitsrat am 22. 10. 1973 beschlossene Waffenstillstand wirksam wurde. Daß ein so kleines Land wie Israel keinen langen Krieg ohne erhebliche Verluste an wirtschaftlicher Substanz führen kann, macht seine Lage prekär. Andererseits erwiesen sich erneut die feste Stütze durch die USA und die Vorteile des Landgewinns von 1967 als strategisches Vorfeld, d.h. die Richtigkeit des israelischen Entschlusses, die besetzten Gebiete nicht bedingungslos aufzugeben.

Wer dem Selbstverständnis des israelischen Volkes und seiner Sicht des Konflikts nachgehen will, der greife zu dem Werk eines der Schöpfer des Staates: Ben Gurion, D., Die Geschichte des Volkes Israel von den Anfängen bis in unsere Zeit. Würzburg 1967 – und besonders zu dem grundlegenden, für das Verständnis Israels unentbehrlichen historischen Überblick: Eban, A., Dies ist mein Volk. München 1970. – Erwähnenswert sind in diesem Sinne auch die Erinnerungen eines großen Zionisten: Goldmann, N., Staatsmann ohne Staat. Köln 1970. – Verständnisvoll arabischen Motiven nachgehend, aber voll Sympathie für den Zionismus ist: Kimche, J., Zeitbombe Nahost. Hamburg 1970 – während um eine objektive Darstellung bemüht sind: Sontheimer, K. (Hg.), Israel – Politik, Gesellschaft, Wirtschaft. München 1968. – Jendges, H., Der Nahostkonflikt. Berlin 1971. – Objektive Darstellungen finden sich auch in Büchern weitgespannter Thematik: Hottinger, A., 10mal Nahost. München 1970. – Fochler-Hauke, G., Die geteilten Länder. München 1967. – Viel Verständnis für den arabischen Standpunkt haben: Konzelmann, G., Vom Frieden redet keiner. Stuttgart 1970. – Avneri, U., Israel ohne Zionisten. Gütersloh 1969 – während die arabische Position klar geschildert wird in: Geries, S./Lobel, E., Die Araber in Israel. München 1970. – Sayegh, F. A., Der zionistische Kolonialismus in Palästina / Die Vereinten Nationen und die Palästinafrage. 1968. – Al-Joundi, S., Juden und Araber – Die große Feindschaft. München 1968. – Die grundlegende Darstellung der völkerrechtlichen Situation bietet: Wagner, H., Der Arabisch-Israelische Konflikt im Völkerrecht. Berlin 1971.

Heinz Schamp

Die Nilländer

Der Nil als Lebensspender

Wie eine Klammer, so sollte man meinen, verbindet der Nil die Trockenländer Nordostafrikas mit dem Osten der tropischen Mitte dieses Kontinentes. Und doch ist man erstaunt zu sehen, daß entgegen den Erwartungen die unmittelbaren Beziehungen in Geschichte und Gegenwart hier fast noch spärlicher sind als im Westen des Erdteils, wo die von keiner dem Nil gleichen Wasserader durchflossene Schranke der Sahara – jedermann verständlich – solche Kontakte mehr als erschwerte. Doch der Nil ist niemals eine wirkliche Verbindungsstraße gewesen. Einmal haben seine sechs Katarakte zwischen Khartum (El Khartum) und Assuan, in denen der Strom Schwellen des Untergrunds durchbricht, eine durchgehende Schiffahrt selbst der einfachsten Art stets verhindert. Auch sein vielfach enges, halbjährlich überschwemmtes und dabei doch in eine lebensfeindliche Wüste eingeschnittenes Tal war als Völkerstraße und Handelsweg durchaus nicht einladend. Da hatten selbst die alten Karawanenwege durch die flache Wüste größere Bedeutung als die große Darb el Arbain, die »Vierzig-Tage-Route«, von Assyut zur Landschaft Darfur. Auch der Islam ist nicht den Nil aufwärts in den Sudan gekommen, sondern direkt von Arabien übers Rote Meer in diesen Teil des Kontinents vorgedrungen. Eine zweite, fast noch wirksamere Barriere für das Vordringen von Völkern und Kulturen nach dem tropischen Ursprungsland des Flusses bildeten zu allen Zeiten die großen Sümpfe des Weißen Nils und des Bahr el Ghasal, deren trennende Wirkung heute noch die Republik Sudan zu spüren bekommt.

Nicht von ungefähr blieben dieser sperrenden Wirkung wegen auch bis zum Ende des letzten Jahrhunderts die Quellen des Nils unbekannt, obwohl die Ägypter wie die Römer nachweislich schon Expeditionen zu ihrem Auffinden ausgesandt hatten, die jedoch alle vor Erreichen des Zieles abgebrochen werden mußten. »Caput Nili quaerere« war daher für viele Jahrhunderte gleichbedeutend mit »Unmögliches versuchen«. Hier in der Sumpflandschaft Sud liegt die große, in all den Jahrtausenden der Geschichte der Nilländer wirksame Grenze zwischen Weiß- und Schwarzafrika. Das Gebiet nördlich des Sumpflandes bis zur Mündung des Stromes ins Mittelmeer, früher von hamitischen Völkern bewohnt, haben im letzten Jahrtausend der Islam und die arabische Kultur geprägt; die Völker dieses Raumes wurden weitgehend arabisiert und haben arabische Sprache, Religion und Kultur angenommen. Im Sumpfland und südlich davon leben schwarzhäutige Völkerschaften meist noch als Anhänger von Naturreligionen, zum geringen Teil auch schon christianisiert. Doch diese Missionierung ist bemerkenswerterweise von Süden her vorgedrungen. So stehen sich heute in Sprache, Religion und Kultur, aber auch im Wirtschaftsgefüge die sudanischen Südprovinzen und der arabische Kulturkreis des Nordens noch immer fast unversöhnlich gegenüber, ein Problem, das das Staatsgefüge der Republik Sudan bis in die heutige Zeit immer wieder vor ständige Zerreißproben stellt.

Und doch verdanken die Länder Nordostafrikas, insbesondere Ägypten, inmitten des großen Trockengürtels gelegen, der den Kontinent von West nach Ost durchzieht und in den Wüsten Vorder- und Mittelasiens seine Fortsetzung findet, ihre jahrtausendealte Kultur und ihre heutige Existenz allein diesem Fluß und den Eigenarten seiner Wasserführung. Ägypten und die Republik Sudan sind von ihm geprägt, und weder ihre Kultur und Geschichte noch ihre Wirtschaft und Sozialstruktur sind ohne Kenntnis seiner lebensspendenden Kraft zu verstehen.

Der Nil ist nicht nur der größte Fluß Afrikas, sondern nach neuesten Berechnungen mit 6 671 km wohl auch der längste Fluß der Erde. Sein Quellfluß, der Ruruku, entspringt in etwa 2 400 m ü. d. M. rund 25 km nordöstlich von Bururi in Burundi am Osthang der Zentralafrikanischen Schwelle und mündet als Kagera nach 792 km langem Lauf in den rund 1 100 m hoch liegenden Victoriasee. Vom Ausfluß aus diesem See an fließt der Strom, mehrfach seinen Namen wechselnd (Victorianil, Albertnil, Bahr el Djebel oder Bergnil), durch die Hochländer des inneren Ostafrikas bis in die Beckenlandschaft des Suds, die er nach 866 km langem Lauf in etwa 460 m Höhe erreicht. In dieser großen Sumpfzone verliert sich der Fluß bei nun plötzlich abnehmendem Gefälle in zahllose Adern, um, durch starke Verdunstung erheblich geschwächt, am Nosee diese Zone als Nil el Abyadh oder Weißer Nil wieder zu verlassen. Mit dem Nahr Sobat fließt ihm ein erster Nebenfluß aus dem Hochland von Äthiopien zu; doch erst der bei Khartum auf den Weißen Nil treffende Nil el Azraq oder Blaue Nil macht ihn zu dem die Geschicke seiner Anrainerländer bestimmenden Strom, der in über 3 000 km von hier bis zur Mündung nur noch den Nahr Atbara als letzten Nebenfluß aufnimmt.

Wenngleich auch einige andere Länder am 2,8 Millionen qkm großen Einzugsgebiet des Nils Anteil haben, rechnet man im allgemeinen nur die Republik Sudan und Ägypten zu den eigentlichen Nilländern. Diese beiden Staaten beanspruchen den größten Bereich des Einzugsgebietes, außerdem entsteht auch erst in der Republik Sudan durch den Zusammenfluß der beiden Teilströme, des Weißen und des Blauen Nils, und durch das Zusammenwirken ihrer charakteristischen hydrographischen Eigenheiten der Strom, der Kultur und Wirtschaft von Sudan und Ägypten in Geschichte und Gegenwart bestimmt hat. Nicht die Tatsache allein, daß hier ein Fremdlingsfluß be-

Der Wasserhaushalt im Nilbecken

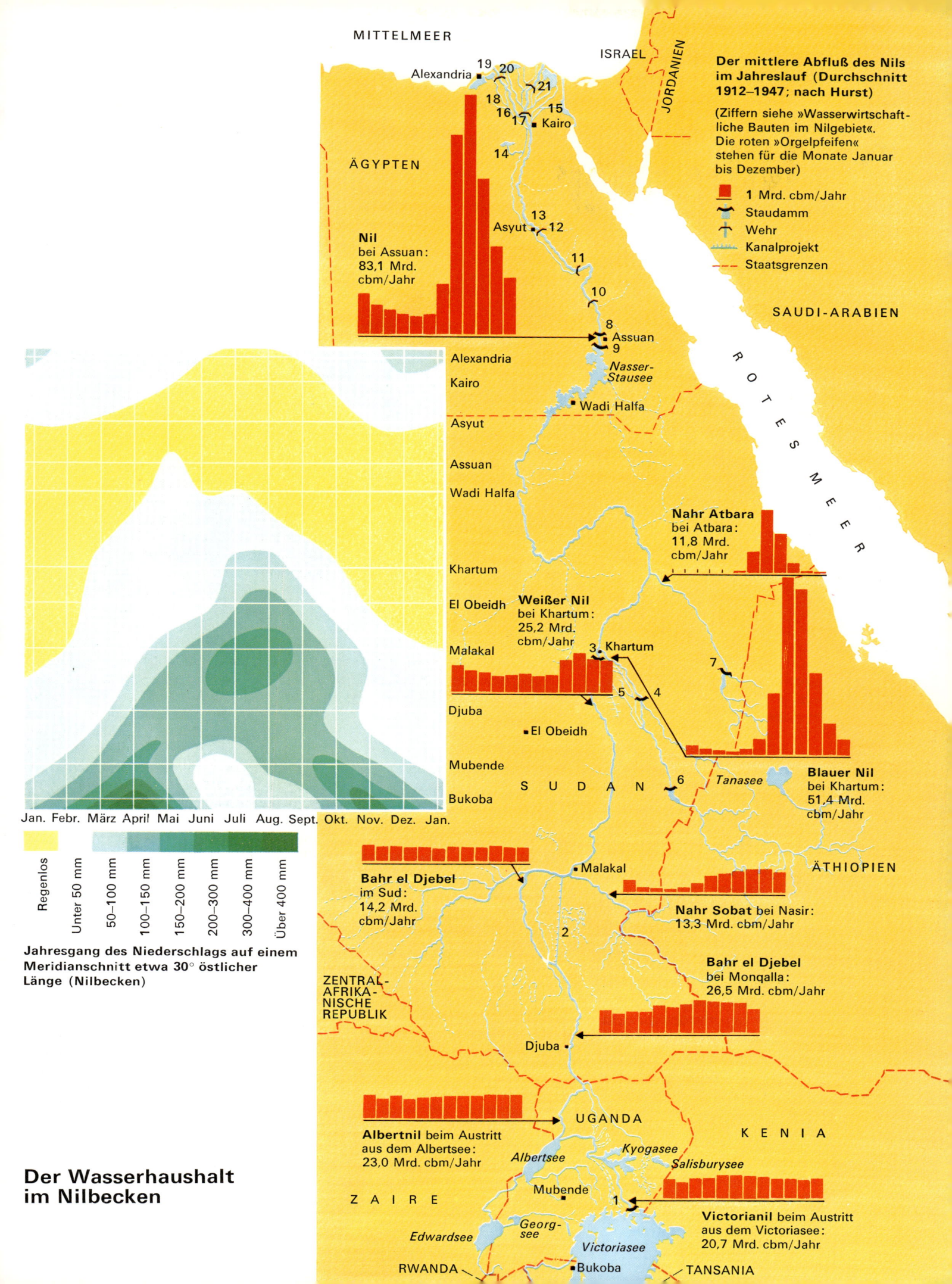

Der mittlere Abfluß des Nils im Jahreslauf (Durchschnitt 1912–1947; nach Hurst)

(Ziffern siehe »Wasserwirtschaftliche Bauten im Nilgebiet«. Die roten »Orgelpfeifen« stehen für die Monate Januar bis Dezember)

- ▮ 1 Mrd. cbm/Jahr
- Staudamm
- Wehr
- Kanalprojekt
- Staatsgrenzen

Nil bei Assuan: 83,1 Mrd. cbm/Jahr

Nahr Atbara bei Atbara: 11,8 Mrd. cbm/Jahr

Weißer Nil bei Khartum: 25,2 Mrd. cbm/Jahr

Blauer Nil bei Khartum: 51,4 Mrd. cbm/Jahr

Bahr el Djebel im Sud: 14,2 Mrd. cbm/Jahr

Nahr Sobat bei Nasir: 13,3 Mrd. cbm/Jahr

Bahr el Djebel bei Monqalla: 26,5 Mrd. cbm/Jahr

Albertnil beim Austritt aus dem Albertsee: 23,0 Mrd. cbm/Jahr

Victorianil beim Austritt aus dem Victoriasee: 20,7 Mrd. cbm/Jahr

Jahresgang des Niederschlags auf einem Meridianschnitt etwa 30° östlicher Länge (Nilbecken)

- Regenlos
- Unter 50 mm
- 50–100 mm
- 100–150 mm
- 150–200 mm
- 200–300 mm
- 300–400 mm
- Über 400 mm

Wasserwirtschaftliche Bauten im Nilgebiet

(Stauwerke, Kanäle, Kraftwerke; die Nummern beziehen sich auf die Grafik S. 351)

Bezeichnung	Lage	Zweck und Aufgabe	Abmessungen	Speicherraum	Jahr der Fertigstellung
1 Owen-Falls-Damm	Uganda, bei Jinja am Ausfluß aus dem Victoriasee	Elektrizitätserzeugung (Kapazität 150 000 kW), zugleich durch Aufstau des Victoriasees im Rahmen des Century Storage Program, zum Ausgleich von Nilflutschwankungen vorgesehen	830 m lang, 26 m hoch	Hebung des Wasserspiegels des Victoriasees um 1 m	1954
2 Jongleikanal	Sudan, Provinz Oberer Nil	Geplanter Umgehungskanal für den Nil ostwärts um das Sumpfgebiet des Sud für die Schiffahrt sowie zum schnelleren Abfluß, um Verdunstungsverluste zu verringern			
3 Dschebel-Aulia-Damm	Sudan, Provinz Blauer Nil, 45 km südlich von Khartum, am Weißen Nil	Der von Ägypten finanzierte Damm dient als Vorspeicher für den Assuandamm durch Regulierung der Wasserführung des Weißen Nils	5 km lang, 22 m hoch; Schiffsschleuse	3,5 Mrd. cbm	1937
4 Sennardamm	Sudan, Provinz Blauer Nil, 350 km südöstlich von Khartum, am Blauen Nil	Bewässerung des Baumwollanbaugebietes der Gesira zwischen Weißem und Blauem Nil (4200 qkm), Kraftwerk mit 15 000 kW vorgesehen	3 km lang, 36 m hoch; 80 Schleusentore, keine Schiffsschleuse	0,98 Mrd. cbm	1925
5 Manaqilkanal	Sudan, Provinzen Blauer Nil und Gesira, zwischen Weißem und Blauem Nil	Erweiterung des Bewässerungsgebietes der Gesira um weitere 3360 qkm	134 km lang		1959
6 Er-Roseires-Damm	Sudan, Provinz Blauer Nil, bei Er Roseires am Blauen Nil	Bewässerung des Neulandgebietes Kinana (rund 5120 qkm), Elektrizitätserzeugung (Kapazität 240 000 kW)	1,1 km lang, 60 m hoch	3,0 Mrd. cbm, Erweiterung auf 7,4 Mrd. cbm vorgesehen	1966
7 Khaschm-el-Qirba-Damm	Sudan, Provinz Kassala, am Nahr Atbara, 70 km südwestlich von Kassala	Bewässerung für Neulandprojekt zur Ansiedlung der durch den Alidamm aus dem Distrikt Wadi Halfa verdrängten Nubier (7220 qkm), Elektrizitätserzeugung (7000 kW)	350 m lang, 50 m hoch	1,1 Mrd. cbm	1968
8 Assuandamm	Ägypten, Provinz Assuan, bei Assuan am Nil, 1180 km vor dessen Mündung	Speicherung und Verteilung des Nilflutwassers (Jahresspeicher) für die Bewässerung Ägyptens, Elektrizitätserzeugung (Kapazität 1 Mrd kW)	1960 m lang; 1. Ausbaustufe: 40 m, 2: 45 m, 3: 50 m hoch; 180 Schleusentore, Schiffsschleuse	1. Ausbaustufe: 1,0 Mrd. cbm, 2: 2,7 Mrd. cbm, 3: 5,3 Mrd. cbm	1. Ausbaustufe: 1902, 2: 1912, 3: 1933

achtliche Wassermassen durch regenarme oder gar regenlose Landschaftsräume führt, ist von bemerkenswerter Bedeutung, sondern daß der diesem Fluß vom Klima anderer Zonen aufgeprägte jahreszeitliche Rhythmus seiner Wasserführung ihn zum bestimmenden Element gerade dieser beiden Staaten gemacht hat. Im Bereich des Oberlaufes des Weißen Nils und seiner Quellflüsse – einschließlich des Victoriasees – herrschen die an die innertropische Konvergenzzone gebundenen sogenannten Zenitalregen vor. Sie erreichen mit dem zweimaligen Wandern dieser Innertropikfront über den Äquator im Frühjahr und Herbst auch zwei Maxima, die nach Norden zu in einem Sommermaximum zusammenwachsen. Diese Niederschläge von 1 000 bis 2 000 mm im Jahr führen dem Oberlauf des Weißen Nils die Hauptwassermassen zu, deren Abflußspitzen jedoch durch die gewissermaßen als Ausgleichsbecken wirkenden Seen (Victoriasee, Albertsee) und Sumpfgebiete gekappt werden. Vor allem jedoch die große Verdunstung im Becken des Suds und Bahr el Ghasals hat zur Folge, daß der Weiße Nil hier über die Hälfte seines Wassers verliert und die amphibische Landschaft mit einer im Jahreslauf relativ ausgeglichenen Wasserführung mit nur kleiner Hochwasserspitze im Spätsommer verläßt. Erst der Zufluß des Nahr Sobat verstärkt dieses Abflußmaximum wieder so, daß der Weiße Nil bei Khartum mit einer eindeutigen Hochwasserwelle im Oktober ankommt.

Wesentlich folgenschwerer wirken sich jedoch die monsunalen Sommerregen (Juni–September) des Hochlandes von Äthiopien, des Quellgebietes des Blauen Nils, aus. Dort fallen in diesen Monaten bis zu 80 % der insgesamt bis zu 2 000 mm ansteigenden Jahresniederschläge; sie sind für die großen Was-

Bezeichnung	Lage	Zweck und Aufgabe	Abmessungen	Speicherraum	Jahr der Fertigstellung
9 Alidamm (Assuanhochdamm)	Ägypten, Provinz Assuan, 7 km oberhalb des alten Assuandamms	Speicherung des Nilflutwassers (Mehrjahresspeicher) für die Bewässerung Ägyptens, Elektrizitätserzeugung (10 Mrd. kWh)	5 km lang 110 m hoch; 12 seitliche Durchlässe, keine Schiffsschleuse	157 Mrd. cbm	1968
10 Isnawehr	Ägypten, Provinz Qena, bei Isna am Nil	Verteilerwehr für die Bewässerung der Provinz Qena, Speisung mehrerer Seitenkanäle	874 m lang, 9,5 m hoch; 120 Schleusentore, Schiffsschleuse		1. Ausbaustufe 1909, 2. 1948
11 Nag-Hammadi-Wehr	Ägypten, Provinz Qena, bei Nag Hammadi am Nil	Verteilerwehr für die Bewässerung der Provinz Sohag, Speisung mehrerer Kanäle			1930
12 Asyutwehr	Ägypten, Provinz Asyut	Verteilerwehr für die Speisung des Ibrahimiya- und des Josefkanals zur Bewässerung Mittelägyptens und des Beckens von El-Faiyum	833 m lang, 12,5 m hoch; 111 Schleusentore, Schiffsschleuse		1. Ausbaustufe 1902, 2. 1938
13 Ibrahimiyakanal (Tur'a el-Ibrahimiya)	Ägypten, Provinzen Asyut, El-Minya und Beni Suef	Hauptbewässerungskanal für Mittelägypten, zweigt am Asyutwehr vom Nil ab	230 km lang		
14 Josefkanal (Bahr Yusef)	Ägypten, Provinzen El-Minya, Beni Suef und El-Faiyum	Großer Bewässerungskanal, zweigt bei Dairut vom Ibrahimiyakanal ab und fließt durch die Enge von Hawara in das Becken von El-Faiyum			
15 Ismailiyakanal	Ägypten, östliches Nildelta	Süßwasser- und Schiffahrtskanal vom Nil bei Kairo zum Suezkanal bei El-Isma'iliya	130 km lang		1863
16 Deltawehr (Barrage du Nil)	Ägypten, Provinz Qalyubiya, bei Qalyub, 25 km nördlich von Kairo	Verteilerwehr an den Deltaarmen des Nils (Rosetta- und Damietta-Nil) am Einlauf der Deltakanäle	500 bzw. 440 m lang; 68 bzw. 58 Schleusentore		1. Ausbaustufe 1861, 2. 1902
17 Mohammed-Ali-Wehr	Ägypten, Provinz Qalyubiya, unmittelbar nördlich des Deltawehrs	Ersatz des alten Deltawehrs			1939
18 Deltakanäle (Raja Behera, Raja Menufiya, Raja Tewfiqi)	Ägypten, Nildelta	Hauptbewässerungskanäle für das Nildelta			
19 Mahmudiyakanal	Ägypten, Provinz Behera	Schiffbarer Verbindungskanal zwischen Rosetta-Nil und Alexandria	80 km lang		1829
20 Edfinawehr	Ägypten, Provinz Kafr esch-Scheikh	Aufstau des Niedrigwassers an der Mündung des Rosetta-Nils als Ersatz für die alten, temporären Erd- und Holzdämme			1952
21 Siftawehr	Ägypten, Provinzen Gharbiya und Daqaliya	Verteilerwehr am Damietta-Nil für die Bewässerung der Provinzen Gharbiya, Daqaliya und Scharqiya			1902

sermassen des Blauen Nils verantwortlich, die dieser mit einer Hochwasserwelle im Spätsommer (Maximum im August) abführt. Diese Hochwasserwelle des Blauen Nils übersteigt das Fünfzigfache seines niedrigsten Wasserstandes im April. Sie bewirkt das rasche Ansteigen des Nilstromes im nördlichen Sudan und in Ägypten. Der Eintritt der Nilflut Ende Juli, von deren Höhe der Ertrag der Landwirtschaft abhing, wurde früher als Feiertag begangen. Im August erreicht diese Hochwasserwelle auch in Ägypten ihren höchsten Stand, von dem das Ausmaß der überflutbaren Felder und damit der zu erwartende Ernteertrag abhing. Wesentlich langsamer als der Anstieg erfolgt das Fallen der Flut in Ägypten, da die erst im Oktober bei Khartum eintreffende Flutwelle des Weißen Nils, zunächst noch von der Flut des Blauen Nils gewissermaßen aufgestaut, das Sinken des Wasserstandes erheblich verzögert.

Für das allein vom Nilwasser abhängige Kulturland Ägyptens und Nordsudans inmitten einer lebensfeindlichen Wüste bedeutete dieser Jahresgang der Nilwasserführung die Einteilung des Jahres in drei Abschnitte:
1. die Zeit der großen Flut (ägyptisch »Sa«, von August bis Oktober), in der alles vom Wasser erreichbare Land überschwemmt und zugleich von dem sich absetzenden Schlamm des schwebstoffreichen Wassers, besonders des Blauen Nils, gedüngt wurde;
2. die Zeit des ablaufenden Wassers (ägyptisch »Per«, von November bis März), während der das trockengefallene Land bestellt wurde und dank des nur langsam zurückgehenden Wasserstandes mit Hilfe technischer Einrichtungen noch mehrmals bewässert werden konnte;
3. die Zeit der Dürre (ägyptisch »Semu«, von April bis Juli),

84 Mrd. cbm Wasser bringt der Nil im Jahresmittel bei Assuan zu Tal, über drei Viertel davon in den Monaten August, September und Oktober, wenn die Flutwelle des Blauen Nils und ihr folgend die des Weißen Nils Ägypten erreicht. Seit 1902 ermöglicht der Assuandamm, das Winterwasser zurückzuhalten und so eine zweite, z.T. sogar eine dritte sommerliche Anbauzeit zu nutzen. Doch der Assuandamm faßte nur 5 Mrd. cbm; 30 Mrd. cbm ließ er ungenutzt ablaufen. Erst der neue Sadd-el-Ali, 1971 eingeweiht, vermag mit seinem Stauraum von 157 Mrd. cbm das gesamte Wasser des Nils für die Bewässerung des Kulturlandes und die Elektrizitätserzeugung im Dienste der Industrialisierung des Landes zu nutzen. Die Kraftwerke des Sadd-el-Ali-Stausees sollen jährlich 10 Mrd. kW erzeugen.

Oben: Der überflutete Isistempel auf der Nilinsel Philae   *Rechts: Der Nil bei Abu Simbel*

Eröffnung des neuen Assuanhochdammes (Alidamm, Sadd-el-Ali)

Energie und Wachstum aus dem Nil

Trockener Nilschlamm

während der das Land nach der Ernte austrocknete und bis zur neuen Überflutung brach liegen blieb.

Im ganzen Raum zwischen Kairo und Atbara fallen bei durchweg sehr starker Verdunstung infolge hoher Temperaturen und ungehinderter Sonneneinstrahlung – von wenigen, sehr seltenen Ausnahmen abgesehen – keine Niederschläge. So ist das Land vegetationslose Wüste, in der nur punktförmig der Oberfläche nahes Grundwasser Oasen entstehen ließ. Vor allem in den Übergangsjahreszeiten, insbesondere mit im Frühjahr auftretenden Sandstürmen aus südlichen Richtungen im Norden (Chamsin) und aus nördlichen Richtungen im Süden (Haboob), greift das Wüstenklima auch auf seine Randgebiete über, die bei spärlicher Dornstrauchvegetation als Steppengebiete zu bezeichnen sind. Erst südlich von Khartum beginnt die für den ganzen Südrand der Sahara typische Vegetationsform der Trockensavanne, des Sahels. Während diese Formation bei zunehmender Regenmenge nach Südwesten zu in eine echte Savannenlandschaft und nach Südosten zum Hochland von Äthiopien hin in eine Buschvegetation übergeht, folgt ihr nilaufwärts zunächst eine vom hohen Wasserstand des Weißen-Nil-Beckens bedingte Papyrussumpfzone, die erst am Südrand Sudans am Abhang des ostafrikanischen Hochlandes in Feuchtsavanne mit Elefantengras und höherem Baumwuchs übergeht.

Infolge der geologisch-tektonischen Grundstruktur und der von Klima und Vegetation bedingten Ausstattung lassen sich die folgenden Großlandschaften innerhalb der Nilländer unterscheiden: Libysche Wüste, Nubische Wüste, Bajudasteppe, Darfur, ostsudanische Hochebenen, Sud, Gesira (El Gesira), Asandeschwelle.

Verteilung und ethnische Struktur der Bevölkerung

Den natürlichen Gegebenheiten entsprechend verteilen sich die insgesamt über 51 Millionen Einwohner der beiden Nilstaaten erwartungsgemäß sehr ungleichmäßig über die weiten Flächen der Staatsgebiete, so daß Angaben der Bevölkerungsdichte auf die Staaten bezogen (Ägypten 34,7, Sudan 6,5 Einwohner/qkm) eigentlich sinnlos sind. In dem zu 97% wüstenhaften Ägypten drängen sich die rund 34 Millionen Einwohner dieses Staates fast ausschließlich im Niltal und Nildelta zusammen. Die Wüste ist bis auf wenige besiedelte Oasen menschenleer. In den Steppen randlich der Mittelmeerküste, im Gebiet der östlichen Nubischen Wüste sowie auf der zu Ägypten gehörenden Sinaihalbinsel streifen rund 50 000 Beduinen umher (z. T. sind sie wenigstens jahreszeitlich seßhaft geworden). Eine ähnliche Verteilung der Bevölkerung ist auch im nördlichen Sudan anzutreffen, wo die seßhafte Bevölkerung ebenfalls das Niltal und das Tal des Nahr Atbara, einige Beduinenstämme die Wüstengebiete zu beiden Seiten des Nils bevölkern. Südlich von Khartum ergibt sich dann ein etwas anderes Bild. Sobald die zunehmenden Niederschläge einen Ackerbau erlauben, ist die Verteilung der Bevölkerung flächenhafter, wobei die gebirgigen und daher regenreicheren Landschaften wie Kordofan und Darfur im Westen und der Rand des Hochlandes von Äthiopien im Osten bevorzugt sind. Die stärkste Bevölkerungskonzentration der Republik Sudan wird jedoch am Zusammenfluß von Weißem und Blauem Nil und in der zwischen beiden Flüssen liegenden Landschaft der Gesira erreicht. Aber auch selbst die Sumpfgebiete des Obernilbeckens sind keineswegs unbesiedelt, sondern bieten doch einer größeren Bevölkerung ausreichenden Lebensraum.

Die in ihrer physisch-geographischen Ausstattung recht unterschiedlichen Landschaftsräume des Sudans und ihre durch Wüste oder Sumpf unterschiedliche Abgeschlossenheit oder schwere Zugänglichkeit zeigen auch ein sehr vielgestaltiges ethnisch-soziales Strukturbild der Bevölkerung. Da die Staatsgrenzen der Republik Sudan – und das gilt ja für weite Teile Afrikas gleichermaßen – ein Ergebnis der europäischen Kolonialpolitik des 19. Jahrhunderts und keine gewachsenen Grenzen sind, zerschneiden sie in vielen Fällen die Lebensräume eigentlich zusammengehörender Menschengruppen. So sind manche Schwierigkeiten, die auch heute immer wieder aufbrechen, das Erbe des Kolonialzeitalters.

Zu den in den Nilländern wirklich autochthonen, d. h. seit alters an dieser Erdstelle beheimateten Stämmen gehören die Nubier, die aber aus ihren angestammten Wohnsitzen, dem Niltal zwischen Assuan in Ägypten und Ed-Debba in der Republik Sudan, den steigenden Wassern des Sadd-El-Ali-Dammes weichen mußten. Die rund 50 000 Nubier auf ägyptischer Seite wurden bei Kom Ombo neu angesiedelt, die Bewohner von Wadi Halfa und der auf sudanischer Seite überfluteten Teile des Niltales erhielten am oberen Nahr Atbara bei Khaschm el Qirba eine neue Wohnstatt mit der neuen Stadt Neu-Halfa zugewiesen.

Sind die Nubier von Haus aus eine seßhafte, Ackerbau betreibende Bevölkerungsgruppe, so sind die ebenfalls zu den Alteinwohnern zu rechnenden Bedja Viehzucht treibende Nomaden oder Halbnomaden, deren Weidegebiete zwischen Rotem Meer und Nil liegen. Zu ihnen zählen die ebenfalls bis auf ägyptisches Gebiet im Norden und nach Eritrea im Süden übergreifenden Stämme der Bischarin, Beni Amer u. a., die früher Kamelzucht betrieben, allmählich aber mehr und mehr seßhaft werden, seitdem der Kraftwagen im Wüstenverkehr bevorzugt wird und das Kamel als Lasttier nicht mehr so gefragt ist.

Haben diese beiden Gruppen, wenn auch heute mohammedanischen Glaubens und von arabischer Sprache und Kultur mehr oder weniger stark beeinflußt, doch Teile ihrer Eigenart bewahren können, so gilt das nicht für die Bewohner des übrigen nördlichen Sudans. Hier bilden die im 9. Jahrhundert eingewanderten Araber das bestimmende Bevölkerungselement; Reste ursprünglichen Volkstums gibt es nur noch in Rückzugsgebieten. So haben im Grenzraum zum Tschad in den Bergländern von Dafur und Ouadai und zwischen diesen häufig über die Grenze wechselnd alte einheimische Viehzüchterstämme Zuflucht gefunden, ebenso wie in den Rückzugsgebieten zwischen den Inselbergen von Kordofan, wo die zu einer negroiden Altbevölkerung zählenden Berg-Nuba zu Hause sind.

Südlich des 10. Breitengrades, insbesondere in den amphibischen Gebieten des Obernilbeckens im Sud und am Bahr el Ghasal, leben die unter dem Namen Niloten zusammengefaßten Stämme der Dinka, Nuer und Schilluk, Menschen von auffallend schlankem Wuchs und tiefschwarzer Hautfarbe. Sie sind vorwiegend seßhafte Viehzüchter, aber auch Jäger und Fischer und im Gegensatz zur durchweg mohammedanischen Bevölkerung des Nordens meist noch Heiden, zum geringen Teil auch Christen, bekehrt von christlichen Missionen der verschiedensten Konfessionen, die aus Ost- und Zentralafrika kamen. Auf der Asandeschwelle an den Grenzen zum Kongo und zur Zentralafrikanischen Republik und von dieser Grenze ebenfalls geteilt leben die dunkelhäutigen Asande.

Insgesamt gibt die Statistik 450 Menschengruppen für die Republik Sudan an. Das Übergewicht bilden jedoch die Araber und arabisierten Stämme des Nordens, die zusammen mit den Nubiern und Bedja als »weißer« Bevölkerungsteil rund 45 % der Einwohnerzahl ausmachen. Die Niloten umfassen weitere

Ledertasche, Ägypten

19 % der Bevölkerung, die Stämme des westlichen Dafurs haben mit 9 %, die Berg-Nuba mit 6 % Anteil am Staatsvolk. Der Rest verteilt sich auf die zahlreichen kleineren Stämme und ethnischen Gruppen.

Ein interessantes fluktuierendes Element der Bevölkerung bilden die im Durchschnitt 13 % zählenden sogenannten »Westerners«, auch »Fellata« genannt, Angehörige mohammedanischer Völkerstämme des zentralen und westlichen Sudans, die dem Gebot Allahs folgend mindestens einmal in ihrem Leben nach Mekka pilgern und zur Finanzierung dieser weiten Reise oft monate- oder gar jahrelang in der Republik Sudan haltmachen und hier vor allem auf den Baumwollfeldern der Gesira sich ihren Lebensunterhalt und die Reisekosten verdienen.

Wesentlich weniger problematisch sind die ethnischen Verhältnisse in Ägypten. Abgesehen von den im Grenzgebiet zur Republik Sudan lebenden Nubiern und Bedja sind so divergierende Bevölkerungsgruppen wie in Sudan hier nicht vorhanden. Zwar lassen sich durchaus die den größten Teil der ägyptischen Bevölkerung ausmachenden, den alten Ägyptern noch am nächsten verwandten Fellachen des Niltales von rein arabischen Wüstenstämmen oder der arabischen Stadtbevölkerung unterscheiden, ebenso wie andere Volkstumsreste durchaus noch erkennbar vorhanden sind (z. B. Türken, Levantiner, schwarze Urbevölkerung in den westlichen Oasen usw.). Doch hat hier die arabische Eroberung im 7. Jahrhundert (sie kamen 639 ins Land) dem ganzen Land den Stempel arabischer Kultur und Sprache sowie mohammedanischen Glaubens (bis 969 gehörte Ägypten direkt zum Kalifat) derart fest aufgedrückt, daß die durch die weitere geschichtliche Entwicklung geförderten sozialen Gruppierungen schwerwiegender waren und sind als die ethnischen Unterschiede.

Die Entstehung der modernen Wirtschafts- und Sozialstruktur

Die moderne Entwicklung Ägyptens setzte zu Beginn des vorigen Jahrhunderts ein, als sich der von der türkischen Regierung nach Ägypten gesandte Mohammed Ali nach Vertreibung der im Zusammenhang mit Napoleons ägyptischem Feldzug ins Land gekommenen Franzosen und Engländer weitgehend von der »Hohen Pforte« löste und versuchte, aus der rückständigen türkischen Provinz am Nil ein modernes Staatswesen aufzubauen. Er war zunächst bemüht, die darniederliegende Landwirtschaft zu konsolidieren, führte den Anbau der langfaserigen Baumwolle ein, mußte zu diesem Zweck aber das seitherige Bewässerungssystem des Landes umstellen. Wenn auch der Baumwolle als einem Gewächs der wechselfeuchten Tropen zur Zeit der Blüte und Reife das trockenwarme Klima Ägyptens zusagt, zur Zeit ihres Wachstums mangelt es jedoch an einer ausreichenden Zufuhr von Wasser; denn im Frühjahr und Frühsommer hat der Nil seinen tiefsten Wasserstand erreicht, und die Felder liegen trocken in der Sonnenglut. Bei dem vom Steigen und Fallen des Flusses abhängigen landwirtschaftlichen Jahresrhythmus lag die Hauptanbauzeit ja in den Wintermonaten nach Ablaufen der Flut. Diese Anbauperiode war zudem den Nährfrüchten vorbehalten. Mohammed Ali sah die Chance gerade darin, während der seither kaum genutzten trockenen Sommerperiode eine zweite Ernte, und zwar von Industriefrüchten, zu erzielen. Das brachte eine Umstellung auf Dauerbewässerung mit sich, zeitigte aber auch andere schwerwiegende Folgen.

Bei der seitherigen Überflutungsbewässerung durch den alljährlich im Spätsommer über seine Ufer tretenden Nil wurde – mit Ausnahme weniger höher gelegener Gärten rund um die Dörfer oder am Rande des Niltals – das gesamte, zuvor in Bassins unterteilte Land überschwemmt, wobei – abgesehen von den Wällen und Dämmen der Bassinbegrenzungen – die Parzellengrenzen alljährlich zerstört wurden und alljährlich wieder neu festgelegt werden mußten. Wie schon zur Pharaonenzeit erhielt der ägyptische Bauer ein Stück Land jedes Jahr neu zur Bearbeitung, nicht zum Eigentum, zugeteilt. Landvermessung war in Ägypten daher schon eine sehr alte Kunst.

Beim Übergang zur Dauerbewässerung war es nötig, sich aus diesem naturgegebenen Rhythmus zu lösen und Möglichkeiten zu schaffen, Wasser des Nils auch in Zeiten geringerer Wasserführung, also vor allem im Frühjahr zur Saatzeit der Baumwolle, auf die Felder zu bringen. Das gelang durch neue Bewässerungskanäle, durch Schöpfwerke der verschiedensten Art (Sakije, Schaduf, Tambur u. a.), von denen seither schon die ortsnahen Gärten auch während des Sommers ihr Wasser erhielten, und schließlich durch den Bau von Stauwehren, die den Wasserstand des Flusses zur Niedrigwasserzeit so stark erhöhen sollten, daß den Bewässerungskanälen noch ausreichend Wasser zugeführt werden konnte. Das erste Stauwehr begann Mohammed Ali unweit Kairo am Beginn des Deltas zu errichten. Dieser 1863 fertiggestellte »Barrage du Nil« konnte eines (später von den Engländern behobenen) Konstruktionsfehlers wegen zwar zunächst nicht bis zur vollen Stauhöhe genutzt werden, seine Stauleistung genügte aber, um die Baumwollernte in den sechziger Jahren des 19. Jahrhunderts fast um das Doppelte zu erhöhen, was es Ägypten wiederum ermöglichte, während der nordamerikanischen Sezessionskriege in die Versorgungslücke der englischen Baumwollindustrie einzuspringen. Vervollständigt wurden diese wasserbaulichen Maßnahmen durch den Bau des Assuandammes 1902 (mit Erhöhungen 1912 und 1930), der als einziger Staudamm Ägyptens auch die Flutwasser des Nils für eine spätere Verwendung speichern sollte.

Mit fortschreitender Umstellung auf die Dauerbewässerung nahmen die Flächen des Kulturlandes, die mehrmals im Jahr bebaut und abgeerntet werden konnten, zu, das alljährlich nur einmal voll überflutete Land dagegen ab. Auf diese Weise wurde auch für immer größere Flächen die alljährliche Neuverteilung des Landes an die Bauern unnötig, sie unterblieb bald völlig für diese Gebiete, und aus den früher zugewiesenen Nutzungsrechten wurden allmählich Eigentumsrechte, die in einem

Gesetz von 1880 schließlich sanktioniert wurden. Nun hatten aber auch neben den Bauern andere Personengruppen wie reiche Paschas und andere Adelige, Landgesellschaften und selbst Ausländer von Mohammed Ali und seinen Nachfolgern seither brach oder öde liegendes Land oft größeren Ausmaßes als Belohnung zugewiesen erhalten oder direkt gekauft; die Auflage, dieses Land zu kultivieren, ließen diese Besitzer vorwiegend durch Pächter und Landarbeiter ausführen. Während nun auf der einen Seite die Bauern zumeist von dem islamischen Recht der Realteilung zur Befriedigung ihrer Erben Gebrauch machten, verzichtete die andere Gruppe auf dieses Recht, nahm dagegen vielfach noch das Vorkaufsrecht in Anspruch, das das islamische Recht dem Grundstücksnachbarn einräumt, und vergrößerte damit zusehends ihren Grundbesitz. Dieser Rentenkapitalismus legt Erträge aus Grund und Boden nicht produktiv, z. B. zur Intensivierung des Betriebes oder in anderen Unternehmungen, etwa der Industrie, sondern nur wieder in Grund und Boden an, während deren Besitzer aus der Kapitalrente (Pacht) ihren aufwendigen, aber unproduktiven Lebensunterhalt bestreiten; die damit verbundene Art des

Oben: Ägypten, Nillandschaft · Im großen Trockengürtel der Alten Welt hat der Nil eine schmale, 100 m bis über 20 km breite Stromoase geschaffen.

Ägypten, Bewässerungsfeldbau · Mit Spiralmühlen, von Archimedes erdacht, zieht man das Nilwasser aus den künstlichen Kanälen auf die Felder.

»Bauernlegens« hat schließlich zu der völlig ungleichmäßigen Besitz- und Sozialstruktur geführt, die zur Zeit der ägyptischen Revolution von 1952 eine kleine Gruppe im Besitz von mehr als zwei Dritteln des Bodens sah, während über 90 % aller Landeigentümer sich in das restliche Drittel teilen mußten. Daneben existierte noch eine große Gruppe von Pächtern und Landarbeitern ohne eigenen Bodenbesitz. Ein Mittelstand war mit Ausnahme von Handel sowie ländlichem und städtischem Kleingewerbe altorientalischer Art nicht vorhanden. Zwar wurde die Problematik dieser Entwicklung durch die große Fruchtbarkeit des Niltalbodens, dessen Ernten zunächst noch voll zur Ernährung der Bevölkerung ausreichten, verdeckt, doch zugleich wurde bei steigender Bevölkerungszahl – gefördert durch hohe Geburtenraten und sinkende Sterblichkeit – die Diskrepanz zwischen Ernteflache und Bevölkerungszunahme immer größer. Die Abwanderung ländlicher Überschußbevölkerung in die wachsenden Städte, vor allem nach Kairo und Alexandria, brachte diesen Menschen auch nicht die erwartete Verbesserung ihrer Lebensumstände; die Städte konnten nicht genügend Arbeitsplätze anbieten, so daß sie nur das städtische Proletariat vergrößerten. Denn auch für eine Industrialisierung, die den wachsenden Menschenüberschuß aufzunehmen in der Lage gewesen wäre, erwies sich das rentenkapitalistische Wirtschaftssystem – verbunden mit kolonialer Bevormundung – als Hindernis.

Zur Ausrüstung seiner Armee hatte zwar schon Mohammed Ali sogenannte Militärfabriken eingerichtet, die darüber hinaus auch für den zivilen Bedarf arbeiten sollten. Sie waren jedoch zum größten Teil schon gegen Ende des Jahrhunderts unter seinen Nachfolgern wieder eingegangen, wenn sich auch das Prinzip einer mit ihrem Produktionskapazitätsüberschuß für den Privatbedarf arbeitenden Rüstungsindustrie bis heute in Ägypten gehalten oder wieder belebt hat.

Nachdem die Engländer erst wirtschaftlich – besonders durch die Übernahme der Aktienmehrheit der Allgemeinen Suezkanal-Gesellschaft – und dann auch politisch – durch Übernahme des Protektorats über Ägypten nach dem Arabi-Aufstand zu Ende des Jahrhunderts – die Geschicke in die Hand genommen hatten, wurde von ihnen in beschränktem Umfange eine kleine Verarbeitungsindustrie für einheimische Rohstoffe, z. B. Baumwollentkörnungsanlagen, Seifenfabriken und dergl., eingerichtet und finanziert, da sich kein ägyptisches Kapital dafür gewinnen ließ. So betrug der ausländische, meist britische oder französische Kapitalanteil an der bescheidenen Industrie im Jahre 1914 rund 90 %! Die beiden Weltkriege gaben dann jeweils stärkere Anstöße zu Fabrikneugründungen, da zu diesen Zeiten auf der einen Seite Versorgungsschwierigkeiten wegen Abschnürung der Importmöglichkeiten bestanden, auf der anderen Seite aber durch kaufkräftige fremde Truppenkontingente im Land eine stark erhöhte Nachfrage, vor allem nach Verbrauchsgütern, entstand. In der Zeit zwischen den beiden Kriegen, besonders nachdem Ägypten 1922 unter Fuad I. nominell selbständiges Königreich geworden war, setzten Versuche ein, ägyptisches Kapital für die Industrialisierung zu gewinnen. Die von Talaat Harb gegründete Misr-Bank und ihre Industrieunternehmen – vor allem auf dem

Republik Sudan, Khartum · Die planmäßig angelegte Haupt-, Kultur-, Verkehrs- und Industriestadt liegt am linken Ufer des Blauen Nils.

Gebiet der Textilindustrie – stellten einen bemerkenswerten Versuch in dieser Richtung dar, der durch die in den dreißiger Jahren möglich gewordene Schutzzollpolitik gefördert wurde. Doch vermochte auch diese Entwicklung die Abneigung des einheimischen Kapitalbesitzes an der Industriefinanzierung nicht grundsätzlich zu überwinden. Nur ein geringer Prozentsatz der jährlichen privaten Kapitalbildung wurde produktiven Investitionen zugeführt. Der Großteil wurde nach wie vor in Grund und Boden, allenfalls jetzt auch im großstädtischen Wohnungsbau angelegt. So war denn der ausländische Kapitalanteil in der Industrie vor dem Zweiten Weltkrieg mit rund 40 % immer noch reichlich hoch. Nach dem Zweiten Weltkrieg setzte sich die Industrialisierungswelle der Kriegszeit fort, nicht zuletzt gestützt auf das im Lande lagernde Kriegsmaterial, das nun dem zivilen Bedarf zugeführt werden konnte. Es bot günstige Gelegenheit, bei geringen Investitionskosten Rohstoffe und Maschinen, Kraftfahrzeuge und Reparaturwerkstätten usw. für die Errichtung neuer ziviler Betriebe zu nutzen. Zum Zeitpunkt der Revolution von 1952 betrug der Auslandsanteil am Industriekapital jedoch noch immer rund 20 %, wobei dieses Kapital fast ausschließlich in den relativ wenigen Großbetrieben – mit Ausnahme des rein ägyptischen Misr-Konzerns – investiert war, während die Vielzahl der Kleinbetriebe zwar in ägyptischer Hand, jedoch weitgehend unterkapitalisiert war.

Die Revolutionsregierung von 1952 sah sich daher einem schweren Erbe des von ihr beseitigten Feudalstaates gegenüber; der Nachlaß bestand in einer äußerst ungesunden Grundbesitzverteilung bei einem Überangebot an landwirtschaftlichen Arbeitskräften und in einer unzureichenden Industrie, die die überschüssigen Arbeitskräfte nicht aufzunehmen in der Lage war und dazu in ihren größeren Betrieben meist dem starken Einfluß der ausländischen Geld- und Kreditgeber unterlag. Auf der anderen Seite ließ eine geradezu explosionsartige Bevölkerungsvermehrung die der natürlichen Bedingungen wegen zunächst kaum zu erweiternde Ernährungsfläche, pro Kopf der Bevölkerung gerechnet, zusehends zusammenschrumpfen. Dazu fehlte es bei der starken Polarität der Sozialstruktur zwischen einer äußerst kleinen Gruppe von Besitzenden und zugleich Gebildeten und einem übergroßen Anteil Nichtbesitzender und zugleich Ungebildeter (fast 77 % der Bevölkerung waren 1947 noch Analphabeten) an einer den Fortschritt tragenden gebildeten Mittelschicht.

Im Sudan verlief die Entwicklung etwas anders. Im Anfang des 19. Jahrhunderts war das Gebiet der heutigen Republik Sudan von einer Vielzahl kleiner Sultanate und Stammesfürstentümer eingenommen, von denen nur die Sultanate von Darfur und Funj (am Blauen Nil) eine gewisse Stabilität erreicht hatten. In Nubien hatten sich einige Mamluken, die der von Mohammed Ali angezettelten Niedermetzelung entgangen waren, festgesetzt. In dieses machtpolitische Vakuum stieß 1821 Mohammed Ali vor, einmal wohl, um seiner Armee ein Betätigungsfeld zu geben, zum anderen sicher aber auch im Streben nach wirtschaftlichen Hilfsquellen. Das Gold Nubiens, seit der Pharaonenzeit das »Dorado« der Herrscher am Nil, zog ebenso – wenn es auch nie gefunden wurde – wie der einträgliche Sklavenhandel, bei dem die Araber des Sudans als Händler und Aufkäufer der aus den Dörfern des Südens geraubten oder gekauften schwarzen Sklaven auftraten. Mohammed Ali war sehr an Negersklaven für den Aufbau seiner Armee interessiert. Das Mißtrauen der schwarzen Bevölkerung des Südens gegen die Vorherrschaft der Araber ist noch heute mit gutem Grund im Verhältnis zwischen den Nord- und Südprovinzen des Sudans lebendig. Aber auch Elfenbein und andere Landesprodukte gehörten zu den begehrten Handelsgütern, die die Ägypter in den Sudan lockten. Das bis dahin recht unbedeutende Fischerdorf Khartum wurde zum Sitz der ägyptischen Militärmacht ausgebaut und wuchs zu einer Stadt von 45 000 Einwohnern an (1862). Wenn auch der Sklavenhandel schon in den vierziger Jahren des vorigen Jahrhunderts auf moralischen Druck der europäischen Mächte, mit denen es Mohammed Ali nicht verderben wollte, offiziell verboten wurde, so kamen doch noch bis in die sechziger Jahre schwarze Sklaven nach Ägypten. Erst die von den Nachfolgern Mohammed Alis als ägyptische Gouverneure in den Sudan gesandten Engländer, vor allem Gordon (1877), unterbanden schließlich diesen Handel mit Menschen wirklich.

Inzwischen war als Reaktion auf die ägyptische Herrschaft im »Mahdi«, der sich als von Allah gesandter letzter Messias erklärte, ein revolutionärer Führer aufgestanden, dessen Einfluß von den Ägyptern und Engländern zunächst sehr unterschätzt wurde. Es gelang ihm, die Jugend des Sudans zu begeistern und mit seinen Scharen die ägyptische Herrschaft im Sudan zu zerschlagen. 1885 fiel Khartum in seine Hände; es wurde völlig zerstört und Gordon ermordet. Zur neuen Hauptstadt wurde das gegenüber Khartum auf dem linken Niluufer gelegene Omdurman bestimmt. Aus der islamischen Theokratie wurde jedoch bald eine tyrannische Despotie, deren Folgen noch schlimmer waren als die der ägyptischen Fremdherrschaft. Die Landwirtschaft ging zugrunde, das Land wurde entvölkert. Als schließlich noch durch Ausbleiben der Regenfälle 1888 eine Hungersnot ausbrach, versuchte der Mahdi-Staat die Flucht nach vorn anzutreten und zur Lösung seiner eigenen Schwierigkeiten Ägypten anzugreifen, was schließlich mit seiner eigenen Niederlage endete. 1896 begann die Wiedereroberung des Sudans durch ein angloägyptisches Heer. 1898 wurde Omdurman unter dem Kommando von Kitchener erobert.

Von 1894 bis 1924 und dann wieder von 1936 bis 1956 war der Sudan ein gemeinsam verwaltetes anglo-ägyptisches Kondominium. Trotz dieser gemeinsamen Verwaltung war der Sudan während dieser ganzen Zeit in Wirklichkeit eine britische Wirtschaftskolonie, wie sich an vielen Beispielen zeigen läßt. Schon der Bahnbau, der, statt eine Verbindung mit dem ägyptischen Bahnnetz zu schaffen, zu dem neugeschaffenen Hafen Port Sudan gelenkt wurde, zeigt, wie England seinen Partner auszuschalten versuchte. Besonders deutlich wird die einseitige Beachtung englischer Interessen in der Einführung der Monokultur auf Baumwolle in der Gesira, die allein den wirtschaftlichen Interessen Englands entsprach. Mit der Gesira (Insel) wird das vom Weißen und vom Blauen Nil eingeschlossene Landdreieck südlich von Khartum bezeichnet, eine fast tischebene, ursprünglich von Halbnomaden bevölkerte Tonebene. 1911 wurde hier von einer britischen Gesellschaft mit dem modernen Baumwollanbau begonnen, nachdem man zuvor erste Anbauversuche auf Bewässerungsland im sudanischen Niltal bei Berber durchgeführt hatte.

Das »Gesira-Scheme«, wie das Projekt genannt wurde, arbeitete in einem Partnerschaftssystem von Staat, Gesellschaft und Pächter, während die seitherigen Bewohner mit einer Bodenrente abgefunden wurden, aber noch bestimmte Anbaustreifen für die Eigenbewirtschaftung behielten. Außerdem blieben den Nomaden etwa 65 % des unbewässerten Landes erhalten.

Durch die Fertigstellung des Sennar-Dammes am Blauen Nil erreichte das durch Kanäle bewässerte Land einen Umfang von rund einer Million Feddan (etwa 420 000 ha). Das System der Bewässerungskanäle gliederte das Land in Blöcke, die in Landlosen von je 40 Feddan an die Pächter verteilt wurden. 1956 trat an die Stelle der privatkapitalistischen Gesellschaft der staatliche »Sudan Gesira Board«. Seit 1958 wird durch den Bau des Manaquil-Kanals eine weitere Fläche von 800 000 Feddan bewässerten Landes unter Kultur genommen und in Pachtlose zu 15 Feddan aufgeteilt. In beiden Gebieten steht auch heute noch die Baumwolle an erster Stelle in der Anbaurotation, wobei auf den älteren größeren Landlosen etwa ein Viertel, auf den jüngeren kleineren Landlosen ein Drittel jeweils mit Baumwolle bestellt sind. In der Nachbarschaft des Weißen Nils werden zusätzlich fast 100 000 Feddan durch Pumpen, ursprünglich durch die alten Wasserhebeeinrichtungen der Sakije und Schaduf bewässert, eine Bewässerungsart, die im 19. Jahrhundert von den Ägyptern mitgebracht wurde. Insgesamt ist die Gesira zur wichtigsten Wirtschaftslandschaft des Sudans geworden, deren Bevölkerungsdichte stellenweise bis auf 100 Einwohner/qkm steigt. Für das Pflücken der Baumwolle reicht allerdings die ansässige Bevölkerung nicht aus, so daß Wanderarbeiter zur Erntezeit in großer Zahl in die Gesira kommen (die sogenannten Westerners). Die Produktion dieser Monokultur läßt die Baumwolle bis heute an erster Stelle der sudanischen Ausfuhrstatistik stehen und bildet, da sie von den erheblichen Schwankungen des Weltmarkts abhängig ist, das nicht ganz stabile Rückgrat der sudanischen Wirtschaft.

Die Wasserverbundwirtschaft

Zur Bewässerung der Gesira wurden die Dämme von Sennar (1914–1925) und Roseires (1971/72 fertiggestellt) am Blauen Nil errichtet. Weil jede Veränderung der Wasserführung des Nils schwerwiegende Folgen in dem stromabliegenden volkreichen Ägypten hat, stimmte man sich bei allen wasserbaulichen Maßnahmen doch mit Ägypten und den anderen Anrainerstaaten ab. So ist es immer wieder zu Verhandlungen mit den Ländern der Nilquellen und mit Ägypten gekommen, die in einem »Century Storage Plan« der fünfziger Jahre dieses Jahrhunderts einmündeten, der allerdings nur als Rahmen, nicht als Ausführungsplan Wirkungskraft erhielt. Ganz dem ägyptischen Bewässerungssystem dient auf sudanischem Gebiet der Dschjebel-Aulia-Damm am Weißen Nil südlich von Khartum (1933–1937 errichtet), der als eine Art Vorsperre die Aufgabe hat, die Flutwelle des Weißen Nils zurückzuhalten bis zum Ablaufen der Hochwasserwelle des Blauen Nils. Umgekehrt muß Ägypten auch auf die wasserwirtschaftlichen Belange der Republik Sudan Rücksicht nehmen; der neue Hochdamm von Assuan (Sadd-el-Ali), konnte nicht gebaut werden, bevor nicht im Nilwasserabkommen von 1957 die gegenseitigen Ansprüche am Nilwasser festgelegt waren. Ernsthafte Eingriffe in den natürlichen Ablauf des seither ausgependelten Wasserhaushaltes und des ganzen Landes waren selbstverständlich auch schon die ersten Großbauten wie z. B. der alte Assuan-Damm (Speicherkapazität 3,5 Milliarden cbm), mit dessen Hilfe ja in Ägypten die jährlich einmalige Überschwemmung aufgehoben und die ganzjährige Dauerbewässerung eingeführt wurde. In verstärktem Maße aber gilt es für den viel größeren Eingriff durch den Bau des Sadd-el-Ali (Speicherkapazität 157 Milliarden cbm), bei dem die hydrologischen und morphologischen Folgen der Veränderung in der Wasserführung des Flusses zwar z. T. abgeschätzt, in ihrem Ausmaß aber sicher nicht voll überblickt worden waren. Der Nutzen dieses Großspeicherraumes sollte in der Ausdehnung des bewässerten Landes mit Hilfe des nun ganzjährig zur Verfügung stehenden Speicherwassers um etwa eine Million Feddan, in der Verbesserung der Schiffahrtsmöglichkeiten durch die jetzt das ganze Jahr über nahezu gleichmäßige Wasserführung, in der Vermeidung von Hochwasserschäden sowie in der Nutzung der Stauhöhe von 110 m für die Elektrizitätsgewinnung (rund 10 Milliarden kWh im Jahr) liegen, die der Industrialisierung des Landes zugute kommen. Auf der anderen Seite haben aber die im Durchschnitt geringere Wasserführung des Flusses und der Kanäle und der Fortfall der Schwebstofführung durch deren Zurückhaltung im neuen Staubecken zum Sinken des Grundwasserstandes beiderseits des Nils geführt. Besonders im Delta ist damit die Gefahr des Eindringens salzigen Meerwassers in den Untergrund gegeben; aber auch die stärkere Erosion in den Wasserläufen, die verringerte Sedimentation im Delta und vor der Küste und damit wieder die morphologische Bedrohung der Küstenlinie sind nicht zu unterschätzen. Auch die Nährstoffarmut des von seinen fruchtbaren Schwebstoffen befreiten Nilwassers hat unerwünschte Folgen: verringerte Düngerwirkung für das Ackerland, Nährstoffknappheit für die Fischerei in Fluß, Delta und Küstengebiet.

Die Nilländer im Industriezeitalter

Als England 1956 den Sudan in die Selbständigkeit entließ, war dieser einer der ersten nach dem Zweiten Weltkrieg souverän gewordenen afrikanischen Staaten. Englischer Einfluß ließ ihn zunächst eine parlamentarische Demokratie als Regierungsform wählen. Doch diese nach unserer heutigen Auffassung höchste Form menschlichen Zusammenlebens, die gegenseitige Achtung und Toleranz, aber auch einen hohen gemeinsamen Bildungsstand voraussetzt, konnte offensichtlich in diesem Entwicklungsland mit seiner vielfältigen Stammesgruppierung, mit seinen Rassenunterschieden, religiösen und sozialen Divergenzen und den dadurch hervorgerufenen Ressentiments und dem hohen Prozentsatz an Analphabeten nicht funktionieren. Schon 1958 trat eine Militärregierung die Macht an, in der die islamischen Araber des Nordens bestimmend wurden, von denen sich die schwarzen Volksgruppen des Südens unterdrückt fühlen. Wirtschafts- und Sozialstruktur der einzelnen Bevölkerungsgruppen sind so gegensätzlich und stehen auf so unterschiedlichen Entwicklungsstufen, daß auch daraus noch mannigfaltige Probleme folgen; den nomadischen Viehzüchtern in den Wüstensteppen und Gebirgswüsten des Nordens, wenn auch heute schon vielfach zum Halbnomadismus übergegangen (bei dem die jungen Männer mit den Herden wandern, während die Älteren seßhaft geworden sind), stehen die ortsgebundenen Viehzüchterstämme der Niloten gegenüber. Die Ackerbauer scheiden sich, soweit sie nicht in die moderneren Produktionssysteme bei Bewässerungswirtschaft z. B. in der Gesira eingegliedert sind, noch immer in die Seluka-Feldbauern, die die durch Regen oder Bewässerung fruchtbaren Landstriche des Nordens mit dem Grabstock bebauen, und in die hackbautreibende negroide Bevölkerung im Süden, zwischen denen, vor allem in den Sumpfgebieten, noch primitive Jäger- und Fischervölker sitzen.

In den arabischen Staaten gilt heute die Mehrehe, besonders natürlich unter den Intellektuellen, als Zeichen der Rückständigkeit. In den heidnischen Südprovinzen der Nilländer ist dagegen die Polygamie noch weit verbreitet, woran auch offensichtlich die christlichen Missionen nicht viel ändern konnten. Hier gibt es reiche Männer, die sechs oder noch mehr Frauen besitzen. Da Frauen einen erheblichen Kaufpreis haben, können sich rund 50 % der Männer überhaupt keine Frau leisten. Viele junge Männer müssen durch diese ungerechte Frauenverteilung ledig bleiben. Da der Ledige in der primitiven Gesellschaft ohne Ansehen ist, verlassen viele junge Männer ihre Heimat und gehen als ungelernte Arbeiter in die Städte, wo sie ein nur schwer kontrollierbares Proletariat in den Vororten bilden (»detribalized southerners«). Vielfach ihre Bindung zur Familie und zum Stamm verloren haben aber gerade die gebildeten Neger, die sich in Groß-Khartum, in Wad Medani und anderen großen Städten konzentrieren. Sie verstärken damit den allenthalben in Entwicklungsländern zu beobachtenden Trend, daß es die Gebildeten in die Städte zieht, während die Provinz durch die Landflucht der Intellektuellen der Gefahr einer geistigen Verarmung ausgesetzt ist. Von rund 26000 gebildeten Sudanern, darunter etwas mehr als 4000 Frauen (nach dem Stand von 1960), die eine höhere Schulbildung oder ein Universitätsstudium abgeschlossen haben, lebten mehr als 65 % in Khartum und Omdurman! In den Provinzstädten und erst recht auf dem Lande ist der Anteil der Gebildeten mit weniger als 1 % der Bewohner recht klein, die Zahl der Analphabeten, die im Landesdurchschnitt bei 86 % liegt, dagegen besonders hoch. Dabei besteht auch in der Republik Sudan durchaus schon eine allgemeine Schulpflicht. Doch werden erst 50 % der schulpflichtigen Kinder von ihr erfaßt. Eine von den Engländern gegründete Beamtenschule in Khartum wurde nach Erreichung der Unabhängigkeit zur Universität ausgebaut. Neben dieser sudanischen Universität unterhält auch die Universität Kairo eine Zweigstelle in Khartum.

In Ägypten, das schon seit 1922 eine allgemeine Schulpflicht kennt, haben sich die Dinge vor allem nach der Revolution etwas besser entwickelt, auch wenn das Problem eines akademischen Überangebots in den Städten und ein Akademikermangel in der Provinz selbst hier noch nicht gebannt ist. Der akademischen Ausbildung stehen heute vier Volluniversitäten, zwei in Kairo (1908 und 1950 gegründet), eine in Alexandria (1942 gegründet) und eine seit 1957 in Assyut zur Verfügung. Daneben befindet sich noch in Kairo eine der ältesten Koran-Hochschulen, die schon fast mit der Stadt selbst 970 gegründete »El Azhar«, die immer noch eines der großen geistigen Zentren der islamischen Welt darstellt. Auch sie erfährt jetzt einen Ausbau zur Vollhochschule, vor allem für die Lehrerausbildung (in diesem Zweig ist sie auch weiblichen Studenten zugänglich, ein geradezu revolutionäres Ereignis in der islamischen Welt).

Dank der ernstgenommenen Schul- und Bildungspflicht nimmt in Ägypten der Anteil der Analphabeten an der Bevölkerung, der 1952 noch über 70 % betrug, seit Jahren laufend ab; die jüngere städtische Bevölkerung kann zum größten Teil lesen und schreiben. Der technischen Ausbildung wird neben der Allgemeinbildung besondere Beachtung geschenkt. Außer den genannten »Technical Preparatory Schools« wurden besondere berufliche Aus- und Fortbildungsstätten, in den Großbetrieben der Industrie Lehrlingswerkstätten und dergleichen errichtet. In diesen Bereichen ist Ägypten der Republik Sudan noch weit voraus. Eine große, zunächst auch in Ägypten aufgetretene und hier durch den Einsatz ausländischer, z. B. auch deutscher Lehrkräfte behobene Schwierigkeit ist dabei die Heranbildung geeigneter Lehrpersonen. Die Lehrerbildung wird daher in Ägypten besonders gefördert. Bei allem eigenen Bedarf hat Ägypten in den letzten Jahren viele Lehrkräfte in andere arabische Staaten, darunter auch in die Republik Sudan, entsandt.

Die moderne Agrar- und Industriewirtschaft

Eine Betrachtung der Erwerbsstruktur in beiden Staaten zeigt, daß die Bevölkerung Ägyptens und Sudans auch heute noch hauptsächlich in der Landwirtschaft, also im primären Bereich, tätig ist. Trotzdem sind merkliche Unterschiede zu erkennen. Die Erfahrung lehrt, daß eine große Agrarbevölkerung auf eine schlechte Gesamtwirtschaftsstruktur schließen läßt. Im allgemeinen ist eine Ertragssteigerung mit dem gleichzeitigen Rückgang der Beschäftigten in diesem Bereich verbunden. Das gilt natürlich vor allem für die Industrieländer; aber auch in den sich allmählich vom Agrar- zum Industriestaat wandelnden Entwicklungsländern sind solche Tendenzen vorhanden.

In Ägypten nimmt trotz Zunahme der landwirtschaftlichen Betriebe nach der Aufteilung des Großgrundbesitzes und durch die Neubesiedlung ehemaligen Wüstenlandes die landwirtschaftliche Bevölkerung allmählich ab. Die Agrargesetzgebung fördert dabei die genossenschaftliche Betriebsweise in Form der Produktionsförderungsgenossenschaften, bei denen der Grund und Boden Eigentum der Fellachen bleibt; die Bewirtschaftung geschieht auf eigene Rechnung des Bauern, die Anleitung, der Anbauplan und die Kreditwirtschaft jedoch erfolgen durch die Genossenschaften. Die Zugehörigkeit zu ihnen ist in den Neusiedlungsgebieten obligatorisch, in den Altsiedlungsgebieten freiwillig. Sie hat verhindert, daß nach der Zerschlagung des Großgrundbesitzes ein Ertragsrückgang, wie zunächst befürchtet, eintrat, und hat bewirkt, daß durch gemeinsame Festlegung der Fruchtfolge eine Zusammenlegung

Sonnenuntergang in einem Nuer-Dorf; der Rauch des brennenden Kuhdungs hält die Insekten fern

Nuer, die sich zum Schutz gegen Fliegen mit Lehm bestrichen haben

Frauen und Kinder entleeren Maiskolben

Dinka-Dorf in Sudan

Dinka

Die Niloten in Sudan

Bis in die jüngste Zeit waren die Gebiete am Oberen Nil »Closed Districts«. Ihre Bewohner, dunkelhäutige Nilotenstämme (Dinka, Nuer und Schilluk), leben im amphibischen Gebiet des Sud und des Bahr el Ghasal vom Fischfang, auf höher gelegenem Savannengebiet von Viehzucht und etwas Ackerbau. Dieser schwarzafrikanische Teil der Republik Sudan war gegenüber dem arabisch-mohammedanischen Norden des Landes wirtschaftsschwach und rückständig. Anders als bei den Hirtennomaden des Nordens betreiben hier seßhafte Stämme die Viehzucht. Der Ackerbau hat teilweise die Form der »shifting cultivation«, d.h. des Wanderhackbaues, der die Bodenerschöpfung verhindern soll, jedoch die ursprüngliche Waldvegetation zerstört. Hirse und Kassave sind die wichtigsten Nährfrüchte. Exportfrüchte werden kaum angebaut, da schlechte Verkehrserschließung die Transportkosten unverhältnismäßig verteuert. Das einzige ganzjährige, wenn auch langsame und schwerfällige Verkehrsmittel ist der Nildampfer. Die Befriedung nach dem Vertrag von 1972 soll nun auch dem wirtschaftlichen und technischen Fortschritt das Tor öffnen.

Ägypten
(Al Dschumhurija al Arabija al Misr, Arabische Republik Ägypten)

Präsidialrepublik mit »Volksrat«, allgemeinem Wahlrecht und Wehrpflicht; Hauptstadt Kairo (5,1 Mill. Ew., mit Vororten 6 Mill. Ew.).

Fläche: 1 001 449 qkm (davon 59 202 qkm in Asien) – **Einwohnerzahl:** 34,8 Mill. (davon rund 40% städtische Bevölkerung) – **Bevölkerungsdichte:** 34,7 Ew./qkm – **Jährlicher Geburtenüberschuß:** 25‰ – **Größere Städte:** Alexandria (2,03 Mill. Ew.), Gizeh (712 000 Ew.), Suez (315 000 Ew.), Port Sa'id (313 000 Ew.), El Malhalla el Kubra (256 000 Ew.), Tanta (254 000 Ew.), El Mansura (212 000 Ew.), Assuan (202 000 Ew.), Asyut (176 000 Ew.), Es-Saqasiq (173 000 Ew.), El Isma'iliya (168 000 Ew.), Damanhur (161 000 Ew.), El Faiyum (120 000 Ew.) – **Bevölkerung:** Arabisierte Hamiten; etwa 70 000 arabische Beduinen; Nubier (im Süden), Berber, Neger; kleine europäische Gruppen (vorwiegend Griechen und Italiener) – **Sprache:** Arabisch – **Religion:** Über 90% Moslems (Islam Staatsreligion), über 5% koptische Christen; andere christliche Minderheiten (u. a. 50 000 Griechisch-Orthodoxe und Katholiken, rund 15 000 Protestanten); 1500 Juden – **Viehbestand:** Über 3 Mill. Schafe und Ziegen, 2,1 Mill. Rinder, 2,1 Mill. Büffel, 1,3 Mill. Esel, 130 000 Kamele – **Beschäftigung** (Anteil der Erwerbstätigen): Landwirtschaft und Fischerei 50, Bergbau und Industrie 11, Handel, Banken und Versicherungen 10, Baugewerbe 4, Verkehr, Transport und Nachrichtenwesen 4, übrige Berufe 21% – **Einfuhr:** 874 Mill. US-Dollar – **Ausfuhr:** 825 Mill. US-Dollar – **Wichtige Ausfuhrgüter:** Baumwolle (40–50% des Exportwertes), Erdöl, Reis, Baumwollgarne, Ölsamen, Gemüse, Mineralöl

der Baumwollanbauflächen in den Altgemeinden erfolgte. Bei fast fünftausend landwirtschaftlichen Genossenschaften in den rund viertausend Dorfgemeinden des Landes kann man annehmen, daß heute die ägyptische Landwirtschaft nahezu vollständig genossenschaftlich organisiert ist.

Bei der ägyptischen Agrarproduktion steht die Baumwolle immer noch an erster Stelle; sie nimmt auch in der Ausfuhrstatistik nach wie vor mit bis über 50% des Ausfuhrerlöses den ersten Platz ein. Ihr Anbau während der Sommerperiode beansprucht in den Hauptanbaugebieten, die im Delta und in einigen Provinzen Mittelägyptens liegen, bis zu zwei Drittel der Ackerfläche. Ihr tritt heute jedoch zunehmend in dieser ursprünglich fast nur dem Anbau sogenannter Industriefrüchte gewidmeten Kulturperiode der Reis und vor allem der Mais zur Seite, der den Weizen als Hauptkörnerfrucht eingeholt hat. Zuckerrohr wird als sommerliche Hauptfrucht besonders in Oberägypten angebaut. Die traditionellen Feldfrüchte der Winterperiode, der Haupt-, wenn nicht gar einzigen Anbauperiode zur Zeit der »Bassinbewässerung«, sind Weizen, Gerste, Hülsenfrüchte, Zwiebeln und vielerlei Gemüse, z. B. Tomaten sowie besonders Bersim (Alexandrinischer Klee), der neben seiner Bedeutung als Viehfutter auch in der Rotation als stickstoffsammelnde Bodenfrucht eine wichtige Rolle zu spielen hat. Während der Herbstperiode wurde früher hauptsächlich Mais angebaut, der jetzt aber durch Rückgang der Baumwollanbaufläche und besonders durch entsprechende Sortenwahl vorwiegend eine Sommerfrucht geworden ist. Nicht unbedeutend ist in Ägypten der Obstbau, der schon im vorigen Jahrhundert durch Anbauprämien eine besondere Förderung erfuhr, wodurch die ägyptische Kulturlandschaft in weiten Teilen ihr parkartiges Aussehen erhalten hat. Zitrusfrüchte im Winter, Mango im Sommer sind neben Weintrauben, Datteln und vielerlei sonstigen mediterranen Baumfrüchten die wichtigsten Obstsorten, die z. T. auch für die Ausfuhr eine zunehmende Bedeutung erlangen. In dem meist in der Form eines kombinierten Pflug-Hackbaues betriebenen Feldbau sind Hakenpflug und kurzstielige Hacke noch immer die wichtigsten Arbeitsgeräte. Traktoren und andere landwirtschaftliche Maschinen sind bei den Bauern des Altkulturlandes noch selten; man findet sie schon eher in den Neusiedlungs- und Landreformgebieten, wo die Genossenschaften die Anfänge einer Mechanisierung der Landwirtschaft unterstützen. Dank der intensiven, wenn auch noch altertümlichen Bodenbearbeitung ist die Ertragslage der ägyptischen Landwirtschaft im internationalen Vergleich doch recht gut. Trotz hoher Hektarerträge und trotz Vermehrung der Anbau- und insbesondere der Erntefläche – die bei mehrmaligem Anbau im Jahr ja größer ist als die Anbaufläche – konnte jedoch die Schere, die zwischen dem Pro-Kopf-Anteil an der Nährfläche und der noch nicht gestoppten Bevölkerungsexplosion klafft, nicht geschlossen werden.

Mit großem Elan hatte man gleich nach der Machtübernahme die Gewinnung neuen Kulturlandes in Angriff genommen. Das erste, 1953 begonnene spektakuläre Projekt war die Urbarmachung, Kultivierung und Besiedlung einer Wüstenfläche westlich des Deltas, der man den stolzen Namen Tahrir- (»Befreiungs«-)Provinz gab. Bewässert wird diese auf eine Million Feddan ausgelegte Fläche zum großen Teil jedoch noch mit Nilwasser, das in einem Kanal zugeleitet wird, zum anderen Teil mit durch Pumpenanlagen gehobenem Grundwasser, das aber letzten Endes ebenfalls der Nil speist. Neben dem unmittelbaren Zweck der Neulandgewinnung stand die Aufgabe, Experimentier- und Lernobjekt agrartechnischer wie agrarsozialer Art zu sein. Günstiger schienen in dieser Hinsicht bei allen sonstigen Schwierigkeiten die Voraussetzungen für ein anderes Projekt zu liegen, das man 1958 unter dem propagandistisch geschickt gewählten Namen New Valley (Neues Tal gegenüber dem alten Tal des Nils) in den Oasen der westlichen Wüste, besonders in Charga und Dachla, begonnen hat. Hier wurde reichliches artesisches Wasser aus Tiefen bis zu 1 300 m erschlossen und für die Bewässerung genutzt. Dieses Projekt belastet also nicht den schon so angespannten Nilwasserhaushalt und verspricht – bei aller noch bestehenden Ungewißheit über die Regenerationsfähigkeit des Bodenwasserschatzes und bei der Gefahr seiner endgültigen Erschöpfung – eine Kultivierung und landwirtschaftliche Nutzung großer Bodenflächen (optimistische Schätzungen gehen bis mehrere Millionen Feddan) auf einen Zeitraum von sicher zweihundert bis dreihundert Jahren.

Durch die vollständigere Nutzung des Nilwassers mit Hilfe des Großspeichers des Sadd-el-Ali hofft man, im Niltal selbst weitere rund eine Million Feddan gewinnen zu können. Doch alle Projekte dieser Art werden, zumal ihre Verwirklichung mit der Bevölkerungszunahme kaum Schritt halten kann, das Grundproblem der immer knapper werdenden Nährfläche nicht lösen können. Einen Ausweg bietet nur die Industrialisierung des Landes, die von der Revolutionsregierung besonders seit den sechziger Jahren sehr energisch in Angriff genommen wurde.

Neben den Ausbau alter Industriezweige wie der Textilindustrie sind Neugründungen der verarbeitenden Industrie und schließlich gar der Grundstoffindustrie getreten. Daß es sich bei dem Mangel an Privatkapital und nach der sogenannten Sozialisierungsgesetzgebung von 1961 bei diesen Industrieunternehmen größtenteils (77 %) um Staatsbetriebe handelt, sei nur am Rande erwähnt. Doch ist der Anteil der privaten Industrie (Betriebe mit weniger als 25 Arbeitern wurden weitgehend von der Sozialisierung ausgenommen, wenn sie sich in ägyptischem Besitz befanden) ansehnlich hoch. Bei den verstaatlichten und vielfach erst nach 1961 gegründeten Staatsbetrieben handelt es sich vor allem um Großbetriebe, die in 151 Staatsgesellschaften zusammengefaßt sind. An erster Stelle zu nennen ist hier das Hütten- und Stahlwerk Heluan, erbaut von deutschen Firmen und jetzt mit sowjetischer Hilfe erweitert. Dieses Werk verarbeitet neben den bei Assuan gewonnenen und mit Bahn und Schiff herangeführten Eisenerzen auch die in der Baharija-Oase erschlossenen Erze, für deren Anlieferung eine Bahnlinie durch die Wüste gebaut wird. Ebenso sind die Rüstungsindustrie, die Fahrzeugindustrie (Personenkraftwagen nach italienischen und deutschen Lizenzen), die Großbetriebe der Textilindustrie, meist aus dem Misr-Konzern hervorgegangen, und die Chemische Großindustrie in staatlichen Händen. Zahlreiche kleinere Betriebe, vor allem der Konsumgüterindustrie, sind dagegen noch im privaten Besitz. Die Industriestatistik von 1968, die neben den staatlichen Betrieben nur die sogenannten registrierten Betriebe mit mehr als 25 Arbeitern zählt, gibt 1004 staatliche Betriebe mit rund 461000 Arbeitnehmern und 1424 private Betriebe mit nur 73000 Beschäftigten an. Hauptindustriestandorte sind der Raum um Kairo und Alexandria sowie die Deltastädte. Die übrigen Provinzen sind mit Ausnahme des Gebietes um Assuan noch recht industrieschwach. Von besonderer Bedeutung für das sonst energieschwache Ägypten ist die Erdölförderung, die in den Feldern am Golf von Suez und – nach dem Verlust der Sinai-Felder – auch in der westlichen Wüste erheblich gestiegen ist. Die Ausbeutung erfolgt meist durch ägyptisch-ausländische Gemeinschaftskonzessionen, vorwiegend unter US-amerikanischer Kapitalbeteiligung. Neben der einheimischen Verarbeitung in zwei vom Kriegsgeschehen betroffenen Großraffinerien in Suez und einer Raffinerie in Alexandria gewinnt auch die Erdölausfuhr allmählich an Bedeutung. Für die Versorgung der Raffinerie in Alexandria und für den Durchlauftransport arabischen Öls zur Entlastung oder Ausschaltung des Suezkanals für die Öltanker wird jetzt eine Pipeline von Suez über Kairo nach Alexandria gebaut.

In der Republik Sudan ist die Wirtschaftslage zweifellos etwas differenzierter als in Ägypten. In der Gesira wird dank der Bewässerung durch den Sennar- und den Roseiresdamm eine recht intensive Landwirtschaft (vorwiegend noch immer in Pachtbetrieb) mit gutem Erfolg vor allem im Baumwollanbau betrieben, die der ägyptischen Landwirtschaft kaum nachsteht. Ähnlich im Anbaurhythmus wie die ägyptische ist auch die Landwirtschaft des Niltales nördlich von Khartum mit ihrer Überflutungsbewässerung. Einige Bewässerungsgebiete, z. T. auf neubesiedeltem Land wie etwa bei Khaschm el Qirba, wo auch die vom Sadd-el-Ali-Bau verdrängten Nubier eine neue Heimat gefunden haben, kommen hinzu. Dagegen sind weite Gebiete im wechselfeuchten Steppen- und Savannenland nur recht extensiv genutzt. Ihre Bevölkerung stellt zwar einen großen Anteil an den landwirtschaftlich Erwerbstätigen des Landes, jedoch nur einen vergleichsweise geringen Beitrag zum agrarischen Bruttosozialprodukt. Im Gegensatz zur ägyptischen Einteilung des Anbauablaufes ist hier ja die sommerliche Regenzeit die wichtigste Anbauperiode, in der Mais, Hirse (zwei unterschiedliche Arten: Sorghum und Pennisetum), Sesam und andere Feldfrüchte gepflanzt und im August und September geerntet werden. Im kühleren Bergland des Darfur kennt man einen Terrassenfeldbau, und auch Obstsorten werden hier gezüchtet. Ganz anders ist wiederum der Ackerbau in den Südprovinzen, wo noch verbreitet Wanderhackbau (»shifting cultivation«) vorherrscht.

Auch in der Viehzucht unterscheidet sich der Norden des Landes stark vom Süden. Der Viehbestand des Nordens (Rinder, Kamele, Schafe) ist in Händen der Halbnomaden und Nomaden. Im Süden sind es dagegen die seßhaften nilotischen Stämme der Dinka und Nuer, die stattliche Rinderherden, jedoch von anderer Rasse als im Norden und mit diesen nicht austauschbar, ihr eigen nennen. Der hier schon starken Gefährdung durch die Rinderpest und andere Viehseuchen konnte man durch Impfungen begegnen. Ganz allgemein ist die Milchleistung gering. Auch bei den zahlreichen Schafen und Ziegen haben sich landschaftsgebundene Sonderformen herausgebildet. Insgesamt wird der Bestand als zu hoch erachtet. Für die Bewohner der Südprovinzen spielt auch der Fischfang noch eine bedeutende Rolle.

Im Gegensatz zum waldlosen Ägypten bietet die Republik Sudan mit einem Wald- und Buschbestand auf 39 % ihres Territoriums auch der Forst- und Holzwirtschaft einige Möglichkeiten. Wenn es sich bei dieser Fläche auch z. T. nur um sehr aufgelockerte Bestände (lichte Savannenwälder, Galeriewälder, Dornbuschsavanne usw.) handelt, so sollen doch 22 % des Staatsgebietes nach fachmännischer Meinung forstwirtschaftlichen Erfolg versprechen. Zwar haben die in der Nähe der Siedlungen und der Verkehrslinien (Eisenbahn, Dampferrouten) liegenden Bestände durch Raubbau früher sehr gelitten, doch regelt heute die Forstabteilung des Landwirtschaftsministeriums den Einschlag und sorgt auch für Wiederaufforstung. In den Savannenwäldern jedenfalls gibt es wertvolle Edelhölzer (Mahagoni, Teak u. a.), wenn sie im Augenblick der hohen Transportkosten wegen auf dem Weltmarkt auch noch nicht konkurrenzfähig sind. Akaziensorten decken den Brennholzbedarf und versorgen auch den Norden damit. Holzkohle und Gummiarabikum sind weitere wichtige Produkte der sudanischen Forstwirtschaft. Ist Ägypten auf dem Wege zur Industrialisierung schon einige beachtliche Schritte vorangekommen, besonders seitdem die neue Regierung mit den Gesetzen der sechziger Jahre frühere kapitalbedingte Hemmnisse beseitigt hat, so steht der Sudan noch völlig am Anfang, vor allem fehlt jegliche Schwerindustrie. Auch Bodenschätze sind dem derzeitigen Stand unseres Wissens nach nicht in nennenswertem Maße vorhanden. Verarbeitende Industrien sind vor allem

---

Sudan
(Dschumhurijat es Sudan, Republik Sudan)

Republik (neue Verfassung geplant) unter der Regierung eines Revolutionsrats; Hauptstadt Khartum (El Khartum; 256000 Ew., mit Omdurman [255000 Ew.] und El Khartum Bahri [123000 Ew.] 634000 Ew.).

Fläche: 2505813 qkm – **Einwohnerzahl:** 16,5 Mill. (davon rund 90% ländliche Bevölkerung) – **Bevölkerungsdichte:** 6,5 Ew./qkm – **Jährlicher Geburtenüberschuß:** Rund 28‰ – **Bevölkerung:** Rund 50% Araber und arabisierte Schichten (im Norden), hamitische Stämme (in Nubien), Niloten (im Süden); rund 9000 Europäer – **Sprache:** Arabisch als Staatssprache; hamitische, nilotische und sudanische Sprachen; Englisch wichtig als Bildungs- und Handelssprache – **Religion:** 50–60% Moslems (besonders im Norden); 163000 Katholiken, rund 100000 Protestanten; koptische Christen; Anhänger von Naturreligionen (im Süden) – **Viehbestand:** 23,5 Mill. Schafe und Ziegen, 13,5 Mill. Rinder, 3 Mill. Kamele, 620000 Esel, 20000 Pferde – **Beschäftigung** (Anteil der Erwerbstätigen): Landwirtschaft und Fischerei 71, Bergbau und Industrie 5, Handel, Banken und Versicherungen 4, Baugewerbe 2, Verkehr, Transport und Nachrichtenwesen 2, übrige Berufe 16% – **Einfuhr:** 353 Mill. US-Dollar – **Ausfuhr:** 357 Mill. US-Dollar – **Wichtige Ausfuhrgüter:** Baumwolle und Baumwollsamen (zusammen über 60% des Exportwertes), Erdnüsse, Gummiarabikum, Sesam, Ölkuchen, Häute, Felle, Vieh

seit dem Industriegesetz von 1956, das die Registrierung von gewerblichen Unternehmen und ihrer Kapitalsummen vorsah, doch schon in rasch wachsendem Maße entstanden. Zunächst sind es – wie auch in Ägypten zu Anfang der Industrialisierung – Betriebe, die die landwirtschaftlichen Produkte des Landes verarbeiten. So gibt es zahlreiche Ölmühlen; zwei Fabriken verarbeiten einheimische Tabake zu Zigaretten, mehrere Spinnereien und Webereien sind auf dem Anbau der Baumwolle begründet. 1959 wurde von einer deutschen Firmengruppe eine Zuckerfabrik in Guneid am Blauen Nil errichtet, in deren Umgebung 5000 ha mit Zuckerrohr bepflanzt werden. Die Jahresproduktion dieser Fabrik soll die devisenfressende Zuckereinfuhr um fast die Hälfte senken. Auch viele Konsumgüter wie Seife, Süßwaren, Farben, Schuhe, Pharmazeutika, Haushaltwaren usw. werden schon im Lande hergestellt. Selbst Kühlschränke und Klimaanlagen sollen demnächst – ähnlich wie in Ägypten – in Lizenzbauweise hergestellt werden. Doch zeichnet sich standortsmäßig noch keine Industriezone ab wie etwa im Raume Kairo oder im Nildelta. Nur in Khartum-Nord, dem jüngsten Teil der aus drei Siedlungskernen bestehenden Hauptstadt, deuten sich erste Anzeichen einer kommenden Industrieballung an. Im übrigen sind die Betriebe auf die Städte, den Hafen Port Sudan und auf das landwirtschaftliche Zentrum der Gesira verteilt.

Der Urbanisierungsprozeß

Wie überall auf der Welt nimmt auch in den fortgeschrittenen Entwicklungsländern der Urbanisierungsprozeß immer weiter zu. In Ägypten leben heute über 40 % der Bevölkerung in Städten, in den Millionenstädten Kairo und Alexandria allein 20 %. Nun ist ja die arabische Kultur schon im Mittelalter während ihrer Hochblüte eine Stadtkultur geworden. Auch die Verbreitung der Städte Sudans deutet diese Beziehung zur arabischen Kultur noch an, liegen doch die – ungleich kleineren – Städte der Republik Sudan zum großen Teil im arabischen Siedlungsraum der Wüsten und Steppen im Nordteil des Landes. Nur die Hauptorte der Südprovinzen wie Juba, Wau und Malakal sind daneben noch erwähnenswert.

Eine Weltstadt internationalen Formats, wenn auch mit zahlreichen und unterschiedlich starken orientalischen Nuancen, ist Kairo, das mit seinen Vor- und Nachbarstädten wie Gizeh, Imbaba und Heluan, mit denen es zusammengewachsen ist, eine Bevölkerungsagglomeration von etwa 6 Millionen Menschen darstellt. Es ist nicht nur die größte Stadt des Orients und ganz Afrikas, sondern auch der Vorort der arabischen und darüber hinaus der ganzen islamischen Welt, wozu es allerdings nicht erst die moderne panarabische und panislamische Politik, sondern schon die ehrwürdige Koran-Hochschule »El Azhar«

gemacht hat. Es war und ist aber auch ein bedeutendes Wirtschafts- und Finanzzentrum. Zur Kolonialzeit hatten die großen Weltbanken, voran natürlich die britischen Geldinstitute, hier ihre Filialen, nicht zuletzt, um den Baumwollhandel zu finanzieren. Selbst die National Banc of Egypt war ein britisches Unternehmen. Heute sind alle Banken und Versicherungen verstaatlicht. Ähnliches gilt für die großen Wirtschaftsverwaltungen, die Spitzen der Industriegesellschaften und für den gesamten Handel, die ebenso ihren Hauptsitz in Kairo haben und zusammen mit den Öffentlichen Diensten den tertiären Bereich auf 24 % der erwerbstätigen Bevölkerung anwachsen lassen. An zweiter Stelle steht die Industrie selbst, die in und um Kairo ihre wichtigsten Standorte hat und deren Anteil an der Erwerbsbevölkerung 18 % ausmacht. 3 % sind noch in der Landwirtschaft tätig, während fast 53 % in der Gruppe der Berufslosen geführt werden, neben Familienangehörigen meist Gelegenheitsarbeiter, kleine Händler und Handlanger.

Das noch gut tausend Jahre ältere Alexandria trägt ähnlichen internationalen Charakter als wichtigste Hafenstadt des östlichen Mittelmeers, jedoch auch hier sind arabisch-orientalische Muster mit eingewoben. Neben Handel und Hafenwirtschaft ist auch hier inzwischen die Industrie ein den Charakter der Stadt mitbestimmendes Element. Vielfach haben ausländische Agenturen und Vertretungen hier noch ihren Sitz. Die anderen Großstädte des Landes mit mehr als 100 000 Einwohnern, zu denen fast alle Provinzhauptstädte gehören, zeigen dagegen schon eigenständigere Züge. Städtisch bedeutsam und moderne Einflüsse nicht verleugnend sind die Städte des Nildeltas und am Suezkanal. Die Deltastädte sind, auch abgesehen von Kairo und Alexandria, die wichtigsten Industriestandorte, vielfach der Textilindustrie, geworden. Ländlicher geben sich die mittel- und oberägyptischen Städte, wenn sie nicht, wie Luxor und Assuan, durch den Fremdenverkehr, letzteres natürlich auch durch den Staudammbau und die Industrie, in den Sog des Fortschritts geraten sind (die Einwohnerzahl von Assuan stieg in den letzten Jahren von 75 000 [1966] auf derzeit 202 000).

Die sudanischen Städte sind von diesem Sog dagegen im allgemeinen noch nicht erfaßt. Eine Ausnahme bildet Khartum, das eigentlich aus drei Städten besteht, nämlich aus Omdurman, einer alten Eingeborenensiedlung, aus Khartum, das erst im 19. Jahrhundert groß geworden ist, und aus Khartum Bahri, heute Sitz einiger Industrie. Der Weiße und der Blaue Nil trennen die Stadtteile voneinander. Auch Port Sudan am Roten Meer ist als Hafenstadt mit der modernen Welt schon in Berührung gekommen, selbst der Fremdenverkehr spielt hier und in seiner Umgebung besonders für den Tauchersport eine Rolle. Als Eisenbahnknotenpunkt ist Kassala erwähnenswert; Wad Medani in der Gesira ist der Hauptbaumwollhandelsplatz. Dagegen sind Städte wie El Fasher und El Obeid, die Hauptorte Kordofans und Darfurs, noch nahezu unberührt von westlichem Einfluß, der in anderen Provinzhauptstädten wie z. B. in Malakal am oberen Weißen Nil, Verwaltungssitz und zentraler Ort eines größeren Bereiches, schon eher zu spüren ist. Juba, Endpunkt der Nilschiffahrt, jenseits schon der großen Sumpflandschaft des Suds, und Wau in der Provinz Bahr el Ghasal liegen in den nur mit besonderer Erlaubnis zu betretenden Südgebieten, die besser an das zentralafrikanische Straßennetz angeschlossen sind als an das Eisenbahnnetz Sudans. Nach Wau allerdings führt seit 1961 eine Eisenbahn; der Schienenverkehr spielt überhaupt für den Zusammenhalt von Staat und Wirtschaft eine größere Rolle als in Ägypten.

Politik am Nil

Als 1952 eine Gruppe junger Offiziere in Ägypten die Macht übernahm und die Monarchie ablöste, begann am Nil und darüber hinaus im ganzen Orient eine neue Epoche der politischen Geschichte, die Ägypten fast automatisch an die Spitze der arabischen Welt setzte, ging hier doch der volkreichste Staat des Orients in der sozialrevolutionären Befreiung aus der alten rentenkapitalistischen Wirtschafts- und Sozialstruktur voran. In Personifizierung dieses Fortschrittes wurde Gamal Abdel Nasser, der Führer der ägyptischen Revolution, zum Idol aller arabischen Freiheitsbewegungen, die zugleich den, wie alle Araber überzeugt sind, gerechten Kampf gegen Israel auf ihre Fahnen geschrieben hatten. Glaubten sich doch die Araber betrogen von den mehr oder weniger präzisen Erklärungen während des Ersten Weltkrieges (von Balfour bzw. MacMahon), die Palästina sowohl den Juden wie den Arabern zugesprochen zu haben schienen. Aus dieser Konstellation ergaben sich für Nasser und Ägypten zwei nicht immer kongruierende Maximen der Politik: die Wahrung des Führungsanspruches unter den arabischen Staaten und die Wandlung Ägyptens vom Feudalstaat in einen modernen Industriestaat mit ihren wirtschaftlichen und sozialen Problemen. Jeder wirtschaftliche und soziale Fortschritt Ägyptens ließ sein Image als Vorbild wachsen, ver-

Ägypten, Oasen · Palmenhain im Niltal in der Nachbarschaft der Wüste. Fruchtbarkeit und gute Erträge finden sich überall, wo Wasser vorhanden ist.

Ägypten, Gräberfeld bei Kairo · In den Nilländern, wo anbaufähiges Land knapp ist, verlegte man schon früh die Nekropolen aus der Siedlung der Lebenden an den Rand der Niloasen, in die Steilabfälle der Wüstentafeln.

langte allerdings auch immer weitere politische Entscheidungen, um die Rolle als fortschrittliche Führungsmacht spielen zu können. Die von Ägypten ausgehenden Anstöße führten nacheinander in Irak, Syrien, später in der Republik Sudan und dann auch in Maghrebstaaten sowie schließlich in Libyen zu Umwälzungen, die den Block der arabischen Länder in sich wieder in eine traditionellfeudale und eine sozialrevolutionäre Gruppe spalteten. Das einigende Band zwischen diesen war vielfach nur noch der gemeinsame Feind Israel. Daran änderten auch die unglücklich ausgehenden militärischen Zusammenstöße mit Israel (1956 und 1967) wenig. Trafen beide Komponenten der Bindung, Feindschaft gegen Israel nach außen und sozialrevolutionäre Entwicklung im Innern, zusammen, kam es auch zu engeren politischen Zusammenschlüssen wie bei dem Versuch einer Vereinigten Arabischen Republik, die Ägypten und Syrien ein kurzlebiges gemeinsames Staatswesen bilden ließ. Immer kam aber diese Führerstellung Ägyptens in Gefahr, wenn es zu Kompromissen bereit erschien. Als Nasser in einem solchen Zeitraum 1970 plötzlich starb und Sadat an seine Stelle trat, versuchte dieser in aller Vorsicht den Primat der ägyptischen vor dem der gesamtarabischen Interessen weiter durchzusetzen. Das brachte ihm sowohl im eigenen Lande bei der studentischen Jugend Mißtrauen ein und ließ auch eine so junge revolutionäre Regierung wie die des Oberst Ghadafi in Libyen rasch in Konkurrenzposition um die Führung aufsteigen. Durch den Abschluß einer Konföderation zwischen Syrien, Libyen und Ägypten, bei der letzteres sein wirtschaftliches, soziales und bevölkerungsmäßiges Übergewicht in die Waagschale werfen soll, versuchte man, den Streit um Führungsansprüche zu neutralisieren. Die Konföderation und die Einleitung einer Union von Ägypten und Libyen wurden bisher kaum wirksam.

Ein wesentliches und vielfach modifizierendes Element in die am Nil gestaltete Politik brachte die Anlehnung Ägyptens

– und in seiner Nachfolge auch der anderen arabischen Staaten – an die Sowjetunion mit sich. Diese Bindung kam nicht durch die sozialen Revolutionen, die zunächst durchweg nationalistisch und sogar antikommunistisch waren (in Ägypten gibt es z. B. keine kommunistische Partei), sondern auf dem Wege über die große Weltpolitik zustande. Anlaß war eine Folge sich gegenseitig bedingender Ereignisse. Es begann mit der Ablehnung eines Krediters für den Sadd-el-Ali-Bau durch die Weltbank auf Veranlassung der USA. Die Antwort Ägyptens war die Verstaatlichung des Suezkanals im Jahre 1956, dessen beachtliche Gebühreneinnahmen jetzt den Staudammbau zu finanzieren helfen sollten. Es folgte das militärische Eingreifen Großbritanniens und Frankreichs und in deren Schatten Israels in die sogenannte Suezkrise. Dieses rief die ultimativen Drohungen der Sowjetunion zu ihrer Beendigung hervor. Und schließlich fand sich die Sowjetunion zur Übernahme der finanziellen und ebenso der technischen Durchführung des Staudammbaues bereit.

Damit waren Ägypten – und durch Förderung seitens der UdSSR – bald auch andere arabische Staaten in die weltpolitische Ost-West-Spannung eingegliedert. Staudammbau und industrielle Entwicklung stärkten Ägyptens Stellung in der Arabischen Welt, aber der Präventivschlag Israels, der sogenannte Sechstagekrieg von 1967, brachte für Jordanien und Syrien, vor allem aber für Ägypten schwere Verluste; es fielen nicht nur Deviseneinnahmen aus den Benutzungsgebühren des nun stillgelegten Suezkanals aus, sondern mit der Besetzung der Sinai-Halbinsel durch Israel war auch ein Glacis mit wichtigen Rohstoffen (Erdöl, Mangan) verloren. Der syrisch-ägyptische Versuch, die seit 1967 israelisch besetzten Gebiete im Oktober 1973 militärisch zurückzugewinnen, scheiterte. Aber die gesamtarabische Solidarität erwies sich, unter Einschluß des Sudans, stärker als je vorher. Durch die letztlich durch die USA und die UdSSR herbeigeführten UNO-Beschlüsse kann Ägypten theoretisch eine Wiedergewinnung des größten Teils der 1967 und 1973 von Israel besetzten Gebiete erwarten – faktisch hängt jedoch diese von so vielen widerspruchsvollen Voraussetzungen ab, daß die Verwirklichung mit vielen Fragezeichen versehen bleibt.

Sudan scheint in dieser politischen Konstellation eine periphere Rolle zu spielen. Tatsächlich liegen am oberen Nil mit den ethnischen, wirtschaftlichen und sozialen Strukturunterschieden zwischen dem Norden und dem Süden des Landes auch andere Probleme an, die in das Beziehungsgeflecht der Arabischen Welt nicht immer einzupassen waren. Nach der ägyptischen Revolution von 1952 blickte der arabische und politisch führende Norden des Landes zunächst fasziniert nach dem nördlichen Nachbarn, zumal Nagib, der erste Präsident der jungen ägyptischen Republik, in Khartum geboren war und viele Jahre seines Lebens dort verbracht hatte. Selbst die Frage eines Anschlusses an Ägypten nach Erlangung der Selbständigkeit wurde diskutiert, doch nicht allgemein bejaht. Immerhin trat nach der Selbständigkeitserklärung von 1956 die Republik Sudan sofort der Arabischen Liga bei. In dem demokratischen Mehrparteiensystem nach Erlangung der Souveränität, aus dem sich in den Folgejahren Koalitionsregierungen mit wechselnden Mehrheiten ergaben, fand sich neben proägyptischen und antiägyptischen (Mahdisten) Parteien auch eine kommunistische Partei. Auf der einen Seite von dem zunehmenden politischen Gewicht der Vereinigten Arabischen Republik Nassers angezogen, auf der anderen Seite Spannungen wegen des Verlaufs der ägyptisch-sudanischen Staatsgrenze ausgesetzt und schließlich mit den Problemen des Südsudans belastet, waren die Beziehungen zwischen den beiden Nilstaaten von wechselnder Intensität. Mit der Machtübernahme durch das Militär 1958 kamen die proägyptischen Kräfte der Armee ans Ruder, die kommunistische Partei wurde verboten. Die innere Ruhe des Staates wurde zwar nicht gewonnen, doch verbesserten sich durch die Regelung der Nilwasserfrage und durch Neutralisierung der Grenzstreitigkeiten die Beziehungen zu Ägypten. Als ein neuer Umsturz 1964 die demokratischen Freiheiten im Lande wiederherstellte, kam mit den anderen Parteien auch die kommunistische Partei ins Spiel, das durch einen erneuten Staatsstreich des Militärs unter Numeiri 1969 abgebrochen wurde. Bei dieser unruhigen Entwicklung, die sich zwischen den Gruppierungen des vorherrschenden Nordens abspielte, fanden die Belange des nichtarabischen Südens nur wenig Beachtung, wenn auch jede neue Regierung die Lösung des wichtigen Südproblems versprach. Doch erst nachdem Numeiri eine kommunistische Gegenrevolution mit Hilfe Kairos und Tripolis' erfolgreich bekämpft hat, scheint sich die Einsicht von der Notwendigkeit, im Interesse der Staatserhaltung das Südproblem zu lösen, durchgesetzt und die Militärregierung die politische Stärke gewonnen zu haben, gewissen Autonomiebestrebungen des Südens nachzugeben. Die daraus gewonnene Handlungsfreiheit wird der Republik Sudan erlauben, das Maß der Bindung an die bisher lockere arabische Konföderation zwischen Libyen, Ägypten und Syrien selbst zu bestimmen.

Selbst bei Ausklammerung der historischen und archäologischen Publikationen, die natürlich bei einem so alten Kulturland wie Ägypten einen großen Umfang erreichen, kann auch von der geographisch-landeskundlichen Literatur hier nur eine Auswahl meist deutschsprachiger und leicht erreichbarer Arbeiten erwähnt werden.
Badr, Gh. Z.: Probleme der Industrialisierung Ägyptens. Rekrutierung und Weiterbildung neuer Arbeitskräfte. Winterthur 1965. – Binder-Hagelstange, U. von: Ägypten. Ein Reiseführer. Olten/Freiburg 1966. – El-Shagi, El-Shagi: Neuordnung der Bodennutzung in Ägypten. Drei Fallstudien. (In: Afrika-Studien Nr. 36.) München 1969. – Issawi, Ch.: Egypt in Revolution. An Economic Analysis. London/New York/Toronto 1963. – Köhne, C. E.: Ägypten. Landschaft, Geschichte, Kultur. Stuttgart 1966. – Kornrumpf, H.-J.: Vereinigte Arabische Republik / Ägypten. Wirtschaftsstrukturwandlung und Entwicklungshilfe. (In: Schriften des Deutschen Orients-Instituts.) Hamburg 1968. – Schamp, H.: Ägypten. Das Land am Nil im wirtschaftlichen und sozialen Umbruch. (In: Themen zur Geographie und Gemeinschaftskunde.) Frankfurt/Berlin/München 1971. – Simons, P.: Die Entwicklung des Anbaus und die Verbreitung der Nutzpflanzen in der ägyptischen Nilstromoase von 1800 bis zur Gegenwart. Eine Agrargeographische Untersuchung. (In: Kölner Geographische Arbeiten. Heft 20.) Wiesbaden 1968. – Stuart, D.: Great Cairo, Mother of the World. London 1969. – Treydte, K. P.: Genossenschaften in der VAR (Ägypten). Entwicklung, Stand und Struktur des ägyptischen Genossenschaftswesens. (In: Schriftenreihe d. Forschungsinstituts der Friedrich-Ebert-Stiftung. Bd. 83.) Hannover 1971. – Wohlfahrt, M. u. E.: Das neue Ägypten. Zwischen Pyramide und Moschee. Berlin 1962.
Eine neuzeitliche Landeskunde liegt außer in dem kleinen Bändchen des Verfassers zur Zeit nicht vor; doch ist vom Verfasser eine solche für die Länderkundliche Reihe der Wissenschaftlichen Buchgesellschaft, Darmstadt, geplant. Die Arbeit von Simons bietet mehr, als der Titel ankündigt. Sie stellt einen lesenswerten Abriß der noch immer vorwiegend auf der Landwirtschaft beruhenden Wirtschaft des Landes dar. – Ihre moderne genossenschaftliche Struktur – ein Versuch, alte feudale Wirtschaftsformen zu überwinden – untersucht die Arbeit von Treydte. – Reich an Informationen, wenn auch die Entwicklung der letzten zehn Jahre z. T. nicht mehr erfassend, ist u. a. die Schrift von Issawi.

Horst Mensching

Die Maghreb-Länder

Das »Land der untergehenden Sonne«

Maghreb, dieses arabische Wort für den Westen, das Land der untergehenden Sonne, bezeichnet jenen kulturgeschichtlichen und geographischen Großraum Nordafrikas, der heute die Länder Marokko, Algerien, Tunesien und auch Libyen umfaßt. Dabei bleibt die Einbeziehung des heutigen Libyens ein wenig unklar; das läßt auch die gegenwärtige Hinwendung dieses Syrtenlandes zum östlichen Nachbarn Ägypten erkennen, als die maghrebinischen Integrationsbestrebungen schwieriger wurden. Um Gemeinsames und Divergierendes im Maghreb zu verstehen, selbst um die Namensgebung zu erläutern, ist eine kurze historische Betrachtung Nordafrikas notwendig. Sie muß in der vorarabischen Zeit beginnen.

Vom griechischen und römischen Kulturkreis der Mediterraneïs aus gesehen, waren die Bewohner Nordafrikas – wie alle Fremden – die »barbari«, Berber also, deren Lebensraum zwischen dem Atlantik und der Cyrenaika mit ihrer frühen griechischen Herrschaft lag. Diese Berber erschienen den Griechen und Römern der Antike auch als »roh und wild«, eine Kennzeichnung, die sich noch im Wortinhalt von »Barbaren« widerspiegelt. In Zeiten der verbreiteten Seeräuberei im Mittelmeer im 17./18. Jahrhundert sprach man so auch von den Barbareskenstaaten Nordafrikas. Das Wohngebiet berberischer Bevölkerung wurde nach der Zerstörung des Karthagerreiches in verschiedene römische Provinzen aufgeteilt, die ihrerseits zu bleibenden Bezeichnungen in diesem Raum führten. Die östliche Berberei (»Ifrikiya«) wurde zur Provinz Africa proconsularis, zu der mit Africa Nova noch benachbarte Teile des heutigen Algeriens und Tripolitaniens hinzukamen. Hier lag die Wurzel zur späteren Benennung des ganzen Kontinentes. Im Westteil der Berberei wurden die beiden römischen Provinzen Mauretania Tingitana (Tingis = Tanger) und Caesariensis errichtet, woraus die Bezeichnung der Bewohner stammt, die nach der arabisch-islamischen Eroberung auch großer Teile der Iberischen Halbinsel auf das Maurenreich übertragen wurde.

Mit den arabischen Eroberungszügen des 7. und 8. Jahrhunderts verbreitete sich die Bezeichnung Maghreb für Nordwestafrika. Allerdings behielt das Khalifat Africa (Tunesien und Ostalgerien) noch seinen alten Namen. Erst die bedeutende Herrschaft der Almoraviden (1060–1147) und der Almohaden (Zerfall dieses maurischen Reiches in der ersten Hälfte des 13. Jahrhunderts) umfaßte dann den gesamten Maghreb von der marokkanischen Atlantikküste bis zur tripolitanischen Syrte. Seit dieser Zeit vermochte keine Dynastie mehr eine Maghreb-Einheit zu schaffen. Zwar hatten die arabisch-islamischen Eroberungen und kulturellen Einflüsse des Orients in der Religion des Islams und in der arabischen Sprache, die freilich die Berbersprachen nicht verdrängen konnten, dem Nordwesten Afrikas eine »Orientalisierung« gebracht, doch keine staatliche Einheit. Vielmehr entwickelten sich Teile des Maghrebs selbständig, wie »Maghreb el-aqsa« (äußerster Westen) zum späteren Marokkoreich, während davon der zentrale Maghreb und Ifrikiya (Afrika) von arabischen Historikern wie Ibn Khaldoun im 14. Jahrhundert unterschieden wurden.

Die Herrschaft türkischer Dynastien blieb im Maghreb des 17. und 18. Jahrhunderts auf den östlichen Teil beschränkt und ohne tiefgreifende Folgen. Dagegen wurden die nach dem Ende der maghrebinischen Maurenherrschaft, die mit dem Fall von Granada 1492 zu Ende gegangen war, von dort Vertriebenen nunmehr im Maghreb als »Andalusier« bezeichnet. Sie errangen erheblichen Einfluß auf die kulturgeographische Entwicklung im Küstengebiet von der Straße von Gibraltar bis zur Syrte. Noch heute erkennt man ihre Agrartechniken im Bewässerungsland, und manche marokkanischen Städte (z. B. Fès) haben ein andalusisches Viertel. Von diesen skizzierten Einflüssen blieb im heutigen Libyen die Cyrenaika fast ganz ausgeschlossen. Hier liegt ein Schlüssel für die Möglichkeit, von den Provinzen des Landes Libyen nur Tripolitanien zum historischen Maghreb zu rechnen.

Haben uns im alten berberischen Nordwestafrika die Zeitepochen des Imperium Romanum, der arabisch-islamischen Eroberung mit der allmählichen Orientalisierung und das nach Europa übergreifende Maurenreich wichtige kulturhistorische Leitlinien erkennen lassen, so vollzog sich mit der ständigen Erweiterung und neuen Eroberung von Küstenstützpunkten durch Portugiesen, Spanier und Franzosen von der Wende des 15. zum 16. Jahrhundert ab eine Entwicklung, die mit der Eroberung von Algier im Jahre 1830 die folgenschwersten Eingriffe europäischer Herrschaft in Nordafrika einleitete. Sie führte schließlich zur französischen und spanischen Kolonialherrschaft, die den Maghreb tiefgreifend beeinflußt hat. Daß Libyen durch die italienische Eroberung von 1911 bis 1930 außerhalb des französischen Machtbereichs in Nordafrika blieb, hatte endlich auch für die jüngste politische Entwicklung des Maghrebs nicht unerheblichen Einfluß: Dem französischen »L'Afrique du Nord« (abgesehen von der spanischen Zone im marokkanischen Er Rif) war das italienische »Libia« kaum noch verbunden. Nach der Beendigung der Kolonialherrschaft in Libyen 1947, in Tunesien und Marokko 1956 und in Algerien 1962 hatte diese doch deutliche Unterschiede hinterlassen: Französisch Nordafrika war zum Kerngebiet des Maghrebs geworden, an dessen historische Bezeichnung nun wieder angeknüpft wurde. Die Nachkolonialzeit ließ den Maghreb stärker hervortreten, allerdings innerhalb staatlicher Begrenzungen, nicht als Einheit, die er hätte jetzt werden können.

Die Frage nach einer Maghrebintegration muß vor allem die politische Situation beleuchten. Dies soll jedoch erst am Schluß dieser Betrachtung geschehen.

Schon die historische Entwicklung hat gezeigt, daß der Maghreb in engem Zusammenhang mit seinem ethnologischen Grundelement, den Berbern, zu sehen ist. Diese mediterrane Altbevölkerung Nordwestafrikas wurde vor der arabisch-islamischen Eroberung des Maghrebs von der atlantischen Küste bis zur libyschen Wüste in verschiedenen Gruppen angetroffen. Diese bewohnten vor allem jenen Bereich, der sich als zumeist gebirgiger Saum zwischen dem Mittelmeer und der Sahara erstreckt. Berberische Eroberungszüge erreichten aber auch die zentrale Wüste und im Mittelmeer von Marokko aus auch den westafrikanischen Sudan.

Ursprünglich bewohnten drei große Berbergruppen den Maghreb: die Masmûda, die Sanhâdja und die Zenâta, auf die noch zahlreiche heutige Stammesverbände zurückzuführen sind. Im zentralen saharischen Bereich bilden die bekannten Tuareg eine nicht sehr zahlreiche, aber durch ihre großen Nomadenzüge recht bekannte berberische Gruppe, die sich bis in die sahelische Tropenzone ausgebreitet hat. Sie umfaßt vor allem ziemlich dunkelhäutige Menschen. So verschiedenartig die Berber ethnisch sind und so mannigfaltige Dialekte sie auch sprechen – eine einheitliche Schriftsprache gibt es nicht –, so haben sie doch viele gemeinsame kulturelle Merkmale, die sich in ihren Siedlungs- und Lebensformen äußern.

Für ihre heutige Erfassung wirkt erschwerend, daß im Gefolge der Islamisierung auch eine regional verschieden starke Arabisierung stattgefunden hat. Viele Stammesverbände wurden in die Gebirgsregion zurückgedrängt, so daß die Atlasgebirge zu einem großen Berberrefugium geworden sind. Dort findet man die am wenigsten arabisierten Berber. Das Berbertum im Maghreb läßt sich heute nur noch sprachlich nach verschiedenen Dialekten erfassen. Man bezeichnet in Marokko rund 40 % der Bewohner als »berberophon«, in Algerien etwa 25 %, in Libyen, vor allem in Tripolitanien, etwa 20–25 %, während Tunesien nur noch 1–2 % Berber aufzuweisen hat. Viele Berber bedienen sich heute vorwiegend der arabischen Sprache, da sie Amtssprache ist. Die größten Berbergruppen sind im Atlasgebirge Marokkos die Schlöh (Chleuh), die Beraber und die Rifkabylen im Norden des Landes. In Algerien sind es die Kabylen des Tellatlas und Djurdjura sowie die Schauia (Chaouia) im Aurèsgebirge und die Mozabiten und Gourara in der Sahara. Im östlichen Maghreb leben in Südtunesien (Djerba) und im tripolitanischen Djebel Nefusa noch Berbergruppen.

Gegenüber den Arabern bilden die Berber vor allem eine ländliche (agrare) Gesellschaft, die sich traditionell von der Großfamilie über verschiedene Stammesfraktionen zu größeren Verbänden zusammenschloß. Das Sektierertum (Marabutismus) spielte nach der Islamisierung im Maghreb bei ihnen

Tunesien, Höhlendorf Chenini · Typische Schutzsiedlung der Berber, am Stufenrand der Dahar-Kreidetafel: Wohnhöhlen, ummauerte Vorhöfe mit Viehställen.

eine große Rolle. Mit der Gründung von berberisch getragenen Dynastien, vor allem im 11.–13. Jahrhundert, wurden auch städtische Zentren errichtet: Marrakesch ist hierfür ein Beispiel. Es wurde bereits angedeutet, daß während des arabisch-berberischen Maurenreiches dieser Zeit auch andalusische Volkselemente einbezogen wurden.

Die französische Kolonialzeit im Maghreb brachte mit ihrer hohen Zahl von Europäern in Nordafrika – in Algerien lebten über 1 Million Franzosen und Italiener – auch starke Impulse zur soziologischen Umstrukturierung. Die Stammesorganisationen (»Tribalismus«) erlitten in dieser Zeit eine starke Auflockerung bzw. Auflösung, und zwar um so mehr, je stärker der europäische Einfluß war. Hiervon waren die Städte mehr als das Land betroffen. Die stärksten traditionellen Beharrungsräume finden sich in den Gebirgen Marokkos und in der Sahara. Algerien weist die tiefgreifendsten Auflösungserscheinungen des alten Gesellschaftssystems auf. Natürlich ist hierbei auch das Wirtschaftssystem der Bevölkerung von Bedeutung; denn die Viehwirtschaft treibenden Stämme blieben stärker als die seßhaften Bewohner in althergebrachter Weise gruppiert. Dies läßt sich deutlich etwa in Tunesien erkennen. Grundsätz-

Uhrmacher auf dem Markt von Inezgane bei Agâdîr *Unten: Schneider*

Unten: Schuhmacher *Rechts: Obst- und Gemüsestand auf dem Markt von Inezgane*

Menschen und Märkte in Marokko

Von den Maghreb-Ländern hat Marokko am stärksten traditionelles Wirtschaften und Handeln bewahrt. Der offene Markt, der »Souk« der Araber, bildet überall ein wichtiges Zentrum im Alltag der Marokkaner. Alle Berufe des Kleinhandwerks sind mit diesen Märkten eng verknüpft, vom Uhrenreparateur über den Schneider und den Schuhmacher bis zu den Teppichherstellern (Berberteppiche sind modern geworden!). Die Märkte sind bis heute auch Mittelpunkt des Volkslebens – mit Tanz, Spiel, Märchenerzählern und Schlangenbeschwörern – geblieben. Doch dies allein ist nicht Marokko – auch Großstädte wie Casablanca, Rabat und Fès gehören dazu, und Bergbau und Industrie werden gefördert und wachsen stetig.

Schlangenbeschwörer

Marokko
(Al Mamlakah al Maghrebia, Königreich Marokko)

Konstitutionelle Monarchie mit Einkammerparlament und allgemeinem Wahlrecht; keine Wehrpflicht; Hauptstadt Rabat (530 000 Ew.).

Fläche: 458 730 qkm – **Einwohnerzahl:** 15,83 Mill. (davon 68% ländliche Bevölkerung) – **Bevölkerungsdichte:** 35,0 Ew./qkm – **Jährlicher Geburtenüberschuß:** 29‰ – **Größere Städte:** Casablanca (1,5 Mill. Ew. mit Vororten), Marrakesch (332 000 Ew.), Fès (325 000 Ew.), Meknès (246 000 Ew.), Tanger (188 000 Ew.), Oûjda (175 000 Ew.), Tetouân (139 000 Ew.) – **Bevölkerung:** Marokkaner verschiedener Abkunft (Berber, Araber, arabisierte Berber), Negermischlinge (im Süden); über 100 000 Ausländer (hauptsächlich Franzosen, ferner u.a. Spanier und Italiener) – **Sprache:** Arabisch (etwa 63%) als Staatssprache; Berberdialekte (über ein Fünftel) und Zweisprachigkeit (rund ein Achtel) weit verbreitet; Französisch und Spanisch wichtig als Handels-, Bildungs- und Verkehrssprachen – **Religion:** 95% sunnitische Moslems (Islam Staatsreligion); christliche Minderheiten (u.a. 210 000 Katholiken); rund 70 000 Juden – **Einfuhr:** 771 Mill. US-Dollar – **Ausfuhr:** 639 Mill. US-Dollar – **Wichtige Ausfuhrgüter:** Nahrungsmittel (besonders Zitrusfrüchte, Tomaten, Fische; annähernd 50% des Exportwertes); Bergbauprodukte (vor allem Phosphate; über 30%), Olivenöl, Baumwolle, Düngemittel, Leder

lich resultieren hieraus die großen Unterschiede zwischen der seßhaften Agrarbevölkerung des feuchtmediterranen Nordens, den halbnomadischen Stämmen in den Trockensteppen sowie den Vollnomaden der Sahara. Ihnen allen steht jedoch die städtische Bevölkerung oft in extremer Weise gegenüber.

Auch bei der Erklärung der Bevölkerungsverteilung wird die Auswirkung der Kolonialherrschaft berücksichtigt werden müssen, doch mag für eine erste Übersicht auf die anschließend dargestellten Zusammenhänge mit den naturgeographischen Grundlagen hingewiesen werden. Diese spiegeln sich deutlich entsprechend der agraren Nutzungsmöglichkeit der verschiedenen Landschaftszonen des Maghrebs wider: In den atlantischen und mediterranen Küstenzonen der Atlasländer erreicht die Bevölkerungsdichte Mittelwerte von 55 bis 75 Einwohnern/qkm, die im tunesischen Sahel auf über 100 ansteigen und im nördlichen Vorland der Großen Kybylei Algeriens sogar 175 Einwohner/qkm erreichen. In Libyen leben zwar 95 % der Gesamtbevölkerung in der Küstenzone, doch erreicht auch diese nur eine Bevölkerungsdichte von 3 Einwohnern/qkm. Ansonsten sind die Steppen des Maghrebs von durchschnittlich 20 bis 40 Einwohnern/qkm, in Algerien von nur 10 Menschen/qkm bewohnt, die Wüstengebiete von weniger als 1 Einwohner/qkm, wobei jedoch die Konzentration in den Oasen zu beachten ist.

Die städtische Bevölkerung des Maghrebs, heute etwa ein Drittel der Gesamtbevölkerung der einzelnen Länder ausmachend, hat in den letzten Jahrzehnten gewaltig zugenommen. Der Urbanisierungsprozeß hatte z. T. schwerwiegende Folgen, da ein großer Teil der Zuwanderer dort keine Arbeitsmöglichkeiten finden konnte. Die überwiegende Zahl der maghrebinischen Städte liegt an der Küste oder doch in Küstennähe. Ausnahmen finden wir vor allem in Marokko, wo die alten Residenzstädte Fès, Meknès und vor allem Marrakesch im Binnenland liegen. Ihre Bevölkerungszunahme ist im allgemeinen geringer als die der Küstenstädte, deren Funktionen in ihren Häfen und zumeist auch in einer beschränkten Industrialisierung Entwicklungsfortschritte zeigen. Das bedeutendste Beispiel hierfür ist Casablanca, das vom Beginn unseres Jahrhunderts bis heute von einer unbedeutenden Siedlung zur wirtschaftlich herausragenden Millionenstadt wurde. Es ist ein

Algerien
(Al Dschumhurija al Dschasarrija al Demokratija asch Scha'abija, Republique Algérienne Democratique et Populaire, Demokratische Volksrepublik Algerien)

»Sozialistische« Republik mit Einkammerparlament und Wahlrecht für alle über 19 Jahre alten Bürger; Wehrpflicht vorgesehen; Hauptstadt Algier (etwa 950 000 Ew. mit Vororten).

Fläche: 2 381 741 qkm – **Einwohnerzahl:** 15,27 Mill. (davon etwa 35% städtische Bevölkerung) – **Bevölkerungsdichte:** 6,4 Ew./qkm – **Jährlicher Geburtenüberschuß:** 35‰ – **Größere Städte:** Oran (393 000 Ew. mit Vororten), Constantine (255 000 Ew.), Annaba (165 000 Ew.), Sidi-bel-Abbès (105 000 Ew.) – **Bevölkerung:** Arabische Mischbevölkerung, unvermischte Berber (u.a. Kabylen), Neger; 70 000 Europäer (überwiegend Franzosen, ferner u.a. Spanier und Italiener) – **Sprache:** Arabisch als Staatssprache; Berberdialekte; Französisch wichtig als Handels-, Bildungs- und Verkehrssprache – **Religion:** Moslems; über 60 000 Katholiken, kleine protestantische Gruppen; rund 1000 Juden – **Einfuhr:** 1162 Mill. US-Dollar – **Ausfuhr:** 730 Mill. US-Dollar – **Wichtige Ausfuhrgüter:** Erdöl (75% des Exportwertes), Erdgas, Eisenerz, Phosphate, Wein, Getreide, Früchte, Frühgemüse, Halfagras, Kork, Häute

Libyen
(Al Dschumhurija al Arabija al Libija)

Republik (Verfassung provisorisch) unter der Regierung eines Revolutionsrats; Hauptstadt Tripolis (400 000 Ew.); Bengasi (308 000 Ew.), neue Hauptstadt El-Beida (36 000 Ew.) im Ausbau.

Fläche: 1 759 540 qkm – **Einwohnerzahl:** 2 Mill. (davon 25% Nomaden) – **Bevölkerungsdichte:** 1 Ew./qkm – **Jährlicher Geburtenüberschuß:** 37‰ – **Bevölkerung:** Arabisch sprechende Libyer (z.T. mit Berbern vermischt); Kulughli, Tuareg und andere Berberstämme; Negergruppen (im Süden); italienische Minderheit – **Sprache:** Arabisch als Staatssprache; Berberdialekte; Englisch und z.T. noch Italienisch als Handels- und Verkehrssprachen – **Religion:** 98% Moslems (u.a. Reformorden der Senussi; Islam Staatsreligion); katholische Minderheit; 4000 Juden – **Einfuhr:** 701 Mill. US-Dollar – **Ausfuhr:** 2695 Mill. US-Dollar – **Wichtige Ausfuhrgüter:** Erdöl (80–90% des Exportwertes), Häute, Felle

auffallend negatives Kennzeichen des Städtewachstums im Maghreb, daß sich in den städtischen Randgebieten verbreitet Slumviertel mit primitiven Hütten, den berüchtigten »Bidonvilles«, gebildet haben, die vor allem soziale Mißstände und Unruhezentren erkennen lassen.

Das Bevölkerungswachstum zeigt die für Entwicklungsländer typischen Merkmale. Durch das Sinken der Kindersterblichkeitsziffer (nachdem sich von der Mitte des vorigen Jahrhunderts bis 1926 die Bewohnerzahl im Maghreb etwa verdoppelt hatte – auf rund 12 Millionen Einwohner) benötigte das Anwachsen auf knapp 40 Millionen Menschen, also mehr als die dreifache Vermehrung bis 1966, nur noch vierzig Jahre. Bei einer schwankenden jährlichen Zuwachsrate von 2,6 bis 3,2% würde der Maghreb 1985 annähernd 50 Millionen Bewohner zählen! Kann der Maghreb seine Bürger dann noch auf die bisherige Weise ernähren? Diese Frage der Bevölkerungsentwicklung steht drohend hinter jeder politischen Entscheidung. Der sehr hohe Anteil von Kindern und Jugendlichen in der Bevölkerungspyramide (mehr als die Hälfte der Einwohner ist jünger als zwanzig Jahre) wird zum gravierendsten Problem Nordafrikas, vor allem wenn man bedenkt, daß nur etwa 45 % der Bewohner in den wirtschaftlichen Produktionsprozeß einbezogen sind. Diese Bevölkerungsstruktur erklärt auch teilweise die hohe Mobilität, das Suchen nach besseren Lebensmöglichkeiten in den Küstenzonen mit ihren zahlreichen Städten oder auch das Streben nach Verdienstmöglichkeiten in europäischen Ländern. Durch die Arbeiterwanderung von Algerien nach Frankreich hat Frankreich zuweilen eine halbe Million Gastarbeiter allein aus diesem Maghrebland.

Natürliche Grundlagen des Lebensraumes im Maghreb

In einem Raum, in dem trotz mancher Anstrengungen zur Entwicklung von Bergbau und Industrie heute noch etwa 60–70 % der Erwerbstätigen im landwirtschaftlichen Bereich arbeiten, spielen die natürlichen Voraussetzungen des Lebens- und Wirtschaftsraumes eine besonders wichtige Rolle zur richtigen Beurteilung der vorhandenen Möglichkeiten. Hinzu kommt, daß der Maghreb als Übergangszone zwischen dem Mittelmeer und der Sahara vor allem klimatischen Grenzen unterliegt, die nicht einfach mit Hilfe moderner Technik beseitigt werden können, wie es manchmal aus europäischer Sicht als möglich dargestellt wird. Dies gilt ganz besonders für die Trockengrenze, die humide und aride Räume voneinander abgrenzt, und zwar durch einen breiten steppenhaften Saum. Dieser Grenzbereich der Ökumene ist dabei von Jahr zu Jahr im Gefolge des Wettergeschehens und seiner jährlichen Schwankungen besonders variabel, so daß Voraussagen etwa über die Ertragsfähigkeit dieser Zone sehr schwer zu treffen sind. Zu den übergeordneten zonalen Gliederungsprinzipien des Lebensraumes zwischen den feuchteren Küstenbereichen und der vollariden Wüstenzone tritt also besonders deren Variabilität als Unsicherheitsfaktor hervor.

Die klimazonale Gliederung, modifiziert durch das Relief, teilt den Maghreb in der Differenzierung des Lebensraumes in drei große Bereiche: 1. in den feucht-mediterranen gebirgigen Küstensaum vom Er Rîf über den algerischen Teil bis zum nordtunesischen Küstenteil; 2. in die innere Steppenzone von der marokkanischen Meseta über das algerische Hochland der Schotts und die zentraltunesische Steppenregion bis zum schmalen Steppengürtel an der Syrtenküste und in der Cyrenaika; 3. in die vor- und randsaharische Zone sowie die eigentliche Wüstenzone der Sahara, an der vor allem die Länder Algerien und Libyen mit dem Fezzan großen Anteil haben. Für diese Gliederung sind der jahreszeitliche Gang und die südwärtige Abschwächung des mediterranen Klimas verantwortlich, die ganz wesentlich den nutzbaren Wasserhaushalt in den verschiedenen Regionen bestimmen. Das alpide Hochgebirgsrelief des Atlas modifiziert durch seine klimatische Stauwirkung vor allem den Oberflächenabfluß und damit die Flußregime. Gleichzeitig bewirken die besonders in Marokko weit südwärts ausgreifenden Gebirgsketten des Mittleren und Hohen Atlas auch noch in den südlichen Landesteilen eine Versorgung des Vorlandes mit Gebirgswasser, während in gleicher Breitenlage in allen anderen Maghrebländern bereits die Wüste vorherrscht. Da in Libyen anders als in den Atlasländern nur noch eine Landstufe im Djebel Nefusa und ein Kalkplateau im Djebel el-Akhdar in der Cyrenaika im Küstenbereich auftritt, also höhere Regenfänger fehlen, sind die Voraussetzungen für einen nutzbaren Wasserhaushalt hier wesentlich schlechter. Diese naturgeographische Situation umreißt grob die mittlere Niederschlagsverteilung im Maghreb: In den feuchtesten Teilen der nordafrikanischen Mediterranzone (nördlicher Mittlerer Atlas, ostalgerischer Tellatlas bis zum Kroumir-Bergland

»Hand der Fatme«, Marokko

Tunesiens) fallen über 1 000 mm im Jahresmittel, während außerhalb dieser Nordzone auch in den Gebirgen allgemein nur noch 400–800 mm zu erwarten sind. Dies gilt auch für die atlantische Nordmeseta Marokkos. Die südliche Meseta und die zentralen Steppen weisen einen Mittelwert von 200–400 mm auf, der nur im Barqa-Hochland der Cyrenaika (lokal bis 600 mm) überschritten wird. Vom marokkanischen Antiatlas über den algerischen Saharaatlas mit seinen Ausläufern in Tunesien wird die Bergmauer gebildet, südlich der die Jahresmittel rasch auf unter 100 mm absinken und die Aridität den klimatischen Jahresgang voll beherrscht. Der Niederschlag fällt hier nur noch episodisch.

Für die Landnutzung ist es von großer Wichtigkeit, daß schon in der Übergangszone vom mediterranen Norden zu den Steppen in den Trockenmonaten – zumeist von sechs bis acht Monaten Dauer – die potentielle Verdunstungsmenge höher als die Niederschlagsmenge liegen kann. Das hat zur Folge, daß Verdunstungsrückstände, wie Bodensalze und Kalklösungen, nicht mehr vollständig ausgewaschen werden und dann den Anbau erschweren. Diese Bodenbildungen wirken sich südwärts mit Abnahme der Niederschläge immer mehr aus und führen schließlich in den Oasen zu den bekannten sehr schädlichen Bodenversalzungen, die keinen rentablen Anbau mehr zulassen.

Während die feuchtmediterrane Küstenzone einen geschlossenen Waldbestand (immergrüne Eichen, Tannen, Pinien und

---

Tunesien
(Al Dschumhurija at Tunusija)

Präsidialrepublik mit Einkammerparlament und allgemeinem Wahlrecht; keine allgemeine Wehrpflicht; Hauptstadt Tunis (642 000 Ew., als Ballungsraum etwa 1 Million).

Fläche (einschließlich strittiger Gebiete im Südosten): 163 010 qkm – **Einwohnerzahl:** 5,38 Mill. (davon rund 60 % ländliche Bevölkerung) – **Bevölkerungsdichte:** 32,8 Ew./qkm – **Jährlicher Geburtenüberschuß:** 22‰ – **Bevölkerung:** Tunesier (z. T. arabisierte Berber); französische und italienische Minderheiten, Malteser – **Sprache:** Arabisch als Staatssprache; Berberdialekte; Französisch wichtig als Handels-, Bildungs- und (offizielle) Verkehrssprache – **Religion:** 95 % überwiegend sunnitische Moslems (Islam Staatsreligion); christliche Minderheiten (u. a. 25 000 Katholiken); 19 000 Juden – **Einfuhr:** 460 Mill. US-Dollar – **Ausfuhr:** 311 Mill. US-Dollar – **Wichtige Ausfuhrgüter:** Phosphate und Olivenöl (je 15–20 % des Exportwertes), Wein und Früchte (je 5 %), Getreide, Eisen- und Kupfererze

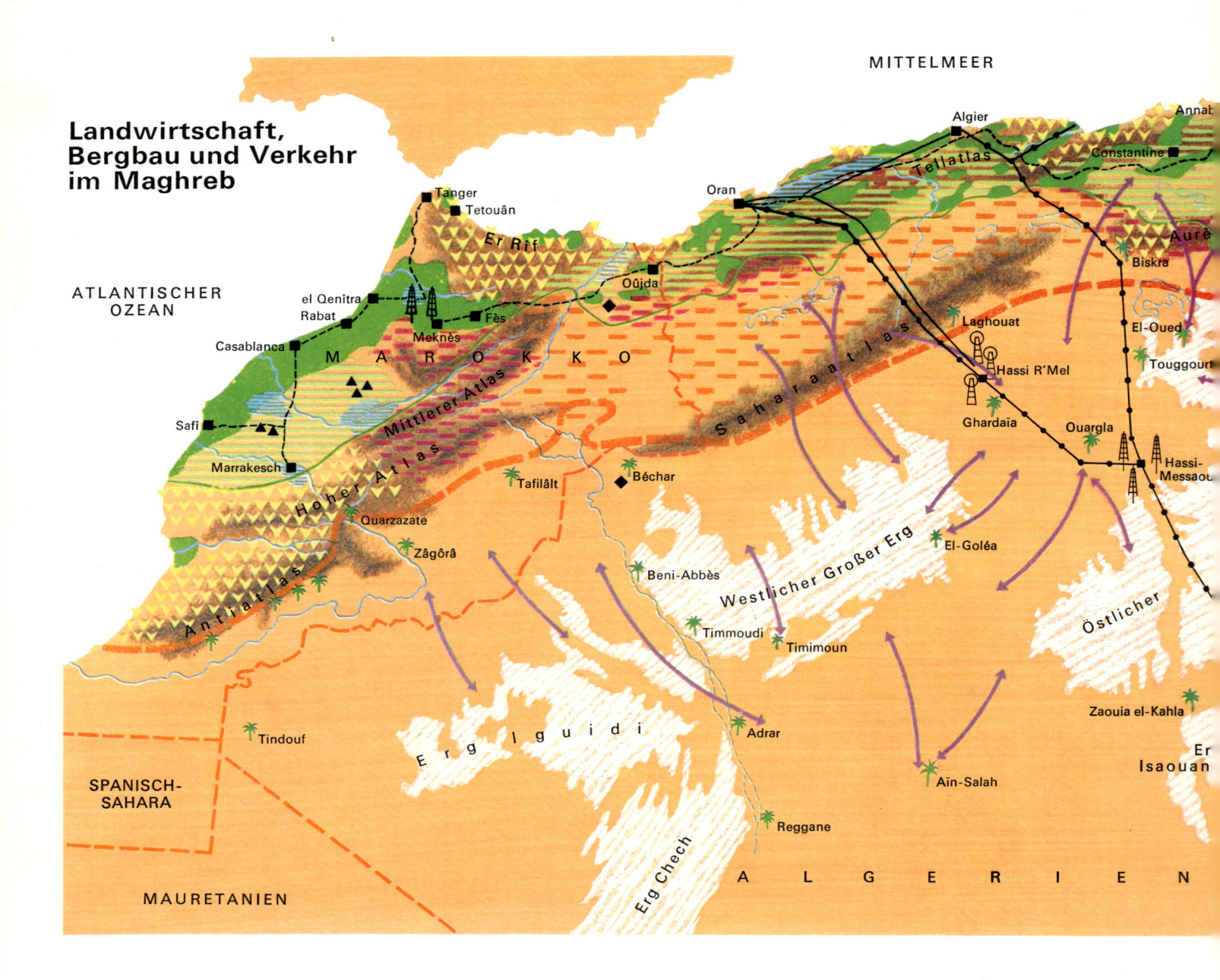

Landwirtschaft, Bergbau und Verkehr im Maghreb

Zedern u. a.) erlaubt, wird dieser bei weniger als 400 mm Niederschlag so stark aufgelockert, daß schließlich in der Steppe nur noch Dornsträucher (z. B. Zyzyphus) sowie niedere Sträucher und Gräser (typisch sind Wermutsträucher und Halfagras) gedeihen können. Mit Hilfe verschiedener Agrartechniken, die z. T. seit dem Karthagerreich und verbreitet schon im nordafrikanischen Imperium Romanum bekannt waren, lassen sich mediterrane Nutzbäume, wie vor allem der Ölbaum, auch in den Trockensteppen noch kultivieren. Hierfür ist der tunesische Sahel ein bekanntes Beispiel, in dem große Olivenpflanzungen bis zur 200-mm-Grenze jährlichen Niederschlags im südlichen Sfaxer Raum ausreichende Ernten erbringen. Anfangsbewässerung und Ausnutzung der Feuchtigkeit, die von Syrtenwinden herangebracht wird und sich unmittelbar niederschlägt, sind hier wichtige Hilfsmittel bei der ertragreichen Landnutzung durch ausgedehnte Baumkulturen.

Allgemein muß in den semiariden und ariden Zonen des Maghrebs, die von Marokko bis Libyen immer weitere Areale einnehmen und die schon in Tripolitanien bis zur Küste vorrükken, für eine vermarktungsfähige Agrarproduktion die Bewässerung herangezogen werden. Diese hängt entweder vom Vorhandensein von natürlichem Flußwasser oder von ausreichendem Grundwasser ab, das in vielen ariden Teilen aller Maghrebländer häufig durch Erschließung von tiefliegenden artesischen Grundwasservorkommen gewonnen werden muß. Tiefbohrungen sind in starkem Maße in den letzten Jahrzehnten vermehrt worden. In der Sahara sind sie sowohl in den Oasen als auch in den Erdölgebieten notwendig, doch muß jeweils geprüft werden, wie groß die Vorräte sind, damit kein Wasserraubbau erfolgt, der schon für verschiedene Oasen bedenkliche Senkungserscheinungen des normalen Grundwasserspiegels mit sich gebracht hat. Das heutige Saharaklima ergänzt in nur unzureichendem Maße die Grundwasservorräte. Dies gilt für die algerische Sahara ebenso wie für die Libysche Wüste.

In der Versorgung mit Flußwasser für große Bewässerungsgebiete in den Gebirgsvorländern und auch innerhalb der Küstenketten besteht eine graduelle Wertabnahme von Marokko über Algerien und Tunesien bis Libyen. Marokko verdankt seine günstigste naturgeographische Ausstattung dem Zusammentreffen von mediterranen und atlantischen Klimaeinflüssen im Bereich des großen Gebirgskranzes des Atlassystems, das die Hochflächen der Meseta umkränzt. Eine Reihe von ganzjährig Wasser führenden Flüssen, wie der Oued Sebou, Bou Regreg und Oum Er Ribia, besitzen heute große Stauwerke, die neben der Energieversorgung ausgedehnte Bewässerungsländereien versorgen. Zwar ist mit 5% Anteil an der Landnut-

Legende:

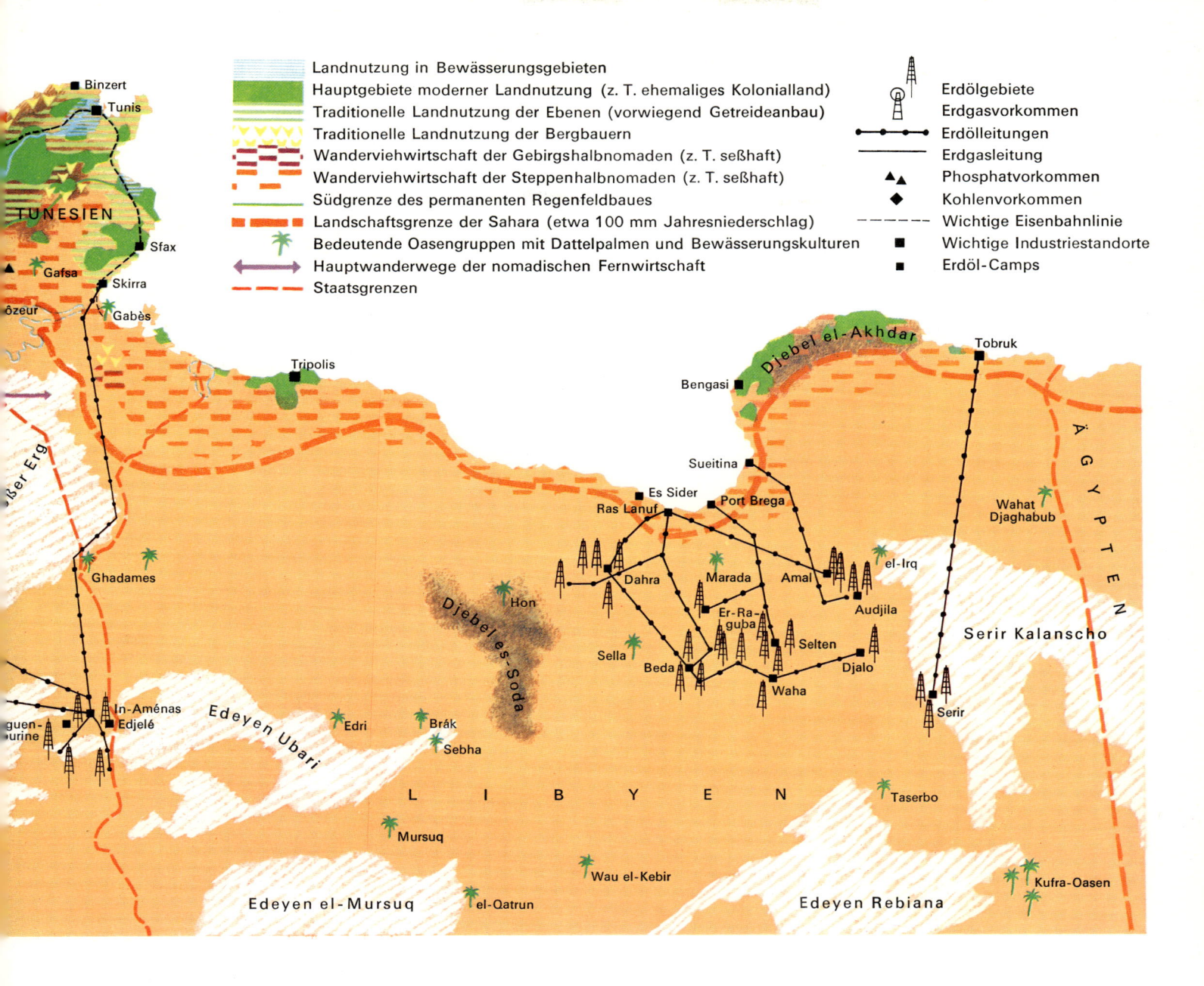

- Landnutzung in Bewässerungsgebieten
- Hauptgebiete moderner Landnutzung (z. T. ehemaliges Kolonialland)
- Traditionelle Landnutzung der Ebenen (vorwiegend Getreideanbau)
- Traditionelle Landnutzung der Bergbauern
- Wanderviehwirtschaft der Gebirgshalbnomaden (z. T. seßhaft)
- Wanderviehwirtschaft der Steppenhalbnomaden (z. T. seßhaft)
- Südgrenze des permanenten Regenfeldbaues
- Landschaftsgrenze der Sahara (etwa 100 mm Jahresniederschlag)
- Bedeutende Oasengruppen mit Dattelpalmen und Bewässerungskulturen
- Hauptwanderwege der nomadischen Fernwirtschaft
- Staatsgrenzen
- Erdölgebiete
- Erdgasvorkommen
- Erdölleitungen
- Erdgasleitung
- Phosphatvorkommen
- Kohlenvorkommen
- Wichtige Eisenbahnlinie
- Wichtige Industriestandorte
- Erdöl-Camps

zungsfläche das Bewässerungsland bei weitem noch nicht ausreichend, doch ist dieser Anteil in Algerien und Tunesien noch geringer; in Libyen erlauben die natürlichen Oberflächenwasservorkommen kaum eine Ausweitung der lokalen Bewässerungsfelder. So besteht im ganzen Maghreb ein auffälliger Unterschied zwischen der oft punkthaften Brunnenbewässerung und der flächenhaften Ausdehnung mit Hilfe moderner Stauwerke. Die Oasen gehören dagegen zu den ältesten traditionellen Bewässerungsländereien der Wüste.

Die Variabilität und Hochwasserkatastrophen sind im Klimagang Nordafrikas entscheidende Merkmale. Die genannten Mittelwerte täuschen oft darüber hinweg. Die Ursache solcher Schwankungen, die im allgemeinen eine mittlere Abweichung von 15 bis 20 % im Küstenbereich der Atlasländer, im saharischen Randgebiet allerdings bis 45 % vom Mittelwert erreichen, liegt in der Verschiedenheit der Zyklonentätigkeit (Tiefdruckgebiete) vom Herbst bis zum Frühjahr. Im Randgebiet der Wüste treten diese ganz unregelmäßig wirksam auf. Besondere Witterungskonstellationen können vor allem in den Übergangsmonaten vom Sommer zum Winter abnorme Regensummen in wenigen Tagen bringen. Ein Beispiel hierfür zeigt die Hochwasserkatastrophe von September/Oktober 1969, bei der in El Djem (Küstensteppe Tunesiens) in kurzer Zeit 782 mm Niederschlag fielen, während der Jahresmittelwert nur 275 mm beträgt. Die Hochflutschäden im Kairouaner Becken waren unübersehbar.

Durch die mehr als zweitausend Jahre andauernde Landnutzung im Maghreb haben die Bewohner vor allem in den natürlichen Waldbeständen Raubbau getrieben. Hierdurch haben sich die ohnehin in kurzen Zeitabständen bei hoher Niederschlagsintensität konzentriert abfließenden Oberflächenwasser in ihrer Erosionskraft weiter verstärkt und große Schäden im Kulturland verursacht. Ein großer Teil der finanziellen Investitionen in der Landwirtschaft muß daher heute für Schutzmaßnahmen, wie Aufforstung, Erosionsschutz und Beseitigung von Schäden, ausgegeben werden. Diese Belastung ist für die agrarwirtschaftliche Entwicklungsplanung enorm hoch. Der hohe Einsatz auch an Arbeitskraft ist jedoch notwendig, wenn die stark erodierten und oft bis zum Skelett degradierten Böden und Hänge nutzbar bleiben sollen.

Aus den hier genannten klimatischen und morphologischen Voraussetzungen des Lebensraumes und seiner Nutzungsmöglichkeit geht deutlich hervor, daß der Anteil des ertragreichen und rentablen Kulturlandes an der Gesamtfläche beschränkt bleibt. In den Atlasländern beträgt dieser Anteil etwa 30 %, ohne das zumeist extensiv genutzte Weideland sogar nur rund

20 %. In Libyen eignen sich nicht mehr als 10 % für die Landnutzung, doch wird tatsächlich weniger als ein Zehntel des Landes ständig bebaut. Zwar läßt sich der Flächenanteil des Agrarlandes mit technischen Hilfsmitteln noch erhöhen, doch bleiben die natürlichen Grenzen weitgehend wirksam.

Die Kolonialzeit im Maghreb

Es steht außer Zweifel, daß die Kolonialzeit in den Maghrebländern in vielerlei Hinsicht tiefgreifende Spuren hinterlassen hat. Das Urteil über die koloniale Herrschaft aus politischer Sicht ist heute zumeist negativ. Die ehemaligen Kolonialländer selbst führen ihre vor allem wirtschaftliche Unterentwicklung auf die Kolonialpolitik Frankreichs in den Atlasländern zurück.

Tunesien, Djerba · Töpfer- und Teppichmarkt in Houmt Souk, der Hauptstadt der Insel. Hier blüht das alte Handwerk wieder – Zum Nutzen der Einheimischen und zur Freude der Touristen.

Diese kolonialen Abhängigkeiten hatten ebenso Auswirkungen auf die Entwicklung in fast allen anderen Lebensbereichen der Bevölkerung, der »Eingeborenen«, wie sie seinerzeit bezeichnet wurden. In manchen Teilen des ehemals französischen Maghrebs hatten die »Bureaux des affaires indigènes« die meisten Verwaltungsfunktionen übernommen; sie waren in den erst spät eroberten Südbereichen zumeist von Militärposten besetzt. Die »Libération« brachte mit dem Ende der Kolonialherrschaft zwar eine politische Verselbständigung, doch konnte besonders Frankreich bis heute seinen Einfluß in mancher Hinsicht erhalten. Nicht selten spricht man hier von »Neokolonialismus«. Welches waren nun die Auswirkungen und Eingriffe der Kolonialherrschaft im Maghreb?

Beginnen wir mit dem kolonialen Französisch-Nordafrika. Die Kolonialgeschichte Frankreichs im Maghreb begann mit einer Besetzung von Algier im Jahre 1830. Mit der Errichtung von Protektoraten in Tunesien (1881) und Marokko (1912) war bis auf eine schmale Zone in Nordmarokko, die Spanien zugesprochen wurde, der Bereich der Atlasländer französisch geworden. Mit zahllosen Kampfmaßnahmen bis in die Mitte der dreißiger Jahre unseres Jahrhunderts drangen französische Einheiten bis tief in die Sahara zum Ahaggar (Hoggar) vor. Der spätere Anschluß dieser zentralen Sahara an das heutige Algerien beruht auf dieser Tatsache. Der Versuch, Algerien als eine nordafrikanische Provinz mit den Départements Algier, Oran und Constantine als Teil des Mutterlandes Frankreich zu betrachten, hatte zur Folge, daß hier die wohl tiefgreifendsten kolonialen Integrationsmaßnahmen getroffen worden sind, die schließlich einen langjährigen Befreiungskampf auslösten, der erst 1962 beendet wurde. Die Aufhebung des Protektoratsstatus für Marokko und Tunesien hatte dagegen 1956 nach weniger blutigen Unruhen erfolgen können. Bis zum Ende der Kolonialherrschaft hatte in allen Ländern Nordafrikas der Anteil von Europäern an der Gesamtbevölkerung stark zugenommen: in Marokko (1952) bis auf über 5 %, wovon die Hälfte Franzosen und ein Viertel Spanier waren; in Tunesien (1956) auf 9 %, davon ein Viertel Italiener; in Algerien (1961) dagegen wurden über 10 %, vorwiegend Franzosen oder naturalisierte Franzosen, gezählt. Nach der Befreiung schrumpfte dieser Anteil generell auf weniger als 1–1,4 % zusammen. Ähnlich wie in Algerien war auch in Libyen der Anteil der Italiener (120 000) hoch und bis zum letzten Weltkrieg auf über 10 % angestiegen.

Die Agrarkolonisation der Franzosen im Maghreb gehört zu den wirksamsten Eingriffen in die bis dahin traditionelle Subsistenzwirtschaft. Diese Tatsache geht schon allein daraus hervor, daß bis zum Ende der Kolonialzeit fast 20 % des kultivierbaren Landes in der Hand von weniger als 40 000 Kolonisten waren. Mit 2,7 Millionen ha Land war die koloniale Landnutzung in Algerien am umfangreichsten, gefolgt von Marokko mit 1,03 Millionen ha und Tunesien mit 0,75 Millionen ha. In der Küstenzone Tripolitaniens war der Anteil an Siedlerland mit 206 000 ha ebenfalls ziemlich hoch, in der Cyrenaika war er geringer.

Die regionale Verteilung des Koloniallandes läßt erkennen, daß diese für den einheimischen Landbesitz noch erheblich schwerwiegendere Folgen haben mußte, als dies aus den genannten Zahlen abzulesen ist. Vorwiegend lag dieses Land in jenen Bereichen des Küstengebietes, in den Vorlandebenen der Gebirge und in den großen Talsenken des Tellatlas, die klimatisch begünstigt waren, d. h. ausreichend Niederschläge erhalten und auch zur Anlage von Bewässerungsländereien geeignet waren. Zwar wird häufig erklärt, daß durch die offizielle und private Agrarkolonisation meistens Land erworben worden sei, das von den Fellachen des Maghrebs nicht oder oft nur sehr extensiv genutzt wurde. Dabei wird vergessen, daß diese Vorländer von der zahlreichen Gebirgsbevölkerung als notwendiger Ergänzungsraum für die ausgedehnte Viehwirtschaft mit Herdenwanderungen zu den Winterweiden genutzt wurden. Mit der Ausdehnung des Koloniallandes in diesen Gebieten wurden die Fellachen immer mehr in die Gebirge zurückgedrängt, was zu einer starken Überweidung mit hohen Landschaftsschäden geführt hat. Die Gebirge vom Er Rîf bis zum ostalgerischen Tellatlas sind Bereiche einer hohen Bevölkerungsdichte. In weiten Teilen sind sie bis heute die traditionell bestimmten, wenig weiterentwickelten Bergbauerngebiete mit vorherrschender Subsistenzwirtschaft geblieben.

Die koloniale Landwirtschaft versuchte nach einigen Jahrzehnten wenig erfolgreicher Versuche im vorigen Jahrhundert in Algerien, eine Produktion zu erreichen, die durch eine hohe Exportquote schließlich auch entsprechenden Profit erbrachte. Dies wurde möglich, da die günstigen Bedingungen des Landerwerbs, geringe Arbeitslöhne und eine ausreichende Mechanisierung den »Colons« in Frankreich und seinen anderen Kolonien keine Absatzschwierigkeiten machten. Die Phyloxera-Krise des Weinanbaus im Mutterland ließ den algerischen Weinbau in ungeahntem Maße anwachsen. Bis 20 Millionen hl wurden jährlich erzeugt. Durch den Ausbau von ersten Stauwerken, denen sich bis zum Ende der Kolonialzeit große Staudammbauten im marokkanischen Atlas und im Tellatlas Algeriens und Tunesiens anschlossen, konnte der Anbau von Frühgemüse und besonders die Anlage von Zitrus-Plantagen (Orangen, Mandarinen) stark ausgeweitet werden. Hierbei wurden die Grundlagen dafür gelegt, daß der Maghreb und darin besonders Marokko zu wichtigen Orangenexportländern werden konnten. Im Trockenfeldbau lebten viele Großfarmen auch vom Getreideanbau. Nicht selten warfen die Großfelder und riesigen Dömanenbetriebe trotz extensiver Anbauweise hohe Erlöse ab. Viele Betriebe wurden von den Besitzern gar nicht selbst bewirtschaftet. Der »Absentismus« der Großfarmer ist sogar weit verbreitet gewesen. Die Wohnsitze der großen Kolonisten waren daher oft genug in der Hauptstadt des Landes oder gar in Frankreich. Ein sichtbares Merkmal der kolonialen Agrarlandschaft waren dagegen die auffallenden Farmgebäude der Großbesitzer inmitten ihrer Ländereien.

Im Verlauf der Kolonialzeit hatten die beiden Agrarformen der Kolonisten und der Fellachen zu starken Gegensätzen geführt. Nicht nur die Art der Bewirtschaftung, sondern auch die völlig unterschiedlichen Besitzverhältnisse unterstrichen dies. So besaßen beispielsweise die Colons in Algerien im Mittel der Betriebe 120 ha Land in begünstigten Lagen, während das Mittel der einheimischen Kleinbetriebe nur 10–11 ha betrug. Daneben hatten etwa 600 000 Kleinpächter fast gar keinen Landbesitz, mußten aber dennoch von der Landwirtschaft leben. In Tunesien bewirtschaftete etwa die Hälfte der Kolonisten-Betriebe mehr als 250 ha, während 480 000 tunesische Fellachen weniger als 6 ha Land zur Verfügung hatten. In Marokko herrscht noch der feudale Großgrundbesitz vor, denn 20 % der Landbesitzer haben 60 % des Agrarlandes in ihrer Hand.

Bei der kolonialen Agrarproduktion dieser Länder muß jedoch hervorgehoben werden, daß diese Colon-Farmen aus ihrem Besitz in Algerien etwa 50 %, in Tunesien rund 35 % der gesamten Landesproduktion erzeugen konnten. Wie im Raum Sfax in Südtunesien, so wurden auch in Tripolitanien – hier durch die Italiener – ausgedehnte neue Olivenpflanzungen angelegt. Allgemein zeichneten sich die italienischen Farmen jedoch gegenüber den französischen durch wesentlich kleinere Besitzgrößen aus, besonders in Tunesien. Diese Kolonisten waren vorwiegend aus dem Süden Italiens und aus Sizilien nach Nordafrika gekommen. Im französischen Maghreb waren auch zahlreiche Korsen als Farmer tätig.

So wurde die Landwirtschaft des Maghrebs in der Kolonialzeit ganz eindeutig von den europäischen Farmern beherrscht, was ebenso für die Vermarktung dieser Produktion zutrifft. Dabei läßt sich feststellen: Je ungünstiger die klimatischen Bedingungen für die Landnutzung waren, um so weniger Kolonisten waren daran beteiligt.

Djerba · Die Insel hat eingesessene berberische und jüdische Bevölkerung. Jüdische Djerbi tragen schwarze Hosensäume.

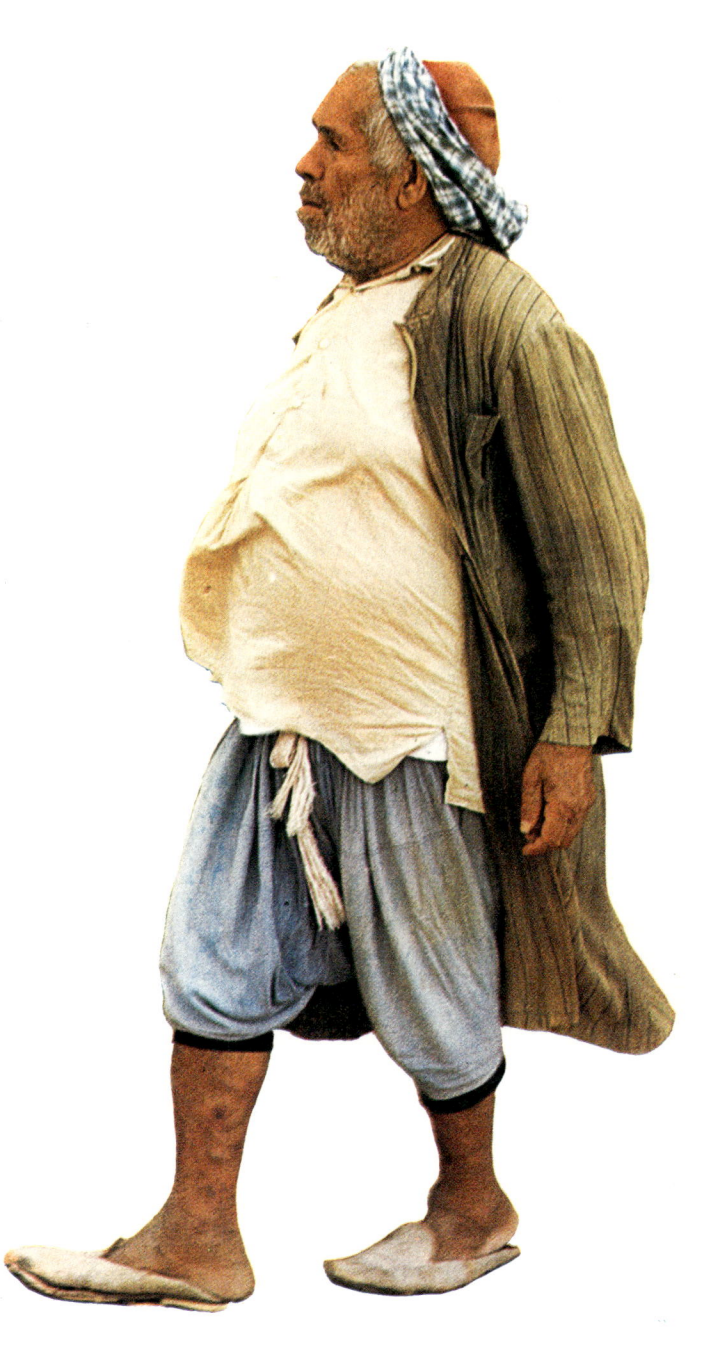

Der Bergbau wurde erst in der Kolonialzeit durch eine umfangreiche Prospektion entwickelt. Dies gilt für die weltbedeutenden Phosphatlagerstätten in Marokko, aber auch für die Vorkommen in Tunesien und Algerien. Die Eisenvorkommen und der Abbau von Edelmetallen erlangten nicht die gleiche Bedeutung, doch wurden die Manganminen wichtig. Zwar waren auch Kohlevorkommen entdeckt und in Marokko und Algerien abgebaut, doch reichten diese Vorkommen bei weitem nicht aus, um Grundlage für eine Energiegewinnung zu sein, die für eine größere Industrialisierung notwendig gewesen wäre. In dieser Hinsicht blieben die Anstrengungen ohnehin gering, da es dem Kolonialsystem nicht darauf ankam, diese besonders zu fördern. Vielmehr wurden die Rohprodukte allenfalls angereichert exportiert, während fast alle Fertigwaren importiert werden mußten, vorwiegend natürlich aus Frankreich. Es entspricht auch dieser kolonialen Wirtschaft, daß kaum Produkte angebaut wurden, die, wie etwa die Baumwolle, zur Textilherstellung im Lande selbst hätten verwendet werden können. Es ist also offensichtlich, daß eine wirtschaftliche Entwicklung der Länder selbst nur bedingt im Interesse der Kolonialmacht gelegen hat.

Für die Länder Algerien und Libyen spielen in der heutigen Wirtschaft das Erdöl und Erdgas der Sahara eine entscheidende Rolle. Zwar wurde mit der Entdeckung der Erdgasvorkommen von Hassi Rmel in Algerien der Grundstein für diese Entwicklung schon 1954 gelegt, doch fällt die beginnende Förderung in die Kriegsphase und in die postkoloniale Wirtschaftsentwicklungsphase hinein; sie soll dort betrachtet werden.

Als eine kolonialzeitliche Leistung von großer Bedeutung ist der Ausbau der Infrastruktur des Maghrebs zu betrachten. Im

Algerien, Westlicher Großer Erg bei Beni-Abbès · Westliches großes Dünengebiet der Sahara(»Straße der Palmen«) am Wadi Saoura.

Marokko, Berberdorf Amizmiz im Hohen Atlas · Die Bewohner dieses Gebietes betreiben Viehzucht in Transhumanz und bauen auf Bewässerungsterrassen Gerste an.

französischen Nordafrika wurde neben einigen Eisenbahnlinien ein umfangreiches Straßennetz von hoher Dichte und guter Qualität ausgebaut. Flugplätze und vor allem Hafenanlagen entstanden in großer Zahl; sie waren schon früh an das internationale Netz angeschlossen. Dies betrifft alle Großstädte an der Küste von Casablanca bis Tripolis.

Auch die Städte des Maghrebs erhielten infolge ihrer hohen Zuwanderungsquote besonders von Europäern ein kolonialgeprägtes Gesicht. Neben den alten traditionellen Stadtteilen der Medina entstanden in den Atlasländern ausgedehnte »Villes nouvelles«, die ein südeuropäisches und kein orientalisches Aussehen bekamen. Nicht selten waren diese Neustädte, so in Marokko, völlig von der Medina losgelöst und führten ihr Eigenleben, während man in Algerien noch eine gewisse Integration versucht hatte. Diese größeren Neustädte entwickelten sich je nach ihren zentralen Funktionen, die administrativ bzw. wirtschaftlich ausgerichtet waren. Sie hatten ein starkes Anwachsen von Beschäftigten im tertiären Bereich (Dienstleistungen) zu verzeichnen, der nicht selten in hohem Maße überbesetzt war. Neue kolonialzeitlich geprägte kleine Siedlungen entstanden häufig an Orten der zivilen oder militärischen Verwaltung, in Algerien auch als kleine Agrarzentren mit Handelsfunktionen.

Die Konsolidierung der Machtverhältnisse, die Unterdrückung von Unruhen und das Unterbinden von Stammesfehden durch den Kolonialherrn und die militärische Beherrschung der Maghrebländer – zumeist als »Pacification« bezeichnet – führten generell zu einem stärkeren Seßhaftwerden von halbnomadischen Bevölkerungsteilen und zur Errichtung von neuen Wohnbauten und Siedlungen. Dies gilt in besonderem Maße auch für Tripolitanien.

Die Entwicklung der Kolonialwirtschaft auf den verschiedenen Bereichen mit ihrem größeren Angebot an Arbeitsplätzen neuer Art, die es zuvor in der traditionellen Wirtschaftsform nicht gegeben hatte, mußte natürlich beträchtlich in die alten Lebensformen und die hierarchische Ordnung der Sippen und Stammesverbände eingreifen. Die Arbeitswanderungen zu den Städten, den Bergwerken und zu den großen Farmbetrieben führte sehr oft zum Verbleiben am neuen Arbeitsplatz. Andererseits kamen die Zurückkehrenden mit einem Verdienst, der um vieles höher lag, als er in den Traditionsräumen möglich war, nicht selten in Konflikte mit der alten Ordnung. Die inzwischen gewachsenen Ansprüche ließen sich zumeist dort nicht realisieren. Schließlich spielte in diesem Zusammenhang auch der von vielen Nordafrikanern abgeleistete Militärdienst eine wichtige Rolle. Es entwickelte sich allmählich eine soziologisch kritische Situation, die sich mehrfach – besonders nach dem letzten Weltkrieg – in Unruhen geäußert hat.

Die Bildungssituation während der Kolonialzeit wird heute besonders negativ beurteilt. Zwar wurden in den größeren Orten Schulen errichtet, die auch einheimischen Kindern eine Ausbildung vermittelten, doch blieb die Zahl derer, die zu einem Schulabschluß in Elementar- oder gar in höheren Schulen kamen, sehr gering. Am Ende der Kolonialzeit mußte man im Maghreb mit durchschnittlich 90 % Analphabeten rechnen. Besonders fehlte auch eine berufsbezogene Ausbildung, sowohl für eine moderne Landwirtschaft, für das technische Handwerk als auch für die Verwaltung, die bis zu den kleineren Angestelltenposten herab ganz überwiegend von Franzosen, Spaniern oder Italienern besetzt gewesen waren. Es ist daher nicht verwunderlich, daß nach der Befreiung in allen Bereichen der Kader für fast alle Berufe fehlte. Die wenigen im Lande oder in Frankreich ausgebildeten Führungskräfte, die sich schon früh politisch engagiert und für die Befreiung von der Kolonialherrschaft eingesetzt hatten, reichten bei weitem nicht aus, die kolonialen Verwaltungs- und Wirtschaftsfunktionen voll zu übernehmen und die Länder in gleicher Weise weiterzuentwickeln. Der Rückschritt war auf den meisten Ebenen mit dem Zusammenbruch der Kolonialherrschaft unvermeidlich. Doch gibt es Unterschiede innerhalb der einzelnen Maghrebländer, wie die postkoloniale Entwicklung zeigt. Die Gründe hierfür sind auch in der politischen Entwicklung zu suchen.

Tunesien, Steppenregion, Kairouaner Becken · Auf den oft tonhaltigen Böden wird Getreide angebaut. Bei Bewässerung gedeihen auch Obstbäume.

Dennoch sind viele Gemeinsamkeiten geblieben, die den ehemals französischen Maghreb z. B. von Libyen unterscheiden. Im Verlauf der Kolonialzeit war die »Francophonie« ein einigendes Band geworden, das – zwar nur äußerlich – doch in vielerlei Hinsicht Auswirkungen hatte. Überall sprach und spricht die gebildete Schicht französisch, wenn es sich um technische, wissenschaftliche und ökonomische Bereiche handelt. Zahllose französische Worte haben in das maghrebinische Arabisch Eingang gefunden. Die postkoloniale »Arabisierungswelle« hat diese Einflüsse nicht beseitigen können. Auch ein – teils unbewußtes oder gar geleugnetes – Streben nach verschiedenen Lebensarten der »Civilisation française« ist geblieben, wie jeder Besuch in den größeren Städten und in arabischen Familien beweist. Die Verwaltung, das Bildungssystem oder wirtschaftliche Funktionen mit ihren Bindungen an die ehemalige Kolonialmacht orientieren sich fast immer am französischen Vorbild. Es ist daher sicher berechtigt, wie Gautier es tat, von einer Kontaktmetamorphose zu sprechen. Eine ähnlich nachhaltige Wirkung der italienischen Kolonialherrschaft in Libyen ist dort nicht festzustellen.

Die nachkoloniale Entwicklungsphase

Die Zeit seit dem Ende der Kolonialzeit ist zu kurz, um die Gesamtentwicklung voll beurteilen zu können; doch lassen sich Tendenzen erkennen, die Möglichkeiten und Grenzen aufzeigen. Ganz allgemein wirkt der tiefe koloniale Eingriff überall bis heute in fast allen Zweigen der Wirtschaftsentwicklung nach. Das Erdöl in der Sahara hat dabei völlig neue Möglichkeiten eröffnet.

Betrachten wir zunächst die Agrarwirtschaft. Die von italienischen Siedlern vor allem in der tripolitanischen Küstenebene entwickelten Farmwirtschaften sind nur zu einem Teil von Einheimischen weitergeführt worden. Statt dessen hat zeitweise die zumeist halbnomadische Viehwirtschaft eine erneute Ausbreitung erfahren. Sie dient dabei vorzugsweise dem Verkauf von Häuten und Fellen und liefert die Schafwolle für den einheimischen Markt. Die notwendige Entwicklung der Landwirtschaft hängt weitgehend von einer besseren Wasserbeschaffung ab, deren Grundlagen jedoch mangelhaft sind. Auch in der Cyrenaika überwiegt die nomadische Viehhaltung.

Im ehemals französischen Maghreb wurden nach Aufhebung der Protektorate in Marokko und Tunesien verschiedene Wege beschritten, die Agrarwirtschaft zu entkolonialisieren. Tunesien hat den europäischen Landbesitz in zwei Etappen enteignet, den eigenen Großbesitz jedoch kaum angetastet. Die somit durchgeführte Agrarreform umfaßte also den europäischen Farmbesitz und das bis dahin schlecht genutzte Kollektiv- und »Habous-Land« (Habous = Stiftungsland islamischer Vereinigungen). Staatliche und genossenschaftliche Organisationsformen (Coopérative, Office) wurden gegründet, teilweise wurde solches Land an kleine Fellachen verteilt. Bekannt sind die Entwicklungsgebiete im Tal des Oued Medjerda, im östlichen Kairouaner Becken sowie die ausgedehnten Olivenneukulturen, die sich bis weit in die innere Steppe hinein erstrecken. Wein-, Getreide- und Olivenanbau wurden jeweils einem »Office« unterstellt, so daß auch der Handel genossenschaftlich organisiert wurde. Genossenschaftliche Integration und Verstaatlichung auch des Kleinhandels und des Handwerks zogen jedoch Unruhen in der Bevölkerung nach sich, so daß schließlich die Regierung bereits getroffene Maßnahmen rückgängig machen mußte. Dieser Entwicklung war also nur teilweise Erfolg beschieden, so daß insgesamt die Agrarwirtschaft, besonders nach klimatischen Katastrophen wie 1969, eher stagnierte. Dennoch bleibt die Investition, mit der im Rahmen der Planwirtschaft Ausweitungs- und Intensivierungsmaßnahmen betrieben wurden, beachtlich. Hierzu sind auch die im ganzen Land durchgeführten Aufforstungen zu zählen.

Der Weg Marokkos in der nachkolonialen Agrarentwicklung war ein anderer. Eine generelle Enteignung des Kolonialbesitzes fand nicht statt. Eine einschneidende Agrarreform hätte nämlich auch die feudalen Besitzverhältnisse der Marokkaner selbst entscheidend ändern müssen. Vielmehr begnügte man sich damit, den europäischen Landbesitz schrittweise in neue genossenschaftliche Betriebe zu überführen. Dadurch blieben mehr französische Farmer im Land als im übrigen Maghreb. Ein Teil des Koloniallandes ging auch in den Besitz von marokkanischen Großbesitzern über. Eine umfassende Agrarreform erscheint jedoch notwendig, wenn man bedenkt, daß außer den 40 % des nutzbaren Bodens, die noch in traditioneller Weise bearbeitet werden, die übrigen 60 % in der Hand von 5 bis 10 % der Bevölkerung sind, die ihr Land häufig in Pacht oder Unterpacht gegeben haben, aber bis zu 80 % der Erträge für sich beanspruchen. Bei einer solchen Besitzverteilung und angesichts der rückständigen Bearbeitungsweise sind Reformen kaum durchführbar. Es sind aber auch in Marokko Anstrengungen unternommen worden, insbesondere den Anbau von Zuckerrüben, Baumwolle, Reis, Gemüse sowie von Orangen

Algerien, Gebirgssiedlungen ·
Palmenoase und Berber-
siedlung im Aurès, der östlichen
Fortsetzung des Sahara-Atlas.

Marokko, Großstädte · Industrieviertel von Casablanca, der Hafenstadt am Atlantik, der größten Stadt und dem Wirtschaftszentrum des Landes.

zu fördern. Schließlich erbringt in Marokko die heutige Landwirtschaft noch etwa ein Drittel des Bruttoinlandproduktes. Eine Steigerung des Exportes, z. B. von Agrumen, ist jedoch zum Abbau des Handelsbilanzdefizits notwendig.

Den extremsten Weg zur Beseitigung des kolonialen Agrarsystems ging nach Beendigung des Kolonialkrieges Algerien. Jeglicher koloniale Farmbesitz wurde sofort enteignet und in einen sozialistischen Agrarbereich übergeführt. Die ehemaligen Farmen erhielten einen staatlich kontrollierten Status der Selbstverwaltung, wobei heute rund ein Drittel der Landnutzungsfläche zum sozialistischen, der Rest zum privaten Bereich gehören. Insgesamt sind 50 % des Reblandes und 90 % des Agrumenbestandes verstaatlicht. Ein erheblicher Teil des kolonialen Weinlandes wurde umgebrochen und mit Getreide besät, da sowohl Absatzschwierigkeiten für den algerischen Wein auftraten (Frankreich reduzierte seine Importe stark) als auch nach klimatisch bedingten Ausfällen in der Getreideernte Weizen importiert werden muß.

Viele der Selbstverwaltungsbetriebe arbeiten bis heute noch nicht rentabel. Die Landnutzungsflächen der Betriebe des »modernen Bereichs« sind ausschließlich im Gebiet des alten Kolonialandes zu finden, d. h. überwiegend im feuchteren Küstenteil mit seinen bewässerungsfähigen Ebenen (Mitidja, Chéliff). Der »private Bereich« umfaßt auch die zahllosen Kleinbetriebe, die zumeist weniger als 10 ha Land bewirtschaften. Eine allgemeine Bodenreform ist in diesem Bereich noch nicht in Angriff genommen worden. Allerdings beginnt man in jüngster Zeit, auch in den Sahara-Oasen Algeriens Bodenreformen und Verbesserungen der Anbaustruktur durchzuführen. Für den Export von Datteln spielen die algerischen Oasen bekanntlich eine beachtliche Rolle.

Man kann also feststellen, daß in der Landwirtschaft der Maghrebländer seit der Unabhängigkeit sehr verschiedenartige Reformbestrebungen zur Intensivierung und Erweiterung des modernen Anbaus durchgeführt oder in Angriff genommen worden sind, die bisher erst Teilerfolge bringen konnten. Es ist zu erwarten, daß eine Steigerung der Produktion möglich ist, wenn genügend Investitionsgelder zur Verfügung stehen. Absatzschwierigkeiten müssen jedoch einkalkuliert werden, weil es sich vorwiegend um eine Agrarproduktion handelt, die auf den Konkurrenzdruck der europäischen Mittelmeerländer trifft. Während der Kolonialzeit war Frankreich (1956) mit 52–55 % am Export Marokkos und Tunesiens beteiligt, mit 76 % Anteil am Export Algeriens war es auch dort ein sicherer Abnehmer. Auch heute steht der Handel der Maghrebländer mit Frankreich bzw. der EWG an erster Stelle.

Die Bergbauproduktion wurde nach der Unabhängigkeit überall verstaatlicht. Für die Entwicklung einer eigenen Industrie ist es erforderlich, im Lande selbst Aufbereitungs- und Verarbeitungsbetriebe zu errichten. Dies gilt ebenso für die Verarbeitung von landwirtschaftlichen Industrieprodukten (z. B. für Zuckerfabriken, Textilherstellung). Erste Anfänge sind überall gemacht, doch fehlt zumeist für die hohen Investitionskosten ausreichendes Kapital. Entwicklungshilfe und Beteiligung ausländischer Gesellschaften können hier weiterhelfen, wenn wenigstens ausreichend geschulte Arbeitskräfte zur Verfügung stehen, was nicht immer der Fall ist. Der heute von der Industrie der Atlasländer erwirtschaftete Anteil am Bruttoinlandprodukt (ohne den Bergbau) liegt zwischen 10 und 15 %. Rechnet man den Bergbau hinzu, so erreichten Marokko und Tunesien rund 27%, Algerien dagegen (1969) bereits 33%. Hier wirkt sich der Anteil der Erdölförderung deutlich aus. Dies ist in Libyen noch in erheblich höherem Maße der Fall (über 60%). Auf die Angabe des Pro-Kopf-Einkommens wird

*Algerien, Ahaggar, Trident-Massiv
bei Assekrem · Härtlingsberge,
herausgehobene Schollen und Vulkanreste
überragen das Bergland
in der zentralen Sahara.*

hier verzichtet, da solche statistischen Werte nichts über die wirkliche Verteilung des Volkseinkommens aussagen und daher der Gegensatz z. B. in den Erdölländern zwischen einem relativ hohen Pro-Kopf-Einkommen und der überwiegenden Zahl sehr gering verdienender Bevölkerungsgruppen nicht deutlich wird.

Erdöl und Erdgas der Sahara wurden nach der verstärkten Prospektion in den späten fünfziger Jahren zur Wirtschaftsbasis in Libyen und Algerien; beide Länder wurden hierdurch zu den führenden Erdölländern Afrikas und rückten auch in vordere Positionen der Weltrangliste auf. In Libyen wechselt die Förderung (1970: 162, 1972: 105 Millionen t), in Algerien belief sie sich 1972 auf 50 Millionen t. Da dieses Erdöl und Erdgas von den saharischen Lagerstätten zu Raffinerien oder neuen Exporthäfen in der Cyrenaika, an der Syrte und an der ost- und westalgerischen Mittelmeerküste transportiert werden muß, bedeutet dies einen erheblichen Ausbau der Infrastruktur, auch in der Sahara selbst. Asphaltstraßen, Allwetterpisten und zahlreiche Pipelines wurden gebaut. Im westalgerischen Arzew entstand eine bedeutende Gasverflüssigungsanlage; der Aufbau einer Chemischen Industrie wurde in Angriff genommen. Die Möglichkeit, auch die Energiegewinnung in mit Rohöl beschickten Wärmekraftwerken erheblich zu steigern, wirkt fördernd auf den industriellen Ausbau, zumal die Kohlebasis in keiner Weise ausreichend ist.

Da der Bevölkerungsdruck im Maghreb außerordentlich hoch ist und von der heranwachsenden Generation nach einer Berufsausbildung auch Arbeitsplätze gefordert werden, ist ein industrieller Ausbau notwendig. Die Erdölförderung kann hierbei ein entscheidender Katalysator sein, wenn sie auch selbst nur eine beschränkte Zahl von Arbeitsplätzen anzubieten in der Lage ist. So wurde z. B. in Algerien 1969 mehr als die doppelte Summe in den industriellen Ausbau investiert, als die Landwirtschaft erhielt. Die Erdölbasis in Marokko und Tunesien ist jedoch weitaus ungünstiger. Während Tunesiens Erdölförderung mit (1972) 4 Millionen t immerhin seinen Eigenbedarf deckt, ist diese in Marokko (1972: 28 000 t) bisher völlig unbedeutend geblieben.

Nachdem zunächst das Sahara-Erdöl von verschiedenen ausländischen Gesellschaften prospektiert und gefördert worden ist, wurden die Bestrebungen der Erdölländer immer deutlicher, diesen Wirtschaftszweig unter ihre eigene Regie zu bringen. So hat Algerien 1970 durch Verstaatlichung 51 % der Anteile übernommen und kann daher weitgehend das Preisniveau bestimmen. Auch die neue libysche Regierung nimmt immer stärkeren Einfluß auf die Erdölwirtschaft, deren hohe Gewinne ihr größeren politischen Einfluß in der arabischen Welt ermöglichen. Der größte Käufer libyschen Erdöls ist die Bundesrepublik Deutschland.

Die Bildungspolitik der Maghrebländer unternahm in der Nachkolonialzeit große Anstrengungen, das Analphabetentum zu verringern und die Fachausbildung zu fördern. Es ist bemerkenswert, daß dies in den Atlasländern überwiegend mit Hilfe von französischen Lehrkräften geschah. Obwohl die allgemeine Schulpflicht noch nicht durchführbar ist, besteht doch heute für 70–80 % der Kinder im Schulalter die Möglichkeit, eine Grundausbildung zu bekommen. Bisher scheint die tatsächliche Ausnutzung dieser Einrichtungen in Tunesien am höchsten zu sein. Allerdings gibt es überall große regionale Unterschiede, wobei besonders der Gegensatz von Stadt und Land deutlich wird. Auch der Anteil von Mädchen beim Schulbesuch steigt ständig an. Die Bedingungen, höhere Schulen und die jeweiligen Landesuniversitäten zu besuchen, wurden wesentlich verbessert. Der Tourismus wurde ebenfalls in den letzten Jahren erheblich durch infrastrukturelle Maßnahmen gefördert. So steht in den Atlasländern die Investitionsquote hierfür im Staatshaushalt zumeist an vorderer Stelle, zumal der Tourismus ein hervorragender Devisenbringer ist, der z. B. in Tunesien (1970) bis 20% der gesamten Deviseneinlöse einbringt; Marokko erreichte 1970 mit 701 000 Touristen die höchste Besucherzahl, während Algerien (236 000) und Libyen (77 000) den Massentourismus noch nicht auf sich ziehen konnten. Libyen besitzt wenig Voraussetzungen für ein Touristenland.

Die Maghrebländer haben trotz vieler Gemeinsamkeiten in ihrer geographischen, ethnischen, religiösen und wirtschaftlichen Struktur noch keine politische Einheit erreicht, wenn auch mancherlei Versuche hierzu unternommen worden sind. Die mannigfaltigen, aufgrund der Erdölwirtschaft gegebenen finanziellen Möglichkeiten in Algerien und Libyen werden die Einheitsbestrebungen ebensowenig fördern wie die politischen Systeme, die von den sozialistischen Volksrepubliken mit jeweils eigener Prägung bis zum marokkanischen Königreich recht unterschiedlich sind. Dennoch muß der islamisch-arabisierte Maghreb zweifellos als ein Bestandteil des Orients angesehen werden, wenn auch als dessen »westliche« Variante. Eine völlige Integration in eine panarabische Völkergemeinschaft hat selbst im Kampf gegen Israel abweichende Auffassungen deutlich werden lassen. Anderseits werden die Maghrebländer immer wieder im Rahmen von afrikanischen Zusammenschlüssen damit konfrontiert, daß es mancherlei Gegensätze zwischen einem »Weiß-Afrika« nördlich der Sahara und einem »Schwarz-Afrika« südlich der größten Wüste der Erde gibt. Dabei bestehen aus der französischen Kolonialzeit bedeutende Beziehungen zu Westafrika, die sich seit der Aussöhnung Marokkos mit Mauretanien, einem Mittlerland zwischen Weiß und Schwarz, verstärken können. Die afrikanische Zusammengehörigkeit wird auch durch das Vordringen des Islams in Schwarz-Afrika gestärkt.

Neben der Zugehörigkeit des Maghrebs zum orientalisch-arabischen Völkerkreis und den Bindungen an Afrika als Kontinent sind die Maghrebländer besonders eng dem mediterranen Raum zugehörig. Viele Kontakte zu dem ehemaligen Kolonialherrn, besonders zu Frankreich, sind nicht abgeschnitten. Manche politischen und wirtschaftlichen Bestrebungen lassen die Beziehungen auch zu den europäischen Ländern deutlich werden. Die Problematik zukünftiger Entwicklung muß sicher in erster Linie mit dem Bestreben überwunden werden, die einigenden Bande des Maghrebs selbst zu festigen, trotz mancher Rückschläge. Auch und gerade wirtschaftlich sollte eine solche Entwicklung den ganzen Maghreb festigen und stärken. Fortschritte in dieser Richtung sind jedoch lediglich durch die Politik im Maghreb selbst zu erwarten. Europa kann hierbei nur behilflich sein.

Charles-Picard, G.: Nordafrika und die Römer. Stuttgart 1962. – Despois, J./Raynal, R.: Géographie de l'Afrique du Nord-Est. Paris 1967. – Despois, J.: L'Afrique du Nord. – L'Afrique Blanche. Teil 1. Paris 1964. – Isnard, H.: Le Maghreb. (In: Magellan Nr. 19.) Paris 1966. – Julien, Ch.-A.: Historie de l'Afrique du Nord. Tunisie – Algérie – Maroc. Paris 1968. – Mensching, H.: Marokko – Die Landschaften im Maghreb. Heidelberg 1957. – Mensching, H.: Tunesien. Eine geographische Landeskunde. (In: Wissenschaftl. Buchgesellschaft Darmstadt.) 1968. – Mensching, H.: Nordafrika. (In: Große Illustrierte Länderkunde, Bd. 2 – Große Bertelsmann-Lexikon-Bibliothek, Bd. 13.) Gütersloh 1963. – Naji Abbas Ahmad: Die ländlichen Lebensformen und die Agrarentwicklung in Tripolitanien. (In: Heidelberger Geographische Arbeiten, H. 25.) 1969. – Plum, W.: Sozialer Wandel im Maghreb. Hannover 1967.

Im vorliegenden Literaturverzeichnis wurden überwiegend nur jene Werke aufgeführt, die den gesamten Maghreb geographisch und historisch behandeln. Der Leser findet hierin auch die wichtigsten Grundlagen für die Wirtschaft und Entwicklungspolitik der Atlasländer. Besonders sei auf die Gesamtdarstellung im Band 2 der Großen Illustrierten Länderkunde hingewiesen, da sie einen einführenden Beitrag zur Einordnung des Maghrebs in Nordafrika enthält; daneben sind die französischen Darstellungen von Despois und Despois/Raynal besonders hervorzuheben. Das Buch von Despois/Raynal umfaßt auch die jüngere nachkoloniale Entwicklung eingehend und stellt eine wichtige Grundlage für das Verständnis der Entwicklung der Kulturlandschaft und der Wirtschaftsstruktur der Maghrebländer dar. W. Plum hat in seinem Buch sehr viel Material zur jüngsten Entwicklung der Gesellschafts- und Wirtschaftsstruktur der drei Atlasländer zusammengetragen.

Die geographische Landeskunde Tunesiens vom Autor informiert den Leser detailliert über die geographischen Grundlagen der kolonialzeitlichen und nachkolonialen Entwicklung des kleinsten Maghreblandes und enthält zahlreiche Kartendarstellungen der wichtigsten Strukturelemente des Landes. Der historisch interessierte Leser wird in den Werken von Julien alle wissenschaftlich wichtigen Grundlagen finden, während in dem Buch von G. Charles-Picard eine gut lesbare Darstellung des Römischen Reiches in Nordafrika vorliegt.

Hellmut Schroeder-Lanz

Erdforschung durch Luft- und Satellitenbild

Methoden und Systeme der Weltraumfotografie und der Fernerkundung

Vor wenigen Menschenaltern mußten kühne Forscherpersönlichkeiten noch abenteuerliche Entdeckungsreisen unternehmen, um Kenntnisse von unerforschten Gebieten der Erde zu gewinnen. In ihren Berichten und Beschreibungen mußten sie sich freilich auf das beschränken, was sie auf ihren Routen mit eigenen Augen gesehen hatten; was seitlich hinter dem Horizont lag, blieb ihnen verborgen. So hielten sich lange Jahre hindurch weiße Flecken auf den Landkarten, und erst mühevoller systematischer Kleinarbeit gelang es, sie zu vermindern, einen Überblick über größere Gebiete zu gewinnen, Oberflächenformen, Siedlungen, Bodenschätze und Landnutzung geographisch zu erfassen und zu kartieren. Nicht wenige der wagemutigen Pioniere mußten neue Erkenntnisse im tropischen Urwald oder in den polaren Eiswüsten mit dem Leben bezahlen.

Seitdem hat die stürmische technische Entwicklung der Wissenschaft neue Mittel und Methoden der Erderkundung und -vermessung in die Hand gegeben, die nicht mehr den gefahrvollen Einsatz einzelner Forscher erfordern und überdies ungleich präzisere Resultate liefern als der menschliche Augenschein. Die Voraussetzungen dazu schuf die Entwicklung der Fotografie, des Flugzeugs und der Raumfahrt, die am 4. Oktober 1957 mit dem Start des Satelliten »Sputnik« begann.

Schon bald nach der Erfindung der Fotografie im Jahre 1849 wurden vom Ballon aus die ersten Luftbilder aufgenommen und bereits um 1870 zur militärischen Aufklärung und als Unterlage für topographische Karten verwendet. Nach dem Ersten Weltkrieg übernahm das beweglichere Flugzeug die Rolle des windabhängigen Ballons als Kameraträger. In der Folge wurde das Luftbild immer systematischer im Dienst der Wissenschaft eingesetzt. Das führte zu wesentlichen Verbesserungen der Aufnahmetechnik und der Luftbilder; es entstanden spezielle Filme, Tele- und Weitwinkeloptiken und Film-Filter-Kombinationen für Luftaufnahmen, Dinge, die heute schon zum Handwerkszeug vieler Fotoamateure gehören.

Nach dem Zweiten Weltkrieg setzte eine rapide Weiterentwicklung des Luftbildwesens ein, und zwar 1. die Verallgemeinerung der Luftbildauswertung zur Fernerkundung (Remote Sensing); 2. die Möglichkeit, von erdumkreisenden Satelliten Aufnahmen von wachsender Qualität zu erhalten; 3. die präzise und schnelle Auswertung der Aufnahmen durch Computer.

Diese moderne Art der Luftbildinterpretation ist von großer militärischer und wirtschaftspolitischer Bedeutung. Sie erlaubt die Kontrolle militärischer Einrichtungen im Hinterland fremder Staaten, ermöglicht aber auch recht genaue Prognosen für Ernteaussichten und Wettervorhersagen, und sie liefert Unterlagen für die Erdvermessung von vordem unerreichbarer Genauigkeit. Der US-amerikanische Aufklärungssatellit Big Bird (1972) hat bereits jetzt eine Bodenauflösung von 30 cm.

Für solche Aufnahmen werden nun nicht nur die für das menschliche Auge sichtbaren Wellen des elektromagnetischen Spektrums – d.h. die Lichtwellen zwischen Infrarot und Ultraviolett – verwendet, sondern auch die unsichtbaren: die (längeren) Infrarot-, Radar- und Radiowellen sowie die (kürzeren) Ultraviolett- und Röntgenstrahlen bis zur (kürzesten) Gammastrahlung. Dabei ist zu unterscheiden zwischen passiven und aktiven Aufnahmesystemen. Im Bereich des sichtbaren Lichts ist unter »passiv« aufgenommenen Fotos folgendes zu verstehen: Die von der Sonne bestrahlten Gegenstände werfen einen Teil der elektromagnetischen Lichtstrahlen zurück; diese werden vom Objektiv der Kamera gesammelt, auf die lichtempfindliche Schicht des Films oder der Platte projiziert und dort festgehalten. Ebenso »passiv« erfolgt die Aufnahme im Infrarotbereich; hierbei handelt es sich um Wärmestrahlung, die unsichtbar von erwärmten Flächen oder Gegenständen ausgestrahlt wird und deren Intensität mit dem Grad der Erwärmung wächst. Auch Selbststrahler wie Uran und andere radioaktive Elemente (Gammastrahler) liefern ihr Lichtbild selbst. Bei den aktiven Systemen wird die natürliche Bestrahlung mit Sonnenlicht durch eine künstliche Bestrahlung in der vorgesehenen Wellenlänge, z.B. durch Radarwellen ersetzt. Dazu befindet sich an Bord des Flugzeugs oder des Satelliten eine Sendeanlage, die Wellen entsprechender Länge oder Frequenz auf die zu erfassende Region der Erdoberfläche abstrahlt, die von dort zurückgeworfenen Wellen mit sogenannten Sensoren (Antennen) auffängt, verstärkt und elektronisch zu einem »Bild« umsetzt, das freilich ganz andere Aspekte und Eigenschaften besitzt als ein normales Foto.

Der Grund, warum man bei der modernen Fernerkundung der Erde Wellen der verschiedenen Bereiche des elektromagnetischen Wellenspektrums verwendet, liegt in den spezifischen, sich ergänzenden Eigenschaften dieser Wellen. Zwei Beispiele sollen das erläutern: Im Zweiten Weltkrieg waren Kriegsschiffe mit Infrarot-Ortungsgeräten ausgerüstet, mittels deren sie bei stockdunkler Nacht oder im dichtesten Nebel, wo jede optische Erkennung unmöglich war, gegnerische Streitkräfte ausmachen und mit großer Genauigkeit unter Feuer nehmen konnten. Das beruhte darauf, daß Schiffe mit laufenden Maschinen erheblich mehr Wärme ausstrahlten als ihre kältere Umgebung. Wärmestrahlen aber sind Infrarotstrahlen, die durch empfindliche Geräte »passiv« auf weite Entfernung erfaßt und ausgewertet werden können. Ein anderes Verfahren, das ebenfalls im Zweiten Weltkrieg bei der Entfernungsmessung eine entscheidende Rolle spielte, war die als »Radar« (»*R*adio *D*etecting *a*nd *R*anging«) bekannte Funkmeßtechnik, bei der durch die Zeitdifferenz zwischen dem »aktiv« ausgesandten elektromagnetischen Impuls und dem Empfang des vom erfaßten Objekt reflektierten »Echos« dessen Entfernung festgestellt wird.

Was diese Radarwellen jedoch für die Erderkundung aus großen Höhen ganz besonders wertvoll macht, ist die Tatsache, daß sie – im Gegensatz zu den elektromagnetischen Lichtstrahlen – nicht von den Gasen, aus denen sich unsere Atmosphäre zusammensetzt, absorbiert und damit geschwächt werden. Bestimmte Radarwellen durchdringen Wolken; die Genauigkeit, mit der sie mittels der Elektronik Objekte abbilden, ist wesentlich größer, als es im sichtbaren Lichtbereich möglich ist. Diese Vorteile werden die Vervollkommnung der Radarbildauswertung forcieren; diese hat wesentlich größere Zukunftsaussichten als die herkömmliche Luftbildauswertung.

Nicht minder große Zukunftsaussichten hat die Fotografie mit Laserstrahlen (Laser = Abkürzung für *L*ight *A*mplification by *S*timulated *E*mission of *R*adiation«). Das künstlich erzeugte Laserlicht unterscheidet sich vom natürlichen Licht, bei dem alle Wellenelemente, die Photonen, durcheinanderschwingen, dadurch, daß hier die Photonen im gleichen Takt und parallel zueinander schwingen und sich das Licht daher nicht nach allen Seiten ausbreitet (diffundiert), sondern einen scharf gebündelten (kohärenten) und energiereichen Strahl bildet. Bei der Laser-Fotografie, auch Holographie genannt, wird der Laserstrahl durch einen im Winkel stehenden transparenten Spiegel »halbiert«; dabei fällt er zur Hälfte als »Referenzstrahl« durch den

Spiegel direkt auf die Fotoplatte, während der vom Spiegel abgelenkte Halbstrahl das aufzunehmende Objekt beleuchtet und von diesem ebenfalls auf die Platte reflektiert wird (vgl. Grafik S. 394). Was dabei entsteht, ist ein Interferenzbild, das »bei Licht« betrachtet keinerlei Ähnlichkeit mit dem Objekt hat, sondern nur undefinierbare Interferenzringe zeigt. Erst wenn dieses Foto, das »Hologramm«, wieder mit Laserlicht durchleuchtet wird, gibt es das Objekt wieder – aber jetzt nicht als flaches, eindimensionales Papierbild, sondern dreidimensional im Raum stehend und so naturgetreu, daß es vom Original nicht zu unterscheiden ist. Besonders frappierend ist es für den Betrachter, daß er bei Änderung

Erderkundung · Satellitenbild des Beckens von Murzuk in der östlichen Zentralsahara, aufgenommen von Gemini XI aus 324 km Flughöhe. Erfaßtes Gebiet: rund 1 Mill. qkm.

seines Blickwinkels, also auch von der Seite, von oben und unten, das Objekt stets in der richtigen Perspektive und so naturgetreu sieht wie das Original. Und ebenso erstaunlich ist, daß man, wenn man das Hologramm zerschneidet, von jedem Teilstück dasselbe Raumbild erhält wie vom Ganzen. Wenn auch heute die Intensität des Laserlichts noch nicht ausreicht, Objekte, die größer als etwa 2 qm sind, auszuleuchten, also ganze Landschaften noch nicht holographiert werden können, besteht doch kein Zweifel, daß dieses Aufnahmeverfahren in absehbarer Zeit auch das Luft- und Satellitenbildwesen revolutionieren wird.

Doch zurück von dieser futurologischen Abschweifung zur fotografischen Fernerkundung (»Remote Sensing«) der Gegenwart. Daß dabei nicht nur im Bereich des sichtbaren und des unsichtbaren (Infrarot-)Lichts »passiv« fotografiert wird, sondern auch »aktiv«, mit anderen Wellen des elektromagnetischen Spektrums, wurde bereits dargelegt. Die dabei gewonnenen Bilder sind natürlich voneinander sehr verschieden. Farbige Luftbilder lassen aufschlußreiche Deutungen über den Zustand des fotografierten Objekts zu; die abweichenden Grautöne der Satellitenbilder, die man durch Infrarot-, Röntgen- oder Radaraufnahmen ein und desselben Objekts erhält, ergeben außer der Identifikation des Objekts nach Form und Aussehen vielerlei Daten, die sich in bezug auf sonstige Eigenschaften des Objekts interpretieren lassen. Werden z.B. Objekte mit Spezialfilmen des Infrarotbereichs fotografiert, so ergeben sich Grautonwerte, die sich erheblich von Schwarzweißaufnahmen im Rot-Grün-Blau-Bereich des sichtbaren Lichts unterscheiden. Außerdem ergibt die Auswertung der Infrarotbilder Aufschluß über die Intensität der Wärmeausstrahlung der Objekte und über deren Wärmeverhalten. So lassen sich nicht nur warme und kalte Meeresströmungen scharf getrennt unterscheiden, sondern auch Temperatur- und andere Klimawerte flächenhaft von allen überflogenen Gebieten der Erde gewinnen, was bei Ozeanen und Wüsten, von denen es bislang kaum genauere Daten gab, besonders wichtig ist. Ähnlich lassen sich bestimmte andere Daten aus den Grautonwerten von Radaraufnahmen ermitteln. Man bezeichnet die verschiedenen Wellenbereiche als »Kanäle« (vgl. Grafik S. 395). Von besonderer Bedeutung ist der Umstand, daß Radarwellen bestimmter Länge Wolkenfelder und Nebel unbehindert durchdringen und somit auch bei bedecktem Himmel klar strukturierte Aufnahmen der Erdoberfläche liefern.

In einem Weizenfeld ändern sich die Farbaspekte zwischen Frühling und Ernte von Grün nach Gelb; dementsprechend ändern sich im Luft- und Satellitenfoto auch die Grautonwerte, und diese Veränderung ist bei Kenntnis ihrer Bedeutung meßbar. Aufgrund dieser Meßwerte besteht die Möglichkeit, die erfaßten Objekte automatisch zu identifizieren, zu klassifizieren und – wenn es sich um Landschaften handelt – zu kartieren. Dieses Verfahren heißt im sichtbaren und im nahen Infrarotbereich Multispektraltechnik, im Radarbereich und bei Verwendung anderer polarisierter Wellen Multiradar- bzw. Multipolartechnik. Außerdem ist die automatische Luftbildauswertung schon in der Lage, grundrißrichtige topographische Karten mit einkopierten Höhenlinien herzustellen. Darüber hinaus haben Wissenschaftler bereits Methoden zur automatischen Erkennung von relativ einfachen geometrischen Objekten und einen Code aus Zahlen und Buchstaben entwickelt, in dem Computer die Ergebnisse verarbeiten. Die Grautonmeßwerte eines Objekts aus den verschiedenen Kanälen (vgl. Grafik S. 395) werden als Komponenten eines mehrdimensionalen Objektbestimmungsvektors aufgefaßt. Jeder Dimension entspricht also ein Grautonaspekt des Objekts in den verschiedenen Wellenlängenbereichen. Da sich die Grautonwerte verschiedener Objekte in den einzelnen Kanälen häufig überlappen – etwa wenn zwei Objekte den gleichen Grautonaspekt im betreffenden Kanal besitzen und mithin nicht trennbar und folglich auch nicht identifizierbar sind –, werden möglichst viele solcher Grautonwerte oder Vektorkomponenten benötigt, um eine solche Trennung zu gewährleisten. Auf die so gebildeten Objektbestimmungsvektoren werden zur Trennung und damit zur Identifikation der Objekte die Methoden der linearen Algebra und der analytischen Geometrie, insbesondere die Lösungsverfahren für lineare Gleichungssysteme, angewendet. Auf diese Weise kann der gesamte Auswertungsvorgang, von der Grautonmessung über die Identifikation bis hin zur kartographischen Darstellung des Ergebnisses, automatisiert werden.

Selbstverständlich gibt es außer Fernerkundung aus der Luft und dem Weltraum auch eine solche am Boden. Hierzu zählen alle Fotografien, Radartechniken, Schallwellendetektoren usw. Noch nicht erwähnt wurden die Methoden der Aeromagnetik und -elektrik. Hochempfindliche magnetische und elektrische Meßinstrumente werden hierbei in einer Kapsel an einem Kabel hinter dem Flugzeug hergezogen und registrieren die Intensität des Erdfeldes. Besonders starke Anomalien im Verlauf der so ermittelten Feldlinien lassen Rückschlüsse auf Bodenschätze zu. Das Eisenerzvorkommen vor Itabira im tropischen Regenwald Brasiliens wurde auf diese Weise entdeckt.

Werden alle angedeuteten Möglichkeiten zur Informationsbildung über die Erdobjekte voll ausgeschöpft, so erhält man eine Flut von Daten. Nur ein Computer kann diese ausnutzen. Nach Rechenvorschriften, die auf bestimmten Modellvorstellungen basieren, bearbeitet er die einzelnen Angaben und gibt sie aufbereitet als Tabelle, Diagramm oder Karte zur Prognosebildung bzw. als Kartierung wie-

Infrarot-Falschfarbenaufnahme des ERTS-Satelliten vom 25. 7. 1972. Sie zeigt die Gegend um die Monterey-Bay in Kalifornien. Deutlich erkennbar ist die gebirgige Struktur der Landschaft. Die Vegetation erscheint abgestuft in roten Farbtönen; links handelt es sich um dichte Wälder, rechts oben um parzellierte Feldbaugebiete. Über der Landspitze (links unten) liegt ein Nebelfeld.

der aus. Am Beispiel der Verkehrsregelung soll dies kurz erläutert werden. Zur Steuerung des überlasteten Straßenverkehrs (insbesondere morgens und abends) werden seit einigen Jahren in mehreren Städten an den wichtigen Verkehrsknotenpunkten Meß- und Beobachtungsgeräte installiert. Sie geben den augenblicklichen Verkehrszustand an diesen Stellen z. B. an die Verkehrsleitzentrale der Stadt durch. Anhand der Mitteilungen wird dort der für diesen speziellen Verkehrszustand optimale Schaltplan ausgesucht und elektronisch für die Ampeln eingestellt. Modellschaltpläne (Signalzeitpläne) sind schon vorher für die verschiedenen Verkehrssituationen aufgrund von empirischen Daten und Simulationen aufgestellt und in den Computer eingegeben worden. Bei dieser Art von Verkehrssteuerung werden jedoch nur Informationen von einigen ausgewählten Plätzen benutzt und Stauungen in Seitenstraßen nicht berücksichtigt. Auf Luftbildern – und wenn man in absehbarer Zeit auf Satellitenbildern sogar Fahrzeuge erkennen kann, ebenso auf jenen – kann nun die Verkehrssituation auch in den Seitenstraßen und damit die Gesamtsituation in größeren Stadtgebieten analysiert werden. Benutzt man diese zusätzlichen Werte zur Verkehrssteuerung, so läßt sich der Verkehrsfluß sicher noch besser regeln als allein auf der Basis der am Boden gewonnenen Daten. An der Entwicklung eines solchen Boden-Luft-Verkehrssteuerungssystems wird zur Zeit in den USA und in der Bundesrepublik Deutschland gearbeitet.

Satelliten geben Auskunft über das Wetter

Am weitesten ist die Methodik und Technik der Satellitenaufklärung im Bereich der Meteorologie fortgeschritten. Vor Einsatz der Wettersatelliten war die Wettervorhersage auf die nach international gültigen Regeln gewonnenen Meßdaten von den traditionellen Bodengeräten wie Thermometer, Barometer, Hygrometer usw. in genormten Wetterhütten und größeren Stationen angewiesen. Über Fernschreiber und Sender wurden sie gesammelt und zu Wetterkarten für die Vorhersage aufbereitet. Seit dem Zweiten Weltkrieg setzt man neue Geräte wie Radar (zur Messung der Durchsichtigkeit der Atmosphäre, Höhe der Wolkenuntergrenze oder des Niederschlages), Geräte zur Messung des Strahlungshaushaltes, Radiosonden, Ballons, Flugzeuge und Raketen zur Erkundung der Wetterelemente in der Höhe, und Schiffe zur Gewinnung von Daten aus den Ozeangebieten ein. Der Wettersatellit macht zusätzlich zahlreiche wichtige Wetterangaben (Bewölkung, Nebel, Eis- und Schneedecken, effektive Temperatur, Strahlungsbilanz, Solarkonstante), und zwar für die ganze Welt nahezu gleichzeitig und vollständig. Der Aufgabenbereich eines Wettersatelliten erweitert sich mit fortschreitender Verbesserung der Technik. Die Informationen, z. B. solche über die Bewölkung, werden von Computern zu Diagrammen und Karten aufbereitet, wobei die Grenzen der Bewölkung, der Schnee- und Eisdecken, der überwiegenden Formen der Bewölkung, insbesondere von Wolkenwirbeln, Zyklonen und Wirbelstürmen (vgl. Grafik S. 393), sowie die Fronten der Luftmassen, die Temperaturen der oberen Wolkengrenzen, die vertikale Temperaturschichtung in den oberen Lagen der Atmosphäre und der Wärmehaushalt dargestellt werden. Um die Meßdaten jedoch richtig verwerten zu können, werden sie automatisch in eine Karte – an der den jeweiligen geographischen Koordinaten des Meßgebietes entsprechenden Stelle (die Meßgenauigkeit beträgt etwa 10 km, was für diese Auswertung genügt) – nebst Zeitangabe eingedruckt. Ganz neu ist die Darstellung des Weltwetters durch Satellitenbilder, die für Mitteleuropa in Mosaiks zusammengefügt veröffentlicht werden. Eine der wichtigsten Aufgaben besteht im Sammeln nicht nur der von Satelliten übermittelten Wetterdaten, sondern auch derjenigen sämtlicher Bodenstationen und die Weiterleitung bzw. Aufbereitung in einem Zentralcomputer in den Zentren der sogenannten Welt-Wetterwacht, wie Melbourne, Moskau, Washington, London, Offenbach, Rom und Stockholm. Angesichts der steigenden Datenflut arbeitet man derzeit an der Frage, das Weltwetter durch eine Minimalzahl von repräsentativen Meßdaten zu erfassen. Im Satelliten oder in den Zentralen selbst werden von den Zentralcomputern Wettervorhersagekarten erstellt, die genauer sind als selbst die von erfahrenen Meteorologen zusammengestellten. Wichtigen Problemen wie der horizontalen und vertikalen Luftmassenvermischung, der Strahlungs- und Wärmebilanz der gesamten Erde oder den klimatologischen Verhältnissen kleinerer und größerer Regionen der Erde versucht man durch Einbau neuer Instrumente in die Wettersatelliten näher zu kommen. Für spezielle Probleme werden besondere Satelliten gebaut.

Bei den Fernsehbildern der Wettersatelliten hängt die Bildgüte zusätzlich von der Elektronik der automatischen Bildübertragung von den unbemannten Satelliten ab. Hierbei wird das bereits im Satelliten entwickelte Filmnegativ wie beim Fernsehen von einem Lichtstrahl abgetastet; die Schwankungen der Intensität des durchfallenden Lichtes werden auf einen Sender übertragen, als Impulse ausgestrahlt, am Erdboden aufgefangen und dort auf dem umgekehrten Wege wieder zeilenweise in ein Foto zurückverwandelt, wobei die Grautonwerte sofort lagerichtig in eine Karte mit geographischem Koordinatennetz eingepaßt werden. So erklären sich die parallelen Linien auf den Fernsehbildern der Wettersatelliten und den Mondfotos. Fehler in der Elektronik, z. B. Schwebungen, verzerren manchmal die Grautonwerte einer Zeile, die dann heller, dunkler oder gar gegen die benachbarte verschoben, gestaucht oder gedehnt erscheint, als ob ein falscher Faden in ein Gewebe eingezogen worden wäre. Die Wettersatellitenbilder werden u. a. im Wellenlängenbereich 0,50–0,65 Mikrometer fotografiert. Zusätzlich wird die Erdoberfläche mit Infrarotstrahlungsmeßgeräten abgetastet. Je nach Temperatur eines Körpers gibt dieser Wärme, also infrarote Strahlung ab. So sind warme Objekte, z. B. Meeresströmungen oder durch bevorstehende Ausbrüche erhitzte Vulkangebiete, nicht nur abgrenzbar, sondern ihre Oberflächentemperatur ist auch bis auf 1,5° C genau angebbar. Auf diese Weise erhält man erstmals flächenhaft Temperaturdaten von fernen Erdräumen, z. B. aus den Wüstengebieten; damit lassen sich Aussagen machen über bislang weitgehend ungeklärte Fragen des Wärmehaushaltes dieser Gebiete, u. a. hinsichtlich der Verwitterungsvorgänge. Die von der Erde, von den Wolkenoberflächen und von den Gasen der Atmosphäre (Wasserdampf, Kohlendioxyd, Ozon) ausgehende Wärmestrahlung wird jeweils in einem anderen Wellenlängenbereich erfaßt, so daß eine getrennte Registrierung in den verschiedenen Kanälen Rückschlüsse auf die Tempe-

Luftbilder der Gemarkung von Langenburg a. d. Jagst, aufgenommen aus 1000 m Flughöhe über Grund bei 220 km/h Fluggeschwindigkeit mit 1/200 sec. Belichtungszeit · Durch Verwendung verschiedener Filme ergeben sich für die Auswertung in Hinsicht auf geologische Strukturen und Vegetation andere Merkmale. Bei den Aufnahmen wurde ein normaler Farbfilm (oben links), ein Infrarot-Falschfarbenfilm (oben rechts), ein infrarotempfindlicher (unten rechts) und ein normaler Schwarzweißfilm eingesetzt (Luftbilder freigegeben vom Reg.-Präs. Nord-Württbg. Nr. 031/00830).

Zum Vergleich: Ausschnitt der entsprechenden topographischen Karte im Maßstab 1:25 000.

Vergleich der Meßgenauigkeit von Radar- und Laser-Profilmeßgeräten

(Nach Dettmers, »Neue Zürcher Zeitung« vom 19. Juni 1969)

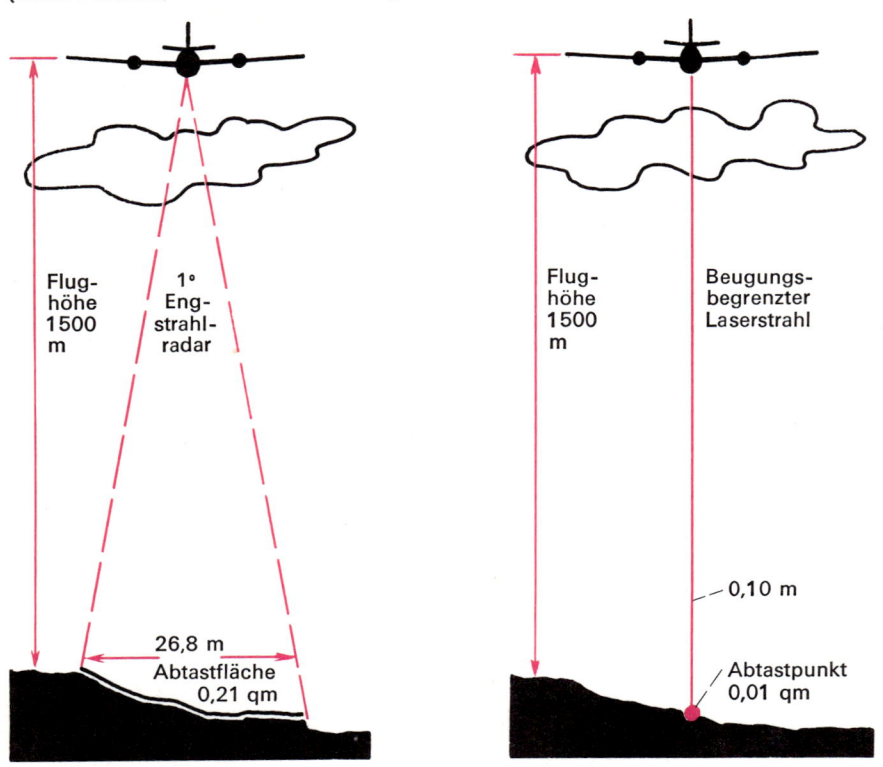

Flughöhe 1500 m | 1° Engstrahlradar | Abtastfläche 26,8 m / 0,21 qm

Flughöhe 1500 m | Beugungsbegrenzter Laserstrahl | 0,10 m | Abtastpunkt 0,01 qm

ratur in den Schichten der Atmosphäre zuläßt. Noch andere Wetterphänomene sind auf den Fernsehbildern der Wettersatelliten zu erkennen. Eine systematische Auswertung dieser Bilder erlaubt Tiefdruckgebiete, insbesondere jene der tropischen Wirbelstürme, sehr frühzeitig zu lokalisieren und ihre Zugbahnen über den Sturmwarndienst der Öffentlichkeit bekanntzugeben. Auch die außertropischen Tiefdruckwirbel (z. B. das Tief vor Marokko) besitzen spiralig um das Zentrum verlaufende, häufig als »Auge« ausgebildete Wolkenbänder und -wickel. »Fronten« prägen sich meist als Wolkenstreifen selbst im Bereich von Hochdruckkeilen aus. Hinter Kaltluftfronten erscheint die Aufheiterung als schmale dunkle Zone; bei Föhn ist an der Leeseite von Gebirgen im Kontrast zum Kumuluswölkchenstau im Luv der Gebirge die Aufheiterung über weite Entfernungen hin erkennbar. Parallele Wolkenbänder oder lange Einzelfahnen hoher Wolken zeigen die Richtung der Höhenströmung an. Besondere Bedeutung für die Schiffahrt hat außer der Ortung von Nebelgebieten die Erkennung verschiedener Eisarten in den eisgefährdeten Teilen der Weltmeere, etwa in der Hudsonbai oder im Sankt-Lorenz-Golf. Bei klarem Wetter gemachte Luftaufnahmen lassen wegen der starken Kontraste Rinnen im Eis gut ausmeßbar hervortreten, wodurch u. a. auf die sie erzeugenden stärkeren Winde Rückschlüsse gezogen werden können. Aufgrund solcher Informationen kann der Eisdienst des Deutschen Hydrographischen Instituts in Hamburg z. B. den voraussichtlichen Beginn und die Richtung der Treibeisdrift berechnen und die Schiffahrt warnen.

Das Satellitenbild als Helfer bei der Erstellung von Landnutzungskarten

Im Bereich der konventionellen Luftbildauswertung sind die Multispektral- und die Multiradartechniken erprobt. Es ist möglich, auf automatischem Wege vom Computer Landnutzungskarten ausdrucken zu lassen (vgl. Grafik S. 388). Derzeit wird daran gearbeitet, diese Methoden auf Satellitenbilder zu übertragen, mit deren Hilfe man dann Landnutzungsinventuren größerer Länderkomplexe erstellen kann, u. a. mit dem Ziel, Ernteprognosen als Grundlage für Wirtschaftspolitik, Weltmarktpreisentwicklung usw. zu erhalten (z. B. sehr wichtig für die Entwicklungsprojekte der FAO). Eine Aufgabe des geowissenschaftlichen Satelliten ERTS-A (ERTS = Abkürzung für »*Earth Resources Technology Satellite*«, Erdrohstofftechnologie-Satellit, vgl. Grafik S. 388) ist die Erstellung einer Landnutzungskarte der Welt im Maßstab 1 : 1 000 000 auf der Basis von Satellitenbildern in vier Wellenlängenbereichen zur multispektralen Auswertung. Eingeschlossen in diesem Vorhaben sind Weidelandinventuren und die Gewinnung von forstwirtschaftlich bedeutsamen Daten. Wichtig ist dieses Unternehmen vor allem für die Tropen. Dort liegen zwar 45 % des Waldareals der Erde, doch wegen der Einzelständigkeit der hier gewonnenen Edelhölzer kommen nur 6 % der Weltholzproduktion aus dem tropischen Bereich.

Die unterschiedlich gute Objekterkennbarkeit auf verschiedenen Filmen zeigt die Fotomontage »Langenburg« (vgl. S. 389). Bei Benutzung von Farbbildern zur Auswertung, deren Bild additiv (durch Übereinanderprojizieren) aus der blau-, der grün- und der rotempfindlichen Schicht aufgebaut wird, ist die Erfolgsquote, also die Sicherheit der Bestimmung einer Landnutzungsart, um etwa 10 % höher als bei der Auswertung von Schwarzweißfotos. Im Infrarotbereich ist die Rückstrahlung des reflektierten Lichtes (Remission) aller grünen Pflanzen durch den Chlorophylleffekt (die für jede Art anders ausfällt), wesentlich größer. Hierdurch wird die Trennbarkeit der Pflanzenarten auf den Infrarotbildern vergrößert. Um die Vorteile der Farbbildauswertung mit dem der Infrarotbildauswertung zu kombinieren, ist beim »Falschfarbenfilm« (vgl. S. 389 rechts oben) die blauempfindliche Schicht durch eine infrarotempfindliche ersetzt, die auch rot entwickelt wird; dadurch erhalten die Objekte

Feststellung und Kontrolle von Luftverschmutzung mit Hilfe eines Spektrometers vom Flugzeug aus
(Nach Moffat und Barringer, 1970)

Testgebiet: Toronto
Meßdatum: 15. November 1967
Windgeschwindigkeit 15 Meilen/h

Fluglinie Flughöhe 9000 Fuß (2743,7 m)

Niedrige Luftverschmutzung im Gebiet östlich der City

Raffinerien und Industrie | Kraftwerke
Luftverschmutzung in Windrichtung unterhalb der City und der Industriezone

(ppm = Parts per million, Teile in 1 Mill. Teilen)

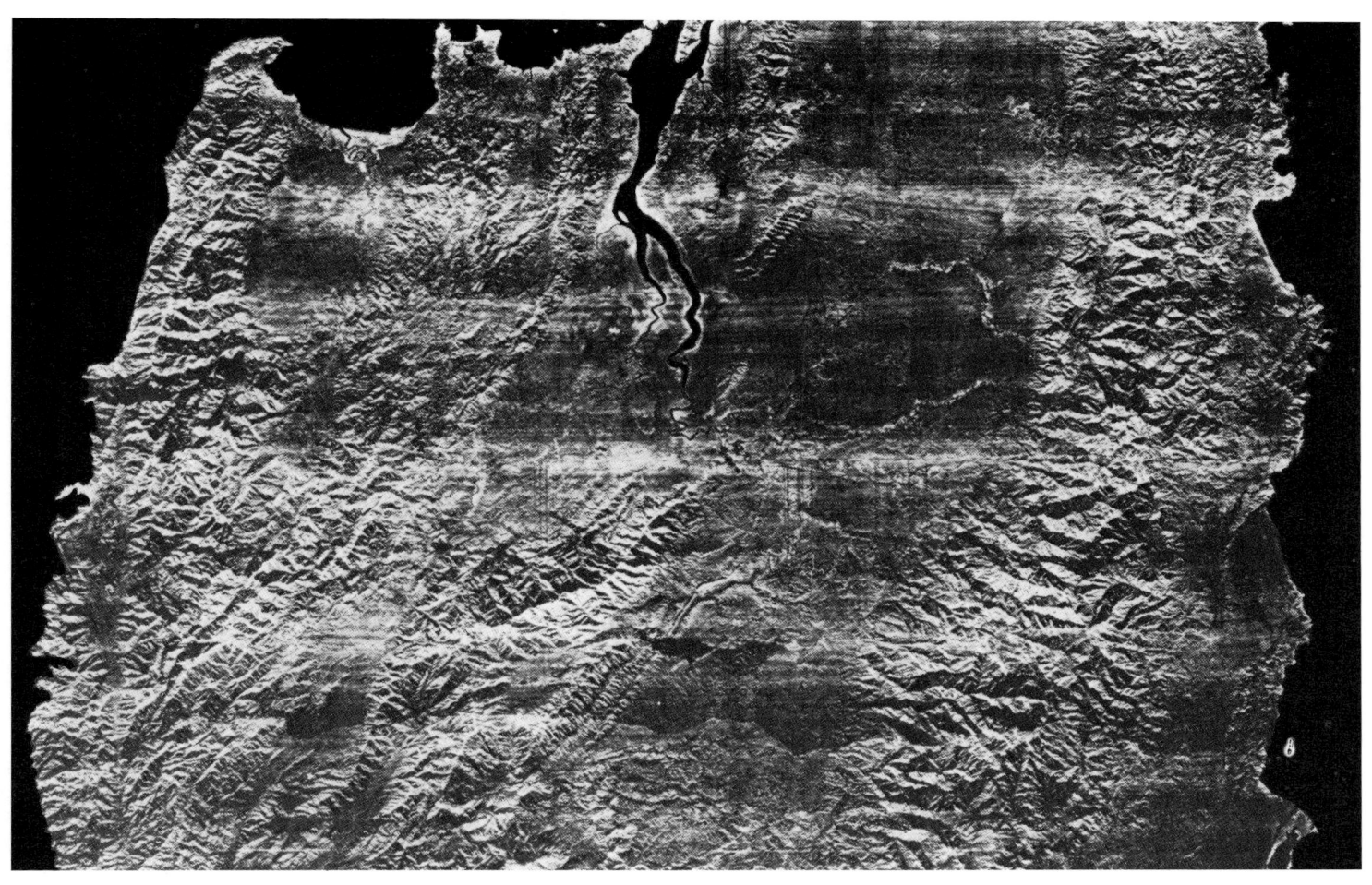

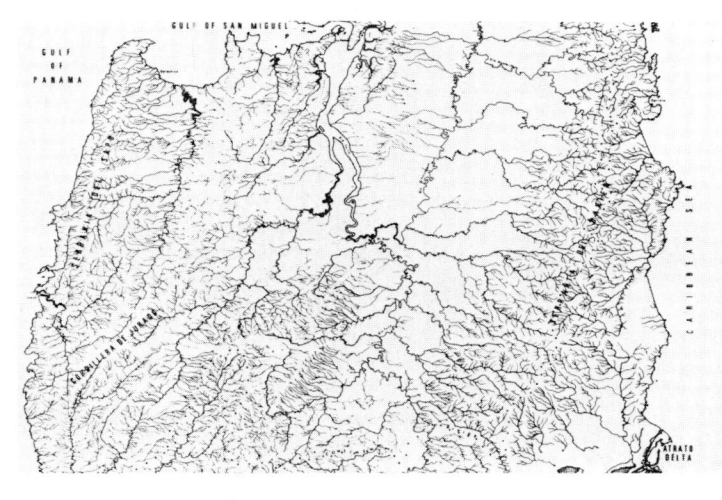

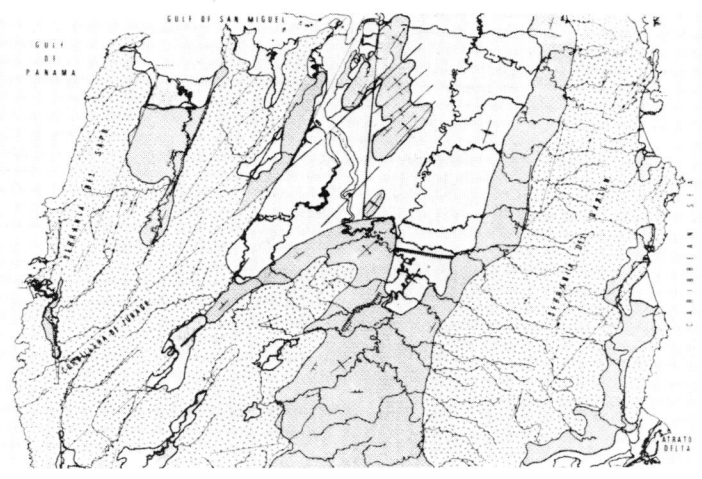

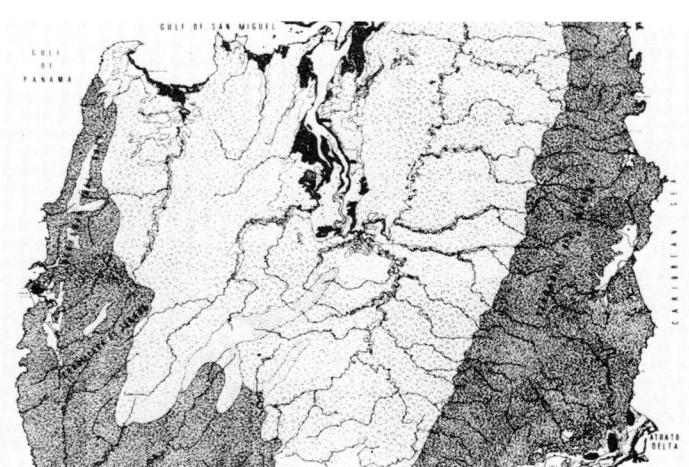

Radarbild-Analyse. Radar-Mosaik von Darién (Panama) und Nordwestkolumbien · Oben: SLAR-(Side Looking Airborne Radar-)Aufnahme. Mitte links: Landschaftsgliederung durch Wasserläufe. Mitte rechts: Vegetationsbild. Links: Geologisch-tektonische Struktur. Die Abbildungen zeigen, wie – durch Auswertung der unterschiedlichen Grautöne – aus einem Radarbild bestimmte Geofaktoren, aus denen das Landschaftsbild zusammengesetzt ist, isoliert herausgeholt und dargestellt werden können. So hat der Geowissenschaft dieses Verfahren u. a. ermöglicht, unbekannte und unzugängliche Gebiete genauestens zu erkunden, zu kartografieren und Fehler in den bisher gültigen topographischen Karten zu korrigieren. Nicht minder wichtig sind Feststellungen, die in Bezug auf Bodenbeschaffenheit, Bewässerung, Pflanzenwuchs und Ernteaussichten, Wetterlagen und Bodenschätze getroffen werden können. Wachsende Interpretationserfahrung läßt noch genauere Aufschlüsse erwarten.

andere Farben, als wir sie in der Natur zu sehen gewohnt sind. Diese »falschen« Farben aber geben mehr Nuancen wieder, so daß wir durch sie viel mehr auf den Bildern unterscheiden können als auf »naturgetreuen« Aufnahmen. Die Baumarten, Wiesen und die einzelnen Arten der Landnutzung heben sich durch unterschiedliche Rottöne von den anderen ab; erntereifes Getreide sieht dagegen grau aus. Treten Schädigungen des Chlorophylls auf, z. B. durch Schädlingsfraß, durch Dürre (hierbei sinkt der Binnendruck pflanzlicher Zellen, der Turgordruck in den Blattzellen und damit auch die Remission) oder bei für Tarnungszwecke abgehackten Zweigen, so zeigt dieser Film die Veränderungen durch blaugrüne bzw. schwärzliche Schlieren sehr gut an. Im Forstwesen, bei der militärischen Aufklärung (etwa bei der Enttarnung, »Camouflage Detection«), im hydrographischen Umweltschutz (z. B. Messung von Temperatur- und Qualitätsunterschieden der Abwässer) oder in der Archäologie (z. B. durch Auffindung bisher unbekannter Siedlungen leistet dieser Film mehr als das mit den üblichen Emulsionen beschichtete Filmmaterial.

Erderforschung und -vermessung vom Weltraum aus

Im Bereich der Geologie ist die Auswertungsmethodik noch nicht soweit durchgearbeitet wie im Bereich der Landnutzung. Wie bislang werden hier die konventionellen Kennzeichen der geologischen Objekte: Form, Größe, Raumlage, Grauton bzw. Farbe, Textur (die Mikrovariation des Grautones) und Struktur bei der Auswertung von Satelliten- und Luftbildern benutzt. Dabei zeigte sich u. a., daß offensichtlich einige Texturen maßstab-unabhängig sind; so besitzen Granit und Lava auf Satellitenbildern die gleiche Bruch- bzw. Fließstruktur wie auf konventionellen Luftbildern. Zusätzlich werden neuerdings zur Identifikation von Gesteinen bei der Kartierung Aufnahmen aus anderen Wellenlängenbereichen herangezogen, z. B. Infrarotaufnahmen, die über das Wärmeverhalten von Gesteinen Aufschluß geben. Eine Interpretation konventioneller Luftbilder erspart häufig selbst in Mitteleuropa bis zu 60 % der kostspieligen Geländearbeit, insbesondere in schwer zugänglichen Gebieten. Bei Einsatz eines Computers zur Auswertung der Daten von Luftbildern, Bodenproben und geologischen, geochemischen sowie geophysikalischen Messungen (z. B. Radioaktivität) können Erzlager lokalisiert werden.

Die hervorragendste Eigenschaft der Satellitenbilder – bislang ist bei den extrem kleinen Kartenmaßstäben von 1:1 000 000 bis 1:10 000 000 eine Nachprüfung im Gelände (»Field Check«) nicht immer möglich – liegt in der ausgezeichneten Erkennbarkeit der großräumigen Zusammenhänge und der morphologisch-tektonischen Baueinheiten der Erde (z. B. Faltenstrukturen) und ihrer Strukturelemente. Darüber hinaus erlaubt die fotogeologische Bearbeitung der farbigen Satellitenaufnahmen mit ihrer z. T. hervorragenden Qualität (optimale Bodenauflösungen von 30–40 m!) nicht nur die Überprüfung, sondern auch die Ergänzung, ja sogar die Neuanfertigung geologischer Übersichtskarten. Die Verwerfungen sind sehr viel besser erkennbar als andere geologische Details und werden auf konventionellen Luftbildern nach Größe und Raumlage gemessen, im Computer ausgewertet und als Richtungsrosen ausgezeichnet. Zur Übertragung dieser Technik auf die Satellitenbilder werden genauere meßtechnische Daten der Satellitenbildaufnahme selbst benötigt, wie sie für den Satelliten ERTS-A bereits verwirklicht sind. Werden in Zukunft alle Fernerkundungsmethoden im Informationsverbund eingesetzt, so wird die fotogeologische Bearbeitung weiträumiger Gebiete der Erde durch Satellitenbilder, insbesondere bei Arbeiten in Entwicklungsländern, auch kostensparend verwendet werden können.

Bislang liegen nur wenige Satellitenbilder vor, die stereoskopisch (dreidimensional) zu betrachten und auswertbar sind. Im Bereich der konventionellen Luftbildauswertung ist die stereoskopische Ausmessung der Bilder soweit vorangeschritten, daß die Raumkoordinaten eines jeden Geländepunktes im jeweiligen Koordinatennetz mit genügender Genauigkeit ausgemessen und dann für weitere Arbeiten gespeichert werden können. Ein Computer kann dann nach bestimmten Programmen Hangneigungen, Profile, Erdvolumina und andere die Oberflächenformen bestimmende Größen als Tabelle oder Diagramm ausgeben. Ein so in Koordinatenzahlen gespeichertes Stück der Erdoberfläche nennt man ein »digitales Geländemodell«. Beim Bau von Straßen wird mit Hilfe digitaler Geländemodelle nicht nur die Trasse ausgesucht, sondern zugleich werden auch die beim Bau durch Hangeinschnitte oder Dammauffüllungen zu bewegenden Erdmassen im voraus berechnet. Wiederholte Luftbildaufnahmen und ihre Auswertungen erlauben, in ähnlicher Weise Lage- und Massenveränderungen verschiedenster Objekte zu bestimmen, z. B. Art und Umfang der Bodenerosion

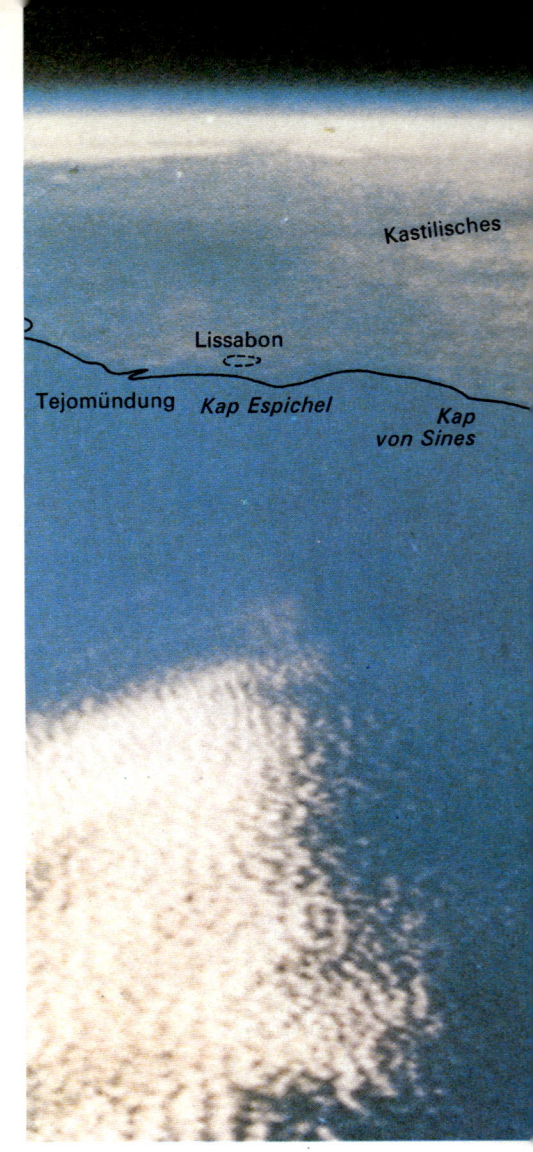

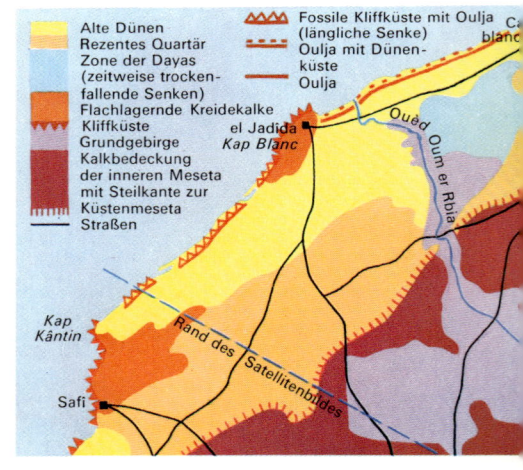

Tiefdruckwirbel vor der marokkanischen Atlantikküste (oben), aufgenommen von Gemini 10 am 19. 7. 1966. Vom Boden aus wurde dieses Tief nicht erfaßt (s. Wetterkarte desselben Tages; x = Lage des Tiefs [unten Mitte]). – Links außen: Wetterkarte und Satellitenaufnahme im Vergleich. – Links: Morphologisch-geologische Karte der marokkanischen Küste. – Rechts: Blockprofil des Landschaftsaufbaus um Casablanca.

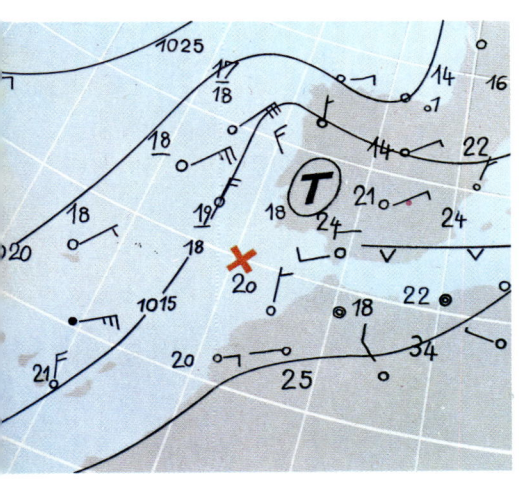

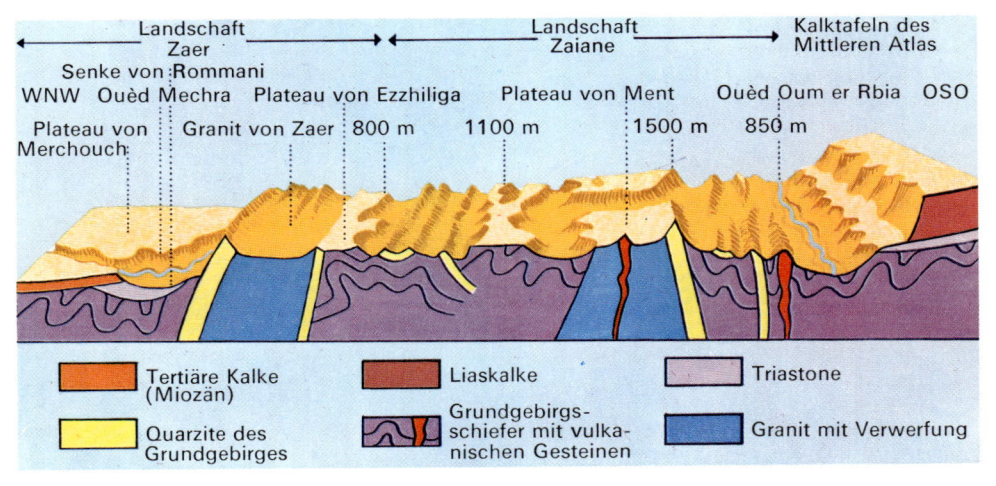

in erosionsgefährdeten Trockengebieten, Geschwindigkeit und Masse des Sandes von Wanderdünen bei den von ihnen bedrohten Oasen. Die digitalen Geländemodelle liefern auch für die Erforschung der morphologischen Prozesse wichtige Grunddaten.

Von den Formen der Erdoberfläche können auf den Satellitenbildern außer den bereits erwähnten großräumigen morphologisch-tektonischen Einheiten diejenigen kleineren Formen gut erkannt werden, deren Kontrastverhältnisse optimal sind. In vegetationslosen Wüstengebieten fallen Reliefunterschiede durch den Schattenwurf auf und bilden so die verschiedenen Dünenformen (Streifen-, Seif-, Barchan-, Sterndünen) deutlich ab. Salzsümpfe, Wadis und Sandmeere sind oft zusätzlich am Farbton zu erkennen. Im Bereich der Küsten stoßen das meist dunkel abgebildete Meer und die helle Sandzone aufeinander, so daß infolge der hohen Helligkeitskontraste die Grenze zwischen Land und Wasser in der Regel ausgezeichnet zu kartieren ist. Darüber hinaus werden häufig noch Strandwälle, Nehrungen, Lagunen, Küstendünen nebst Windgassen, Deltas mit alten Flußläufen, Uferwällen und Sandbänken sichtbar. Im Unterwasserbereich sind Riffe, Sandbänke, Riesenrippeln von mehreren Kilometern Länge, Klippen, Verwerfungen, Wassertiefe, Strömungen, Schwebstoffe, submarine Täler, die Temperatur und vieles mehr – z.B. im Tidenbereich selbst Watt, Mangrovenbesatz, Flut- und Ebbstromrinnen sowie Veränderungen infolge von Sturmfluten – mehr als ausreichend für die verschie-

393

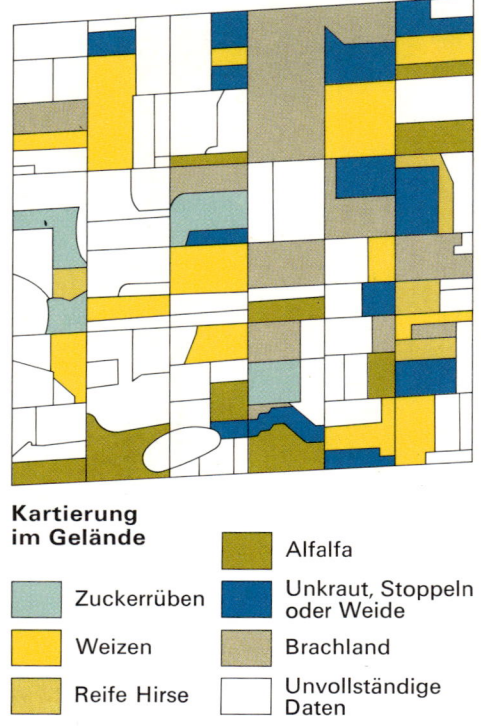

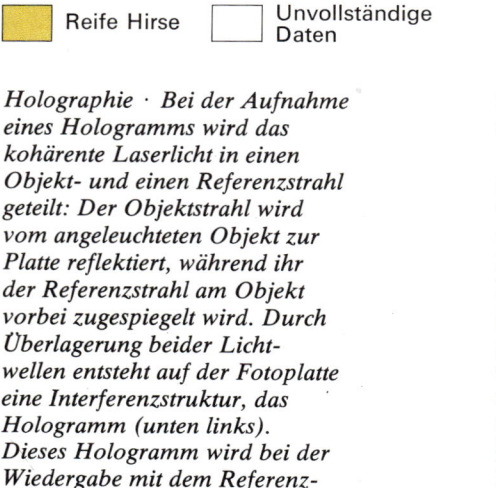

Kartierung im Gelände
- Zuckerrüben
- Weizen
- Reife Hirse
- Alfalfa
- Unkraut, Stoppeln oder Weide
- Brachland
- Unvollständige Daten

K-Band-Radar-Bild (Juli 1966)
0 1 2 Meilen

Dreimal Landnutzungs-Aufnahme: durch Kartierung im Gelände, durch K-Band-Radar und mit Hilfe mathematischer Methoden (Cluster-Analyse)
(Nach Schwarz und Caspall, 1968)
Testgebiet: Garden City (Kansas)

Cluster-Analyse
Vier Polarisationen
- I
- II
- III
- IV
- V
- VI
- Unvollständige Daten

Holographie · Bei der Aufnahme eines Hologramms wird das kohärente Laserlicht in einen Objekt- und einen Referenzstrahl geteilt: Der Objektstrahl wird vom angeleuchteten Objekt zur Platte reflektiert, während ihr der Referenzstrahl am Objekt vorbei zugespiegelt wird. Durch Überlagerung beider Lichtwellen entsteht auf der Fotoplatte eine Interferenzstruktur, das Hologramm (unten links). Dieses Hologramm wird bei der Wiedergabe mit dem Referenzstrahl durchleuchtet; dabei wird das »virtuelle« Bild dreidimensional im Raum stehend sichtbar.

densten praktischen Bedürfnisse von Küstenschutz und Küstenschiffahrt zu erkennen.

Die Satelliten sind nicht nur als Systemträger für die modernen Lufterkundungssysteme von entscheidendem Wert; aus ihren Abweichungen von der vorausberechneten Bahn können auch Rückschlüsse auf Gestalt und Massenverteilung des Erdkörpers selbst abgeleitet werden, die wiederum für Fragen allgemeinerer Art, etwa im Zusammenhang mit der Kontinentalverschiebung oder mit Krustenbewegungen, wichtig sind. Mit Hilfe neuer elektronischer Entfernungsmeßgeräte ist es möglich, über Satelliten in 1 000 km Höhe die Triangulationsnetze der Kontinente erstmals über die Ozeane hinweg zu verbinden, die Lage der Kontinentalränder und von Inseln sehr genau zu lokalisieren und die

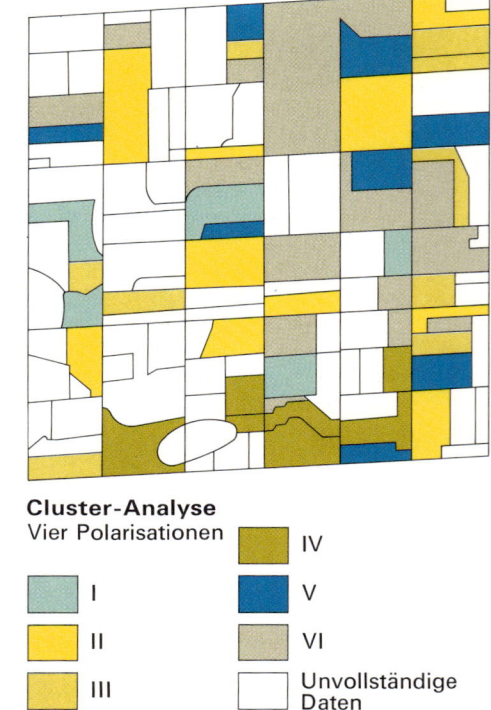

Ozeane gründlicher als bislang zu vermessen, insbesondere wenn man die Fernerkundungsmethoden auf die Ozeanographie überträgt, also von einem Schiff aus mit den entsprechenden Sensoren an Bord die Beschaffenheit des Meeresbodens erforscht und vermißt (marine Geodäsie).

Während das feste Land unserer Erde in vielen Teilen gut vermessen und erforscht ist, sind die Ozeane, die 71 % der Erdoberfläche einnehmen und etwa 80 % allen tierischen Lebens der Erde bergen, bisher fast unbekannt. Satellitenfotos bilden hier eine unschätzbare Informationsquelle. Sie sind auch billiger als die etwa 30 000 automatisch messenden Hochseebojen, die nötig wären, um das dichte, aber bis heute landgebundene Wetterstationsnetz durch ein ebenso engma-

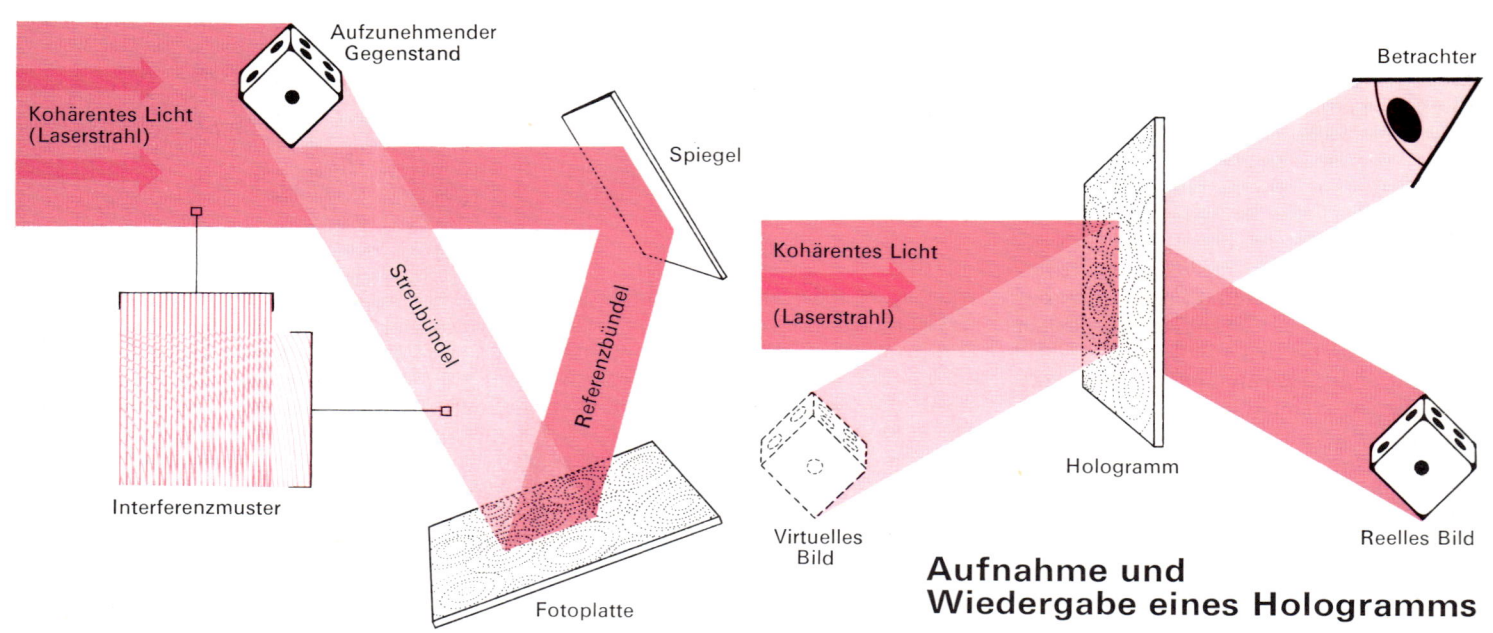

Aufnahme und Wiedergabe eines Hologramms

schiges Ozeanmeldenetz wirklich »weltumspannend« zu machen. Zahlreiche außerordentlich wichtige Beobachtungen sind bereits durch die Fernerkundungsverfahren gemacht worden. Mit Radargeräten ist der Seegang meßbar; daraus sind Rückschlüsse auf die erzeugenden Winde möglich. Das Studium der Wolkenarten erlaubt Aussagen über Temperatur und Strömungsverhalten der darunterliegenden, von den Wolken verborgenen Wassermassen und über das marine Wettergeschehen, wodurch die Vorhersage von Stürmen und extremen Flutwellen möglich wird. Auch Art und Bewegung des Eises – insbesondere die für die Schiffahrt so wichtige Drift der Eisberge – ist vom Satelliten und vom Flugzeug aus kontrollierbar. Mit Infrarotsensoren wurden bereits die zeitlichen Änderungen der Grenzen und der Temperatur des Golfstromes und anderer Strömungen festgestellt sowie kalte Auftriebswasser – z. B. die unterirdischen Süßwasserquellen vor der jugoslawischen Adriaküste – und die Fronten verschiedener Wasserkörper lokalisiert. In ihrem Grenzbereich mischen sich die Wasserkörper und erzeugen optimale Lebensbedingungen für das Plankton und damit für die Fische – sichere Anzeichen für reiche Fischgründe. Außerdem reichert sich über größeren Fischschwärmen im freien Ozean an der Wasseroberfläche ein dünner, artspezifischer Film von Fischöl an, der mit multispektralen Fernerkundungsverfahren ausgemacht werden kann; dadurch ist es sogar möglich, die Fischart zu bestimmen.

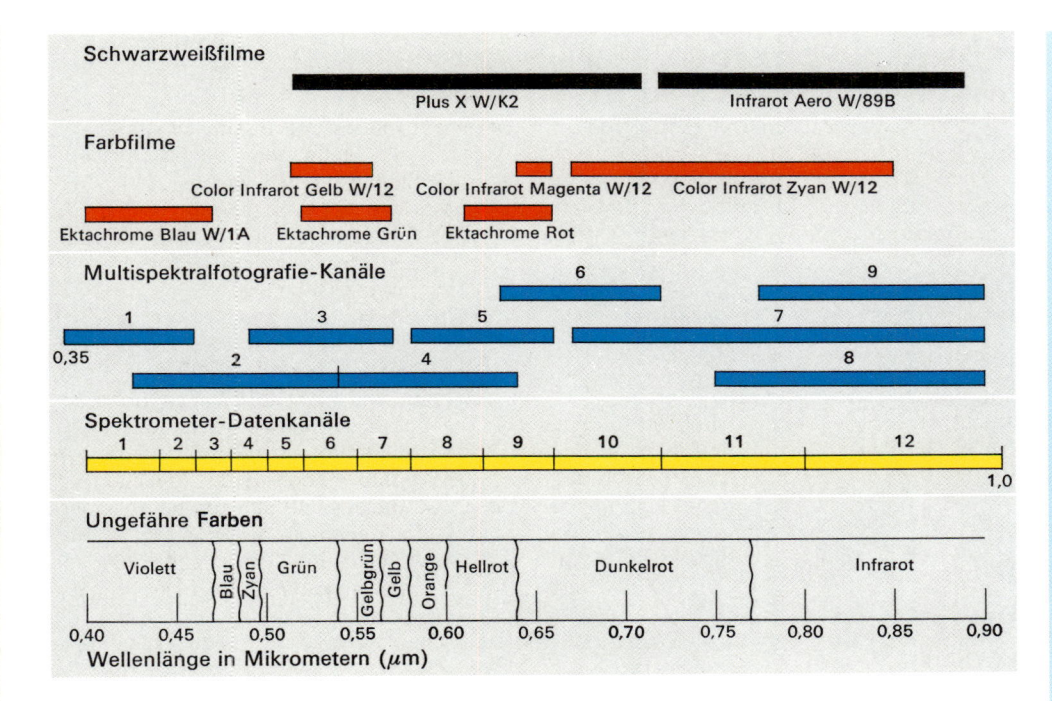

Die ins Meer abgelassenen Ölrückstände der Tanker und anderer Schiffe sind ebenfalls auf diese Weise zu orten. Die Fernerkundungsverfahren erlauben eine Kontrolle der Ölverschmutzung vom Flugzeug und vom Satelliten aus, wie sie anders nicht möglich ist. Aber auch auf dem Festland ist die Umweltverschmutzung vom Satelliten und vom Flugzeug aus gut zu kontrollieren, insbesondere der Reinheitsgrad von Luft und Gewässern und die wirtschaftssoziale Qualität von Siedlungsteilen, etwa von Slums. Multispektrale Fotos zeigen die Art der Gewässerverschmutzung z. B. durch schweflige Abwässer an; mit Hilfe von Spektrometern werden die Volumenprozente von Schwefeldioxyd, Stickoxyden und Kohlenoxyd, den giftigsten Auto- und Industrieabgasen, meßbar (vgl. Grafik S. 390). Schon auf einfachen Farbfotos sind die Rauchfahnen einzelner Fabriken und Brände zu unterscheiden. Gerade heute, da durch die Zunahme der Erdbevölkerung die Städte immer schneller wachsen, wird das Problem des Umweltschutzes und des gesunden Wohnens immer größer. Auch zur Lösung dieser Probleme kann die Auswertung von Satelliten- und Luftfotos zusammen mit den anderen Fernerkundungsverfahren wertvolle Beiträge leisten.

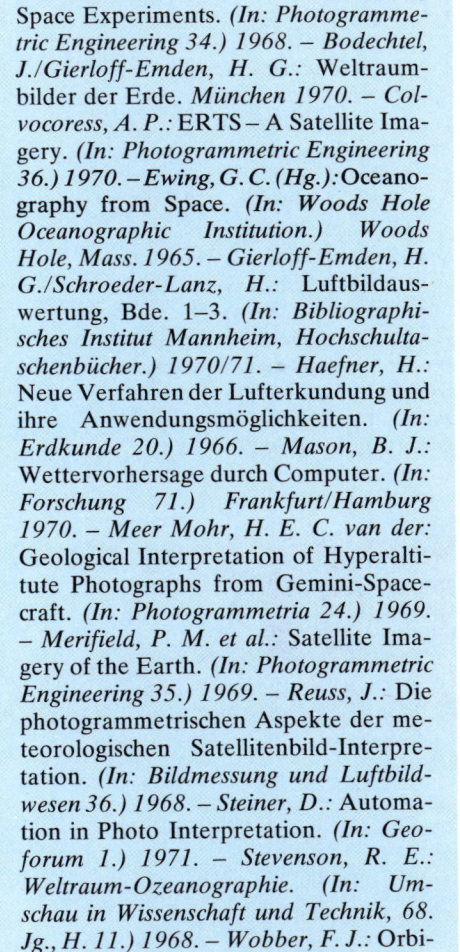

Badgley, P. C./Colvocoress, A. D./Centers, C. D.: NASA Earth-Sensing Space Experiments. (In: Photogrammetric Engineering 34.) 1968. – Bodechtel, J./Gierloff-Emden, H. G.: Weltraumbilder der Erde. München 1970. – Colvocoress, A. P.: ERTS – A Satellite Imagery. (In: Photogrammetric Engineering 36.) 1970. – Ewing, G. C. (Hg.): Oceanography from Space. (In: Woods Hole Oceanographic Institution.) Woods Hole, Mass. 1965. – Gierloff-Emden, H. G./Schroeder-Lanz, H.: Luftbildauswertung, Bde. 1–3. (In: Bibliographisches Institut Mannheim, Hochschultaschenbücher.) 1970/71. – Haefner, H.: Neue Verfahren der Lufterkundung und ihre Anwendungsmöglichkeiten. (In: Erdkunde 20.) 1966. – Mason, B. J.: Wettervorhersage durch Computer. (In: Forschung 71.) Frankfurt/Hamburg 1970. – Meer Mohr, H. E. C. van der: Geological Interpretation of Hyperaltitute Photographs from Gemini-Spacecraft. (In: Photogrammetria 24.) 1969. – Merifield, P. M. et al.: Satellite Imagery of the Earth. (In: Photogrammetric Engineering 35.) 1969. – Reuss, J.: Die photogrammetrischen Aspekte der meteorologischen Satellitenbild-Interpretation. (In: Bildmessung und Luftbildwesen 36.) 1968. – Steiner, D.: Automation in Photo Interpretation. (In: Geoforum 1.) 1971. – Stevenson, R. E.: Weltraum-Ozeanographie. (In: Umschau in Wissenschaft und Technik, 68. Jg., H. 11.) 1968. – Wobber, F. J.: Orbital Photos Applied to the Environment. (In: Photogrammetric Engineering 36.) 1970. – Principe de la Détection à Distance et Application à l'Etude des Ressources Terrestres. Paris 1969.

Hauptregister

Ländersteckbriefe (politische Angaben) und Literaturhinweise werden jeweils an erster Stelle direkt unter den Länder-, Territorien- oder Sachstichwörtern genannt.
Kursiv gesetzte Seitenzahlen verweisen auf Bildunterschriften bzw. Bildtitel. Tabellen sind durch ein T gekennzeichnet.
Unter C vermißte Stichwörter schlage man auch unter K, Tsch oder Z, bei J vermißte unter Tsch und Y nach.

A

Aargau 182, 183
Abrüstung 24
Aden *313*, 326, 327
Adjman 325
Aflaq, Michel 332
Ägäisches Meer, Vulkanismus 197
Agram, s. Zagreb
Ägypten s. a. Nilländer 350–369
–, Ländersteckbrief 364
–, Literatur 369
–, Bevölkerung 356, 361
–, Bewässerung 353, 357, *358*, 364
–, Bildungswesen 361
–, Bodenschätze 365
–, ethnische Gruppen 356, 357
–, Export 364, 365, 369
–, Geschichte 367–369
–, Gräberfeld *368*
–, Industrie 364, 367
–, Landwirtschaft 361–366
–, Nillandschaft *358*
–, Oasen *366/367*
–, politische Konflikte 367–369
–, Rüstungsindustrie 358
–, Sozialstruktur, moderne 357–360
–, Tourismus 367
–, Volkskunst *357*
–, Wirtschaftsentwicklung 357–367
Ajaccio 176, 177
Albanien 247, 251–253
–, Ländersteckbrief 253
–, Literatur 253
–, Bevölkerung 251, 253
–, Bildungswesen 253
–, Export 253
–, Geschichte 251–253, 264
–, Handel 253
–, Industrialisierung 253
–, Religion 253
Ålesund 57
Alexandria 361, 366, 367
Algarve 239
Algerien s. a. Maghreb-Länder 370–385, *380*
–, Ländersteckbrief 374
–, Literatur 385
–, Bevölkerung 371
–, Bewässerung 376, 377
–, Bodenschätze 380
–, Erdöl 383–385
–, Gebirge *384*
–, Kolonialherrschaft 378–383
Al Manama 324
Al Mansur 335
Almoraviden 370

Alpenländer 178–195
–, Literatur 195
–, Bodenschätze 180
–, Flüsse und Seen 179, 180
–, Forstwirtschaft 180
–, Geographie 178
–, Geschichte 186, 187
–, Gletscher 180
–, Klima 178–180
–, Landwirtschaft 180
–, Tourismus 180
–, Vegetation 180
–, Verkehr 178, *184/185*
Amalfi 35
Amalienborg, Schloß *64/65*
Amman 331
Amsterdam *112/113*, 119, 121
Amundsen, Roald 28, 31
Anatolien 292, 293, *300/301*
–, Geschichte 298 (T)
Andalusien 229
Andorra 238
–, Ländersteckbrief 238
Ankara 293
Antwerpen 111, 115, 116
Apennin-Gebirge 208
Apulien 217
Arabische Liga 369
Arabisches Vorderasien 312–335
–, Literatur 335
–, Archäologie *328/329*
–, Architektur 318, 319
–, Außenpolitik 334
–, Bevölkerung 312, 322, 324
–, Bevölkerungsgruppen 312, 334, 335, *362/363*
–, Bewässerung *320/321*, 326
–, Bodenreform 322
–, Emirate am Golf 325 (T)
–, Erdöl *314/315*, 317, 322–326
–, Geburtenkontrolle 322
–, Geographie 312, 313
–, Geschichte 312, 317
–, Handel 317
–, Industrialisierung 319, 322, 333
–, Klima 312, 313, 317, 334
–, Kolonien 317
–, Kulturdenkmäler *318*
–, Landwirtschaft 312, 325, 326, 333, 334
–, Mehrehe 319, 322
–, Nomadentum 322
–, Oberflächenform 313, 317
–, Pilgerfahrten 323

–, Religionen 312, 313, 317, 318, 324, 334
–, Scheichtümer 324–326
–, Sprache 319
–, Tourismus 333
–, Transithandel 333
–, Übersicht 312, 313
–, Vegetation 313
–, Verkehr 322
–, Volkskünste *317, 327, 334*
–, Vulkanismus 313, 317
–, Wüsten-Extreme *320/321*
–, Wüstenzone 313, *316*
ARAMCO 317, 323
Ardennen 106
Arktis, Erforschung 31
Armenien 292, 303
Asch Schariga 325
Assuandamm *354*, 357, 360
Assyrer 334
Assyut 361
Atatürk, Mustafa Kemal Pascha 259, 293, 302
Athen *204*, 254, 255
Äthiopien 352
Athos 255
Ätnagebirge 196, 197
Attika 255
Auvergne *156*

B

Baalbek *328/329*, 334
Baath-Partei 332, 333
Babylon *317*
Badajoz 232
Bagdad *319*, 335
Bahrain 324
Bahr el Ghasal 350
Balearen 229
Balfour-Deklaration 343, 345, 346, 349
Baltischer Schild 61
Barcelona 229, 238
Barth, Heinrich 30
Basel 183, 193
Basken *124*, 125
Basra 335
Beduinen 356
Beer Sheva 336
Behaim, Martin 17
Beirut 333, 334
Belfast *125*
Belgien s. a. Benelux-Länder 102–121
–, Ländersteckbrief 106
–, Literatur 121
–, Architektur *103*
–, Bauernhaus *119*
–, Blumenzucht 109
–, Export 109
–, Geschichte 102, 103

–, Industrialisierung 111, 114
–, Kohleförderung 106
–, Kongokonflikt 103
–, Landschaftsformen 106, 107
–, Landwirtschaft 106, 109, 110, 111
–, Minderheiten 125
–, Sprachenproblem 120, *120*, 121
–, Städte, bedeutende 115–119
–, Tourismus 120
–, Volkskunst *111*
Belgrad 244
Benelux-Abkommen 102, 103
Benelux-Länder 102–121
–, Literatur 121
–, Bodenschätze 111
–, Europäische Organisationen 102
–, Export 111
–, Geographie 106
–, Geschichte 102, 103
–, Kolonialismus 103
–, konfessionelle Gegensätze 120, 121
–, Landschaftsformen 106, 107
–, Landwirtschaft 110, 111
–, Monarchie 120
–, Sprachenstreit 119–121
–, Städte, bedeutende 114–119
–, Tourismus 119, 120
–, Tulpenanbau 109 (T)
–, Vegetation 106
–, Zollunion 102
Berber 370, 371
Berberdorf *380, 382*
Berlin 129, 146–148 (T)
–, Alexanderplatz *147*
–, Brandenburger Tor *132/133*
Berliner Kongreß 205, 244, 258, 268
Bern 182, 193
Bernadotte, Baptiste 56
Bierut, Boleslaw 278
Birmingham 94, 100
Böhmen und Mähren 273, 280, 281
Bosnien *199*, 244, 245
Breschnew-Doktrin 18
Bretagne *155*
Briand, Aristide 48, 48
Britische Inseln s. Großbritannien
Brügge 111, 115
Brüssel *117*, 118, 119
Bulgarien s. a. COMECON-Staaten 266–268
–, Ländersteckbrief 268

–, Literatur 291
–, Besiedlung 266
–, Geschichte 266–268
–, Industrialisierung 267, 268
–, Landwirtschaft *266/267*, 268, 269
–, Tourismus 268, 309–311
–, Volkskunst *278*
–, Wirtschaft 268, 288–291
–, Zweiter Weltkrieg 267
Bundesrepublik Deutschland (BRD) s. a. Deutsche Demokratische Republik u. Deutschland 128–153
–, Literatur 149
–, BRD und DDR im Vergleich 139 (T)
–, Bergbau 138–141
–, Bodenschätze 138, 139
–, Gastarbeiter *140*, 148
–, Industrie 138–142
–, Kaufkraftvergleich 138 (T)
–, Landwirtschaft 135–138
–, Reformen 148, 149
–, Schwerindustrie 139, 140
–, Städte, bedeutende 141–148
–, Verkehr 140
–, Wasserwirtschaft 140, 141
–, Wiederaufbau 146
Bündnissysteme 16
Burgenland 182
Bursa 293, 299
Burton, Richard Francis 30
Byrd, Richard 31

C

Cadiz *234*
Caetano, Marcello 243
Casablanca 374, *383*
Castel del Monte *150*
Catània 218, 219
CENTO 16
Chalkidike 255
Chinesisch-sowjetischer Konflikt 19
Chruschtschow, Nikita 12, 17, 18
Churchill, Winston 48
Clapperton, Hugh 30
Coburg, Veste *131*
COMECON-Staaten (RGW) 18, 45, 51, 264–291
–, Literatur 291
–, Hofwirtschaften 280
–, Kommunismus 285–287
–, Planwirtschaft 285–291
–, Strukturzahlen 291 (T)

–, Währungsprobleme 291
–, Welthandel 288, 289
Commonwealth 76
Cook, James 29, 30
Cordòba 229, *230/231*
Coudenhove-Kalergi, Graf 46, 47, 48, 49
Crna Gora s. Montenegro
Cuba-Krise 16

D

Dalmatien 248, *250*
Damaskus 331
Dänemark s. a. Skandinavien 52–75
–, Ländersteckbrief 60
–, Literatur 75
–, Agrarstruktur 74
–, Bevölkerung 71–73
–, Fischfang 69
–, Geschichte 52–61
–, Klima 66
–, Königsschlösser *64/65*
–, Landwirtschaft 53, 63, 74
–, Minderheiten 123
–, Oberflächenform 62, 63
–, Volkskunst *62*
–, Zweiter Weltkrieg 60, 61
Danzig 288
Dayan, Moshe 349
Delphi *256/257*
Deutsche Demokratische Republik (DDR) s.a. COMECON-Staaten u. Deutschland 128–149, 284, 285
–, Ländersteckbrief 285
–, Literatur 149, 291
–, BRD und DDR im Vergleich 138 (T), 139 (T)
–, Bergbau 138–141
–, Bevölkerung 143
–, Bevölkerungsdichte 129
–, Bodenreform 137, 148, 284
–, Bodenschätze 138, 142
–, Industrie 138–143, 284, 285
–, Kaufkraftvergleich 138
–, Kollektivierung 137, 149
–, Landwirtschaft 135–138, 285
–, Massenflucht 149
–, Minderheiten 123
–, Reformen 148, 149, 284
–, Städte, bedeutende 143–148
–, Tourismus 309, 310
–, Wirtschaft 284, 285, 288–291
Deutscher Ritterorden, 151, 152, *152*

deutsch-französischer Freundschaftsvertrag 176
deutsch-französisches Jugendwerk 176
Deutschland s. a. BRD und DDR 128–153
–, Literatur 149
–, Bergbau 138–141
–, Besatzungszonen 128, 129
–, Bevölkerungsdichte 129
–, Bodenschätze 138, 139
–, Erster Weltkrieg 153
–, Flurbereinigung 136
–, Gebirge 134, 135
–, Geschichte 128–130, *132/133*, 150–153
–, Industrie 138–143
–, Kaufkraftvergleich 138 (T)
–, Landschaftsformen 130–135
–, Landwirtschaft 135–138
–, Städte, bedeutende 141–148
–, Tourismus 130–135, 310
–, Verkehr 148
–, Viermächte-Abkommen 148
–, Volkskunst *134*
–, Wiederaufbau 146
–, Wirtschaft 138–143
–, Zweiter Weltkrieg 128–130, 146–148, 153
Devon *92/95, 100*
Diaz, Bartolomëu 27, 242
Didyma *294/295*
Diluvium 196
Dimitroff, Georgi 249, 267
Dinarische Alpen 244
Disraeli, Benjamin 204, 344
Djerba *378*
Djidda 323
Djilas, Milovan 19
Dobrojutro *251*
Dobrudscha 269, 272
Dofar 326
Doha 324
Donau 244
Donaulandschaften *282/283*
Dschingis-Khan 27
Dublin 101
Dubrovnik *199*

E

Eban, Abba 344
Edinburgh 101
EFTA 51, 61, 76, 195, 243
EG s. EWG
Eiszeiten 61, 134, 135
El Aqaba 330
ELAS 259
Elbsandsteingebirge *137*
Emsland, Siedlung *130*
Entdeckungsgeschichte, Erde 26–31
–, Literatur 31
Ephesus *294/295*, 305
Erderforschung vom Weltraum 392–395
Erdforschung 386–395
–, Literatur 395
Erdglobus, ältester *17*
Erdvermessung 392–395
Erster Weltkrieg 122, 153, 205, 254, 259, 269, 275, 279, 296, 299
ERTS-Satelliten 390
Escorial 228, *230/231*
ETA 126
Etatismus 284
Eudoxos 26
Euphrat 335

Euphrat-Damm 331
Europa 34–311, *36/37*
– und die Welt in Zahlen 39 (T)
–, Literatur 45
–, agrargeographische Gliederung 44
–, Auswanderung 42
–, Bevölkerungsdichte 35, 42, *50/51*
–, Bevölkerungsvielfalt 41, 42
–, Bodenschätze 43
–, Flüsse 40, 41
–, geographische Gliederung 35–38
–, Gewässer 40, 41
–, Grenzen 34, 35
–, industrielle Entwicklung 42–44
–, Klimagliederung 38–40
–, Kolonisation 34
–, Landwirtschaft 44
–, Minderheiten 122–127
–, Minderheiten, Literatur 127
–, Modelle für 46–51
–, Sprachgruppen 41, 42
–, Straßennetz und Wasserstraßen *50/51*
–, Tourismus 306–311, *308, 309*
–, Tourismus, Literatur 311
–, Umweltschutz 311
–, Vegetation 40
–, Vegetationszonen 40
–, vereinigtes, christliches 46
–, Vergletscherung 40, 41
–, Verkehr 44, 45, 306
–, Verstädterung 42, 306
–, Vertreibungen 122
Europa-Idee 48, 50
–, Literatur 51
Europort 116
EWG 45, 49, 61, 76, 85, 92, 99, 101, 177, 195, 243, 343

F

Faaker See *181*
Falschfarbenaufnahmen *388, 389, 391*, 390–392
FAO 22
Faröer 52, 66
Fellachen 379
Fellata 357
Finnische Seenplatte 62
Finnland s. a. Skandinavien 52–75
–, Länderstreckbrief 61
–, Literatur 75
–, Bevölkerung 71–73
–, Bodenschätze 68
–, Friedensverträge 57, 60
–, Geographie 52
–, Geschichte 52–61
–, Holzwirtschaft 68, 74
–, Kallavesi-See *69*
–, Karelien *69*
–, Klima 66
–, Minderheiten 122, 123
–, Oberflächenform 63
–, Volkskunst *62*
–, Wasserwirtschaft 71
–, Zweiter Weltkrieg 60, 61
Flandern 110, 116
Florenz 212, 213
Franco, Francisco 232, 233, 238, 239
Frankreich 154–177, *155*
–, Länderstreckbrief 166
–, Literatur 177
–, Arbeitslosigkeit 154

–, Architektur *43, 155, 170/171*
–, Begrenzung 155
–, Bevölkerungsdichte 157, 160, 161, 164, 166, 168
–, Bodenschätze 156, 166, 167
–, Energiewirtschaft 166, 167
–, EWG 177
–, Export 166, 167
–, Flüsse 155, 156
–, Forstwirtschaft 161–166
–, Geographie 155
–, Geschichte 154, 160, 161
–, Industrie 165–167
–, Klima 156, 165
–, Kolonien 177
–, Kulturgeschichte 161, *162/163*
–, Kulturlandschaften 155, 164, 165
–, Landflucht 157, 168, 169
–, Landwirtschaft 161–166
–, Lebensstandard 165, 176
–, Minderheiten *124*, 125
–, Oberflächenform 155, 156
–, Schlösser *170/171*
–, Sprachentwicklung 160, 161
–, Städte, bedeutende 167 (T), 168, 169
–, Städteplanung 168, 172
–, Tourismus 165, 167, 168, *173, 307*, 309–311
–, Überseebesitzungen 177
–, Verkehr 168, *169*
–, Volkskunst *160/161*
–, Wirtschaft 161–176
Frantz, Konstantin 46
Fredensborg, Schloß *64/65*
Frederiksborg, Schloß *64/65*
Freiburg 182
Fritzlar *147*
Fudjaira 325

G

Gama, Vasco da 27, *30*, 242
Gasperi, Alcide de 51, 225
Genezareth-See 337
Genf 183, 194
Gent *103*, 111, 115
Genua 204, 210, *217*
Gesira 360, 365
Ghadafi, Oberst 368
Gheorghiu-Dej 269
Gibraltar 242
–, Länderstreckbrief 242
Glarus 182
Glasgow 101
Golfstrom 67
Gotiglazial 61
Granada *235*
Graubünden 182
Grenzabkommen 12–14
Grenzprobleme 12–14
Griechenland 254–263
–, Länderstreckbrief 262
–, Literatur 263
–, Außenhandel 262
–, Bevölkerung 255, 258, 259, 263, 265
–, Bodenreform 258
–, Bruttosozialprodukt 262
–, Entwicklungspläne 262
–, Erster Weltkrieg 254, 259
–, Export 255

–, Fischfang *260/261*
–, Gastarbeiter 262, 263
–, Geographie 254, 255
–, Geschichte 254–263
–, griechisch-türkischer Gegensatz 259
–, Handel 258
–, Innenpolitik 262, 263
–, Klima 254
–, Kulturdenkmäler *256/257*
–, Landwirtschaft 254, 255, *256*, 258, 262
–, Malariabekämpfung 262
–, Marshallplan 262
–, NATO 254, 259, 263
–, Obristenregime 262, 263
–, Tourismus 255
–, Verkehr 254, 258
–, Vulkanismus 198
–, Wirtschaftsentwicklung 262
–, Zweiter Weltkrieg 254, 259
Gromyko, Andrej 18
Grönland 66
Großbritannien 76–101
–, Länderstreckbrief 88
–, Literatur 101
–, Arbeitslosigkeit 83, *90/91*, 101
–, Architektur 77
–, Bergbau 98, 99
–, Besiedlungsgeschichte 79–83
–, Bevölkerungsdichte 83, 94, 95, 99, 100
–, Conurbationen 94–98, 100
–, Dartmoor Forest 92
–, Energieversorgung 99
–, EWG 76, 85, 92, 99, 101
–, Fischerei 93, 94
–, Forstwirtschaft 94
–, Gebirge 77, 78
–, Geographie 76–78
–, Industrie 83, 99, 100
–, Kliffküste *84*
–, Klima 79
–, Kohlenrevier *90/91*
–, Kulturgeschichte 79–83
–, Kulturlandschaften 77, 79–83
–, Landwirtschaft 83–93
–, Minderheiten 123, 124, *125*
–, Nationalparks 92, 100, 101
–, Naturparks 94
–, Oberflächenform 76–78
–, Parlament *80/81*
–, Siedlungsformen 92, 93
–, Städte, bedeutende 94–101
–, Strukturwandel 99–101
–, Tourismus 101, 307–310
–, Universitäten 83
–, Vegetation 85
–, Verkehr 83, 98, 99
–, Verstädterung 94–98
–, Volkskunst *82*
–, Wirtschaft 76, 83, 85, 88, 92
Gutland 106

H

Haager Kongreß 49
Habsburger 151–153, 280
Haines, Captaine 327
Haleb 332
Hallstein, Walter 51
Hammerfest *41*
Hanse 151
Hattusa 292

Hebbel, Peter 244
Hedin, Sven 29
Heinrich der Seefahrer *239*, 242
Herodot, 26
Herzegowina *199*, 244
Herzl, Theodor 345
Hessen, Gebirge *130*
Hillary, Sir Edmund 31
Hohenzollern 152
Hohes Venn 106
Hohe Tatra *281*
Holland s. Niederlande und Benelux-Länder
Holographie 394
Horthy, Nikolaus von 273, 274
Hoxha, Enver 252
Hugo, Victor 46
Hyde Park *96/97*

I

Iberische Halbinsel 226–243
–, Literatur 243
–, Geschichte 226–228, 232, 233, 242, 243
–, Übersicht 232
Ibn Saud 322
Ideologien 17
Irak s. Arabisches Vorderasien 334, 335
–, Länderstreckbrief 335
–, Literatur 335
–, Bewässerung 334, 335
–, Landwirtschaft 335
–, Städte, bedeutende 335
–, Staudämme 335
–, Vegetation 335
–, Volkskunst *323*
Irland, Republik s. a. Nordirland u. Großbritannien 76–101
–, Länderstreckbrief 89
–, Literatur 101
–, EWG 101
–, Landwirtschaft 88
–, Strukturprobleme 101
–, Tourismus 101
Islam 201, 312, 317, 344
Island s. a. Skandinavien 52–75
–, Länderstreckbrief 67
–, Literatur 75
–, Bevölkerung 71–73
–, Fischfang 69
–, Geologie 61, 62
–, Klima 66
–, Oberflächenform 62, 63
–, Vegetation 67
–, Vulkanismus 63, *74*
–, Wasserwirtschaft 71
Israel 336–349
–, Länderstreckbrief 338
–, Literatur 343, 349
–, arabischer Aufstand 345, 346
–, Auslandsverschuldung 343
–, Balfour-Deklaration 343, 345, 346, 349
–, Besatzungsmacht *346*
–, Bevölkerung 337, 338, 343, 345
–, Bewässerung 336, 338–342
–, Bodenschätze 336
–, Bruttosozialprodukt 338, 343
–, Einwanderungsprobleme 338 (T), 344, 345
–, Entwicklungsprobleme 338
–, Erster Weltkrieg 345

–, EWG 343
–, Export 342, 343
–, Flüchtlinge *344*
–, Geographie 336, 337
–, Geschichte 336–338, 344–349
–, Großlandschaften *339*
–, Import 342
–, Industrie 336, 342
–, Klima 336
–, Landgewinnung 338, *340/341*
–, Landwirtschaft 336, 337, 342
–, Negev-Wüste 336, 338, 339, *340/341*
–, politische Konflikte 346–349
–, Sechstagekrieg 349
–, Tourismus 343
– und die Araber 344–349
–, UNO-Sicherheitsratsbeschluß 346, 347
–, Verkehr 337, 342, 343
–, Volkskunst *338*
–, Waffenstillstände 346
–, Wasserwirtschaft *339*
–, wirtschaftliche Entwicklung 338–343
–, Zweiter Weltkrieg 346
Istanbul *293*, 298, 302
Italien 208–225, *211*
–, Länderstreckbrief 212
–, Literatur 225
–, Autobahnnetz *211*
–, Besiedlung 220
–, Bevölkerung 218–220
–, Bevölkerungswachstum 213, 217
–, Bodenschätze 212, 219, 220
–, Export 209
–, Faschismus 224
–, Finanzprobleme 213
–, Gebirge *209*
–, Geographie 208
–, Geschichte 200, 201, 208, 210, 212–220, 224, 225
–, Großräume 208, 209
–, Industrialisierung 209–211, 220, 221, 224
–, Innenpolitik 224, 225
–, Klerus 225
–, Klima 208
–, Kulturdenkmäler 213, 218, 220, *220*, 224
–, Kulturgeschichte 200, 201
–, Landwirtschaft 208, 212, 217–220
–, Mafia 220
–, Minderheiten 126, 127
–, Nord-Süd-Gegensatz 209
–, Oberflächenform 208
–, Parteienpolitik 225
–, Regionen 209, 210, 216–218
–, Siedlungsformen *216*
–, Sozialstruktur 219, 220
–, Städte, bedeutende 209–216
–, Tourismus 210, 212, 219, 220, 309, 310
–, UNESCO 212
–, Vegetation 208, 209
–, Verkehrsprobleme 213
–, Volkskunst *212*
–, Vulkanismus 196, 197, *218/219*
–, Wirtschaft 216–218, 221, 224
Izmir 305

397

J

Jajce 245
Jalta, Konferenz von 128
Jemen, Arabische Republik s. a. Arabisches Vorderasien *323*, 327
–, Ländersteckbrief 327
Jemen, Demokratische Volksrepublik s. a. Arabisches Vorderasien 326, 327
–, Ländersteckbrief 326
Jenisej 35
Jericho 312
Jerusalem 330, 344, 348, *348/349*
Jordangraben 330
Jordanien s. a. Arabisches Vorderasien 330, 331
–, Ländersteckbrief 330
–, Bevölkerung 330, 331
–, Bewässerung *320/321*
–, Export 330
–, Geographie 330
–, Geschichte 330
–, Klima 330
–, Landwirtschaft 330
–, Sechstagekrieg 330
Jugoslawien s. a. COMECON-Staaten 244–253, 264
–, Ländersteckbrief 246
–, Literatur 253
–, Architektur *249*
–, Außenpolitik 249–251
–, Autonomie-Problem 250
–, Einwohnerzahlen 244
–, Flüsse *199*, 244
–, Geographie 244
–, Geschichte 244, 245–249
–, Industrie *248*, *282/283*
–, Innenpolitik 249–251
–, innerpolitische Spannungen 245
–, Kraftwerk »Eisernes Tor« *282/283*
–, Landwirtschaft 248, *248*, 249
–, Minderheiten 127
–, NATO 249
–, Oberflächenformen *198*
–, Planwirtschaft 287
–, Selbstverwaltung 245–248, 251
–, Sozialismus 245–248
–, Teilrepubliken 244
–, Territorium 244
–, Tourismus 309, 310
–, Vielvölkerstaat *247*
–, Wirtschaft 245–249
–, Zweiter Weltkrieg 245, 246
Jungalgonkium 35
Junges Europa 46
Jungtertiär 156
Jura 183

K

Kairo 361, 366
Kalabrien 217
Kalamai 255
Kallavesi-See *69*
Kalmarer Union 52
Kampanien 216
Karelien *69*
Karl V., Kaiser 161, 186, 216, 227
Karl der Große, 150, 266
Kärnten 180
Katalonien 125, 229, 233, 238
Katar 324

Kazimain *318*
Kelten 79
Kempen 106, *119*
Kephallenia 254
Kerbela 335
Khartum 353, 356, 359, *359*, 361, 365–367
Kieler Frieden (1814) 56
Kirkefell-Vulkan *74*
Kirunavaara 71
Kolumbus, Christoph 28, 29, 227
Kominform 18
Kommunismus 17–21, 285–287
Konstantinopel 200, 205, 256, 257, 259, 293, 296, 305
Konvergenztheorie 18
Korfu 254
Korinth 255, 256
Korsika *157*, 176, 177
Kosmas Indikopleustes 27
Krakau 275
Kreidezeit 38
Kreta 254, 258
Kroatien 244, 245, 250, *251*
Kun, Bèla 273
Kuwait s. a. Arabisches Vorderasien 324
–, Ländersteckbrief 324
–, Erdöl *314/315*, 324

L

Lappen 71, 72, 122
Leeres Viertel 313
Leichhardt, Ludwig 31
Leipzig *143*
Lely, Cornelis 107, 109
Lesseps, Ferdinand de 204
Levante 229
Libanon s. a. Arabisches Vorderasien 333, 334
–, Ländersteckbrief 333
Libyen s. a. Maghreb-Länder 370
–, Ländersteckbrief 374
–, Bevölkerungsdichte 374
–, Bewässerung *320/321*
–, Erdöl 380, 383–385
–, Landwirtschaft 376
Liechtenstein s. a. Alpenländer 183, 186
–, Ländersteckbrief 186
–, Schloß Vaduz *186*
Lissabon 239, 242, 243
List, Friedrich 46
Litorina-Senkung 62
Liverpool 99
Livingstone, David 30, 31
Lombardei 209
London 95, 99
–, Hyde Park *96/97*
Londoner Konferenz (1831) 102
Lough Corrib *78*
Lough Neagh 79
Lucenia *216*
Luftbildauswertung *387–392*
Luns, Josef 102
Luxemburg s. a. Benelux-Länder 102
–, Ländersteckbrief 106
–, Literatur 121
–, Bodenschätze 114
–, Geschichte 102, 103
–, Industrie 114
–, Landschaftsformen 106
–, Landwirtschaft 106, 110, 111
–, Sender Junglinster *118*
–, Tourismus 120
Luzern 182

M

Mackenzie, Alexander 29
MacKinley, John 31
Madariaga, Salvador 235
Madjaren 127, 272, 273, 280
Madrid 228, 232, 234, 239
Magalhaes, Fernão 28, 242
Maghreb-Länder 370–385
–, Literatur 385
–, Arbeiterwanderung 375
–, Bergbau und Verkehr *376/377*
–, Besiedlungsgeschichte 370, 371, 374
–, Bevölkerung 371, 374
–, Bevölkerungsdichte 374, 379
–, Bewässerung 376, 377
–, Bildungsnotstand 381
–, Bildungspolitik 385
–, Bodenschätze 380
–, Entkolonisation 382–385
–, Export 379
–, französischer Einfluß 382
–, Geschichte 370–374, 378–382
–, Handel 383
–, Klima 375, 376
–, Kolonialgeschichte 378–382
–, Kolonialherrschaft 370, 371, 374
–, Landwirtschaft 379
–, Orientalisierung 370, 371
–, Politik 385
–, Sprachgruppen 370, 371
–, Städtewachstum 374
–, Staudämme 379
–, Tourismus 385
–, Vegetation 375, 376
–, Wirtschaft 382–385
Mailand 209
Makarska *245*
Makedonien 244, 245, 249, 254, 255, 259
Mallorca 229
Malta s. a. Mittelmeerraum 206, *206*, 207
–, Ländersteckbrief 206
–, Literatur 207
Mansholt-Plan 137
Mao Tse-tung 12
Marienburg *152*
Marken *110*
Marokko s. a. Maghreb-Länder 370, 371
–, Ländersteckbrief 374
–, Literatur 385
–, Berberdorf *380*
–, Bevölkerung 371, *372/373*
–, Bewässerung 376
–, Bodenschätze 380
–, Großstädte *383*
–, Kolonialherrschaft 378–382
–, Landwirtschaft 382
–, landwirtschaftliche Entkolonialisierung 382
–, Volkskunst *375*
Marrakesch 371, 374
–, Märkte *372/373*
Marshallplan 45
Masuren *286*
Mazzini, Giuseppe 46
Meerengenkonvention (1841) 205
Mekka 323, 357
Mesopotamien 317
Methuenvertrag 243
Minderheiten in Europa 122–127
–, Literatur 127

Mittelmeer, Gebirge 256
–, Gezeitenbewegungen 196
–, Salzgehalt 196
–, Wasserausgleich 196
Mittelmeerraum 196–207
–, Literatur 207
–, Bevölkerung *199*
–, Entdeckungsgeschichte 201
–, Erster Weltkrieg 205
–, Geographie 196
–, Geschichte 200–207
–, Islam 201
–, Küstenverlauf 196
–, Meerengenfrage 205, 206
–, militärische Stützpunkte 205, 206
–, Oberflächenformen *198*
–, Seeräuber 201
–, Städte, alte *202/203*
–, UNO 204
–, US-Flotte 205, 206
–, Vegetation 198–200, *200*
–, Völkerbegegnung 200–207
–, Vulkanismus 196–198
–, Zweiter Weltkrieg 204
Mittenwald *131*
Moab, Bergland von 331
Mohammed Ali von Ägypten 322, 357–359
Mokka 326
Moldau 268, 269, 272
Monaco *174/175*, 176
Monaco, Schloß *174*
Monnet, Jean 51, 172
Monod, Jacques 23
Montanunion 45, 51
Monte Carlo 176
Montenegro *197*, 244, 245
Monterey-Bay *388*
Moriscos 228
Mosul 335
Muharraq 324
Murzuk, Becken von *387*

N

Nagib, Ali Mohammed 369
Nahostkrieg, vierter 21, 315, 322, 349, 369
Nansen, Fridtjof 31
Napoleon I. 102, 153, 161, 177, 188, 204, 275, 344
Nasser, Gamal Abdel 204, 346, 367, 368
NATO 16, 102, 195, 204–206, 243, 249, 254, 259, 263
Naumann, Friedrich 46
Neapel 216, 217
Necho, Pharao 26
Nedschef 335
Negev 336, 338, 339, *340/341*
Nelson, Horatio 204
Neolithikum 41
Neomarxismus 17
Neuenburg 183
Niarchos, Stavros Spiros 262
Niederlande s. a. Benelux-Länder 102–121
–, Ländersteckbrief 107
–, Literatur 121
–, Blumenzucht 109
–, Bodenschätze 114
–, Deichbau *104*, *105*, 107, 109
–, Deltaplan *104*, *105*, *108*
–, Export 109, 111, 114

–, Flutkatastrophen 107, 109
–, Geschichte 102, 103
–, Grachten *112/113*
–, Industrie 114
–, konfessionelle Gegensätze 121
–, Landschaftsformen 107, 109
–, Landwirtschaft 107, 110, 111
–, Monarchie 120
–, Raumplanung 121
–, Städte, bedeutende 114–119
–, Tourismus 119
–, Volkskunst *111*
Nikopol 268
Nil 196, 350–356
–, Energiewirtschaft *354/355*, 360
–, Landgewinnung *354/355*
Nilbecken, Wasserhaushalt *351*
Nildämme 360
Nilländer 350–369
–, Literatur 369
–, Bevölkerungsdichte 356
–, Bevölkerungsgruppen 356, 357, 361, *362/363*
–, Bewässerung 353
–, Großlandschaften 356
–, Klima 352, 356
–, Konföderation 368
–, Landwirtschaft 352
–, Mehrehe 361
–, Politik 367–369
–, Religionen 350, 356
–, Sozialstruktur 361
–, Städte, bedeutende 366, 367
–, Übersicht 350–356
–, Urbanisierungsprozeß 366, 367
–, Vegetation 356
–, Wasserverbundwirtschaft 360
–, wasserwirtschaftliche Bauten 352/353 (T)
Nillandschaft *358*
Niloten 356, 357, *362/363*
Nordirland s. a. Irland, Republik u. Großbritannien 76–101
–, Ländersteckbrief 89
–, Literatur 101
–, konfessionelle Gegensätze 124, 125
–, Minderheiten 124, *125*
–, politische Konflikte *86/87*, 124, 125
–, Provinz Galway *86/87*
–, Strukturprobleme 101
Nordischer Krieg 56
Nordischer Rat 52, 61
Nordost-Passage, Szenenkarte *31*
Norwegen 52–75 s. a. Skandinavien
–, Ländersteckbrief 66
–, Literatur 75
–, Bevölkerung 71–73, *72*
–, Bodenschätze 68
–, Fischereizentrum 57
–, Fischfang 68, 69
–, Geschichte 52–61
–, Handel 56
–, Holzwirtschaft 68, 74
–, Klima 66
–, Oberflächenform 63, 64
–, Volkskunst *63*
–, Wasserwirtschaft 69
–, Zweiter Weltkrieg 60, 61
Nubien 359
Nubier 356
Numeiri, General Dschafar Mohammed el 369

O

Oberbayern, Hochgebirge *131*
Oberhausen 139
OECD 45
OEEC 45
Olymp 254
Oman (Sultanat) s. a. Arabisches Vorderasien 325, 326
–, Ländersteckbrief 325
Omdurman 359, 360, 361, 367
Onassis, Aristoteles 262
Organisationen, internationale *49*
Ösling 106
Osmanen 293, 303
Österreich s. a. Alpenländer 178–182
–, Ländersteckbrief 182
–, Literatur 195
–, Außenpolitik 188
–, Bodenschätze 182, 192
–, Bruttosozialprodukt 193
–, Bundesländer 180–182
–, EFTA 195
–, EWG 195
–, Export 193
–, Gebirge *178/179*
–, Geschichte 186–188
–, Industrie 180–182, 188, 192, 193
–, Innenpolitik 188
–, Klima 180
–, Kultur 194, 195
–, Landwirtschaft 180–182
–, Minderheiten 127
–, Neutralität 194, 195
–, Sprache 194, 195
–, Städte, bedeutende *190/191*, 193, 194
–, Tourismus 180, 193, 309–311
–, UNO 195
–, Volkskunst *188*
–, Wirtschaft 193
Oxenstierna, Axel 56
Oxford 83

P

Paestum 200
Paläozoikum 35, 155
Palästina 345
Palermo 219
Palmyra *328/329*
Pan-Europa 47
Pan-Europäische Bewegung 47
Pan-Europa-Plan 48
Papagos, Alexandros 259, 262
Paris 157, *158/159*, 161, 167–169, *169*, 172
Pariser Abkommen (1946) 126
Patras 255
Peary, Robert Edwin 31
Pecquer, Constantin 46
Peel, Sir Robert 345
Peloponnes 255, 256
Périgueux *43*
Persepolis 292
Persischer Golf 317
Philip, André 49
Piräus 255
Pleistozän 38, 41
Plitwitzer Seen *251*
Plymouth *95*
Poebene 208, 209
Polderland 106, 109
Polen s. a. COMECON-Staaten 275–279
–, Ländersteckbrief 275

–, Literatur 291
–, Antisemitismus 279
–, Bevölkerungszahlen 279
–, Bodenreform 278
–, Bodenschätze 279
–, Christentum 275
–, Erster Weltkrieg 275
–, geologische Erforschung 279
–, Geschichte 264, 275–278
–, Grenzen, neue 278
–, Industrialisierung 279
–, Industrie 279 (T)
–, Kriegsschäden 279
–, Landwirtschaft 279
–, sowjetischer Einfluß 278
–, Territorium 278, 279
–, Touristengebiete *281, 286*
–, Volkskunst *278*
–, Warschauer Aufstand 278
–, West- und Nordgebiete 279 (T)
–, Wirtschaft 279, 288–291
–, Zweiter Weltkrieg 275–278, *276/277*
Polo, Marco 27
Pompeji *219*
Pont du Gard *162/163*
Porto 239
Port Sudan 360, 367
Portugal s. a. Iberische Halbinsel 239–243
–, Ländersteckbrief 239
–, Literatur 243
–, ausländische Investitionen 243
–, Baudenkmäler 242
–, Bevölkerung 242
–, Bevölkerungsdichte 239
–, Bevölkerungsverteilung 239
–, Bewässerung 239
–, Bodenschätze 243
–, Bruttosozialprodukt 243
–, EFTA 243
–, Entdeckungsgeschichte 242
–, EWG 243
–, Export *240/241*, 243
–, Fischfang 239, *240/241*
–, Flüsse 239
–, Geographie 239
–, Geschichte 242, 243
–, Grenzen 239
–, Industrie 243
–, Innenpolitik 243
–, Inquisition 242
–, Kliffküste *227*
–, Klima 239
–, Klimadaten 239
–, Kolonien 243
–, Landwirtschaft 239, *236/237, 240/241*
–, NATO 243
–, soziale Reformen 243
–, spanische Herrschaft 242, 243
–, Tourismus 239
–, UNO 243
–, Volkskunst *228*
–, Weinanbau *236/237*
–, Wollindustrie 243
Potsdamer Abkommen 129
Prag *270/271*
Präkambrium 35
Puy de Sancy 156
Pytheas von Massilia 26

Q

Qishon 337
Quartär 61

R

Radarkartierung *394*
Ras al Khaimah 325
Ras Tannura 323
RGW s. COMECON
Rhein *144/145*
Rhodos 258
Riad 323
Richelieu, Kardinal 152
Richthofen, Ferdinand von 29
Rivello *216*
Rmel, Hassi 380
Rom 213
Ronda 229
Rosenborg, Schloß *64/65*
Ross, J. C. 31
Rotes Meer 313, 317
Rotterdam 114, 116, 119, 121
Rügen *142*
Ruhrgebiet 139, 140
Rum (Konya) 293
Rumänien s. a. COMECON-Staaten 268–272
–, Ländersteckbrief 269
–, Literatur 291
–, Bevölkerung 269
–, Bodenschätze 272
–, Erster Weltkrieg 269
–, Fischerei 272
–, Geschichte 264, 268–272
–, Grenzen 269
–, Industrie 272, *273, 282/283*
–, Kraftwerk »Eisernes Tor« *282/283*
–, Landwirtschaft 272
–, Minderheiten *123*, 127, 269
–, sowjetischer Einfluß 269, 272
–, soziale Not 269
–, Territorium 269
–, Tourismus 310, 311
–, Volkskunst *278*
–, Wirtschaft 272, 288–291
–, Wirtschaftsreform 287
Ruruku 350
Rüstung 24

S

Sächsische Schweiz *137*
Sadat, Anwar el 368
Sahara 312, 371, 374, 376, *380, 387*
Saint-Simon, Henry de Graf 46
Salamanca 232
Salazar, Antonio de Oliveira 243
Saloniki 255
Salzburg 180, *190/191*
Samaria *342*
San 'a 327
Sankt Gallen 183
San Marino 213
–, Ländersteckbrief 213
Saragossa 229
Sarajewo 245
Sardinien 220, *221*
Satelliten, geowissenschaftliche *388, 390–392*
Satellitenfotografie *387–393*
Saudi-Arabien s. a. Arabisches Vorderasien 322, 323
–, Ländersteckbrief 322
–, Bevölkerung 322, 324, *333*
–, Erdöl *314/315*, 322, 323

–, Geschichte 322
–, Grenzen 322
–, Landwirtschaft 323
–, Religion 322
–, Verkehr 323
Schaffhausen 183
Scheichtümer s. a. Arabisches Vorderasien 324–326
–, Erdöl 324–326
–, Industrie 324
–, Landwirtschaft 325, 326
–, Pro-Kopf-Einkommen 324
Scheveningen *116*
Schlagintweit, Gebrüder 29
Schottland s. a. Großbritannien 88, 94, 101
–, Auswanderung 101
–, Minderheiten 124
–, Westküste *84*
–, Whisky-Erzeugung 88
Schuaiba 324
Schuman, Robert 50, 51
Schweden s. a. Skandinavien 52–75
–, Ländersteckbrief 67
–, Literatur 75
–, Bevölkerung 71–73
–, Bodenschätze 68, *71*
–, Gemeindereform 75
–, Geologie 61
–, Geschichte 52–61
–, Holzwirtschaft 68, 74
–, Industrialisierung 57
–, Klima 66
–, Landwirtschaft 74
–, Oberflächenform 61, 62
–, Volkskunst *62*
–, Wasserwirtschaft 69
–, Zweiter Weltkrieg 60, 61
Schweinfurth, U. 22
Schweiz s. a. Alpenländer 178–180
–, Ländersteckbrief 187
–, Literatur 195
–, ausländische Arbeitskräfte 192
–, Bevölkerungsgruppen 194, 195
–, Bodenschätze 192
–, Eidgenossenschaft 186, 187
–, EWG 195
–, Export 189, 192
–, Geschichte 186, 187
–, Industrie 188, 192
–, internationale Einrichtungen 187
–, Kantone 182, 183
–, Klima 182
–, Kultur 194, 195
–, Landesplanung *189*
–, Landwirtschaft 192
–, Lebensstandard 192
–, Neutralität 195
–, Organisationen der Vereinten Nationen 187
–, Sprache 194, 195
–, Sprachgruppen 186
–, Städte, bedeutende 193, 194
–, Tourismus 182, 183, 192, 310
–, Verkehr 192
–, Volkskunst *188*
–, Wirtschaft 188–192
SEATO 16
Selbstbestimmungsrecht 12
Serbien 244, 245, *251*
–, Minderheiten 127
Sibenik 248
Siebenbürgen *123*, 268, 269, 273, *289*
Siebenjähriger Krieg 153
Sierra de Gredos 229

Sik, Ota 287
Simeon Bar Kochba 344
Sisak 244
Sizilien, 218–220, *221*
–, Armut 219
–, Bodenschätze 219
–, Geschichte 217, 218, 219
–, Industrie 221
–, Landwirtschaft 219
–, Mafia 218
–, Minderheiten 127
–, Sozialstruktur 219, 220
–, Tourismus 219
–, Verkehrsprobleme 220
Skandinavien 52–75
–, Literatur 75
–, Agrarstruktur 74
–, Auswanderungswelle 57
–, Besiedlung 52
–, Bevölkerung 70, 71–73
–, Bevölkerungsdichte 71–73
–, Bevölkerungsgruppen 71
–, Bevölkerungsverteilung 52, 71–73
–, Bodenschätze 57, 67
–, Christentum 52
–, Fischfang 68, 69
–, Friedensverträge 57, 60
–, Gebirge 62, 63
–, Gemeinsamkeiten u. Unterschiede 71–73
–, Geographie 52
–, Geologie 61–66
–, Geschichte 52–61
–, Holzwirtschaft *58/59*, 68, 74
–, Industrie *58/59*, 70, 74
–, Klima 66
–, Küsten *54/55*
–, Landwirtschaft 67
–, Minderheiten 122, 123
–, Neutralitätspolitik 57, 60, 61
–, Oberflächenform 52, 61–66
–, Schären *54/55*
–, Strukturwandel, allgemeiner 73–75
–, Tourismus 310, 311
–, Vegetation 66, 67
–, Viehzucht *73*
–, Vulkanismus 63, 64, *74*
–, Wasserwirtschaft 69, 71
–, Wirtschaft *58/59*, 67–71
–, Zweiter Weltkrieg 60, 61
Slawen 280
Slowaken 280
Slowenien 244, 245, 250
Sofia 267
Solfatara *218*
Solothurn 183
Southampton 99
Sowjetisch-chinesischer Konflikt 19
Sowjetunion 15–21
–, COMECON 287–291
–, Grenzverlauf 35
–, Minderheiten 122
Sozialismus 18
Spaak, Henri 50
Spanien s. a. Iberische Halbinsel 226–239, *233*
–, Ländersteckbrief 232
–, Literatur 243
–, arabischer Einfluß 226, 227
–, Architektur *230/231*
–, Außenpolitik 232, 233
–, Baskenfrage 238, 239
–, Besiedlungsgeschichte 226
–, Bevölkerung 235–238
–, Bildungswesen 234
–, Bodenreform 234

–, Bodenschätze 228, 229, 232
–, Bürgerkriege 238
–, Carlistenkriege 228, 238
–, Entwicklungspläne 234
–, Franco-Regime 232, 233
–, Geschichte 226–228, 232, 233, 238, 239
–, Handel 229
–, Industrialisierung 233–235
–, Industrie 228, 229
–, Innenpolitik 232, 233
–, Inquisition 227, 228
–, Islam 226, 229
–, Judenvertreibung 228
–, Klima 229, 232
–, Kolonisation 227, 228
–, Kulturpflanzen 227
–, Landwirtschaft 229, 232, *233, 235*
–, maurische Architektur 227, 229, 230
–, Minderheiten *124*, 125, 126
–, Provinzen 228, 229, 232, 238
–, Reconquista 226–228
–, Religion 226
–, Religionskriege 226
–, Römerherrschaft 226
–, Sprachentwicklung 226
–, Sprachgruppen 238
–, Städte, bedeutende 228–232
–, Tourismus 229, 235, 309–311
–, Unterdrückung 227
–, Vegetation *235*
–, Verkehr 234
–, Volksgruppen 235–238
–, Volkskunst *228*
–, Wasserwirtschaft 234
–, wirtschaftliche Entwicklung 233–235
Speke, John Hanning 30
Spitzbergen 52, 63
Split *249*
Staaten, neue 12–14
Staatsformen, neue 12–14
Stalin, J. W. 18, 246
Stanley, Morton Henry 30
Steiermark 181
Stevin, Simon 107
Stikker, Dirk Kippko 102
Stresemann, Gustav *48*, 48
Stromboli 197
Stubaier Alpen *178/179*
Sudan s. a. Nilländer 350–369
–, Ländersteckbrief 365
–, Literatur 369
–, Baumwollanbau 360, 365, 366
–, Bevölkerung 361, 365
–, Bevölkerungsdichte 356, 360
–, Bevölkerungsgruppen 356, 357, *362/363*
–, Bewässerung 353, 360
–, Bildungswesen 361
–, Forstwirtschaft 365
–, Geschichte 359, 360
–, Handel 359
–, Industrie 365, 366
–, Landwirtschaft 365
–, Niloten 356, 357, *362/363*
–, Politik 369
–, Sklavenhandel 359
–, Städte, bedeutende 367
–, Verkehr 367
–, Wirtschaft 365, 366
Südostasien, Kriegsschauplätze 17
Südtirol, Erdpyramiden *130*

–, Minderheitenproblem 126, 127
–, sprachliche Mehrheiten *126*
–, Volkskunst *127*
Suezkanal 204
Suezkrise 369
Sultanat Oman s. a. Arabisches Vorderasien 324–326
Sumerer 317, 334
Syrien s. a. Arabisches Vorderasien 331–333
–, Ländersteckbrief 331
–, Literatur 335
–, Baath-Partei 332, 333
–, Bewässerung 331, 332
–, Bodenreform 332
–, Geschichte 331
–, Handel 332
–, Industrie 331, 332
–, Landwirtschaft 331, 332
–, Reformpläne 331, 332
–, Vegetation 331

T

Talaat Harb 358
Taormina *220*
Technisierung 22
Tel Aviv *337*, 338
Tertiär 38, 61
Tessin 182
Theiß *274*
Theoderich, König 201
Thesiger, W. 322
Thessalien 254
Thierry, Augustin 46
Thorner Frieden (1466) 275
Thrakien 259
Thule 26
Tigris 335
Tihama 327
Tilsit, Friedensvertrag 275
Tirana 253
Tirnowc 267
Tito, Broz Josip 18, 244–246, 249, 252, 262
Toledo 232
Torquemada, Großinquisitor 228
Toscana 212
Totes Meer 330, 337
Tourismus, internationaler in Europa *309*
Tourismus, Literatur 311
Tourismus in Europa *308/309* 306–311
Trianon, Friedensvertrag von 273
Trias 156
Triglav 244
Tripolitanien 370, 378, 379, 381
Troja 26
Tschechoslowakei s. a. COMECON-STAATEN 279–284
–, Ländersteckbrief 280
–, Literatur 291
–, Architektur *270/271*
–, Besiedlungsgeschichte 279, 280
–, Bevölkerungsgruppen 279, 280
–, Bevölkerungszahlen 279
–, Bodenreform 284
–, Erster Weltkrieg 279
–, Export 281
–, Geschichte 264, 279–281
–, Industrie 280–284
–, Intervention 18
–, Kulturgeschichte 280, 281

399

–, Landwirtschaft 284
–, Minderheiten 127, 279
–, Nationalitätenstreit 281
–, Reformen 280
–, Religion 280
–, Volkskunst *278*
–, Wirtschaft 281–284, 288–291
–, Wirtschaftsreform 287
–, Zweiter Weltkrieg 281
Tundra 40
Tunesien s. a. Maghreb-Länder 370–385
–, Ländersteckbrief 375
–, Literatur 385
–, Architektur *371*
–, Bevölkerung *378*
–, Bevölkerungsdichte 374
–, Bewässerung 376, 377
–, Handwerk *378*
–, Kolonialherrschaft 378–382
–, Landwirtschaft *381*
–, landwirtschaftliche Entkolonialisierung 382
Turin 209, 210
Türkei 291–305
–, Ländersteckbrief 297
–, Literatur 305
–, Archäologie *294/295*
–, Auslandsverschuldung 302
–, Baumwollexport 297
–, Besiedlungsgeschichte 292

–, Bevölkerungsdichte *296*
–, Bevölkerungsgruppen 303
–, Bevölkerungswachstum 299
–, Bodenschätze 298, 299
–, Emanzipation 299
–, Export 297
–, Gastarbeiter 302
–, Geographie 291
–, Geschichte 292, 293, 298 (T)
–, Industrialisierung 298–302
–, Industrie *304*
–, Karstlandschaften *300/301*
–, Klima 291
–, Kolonisation 292
–, Landflucht 296
–, Landwirtschaft 295–298, 302, 303
–, Provinzen *296*
–, Religion 293
–, Strukturwandel der Städte 302–304
–, Teeanbau 297, 298
–, Übersicht 299 (T)
–, Vegetation 291, 292
–, Verkehrserschließung 304, 305
–, Volkskunst *297*
–, Vulkanismus *300/301*
–, Wirtschaft 298–302

U

Umm Kasr 335
Umweltschutz 22, 311
Umweltverschmutzung *136*
Umweltzerstörung 23
Unabhängigkeitsbestrebungen 14
Unamuno, Miguel de 235
UNESCO 22, 212
Ungarn s. a. COMECON-Staaten 272–275
–, Ländersteckbrief 273
–, Literatur 291
–, Aufstand 274
–, Außenpolitik 273, 274
–, Besiedlungsgeschichte 272
–, Bodenreform 273
–, Christentum 272, 273
–, Dreimächtepakt 273
–, Geschichte 264, 272–275
–, Innenpolitik 273, 274
–, Landwirtschaft 274
–, Minderheiten 127
–, Sozialisierung 273
–, Territorium 273
–, Tourismus 309, 310
–, Volkskunst *278*
–, Wirtschaft 288–291
–, Wirtschaftsreform 274, 275, 287
–, Zweiter Weltkrieg 273, 274
UNO 23, 195, 204, 243

–, Sicherheitsratsbeschluß 346, 347
Unterwalden 182
Ur 317
Ural 34, 35
Uri 182
Uruk 317
USA 15–21
U Thant 346
Utrecht, Frieden von 153

V

Valencia 228, 229
Vatikanstadt 213, *214/215*
–, Petersplatz *214/215*
–, Übersicht 213
Venedig 204, 209–212, *222/223*
–, Abwasserprobleme, 210, 212, *222/223*
Versailler Vertrag 128, 278
Verstädterung in Europa 306
Vespucci, Amerigo 28
Vesuv 197
Via Appia *217*
Vianden *117*
Vogelfluglinie *47*
Völkerbund 47
Völkerwanderung 52, 151, 280
Volos 254
Vorarlberg 180

W

Waadt 182
Wadi el Araba 330
Wadi Hadramaut *320/321*, 326
Wadi Sirhan 313
Wahhabismus 322
Walachei 268, 269
Wales *84*
Wallis 182
Wandalen 201
Warschau *276/277*, 278
Warschauer Aufstand *276/277*, 278
Warschauer Vertrag 18
Wartburg *128/129*
Warwick-Castle 77
Weihrauchstraße 317, 327
Weizmann, Chaim 345
Welternährungsprogramm 21
Weltkarte von 1555 27
Weltkommunismus 17–21
Weltmächte 16–21
Weltmeere, Erforschung 30
Weltraumfotografie 386–388
–, Literatur 395
Weltwirtschaftskrise 153
Westfälischer Friede (1648) 102, 152, 161, 187
Wettersatelliten 388–390, *392/393*

Wien *193*, 194
Wiener Frieden 57
Wiener Kongreß 103, 120, 153, 188, 275
Wikinger 52, 53
Wilhelm II., Kaiser 153
Wilson, Woodrow 122
Wladislaw II. Jagiello 275
Wolfsburg *146/147*

Z

Zadar *250*
Zagreb 244, 246
Zatkine, O. 116
Zionistenkongreß in Basel 345
Zubair 335
Zug 183
Zürich 183, 193
Zweiter Weltkrieg 17, 48, 60, 61, 122, 128–130, 146–148, 153, 204, 245, 246, 254, 259, 264, 267, 273–278 281, 346
Zweites Vatikanisches Konzil 225
Zypern s. a. Mittelmeerraum 207
–, Ländersteckbrief 207
–, Literatur 207
Zypernproblem 207

Fotonachweis

Farbfotos: Agfa-Gevaert (1); Wilhelm Albrecht, Gütersloh (2); Anthony-Verlag, Starnberg – Hardenberg (1) – Menzel (1); Bavaria-Verlag, Gauting – Almasy (1) – Berger (1) – Kanus (1) – Dr. Kreft (1) – Mau (1) – Picturepoint (1) – Scholz (1) – Silvester (1) – Tessore (4); Erhard Bethke, Verl (1); Camera Press Ltd., London (2); Cedri, Paris – Candelier (1) – C.A.T. (4); Deutsches Museum, München (1); dpa (10); Erich Fischer, Hamburg (2); Prof. Dr. Friedrich W. Funke, Seelscheid (2); Giraudon, Paris (3); Gerhard Grau, Waiblingen (4); Dr. Erwin Grötzbach, Erlangen (1); Ray Halin, Paris (4); Hans Hartz, Hamburg (5); Hans Huber KG, Garmisch-Partenkirchen (5); Institut Belge, Brüssel (1); Internationales Bildarchiv Horst von Irmer, München (3); Prof. Dr. Helmut Jäger, Gerbrunn (1); Joachim Kinkelin, Frankfurt (1); Gerhard Klammet, Ohlstadt (9); Karl Klubescheidt, Rheda (11); Dr. Hans Kramarz, Bonn-Beuel (5); Kunsthistorisches Museum, Wien – Photo Meyer (1); laenderpress, Düsseldorf – Bruno Barbey (1) – Hurn (1) – Kanus (1) – Kierdrowski (1) – Lessing (1); Landesvermessungsamt Baden-Württemberg (1); Lauros, Paris (3); Franz Lazi, Stuttgart (1); W. Ludewig, Gütersloh (6); Luftbild Klammet & Aberl, Ohlstadt (2); Dr. Jörg Maier, München (1); Leonhard von Matt, Buochs (1); Mauritius-Verlag, Mittenwald – Freytag (1); Prof. Mensching, Hannover (2); Werner Neumeister, München (2); Niederländische Fremdenverkehrszentrale, Den Haag (1); Franz Nöth, Würzburg (1); Carl E. Östman AB, Bromma (2); Photo-Löbl, Bad Tölz (2); Paul Popper Ltd., London (2); H. G. Prager, Hamburg (1); Fritz Prenzel, Gröbenzell (3) – Everts (1); A/S Pressehuset, Kopenhagen – Jørgsholm (2); Dr. Gert Richter, Verl (3); roebild, Frankfurt – Röhrig – Scharf (1); Hans Roßdeutscher, Bielefeld (7); Scala, Antella (3); Toni Schneiders, Lindau (15); Dr. Hellmut Schroeder-Lanz, München (1); Prof. Dr. A. Schüttler, Bielefeld (1); Stern-Archiv, Hamburg – Scheler (1); Georg Stiller, Gütersloh (4); Theojac, Limoges (1); USIS, Bonn – Bad Godesberg (1); Manfred Veit M. A., Gütersloh (2); Verlagsgruppe Bertelsmann, Bildarchiv, Gütersloh (1); Anno Wilms, Berlin (1); Alfred Windholz, Gütersloh (1); Zefa, Düsseldorf (4); Carl Zeiss, Oberkochen (2) – C. L. I. (1) – Everts (3) – Fera (1) – Leidmann (1) – Mante (1) – Marx (1) – Nissen (1) – Phillips (1) – Scholz (3) – Schranner (1) – Strahil (1) – Trenkwalder (1) – Vontin (1) – Waldkirch (1) – Wesselow (1) – Wiesner (1) – Wolfsberger (1) – Woog (1).

Schwarzweißfotos: AP, Frankfurt (4); Bavaria-Verlag, Gauting – Adrian (2) – Berger (1) – Bleuter (1) – Fehr-Bechtel (1) – Gluske (1) – Kanus (1) – Keetman (1) – Kunitsch (1) – Omnia (3) – Orbis (1) – van de Poll (1) – Reitz (2) – Schneiders (1); BIPS, Hamburg (1); Camera Press Ltd., London (1); J. Allen Cash, London (5); dpa (6); Eupra GmbH, München (1); Adelheid Heine-Stillmark, Karlsruhe (1); Keystone Pressedienst Martin KG, München (3); laenderpress, Düsseldorf – de Andrade (1) – Barbey (1); August Lüdecke, Gütersloh (2); Mauritius-Verlag, Mittenwald (1) – Rossenbach (1); Prof. Dr. Horst Mensching, Hannover (4); Meteorologisches Institut der Freien Universität Berlin (1); Ministerio de Información y Tsurismo, Madrid (2); Werner Neumeister, München (1); Niederländische Fremdenverkehrszentrale, Den Haag – Stoppelman (1); Nowosti, Moskau (1); Österreichische Nationalbibliothek, Wien (2); Österreichisches Archäologisches Institut, Wien (1); Photo-Löbl, Bad Tölz (2); Pontis, München – Francke – Höpker (2) – de Riese (1) – Uthoff (1); Willy Pragher, Freiburg (1); A/S Pressehuset, Kopenhagen (1) – Jørgsholm (1); Ramosini (2); roebild, Frankfurt – Röhrig (1); P. A. Røstad, Oslo (1); Toni Schneiders, Lindau (11); Herbert Seiler, München (3); Heinz Siegert, Wien (1); Staatsbibliothek Stiftung Preuß. Kulturbesitz, Bildarchiv, Berlin (3); Stern-Archiv, Hamburg (2) – Ihrt (1) – Scheler (1); Dr. Reinhard Stewig, Kiel (1); Süddeutscher Verlag, Bilderdienst, München (1); D. H. Teuffen, Harsewinkel (5); Ullstein GmbH, Bilderdienst, Berlin (4); Manfred Veit M. A., Gütersloh (2); Verlagsgruppe Bertelsmann, Bildarchiv, Gütersloh (1); Zapp-PR, Düsseldorf (1); Carl Zeiss, Oberkochen (2).